5

한권으로 다잡는

CORE 코어 일반상식

취업 및 승진시험 대비 상식 기본서

수상내역 후면표기

극강의 핵심만을 엄선한 수험상식의 최고 결정판!

PMG 박문각

Prologue

머리말

상식(knowledge)은 사람들이 보통 알고 있거나 알아야 하는 지식을 말합니다. 그중 일반상식(essential knowledge)은 언론에 자주 오르내리고 시험에 나올 정도로 중요한 상식을 일컫습니다.

우리는 좋은 직장에 취업하기 위해서, 교양을 쌓기 위해서 등 다양한 이유로 일반상식을 습득하기 위해 애씁니다. 그러나 상식은 광범위하고 시시각각 달라지는 유동성을 가지기 때문에 일반상식이라고 일컬어질 만한 것을 가려내기가 쉽지 않습니다.
이에 1988년부터 상식 관련 서적을 출판해 온 박문각은 수십 년 동안 쌓아온 노하우를 바탕으로 일반상식 용어를 엄선하여 《한다 CORE 일반상식》을 출간하였습니다.

이 책의 특징은 다음과 같습니다.

한눈에 파악한다! 체계적인 내용 구성

이 책은 사회과학·인문과학·자연과학 등 총 3개 Part로 대분류하고, 15개 영역별로 용어를 세분화하였습니다. 수록된 용어는 시험에 자주 출제되는 용어와 최신 시사용어를 망라하며, 박문각 시사상식편집부가 하나하나 꼼꼼하게 선별·해설하였습니다. 또한 관련 용어를 묶어 구성하여 포괄적이고도 연계적인 상식 습득이 가능하도록 하였습니다.

핵심 용어에 주목! 중요한 용어는 ●가 세 개

일반상식 중에서도 시험에 자주 출제되거나 일상생활에서 많이 사용되는 용어가 있기 마련입니다. 이 책에서는 용어의 중요도에 따라 3단계의 ● 표시를 통하여 학습자가 핵심 용어를 중점적으로 학습하고 학습의 강약을 조절할 수 있도록 구성하였습니다.

깊숙한 학습을 위하여! Zoom in & 학습 자료

심층적인 학습이 필요한 용어나 함께 알면 학습 효과가 배가되는 용어를 Zoom in으로 묶어 상세히 설명하여 상식 내공을 기를 수 있도록 하였습니다. 또한 이해를 돕기 위한 지도, 사진 자료 등을 삽입하여 폭넓은 상식 학습이 가능하도록 구성하였습니다.

지피지기 백전백승! 기출 및 예상문제

용어에 대한 기본 학습을 마친 후에는 학습 정도를 파악할 수 있도록 각종 시험의 기출문제와 핵심 예상문제를 풍부하게 수록하였습니다. 문제는 선다형, 단답형, 완성형의 형태로 구분하여 어떠한 유형의 문제에도 대비할 수 있도록 하였습니다.

《한다 CORE 일반상식》은 보다 큰 세계로 나아가려는 여러분의 서포터즈가 될 준비를 마쳤습니다. 《한다 CORE 일반상식》과 함께하는 여러분의 무궁한 발전을 기원합니다.

시사상식편집부

Contents

차 례

PART 1 사회과학

PART 2 인문과학

PART 3 자연과학

한권으로 다잡는

CORE
일반상식

PART

01

사회과학

Chapter

01 정치 · 외교

01 정치 · 행정

당3역(黨三役) •••

한 정당의 중추적인 실력자, 즉 원내대표, 사무총장, 정책위원회 의장(정책위의장)을 일컫는다. 원내대표는 국회 교섭단체를 대표하는 의원으로서 소속 의원들을 통솔하고, 당을 대표해 협상을 하거나 기타 원내 활동을 하는 사람이다(당 대표는 소속 정당의 전체 당원을 대표함). 사무총장은 당의 조직 관리와 당무집행 전반에 관한 당직자의 복무상황, 일상 업무의 집행 등을 총괄한다. 정책위의장은 정책위원회를 대표하며 당의 정책에 관한 협의 및 조정의 역할을 하고 정책위원회를 주재한다.

3부 요인 국회의장, 대법원장, 국무총리

5부 요인 3부 요인 + 헌법재판소장, 중앙선거관리위원장

대통령제(大統領制) •••

행정부와 입법부를 엄격히 분리시켜 견제와 균형의 원리에 충실한 제도로, 「대통령중심제」라고도 한다. 대통령을 수반으로 하는 행정부가 국민에 대한 책임을 지고 모든 정책을 수행하므로 대통령의 임기 동안에는 정국이 안정된다. 또 대통령은 국회해산권이 없는 대신 법률안 거부권을 행사할 수 있어서 의회 다수당의 횡포를 견제할 수 있다. 반면 대통령의 권한이 막강해 독재로 흐를 염려가 있고, 책임정치의 실현이 곤란하다. 이 제도는 18세기 미국에서 처음 시작됐으며, 우리나라의 경우 대통령제를 기본으로 하되 의원내각제적 요소를 절충한 혼합형 대통령제를 채택 중이다.

우리나라의 대통령제 · 의원내각제적 요소 비교

구분	내용
대통령제적 요소	• 대통령은 국가원수인 동시에 집행부의 수반 • 대통령은 국민에 의해 직접 선출되며, 5년의 임기 보장 • 대통령은 국회해산권이 없으며, 법률안 거부권 행사 가능
의원내각제적 요소	• 국무총리 제도, 국무회의 제도 • 국무회의 설치, 중요 정책 심의 • 국무총리 임명 시 국회 동의 • 국회의 국무총리 · 국무위원 해임 건의권 • 행정부의 법률안 제출권 • 국무총리 · 국무위원 · 정부위원의 국회 출석 발언권 • 국회의원과 총리 및 국무위원(장관) 겸직 가능 • 대통령의 임시회 소집 요구권

ZOOM IN

대통령(우리나라 대통령의 헌법상 지위 및 권한, 임무)

헌법상 우리나라 대통령은 대내적으로 행정수반의 지위, 대외적으로 국가원수의 지위를 갖는다. 내란・외환의 죄를 범한 경우를 제외하고는 재직 중 형사상의 소추를 받지 않으나, 퇴직 후에는 재직 중 범죄에 대한 소추가 가능하다(재직 중 민사소추는 가능). 행정부 수반으로서의 권한은 국회 및 법원과 대등한 지위이며, 국가원수로서의 권한은 국회 및 법원보다 우월한 지위에 있다. 대통령은 보통・평등・직접・비밀선거에 의해 선출되며 임기는 5년 단임이다.

⑴ 권한

① 국가원수로서의 권한

국가 대표 권한	조약 체결・비준권, 외교사절의 신임・접수・파견권, 선전포고와 강화권, 외국 승인권
국가・헌법 수호 권한	긴급재정・경제처분 및 명령권, 긴급명령권, 계엄선포권, 위헌정당 해산 제소권
국정 조정 권한	헌법개정안 제안권, 국민투표 부의권, 임시국회 소집 요구권, 국회출석 발언 의견 표시권, 사면권, 영전 수여권
헌법기관 구성 권한	대법원장・국무총리・감사원장・헌법재판소장 임명권, 대법관(대법원장 제청으로) 임명권, 헌법재판소 재판관(3인) 임명권, 중앙선거관리위원회 위원(3인) 임명권

② 행정부 수반으로서의 권한 : 행정부의 최고 지휘・감독권, 법령집행권, 국군통수권, 공무원 임면권, 대통령령 발포권, 재정에 관한 권한

⑵ 권한 행사 방식

국회 동의(事前)	대법원장・국무총리・감사원장의 임명, 조약의 체결・비준, 선전포고 및 강화, 일반사면, 국채 모집, 예비비 설치 및 예산 외에 국가의 부담이 될 계약의 체결, 국군의 해외 파견, 외국 군대의 국내 주둔 등
국회 승인(事後)	예비비의 지출, 긴급재정・경제처분명령권, 긴급명령권
국회 통고(事後)	계엄 선포

⑶ 대통령의 권한 대행

국무총리 ➡ 법률(정부조직법)이 정한 국무위원(기획재정부 ➡ 교육부 ➡ 과학기술정보통신부 ➡ 외교부 ➡ 통일부 ➡ 법무부 ➡ 국방부 ➡ 행정안전부 …)의 순서로 대행

⑷ 의무

국가와 헌법을 수호할 책무, 평화통일 성실 노력 의무, 겸직 금지 의무, 취임 선서문상의 직책 수행 의무

⑸ 자문기관

국가안전보장회의(필수 설치기관), 민주평화통일자문회의, 국민경제자문회의, 국가과학기술자문회의 등

의원내각제(議員內閣制) •••

행정부는 의회에서 선출된 내각이 운영하고 내각은 의회에 대해 정치적 책임을 지는 정치 제도로, 「내각책임제」라고도 한다. 의원내각제하에서는 내각이 그 성립 및 존속에 있어 의회의 신임을 필요로 하며, 의회의 내각불신임이 있을 때에는 내각은 총사퇴하거나 의회를 해산해 국민에게 신임을 묻는 총선거를 실시하게 된다. 행정부가 입법부에 대해 책임을 지기 때문에 책임정치가 실현되며, 국민적 요구에 민감하게 반응하므로 독재를 방지할 수 있다. 반면 다수당의 횡포를 견제할 장치가 없고, 다수 정당이 난립하는 경우에는 정국이 불안정해질 우려가 있다. 우리나라에서는 제2공화국 시절에 의원내각제를 실시한 바 있다.

이원집정부제(二元執政府制)•••

대통령제와 의원내각제가 절충된 제3의 정부 형태로, 대통령에게 외교·국방에 관한 권한을 주고 내치(內治)는 주로 국무총리가 맡는다. 즉, 위기 시에는 대통령이 행정권까지 행사함으로써 대통령제로 운영되고, 평상시에는 내각이 행정권을 행사하되 국회에 대해 책임을 지는 내각책임제로 운영되는 것이다.

바이마르헌법 1919년 8월 11일 제정된 독일공화국 헌법으로, 이원집정부제의 전형으로 꼽힌다. 독일 최초로 대통령제를 채택했으며, 연방제 국가조직과 의회 민주주의에 바탕을 둔 기본적 인권에 대해 규정하고 있다. 1933년 나치 정권에 의해 사실상 폐지되고 1945년 독일의 패전으로 완전히 폐지됐으나, 20세기 현대 헌법의 전형이 됐다.

섀도 캐비닛(shadow cabinet)•••

「그림자 내각」이란 뜻으로 영국 야당의 최고 지도부(의원간부회)를 일컫는 말이다. 1876년 처음 생긴 제도로, 1907년에 보수당의 체임벌린(A. Chamberlain)이 최초로 사용했다. 양당제가 잘 발달돼 있는 영국에서는 야당이 정권 획득에 대비해 총리 이하 각 각료로 예정된 멤버를 미리 정해 두고, 정권을 잡으면 그 멤버 그대로 내각의 장관이 되는 경우가 많은데, 이를 섀도 캐비닛이라 한다.

코아비타시옹(cohabitation) 정치적으로 좌우파가 대통령과 총리를 나눠 맡아 국정을 함께 수행하는 「좌우 동거정부」로, 원래는 결혼하지 않은 남녀의 「동거」를 뜻하는 말이다. 동거정부는 프랑스 정치 과정의 독특한 형태로, 여당이 총선에서 과반수 의석 획득에 실패해 여소야대 정국이 형성될 경우 행정부 구성을 야당 측에 맡김으로써 탄생한다. 동거정부가 들어서면 대통령의 권한은 국방과 외교에 국한되고, 총리가 경제 등 나머지 모든 권한을 갖게 된다.

그리드락(gridlock)•••

본래 「교차로에서 차가 뒤엉켜 움직이지 못하는 정체 상태」를 뜻하는 말로, 정부의 정책이 의회의 반대에 부딪혀 추진되지 못하는 상황을 가리킨다. 일반적으로 정부와 의회를 각각 다른 당이 장악한 여소야대 정국에서 나타난다. 양당이 서로 견제와 조화를 통해 독단적인 국정 운영을 막을 수 있는 반면에 서로 견제에만 치중할 경우 정국이 교착 상태에 빠질 우려도 있다.

헝의회(hung parliament)•••

「헝(hung)」이란 대롱대롱 매달려 있다는 뜻으로, 헝의회는 과반 의석을 차지한 정당이 없는 의회를 말한다. 안정적인 의회 운영을 위해서는 다수당이 과반 의석을 확보해야 하지만 그렇지 않을 경우 국정이 불안하게 운영된다는 의미에서 나온 말이다.

국무회의(國務會議)•••

정부의 권한에 속하는 주요 정책을 심의하는 행정부의 최고 정책심의기관이다. 대통령 및 국무총리와 15명 이상 30명 이하의 국무위원으로 구성되고, 의장은 대통령, 부의장은 국무총리, 위원은 각 부의 장관이 맡는다. 국무회의는 우리나라의 독특한 헌법기관으로서 의결권은 없으나, 단순한 자문기관도 아니다. 헌법이 특정하는 심의사항은 국무회의의 심의를 거칠 뿐 대통령에 대해 법적인 구속력은 없으므로 국무회의가 의결하더라도 대통령은 이에 구속받지 않는다. 국무회의에서 모든 국무위원의 자격은 동등하며 다수결에 의한 합의의결을 원칙으로 한다. 구성원 2분의 1 출석으로 개의하고, 출석 구성원 3분의 2 이상의 찬성으로 의결한다.

국무위원(國務委員) 국무회의의 구성원 자격을 가진 헌법기관이다. 국무총리의 제청으로 대통령이 임명하며, 행정 각부의 장은 모두 국무위원이다. 국무위원은 일반적인 대통령제에서는 이례적인 제도로서 의원내각제의 요소가 절충된 것이다. 국무위원은 탄핵의 대상이 될 수 있는 공무원이며, 병역사항 신고의무 및 재산등록 의무가 있는 공직자이다.

주비위원회(籌備委員會)●●●

창당 준비위원회의 결성을 준비하는 기구로 법적 기구는 아니다. 주비위는 발기인 선정, 당사 마련, 가칭 당명 결정, 발기 취지문 작성 등의 기초 작업을 맡으며 창당 준비위가 구성되면 자동적으로 이에 흡수된다. 창당 준비위 신고 때부터 법적인 정당 활동에 들어가는데, 정당법상 창당은 발기인 20인 이상이다. 「창당 준비위 구성 → 선관위 신고 → 지구당 창당(국회의원 지역선거구 총수의 1/100 이상) → 중앙당 창당」의 순서로 진행된다.

국민권익위원회(ACRC; Anti-Corruption & Civil Right Commission, 國民權益委員會)●●●

부패 방지와 국민의 권리보호 및 구제를 위해 2008년 2월 29일 출범한 반부패 총괄기관이다. 주로 고충민원의 처리와 이와 관련된 불합리한 행정제도 개선, 공직사회 부패 예방 및 부패행위 규제를 통한 청렴한 공직과 사회풍토 확립, 행정쟁송을 통해 행정청의 위법·부당한 처분으로부터 국민의 권리를 보호하는 역할을 한다.

옴부즈맨제도(ombudsman system)●●●

행정부가 강화되고 행정 기능이 전문화되는 자본주의 국가에서 행정부의 독주를 막고자 마련된 행정통제제도이다. 「행정감찰전문인제도」라고도 하며, 1809년 스웨덴에서 처음 입법화됐다. 옴부즈맨은 입법부에 의해 임명되나 그 직무 수행에 있어서는 독립적인 위치와 높은 위신을 갖는 일종의 행정 감찰관으로서 시민이 제소하는 사안에 대해 조사하고 처리한다. 그러나 옴부즈맨은 행정기관의 결정을 직접 취소하거나 무효로 할 수 없다는 점에서 그 권한이 제약된다. 우리나라의 옴부즈맨제도에는 국무총리 소속의 「국민권익위원회」가 있다.

엽관제(spoils system, 獵官制)●●●

선거를 통해 정권을 잡은 사람이나 정당이 관직을 지배하는 정치적 관행으로, 실적제에 반대된다. 엽관제는 민의에 충실하다는 것뿐만 아니라 자기의 지지자들로 공약을 실현한다는 민주적 성격을 가진 반면, 정실에 따라 관직이 좌우돼 공정하고 안정된 행정이 능률적으로 이뤄지기 어렵다는 비판도 받는다. 엽관제의 시조는 미국의 제7대 대통령(1829~1837년 재임)인 앤드루 잭슨(Andrew Jackson)이다.

실적주의제(merit system) 인사행정에 있어서 정치적·정실적인 요인을 배제하고 자격이나 능력을 기준으로 공무원을 임용하는 제도. 이 제도는 정권에 따른 공무원 임명의 부패와 정실주의의 폐단을 보완하기 위해 고안된 것으로, 정당의 부당한 지배로부터 공무원의 독립을 보장하고 행정의 안정성을 확보하기 위해 능력 본위의 공정한 인사행정을 실시하는 데 그 목적이 있다.

관료제(bureaucracy) 일정한 법이나 규칙에 따라 전문적 능력을 가진 고급 관료에서 하급 관료에 이르기까지 질서 있는 일상 행정이 이루어지는 통치 형태. 관료제가 소수 지배자의 일방적인 지배 형태로 나타나는 것은 관료주의라 한다. 관료제는 20세기에 보통선거제의 실시를 배경으로 한 대중 민주주의의 등장으로 확산됐다. 이는 사회적 이해가 다양해지고 조직화가 진행되면서 대규모의 조직체가 출현했다는 점, 정부 활동의 증대로 정책의 전문화·규격화가 불가피해지면서 정책의 입안·실시 단계에서 행정 전문가가 수행하는 역할이 커졌다는 점 등에 기인한다. 관료제를 체계적인 지배 조직으로 확립한 이는 독일의 사회과학자 막스 베버(Max Weber)이다.

일몰법(sunset laws, 日沒法)•••

특정한 사업이나 기관이 일정 기간이 지나면 자동적으로 폐지되도록 하는 법률로, 1976년 미국 콜로라도주에서 처음 제정됐다. 행정기관이 사업·권한·조직에 관해 이미 당초의 목적을 달성해 현재로서는 불필요하거나 부적절한 것, 당초의 목적을 달성하는 데 실패한 것, 상황의 변동 등으로 존재 이유가 희박해진 것 등을 의회가 사업 시행 후 일정 기간이 경과한 시점에서 재검토하고 폐지하는 제도적 장치이다. 한편, 규제 일몰제는 향후 계속 유지해야 할 명백한 사유가 없는 규제에 대해 규제 신설 시 5년 이내의 존속기간을 설정하는 제도로, 「행정규제기본법」에 근거한다.

파킨슨의 법칙(Parkinson's law)•••

영국 역사학자·경영학자인 파킨슨(C. N. Parkinson)이 1955년 ≪이코노미스트≫지에 현대 각국의 공무원 수 증가 현상에 관해 발표한 이론으로, 부하배증의 법칙과 업무배증의 법칙으로 구성돼 있다. 이에 따르면 업무가 과중한 경우 동료를 보충받기보다는 그를 보조해 줄 부하를 보충받기를 원하는데, 이것이 승진과 업무상의 권위 측면에서 유리하기 때문이다. 부하가 배증되면 지시, 보고, 감독 등의 파생적 업무가 창조돼 본질적 업무가 증가되지 않는 경우에도 업무량의 배증 현상이 나타난다는 것이다.

피터의 법칙(Peter's principle) 조직 내에서 모든 구성원은 무능이 드러날 때까지 승진하려 한다는 것. 미국 컬럼비아대 교수였던 로렌스 피터는 1969년 수백 건의 무능력 사례를 연구한 결과 무능력자의 승진이 위계조직에서 보편적으로 나타나고 있음을 밝혀냈다.

딜버트의 법칙(Dilbert's principle) 무능력하고 비효율적인 직원일수록 중간의 경쟁 단계를 거치지 않고 곧바로 간부로 승진한다는 역설적인 주장. 스콧 애덤스의 저서 ≪딜버트의 법칙≫에서 유래됐다.

고위공직자범죄수사처(高位公職者非理搜査處, 공수처)•••

전직 대통령·국회의원·법관·지방자치단체장·검사 등 고위공직자 및 그 가족의 비리를 수사·기소할 수 있는 독립기관으로, 「공수처」라고도 한다. 검찰이 독점하고 있는 고위공직자에 대한 수사권·기소권·공소유지권을 이양해 검찰의 정치 권력화를 막고 독립성을 제고하고자 하는 취지로 설립이 추진됐다. 그리고 2019년 12월 30일 「고위공직자범죄수사처 설치 및 운영에 관한 법률(공수처법)」이 국회를 통과함에 따라 2021년 1월 21일 공식 출범했다.

주식백지신탁제(blind trust, 株式白紙信託制)•••

공무원이 직무상 정보를 이용해 부당하게 재산을 증식하는 것을 막기 위해 3000만 원 이상의 주식을 갖고 있는 경우 은행 등 수탁기관에 맡기도록 하는 제도이다. 「블라인드 트러스트(blind trust)」라고도 한다. 주식백지신탁 대상자는 국회의원과 장·차관을 포함한 1급 이상 고위 공직자의 본인 및 배우자, 직계 존·비속이며, 기획재정부 금융정책국 및 금융 관련 사무국과 금융위원회는 4급 이상이다. 이 제도는 2005년 11월부터 시행 중이다.

ZOOM IN

정부조직도(19부 3처 19청 6위원회)

지방자치(local self-government, 地方自治) •••

지방적 행정사무를 지방주민 자신의 책임하에 지방기관에서 처리하게 하는 제도로, 주민자치와 단체자치의 두 유형이 있다. 전자는 영국에서 비롯된 정치적 의미의 자치로서 주민 스스로의 의사에 따라 자신의 책임하에 행해지는 자치를 말한다. 후자는 독일 및 기타 유럽 대륙에서 발달한 법적 의미의 자치로서, 국가에서 독립한 법인격을 가지는 지방자치단체의 존립을 인정하고 그 단체 스스로 지방적 행정사무를 처리하는 것을 말한다. 우리나라는 1952년 처음 지방자치를 실시했고 도중 중단됐다가 1995년 6월 27일 기초·광역자치단체 의원 및 장에 대한 4대 동시선거가 실시되면서 본격적인 지방자치 시대가 열렸다. 지방자치단체는 ▲광역지방자치단체: 특별시, 광역시, 특별자치시(세종), 도, 특별자치도(제주, 강원, 전북(2024년 1월 18일 출범 예정)) ▲기초지방자치단체: 시, 군, 구(자치구)로 구성된다.

지방자치단체의 구성 요소 | 구역, 주민, 자치권

주민자치(主民自治) 주민이 지방자치의 주체가 되는 것을 말하며, 시민자치라고도 한다. 주민자치는 단체자치와 함께 근대적 지방자치의 축을 이루는 것으로, 주민자치가 지방행정을 지역주민 스스로의 의사와 책임에 의해 행하는 것인 반면 단체자치는 국가 내부에서 일정 지역을 기초로 하는 단체가 국가로부터 독립한 인격을 인정받고 지역의 행정을 책임지는 것이다. 또 주민자치가 정치적 자치인 데 비해 단체자치는 법적 의미의 자치이다. 이 개념은 영국에서 형성, 법제화돼 미국 등에 도입됐으며 우리나라에서는 1988년 5월 1일부터 시행됐다.

풀뿌리 민주주의(grass-roots democracy) •••

국민 개개인에게 골고루 영향을 미치는 대중적인 민주주의를 뜻한다. 1935년 미국 공화당 전당대회에서 사용되기 시작한 말로 한국에서는 흔히 민주주의 기초로서의 지방자치를 의미한다. 의회제에 의한 간접민주주의에 대해 시민운동, 주민운동 등 직접 정치에 관여하는 방식을 「참가민주주의」라 하는 「풀뿌리사상」에 기초한 독일의 녹색당 등이 이 계통에 속한다.

자치입법권(自治立法權) •••

지방자치단체가 자치권의 한 발현으로서 스스로 법규를 정립할 수 있는 권한을 말한다. 국가의 입법권에 대응하는 표현으로서 이 권한에 의해 정립된 법을 「자주법」이라고 한다. 지방자치단체의 자치법규로는 현행법상 조례와 규칙이 인정되고 있다(협의의 자주법은 조례만을 의미하지만 보통 자치법규라고 할 때에는 조례와 규칙 모두를 포함함). 자주법의 형식에 관해 헌법은 「자치에 관한 규정」이라고만 규정하고 있어 그 내용은 법률에 의해 결정되는데, 지방자치법과 교육자치법 등은 자주법의 형식으로서 조례와 규칙 두 가지를 인정하고 있다. 자치권의 범위에는 자치입법권, 자치행정권, 자치조직권, 자치재정권이 있다.

주민투표제(住民投票制) •••

지방자치단체의 중요한 정책사항 등을 주민이 직접 투표로 결정하는 제도이다. 우리나라에서는 2003년 12월 주민투표법이 제정돼 2004년 7월 30일 정식으로 도입됐다. 주민투표는 주민, 지방의회, 지방자치단체장 직권, 중앙행정기관장이 청구할 수 있으며, 이 중 주민이 청구하는 발의는 투표권자 총수의 20분의 1 이상, 5분의 1 이하 범위 안에서 해당 지방자치단체 조례로 정하는 수 이상의 서명이 있어야 한다. 주민투표에 부쳐진 사항은 투표권자의 3분의 1 이상이 투표하고, 유효투표수의 과반수가 찬성해야 안건이 통과된다. 전체 투표수가 투표권자의 3분의 1에 못 미치거나 유효투표수가 찬반 동수일 경우 모든

안이 선택되지 않은 것으로 확정된다. 주민투표제 실시는 주민의 정치적 참여와 책임 의식을 높이고 지역 통합이 이루어질 수 있는 장점이 있는 반면, 주민투표가 남발될 경우 지방행정에 혼란을 일으키고 지방의회의 기능을 위축시키는 등의 부작용을 가져올 수 있다. 한편, 주민투표 외에도 지역 주민의 직접적인 정치참여 수단으로 도입되고 있는 제도에는 「주민발안」과 「주민소환」이 있다.

주민소환제(住民召還制) •••

지방자치단체장, 지방의원 등 선거직 공무원에게 문제가 있을 때 임기 중 주민투표를 통해 해직시킬 수 있는 제도로 지방자치제도의 폐단을 막기 위해 도입됐다(단, 비례대표 지방의회의원은 소환 대상이 아님). 고대 그리스 아테네의 도편추방제에서 유래했으며, 근대적 형태의 주민소환제는 1903년 미국 캘리포니아주 LA에서 처음 도입됐다. 우리나라는 2007년 7월부터 도입해 시행 중이며, 이 법에 따라 지방자치단체장과 투표로 선출된 지방의회 의원을 소환할 수 있다. 주민소환 투표는 해당 지방자치단체 유권자 총수의 3분의 1 이상이 투표하고, 유효투표 총수의 과반수가 찬성하면 확정된다. 주민소환제는 지방행정을 투명하게 하고 책임성을 높이는 데 기여하지만, 주민소환이 잦을 경우 안정적인 지방행정 운영이 힘들고 재선거로 인한 예산 낭비의 우려가 있다. 또 정치 투쟁의 대상이 될 수도 있으며, 지역 이기주의를 불러올 수도 있다.

우리나라에서 시행하고 있는 직접민주주의 제도

구분	도입	내용
주민발의	1999. 8.	조례의 개폐청구. 주민들이 지방자치단체에 원하는 조례를 만들거나, 바꾸거나, 없애 달라고 요구할 수 있음
주민감사청구	2000. 3.	지방자치단체의 정책이 법을 어겼거나 공익에 반하는 경우 주민이 상위 기관에 감사를 벌여 달라고 요구할 수 있음
주민투표	2004. 7.	지방자치단체장이 주민들에게 큰 부담을 주거나 영향을 주는 문제들을 정하기 위해 투표로 주민들의 의견을 물을 수 있음
주민소송	2006. 1.	지방자치단체의 위법한 재무회계 행위에 대해 지역 주민이 자신의 개인적 권리 · 이익의 침해와 관계없이 그 위법한 행위의 시정을 법원에 청구할 수 있음
주민소환	2007. 7.	주민들이 지방자치단체의 장이나 지방의원의 해임 여부를 묻는 주민투표를 실시해 해임할 수 있음

자치경찰제(自治警察制) •••

지방분권의 이념에 따라 지방자치단체가 경찰권을 갖고, 경찰의 설치 · 유지 · 운영에 관한 책임을 담당하도록 한 제도이다. 국가 전체를 관할하는 국가경찰(중앙경찰)에 대비되는 개념으로, 국가 내의 일부 지역에 소속돼 그 지역과 지역주민의 치안과 복리를 위해 활동하는 경찰을 의미한다. 구체적으로 생활안전, 지역교통, 지역경비 임무를 갖고 방범순찰, 사회적 약자보호, 기초질서 위반 단속, 교통관리, 지역행사 경비 등 지역주민을 위한 치안 서비스를 제공한다. 자치경찰은 경찰력의 운영상황과 각종 관련 통계를 국가경찰과 상호 공유하는 한편, 전시 · 사변 등 국가 비상사태나 테러, 대규모 소요사태 시 경찰청장의 지휘를 받는다. 우리나라에서는 2021년 1월부터 6월 30일까지 시범 운영을 거쳐 7월 1일부터 전면 시행됐다.

님비 현상(NIMBY syndrome)●●●

「Not in my back yard」. 「내 뒷마당에서는 안 된다」는 지역이기주의 현상을 나타내는 말로 통용된다. 범죄자, 마약 중독자, 에이즈 환자, 산업폐기물, 핵폐기물 등을 수용 또는 처리하는 시설의 필요성은 인정하지만 이 시설들이 「남의 뒷마당」에서 이뤄지길 원하는 대표적인 자기중심적인 공공성 결핍 증상이다.

▌기타 지역이기주의 현상

핌피 현상 (PIMFY syndrome)	「Please in my front yard」. 수익성이 있는 사업을 내 지방에 유치하겠다는 일종의 지역이기주의 현상. 「님비 현상」과는 정반대 개념이지만 지역 이기주의라는 점에서는 같다. 일반적으로 임피(IMFY), 핌비(PIMBY)와 동일한 개념으로 쓰인다.
핌비 현상 (PIMBY syndrome)	「Please in my back yard」. 지방자치의 전면 실시로 각 지방자치단체들이 「이왕이면 우리 지역에 투자해 달라」며 대기업들의 투자를 앞다퉈 유치하려는 현상에서 나온 말이다. 님비 현상과 정반대된다.
바나나 현상 (BANANA syndrome)	「Build absolutely nothing anywhere near anybody」. 「어디에든 아무것도 짓지 말라」는 뜻으로, 쓰레기 매립지나 핵폐기물 처리장 등 각종 환경오염 시설물 등을 자기가 사는 지역권 내에 절대 설치하지 못한다는 지역이기주의의 한 현상이다.
님투 · 핌투 현상 (NIMTOO · PIMTOO syndrome)	「Not in my terms of office」. 「나의 공직 재임 기간 중에는 안 된다」는 뜻으로, 공직자가 자신의 재임 기간 중에 쓰레기 매립장, 하수처리장 등의 혐오 시설을 설치하지 않으려는 현상을 일컫는다. 님트 신드롬(NIMT syndrome)이라고도 한다. 반면, 선호 시설을 자신의 임기 중에 유치하려는 것은 핌투(PIMTOO; Please in my terms of office) 현상이라고 한다.

임비(YIMBY; Yes in my backyard) 어떤 형태의 주택이든 많이 건립하자는 운동으로, 자신이 사는 지역에 특정 시설이 건립되는 것을 반대하는 님비(NIMBY)의 반대 개념이다.

니피(NIFY; Not in your front yard) 수혜시설이 다른 지역에 들어서는 것을 반대한다는 뜻으로, 님비와 핌피에서 파생된 말이다.

매카시즘(McCarthyism)●●●

반공주의 성향이 강한 집단에서 정치적 반대자나 집단을 공산주의자로 매도하려는 태도를 지칭한다. 1950년대 미국 상원의원 매카시(J. McCarthy)가 국무부의 진보적 인사들을 공산주의자로 규정한 발언을 한 데서 비롯된 말이다. 매카시는 국무부의 진보적 성향을 띤 100여 명에 대해 추방을 요구했으며 많은 지도층 인사들을 공산주의자로 몰아 공격했다. 하지만 이 공산주의자 사냥은 미국 국내외는 물론 당 내부에서도 격렬한 비판에 부딪혔다. 이 광풍은 국제 관계에서의 긴장 완화와 함께 점차 잦아들었고 매카시는 1954년 12월 분과위원장직에서 해임됐다.

포퓰리즘(populism)●●●

확고한 정책적 가치관 또는 정책의 합리성 · 경제성 등의 기준 없이 상황이나 대중의 뜻에 따라 정책을 펴는 정치 행태로, 「대중영합주의」라고도 한다. 대중을 전면에 내세우고 이들을 동원하는 정치 체제이므로, 대중적인 지지를 권력 유지의 기반으로 삼는다. 1890년 미국의 양대 정당인 공화당과 민주당에 대항하기 위해 탄생한 인민당이 농민과 노조의 지지를 얻기 위해 경제적 합리성을 도외시한 정책을 표방한 것에서 비롯됐다. 제2차 세계대전 후 노동자들의 지지를 얻어 대통령에 당선된 아르헨티나의 페론 정권이 포퓰리즘의 대표적인 사례이다.

스케이프고트(scape goat)●●●

욕구불만이나 분노 등의 해소·발산을 위해 그 원인이 되는 것이 아닌 다른 방향으로 전가시킬 대상 또는 수단을 일컫는다. 정치 분야에서는 국민의 지지를 받지 못하는 정부가 가상의 적을 설정해 국민의 불만을 다른 곳으로 돌리거나 여론을 결집시키기 위한 정책을 일컫는다. 원래 이 용어는 고대 유대에서 속죄일에 많은 사람의 죄를 대신해 황야로 내쫓기던 양을 지칭하는 속죄양에서 비롯됐다.

정치적 올바름(PC; political correctness)●●●

말의 표현이나 용어의 사용에서 인종과 성별, 종교, 성적 지향, 장애, 직업 등과 관련해 소수 약자에 대한 편견이 포함되지 않도록 하자는 주장을 나타낼 때 쓰는 말이다. 문화상대주의와 다문화주의를 사상적 배경으로 삼아 차별이 느껴질 수 있는 언어를 사용하지 않는 것은 물론 차별적으로 행동하지 않는 것도 포함한다. PC운동은 1980년대 미국 대학을 중심으로 전개돼 매스미디어와 대중문화에 큰 영향을 미쳤을 뿐 아니라 세계 각국의 언어 생활에도 영향력을 발휘했다. PC의 예로는 ▲폴리스맨(policeman)→폴리스 오피서(police officer) ▲세일즈맨(salesman)→세일즈퍼슨(salesperson) ▲체어맨(chairman)→체어퍼슨(chairperson) 등이 있다.

야경국가(夜警國家)●●●

국가는 적의 침략으로부터의 방어, 국내 치안의 유지, 개인의 사유재산 및 자유에 대한 침해의 배제 등 필요한 최소한의 임무만을 수행해야 한다는 자유방임주의에 근거한 17~19세기 중엽의 자본주의 국가의 국가관이다. 독일 사회주의자 라살(F. Lassalle)이 저서 ≪노동자강령≫에서 자유주의 국가를 비판해 사용한 개념으로, 국가의 적극적 역할을 강조하는 현대의 복지국가관과는 대조적이다.

미란다(miranda)●●●

피통치자가 정치권력에 대해 무조건적으로 신성함과 아름다움을 느끼고 예찬하는 비합리적인 상황을 가리키는 말로, 인간의 정서적 측면에 호소하는 상징이라고 할 수 있다. 원래 이 말은 셰익스피어(W. Shakespeare)의 희곡 ≪템페스트(Tempest)≫의 등장인물인 프로스페로의 딸 이름에서 따온 것이다. 미란다의 조작 방법으로는 각종 기념일의 설정, 공공장소의 설립과 기념 건축물의 건립, 정치적 효과를 갖는 음악의 장려, 질서와 일체감을 유도하는 예술적 의장의 제작, 일화와 역사의 미화 또는 왜곡, 집단적 의례와 의식, 대중적 시위, 종교와 마술 등이 있다.

크레덴다(credenda) 인간의 이성에 호소하는 합리화의 상징으로 피통치자가 의식적으로 권력의 정당성과 합리성에 대해 신념을 갖게 만드는 장치. 크레덴다의 조작 방법으로는 정부에의 존경심, 복종, 희생정신의 앙양, 합법성의 독점 등이 있다.

파워엘리트(power elite)●●●

어느 한 사회 조직에서 중요한 지위에 있으며 각종 의사결정 및 집행을 담당하는 권력 집단을 일컫는다. 미국 사회학자 밀스(C. W. Mills)가 저서 ≪파워엘리트(Power Elite)≫(1956)에서 현대 미국의 고도화한 권력 집중 사실에 주목하고, 이 권력 담당자를 파워엘리트라고 부른 데서 유래됐다.

스핀닥터(spin doctor)•••

특정 정치인이나 고위 관료들의 대변인 구실을 하는 정치 홍보 전문가를 지칭하는 용어로, 정치인이나 정부의 입장・정책 등을 설명하거나 설득하는 일을 한다. 스핀닥터라는 용어는 1984년 미국에서 대통령 후보들의 텔레비전 토론에 대해 논한 ≪뉴욕타임스≫의 사설에서 처음 등장했다. 인터뷰나 대국민 여론 조정을 담당하는 것을 기본으로, 정책 시행에 앞서 국민들의 생각을 읽고 이를 적극적으로 정책에 반영할 수 있도록 정치인들을 설득하기도 하고, 정치인들의 정책을 국민들에게 구체화하는 역할도 수행한다. 자신의 보스나 당파의 정치적 목적을 위해 언론 조작도 서슴지 않아 흔히 모사꾼으로 묘사되기도 한다.

마타도어(matador) 근거 없는 사실을 조작해 상대를 중상모략하면서 내부를 교란시키기 위한 흑색선전을 뜻하는 말이다. 투우사를 뜻하는 스페인어 「메타도르(matador)」에서 유래했다.

데마고그(demagogue)•••

자극적인 말과 글로써 대중을 기만해 정치적으로 동원하는 선동가를 말한다. 그러한 허위선전을 데마고기(demagogy) 또는 줄여서 데마라고 부른다. 이 말은 본래 고대 그리스 사회에서 대중의 지지를 기반으로 하는 정치가 또는 웅변가를 가리킨 말로, 당시에는 오늘날과 같은 비난의 뜻은 없었다.

폴리페서(polifessor)•••

정치(politics)와 교수(professor)의 합성어로, 정치에 참여한 교수를 지칭하는 말이다. 정권의 필요에 의해 발탁된 관료인 테크노크라트(technocrat)와 구별된다. 이 밖에 politics와 결합한 용어로 폴리테이너(politainer, 정치에 참여하는 연예인), 폴리널리스트(polinalist, 정치에 참여하는 언론인), 폴리크라트(policrat, 정치에 개입하는 공무원) 등이 있다.

폴리터리안(politerian) 정치적인(political) 혹은 정치인(politician)과 트위터(현 X) 사용자(twitterian)의 합성어. 트위터에서 정치 현안이나 정치인 등에 대해 적극적으로 자신의 의견을 개진하며 영향력을 행사하는 네티즌들을 지칭하는 말이다.

소셜테이너(socialtainer)•••

사회(society)와 연예인(entertainer)의 합성어로, 사회 이슈에 관해 적극적으로 자신의 의견을 밝히거나 직접 참여하는 연예인을 말한다. 이는 선거철 특정 정치인을 공개 지지하거나 정치인 등으로 활동하는 연예인 출신의 정치가인 폴리테이너(politainer)와는 다른 개념이다. 소셜테이너는 트위터나 페이스북 같은 소셜미디어(SNS)를 활용해 대중과 적극적으로 소통하는 연예인을 통칭하는 말로도 사용된다.

텔레크라시(telecracy)•••

텔레비전(television)과 데모크라시(democracy)의 합성어로, 미디어를 이용한 선거운동을 말한다. 일명 통신 민주주의, 미디어 정치, TV정치라고도 한다. TV, 라디오, 정보통신을 통해 정치인들과 시민들이 의견을 교환함으로써 시민들의 정치참여 기회가 넓어지는 장점이 있다. 하지만 시민들이 정치인의 만들어진 일부 모습만 보게 돼 진실이 가려질 수 있다는 비판도 나온다. 텔레크라시의 본고장은 미국으로, 1960년 3대 네트워크(ABC, CBS, NBC)의 주최로 열린 닉슨 대 케네디 후보의 TV토론이 효시이다. 우리나라는 1997년 당시 대통령선거 후보들의 TV토론회를 TV정치의 원년으로 본다.

제론토크라시(gerontocracy) 그리스어 「geron(고령)」과 「cracy(체제)」의 합성어로 노년층이 사회 전반을 장악해 기득권을 유지하는 정치체제를 가리킨다. 고령자 지배체제가 가진 폐쇄적·경직적 사회와 소통 장애를 비판적으로 강조할 때 사용되는 개념이다.

비토크라시(vetocracy) 상대 정파의 정책과 주장을 모조리 거부하는 극단적인 파당 정치. ≪역사의 종언≫으로 유명한 프랜시스 후쿠야마 스탠퍼드대 교수가 미국의 양당 정치를 비판하며 만든 용어이다.

휘슬블로어(whistle-blower) •••

부정행위를 봐주지 않고 호루라기를 불어 적히는 사람에서 유래한 것으로 「내부 고발자」를 뜻한다. 기업이나 정부기관 내에 근무하는 조직의 구성원이거나 구성원이었던 사람이 조직 내부에서 저질러지는 부정부패, 불법, 비리, 예산낭비 등을 알게 돼 이를 시정하고자 내부 책임자 및 감사 부서에 보고하는 것을 말한다. 현재 미국·영국 등에서는 내부 고발자를 보호하는 법이 제정돼 있으며, 우리나라도 「부패방지 및 국민권익위원회의 설치와 운영에 관한 법률(부패방지법)」에서 공공기관의 내부 고발자 보호에 대해 규정하고 있다.

소프트 파워(soft power, 연성권력) •••

군사력이나 경제 제재 등 물리적 힘인 하드 파워(hard power, 경성권력)에 대응하는 개념으로, 상대를 명령 등을 통해 강제로 순응시키는 것과 달리 자발적 동의를 이끌어내는 매력을 말한다. 미국 하버드대 케네디 스쿨의 조지프 나이(Joseph S. Nye)가 21세기에 들어서 소프트파워를 중심으로 한 연성국가의 시대로 접어들었다며 처음 주장한 이론이다.

스마트 파워(smart power) 하드 파워(군사력·경제력 등 경성권력)와 소프트 파워(문화, 외교 등 연성권력)를 적절히 조화시킨 맞춤형 외교 전략. 조지프 나이 하버드대 교수가 주창했고, 과거 버락 오바마 미국 행정부가 외교 기조로 삼았다.

샤프 파워(sharp power) 막대한 자금이나 경제적 영향력을 비롯해 유인, 매수, 강압 등의 탈법적 수법까지 동원해 상대를 강제적으로 따르도록 하는 힘. 이 용어는 조지프 나이 하버드대 교수가 처음 만들었는데, 그는 특히 중국의 샤프 파워를 우려했다.

기울어진 운동장(uneven playing field) •••

한쪽으로 기울어진 운동장에서는 아무리 열심히 뛰어도 경기에서 이기기 힘들다는 뜻으로, 공정한 경쟁이 불가능한 환경을 비유적으로 이르는 말이다. 정치·경제·사회 등 다방면에서 널리 사용되는데, 어느 한쪽의 경쟁 주체에게 일방적으로 유리한 제도나 질서가 존재하는 경우를 이른다. 예를 들어 정치에서는 청년층과 노년층의 정치적 진영이 다를 경우, 고령화로 인해 노년층의 인구수가 청년층에 비해 절대적으로 많아지면 인구가 적은 쪽이 기타 정치적 상황과 관계없이 무조건 패배하게 되는 상황을 두고 기울어진 운동장이라 비유한다.

게티즈버그 연설(Gettysburg 演說) •••

1863년 11월 미국 제16대 대통령인 링컨(A. Lincoln)이 남북전쟁 희생자의 영령을 위로하기 위해 펜실베이니아주 게티즈버그를 방문해 그곳에서 행한 연설을 말한다. 그 연설 가운데 「국민의(국민주권), 국민에 의한(국민자치), 국민을 위한 정치(국민복지)(government of the people, by the people, for the people: 파커 목사가 처음 사용)」라는 명언을 남겼는데, 이 말은 민주주의의 정의를 잘 나타내고 있으며, 민주정치의 실천 이념이 되고 있다.

노변담화(fireside chat, 爐邊談話) •••

프랭클린 루스벨트(F. Roosevelt) 미국 대통령이 뉴딜정책에 대한 국민의 지지를 호소하기 위해 시도한 국민과의 라디오 담화 프로그램명이다. 그가 취임한 1933년 당시 널리 보급된 라디오를 통해 처음 시작됐으며, 딱딱한 정치연설이 아니라 가족들이 난로 옆에서 편하게 이야기하듯 한다는 뜻에서 이런 제목이 붙었다. 정치학적으로 보면 이는 라디오를 통한 여론 조작이라고도 할 수 있다. 우리나라에서는 노태우 · 이명박 대통령이 루스벨트식 라디오 담화를 한 적이 있다.

타운홀 미팅(town hall meeting) •••

시민이면 누구든 참가해 자기의사를 표명하며 투표로 결정하는 회의로, 공동체의 자유 토론 방식으로 이뤄진다. 이것은 영국의 식민지 시절부터 공동체의 문제를 자율적으로 해결했던 미국식 공개 토론 방식으로, 현재는 토론의 한 형식을 일컫는 일반명사가 됐다. 미국에서는 지금도 각 공동체마다 다양한 사안에 대해 수많은 타운홀 미팅이 이뤄지고 있다.

컨벤션 효과(convention effect) •••

전당대회나 경선행사와 같은 정치 이벤트에서 승리한 대선후보나 해당 정당의 지지율이 이전에 비해 크게 상승하는 현상을 말한다. 이 용어는 정치 분야뿐만 아니라 경제, 사회, 문화 전 분야에 걸쳐 널리 통용되고 있다.

02 외교 · 국제관계

안전보장이사회(SC; Security Council, 安全保障理事會) •••

국제 평화와 안전을 유지하기 위해 필요한 행동을 취할 책임과 권한을 가지는 국제연합(UN)의 주요 핵심기관이다. 안보리 구성은 5개 상임이사국(미국 · 중국 · 러시아 · 영국 · 프랑스)과 10개의 비상임이사국으로 돼 있다. 임기 2년의 비상임이사국은 매년 유엔 총회에서 5개국씩 선출되는데, 투표에 참가한 유엔 회원국 3분의 2 이상의 지지를 얻어야 선출되며 연임은 불가능하다. 비상임이사국은 각 지역 그룹별로 의석이 할당돼 있다. 안보리의 주요 기능 및 권한은 국제 분쟁의 조정 또는 해결 권고, 국제 평화 유지를 위한 경제적 · 군사적 강제 조치 집행, 신탁통치 기능 수행, 군비 통제안 수립, 신회원국 가입 권고, 유엔 사무총장 임명 권고 등이다. 안보리의 주요 결정은 상임이사국 5개국을 모두 포함한 9개국 이상의 찬성으로 이루어지며 상임이사국은 거부권(veto power)을 행사할 수 있다.

✎ 한국은 1996~1997년, 2013~2014년에 이어 2024~2025년 비상임이사국으로 활동 중이다.

국제사법재판소(ICJ; International Court of Justice) •••

국가 간의 분쟁을 법적으로 해결하는 국제연합(UN)의 사법기관으로 1946년 설립됐다. 본부는 네덜란드 헤이그에 있다. 국제사법재판소는 UN 총회 및 안전보장이사회에서 선출된 15인의 재판관(임기는 9년)으로 구성되며, 원칙적으로 국제법을 적용해 심리한다. UN 가맹국은 물론 비가맹국도 당사국이 될 수 있다. 강제적 관할권이 없으므로 한쪽 당사자의 청구만으로는 재판의 의무가 생기지 않는다. 그러나 판결은 구속력을 가지며, 판결을 이행하지 않는 국가에 대해서는 안전보장이사회가 적당한 조치를 취하게 된다.

국제사면위원회(AI; Amnesty International, 앰네스티) •••

국가권력에 의해 억울하게 처벌당하고 억압받는 각국의 정치범들을 구제할 목적으로 설치된 국제기구로, 흔히 「앰네스티」라고 부른다. 1961년 영국의 변호사 피터 베네슨의 제의에 따라 조직됐으며, 사무국은 영국 런던에 있고, 한국지부는 1972년에 설립됐다. 앰네스티는 1977년에 노벨평화상을 수상했으며 1978년에는 유엔 인권상을 수상했다.

상하이협력기구(SCO; Shanghai Cooperation Organization) •••

국제 테러, 소수민족 분리문제, 종교적 극단주의 등 현안 대응에서 공동 협력할 목적으로 1996년 중국이 주도한 「상하이 5자회담」을 확대해 2001년 6월 출범한 지역협력체이다. 회원국은 중국, 러시아, 카자흐스탄, 키르기스스탄, 타지키스탄, 우즈베키스탄, 파키스탄, 인도, 이란 등 9개국이다. 사무국은 중국 베이징에 있으며, 역내 테러척결센터는 키르기스스탄의 수도 비슈케크에 있다.

아세안지역안보포럼(ARF; ASEAN Regional Forum) •••

아시아·태평양 지역의 유일한 다자간 안전보장 협의체이다. 1994년 아세안(ASEAN)의 확대외무장관회의(PMC)를 모태로 창설됐다. 최고 운영체제는 외무장관회의이며, 의사결정은 회원국 합의로 정한다. 유엔 안전보장이사회 상임이사국 5개국을 비롯해 한국, 일본, 유럽연합(EU), 북한, 몽골, 캐나다 등 27개 회원국으로 구성돼 있다. 한국은 1994년 설립 때부터 회원국으로 참가하고 있으며, 북한은 2000년 7월 정식 회원국으로 가입했다.

믹타(MIKTA) •••

멕시코(Mexico), 인도네시아(Indonesia), 한국(Korea), 튀르키예(Türkiye), 호주(Australia)의 5개 중견국으로 구성된 지역 간 협의체이다. 2013년 9월 뉴욕 유엔 총회를 계기로 제1차 외교장관회의를 개최하면서 공식 출범했다. 국제사회의 주요 이슈를 중심으로 자유롭게 의견을 교환하는 비공식 협력체로, 회원국들은 경제규모(GDP) 기준 세계 20위 내에 들고 각각의 지역에서 상당한 영향력을 가진다.

ZOOM IN

국제연합(UN; United Nations)

국제연맹의 정신을 계승하고 그것을 더욱 강화한 조직체로서 제2차 세계대전 후 국제 평화와 안전의 유지, 국제 우호관계의 촉진, 경제·사회·문화·인도적 문제에 관한 협력을 달성하기 위해 설립된 국제평화기구이다. 1944년 8~10월에 열린 덤버튼 오크스회의, 1945년 2월 얄타회담을 거쳐 4월 샌프란시스코에서 설립됐으며 그해 10월 24일 51개국 국제연합(UN)헌장 서명으로 공식 출범했다. 이후 매년 10월 24일을 UN의 날로 기념하고 있다. 본부는 미국 뉴욕에 있다. 주요 활동은 크게 평화 유지, 군비 축소, 국제 협력 활동으로 나뉜다. 주요 기구와 전문기구·보조기구로 구성되는데, 주요 기구에는 총회, 안전보장이사회, 경제사회이사회, 국제사법재판소, 신탁통치이사회, 사무국이 있다. UN의 재정은 회원국의 분담금, 특별기부금, 기타 사업수익으로 충당되는데, 분담금 비율은 각국의 지불능력과 수혜 정도를 고려해 결정한다(단, 형평성 차원에서 어떤 국가도 UN 연간예산액의 25% 이상, 0.02% 이하가 돼서는 안 됨). UN이란 명칭을 처음 고안한 사람은 프랭클린 루스벨트이며, 공용어는 영어·프랑스어·중국어·스페인어·러시아어·아랍어이다. 회원국은 193개국이며, 우리나라는 1991년 9월 17일 제46차 UN총회에서 161번째, 북한은 160번째 회원국으로 동시 가입했다. 특히 UN은 2001년 당시 UN 사무총장이었던 코피 아난과 공동으로 노벨평화상을 수상했다.

① UN 기구

주요 기구	총회	• 국제연합의 최고 의결기관 • 1국 1표주의 원칙(중요 안건은 출석 투표국가의 2/3 이상, 기타 문제는 과반수 이상으로 결정) • 매년 정기적으로 9월의 제3화요일에 개최하며, 특별총회는 안전보장이사회의 요구나 총회에서 1/2 이상의 회원국이 요구할 때 소집
	안전보장이사회	• 5대 강국(미국·러시아·중국·영국·프랑스)으로 구성된 상임이사국과 임기 2년의 10개 비상임이사국으로 구성(모두 15개 이사국) • 상임이사국의 임기는 영구적이며 거부권을 갖는 데 반해 비상임이사국은 지역별 배분원칙에 따라 선출되고 거부권이 없음
	경제사회이사회	임기 3년, 54개 이사국으로 구성되며 매년 18개국이 피선
	국제사법재판소	본부 소재지는 네덜란드 헤이그
	기타	신탁통치이사회, 사무국
전문기구		국제노동기구(ILO), 국제연합식량농업기구(FAO), 국제연합교육과학문화기구(UNESCO), 세계보건기구(WHO), 국제통화기금(IMF), 국제부흥개발은행(IBRD), 국제금융공사(IFC), 국제개발협회(IDA), 국제민간항공기구(ICAO), 만국우편연합(UPU), 국제해사기구(IMO), 세계기상기구(WMO), 국제전기통신연합(ITU), 세계지식재산권기구(WIPO), 국제농업개발기금(IFAD), 국제연합공업개발기구(UNIDO), 국제원자력기구(IAEA), 세계무역기구(WTO) 등
보조기구		국제연합개발계획(UNDP), 국제연합환경계획(UNEP), 국제연합난민고등판무관실(UNHCR), 국제연합인권이사회(UNHRC), PKO(평화유지활동) 등

② UN 사무총장

임기 5년의 유엔 사무총장은 세계 최대 국제기구인 유엔을 실질적으로 관리하면서 국제 분쟁 예방을 위한 조정과 중재 역할을 맡는다. 이 때문에 「최고위 외교관」, 「세계의 CEO」라고 불리며, 내부적으로는 유엔 사무국 수석행정관(chief administrative officer)으로 규정돼 있다. 업무 수행 시 어떤 정부나 국제기구의 영향을 받지 않으며, 지시를 구하거나 받지도 않는 국제공무원이다. 국제 의전상 국가원수보다 한 단계 아래인 정부 수반급 예우를 받는다. 유엔 사무총장은 국제 평화와 안보 유지에 위협이 되는 사안에 대해 안전보장이사회의 주의를 환기시키고 유엔 총회, 안전보장이사회, 경제사회이사회, 신탁통치이사회 등의 모든 회의에서 사무국 수장 자격으로 활동한다. 또 유엔 사무국 직원뿐만 아니라 유엔 관련기구 직원에 대해 인사권을 행사한다. 반기문 전 유엔 사무총장은 2007~2016년까지 총 10년간 재임했다.

UN 지정일

2. 21. 국제 모국어의 날
3. 8. 세계 여성의 날 / 유엔 여성권리 및 국제평화의 날
3. 21. 국제 인종차별 철폐의 날
3. 22. 세계 물의 날
3. 23. 세계 기상의 날
4. 7. 세계 보건의 날
4. 23. 세계 책과 저작권의 날
5. 3. 세계 언론자유의 날
5. 15. 국제 가족의 날
5. 17. 세계 통신의 날
5. 21. 세계 대화와 개발을 위한 문화적 다양성의 날
5. 22. 국제 생물다양성의 날
5. 29. 국제 유엔평화유지군의 날
5. 31. 세계 금연의 날
6. 4. 국제 침략희생 아동의 날
6. 5. 세계 환경의 날
6. 17. 세계 사막화와 한발 방지의 날
6. 20. 세계 난민의 날
6. 23. 유엔 공공서비스의 날
6. 26. 국제 마약남용 및 불법거래 반대의 날 / 국제 고문 희생자 지원의 날
7월 첫째 토요일 국제 협동조합의 날
7. 11. 세계 인구의 날
8. 9. 세계 토착민의 날
8. 12. 세계 청년의 날
8. 23. 국제 노예무역과 노예제도 폐지 기념의 날
9. 7. 푸른 하늘을 위한 세계 청정 대기의 날 (한국이 제안해 지정된 첫 UN 공식 기념일)
9. 8. 국제 문맹퇴치의 날
9. 16. 국제 오존층 보존의 날
9. 21. 세계 평화의 날
9월 마지막 주 세계 해사의 날
10. 1. 국제 연장자의 날
10월 첫째 월요일 세계 정주의 날
10. 5. 세계 교사의 날
10. 9. 세계 우편의 날
10. 10. 세계 정신건강의 날
10월 둘째 수요일 국제 자연재해 감소의 날
10. 16. 세계 식량의 날
10. 17. 세계 빈곤퇴치의 날
10. 24. 유엔의 날 / 세계 개발정보의 날
11. 6. 전쟁 및 분쟁 시 환경파괴 예방의 날
11. 16. 국제 관용의 날
11. 20. 아프리카 공업화의 날 / 만국 어린이의 날
11. 21. 세계 텔레비전의 날
11. 25. 세계 여성에 대한 폭력 근절의 날
11. 29. 국제 팔레스타인인과의 유대의 날
12. 1. 세계 에이즈의 날
12. 2. 국제 노예제도 철폐의 날
12. 3. 국제 장애자의 날
12. 5. 국제 경제사회 개발을 위한 자원의 날
12. 7. 국제 민간항공의 날
12. 10. 세계 인권의 날
12. 11. 국제 산악의 날
12. 18. 국제 이주자의 날
12. 20. 유엔 남남협력의 날

걸프협력회의(GCC; Gulf Cooperation Council, 페르시아만안협력회의) •••

1979년 이란혁명과 소련의 아프가니스탄 침공, 1980년 이란 · 이라크 전쟁 등 걸프만 주변의 위기가 고조됨에 따라 사우디아라비아, 쿠웨이트, 아랍에미리트, 카타르, 오만, 바레인 등 6개국 정상들이 1981년 5월 아랍에미리트의 수도 아부다비에서 결성한 협의체이다. 각국 간 경제 및 안전보장의 협력과 치안 · 국방면에서의 결속을 목적으로 한다. 이후 1983년 3월부터는 역내 관세장벽 철폐 · 여행 제한의 해제 등을 실시했고, 2008년 1월 1일 공동시장을 출범시켰다.

아랍연맹(AL; Arab League) •••

중동 · 북아프리카 지역에 위치한 아랍 22개국 간의 지역 협의체이다. 아랍국들의 독립과 주권을 수호하고 회원국 간 긴밀한 관계를 유지하는 것을 목표로 1945년 3월 창설됐다. 창설 당시 회원국은 이집트, 이라크, 요르단, 레바논, 사우디아라비아, 시리아, 예멘 등 7개국이었으나 이후 22개국으로 확대됐다. 본부는 이집트 카이로에 있다. 전문위원회 활동을 통해 경제 · 커뮤니케이션 · 사회 문제 등에 대한 협력을 도모하고 있으며, 아랍권의 분쟁 조정 역할도 맡고 있다.

팔레스타인자치정부(PA; Palestinian Authority) •••

팔레스타인의 합법적 정부로, 1993년 당시 라빈 이스라엘 총리와 야세르 아라파트 팔레스타인해방기구(PLO) 의장이 오슬로 평화협정에 서명하면서 1994년 수립이 공식 선언됐다. 그리고 1996년 선거를 통해 자치정부가 본격 출범했으며, 국제적으로 팔레스타인의 유일한 대표기구로 인정받고 있다. 현재 팔레스타인인들의 자치지역은 요르단강 서안지구와 가자지구로 구성돼 있는데, 서안지구만이 PA의 파타당이 통치하고 있으며 가자지구는 팔레스타인 무장정파인 하마스가 통치하고 있다. 하마스는 2006년 1월 치러진 팔레스타인자치정부 총선에서 40년 동안 집권해 온 파타당을 누르고 집권당이 됐으며, 2007년 가자지구에서 파타 정파를 몰아내고 이곳에 대한 독자적 통치를 시작했다.

NGO(Non-Government Organization, 비정부기구) •••

지역 · 국가 · 국제적으로 조직된 자발적인 비영리 시민단체로, 비정부성을 강조한 개념이다. NGO는 1863년 스위스에서 시작된 국제적십자사 운동이 효시이다. 대표적인 NGO로는 세계자연기금, 그린피스, 국제사면위원회 등이 있다. 국내에는 참여연대 등 1000여 개의 NGO가 활동 중이며 회원수는 150만 명으로 추산된다. NGO는 입법 · 사법 · 행정 · 언론에 이어 「제5부(제5권력)」로 불리며, 정부와 기업에 대응하는 「제3섹터」라는 용어로도 쓰인다. 자율, 참여, 연대를 주요 이념으로 하며 활동 영역에 따라 크게 인권, 환경, 경제, 사회, 정치 5개 분야로 나뉜다. 국내에서는 1903년 설립된 YMCA와 1913년 안창호가 설립한 흥사단이 NGO의 효시로 꼽힌다.

국경없는 의사회(MSF; Medecins Sans Frontieres) •••

세계 최대의 국제 민간의료구호 조직으로, 「중립, 공평, 자원(自願)」의 3대 원칙과 「정치 · 경제 · 종교적 권력으로부터의 자유」의 기치 아래 구호 활동을 벌여 오고 있다. 적십자사와 더불어 인도주의의 대명사로 통한다. 1968년 나이지리아 내전에 파견된 프랑스 적십자사 소속 의사들이 현지의 참상을 목격한 뒤 1971년에 설립했다. 본부는 스위스 제네바에 있으며, 사무소는 한국을 포함해 29개가 있다. MSF는 무력분쟁, 의료사각지대, 자연재해, 전염병 창궐 지역 등에서 위기에 처한 사람들을 위해 긴급구호 활동을 펼치고 있으며 이러한 공로가 인정돼 1991년 유럽인권상 · 자유의 메달, 1996년 서울평화상, 1999년 노벨평화상을 수상했다.

유엔해양법협약(UNCLOS; United Nations Convention on the Law of the Sea) •••

제3차 유엔해양법회의(1973~1982)의 결과, 1982년 12월 10일 자메이카 몬테고베이에서 해양에서의 기득권을 고수하려는 선진국과 인류 공동의 유산임을 주장하는 개도국 간의 논의 결과로 탄생한 해양법에 관한 조약이다. 전문 320조 외에 9조의 부칙으로 돼 있는 바다의 이용에 관한 평시 국제법의 집대성이다. 심해저를 비롯한 해양의 평화적 이용 · 해양자원의 활용 · 해양생물 자원의 보전을 촉진하고, 모든 국가

간 평화·안전·협력 및 우호를 증진하기 위한 해양법 질서를 확립하는 데 목적이 있다. 이 조약의 골자는 ▲12해리(22.2km) 영해제도 및 국제해협 통과·통항제도 확립 ▲200해리(370.4km) 배타적경제수역(EEZ)제도 확립 ▲대륙붕제도 확립 ▲심해저와 그 자원을 「인류 공동 유산」으로 규정 ▲국제해저기구 설립 ▲심해저 자원 개발 관리·규제 ▲포괄적인 해양 분쟁 해결을 위한 「국제해양법재판소」 설립 등이다. 1994년 11월 16일 발효됐으며 우리나라, 일본, 중국, 러시아 및 대부분의 개도국을 포함해 168개국이 서명했으나 미국은 UNCLOS를 비준하지 않았다.

영해기선(領海基線) 영해가 시작되는 선. 간조 시 바다와 육지의 경계선인 저조선(低潮線)을 기준으로 설정하는 경우가 많으며 이를 통상기선이라고 한다. 통상기선은 우리나라의 동해와 같이 해안선이 단조롭고 주변에 섬이 없는 경우에 사용한다. 반면 서해나 남해와 같이 해안선의 굴곡이 심하거나 해안선 주변에 섬들이 많은 지역에는 적절한 지점 또는 섬을 연결하는 직선을 영해의 기선으로 사용하는데, 이를 직선기선이라고 한다. 우리나라는 1977년 서해와 남해에 직선기선을 선포했다. 모든 국가는 기선으로부터 12해리까지 영해를 설정할 권리를 가진다. 영해의 폭을 측정하기 위한 통상기선은 해안의 저조선으로 하고, 적절한 경우 해안의 일반적 방향에 따라 직선기선을 설정할 수 있다. 모든 국가의 선박은 연안국의 평화·질서·안전을 저해하지 않는 한 영해에서 무해통항권을 향유한다. 기선으로부터 24해리 이내의 범위에서 연안국은 관세, 재정, 출입국 관리, 위생법령의 위반을 방지하기 위해 접속수역을 설치할 수 있다.

기국주의(旗國主義) 공해상의 선박은 선박 소속국, 즉 그 선박이 등록되고 그 국기를 달고 있는 국가의 국내법의 지배를 받으며, 그 국가만이 관할권을 가진다는 국제법상의 원칙. 공해의 질서유지를 위한 제도이다. 그러나 해적 행위, 노예 매매, 불법 방송의 혐의가 있는 선박이나 무국적 선박에 대해서는 어느 국가의 군함이라도 검문·검색·나포권을 행사할 수 있다.

모천국주의(母川國主義) 소하성(溯河性) 어종은 그 하천이 있는 나라가 어획의 권리를 갖는다는 주장. 연어, 송어와 같이 바다에서 강을 거슬러 올라와 알을 낳는 물고기를 소하성 어종이라 하는데 이러한 산란 하천을 영유하고 있는 나라가 모천국이다. 미국, 캐나다, 러시아 등은 공해상을 회유 중인 소하성 어종은 잡을 수 없으며 모천국에 관할권이 있다고 주장한다. 유엔해양법협약은 200해리 어업전관수역과 함께 모천국주의를 채택하고 있다.

배타적경제수역(EEZ; exclusive economic zone)•••

연안국으로부터 200해리(370.4km)까지의 모든 자원에 대한 독점적 권리를 인정하는 국제해양법상의 개념이다. EEZ의 경제주권으로는 어업자원 및 해저 광물자원에 대한 주권적 권리, 해수·해풍을 이용한 에너지 생산, 탐사권, 해양과학 조사관할권, 해양환경 보호에 관한 관할권 등이 있다. 따라서 다른 나라 어선이 EEZ 내에서 조업하려면 연안국의 허가를 받아야 하고 이를 위반하면 나포, 처벌된다. 그러나 12해리(22.2km) 이내의 영해가 아니면 조업을 하지 않는 한 어느 나라 배도 허가 없이 항해할 수 있다. 대한해협의 경우 외국 선박의 통항권을 위해 신한일어업협정에 따라 각각 3해리는 영해로, 17해리는 공해로 돼 있다. 우리나라는 1996년 EEZ를 선포했으나 한국과 일본은 육지와 육지 간 거리가 13마일(24km)에 불과한 곳도 있어 자주 마찰을 빚어 왔다. 신한일어업협정은 1999년 1월 22일부터 발효됐고, 한중어업협정은 2001년 6월부터 발효됐다.

200해리 어업수역 연안에서 근해 200해리에 걸쳐서 생식하는 수산자원은 모두 연안국의 것이라는 주장에 근거해 어업자원의 보호를 위해 외국 선박의 어획을 규제하는 수역. 이 수역 내에서 외국 어선은 정부 간에 어업협정을 체결하고 연안국의 허가를 얻지 않으면 조업할 수 없다. 1945년 대륙붕 및 어업보존수역 설정에 관한 트루먼 대통령의 선언을 계기로 중남미 여러 나라가 그 뒤를 이어 연안 수역에 관한 관할권 확장을 주장했다.

접속수역 영해기선으로부터 12해리 범위 내에서 영해를 제외한 수역. 보충수역이라고도 한다. 연안국의 영토 및 영해에서 발생하는 범죄의 예방과 단속을 위해 연안국의 국내법을 한정적으로 적용할 수 있다. 우리나라는 1995년에 접속수역을 선포했다. 접속수역에서 발생하는 선박의 범죄에 대해서는 정선·검색·나포 등 필요조치를 취할 수 있으며, 군함이 위반할 경우에는 영해로부터의 퇴거를 요구할 수 있다.

난민조약(難民條約) •••

본국의 보호를 받지 못하는 난민을 일반적인 외국인과 구별해 인도주의적 목적에서 그 권리를 보장해 주는 조약이다. 1951년 7월 제네바에서 26개국이 「난민의 지위에 관한 조약」을 체결했고 1954년 4월 발효됐다. 이 조약은 유입된 난민에 대해 체재국은 그들의 귀화, 동화를 촉진함과 아울러 여러 종류의 권리를 적극적으로 인정할 것을 명시하고 있다. 한국은 1992년에 가입했다. 이 조약에 따르면 난민 지위를 인정받기 위해서는 ▲인종, 종교, 국적, 특정 사회집단의 구성원 신분 또는 정치적 의견을 이유로 받은 박해의 공포를 증명해야 하며 ▲국적국 밖에 있어야 하고 ▲박해의 공포 때문에 본국으로 돌아갈 수 없다는 조건을 충족시켜야 한다. 아울러 외국에 체재하던 중 자국에서 발생한 상황 또는 정치적 의견을 표명하는 행동으로 인해 박해의 공포가 발생했을 경우에도 난민이 될 수 있다.

블레어하우스(Blair House) •••

미국의 전통적인 국빈 전용 숙소의 명칭이다. 미국 워싱턴에 위치한 대통령 관저인 백악관과 펜실베이니아 대로를 사이에 두고 맞은편에 위치하고 있으며, 네 개의 독립된 건물로 이루어져 있다. 미국을 방문하는 많은 국빈들이 이곳에 묵으며, 미국과 유럽공동체(EC)의 우루과이라운드(UR) 협상 등 국제적인 회의도 여러 번 열린 바 있다. 특히 역대 대통령들이 취임식 전날 이곳에서 하루를 묵고 취임식에 참석하는 것이 관례로 돼 있다.

세계 각국의 대통령 · 총리 집무실 명칭

미국	백악관	이탈리아	퀴리날레궁
프랑스	엘리제궁(대통령), 마티뇽(총리)	필리핀	말라카낭궁
영국	다우닝가 10번지(총리), 버킹엄궁(국왕)	싱가포르	이스타나궁
중국	중남해(中南海)	체코	프라하성
러시아	크렘린궁	아르헨티나	핑크하우스
독일	분데스칸출러암트(총리)	일본	관저(官邸, 총리)

전국인민대표대회(全國人民代表大會) •••

중국의 최고 국가권력기관으로 약칭은 「전인대(全人大)」이다. 당과 국무원(정부)의 결정을 추인하는 형식적 의사결정기구로 헌법 개정, 법률 제정, 국무원 총리의 결정, 국가 예산 · 결산 심사 및 승인 등을 행한다. 전인대 밑으로는 성, 현, 시, 구 등 지방 각급 인민대표대회가 있는데 하급 인민대표대회가 한 급 위인 인민대표대회 대표(임기는 5년)를 순차적으로 선출, 최후로 전인대가 구성된다. 연 1회 회의를 열며 휴회 중에는 상무위원회가 직권을 행사한다.

중국 양회(中國 兩會) 중국의 최고권력기관인 전국인민대표대회(전인대)와 국정자문회의 격인 전국인민정치협상회의(정협)를 통칭하는 말로, 한 해 중국 정부의 경제 · 정치운영 방침이 정해지는 최대의 정치행사이다. 1954년 출범한 전인대는 중국에서 최고의 법적인 지위와 의사결정의 권한을 갖고 있는 최고권력기관(국회격)이며, 정협은 중국 최고의 정책자문기구로 1949년 중국공산당의 제의에 따라 성립됐다.

베이다이허 회의(北戴河 會議)●●●

중국 지도부가 매년 여름 베이징(北京)에서 동남쪽으로 300km 떨어진 휴양지 베이다이허(北戴河)에서 여는 피서를 겸한 회의이다. 1954년에 마오쩌둥(毛澤東)이 처음 이곳에서 회의를 연 이후 연례행사가 됐다. 1958년 이곳에서 열린 정치국 확대회의가 「대약진 운동」의 시행을 결의하면서 유명해졌다. 베이다이허 회의는 공식회의는 아니지만, 공산당 중앙위원회 전체회의의 주요 의제를 사전 조율하고 차기 지도부 구성 등 주요 현안들이 논의되기 때문에 전 세계의 이목이 집중된다.

공청단(共靑團)●●●

중국 공산주의청년단의 약칭으로, 1920년 8월 상하이에서 발족된 중국 공산당의 인재 양성소 역할을 하는 청년조직이다. 1920년 중국사회주의청년단으로 창단된 뒤, 1925년 공산주의청년단으로 이름이 변경됐다. 문화대혁명 당시에는 암흑기를 맞기도 했으나 1978년 제10차 전국대표대회 이후 자리를 잡기 시작했다. 단원의 나이는 14~28세로, 이들은 실천과정을 통해 중국적 사회주의를 배우는 것을 목표로 한다. 공청단이 배출한 대표적 인물에는 후진타오(胡錦濤)를 비롯해 원자바오(溫家寶), 리커창(李克强), 후야오방(胡耀邦), 왕자오궈(王兆國), 저우창(周强) 등이 있다.

중국 내 권력파벌

칭화방(淸華幇)	중국 지도부의 칭화대(淸華大) 인맥을 지칭하는 말. 「중국의 MIT」로 불리는 명문 칭화대 출신의 핵심 엘리트들은 중국의 정치·경제 분야의 요직에 포진함으로써, 21세기 중국호를 이끌어 가고 있음. 주룽지(朱鎔基), 후진타오(胡錦濤), 시진핑(習近平), 우방궈(吳邦國) 등이 대표적
안후이방(安徽幇)	중국 안후이(安徽)성 출신 인사들. 후진타오(胡錦濤)를 비롯해 우방궈(吳邦國), 리커창(李克强) 등이 대표적
상하이방(上海幇)	1989년 톈안먼(天安文) 사태 이후 상하이시 당서기에서 공산당 총서기로 발탁된 장쩌민(江澤民) 중심의 파벌. 덩샤오핑(鄧小平)의 유지를 받들어 성장 주도전략과 개방을 추진했던 계파로, 우방궈(吳邦國), 주룽지(朱鎔基), 자칭린(賈慶林), 황쥐(黃菊) 등이 대표적. 2007년 6월 황쥐 국무원 부총리가 사망함에 따라 세력이 약해짐
태자당(太子黨)	중국 당·정·군 인사들의 자제를 일컫는 말. 시진핑(習近平)이 대표적인 인물로, 1997년 사망한 덩샤오핑(鄧小平)의 자녀 및 사위를 비롯해 당·정·군·경제계에 약 4000명이 포진. 이들은 부모의 후광을 업고 도처에서 이권에 개입하는 등 막강한 영향력을 행사함

일국양제(一國兩制)●●●

하나의 국가에 두 개의 체제를 허용한다는 뜻으로, 자본주의 체제와 사회주의 체제를 공존시키는 방식이다. 이는 중국의 홍콩·마카오 통치 원칙이자 대만 통일 원칙으로, 1997년과 1999년에 중국으로 귀속된 홍콩과 마카오에 각각 적용 중이다. 중국은 1997년 영국으로부터 홍콩을 반환받으면서 2047년까지 50년간 외교와 국방을 제외하고 홍콩 자치정부에 고도의 독립성을 보장하는 이른바 일국양제 원칙에 합의한 바 있다.

중국의 홍콩식 통일안 중국이 대만과의 통일문제와 관련, 공식적인 기본정책으로 확정한 「하나의 중국, 양 제도 병론(일국양제), 고도의 자치, 평화 협상」 등 4개 원칙. 중국 정부가 통일 후 대만을 고도의 자치권을 가진 특별행정구로 만든다는 홍콩 방식의 통일안이라고 할 수 있다.

중국의 3통 정책(三通 政策) 중국이 정권수립 이후 대만에 요구해 온 ▲통우(通郵: 우편 교류) ▲통항(通航: 물류 및 인적 교류) ▲통상(通商: 직교역) 정책. 1981년 중국은 통일 후 대만이 특별행정구로서 고도의 자치를 누린다는 제안을 했으나, 대만 측은 이에 대해서 「접촉하지 않는다(不接觸), 대화하지 않는다(不談判), 타협하지 않는다(不妥協)」는 3불 정책(三不 政策)으로 맞서 왔다. 이후 중국과 대만은 2008년 12월 15일 해운직항 노선 개통, 여객 전세기 운항 확대, 항공 화물기 노선 개통 등 전면적인 대삼통 실시에 들어갔다.

야스쿠니 신사(靖國神社) •••

일본 도쿄 중심가인 지요다(千代田)구 구단키타(九段北)에 위치한 일본 최대의 신사이다. 야스쿠니란 「평화로운 나라」란 뜻으로 야스쿠니 신사의 기원은 메이지(明治) 천황 시절 일본 군인들의 혼령을 위로하기 위해 1869년 창건된 도쿄 초혼사(招魂社)이다. 청일・러일전쟁, 만주 침략 전쟁, 제2차 세계대전 등에서 숨진 군인과 군속 246만 6000여 명의 위패가 보관돼 있다. 제국주의 시절에는 군국주의 확대 정책을 종교적으로 뒷받침하는 역할을 했으며 천황 숭배와 군국 이념을 조장했다. 1978년에는 도조 히데키(東條英機) 전 총리 등 제2차 세계대전의 A급 전범 14명의 위패가 합사되면서 총리나 각료의 참배 여부가 쟁점이 되고 있다.

한일어업협정(韓日漁業協定) •••

1965년 6월과 1998년 11월에 체결한 한일 양국 간의 어업협정이다. ▲1965년 6월 22일 체결해 그해 12월부터 발효된 한일어업협정과 ▲1995년 일본의 일방적 파기 선언으로 무효화됐다가 1998년 11월 28일 한일 양국 사이에 다시 체결, 이듬해인 1999년 1월 22일부터 발효된 신한일어업협정을 말한다. 1965년 체결된 한일어업협정은 한일 양국 간의 국교정상화를 추진하는 과정에서 일본으로부터 경제 개발 자금을 지원받기 위한 일환으로 체결됐다. 이후 1982년 유엔해양법협약이 채택됨에 따라 새로운 국제적인 어업 환경 기준에 맞는 새로운 한일어업협정의 필요성이 대두됐다. 이에 따라 양국은 1998년 11월 28일 신한일어업협정을 체결했다. 신한일어업협정은 전문 17조와 부속 문서로 이루어져 있는데, 주요 내용은 EEZ 설정, 동해 중간수역 설정, 제주도 남부수역 설정, 전통적 어업 실적 보장 및 불법 조업 단속, 어업공동위원회 설치 등이다. 하지만 당시 한국 정부는 독도를 EEZ의 기점으로 삼는다고 명시하지 않아 독도 해역이 「중간수역」으로 포함되면서 일본이 주장하는 독도 영유권의 빌미를 제공하게 됐다.

한일 양국의 중간수역 중간수역은 동해에서 한일 양국이 각기 자국의 EEZ어업 체제를 시행하기로 한 수역을 제외한 남는 수역을 말한다. 지리적으로 양국의 중간에 위치해 기국주의 원칙에 의거해 자국 어선과 국민에 대해 각각 관할권을 행사하며 양국에 있어서는 공해적 성격을 갖고 있다. 그러나 독도는 우리의 영토이므로 독도를 중심으로 영해 12해리 이내에서 타국 어선의 조업은 불가하다.

한일공동개발구역 제주도 동남쪽과 일본의 규슈 서쪽 사이 해역에 위치한 한일 대륙붕공동개발구역으로, 일명 「7광구」라 부른다. 면적은 8만 2000km^2로 서울의 124배에 이르는데, 특히 석유와 가스 매장량이 흑해 유전과 비슷한 수준인 72억t에 달할 것으로 추정된다. 한국과 일본은 1974년 이곳을 공동으로 개발하자는 한일대륙붕협정을 맺었는데, 1978년 발효된 이 협정은 2028년 만료될 예정이다.

한일청구권협정(韓日請求權協定) •••

대한민국과 일본이 국교 정상화와 전후 보상을 논의하며 1965년 6월 22일 체결한 한일협정에 포함돼 있는 내용이다. 전문과 7개 조의 조문으로 구성된 한일협정은 법적지위협정, 어업협정, 청구권협정, 문화재협정 등으로 구성돼 있다. 청구권협정에서는 일본이 한국에 무상 3억 달러・유상 2억 달러를 지급하기로 하고, 한국의 일본에 대한 모든 청구권이 완전하고 최종적으로 해결됐다고 선언했다. 일본 정부는 이 문장을 근거로 강제징용자 문제도 모두 청구권협정으로 해결된 것이라며 한국 대법원의 일제 강제징용 피해 배상 확정 판결이 국제법을 위반한 것이라고 주장하고 있다. 그러나 국가 간 협정은 인권문제나 전쟁범죄에는 적용할 수 없다는 국제법에 근거해 피해자 개인의 청구권은 여전히 존재한다는 것이 우리 측의 입장이다. 또 이 협정은 양측의 인식 차이를 해소하지 않고 1910년 강제병합조약 등에 대해 「이미 무효임을 확인한다」는 애매한 표현으로 각자 유리하게 해석할 수 있는 여지를 남겼다. 이 표현을 근거로 한국은 식민 지배 자체가 무효이며 불법이라고 간주하지만, 일본은 식민 지배 당시에는 합법이었으나 기본조약을 체결한 1965년 시점에 무효가 됐다고 주장한다. 이에 일본은 조선이 합법적인 조약에 의해 병합된 상태에서 전시국민동원령에 따라 합법적으로 자국민을 동원한 것이므로 불법이 아니라는 논리를 전개하고 있다.

일제 강제징용 배상 판결 일제 강점기 당시 강제징용 피해자들이 일본 기업을 상대로 낸 손해배상 청구 소송에 대해 우리 대법원이 1인당 1억 원씩을 배상하라고 최종 확정한 판결. 그러나 일본은 이 판결을 문제삼아 2019년 경제적 보복 조치를 감행해 논란이 됐다.

독도(獨島)•••

울릉도 동남쪽 해상에 위치한 면적 18만 902m²의 화산섬으로, 2개의 큰 섬인 동도(해발고도 98.6m), 서도(해발고도 168.5m) 및 그 주변에 산재하는 89개의 부속 도서로 구성돼 있다. 우리나라에서는 울릉도 동남쪽으로 87.4km, 일본에서는 시마네현 오키섬에서 157.5km 떨어져 있다. 행정구역상 독도의 주소는 「경상북도 울릉군 울릉읍 독도리 1~96번지(우편번호 40240)」이다. 1982년 11월 천연기념물 「독도천연보호구역」으로 지정됐다. 독도에는 메테인(메탄) 하이드레이트 약 6억t이 매장돼 있고, 각종 어족 자원도 풍부하다. 독도는 해양법협약으로 배타적 경제수역(EEZ) 등의 기준이 되는 자연섬이 아닌 암초로 정해져 있다. 자연섬이 되려면 나무, 식수, 두 명 이상의 상주 주민 등의 요건이 갖춰져야 한다.
한편, 독도에 관한 기록은 ≪세종실록지리지≫, ≪신증동국여지승람≫, ≪동국문헌비고≫, ≪만기요람≫, ≪증보문헌비고≫ 등에서도 찾을 수 있다. 우리 정부는 독도가 명백한 우리땅으로서 외교적 교섭이나 사법적 해결의 대상이 될 수 없다는 입장을 견지하고 있으나, 일본은 1905년에 독도를 다케시마(竹島)라 칭하고 시마네현 고시 40호에 의해 일본 영토로 편입한 후 지금까지도 망발을 일삼고 있다. 이 밖에 서양에서는 이 섬을 발견한 선박의 명칭을 따 프랑스는 리앙쿠르암(Liancourt rocks), 영국은 호네트암(Hornet rocks)으로 명명하고 있다.

독도 지명 변천사 우산도(于山島, 512) ➡ 삼봉도(三峰島, 1471) ➡ 가지도(可支島, 1794) ➡ 석도(石島, 1900) ➡ 독도(獨島, 1906)

북방 4개 도서 분쟁•••

일본의 홋카이도와 러시아의 캄차카 반도를 잇는 쿠릴 열도 20개 도서 중 최남단의 2개 섬(에토로후, 쿠나시리)과 홋카이도 북쪽의 2개 섬(하보마이, 시코탄)에 대한 일본・러시아 간의 영유권 분쟁이다. 북방 4개 도서는 구소련이 전후 점령한 곳으로 일본이 러시아에 반환을 강력히 요구하고 있다. 이 지역은 제2차 세계대전 중 카이로 선언에서 「폭력 및 강탈에 의해 약취한 모든 지역으로부터 일본을 구축한다」는 규정에 따라 1945년 2월 얄타협정에서 「사할린 남부와 인접한 제도를 소련에 반환한다」고 규정되면서 전후 소련령에 편입됐다.

조어도 분쟁(釣魚島 紛爭)•••

중국명 댜오위다오(釣魚島), 일본명 센카쿠(尖閣) 열도를 둘러싼 일본과 중국·대만 간의 영유권 분쟁이다. 조어도 열도는 대만으로부터 동북쪽 120km, 일본 오키나와로부터 남서쪽 200km 지점에 있는 동중국 해상의 8개의 무인도를 말한다. 중국의 영유권 주장 논리는 조어도는 역사적으로 중국 영토였으며, 청일전쟁에서 승리한 일본이 대만을 점령하면서 일본의 관할 아래 들어갔으나 1945년 일본의 패전으로 대만이 중국의 일부가 됐으므로 당연히 조어도도 중국에 반환됐다고 보아야 한다는 것이다. 그러나 일본은 1969년 미국과 맺은 오키나와 반환 협정에 「조어도 열도는 일본에 반환된다」는 내용이 포함돼 있음을 들어 자국 영토라고 주장하고 있다. 더욱이 이 부근 해역에 석유와 천연가스 매장 가능성이 대두되면서 인접국의 영토 분쟁은 더욱 심화되고 있다.

신장위구르 분리독립운동(新疆維吾爾 分離獨立運動)•••

중국 서북 변경에 위치한 면적 166만여km^{2}의 자치구인 신장위구르가 중국으로부터의 분리 독립을 요구하며 벌이는 저항운동이다. 신장위구르는 몽골, 러시아, 카자흐스탄, 키르기스스탄, 타지키스탄, 아프가니스탄, 파키스탄, 인도 등 8개 국가와 맞닿아 있어 지정학적으로 중국의 전략적 요충지일 뿐만 아니라 석유와 천연가스 등 지하자원이 풍부하게 매장돼 있다. 전체 인구(2500만 명) 중 위구르족이 45%로 인구의 절반 가까이를 차지하고 있으며 종교(수니파 이슬람교), 인종, 언어 등 여러 면에서 중국의 한족과는 전혀 다른 문화를 가지고 있다. 실제로 이곳에는 중국의 국공 내전 등 혼란한 틈을 타 위구르족이 1933~1934년, 1943~1949년 독립국가인 「동(東)투르키스탄공화국」을 세운 역사가 있다. 현재도 무장 분리독립 운동 단체인 동투르키스탄이슬람운동(ETIM)을 비롯한 각종 무장 단체들이 테러를 기도하는 등 분쟁이 끊이지 않고 있는데, 중국 정부는 강경진압으로 일관하고 있다.

난사군도 분쟁(Spratly islands, 南沙群島 紛爭)•••

중국 남중국해 남단에 위치한 난하이(南海) 제도 중의 하나인 난사군도(영어명 스프래틀리)를 둘러싸고 중국, 대만, 베트남, 말레이시아, 필리핀, 브루나이 등 6개국이 벌이고 있는 영유권 분쟁이다. 난사군도는 1933~1939년에 프랑스가 영유했으나 제2차 세계대전 중 일본이 점령했고, 패전으로 일본이 영유를 포기한 후 1951년 중국이 난하이 제도 전역의 영유권을 주장했다. 1974년에는 난사군도를 두고 중국과 당시 남베트남의 사이공 정권이 무력 충돌을 벌였다. 1975년에 베트남과 필리핀이 군대를 파견했고 1987, 1988년에도 중국·베트남 등이 영유권을 주장하며 군대를 파견했다. 이처럼 분쟁이 계속되는 까닭은 이 지역이 교통·군사상의 요지인데다 부근에 유망한 해저 유전, 천연가스 자원이 있기 때문이다.

중국과 주변국 분쟁 지역 중국－필리핀 : 황옌다오(黃巖島, 필리핀명 스카보러섬), 중국－베트남 : 시사군도(西沙群島, 베트남명 호앙사군도, 영어명 파라셀 제도)

카슈미르 분쟁(Kashmir conflict)•••

인도 북부 카라코람 산맥 남쪽에 있는 카슈미르 지방을 둘러싼 인도·파키스탄 간 영토분쟁으로, 근본적으로는 힌두교와 이슬람교도 간의 갈등이다. 1947년 8월 인도가 영국에서 독립할 당시 파키스탄도 인도에서 분리됐으나, 카슈미르 지역의 귀속 문제는 해결되지 못한 상태였다. 당시 카슈미르 통치자였던 하리 싱(Hari Singh)이 인도로부터 각종 원조를 제공받는 대가로 인도 편입 조약에 서명하자 파키스탄이 강하게 반발하면서 1947년 10월 양국 간 1차 전쟁이 발발했다. 양국은 1947·1965·1971년 세 차례에 걸쳐 카슈미르 지역을 둘러싸고 대규모 전쟁을 벌였으며, 결국 국제연합(UN)의 중재로 1972년 분할 통치로 결론이 났다. 하지만 이후에도 양국 간의 분쟁은 끊이지 않아 현재까지도 카슈미르는 서남아시아 최대의 분쟁지역으로 남아 있다. 현재 잠무 카슈미르는 인도령, 아자드 카슈미르는 파키스탄령에 속해 있으나, 인도령 카슈미르조차 이슬람 인구 비율이 71%로 높아 무슬림 국가인 파키스탄으로 편입하자는 무장 테러단체의 움직임이 계속되고 있다. 한편, 카슈미르의 오랜 갈등은 두 나라의 핵무기 개발 경쟁으로 이어졌는데, 인도가 1974년, 파키스탄이 1998년 각각 핵실험을 거쳐 핵보유국 선언을 했다.

이스라엘－팔레스타인 분쟁(Israel－Palestine 分爭)•••

전 세계의 유대인들이 시오니즘 운동에 따라 팔레스타인 지역으로 몰려들어 이스라엘을 건국하면서 시작된 분쟁이다. 이 과정에서 영국은 제1차 세계대전의 성공적 수행을 위해 시오니즘을 지지함과 동시에 아랍인들의 협력을 요청했고, 양자 모두에게 팔레스타인을 내주겠다는 약속을 함으로써 전쟁의 불씨를 만들었다. 그리고 1947년 10월 유엔이 팔레스타인을 아랍지구 48%와 유대지구 52%로 분할하는 결의안을 가결하면서 이스라엘 성립이 선언됐고, 1948년 5월 이스라엘이 건국됐다. 이에 주변 아랍국가와 이스라엘 간에 4번에 걸친 중동전쟁이 이어졌으나, 이스라엘이 모두 승리를 거두며 팔레스타인 지역의 대부분을 차지하게 됐다. 이후 팔레스타인해방기구(PLO)의 이스라엘을 대상으로 한 테러 등 양측의 유혈분쟁이 계속되다가 1993년 9월 영토와 평화의 교환을 원칙으로 한 오슬로협정이 체결되면서 1994년 7월 팔레스타인자치정부(PA)가 수립됐다. 하지만 이후에도 양측의 유혈충돌은 계속됐고, 특히 2007년부터 팔레스타인 무장단체인 하마스가 가자지구에 대한 독자 통치를 시작하면서 이스라엘과의 갈등은 더욱 심화됐다. 그리고 2023년 10월 하마스가 이스라엘에 대규모 공습을 가하면서 다시 양측 간 분쟁이 발발했는데, 특히 이스라엘이 대대적인 보복공습에 나서면서 피해가 급증했다.

시오니즘(zionism) 유대인이 종교상, 민족정책상 그들의 옛 땅인 팔레스타인에 국가를 재건하려는 운동으로, 19세기 후반에 나타난 유대인의 국가 건설이라는 정치적인 조류를 가리킨다. 1948년 팔레스타인에 이스라엘 공화국을 세움으로써 그 염원을 달성했다.

밸푸어 선언과 맥마흔 선언 제1차 세계대전 중 영국의 아서 밸푸어 외무장관은 팔레스타인에 유대인의 민족적 고향 건설을 지지했다(밸푸어 선언). 그러나 영국 고등판무관 맥마흔은 아랍인에게 팔레스타인을 포함한 독립국가 수립을 약속했다(맥마흔 선언). 이처럼 영국은 밸푸어 선언과 맥마흔 선언을 동시에 함으로써, 이스라엘－팔레스타인 간 갈등은 물론 중동전쟁의 단초를 제공하게 됐다.

중동전쟁 1948년 이스라엘 성립 이후 1973년까지 4차례에 걸쳐 이스라엘과 아랍 국가 간에 벌어진 전쟁을 말한다. 4차례에 걸친 중동전쟁은 모두 이스라엘의 승리로 끝나면서 이스라엘의 영토는 전쟁 전보다 확장됐다. 특히 3차 전쟁(6일 전쟁)에서 이스라엘은 이집트의 시나이반도와 가자지구, 요르단의 요르단강 서안과 동예루살렘, 시리아의 골란고원 등을 점령한 바 있다.

요르단강 서안지구(West Bank)•••

가자지구와 함께 팔레스타인 자치지구를 구성하는 지역으로, 요르단강을 기준으로 서쪽 지역에 위치한다고 해 붙여진 이름이다. 현재 팔레스타인자치정부(PA)를 이끄는 최대 정당인 파타가 통치하고 있는데, 특히 이 지역에는 유대교・기독교・이슬람교 세 종교의 성지인 예루살렘이 위치하고 있다. 서안지구는 1967년 제3차 중동전쟁 이후 이스라엘에 점령당하면서 팔레스타인 문제의 초점이 됐는데, 이스라엘은 해당 전쟁 승리 이후 이 지역에 유대인 정착촌 건설을 시작했다. 유엔은 1967년 6일 전쟁에서 이스라엘의 서안지구 점령이 무효라고 선언한 데 이어 이곳에서의 유대인 정착촌 건설을 인정하지 않고 있다. 하지만 이스라엘은 서안지구에서 팔레스타인 자치를 인정한 오슬로 평화협정 이후에도 정착촌을 확대해 왔으며, 이에 서안지구는 이와 같은 정착촌 문제와 3대 종교의 성지인 동예루살렘 지위 문제를 둘러싼 이스라엘과 팔레스타인의 무력 분쟁이 계속되고 있다.

가자지구(Gaza strip) 요르단강 서안지구와 함께 팔레스타인 자치지구를 구성하는 지역으로, 팔레스타인 남서부, 이집트와 이스라엘 사이에 위치해 있다.

예루살렘(Jerusalem) 기독교, 유대교, 이슬람교 등 3대 종교의 성지가 모두 모여 있는 곳으로, 이스라엘과 팔레스타인이 모두 자신들의 수도로 주장하고 있는 분쟁 지역이다.

유대인 정착촌 팔레스타인 자치지역인 가자지구와 요르단강 서안지구에 있는 유대인 거주지역을 일컫는 말이다. 이는 주로 러시아와 아프리카 등에서 이주해 온 집 없는 유대인들을 정착시킴으로써 인구・주택・토지 문제를 해결하는 것은 물론, 점령지역이 자국 영토임을 기정사실화하려는 목적이다. 국제사회는 이스라엘의 유대인 정착촌 건설을 불법으로 규정하고 중단을 요구하고 있으나, 이스라엘은 이를 강행하고 있다.

인티파다(intifada)•••

「봉기」를 뜻하는 아랍어로, 팔레스타인인들의 반(反) 이스라엘 투쟁을 통칭하는 말이다. 즉 요르단강 서안과 가자지구 등에 거주하는 팔레스타인인들이 이스라엘의 통치에 저항하는 것으로, 궁극적으로는 독립을 지향하는 운동이다. 이는 1987~1993년까지 일어난 1차 인티파다, 2000년 9월 일어난 2차 인티파다로 나뉜다.

체첸사태(Chechen 事態)•••

러시아로부터의 독립을 선언한 체첸공화국과 이를 반대하는 러시아 간의 분쟁과 혼란을 총칭한다. 체첸은 카스피해와 흑해 사이 카프카스 산맥 일대에 위치한 자치공화국이다. 원래 이 지역은 유목 생활을 하던 체첸인이 살던 곳이었으나 16세기부터 러시아 민족이 이 일대를 정복하기 시작하면서 체첸인들의 투쟁이 시작됐다. 체첸공화국 인구의 90%를 차지하는 체첸인 대부분은 이슬람교를 믿고 있어 일찍부터 러시아로부터의 독립을 갈망해 왔다. 1859년 러시아제국에 의해 강제 합병됐으며, 1936년 소련 연방 내 자치공화국으로 편입됐다가 1993년 새로 마련된 연방 법안에 의거해 지방 공화국이 됐다. 러시아가 체첸을 자국 영토로 묶어 두려는 것은 카스피해의 송유관이 자국 영토를 벗어남으로써 생길 에너지 장악권의 상실을 우려하고 있기 때문이라는 관측이 지배적이다.

독립국가연합(CIS; Commonwealth of Independent States) •••

소련이 해체되고 난 후 15개 구성공화국 가운데 발트 3국(에스토니아 · 라트비아 · 리투아니아)과 조지아를 제외한 11개 공화국이 참여해 1992년 1월 1일 창설한 국가연합체이다. CIS 구성국은 러시아, 벨라루스, 몰도바, 카자흐스탄, 우즈베키스탄, 타지키스탄, 키르기스스탄, 아르메니아, 아제르바이잔 공화국 등 9개국이다. CIS는 연방과 달리 독립국가로서의 자격을 갖고 있으나, 선거로 선출된 국가원수와 의회를 갖춘 중앙정부를 두지는 않는다.

쿠르드족(Kurdish) •••

이란 · 이라크 · 튀르키예 · 시리아 등에 흩어져 있는 세계 최대의 유랑민족으로, 기원전부터 이 지역의 국경 산악지대에서 유목을 하며 살았다. 현재 인구는 3000~4000만 명에 이르는데, 이 중 1500만 명이 튀르키예에 거주하고 있다. 종교는 대부분 이슬람교 수니파이며, 본래는 유목 생활을 했으나 현재는 중동 지역 곳곳에서 정착 생활을 하고 있다. 쿠르드족은 중세 때 아라비아의 통치를 받은 이후 이민족의 지배하에 있었고, 제1차 세계대전 후부터 수차례 독립을 시도했으나 그때마다 주변국의 방해 등으로 실패했다. 특히 1차 세계대전 당시 연합국의 일원으로 오스만제국(튀르키예 전신)에 대항한 쿠르드족은 1920년 세브르 조약을 통해 독립을 보장받았으나, 1923년 영국은 자신들의 신탁통치를 받던 바그다드에 쿠르디스탄(쿠르드족의 땅) 지역 통제권을 넘긴 바 있다.

지하드(Jihad) •••

이슬람교 전파를 위한 종교적 의무를 일컫는다. 「정해진 목적을 위해 노력한다」는 뜻의 아랍어로 성스러운 전쟁, 즉 성전으로 번역된다. 흔히 이슬람교의 옹호와 전파를 위해 이교도와 벌이는 전쟁이라는 개념으로 알려져 있다. 그러나 지하드는 반드시 무력에만 의존하는 것이 아니라 「마음에 의한, 펜(논설)에 의한, 지배에 의한, 검에 의한」 4종의 지하드가 있다. 성년이 된 남자 이슬람교도는 지하드에 참가할 의무가 있다.

이슬람 원리주의(Islamic fundamentalism) •••

이슬람교의 성전(코란)과 예언자 무함마드의 행적 기록(하디스)에 적힌 내용을 철저히 따르고 이슬람법(샤리아)으로 통치하는 이슬람 공동체와 국가의 건설 · 운영을 목표로 하는 집단이다. 18세기 초 아라비아반도 출신 신학자인 무함마드 이븐 알 와하브라가 「진정한 이슬람 원리로 돌아가자」며 벌인 와하비 운동이 기원이다. 초기 이슬람 시대의 엄격한 전통을 강조하고 모든 현실적 개혁에 반대한다. 지금은 이슬람 정신을 파괴한다는 이유로 서구 문명을 거부하는 경향을 띠고 있다. 원리주의자들도 다른 이슬람교도(무슬림)와 마찬가지로 이슬람 전통의 형제애와 평화정신을 강조한다. 하지만 일부 급진파들은 원리주의를 지나치게 확대 해석해 자신의 영혼과 세상을 정화하기 위해서는 세속화하는 이슬람 국가와 서구를 상대로 폭력 투쟁을 해야 한다고 주장하고 있다. 이러한 과격성 때문에 급진파들은 이슬람권에서도 비판을 받고 있다.

이란 혁명수비대(IRGC; Islamic Revolution Guards Corps) •••

1979년 이란혁명 이후 체제 수호를 위해 창설한 최정예 부대로, 정규군과 함께 양대 군사조직을 형성하고 있다. 정규군이 이슬람혁명 이전 팔레비 왕조의 군사조직을 계승한 것이라면 혁명수비대는 당시 최고 권력기관이었던 이슬람최고혁명위원회가 창설한 정예군이다. 자체적으로 약 12만 명에 이르는 육・해・공군 및 특수・정보부대 등의 병력을 소유하고 있으며, 이란의 이슬람 체제를 수호하는 것을 주요 임무로 한다. 미국 정부는 2007년 8월 혁명수비대를 「특별히 지정된 세계적 테러리스트」로 규정했다.

도덕경찰(morality police) 이란에서 여성들의 히잡과 같은 복장을 단속하기 위해 2006년 설립한 조직으로, 이란 여성 인권탄압의 상징이다. 도덕경찰의 마구잡이식 단속은 2022년 마흐사 아미니라는 20대 여성의 죽음으로 이어져 이란 반정부 시위(히잡 시위)의 도화선이 됐다.

색깔혁명(color revolution) •••

1990년대 말부터 구소련 국가와 동유럽, 중앙아시아, 중동 등에서 일어난 민주화 및 정권교체 운동이다. 특히 피를 흘리지 않고 일어난 정권교체를 이르는데, 각 나라를 상징하는 특별한 색깔이나 꽃의 이름을 따서 붙은 명칭이다. 1974년 4월 25일 포르투갈에서 일어난 카네이션 혁명이 색깔혁명의 시작으로 여겨진다. 체코슬로바키아 공산정권 붕괴를 불러온 벨벳혁명(1989), 우크라이나의 친(親) 러시아 정권 붕괴를 이끈 오렌지혁명(2004), 조지아의 장미혁명(2003), 키르기스스탄의 튤립(또는 레몬)혁명(2005), 미얀마의 샤프란혁명(2007), 홍콩의 우산혁명(2014) 등이 대표적이다.

뉴테러리즘(new terrorism) •••

2001년 발생한 9・11 테러와 같이 주체도 대상도 모호한 무차별적 테러리즘 양상을 뜻하는 말로, 「슈퍼테러리즘」이라고도 한다. 요구 조건과 공격 조건이 없고, 불특정 다수인을 대상으로 하며, 전쟁 수준의 무차별성으로 피해가 상상을 초월한다. 특히 전통적인 무력에 더해 생화학 무기와 사이버 테러까지 다중 사용함으로써 저비용으로 대규모 인명 살상 및 국가 인프라 파괴가 가능하며 그 색출 또한 어렵다.

소프트타깃(soft target) •••

정부나 공공기관을 대상으로 하는 「하드타깃(hard target)」의 반대 개념으로, 불특정 다수의 민간인을 대상으로 이루어지는 테러 행위를 가리킨다. 미국 언어학자 노암 촘스키(Noam Chomsky)에 따르면 소프트타깃은 1986년 이란・콘트라 스캔들에서 미국이 콘트라 반군으로 하여금 민간병원과 학교 등을 공격하도록 한 것에서 비롯됐다. 그러나 이 개념이 정립된 것은 2001년 9・11 테러 이후이다. 위험이나 저항 없이 쉽게 테러를 자행할 수 있으며 불특정 다수를 대상으로 삼기 때문에 파급효과를 극대화할 수 있어, 알 카에다나 IS 같은 반정부 세력들이 주로 이용해 왔다.

외로운 늑대(lone wolf)•••

전문 테러 단체 조직원이 아닌 자생적 테러리스트를 지칭한다. 외로운 늑대는 본래 1996년 러시아 남부 다게스탄공화국 키즐랴르를 기습한 체첸 반군을 일컫는 말이었으나, 1990년대 중반 미국의 극우 인종주의자 앨릭스 커티스에 의해 「자생적 테러리스트」라는 의미로 변화됐다. 이들은 배후 세력 없이 특정 조직이나 정부에 대한 반감으로 극단주의 단체의 이데올로기나 신념 등에 자발적으로 동조해 테러를 자행한다. 특히 외로운 늑대에 의한 테러는 테러 감행 시점이나 방식에 대한 정보 수집이 어려워 예방이 거의 불가능하고, 추적도 힘들어 조직에 의한 테러보다 더욱 큰 위협이 되고 있다.

전방위 외교(全方位 外交)•••

이념에 관계없이 모든 나라와 외교관계를 수립하는 외교를 말한다. 유사한 용어로 어떤 나라와도 특별한 관계를 원치 않는 외교 전략인 「등거리 외교(equal-distance diplomacy)」가 있다. 우리나라는 1989년 2월 헝가리, 같은 해 11월 폴란드와 공식 수교했으며, 1990년 9월에는 구소련, 1992년 8월에는 중국과 국교 수립을 맺는 등 북방 외교를 통한 전방위 외교를 펼쳐 왔다.

북방 외교(北方 外交)•••

1980년대 특히 제6공화국 출범 이후 정부가 사회주의 국가들과의 관계 개선을 통해 한반도의 긴장 완화와 평화 정착, 통일 기반 조성을 위해 추구했던 외교 정책을 말한다. 1988년 2월 26일 노태우 대통령은 북방 외교 대원칙을 선언하고 같은 해 7월 7일에는 이른바 7·7선언을 발표, 북방대륙 국가들과의 관계 개선을 적극 추진했다. 때맞춰 미·소 간의 신(新)데탕트 바람과 서울올림픽 개최, 대 공산권 교역 증대 등의 유리한 여건에 힘입어 그해 3월 24일 헝가리가 서울무역사무소를 설치해 북방 외교의 물꼬를 트게 됐다. 1989년 2월 1일에는 동구 공산권 국가로는 처음으로 헝가리와 정식 수교했으며, 그해 7월까지 유고슬라비아, 구소련, 폴란드, 불가리아 등 동구권의 무역사무소가 차례로 설치됐다.

셔틀 외교(shuttle diplomacy)•••

첨예하게 대립하고 있는 양국 사이를 중재하기 위해 제3자를 활용하는 외교 방식 또는 국제 관계를 말한다. 1973년 제4차 중동전쟁(이집트와 시리아가 과거 3차례 중동전쟁에서 잃었던 영토 회복을 위해 이스라엘을 공격함으로써 발발한 전쟁)이 발발하자, 당시 미국 국무장관이던 헨리 키신저(H. Kissinger)가 양측을 오가며 평화협상을 위한 중재자 역할을 했는데, 이를 두고 셔틀 외교라는 말이 처음 사용됐다. 이후 의미가 확대돼 외교 현안 사항들을 수시로 협의하기 위해 양국 정상이 양국 또는 제3국을 오가며 벌이는 외교(양국 간 정례 실무회담) 활동에 사용되고 있다.

전랑 외교(wolf warrior diplomacy, 戰狼 外交)●●●

성장한 경제력과 군사력을 바탕으로 무력과 보복 등 공세적인 외교를 지향하는 중국의 외교 방식으로, 「늑대외교」라고 한다. 이는 중국의 인기 영화 제목인 「전랑(戰狼·늑대전사라는 뜻)」에서 따온 말로, 늑대처럼 힘을 과시하는 중국의 외교 전략을 지칭한다. 대표적인 사례로는 남중국해 분쟁과 홍콩보안법(홍콩 내 반(反)정부 활동 처벌) 직접 제정 등을 들 수 있다.

전묘 외교(戰貓 外交) 전묘(戰貓)는 「고양이 전사」라는 뜻으로, 중국이 내세우는 전랑(戰狼, 늑대전사) 외교에 대응해 대만 정부가 시행하고 있는 외교 정책을 뜻한다. 전묘 외교는 자유와 평화를 사랑한다는 메시지를 확산해 우방국가를 확대한다는 목적을 갖고 있다.

판다 외교 중국이 관계 발전을 위해 상대국에 자국 국보급 동물인 판다를 보내는 외교 정책이다. 중일 전쟁이 한창이던 1941년 국민당의 장제스 총통이 중국을 지원해준 미국에 감사의 표시로 한 쌍을 보낸 이후부터 시작됐다. 1983년 워싱턴 조약 발효로 희귀동물을 다른 나라에 팔거나 기증할 수 없게 되고 나서는 돈을 받고 장기 임대해 주는 형식으로 판다 외교를 진행하고 있다.

중국몽(中國夢) 중화민족의 부흥을 실현한다는 것으로, 시진핑(習近平) 중국 국가주석이 2012년 당 총서기에 오르면서 내세운 이념이다. 이는 국가 부강, 민족 진흥, 인민 행복 세 가지 목표를 실현하겠다는 의미가 담겨 있다.

ZOOM IN

이슬람 테러 단체

① IS(Islamic State)

2003년 국제 테러조직 알 카에다의 이라크 하부 조직으로 출발한 급진 수니파 무장단체. 이라크에서 각종 테러 활동을 벌이다 2011년 시리아 내전이 발발하자 거점을 시리아로 옮겼다. 이후 세력을 급격히 확장하면서 2014년 6월 29일 기존의 이라크－레반트 이슬람국가(ISIL)에서 IS로 개명했다. 이전의 다른 무장단체나 테러조직과는 비교가 어려울 정도로 막강한 자금력과 조직 동원력, 군사력을 보유했다. 그러나 2017년 7월과 10월 이라크 내 거점 지역이던 모술에 이어 자신들의 상징적 수도인 락까에서도 패배하면서 그 세력이 급격히 와해됐다. 이후 2019년 3월 시리아민주군(SDF)에 의해 마지막 근거지였던 바구즈까지 잃으면서, IS의 영토는 모두 상실됐다.

② 헤즈볼라(Hezbollah)

레바논의 이슬람교 시아파 무장단체 가운데 가장 규모가 큰 조직으로, 아랍어로 「신(神)의 당(黨)」을 뜻한다. 이스라엘이 레바논을 2차 침공했던 1980년대 초에 형성됐다. 이란으로부터 재정지원을 받고 있으며 시리아·팔레스타인과도 좋은 관계를 유지하고 있다.

③ 하마스(Hamas)

1987년 설립된 팔레스타인의 대표적인 무장단체. 아랍어로 「열정」을 뜻하며, 「이슬람 저항 운동」의 약칭이기도 하다. 아흐마드 야신이 조직했으며 그 이전에 이집트 무슬림형제단의 팔레스타인 지부가 모체이다. 하마스의 활동은 팔레스타인 주민에게 교육과 의료, 경제적 구제 등의 사회활동을 하는 다와(Da'wa)와 이스라엘에 대한 저항을 의미하는 지하드(Jihad)로 나뉜다. 이스라엘이 점령 중인 팔레스타인 영토를 해방시켜 독립국가를 건설하는 것이 목표로, 이스라엘에 대한 테러를 주도하고 있다.

④ 팔레스타인 이슬라믹 지하드(PIJ; Palestine Islamic Jihad Movement)

1981년 결성된 팔레스타인의 이슬람주의 무장단체로, 가자지구에서 하마스에 이어 두 번째로 큰 무장단체이다. 무슬림형제단에서 파생된 조직으로, 어떠한 정치적 평화 과정도 거부하는 등 가장 극단적이고 비타협적인 팔레스타인 무장세력 중 하나로 여겨진다.

⑤ 무자헤딘(Mujahedin)

아프가니스탄과 이란에 있는 이슬람 게릴라 조직. 아랍어로 「성전(聖戰)을 행하는 전사」를 뜻한다. 이란의 무자헤딘은 이슬람 사회주의 노선을 따르고 있으며, 아야툴라 호메이니의 이슬람 혁명노선에 반대해 무장투쟁을 벌였다.

외교사절(外交使節) •••

국가 간의 외교교섭 등의 직무수행을 위해 외국에 파견되는 국가의 대표자 또는 대표기관이다. 외교사절의 종류에는 파견국에 상주하면서 본국과의 외교관계를 담당하는 「상주외교사절」과 특정 외교교섭을 위해 조약을 체결하거나 국제회의에 참석하기 위해 일시적으로 파견하는 「임시외교사절」이 있다. 또한 외교사절의 계급에는 대사(외교사절의 최고계급), 공사, 변리공사, 대리공사 등 네 계급이 있다.

⑥ 알 카에다(al Qaeda)
「9 · 11 테러」의 배후로 지목됐던 오사마 빈 라덴(2011. 5. 사망)이 1988년 설립한 테러단체. 조직은 아프가니스탄 내전을 비롯해 러시아 체첸, 카슈미르 등지에서 참전했던 경력자들이며, 점 조직으로 운영된다. 1993년 세계무역센터 지하주차장 폭탄 테러를 시작으로 2001년 발생한 미국 뉴욕 세계무역센터 빌딩 폭파사건 등 여러 건의 테러에 연루돼 있다.

⑦ 제마 이슬라미아(JI; Jemaah Islamiah)
인도네시아, 브루나이, 말레이시아, 싱가포르, 남부 필리핀 등을 통합한 동남아시아의 이슬람 제국 건설을 꿈꾸는 무장 테러단체. 인도네시아어로 「이슬람 모임」을 뜻한다. 2002년 10월 발리섬 폭탄 테러, 2004년 9월 인도네시아 자카르타 호주대사관 차량폭탄 테러 등을 자행한 것으로 추정된다.

⑧ 탈레반(Taliban)
전통 율법의 엄격한 적용을 강조하는 이슬람 원리주의자 조직. 아프가니스탄 현지어로 「학생」 또는 「구도자」를 의미하며, 모하마드 오마르가 1994년 창설해 1996년 9월 이슬람조직 간의 내전에서 승리, 수도 카불을 점령하고 북부 지역을 제외한 국토의 90%를 장악했다. 탈레반 정권은 「9 · 11 미 테러」의 배후자로 지목된 오사마 빈 라덴의 신병 인도를 거부하면서 2001년 미국의 공격을 받아 조직이 와해되는 듯했으나, 지속적으로 게릴라전과 테러전을 전개하면서 다시 세력을 확장했다. 이에 전쟁이 20년 가까이 이어지자 미국은 2021년 5월부터 단계적으로 아프간 주둔 미군을 철수시켰고, 탈레반은 그해 8월 수도 카불을 장악하며 내전 승리를 공식 선언하고 정권을 재장악했다.

⑨ 보코 하람(Boko Haram)
2001년 결성된 나이지리아의 이슬람 극단주의 테러단체. 「서구식 교육은 죄악」이라는 뜻의 보코 하람은 나이지리아 북부의 완전한 이슬람 국가로서의 독립을 목표로 무장 테러를 전개하고 있다. 2013년 유엔에 의해 테러집단으로 규정됐다.

⑩ 무슬림형제단(Muslim Brotherhood)
이집트 이슬람학자이자 사회운동가인 하산 알-반나가 영국 식민통치시기인 1928년 진정한 이슬람 가치의 구현과 확산을 목표로 수에즈의 이스마일리야에서 설립한 이슬람 근본주의 조직. 전 세계에서 가장 오래되고 규모가 큰 이슬람 운동 조직으로 알려져 있다. 이집트에서는 1954년 나세르 전 대통령 암살 시도 배후로 지목돼 테러단체 명단에 올랐다.

⑪ 이슬람국가 호라산(IS-K; Islamic State Khorasan)
이슬람 수니파 무장단체 이슬람국가(IS)에서 파생된 단체로, IS가 2015년 1월 아프가니스탄에 일종의 지방정부 성격으로 설립한 조직이다. 조직원 대부분은 아프간 탈레반 정권에 불만을 품고 이탈한 과격주의자들로, 탈레반과는 경쟁적 적대 관계이다.

외교특권(外交特權) •••

외교사절이 주재국에서 가지는 특권이다. 외교사절의 신체와 명예, 공관, 외교문서와 통신의 불가침을 내용으로 하는 불가침권과 주재국의 재판권, 경찰권, 과세권의 면제를 내용으로 하는 치외법권이 있다. 이러한 특권은 외교사절의 가족, 그 밖의 직원에게도 인정된다. 외교특권은 외교사절의 능률적인 임무 수행을 보장하기 위한 것으로서 국제관습에 의해 인정돼 왔으며, 1961년에 합의한 「외교관계에 관한 빈조약」에 명문화됐다.

아그레망(agrément) •••

타국의 외교사절을 승인하는 일을 가리키는 말로, 프랑스어로 「동의(同意)」라는 뜻이다. 국제 관례상의 제도로, 새로운 대사(大使)를 파견할 때 사전에 상대국에 그 인물을 받아들일지의 여부를 조회하는 것을 「아그레망을 구한다」고 한다. 이 제도는 정식으로 임명된 대사를 상대국이 거절함으로써 국제분쟁이 일어나는 것을 미연에 방지하기 위한 것이다. 만약 아그레망을 거부할 경우에는 파견국에 그 이유를 고지할 필요가 있다.

외교사절의 파견 · 접수 | 아그레망 요청 ➡ 아그레망 부여 ➡ 신임장 부여 ➡ 신임장 제출

페르소나 논 그라타(persona non grata) •••

「좋아하지 않는 인물」이란 뜻의 라틴어로 외교상 「기피 인물」을 지칭한다. 접수국 정부는 언제라도 이유를 명시할 필요 없이 특정 외교사절 또는 외교직원을 「페르소나 논 그라타」라고 선언할 수 있고, 파견국은 통고를 받으면 그 외교사절을 소환하거나 해임해야 한다. 파견국이 소환을 거부하거나 상당 기간 내에 조치를 취하지 않으면 접수국은 그 인물을 외교사절단 구성원으로 인정하지 않아도 된다.

린치핀(linchpin) •••

본래 마차나 수레, 자동차의 바퀴가 빠지는 것을 막기 위해 축에 꽂는 핀을 가리키나, 비유적으로 「핵심축」이라는 뜻으로 사용된다. 외교적으로는 코너스톤과 함께 「(공동의 정책목표를 달성하기 위해) 꼭 필요한 동반자」라는 비유적 의미를 갖고 있는데, 한미 동맹을 상징하는 용어로도 사용된다.

코너스톤(cornerstone) 외교상에서 린치핀과 비슷한 의미로 사용되는 「코너스톤」은 사전적 의미로는 야구에서 본루를 지키며 투수가 던지는 공을 받는 선수를 말한다. 버락 오바마 전 미국 대통령이 2012년 아베 신조 당시 일본 총리에게 보낸 재선 축하 성명에서 이 표현을 사용한 이후 미일 동맹을 상징하는 용어로 사용되고 있다.

G-제로(G-zero) •••

G2(미국 · 중국), G7(선진 7개국), G20(주요 20개국) 등 기존의 국제사회를 이끌어 왔던 특정 국가나 세력의 영향력이 쇠퇴하고 뚜렷한 주도 세력이 없는 상태를 말한다. 이 용어는 유라시아 그룹 회장인 이안 브레머(Ian Bremmer)가 2011년 처음 사용해 널리 알려졌다.

논 제로섬 게임(non zero sum game)•••

한쪽의 이익과 다른 쪽의 손실을 합하면 플러스 마이너스 제로로 되지 않는 현상이다. 실제로 자국의 이익만 앞세우는 국제정치에서는 한쪽 나라의 이득은 다른 쪽 나라의 손해로 간주되는 일이 많다.

치킨게임(chicken game)•••

상대방이 물러날 때까지 정면충돌을 감수하는 게임으로, 국제정치학에서 사용하는 게임이론 가운데 하나이다. 원래는 1950년대 미국 젊은이들 사이에서 유행하던 자동차 경주 게임의 명칭이었다. 이 게임은 두 명의 경쟁자가 한밤중에 도로 양끝에서 각각 차를 몰고 정면 돌진하다가 충돌 직전에 핸들을 꺾는 사람이 지는 경기이다. 만일 어느 한쪽도 핸들을 꺾지 않을 경우 게임에서는 둘 다 승자가 되지만, 결국 충돌함으로써 양쪽 모두 파국으로 치닫게 된다. 이 용어는 기업 간 경영에도 종종 응용되는데, 예를 들면 반도체 산업에 있어서 각 업체들이 경기회복에 대비해 공격적으로 설비투자에 나서 가격 낮추기 경쟁으로 이어지면 결국은 수익성 악화로 모두 파산하게 된다는 것이다.

투키디데스의 함정(Thucydides's trap)•••

급부상한 신흥 강대국이 기존의 세력 판도를 흔들면 결국 양측의 무력 충돌로 이어지게 된다는 의미이다. 이 용어는 아테네 출신의 역사가이자 장군이었던 투키디데스(Thukydides)가 편찬한 역사서 ≪펠로폰네소스 전쟁사≫에서 주장한 것이다. 이에 따르면 BC 5세기 기존 맹주였던 스파르타는 급격히 성장한 아테네에 대해 불안감을 느끼게 됐고, 이에 양 국가는 지중해의 주도권을 놓고 전쟁을 치렀다. 투키디데스는 이와 같은 전쟁의 원인이 아테네의 부상과 이에 대한 스파르타의 두려움 때문이라고 주장했다.

R2P(Responsibility to Protect, RtoP, 보호책임)•••

집단학살, 전쟁범죄, 인종청소, 반인류 범죄 등 4대 범죄로부터 국가가 자국민을 보호할 책임을 뜻한다. 만일 이에 실패하는 국가가 있다면 국제사회가 유엔 안전보장이사회를 통해 개입할 수 있다는 것으로, 2005년 유엔 정상회의에서 결의돼 2006년 안전보장이사회 재확인을 거쳐 국제규범으로 확립됐다.

캐러밴(caravan)•••

마약, 폭력, 살인 등의 범죄 및 정치적 박해 등을 피해 미국으로 진입하려는 과테말라, 온두라스, 엘살바도르 등 중미 국가의 이주민 행렬을 뜻한다. 2013년부터 시작된 캐러밴은 2018년 들어 점차 급증하기 시작했다. 특히 2018년 10월 온두라스 이주민 행렬이 수천 명으로 불어나 미국으로 향하면서 전 세계의 주목을 받았다.

제3세계(第三世界)•••

일반적으로 선진 자본주의제국을 제1세계, 구소련・동구의 사회주의제국을 제2세계, 개발도상국을 제3세계라고 한다. 1974년 유엔자원총회에서 중국의 덩샤오핑(鄧小平)이 미・소의 초대국을 제1세계, 중국을 포함한 개발도상국을 제3세계, 그 중간의 일본과 유럽을 제2세계라 불렀다. 제3세계 중에서 자원도 없고, 공업화를 위한 자본이나 기술도 없는 35개국의 「후발개발도상국(LDDC; least developed among developing countries)」은 제4세계라 한다. 1973년의 석유 위기에 의해 「가장 영향을 받은 나라들(MSAC; most seriously affected countries)」은 제5세계라고 부른다.

노벨상(Novel prize)•••

다이너마이트를 발명한 스웨덴 화학자 알프레드 노벨(A. B. Novel)의 유언에 따라 인류의 복지에 공헌한 사람에게 수여되는 상이다. 노벨이 기부한 3100만 크로나를 기금으로 노벨재단을 설립하고 그 이자로 상금을 충당한다. 시상식은 노벨 사망일인 매년 12월 10일에 개최되며, 수상자에게는 1100만 크로나의 상금과 금메달, 상장이 주어진다. 1901년부터 거행돼 온 노벨상은 세계대전으로 1918년, 1939~1943년 등 여섯 차례 시상식을 치르지 못했다(2020・2021년은 코로나19로 온라인 대체). 물리학・화학・경제학상은 스웨덴 왕립과학아카데미(한림원), 의학상은 카롤린의학연구소, 문학상은 스웨덴・프랑스・스페인의 아카데미, 평화상은 노르웨이 국회가 선출한 5인 위원회가 분담해 수상자를 선정한다. 2000년에는 김대중 전 대통령이 동북아 평화에 기여한 공로로 한국인 최초의 노벨평화상을 수상한 바 있다.

2023년 노벨상

구분	수상자	수상 업적
평화상	나르게스 모하마디(이란)	이란 정권의 억압에 맞서 보편적 인권과 자유를 증진하기 위해 투쟁
문학상	욘 포세(노르웨이)	혁신적인 희곡과 산문으로 말할 수 없는 것들이 목소리를 낼 수 있도록 함
생리의학상	커털린 커리코(헝가리), 드루 와이스먼(미국)	mRNA에 대한 획기적 발견을 통해 코로나19 팬데믹 종식에 기여
물리학상	피에르 아고스티니(프랑스), 페렌츠 크라우스(헝가리), 안느 륄리에(프랑스)	100경분의 1초(아토초)를 통해 원자와 분자 내부 전자 세계를 탐구할 수 있는 방법을 찾아내는 데 기여
화학상	모운지 바웬디(미국), 루이스 브루스(미국), 알렉세이 예키모프(러시아)	양자점의 발견, 그 정체와 원리 규명해 차세대 소재 개발의 기반을 마련하는 데 기여
경제학상	클라우디아 골딘(미국)	여성의 노동시장 결과와 관련한 이해를 진전시킨 공로

Chapter 01 정치 · 외교 상식력 테스트

선다형 문제

01 정부 권력이 국민의 지지나 동의를 얻어서 구성돼야 한다는 것은 다음 중 어느 것을 뜻하는가?
국민연금공단, 서울교통공사

① 권력의 능률성 ② 권력의 효율성
③ 권력의 정당성 ④ 권력의 통제성

③ 권력의 정당성은 선거를 통해 표출된 국민의 의사에 의해 창출된다.

02 다음 중 엽관제와 관계있는 미국의 대통령은?
MBC

① 우드로 윌슨 ② 앤드류 잭슨
③ 에이브러햄 링컨 ④ 프랭클린 루스벨트

엽관제(spoils system) : 공무원의 임면(任免)을 당파적 충성이나 정신에 의해 결정하는 정치적 관행을 일컫는다. 1828년 대통령에 당선된 앤드류 잭슨이 엽관제를 공직의 민중에 대한 해방과 공무원에 대한 인민통제의 역할을 지닌 것이라고 강조한 뒤로 엽관제의 관행이 확립됐다.

03 당3역이 아닌 자리는? YTN, 조선일보, 한국석유공사

① 대변인 ② 원내대표
③ 사무총장 ④ 정책위의장

당3역(黨三役) : 한 정당의 중추적인 실력자로, 사무총장, 원내대표, 정책심의위원회 의장을 이르는 말이다.

04 국무회의에 관한 설명으로 잘못된 것은?
국립공원관리공단, 서울교통공사

① 정부의 권한에 속하는 중요 정책을 의결하는 의결기관이다.
② 대통령, 국무총리와 15인 이상 30인 이하의 국무위원으로 구성된다.
③ 국무총리는 국무회의의 부의장이다.
④ 군인은 현역을 면한 후가 아니면 국무위원으로 임명될 수 없다.

① 국무회의는 정부의 권한에 속하는 중요 정책을 심의하는 행정부의 최고 정책심의기관이다.

05 대통령제와 의원내각제의 요소를 결합한 절충식 정부 형태는? CBS, 조선일보, 한국일보

① 일국양제 ② 연방제
③ 연립내각제 ④ 이원집정부제

④ **이원집정부제(二元執政府制)** : 대통령제와 의원내각제가 절충된 제3의 정부 형태로, 통치 권력이 대통령과 총리에게 이분화돼 있다. 원칙적으로는 대통령이 국가원수로서 통치권을 행사하고, 총리가 행정권을 행사한다. 이러한 의미에서 준(準) 대통령제 또는 제약된 의원내각제라고도 한다.
① 하나의 국가에 두 개의 체제를 허용한다는 뜻으로, 자본주의 체제와 사회주의 체제를 공존시키는 방식이다.
② 국가 권력이 중앙정부와 주에 분배된 형태로, 미국이 대표적인 연방제 국가이다.
③ 둘 이상의 정당 대표로 구성되는 내각이다.

Answer 1. ③ 2. ② 3. ① 4. ① 5. ④

06 다음 중 대통령이 국회의 동의를 얻지 않고 임명할 수 있는 직위는? YTN, 경향신문

① 대법원장 ② 중앙선거관리위원장
③ 헌법재판소의 장 ④ 대법관
⑤ 국무총리

② 중앙선거관리위원회의 위원장과 상임위원은 위원 중에서 호선하며, 관례상 대법관이 위원장으로 선출된다.

국회의 동의가 필요한 대통령의 임명권 : 국무총리, 대법원장, 대법관, 헌법재판소의 장, 감사원장

07 공직 임기를 오름차순으로 바르게 정리한 것은? MBC, SBS, 서울신문

① 검찰총장 – 서울시장 – 대법원장 – 대통령
② 검찰총장 – 서울시장 – 대통령 – 대법원장
③ 서울시장 – 검찰총장 – 대법원장 – 대통령
④ 서울시장 – 검찰총장 – 대통령 – 대법원장

검찰총장(2년) – 서울시장(4년) – 대통령(5년) – 대법원장(6년)

08 국제사법재판소에 대한 설명 중 옳지 않은 것은?

① 국제연합(UN) 가입국이 아니면 당사국이 아니다.
② 재판관은 15명, 임기는 9년이다.
③ 국제사법재판소의 판결은 법적 구속력이 있다.
④ 양 당사국이 합의해 국제사법재판소에 법적 분쟁해결을 요청한 때에 관할권을 가진다.

① 국제연합(UN)의 가맹국은 물론, 비가맹국도 일정한 조건 아래에서 재판소 규정의 당사국이 될 수 있다.
국제사법재판소(ICJ; International Court of Justice) : 국제연합(UN) 창설과 함께 설립된 국제연합의 주요 사법기관으로 1945년 국가 간 분쟁의 법적인 해결을 위해 창설됐다.

09 정치가가 여론의 동향을 살피기 위해 의도적으로 관계 정보를 흘리거나, 특정 발언을 하는 것을 일컫는 말은? 경인일보, 국민일보, 방송통신위원회

① 스핀닥터(spin doctor)
② 발롱 데세(ballon d'essai)
③ 앙시앙 레짐(ancien régime)
④ 스케이프고트(scape goat)

② **발롱 데세(ballon d'essai)** : 의도적으로 정보를 흘린 뒤 여론의 반응을 살피는 정치적 기법을 일컫는다.
① 특정 정치인이나 고위 관료들의 대변인 구실을 하는 정치 홍보 전문가
③ 1789년 프랑스혁명 이전의 구제도(구체제)
④ 정부가 가상의 적을 만들어 국민의 관심과 불만을 유도해 분출시킴으로써 위기를 모면하려는 술책

10 「외교사절로 부적합 인물」을 뜻하는 용어는? MBC, SBS, 경향신문, 스포츠한국, 한국토지주택공사

① 미란다(miranda)
② 아타셰(attaché)
③ 페르소나 논 그라타(persona non grata)
④ 크레덴다(credenda)
⑤ 아그레망(agrément)

③ **페르소나 논 그라타(persona non grata)** : 대사나 공사 등의 외교사절 또는 외교직원에 대해 어떤 이유로 접수국 정부로서 받아들이기 어렵게 됐을 때 이유를 밝히지 않고 「persona non grata(호감이 가지 않는 인물)」라고 선언할 수 있다. 이 통고를 받은 파견국은 외교사절을 소환하거나 해임해야 한다.
① 피통치자가 정치권력에 대해 무조건적으로 신성함과 아름다움을 느끼고 예찬하는 비합리적인 상황을 가리키는 말
② 각 부처에서 외국의 정보 수집 등을 위해 대사관 직원이나 공사관 직원으로 파견되는 전문 직원 또는 IOC가 임명하는 각국 올림픽조직위원회의 수행원
④ 인간의 이성에 호소하는 합리화의 상징으로 피통치자가 의식적으로 권력의 정당성과 합리성에 대해 신념을 갖게 만드는 장치
⑤ 특정한 인물을 외교사절로 임명하기 전에 상대접수국에 이의 유무에 관한 의사를 조회하는 국제 관례상 제도

1

11 다음 외교 용어 중 설명이 바르게 된 것은?
대한장애인체육회, 한국농어촌공사

① 의정서 – 국가 간의 조약형식의 하나로 의사록과 같은 의미로도 쓰인다.
② 공동선언 – 한 국가의 수뇌가 타국의 수뇌와 공식회담을 한 경우에 그 내용을 기록한 외교문서이다.
③ 양해각서 – 외교상 상대국과 행한 토의를 기록한 외교문서이다.
④ 아그레망 – 국제법 주체 간에 국제법률 관계를 설정하기 위한 명시적인 합의이다.
⑤ 공동성명 – 타국의 외교사절을 승인하는 절차이다.

②의 내용은 공동성명에 관한 것이다. 공동선언은 국가 간의 합의에 대한 의사표시이다.
③의 내용은 구상서(口上書)에 관한 것이다. 양해각서는 정식 계약 체결에 앞서서, 당사국 사이의 외교교섭 결과 서로 양해된 내용을 기록한 합의서이다.
④의 내용은 조약(條約)에 관한 것으로, 법적 구속력을 가진다. 아그레망은 타국의 외교사절을 승인하는 절차를 말한다.
⑤ 공동성명은 각 국가의 정부 수뇌가 공식회담을 한 경우에 그 내용 등을 기록한 외교문서를 말한다.

12 중국 하북성에 위치한 하계 휴양소로, 당 · 정 · 군의 고위급 수뇌들이 매년 주요 정책 사안을 논의해 정치 1번가로 불리는 이곳은?
동아일보, 문화일보

① 쑤저우(蘇州) ② 선전(深圳)
③ 항저우(杭州) ④ 베이다이허(北戴河)

④ 베이다이허(北戴河)는 중국 베이징(北京)에서 동남쪽으로 300km 떨어진 휴양지로 중국 지도부가 매년 여름 피서를 겸한 회의를 개최하는 곳으로 유명하다. 베이다이허 회의는 1954년에 마오쩌둥(毛澤東)이 처음 이곳에서 회의를 연 이후 연례 행사가 됐다.

13 비정부 간 조직(NGO)에 대한 설명으로 잘못된 것은?
MBC, 한국전력공사

① UN 헌장에 따라 UN의 사업에 참가하는 민간단체이다.
② 국경을 초월한 시민운동단체로서, 인권 · 반핵 분야에서 활동하지만 군축 분야는 활동 영역에서 제외된다.
③ 입법 · 사법 · 행정 · 언론에 이어 제5부라고 부른다.
④ 이 단체들은 평화 · 환경 분야에서 국가의 기능을 보완 또는 협력한다.

비정부기구(NGO; non-governmental organization): 전 세계 시민단체들로 조직된 국제 민간단체로, 국제연합(UN) 헌장에 따라 국제연합 경제사회이사회의 자문기관으로 인정받고 있다. NGO는 입법 · 사법 · 행정 · 언론에 이어 「제5부(권력)」라고 불리며, 정부와 기업에 대응하는 「제3섹터」라는 용어로도 쓰인다. 주로 군축, 평화, 환경, 원조, 개발, 경제협력, 난민구제 등을 담당하고 있다.

14 다음 중 국제연합(UN)과 관련해 사실과 다르게 서술된 것은?
서울교통공사, 한국마사회

① 정기총회는 매년 9월 둘째 수요일에 개최된다.
② UN 사무총장의 임기는 5년이며 연임이 가능하다.
③ 안전보장이사회는 미국, 영국, 프랑스, 러시아, 중국의 5개국으로 구성돼 있다.
④ 1973년과 1991년에 각각 동서독과 남북한이 동시 가입했다.

① UN 정기총회는 매년 9월 셋째 화요일에 개최된다.

Answer 6. ② 7. ② 8. ① 9. ② 10. ③ 11. ① 12. ④ 13. ② 14. ①

15 **중국의 최고 국가권력기관이자 우리의 국회에 해당하는 최고 의결기구는?** 한국교통안전공단

① 전국인민대표대회 ② 국무원
③ 상무위원회 ④ 중앙군사위원회

① 전인대는 중국 최고의 국가권력기관으로 당과 국무원의 결정을 추인하는 형식적 의사결정기구이다.
② 중국 최고 국가권력기관의 집행기관이자 최고 국가행정기관
③ 중국 최고 정책결정기관으로 당중앙위원회 위원들 중 가장 권력서열이 높은 간부들로 구성
④ 중국 최고 군사지도기관

16 **영토분쟁이 발생하고 있는 지역과 관련 국가가 바르게 연결되지 않은 것은?**

MBC, KBS, 문화일보, 부산일보, 한국전력공사

① 댜오위다오: 일본, 중국
② 쿠릴 열도: 일본, 러시아
③ 난사군도: 일본, 중국
④ 카슈미르: 인도, 파키스탄
⑤ 지브롤터해: 영국, 스페인

③ **난사군도(南沙群島)**: 중국, 필리핀, 베트남, 말레이시아, 대만, 브루나이 간에 영유권 분쟁이 빚어지고 있는 곳
① 동중국해상에 위치한 8개 섬으로 이뤄진 조어도(중국명 댜오위다오)를 둘러싸고 일본, 중국, 대만이 영유권 분쟁을 벌이고 있다.
② 일본의 홋카이도와 러시아의 캄차카 반도를 잇는 쿠릴 열도 20개 도서 중 최남단 4개 섬인 쿠나시르, 하보마이 군도, 시코탄, 이투루프에 대해 일본과 러시아가 영유권 분쟁을 벌이고 있다.
④ 인도와 파키스탄 간 분쟁지역으로 1947년, 1964년, 1971년 세 차례에 걸쳐 대규모 전쟁을 벌였으며, 국제연합(UN) 중재로 현재 분할통치 중이다.
⑤ 지브롤터는 스페인의 이베리아 반도 남단에서 지브롤터 해협을 향해 뻗은 반도로, 1704년 영국이 지브롤터를 점령하고 1713년 우트레히트 조약으로 이 땅을 할양받은 후 현재까지 스페인의 반환 요구를 거부하고 있다.

17 **각국 국가의 민주화 및 정권 교체 운동을 지칭하는 색깔혁명의 연결이 바르지 못한 것은?**

MBC, 경향신문, 아시아경제, 한국산업인력공단

① 장미혁명 – 조지아
② 우산혁명 – 대만
③ 카네이션혁명 – 포르투갈
④ 재스민혁명 – 튀니지

② **우산혁명**: 홍콩 행정장관(행정수반) 선거의 완전 직선제를 요구하며 2014년 9월 하순부터 12월 15일까지 약 79일간 이어진 홍콩 민주화 시위를 말한다.
대만은 해바라기 학생운동이 유명하며, 이 운동은 318 학생운동, 태양화 운동, 국회점령 사건 등으로 불린다. 2014년 3월 18일~4월 10일까지 대만 대학생과 사회운동세력이 입법원에서 점거농성한 학생·사회운동 사건이다.

18 **공직자가 재임기간 동안 재산을 수탁기관에 맡기고 재산 운용에 간섭할 수 없게 하는 제도는?**

MBC

① 휘슬블로어(whistle-blower)
② 스테이크홀더(stakeholder)
③ 블라인드 트러스트(blind trust)
④ 포크배럴(pork barrel)
⑤ 로그롤링(logrolling)

③ **블라인드 트러스트(blind trust)**: 공무원이 직무상 정보를 이용해 부당하게 재산을 증식하는 것을 막기 위한 제도로, 「백지신탁」이라고도 한다.
① 기업이나 정부기관 구성원이 조직 내부의 부정, 부패, 불법, 비리, 예산낭비 등을 알게 돼 이를 감사부서에 보고하는 것
② 기업 활동, 행정, 비영리단체 행위 등에 직간접적으로 이해관계를 가지는 개인 또는 그룹으로 주주, 채권자, 고객, 정부관료, 지역주민 등을 통칭하는 말이다. 우호적 관계와 비우호적 관계로 나뉜다.
④ 특정 지역구를 위한 선심성 사업 혹은 정치자금 후원자를 위한 낭비성 사업을 뜻한다. 구유통 정치라고도 한다.
⑤ 정치세력이 상호지원의 차원에서 투표거래나 투표담합을 하는 행위로, 자신의 선호와 무관한 대안에 투표하거나 암묵적인 동의를 하는 의사행태를 가리킨다.

19 미국 대통령과 상원, 하원의 임기를 모두 더하면 몇 년인가? MBC

① 10년 ② 11년
③ 12년 ④ 13년

대통령 4년 + 상원 6년 + 하원 2년 = 12년

20 정치 이벤트에서 승리한 대선후보나 해당 정당의 지지율이 이전에 비해 크게 상승하는 현상을 일컫는 말은? MBC

① 컨벤션 효과 ② 터널 효과
③ 브래들리 효과 ④ 마태 효과
⑤ 칵테일파티 효과

① **컨벤션 효과**(convention effect) : 전당대회나 경선행사와 같은 정치 이벤트에서 승리한 대선후보나 해당 정당의 지지율이 이전에 비해 크게 상승하는 현상을 말한다.
② 경제 발전 초기에는 소득불평등을 용인하지만, 경제 발전 이후에도 소득불평등이 지속된다면 사회적 불안감이 조성돼 경제 발전의 원동력을 상실할 수 있다는 이론
③ 백인 유권자들이 여론조사 때 흑인 후보를 지지한다고 답한 뒤 실제 투표장에서는 백인 후보를 지지하는 현상
④ 부자는 더욱 부자가 되고 가난한 자는 더욱 가난해지는 부익부 빈익빈 현상
⑤ 여러 사람이 모여 이야기해도 관심 갖는 이야기만 골라 듣는 현상

21 지방자치단체장이 겸임할 수 있는 직은?

① 변호사
② 교사
③ 한국은행 임원
④ 교육위원회 교육위원

지방자치단체의 장이 겸할 수 없는 직 : 대통령, 국회의원, 헌법재판소 재판관, 교육위원, 공무원, 정부투자기관 임직원, 교원 등

22 어느 한쪽이 양보하지 않을 경우 양쪽 모두 파국으로 치닫게 되는 게임이론은? 한국산업인력공단

① 깨진 유리창이론(broken windows theory)
② 치킨게임(chicken game)
③ 죄수의 딜레마(prisoner's dilemma)
④ 공유지의 비극(tragedy of commons)

② **치킨게임**(chicken game) : 두 명의 경쟁자가 도로 양끝에서 각각 자신의 차를 몰고 서로 정면을 향해 돌진하다가 충돌 직전 핸들을 먼저 꺾는 사람이 지는 경기이다. 그러나 겁쟁이(치킨)라는 낙인을 피하기 위해 어느 한쪽도 핸들을 꺾지 않을 경우 게임에서는 둘 다 승자가 되지만, 결국 충돌함으로써 양쪽 모두 파국으로 치닫게 된다.
① 경미한 범죄를 방치하면 큰 범죄로 이어진다는 이론
③ 공범이 분리돼 취조를 당할 경우 범행을 부인하지도 자백하지도 못하는 심리적 모순 상태에 빠지는 것
④ 공공자원을 구성원의 자율에 맡길 경우 자원이 고갈될 위험에 처할 수 있다는 것을 설명하는 이론

23 정부 등 행정기관이 국민이나 하급 행정기관에 지도, 조언 등을 수단으로 정책 목적을 달성하려는 일은? YTN

① 행정작용 ② 행정지도
③ 행정사무 ④ 행정감사
⑤ 행정구제

① 행정 주체가 행정 목적의 실현을 위해 행하는 일체의 작용
③ 행정작용으로서 하는 사무
④ 각급 행정기관이 당해 기관 또는 그 하급기관의 업무 운영 실태를 파악해 정부시책의 모든 단계에서의 적정운영 여부와 공무원의 기강 위배 사항을 검토·분석하고 그에 대한 시정 또는 개선 방안을 마련하는 일
⑤ 행정작용에 의해 국민의 권익이 침해되는 경우, 국민의 청구에 의해 일정 기관이 그 침해를 방지·제거함으로써 국민의 권익을 보호·구제하는 제도

Answer 15. ① 16. ③ 17. ② 18. ③ 19. ③ 20. ① 21. ① 22. ② 23. ②

단답형 문제

24 지방자치단체의 3대 구성 요소는?

25 정적(政敵)을 대중으로부터 고립시켜 탄압하고 공격할 목적으로 사건 따위를 날조하는 일은? MBC

26 「오직 선거 때만 자유로운 국민이고, 선거가 끝나면 다시 노예로 돌아간다」라고 말한 사람은? OBS

27 대통령, 국회의원, 지방선거 피선거권자 연령의 합은? 경향신문

28 에티오피아, 소말리아 등 아프리카 북동부 10개국을 지칭하는 말은? 문화일보

29 의회에서 자기가 속한 정당의 의사에 반해서 주관적인 판단으로 투표하는 것은? 뉴시스, 한국농어촌공사

30 정당은 몇 개 이상의 시·도당을 가져야 성립되는가?

31 G20 중 G7에 포함되지 않는 국가를 5개 쓰면? SBS

32 행정이 합리적·합목적적으로 수행되고 있는가를 직권 또는 신청에 따라 조사해 감찰하는 행정감찰 제도는? 한국일보

33 국가권력에 의해 처벌당하고 억압받는 각국 정치범들을 구제하기 위해 1961년 영국 런던에서 창설된 세계적인 비정부기구로, 1977년 고문 반대 운동으로 노벨평화상을, 1978년 국제연합 인권상을 수상한 단체는? 동아일보, 한겨레신문

34 공직자가 자신의 재임 기간 중에 주변 주민들의 민원이 발생할 소지가 큰 소위 혐오시설을 설치하지 않고 임기를 끝마치려는 현상을 일컫는 말은? YTN

35 우리나라의 옴부즈맨 제도의 실현기관으로서 국무총리 소속의 이 기관은?

36 고위공직자가 재임 중 재산을 공직과 무관한 제3자에게 맡겨 명의신탁함으로써, 고위관료나 국회의원들이 주식투자를 할 수 있게 하면서도 공정성을 기할 수 있도록 한 제도는? MBC, YTN

37 ≪워싱턴포스트≫의 밥 우드워드 기자가 워터게이트 사건의 비밀을 알려준 익명의 제보자에게 붙인 이름으로, 사건의 결정적 단서가 목구멍 깊숙한 곳에서 나왔다는 뜻의 용어는? YTN, 경향신문, 국민일보, 헤럴드경제

38 국제연합(UN)이 지정한 세계 인권의 날은?

39 불특정 다수의 민간인을 대상으로 이루어지는 테러 행위를 일컫는 말은?

Answer **24.** 주민, 구역, 자치권 **25.** 프레임업(frame up) **26.** 장 자크 루소 **27.** 90(40 + 25 + 25) **28.** 아프리카의 뿔(horn of Africa) **29.** 크로스보팅(cross voting) **30.** 5개 **31.** 한국, 브라질, 중국, 호주, 아르헨티나, 인도, 튀르키예, 멕시코, 남아프리카공화국, 사우디아라비아, 인도네시아, 러시아, EU 의장국 중 5개 **32.** 옴부즈맨(ombusman) 제도 **33.** 국제사면위원회(AI; Amnesty International) **34.** 님투 증후군(NIMTOO syndrome) **35.** 국민권익위원회 **36.** 블라인드 트러스트(blind trust) **37.** 딥 스로트(deep throat) **38.** 12월 10일 **39.** 소프트타깃(soft target)

완성형 문제

40 야당이 집권에 대비해 각 분야별로 구성한 예비 내각을 (　　)(이)라고 한다. EBS

41 대통령의 국회에 대한 견제 수단인 (　　)은/는 국회를 통과한 법률에 대해 국가원수가 동의하는 것을 거부함으로써 법률 성립을 결정적 · 잠정적으로 저지하는 권한이다. EBS, 한국마사회

42 국제앰네스티가 규정하는 사실상의 사형제 폐지국으로 분류되기 위해 필요한 사형 미집행 기간은 (　　)이다. 한겨레신문

43 (　　)은/는 옴부즈맨 제도가 맨 처음 실시된 나라이다. 방송통신위원회

44 아그레망(agrément)은 타국 (　　)의 부임에 대한 승인 여부를 묻는 국제 관례상의 절차이다.
국민연금공단, 국민체육진흥공단, 한국농어촌공사

45 노벨상 가운데 (　　)은/는 유일하게 스웨덴이 아닌 노르웨이 오슬로에서 시상한다. 한국철도공사

46 비정부기구(NGO)는 입법, 사법, 행정, 언론에 이어 제5부(제5권력)라고 불리며, 정부와 기업에 대응하는 (　　)(이)라고도 불린다.

47 인도의 주 종교는 (①), 파키스탄의 주 종교는 (②)이다.

48 우리나라 지방자치 단체의 자치법규로는 현행법상 (　　)와/과 (　　)이/가 인정되고 있다.
한겨레신문

49 지방자치단체장, 지방의원 등 선출직 공무원에게 문제가 있을 때 임기 중 (　　)을/를 통해 해직시킬 수 있는 제도를 주민소환제라고 한다.

50 우리나라의 기초 지방자치단체에는 (　　), (　　), (　　)이/가 있다.

51 휘슬블로어(whistle-blower)란 부정행위를 봐주지 않고 호루라기를 불어 대는 사람에서 유래한 것으로 (　　)을/를 뜻하는 말이다. 한국일보

52 (　　)은/는 미국의 루스벨트 대통령이 뉴딜정책에 대한 국민의 지지를 호소하기 위해 시도한 국민과의 라디오 담화 프로그램명으로, 난로 옆에서 편하게 이야기하듯이 한다는 데서 붙여진 말이다.

53 (　　)은/는 적극적으로 현실 정치에 뛰어들어 자신의 학문적 성취를 정책으로 연결하거나 그런 활동을 통해 정 · 관계의 고위직을 얻으려는 교수를 일컫는 말이다.

54 (　　)은/는 아무리 열심히 뛰어도 경기에서 이기기 힘들다는 뜻으로, 공정한 경쟁이 불가능한 환경을 비유적으로 이르는 말이다.

Answer **40.** 섀도 캐비닛(shadow cabinet) **41.** 법률안거부권 **42.** 10년 **43.** 스웨덴 **44.** 외교사절 **45.** 평화상 **46.** 제3섹터 **47.** ① 힌두교 ② 이슬람교 **48.** 조례, 규칙 **49.** 주민투표 **50.** 시, 군, 구 **51.** 내부 고발자 **52.** 노변담화(fireside chat) **53.** 폴리페서(polifessor) **54.** 기울어진 운동장(uneven playing field)

02 국회 · 법률

01 국회 일반

국제의회연맹(IPU; Inter-Parliamentary Union) •••

전 세계 주권국가들의 의회 간 국제기구로서 세계 평화와 협력 및 대의제도 확립을 위해 각국 의회 및 의원들 간의 교류와 협력을 추구한다. 본부는 스위스 제네바에 있으며, 최고기관인 총회는 연 2회 개최된다. 우리나라는 1964년 제53차 코펜하겐 총회에서 가입했으며 북한은 1973년 가입했다.

국회 의결정족수(國會 議決定足數) •••

합의체 기관인 국회가 의사를 결정하는 데 필요한 최소한도의 인원수이다. 일반의결정족수는 재적의원 과반수의 출석과 출석의원 과반수의 찬성으로 의결하며, 가부동수인 경우에는 부결된 것으로 본다. 특별의결정족수는 헌법 또는 법률에 일반의결정족수와 다른 규정이 있는 경우를 말한다.

▌국회 특별의결정족수

재적의원 2/3 이상 찬성	국회의원 제명, 헌법개정안 의결, 대통령 탄핵소추안 의결, 국회의원 자격상실 결정	• 특별의결정족수의 구분 ┌ 헌법 개정안 의결 : 재적의원 2/3 └ 헌법 개정안 발의 : 재적의원 과반수 ┌ 대통령 이외의 자 탄핵소추 의결 : 재적의원 과반수 └ 대통령 이외의 자 탄핵소추 발의 : 재적의원 1/3 ┌ 대통령에 대한 탄핵소추 의결 : 재적의원 2/3 └ 대통령에 대한 탄핵소추 발의 : 재적의원 과반수
재적의원 과반수 찬성	계엄해제 요구, 대통령 탄핵소추 발의, 국무총리 · 국무위원 해임 건의안 의결, 대통령 이외의 자 탄핵소추안 의결, 국회의장 · 부의장 선거	
재적의원 과반수 출석 출석의원 2/3 이상 찬성	대통령이 환부한 법률안 재의결, 법안동의 의결	
재적의원 1/3 발의 재적의원 과반수 이상 찬성	국무총리 · 국무위원 해임 건의, 대통령 이외의 자 탄핵소추 발의	
재적의원 1/4 이상 찬성	전원위원회 · 임시회 소집 요구, 국정조사 요구, 의원의 석방 요구	
출석의원 과반수 이상 찬성	비공개회의 개최 결정	
재적의원 과반수 출석 출석의원 다수 찬성	국회의장 · 부의장 선거 시 결선투표, 임시의장 선거, 상임위원장 등 선거	

✎ 의사정족수 : 본회의는 재적의원 1/5 이상 출석으로 개의함

ZOOM IN

국회(우리나라 국회의 권한 및 운영, 구성)

국민의 대표기관, 민주정치(대의제)의 핵심기관, 유일한 입법기관(국회의 가장 본질적인 권한), 국정의 감시 · 비판기관(행정부와 사법부 견제 및 통제. 복지국가에서는 행정권의 통제가 중요함), 국가 예산 심의 · 확정기관이다.

1 권한

입법에 관한 권한	헌법개정안 제안 · 의결권, 법률 제정 · 개정권, 조약 체결 · 비준동의권
재정에 관한 권한	예산안 심의 · 확정권, 국채 동의권, 국가부담이 될 계약체결에 대한 동의권, 계속비 의결권, 예비비 지출 승인권, 결산심사권, 재정입법권(조세법률주의), 기금심사권
일반국정에 관한 권한	• 헌법기관 구성 동의권 및 선출권 : 대법원장 · 헌법재판소장 · 국무총리 · 감사원장 · 대법관 임명 동의권, 헌법재판소 재판관 3인 · 중앙선거관리위원회 위원 3인 선출권 • 국정의 감시 · 통제권 : 선전포고 및 국군의 해외파견 · 외국군대 주류에 대한 동의권, 일반 사면에 대한 동의권, 긴급재정 · 경제처분 및 명령 · 긴급명령 승인권, 계엄해제 요구권, 국무총리 · 국무위원 · 정부위원의 출석요구 및 질문권, 국무총리 · 국무위원 해임 건의권, 탄핵소추권, 국정감사 · 조사권 • 국회의 자율권 : 의사규칙제정권, 의사진행자율권, 내부경찰권, 국회가택권, 내부조직권, 의원 신분에 관한 권한

2 운영

① 정기회 : 연 1회, 9월 1일 집회, 100일 이내(※ 공휴일인 때는 그다음 날 집회함)

② 임시회 : 대통령 또는 국회 재적의원 1/4 이상 요구 시, 재적의원 1/4 이상 국정조사 요구 시, 30일 이내(※ 국회의원 총선거 후 최초 임시회는 의원의 임기 개시 후 7일에 집회)

3 본회의

원칙	회의공개 원칙, 회기계속 원칙, 일사부재의 원칙
정족수	• 의사정족수 : 재적의원 1/5 이상 출석 • 의결정족수 : 일반은 재적의원 과반수 출석, 출석의원 과반수 찬성. 가부동수인 경우 부결
발언	대정부질문(의원별 20분), 긴급현안질문(10분), 15분 발언제(대정부질문 외 15분 초과 금지), 5분 자유발언, 의사진행발언(5분), 신상발언(5분), 반론발언(3분), 보충발언(5분) ※ 질의는 일문일답 방식이 원칙
표결방법	전자투표(원칙), 기립표결, 기명투표, 호명투표, 무기명투표, 이의유무 표결

4 구성

① 구성원리 : 단원제와 양원제. 우리나라는 단원제임

② 국회의원 : 보통 · 평등 · 직접 · 비밀선거로 선출, 지역구의원과 전국구의원(비례대표)으로 구성

선거	• 선거권 : 만 18세 이상 • 피선거권 : 만 18세 이상 • 임기 : 4년 • 의원정수 : 300인(지역구 253, 비례대표 47) – 각 시 · 도의 지역구 의원정수는 최소 3인
특권	불체포특권, 면책특권
의무	• 헌법상 의무 : 겸직금지 의무, 청렴 의무, 국익우선 의무, 지위남용금지 의무 • 국회법상 의무 : 품위유지 의무, 국회 본회의와 위원회 출석 의무, 의사에 관한 법령규칙 준수 의무

③ 의장단 : 의장 1인, 부의장 2인으로 임기 2년. 국회에서 선거를 통해 선출

④ 교섭단체 : 국회의 의사진행을 능률화하고자 20인 이상의 의원을 가진 정당이 구성하며, 대표는 원내대표

⑤ 위원회 : 국회의결을 요하는 안건에 대한 예비심사기관으로, 상임위원회와 특별위원회가 있음. 상임위원회는 행정부 각 부처 소관에 따라 국회 내에서 구성돼 소관부처 안건을 미리 심사하는 위원회이며, 특별위원회는 상임위원회의 소관에 속하지 않거나 또는 특히 필요가 있다고 인정하는 안건을 심사하기 위해 특별히 설치할 수 있는 위원회를 말함

교섭단체(交涉團體) •••

국회에서 정당 또는 원내단체에 소속된 의원들의 주장 혹은 소속 정당의 의견을 통합해 국회가 개회되기 전 반대당과 교섭 및 의견 조정을 하기 위해 구성하는 의원단체로, 국회의 「시민권」으로 불린다. 20인 이상의 소속 의원을 가진 정당은 하나의 교섭단체를 구성하는 것이 일반적이지만 복수의 정당과 무소속이 연합해 교섭단체를 만들 수도 있다. 대표의원은 통상 정당의 원내대표가 맡고, 각 교섭단체 대표의원은 국회운영위원회와 정보위원회의 위원이 된다. 교섭단체는 매년 첫 번째 임시회와 정기회에서 40분씩 연설을 할 수 있고, 예결 특위위원 배정 권한을 갖는다. 이 밖에도 국회 운영 및 의사일정 협의, 위원회 위원 선임 및 개선 요청, 발언자의 수·발언 시간 및 발언 순서 협의 등을 담당한다.

국정감사권(國政監査權) •••

국회가 국정 전반에 관해 감사할 수 있는 권한이다. 소관 상임위원회별로 매년 정기회 집회일 이전에 감사 시작일부터 30일 이내의 기간을 정해 시행하는데 본회의 의결에 의해 정기회 기간 중에 감사를 실시할 수 있다. 대상 기관은 국가기관, 특별시·광역시·도, 정부투자공공기관·한국은행·농협중앙회·수협중앙회, 본회의가 특히 필요하다고 의결한 감사원의 감사 대상기관이다. 국정감사권은 유신헌법 이후 폐지됐다가 1987년 개헌으로 부활돼 1988년 정기국회에서부터 실시되고 있다. 국정감사 및 조사는 공개를 원칙으로 하며, 개인의 사생활을 침해하거나 계속 중인 재판 또는 수사 중인 사건의 소추에 관여할 목적으로 행사돼서는 안 된다.

국정조사권(國政調査權) •••

국회가 특정한 국정 사안에 관해 조사할 수 있는 권한이다. 국회 재적의원 4분의 1 이상의 요구가 있으면 국회는 조사 사안에 대한 특별위원회를 구성하거나 해당 상임위원회에서 조사위원회를 구성하며, 조사위 의결로 국회 폐회 중에도 활동할 수 있다. 국정감사·조사의 장소는 국회나 현장, 기타 어느 곳이나 가능하다. 국회는 국정조사에 필요한 서류의 제출, 증인의 출석과 증언이나 의견의 진술을 요구할 수 있다. 국정조사에 관한 최초 규정은 1919년 제정된 독일 바이마르헌법이고, 우리나라는 1980년 8차 개헌에서 처음 규정했다.

국정감사권과 국정조사권의 비교

구분	국정감사권	국정조사권
주체	소관 상임위원회별	국회 재적의원 1/4 이상의 요구로 조사위원회가 담당
대상	국정 전반	특정한 국정 사안
시기	매년 정기회 집회일 이전에 감사 시작일로부터 30일 이내의 기간(정기적)	부정기적, 수시
공개성	공개	공개

탄핵소추권(彈劾訴追權) •••

특정 공무원의 입법이나 비행 따위를 탄핵소추할 수 있는 국회의 권리이다(헌법 제65조). 국회는 사법기관에서 소추·처벌이 곤란한 대통령을 비롯해 국무총리, 국무위원, 행정 각 부의 장, 헌법재판소 재판관, 법관, 중앙선거관리위원회 위원, 감사원장, 감사위원, 기타 법률이 정하는 공무원이 그 직무 집행에 있어서 헌법이나 법률을 위반한 때에 탄핵소추를 의결할 수 있다. 탄핵소추는 재적의원 3분의 1 이상의 발의에 의해 재적의원 과반수의 찬성으로 의결할 수 있으나, 대통령의 경우는 재적의원 과반수의 발의와 재적의원 3분의 2 이상의 찬성이 있어야 한다.

면책특권(immunity, 免責特權) •••

국회의원이 직무상 행한 발언과 표결에 관해 국회 밖에서 책임지지 않는 것을 말한다. 불체포특권과 함께 의회를 절대권력이나 집권자의 부당한 압력 또는 탄압으로부터 보호하는 중요한 제도적 장치이다. 면책특권은 1689년 의회 내 언론자유 등을 규정한 영국의 권리장전이 그 기원이며 미국 헌법에 처음 명문화됐다. 그 후 대부분의 나라에서 인정하고 우리나라도 헌법 제45조에서 보장하고 있다.

불체포특권(privilege, 不逮捕特權) •••

국회의원은 현행범인이 아닌 한 회기 중에 국회의 동의 없이 체포 또는 구금되지 않으며, 회기 전에 체포·구금된 때에는 현행범인이 아닌 한 국회의 요구가 있으면 회기 중 석방될 수 있는 권리이다. 1603년 영국에서 처음 법제화됐으며, 그 후 미국의 연방헌법에 성문화됨으로써 헌법상의 제도로 발전하고, 각국의 헌법에 수용됐다. 우리나라 헌법 제44조에 규정된 불체포특권은 행정부에 의한 부당한 체포·구금으로부터 자유로운 국회기능을 보장하는 데 목적이 있다. 불체포특권은 소추권을 제한하지 않으므로 범법행위를 한 국회의원에 대한 범죄수사와 공소제기 등은 가능하며, 일시적으로 체포·구금을 유예받는 특권이라는 점에서 면책특권과 다르다. 그러나 국회의원의 불체포특권을 남용해 검찰 수사가 진행 중인 국회의원의 체포를 막기 위해 소속당이 일부러 임시국회를 여는 소위 방탄국회 소집 등의 문제점이 끊임없이 제기돼 왔다. 이에 따라 국회의원 체포동의안이 국회에 제출되면 본회의에 이를 보고하고, 보고된 때부터 24시간 이후 72시간 이내에 표결을 의무화한 국회법 개정안이 2005년 7월에 신설됐다. 한편, 선거관리위원과 교원에 대해서도 불체포특권이 인정된다.

국회선진화법(國會先進化法) •••

2012년 5월 2일 제18대 국회 본회의에서 통과된 개정 국회법의 별칭으로, 이른바 국회 선진화를 위한 조항이 포함돼 있어서 붙여진 이름이다. 날치기 법안 처리 등 다수당의 일방적인 국회 운영과 의원 간 몸싸움 등 국회 내 물리적 충돌의 근본적 예방을 목적으로 하고 있다. 국회선진화법은 ▲안건조정제도 ▲직권상정 제한 및 안건 신속처리제도 ▲예산안 본회의 자동부의 ▲합법적 의사진행 방해 ▲폭력국회 방지 및 처벌이라는 5개 항목으로 나눌 수 있다.

안건조정제도	이견을 조정하기 위해 재적의원 1/3 이상의 요구에 따라 여야 동수로 안건조정위원회를 조직해 최장 90일 동안 활동. 재적 조정위원 2/3 이상의 찬성으로 의결하며 의결된 조정안은 소위원회 심사 없이 30일 이내에 표결함
직권상정 제한 및 안건 신속처리제도 (일명 패스트트랙제도)	의장의 직권상정을 천재지변, 국가비상사태, 교섭단체 대표 합의라는 3개 요건으로 제한. 재적의원 과반수 이상의 신속처리대상 안건 지정요구 동의를 재적의원 3/5 이상의 찬성으로 의결해 대상안건을 최장 180일 동안 심의함. 심사가 미종료된 대상안건은 본회의에 바로 부의된 것으로 간주해 60일 이내에 상정함
예산안 본회의 자동부의	예산안 심사는 매년 11월 30일까지 완료. 심사가 미종료된 예산안은 본회의에 바로 부의함
합법적 의사진행 방해 (일명 필리버스터제도)	본회의에 부의된 안건의 경우 재적의원 1/3 이상의 요구로 최장 100일간 무제한 토론 실시. 무제한 토론은 재적의원 3/5 이상의 종결동의나 회기의 종료로 종결되며 종결 즉시 표결함
폭력국회 방지 및 처벌	의장석 또는 위원장석을 점거하거나 의원의 회의장 출입을 막은 의원은 윤리특별위원회 심사 없이 본회의 의결로써 수당 감액부터 제명까지 징계 가능함

필리버스터(filibuster) •••

의회 안에서의 합법적·계획적인 의사진행 방해 행위를 지칭한다. 주로 소수파가 다수파의 독주를 막거나 기타 필요에 따라 의사진행을 저지하기 위해 합법적인 수단을 동원해 의사진행을 고의적으로 방해하는 것이다. 16세기의 해적 사략선(私掠船)을 가리키던 이 용어는 1800년대 중반에 들어 정치적인 의미로 사용됐다. 장시간 연설, 규칙 발언 연발, 신상 발언 남발 등의 방법이 쓰인다. 우리나라는 본회의에 부의된 안건에 대해 무제한 토론을 하려는 경우 재적의원 3분의 1 이상의 요구서를 의장에게 제출하고, 의장은 해당 안건에 대해 무제한 토론을 실시한다는 조항(국회법 제106조 2항)을 신설(2012. 5. 12.)함으로써 필리버스터를 허용했다. 이 경우 의원 1인당 1회에 한정해 토론할 수 있고, 재적의원 3분의 1 이상의 서명으로 무제한 토론의 종결 동의를 의장에게 제출할 수 있다. 우리나라에서는 김대중 전 대통령이 1964년 처음으로 필리버스터를 이용했다.

패스트트랙(fast track) 발의된 국회의 법안 처리가 무한정 표류하는 것을 막고 법안의 신속처리를 위해 국회법 제85조의 2에 규정된 내용으로, 「안건 신속처리제도」라고도 한다. 2015년 5월 국회법이 개정되면서 국회선진화법의 주요 내용 중 하나로 포함됐다. 패스트트랙으로 지정되려면 재적의원 과반이 서명하고 소관 상임위 재적위원 3/5 이상의 찬성을 받아야 한다. 패스트트랙 안건은 담당 상임위 심사(최장 180일), 법제사법위원회 심사(최장 90일), 본회의 논의(최장 60일) 등 최장 330일을 거친 뒤 자동으로 표결에 부쳐 재적의원 과반수 출석과 출석의원 과반수 찬성으로 처리된다. 패스트트랙은 입법의 마지막 관문인 본회의 표결까지 가는 강제성만 갖고 있다.

캐스팅보트(casting vote) •••

의회의 의결에서 가부(可否)동수인 때에 의장이 가지는 결정권을 뜻한다. 가부동수인 경우 ▲부결된 것으로 보는 제도 ▲의장이 캐스팅보트를 가지는 제도가 있는데, 우리 국회는 전자에 속한다(헌법 제49조). 또한 캐스팅보트는 두 당파의 세력이 균형을 이룬 상태에서 대세를 좌우할 열쇠를 쥔 「제3당의 표」를 지칭하기도 한다.

교차투표(cross voting, 交叉投票)●●●

의회에서 제출된 의안의 표결 시 의원이 소속 정당의 당론과는 상관없이 유권자의 태도나 자기 자신의 판단에 따라 투표하는 일을 말한다. 이 경우 소속 정당의 정책 노선과 반대되는 투표도 할 수 있는데 특히 미국 의회에서 두드러지고 있다. 우리나라 국회에서는 각 정당의 당리당략에 따라 정해진 당론이 유권자의 여론이나 소신에 우선하며 당론이 심하게 분열되는 몇몇 법안에 대해서만 사전 여야 합의에 따라 교차투표가 부분적으로 인정되고 있다.

인사청문회(人事聽聞會)●●●

대통령이 행정부의 고위 공직자를 임명할 때 국회의 검증절차를 거치도록 한 제도이다. 국회가 대통령을 견제하는 장치의 하나로, 국회는 인사청문회에서 공직후보자가 공직 수행 능력을 갖췄는지 검증하게 된다. 우리나라의 인사청문회는 제16대 국회가 2000년 6월 인사청문회법을 제정함으로써 제도적으로 도입됐다. 정부가 국회에 임명동의안을 제출하면 국회는 인사청문회를 거쳐 20일 이내에 국회 본회의 표결에 회부, 처리해야 한다. 13명으로 구성된 인사청문특별위원회는 임명동의안이 회부된 날로부터 15일 이내에 인사청문회를 마치되, 기간은 3일 이내로 한다. 국회 본회의에서 과반수 출석과 출석의원 과반수 찬성이 있을 경우 임명동의안이 통과된다. 인사청문회 대상이 되는 공직후보자 가운데 대법원장, 헌법재판소장, 국무총리, 감사원장, 대법관, 국회에서 선출하는 헌법재판소 재판관 및 중앙선거관리위원회 위원은 국회의 임명동의를 필요로 한다. 국무위원(장관) 및 국가정보원장, 검찰총장, 국세청장, 경찰청장, 합동참모의장, 헌법재판소 재판관, 중앙선거관리위원회 위원, 한국은행 총재 또는 한국방송공사 사장 등에 대한 국회 인준 절차는 없으며, 국회 소관 상임위원회에서 청문회를 마친 뒤 내정자의 적격 여부에 대한 의견을 담은 경과보고서를 내지만 대통령이 이에 따를 법적 의무는 없다.

로그롤링(logrolling)●●●

선거운동을 도와주고 그 대가를 받거나 이권을 얻는 행위 또는 정치세력이 자기의 이익을 위해 경쟁세력의 요구를 수용하거나 암묵적으로 동의하는 정치적 행위(상호지원하의 투표거래나 투표담합 행위)를 말한다. 「보트트랜딩(votetranding)」이라고도 한다. 원래는 「통나무 굴리기」라는 뜻으로 서로 협력해서 통나무를 모으거나 강물에 굴리는 놀이에서 유래됐다.

포크배럴(pork barrel) 로그롤링(logrolling)과 함께 이권법안(利權法案)을 속칭하는 의회 용어로, 특정 지역구를 위한 선심성 사업 혹은 정치자금 후원자를 위한 낭비성 사업을 지칭한다. 원래 「돼지고기를 담는 통」이란 뜻으로, 이권이나 정책교부금을 받아내기 위해 모여든 의원들이 마치 농장주가 돼지고기 통에 넣어 절인 한 조각의 고기를 던져 줄 때 모여드는 노예와 같다는 뜻에서 유래됐다.

02 선거 일반

중앙선거관리위원회(中央選擧管理委員會) •••

헌법 제114조에 의거해 설치된 헌법상 독립기관으로, 국가 및 지방자치단체의 선거, 국민투표, 정당에 관한 사무 등을 관장하는 선거관리위원회의 최상급 기관이다. 선거관리위원회는 헌법기관이며 그 종류에는 중앙선거관리위원회, 서울특별시・광역시・도 선거관리위원회, 구・시・군 선거관리위원회, 투표구 선거관리위원회가 있다. 중앙선관위는 하급 선관위를 지휘・감독하는데 위원은 대통령이 임명하는 3인, 국회에서 선출하는 3인, 대법원장이 지명하는 3인으로 구성하며 위원장은 위원 중에서 호선한다. 위원의 임기는 6년이며, 정당에 가입하거나 정치에 관여할 수 없다.

공직 선거의 종류

선거	임기	선거일	재・보궐선거
대통령 선거	5년(중임 금지)	임기 만료일 전 70일 이후 첫 수요일	4월과 10월 연 2회 실시(지방선거가 있는 해의 보궐선거는 지방선거일로부터 50일 후 첫 수요일)
국회의원 선거	4년	임기 만료일 전 50일 이후 첫 수요일	
지방의회 의원 및 지방자치단체의 장 선거	4년(지방자치단체장의 계속 재임은 3기로 제한)	임기 만료일 전 30일 이후 첫 수요일	

선거권(選擧權) •••

각종 공직선거에서 투표할 수 있는 권리로, 우리나라 헌법은 모든 국민에게 공무원 선거권을 보장하고 있으며 국민의 국정 참여를 민주주의의 기본 원칙으로 삼고 있다. 선거권을 갖는 요건은 대한민국 국민이어야 하고, 만 18세 이상이어야 한다. 소극적 요건으로는 ▲금치산 등의 선고를 받지 않았어야 하며 ▲금고 이상의 형을 선고받고 나서 그 집행이 종료되지 않은 상태여서는 안 되며 ▲선거범으로서 100만 원 이상의 벌금형을 선고받은 후 5년, 집행유예를 선고받은 후 10년 이상이 경과돼야 하고 ▲법원의 판결로 선거권이 정지되거나 상실돼서도 안 된다.

피선거권

구분	연령(선거일 기준)	거주 요건
대통령	40세 이상	선거일 현재 5년 이상 국내 거주자
국회의원	18세 이상	제한 없음
지방자치단체장 (지방의회의원)	18세 이상	선거일 현재 계속해 60일 이상 당해 지방자치단체의 관할구역 안에 주민등록이 된 자

ZOOM IN

선거구(選擧區)

선거구마다 선출하는 의원의 수에 따라 크게 소선거구, 중선거구, 대선거구로 나뉜다. 소선거구(一區一人)는 다수대표제와 결부되며, 대선거구제(一區數人)와 중선거구제(一區二人~五人)는 소수, 비례대표제와 결부된다. 현재 우리나라에서는 지역구 국회의원 및 시·도의원 선거 시 선거구별 1인을 선출하는 소선거구제를 채택하고 있고, 자치구·시·군의원 선거의 경우 선거구별로 2~4인을 선출하는 중선거구제를 채택하고 있다. 선거구 획정의 원칙에는 선거인 수와 당선자 정수비율의 균등(투표가치의 평등), 특정 정파에 부당하게 이익을 주지 않도록 하는 등 공평성(게리맨더링의 금지)이 요구된다. 국회의원 지역선거구의 획정과 관련, 헌법재판소는 2001년 10월 25일 선거구별 평균인구수 기준 상하 50%의 편차를 기준으로 위헌 여부를 판단하면서 장기적으로는 선거구별 인구편차 상하 33.3%를 가이드라인으로 제시한 바 있다. 비례대표 국회의원 선거는 2004년 4월 15일에 실시한 제17대 국회의원 선거부터 지역구 후보자와 정당에 대해 각각 투표하는 1인 2표제가 실시되고 있다.

선거구제 유형

소선거구제	한 선거구에서 최다득표자 1명을 선출하는 방식. 선거구가 좁아 후보 자질 파악이 쉽고 투표율이 높은 것이 장점이지만 2위 이하의 득표는 모두 사표(死票)가 된다는 단점이 있음
(전국 단위) 정당명부 비례대표	지역구 후보에 대한 투표와 별도로 정당에 대한 투표를 함께 실시해 비례대표를 전국 정당 득표율에 따라 배분하는 방식. 17대 총선부터 도입함
중·대선거구제	한 선거구에서 득표순으로 2~5명까지 선출하는 방식. 사표가 줄어들어 다양한 국민의 의사를 반영할 수 있으나 정치 신인의 진출이 어려움
도농복합선거구제	도시 지역은 중·대선거구를, 농촌 지역은 소선거구를 채택하는 방식
권역별 비례대표제	전국을 몇 개의 권역으로 나눠 해당 권역의 정당득표율에 따라 비례대표를 배분하는 제도. 가령 비례대표가 10석 배정돼 있는 권역에서 A당이 30%의 득표율을 기록하면 그 권역에서 3석의 비례대표를 갖는 방식임
독일식 정당명부제	전체 의석수를 정당득표율에 따라 나누는 제도. 가령 총 의석수가 300석일 때 A당의 정당득표율이 20%라면 A당 의석은 60석이 되고, 그 다음 A당의 지역구 당선자가 40명이 나오면 나머지 20명을 순번에 따라 비례대표로 채우는 방식임
연동형 비례대표제	정당의 득표율에 연동해 의석을 배정하는 방식으로, 지역구와 비례대표 당선자 숫자를 연동하는 선거제도. 예컨대 A정당이 10%의 정당득표율을 기록했다면 전체 의석의 10%를 A정당이 가져갈 수 있도록 하는 것. 「혼합형 비례대표제」로도 불리며, 독일, 뉴질랜드 등이 채택 중임. 한편, 2019년 12월 29일 통과된 선거법 개정안에 도입된 준연동형 비례대표제는 비례대표 의석수가 정당득표율에 부분적(50%)으로만 연동되기 때문에 「50% 연동형 비례대표제」라 함. 2020년 4·16총선에 첫 도입됨

선거구제별 장단점

유형	장점	단점
소선거구제	• 선거 관리가 용이하고 선거 비용이 적게 듦 • 입후보자의 인물 판단이 용이 • 다수당에 유리, 정국 안정과 양대 정당제의 촉진 • 투표율이 높고, 선거공영제 실시 유리 • 전국적인 유능한 인물보다 지방 명사가 당선 유리	• 관권 간섭과 선거인의 매수 용이 • 사표가 많고 소수당에 불리 • 경쟁의 격화로 주변의 융화를 해칠 염려
대선거구제	• 전국적인 큰 인물 당선 유리 • 소수당에 유리하게 운영 • 사표(死票) 방지 • 신진세력이 진출할 수 있고, 관권의 간섭이 적음	• 선거 비용이 많이 들고, 선거 관리가 힘듦 • 절대 다수당 출현이 어려워 정국 불안정 • 후보자의 난립 우려 • 선거인의 무관심 초래
중선거구제	• 비교적 광범위한 지역에 기반을 둔 인물 진출 • 대선거구제와 소선거구제의 상대적 결점을 완화 • 대정당, 소정당에 공정한 진출 용이	• 선거 비용이 비교적 많이 소요 • 동일 정당 내 후보자 간의 경쟁 폐해 우려 • 후보자의 식별 곤란 • 선거간섭, 정실, 매수, 기타 부정방지 곤란 • 재선거나 보궐선거 실시 곤란

비례대표제(比例代表制) •••

2개 이상의 정당이 있는 경우, 그들 정당의 득표수에 비례해 당선수를 공평하게 배정하려는 일종의 선거 방식이다. 소수대표제는 다수파에 의원을 독점시키지는 않으나 공정한 비율로 대표된다는 보장이 없다는 점을 보완, 공정하게 여론을 반영시키고자 고안됐다. 이 제도는 사표(死票)를 방지해 소수표를 보호하는 동시에 득표수와 당선수의 비례 관계를 합리화하려는 것으로서 대선거구제를 전제로 한다. 대표적인 방법으로 유권자의 선택에 중점을 둔 「단기이양식(單記移讓式)」과 정당 중심의 선거에 중점을 둔 「명부식(名簿式)」이 있으며, 우리나라는 「정당명부식 비례대표제」를 17대 총선부터 도입했다. 비례대표제의 장점으로는 다수파의 의석 독점 방지와 여론의 공평한 반영을 들 수 있으며, 단점으로는 소당 분립으로 인한 정국 불안정과 정당 간부의 후보 지정 과정상의 정폐 등이 거론된다.

석패율제(惜敗率制) 한 후보자가 지역구와 비례대표에 동시에 출마하는 것을 허용하고 중복 출마자들 중에서 높은 득표율로 낙선한 후보를 비례대표로 뽑는 제도. 석패율이란 아쉽게 탈락한 후보자의 득표율로, 낙선자의 득표수를 당선자의 득표수로 나눠 100을 곱해 계산한다. 비율이 높을수록 아깝게 떨어졌다는 것을 의미한다. 이 제도는 지역구도 타파용으로 거론돼 2019년 개정 선거법 논의 당시 도입이 논의됐으나 불발됐다.

게리맨더링(gerrymandering) •••

특정 정당이나 후보자에게 유리하도록 선거구를 획정하는 것을 지칭하는 말이다. 예컨대 반대당이 강한 선거구를 억지로 분할하거나 자기 당에 유리한 지역적 기반을 멋대로 결합시켜 당선을 꾀하는 것을 말한다. 게리맨더링은 미국 매사추세츠주 주지사였던 엘브리지 게리(E. T. Gerry)가 1812년의 선거에서 자기 당에 유리하도록 선거구를 정했는데, 그 부자연스런 형태가 샐러맨더(salamander : 불 속에서 산다는 전설의 불도마뱀)와 비슷한 데서 유래했다. 우리나라는 게리맨더링 방지를 위해 선거구 법정주의를 채택하고 있다.

공영선거제(公營選擧制) •••

선거운동의 무분별로 인한 폐단을 방지하고 선거의 공정성을 견지하기 위한 제도로, 선거공영제라고도 한다. 보통 선거에 있어서 선거벽보의 작성과 배부, 선거공보의 발행 및 발송, 연설회의 개최 및 연설장의 무료 대여 등을 실시하는 것을 말한다. 이 제도의 목적은 본래 후보자가 지출해야 할 경비를 국가가 부담해 후보자의 부담을 경감시키는 것과 입후보자의 평등, 기회 균등을 도모하는 데 있다. 공영선거제의 확대는 다수의 사람이 후보자로 나설 가능성을 높여 준다. 이 경우 유권자는 유능한 후보자를 식별하는 데 어려움을 겪을 수 있고, 국민의 조세부담률이 높아지는 등의 문제점을 야기할 수 있다. 우리나라에서는 제3공화국(1963) 때부터 공영선거제를 실시하고 있다.

매니페스토 운동(manifesto movement) •••

정당이나 후보자가 선거 공약을 제시할 때 목표, 우선순위, 절차, 기한, 재원 등의 다섯 가지 조건을 반드시 갖추도록 한 운동이다. 후보자가 제시하는 사항을 수치 등으로 명기해 검증과 평가를 쉽게 하자는 데 목적이 있다. 매니페스토란 구체적인 예산과 추진 일정을 갖춘 공약을 말한다.

1

ZOOM IN

미국 대통령 선거

미국 대통령 선거는 11월 첫째 월요일 다음 날인 화요일에 치러진다. 이때 유권자들은 각 주별로 특정 정당 지지를 서약한 선거인단 후보에게 투표하고, 여기서 선출된 538명의 선거인단이 대통령을 뽑는 간접선거제이다. 대선 투표는 12월 14일에 치러지지만, 선거인단 선출 투표에서 대선 당선자가 결정되는 만큼 11월 첫째 화요일이 사실상 대선일로 여겨진다. 현재 가장 많은 선거인단을 보유한 주는 캘리포니아주이며, 네브래스카주와 메인주만 제외하고 「승자독식제도(winner-take-all)」를 채택하고 있다. 한편, 대통령 후보 자격은 「미국 내에서 14년 이상 거주한 미국 태생의 시민으로 35세 이상의 자」이다. 대통령 취임식은 이듬해 1월 20일이다.

① 미국 대선 절차

당별로 대통령 후보를 결정하는 후보지명전(예비선거, 코커스) ➡ 전국 전당대회 ➡ 총선거(유권자의 대통령 선거인단 선출) ➡ 선거인단의 대통령 선출(승자독식, winner takes all)

승자독식제도(winner takes all) 미국의 독특한 선거제도의 하나로 주민들이 뽑은 선거인단이 한 명이라도 더 많은 정당이 해당 주의 선거인단을 모두 차지하는 제도이다.

② 미국 대선 관련 용어

- **코커스(caucus)**: 미국에서 정당의 대통령 후보를 선출하기 위한 지방 당원대회를 가리킨다. 원래 인디언 용어로 「추장들의 모임」이라는 의미를 지닌다. 코커스에서는 정해진 시간과 장소에 당원들이 모여 토론한 뒤 후보를 공개적으로 밝힌다. 가장 먼저 열리는 아이오와 코커스는 뉴햄프셔 프라이머리와 함께 향후 대선 표심을 예측하는 풍향계로 여겨진다.
- **프라이머리(primary)**: 미국 대통령 선거에서 정당별 후보를 일반 유권자 투표에 의해 선출하는 예비경선 방식을 가리킨다. 예비선거, 직접예선이라고도 한다. 프라이머리는 방식에 따라 폐쇄형(등록된 당원만 참가), 개방형(누구나 참여 가능), 혼합형(당원 여부와 관계없이 등록만 하면 참여 가능)이 있다. 프라이머리는 당원 이외의 참가자들의 폭이 넓어 코커스보다 민심을 더 잘 반영한다는 평가를 받아서 아이오와 · 네바다 · 노스다코타 · 와이오밍을 제외한 46개 주가 채택 중이다. 뉴햄프셔의 경우 가장 먼저 프라이머리를 실시해 가장 많은 관심이 쏠린다.

  오픈 프라이머리(open primary) 대통령 후보 등 공직후보를 당원이 아닌 일반 국민의 직접 참여에 의해 뽑는 방식으로 개방형 국민경선제, 국민참여경선제라고도 한다. 국민에게 인기 있는 후보를 영입하려는 데 목적이 있다. 반대 방식은 클로즈드 프라이머리(closed primary)로, 이는 예비선거에서 해당 정당에 등록된 당원만이 투표할 수 있는 방식이다.

- **슈퍼화요일(super Tuesday)**: 코커스 또는 프라이머리를 가장 많이 치르는 화요일을 이르는 말로, 선거인단이 많은 주가 화요일에 동시에 경선을 치르면서 붙은 명칭이다. 슈퍼화요일에는 뉴욕, 캘리포니아, 오하이오와 같은 빅3를 포함해 10여 개 주에서 동시에 공화당 · 민주당의 프라이머리가 실시된다. 이날 결정되는 대의원 수는 최종적으로 당 후보를 결정짓는 데 필요한 총 대의원 수를 넘어서거나 근접한다. 따라서 이날의 경선 결과에 따라 대세의 윤곽이 어느 정도 드러날 뿐만 아니라, 완전한 판가름이 나지 않는다 하더라도 이후에 경선을 치르게 되는 나머지 주들에 적지 않은 영향을 미치게 된다.
- **스윙 스테이트(swing state)**: 미국에서 정치적 성향이 뚜렷하지 않은 주를 뜻하는 말로, 경합주, 부동층주라고도 한다. 오하이오, 버지니아, 플로리다, 뉴멕시코, 아이오와, 콜로라도, 네바다, 노스캐롤라이나, 위스콘신, 펜실베이니아 등 10개 주가 해당된다.
- **리퍼블리컨 블루(repubican blue)**: 날씨와 선거의 상관관계를 나타내는 말로, 날씨가 좋으면 젊은층이 나들이를 가게 돼 중장년층 지지자가 많은 공화당이 유리하다는 뜻으로 쓰인다.
- **브래들리 효과(Bradley effect)**: 유권자들이 여론조사 때 흑인 후보를 지지한다고 답한 뒤 실제 투표장에서는 백인 후보를 지지하는 현상을 말한다.
- **러스트 벨트(rust belt)**: 미국 제조업의 호황을 구가했던 중심지였으나 제조업의 사양화 등으로 불황을 맞은 지역을 이르는 말이다. 미국 제조업의 몰락을 상징적으로 보여주는 말로 사용되며, 오하이오와 펜실베이니아 등 제조업이 발달한 미 북부와 중서부 지역이 이에 속한다.
- **빅텐트(big tent)**: 본래는 서커스단 등에서 사용하는 큰 천막을 가리키는 말이나 정치나 사회 운동 분야 등에서는 임시로 여러 세력을 포괄하는 연합체를 지칭한다.

미국 중간선거(off-year election)•••

4년 임기의 미국 대통령 집권 2년 차에 실시되는 상하 양원의원 및 공직자 선거로, 국정 운영에 대한 중간평가의 성격을 지닌다. 미국의 대통령 임기는 4년, 하원의원은 2년, 상원의원은 6년이다. 상하 양원의원 선거는 짝수해의 11월 첫 월요일이 속한 주의 화요일에 실시된다. 하원의원의 경우 2년(짝수 해)마다 전원을 선거하며, 상원의원은 2년마다 3분의 1씩 다시 선출한다. 따라서 대통령의 임기 중간에 상하 양원의원을 새로 선출하게 돼 있어서 이 명칭이 붙었다.

출구조사(exit poll)•••

투표를 마치고 나오는 유권자들을 대상으로 투표 내용을 면접 조사하는 여론조사 방법이다. 투표 시간 마감 후 결과가 공표되므로 선거 결과를 가장 빠르게 예측할 수 있는 방법으로 알려져 있다. 미국의 경우 출구조사만을 전담하는 VNS(선거 뉴스 서비스)라는 컨소시엄이 있다. 우리나라 출구조사는 조사원이 투표 당일 투표소 50m 밖에서 대기하고 있다가 투표를 마치고 나온 유권자를 상대로 「어느 후보를 선택했는지」를 묻는 방식으로 진행된다.

DK그룹(don't know group) 여론조사 때에 「잘 모르겠다」고 답한 사람들을 지칭하는 말

스윙보터(swing voter)•••

선거 등 투표행위에서 어떤 후보에게 투표할지 결정하지 못한 부동층 유권자들을 지칭하는 말이다. 「플로팅보터(floating voter)」라고도 한다. 이들은 정치적으로는 중도성향이며, 지지하는 정당과 정치인이 없기 때문에 그때그때의 정치 상황과 이슈에 따라 투표하게 된다. 미국에서는 주로 흑인이나 아시아계 사람들이 스윙보터인 경우가 많다. 한국에서는 지역적 중간지대, 이념적 중도층, 무당파(정치적 중립층), 중간 소득층 등의 유권자를 스윙보터로 규정한다.

레임덕(lame duck)•••

임기 종료를 앞둔 대통령 등 지도자, 특히 미국에서 현직 대통령이 대통령선거에서 패배하는 경우 새 대통령이 취임할 때까지 3개월 동안 국정 정체 상태가 빚어지기 쉬운데, 이를 뒤뚱뒤뚱 걷는 오리에 비유해서 일컫는 말이다. 2기째의 중간선거에서 여당이 패배한 경우에도 대통령은 의회와의 관계에서 불리한 입장에 서게 되고 지도력이 저하돼 레임덕이 되는 경우가 많다.

✎ 임기 초반 국민들과 언론으로부터 기대 섞인 지지를 받는 경향은 「허니문(honeymoon)」이라고 한다. 또 허니문은 새 정부 집권 초기 언론과 대통령의 우호적인 관계를 뜻하는 용어로도 사용된다.

재선거(再選擧) / 보궐선거(補闕選擧)•••

재선거란 당선인의 선거법 위반 등으로 선거가 공정하게 치러지지 않았을 경우 당선을 무효화시키고 다시 선거를 치르는 것을 말한다. 보궐선거는 당선인이 임기 개시 이후 기타 범법 행위로 인한 유죄판결로 피선거권을 상실했거나 사망, 사퇴 등의 이유로 궐석됐을 때 실시된다.

재외선거제도(在外選擧制度) •••

선거일 현재 만 18세 이상의 재외국민에게 대통령선거와 임기만료에 따른 국회의원선거(비례대표 한정, 국외일시체류자는 지역구 가능)에 대한 투표권을 부여하는 제도이다. 헌법재판소가 2007년 6월 28일 재외국민(국외거주자)의 선거권 및 평등권 침해, 보통선거 원칙 위반으로 공직선거법 제37조 1항(주민등록 등재 여부로 선거권 행사 결정)과 동법 제38조 1항(국내거주자에 한해 부재자 신고 허용)에 대해 헌법불합치 결정을 내림으로써 2012년 4월 19대 국회의원 선거에서 처음 실시됐다.

외국국적을 취득한 자는 선거권이 없으나, 국적선택기간 중에 있는 복수국적자는 선거권을 가진다(영주권자 중 국내 거소신고를 한 자가 국외에서 투표하고자 할 때는 국외부재자 신고를 거쳐야 함).

사전투표제(事前投票制) •••

선거인이 별도의 부재자 신고 없이 사전투표 기간(선거일 전 5일부터 2일간) 동안 전국 어느 사전 투표소에서나 투표할 수 있는 제도로 모든 공직선거에 해당된다. 선거일 전에 투표하고자 하는 모든 선거인(부재자 신고를 한 선거인은 제외)은 사전투표소가 설치된 곳이면 전국 어디서나 투표할 수 있다. 2013년 1월부터 모든 공직선거에 통합선거인명부를 이용한 사전투표제가 도입돼 2013년 상반기 재・보궐선거에서 첫 실시됐다. 사전투표제는 기존의 부재자투표에 편의성을 높이기 위해 수정 도입된 것으로 사전 신고를 하지 않아도 가능하다.

03 법률 일반

법의 효력 •••

특별한 규정이 없는 한 공포한 날로부터 20일을 경과함으로써 효력이 발생한다. 법률 불소급의 원칙, 신법 우선의 원칙, 특별법 우선의 원칙, 성문법 우선의 원칙이 적용된다. 법규 충돌 시 효력의 우선순위는 신법 우선의 원칙, 특별법 우선의 원칙, 상위법 우선의 원칙이다.

법의 단계 | 헌법 – 법률 – 명령 – 자치법규 – (조례 – 규칙)

개헌 절차(改憲 節次) •••

헌법 개정은 국회 재적의원 과반수 또는 대통령의 발의로 제안된다. 대통령의 임기 연장, 중임 변경을 위한 개정은 그 헌법 개정 제안 당시의 대통령에 대해서는 효력이 없다. 제안된 헌법 개정안은 대통령이 20일 이상의 기간 동안 이를 공고하고 국회는 개정안이 공고된 날로부터 60일 이내에 의결해야 하며, 재적의원 3분의 2 이상의 찬성을 얻어야 한다. 헌법 개정안은 국회가 의결한 후 30일 이내에 국민투표에 부쳐 국회의원 선거권자 과반수의 투표와 투표자 과반수의 찬성을 얻어야 한다. 헌법 개정안이 국민투표에서 찬성을 얻을 때 개헌은 확정되며 대통령은 즉시 이를 공포해야 한다.

헌법의 개정 절차

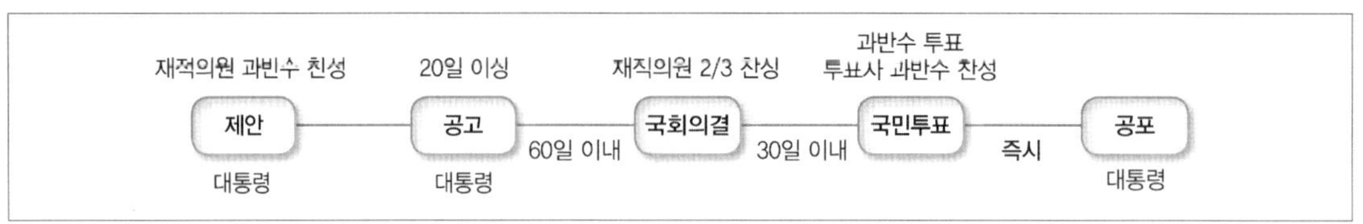

법률의 제정 과정

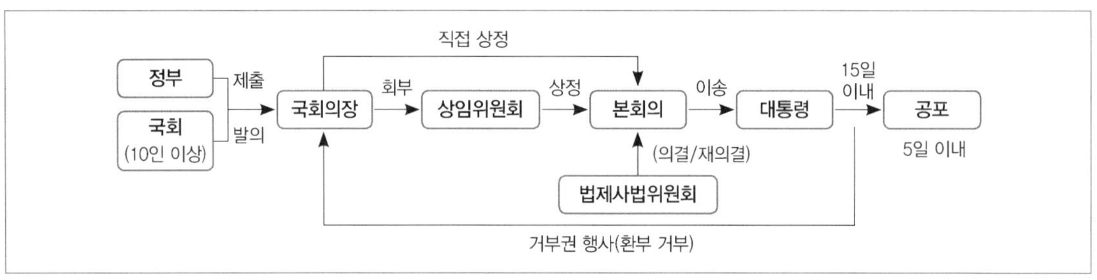

3심제(三審制)•••

한 사건에 대해 세 번 심판을 받을 수 있는 심급제도로 우리나라는 3심제를 채택하고 있다. 소송 절차를 신중하게 함으로써 공정한 재판을 확보하고 국민의 기본권을 보장하기 위해 마련된 제도이다. 우리나라는 판결 절차에서 항소와 상고를 인정하며, 결정 절차에서 항고와 재항고를 인정하고 있다. 예외적으로 기관소송 · 선거소송, 비상계엄하의 군사재판 등은 대법원을 제1심으로 하는 단심제로 돼 있다.

국민참여재판제도(國民參與裁判制度)•••

미국식 배심제와 유럽식 참심제의 혼합 형태인 「한국형 사법참여제도」로 2008년 1월에 도입됐다. 만 20세 이상의 국민이 배심원 자격으로 형사재판에 직접 참여해 유 · 무죄를 판단한 뒤 판사에게 권고적 효력을 가진 평결을 제시할 수 있다. 배심원이 판사로부터 독립해 피고인의 유 · 무죄를 판단한다는 점에서 배심제의 성격을 띠며, 배심원이 판사와 형량을 상의한다는 점에서는 참심제 성격을 갖고 있다. 국민참여재판의 진행 절차는 「배심원 선정 → 재판 → 평의, 평결, 토의 → 판결 선고」순이다. 국민참여재판은 고의로 사망을 야기한 범죄, 강도 · 강간 결합범죄, 특가법 뇌물 등 부패범죄 사건 등이 대상이며, 조직폭력이나 단순한 성폭력범죄 등은 대상에서 제외된다. 피고인은 기존 재판을 받을 것인지 국민참여재판을 받을 것인지를 선택할 수 있다.

범죄 성립의 3대 요건•••

어떤 범죄 행위가 성립되기 위해서는 ▲구성 요건의 해당성 ▲위법성 ▲책임성의 세 요건이 모두 충족돼야 하며, 이 중 하나라도 결여되면 범죄는 성립되지 않는다.

속지주의(屬地主義) •••

한 국가의 영역 안에 있는 사람은 국적을 불문하고, 그 나라의 법이 적용된다는 국제법상의 원칙이다(영토고권 존중). 대다수 국가는 속지주의를 원칙으로 하고, 속인주의를 보충적으로 채택하고 있다.

속인주의(屬人主義) 국적을 기준으로 국내외의 모든 자국민에게 자국법이 적용된다는 원칙(대인고권 존중). 미국은 속지주의를, 우리나라는 속인주의를 채택하고 있다.

헌법재판소(憲法裁判所) •••

법률의 위헌 여부와 탄핵 및 정당해산에 관한 심판을 담당하는 국가기관으로, 최고의 헌법 보장기관이며 기본권 보장기관으로서 정치적 사법기관, 정치적 중립기관이다. 헌법재판소에서 심판한 내용은 최종적인 국가의사로서 확정되므로 다른 어떠한 기관의 의사로도 제약・변경될 수 없다. 헌법재판소는 대통령 임명 3인, 국회 선출 3인, 대법원장 지명 3인 등 총 9인으로 구성된다. 재판관의 임기는 6년이고, 연임이 가능하다. 주요 권한은 위헌법률심판권, 탄핵심판권, 정당해산심판권, 권한쟁의심판권, 헌법소원심판권이 있다.

권한쟁의심판(權限爭議審判) 국가기관 간이나 지방자치단체 간 또는 국가기관과 지방자치단체 간에 권한이 누구에게 있는지 또는 권한이 어디까지 미치는지에 관해 다툼이 생기는 경우 이를 해결하는 심판

헌법소원(憲法訴願) •••

국가나 지방자치단체 등의 공권력 행사 또는 불행사로 인해 헌법에 보장된 기본권을 침해받은 국민이 그 권리를 되찾기 위해 헌법재판소에 심판을 청구하는 소원이다. 헌법소원심판 청구는 공권력의 행사 또는 불행사로 피해를 본 국민이 그 사유가 있음을 안 날로부터 90일 이내, 그 사유가 발생한 날로부터 1년 이내, 다른 구제절차가 있는 경우 그 절차를 모두 거친 뒤 최종 결정통지를 받은 날로부터 30일 이내에 신청해야 한다.

위헌제청(違憲提請) •••

법원에서 재판 중인 구체적인 소송사건에서, 그 사건에 적용될 법률이 위헌인지 아닌지가 문제돼 법원이 직권으로 혹은 소송 당사자의 신청을 받아들여 법률의 위헌 여부를 심판해 줄 것을 헌법재판소에 제청하는 것을 말한다. 법률, 긴급명령, 조약 등이 위헌제청의 대상이 될 수 있으며 명령, 규칙, 조례, 관습법 등은 대상이 되지 않는다. 위헌제청 결정이 내려지면 헌법재판소의 최종 결정이 날 때까지 재판은 중단된다. 헌법재판소에서 위헌결정과 동시에 해당 법률은 그 효력을 상실하고, 소송 당사자는 위헌 법률의 적용을 받지 않게 된다. 그러나 위헌 여부 심판의 제청에 관한 결정에 대해서는 항고할 수 없다는 규정에 의해 위헌제청 신청을 기각하는 결정에 대해서는 민사소송에 의한 항고나 재항고를 할 수 없다. 위헌결정은 원칙적으로 결정 이후부터 효력이 있지만 형벌에 관한 위헌결정만큼은 소급해서 적용된다.

헌법불합치(憲法不合致) •••

법 규정의 위헌성이 드러났지만 위헌결정을 내릴 경우 그날부터 해당 규정의 효력이 상실됨에 따라 생기는 법적 혼란을 막기 위해, 관련법이 개정될 때까지 한시적으로 법적 효력을 인정해 주는 헌법재판소의 변형결정 중 하나이다. 즉, 법조문을 그대로 남겨둔 채 입법기관이 새로 법을 개정하거나 폐지할 때까지 효력을 중지시키거나 시한을 정해 법 규정을 잠정적으로 존속시키는 것이다. 헌법불합치 결정이 내려지면 국회와 행정부는 헌법재판소가 제시한 기간에 해당 법률을 개정해야 한다. 만약 헌법재판소가 제시한 기한까지 법률 개정이 이뤄지지 않으면, 해당 법률의 효력은 사라진다. 그동안 헌법재판소는 토지초과이득세, 선거구 획정, 재외동포법, 낙태죄 등에 대해 헌법불합치 결정을 내린 바 있다.

한정합헌(限定合憲) •••

어떤 법률조항이 헌법에 완전히 위배되지는 않으나 부분적으로 위배된다고 할 때 헌법재판소에서 내리는 결정이다. 대표적인 사례는 1990년 4월 2일 헌법재판소 전원재판부가 그동안 끊임없이 위헌 시비를 일으켰던 국가보안법 제7조 1항(반국가단체 찬양 · 고무 · 동조)과 5항(이적표현물 제작 · 소지 · 반포)에 대해 헌법에 위반되지는 않으나 국가의 존립 · 안전이나 자유민주적 기본질서에 실질적인 해악을 미칠 경우에만 적용해야 한다고 결정을 내린 것이다.

한정위헌(限定違憲) 헌법재판소의 위헌 여부에 대한 변형결정 가운데 하나로서 해당 법률이 위헌이나 헌법불합치처럼 전면적인 위헌은 아니지만, 개념이 불확정적 혹은 다의적으로 해석될 때 해석의 범위를 정하고 이를 확대하는 경우 위헌으로 보는 결정이다.

죄형법정주의(罪刑法定主義) •••

어떤 행위가 범죄가 되며, 그 행위를 처벌하기 위해서는 어떤 형벌을 과할 것인가 하는 것을 법률로써 명문화시켜서 국가의 권력 남용으로부터 개인의 자유를 보장하려는 근대 형법상의 원칙을 말한다. 여기서 말하는 법률은 제정법만을 의미한다.

형벌의 종류

구분	종류	내용
생명형	사형	범인의 생명을 박탈하는 형벌(극형)
자유형	징역	수형자를 교도소에 구치해 일정한 작업에 복무하게 하는 형벌(유기징역 : 1월 이상 15년 이하)
	금고	교도소 내에 구치하되 일정한 작업을 시키지 않는다는 점에서 징역과 다름(유기금고 : 1월 이상 15년 이하)
	구류	교도소 내에 구치하되 일정한 작업을 시키지 않으며, 그 기간이 30일 미만의 단기임
재산형	벌금	범죄자에 대해 일정한 금액의 지불 의무를 강제적으로 부과하는 형벌(5만 원 이상)
	과료	경미한 범죄에 부과하는 비교적 그 금액이 소액인 형벌(2000원 이상, 5만 원 미만)
	몰수	범죄 행위에 사용했거나 사용하려고 한 물건을 강제적으로 국가에 귀속시키는 것(부가형을 원칙으로 함)
명예형	자격상실	공무원이나 공법상의 선거권과 피선거권 등 일정한 자격을 가지지 못하게 하는 형벌(사형, 무기징역, 무기금고의 판결을 받은 자에게 과함)
	자격정지	수형자(유기징역 · 유기금고)에게 당연한, 또는 특별한 선고로써 일정한 자격의 전부 또는 일부를 일정 기간 동안 정지시키는 형벌

형(刑)의 경중 : 사형 > 징역 > 금고 > 자격상실 > 자격정지 > 벌금 > 구류 > 과료 > 몰수. 과태료는 행정질서벌로서, 형(刑)은 아님

공소시효(公訴時效) •••

어떤 범죄에 대해 일정 기간이 지나면 공소의 제기를 허용하지 않는 제도이다. 공소시효의 제도적인 존재 이유는 ▲시간이 많이 지남에 따라 생겨난 사실관계를 존중해 법적 안정성 도모 ▲시간의 경과에 의한 증거 판단 곤란 ▲사회적인 관심의 약화 ▲피고인의 생활안정 보장 등이다. 공소시효가 완성되면 실체적인 심판 없이 면소판결을 해야 한다.

공소시효 기간 공소시효의 기산점은 범죄행위가 종료된 때부터 시작된다. 단, 미성년자에 대한 성폭력 범죄의 공소시효는 피해를 당한 미성년자가 성년에 달한 날부터 진행된다. 공소가 제기된 때에는 시효의 진행이 정지되고 공소기각 또는 관할위반의 재판이 확정된 때로부터 진행한다. 공범 1인의 시효정지는 다른 공범자에게도 효력이 미치고 당해 사건의 재판이 확정된 때로부터 진행한다. 현행 공소시효는 범죄의 경중에 따라 1년(5년 미만의 자격정지·구류·과료·몰수), 3년(5년 이상의 자격정지), 5년(5년 미만의 징역 또는 금고, 10년 이상의 자격정지 또는 벌금), 7년(10년 미만의 징역 또는 금고), 10년(10년 이상의 징역 또는 금고), 15년(무기징역 또는 무기금고), 최고 25년(사형)까지이다. 내란·외환죄와 집단살해죄, 살인죄(종범 제외)로 사형에 해당하는 범죄 등은 공소시효가 배제되며, 국가기관이 고문이나 그 사실을 은폐한 경우는 5년이 지나면 처벌할 수 없다. 또한 13세 미만의 사람 및 신체적·정신적인 장애가 있는 사람에 대해 강간, 준강간, 준강제추행의 죄를 범한 경우에는 공소시효가 적용되지 않는다.

공소권 없음 수사기관이 법원에 재판을 청구하지 않는 불기소처분의 한 유형. 이 결정은 ▲소추권을 행사할 수 없어 처벌이 불가능한 경우 ▲피의자가 사망했거나 공소시효가 지난 경우 ▲사자 명예훼손죄처럼 피해자의 고소·고발이 있어야만 수사할 수 있는 사건에서 고소·고발이 취소됐을 경우에 내려진다.

재정신청제도(裁定申請制度) •••

고소인은 모든 범죄에 대해, 고발인은 형법 제123조(직권남용), 제124조(불법체포, 불법감금), 제125조(폭행, 가혹행위)의 죄 및 특별법(공직선거법 제273조에 정한 죄 등)에서 재정신청 대상으로 규정한 죄의 경우에 한해 검사의 불기소처분이 정당한지 여부를 법원으로 하여금 판단할 것을 신청하는 피해자 권리보호를 위한 제도이다. 검사의 독선과 자의적인 공소권 행사가 이뤄질 우려가 있으므로 검사의 부당한 불기소처분으로 인한 폐단을 막기 위해 인정된 제도이다. 재정신청의 대상은 검사의 불기소처분이 내려진 모든 범죄이며, 불기소처분의 이유는 불문한다. 따라서 기소유예처분에 대해서도 가능하다. 재정신청을 하려면 검찰항고를 거쳐야 하는 항고전치주의를 따른다. 이 제도는 현행법상 원칙적으로 기소는 검찰만이 하도록 돼 있는 「기소독점주의」의 예외 규정으로 특히 경찰·검찰 등 수사공무원이 직무와 관련해 저지른 범죄에 대해 검찰이 공정성을 잃은 처리를 할 경우, 이를 견제하기 위한 법적 장치로 마련된 것이다.

사면(赦免) •••

대통령의 고유권한으로 국가 형벌권 자체의 전부 또는 일부를 소멸시키거나 형선고를 받지 않은 자의 공소권을 없애는 것을 뜻한다. 주로 국가적 경사나 정치적 변동기에 행해지는 경우가 많다. 특별사면과 일반사면으로 나뉜다. 좁은 의미의 사면은 남은 형기를 면해 주는 잔형 면제와 형선고 자체의 효력을 없애 주는 형선고 실효로 나뉜다.

특별사면 범죄자별로 사면의 대상을 일일이 정해 형의 효력을 소멸시키는 것으로 법무부 장관이 상신, 국무회의의 심의를 거쳐 대통령이 명령한다. 사면이 내려지면 이후 형의 집행이 면제된다.

일반사면 대통령령으로 사면 대상이 되는 죄의 종류를 정해 범죄인 개개인을 따지지 않고 일괄적으로 실시된다. 미결·기결을 묻지 않으며 검거 여부도 불문한다. 국무회의의 심의를 거쳐야 하고 반드시 국회의 동의를 받아야 한다. 기결수에 대해서는 형선고가 효력을 상실하며 미결수에 대해서는 공소권이 없어 처벌할 수 없다.

사면의 종류와 그 효과

사면	일반사면 (국회동의)	• 형의 선고를 받은 자: 형의 선고 실효 • 형의 선고를 받지 않은 자: 면소의 효과(공소권을 소멸)
	특별사면	형의 집행을 면제(형의 선고를 받은 특정인)
감형	일반감형	범죄나 형벌의 종류를 지정해 일반적으로 선고된 형을 감형
	특별감형	특정인에 대해 형을 감형
복권	일반복권	일반적으로 정지·상실된 자격을 회복
	특별복권	특정인의 상실된 자격을 회복

특별검사제(independent counsel, 特別檢事制) •••

고위 공직자의 비리나 위법 혐의가 발견됐을 때 수사와 기소를 행정부로부터 독립된 변호사로 하여금 담당하게 하는 제도이다. 미국에서 1972년 워터게이트 사건 이후 정착된 제도로 우리나라에서는 1999년 옷로비 사건에 처음 도입됐다. 하지만 미국이 2003년 6월 30일 특별검사 관련 법률을 폐지하면서 현재 특별검사제를 시행 중인 나라는 우리나라가 유일하다. 우리나라에서는 대한변호사협회가 후보를 추천하면 대통령이 지명하는 형식으로 특별검사가 임명된다. 특별검사는 수사와 공소유지를 위해 검찰청법과 형사소송법이 규정하고 있는 검사의 모든 권한을 행할 수 있다.

기소편의주의(起訴便宜主義) •••

형사소송법상 공소의 제기에 관해 검사의 재량을 허락하고 기소유예를 인정하는 제도이다. 기소 결정의 방법은 ▲법률이 일정한 전제 조건을 정해 두고 이에 적합하면 반드시 공소를 제기해야 하는 기소법정주의와 ▲일정한 조건에 적합한 것 외에 여러 가지 사정을 고려해 임의 재량하에 기소·불기소를 결정하는 기소편의주의가 있다. 기소편의주의의 특징은 체질적이고도 개별적인 사정을 가미할 수 있고 기소의 기준에 탄력성을 인정하는 것이다. 기소편의주의는 검사가 제반 사정을 합리적으로 판단해 기소·불기소의 결정을 함으로써 구체적 정의를 실현할 수 있는 반면, 검사의 자의·독선에 의해 치우치거나 정치적 영향을 받을 염려가 있으므로 엄중한 주의를 요한다.
한편, 기소독점주의는 검사만이 공소를 제기할 수 있는 권한을 가진다는 원칙을 말한다.

공판중심주의(公判中心主義) •••

법원이 피고 사건의 실체에 관한 유·무죄의 심증 형성을 공판심리, 즉 공개된 법정에서의 심리에 의해야 한다는 원칙을 말한다. 구두변론주의, 공개주의, 직접주의, 계속심리주의(집중심리주의), 공소장 일본주의 등을 기본 원칙으로 한다. 공판중심주의가 확립되면 이른바 조서 재판과 밀실 재판이 사라지고, 피의자의 진술에 의존하던 검찰의 수사 관행도 개선될 수 있다.

미란다 원칙(Miranda principle) •••

경찰이나 검찰이 범죄 용의자를 연행할 때 그 이유와 변호인의 도움을 받을 수 있는 권리, 진술을 거부할 수 있는 권리 등이 있음을 미리 알려 주어야 한다는 원칙이다. 1966년 미국 연방대법원이 어네스토 미란다(Ernesto A. Miranda)라는 성폭행범과 애리조나주 간의 법정 다툼에서 내린 판결로 확립됐다. 미란다는 최초에는 무죄라고 주장했으나, 몇 시간에 걸친 경찰 신문 끝에 자신이 한 여성을 강간하고 납치했다고 자백했다. 당시 대법원은 경찰이 미란다에게 묵비권과 변호사 조력권이 있음을 사전에 알려 주지 않았다는 이유로 무죄라고 판결했다. 우리나라에는 1997년 1월부터 도입됐다.

별건구속(別件拘束) •••

범죄혐의는 있으나 체포까지는 할 수 없는 경우에, 그것과는 전혀 다른 혐의로 체포한 후 천천히 본래의 사건을 조사해 자백을 얻고자 하는 수사 방법이다. 이것은 중대한 사건에 관해 구속영장을 청구할 정도의 증거가 수집될 수 없거나 법정기간 내에 증거를 완비할 수 없는 경우에, 이미 증거가 수집된 별도의 경미한 사건으로(예컨대 살인사건의 경우에 폭력으로) 구속영장을 청구해 체포나 구속을 하는 방법을 말한다.

별건수사(別件搜査) 특정 범죄혐의를 밝혀내는 과정에서 이와는 관련 없는 사안을 조사하면서 수집된 증거나 정황 등을 이용해 원래 목적의 피의자의 범죄혐의를 밝혀내는 수사 방식을 말한다. 이는 피의자의 입장에서는 어떠한 혐의를 수사하려는지 선뜻 알기 어려워 자신을 방어하기 어려울 뿐만 아니라, 본래 혐의를 입증하는 과정에서 피의자를 압박하거나 악용될 수 있어 그 정당성과 관련해 논란이 있다.

플리바게닝(plea bargaining) •••

피의자가 혐의를 시인하는 대가로 검찰이 가벼운 범죄로 기소하거나 형을 낮춰 주는 「사전 형량 조정제도」로, 유죄협상제라고도 한다. 미국 등 영미법계 국가에서 시행 중이며, 프랑스·스페인 등 일부 대륙계 국가에서도 제한적으로 채택하고 있다.

죄수의 딜레마(prisoner's dilemma) •••

2명 이상의 공범이 각각 분리돼 경찰관의 취조를 당할 경우 끝까지 범행을 부인하지도 자백하지도 못하는 심리적인 모순 상태에 빠지는 것을 말한다. 끝까지 부인하자니 다른 공범의 자백에 자신이 더 큰 피해를 당할까 두렵고 그렇다고 죄를 인정할 수도 없기 때문에 범인은 아주 난처한 입장에 처하게 된다. 이때 대부분의 죄수들은 심리적인 교착 상태에서 자백을 선택하는 경우가 많다. 즉, 각 개인이 자기 이득만을 노리고 의사결정을 할 때, 사회 전체에 손실을 야기시킬 수 있다는 것이 이에 의해 설명된다. 경제학에서는 과점의 문제, 전략론에서는 핵 억지력 문제 등의 모델화에 응용된다.

미필적 고의(未必的 故意) •••

불확정적 고의의 하나로서 「조건부 고의」라고도 한다. 자기의 행위로부터 어떤 결과가 「발생할지도 모른다」는 것을 알면서도 「발생해도 어쩔 도리가 없다」고 인정하고 있는 심리 상태를 말한다. 즉, 범죄사실이 발생할 가능성을 인식하고도 이를 용인하는 것을 말한다. 이에 반해 인식 있는 과실은 「결과가 발생할 수 있겠지만 그럴리 없다」고 생각하는 것이다. 살인의 경우 미필적 고의와 인식이 있는 과실은 살인죄와 과실치사로 나뉜다.

정당방위(正當防衛) •••

긴급 부당한 침해에 대해 자기 또는 타인의 권리를 방위하기 위해 부득이하게 행한 가해 행위를 말한다. 통상의 경우 범죄 행위가 되는 살인죄와 상해죄도 정당방위 행위에 의한 결과일 때는 그 범죄가 성립되지 않는다. 단, 정당방위의 성립 요건으로 ▲현재의 부당한 침해가 있을 것 ▲자기와 타인의 법익을 방위하기 위한 행위일 것 ▲상당한 이유가 있을 것 등이 갖추어져야 한다. 정당방위는 위법성조각사유(형식적으로는 위법성이 갖추어졌더라도 특히 그것을 위법으로 인정하지 않는 일)로서 부정(不正) 대 정(正)의 관계이기 때문에 이익형량을 요하지 않는다는 점에서 긴급피난과 구별되며, 사전적 긴급행위라는 점에서 사후적 긴급행위인 자구행위와 구별된다.

대법원 전원합의체(大法院 全員合議體) •••

대법원장과 대법관 13명(법원행정처장 제외)으로 구성된 합의체로, 대법원장이 재판장이 된다. 의결은 대법관 전원 3분의 2 이상의 출석과 출석인원 과반수의 찬성으로 이뤄진다. 대법원에 올라온 사건들은 대법관 3인 이상으로 구성된 소부에서 먼저 심리를 해 의견이 일치한 때에 그 부에서 재판할 수 있다. 그러나 ▲소부의 대법관들 의견이 일치하지 않고 소수의 의견이 나오거나 ▲명령·규칙이 헌법 또는 법률에 위반된다고 인정하는 경우 ▲그 사건이 종전에 대법원에서 판시한 헌법·법률·명령 또는 규칙의 해석 적용에 관한 의견을 변경할 필요가 있음을 인정하는 경우에는 대법관 회의를 통해 전원합의체로 사건이 넘겨진다. 전원합의체에서는 주로 정치·사회적으로 논란이 있고 파급력이 큰 사건들을 담당하기 때문에, 여기에서 나온 선고 결과는 사회에 매우 큰 영향을 미친다.

미성년자(未成年者) •••

민법상 만 19세에 달하지 않은 사람이다. 아직 심신의 발육이 충분하지 않아 판단능력이 부족하므로 민법상 제한능력자로 해 법정대리인(친권자 또는 후견인)을 두어야 하며, 재산상의 거래행위는 원칙적으로 법정대리인이 대신하든지, 미성년자가 법정대리인의 동의를 얻어야 한다. 또 미성년자가 약혼이나 혼인 또는 이혼할 때에는 부모 또는 후견인의 동의를 얻어야 한다. 법정대리인의 동의를 얻지 않고 한 행위는 취소할 수 있다. 미성년자라도 혼인한 때에는 성년자로 취급해 법정대리인의 동의 없이도 법률행위를 단독으로 할 수 있다. 한편, 만 17세에 달하지 않은 사람은 유언을 할 수 없다.

미성년자 단독으로 가능한 법률 행위 ▲단순히 권리만을 얻거나 의무만을 면하는 행위(부담 없는 증여를 받거나 채무변제를 받는 일 등) ▲처분이 허용된 재산의 처분행위 ▲영업이 허락된 경우 그 영업에 관한 행위 등

각종 법률이 정한 성인 연령 기준

구분	민법	선거법	병역법	도로교통법	청소년보호법	공연법, 영화법
성인 연령	19세 이상(연령 계산 시 출생일 산입)	만 18세	연 18세(자원 입대), 연 19세 (징병검사)	만 18세	연 19세 이상	만 18세
권한	부모 동의 없이 결혼, 재산의 소유와 처분, 매매 · 계약 등 영업과 금전행위 등 각종 법률행위 가능	투표 가능		운전면허 취득	유흥업소 출입, 술 · 담배 구입 가능	성인물 이용 가능

촉법소년(觸法少年) 만 10세 이상~14세 미만으로 형벌을 받을 범법행위를 한 형사미성년자. 촉법소년은 범법행위를 저질렀으나 형사책임능력이 없기 때문에 형벌처벌을 받지 않는다. 대신 가정법원 등에서 감호위탁, 사회봉사, 소년원 송치 등 보호처분을 받게 된다. 특히 10세 미만의 경우는 보호처분 대상에서도 제외된다.

제한능력자(制限能力者) 미성년자, 피한정후견인(질병, 장애, 노령, 그 밖의 사유로 인한 정신적 제약으로 사무를 처리할 능력이 부족한 사람으로서 가정법원으로부터 한정후견개시의 심판을 받은 자), 피성년후견인(질병, 장애, 노령, 그 밖의 사유로 인한 정신적 제약으로 사무를 처리할 능력이 지속적으로 결여된 사람으로서 가정법원으로부터 성년후견개시의 심판을 받은 자)

가족법(家族法) •••

일반적으로 민법 제4편 친족법과 제5편 상속법을 통칭해 가족법이라 부른다. 배우자, 혈족 및 인척을 친족이라 하며, 친족 관계로 인한 법률상 효력은 8촌 이내의 혈족, 4촌 이내의 인척, 배우자 사이에서만 미친다. 친족 관계의 발생 원인은 출생, 혼인, 인지, 입양의 네 가지이고, 소멸 원인은 사망, 혼인 · 인지 · 입양의 취소가 있다. 가족의 범위는 ▲배우자, 직계혈족 및 형제자매 ▲(생계를 같이하는 경우에 한해) 직계혈족의 배우자, 배우자의 직계혈족 및 배우자의 형제자매이다.

친족(親族) 배우자, 혈족 및 인척. 친족 관계로 인한 법률상 효력은 8촌 이내의 혈족, 4촌 이내의 인척, 배우자 사이에서만 미친다.

인척(姻戚) 혈족의 배우자, 배우자의 혈족, 배우자의 혈족의 배우자를 이른다.

김영란법 •••

정식 명칭은 「부정청탁 및 금품 등 수수의 금지에 관한 법률(약칭 청탁금지법)」으로, 크게 ▲금품 수수 금지 ▲부정청탁 금지 ▲외부 강의 수수료 제한 등으로 구성돼 있다. 2012년 김영란 당시 국민권익위원장이 공직 사회 기강 확립을 위해 발의한 법안이어서 「김영란법」이라고 불린다. 적용 대상은 공무원을 비롯해 공직유관단체 임직원, 교직원, 언론사 임직원과 이들의 배우자이다. 대상자들이 직무 관련성이나 대가성에 관계없이 동일인으로부터 1회 100만 원(연간 300만 원)을 초과하는 금품을 수수하면 형사처벌(3년 이하의 징역 또는 3000만 원 이하의 벌금)을 받도록 규정했다. 직무 관련성이 있다면 1회 100만 원(연간 300만 원) 이하의 금품을 받았을 경우 수수금액의 2~5배를 과태료로 물도록 했다. 가액 범위는 ▲음식물은 3만 원 ▲축의금 · 조의금 등 경조사비는 5만 원(단, 축의금 · 조의금을 대신하는 화환 · 조화는 10만 원) ▲금전, 유가증권, 음식물, 경조사비를 제외한 일체의 물품, 그 밖에 이에 준하는 것은 5만 원이다. ▲농수산물 및 농수산가공품(농수산물을 원료 또는 재료의 50% 이상 사용, 가공한 제품)은 15만 원이며, 설날과 추석 명절은 최대 30만 원까지 가능하다.

사람 이름을 딴 법안들

법안 명칭	관련 사건과 법 시행일	법안 내용
신해철법 (의료사고 피해구제 및 의료분쟁 조종법 개정안)	• 2014년 10월 가수 신해철 씨가 의료사고로 사망한 것을 계기로 발의됨 • 2016. 11. 30. 시행	환자가 사망, 또는 1개월 이상 의식불명 상태로 있는 의료사고의 피해자가 발생했을 때 가족이 조정 신청(한국의료분쟁조정원)을 하면 의료인의 동의 여부와 관계없이 조정 절차를 시작할 수 있음
최진실법 (친권자동부활 금지제)	• 배우 최진실 씨의 사망 이후 전 남편에게 자녀들의 친권이 넘어간 것을 계기로 발의됨 • 2013. 7. 1. 시행	이혼한 부모 중 한쪽이 사망했을 때 다른 한쪽에게 자동으로 친권이 생기는 친권자동부활제를 폐지하고, 가정법원이 심사를 통해 친권자를 결정하도록 함
태완이법 (형사소송법 개정안)	• 1999년 5월 대구에서 발생한 김태완(당시 6세) 군 황산 테러 사건을 계기로 발의됨 • 2015. 7. 31. 시행	살인죄의 공소시효 폐지(이전까지는 25년)
김성수법 (형법 개정안)	• 2018년 10월 PC방 아르바이트생 살해 피의자 김성수의 우울증 진단서 제출 사실이 알려져 국민적 공분을 산 계기로 발의됨 • 2018. 12. 18. 시행	심신미약 상태에서 저지른 범죄에 대한 감형 의무를 삭제
윤창호법 (특정범죄 가중처벌 등에 관한 법률 개정안 및 도로교통법 개정안)	• 2018년 9월 부산 해운대구에서 만취 운전자가 몰던 차량에 치여 사망한 윤창호 씨 사건을 계기로 발의됨 • 특정범죄 가중처벌 등에 관한 법률 개정안은 2018. 12. 18. 시행, 도로교통법 개정안은 2019. 6. 25. 시행	• 특정범죄 가중처벌 등에 관한 법률(특가법) 개정안 : 음주운전으로 사망사고를 낸 경우 법정형을 「3년 이상의 징역 또는 무기징역」으로 상향 • 도로교통법 개정안 : 음주운전 2회 이상 적발 시 징역 2~5년 또는 벌금 1000만~2000만 원으로 처벌 강화(2002. 5. 26. 헌재 위헌 결정)
김영란법 (부정청탁 및 금품 등 수수의 금지에 관한 법률)	• 2012년 김영란 당시 국민권익위원회 위원장이 공직사회 기강 확립을 위해 발의함 • 2016. 9. 28. 시행	공직자를 비롯해 언론인 · 사립학교 교직원 등 법안 대상자들이 직무 관련성이나 대가성에 상관없이 1회 100만 원(연간 300만 원)을 초과하는 금품을 수수하면 형사처벌(3년 이하의 징역 또는 3000만 원 이하의 벌금)을 받도록 함
조두순법 (특정 범죄자에 대한 보호관찰 및 전자장치 부착 등에 관한 법률 일부개정법률안)	• 2008년 12월 경기 안산시에서 조두순이 8세 여아를 강간하고 상해를 입힌 사건. 조두순이 음주 상태였다는 심신미약이 참작돼 12년형을 확정받은 데 대해 공분을 사 발의됨 • 2019. 4. 16. 시행	• 미성년자 대상 성폭력범죄자에 대해 특정인에의 접근금지 준수사항의 필요적 부과 • 해당 범죄자에 대해 매년 재범 위험성을 심사하고, 재범 위험이 있다고 판단되면 전자발찌 부착기간의 연장과 1 : 1 보호관찰이 가능
김용균법 (산업안전보건법 개정안)	• 2018년 12월 충남 태안화력발전소 협력업체 비정규직 노동자 김용균 씨의 사고사 이후 발의됨 • 2020. 1. 16. 시행	위험의 외주화 방지를 위한 도급 제한, 도급인 산재 예방조치 의무 확대, 안전조치 위반 사업주 처벌 강화, 법의 보호 대상 확대, 대표이사의 안전 및 보건에 관한 계획 수립의무 신설 등
세림이법 (도로교통법 개정안)	• 2013년 3월 충북 청주에서 김세림 양이 자신이 다니는 어린이집 통학차량에 치여 목숨을 잃은 사건 이후 발의됨 • 2015. 1. 29. 시행	어린이 통학차량은 일정한 요건을 갖추고 반드시 관할 경찰서에 신고해야 하며, 어린이나 유아를 태울 때는 승하차를 돕는 성인 보호자 탑승을 의무화하고 보호자의 안전 확인 의무를 규정함
민식이법 (도로교통법 개정안)	• 2019년 9월 충남 아산의 한 어린이보호구역(스쿨존)에서 교통사고로 사망한 김민식 군 사고 이후 발의됨 • 2020. 3. 25. 시행	스쿨존에 신호등 및 과속 단속 카메라 설치를 의무화하고, 운전자가 스쿨존에서 제한속도 시속 30km를 초과하거나 13세 미만 어린이를 숨지게 하면 무기징역 또는 3년 이상의 징역형에 처함

전두환법 (공무원 범죄에 관한 몰수 특례법 개정안)	• 전두환의 추징금 집행시효 연장을 위해 발효됨 • 2013. 7. 12. 시행	공무원의 불법 재산에 대한 몰수 추징시효를 3년에서 10년으로 연장하고, 불법 취득한 자산에 한해 3자에 대한 추징도 할 수 있도록 함
정인이법 (아동학대처벌법 개정안)	• 양부모의 학대로 입양 271일 만에 사망한 정인이 사건을 계기로 발의됨 • 2021. 3. 16. 시행	아동학대 살해죄를 신설해 아동을 살해한 때에는 사형, 무기 또는 7년 이상의 징역에 처하도록 함

n번방 방지법 •••

국회가 2020년 4월 29일과 5월 20일 통과시킨 ▲성폭력범죄의 처벌 등에 관한 특례법(성폭력처벌법) 개정안 ▲형법 개정안 ▲범죄수익은닉의 규제 및 처벌 등에 관한 법률(범죄수익은닉규제법) 개정안 ▲정보통신망 이용촉진 및 정보보호 등에 관한 법률(정보통신망법) 개정안 ▲전기통신사업법 개정안 등을 말한다. 해당 법안들은 성착취물 등 온라인 성범죄에 대한 처벌 범위를 대폭 확대하고, 처벌 수위도 상향하는 내용 등이 담겨 있어 「n번방 방지법」으로 불린다. n번방 사건은 미성년자를 포함한 일반 여성들을 상대로 한 성착취 영상이 해외 모바일 메신저인 텔레그램을 통해 대대적으로 공유・판매된 디지털 성범죄 사건을 말한다.

만 나이 통일법 •••

나이 계산을 「만(滿) 나이」로 통일하도록 규정한 민법(제158조) 및 행정기본법(제7조의 2) 일부 개정법(2023. 6. 28. 시행)이다. 나이는 출생일을 산입하여 만 나이로 계산하고, 연수(年數)로 표시한다. 다만 1세에 이르지 아니한 경우에는 월수(月數)로 표시할 수 있다.

이해충돌방지법(利害衝突防止法) •••

공직자가 직무를 수행할 때 자신의 사적 이해관계로 공정하고 청렴한 직무수행을 저해하는 것을 방지하기 위한 내용을 담은 법안으로, 2021년 5월 18일 제정돼 2022년 5월 19일 시행됐다. 이에 따르면 공직자가 직무상 알게 된 비밀을 활용해 재산상 이익을 얻을 경우 7년 이하의 징역형이나 7000만 원 이하의 벌금형에 처한다. 규제 대상은 입법・사법・행정부와 지방자치단체 공무원, 공공기관 임직원 등이다. 이들은 사적 이해관계자를 대상으로 인허가・공사용역・재판・수사 등의 직무를 수행하게 된 사실을 알게 되면 14일 내 기관장에게 신고하고 이를 회피해야 한다.

친고죄(親告罪) •••

범죄의 피해자 또는 기타 법률이 정한 자의 고소・고발이 있어야 공소할 수 있는 범죄이다. 형법상 사자(死者)명예훼손죄, 모욕죄, 비밀침해죄, 업무상 비밀누설죄, 친족 간 권리행사방해죄 등이 해당된다. 고소는 범인을 알게 된 날로부터 6개월 안에 해야 한다.

배임죄(背任罪) •••

타인의 사무를 처리하는 자가 그 임무에 위배하는 행위로 재산상의 이익을 취득하거나 제3자로 하여금 이를 취득하게 해 본인에게 손해를 가함으로써 성립하는 범죄이다. 재산죄 중 재물 이외의 재산상의 이익만을 객체로 하는 순전한 이익죄이다. 횡령죄와 배임죄는 타인의 신임관계에 위배한다는 배신성을 본질로 하나, 횡령죄는 개개의 특정한 재물에 관해 성립하고, 배임죄는 재산상의 이익에 관해 성립된다는 점이 다르다. 또 배임죄는 횡령죄가 성립하는 경우를 제외한 일체의 재산상의 일반적 이익에 관해 성립하는 범죄이다. 업무상 배임죄는 업무상의 임무에 위배해 전술한 배임죄를 범함으로써 성립하는 죄로서, 이득액이 5억 원 이상인 경우 「특정경제가중처벌 등에 관한 법률」 위반에 해당된다.

횡령죄(橫領罪) 타인의 재물을 보관하는 자가 그 재물을 횡령하거나 반환을 거부하는 범죄이다. 업무상의 임무에 위배한 업무상 횡령죄는 피해액이 5억 원을 넘으면 「특정경제범죄가중처벌 등에 관한 법률」에 따라 처벌된다. 5억 원 이상 50억 원 미만인 경우 3년 이상의 유기징역(공소시효 7년), 50억 원 이상인 경우 무기 또는 5년 이상의 징역(공소시효 10년)에 처한다.

명예훼손죄(名譽毁損罪) •••

민법상 명예훼손은 불법행위로 간주되며 「민사손해배상의 청구」에 의해 위자료를 청구할 수 있다. 형법상 명예훼손은 「공연히 사실이나 허위사실을 적시(摘示)해 사람의 명예를 훼손함으로써 성립하는 범죄」를 말한다. 여기에서 명예의 주체에는 자연인 · 법인 · 기타 단체가 해당되며, 「공연히」라 함은 불특정 또는 다수인이 인식할 수 있는 상태를 말한다. ▲일반 명예훼손죄(제307조) ▲사자(死者)에 대한 명예훼손죄(제308조) ▲출판물 등에 의한 명예훼손죄(제309조) ▲모욕죄(제311조) 등이 있으며, 징역이나 금고, 자격정지, 벌금형에 처해질 수 있다. 허위 사실 적시로 인한 일반적인 명예훼손죄는 5년 이하의 징역, 10년 이하의 자격정지 또는 1000만 원 이하의 벌금에 처한다. 그러나 형법상 명예훼손죄는 「반의사불벌죄」로 피해자가 원치 않으면 처벌할 수 없다. 한편, 언론의 경우 「진실한 사실로서 오로지 공공의 이익에 관한 때에는 처벌하지 아니한다」고 규정해 특수한 위법성 조각사유를 규정하고 있다. 한편, 명예훼손죄와 비슷한 모욕죄는 구체적 사실이 아닌 경멸의 판단으로서 명예를 저하시키는 것이다.

명예에 관한 죄

구분	명예훼손죄	사자명예훼손죄	출판물에 의한 명예훼손죄	모욕죄
공연성	필요함	필요함	필요 없음	필요함
사실의 적시	진실, 허위의 사실	허위의 사실	진실, 허위의 사실	필요 없음
소추 조건	반의사불벌죄	친고죄	반의사불벌죄	친고죄
「위법성 조각사유」 적용 여부	진실한 사실을 적시한 경우 적용	적용 안 됨	적용 안 됨	적용 안 됨

반의사불벌죄(反意思不罰罪) 피해자가 가해자의 처벌을 원하지 않는다는 의사를 표시하면 처벌할 수 없는 범죄

위법성 조각사유(違法性 阻却事由) 형식적으로 범죄행위나 불법행위로서의 조건을 갖추고 있어도 실질적으로는 위법이 아니라고 인정할 만한 특별한 사유

1

집행유예(執行猶豫) •••

3년 이하의 징역 또는 금고의 형을 선고할 경우에 그 정상을 참작할 만한 사유가 있을 때 1년 이상 5년 이하의 기간 동안 형의 집행을 유예하는 제도이다. 즉, 일정한 기간 그 형의 집행을 유예해 특정한 사고 없이 그 기간을 경과한 때에는 형의 선고 효력을 상실하게 하고 형의 선고가 없었던 것과 동일한 효과를 발생하게 하는 제도이다. 그러나 집행유예의 선고를 받은 자가 유예기간 중 금고 이상의 형을 선고받아 그 판결이 확정된 때에는 집행유예 선고는 효력을 잃게 된다.

제소 전 화해(提訴 前 和解) •••

일반 민사 분쟁이 소송으로 발전하는 것을 방지하기 위해 소(訴) 제기 전에 지방법원 단독 판사 앞에서 화해 신청을 해 해결하는 절차이다. 「소송 방지의 화해」라고도 한다. 화해가 성립되면 화해조서를 작성하게 되는데, 이것은 확정판결과 동일한 효력이 있다.

손실보상(損失補償) •••

국가 또는 공공단체의 적법한 행정작용에 의해 사유재산권에 특별한 손실이 가해진 경우 그 특별한 손실에 대해 지급되는 재산적 전보(塡補)를 말한다. 행정상의 손실보상은 적법한 행정작용으로 인한 손실을 보상하는 제도라는 점에서 불법행위로 인한 행정상의 손해배상과 구별된다.

징벌적 손해배상(punitive damages, 懲罰的 損害賠償) •••

가해자가 고의적·악의적·반사회적 의도로 불법행위를 한 경우 피해자에게 입증된 재산상 손해보다 훨씬 많은 금액을 배상하도록 한 제도이다. 이 제도는 손해를 끼친 피해에 상응하는 액수만을 보상하는 보상적 손해배상과는 달리, 정신적 피해에 대한 배상과 함께 실제 손해액보다 훨씬 많은 금액을 배상하도록 함으로써 불법행위가 반복되는 상황을 막고, 다른 사람이나 기업 등이 유사한 부당 행위를 하지 못하도록 예방하기 위한 형벌적 성격을 띠고 있다. 이 제도는 1760년대 영국 법원의 판결에서 비롯됐는데, 현재 영국의 경우 제한적으로 이를 적용하고 있다. 국내에서는 하도급거래 공정화에 관한 법률, 개인정보 보호법, 신용정보의 이용 및 보호에 관한 법률, 특허법, 부정경쟁방지 및 영업비밀 보호에 관한 법률 등에 도입돼 있다.

몰수(沒收) / 추징(追徵) •••

몰수 범죄행위와 관련된 물품을 국고에 귀속시키는 것으로 형법상 몰수는 다른 형벌을 선고하는 경우에 함께 내리는 부가형이다. 몰수의 대상은 범죄행위를 조성한 물건, 범죄에 제공하거나 제공하려고 했던 물건, 범죄로 인해 생기거나 취득, 그 대가로 얻은 물건 등이다.

추징 몰수할 수 있는 물건 중에 범죄로 인해 생기거나 취득 또는 그 대가로 얻은 물건의 전부 또는 일부를 사용했거나 분실했을 때 내리는 처분이다. 그 물건에 상당한 액수를 징수한다.

추징보전(追徵保全) 민사상 가압류와 마찬가지로 피고인이 범죄행위로 얻은 재산을 재판 도중 은닉 또는 처분하는 것을 막기 위해 법원의 확정 판결이 날 때까지 묶어 두는 것을 말한다.

독수독과론(毒樹毒果論) •••

독수독과(毒樹毒果)란 「독이 든 나무에 열리는 과실에도 역시 독이 들어 있다」는 의미로, 고문이나 불법도청 등 위법한 방법으로 수집된 자료는 증거로 쓸 수 없다는 것을 뜻한다. 미국 등에서 판례에 따른 법원칙으로 자리 잡은 이 조항은 우리나라의 경우 1993년 제정된 통신비밀보호법에 명문으로 규정됐다.

깨진 유리창 이론(broken window theory) •••

미국 범죄학자 제임스 윌슨(J. Wilson)과 조지 켈링(G. Kelling)이 1982년 발표한 이론이다. 건물주가 깨진 유리창을 방치하면 나중에 이 일대가 무법천지로 변한다는 것으로, 작은 무질서를 가볍게 여기면 나중에 심각한 범죄를 불러온다는 의미를 담고 있다.

무관용 원칙(zero tolerance) 「깨진 유리창 이론」에 입각해 사소한 위법행위도 죄질이 나쁜 경우 엄격하게 처벌한다는 사법 원칙이다. 1994년 미국 뉴욕시가 이 원칙을 도입, 경범죄·윤락 등을 집중 단속함으로써 우범지대였던 할렘 지역의 범죄율을 2년 만에 40%나 떨어뜨렸다.

착한 사마리아인의 법(good Samaritan law) •••

위험에 처한 사람을 구조하는 과정에서 자신이 특별히 위험에 빠지지 않는 상황임에도 불구하고, 구조 불이행(failure-to-rescue)을 저지른 사람을 처벌하는 법률 조항을 말한다. 신약성경 누가복음서 10장 30절~37절에서 유래된 것으로, 구조거부죄 또는 불구조죄라고도 한다.

방관자 효과(bystander effect) 주위에 사람이 많을수록 그만큼 개인이 부담하는 책임이 분산돼 어려움에 처한 사람을 돕지 않게 되는 현상. 제노비스 신드롬(Genovese syndrome)이라고도 한다.

공중권(air rights) •••

토지의 지표면과 별도로 독립된 지표 위의 상부공간에 대한 권리로 토지의 입체적 이용 관점에서 시설·토지 및 건물 상공의 공간에 대한 개발용량의 소유권을 말한다. 예를 들어 20층 높이가 한도인 지역에서 30층짜리 빌딩을 지으려면 인근 저층 건물의 공중권을 사들여야 한다. 이 제도는 1578년 영국의 관습법에서 출발해 1927년 미국에서 최초로 공중권을 규정하는 성문법을 마련하면서 입법화됐다. 그러나 우리나라는 토지나 건물의 소유권과 분리된 공중권 거래가 공식적으로 허용되지 않는다.

공시의 원칙(公示-原則) / 공신의 원칙(公信-原則) •••

공시의 원칙 물권의 변동은 언제나 외부에서 인식할 수 있는 어떤 표상, 즉 공시 방법을 수반해야 한다는 원칙이다. 공시의 방법은 부동산은 등기, 동산은 인도이다.

공신의 원칙 공시에 대응하는 물권이 존재하지 않아도 공시를 신뢰해 물권 거래를 한 자를 보호해 진실한 물권이 존재한 것과 같은 효과를 인정하려는 원칙이다. 민법은 부동산의 등기에 관해서는 이 원칙을 도입하지 않고 동산의 점유에 관해서만 이를 인정하고 있다.

Chapter

선다형 | 단답형 | 완성형

02 국회 · 법률 상식력 테스트

선다형 문제

01 다음은 국회 패스트트랙에 대한 설명이다. ( ) 안에 들어갈 숫자는? MBC

> 법안 심의 과정의 지연을 방지하기 위해 국회 논의 기간인 ( )일을 넘길 경우 상임위원회의 심의·의결을 거치지 않아도 본회의에 자동 상정된다.

① 250 ② 300
③ 330 ④ 360

패스트트랙(fast track): 국회의 법안 처리가 무한정 표류하는 것을 막고 법안의 신속처리를 위한 것으로, 「안건 신속처리 제도」라고도 한다. 재적의원 5분의 3 이상 혹은 상임위원회 재적위원의 5분의 3 이상 조건을 충족하면 신속처리안건(패스트트랙)으로 지정된다. 패스트트랙 안건은 담당 상임위 심사(최장 180일), 법제사법위원회 심사(최장 90일), 본회의 논의(최장 60일) 등 최장 330일을 거친 뒤 자동으로 표결에 부쳐 재적의원 과반수 출석과 출석의원 과반수 찬성으로 처리된다.

02 다음 중 국회의 탄핵소추 대상이 아닌 사람은? 한겨레신문

① 국무위원 ② 국회의장
③ 법관 ④ 감사위원

② 국회의원은 탄핵소추의 대상이 아니며 탄핵소추 의결권을 가지고 있다. 국회의장은 보통 의석수가 가장 많은 원내 제1당의 다선의원 중 선출되는 것이 관례이다.
탄핵소추권: 사법기관에서 소추·처벌이 곤란한 대통령을 비롯해 국무총리, 국무위원, 행정 각 부의 장, 헌법재판소 재판관, 법관, 중앙선거관리위원회 위원, 감사원장, 감사위원, 기타 법률이 정하는 공무원이 그 직무 집행에 있어서 헌법이나 법률을 위반한 때는 탄핵의 소추를 의결할 수 있는 국회의 권리이다.

03 다음 중 정부가 국회 의결을 미리 받아야 하는 사안은? MBC, YTN, 한국산업인력공단

① 국채 모집 ② 국무위원 임명
③ 대통령 탄핵소추 ④ 긴급해산권 행사
⑤ 국회의원 제명

- **국회의 동의(사전 의결)**: 대법원장·국무총리·감사원장 임명, 조약 체결 및 비준, 선전포고 및 강화, 일반사면, 국채 모집, 예비비 설치, 국군의 해외파병, 외국군대의 국내 주둔
- **국회의 승인(사후 의결)**: 긴급명령, 긴급재정·경제처분 및 명령, 예비비 지출

① 국채를 모집하거나 예산 외에 국가의 부담이 될 계약을 체결할 때에는 미리 국회의 의결을 얻어야 한다.
② 국무위원은 국무총리의 제청으로 대통령이 임명한다.
③ 대통령에 대한 탄핵소추는 국회 재적의원 과반수의 발의와 국회 재적의원 3분의 2 이상의 찬성이 있어야 한다.
④ 우리나라의 경우 대통령의 국회 해산권은 인정되지 않고 있다. 다만, 위헌정당에 대해 헌법재판소에 그 해산을 제소할 수 있다(위헌정당해산제소권).
⑤ 정부는 국회의원의 제명을 요구할 수 없다.

04 다음 중 국회의원 선거에서 당선인이 당선 무효가 되는 경우가 아닌 것은? 한겨레신문

① 당선인 본인이 선거법 위반으로 100만 원 이상의 벌금형 또는 징역형을 선고받은 경우
② 선거사무장 및 회계책임자가 선거법 위반으로 징역형을 선고받은 경우
③ 직계 존·비속이 선거법 위반으로 징역형을 선고받은 경우
④ 배우자가 선거법 위반으로 200만 원 이상의 벌금형 또는 징역형을 선고받은 경우

④ 배우자가 선거법 위반으로 징역형 또는 300만 원 이상의 벌금형을 선고받은 경우가 당선 무효에 해당된다.

Answer 1. ③ 2. ② 3. ① 4. ④

05 다음을 읽고 연상되는 것을 고르면? MBC

• 프리부터	• 해적 사략선
• 약탈자	• 장시간 연설
• 김대중 대통령	• 국회선진화법

① 게리맨더링 ② 플리바게닝
③ 스케이프고트 ④ 필리버스터
⑤ 크레덴다

④ **필리버스터(filibuster)**: 주로 소수파가 다수파의 독주를 막거나 기타 필요에 따라 의사진행을 저지하기 위해 합법적인 수단을 동원해 의사진행을 고의적으로 방해하는 행위를 말한다. 해적 사략선, 약탈자를 의미하는 스페인어에서 유래된 말로, 영국 의회에서는 프리부터(freebooter)라고 한다.
① 자신의 당에 유리하도록 선거구를 획정하는 것
② 피고가 유죄를 인정하거나 다른 사람에 대해 증언을 하는 대가로 검찰 측이 형을 낮추거나 가벼운 죄목으로 다루기로 거래하는 것
③ 정부가 가상의 적을 설정해 국민의 불만을 다른 곳으로 돌려 증오나 반감을 해소시키는 정책
⑤ 정치 권력자가 권력을 피지배자에게 정당화 · 합리화시키는 행위

06 정당이나 후보자가 선거공약을 제시할 때 목표, 우선순위, 기간, 공정, 예산 등의 사항을 수치 등으로 명기해 검증과 평가를 하고 선거공약 후에도 잘 지켜지는지 감독하는 것은?
MBC, 한국감정원, 한국수력원자력, 한국토지주택공사

① 공영선거제 ② 필리버스터
③ 로그롤링 ④ 매니페스토

④ **매니페스토(manifesto movement)**: 정당이나 후보자가 선거공약을 제시할 때 상대방에 대한 정치적 모함이나 인신공격이 아닌 정책으로 승부하자는 운동. 즉, 구체적인 예산과 추진 일정을 갖춘 공약을 말한다.
① 선거운동의 무분별로 인한 폐단을 방지하고 선거의 공정성을 견지하기 위한 제도. 선거공영제라고도 한다.
② 의회 안에서의 합법적 · 계획적인 의사진행 방해 행위
③ 선거운동을 도와주고 그 대가를 받거나 이권을 얻는 행위

07 상대적으로 뒤쳐지는 후보에게 표심이 가는 현상을 설명할 수 있는 이론은? YTN

① 레임덕(lame duck)
② 언더독 효과(underdog effect)
③ 밴드왜건 효과(bandwagon effect)
④ 브래들리 효과(Bradley effect)
⑤ 타운홀 미팅(town hall meeting)

② **언더독 효과(underdog effect)**: 절대적인 강자가 존재할 때 열세에 있는 약자가 강자를 이기기를 바라는 현상
① 임기 종료를 앞둔 대통령이 새 대통령 취임을 앞두고 지도력이 저하되는 모습을 오리에 비유한 용어
③ 의사결정 시 강자나 다수파를 따라가는 심리현상
④ 선거 전의 여론조사에서는 지지율이 높았던 비(非)백인 후보가 실제 선거에서는 득표율이 낮게 나오는 현상
⑤ 시민이면 누구나 토론에 참가하여 투표를 통해 자기의사를 표명하는 회의 방식

08 대통령 등 공직 후보를 선출할 때 일반국민이 직접 참여해 선출하는 국민 경선을 의미한다. 국민에게 인기 있고 명망 있는 인물을 후보로 영입하는 데 유리한 이 제도는? YTN

① 오픈 프라이머리(open primary)
② 코커스(caucus)
③ 캐스팅 보트(casting vote)
④ 로그롤링(logrolling)
⑤ 필리버스터(filibuster)

① **오픈 프라이머리(open primary)**: 정당에서 대통령 후보 등 공직후보를 당원이 아닌 일반 국민이 직접 참여해 뽑는 방식으로 개방형 국민경선제, 국민참여경선제라고 한다.
② 미국의 특수한 형태의 정당집회. 제한된 수의 정당 간부나 선거인단이 모여 공직선거에 나설 후보자를 선출하거나 지명대회에 참석할 대의원을 선출하는 모임으로, 정당별 대통령 후보를 선출하는 예비 경선의 한 방식이다.
③ 의안을 의결할 때 찬성과 반대가 같은 수일 경우 의장의 결정권을 말하지만, 두 당파의 세력이 균형을 이룬 상태에서 대세를 좌우할 열쇠를 쥔 제3당의 표를 가리키기도 한다.
④ 선거운동을 도와주고 그 대가를 받거나 이권을 얻는 행위
⑤ 의회 안에서의 합법적이고 계획적인 의사진행 방해 행위

09 **대표제에 관한 설명이 잘못된 것은?** MBC

① 다수대표제 : 정국의 안정을 기할 수 있으나 사표를 많이 냄
② 소수대표제 : 소선거구제와 연계되며, 다수정당제의 출현으로 정국의 불안정을 초래함
③ 직능대표제 : 직업 집단을 중심으로 선출되며, 이익단체의 지나친 로비활동을 억제할 수 있음
④ 비례대표제 : 사표를 줄이며, 정당 국가형 민주정치에 적합함

② 다수대표제의 경우에는 다수당이 의석을 독점할 우려가 있고, 소수파가 의회를 대표하지 못할 가능성이 있다. 소수대표제는 이러한 불공평을 시정하고 소수당에도 국회에 있어서의 최소한의 대표성을 보장하게 하려는 것이다. 소선거구제는 일반적으로 다수대표제이다.

10 **소선거구제의 장점이 아닌 것은?** YTN, 한국전력공사

① 소수의견을 반영하기 쉽다.
② 입후보자의 인물 판단이 용이하다.
③ 양대 정당제에 유리하며, 국정 안정에 도움이 된다.
④ 선거 비용이 적게 든다.
⑤ 투표율이 높다.

① 소선거구제는 2위 이하의 득표는 모두 사표(死票)로 처리되기 때문에 소수의견 반영이 어렵다. 우리나라는 소선거구제에 정당의 득표수에 따라서 대표자를 배분하는 방식인 비례대표제를 혼합한 선거구제를 채택하고 있다.

11 **다음 중 보궐선거 사유에 해당하는 것은?** MBC

① 당선인의 임기 개시 전 사망
② 당선인의 임기 중 사직
③ 당선무효 처분
④ 선거 결과 당선인이 없을 때

보궐선거는 당선인이 임기 중에 사직 · 사망 · 실격함으로써 궐석이 생길 경우에 실시하는 선거이다. 반면 재선거는 선거 결과 당선인이 없거나 당선인이 임기 개시 전에 사퇴 · 사망하거나 피선거권이 없게 된 때, 법원으로부터 당선무효의 판결이 있을 때 치러진다.

12 **특정 정당에 유리하도록 선거구를 획정하는 것은?**
국민건강보험공단, 서울교통공사, 세계일보, 한국경제신문

① 선거구 법정주의
② 선거구 자연주의
③ 스케이프고트(scapegoat)
④ 게리맨더링(gerrymandering)
⑤ 발롱 데세(ballon d'essai)

④ **게리맨더링(gerrymandering)** : 반대당이 강한 지구를 억지로 분할하거나 자기 당에 유리한 지역적 기반을 결합시켜 당선을 유도하는 것이다.
① 공정한 선거를 위해 선거구를 법률로 규정하는 제도이다.
③ 국민의 지지를 받지 못하는 정부가 가상의 적을 설정해 그 쪽으로 국민의 불만을 집중시키거나 여론을 결집해 위기를 모면하려는 술책을 일컫는다.
⑤ 반향이 불확실한 논리에 관해 시험적으로 하나의 의견 또는 정보를 언론에 흘려 여론의 동향을 탐색하려는 여론 관측 수단을 뜻한다.

Answer 5. ④ 6. ④ 7. ② 8. ① 9. ② 10. ① 11. ② 12. ④

13 **선거 등 투표에서 어떤 후보에게 투표할지 결정하지 못한 유권자를 일컫는 말은?**
경인일보, 한국산업인력공단

① 스윙바이(swingby)
② 스윙스테이트(swing states)
③ 스윙보터(swing voter)
④ 스윙아웃(swing out)

③ 스윙보터(swing voter)들은 지지하는 정당과 정치인이 없기 때문에 투표 당시의 정치 상황과 이슈에 따라 투표하는 것이 특징이다.
① 목표로 하는 행성 또는 중도 행성의 중력의 장(場)을 이용해 진로나 궤도를 제어하는 우주선의 비행경로
② 미국 선거 시 정치적 성향이 뚜렷하지 않은 주(States)를 일컬음
④ 야구경기에서 타자가 투 스트라이크 다음에 스윙(swing)을 했으나 공에 맞지 못한 채 아웃되는 상황

14 **중앙선거관리위원회에 대한 설명으로 틀린 것은?**
한겨레신문

① 위원의 임기는 6년이며, 정당에 가입하거나 정치에 관여할 수 없다.
② 국가 및 지방자치단체의 선거, 국민투표, 정당에 관한 사무 등을 관장하는 선거관리위원회의 최상급 기관으로 헌법상 독립기관이다.
③ 위원은 대통령이 임명하는 3인, 국회에서 선출하는 3인, 대법원장이 지명하는 3인으로 구성된다.
④ 위원장은 위원 중에서 호선하며, 상임위원은 대통령이 임명한 위원 중에서 위원장이 추천해 대통령이 임명한다.

④ 중앙선관위 상임위원은 위원 중에서 호선한다.

15 **국회의원 선거에 대한 설명으로 맞는 것은?** MBC

① 국회의원 임기만료 전 180일인 4월 15일에 선거를 실시한다.
② 만 18세 때 자기추천으로 후보등록이 가능하다.
③ 후보가 선거운동기간에 공무원인 아버지와 함께 선거운동을 할 수 있다.
④ 공영선거제로 인해 무소속인 후보도 정당후보와 동일하게 선거비용을 받는다.

② 피선거권은 만 18세 이상의 국민이다.
① 국회의원 선거는 임기만료일 전 50일 이후 첫 번째 수요일에 실시한다.
③ 국가공무원법 제2조에 규정된 국가공무원과 지방공무원법 제2조에 규정된 지방공무원은 선거운동을 할 수 없다.
④ 대통령선거와 비례대표선거에서는 선거비용의 보조대상을 정당으로 하고, 기타 선거에서는 후보자에게 직접 보조한다.

16 **다음 중 국민참여재판제도에 대한 설명으로 잘못된 것은?**
MBC, 뉴시스, 한겨레신문

① 배심원단은 만 20세 이상으로 구성한다.
② 배심원단은 피고인의 유무죄에 대한 평결을 내린다.
③ 배심원단의 평결은 재판부의 판결에 권고적 효력만을 지닌다.
④ 국민참여재판은 공소가 제기된 모든 사건을 대상으로 실시되고 있다.

④ 국민참여재판제도가 적용되는 대상은 형법에 규정된 특수공무집행방해치사 등의 사건, 「특정범죄 가중처벌 등에 관한 법률」에 규정된 뇌물 등의 사건, 「특정경제범죄 가중처벌 등에 관한 법률」에 규정된 배임수재 등의 사건, 「성폭력범죄의 처벌 및 피해자보호 등에 관한 법률」에 규정된 특수 강도강간 등의 사건들이다. 단, 이들 사건의 피고인이 원하지 않거나 배제 결정이 있는 경우에는 국민참여재판을 하지 않는다.
국민참여재판: 우리나라에서 2008년 1월부터 시행된 배심원 재판제도로, 만 20세 이상의 국민 가운데 무작위로 선정된 배심원들이 형사재판에 참여해 유죄·무죄 평결을 내리지만 법적인 구속력은 없다.

17 다음 중 가석방의 요건에 해당하는 것은? YTN

① 무기는 10년, 유기는 형기의 1/2 경과
② 무기는 10년, 유기는 형기의 1/3 경과
③ 무기는 20년, 유기는 형기의 1/2 경과
④ 무기는 20년, 유기는 형기의 1/3 경과
⑤ 무기는 불가, 유기는 형기의 1/3 경과

헌법 제72조는 가석방의 요건에 대해 「징역 또는 금고의 집행 중에 있는 자가 그 행상이 양호하여 개전의 정이 현저한 때에는 무기에 있어서는 20년, 유기에 있어서는 형기의 3분의 1을 경과한 후 행정처분으로 가석방을 할 수 있다」라고 규정하고 있다.

18 다음 중 우리나라의 기본 6법에 해당하지 않는 것은? YTN, 서울신문

① 민사소송법　② 국제법
③ 헌법　④ 상법
⑤ 형법

우리나라의 기본 6법: 헌법, 민법, 형법, 상법, 민사소송법, 형사소송법

19 현행 우리나라의 헌법 개정에 대한 설명으로 맞는 것은? 국민연금공단, 서울교통공사, 중앙일보, 한국전력공사

① 헌법개정안의 발의는 대통령 또는 국회 재적의원 과반수의 찬성으로 가능하다.
② 헌법개정안이 국민투표에서 확정되면 대통령은 15일 이내에 공포해야 한다.
③ 국회의원이 발의한 헌법개정안은 대통령의 동의를 얻어 국민투표에 회부한다.
④ 헌법개정안은 국회에서 통과되면 대통령이 공포해 확정한다.

헌법개정안은 국회가 의결한 후 30일 이내에 국민투표에 회부해, 국회의원 선거권자 과반수의 투표와 투표자 과반수의 찬성을 얻어 확정된다. 대통령은 즉시 이를 공포한다.

20 법 적용의 원칙에 대한 설명으로 바르지 못한 것은? 한국마사회, 한국산업인력공단

① 특별법을 일반법보다 우선 적용
② 공법은 사법보다 우선 적용
③ 상위법을 하위법보다 우선 적용
④ 법률불소급의 원칙 적용
⑤ 신법을 구법보다 우선 적용

② 공법과 사법은 법 영역이 달라 우선순위를 구별할 수 없다.
① 일반법보다 특별법을 우선 적용한다. 일반법과 특별법의 관계에 있는 법규의 예로는 민법과 상법, 형법과 군형법, 공무원법과 교육공무원법 등이 있다.
③ 헌법과 법률이 충돌하는 경우 헌법을 우선 적용한다.
④ 법적 안정성을 위해 새로운 법률은 그 법률이 효력을 가지기 이전에 발생한 사실에 소급해 적용되지 않는다.
⑤ 구법보다 새로 제정·개정된 법령이 우선 적용된다.

21 우리 헌법상 헌법재판소의 권한에 속하는 것을 고르면? MBC, 한겨레신문, 한국전력공사

㉠ 위헌명령심판권
㉡ 탄핵심판권
㉢ 정당해산심판권
㉣ 지방자치단체 상호 간의 권한쟁의심판권
㉤ 헌법소원제도

① ㉠, ㉡, ㉢　② ㉢, ㉣, ㉤
③ ㉠, ㉡, ㉢, ㉣　④ ㉡, ㉢, ㉣, ㉤

㉠ 명령, 규칙, 처분 등에 대한 심사는 각 법원을 거쳐 대법원에서 최종 심사한다.
헌법재판소의 권한과 효력: 헌법재판소의 권한에는 위헌법률심판권, 헌법소원제도, 탄핵심판권, 정당해산심판권, 기관쟁의심판권 등이 있다. 일반적인 의사결정 정족수는 재판관 6인 이상의 찬성(재적위원 3분의 2 이상)을 필요로 한다. 단, 기관쟁의심판은 재판관 7인 이상 참석에 참석 과반수의 찬성(4명 이상)으로 결정한다.

Answer 13. ③ 14. ④ 15. ② 16. ④ 17. ④ 18. ② 19. ① 20. ② 21. ④

22 사면(赦免)에 대한 설명으로 옳지 않은 것은? YTN

① 특별사면은 형의 집행이 면제되는 것이 원칙이다.
② 일반사면은 범죄인 개개인을 따지지 않고 일괄적으로 실시한다.
③ 특별사면은 국무회의 심의를 거쳐야 하며 반드시 국회의 동의를 받아야 한다.
④ 사면은 대통령의 고유 권한이다.
⑤ 일반사면의 경우 형의 선고효력을 상실시킨다.

③ 특별사면은 국무회의의 의결을 거쳐 대통령이 명령하며 국회의 동의는 필요하지 않다. 반면 일반사면은 국무회의의 심의를 거쳐야 하고, 반드시 국회의 동의를 받아야 한다.

23 사람 이름을 딴 법안과 그 내용이 바르게 연결되지 않은 것은? KBS

① 임세원법: 의료인 폭행 가해자에 대한 처벌 강화
② 김용균법: 위험의 외주화 방지를 비롯해 산업현장의 안전규제 대폭 강화
③ 조두순법: 미성년자 대상 성범죄자의 출소 후 전자발찌 부착 기간 연장
④ 윤창호법: 심신미약 상태에서 저지른 범죄에 대해 감형 의무 삭제

④ **윤창호법**: 음주운전으로 인명 피해를 낸 운전자에 대한 처벌 수위를 높이고 음주운전 기준을 강화하는 내용 등을 담은 「특정범죄 가중처벌 등에 관한 법률(특가법) 개정안」 및 「도로교통법 개정안」이다. 2018년 9월 부산 해운대구에서 만취 운전자가 몰던 차량에 치여 뇌사상태에 빠졌다가 끝내 세상을 떠난 윤창호 씨 사망 사건을 계기로 마련됐다.

24 범인이 유죄를 인정하는 대신 형량을 감해 주는 제도는? 코레일

① 플리바겐 ② 죄수의 딜레마
③ 집행유예 ④ 불고불리의 원칙

① **플리바겐(plea bargain)**: 유죄를 인정하는 대신 협상을 통해 형량을 경감하거나 조정하는 제도. 「사전형량조정제도」라고도 부르는데, 이때 형량에 대해 흥정하는 것을 「플리길티(plea guilty)」라고 한다. 보통 뇌물공여죄나 마약범죄 등과 같이 자백이 필수적이거나 당사자의 제보가 결정적인 단서로 작용하는 범죄의 수사 과정에서 적용된다.
② 2명 이상의 공범이 각각 분리돼 경찰관의 취조를 당할 경우 끝까지 범행을 부인하지도 또 자백하지도 못하는 심리적인 모순 상태에 빠지는 것
③ 경미한 범죄에 대해 일단 유죄를 인정해 형을 선고하되, 일정 기간 그 형의 집행을 유예하고 집행유예 선고가 취소나 실효됨이 없이 유예 기간을 경과한 때는 형 선고의 효력을 상실하게 하는 제도
④ 소송법(형사 · 민사)상 법원은 원고가 심판을 청구한 때만 심리를 개시할 수 있고, 심판을 청구한 사실에 대해서만 심리 · 판결한다는 원칙

25 검찰 등 수사기관이 여러 건의 죄를 저지른 피의자를 수사할 때 일단 하나의 혐의로 구속한 뒤 또 다른 사건을 캐는 수사 관행을 무엇이라고 하는가? 한국남부발전

① 인질수사 ② 별건수사
③ 강제수사 ④ 임의수사

② **별건수사(別件搜査)**: 특정 범죄혐의를 밝혀내는 과정에서 이와는 관련 없는 사안을 조사하면서 수집된 증거나 정황 등을 이용해 원래 목적의 피의자의 범죄혐의를 밝혀내는 수사방식을 말한다.
③ 강제처분을 수반하는 수사
④ 강제처분에 의하지 않고 임의적인 조사에 의한 수사

26 다음 중 기소편의주의에 대한 설명으로 바른 것은?

CBS, EBS, 국립공원관리공단, 시사저널, 한국토지주택공사

① 범죄가 성립하고 소송조건이 완비된 경우에도 검사가 반드시 기소를 강제하지 않고 기소·불기소에 관한 재량권이 인정되는 제도
② 피의자에 대한 구속이 적법한지의 여부를 법원이 심사하는 제도
③ 민사 또는 형사소송에 있어서 제1심 판결이 법령에 위반된 것을 이유로 고등법원에 항소하지 않고 직접 대법원에 상소하는 제도
④ 확정판결 전에 시간의 경과에 의해 형벌권이 소멸하는 제도

기소편의주의(起訴便宜主義) : 형사소송법상 공소 제기에 관해 검사의 재량을 인정하고 기소유예를 인정하는 제도로 기소법정주의에 대처한다.
② 체포·구속적부심사제도 ③ 비약상고 ④ 공소시효

27 인사청문회 대상이 아닌 직책은? TV조선

① 한국은행 총재
② 합동참모의장
③ 한국방송공사 사장
④ 금융감독원장

인사청문회 : 대통령이 행정부의 고위 공직자를 임명할 때 국회의 검증절차를 거치게 함으로써 행정부를 견제하는 제도적 장치이다. 인사청문회 대상이 되는 공직후보자는 대법원장, 헌법재판소장, 국무총리, 감사원장, 대법관, 국무위원(장관) 및 국가정보원장, 검찰총장, 국세청장, 경찰청장, 합동참모의장, 헌법재판소 재판관, 중앙선거관리위원회 위원, 한국은행 총재, 한국방송공사 사장 등이다.

28 형사법상 옳지 않은 설명은? 경인일보

① 검찰은 피의사실을 공소제기 전에 공표해서는 안 된다.
② 법인이 뇌물로 제공하려고 한 금품은 몰수한다.
③ 토지관할은 범죄지, 피고인의 주소, 거소 또는 현재지로 한다.
④ 법관이 피고인의 친족일 경우 직무집행에서 제척된다.
⑤ 피고인은 진술을 거부할 수 없다.

⑤ 형사소송법에서 피고인(제288조의 2)과 피의자의 진술거부권(제244조의 3)을 규정하고 있다.
① 형법 제126조에는 검찰, 경찰 그 밖에 범죄수사에 관한 직무를 수행하는 자 또는 이를 감독하거나 보조하는 자가 그 직무를 행하면서 알게 된 피의사실을 공소제기 전에 공표한 경우 3년 이하의 징역 또는 5년 이하의 자격정지에 처한다고 규정돼 있다.
② 형법 제134조에는 범인 또는 사정을 아는 제3자가 뇌물 또는 뇌물로 제공하려 한 금품은 몰수한다고 규정돼 있다.
③ 형사소송법 제4조
④ 형사소송법 제17조

29 공소시효와 관련된 설명으로 옳지 않은 것은?

경인일보

① 시간이 흐르면서 증거 보존이 어렵고 처벌효과도 떨어진다는 현실적인 문제를 근거로 마련됐다.
② 2015년 살인죄의 공소시효를 폐지하는 내용이 담긴 형사소송법 개정안이 통과됐다.
③ 공범 1인의 시효 정지는 다른 공범자에게도 효력이 미친다.
④ 공소시효가 완성되면 실체적인 심판 없이 면소판결을 해야 한다.
⑤ 공소시효의 기산점은 범죄행위가 시작된 때이다.

⑤ 공소시효의 기산점은 범죄행위가 종료된 때부터 시작된다.
공소시효 : 어떤 범죄에 대해 일정 기간이 지나면 공소의 제기를 허용하지 않는 제도이다. 공소시효가 완성되면 실체적인 심판 없이 면소판결을 해야 한다.

Answer 22. ③ 23. ④ 24. ① 25. ② 26. ① 27. ④ 28. ⑤ 29. ⑤

단답형 문제

30 유권자가 정당이 제시한 비례대표들의 명부를 보고 정당에 투표하고, 각 정당은 득표율에 따라 의석을 배분받는 선거제도는? 서울경제신문

31 미국에서 대선이 열리는 직전 해에 아이오와주에서 열리는 공화당의 비공식 예비 투표를 지칭하는 말로, 구속력은 없지만 차기 대선에 대한 경선구도를 예측할 수 있는 이 투표는? 근로복지공단

32 미국에서 정당 대통령 후보를 선출하기 위한 지방 당원대회로, 당원들이 모여 토론한 후 후보를 공개적으로 밝히는 이 선거방식은? YTN

33 당선자와 낙선자의 득표비율을 따져 지역구 선거에서 아깝게 떨어진 후보자를 구제하는 제도로, 일본이 1996년부터 실시하고 있는 것은? 한국산업인력공단

34 국회에서 소수파 의원들이 다수파의 독주를 막거나 기타 필요에 따라 다양한 수단과 방법으로 의사진행을 고의로 방해하는 행위를 일컫는 말은? 근로복지공단

35 고문・불법 도청 등 위법한 방법으로 수집된 자료는 증거로 쓸 수 없다는 것을 뜻하는 법 원칙은?

36 범죄의 피해자 또는 기타 법률이 정한 자의 고소・고발이 있어야 공소할 수 있는 범죄는? YTN, 경기신용보증재단

37 자신이 저지른 어떤 행위로 인해 범죄결과가 발생할 가능성이 있다는 것을 인식했음에도 그 결과의 발생을 인용하고 이를 행하는 불확정 고의의 일종을 일컫는 법률 용어는? YTN

38 24시간 내에 석방을 조건으로 구치소가 아닌 지정된 장소에서의 조사를 목적으로 발부되는 영장은? SBS, 일간스포츠, 한국일보

39 법정의 질서를 유지하기 위해, 재판부의 명령에 위배되는 행위를 하거나 폭언・소란 등의 행위로 재판부의 심리(審理)를 방해함으로써 재판부의 질서를 훼손한 사람을 재판부가 직권으로 구속시키는 제재 조치는? YTN

40 대한민국 영토 밖이라도 선박 또는 비행기 안에서의 범죄자에 적용되는 형법의 범위로 속지주의의 연장을 일컫는 말은? 경기신용보증재단

41 타인의 사무를 처리하는 자가 불법적인 방법으로 재산상의 이익을 취득하거나, 제3자에게 이를 취득하게 해 본인에게 손해를 가하는 형법상의 죄는? 한겨레신문

42 국가를 상대로 민사소송을 제기했을 때 피고는? YTN, 서울교통공사, 스포츠조선, 한국전력공사

43 특정 정부 사업 등에 대한 법률상의 권한이 일정 기간 지나면 자동으로 폐지되도록 규정한 법은? 한국산업인력공단

44 도로교통법상 음주운전에 해당되는 혈중 알콜 농도수치는 얼마부터인가? 경향신문, 교통안전공단

45 국회 정문에 세워진 두 개의 이 조각상은 「사악함을 깨뜨리고 바른 것을 세운다」는 상상 속의 동물이다. 이 동물은?

Answer **30.** 정당명부식 비례대표제 **31.** 에임스 스트로폴(Ames straw poll) **32.** 코커스(caucus) **33.** 석패율제(惜敗率制) **34.** 필리버스터(filibuster) **35.** 독수독과론(毒水毒果論) **36.** 친고죄(親告罪) **37.** 미필적 고의(未必的 故意) **38.** 구인영장(구인장) **39.** 감치명령(監置命令) **40.** 기국주의(旗國主義) **41.** 배임죄(背任罪) **42.** 법무부장관 **43.** 일몰법(sunset law, 日沒法) **44.** 0.03% **45.** 해태

완성형 문제

46 교섭단체를 구성할 수 있는 의원 수는 ( )인 이상이다. 한국산업인력공단

47 형사상 미성년 나이는 만 ( )세 미만이다. SBS, 일간스포츠, 한국일보

48 국회가 국정 전반에 관해 감사할 수 있는 권한을 (①)(이)라 하고, 특정한 국정 사안에 관해 조사할 수 있는 권한을 (②)(이)라고 한다. 한국전력공사

49 법의 제 단계는 「(①) – 조례 – (②) – 법률 – 헌법」이다. SBS, 한전KPS

50 법률 제정에 있어서 해당 상임위원회의 심사를 마친 법률안은 ( )에 회부돼 체계·자구심사를 거친 후 본회의에 상정돼 재적의원 과반수의 출석과 출석의원 과반수의 찬성으로 의결된다. 경향신문

51 한 선거구에서 2명 이상을 선출하는 방식인 ( ) 제도는 유명인사의 당선이 용이하고 사표(死票)를 줄일 수 있는 장점이 있다. 한국전력공사

52 피해자의 고소가 없어도 수사기관이 수사해서 재판을 받게 하는 등 처벌이 가능하나 그 과정에서 피해자가 처벌을 원치 않는다는 의사를 표명할 경우 처벌을 못하는 범죄는 ( )이다.

53 집행유예를 선고받은 자가 유예기간 중 ( ) 이상의 형을 선고받아 그 판결이 확정된 때는 집행유예의 선고는 효력을 잃게 된다.

54 공시 방법은 부동산의 경우 (①), 동산의 경우 (②)이다.

55 형법은 ( )에 반하므로 유추해석을 엄격히 금지하고 있다. 한국마사회, 한국전력공사

56 미국의 대통령 임기는 (①)년이고, 상원과 하원의원의 임기는 각각 (②)년, (③)년이다.

57 우리 헌법에 있어서 일반적으로 승인된 국제법규는 ( )와/과 같은 효력을 가진다. 한국전력공사

58 ( )은/는 헌법재판소의 권한 가운데 하나로, 중앙정부와 지방자치단체 간의 분쟁을 해결하는 제도이다. CBS

59 법적으로 유언의 효력이 있는 최소 연령은 만 ( )세이다. 중앙일보

60 국회의 의원정수는 지역구 국회의원 ( )명과 비례대표 국회의원 ( )명을 합해 300명으로 한다. 한국일보, 조선일보

Answer **46.** 20 **47.** 14 **48.** ① 국정감사권 ② 국정조사권 **49.** ① 규칙 ② 명령 **50.** 법제사법위원회 **51.** 대선거구 **52.** 반의사불벌죄 **53.** 금고 **54.** ① 등기 ② 인도 **55.** 죄형법정주의 **56.** ① 4 ② 6 ③ 2 **57.** 국내법 **58.** 권한쟁의심판 **59.** 17 **60.** 253, 47

Chapter

03 경제 · 무역

01 경제 일반

기회비용(opportunity cost, 機會費用)●●●

여러 가능성 중 하나를 선택했을 때 그 선택으로 인해 포기해야 하는 가치를 표시한 비용을 말한다. 대치비용 또는 이전비용이라고도 한다. 예를 들어 A와 B 중에서 하나를 선택해야 하는 경우 A를 선택했을 때 버려야 하는 B에 대한 희생의 가치가 기회비용이 된다. 따라서 기회비용은 합리적인 선택의 기준이 되며, 이러한 희생의 가치는 작을수록 좋다.

매몰비용(sunk cost) 이미 지출했기 때문에 어떤 선택을 하더라도 다시 회수할 수 없는 비용으로, 함몰비용이라고도 한다. 기업의 광고 비용이나 연구개발(R&D) 비용 등이 이에 속한다.

수요이론(需要理論)●●●

수요의 결정요인 그 재화의 가격, 타 재화의 가격, 소비자의 소득 수준, 소비자의 기호 변화, 광고 선전, 생활기술의 변화, 인구의 크기 등

수요법칙 다른 요인들이 불변일 때 어떤 상품의 가격과 수요 간에 역(逆)의 관계가 존재하는 것으로, 수요곡선이 우하향하는 것을 말한다. **예외** 기펜재, 베블런 효과, 가수요, 가격하락 예상 시

수요곡선의 이동

- 우측 이동(D_1: 수요 증가): 소득 상승(보통재), 인구 증가, 소득의 균등 분배(대중소비재), 대체재 가격 상승, 보완재 가격 하락, 광고 선전
- 좌측 이동(D_2: 수요 감소): 소득 감소(열등재의 경우 소득 증가 시 좌측 이동), 사치품의 경우 소득 균등 분배, 대체재 가격 하락, 보완재 가격 상승, 인구 감소

수요곡선

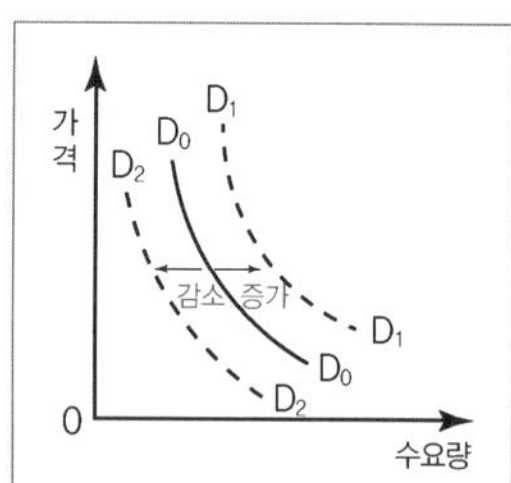

수요량의 변화와 수요의 변화 수요량의 변화는 동일한 수요곡선 위에서 가격의 변화에 의한 수요량의 변화(점의 이동)를 의미하고, 수요의 변화는 재화의 가격 이외의 다른 요인들의 변동에 따라 수요곡선 자체가 이동하는 것을 의미한다.

공급이론(供給理論)●●●

공급의 결정요인 그 재화의 시장가격, 기술의 상태, 생산요소의 가격 변동, 타 재화의 가격 변동, 기업들 간의 경쟁 상태, 외부 환경, 기후, 보조금 지급(공급곡선 우측 이동), 조세 부과(공급곡선 좌측 이동) 등

공급법칙 어떤 상품의 가격과 공급 간에 정(正)의 관계가 존재하는 것으로, 공급곡선이 우상향하는 것을 말한다. **예외** 매점매석, 골동품

공급곡선의 이동

- 우측 이동(S_1: 공급 증가): 기술 수준 향상, 생산요소 가격 하락, 기업의 경기 전망 호전
- 좌측 이동(S_2: 공급 감소): 생산요소 가격 상승

공급곡선

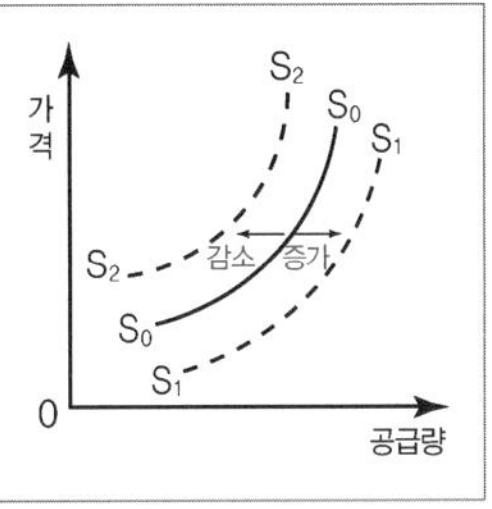

공급량의 변화와 공급의 변화 공급량의 변화란 공급곡선의 이동이나 변동 없이 단순히 그 재화의 가격 변동으로 공급곡선 위에서 공급량이 변하는 것을 의미한다. 공급의 변화는 공급곡선의 이동으로 인해 전과 동일한 가격 수준에서 공급량이 변하는 것을 의미한다.

수요와 공급의 탄력성•••

수요의 탄력성 가격의 변화 정도에 대응한 수요량의 변화 정도를 나타내는 척도로 영국 경제학자 마셜(A. Marshall)이 창안한 개념이다. 사치품은 수요의 탄력성이 크고, 생활필수품은 수요의 탄력성이 작다.

공급의 탄력성 어떤 재화의 가격 변동에 대응하는 공급량의 변동 정도를 합리적으로 계산하는 척도이다. 일반적으로 공산물은 공급의 탄력성이 크고, 농산물은 공급의 탄력성이 작다. 또한 골동품 같은 희소물건은 완전 독점의 경우처럼 공급의 탄력성이 0에 가깝다.

한계효용이론(限界效用理論)•••

한계효용이란 재화의 소비량이 한 단위 증가할 때 총효용의 증가분을 말한다.

한계효용체감의 법칙 재화의 양을 한 단위씩 추가함에 따라 총효용은 증가하나 한계효용은 체감한다는 법칙이다. 「고센의 제1법칙」 또는 마셜의 「욕망포화의 법칙」이라고도 한다.

예 첫 잔의 시원한 음료가 주는 한계효용은 매우 크지만 음료를 계속 마심에 따라 한계효용은 감소한다.

한계효용균등의 법칙 가계 또는 소비자가 주어진 소득으로 한 재화를 여러 용도에 소비하는 경우 또는 여러 가지 재화를 소비하려고 하는 경우 각 재화의 한계효용이 균등하도록 재화를 소비 배분하는 것이 효용을 극대화할 수 있다는 법칙이다. 「고센의 제2법칙」 또는 「극대만족의 법칙」이라고도 한다.

$$\frac{x\text{재의 한계효용}}{x\text{재의 가격}} = \frac{y\text{재의 한계효용}}{y\text{재의 가격}}$$

한계효용과 총효용의 관계 한계효용의 합계는 총효용과 같으며, 한계효용이 0일 때 총효용은 극대가 된다(욕망포화의 법칙). 극대점에 이르기까지는 총효용은 증가하나 한계효용은 감소하며, 효용이 극대점에 도달할 때 소비자 균형이 달성된다.

총효용 증가: 한계효용 > 0 **총효용 극대**: 한계효용 $= 0$ **총효용 감소**: 한계효용 < 0

한계소비성향(限界消費性向)•••

새로 늘어난 소득 중에서 소비되는 금액의 비율로, 1에서 한계저축성향을 뺀 값이다. 일반적으로 소득의 증가분을 ΔY, 소비의 증가분을 ΔC로 해 $\Delta C/\Delta Y$로 나타낸다. 인플레이션 때에는 한계소비성향이 높고, 저소득층은 고소득층에 비해 한계소비성향이 높은 경향이 있다.

유동성함정(liquidity trap, 流動性陷穽) ●●●

한계수준 이하로 떨어진 금리를 추가로 내려 통화량을 늘려도 소비와 투자심리가 살아나지 않아 경제 회복의 목표를 달성할 수 없는 상태를 말한다. 영국 경제학자 케인스(J. M. Keynes)가 1930년대 대공황 때 통화량을 늘려도 경기가 살아나지 않자 제기한 학설이다. 일반적으로 금리가 낮아지면 기업은 투자를 늘리게 된다. 그러나 이자율이 일정 수준 이하로 내려가게 되면 사람들은 가까운 미래에 이자율이 상승할 것이라고 예상해 현금 보유를 늘리고, 기업들은 경기가 나빠질 것을 우려해 투자를 하지 않아 경기부양 효과가 나타나지 않는다는 것이다. 따라서 정부가 경기부양을 위해 금리인하나 재정지출 등 유동성을 공급하는 정책을 취한다고 해도 실물경제에는 전혀 영향을 미치지 않게 된다.

무차별곡선(indifference curve, 無差別曲線) ●●●

소비자의 효용 수준이 같아지는 X재와 Y재의 조합을 연결한 곡선으로, 다음과 같은 성질을 가진다. ▲우하향 한다 ▲원점에서 멀수록 보다 큰 만족(효용) 수준을 표시한다 ▲서로 다른 무차별곡선은 서로 교차하지 않는다 ▲원점을 향해 볼록하다(한계효용체감의 법칙에 의해) 등

생산비의 법칙(law of cost of production) ●●●

완전경쟁 상태에서 개개의 기업체는 이윤의 극대화를 확보하기 위해 시장가격이나 생산량을 단기적으로는 한계생산비(MC) 수준에서, 장기적으로는 평균생산비(AC) 수준에서 결정하게 된다는 법칙이다.

- 최적조업도 : 한계생산비(MC) = 평균생산비(AC)
- 최대조업도 : AC = 시장가격(P)
- 최유리조업도 : MC = P
- 극대 이윤 : MC = P = 한계수입(MR)

그레셤의 법칙(Gresham's law) ●●●

「악화(惡貨)는 양화(良貨)를 구축한다」라는 말로 유명한 법칙으로 영국 재정가 그레셤(T. Gresham)이 16세기에 제창했다. 어느 한 사회에서 악화(소재가 나쁜 화폐)와 양화(예컨대 금화)가 동일한 가치를 지니고 함께 유통될 경우 악화만이 그 명목가치로 유통되고, 양화에는 그 소재가치가 있기 때문에 오히려 재보(財寶)로서 이용되거나 혹은 사람들이 가지고 내놓지 않아 유통에서 없어지고 만다는 것이다.

슈바베의 법칙(Schwabe's law) ●●●

독일 통계학자 슈바베(H. Schwabe)가 발견한 근로자의 소득과 주거비에 대한 지출의 관계법칙이다. 소득 수준이 높으면 높을수록 집세에 지출되는 금액은 커지지만 전체 생계비에 대한 주거비의 비율은 낮고, 소득이 낮을수록 전체 생계비에 대한 주거비의 비율은 높아지는 것을 말한다.

✎ 엥겔의 법칙(Engel's law) : 근로자의 소득과 식료품비와의 관계를 나타낸 것으로 이 법칙에 따르면 저소득 가계일수록 식료품비가 차지하는 비율이 높고, 고소득 가계일수록 식료품비가 차지하는 비율이 낮다.

세이의 법칙(Say's law)●●●

자유경쟁 경제하에서는 일반적인 생산과잉은 발생하지 않고 「공급은 그 스스로의 수요를 창조한다」고 한 프랑스 경제학자 세이(J. B. Say)의 시장이론으로, 「판로의 법칙」이라고도 한다. 그러나 이 이론은 세계 대공황으로 모순이 일어났으며, 케인스(J. M. Keynes)의 유효수요 원리에 의해 비판을 받았다.

자유재(freegoods) / 경제재(economic goods)●●●

자유재 비경제재이자 자유재화로, 공기와 같이 사용가치는 있으나 그 존재량이 무한해 교환가치가 없기 때문에 경제행위의 객체가 될 수 없는 비경제재를 말한다. 하지만 물의 경우 풍부하더라도 이용 장소 등에 있어 제한이 따르므로 일반적으로 경제재로 분류한다. 여러 상황의 변화에 따라 자유재가 경제재로 변환하기도 한다. 예 공기

경제재 사용가치가 있고, 그 존재량이 희소해 경제행위의 객체가 되는 재화를 말한다. 예 상품, 유가증권

보완재(complementary goods) / 대체재(substitutional goods)●●●

보완재 재화 중에서 같은 효용을 증대시키기 위해 함께 사용하는 두 재화로, 「협동재」라고도 한다. 이들 재화는 따로 소비할 때의 효용의 합계보다 두 재화를 함께 소비했을 때 효용이 증가한다. 보완관계에 있는 두 재화는 하나의 수요가 증가하면 다른 하나의 수요도 증가하고, 하나의 가격이 오르면 두 재화의 수요가 동시에 감소한다. 예 커피 – 설탕, 펜 – 잉크, 바늘 – 실, 버터 – 빵

대체재 재화 중에서 같은 효용을 얻을 수 있는 재화로, 「경쟁재」라고도 한다. 일반적으로 대체관계에 있는 두 재화는 하나의 수요가 증가하면 다른 하나는 감소한다. 다른 재화의 가격변동에 대한 해당 재화의 수요변동의 민감도를 뜻하는 교차탄력성이 양(+)이면 대체재, 음(−)이면 보완재이다.
예 버터 – 마가린, 쇠고기 – 돼지고기, 기차 – 버스

공공재(public goods)●●●

공공기관을 통해 공급되는 재화와 서비스로 국방과 방송 등이 대표적인 공공재이다. 비배재성(특정 집단의 사람들을 재화의 소비에서 얻는 혜택으로부터 배제할 수 없음)과 비경합적 소비(한 개인이 소비에 참여해 얻는 이익이 다른 모든 개인들이 얻는 이익을 감소시키지 않음)를 특징으로 한다. 예 경찰, 도로, 교육

기펜재(Giffen goods)●●●

실질소득이 증가할 때 그 수요량도 증가하는 재화를 우등재, 반대로 그 수요량이 감소하는 재화를 열등재라고 한다. 실질소득이 증가하는 경우는 재화가격은 그대로이나 가계의 명목소득이 증가하는 경우와 명목소득은 그대로이나 재화의 가격이 하락해 실질소득이 증가하는 경우 두 가지가 있다. 기펜재는 명목소득은 불변인 채 재화가격이 하락할 때, 그것에 대한 수요량이 오히려 감소하는 재화를 말한다. 따라서 기펜재가 되기 위해서는 그 재화는 반드시 열등재이어야 하나, 열등재라고 해서 모두 기펜재가 되는 것은 아니다. 대표적인 기펜재의 예로는 가격이 상승하고 있는 주식을 들 수 있는데, 이 경우 주가가 상승함에도 수요량이 늘어나기 때문이다.

공유지의 비극(tragedy of commons)●●●

개인과 공공의 이익이 서로 맞지 않을 때 개인의 이익만을 극대화한 결과 경제주체 모두가 파국에 이르게 된다는 것으로, 미국 생태학자 하딘(G. J. Hardin)이 주장했다. 예를 들어 주인이 없는 한 목초지가 있을 경우(외부효과), 비용을 들이지 않기 위해 마을 사람들 모두 이곳에 소를 방목해 풀을 먹이게 되고, 결과적으로 이 목초지는 황폐화된다는 것이다. 이처럼 소유권 구분 없이 자원을 공유할 경우 나타나는 사회적 비효율의 결과를 「공유지의 비극」이라고 한다. 이를 해결하기 위한 방안으로 국가가 경제활동에 개입해 통제하거나 개인에게 소유권을 줘 개인이 관리하도록(사유화) 하는 것이 있다.

자산 효과(asset effect)●●●

주식이나 부동산, 채권 등 자산의 가치가 증대됨에 따라 소비도 늘어나는 효과를 말하며, 영국 경제학자 피구(A. C. Pigou)가 처음 주장했다. 자산 효과는 현재의 소비가 미래의 소득에 의해서도 영향을 받는다는 데 근거를 두고 있다. 주가는 미래의 배당소득을, 부동산가격은 미래의 임대료를 현재 가치화한 것이다. 일반적으로 사람들은 주식이나 부동산 등의 자산이 늘어나면 소득은 그대로이나 소비는 늘리는 습성이 있다. 이를 「부의 효과(wealth effect)」라고도 한다.

피구 효과(Pigou effect)●●●

경기불황이 가속화돼 물가는 급속히 하락하고 경제주체들이 보유한 자산의 실질가치가 상승해 소비지출이 증가함으로써 고용이 증대된다는 피구(A. C. Pigou)의 이론이다. 임금과 물가가 내려가면 사람들이 가지고 있는 화폐 자산의 실질가치는 올라가게 되는데, 이러한 자산가치의 증가는 소비 증대로 이어져 결국에는 고용을 증대시킨다는 이론이다. 피구 효과는 케인스학파의 유동성함정 논리에 대항하기 위해 일부 고전학파들이 사용했다.

피셔 효과(Fisher effect) 시중금리와 인플레이션 기대심리와의 관계를 나타내는 이론으로, 인플레이션이 예상되면 채권자들이 예상 인플레이션율만큼 명목이자율을 높게 설정하게 되는 것을 말한다.

기저 효과(based effect, 基底 效果)●●●

경제지표 산출 시 기준시점과 비교시점의 상대적 위치에 따라 실제 경제 상황보다 위축되거나 부풀려지는 등 왜곡되는 것을 말한다. 반사 효과라고도 한다. 즉, 경제 상황이 좋은 때를 기준시점으로 하면 지표는 실제 경제 상황보다 위축된 것으로 산출되고 반대로 경제 상황이 나쁠 때를 기준시점으로 하면 지표는 실제 경제 상황보다 부풀려지게 된다는 것이다.

베이지북(beige book)●●●

미국 연방준비제도이사회(FRB)가 매년 8회 발표하는 미국 경제동향 종합보고서로, 책 표지가 베이지색이어서 붙여진 명칭이다. 베이지북은 FRB 산하 12개 지역 연방준비은행이 기업인과 경제학자, 시장 전문가 등의 견해와 각 지역의 산업생산활동, 소비동향, 물가, 노동시장 상황 등 모든 경기지표들을 조사・분석한 자료여서 FRB 공개시장위원회(FOMC)에서 금리정책을 논의할 때 참고된다.

그린북(green book) 기획재정부가 매월 1회 발행하는 경제동향 보고서. 국내의 경제동향에 대한 국민의 이해를 돕기 위해 2005년 3월 4일 첫 발행됐다. 표지의 색상이 녹색이어서 그린북이라고 한다. 고용, 물가, 재정, 해외경제, 민간소비, 설비투자, 건설투자, 수출입, 국제수지, 광공업 생산, 서비스업 생산, 전 산업생산 및 경기종합지수, 금융·외환 시장, 부동산 시장 등 총 14개 부문별 동향으로 구성돼 있다.

경제총조사(經濟總調査) •••

국내 산업 전체의 생산, 고용, 비용 등을 파악하고 이를 통해 적합한 경제정책을 수립하기 위해 2011년 최초로 전국 330만 개 사업체 전체를 동일 시점에 통일된 기준으로 조사한 경제 분야 총조사를 말한다. 인구주택 총조사(인구 센서스)에 비유해 「경제 센서스」라고도 불린다. 5년 주기로 조사가 이뤄지며, 조사원이 대상 사업체를 직접 방문해 조사표를 작성하는 면접조사방식으로 진행되는 것이 원칙이나 인터넷조사 및 응답자 직접 기입방식 등도 병행해 이뤄진다. 조사 결과는 중소기업 및 영세 자영업자 지원, 지역 발전, 산업 정책 수립 등 각종 국가 경제 정책 수립에 활용된다.

필립스 곡선(Phillips curve) •••

실업률이 낮으면 임금상승률이 높고, 실업률이 높으면 임금상승률이 낮다는 반비례 관계를 나타낸 곡선이다. 원래 필립스 곡선은 임금상승률과 실업률 간의 관계를 표시했으나, 현재는 물가상승률과 실업률 간의 반비례 관계를 나타내는 것이 일반적이다. 그러나 오일쇼크 이후 선진국에서는 불황이 계속 돼도 물가상승률은 저하되지 않는 스태그플레이션적인 양상이 강해 필립스 곡선은 맞지 않다는 견해가 유력해지고 있다. 이 견해를 이론적으로 분석, 일반화한 것이 합리적 기대학파이다.

필립스 곡선

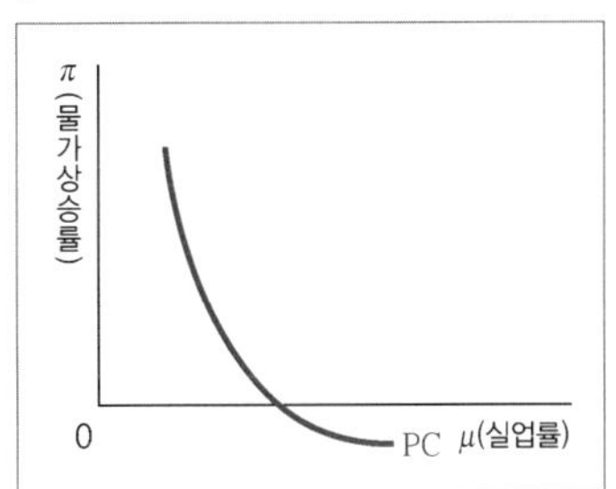

π(인플레이션율) = −α(실제실업률 − 자연실업률) (α > 0)

래퍼 곡선(Laffer curve) •••

세율(稅率)과 세수(稅收)의 관계를 나타낸 곡선으로 미국 경제학자 래퍼(A. B. Laffer)가 주장한 이론이다. 일반적으로 세율이 높아질수록 세수는 늘어나지만 래퍼에 따르면 일정 세율(최적 세부담율)을 넘으면 반대로 세수가 줄어드는 현상이 나타난다고 한다. 세율이 지나치게 올라가면 근로의욕의 감소 등으로 세원 자체가 줄어들기 때문이다. 그러므로 이때는 세율을 낮춤으로써 세수를 증가시킬 수 있다는 것이다. 이 이론은 1980년대 미국 레이건 행정부의 조세인하 정책의 이론적 근거가 됐으며, 이로 인해 미국 정부에 거대한 재정적자를 초래했다.

래퍼 곡선

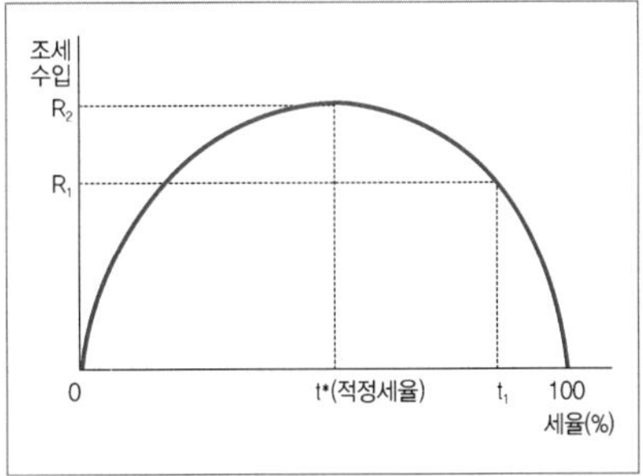

로렌츠 곡선(Lorenz curve)•••

미국 통계학자 로렌츠(M. Lorenz)가 창안한 소득분포의 불평등도를 나타내는 방법이다. 가로축에 소득액 순으로 소득인원수의 누적 백분비를 나타내고, 세로축에 소득금액의 누적 백분비를 나타낸다. 소득의 분포가 완전히 균등하면 곡선은 대각선(45도 직선)과 일치한다. 반면, 소득격차가 심해지면 아래로 늘어지는 형태가 된다. 따라서 균등분포선과 로렌츠 곡선 사이의 면적이 클수록 불평등도가 커지며, 이를 불균등 면적이라고 한다.

▌로렌츠 곡선

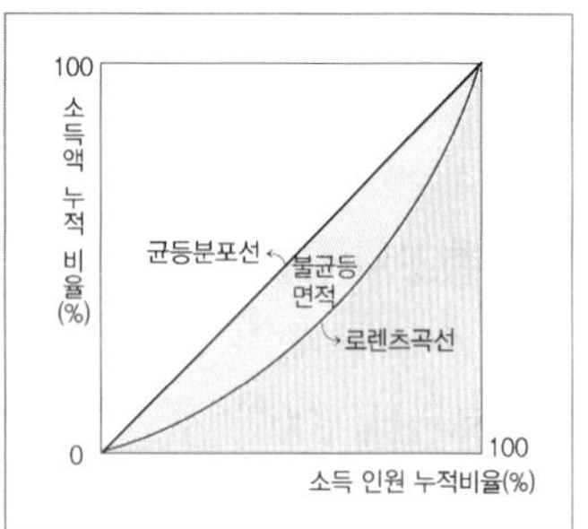

경기순환곡선(景氣循環曲線)•••

경기변동을 나타내는 지표에는 선행지수, 동행지수, 후행지수가 있다. 현재 경기상태를 측정하는 기준으로는 동행지수 순환변동치가 있는데 이에 따라 경기순환을 고려할 때 V자, U자, L자로 나뉜다. ▲V자형은 경기 정점에서 저점까지 걸린 기간이 일반적인 경기수축 기간(보통 18개월)보다 짧고 경기가 빨리 반등하는 모습을 띤다. ▲U자형은 경기 저점에서 정점까지 걸리는 기간이 평균(34개월)보다 길다. 이는 경기가 오랫동안 바닥에서 머문다는 의미이다. ▲L자형은 경기가 바닥에서 탈출할 기미를 보이지 않고 저점인 상태에 계속 머물러 있는 것을 의미한다.

경기변동(景氣變動)•••

경제활동이 상승과 하강 과정을 되풀이하는 변동을 말하며, 보통 불황(depression), 회복(recovery), 호황(prosperity), 후퇴(recession)의 4개 국면이 순환해 「경기순환」이라고도 한다. 경기파동은 콘트라티에프 파동, 주글라 파동, 키친 파동 등 세 가지로 나뉜다. ▲콘트라티에프 파동은 50~60년에 미치는 장기파동(대순환)으로 기술혁신, 전쟁, 신자원의 개발 등에 의해 나타난다. ▲주글라 파동은 9~10년에 미치는 중순환(중기순환)으로 설비투자의 내용연수와 관련해 나타난다. ▲키친 파동은 40개월의 소순환(단기순환)으로 통화 공급이나 금리・물가・재고 등의 변동에 따라서 나타난다.

경기종합지수(CI; composite index)•••

우리나라의 대표적인 종합경기지표이다. 통계청이 국민경제 전체의 경기 동향을 쉽게 파악하기 위해 경제 부문별(생산, 투자, 고용, 소비 등)로 경기에 민감하게 반영하는 주요 경제지표들을 선정한 후 이 지표들의 전월 대비 증감률을 합성해 작성한다. 경기종합지수는 개별 구성 지표들의 증감률 크기에 따라 경기변동의 진폭까지도 파악할 수 있어서 경기변동의 방향, 국면 및 전환점은 물론 속도까지도 동시에 분석할 수 있다. 경기종합지수에는 선행(leading, 경기 동향 예측), 동행(coincident, 현재의 경기 상태), 후행(lagging, 경기변동 사후 확인)종합지수가 있다.

기업경기전망지수(BSI; business survey index)•••

기업 활동의 실적 · 계획 · 경기 동향 등에 대한 기업가들의 의견을 직접 조사, 지수화한 것으로 전반적인 경기 동향을 파악하는 지표이다. 「기업경기실사지수」라고도 한다. 기업가의 판단과 계획은 단기적인 경기 변동에 중요한 영향을 미치는데 이 때문에 BSI는 중요한 경기예측지표로 사용된다. 다른 경기지표와는 달리 기업가의 주관적 · 심리적인 요소까지 조사가 가능해, 정부 정책의 파급 효과를 분석하는 데 활용되기도 한다. 하지만 조사자의 주관적인 판단이 개입될 여지가 많은 것이 단점이다. BSI는 0~200 사이의 값을 가지는데, 100 이상인 경우 기업인들이 경기를 낙관하고 있다는 것이며 실제로 경기가 좋을 확률이 크다. 100 미만이면 그 반대이다. 우리나라에서는 한국은행, 한국경제인협회, 상공회의소 등에서 BSI를 조사 · 발표하고 있다.

구매관리자지수(PMI; purchasing managers' index) 미국 구매관리자협회인 NAPM(National Association of Purchasing Management)이 매달 약 300명의 회원에게 제조업 동향에 대한 설문을 실시해 산출하는 제조업 분야의 경기지표. 지수가 50 이상이면 제조업의 확장을, 50 이하이면 제조업의 수축을 의미한다.

소비자동향지수(CSI; consumer survey index)•••

소비자 동향을 담은 경기 예측 지표로 「소비자태도지수」, 「소비자기대지수」라고도 한다. 소비와 경기를 예측하는 지표로서, 장래의 소비지출 계획과 소비자들의 경기 전망을 담고 있다. 소비자동향지수는 기준치 100보다 크면 평균적인 경기상황보다 나음을, 100보다 작으면 평균적인 경기상황보다 좋지 않음을 뜻한다. CSI는 한국은행이 분기별로 작성한다.

패리티지수(parity index)•••

물가상승과 연동해 농산물 가격을 산출하는 방법으로, 기준연도의 농가 총구입가격을 100으로 해 비교연도의 가격등락률을 지수로 표시한 것이다. 패리티지수를 기준연도의 농산물 가격에 곱한 것이 패리티가격이다. 패리티지수는 비료, 농기구, 의류 등 개별 품목의 가격변동률을 구하고 이를 가중평균해 계산한다.

구매력평가지수(PPP; purchasing power parity)•••

국가 간의 물가수준을 고려해 각국 통화 구매력을 동일하게 해 주는 통화비율이다. 예를 들면 동일한 제품에 대한 A, B 양국 간의 가격비율은 A국에서 A국 통화 한 단위로 구입할 수 있는 재화 또는 서비스와 동일한 양을 B국에서 구입하기 위해 필요한 B국 통화단위의 수를 측정한 것이다. PPP 기준 GDP는 화폐의 구매력으로 GDP를 조정한 것인데 상대적인 생활수준을 더 정확히 살펴볼 수 있다. 경제협력개발기구(OECD)가 매년 한 차례 조사 결과를 발표한다.

빅맥지수(Big Mac index)•••

영국 경제주간지 ≪이코노미스트≫가 1986년 나라 간 통화 차이에서 비롯되는 통화의 교환비율(환율)의 적정성을 햄버거 가격을 기준으로 해 고안한 구매력평가지수이다. 전 세계에 점포를 둔 맥도날드의 빅맥 가격을 통해 각국 통화의 구매력과 환율 수준을 비교평가한다. 그러나 국가 간 임금 등의 차이를 무시하거나, 비교역재인 햄버거를 일물일가(국제거래에서 하나의 재화는 하나의 가격으로 수렴) 법칙으로 설명하려는 등의 한계를 지니고 있다. 일반적으로 빅맥지수가 낮을수록 달러화에 비해 해당 통화가 상대적으로 저평가되는 것으로 해석된다.

스타벅스지수(Starbucks index) 미국의 세계적 커피 전문점인 스타벅스의 카페라떼를 기준으로 한 구매력 평가환율 지수. 빅맥지수를 모방해 등장한 지수로, 카페라떼 톨 사이즈를 기준으로 실제환율과 적정환율의 관계를 평가한다.

생산자물가지수(PPI; producer price index)•••

생산자 판매가격에 의한 물가지수로 모든 상품의 가격변동을 대표하는 지수이다. 국내 시장의 제1차 거래 단계에서 출하되는 모든 재화와 서비스 가격, 즉 국내 생산품의 경우 부가가치세를 제외한 생산자 판매가격(공장도가격)을 원칙으로 하고 있다. 한국은행이 발표하며, 요금의 변동을 측정해 생산자 부담 등의 측정에 활용할 목적으로 작성된다.

소비자물가지수(CPI; consumer price index)•••

도매물가지수와 함께 소비자들의 일상생활에 직접적인 영향을 끼치는 물가 변동을 측정하는 중요한 경제지표로서 대표적인 인플레이션 지표로 사용된다. 전국 38개 도시가계 소비지출 중에서 월평균 소비지출 비중이 0.01% 이상 되는 품목이고 시장에서 지속적으로 가격조사가 가능한 12개 분야의 상품 및 서비스 품목을 대상으로 소비자 구입가격을 조사해 라스파이레스식에 의해 산출한다.

경제고통지수(misery index, 經濟苦痛指數)•••

국민들이 실제로 느끼는 경제적 생활의 고통을 계량화해 수치로 나타낸 것으로, 보통 일정 기간 동안의 소비자물가상승률(CPI)과 실업률을 합해 소득증가율을 빼서 산출한다. 미국 경제학자 오쿤(A. Okun)이 고안한 것으로 경제고통지수의 수치가 높다는 것은 실업률이나 물가상승률이 높아져 국민이 느끼는 경제적 어려움도 크다는 것을 나타낸다(오쿤의 법칙). 미국의 경제연구기관인 와튼계량경제연구소(WEFA)와 국제통화기금(IMF)이 물가상승률과 실업률을 측정해 매년 국가별로 경제고통지수를 발표한다.

HDI(human development index, 인간개발지수)•••

인간다운 생활수준을 가늠하기 위해 유엔개발계획(UNDP)이 개발한 복합적 지수이다. 각국의 평균수명과 교육수준, 문자해독률, 구매력 기준 1인당 실질GDP 등 모두 206개 지표를 토대로 1990년부터 시작돼 매년 작성된다. HDI는 삶의 기대, 여성, 유아정책 등 비물질적인 요소까지 측정 대상으로 삼는다는 점에서 GDP(국내총생산)와 구별된다.

엥겔계수(Engel's coefficient)•••

가계 총지출액에서 식료품비가 차지하는 비율이다. 엥겔법칙은 소득수준이 높아짐에 따라 엥겔계수가 점차 감소하는 현상을 말한다. 1857년에 독일 통계학자 엥겔(E. Engel)이 노동자의 가계조사 결과 이 같은 법칙을 발견했다.

$$\text{엥겔계수} = \left(\frac{\text{음식물비}}{\text{총생계비}}\right) \times 100$$

에인절계수(angel coefficient) 가계 총지출에서 수업료, 과외교습비에다 장난감 구입비, 용돈 등을 포함한 교육비가 차지하는 비율. 전반적으로 불황 속에서 에인절계수가 높아지는데, 이는 대체로 부모들이 교육비를 미래에 대한 투자로 인식해 불황이 심할수록 교육비 지출을 늘리기 때문이다.

지니계수(Gini's coefficient)•••

소득분배의 불평등 정도를 나타내는 지수로, 이탈리아 통계학자 지니(C. Gini)가 제시했다. 지니계수는 0과 1 사이의 값을 가지며 0에 가까울수록 소득분배가 균등하다는 의미이다. 즉, 지니계수가 0에 가까울수록 소득분배도가 평등하며, 0은 완전평등, 1은 완전불평등 상태를 나타낸다. 일반적으로 지니계수가 0.4를 넘으면 소득분배가 상당히 불평등한 것으로 본다. 소득 불평등 정도가 심한 경우, 국가의 강력한 조세정책, 복지정책, 공정한 경쟁을 보장하는 등의 방법으로 조정할 수 있다.

팔마비율(Palma ratio) 가계소득 상위 10% 인구의 소득점유율을 하위 40% 인구의 소득점유율로 나눈 값으로, 소득 불평등을 나타내는 지표로 사용된다. 팔마비율이 낮을수록 소득 불평등도가 낮고(소득격차가 작음), 높을수록 소득 불평등도도 높다(소득격차가 큼). 이 비율은 호세 가브리엘 팔마 영국 케임브리지대 명예교수가 개발했다.

노동소득분배율(ratio of compensation of employees to national income)•••

국민이 생산활동을 통해 벌어들인 소득 중 노동에 관한 대가로 배분된 소득의 비율이다. 한 나라 국민의 생산활동으로 발생한 소득은 노동·자본·경영 등의 생산요소를 제공한 경제주체에게 나누어진다. 이 중에서 노동을 제공한 대가로 가계에 분배되는 것을 급여, 즉 노동소득(피용자보수)이라고 하고, 생산활동을 주관한 생산주체의 몫을 영업잉여라고 한다. 이때 좁은 의미의 국민소득(NI) 중에서 피용자보수가 차지하는 비율이 노동소득분배율이다. 즉, 피용자보수를 국민소득(NI : 피용자보수와 영업잉여의 합계)으로 나누어 얻어지는 값을 백분율로 나타낸 것이다. 노동소득분배율은 노동 가격이 자본 가격보다 높을수록, 그리고 한 나라의 산업이 노동집약적일수록, 총취업자 중 피용자의 비율이 높을수록 그 값이 커진다.

닥터 코퍼(Dr. copper)•••

구리 가격이 경제 상황의 예측 지표가 되는 현상을 나타내는 말이다. 구리 가격은 경기변동에 민감해 이에 따라 경기 회복과 둔화를 파악할 수 있다. 이처럼 구리는 원유나 금보다 지정학적·정치적 영향을 덜 받는데다가 자동차·건설·해운 등 제조업 전반에 재료로 사용되기 때문에 실물경제의 선행지표로 활용된다. 예컨대 구리 수요가 늘어나 구리 가격이 올라간다는 것은 경기상승 가능성을 의미하고, 반대로 구리 수요가 줄어 구리 가격이 하락한다는 것은 경기둔화 우려가 있다는 뜻이다. 실제로 1996년 말 이후의 아시아 금융위기 당시 구리 가격이 하락한 바 있다.

마셜의 K(Marshallian K) •••

국민이 보유하려는 화폐량의 화폐소득에 대한 비율로, 통상 통화량을 명목국민소득으로 나눈 값이다. 이는 경제주체들이 소득 중 얼마만큼을 화폐로 보유하고 있는지 나타낸다. 이 개념은 영국 경제학자 마셜(A. Marshall)의 화폐이론에서 나온 것으로, 한 나라의 적정 통화공급 수준을 측정하는 지표로 사용된다.

디스인플레이션(disinflation) •••

인플레이션에 의해 통화가 팽창되고 물가가 앙등할 때 그것을 진정시키면서 디플레이션에 이르지 않도록 재정・금융긴축을 주축으로 하는 경제조정 정책을 말한다. 제2차 세계대전 후 세계적인 인플레이션의 수렴 과정 시 영국에서 처음으로 채택된 정책이다. 디스인플레이션은 상승한 물가를 원래의 수준으로 인하시키는 것이 아니라, 현재의 수준으로 유지하는 것이 목표이다.

디플레이션(deflation) •••

통화량의 축소로 인해 물가가 하락하고 경제활동이 침체되는 현상을 뜻한다. 국제통화기금(IMF)은 2년 정도 물가 하락이 이어져 경기가 침체하는 상태를 디플레이션으로 정의하고 있다. 인플레이션이 광범위한 초과수요가 존재하는 상태임에 비해 디플레는 광범위한 초과공급이 존재하는 상태이다. 디플레에는 호경기와 불경기가 교대로 일어나는 순환 디플레와 인플레 억제를 위한 정책적 디플레가 있는데 후자는 금융긴축이나 재정긴축 등에 의해 유발된다. 이 밖에도 토지와 주식 등의 자산가치가 급격히 떨어지면서 소위 거품이 꺼지는 자산 디플레가 있다. 디플레이션의 영향으로는 실질금리 상승에 따른 투자 위축, 실질임금 상승에 따른 고용 위축, 기업과 금융기관의 부실화 등을 들 수 있다.

더블딥(double dip) •••

침체된 경기가 잠시 회복 기미를 보이다가 다시 하강하는 이중 침체 현상을 뜻한다. 우리말로는 이중 하강, 이중 하락, 이중 침체 등으로 번역된다. 일반적으로 경기침체로 규정되는 2분기 연속 마이너스 성장 직후 잠시 회복 기미를 보이다가 다시 2분기 연속 마이너스 성장으로 추락하는 것을 말한다. 두 번의 경기침체를 겪어야 회복기로 돌아선다는 점에서 「W자형」 경제구조라고도 한다.

디커플링(decoupling) •••

탈동조화를 뜻하는 말로, 한 나라의 경제가 특정 국가에 의존하지 않고 성장하는 현상이다. 동조화(coupling)의 반대 개념으로 세계적 투자은행인 골드만삭스가 처음 사용했다. 이 이론은 예전에는 세계 경제가 미국 경제와 같이 움직여 왔지만(커플링) 중국과 인도 등이 성장하면서 미국 경기가 둔화하더라도 다른 경제권은 큰 영향을 받지 않는다는 것이다.

리커플링(recoupling) 재동조화 현상. 세계 경제가 다시 경기 추세를 함께하는 것으로 디커플링과 대칭된다.

디리스킹(derisking) 적대적이지 않은 관계를 유지하면서 위험요소를 줄여나가는 것을 뜻한다. 중국과 경제협력을 유지하면서도 중국에 대한 과도한 경제적 의존을 낮춰 이로 인해 발생할 수 있는 위험요소를 줄이자는 취지에서 등장했다.

복합불황(combined depression, 複合不況) ●●●

경제 전체적인 장기 불황국면으로 1990년대 일본이 겪었던 불황이 대표적이다. 일반적으로 부동산·주식가격 하락에 따른 버블 붕괴가 금융기관의 집단 부실화로 이어지면서 실물경기 침체가 장기화하는 현상을 지칭한다.

소프트패치(soft patch) ●●●

경기회복 국면에서 나타나는 일시적인 침체 국면을 말한다. 본래 의미는 「말랑말랑해 걷기 힘든 땅」이라는 뜻으로 골프장 페어웨이에서 잔디 상태가 나빠 공을 치기 좋지 않은 부분을 말한다. 앨런 그린스펀(A. Greenspan) 미 연방준비제도이사회(FRB) 전 의장이 2002년 11월 당시 경제 상황을 설명하면서 처음으로 사용한 이후 널리 쓰이고 있다. 이에 반해 「러프패치(rough patch)」는 소프트패치보다 경제 상황이 더 나쁜 것을 의미한다.

노랜딩(no landing) 경제가 침체나 소강상태에 빠지지 않고 상당 기간 호황을 유지하는 것을 말한다.

튤립버블(tulip bubble) ●●●

17세기 네덜란드에서 발생한 튤립 과열투기 현상으로, 역사상 최초의 자본주의적 투기이다. 당시 네덜란드는 유럽에서 가장 높은 1인당 국민소득을 기록했고, 이로 인해 개인들의 부 과시욕이 상승하면서 튤립투기가 발생하게 됐다. 그러나 법원에서 튤립의 재산적 가치를 인정할 수 없다는 판결이 나오면서 튤립가격은 최고치 대비 수천 분의 1 수준으로 폭락했다. 이후 튤립버블은 정보기술(IT)이나 부동산 등의 거품이 부각될 때 역사적 선례로 자주 등장하고 있다.

카푸치노 효과(cappuccino effect) 카푸치노 거품처럼 재화가 실제 가격보다 훨씬 높게 책정된 시장을 일컫는 말로, 버블경제를 뜻한다. 내재가치는 자산으로부터 얻을 수 있는 미래의 기대수익을 현재가치로 평가한 것을 말하는데, 시장가격이 이 내재가치를 지나치게 넘어섰을 때 거품이 생성된 것으로 본다.

소득주도성장(income-led growth, 所得主導成長) ●●●

노동자와 가계의 임금과 소득을 늘리면 소비가 증대되면서 기업 투자와 생산이 확대돼 소득 증가의 선순환을 만들어내 경제성장이 이루어진다는 주장이다(약칭은 소주성). 포스트케인지언 경제학자들의 임금주도성장론(wage-led growth)에 그 근거를 두고 있다.

그린뉴딜(green new deal) ●●●

그린(green)과 뉴딜(New Deal, 미국의 루스벨트 대통령이 1930년대 대공황을 극복하기 위해 추진한 일련의 경제정책)의 합성어로, 환경과 사람이 중심이 되는 지속 가능한 발전 정책을 뜻하는 말이다. 즉, 기후변화 대응·에너지 전환 등 환경에 대한 투자를 통해 경기 부양과 고용 촉진을 끌어내는 정책을 말한다. 이는 기존 경제·산업 시스템에 대한 대변혁으로, 저탄소 경제구조로 전환하면서 기후위기와 환경문제에 대응하는 것이다. 그린뉴딜은 「포스트 코로나」의 핵심 과제로 꼽히고 있다.

ZOOM IN

인플레이션(inflation)

화폐가치가 떨어져서 일반 물가수준이 지속적으로 상승하는 현상이다. 물가상승 유발 요인으로는 원화가치 하락, 민간 저축 감소, 정부지출 증가, 유가 상승, 중앙은행의 통화량 증가 등을 들 수 있다. 대체로 인플레이션이 발생하면 소득의 재분배(정액소득자·채권자는 실질소득 감소로 불리하고, 사업가·채무자는 실질소득 증가로 유리)를 가져오며, 저축의 감소(화폐 보유자보다 실물자산 보유자 유리)와 비생산적인 투기(부동산 투기)를 초래하며 근로의욕 및 투자활동을 위축시켜 경제성장을 방해한다. 이러한 인플레이션을 막기 위해 소비 억제, 저축 장려, 통화량 감축, 금리 인상, 대출 억제 등의 정책이 취해진다.

1 종류

① 초과수요 인플레이션: 신용 인플레이션, 재정 인플레이션, 수출 인플레이션, 진정 인플레이션
② 비용인상 인플레이션: 관리가격 인플레이션, 임금상승 인플레이션, 애로(병목) 인플레이션, 환 인플레이션
③ 혼합형 인플레이션: 총수요 측 요인과 총공급 측 요인이 동시에 작용해 발생하는 물가상승

2 유형

에코플레이션(ecoflation)	환경적 요인으로 발생하는 인플레이션
애그플레이션(agflation)	농산물 가격 급등으로 인한 인플레이션
피시플레이션(fishflaion)	수산자원의 부족으로 인한 수산물의 지속적인 가격 상승
택스플레이션(taxflation)	고율의 과세에 의한 인플레이션
초인플레이션(hyperinflation)	단기간에 수십 배로 물가가 앙등하는 격심한 인플레이션
차이나플레이션(Chinaflation)	중국발 인플레이션
스태그플레이션(stagflation)	경제침체(stagnation)하의 물가상승, 저성장 고물가 상태
슬럼플레이션(slumplation)	불황하 인플레이션
슬로플레이션(slowflation)	경기회복 속도가 둔화되는 상황 속에서도 물가상승이 나타나는 현상
E플레이션(Eflation)	에너지 자원의 수급 불균형으로 물가가 지속해서 오르는 현상
스킴플레이션(skimpflation)	물가가 상승했지만 오히려 상품이나 서비스의 질이 떨어지는 현상
스크루플레이션(screwflation)	물가상승과 실질임금 감소 등으로 중산층의 가처분 소득이 줄어드는 현상
슈링크플레이션(shrinkflation)	가격은 유지하면서 제품의 크기나 용량 등을 줄여 사실상 가격을 올리는 전략
그리드플레이션(greedflation)	기업이 상품·서비스 가격을 과도하게 올려 물가 상승을 가중시키는 상황
붐플레이션(boomflation)	호황하 인플레이션
임금 인플레이션(wage push inflation)	임금상승으로 소비자의 소득이 증가해 수요가 늘어나 물가가 오르는 현상
재정 인플레이션(public finance inflation)	적자재정이 원인이 돼 발생한 인플레이션
기대 인플레이션(expected inflation)	경제주체들이 예상하는 미래의 물가상승
병목 인플레이션(bottleneck inflation)	생산능력 속도가 수요의 증가 속도를 따라가지 못해 발생하는 물가상승
코어 인플레이션(core inflation)	소비자물가지수에서 에너지와 식료품을 제외한 물가지수. 근원 인플레이션, 핵심 인플레이션이라고도 함
악성 인플레이션(galloping inflation)	연간 10% 내외의 물가상승률이 지속되는 현상
비용상승 인플레이션(cost push inflation)	금리, 임금, 원자재 가격 등의 인상에 따라 생산비용이 상승해 물가가 오르는 현상
초과수요 인플레이션(demand pull inflation)	경기호황 시 총수요가 총공급을 웃돌아 생기는 물가상승
환 인플레이션(exchange inflation)	환시세의 폭락으로 국내 화폐가치는 하락하고 물가는 급등하는 현상

인플레이션 헤지(inflation hedge): 화폐가치의 하락에 대처하기 위해 주식·토지·건물·상품 등을 구입하는 것

국민소득 3면 등가의 법칙●●●

국민소득이 생산, 분배, 지출의 순환에 따라 결정되므로 같은 기간의 측정은 세 부문이 모두 같다는 이론이다.

3면 등가의 법칙	생산 국민소득(최종생산물) = 분배 국민소득(요소비용 + 이윤) = 지출 국민소득(소비지출 + 투자지출)

이전소득(transfer income, 移轉所得)●●●

개인이 직접 생산활동에 기여하지 않고 정부나 기업으로부터 지급받는 수입으로, 대체소득이라고 한다. 개인이 정부로부터 지급받는 연금, 유족원호금과 회사에서 지급받는 치료비 등이 이전소득에 속한다. 이전소득은 국민소득에는 포함되지 않지만 수령자의 구매력을 자극하기 때문에 소득 재분배 측면에서 중요한 경제정책이다.

GNI(gross national income, 국민총소득)●●●

국민들이 생산활동을 통해 획득한 소득의 구매력을 나타내는 지표로 일정 기간 한 나라의 국민이 소유하고 있는 생산요소를 국내외에 제공한 대가로 벌어들인 소득이다.

GNI	• GDP + 교역조건 변화에 따른 실질무역손익 + 국외순수취요소소득(국외수취요소소득* − 국외지급요소소득*) • GDI + 국외순수취요소소득

* 국외수취요소소득 : 우리나라 국민이 외국에서 벌어들인 소득

* 국외지급요소소득 : 외국인이 우리나라에서 벌어들인 소득

GDP(국내총생산)가 한 나라의 생산활동을 나타내는 생산지표인 것에 비해, GNI는 국민들의 생활수준(후생수준)을 측정하기 위한 소득지표이다. 1인당 국민소득은 1인당 GNI의 크기로 측정된다.

▌기타 국민소득 지표

명칭	관계식
국민총처분가능소득 (GNDI)	국민경제 전체가 소비나 저축으로 자유롭게 처분할 수 있는 소득 **GNDI** = GNI + (국외수취경상이전 − 국외지급경상이전) = GNI + 국외순수취경상이전 = 총소비 + 총저축
국민순소득 (NNI)	한 나라 국민이 순수하게 벌어들인 소득 **NNI** = GNI − 고정자본소모 = 모든 부가가치의 합계
국민처분가능소득 (NDI)	국민경제 전체가 처분할 수 있는 소득 중 고정자본소모를 차감한 것 **NDI** = GNDI − 고정자본소모 = GNI − 고정자본소모 + 국외순수취경상이전 = NNI + 국외순수취경상이전
국민소득 (NI)	한 나라 국민이 제공한 생산요소에서 발생한 소득의 총액 **NI** = NNI − (간접세 − 對 기업보조금) = NNI − 순간접세 = 임금 + 지대 + 이자 + 이윤 = 피용자보수 + 영업잉여
개인본원소득 (PPI)	국민소득(NI)에서 법인소득과 정부가 받은 이자, 임대료 등 개인에게 지급되지 않은 부분을 차감한 것 **PPI** = NI − 법인소득 − 정부의 재산소득 = 피용자보수 + 가계부문의 기업 및 재산소득
개인처분가능소득 (PDI)	개인이 임의로 소비·저축해 처분할 수 있는 소득 **PDI** = PPI + 순이전소득 = 민간소비지출 + 개인저축

ZOOM IN

GDP(gross domestic product, 국내총생산)

일정 기간 동안 한 나라의 국경 안에서 생산된 모든 최종생산물의 시장가치, 즉 한 나라 안에 있는 가계·기업·정부 등 모든 경제주체가 일정 기간 동안 새롭게 생산한 재화와 서비스의 가치를 시장가격으로 평가해 합산한 것이다. 한 국가의 경제적 후생수준을 가장 잘 나타내는 지표이다. 세계은행(WB)과 경제협력개발기구(OECD)의 통계조사는 GDP를 사용하고 있고, 우리나라도 1995년 4분기부터 국가경제규모를 나타내는 지표로 국민총생산(GNP) 대신 사용 중이다. 외국인이나 외국기업이 한국에서 생산했을 경우 한국의 GDP에는 계상되지만 GNP에는 포함되지 않는다. 역으로 한국인(기업)이 외국에서 생산활동을 한 경우 한국의 GNP에는 포함되지만 GDP에는 포함되지 않는다.

GDP	생산 국민소득(최종생산물) = 분배 국민소득(요소비용 + 이윤) = 지출 국민소득(소비지출 + 투자지출)

① GDP 개념

일정 기간 동안	통상 1년 동안(또는 1분기) 생산된 생산물의 시장가치(유량 개념)
한 나라의 국경 안에서	외국인이 국내에서 생산한 것은 포함되고, 내국인이 외국에서 생산한 것은 제외(속지주의)
생산된	그해의 생산과 관계없는 것은 포함되지 않음 예 중고차 거래금액, 골동품 판매수입 등
최종생산물	중간생산물을 GDP 집계에 포함시키면 이중계산이 되므로 중간재는 GDP 계산에 포함되지 않음 예외 중간재 중 판매되지 않은 부분은 일단 최종재로 간주되고, 그 가치는 재고투자라는 항목으로 GDP에 포함
시장가치	GDP는 시장에서 거래되는 가격으로 평가하므로 원칙적으로는 시장에서 거래된 것만 포함되며, 시장거래를 통하지 않은 것은 제외 예 파출부의 가사노동은 GDP에 포함되나 주부의 가사노동은 제외

② GDP(GNI)에 포함되는 항목과 포함되지 않는 항목

포함되는 항목	파출부의 가사노동, 귀속임대료, 자가소비 농산물, 국가의 생산물(국방 및 치안서비스)
포함되지 않는 항목	여가, 주부의 가사노동, 지하경제(사채·부동산투기·밀수·마약·탈세), 이전거래(상속·증여·기존주택거래), 자본이득(주식가격 변동·부동산가격 변동), 자연환경 파괴·공해

③ 명목GDP / 실질GDP

그해의 생산물에 당해연도 가격을 곱해 계산한 것이 명목GDP이고, 그해의 생산물에 기준연도 가격을 곱해 계산한 것이 실질GDP이다. 명목GDP를 실질GDP로 나눈 값을 GDP 디플레이터라고 한다. 기준연도에는 명목GDP와 실질GDP가 동일하므로 GDP 디플레이터는 100이다. 명목GDP는 물가가 상승하면 증가하는 데 반해 실질GDP는 물가의 영향을 받지 않는다. 명목GDP는 산업구조 변화 등을 분석할 때 사용하고 실질GDP는 경제성장, 경기변동 등을 분석할 때 사용한다.

- GDP 디플레이터* = $\left(\frac{\text{명목GDP}}{\text{실질GDP}}\right) \times 100$
- 실질GDP = $\left(\frac{\text{명목GDP}}{\text{GDP 디플레이터}}\right) \times 100$

* GDP 디플레이터는 한 나라 안에서 거래되는 거의 모든 재화와 서비스를 대상으로 하기 때문에 경제 전반에 걸친 가격 요인에 의해 영향을 받는 가장 포괄적인 물가지수이다.

④ 실제GDP / 잠재GDP

한 나라의 국경 안에서 실제로 생산된 모든 최종생산물의 시장가치를 실제GDP라 하고, 한 나라에 존재하는 노동과 자본 등의 모든 생산요소를 정상적으로 활용할 경우 달성할 수 있는 최대의 GDP가 잠재GDP이다. GDP갭은 실제GDP와 잠재GDP의 차이를 말한다. 실제GDP가 잠재GDP를 초과하면 경기과열 상태이고, 실제GDP가 잠재GDP에 미달하면 경기침체 상태인 것으로 판단한다.

1

실질GNI •••

한 나라 국민들이 일정 기간 생산활동을 통해 벌어들인 소득의 실질구매력을 나타내는 경제지표이다. 한국은행은 UN의 통계 가이드라인에 따라 실질GNI를 소득지표로 삼고 있다. 한 나라의 경제력을 측정하기 위해서는 생산 측면뿐만 아니라 교역조건도 감안해 구매력을 산정해야 한다는 차원에서 도입됐다. 실질GNI는 실질GDP에서 교역조건 악화에 따른 실질무역손실을 빼고 실질국외순수취요소소득을 더해 산출한다. 실질GNI 증가율이 낮아지면 그만큼 국민들의 실질구매력이 떨어져 체감경기가 나빠지게 된다.

- 실질GNI = 실질GDI(실질GDP + 교역조건 변화에 따른 실질무역손익) + 국외순수취요소소득
- 명목GNI = 명목GDI + 국외순수취요소소득

지역내총생산(GRDP; gross regional domestic product) •••

각 시도에서 산업별로 얼마만큼의 부가가치를 생산했는가를 보여주는 수치이다. 한 국가 내의 지역 간 경제 비교를 위해 작성된다. 경기도 주민이 서울 사업체로 출퇴근할 경우 GRDP는 서울에서 파악된다. 따라서 시도별 소득 및 생활수준을 반영하지 못하며 1인당 국내총생산(GDP)과도 차이가 있다.

중위소득(median income, 中位所得) •••

총가구 중 소득순으로 순위를 매겼을 때 정확히 중간에 있는 가구의 소득이다. 통상적으로 가구에 포함된 가구원 수에 따라 중위소득은 다르게 측정되며, 이러한 가구원 수별 중위소득은 중위소득계층 산정에 이용된다. 중위소득계층이란 중위소득의 50% 이상 150% 미만에 해당하는 가구를 말한다. 대체적으로 중위소득 50% 미만을 빈곤층, 50~150%를 중산층, 150% 이상을 상류층으로 본다.

경제활동인구(經濟活動人口) •••

$$경제활동참가율(\%) = \left(\frac{경제활동인구}{만\ 15세\ 이상\ 인구}\right) \times 100$$

만 15세 이상인 사람들 가운데 일할 능력이 있고 취업할 의사가 있는 인구를 뜻한다. 취업자는 조사대상 주간 중 수입을 목적으로 1시간 이상 일한 임금근로자와 무급가족종사자, 일시휴직자 등의 비임금근로자로 나눌 수 있다. 임금근로자에는 일용근로자(고용계약기간 1개월 미만), 임시근로자(고용계약기간 1개월 이상 1년 미만), 상용근로자(고용계약기간 1년 이상 또는 정규직)가 있다. 그러나 취업 능력과 의사가 있어도 현실적으로 취업이 불가능한 현역군인, 사회복무요원, 의무경찰, 기결수 등은 제외된다. 실업자는 조사대상 주간 중 수입이 있는 일에 전혀 종사하지 못한 자로서 적극적으로 구직활동을 하고 즉시 취업이 가능한 자를 말한다.

생산가능인구(working age population) 생산가능연령인 15~64세에 해당하는 인구. 생산가능인구는 다시 경제활동인구와 비경제활동인구로 나뉘는데 경제활동인구는 다시 취업자와 실업자로 나뉘며, 비경제활동인구는 주부나 학생, 구직 단념자 등이 해당된다.

핵심생산인구(prime age worker) 생산가능인구(15~64세) 중 경제활동이 가장 활발한 시기인 25~49세에 해당하는 인구. 핵심생산인구의 증감은 중장기적으로 경제에 매우 커다란 영향을 미친다. 핵심생산인구의 감소는 경제침체는 물론 나라 살림, 가계와 개인, 제도 등 사회 전반에 부정적인 영향을 미친다.

비경제활동인구(非經濟活動人口)•••

만 15세 이상 인구 중 취업자도 실업자도 아닌 사람, 즉 일할 능력은 있어도 일할 의사가 없거나 아예 일할 능력이 없는 사람을 말한다. 가사와 육아를 전담하는 가정주부, 학생, 일을 할 수 없는 연로자와 심신장애자, 자발적으로 자선사업이나 종교단체에 관여하고 있는 사람 등이 포함된다. 통계청에서 발표하는 실업률 통계는 경제활동인구만을 대상으로 하기 때문에 비경제활동인구는 제외된다. 우리나라의 고용통계 조사방식은 기본적으로 국제노동기구(ILO) 방식을 채택하고 있으며, 조사대상 주간에 수입을 목적으로 한 시간이라도 일을 했으면 취업자로 분류한다.

고용 관련 주요 개념 체계도

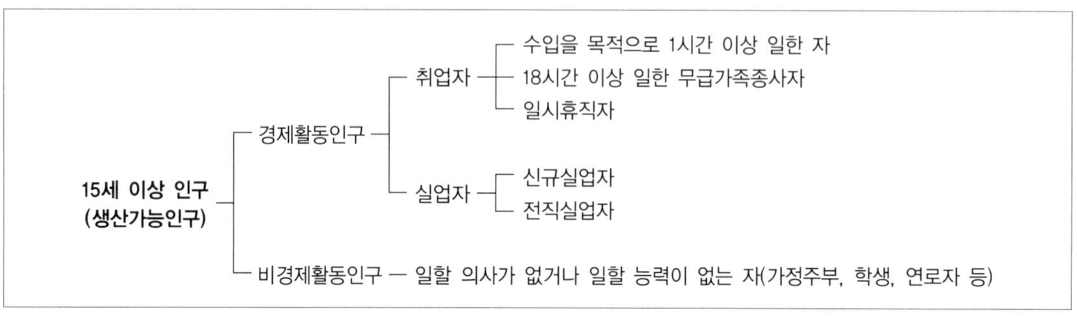

규모의 경제(economy of scale)•••

각종 생산요소의 투입량을 증가시킴으로써 이익이 증가되는 현상이다. 규모의 경제가 나타나는 이유는 대규모 설비의 경제성, 대량 구입에 따른 운임이나 원료비의 감축, 분업에 의한 생산요소의 전문화 등을 들 수 있다. 기술혁신을 수반하는 것이 보통이며 이를 「규모의 이익」이라고 한다. 자동차 산업은 규모의 경제가 적용되는 대표적인 산업이다.

외부경제(external economies, 外部經濟)•••

생산자나 소비자의 경제활동이 시장거래를 통하지 않고 직접적·부수적으로 제3자의 경제활동이나 생활에 영향을 미치는 것을 뜻한다. 외부경제효과라고도 하며, 그 영향이 이익이면 외부경제, 손해면 외부불경제라고 한다. 최근에는 외부불경제로서 대기오염, 소음 등 공해가 심각해졌다. 외부경제, 외부불경제효과가 있으면 시장기구가 완전히 작용해도 자원의 최적배분이 실현되지 못한다.

예 • 외부경제: 과수원과 양봉업자 간의 관계
• 외부불경제: 공해를 배출하는 공장 옆에서 농사를 짓는 경우, 공공장소에서의 흡연

코즈의 정리(Coase theorem) 민간 경제주체들이 자원분배 과정에서 재산권이 명확하게 확립돼 있는 경우 아무런 비용지불(거래비용) 없이도 협상이 가능하다면 외부효과로 인해 발생할 수 있는 비효율성은 시장에서 스스로 해결할 수 있다는 것으로, 이는 정부 개입을 반대하는 입장이다. 경제학자 로널드 코즈(R. Coase)가 1937년 ≪기업의 본질≫이라는 그의 저서에서 설명했다.

내부경제(internal economies, 內部經濟) •••

기업 내부 요인의 개선으로 발생하는 경제적 이익을 뜻한다. 일반적으로 공업생산에 있어서는 생산규모를 확대함으로써 비용이 절약되고 생산량이 체증하는 경향이 있는데, 그와 같은 비용의 절약이 설비의 개량이나 조직의 개량 등 그 기업의 내부요인에서 일어나는 경우를 내부경제(또는 내부절약)라고 한다. 반면, 과잉설비 때문에 손익분기점이 상승하는 것과 같은 기업 내 불이익은 내부불경제(內部不經濟)라고 한다. 영국 경제학자인 마셜(A. Marshall)에 의해 도입된 개념인데 원인으로는 규모의 확대에 따르지 못하는 관리 능력의 한계를 들 수 있다.

지하경제(underground economy, 地下經濟) •••

공식적인 경제통계에 잡히지 않는 모든 경제활동, 즉 과세의 대상이나 정부의 규제를 피하기 위해 합법적 · 비합법적 수단이 동원돼 이루어지는 숨은 경제를 지칭한다. 마약 및 장물 거래, 뇌물 수수, 불법 정치자금과 같은 불법적인 경제활동뿐만 아니라 합법적인 경제활동 과정에서 나타날 수 있는 자영업자의 소득 축소나 기업의 원가 축소 등 조세포탈 및 조세회피 행위를 포함한다. 현금으로 거래되는 부분이 많아 캐시 이코노미(cash economy), 위법성을 지적해 블랙 이코노미(black economy)라고도 한다.

신경제(new economy, 新經濟) •••

정보기술(IT) 혁명과 지식산업이 이끄는 고성장 · 저물가의 새로운 경제체제를 지칭한다. 다른 말로 디지털 경제(digital economy), 지식경제(knowledge economy)라고도 한다. 전자상거래 등 첨단 매커니즘 때문에 생산, 유통방식과 소비를 동시에 촉진시킨다. 미국의 경우 1991년 이후 장기호황을 누리는 경제를 신경제라 말하기도 한다. 정보통신 산업의 발달로 생산성이 향상돼 과거의 경기순환 사이클이 사라졌다는 뜻이다. 전통적 경제이론에서 호황은 인플레를 동반하지만 신경제는 인플레 없는 호황을 구가한다는 특징이 있다.

긱 경제(gig economy) •••

산업 현장에서 필요시에 계약직이나 임시직으로 인력을 충원하는 형태의 경제를 지칭한다. 긱(gig)은 「단기 또는 하룻밤 계약으로 연주한다」는 뜻으로, 1920년대 미국 재즈공연장 등지에서 필요할 경우 연주자를 섭외해 단기로 공연한 데서 비롯됐다. 컨설팅회사인 맥킨지는 긱(gig)을 「디지털 장터에서 거래되는 기간제 근로」라고 정의했다. 긱 이코노미 노동자로는 카카오와 우버(Uber) 택시기사, 에어비엔비(Airbnb)의 숙박 제공 호스트 등이 대표적이며, 임시 계약직인 프리랜서도 포함된다.

펠리컨 경제(pelican economy) •••

한국의 소재 및 부품, 장비 산업의 자립도를 높이는 것을 일컫는 용어로, 국내 대기업과 중소기업이 긴밀한 협력을 통해 한국 산업을 발전시키는 경제를 뜻한다. 부리 주머니에 먹이를 가득 담아 새끼에게 먹이는 펠리컨에 빗댄 것으로 한국의 수출 구조에 대한 취약점을 가마우지 낚시에 빗댄 가마우지 경제의 반대말이다.

가마우지 경제(cormorant economy) 핵심 부품과 소재를 일본에서 수입해 다른 나라에 수출하는 우리나라 산업경제의 구조적 특성상 수출하면 할수록 정작 이득은 일본에 돌아간다는 의미를 지닌 용어이다.

수소경제(hydrogen economy)•••

석유나 석탄 등의 화석연료를 대체할 에너지원으로 수소를 개발해 관련 산업을 육성하고자 하는 경제로, 탄소경제에 대비된다. 미국 경제학자 제레미 리프킨(J. Rifkin)이 저서 ≪수소경제≫에서 처음 제시했다.

온디맨드 경제(on demand economy)•••

수요자가 요구하는 대로 서비스, 물품 등이 온라인 또는 모바일 네트워크를 통해 제공되는 경제 시스템을 가리킨다. 컴퓨터 기술의 비약적 발달로 공급자 중심이 아니라 수요자가 모든 것을 결정하는 시스템이나 전략 등을 총칭한다. 따라서 거래 역시 공급자가 아닌 수요자가 주도한다.

공유경제(sharing economy, 共有經濟)•••

물품을 소유의 개념이 아닌 서로 대여해 주고 차용해 쓰는 개념으로 인식해 경제활동을 하는 것을 뜻한다. 2008년 미국 하버드대 로렌스 레식(Lawrence Lessig) 교수가 저서 ≪리믹스(Remix)≫에서 처음 사용한 말로, 한번 생산된 제품을 여럿이 공유해 쓰는 협력소비를 기본으로 한 경제 방식이다. 대량생산과 대량소비가 특징인 20세기 자본주의 경제와 달리 물품은 물론 생산설비나 서비스 등을 개인이 소유할 필요 없이 필요한 만큼 빌려 쓰고, 필요 없는 경우 다른 사람에게 빌려 주는 공유소비의 의미를 담고 있다. 최근에는 경기침체와 환경오염에 대한 대안을 모색하는 사회운동으로 확대돼 쓰이고 있다.

구독경제(subscription economy, 購讀經濟)•••

일정액을 내면 사용자가 원하는 상품이나 서비스를 공급자로부터 주기적으로 제공받는 유통 서비스이다. 일정 금액을 지불하고 주기적으로 생필품이나 의류 등을 받아 사용하거나 여러 종류의 차량을 이용할 수 있는 서비스 등이 대표적이다. 지정된 날짜에 주기적으로 해당 상품을 배달해 주기 때문에 필요한 제품을 매번 사는 번거로움을 덜 수 있다. 국내에는 2010년대를 전후해 도입되기 시작했으며 초반에는 화장품이 주를 이루었으나 자동차에 이르기까지 서비스 품목이 점점 다양해지고 있다.

포트래치 경제(potlatch economy)•••

큰 부를 축적한 기업들이 이익의 일부를 사회에 환원해, 빈부격차를 줄이는 데 기여하는 것을 뜻한다. 포트래치는 본래 미국 북서부 지역의 인디언들이 겨울축제 때 재산을 많이 모은 부족원이 다른 사람들에게 선물 등을 나눠 주던 풍습을 말한다.

골디락스 경제(goldilocks economy)•••

「고성장, 저실업, 저물가」의 이상적인 균형 상태를 말한다. 골디락스는 영국의 전래동화 ≪골디락스와 곰 세 마리≫에 나오는 황금색 머리의 소녀 이름인데, 본래는 골드(gold)와 락(lock)의 합성어로 금발머리를 뜻한다. 어느 날 소녀 골디락스가 숲속의 곰들이 차려 놓은 「너무 뜨겁지도 차갑지도 않은」 죽을 맛있게 먹게 됐는데, 이에 비유해 골디락스 경제라는 말이 생겨났다.

덤벨 경제(dumbbell economy)•••
헬스 관련 사업의 호황을 일컫는 말로, 명칭은 아령의 일종인 덤벨에서 따왔다. 삶의 질 향상과 건강관리에 대한 관심이 높아지면서 헬스장이나 헬스용품 등 체력 향상을 위한 소비가 증가하는 것을 말한다.

라스트핏 이코노미(last fit economy)•••
고객의 마지막 순간을 최적화하려는 근거리 경제를 뜻한다. 라스트핏의 본래 의미는 사형수가 사형 집행장까지 걸어가는 마지막 길인 「라스트 마일(last mile)」에서 유래했다. 유통업계에서는 「상품이 고객들에게 전달되는 마지막 배송 접점」이라는 의미로 사용된다. 라스트핏 이코노미는 상품 가격과 품질은 물론 배송 방식에서의 주관적인 효용이 구매 결정에 영향을 준다는 것에 초점을 둔다. 라스트핏 이코노미의 대표적인 예로는 새벽 배송이 있다.

콜래보노믹스(collabonomics)•••
협력(collaboration)과 경제학(economics)의 합성어로 협력의 경제학, 상생 경제학을 뜻한다. 특히 불투명한 경제상황에서는 모두가 힘을 합쳐 난제를 해결하고 혁신적인 아이디어를 찾기 위해 상생의 윈-윈 파트너십을 펼쳐야 한다는 것이다. 따라서 콜래보노믹스는 기업 간, 노사 간, 기업과 시민단체 간의 협력을 필요로 한다.

프리코노믹스(freeconomics)•••
공짜(free)와 경제학(economics)의 합성어로 기업이 소비자에게 무료로 제품을 제공하고 실제 수익은 다른 방법으로 얻는 방식을 말한다. ≪The Long Tail≫의 저자인 크리스 앤더슨(Chris Anderson)이 2007년 11월 영국 경제주간지 ≪이코노미스트≫에 소개한 개념이다. 소비자에게 제품이나 서비스를 무료로 제공하는 대신에 소비자의 관심, 시장에서의 인지도, 광범위한 사용자 기반을 확보함으로써 이를 바탕으로 수익을 창출해내는 새로운 사업 방식이다. 세계적인 면도기 제조업체인 질레트는 일회용 면도기를 공짜로 제공해, 제품에 익숙하도록 하는 마케팅 전략으로 성공한 프리코노믹스 산업의 대표 사례이다.

테이크 오프(take-off)•••
후진국이 경제사회적인 발전을 시작할 때의 상황을 비행기의 이륙에 비유한 말이다. 미국 경제학자 월트 로스토(W. W. Rostow)가 그의 저서 ≪경제성장의 제단계≫(1960)에서 개념화했다. 로스토는 모든 나라는 그 체제에 관계없이 「전통사회 – 과도기 – 이륙기 – 성숙기(자립적 성장) – 고도대중 소비시대」라는 발전 단계를 거치게 되는데, 비약적인 경제성장 단계의 기간을 이륙기(take-off)라고 주장했다. 미국, 서유럽, 일본 등은 제5단계에 들어서 있으나 인도와 중국은 이륙기에 있다고 한다.

출구전략(exit strategy)•••

위기 상황에 처해 내려진 이례적인 조치를 정상으로 되돌리는 것을 포괄적으로 가리킨다. 주로 경기침체기에 경기진작을 위해 풀었던 자금을 거둬들이는 것을 뜻하는 용어로 사용된다. 중앙은행이 기준금리를 올려 유동성을 환수하는 것이 대표적인 정책이며, 정부가 재정지출을 줄이는 것도 이에 해당한다.

트리클 다운(trickle down)•••

「넘쳐흐르는 물이 바닥을 적신다」는 뜻으로, 우리말로는 낙수효과, 적하효과라고 한다. 고소득층의 소득 증대가 저소득층의 소득 증대로 이어진다는 논리나 대기업의 투자 증대는 결국 중소기업과 소비자에게 돌아옴으로써 전체 경기를 활성화시킨다는 이론과 맞닿아 있다. 트리클 다운은 미국 41대 대통령인 조지 부시(George H. W. Bush)가 재임 중이던 1982~1992년까지 채택한 경제정책이다. 정부가 세금 인하 등의 방법으로 투자 증대를 꾀해 대기업과 부유층의 부(富)를 먼저 늘려 주면 중소기업과 소비자에게 혜택이 돌아가고, 이것이 결국 총체적인 국가의 경기를 자극해 경제발전과 국민복지가 향상된다는 이론이다. 트리클 다운은 레이건 행정부 당시 공급 측면의 경제정책인 레이거노믹스의 본체였으나, 1993년 클린턴 행정부가 들어서면서 폐지됐다.

블랙 스완(black swan)•••

극단적으로 예외적이고 알려지지 않아 발생 가능성에 대한 예측이 거의 불가능하지만 일단 발생하면 엄청난 충격과 파장을 가져오고, 발생 후에야 적절한 설명과 예견이 가능해지는 사건을 뜻하는 말이다. 2007년 출간된 미국 뉴욕대 교수 나심 니콜라스 탈레브(Nassim Nicholas Taleb)의 저서에서 유래된 말로, 경제 분야에서 널리 사용되고 있다. 모든 백조는 당연히 흰색이라고 믿고 있던 유럽인들은 1697년 오스트레일리아 대륙에서 검은색 백조(black swan)를 발견했다. 이후 블랙 스완은 「진귀한 것」 또는 「존재 자체가 예상할 수 없는 것이나 예측이 불가능하다고 생각했던 상황이 실제 발생하는 것」을 가리키는 은유적 표현으로 사용됐다. 경제 영역에서는 블랙 스완의 개념을 「과거의 경험으로 확인할 수 없는 기대 영역 바깥쪽의 관측값」으로 정의한다. 블랙 스완의 대표적인 사례로는 미국 9·11 테러사건, 2008년 글로벌 금융위기 등을 들 수 있다.

화이트 스완(white swan) 위기가 반복되는데도 해결책을 내놓지 못하는 상황. 누리엘 루비니 미국 뉴욕대 교수가 저서 ≪위기경제학≫에서, 블랙 스완에 대비해 붙인 명칭으로 역사적으로 되풀이돼 온 금융위기를 가리킨다.

그레이 스완(gray swan) 어느 정도 예측이 가능하지만 마땅한 해결책이 없는 리스크 상시체제로, 발생할 경우 시장에 상당한 충격을 주는 사건을 뜻한다.

그린 스완(green swan) 기후변화로 인한 금융위기 가능성을 뜻하는 말. 국제결제은행(BIS)이 2020년 1월 20일 「기후변화 시대의 중앙은행과 금융안정」이라는 보고서에서 이 용어를 제시했다.

네온 스완(neon swan) 백조가 스스로 빛을 내는 것이 불가능한 것처럼 절대 발생하지 않을 것 같은 상황이나 위협을 일컫는 용어. 블랙 스완보다 더 위협적인 의미로, 네온 스완이 발생하면 사실상 대처가 어렵다고 본다.

회색 코뿔소(gray rhino)•••

개연성이 높고 파급력이 크지만 사람들이 간과하는 위험을 뜻하는 말이다. 즉, 갑자기 발생하는 것이 아니라 지속적인 경고로 사회가 인지하고 있고 충분히 예상할 수 있지만 쉽게 간과해 파국으로 치닫는 위험 요인을 뜻한다. 미셸 부커(M. Wucker) 세계정책연구소 대표이사가 2013년 1월 다보스포럼에서 처음 발표한 후 널리 쓰이고 있다. 코뿔소는 몸집이 커서 멀리서도 알아볼 수 있고 진동만으로도 그 존재를 감지할 수 있지만 정작 코뿔소가 달려올 경우 두려움 때문에 아무것도 하지 못하거나 적절한 대처를 하지 못해 큰 피해가 발생하는 것에 비유한 말이다. 이런 면에서 예측과 대비가 어려운 사태를 의미하는 블랙 스완(black swan)과는 차이가 있다.

하얀 코끼리(white elephant) 활용도에 비해 유지 · 관리 비용이 많이 들어 처치 곤란한 대상을 가리키는 용어로, 경제 분야에서는 투자 비용에 비해 유지 · 운영 비용이 초과돼 수익을 내기 어려운 사업이나 프로젝트를 가리키는 용어로 사용된다.

코요테 모멘트(coyote moment)•••

코요테가 먹잇감을 쫓는 데 정신이 팔려 눈앞에 닥친 낭떠러지를 뒤늦게 발견하는 순간을 뜻하는 말로, 주로 두렵거나 피하고 싶었던 상황에 처해 있다는 사실을 갑자기 깨달은 순간을 표현하는 말로 쓰인다. 통상 경제 · 금융 상황을 비유할 때 사용하는데, 갑작스러운 증시 붕괴나 2008년 글로벌 금융위기가 초래한 부동산 거품 붕괴 등이 대표적이다.

퍼펙트 스톰(perfect storm)•••

2007년 미국발 금융위기로 인한 달러화 가치 하락, 유가 및 국제곡물가격 급등으로 인한 물가 상승 등이 2008년 전 세계로 확산되면서 두 가지 이상의 악재가 동시에 발생하는 금융 · 경제 위기현상을 일컫는다. 원래는 개별적으로 위력이 그다지 크지 않은 태풍 등이 특이한 자연현상과 맞부딪치게 될 경우 상상을 초월하는 파괴력을 지닌 재해로 발전하는 현상을 가리키는 기상 용어이다.

빈곤의 악순환(vicious circle of poverty)•••

후진국은 소득이 적어 저축과 구매력이 낮고, 이는 저(低)투자 현상을 가져오며 이에 따라 생산력이 저하돼 또다시 소득의 감소를 가져오는 악순환이 계속 반복된다는 것이다. 이 용어는 미국 경제학자 넉시(R. Nurkse)가 처음 사용했다.

슬로벌라이제이션(slowbalization)•••

「세계화 쇠퇴」를 뜻하는 용어로, 1990년대 이래 전성기를 구가했던 글로벌라이제이션(globalization, 세계화) 이후 도래하고 있는 양상을 의미한다. 슬로벌라이제이션은 2019년 2월 영국 경제주간지 ≪이코노미스트≫가 특집 기사를 통해 다루면서 회자됐다.

제로섬 사회(zero-sum society)●●●

미국 경제학자 서로(L. Thurow)의 저서 제목에서 따온 용어로, 경제 성장이 멈추면 이용할 자원이나 사회적 부의 총량이 일정해져서 어느 하나의 문제를 해결하려고 하면 반드시 다른 이해와 충돌하는 일이 일어나는 사회를 말한다. 제로성장에 빠지게 되면, 에너지・환경・인플레이션 등의 난제를 해결하는 데 어려움을 겪게 된다. 이런 상황을 타개하기 위해서는 저축을 투자에 결부시켜 소비를 억제하는 세제를 도입해 경제성장률을 높여야 한다. 제로섬이란 통상 스포츠나 게임에서 승패를 모두 합하면 제로(0)가 되는 것을 말한다.

빅블러(big blur)●●●

변화의 속도가 빨라지면서 기존에 존재하던 것들의 경계가 모호해지는 현상을 말한다. 특히 사물인터넷(IoT), 핀테크(FinTech), 인공지능(AI), 드론 등 4차 산업혁명의 혁신적인 기술이 등장하면서 빅블러 현상이 대두됐다. 예컨대 ▲금융회사 대신 핀테크를 이용해 송금하는 것 ▲배송플랫폼 기업이 온라인 쇼핑 사업을 하는 것 ▲온라인으로 신청해 오프라인으로 서비스를 받는 에어비앤비(Airbnb) 등이 이에 해당된다.

02 산업 일반

도시광산(urban mining, 都市鑛山)●●●

제조업체가 배출한 텔레비전, 컴퓨터, 휴대폰 등의 자원을 해체・선별・제련 등을 통해 재활용하는 산업이다. 비도시 지역에서 광물을 캐는 일반 광산업과 달리, 도시인들이 사용하다 버린 폐가전제품에서 자원을 얻는다고 해서 생긴 용어이다. 석유나 석탄은 태워서 사용해 버리면 원래의 형질이 없어지는 반면, 금속은 사용한 뒤에도 폐기물 속에 그대로 남아 있는 점에 착안한 것이다. 이는 1980년대 일본 도호쿠대(東北大) 난조 미치오(南條道夫) 교수가 처음 사용한 후 일반화됐다.

틈새산업(niche industry)●●●

남이 주목하지 않는 기술, 연관기술을 촉발할 수 있는 기술을 개발하는 것을 말한다. 틈새산업은 기술로만 가능한 것이 아니고, 기술을 창조하는 집단 주변에 공생하는 커다란 인프라 그룹이 이를 뒷받침한다.

실버산업(silver industry)●●●

노령층을 위한 각종 상품이나 편의시설 등을 생산, 제공하는 산업이다. 은을 뜻하는 실버(silver)라는 단어는 노인이라는 말이 갖는 부정적인 이미지를 없애기 위해 판매자가 고안해낸 명칭이다.

생물산업(bio industry)•••

생물이 지닌 고유한 기능・성질을 바꿔 유용한 생물・물질을 생산하는 산업이다. 즉, 유전자 재조합, 세포 융합, 세포배양 등 생물공학(biotechnology)을 이용해 공업적으로 유용한 물질을 생산하는 산업을 말한다.

컨벤션산업(convention industry)•••

동시통역 시설을 갖춘 대규모 회의장이나 연회장, 전시장 등의 전용 컨벤션(대회 또는 회의) 시설로 대규모 국제회의나 전시회를 유치하는 산업이다. 이 산업은 호텔업, 항공업, 운송업, 유통업, 식료품업 등 관련 산업의 동반 발전을 가져와 회의 개최 지역의 경제발전이 기대되는 미래형 무공해 고부가가치 산업이다.

컨벤션시티(convention city) 회의나 집회 개최로 지역의 활성화를 꾀하려는 도시. 회의나 세미나 등을 행할 수 있는 시설을 갖추고 있다.

재제조산업(remanufacturing)•••

사용한 제품이나 부품을 회수해 분해와 재조립을 거쳐 신제품 수준으로 만든 후 다시 판매하는 산업이다. 재활용(recycling)이 기존 재료를 가공해 완전히 다른 제품을 만드는 데 비해 재제조산업은 기존 제품을 새것으로 재가공하는 것으로 비용 절감효과가 크다.

뿌리산업•••

주조, 금형, 소성가공, 용접, 표면처리, 열처리 등의 공정기술을 활용해 사업을 영위하는 업종으로 최종 제품에 내재돼 제조업 경쟁력의 근간을 형성한다는 의미이다. 뿌리산업은 자동차, 조선, IT 등 산업의 제조 과정에서 공정기술로 이용되며 최종제품의 품질경쟁력 제고에 필수적인 요소이다.

기업도시(企業都市)•••

개발이 활성화되지 않은 지역에 민간기업이 주도적으로 투자계획을 갖고 조성하는 복합 자급자족형 도시이다. 미국 실리콘밸리, 일본 도요타시, 프랑스 니스 등이 대표적이며, 혁신도시가 공공 주도인 것과 달리 기업도시는 민간 주도로 건설된다.

혁신 클러스터(innovative cluster)•••

산학연 주체들이 특정 지역에 집적돼 있어 이들 간의 상호협력을 통해 경쟁우위를 갖는 산업집적지를 말한다. 즉, 전・후방 연관산업, 기업 관련 기관 및 협회 등과 대학 및 연구소 등의 지식생산 조직이 집적돼 있어 네트워킹을 통해 경쟁우위를 확보한 지역을 의미한다. 우리나라의 대표적인 혁신 클러스터에는 대덕연구단지가 있다.

프롭테크(proptech)•••

부동산(property)과 기술(technology)의 합성어로, 부동산산업에 빅데이터, 인공지능(AI), 가상현실(VR), 드론 등 첨단 기술을 접목시켜 혁신적 서비스를 제공하는 부동산 서비스 산업을 말한다. 프롭테크 영역에는 중개 및 임대, 부동산 관리, 프로젝트 개발, 투자자 및 자금 조달 분야 등이 있으며 대표적인 서비스로는 스마트폰을 이용한 부동산 중개 서비스, 빅데이터를 이용한 부동산 가치 평가 등이 있다.

사회자본(SOC; social overhead capital)•••

정부 및 기타의 공공단체가 공급자인 설비 및 서비스 관련 시설류를 총칭한다. 공공적 자본을 가리키는 것으로, 사회 구성원 모두에게 제공돼 무상이나 약간의 대가로 이용할 수 있다. 개인 부담으로 건설해 그로부터 서비스를 받는 사적 자본(민간자본)과는 구별된다. 사회자본은 사회간접자본, 사회적 공통자본이라고도 하는데, 이것은 사회자본이 생산활동, 소비활동 등 일반적 경제활동의 기초가 되며 재화, 서비스 생산에 간접적으로 공헌하기 때문이다.

인프라스트럭처(infrastructure) 사회적 생산기반. 경제활동의 기반을 형성하는 기초적인 시설로 도로, 하천, 항만, 농업기반, 공항 등과 같은 경제활동에 밀접한 사회자본을 가리킨다. 학교나 병원·공원과 같은 사회복지, 생활환경 시설 등의 사회자본도 포함하며 흔히 인프라(infra)로 표기한다.

창의자본(invention capital, 創意資本)•••

개인 또는 기관 등이 보유한 아이디어나 특허권을 매입해 부가가치를 높인 다음 지식재산을 매각하거나 라이선스, 사업화를 통해 수익을 창출하는 자본을 말한다. 2010년 9월 국내 최초의 창의자본 주식회사인 인텔렉추얼디스커버리가 출범했다.

등대공장(lighthouse factory)•••

밤에 등대가 불빛을 비춰 배를 안내하듯이 사물인터넷(IoT)과 인공지능(AI), 빅데이터 등 4차 산업혁명의 핵심기술을 적극적으로 도입해 제조업의 미래를 혁신적으로 이끌고 있는 공장을 가리킨다. 세계경제포럼(WEF)이 전 세계 공장들을 대상으로 2018년 처음 등대공장을 선정했으며, 매년 두 차례에 걸쳐 발표하고 있다. 우리나라에서는 2019년 포스코가 처음 등대공장으로 등재됐다.

규제 샌드박스(規制 sandbox)•••

신산업, 신기술 분야에서 새로운 제품이나 서비스를 내놓을 때 일정 기간 동안 기존의 규제를 면제 또는 유예시켜 주는 제도로 규제 신속 확인, 실증특례, 임시허가 등 3종 제도로 구성된다. 사업자가 새로운 제품, 서비스에 대해 규제 샌드박스 적용을 신청하면 법령을 개정하지 않고도 심사를 거쳐 규제를 면제, 유예해 그동안 규제로 인해 출시할 수 없었던 상품을 시장에 내놓을 수 있도록 한 후 문제가 있으면 사후 규제한다. 영국에서 핀테크 산업 육성을 위해 처음 시작된 이 제도는 어린이들이 자유롭게 뛰노는 모래 놀이터처럼 규제가 없는 환경 속에서 다양한 아이디어를 마음껏 펼칠 수 있도록 한다고 해서 샌드박스라고 부른다.

갈라파고스 규제(Galapagos 規制) 세상과 단절돼 독특한 동식물 구성을 이룬 갈라파고스 제도처럼, 변화하는 국제정세와 동떨어진 특정 지역에만 있는 규제를 뜻하는 말이다.

붉은 깃발법(red flag act) 1865년 영국에서 제정돼 1896년까지 약 30년간 시행된 세계 최초의 도로교통법인 동시에 시대착오적 규제의 대표적 사례로 꼽힌다. 영국은 마차 사업의 이익을 보호하기 위해 자동차의 최고속도를 시속 3km(도심)로 제한하고 마차가 붉은 깃발을 꽂고 달리면 자동차는 그 뒤를 따라가도록 하는 붉은 깃발법(적기조례)을 만들었다. 이로 인해 영국은 가장 먼저 자동차 산업을 시작했음에도 불구하고 독일과 미국에 뒤쳐지는 결과를 초래했다.

특허권(特許權) •••

산업재산권 가운데 가장 고도의 기술성을 가진 것으로 특허법에 따라 발명을 독점적으로 이용할 수 있는 권리, 즉 실용신안권, 디자인권 및 상표권을 포함한다. 특허의 존속기간은 「출원일로부터 20년」이다. 특허로 등록되기 위해서는 산업상 이용가능성, 신규성, 진보성이라는 세 가지 요건을 충족해야 하지만, 이런 요건을 충족하더라도 공공질서나 선량한 풍속을 해치고 공중위생을 저해하는 발명이면 특허 등록에서 제외된다.

특허괴물(patent troll, 特許怪物) •••

제조업은 하지 않고 보유한 특허 기술로 소송이나 협상을 통해 엄청난 로열티와 손해배상금을 챙기는 특허 관리 전문기업을 말한다. 특허전문관리회사(NPE; non practicing entity), 지식재산관리회사라고도 부른다. 이들은 대학이나 연구소 등을 상대로 특허를 싼값에 사들이고 나중에 이런 기술이 제품에 응용되면 소송을 내는 방식으로 이윤을 획득한다. 특허괴물이란 명칭은 미국의 반도체 회사인 인텔(Intel)이 1998년 테크서치(Tech search)라는 한 무명의 회사로부터 당한 소송 사건에서 비롯됐다.

블랙박스 전략(black box 戰略) 신기술 특허출원과 관련해 기술 이전을 막기 위해 어떤 기술이 특허기술인지 알 수 없도록 아예 특허를 내지 않는 전략

트레이드 드레스(trade dress) •••

제품의 고유한 이미지를 형성하는 크기 · 모양 등의 무형의 요소를 지칭하는 말이다. 우리말로는 「상품 외장」이라고 한다. 지식재산권 분야의 하나로 삼성과 애플 간의 소송으로 더 많이 알려진 용어이다. 디자인(의장)이 제품의 기능을 중시한다면 트레이드 드레스는 상품 또는 서비스의 종합적인 외형 혹은 이미지 등에 중점을 둔다는 점에서 차이가 있다. 우리나라에서는 부정경쟁방지법에 이와 유사한 조항을 두고 있으나 아직까지 이에 대한 명확한 개념 규정이나 보호 방안이 없다.

지리적 표시제(GIS; geographical indication system)•••

상품의 원산지 명을 상표권으로 인정해 주는 제도를 말한다. 지리적 표시에 관한 개념이 국제조약에 처음 등장한 것은 최초의 지식재산권 협정인 1883년의 파리 협약으로, 지리적 표시에 대해 협약 동맹국들이 내국인과 동등하게 보호해야 한다는 조항이 있다. 세계무역기구(WTO)의 부속 협정으로 채택된 지식재산권 협정(TRIPs)에서는 지리적 표시를 「특정 상품의 품질, 명성 또는 다른 특성이 본질적으로 지리적 원천에 기인될 때 회원국의 영토, 또는 그 영토 내의 지역 또는 지방을 원산지로 하는 상품임을 표시하는 것」으로 정의했다. 우리나라는 1999년 1월 개정된 농산수산물품질관리법에 지리적 표시제를 도입했고, 2000년부터 전면 실시했다. 우리나라 지리적 표시 대상의 1호 상품은 보성 녹차이다.

프랜드(FRAND; fair, reasonable, and non-discriminatory)•••

「공정하고, 합리적이고, 비차별적」이라는 뜻의 유럽통신표준연구소(ETSI)가 제정한 특허기술 사용에 관한 조건이다. 프랜드 조건에 따르면 필수 기술의 독점을 방지하기 위해 표준 기술의 경우 미리 사용하고 난 후 제품의 개발 특허를 소유한 업체와 협상을 통해 사용료를 지불해야 한다. 이는 특허권자가 무리한 요구로 경쟁사의 제품 생산을 방해해 산업 기술 발전을 가로막는 일을 방지하기 위해 마련된 것이다. 2011년 삼성과 애플의 특허소송 당시 애플은 삼성 측이 제기한 소송에 대한 방어 논리로 프랜드 조항을 사용했다.

표준지공시지가(標準地公示地價)•••

각종 행정목적을 위한 지가(地價)를 산정하기 위해 매년 국토교통부 장관이 조사·평가해 공시하는 표준지의 단위면적당(m^2) 적정가격을 말한다. 표준지공시지가는 토지 시장의 가격 정보를 제공하고, 일반적인 토지 거래의 지표가 된다. 또한 국가·지방자치단체 등의 업무상 지가 산정 기준, 감정평가업자의 토지 감정·평가 기준, 전국 토지의 개별공시지가 산정 기준, 각종 조세·부담금 부과 기준, 건강보험료와 같은 복지 수요자 대상 선정 기준으로 활용된다.

기준시가(基準時價) 투기가 우려되는 특정 지역의 공동주택(아파트·연립 – 다세대)·각종 회원권·자가용 등을 대상으로 국세청이 고시하며 양도세나 상속세의 기준으로 삼는다. 현 시가의 70~90% 정도를 반영한다.

용적률(floor area ratio, 容積率)•••

$$\text{용적률(\%)} = \left(\frac{\text{건축물 연면적}}{\text{대지면적}}\right) \times 100$$

대지면적에 대한 건축물 연면적의 비율이다. 건폐율과 함께 건축물에 의한 토지 이용도, 즉 개발밀도를 가늠하는 척도로 활용된다. 용적률 계산 시 지하층의 면적과 지상층의 주차용(해당 건축물의 부속용도인 경우만 해당)·주민공동시설·초고층 건축물의 피난안전구역 등의 면적은 제외된다. 용적률이 높을수록 건축 연면적이 넓어져 건축밀도가 높아지므로, 적정 주거환경을 보장하기 위해 「국토의 계획 및 이용에 관한 법률」과 도시계획조례 등에서 건축물에 대한 용적률의 법적 한도가 규정돼 있다.

건폐율(building coverage, 建蔽率)•••

$$\text{건폐율}(\%) = \left(\frac{\text{건축면적}}{\text{대지면적}}\right) \times 100$$

대지면적에 대한 건축면적의 비율이다. 건축물의 대지에 공지(空地)를 확보함으로써 일조・채광・통풍 등 위생적이고 쾌적한 생활환경을 조성할 목적으로 건폐율을 제한한다. 도시계획에서는 건축밀도의 제한을 위해 용도지역・용도지구별 건폐율의 최대한도를 「국토의 계획 및 이용에 관한 법률」에서 정하고 있는 기준에 따라 특별시・광역시・시 또는 군의 조례로 정한다.

과밀부담금(過密負擔金)•••

특정 도시지역으로의 집중을 억제하기 위해 역내에 들어서는 신규시설에 부과하는 부담금이다. 서울과 수도권의 과밀을 효율적으로 억제하고 낙후지역 개발사업 지원 등을 목적으로 1994년 수도권정비계획법에 의해 도입됐다. 인구 집중 유발 효과가 큰 일정 규모 이상의 대형건축물(업무용 2만 5000m^2 이상, 판매용 1만 5000m^2 이상, 공공청사 1000m^2 이상)을 서울시 내에 건축(증축, 용도 변경 포함)하는 경우에 부과한다. 부담금은 신축의 경우 신축 면적에서 주차장 면적, 기초공제 면적을 제외하고 단위면적당 건축비와 0.1을 곱해서 산출한다(주차장 면적과 기초공제면적의 합계 면적 > 기준 면적). 징수된 과밀부담금은 국고 50%, 서울시 50%로 나눠 세입으로 편성된다.

투기지역(投棄地域)•••

부동산 투기를 막기 위해 가격 상승률이 기준치 이상이라고 판단되면 정부가 지정하는 지역으로, 부동산 가격 안정을 위해 2003년 도입됐다. 투기지역으로 지정되면 양도소득세가 기준시가 대신 실거래가로 부과된다. 지정 요건은 직전 월의 주택매매 가격 상승률이 전국 소비자물가 상승률의 1.3배보다 높거나, 직전 월의 지가 상승률이 전국 소비자물가 상승률의 1.3배보다 높은 경우 등이다.

토지거래허가구역(土地去來許可區域) 국토의 효율적인 사용과 토지에 대한 투기를 방지해 국토를 효율적으로 이용・관리하고자 도입된 제도. 국토교통부장관 또는 시・도지사는 토지의 투기적인 거래가 성행하거나 지가가 급격히 상승하는 지역 또는 그럴 우려가 있는 지역으로 5년 이내의 기간을 정해 중앙도시계획위원회 또는 시・도도시계획위원회의 심의를 거쳐 토지거래허가구역을 지정할 수 있다.

분양가상한제(分讓價上限制)•••

분양가격을 안정시켜 주택 공급을 원활히 하기 위해 아파트 가격을 일정 수준 아래로 규제하는 것으로, 감정된 토지비용(택지비)과 정부가 정한 기본형 건축비에 개별 아파트에 따라 추가된 비용인 가산비용을 더해 분양가의 상한선을 결정한다. 2005년 공공택지에 지어지는 주택에 대해서만 적용됐다가 2007년부터 민간택지에 지어지는 주택에 대해서도 시행됐다. 분양가상한제 적용 지역에는 분양가가 시세 대비 80% 미만일 경우 10년, 80% 이상일 경우 8년간 전매가 금지되고, 최대 5년간 거주의무기간이 적용된다.

전력예비율(電力豫備率)•••

전력이 가장 많이 사용되는 피크타임에 수요를 채우고 남은 여분의 전력 상태를 말한다. 전력 최대 공급량(발전량)에서 최대 수요량(사용량)을 뺀 것이 예비전력이며 이를 다시 최대 수요량으로 나눈 비율이 전력예비율이다. 일반적으로 적정 수준의 전력예비율은 15% 정도라고 본다.

블랙아웃(blackout) •••

전기가 부족해 갑자기 모든 전력 시스템이 정지되는 현상이다. 대규모 정전 사태를 가리키는 용어로, 보통 특정 지역이 모두 정전된 경우를 일컫는다. 전국 단위 블랙아웃을 막기 위해 지역별 전력을 돌아가며 차단시키는 것은 롤링 블랙아웃(rolling blackout, 순환정전)이라고 부른다. 군사 용어로는 본격적인 미사일 공격에 앞서서 한 발 또는 수발의 핵공격으로 적의 미사일 방어체제를 무력화시키는 전략을 의미한다. 한편, 국립국어원은 2013년 블랙아웃의 순화어로 「대정전」을 선정했다.

NATM공법(new Austrian tunneling method) •••

신오스트리아 터널 굴착 공법이다. 굴착한 터널의 안쪽에서 천장 위의 지표 쪽과 터널 벽면을 향해 2~3m 길이의 고정봉을 일정 간격으로 박아 놓고 그 위에 콘크리트를 입혀서 천장이 받는 압력을 막으면서 터널을 계속 뚫어 나가는 공법이다. 이 공법은 다른 터널 굴착법과는 달리 양방향에서 공사가 가능하고 경제성이 높다. 주로 도심 지하철공사에서 미관과 교통 소통을 위해 이 공법을 많이 채택한다.

TBM공법(tunnel boring machine method) 터널 굴착기로 암반을 압쇄하거나 절삭해 굴착하는 기계식 굴착 공법. 기존 화약 발파 공법과는 달리 주변의 암반을 지지대로 활용함으로써 안정된 원형 구조를 형성하는 것이 특징이다. 장대 터널 공사 시 공기를 단축하고 공사비를 절감하는 효과가 있다.

03 국제경제 · 무역

OECD(Organization for Economic Cooperation and Development, 경제협력개발기구) •••

회원국 간 상호 정책조정 및 협력을 통해 세계경제 문제에 공동으로 대처함으로써, 공동 발전을 기하고자 설립된 정부 간 기구이다. 제2차 세계대전 직후 유럽의 경제부흥을 위한 미국의 마셜플랜에 따라 1948년에 결성된 유럽경제협력기구(OEEC)를 모태로, 개발도상국 문제 등 새로운 세계정세에 적응하기 위해 1961년 9월 30일 발족했다. OECD는 회원국의 경제성장과 금융안정 촉진, 세계경제 발전에 기여, 개도국의 건전한 경제성장에 기여, 다자주의와 무차별주의에 입각한 세계무역의 확대에 기여 등을 목적으로 한다. 개방된 시장경제 · 다원적 민주주의 · 인권존중이라는 3대 가치관을 공유하며, 3대 규범으로 자본이동 자유화 규약 · 경상무역외거래 자유화 규약 · 국제투자 및 다국적 기업에 관한 선언이 있다. 본부 소재지는 프랑스 파리이며, 우리나라는 1996년 12월에 29번째 회원국이 됐다. OECD의 주요 조직으로는 이사회를 비롯한 집행위원회, 특별집행위원회 및 26개의 각종 전문위원회, 사무국 등이 있다. 최고 의사결정기구로서 이사회가 있으며, 결정은 회원국 만장일치로 이뤄지고 특정 회원국이 반대하는 사항에 대해 어떤 결정이나 권고를 채택할 수 없다. 우리나라는 2010년 1월 1일부터 OECD 산하 개발원조위원회(DAC)의 24번째 회원국으로 활동 중이다. DAC 가입은 선진 공여국으로 공식 인정받았다는 의미이다.

OECD 회원국 호주, 오스트리아, 벨기에, 캐나다, 칠레, 콜롬비아, 체코, 덴마크, 에스토니아, 핀란드, 프랑스, 독일, 그리스, 헝가리, 아이슬란드, 아일랜드, 이스라엘, 이탈리아, 일본, 한국, 라트비아, 리투아니아, 룩셈부르크, 멕시코, 네덜란드, 뉴질랜드, 노르웨이, 폴란드, 포르투갈, 슬로바키아, 슬로베니아, 스페인, 스웨덴, 스위스, 튀르키예, 영국, 미국, 코스타리카(총 38개국)

WTO(World Trade Organization, 세계무역기구) •••

무역자유화를 통한 전 세계적인 경제발전을 목적으로 하는 국제기구이다. GATT(관세 및 무역에 관한 일반협정) 체제를 대신해 세계무역 질서를 세우고 UR(우루과이라운드)협정의 이행을 감시하기 위해 1995년 1월 1일 출범했다. 본부 소재지는 스위스 제네바이다. 1994년 4월 15일 모로코의 마라케시에서 세계 125개국 통상대표가 7년 반 동안 진행해온 UR협상의 종말을 고하고 「마라케시 선언」을 공동 발표함으로써 WTO가 탄생했다. 다자간 무역협상 포럼 제공, UR협상 결과의 이행 감독, 무역분쟁 해결, 국가 간 경제분쟁에 대한 판결권과 그 판결의 강제집행권 이용 등의 역할을 담당한다. 조직에는 각료회의, 무역위원회, 사무국 등이 있으며 그 밖에 분쟁해결기구(DSB; Dispute Settlement Body)와 무역정책검토기구(TPRB; Trade Policy Review Body)가 있다. 최소 2년에 1회 개최되는 각료회의는 전체 WTO 회원국 대표로 구성되며, WTO의 기능수행을 위해 필요한 조치를 이행하고 다자간 무역협정의 모든 사항에 대해 결정권한을 보유하고 있다. 일반이사회는 모든 회원국 대표로 구성되며, 비상설기관인 각료회의를 대신해 실제 WTO의 중심적 역할을 한다. DSB는 법적 구속력과 감시기능을 갖추고 무역 관련 분쟁을 담당하며, TPRB는 각국 무역정책을 검토해 사전에 분쟁을 예방함으로써 다자간 무역체제의 효율성을 높이도록 한다. WTO는 합의제를 원칙으로 하며, 합의 도출이 어려울 경우 투표를 실시한다(1국1표 원칙하에 과반수 표결).

WTO 체제의 원칙 ① 차별 없는 교역(최혜국대우 · MFN, 내국민대우) ② 교역의 자유화 ③ 예측가능성 ④ 공정경쟁의 촉진 ⑤ 경제개발 및 개혁의 장려

WTO 회원국 미국, 캐나다, 독일, 영국, 프랑스, 스페인, 이탈리아, 스위스, 핀란드, 헝가리, 아르헨티나, 벨기에, 이스라엘, 파라과이, 한국, 중국, 일본, 홍콩, 태국, 싱가포르, 인도, 필리핀, 튀르키예, 콜롬비아, 요르단, 스리랑카, 네팔, 베트남, 캄보디아, 카자흐스탄, 우간다, 케냐, 카메룬, 예맨, 아프가니스탄 등(총 164개국)

ASEM(Asia Europe Meeting, 아시아유럽정상회의) •••

아시아 · 유럽의 정치, 안보, 경제, 사회, 문화, 환경 등 각 분야에서 협력을 도모하기 위한 정부 간 협의체이다. 성장 잠재력이 큰 아시아에 대한 투자를 확대하고자 하는 유럽 측과 거대 단일시장인 유럽에 진출하고자 하는 아시아 측이 양 지역 간 채널 구축의 필요성에 공감하면서 창설됐다. 1994년 고촉통(吳作棟) 싱가포르 총리가 ASEM 창설을 제의했고, 유럽연합(EU)과 아세안(ASEAN) 및 한국 · 중국 · 일본의 호응으로 1996년 제1차 정상회의가 태국 방콕에서 열렸다. ASEM 회원국의 총면적은 약 1743만 km^2(전 세계의 11.7%), 인구는 약 22억 명(전 세계의 39.1%)에 달한다. ASEM은 지역 내 국가들 간 협력체가 아닌 아시아와 유럽 두 지역 간 대화 및 협력의 장이며, 정치 · 경제 · 사회 분야 등 3대 이슈를 다루는 포괄적 성격을 띠고 있다. 특히 ASEM은 구속력이 있는 결과를 도출하기 위한 협상기구가 아니다. ASEM 회원국은 아시아 · 유럽 51개국(뉴질랜드, 오스트레일리아는 아시아로 분류), EU집행위원회, ASEAN 사무국 등으로 구성돼 있다.

ASEM 회원국 한국, 중국, 일본, 몽골, 인도, 파키스탄, 호주, 뉴질랜드, 러시아, 방글라데시, 노르웨이, 스위스, ASEAN 10개국(인도네시아, 말레이시아, 태국, 필리핀, 브루나이, 베트남, 싱가포르, 미얀마, 라오스, 캄보디아), EU 회원국, ASEAN 사무국, EU 집행위원회(아시아 21개국, 유럽 30개국, 지역기구 2개)

G7(group of 7) •••

미국, 일본, 영국, 프랑스, 독일, 이탈리아, 캐나다 등 서방선진 7개국을 지칭하는 말이다. 세계경제에 영향력을 미치는 경제대국 정상들의 모임으로 흔히 「서밋(summit)」이라고도 부른다. G7 국가들의 재무장관과 중앙은행 총재는 1년에 두세 차례씩 회동해 세계경제 방향과 정책 협조 등을 논의한다. 또 1년에 한 차례씩 각국 대통령과 총리가 참가하는 G7 정상회담도 개최하고 있다. G7은 1975년 석유위기 이후 소집된 미국, 영국, 프랑스, 독일, 이탈리아, 일본 등 6개국 정상회담(G6)이 시초이며, 1976년 캐나다가 합류하면서 G7이 됐다. 1997년 러시아가 정회원이 되면서 G8로 운영되다가 2014년 3월 핵안보정상회의에 참석한 주요국 정상들이 크림반도 합병을 강행한 러시아를 G8 체제에서 축출한다고 공식 발표하면서 G7 체제로 복귀했다.

G2(group of 2) 미국과 중국 두 나라를 지칭하는 용어. 미국과 중국이 서로 견제 · 협력하면서 세계의 경제질서를 이끌어가는 상황을 나타내는 말로, 2008년 서브프라임 사태로 인한 글로벌 경제위기 속에서 급부상한 중국의 경제적 위상을 단적으로 나타내는 말이다.

G20(group of 20) •••

1997년 아시아 외환위기 이후 국제금융 현안 및 특정 지역의 경제위기 재발방지 등을 논의하기 위해 결성된 미국, 영국, 프랑스, 독일, 일본, 이탈리아, 캐나다, 러시아(이상 G8)와 한국, 중국, 인도, 브라질, 멕시코, 인도네시아, 아르헨티나, 러시아, 튀르키예, 사우디아라비아, 남아공(이상 신흥경제국), 유럽연합(EU) 의장국 등 20개 선진 및 신흥경제국들 간의 글로벌경제협력 포럼이다. 1999년 9월 개최된 국제통화기금(IMF) 총회에서 탄생한 G20은 2008년 11월, 미국 금융위기를 계기로 정상급 회의로 격상됐다. G20 회원국이 참여하는 재무장관 및 중앙은행 총재회의와 정상회의가 각각 연 1회 개최된다. G20은 세계경제체제에 있어 중요한 국가 간 경제 및 금융정책 현안에 관한 대화를 확대하고 안정적이며 지속가능한 세계경제 성장을 위한 협력을 증대시키는 데 목적이 있다. G20은 세계인구의 3분의 2를 포함하고 세계 GDP의 85%를 반영하는 등 세계경제 대표성을 갖춘 체제로서, 전통적인 세계 지도국 모임인 G7이 정치 · 안보 이슈를 다루는 것과 달리 거시경제, 금융 등 글로벌 경제 이슈에 초점이 맞춰져 있다. G20은 별도의 사무국이 없으며, 의장국이 임기 1년 동안 사무국 역할을 수행한다. 글로벌 금융위기 수습을 위한 국제공조를 위해 2008년 11월부터 G20 정상회의를 열고 있으며, 2010년 11월에는 서울에서 5차 정상회의가 개최된 바 있다.

유엔경제사회이사회(UN ECOSOC; UN Economic and Social Council) •••

안전보장이사회, 신탁통치이사회와 더불어 국제연합(UN) 3대 이사회의 하나로 경제 개발, 사회, 인권에 관한 제 문제를 다루고 인류 전반의 생활수준 향상을 목적으로 한다. 본부 소재지는 미국 뉴욕이다. 이사국은 총회에서 선출된 54개국으로 구성되는데, 임기는 3년(연임 가능)이며, 매년 3분의 1이 재선된다.

UNDP(United Nations Development Programme, 유엔개발계획) 개발도상국에 대한 유엔의 개발 원조 계획을 조정하기 위한 기관이다. 유엔특별기금(UNSF)과 확대기술원조계획(EPTA)을 통합해 1966년 1월 발족했다. 사무국 소재지는 미국 뉴욕이며, 자금은 유엔과 피원조국이 부담한다. 한국은 1970~1980년대에 UNDP로부터 자금 지원을 받은 대표적인 수혜국 중 하나였으나 1993년 수혜 금액보다 지원 금액이 많은 순공여국이 됐다.

UNCTAD(UN Conference on Trade and Development, 유엔무역개발회의) 유엔통상개발회의라고도 한다. 개발도상국의 산업화와 국제무역을 지원하고 심화된 남북문제 해결을 목적으로 1964년에 유엔 총회의 상설기관으로 설치됐다. 본부 소재지는 스위스 제네바이며, 한국은 1965년에 가입했다.

ESCAP(Economic and Social Commission for Asia and Pacific, 아시아태평양경제사회위원회)•••

아시아극동경제위원회(ECAFE)의 후신으로 1947년 설립된 유엔경제사회이사회(UN ECOSOC)의 상설 기구이다. 본부 소재지는 태국 방콕이다. 역내의 경제협력, 개발계획, 식량 및 자원에 관한 사업 등 아시아・태평양 지역의 경제, 사회문제를 다룬다. 「아・태의회」라고도 부르며 우리나라는 1954년 4월, 북한은 1991년 11월에 정회원국으로 각각 가입했다.

APTA(Asia-Pacific Trade Agreement, 아시아태평양무역협정) 무역 자유화와 무역 확대를 통한 아시아・태평양 지역 개발도상국들의 경제 발전과 생활수준 향상을 위해 역내 개도국 간에 체결된 특혜무역협정. 정식 명칭은 「아시아태평양경제사회위원회(ESCAP) 개발도상회원국 간 무역협상에 관한 1차 협정」이다. 우리나라가 주도해 방글라데시, 인도, 라오스, 스리랑카, 중국 등 6개국이 참여하고 있으며 1976년 「방콕협정」으로 출발, 2006년 9월 1일 현재의 명칭으로 변경해 개정 발효됐다.

APEC(Asia-Pacific Economic Cooperation, 아시아태평양경제협력체)•••

아시아・태평양 지역의 경제성장과 번영을 목표로 이들 지역 간 원활한 정책대화와 협의를 담당하고 있는 지역경제 공동체로, 전 세계 인구의 약 40%, GDP의 약 59%를 점유하는 세계 최대의 지역협력체이다. 의사결정은 컨센서스 방식에 따르며, 비구속적 이행을 원칙으로 회원국의 자발적 참여와 이행을 중시한다. 1989년 호주 캔버라에서 우리나라를 포함한 12개국 간 각료회의로 출범했고, 1993년부터 정상회의로 격상됐다. 가입국은 미국, 중국, 일본, 러시아, 캐나다, 멕시코, 칠레, 페루, 호주, 뉴질랜드, 인도네시아, 말레이시아, 싱가포르, 태국, 필리핀, 베트남, 홍콩, 대만, 브루나이, 파푸아뉴기니, 한국 등 21개국이다.

RCEP(Regional Comprehensive Economic Partnership, 역내 포괄적 경제동반자협정) 동남아시아국가연합(ASEAN, 아세안) 10개국과 한중일 3개국, 호주・뉴질랜드 등 총 15개국이 관세장벽 철폐를 목표로 추진한 다자간 무역협정이다. 아시아・태평양 지역을 하나의 자유무역지대로 통합하는 것을 목표로 2012년부터 관세장벽 철폐를 위한 협상을 진행해 2020년 11월 최종 서명에 이르렀다. RCEP은 2022년 1월 1일 비준을 마친 나라들에서 공식 발효됐고, 한국은 그해 2월 발효됐다.

IPEF(Indo-Pacific Economic Framework, 인도・태평양 경제프레임워크) 미국 주도의 다자 경제협력체로 2022년 5월 23일 공식 출범했다. 중국이 RCEP을 통해 인도・태평양 지역에서의 영향력을 확장하는 것을 견제하기 위한 성격이다. 미국, 한국, 일본, 호주, 인도, 브루나이, 인도네시아, 말레이시아, 뉴질랜드, 필리핀, 싱가포르, 태국, 베트남, 피지 등 14개국이 참여한다.

CPTPP(Comprehensive and Progressive Agreement for Trans-Pacific Partnership, 포괄적・점진적 환태평양경제동반자협정) 인구 5억 8000만 명, 전 세계 국내총생산(GDP)의 15%에 달하는 아시아・태평양 지역 최대 경제블록으로 2018년 12월 30일 발효됐다. 회원국은 일본, 뉴질랜드, 싱가포르, 칠레, 브루나이, 말레이시아, 베트남, 페루, 호주, 멕시코, 캐나다, 영국 등 12개국이다.

ASEAN(Association of Southeast Asian Nations, 동남아시아국가연합)•••

동남아시아 지역의 경제적・사회적 기반 확립과 각 분야에서의 평화적・진보적인 생활수준 향상을 목적으로 설립된 기구이다. 1967년 8월 8일 설립됐으며, 사무국 소재지는 인도네시아 자카르타이다. 설립 당시 회원국은 필리핀, 말레이시아, 싱가포르, 인도네시아, 태국 등 5개국이었으나 이후 브루나이, 베트남, 라오스, 미얀마, 캄보디아가 가입해 10개 회원국으로 늘어났다. 이 밖에 11개 대화 상대국에 한국, 미국, 일본, 중국, 러시아, 캐나다, 호주, 뉴질랜드, 인도, 유럽연합(EU), 영국이 있다.

ASEAN + 3 정상회의 아세안(ASEAN) + 한국・중국・일본 간 정상회의. 아세안은 1997년 12월 창설 30주년을 맞아 동아시아 지역의 공동협력을 위해 한중일 3국 정상을 초청해 회의를 열고 있다.

OPEC(Organization of Petroleum Exporting Countries, 석유수출국기구) •••

국제석유자본(석유메이저)에 대한 발언권을 강화하기 위해 주요 석유수출국이 결성한 자원 카르텔이다. 1960년 9월 이라크 수도 바그다드에서 사우디아라비아, 베네수엘라, 이란, 이라크, 쿠웨이트 등 5개국이 결성했으며, 본부는 오스트리아 빈에 있다. OPEC 회원국들은 중동 5개국(사우디 · 쿠웨이트 · 아랍에미리트연합 · 이란 · 이라크), 아프리카 6개국(나이지리아 · 리비아 · 알제리 · 앙골라 · 적도기니 · 콩고민주공화국), 베네수엘라 등 12개국으로 구성돼 있다. 회원국들은 국제 석유가격 조정 및 회원국 간의 협력을 도모한다.

OAPEC(Organization of Arab Petroleum Exporting Countries, 아랍석유수출국기구) 1968년 사우디아라비아, 쿠웨이트, 리비아가 OPEC의 역할을 보완하기 위해 설립한 기구. 본부 소재지는 쿠웨이트이며, 이후 이라크, UAE, 카타르, 바레인, 알제리, 시리아, 이집트, 튀니지가 가맹했다.

OPEC+ OPEC 14개국과 비석유수출국들로 구성된 산유국 기구. 비석유수출국으로는 러시아, 미국, 노르웨이, 아제르바이잔, 바레인, 브루나이, 카자흐스탄, 말레이시아, 멕시코, 오만, 수단, 남수단 등이 있다.

ISO(International Organization for Standardization, 국제표준화기구) •••

물자 및 서비스의 교류를 용이하게 하고 지적 활동이나 과학기술, 경제 활동의 분야에서 세계 각국이 서로 협력하기 위해 공동제품의 국제 표준화 · 규격화를 목적으로 설립된 국제기구이다. 1946년 영국 런던에서 창설됐으며, 사무국 소재지는 스위스 제네바이다.

UN FAO(Food and Agriculture Organization of the United Nations, 유엔식량농업기구) •••

국제연합(UN) 전문기구의 하나로, 식량과 농산물의 생산 및 분배능률 증진, 농민의 생활수준 향상 등을 목적으로 한다. 1943년 5월 미국 루스벨트 대통령의 제창에 따라 개최된 연합국식량농업회의가 모체가 돼 1945년 10월 캐나다 퀘벡 설립총회에서 채택된 FAO헌장에 의거해 설립됐다. 본부 소재지는 이탈리아 로마이며, 우리나라는 1949년 11월, 북한은 1977년에 가입했다.

EXPO(International Exhibition, World Exposition, 세계박람회) •••

국제적 규모로 개최되는 문화와 산업에 관한 박람회이다. 흔히 엑스포라고 하며 만국박람회, 국제종합박람회라고도 부른다. 올림픽, 월드컵과 함께 세계 3대 국제행사로 일컬어지며, 이 중 정부가 주최하고 각 국가가 참여하는 것은 엑스포가 유일하다. 근대적 의미에서 최초의 세계박람회는 1851년 영국 런던에서 개최된 만국박람회(수정궁박람회)이며 이후 각 국가들이 새로운 과학문명과 기술들을 전시하기 위해 경쟁적으로 세계박람회를 개최해 왔다. 1928년에는 프랑스 파리에서 정부 간 기구인 국제박람회기구(BIE; Bureau International des Expositions)가 설립됐다.

등록박람회 · 인정박람회 세계박람회는 BIE의 공인 여부에 따라 크게 공인과 비공인박람회로 구별된다. 공인박람회는 다시 등록(registered)과 인정(recognized)박람회로 나뉜다. 등록박람회는 인간과 관련된 모든 것을 다루는 행사로 5년마다 6주~6개월간 열린다. 인정박람회는 등록박람회가 개최되는 사이에 열리며 기간도 3주~3개월로 짧다. 등록박람회가 별도 주제를 두지 않고 광범위한 주제와 특정 주제를 정할 수 있는 데 반해, 인정박람회는 주제가 특화돼야 한다. 1993년에 열린 대전박람회와 2012년 열린 여수박람회는 모두 인정박람회였다.

다보스포럼(Davos Forum) •••

매년 스위스의 다보스에서 개최되는 「WEF(World Economy Forum, 세계경제포럼)」 연차총회의 통칭이다. 저명한 기업인과 경제학자, 저널리스트, 정치인 등이 모여 세계경제에 대해 토론하는 국제 민간회의로 본부는 스위스 제네바에 있다. 스위스 제네바대 슈바프(K. Schwab) 교수가 1971년 설립한 비영리재단으로, 포럼 참가자들은 연회비와 참가비를 내야 하며 초청받은 인사들만 참석할 수 있어 배타적인 고급 사교클럽이란 비판도 있다. 「미래의 세계 지도자 100인」과 「세계 경쟁력 보고서」 등을 발간한다.

WSF(World Social Forum, 세계사회포럼) 다보스포럼에 맞서 반세계화를 기치로 내걸고 출범한 전 세계 사회운동가들의 회의. 제1회 포럼은 2001년 1월 브라질에서 개최됐다. 이들은 세계화가 부의 불평등 배분과 빈곤의 심화, 공동체의 해체 등을 초래한다고 주장한다.

EFTA(European Free Trade Association, 유럽자유무역연합) •••

유럽연합(EU)에 참가하지 않은 스위스, 노르웨이, 아이슬란드, 리히텐슈타인 등 서유럽 4개 강소국으로 구성된 자유무역 체제이다. 1960년 5월 발족했으며, 본부는 스위스 제네바에 있다. 이들 국가는 석유와 천연가스, 어류, 의약품, 시계, 기계류, 금융서비스, 해운서비스 등에서 세계적인 경쟁력을 갖고 있다. 우리나라와 EFTA 간에는 2006년 9월 1일부터 자유무역협정(FTA)이 발효 중이다.

USMCA(United States-Mexico-Canada Agreement) •••

북미자유무역협정(NAFTA·나프타)을 대체하는 「미국·멕시코·캐나다협정」이다. NAFTA는 미국, 캐나다, 멕시코 북미 3개국이 1994년 발효한 자유무역협정으로 노동과 자본의 자유로운 이동 등을 주요 내용으로 한다. 그러나 미국 트럼프 행정부는 이 협정이 미국의 일자리를 뺏는다며 재협상을 추진했다. 그 결과 2018년 11월 3국 간 USMCA 창설이 공식 서명된 데 이어 2020년 7월 1일 발효됨으로써 NAFTA는 26년 만에 효력을 상실했다.

메르코수르(Mercosur; Mercado Common Sour) •••

아르헨티나, 브라질, 파라과이, 우루과이 등 남미 4개국(베네수엘라는 2016년부터 회원국 자격 정지)으로 구성된 남미공동시장이다. 1995년 1월 1일부터 무역장벽을 전면 철폐함에 따라 출범했다. 준회원국으로는 칠레, 콜롬비아, 에콰도르, 페루, 가이아나, 수리남, 볼리비아 등이 있다.

AFTA(ASEAN Free Trade Area, 아세안자유무역협정) •••

싱가포르, 말레이시아, 인도네시아, 태국, 브루나이, 필리핀 등 동남아시아국가연합(ASEAN, 아세안) 6개국으로 구성된 자유무역지대이다. 세계경제의 블록화에 효율적으로 대응하기 위해 2003년 1월 출범했다. 역내 거래에서 공산품 등 관세 인하 대상 상품의 관세율을 평균 5% 이하로 낮추고, 이후 점차 관세율을 낮추어 궁극적으로는 무관세화를 실현하는 것이 목표이다.

ZOOM IN

EU(European Union, 유럽연합)

유럽의 정치·경제 통합을 실현하기 위해 1993년 11월 1일 발효된 마스트리흐트 조약에 따라 1994년 1월부터 사용하기 시작한 EC(유럽공동체)의 새 명칭이다. 본부 소재지는 벨기에 브뤼셀이다. 1957년 유럽경제공동체(EEC; European Economic Community)가 모태로, 1967년 유럽원자력공동체(EURATOM)·유럽석탄철강공동체(ECSC)와 함께 EC로 통합됐다. 회원국은 벨기에·프랑스·독일·이탈리아·룩셈부르크·네덜란드·덴마크·아일랜드·그리스·포르투갈·스페인·오스트리아·핀란드·스웨덴·키프로스·체코·에스토니아·헝가리·라트비아·리투아니아·몰타·폴란드·슬로바키아·슬로베니아·루마니아·불가리아·크로아티아 등 27개국이다.

브렉시트(Brexit) 영국(Britain)과 탈퇴(exit)의 합성어로 영국의 EU 탈퇴를 뜻한다. 2016년 6월 23일 진행된 국민투표에서 영국의 EU 탈퇴가 결정된 데 이어 2020년 1월 31일 브렉시트가 전격 단행됐다. 한편, 브렉시트 이후 영국은 심각한 경기침체에 빠지게 됐고, 이로 인해 브렉시트를 후회한다는 브레그렛(bregret)이란 신조어가 등장했다.

1 주요 기구

EU이사회, EU집행위원회, 유럽의회(EP), 유럽사법재판소(ECJ), 유럽회계감사원(ECA) 등 5개 핵심 기관과 하부 기관으로 유럽경제사회위원회, 지역위원회, 유럽중앙은행(ECB : 유로권 통화정책 관리), 유럽옴부즈맨(EU기구의 행정권 남용 견제), 유럽투자은행(EIB) 등이 있다.

유럽의회(European Parliament) EU 회원국의 유권자를 대표하는 의회로, 사무국은 룩셈부르크에 있다. EU 주요 기구 가운데 유일하게 직접 선거로 선출된 임기 5년의 총 705명의 의원으로 구성된 대의기구이다. EU의 입법부에 해당하는 유럽의회는 1952년 유럽석탄철강공동체(ECSC)의 총회 형식으로 처음 설치됐으며, 파리조약과 로마조약에 의해 1962년 정식으로 창설됐다. 유럽의회는 EU집행위원회가 제안한 법안에 대한 심의·의결권, EU기관 자문 및 감독·통제권(EU집행위원장 선출권과 집행위원단 임명 동의 권한 등), 예산안 심의권 등의 권한을 갖고 있다.

2 관련 협약

① 마스트리흐트조약 : 1991년 12월 11일 네덜란드의 마스트리흐트에서 열린 유럽공동체(EC) 12개국 정상회담에서 타결 합의한 유럽통합조약. 주 내용은 유럽 통화 통합에 관한 일정과 유로존 가입 요건(환율안정성, 재정적자, 물가상승률 등), ECB(유럽중앙은행) 설립, WEU(서유럽연맹) 주축의 군사정책 수행, 유럽의회에 EC 조약 개정 승인권 부여, 유럽 시민권 도입 등이다. 이 조약은 각국의 비준을 거쳐 1993년 11월 1일부터 발효됐다.

② 암스테르담조약 : 1997년 EU 15개국 사이에 체결된 유럽 통합에 관한 기본 협정. 신유럽연합조약이라고도 한다. 주 내용은 2004년까지 영국과 아일랜드를 제외한 전 회원국 간 국경 개방, 이민 및 망명에 대한 새로운 공동정책 수립, 각국 경찰 간 협력 강화, 서유럽연맹(WEU)이 EU를 대신해 평화유지 및 인도주의적 활동 수행 등이다.

③ 솅겐조약 : EU 회원국 간 무비자 통행을 규정한 조약. 1985년 룩셈부르크 솅겐에서 체결됐다. EU 회원국이지만 아일랜드, 불가리아, 루마니아, 키프로스는 솅겐조약 비가입국인 반면, 아이슬란드와 노르웨이, 스위스는 EU 회원국은 아니지만, 솅겐조약 가입국이다.

④ 리스본조약(EU 개정 조약) : 정식 명칭은 「유럽연합 개정 조약(EU reform treaty)」. EU 대통령·외교정책대표직 신설, 이중다수결제 도입 등을 골자로 하며, 2007년 12월 13일 공식 서명을 거쳐 2009년 12월 1일 발효됐다.

⑤ 더블린조약 : 유럽으로 유입되는 난민의 망명 처리 원칙을 규정한 조약. 1997년 9월 발효됐다. EU 회원국과 노르웨이, 아이슬란드, 스위스, 리히텐슈타인 등 비유럽연합 4개국이 가입돼 있다. EU 권역에 들어온 난민은 처음 입국한 국가에서 난민 자격 심사를 받는다는 내용을 골자로 한다.

3 유로(EURO)

EU의 단일통화로 2002년 1월부터 통용을 개시한 데 이어 그해 7월 전면적으로 통용됐다. 유로존에는 벨기에, 프랑스, 독일, 이탈리아, 룩셈부르크, 네덜란드, 아일랜드, 그리스, 포르투갈, 스페인, 핀란드, 오스트리아, 슬로베니아, 몰타, 키프로스, 슬로바키아, 에스토니아, 라트비아, 리투아니아, 크로아티아 등 20개국이 참여 중이다.

1

FTA(Free Trade Agreement, 자유무역협정)•••

특정 국가 간에 배타적 무역 특혜를 서로 부여하는 협정으로 가장 느슨한 형태의 지역 경제통합 형태이다. 세계무역기구(WTO)는 모든 회원국에 최혜국대우(MFN; most favoured nation treatment)를 보장해 주는 다자주의 원칙을 존중하는 세계무역체제인 반면, FTA는 양자주의 및 지역주의적인 특혜무역체제이다. 따라서 FTA에서는 FTA 회원국 간에 무관세나 낮은 관세를 적용하는 반면, 비회원국에는 WTO에서 유지하는 관세를 그대로 적용한다. 또 FTA 회원국 간에는 상품의 수출입을 자유롭게 교역할 수 있도록 허용한 반면, 비회원국의 상품에 대해서는 WTO에서 허용하는 수출입의 제한 조치를 그대로 유지하는 것이 가능하다. FTA보다 더 앞선 경제통합에는 공동시장(common market)과 단일시장(single market)이 있으며, 유럽연합(EU)는 공동시장 단계를 거쳐 통화 통합까지 이뤄낸 단일시장이다. 단일시장은 노동 인력의 자유로운 왕래까지 완전 보장한다.

우리나라의 FTA 발효 현황

칠레(2004. 4.) – 싱가포르(2006. 3.) – EFTA(2006. 9.) – 아세안(상품 2007. 6. / 서비스 2009. 5. / 투자 2009. 9.) – 인도 CEPA(2010. 1.) – 페루(2011. 8.) – 미국(2012. 3.) – 튀르키예(2013. 5.) – 호주(2014. 12.) – 캐나다(2015. 1.) – EU(2015. 12.) – 뉴질랜드(2015. 12.) – 베트남(2015. 12.) – 중국(2015. 12.) – 콜롬비아(2016. 7.) – 중미 5개국(파나마 · 니카라과 · 온두라스 · 코스타리카 · 엘살바도르 / 2019. 10.) – 영국(2021. 1.) – RCEP(2022. 2.) – 이스라엘(2022. 12.) – 캄보디아(2022. 12.) – 인도네시아(2023. 1.)

CEPA(Comprehensive Economic Partnership Agreement, 포괄적 경제동반자협정) 협정 당사국 사이를 보다 긴밀한 경제협력관계로 발전시키기 위해 상품 · 서비스 교역의 자유화뿐만 아니라 투자 · 경제협력 등 경제관계 전반을 포괄하는 내용의 협정을 말한다. 시장개방보다는 경제협력을 강조하고 있지만, 표현만 다를 뿐 교역 자유화의 추진이 들어간다는 점에서 자유무역협정(FTA)과 사실상 동일하다. 다만 CEPA는 상품 · 서비스 교역 자유화를 기본으로 하는 FTA를 넘어서 투자 · 경제협력까지 포괄하는 개념이라 할 수 있다. 우리나라는 2008년 인도와 처음으로 CEPA를 체결해 2010년부터 발효됐다.

스파게티볼 효과(spaghetti bowl effect)•••

여러 국가와 자유무역협정(FTA)을 동시다발적으로 체결했지만 국가마다 원산지 규정과 통관 절차, 표준 등이 달라서 FTA 활용률이 오히려 낮아지는 현상을 일컫는다. 국제무역론의 세계적 권위자인 바그와티(J. Bhagwati) 미국 컬럼비아대 교수가 동시다발적 협정의 비효율성을 지적하기 위해 처음 사용한 용어로, 「누들볼(noodle bowl) 효과」라고도 한다. FTA 체제하에서 각 국가마다 서로 다른 원산지 결정 기준이 적용될 경우 기업은 같은 상품이라도 어느 국가에 수출하느냐에 따라 원재료 조달이나 생산 방식을 다르게 해야 하는 부담이 생긴다. 따라서 FTA 체결국이 많아질수록 이런 부담은 증가한다. 이런 복잡한 상황이 스파게티볼 속의 국숫발이 얽혀 있는 모습과 비슷하다고 해서 스파게티볼 효과라는 명칭이 붙었다.

한미 개정 FTA•••

한미 FTA는 2012년 3월 15일 발효됐는데, 미국 측은 불공정무역 등을 이유로 2017년 7월 개정협상을 공식 요구해 왔다. 이에 따라 양국 간 협의를 거쳐 한미 FTA 개정안이 마련됐고 2019년 1월 1일부터 공식 발효됐다. 개정의정서에는 ▲투자자–국가 분쟁해결제도(ISDS) 남발 제한 ▲무역구제 투명성 절차 개선 ▲자동차 관세 철폐기간 연장 ▲글로벌 혁신신약 약가 우대제도 등이 포함돼 있다.

ISDS(Investor-State Dispute Settlement, 투자자-국가 분쟁해결제도) 외국인 투자자가 투자한 국가에서 부당한 대우, 급변한 정책 변화 등을 이유로 손해를 입었을 때 투자협정에 규정된 분쟁해결절차에 따라 직접 투자유치국 정부를 상대로 제소할 수 있는 제도이다. 2011년 한미 FTA 협상 당시 포함돼 대표적인 독소조항으로 거론됐다. 국가 간 투자협정에 따라서 내용이 결정되는데, 보통은 국제투자분쟁해결센터(ICSID)에서 국제법을 기준으로 사건을 진행한다.

ICSID(International Centre for the Settlement of Investment Disputes) 국제투자분쟁해결센터. 국제투자로부터 발생하는 분쟁을 해결할 목적으로 1966년 세계은행(IBRD) 산하에 설립된 중재기관이다.

DDA(Doha Development Agenda)•••

2001년 11월 카타르 도하에서 개최된 제4차 세계무역기구(WTO) 각료회의에서 출범한 제9차 다자간 무역협상이다. WTO 출범 이후 첫 번째 다자간 무역협상으로, 「개발」이라는 이름이 붙은 것은 개발도상국의 개발에 중점을 두자는 개도국들의 주장이 반영된 것이다. DDA는 상품뿐 아니라 서비스나 지식재산권에 이르는 광범위한 분야의 시장 개방은 물론 관련 국제무역 규범을 대상으로 협상을 하고 있다. 이를 위해 DDA 안에 농업, 비농산물, 서비스, 규범, 무역원활화, 무역환경, 무역개발 등 9개 협상 분야가 설치돼 있다. 본래 2005년 이전에 일괄타결 방식으로 협상을 종료할 계획이었으나 아직까지도 협상이 계속되고 있다. 일괄타결 방식이란 최종적으로 모든 분야에 대해 동시에 합의를 추구하는 방식을 뜻한다.

우루과이라운드(UR; Uruguay Round) 세계 각국의 관세·비관세 장벽을 철폐하기 위해 관세 및 무역에 관한 일반협정(GATT)에서 진행됐던 제8차 다자간 무역협상. 각국의 시장개방 확대, GATT 체제 강화를 비롯해, 서비스·지식재산권, 무역 관련 투자 등 신분야에 대한 국제규범 마련을 목표로 1986년 9월 116개국이 우루과이 푼타 델 에스테에서 협상을 시작해 1993년 12월 15일 타결되면서 1995년부터 발효됐다. 그 결실로 세계무역기구(WTO)가 1995년 출범했다.

비교역적 기능(NTC; non-trade concerns)•••

농업이 지닌 경제적 역할을 포함한 식량안보, 지역개발, 환경보전 등 경제 외적인 기능을 총칭한다. 농산물 수입국들은 농업의 비교역적 기능(NTC)을 이유로 농업의 계속 유지를 주장하며, 급격한 농산물 시장 개방에 반대한다는 입장이다. 이와 같이 농업의 비교역적 기능을 강조하는 수입국 모임을 NTC그룹이라 하며 여기에는 한국, 유럽연합(EU), 일본, 스위스, 노르웨이, 모리셔스 등이 포함된다. 이후 NTC는 「multi-functionality(다원적 기능)」라는 용어로 대체되고 있다. 농업의 다원적 기능이란 농업이 식량 생산 외에도 환경보전, 식량안보 등 다양한 기능을 가지고 있다는 것을 뜻한다.

케언스 그룹(Cairns group) 농산물 수출국 중에서 농산물 수출 보조금을 지급하지 않거나 아주 적은 보조금만을 지급하는 국가들 모임. 우루과이라운드(UR) 협상이 시작되기 전인 1986년 8월에 오스트레일리아 케언스에서 14개국이 농산물 가격의 완전 자유화를 목표로 결성했다. 회원국은 오스트레일리아, 캐나다, 뉴질랜드, 아르헨티나, 브라질, 우루과이, 칠레, 콜롬비아, 인도네시아, 말레이시아, 필리핀, 태국, 볼리비아, 코스타리카, 과테말라, 파키스탄, 파라과이, 페루, 남아프리카공화국 등 19개국이다.

최소시장접근(MMA; minimum market access)•••

수입이 금지됐던 품목의 시장을 개방할 때 일정 기간 동안 최소한의 개방 폭을 규정한 것을 말한다. 예를 들어, 쌀 따위의 농산물 시장을 개방할 때 국내 시장의 충격 완화를 위해 전면적인 개방은 아니지만 최소한 이 정도는 수입해야 한다는 개방 정도의 하향 폭을 가리킨다. 이 용어는 1991년 우루과이라운드(UR) 협상 타결을 위해 제시된 던켈 초안에서 처음 등장했다. 최소시장접근을 허용하는 기간 중에는 관세화 조치가 유예된다.

세이프가드(safeguards, 긴급수입제한조치)•••

특정 품목의 수입이 급증해 수입국의 산업에 심각한 피해가 예상되는 경우, 해당 품목의 수입을 임시적으로 제한하거나 관세를 인상해 수입품에 대해 긴급수입제한조치를 할 수 있는 제도이다. 관세 및 무역에 관한 일반협정(GATT) 조항(제19조)에 처음 명시됐다. 대표적인 세이프가드로는 1975년 미국이 도입한 불공정 무역관행에 대한 보복으로 발동시킨 「슈퍼 301조」를 들 수 있다. 세이프가드는 자동차, 철강, 반도체 산업은 물론이고 금융 분야 등에서도 적용되고 있는데, 국내 외환시장의 불안으로 외환위기가 우려될 때 외환거래를 일시적으로 제한하거나(외환거래 허가제) 단기자본의 유입을 억제하는 방법(가변예치 의무제) 등이 금융 세이프가드에 포함된다.

USTR(United States Trade Representative, 미국 무역대표부)•••

국제통상 교섭을 담당하는 미국 대통령 직속기관이다. 1963년 1월 통상교섭특별대표부(Office of the Special Representative for Trade Negotiations)로 발족, 1980년 1월 카터 대통령이 이를 개편하면서 명칭이 바뀌었다. 미국의 통상정책을 담당하는 주요 정부기관에는 USTR 외에도 상무부, 국무부가 있으나 USTR은 이들 관계부처와 협의해 미국의 무역정책을 총괄적으로 수립・집행하며 대외교섭 창구로서의 역할을 수행한다.

AMCHAM(American Chamber of Commerce in Korea) 주한미국상공회의소. 한국에서 활동 중인 미국 기업들이 모인 이익단체로 1953년 창립됐다. 한국 내 미국 기업인들의 고충을 한국과 미국의 정부・언론 등에 전달, 애로사항을 해결해 주거나 보호하는 역할을 한다. 매년 봄 미국 정부에 제출하는 「무역・투자 이슈 보고서」는 미국의 대한(對韓) 통상정책의 기본 자료가 된다.

슈퍼 301조•••

교역 상대국의 불공정한 무역관행으로 미국이 무역에 제약을 받을 경우 광범위한 영역에서 보복할 수 있도록 허용한 미국 통상법이다. 1988년 미국 종합무역법에 의해 신설된 한시적 조항으로, 1974년 제정된 미국 통상법 301~309조까지를 일반 301조(Regular 301)로 부르는 것과 구분해 「슈퍼 301조」라고 부른다. 일반 301조가 품목・분야별로 교역상대국의 불공정 무역관행 제거를 위한 통상협상을 추진하도록 하는 것과 달리 슈퍼 301조는 교역상대국의 불공정 무역관행 중 USTR이 미국 수출 감소에 가장 큰 영향을 준 우선협상대상국관행(PFCP; priority foreign country practice)을 지정해 조사를 개시한다. 따라서 슈퍼 301조는 일반 301조와 달리 업계의 청원으로 발동될 수 없고 오직 USTR의 자체 발의로 발동된다. 그러나 이 법은 국제분쟁 해결 절차를 거치지 않은 일방적인 보복조치라 세계무역기구(WTO)의 다자정신 규정에 어긋난다는 비판을 받았다. 슈퍼 301조는 1990년 공식으로 만료됐으나 빌 클린턴 대통령이 행정명령을 통해 3차례 부활시켰고, 2018년에는 도널드 트럼프 대통령이 중국 제품에 대한 관세 부과를 목적으로 부활시킨 바 있다.

한편, 슈퍼 301조 이외에 미 행정부의 재량적 무역구제 수단으로는 반덤핑 및 상계관세 부과, 무역법 201조에 따른 세이프가드 발동, 무역법 301조 및 관세법 337조에 따른 불공정 무역행위 대응, 지식재산권 보호에 초점을 맞춘 스페셜 301조, 재무부의 환율조작국 지정 조치 등이 있다.

우선협상대상국(PFC; priority foreign countries) 미국의 종합무역법 슈퍼 301조에 따라 가장 우선적으로 불공정 무역관행 폐지 협상을 벌이도록 선정된 국가. 슈퍼 301조는 미 무역대표부(USTR)가 우선협상대상국을 선정하면 이 같은 조치를 의회에 보고한 후 21일 이내에 상대국의 불공정 무역관행에 대한 조사에 착수해 12~18개월간의 협상을 통해 그 관행을 완화 또는 폐지토록 하며, 그것이 이루어지지 않을 경우 보복조치를 취하도록 규정하고 있다.

환율조작국(換率造作國) •••

자국의 수출을 늘리고 제품의 가격경쟁력을 확보하기 위해 정부가 인위적으로 외환시장에 개입해 환율을 조작하는 국가로, 「심층분석 대상국」이라고도 한다. 미국은 매년 4월과 10월 경제 및 환율정책 보고서를 통해 환율조작국을 발표한다. 환율조작국으로 지정되면 ▲미국기업 투자 시 금융지원 금지 ▲미 연방정부 조달시장 진입 금지 ▲국제통화기금(IMF)을 통한 환율 압박 ▲무역협정과 연계 등의 제재가 따른다. 미국 재무부는 2019년 8월 5일 처음으로 중국을 환율조작국으로 지정했다.

남북문제(南北問題) •••

지구의 북반구에 집중돼 있는 선진공업국과 적도 부근에서 남반구에 걸쳐 있는 개발도상국 간의 경제 격차 및 그에 따르는 제 문제를 지칭한다. 1959년 말에 미국을 방문한 영국 로이드은행의 프랭크스(S. O. Franks) 회장이 남북문제를 「동서대립과 함께 현대의 2대 문제」라고 지적한 데서 비롯됐다. 1964년 설립된 국제연합무역개발회의(UNCTAD)는 개발도상국의 산업화와 국제무역을 지원하고 심화된 남북문제 해결을 목적으로 설치됐다.

남남문제(南南問題) 남측이라고 불리는 개발도상국 사이의 경제 격차 및 그에 따른 제 문제를 지칭함. 풍부한 석유자원을 가진 석유수출국기구(OPEC)와 공업 개발이 비교적 앞서 있는 개발도상국, 그리고 자원도 부족하고 개발도 뒤떨어진 아프리카 사이에는 1인당 소득에 큰 차이가 있으며, 이는 다시 개발 속도의 차이로 나타난다. 이 때문에 개발도상국들 간의 대립이 심각해지고 있을 뿐 아니라 여러 선진국에 대한 요구에 있어서도 차이를 보이는 등 같은 남측에 속하면서도 많은 차이를 나타내고 있다.

남남협력(南南協力) 개발도상국 간의 경제·기술협력. 선진국의 자본이나 지식집약적인 기술보다는 오히려 개도국의 실정에 맞는 노동집약적인 기술이 필요해짐에 따라 개도국 간의 협력이 부각되고 있다.

마셜플랜(Marshall plan) •••

제2차 세계대전 후 서유럽에 대한 미국의 경제원조 계획으로, 1947년 6월 하버드대 강연에서 처음 이 계획을 공표한 조지 마셜(G. Marshall) 미국 국무장관의 이름을 딴 것이다. 공식 명칭은 「유럽부흥계획(European Recovery Program)」이며, 서구 여러 나라의 경제성장을 촉진하고 공산주의의 확대를 저지하는 데 목적이 있다. 이 계획에 따라 유럽 국가의 미국 무역에 대한 의존성이 줄어들었으며, 유럽 18개국은 유럽경제협력기구(OEEC)를 형성했다. 이 계획의 성공으로 마셜은 1953년 노벨평화상을 수상했다.

시장경제지위(MES; market economy status) •••

정부의 간섭 없이 시장이 원자재가격이나 임금, 환율, 제품가격 등을 결정한다고 상대 교역국이 인정하는 지위를 말한다. 시장경제지위(MES)로 인정받지 못하면 반덤핑 제소를 당했을 때 제3국의 국내 가격을 기준으로 덤핑 여부와 덤핑률을 산정받는 불이익을 당한다. 중국, 몽골, 베트남 등은 시장경제를 도입했지만 아직 국제적으로 시장경제지위를 인정받지 못하고 있다.

최혜국대우(MFN; most favored nation treatment) •••

통상, 관세, 항해 등 2국 간의 관계에 대해 제3국에 부여하고 있는 제 조건보다 불리하지 않은 대우를 해 주는 것을 말한다. 이것은 통상항해조약 등 2국 간의 조약・협정으로 결정되기도 하나 세계무역기구(WTO) 조약국에는 자동적으로 공여된다. 또 제3국과 더욱 유리한 최혜국대우를 맺으면 그 효력은 다른 최혜국대우국에도 적용된다. 최혜국대우의 적용을 제외하는 경우로는 국경무역이나 특혜관세 등이 있다.

NTR(normal trade relations) 정상교역관계. 최혜국대우(MFN)에 해당하는 미국의 법률 용어로, 미국은 1998년 무역법을 개정해 MFN을 NTR로 변경하고 이후 NTR을 사용하고 있다.

PNTR(permanent normal trade relations) 항구적 정상무역관계. 미국과 특정 국가와의 무역관계를 미국 의회가 매년 심사할 것이 아니라 한번 정상무역관계로 결정되면 이후에는 자동적으로 적용되도록 하자는 것이다. 미국은 러시아, 벨라루스, 아프가니스탄, 쿠바, 북한, 라오스와는 PNTR을 맺고 있지 않다.

경제자유구역(FEZ; free economic zone) •••

외국자본과 기술의 활발한 국내 유치를 유도하기 위해 정부가 지정하는 특정지역 또는 공업단지를 말한다. 이 지역에는 외국기업에 대한 세제지원 확대, 각종 인프라 제공, 노동 관련 규제 완화, 외국학교・병원・약국의 진입 허용, 별도의 특별행정기구 설치 등 다양한 혜택이 부여된다. 2003년 인천을 시작으로 부산・진해, 광양만권, 경기, 대구・경북, 충북, 동해안권, 광주, 울산 등 총 9개가 조성・운영되고 있다.

자유무역지역(FTZ; free trade zone) 일정 규모의 산업단지, 항만, 공항에 대해 관세법・대외무역법 등 관계법률에 따른 특례와 지원을 통해 제조・물류・유통 및 무역활동 등을 자유롭게 보장하는 지역. 경제자유구역(FEZ)이 외국인의 생활편의시설 및 공간 제공을 목적으로 하는 것과 달리 생산, 물류 등 기업생산 활동에 특화된 지역이다. 마산・군산・대불・동해・율촌・울산・김제(산단형), 부산항・광양항・인천항・포항항・평택당진항(항만형), 인천공항(공항형)이 자유무역지역으로 지정돼 있다.

관세자유지역 국제물류업체와 수출업체 등에 한해 관세를 부과하지 않고 통관절차를 생략해 주는 경제특구

외국인투자지역(FIZ; foreign investment zone) 일정 규모 이상 투자하는 외국인 투자가가 희망하는 지역에 대해 특별시・광역시 단체장 또는 도지사가 외국인 투자위원회 심의를 거쳐 지정한다.

엠바고(embargo) •••

한 국가가 다른 특정 국가에 대해 직간접 교역, 금융거래, 투자 등 모든 부문의 경제교류를 중단하는 조치로 우리말로는 「금수조치(禁輸措置)」라고 한다. 원래 선박의 입출항을 금지한다는 뜻이었으나 국가 간의 수출금지, 통상금지 조치로 그 의미가 확대됐다. 이같은 조치는 여러 이유로 취해지지만 보통은 정치적인 목적에서 어떤 특정국을 경제적으로 고립시키기 위해 사용된다. 미국은 「대(對) 적성국 교역법」에 따라 베트남・북한・쿠바를 엠바고로 지정했으나 1994년에는 베트남, 1995년에는 북한에 대한 엠바고를 해제했다.

✎ 이 밖에도 엠바고는 일정 시점까지 보도 금지, 즉 뉴스의 발표 시간제한을 뜻하기도 한다.

세컨더리 보이콧(secondary boycott)●●●

제재국가의 정상적인 경제 활동과 관련해 거래를 하는 제3국의 기업이나 금융기관까지 제재하는 것으로, 「2차 보이콧」, 「2차 제재」라고도 한다. 전통적인 의미에서 1차 보이콧(primary boycott)은 노동자나 노동조합이 쟁의의 대상이 된 회사의 제품의 불매를 주장하는 것이며, 2차 보이콧(secondary boycott)은 1차 보이콧의 대상이 된 회사와의 거래를 중단할 것을 다른 회사에 요구하는 운동을 말한다. 미국의 경우 2010년 6월 이란의 원유를 수입하는 제3국에 대해 미국 내 파트너와 거래하지 못하도록 하는 내용의 세컨더리 보이콧 조항을 담은 「이란 제재법」을 통과시켰고, 이후 이란은 경제난에 시달리다 결국 2015년 미국과 핵협상을 타결했다.

공정무역(fair trade)●●●

생산자와 소비자 간의 신뢰를 바탕으로 생산자에게 정당한 몫을 제공하고, 소비자에게 윤리적인 제품을 공급하는 직거래 방식의 무역을 말한다. 1950~1960년대 유럽에서 태동한 소비자운동으로 「대안무역」이라고도 불린다. 주로 커피, 초콜릿, 수공예품 등을 거래한다. 공정무역의 원칙은 자유무역과는 달리 경제적 소외층에 대한 기회 제공, 투명성과 신뢰, 공정한 가격 지불, 성 평등, 건강한 노동환경, 친환경 등이다. 국내에서는 2002년 아름다운가게가 최초로 공정무역을 시작했다.

✎ 윤리적(착한) 소비는 공정무역운동을 포함한 소비자운동으로 인간, 동물, 환경에 해를 끼치는 상품을 사지 않고, 공정무역에 따라 제조된 상품을 구입하는 것을 말한다.

바터무역(barter trade)●●●

물물교환으로 양국 간에 대차(貸借)의 차액을 내지 않는 방식의 무역 형태이다. 바터무역에는 바이백(buy-back)과 구상무역 방식이 있다. 바이백은 생산설비를 수출해서 그 제품을 수입하는 것과 같이 수출입상품 간에 관련성이 있는 물물교환이다. 구상무역은 두 나라 사이에 협정을 맺어, 일정 기간 서로 수출을 균등하게 해 무역차액을 영(零)으로 만들고, 결제자금이 필요 없게 하는 무역을 말한다. 대표적인 방법으로 ▲거래하는 양자가 동시에 신용장을 개설하는 백투백(back to back) ▲먼저 수입한 측이 그 대금을 외환은행에 적립하고, 후에 수입하는 측은 그 계정금액으로 결제에 충당하는 에스크로(escrow) ▲한쪽이 수입신용장을 발부하는 데 대해 상대방은 일정 기간 내에 수입한다는 보증서류를 발부하는 토머스·역토머스의 세 가지 방식이 있다.

무형무역(無形貿易)●●●

간접 생산자원 요소나 용역을 거래하는 무역이다. 화물 운임, 관광객의 여비, 대외투자의 이윤, 은행 업무의 수수료, 보험료, 배상금, 특허권 사용료(royalty) 등은 한 나라의 국제수지에는 포함되지만 세관에서의 통관절차가 필요 없으므로 수출입 통계에는 표시되지 않는데, 이러한 무역을 형태가 없다고 해서 무형무역이라고 한다.

청산계정(淸算計定) •••

협정무역의 주요 결제방식으로 정상적인 금융거래가 이루어지기 힘든 상황에서 당사국끼리 직교역을 위해 체결하는 일종의 금융협정이다. 즉 상호 간 무역거래에서 그때그때 현금결제를 하지 않고 그 대차관계를 장부에 기록했다가 매년 정기적으로 그 대차차액만을 현금결제하는 제도이다. 서독과 동독도 통합 이전에 청산계정을 이용해 무역거래를 했다.

이중과세방지협정(二重課稅防止協定) •••

기업이 외국에서 소득을 얻었을 경우 본국이나 외국 중 한 나라에서만 세금을 물리도록 하는 국가 간의 협정이다. 외국에서 발생한 소득을 본국으로 송금하는 기업에 대해 두 나라에서 함께 세금을 부과하게 되면 기업활동이 크게 위축될 수밖에 없어 통상 이 협정을 체결한다.

조세피난처(tax haven) •••

법인의 실제 발생소득의 전부 또는 상당 부분에 대해 조세를 부과하지 않는 국가나 지역이다. 조세피난처는 세제상의 우대뿐 아니라 외환거래를 포함한 금융거래 전반에 관한 비밀이 철저히 보장되며 국가 간 조세정보 교류에 극히 소극적이다. 특히 모든 금융거래의 익명성이 철저히 보장되기 때문에 탈세와 돈세탁용 자금 거래의 온상이 되기도 한다. 대표적인 조세피난처는 바하마, 버뮤다제도 등 카리브해 연안과 중남미에 집중돼 있으며, 이곳에서는 법인세 등이 완전 면제된다. 보통 ▲완전 조세회피 무세지역인 택스 파라다이스(tax paradise) ▲국외 소득 면세국인 택스 셸터(tax shelter) ▲특정 법인 또는 사업소득 면세국인 택스 리조트(tax resort) 등 세 가지로 분류된다.

종량세(從量稅) •••

상품의 수량이나 중량을 기준으로 해 부과하는 내국세 또는 관세이다. 미국, 일본, 유럽연합(EU) 등 선진국들은 자국의 농업보호와 섬유, 신발 등 일부 경쟁력이 취약한 노동집약적 산업을 보호하기 위해 종량세율을 활용하고 있다. 우리나라는 1994년부터 산업보호 차원에서 종량세제를 도입했다.

✎ 종가세(從價稅)는 출고가격 또는 수입물품의 가격을 기준으로 세율을 결정하는 과세제도이다.

탄력관세(elastic tariff, 彈力關稅) •••

관세율 폭에 탄력성을 두어 정부가 그 변경의 권한을 갖는 관세 제도로, 「신축관세(flexible tariff)」라고도 한다. 국내 산업 보호, 물가 안정 등을 위해 정부가 국회의 위임을 받아 정한 범위 내에서 관세율을 인상 또는 인하할 수 있는 권한을 갖도록 한 것이다. 1922년 미국이 전시공업(戰時工業)을 구제할 목적으로 제정한 「포드니 매컴버 관세(Fordney McCumber tariffs)」가 탄력관세의 시초이다. 탄력관세의 종류에는 덤핑방지관세, 긴급관세, 물가평형관세, 상계관세, 할당관세 등이 있다.

탄력관세의 종류

긴급관세	특정 상품의 지나친 수입으로 해당 국내 산업이 막대한 손해를 입는다고 판단되는 경우 부과되는 관세 * 특별긴급관세: WTO에서 허용된 농업보호장치로 농산물 시장 개방 시 급격한 수입증가를 막기 위한 제도
보복관세	자국의 상품에 대해 부당하고 불리한 대우를 하는 나라의 수입물품에 대해 보복적으로 높은 차별관세를 부과하는 제도
상계관세	수출국이 특정 상품에 대해 장려금이나 보조금을 지급해 수출상품의 가격경쟁력을 높일 경우, 수입국이 그 상품에 부과하는 할증관세. 상쇄관세라고도 함
조정관세	특정 상품의 수입 증가로 국내 산업에 악영향이 우려될 때 일정 기간(보통 1년) 동안 세율을 조정해 부과하는 관세
편익관세	관세 혜택이 없는 국가에 대해 관세상의 편익을 부여하는 것
할당관세	수입품의 일정 수량을 기준으로 부과되는 관세
물가평형관세	가격안정이 필요한 특정 물품의 수급조절을 위한 관세. 관세조절을 통해 국내 물가의 안정을 도모하려는 제도
덤핑방지관세	외국에서 정상가격 이하로 판매되는 물품의 수입으로 인한 국내 산업의 피해를 방지하기 위해 부과되는 할증관세. 반덤핑관세, 부당염매관세라고도 함

일반특혜관세제도(GSP; generalized system of preferences) •••

선진국이 개발도상국으로부터 수입하는 농수산품 · 공산품의 제품 및 반제품에 대해 대가 없이 일방적으로 관세를 면제하거나 최혜국 세율보다도 저율의 관세를 부과함으로써 특혜 대우를 하는 제도이다. 1968년 2월 인도 뉴델리에서 열린 제2차 유엔무역개발회의(UNCTAD) 총회에서 무차별적 비상호주의적인 특혜관세제도(GSP)를 채택함으로써 운용되기 시작했다. GSP 공여국은 특혜관세 대상품목을 매년 정하고 있다. GSP에는 특혜관세 대상이 되는 품목리스트(positive list)를 제시하는 방법과 특혜관세 대상에서 제외하는 품목리스트(negative list)를 제시하는 방법이 있다. 일반적으로 각 공여국은 대부분의 공산품을 GSP 대상품목으로 한다.

관세양허(關稅讓許) •••

국가 간 관세 · 무역에 관한 협상에서 협상 당사국이 특정 품목의 관세를 일정 수준 이상으로 부과하지 않겠다는 약속이다. 관세양허에는 현행 세율을 인하하는 관세인하(reduction), 관세를 더 이상 올리지 않겠다고 약속하는 거치(binding), 현행 세율을 인상하더라도 일정 수준 이상으로는 올리지 않는 한도양허(ceiling binding) 등 세 가지 개념이 있다. 일단 관세양허된 품목의 세율은 협상 상대국과 협상하지 않고는 변경할 수 없다.

소셜덤핑(social dumping) •••

국제수준보다 현저히 낮은 임금 수준을 유지함으로써 절감된 원가의 제품을 해외시장에 싸게 판매하는 행위를 말한다. 이는 구조적으로 낮은 임금 수준과 비교적 양질의 노동생산력이 결합돼 있는 소위 신흥공업국에서 나타나는 현상이다. 소셜덤핑은 이 밖에도 선진국에서 고용보조금을 받는 기업들이 개도국 기업 대비 높은 경쟁력을 보이는 현상을 일컫기도 한다.

부메랑 효과(boomerang effect)●●●

선진국이 개발도상국에 제공한 경제 원조나 자본투자 결과, 현지 생산이 이루어지고 이어서 그 생산 제품이 현지 시장 수요를 초과하게 돼 선진국에 역수출됨으로써 선진국의 당해 산업과 경합하는 것을 말한다. 부메랑은 원래 호주 원주민이 사용한 것으로 던지면 다시 되돌아오는 사냥 도구이다.

넛 크래커(nut-cracker)●●●

한국 경제가 선진국에 비해서는 기술과 품질경쟁에서, 후발개도국에 비해서는 가격경쟁에서 밀리는 현상을 일컫는 말이다. 넛 크래커는 원래 호두까기 기계인데, 미국의 컨설팅 전문 업체인 부즈앨런 & 해밀턴사가 IMF 외환위기 직후 우리나라 상황을 빗대 넛 크래커라고 표현한 데서 생겨났다.

갈라파고스 신드롬(Galapagos syndrome)●●●

기술적으로 뛰어난 상품이지만 일부 지역에만 특화돼 있어서 그 밖의 시장에서는 팔리지 않은 채 고립돼 가는 현상을 말한다. 「갈라파고스화」라고도 한다. 주로 1990년대 이후 일본 IT산업이 자신들만의 표준을 고집함으로써 세계시장에서 고립된 상황을 가리키는 말로 쓰인다. 갈라파고스는 육지로부터 멀리 떨어져 있어서 고유한 생태계가 형성됐지만 육지와의 교류가 늘어나면서 면역력이 약한 고유종들이 멸종되거나 멸종위기에 처해 있는데, 이를 빗대어 만들어진 용어이다.

OEM(original equipment manufacturing)●●●

자기 상표가 아니라 주문자가 요구하는 상표명으로 부품이나 완제품을 생산하는 방식을 말한다. 우리말로는 「주문자 상표 부착 생산」으로 풀이된다. OEM 방식은 안정적인 판로 확보, 효율적인 제품 생산, 생산원가 절감 등의 장점이 있는 반면 주문자, 즉 상표권자의 하청 생산기지 이상의 기능을 할 수 없게 되는 단점이 있다.

ODM(original development manufacturing) 제조업체 개발 생산 또는 제조업자 설계 생산(original design manufacturing). 개발력을 갖춘 제조업체가 판매망을 갖춘 유통업체에 상품 또는 재화를 제공하는 생산 방식이다. 고객이 주문한 대로 제작해 주는 단순 납품 형태인 「주문자 상표 부착 생산(OEM)」과 달리 제조업체가 보유하고 있는 기술력을 바탕으로 제품을 개발해 유통업체에 공급하고, 유통업체는 자사에 맞는 제품을 선택함으로써 유통에 핵심 역량을 집중할 수 있다.

플랜트수출(plant export)●●●

생산 설비 또는 대형 기계의 수출, 즉 공장의 전부 또는 일부를 건설하고 관련 기계를 시설해 가동할 수 있게 될 때까지 모든 것을 떠맡는, 다시 말해 공장을 통째로 수출하는 것을 말한다. 발전 설비, 선박·차량·제철기계의 설비, 방적기계 등의 수출이 이에 해당한다. 키(key)만 돌리면 모든 설비가 가동하게끔 된 상태에서 인도하는 플랜트수출의 계약 방식을 턴키방식(turn-key system)이라고 한다. 플랜트수출은 부가가치가 높고 자원을 절약하며 지식집약형의 수출로 고용 유발효과도 높은 데다 수출에 따른 국가 간 마찰도 적은 편이다.

현지조립생산수출(KD; knock down export) 완제품을 수출하는 대신에 해외 현지에 조립공장을 설치하고 부품을 수출해 현지에서 조립, 수출하는 방식. 수출국의 입장에서는 완성품의 수출보다 관세가 낮고 현지의 저렴한 노동력을 이용할 수 있으며 판매시장도 가깝다는 등의 이점이 있고, 수입국의 입장에서는 선진 기술 습득이 가능하고 산업진흥과 고용기회 확대 등의 효과를 누릴 수 있다.

리쇼어링(reshoring)●●●

기업이 해외로 진출했다가 다시 본국으로 돌아오는 것을 말한다. 기업의 생산기지 해외이전을 뜻하는 오프쇼어링(off-shoring)의 반대 개념이다. 이는 고비용의 문제를 해결하기 위해 인건비가 비교적 저렴한 국가로 생산시설을 옮겼다가, 해당 국가에서도 임금 상승 등으로 인한 비용 문제에 직면하면서 다시 본국으로 이전하는 것이다.

오프쇼어링(off-shoring) 아웃소싱의 한 형태로, 기업들이 경비를 절감하기 위해 생산, 용역, 일자리 등을 해외로 내보내는 현상을 말한다. 2001년 이후 미국의 제조업체들이 생산, 용역 등을 인건비가 싼 중국과 인도로 이전하기 시작하면서 본격화됐다. 오프쇼어링은 아웃소싱과 비슷한 개념이지만, 생산설비 등과 같은 국한된 제조 영역에서의 이전을 뜻하는 아웃소싱보다 더 적극적인 의미이다.

프렌드쇼어링(friend-shoring) 우호국이나 동맹국들과 공급망을 구축하는 것으로, 오프쇼어링이 중국 의존도를 높이고 글로벌 공급망을 교란한다는 지적에 따라 미국이 제안했다.

니어쇼어링(nearshoring) 리쇼어링이 어려울 경우 인접 국가로 생산시설을 이동하는 것

발틱운임지수(BDI; Baltic dry index)●●●

발틱 해운거래소가 발표하는 해운운임지수로 전 세계 원자재 운임동향을 나타내는 대표적인 지수이다. 발틱운임지수는 1999년 11월 1일부터 발표되고 있는데, 철광석·석탄·곡물 등 원자재를 실어 나르는 벌크선 시황을 나타내 준다. 세계 26개 주요 항로의 배 유형별 벌크화물 운임과 용선료 등을 종합한다. 이 지수는 1985년 1월 4일을 기준 1000포인트로 하는데, 선형별로 대표 항로를 선정하고 각 항로별 톤마일 비중에 따라 가중치를 적용해 산정한다.

신용장(L/C; letter of credit)●●●

은행이 수입상이나 해외여행자의 의뢰에 응해 금액이나 기간 등의 일정 조건하에서 그들의 신용을 보증하기 위해 발행하는 보증서이다. 신용장의 종류에는 ▲상업신용장(무담보신용장, 화환신용장) ▲효력면에서 확인(불확인)신용장, 취소가능(불능)신용장 ▲환결제액 한도면에서 회전신용장, 잔액예정신용장 ▲양도가능신용장 ▲여행자신용장 등이 있다. 신용장을 개설할 때 현금으로 지급받는 보증금은 마진머니(margin money)라고 한다.

내국신용장(local L/C) 수출 이행에 필요한 완제품·원자재를 국내에서 조달하기 위해 해외로부터 받은 신용장을 담보로 원신용장 개설의 통지은행이 국내의 공급자를 수혜자로 개설하는 제2의 신용장

선하증권(B/L; bill of lading, 船荷證券)●●●

해운회사가 탁송화물에 대해 발행하는 화물대표증권으로 화환어음의 부속서류 중에서 가장 중요하다. 해운회사와 화주(貨主) 간의 운송조건을 정한 운송계약서로서 수령증의 역할을 한다. 즉, 선주가 자신의 선박에 화주로부터 의뢰받은 운송화물을 적재했거나 적재하기 위해 그 화물을 영수했음을 증명하고 동화물을 도착항에서 일정한 조건하에 수하인 또는 그 지시인에게 인도할 것을 약정한 유가증권이다.

수입화물 선취 보증서(L/G; letter of guarantee)•••

수입 물품이 지정된 항구에 도착했으나 선적서류가 오지 않아 물품을 인수할 수 없는 경우 수입상은 나중에 선적서류를 낼 것을 약속하고 거래은행의 보증을 받아 선박회사로부터 화물을 인도받을 수 있는데, 이때 수입상이 거래은행의 보증을 받아 선박회사에 제출하는 증명서이다. 국제해운업계에서는 L/G에 의한 화물인도를 보증도라고 해 상관습상 일반적으로 인정하고 있다.

CIF(cost insurance and freight, 운임보험료 부담 조건)•••

무역상거래 조건의 하나로, 매도자가 상품의 선적에서 목적지까지의 원가격과 운임·보험료의 일체를 부담할 것을 조건으로 한 무역계약이다. 즉, 도착항 인도가격이다.

FOB(free on board, 본선 인도)•••

무역상거래 조건의 하나로, 매도인이 약속한 화물을 매수인이 지정한 선박에 적재, 본선상에서 화물의 인도를 마칠 때까지의 일체의 비용과 위험을 부담한다. 그 이후에는 매수자의 책임이 된다(CIF에서는 도착항까지 매도자의 책임). FOB 가격이란 무역상품을 적출항에서 매수자에게 인도할 때의 가격을 말하며, 본선적재가격 또는 수출항 본선인도가격이라고도 한다.

이전가격(移轉價格)•••

다국적 기업의 경우 모회사와 해외 자회사 간에 원재료나 제품 및 서비스를 주고받을 때 적용되는 가격으로 일반적으로 세금 부담을 덜기 위해 조작된다. 다시 말해 다국적 기업은 이윤을 극대화하기 위해 여러 나라에 산재돼 있는 관련 회사 간의 수출입 가격, 즉 이전가격을 조작하는데 이는 조세회피의 방법으로 간주돼 문제시된다.

교역조건(交易條件)•••

상품 1단위의 수출로 얻은 외화로 수입할 수 있는 상품의 단위, 즉 수출입품의 교환비율을 말한다. 특정한 기준연도의 수출입품의 물가지수를 100으로 하고 그 후 어떤 시기의 수출품 물가지수와 수입품 물가지수의 변화를 조사해서 산출한다.

$$\text{상품교역조건} = \left(\frac{\text{수출물가지수(X)}}{\text{수입물가지수(M)}}\right) \times 100$$

순외채(純外債)•••

한 국가가 외국에 진 빚(총외채)에서 외국으로부터 받을 자산(총대외자산)을 뺀 금액이다. 총외채가 증가해도 대외자산 규모가 늘어나면 순외채는 줄어들므로 한 국가의 대외신용도를 평가할 때는 순외채를 기준으로 한다. 총외채와 총대외자산은 확정된 원리금을 상환할 의무가 있는 부채(상업차관) 또는 자산(외환보유고)을 말한다.

국제수지(BOP; balance of payments, 國際收支)●●●

일정 기간 동안 한 나라가 다른 모든 나라와 행한 국제 경제거래를 복식부기 원리에 의해 작성한 통계표이다. 즉, 일정 기간 동안 국내에서 국외로 향하는 지급의 흐름과 국외에서 국내로 향하는 지급의 흐름을 사후적으로 대조시킨 것이다. 국제수지는 경상계정(current account)과 자본계정(capital account), 준비자산증감으로 구성된다. ▲경상계정은 상품 및 서비스수지, 소득수지, 경상이전수지로 구성되며 ▲자본계정은 투자수지와 기타 자본수지로 나뉜다. 이들 수지를 종합했을 때 수입이 지불보다 많은 경우 국제수지는 흑자가 돼 대외채권의 증가로 나타나며 반대의 경우에는 적자가 돼 대외채무의 증가로 나타난다.

국제수지의 구성

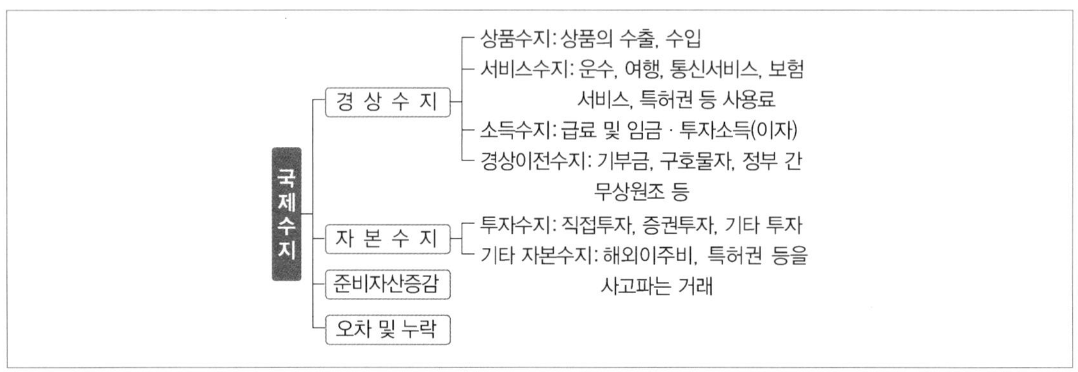

경상수지(經常收支)●●●

외국과 물건(재화)이나 서비스(용역)를 사고판 결과를 종합한 것으로, 크게 상품, 서비스, 소득, 경상이전 등 4개 항목으로 구성된다. ▲상품수지(무역수지)는 물건을 수출・수입한 내역 ▲서비스수지는 상품수출입에 들어가는 운수비용, 해외여행・유학・연수 비용, 국가 간 통신・보험서비스 수지, 각종 특허・상표권 이용에 관한 로열티 등 ▲소득수지는 외채 이자나 배당 및 외국인에 대한 임금 ▲경상이전수지는 해외동포 송금 등이 해당된다. 반면 재화・용역의 주고받음 없이 외국에서 빚을 얻어 오거나 빌려 주는 것은 자본수지라고 한다.

경제 · 무역 상식력 테스트

선다형 문제

01 X재 가격이 오를 때 Y재 수요가 감소한다면 이 둘의 관계는? 경기신용보증재단

① 열등관계 ② 보완관계
③ 대체관계 ④ 배타적 관계

② 하나의 수요가 증가하면 다른 하나의 수요도 증가하고, 하나의 가격이 오르면 두 재화의 수요가 동시에 감소한다.
예 커피 – 설탕, 펜 – 잉크, 바늘 – 실 등
③ 재화 중에서 같은 효용을 얻을 수 있는 재화를 대체재라고 한다. 일반적으로 대체관계에 있는 두 재화는 하나의 수요가 증가하면 다른 하나는 감소한다.
예 버터 – 마가린, 쇠고기 – 돼지고기 등

02 다음 중 불완전경쟁시장에 대한 설명으로 가장 타당한 것은? 한겨레신문

① 이질적인 상품인 경우 개별 기업이 직면한 수요곡선은 우하향하지만, 동질적인 상품의 경우 개별 기업이 직면한 수요곡선은 수평선이다.
② 가격(P) = 한계비용(MC)이 성립하는 균형을 배제할 수 없다.
③ 동질적인 상품의 경우 메뉴비용 이론(menu cost theory)처럼 가격이 경직성을 보이기도 한다.
④ 경쟁시장과 달리 장기적으로 양(+)의 이윤을 누릴 수 있는 것이 중요한 특징이다.

완전경쟁시장은 다수의 수요자와 공급자 간에 이루어지는 시장이며 일물일가의 법칙이 적용된다. 불완전경쟁시장은 수요자나 공급자의 일방이 독점을 형성하는 시장(불완전경쟁 가격)이다.
④ 불완전경쟁시장은 진입장벽의 부재로 장기에 정상이윤만 얻는다.
① 완전경쟁시장의 예
② 가격(P) = 한계비용(MC)이 성립하는 경우는 완전경쟁시장. 불완전경쟁시장의 균형은 P > MC이므로 재화생산이 비효율적인 수준에서 이뤄지고 이에 따라 사회적인 후생 손실이 초래된다. 불완전경쟁시장은 한계비용(MC)과 한계수입(MR)이 일치하는 경우에 극대 이윤이 된다.
③ 메뉴비용 이론에서처럼 가격의 경직성이 나타나는 경우는 완전경쟁시장. 메뉴비용이란 명목가격을 변화시키는 데 드는 실질비용을 말한다.

03 경기회복 국면에서 나타나는 일시적인 침체 국면을 의미하는 말은? 이데일리

① 더블딥 ② 소프트 패치
③ 경기연착륙 ④ 택스플레이션

② **소프트 패치**(soft patch) : 골프장 페어웨이에서 잔디 상태가 나빠 공을 치기 좋지 않은 부분을 말한다. 경제학에서는 경기회복 국면 속에서 나타나는 일시적인 침체 국면을 의미한다.
① 침체된 경기가 잠시 회복 기미를 보이다가 다시 하강하는 이중 침체 현상
③ 비행기가 활주로에 착륙할 때처럼 경기가 급강하하지 않고 자연스럽고 부드럽게 경기하강이 이루어지는 것
④ 세금이 올라서 인플레이션이 유발되는 현상

Answer 1. ② 2. ④ 3. ②

04 **수요법칙에 대한 예외적인 현상은?**
서울경제신문, 서울교통공사, 한국전력공사, 한국토지주택공사

① 기펜의 역설　　② 경제 효과
③ 소득 효과　　④ 피구 효과

① **기펜의 역설(Giffen's paradox)**: 가격이 떨어졌는데도 그 재화를 소비하는 대신 그 재화보다 우등한 재화를 소비함으로써 오히려 그 재화의 수요가 감소하게 되는 현상

05 **정상적인 기업행위나 노동을 통하지 않은 채 부의 축적을 추구하는 행위, 혹은 남들의 경제활동에 기생해서 살아가는 경제구조를 지칭하는 말은?** MBC

① 뱀파이어 경제　　② 포트래치 경제
③ 골디락스 경제　　④ 수소 경제

① **뱀파이어 경제(vampire economy)**: 정상적인 생산 활동이나 노동을 통해 자본을 축적하는 것이 아니라 다른 경제주체에 기생하며 이들의 피를 빨아 연명하는 경제구조
② 큰 부를 축적한 기업들이 이익의 일부를 사회에 환원해 빈부격차를 줄이는 데 기여하는 것
③ 고성장, 저실업, 저물가의 이상적인 균형 상태
④ 내재가치에 비해 시장가격이 과대평가된 상태

06 **경기과열의 상황에서 경기를 안정시키기 위한 조치로서 옳은 것은?** 한국전력공사

㉠ 정부의 재정지출을 축소한다. ㉡ 공공사업에 대한 투자를 확대한다. ㉢ 세율을 높인다. ㉣ 이자율을 인하한다.

① ㉠, ㉡　　② ㉠, ㉢
③ ㉠, ㉡, ㉣　　④ ㉡, ㉢, ㉣

- **불황 시**: 정부지출 확대, 세율 인하, 적자예산 편성 등
- **경기과열 시**: 정부지출 축소, 세율 인상, 흑자 예산 편성 등

07 **지니계수에 대한 설명으로 틀린 것은?**
한국토지주택공사

① 소득분배의 불평등 정도를 나타낸다.
② 소득 불평등 정도가 심한 경우, 국가의 강력한 조세제도, 복지정책, 공정한 경쟁을 보장하는 등의 방법으로 줄일 수 있다.
③ 1에 가까울수록 소득분배가 잘 이루어졌다고 본다.
④ 일반적으로 0.4를 넘으면 소득분배의 불평등 정도가 심한 것으로 본다.
⑤ 0은 완전 평등을 나타낸다.

지니계수(Gini's coefficient): 소득분배의 불평등도를 나타내는 수치로, 일반적으로 분포의 불균형도를 의미하지만 특히 소득이 어느 정도 균등하게 분배돼 있는가를 평가하는 데 주로 이용된다. 지니계수는 0과 1사이의 값을 가지며 0에 가까울수록 소득분배가 균등하다는 뜻이다. 일반적으로 지니계수가 0.4를 넘으면 소득분배가 상당히 불평등하다고 본다.

08 **다음 중 경제학적 의미에서 「투자」라고 보기 어려운 것은?** 한겨레신문

① 토지 구입　　② 댐 건설
③ 재고 증가　　④ 설비 구입

경제학적 의미에서 투자란 일정 기간의 생산활동의 결과로서 새로 추가된 자본스톡의 증가분, 즉 장차 얻을 수 있는 수익을 위해 현재 자금을 지출하는 것을 말한다. 추가된 자본스톡 안에는 공장・기계・건물 등으로 구성되는 고정자본의 증가분 외에 재고 원재료나 제품스톡의 증가분도 포함된다.
① 경제학에서는 기존 자산의 구입은 소유자의 교체를 의미할 뿐, 사회 전체로서는 아무것도 추가된 것이 없기 때문에 투자라고 보지 않는다.

09 **한 기업의 조업 중단점은 다음 중 어느 곡선의 최저점 생산량인가?** 경향신문

① 평균비용(AC) ② 평균가변비용(AVC)
③ 한계비용(MC) ④ 가격(P)

단기적으로 손실이 발생한다고 해서 조업을 중단할 것이 아니라 경기회복을 기대해서 단기적인 시장가격 수준이 평균가변비용(AVC)보다 높으면 생산을 계속하는 것이 유리하고, 반대로 시장가격 수준이 평균가변비용보다 낮으면 생산을 중단하는 것이 유리하다.

10 **부메랑 효과란 무엇인가?**
국민일보, 서울경제신문, 한겨레신문, 한국경제신문

① 오스트레일리아 원주민의 소멸 현상
② 불황 속에서 인플레이션이 계속되는 현상
③ 국제금리 상승으로 외채가 증대하는 현상
④ 기술도입국이 제공국의 시장을 잠식하는 현상

부메랑 효과(boomerang effect) : 선진국이 개발도상국에 경제원조나 자본투자를 해 생산된 제품이 현지 수요를 충족하고 남아 선진국에 역수출돼 선진국의 당해 산업과 경쟁하는 현상

11 **한국 경제가 신흥개발도상국에는 맹렬히 추격당하고 있고, 선진국과는 기술과 품질 경쟁에서 격차가 큰 상황을 일컫는 용어는?** 한국남부발전

① 테이크 오프 ② 갈라파고스 신드롬
③ 넛 크래커 ④ 휘슬 블로어

③ **넛 크래커(nut-cracker)** : 한국 경제가 선진국에 비해 기술과 품질경쟁에서, 후발개도국에 비해 가격경쟁에서 밀리는 현상
① 후진국이 경제적·사회적인 발전을 시작할 때의 상황을 비행기의 이륙에 비유한 말
② 기술적으로 뛰어난 상품이지만 일부 지역에만 특화돼 있어서 그 밖의 시장에서는 팔리지 않은 채 고립돼 가는 현상
④ 기업의 반사회적 행동을 감시하기 위해 사회정의에 입각, 기업 내의 정보를 외부에 알리는 사람

12 **외국의 수입물품으로 인해 국내 산업이 큰 타격을 받을 때 긴급으로 내리는 수입제한 조치는?**
YTN, 대구도시철도공사

① 세이프가드(safeguard)
② 엠바고(embargo)
③ 에스크로(escrow)
④ 소셜 덤핑(social dumping)

① **세이프가드(safeguard)** : 특정 품목의 수입이 급증해 한 국가의 동종산업에 심각한 피해를 주거나 줄 우려가 있을 때 관세무역일반협정(GATT) 제19조와 세계무역기구(WTO) 협정에 따라 수입물량을 제한하도록 허용한 수입국의 안전장치
② 한 국가가 다른 특정 국가에 대해 직간접 교역, 금융 거래, 투자 등 모든 부문의 경제교류를 중단하는 조치
③ 먼저 수입한 측이 대금을 외환은행에 적립하고, 후에 수입하는 측이 그 계정금액으로 결제에 충당하는 대외 무역의 한 방식
④ 국제 수준보다 현저히 낮은 임금 수준을 유지함으로써 절감된 원가의 제품을 해외시장에서 싸게 파는 행위

13 **생산설비 또는 대형기계 등을 비롯해 설치·가동에 필요한 모든 것이 포함된 공장 전체를 수출하는 방식은?** YTN

① 디마케팅(demarketing)
② 피기백 시스템(pigg-back system)
③ 녹다운(knock-down) 방식
④ 플랜트수출(plant export)

④ **플랜트수출(plant export)** : 제조, 운송, 설비 및 가동에 필요한 모든 것을 포함한 공장 전체를 수출하는 것을 말하며, 산업설비 수출이라고도 한다.
① 고객의 구매를 의도적으로 줄이는 활동으로 수요를 적절하게 관리해 제품을 합리적으로 판매하는 기법
② 화물자동차 운송과 철도 운송을 결합해 철도 운송의 신속성·경제성과 화물자동차 운송의 문전 수송의 편리성을 확보한 복합 운송의 한 방법
③ 물품을 부품 상태로 수출한 후 현지에서 조립해 완성품을 만드는 방식

Answer 4. ① 5. ① 6. ② 7. ③ 8. ① 9. ② 10. ④ 11. ③ 12. ① 13. ④

14 **수출 시 화물을 배에 선적하고 매도인에게서 인수하는 것은?** MBC

① Bill of Lading ② Bill of Exchange
③ Letter of Credit ④ Working Sheet

① **선하증권(B/L; Bill of Lading)**: 상선에 의한 운송 중의 화물을 대표하는 유가증권. 선박회사의 적재 하물에 대한 수령증이며, 동시에 목적지 항에서 본증과 교환함으로써 해당 운송 화물을 인도할 것을 확인한 증서이다.
② 환어음 ③ 신용장 ④ 정산표

15 **다음 중 원칙적으로 수입을 자유화하고 예외적으로 수입을 제한해 금지하는 품목만을 규정하는 제도는?** 서울교통공사, 한국전력공사

① 네거티브 시스템(negative system)
② 포지티브 시스템(positive system)
③ 바터 시스템(barter system)
④ 쿼터 시스템(quota system)

원칙적으로 수입은 자유화하되 예외적으로 수입을 제한·금지하는 품목만을 열거하는 형식은 「네거티브 시스템」이다. 반면 원칙적으로 수입은 제한·금지하되 수입이 자유화된 품목만을 열거하는 제도는 「포지티브 시스템」이라고 한다.

16 **자원이 풍부한 것이 오히려 경제발전을 저해한다는 뜻의 용어는?** 한국남부발전

① 트릴레마 ② 에코스페즘
③ 테이크 오프 ④ 네덜란드병

④ **네덜란드병(Dutch disease)**: 1959년 북해에서 천연가스를 발견한 네덜란드가 당시에는 에너지 가격 상승으로 막대한 수입을 올렸으나 시간이 지나면서 석유를 제외한 제조업의 경쟁력이 떨어지며 경제적 위기를 맞이한 것에서 유래된 말이다.
① 물가안정, 경기부양, 국제수지 개선의 3중고를 일컫는 용어
② 발작적 경제위기
③ 후진국이 경제·사회적인 발전을 시작할 때의 상황을 비행기의 이륙에 비유한 말

17 **미국의 대외 통상협상을 맡고 있는 정부기관의 영문 약칭은?** 경향신문

① AMCHAM ② FRB
③ USTR ④ KOTRA

③ USTR(United States Trade Representative): 미국 무역대표부. 미국 워싱턴에 있는 대외 통상무역을 관리하는 연방정부기관이다.
① 주한미국상공회의소 ② 연방준비은행 ④ 한국무역협회

18 **긴축재정정책으로 경기침체하에서도 물가가 계속 오르는 현상은?** YTN, 서울교통공사, 한국토지주택공사

① stagflation ② deflation
③ inflation ④ disinflation

① **스태그플레이션(stagflation)**: 스태그네이션(stagnation)과 인플레이션(inflation)의 합성어로 경기침체에도 불구하고 오히려 물가가 상승하는 현상
② 통화량의 축소에 따라 물가가 하락하고 경제 활동이 침체되는 현상
③ 화폐가치가 하락해 물가가 전반적·지속적으로 상승하는 현상
④ 인플레이션을 극복하기 위해 통화 증발을 억제하고, 재정·금융긴축을 주축으로 하는 경제조정정책

19 **세계경제포럼(WEF) 연차 총회가 열리는 도시는?** 건설공제조합

① 바젤 ② 다보스
③ 런던 ④ 제네바

세계경제포럼(WEF; World Economic Forum): 1981년부터 매년 1~2월 스위스의 휴양지인 다보스에서 열리는 포럼. 세계의 저명한 정치가, 기업인, 경제학자, 저널리스트 등이 모여 세계 경제, 정치, 외교 등의 현안을 놓고 토론하는 국제민간회의이다. 개최지의 이름을 따 「다보스포럼」이라고 불린다.

20 **기회비용에 관한 설명으로 틀린 것은?** 한겨레신문

① 모든 선택은 기회비용을 수반하며, 기회비용은 희소성 때문에 발생한다.

② 다른 조건이 동일하다면 대학에 다니는 기회비용은 대학원에 다니는 기회비용보다 낮다.

③ 기회비용은 특정 선택을 위해 포기해야만 했던 다른 모든 대안들의 기대편익을 합한 값이다.

④ 기회비용은 주관적 개념이며, 상황에 따라 가변적일 수 있다.

기회비용(opportunity cost) : 여러 가능성 중 하나를 선택했을 때 그 선택으로 인해 포기해야 하는 가치를 표시한 비용으로, 대치비용이라고도 한다.

21 **물가상승과 실업률은 반비례한다는 것을 설명한 이론은?** 한국마사회, 한국토지주택공사

① J커브 효과　② 래퍼 곡선
③ 토빈의 q　④ 로렌츠 곡선
⑤ 필립스 곡선

---

⑤ **필립스 곡선(Phillips curve)** : 실업률이 낮으면 임금 상승률이 높고 실업률이 높으면 임금상승률이 낮다는 반비례 관계를 나타낸 곡선이다.
① 무역수지 개선을 위해 환율상승을 유도하더라도 그 초기에는 무역수지가 오히려 악화되다가 상당 기간이 지난 후에야 개선되는 현상
② 세율과 조세 수입과의 관계를 나타내는 곡선
③ 기업의 시장가치와 자본의 대체비용 간에 차이가 존재할 때 기업의 투자가 촉진 또는 위축된다는 투자이론
④ 소득이나 부와 같은 경제력의 소유에 대한 집중도를 나타내는 곡선

22 **여러 나라와 동시에 자유무역협정(FTA)을 체결하면 각 나라마다 다른 원산지 규정을 적용함으로써 통관절차, 표준 등을 확인하는 데 시간과 인력이 더 들어 거래비용 절감이 애초 기대효과보다 반감되는 현상을 이르는 말은?** 한국산업인력공단

① 피셔 효과(Fisher effect)
② 의존 효과(dependence effect)
③ 베블런 효과(Veblen effect)
④ 스파게티볼 효과(spaghetti bowl effect)

---

④ **스파게티볼 효과(spaghetti bowl effect)** : 동시다발적인 FTA협정의 비효율성을 지적한 용어이다.
① 시중금리와 인플레이션 기대심리와의 관계를 말해 주는 이론으로, 시중의 명목금리는 실질금리와 예상 인플레이션율의 합계와 같다는 것
② 소비재에 대한 소비자의 수요가 소비자 자신의 자주적 욕망에 의존하는 것이 아니라 생산자의 광고, 선전 등에 의존해 이루어진다는 현상
③ 과시욕구 때문에 재화의 가격이 비쌀수록 수요가 늘어나는 수요증대 효과

23 **국내총생산(GDP)에 관한 다음 설명 중 적절하지 않은 것은?** 서울교통공사, 한국전력공사

① 외국 기업이 국내에서 생산한 것도 포함된다.
② 국민경제의 전체적인 생산 수준을 나타낸다.
③ 자가소비를 위해 생산된 재화는 포함되지 않는다.
④ 각 생산 단계에서의 중간 투입물도 포함된다.

---

④ 국내총생산은 일정 기간 동안 국민과 외국인이 국내에서 벌어들인 최종생산물을 뜻하며, 중간 투입물은 제외된다.

Answer 14. ① 15. ① 16. ④ 17. ③ 18. ① 19. ② 20. ③ 21. ⑤ 22. ④ 23. ④

단답형 문제

24 영국 경제주간지 ≪이코노미스트≫가 21세기 세계 경제를 주도할 두 나라인 중국과 인도를 지칭해 사용한 단어는? 서울경제신문

25 외환 시세의 변동을 예상하고 수입업자가 결제를 서두르거나 늦추는 것을 뜻하는 말은? 한국일보

26 노동자가 생산한 생산물의 가치와 그것을 생산한 노동자에게 주는 임금과의 차액을 뜻하는 말은? CBS, 경향신문

27 옥수수, 밀, 쌀 등의 농산물 가격이 급등하면서 전반적인 다른 물품의 가격이 덩달아 상승하는 현상은? MBC, 머니투데이, 서울경제신문

28 생산설비만 있는 기업이 주로 다른 나라 기업으로부터 주문받은 상품을 만들어 납품하는 방식은? 서울경제신문, 한국일보

29 국민이 보유하려는 화폐량의 화폐소득에 대한 비율로, 통화공급량의 적정 수준을 측정하는 지표는? 한국경제신문

30 한 국가의 대외거래 상태를 나타내는 지표 중의 하나로 무역수지, 무역외수지, 이전수지를 더한 것은? MBN, YTN

31 현재와 비교해 6개월 후의 경기, 생활 형편, 소비지출 등에 대한 소비자들의 기대를 나타내는 지수는? 한국중부발전

32 유럽연합(EU) 회원국 간의 국경을 철폐하고 출입국 수속을 없애기 위한 것으로, 회원국 국민에 대해 자국민과 똑같이 취급할 것을 규정하고 있는 유럽국경 철폐 협정은? 서울신문

33 어떤 행동이 개인적으로는 합리적 선택이지만 사회 구성원 모두가 그런 선택을 했을 때 오히려 모두에게 해가 되는 경우를 말한다. 예를 들면 개인은 저축을 늘리는 것이 합리적이지만 사회적으로는 소비의 위축과 그에 따른 경제활동 부진을 초래하는 폐해가 발생한다. 이것은? MBC

34 경기침체로 규정되는 2분기 연속 마이너스 성장 직후 잠시 회복 기미를 보이다가 다시 2분기 연속 마이너스 성장으로 추락하는 것을 뜻하는 말은? 공무원연금공단, 국립공원관리공단

35 과거의 경험으로도 전혀 예측할 수 없고 발생 가능성이 희박한 상황이 나타난 경우 큰 충격과 파급력을 가져오는 사건을 지칭하는 것으로, 2008년 글로벌 금융위기 발생 당시 주목된 이 용어는? MBC, SBS, 국제신문, 조선일보, 한국산업인력공단

36 기후변화가 경제에 전방위적인 영향을 미치고 결국 금융위기를 초래할 수 있다는 것을 뜻하는 용어는? 연합뉴스

37 화폐의 대내가치는 무엇으로 표시되는가? 한국전력공사

Answer **24.** 친디아(Chindia) **25.** 리즈 앤드 래그스(leads and lags) **26.** 잉여가치 **27.** 애그플레이션(agflation) **28.** 주문자 상표 부착 생산방식(OEM; original equipment manufacturing) **29.** 마샬의 K **30.** 경상수지 **31.** 소비자기대지수 **32.** 솅겐협정(Schengen agreement) **33.** 구성의 오류 **34.** 더블딥(double dip) **35.** 블랙 스완(black swan) **36.** 그린 스완(green swan) **37.** 물가지수

완성형 문제

38 (　　) 정책은 경기회복을 꾀하기 위해 계획적으로 자금을 풀어내는 정책으로 1929년 미국에서 행한 뉴딜 정책이 전형적인 예이다. 한국토지주택공사

39 (　　)(이)란 재산을 화폐 형태로 보유하려는 욕구를 말한다.

40 (　　) 3대 원칙에는 자유경쟁주의, 사유재산 제도, 이윤 추구가 있다. 한국일보

41 한 국가가 다른 특정 국가에 대해 직간접 교역, 투자, 금융거래 등 모든 부문의 경제교류를 중단하는 조치를 (　　)(이)라고 한다. YTN

42 국민주택은 국민주택기금으로부터 자금을 지원받아 건설·개량되는 주택으로서 전용면적이 (　　) 이하인 주택을 말한다.

43 (　　)(이)란 한 나라가 물가상승을 유발하지 않고, 노동과 자본 등 생산요소를 총동원해 달성할 수 있는 최대 성장능력을 뜻한다. YTN, 새마을금고연합회

44 (　　)은/는 쥐어짤 만큼 일상생활이 어려워지는 상황에서 체감물가가 올라가는 상태를 말한다. MBC

45 2000년대를 전후해 빠른 경제성장을 거듭한 브릭스(BRICS)의 S는 (　　)을/를 지칭한다. YTN, 문화일보, 서울교통공사

46 세이의 법칙(Say's law)은 (①)이/가 (②)을/를 창출해낸다는 경제학 법칙이다. 방송통신심의위원회

47 애덤 스미스는 ≪국부론≫에서 (　　)의 자동 조절 기능을 보이지 않는 손(invisible hands)이라고 표현했다. 국민건강보험공단

48 (　　)은/는 외부효과 등으로 시장이 자원의 최적분배라는 과제를 해결해 주지 못함으로써 발생하는 결함을 말한다. 한국마사회

49 수출국이 수출품에 장려금이나 보조금을 지급하는 경우, 그 수입국이 이에 의한 경쟁력을 상쇄시키기 위해 부과하는 누진관세를 일컬어 (　　)(이)라고 한다. 한국산업인력공단

50 G2는 (　　)와/과 (　　)이/가 서로 견제·협력하면서 세계의 경제 질서를 이끌어 가는 상황을 나타낸 것이다. 근로복지공단

51 (　　)은/는 경기불황 시 경기부양을 위한 확장 경제정책의 효과는 더디게 나타나지만, 경기호황 시 경기냉각을 위한 긴축 경제정책의 효과는 비교적 빨리 나타나는 현상을 말한다. YTN

52 (　　)(이)란 위기상황에서 처했던 이례적인 조치를 정상으로 돌리는 것을 포괄적으로 가리키는 말로, 구체적으로는 경기침체기에 경기진작을 위해 풀었던 자금을 거둬들이는 것을 말한다. 한국남부발전

Answer **38.** 리플레이션(reflation) **39.** 유동성선호 **40.** 자본주의 **41.** 엠바고(embargo) **42.** 85m² **43.** 잠재성장률 **44.** 스크루플레이션(screwflation) **45.** 남아프리카공화국 **46.** ① 공급 ② 수요 **47.** 가격 **48.** 시장의 실패 **49.** 상계관세 **50.** 미국, 중국 **51.** 쿠퍼 효과(Cooper effect) **52.** 출구전략(exit strategy)

04 경영 · 마케팅

01 경영 일반

경제 5단체(經濟 五團體) •••

대한상공회의소, 한국경제인협회(한경협), 한국무역협회, 중소기업중앙회(이상 경제 4단체), 한국경영자총협회를 지칭한다. 재계의 이익을 대변하고 대(對) 정부 압력단체의 역할을 수행하는 단체들로서 그중 한경협만이 순수 민간단체이다. 경제 5단체에 전국은행연합회를 추가해 경제 6단체라고 한다.

X · Y · Z이론(X · Y · Z theory) •••

미국 경영학자 맥그리거(D. Mcgregor)가 1960년대에 주장한 관리나 조직에 있어서의 인간관 내지 인간에 관한 가설의 유형을 말한다. 맥그리거는 저서 ≪기업의 인간적 측면≫에서 인간행동에 대한 근대적 인간관을 Y이론이라 하고, 이에 대한 상반된 인간관을 X이론이라고 했다.

X이론	전통 이론에 따른 인간관으로 인간은 본래 노동을 싫어하고 경제적인 동기에 의해서만 노동을 하며 명령 · 지시받은 일밖에 실행하지 않는다는 수동적 인간관
Y이론	인간에게 노동은 놀이와 마찬가지로 본래 바람직한 것이며 인간은 자기의 능력을 발휘, 노동을 통해 자기실현을 바란다는 능동적 인간관
Z이론	Y이론이 더 발전한 형태로, 미국 경제학자 윌리엄 오우치(William Ouchi)가 제창. 모든 구성원들은 합의적 의사결정 과정에 참여하고, 자신과 회사를 개선시키는 데 적극 참여한다는 인간관

게임이론(game theory) •••

경제행위에서 상대방의 행위가 자신의 이익에 영향을 미치는 경우 이익을 극대화하는 방법에 관한 이론으로, 폰 노이만(John von Neumann)과 모르겐슈테른(O. Morgenstern)에 의해 대표된다. 게임이론은 1960년대 초 미국의 핵전략론의 도구로 군사 · 안보 분야에서 주로 사용되다가 1980년대부터 사회학과 국제정치학, 국제경제학의 주요한 방법론으로 쓰이고 있다.

바이폴라 전략(bipolar policy) •••

상반되거나 상호 조화가 어려운 모순된 가치를 함께 유연하게 추구하면서 사업의 최종 성과를 극대화시키기 위한 경영전략이다. 「양극화 전략」 또는 「모순 전략」 등으로 번역된다. 예컨대 기존의 사고방식으로는 품질제고를 위해서는 생산비용 증가가 당연했지만, 바이폴라 전략은 품질이 개선되면 최종적으로 비용도 절감될 수 있다고 본다.

블루오션 전략(blue ocean strategy)•••

차별화와 저비용을 통해 경쟁이 없는 신규 시장을 창출하려는 경영전략이다. 프랑스 인시아드 경영대학원의 김위찬, 르네 마보안 교수가 2005년 2월 공동으로 펴낸 저서의 제목에서 유래된 용어이다. 블루오션(blue ocean)이란 치열한 경쟁 시장인 레드오션(red ocean)과 상반되는 개념으로, 경쟁자들이 없는 무경쟁 시장을 의미한다.

퍼플오션(purple ocean) 레드오션(red ocean, 경쟁 시장), 블루오션(blue ocean, 미개척 시장)의 장점만 모은 신시장. 새로운 것이 아닌 기존 업종 중에서 차별화 요소만 더해지는 식으로, 하나의 소재를 서로 다른 장르에 적용해 파급효과를 노리는 「원 소스 멀티유스(one source multi-use)」 마케팅 전략과도 흡사하다.

그린오션(green ocean) 환경 분야에서 시장을 창출하자는 신경영 패러다임. 「저탄소 녹색경영」으로서 세계 각국이 환경규제를 강화하면서 그린오션의 중요성이 커지고 있다.

트리즈 이론(triz theory)•••

문제를 발명적(창의적)으로 해결하기 위한 이론으로, 러시아어 「Teoriya Resheniya Izobretatelskikh Zadatch」의 약자이며 영어로는 「theory of inventive problem solving」이다. 러시아 학자 겐리히 알츠슐러(Genrich Altshuller)가 수립한 것으로, 주어진 문제에 대해 가장 이상적인 결과를 얻어내는 데 관건이 되는 모순을 찾아내 그 모순을 극복할 수 있는 해결안을 찾아내는 방법론이다. 품질은 좋으면서 가격이 싼 것, 얇지만 튼튼한 것, 있어도 없는 것 등 모든 문제가 모순적 상황 때문에 발생한다고 보는 이 이론은 공학기술 분야에서 응용되다가 경영·사회·소프트웨어 등 전 분야로 확산됐다.

브레인스토밍(brain storming)•••

한 가지 문제를 집단적으로 토의해 제각기 자유롭게 의견을 말하는 가운데 정상적인 사고방식으로는 생각해 낼 수 없는 독창적인 아이디어가 나올 수 있도록 하는 아이디어 창출 방법이다. 브레인스토밍을 성공시키기 위해서는 타인의 아이디어를 비판하지 말 것, 자유분방한 아이디어를 환영할 것, 질과 상관없이 되도록 많은 아이디어를 서로 내놓을 것, 자신의 아이디어는 물론이고 다른 사람의 아이디어를 개선·결합할 것 등이 필요하다. 독일에서 나온 브레인라이팅(brain writing)은 그룹이 아이디어를 고안할 때 아이디어를 조용히 글로 써서 내놓는 작업을 말한다. 모든 여건이 똑같을 경우, 브레인라이팅 그룹이 브레인스토밍 그룹에 비해 더 많은 아이디어를 창출한다.

해커톤(hackathon)•••

해킹(hacking)과 마라톤(marathon)의 합성어로 디자이너·개발자·기획자 등이 팀을 꾸려 마라톤을 하듯 긴 시간 동안 아이디어 창출, 기획, 프로그래밍 등의 과정을 통해 시제품 단계의 결과물을 만드는 대회를 뜻한다. 24~48시간 동안 현장에서 프로그램 개발을 위해 구상부터 완성까지의 전 과정을 진행하는 경우가 많다. 페이스북에서 사내 행사로 해커톤을 활용하면서 알려졌으며, 현재 실리콘밸리의 대표적인 행사로 개최되고 있다.

리엔지니어링(reengineering)•••

인원 삭감, 권한 이양, 노동자의 재교육, 조직의 재편 등을 함축하는 말로서, 기업의 체질 및 구조와 경영방식을 근본적으로 재설계해 경쟁력을 확보하는 경영혁신법이다. 한마디로 기업의 근본적인 체질 개선을 위해 기업공정을 획기적으로 다시 디자인하는 것을 말한다. 우리말로는 「업무 재구축」이라고 번역된다. 마이클 해머 박사가 1990년 ≪하버드 비즈니스 리뷰≫에 이 개념을 처음으로 소개해 전 세계 기업의 경영혁신운동에 새 장을 열었다. 다운사이징(downsizing)이 기본적으로 일의 공정을 현 상태로 유지하면서 근로자를 감축하는 것이라면, 리엔지니어링은 작업공정을 세밀하게 검토해 필요 없는 부분을 폐지하는 것으로 인원 감축이 필수적이지는 않다.

애자일 조직(agile organization)•••

부서 간 경계를 허물고 필요에 맞게 소규모 팀을 구성해 업무를 수행하는 조직문화를 뜻한다. 애자일 조직의 가장 큰 목표는 불확실성이 높은 비즈니스 상황 변화에 대응해 빠르게 성과를 도출하는 것으로, 사전 분석이나 기획을 최소화하고 시제품 등을 통해 외부 피드백을 지속적으로 반영해 업무 완성도를 높이는 것이 특징이다. 또 전통적인 피라미드 조직 대신 필요에 의해 협업하는 자율적 셀(cell) 조직을 기반으로 자원 배분을 조율한다. 이들은 상명하달 형태의 수직적 조직구조보다 직원 개개인의 오너십(ownership)을 중시하는 수평적인 조직을 추구한다. 이러한 조직문화는 구글, 페이스북 등 글로벌 IT(정보기술) 기업에서 널리 활용되다 다른 기업들에도 빠르게 도입, 확산됐다.

넛지효과(nudge effect)•••

행동경제학자인 캐스 선스타인(C. R. Sunstein)과 리처드 탈러(R. H. Thaler)가 공저한 ≪넛지≫에서 소개한 개념이다. 넛지란 원래 「팔꿈치로 민다」는 뜻인데 이는 노골적이지 않게 타인에게 특정한 선택을 넌지시 유도하는 것을 말한다. 예를 들면 남성 소변기에 경고문구보다는 파리 그림을 붙여 놓아 올바른 조준을 유도하는 것이 해당된다. 기업현장에서 넛지는 변화에 저항감이 큰 조직원들이 리더의 생각을 저항감 없이 수용하도록 도와주기 때문에 변화관리에 매우 유용한 도구로 활용될 수 있다.
한편, 다크 넛지(dark nudge)란 기업이 이익을 얻기 위해 소비자의 비합리적 소비를 유도하는 행태를 뜻하는데, 디지털 음원 할인행사 후에 이용권이 자동으로 결제되는 것이 그 예이다.

고객관계관리경영(CRM; customer relationship management)•••

고객관리를 효율적으로 하기 위해 고객관리에 필수적인 정보를 모두 정리해 질 높은 서비스를 제공하는 경영기법이다. CRM은 장기적인 고객과의 관계강화를 통해 기업의 수익성을 최대화하기 위해서 금융권을 중심으로 도입됐다.

e-CRM 온라인상에서 고객 행동과 성향을 분석해 고객만족을 극대화하고 실시간 1 대 1 마케팅을 실현해 주는 인터넷을 이용한 통합 마케팅 기법

고객만족경영(CSM; consumer satisfaction management) 어떤 제품 또는 서비스에 대해 고객이 기대하는 것 이상으로 감동시킴으로써 다시 그 제품이나 서비스를 찾도록 만드는 기법

시나리오경영(scenario management)•••

변화무쌍한 경영환경에서 위험요인을 최소화하기 위한 목적으로 이용되는 경영기법이다. 기업이 미래의 불확실한 경영환경 변화를 최대한 감안해 향후에 전개될 변화 과정을 시나리오로 그려 보고, 각 상황에 따라 미리 준비된 대안으로 유연하게 대처하는 경영방식이다.

아메바 경영(amoeba management)•••

아메바라는 세분화된 소집단에 결정권을 전적으로 위임함으로써 각 아메바가 경영목표를 능동적으로 달성하도록 하는 전원 참가형의 분권적 경영 시스템이다. 아메바 조직은 분리와 결합이 가능하며 경영자의 리더십 역시 아메바처럼 유연성을 필요로 한다. 교세라(Kyocera) 창업자인 이나모리 가즈오(稻盛和夫)가 만든 경영기법으로, 우리나라에서는 네이버 등이 도입, 시행 중이다.

지속가능경영(CSM; corporate sustainability management)•••

경제성장과 환경보전, 그리고 사회발전의 조화로운 균형을 추구하는 경영방식이다. 지속가능한 발전을 위한 기업의 역할이 강조되면서 요구되는 신경영 패러다임으로 경제적 수익성에만 치중했던 기존 경영에서 나아가 사회적 책임, 환경보호를 동시에 강조한다는 점이 특징이다. 이를 「TBL(three bottom line) 경영」이라고도 한다. TBL은 경제·환경·사회 세 가지 부분에 대한 성과(bottom line)를 판단해 경영의 주요 목적으로 설정하는 것을 말한다.

CSR(corporate social responsibility) 기업의 사회적 책임을 뜻하는 말로, 기업은 경제적·법적 책임 외에도 폭넓은 사회적 책임을 적극 수행해야 한다는 것이다. 윤리경영보다 한 단계 앞선 개념으로 환경과 인권, 소비자, 노동자 등 다양한 이해관계자들을 위한 기업의 역할 또는 활동을 뜻한다. 국제표준화기구(ISO)는 2010년 CSR을 표준화한 ISO26000의 국제규격의 제정을 공표했으며, 환경경영, 정도(正道)경영, 사회공헌을 기준으로 한 CSR라운드가 대두됐다.

ESG(environment, social, governance)•••

기업의 성과를 측정함에 있어 기업의 재무적 성과를 제외한 친환경(environment), 사회적 기여(social), 투명한 지배구조(governance) 등의 분야에서의 기업성과를 가리킨다. 재무적인 요소에서 드러나지 않는 기업의 사회적 활동을 계량화해 기업의 계속 경영 가능성을 평가하기 위해 개발한 지표로, 유엔 사회책임투자 원칙(UN PRI)에서 투자의사 결정 시 고려하도록 하는 핵심 평가 요소이다. 유럽과 미국 등 일부 선진국의 경우 거래소 상장 규정에 비재무적 정보 공시를 제도화하고 있다.

공유가치창출(CSV; creating shared value)•••

마이클 포터 하버드대 교수와 마크 크레이머 등이 주창한 「공유가치」는 기업가치를 사회와 공유하자는 개념이다. 공유가치창출은 기업을 경영하면서 경제적 발전과 사회적 발전을 동시에 추구할 수 있는 경영정책과 운영방침을 말한다. 특히 경제적 이익만 추구하는 기존의 자본주의와 달리 경제적 이익은 물론 사회문제 해결에도 기여해 경제·사회적 가치의 총량을 키우자는 능동적인 패러다임이다.

가치사슬(value chain) 기업이 제품과 서비스를 생산해 부가가치가 생성되는 일련의 과정을 일컫는 것으로 연구개발, 디자인, 부품 생산·조달, 가공, 제조, 마케팅, 판매, 관리 및 서비스 등의 모든 과정이 포함된다. 이 용어는 1985년 마이클 포터 하버드대 교수가 처음 주창했다. 가치사슬 활동이 한 국가 내에 국한된 것이 아니라 여러 국가에서 일어날 경우에는 글로벌 가치사슬이라고 부른다.

임팩트 투자(impact investment) •••

수익에 국한하지 않고, 사회와 환경에 긍정적인 영향을 미치는 사업이나 기업을 적극적으로 찾아 장기적으로 투자하는 착한 투자방식이다. 기업들이 이러한 임팩트 투자를 바탕으로 사회문제를 해결하고 새로운 사업기회를 창출하는 것을 「임팩트 비즈니스(impact business)」라고 한다.

액체사회(liquid society) •••

업종 간 경계가 허물어지는 사회를 뜻하는 말로, 기업들이 동종 업계 경쟁은 물론이고 타 업종과도 경쟁해야 하는 현상을 말한다. 예를 들어 나이키가 기존 경쟁업체인 아디다스, 리복 외에 게임업체인 닌텐도를 새로운 경쟁상대로 지목한 것을 들 수 있다. 나이키의 주 고객층인 젊은 층이 스포츠보다 닌텐도 게임을 즐기게 되면 그만큼 나이키 운동화의 매출이 감소하는 현상이 발생한다. 액체사회에서는 같은 시장 내에서 누가 더 고객의 시간을 많이 차지하고 있는지를 나타내는 시간점유율이 중요하다.

캐즘(chasm) •••

첨단기술이나 어떤 상품이 개발되면 초기시장과 주류시장 사이에는 일시적으로 수요가 정체되거나 후퇴하는 단절현상이 나타나게 된다는 것을 뜻한다. 이는 혁신성을 중시하는 소비자(early adopter)가 주도하는 초기 시장과 실용성을 중시하는 소비자가 주도하는 주류시장 사이에 일시적으로 수요가 정체되면서 발생한다. 캐즘은 본래 지각변동 등에 의해 지층 사이에 균열이 생겨 서로 단절된 것을 뜻하는 지질학 용어이다.

게임체인저(game changer) •••

경영 분야 등에 있어 기존 시장에 엄청난 충격을 가할 정도로 혁신적인 아이디어를 제시해 결과나 흐름의 판도를 뒤바꾸는 역할을 한 사람이나 사건, 제품 등을 가리킨다. 즉, 특출하고 독창적인 아이디어로 새로운 분야를 개척하며, 나아가 업계와 사회 전반에 큰 지각변동을 일으킨다는 의미를 담고 있다.

테일러시스템(Taylor system) •••

미국 기술자 테일러(F. W. Taylor)가 주창한 과학적 경영관리법으로, 「과학적 관리법」이라고도 한다. 작업 과정에서 노동자의 태만을 방지하고 최고 능률을 발휘하도록 하기 위해 시간 연구와 동작 연구를 바탕으로 공정한 1일의 작업 표준량인 과업을 제시해 과업관리를 하는 동시에 차별 성과급 제도를 채택함으로써 노동 의욕을 높이고, 기능식 직공장 제도를 도입한 관리 방식을 말한다. 그러나 테일러시스템은 ▲구성원을 수동적 존재로서 경제인으로 전제 ▲기계론적 인간과 인간 노동의 비인간화 ▲노동조합의 부정 ▲인간의 감정 무시 등이 문제점으로 지적된다. 포드시스템은 테일러시스템을 더욱 진보시킨 형태이다.

포드시스템(Ford system) 포드자동차 설립자인 포드(H. Ford)가 실시한 생산 표준화와 이동조립법을 통한 생산 시스템이다. 디트로이트 공장에서 완성됐다고 해 「디트로이트 오토메이션」, 대량생산의 획기적 계기가 됐다고 해 「대량생산시스템」이라고도 한다. 이 시스템에 대해서는 인간의 작업능력에 의해서가 아니라 기계에 의해서 인간의 작업이 좌우되며, 단순노동을 증가시켜 인간을 기계의 일부로 만들었다는 비난도 있다.

JIT(just in time)•••

적기공급생산을 뜻하는 말로, 회사에 입고된 재료는 남기지 않고 사용하는 상품관리 방식이다. 일본의 도요타 자동차가 미국의 GM 타도를 목표로 창안했다. 재고를 0으로 해 재고비용을 최대한 줄이는 방식으로, 재료가 제조라인에 투입될 때에 맞춰서 납품업자로부터 재료가 반입되는 이상적인 상태에 접근하려는 것이다. 하지만 2008년 글로벌 금융위기로 자동차 판매가 급감해 엄청난 재고가 쌓이면서 JIT의 문제점이 드러났다.

기가 캐스팅(giga casting) 작은 부품을 세세하게 조립·용접하는 대신 일체화된 섀시를 한 번에 생산하는 것으로 생산 속도가 빠르고 비용이 적게 든다는 특징이 있다. 기가 캐스팅은 테슬라의 대표적인 제조 기술로, 테슬라가 2020년 미국 캘리포니아 공장에서 스포츠유틸리티차(SUV) 모델Y 생산에 이 공법을 도입한 것이 시초가 됐다.

6시그마(6 sigma)•••

잭 웰치(J. Welch) 전 GE 회장에 의해 유명해진 품질경영 혁신기법으로, 6시그마 품질수준이란 3.4PPM(parts per million)으로서 「100만 개 중 평균 3.4개 정도의 불량」이 발생한다는 것을 의미한다. 6시그마는 모토로라에서 근무하던 마이클 해리에 의해 1987년 창안돼 GE, 소니 등 세계적인 기업들은 물론 삼성, LG 등 국내 기업에서도 도입, 성공했다. 기존 혁신 프로그램이 외부 인력에 대한 의존도가 높은 반면에 6시그마는 모든 임직원들이 참여해 기업 스스로가 독자적으로 이를 추진해 나갈 수 있는 힘을 길러 준다는 점이 특징이다. 6시그마의 해결 기법 과정은 DMAIC로 대표된다. 즉 정의(define), 측정(measure), 분석(analyze), 개선(improve), 관리(control)를 거쳐 최종적으로 6시그마 기준에 도달하게 된다. 추진 조직인 시그마 벨트는 다음과 같다. ① 챔피언: 6시그마 이념을 제시하는 임원, 최고책임자(사업부장) ② 마스터 블랙벨트: 블랙벨트의 프로젝트를 관리, 지도하는 전문 추진 지도자 ③ 블랙벨트: 전문 추진 책임자로서 강력한 리더십과 6시그마 기법을 능숙하게 활용할 수 있는 사람 ④ 그린벨트: 현업 담당자(기본교육 이수자) ⑤ 화이트벨트: 입문자 전 직원

ZD 운동(zero defects movement)•••

미국 사업가 크로스비(P. B. Crosby)가 창안한 품질관리방법으로 「무결점 운동」이라고도 한다. 1962년 미국의 방위산업체인 마틴사가 미사일의 납기단축을 위해 처음부터 완전한 제품을 만들자며 벌인 운동이 시초이다. 품질관리기법(QC; quality control)을 제조에만 한정하지 않고 일반 사무관리까지 확대 적용해 전사적으로 결점이 없는 일을 하자는 것이다. 구체적으로는 전 종업원이 경영에 참가한다는 의식을 가짐으로써 사기를 높이고 이로 인해 업무처리 과정에서 결점을 없애는 데 협력해 나가는 기법이다.

3S 운동•••

생산성 향상 운동의 하나로, 표준화(standardization)·단순화(simplification)·전문화(specialization)의 머리글자를 따 3S라 부른다. 직장이나 노동을 전문화하고 제품, 부품의 규격과 종류를 표준화해 제품이나 작업 방법을 단순화하려는 것이다.

M&A(mergers and acquisitions) •••

기업의 인수·합병을 뜻하는 말로, 어떤 기업의 주식을 매입함으로써 소유권을 획득하는 경영전략이다. M&A는 피인수 대상기업의 의사에 따라 우호적 M&A와 적대적 M&A로 구분된다. 기존 대주주와 협상을 통해 지분을 넘겨받아 기업 경영권을 인수하는 우호적 M&A와 달리 적대적 M&A는 상대기업의 동의 없이 강행하는 기업의 인수·합병을 뜻한다. 통상 적대적 M&A는 공개매수(tender offer)나 위임장 대결(proxy fight)의 형태를 취한다. 1998년 2월에 적대적 M&A를 활성화하기 위해 의무공개매수 제도는 폐지됐다.

적대적 M&A 공격·방어전략

적대적 M&A 공격전략	시장매집, 공개매수, 위임장 대결, 그린메일 또는 기업사냥꾼, 지분감추기(parking), 곰의 포옹, 장애물 없애기, 턴 어라운드, 차입매수(LBO), 토요일 밤의 기습작전 등
적대적 M&A 방어전략	백기사 전략, 백영주 전략, 황금낙하산, 주식 상호보유 전략, 극약법, 왕관의 보석 등

5% 룰 상장기업의 주식을 5% 이상 보유하거나 5% 이상의 보유지분에 대해 1% 이상 지분 변동이 발생할 경우 금융위원회와 한국거래소에 5일 이내에 보고해야 하는 제도. 상장기업의 경영권 안정과 공정성을 위해 「자본시장과 금융투자업에 관한 법률」 제147조에 명시돼 있다.

MBO(management buy-out) •••

경영자 차입매수를 뜻하는 용어로, 종업원에 의한 사업분할(EBO)과 더불어 분사(分社)의 대표적인 방식이다. 대기업 사업부나 계열사의 현 경영진이 자금을 출자해 자산이나 기업을 인수하는 것으로, 부족한 인수자금은 피인수 기업의 자산을 담보로 은행이나 벤처캐피털로부터 조달한다. 인수자금의 대부분이 외부로부터 조달되기 때문에 부채비율이 매우 높은 것이 특징이다. 이는 회사의 경영 상태와 장단점을 잘 알고 있는 경영진이 회사를 인수함으로써 빠른 시일 내에 좋은 경영성과를 낼 가능성이 크다는 이점이 있다.

EBO(employee buy-out) 종업원 차입매수. 기존 경영진이 아닌 종업원들이 공동출자 방식으로 회사를 인수하는 방식이다. MBO가 새로운 경영진의 의사에 따라 고용이 감소될 가능성이 있는 반면 EBO는 종업원 측에는 확실한 고용 안정, 경영진 측에는 유연한 보상체계를 통한 비용 감소라는 이점이 있다.

LBO(leveraged buy-out) 차입매수. 자금력이 부족한 매수기업이 매수 대상 기업의 자산과 수익력을 담보로 금융기관으로부터 자금을 차입, M&A를 성사시킨 후 매수한 기업의 이익금이나 자산 매각대금으로 차입금을 상환하는 방식이다. LBO의 전형적인 형태는 모기업이 자기 그룹에 소속된 부실 계열기업을 매수하는 것으로, 이 경우 매수 완료 후 소유와 경영을 일체화할 수 있다는 장점이 있다.

TOB(take over bid, 공개매수) •••

주식을 공개 매입해 다른 기업을 인수·합병(M&A)하는 방법으로 「텐더 오퍼(tender offer)」라고도 한다. 이는 매수하고자 하는 회사의 의결권이 있는 주식을 일부 혹은 전부 매입해 경영권을 취득하는 방법으로 일정 기간 내에 일정량 이상의 주식을 일정 가격으로 매입하겠다는 것을 공개해야 한다. 공개매수는 기존 대주주나 경영진이 모르게 비밀스럽게 주식을 사들이는 「기업사냥」의 폐해를 막기 위한 제도이다. 미국에서는 인수자 측이 대상 기업에 방어할 시간을 주지 않기 위해 공휴일인 토요일 저녁 황금시간대에 TV를 통해 공개매수를 선언하는 경우가 많은데 이를 「토요일 밤의 기습(Saturday night special)」이라고 부른다.

포이즌 필(poison pill, 독약처방)●●●

기업이 기존 주주들에게 새로 발행하는 주식을 시가보다 싼값에 살 수 있는 권리를 부여하는 인수·합병(M&A) 방어수단이다. 신주를 낮은 가격으로 살 수 있는 콜옵션(매수청구권)을 기존 주주에게 부여하는 제도로, 독약을 숨겨 놓아 적대적 M&A를 하기 어렵게 한다는 뜻을 담고 있다. 즉, 기존 주주들은 쉽게 지분을 늘리게 되고, 경영권 인수를 시도하는 측에선 더 많은 지분 확보를 위해 엄청난 비용을 들여야 하기 때문에 결국 M&A 시도를 포기하게 된다. 현재 미국 일부 주와 일본에서 시행 중이다. 우리나라의 경우 상법상 「주주 평등의 원칙」을 들어 포이즌 필이 도입돼 있지 않으나 외환위기 이후 외국자본에 의한 국내 기업의 경영권 위협 사례가 늘면서 경영권 방어장치의 하나로 도입이 추진된 바 있다.

차등의결권 제도(差等議決權 制度, 복수의결권)●●●

경영진이나 최대 주주가 보유한 지분율보다 더 많은 의결권을 가지는 제도로, 적대적 M&A로부터 경영권을 방어하는 수단으로 이용된다. 반면 차등의결권 제도는 무능한 경영자를 교체하기 어렵고, 경영진이 소수의 지분으로 회사를 장악해 자신의 이익만 좇을 수 있다. 또한 소수 대주주의 의사가 다수 의사인 것처럼 왜곡될 가능성이 있으며, 경영권 승계에서 대주주의 지배권 강화 수단으로 악용될 수 있다. 우리나라는 1주당 1의결권만 허용돼 오다가 2023년 11월 17일부터 비상장 벤처기업이 투자 유치로 창업주의 의결권 비중이 30% 이하로 하락하는 등의 경우, 창업주에게 1주당 최대 10개 의결권을 갖는 복수의결권 주식 발행을 허용했다.

테뉴어 보팅(tenure voting)●●●

주식을 오랫동안 보유할수록 더 많은 의결권을 부여하는 제도로, 적대적 인수·합병(M&A)으로부터 경영권을 방어하기 위한 전략 중 하나이다. 「충성주」, 「장기 보유 주식 차등의결권」이라고도 부른다. 보통 24개월 또는 36개월의 일정 기간이 지나면 복수의 의결권을 부여한다. 현재 우리나라에는 상법에서 규정된 1주 1의결권 원칙에 위반돼 도입돼 있지 않다.

승자의 저주(winner's course)●●●

기업의 인수·합병(M&A) 또는 법원 경매 등의 공개입찰 때 치열한 경쟁에서 승리했으나 이를 위해 지나치게 많은 비용을 지불함으로써 치명적인 타격을 입게 된 상황을 가리키는 말이다. 승자에게 내려진 저주라는 뜻으로, 「승자의 재앙」이라고도 한다.

기업인수목적회사(SPAC; specified purpose acquisition company)●●●

주식 공모와 상장 등으로 자금을 조달해 다른 기업(주로 비상장사)의 인수·합병(M&A)을 목적으로 설립되는 서류상 회사이다. 우량 비상장 회사를 발굴한 뒤 M&A를 거쳐 상장함으로써 이익을 얻으려는 것이 주목적이다. 일반 기업처럼 주식이 증시에 상장돼 수시로 사고팔 수 있으며 3년 내에 M&A를 성사시키지 못할 경우 자동으로 상장 폐지된다. 스팩은 합병의 성사 여부에 수익이 좌우된다는 점에서 기업 M&A를 전문으로 하는 사모투자펀드(PEF)와 같지만, 소액 투자가 가능하고 비상장 우량기업을 타깃으로 한다는 점이 다르다.

그린메일(green mail) •••

기업사냥꾼이 대주주에게 주식을 팔기 위해 보낸 편지를 뜻한다. 그린메일러(green mailer)란 경영권이 취약한 대주주에게 보유 주식을 높은 가격에 팔아 프리미엄을 챙기는 투자자를 말한다. 이때 보유 주식을 팔기 위한 목적으로 대주주에게 편지를 보내는데 달러(초록색)라는 의미에서 그린메일(green mail)이란 이름이 붙었다. 그린메일러들은 대부분 기업사냥꾼(레이더스)으로, 이들은 자산가치가 높거나 첨단기술을 보유하고 있으면서 대주주의 지분이 낮은 기업을 대상으로 주식을 매집한 후 기회가 오면 대주주에게 편지를 보내 주식을 매수하도록 유도한다. 간혹 대주주에게 협박을 하면서 주식 매입을 강요하는 경우도 있는데, 이런 경우는 블랙메일(black mail)이라고 한다.

M&A 관련 기타 용어

레이더스(raiders) 기업 약탈자 또는 사냥꾼. 자신이 매입한 주식을 배경으로 회사경영에 압력을 넣어 기존 경영진을 교란시키고 매입 주식을 비싼 값에 되파는 등 부당이득을 취하는 집단을 일컫는다.

황금낙하산(golden parachute) 최고경영자가 적대적 M&A에 대비해 높게 책정해 놓은 거액의 퇴직금, 스톡옵션(주식매입권), 명예퇴직을 전제로 한 잔여 임기 동안의 보너스 등을 지칭. 최고경영자가 고용 계약에 황금낙하산 규정을 두는 것은 직접적으로 경영자의 신분을 보장하는 것뿐만 아니라 회사 측으로서는 M&A 코스트를 높이는 것이 되기 때문에 M&A 방어책의 하나로 활용된다.

곰의 포옹(bear's hug) 인수자가 공개매수 대상기업에 대한 M&A의 당위성을 설명하고 인수에 협력할 것을 권유하는 행위. 주로 최고경영자 사이에 사적으로 이뤄져 공개되지 않는다.

백기사(white knight) 적대적 M&A의 목표가 된 기업이 모든 방어수단을 동원해도 공격을 막을 수 없을 경우 우호적인 기업인수자에게 경영권을 넘기게 되는데, 이때 우호적인 기업인수자를 「백기사」라고 한다. 백기사처럼 기업을 인수하는 단계까지 가지 않고 기업의 주식 확보를 도와주는 세력은 「백영주(white squire)」라고 한다.

히든 챔피언(hidden champion) •••

지명도는 낮지만 높은 점유율을 가진 수출형 중소기업을 지칭하는 말이다. 독일 경영학자 헤르만 지몬(Hermann Simon)이 동명의 저서에서 소개한 용어로, 그는 연매출이 40억 달러(30억 유로)를 넘지 못하지만 세계시장에서 해당 분야 3위 이내 또는 소속 대륙에서 1위의 시장점유율을 차지하는 강소기업을 히든 챔피언으로 지칭했다. 히든 챔피언은 주로 일반인들이 접하기 힘든 제품을 만들기 때문에 대중에게는 잘 알려져 있지 않다. 우리나라에서는 기술력이 뛰어난 데다 성장 가능성이 큰 중소기업을 가리키는 말로도 쓰인다.

중소기업을 지칭하는 용어

스몰 자이언츠(small giants) 기술력으로 승부하는 수출 5000만 달러 이상의 한국형 중소기업

가젤형 기업(gazelles company) 근로자 10인 이상의 일자리 창출 능력이 뛰어난 기업

에인절 클럽(angel club) •••

첨단 벤처기업 투자설명회를 겸한 격조 있는 사교 모임을 지칭하는 말이다. 에인절(천사 투자가)이란 기술은 있지만 자금이 부족한 창업 초기의 신생 벤처기업들을 대상으로 자본을 투자하는 개인투자자를 일컫는다.

벤처 관련 용어

벤처 캐피털(venture capital) 고도의 기술력을 보유해 장래성은 있으나, 아직 경영기반이 약해 일반 금융기관에서는 융자받기 어려운 벤처 비즈니스에 대해 주식 취득 등의 형식으로 투자를 실시하는 기업 혹은 이러한 기업의 자본

벤처 비즈니스(venture business) 신기술이나 노하우 등을 개발하고 이를 기업화함으로써 사업을 하는 비교적 소규모이나 창조적 기업을 지칭. 모험기업이라고도 함

비즈니스 인큐베이터(business incubator) 독자적 창안 기술, 경영 노하우 등을 갖춘 연구개발형 중소기업에 대해 연구 기술, 기기, 자금 등을 제공함으로써 자립화를 지원해 주는 제도. 창업보육센터라고도 함

스핀오프(spin off) 연구 인력의 창업 위험 부담을 줄이기 위해 대학이나 연구기관이 일정 기간 휴직을 허용하고 본인이 원할 경우 복직을 보장하는 등 창업을 지원하는 제도

스타트업(start up) 신생 벤처기업. 미국 실리콘밸리에서 생겨난 용어로, 잠재력과 성장성을 갖춘 기술 중심회사를 지칭

유니콘(unicorn) 기업 가치가 10억 달러를 넘는 비상장 스타트업을 지칭. 기업 가치가 100억 달러 이상인 스타트업은 데카콘(decacorn), 유니콘의 100배 가치를 가진 스타트업은 헥토콘(hectocorn)

딥테크 유니콘(deeptech unicorn) 심도 있는 기술이란 뜻의 딥테크와 유니콘 기업의 합성어로, 독보적인 첨단기술을 갖고 있어 모방이 쉽지 않아 큰 가치를 인정받는 신생기업

고릴라(gorilla) 벤처기업으로 시작해 단기간에 초대형 다국적 기업으로 성장한 기업을 지칭

가상기업(virtual corporation) •••

동종업체나 협력업체는 물론, 심지어 경쟁업체 간에도 합작 또는 협력관계를 맺고 첨단 정보통신기술을 활용해 서로 정보를 공유함으로써 신기술 개발과 시장개척을 효율적으로 행하는 새로운 기업 형태이다. 특정 목적을 달성한 후에는 해체되는 한시적인 기업 형태로, 미국 아이아코카 연구소의 로저 나겔 교수가 창안한 것이다. 가상기업의 성공 조건으로는 적합한 파트너의 선정, 공정성, 우수인력 확보, 구체적인 목표의 설정 및 양질의 정보시스템 구축 등이 있다.

주식회사(株式會社) •••

주식의 발행을 통해 여러 사람으로부터 자본금을 조달받고 설립된 회사를 말한다. 주식 매입으로 주주가 된 사원은 주식의 인수한도 내에서만 출자의무를 부담하고 회사의 채무에 대해서는 직접책임을 부담하지 하지 않는다(유한책임). 따라서 주식회사는 주식, 자본금, 주주의 유한책임이라는 3가지 요소를 본질로 한다. 주식은 주식회사의 입장에서는 자본금을 구성하는 요소인 동시에 주주의 입장에서는 주주의 자격을 얻기 위해 회사에 납부해야 하는 출자금액의 의미를 갖는다. 회사는 주식을 발행할 때 액면주식으로 발행할 수 있으며, 정관으로 정한 경우에는 주식의 전부를 무액면주식으로 발행할 수도 있다. 액면주식의 금액은 균일해야 하며, 1주의 금액은 100원 이상으로 해야 한다. 최저자본금도 없어서 누구라도 손쉽게 저렴한 비용으로 회사를 설립할 수 있다. 주식회사는 ① 발기인 구성 ② 회사상호, 사업목적 확정 ③ 발기인이 정관 작성 ④ 주식발행사항 결정 ⑤ 발기설립 또는 모집설립 ⑥ 법인설립등기, 법인설립신고 및 사업자등록의 단계를 거쳐 설립 행위가 완료된다.

주식회사 자본의 3원칙 자본확정의 원칙, 자본충실(자본유지)의 원칙, 자본감소금지(자본불변)의 원칙

주식회사 3대 필수기구 주주총회(의사결정기관), 이사회(업무집행기관), 감사(감독기관)

주식회사의 특징 주주의 유한책임제도, 자본의 증권화제도, 소유와 경영의 분리

지주회사(holding company, 持株會社) •••

주식(지분)의 소유를 통해 국내 회사의 사업 내용을 지배하는 것을 주된 사업으로 하는 회사이다. 자산총액이 1000억 원 이상이며, 당해 회사가 소유하는 자회사 주식가액의 합계액이 자산총액의 50% 이상인 회사를 말한다. 「지배회사」, 「모회사」라고도 한다. 공정거래법상 설립이 허용된 지주회사는 주식의 소유를 통해 다른 회사의 사업내용을 지배하고, 경영권을 장악하는 회사이다. 지주회사에는 자회사의 주식만을 소유하고 다른 자산은 일체 가지지 않은 채 기업지배만을 목적으로 하는 순수지주회사와 다른 회사의 주식을 보유하면서 동시에 다른 별도의 자산을 소유하고 경영활동을 하는 사업지주회사가 있다. 금융지주회사는 순수지주회사에 속한다. 지주회사는 투자와 사업이 분리돼 책임경영체제를 다질 수 있으며 위험을 분산할 수 있는 장점이 있다.

카르텔(cartel, 기업연합) •••

시장통제를 목적으로 동일 산업 부문의 독립기업들이 협정에 의해 결합하는 것으로, 법률적 · 경제적으로 각 기업의 독립성은 유지한다. 즉, 같은 종류의 상품을 생산하는 기업이 서로 가격이나 생산량, 출하량 등을 협정해 경쟁을 피하고 이윤을 확보하려는 행위로, 우리나라에서는 「독점규제 및 공정거래에 관한 법률」에 의해 원칙적으로 금지돼 있다.

신디케이트(syndicate) 공동판매 카르텔. 가장 고도화된 카르텔의 형태로 공동판매소를 두고 판매를 공동으로 한다.

콩글로메리트(conglomerate) 서로 업종이 다른 이종기업 간의 결합에 의한 기업형태. 복합기업, 다종시장기업이라고도 한다.

콤비나트(kombinat) 기업집단. 일정한 지역에서 기초 원료에서 제품에 이르기까지 생산 단계가 다른 각종 생산 부문이 기술적으로 결부돼 집약적인 계열을 형성한 것으로 석유화학 콤비나트가 대표적이다. 콤비나트화의 목적은 원재료의 확보, 생산의 집중화, 유통 과정의 합리화 등으로 원가절감을 기하는 것이다.

트러스트(trust) 기업합동. 법률상뿐만 아니라 경영상 내지 실질적으로 완전히 결합된 기업결합 형태이다. 일반적으로 거액의 자본을 고정설비에 투자하고 있는 기업의 경우에 이러한 형태가 많다. 트러스트는 독점의 가장 강력한 형태로서, 1890년에 제정된 셔먼 기업담합금지법은 미국 최초의 트러스트 금지법이다.

콘체른(konzern) 기업결합. 법률상으로는 독립돼 있으나 경영상 실질적으로 결합돼 있는 기업결합체로, 우리나라의 재벌기업이 대표적이다.

프랜차이즈(franchise) 상품을 제조 · 판매하는 제조업자 또는 판매업자가 체인본부를 구성, 독립소매점을 가맹점으로 해 소매영업을 하는 것

페이퍼 컴퍼니(paper company) •••

서류 형태로만 존재해 회사 기능을 수행하는 회사를 지칭한다. 기업에 부과되는 세금을 절감하는 한편, 기업활동 유지를 위해 소요되는 제반 경비를 절감하기 위해 설립되고 있다. 케이맨 군도, 버진아일랜드 등 국제적으로 널리 알려진 조세 피난처에 주로 설립된다.

SSM(super supermarket) •••

대형 유통업체들이 운영하는 기업형 슈퍼마켓을 지칭한다. 매장면적 330~3000m^2 규모로, 일반 슈퍼마켓과 편의점보다는 크고 대형 마트보다는 작다. SSM은 주거지 중심의 근린상권에 입지해 접근성이 뛰어나다. 또 대형 마트의 유통망을 활용하기 때문에 다양한 신선 제품 등을 구비해 놓아 동네 상권을 위협한다는 지적에 따라 대형 마트 의무휴일제를 적용 중이다.

카테고리 킬러(category killer)●●●

종합유통매장에서 유통되는 제품의 종류 중 한 계열(category)의 품목군을 선정해 분야별 전문 매장을 갖추고 할인된 가격(killer price)으로 판매하는 전문 유통업체를 일컫는다. 버티컬 커머스(vertical commerce)라고도 한다. 버티컬 커머스(vertical + commerce의 합성어)란 수직으로 깊게 우물을 파는 것처럼 특정 카테고리의 제품을 전문적으로 판매하는 것을 말한다. 카테고리 킬러의 특징으로는 독자적 상품 개발력, 저렴한 가격 확립, 품목 가짓수의 우위 등을 들 수 있다. 우리나라의 대표적인 카테고리 킬러에는 하이마트(가전), 하나로마트(농산물), 오늘의 집(인테리어) 등이 있다.

시장지배적 사업자(市場支配的 事業者)●●●

일정한 거래 분야의 공급자나 수요자로서 단독으로 또는 다른 사업자와 함께 상품이나 용역의 가격, 수량, 품질 기타의 거래조건을 결정·유지 또는 변경할 수 있는 시장지위를 가진 사업자를 말한다. 특정 품목의 시장점유율이 높은 독과점기업의 횡포로부터 소비자와 여타 사업자를 보호하기 위해 1981년부터 실시해온 제도이다. 시장점유율, 진입장벽의 존재 및 정도, 경쟁사업자의 상대적 규모 등을 종합적으로 고려해 판단한 1개 사업자의 시장점유율이 50% 이상이거나, 2개 또는 3개 이하의 사업자의 시장점유율 합계가 75% 이상(단 10% 미만인 자 제외)인 경우 시장지배적 사업자로 추정한다. 단, 연간 매출액 또는 구매액이 40억 원 미만인 사업자는 제외한다. 시장지배적 지위의 남용행위에는 가격남용, 출고 조절, 사업활동 방해, 진입 제한, 경쟁사업자 배제 또는 소비자 이익 저해 등 5개 유형으로 구분한다.

상호출자제한기업집단(相互出資制限企業集團)●●●

계열사 자산 총액이 10조 원 이상인 기업집단을 일컫는다. 대기업의 경제력 집중을 억제하기 위해 1987년 도입된 제도로 상호출자제한기업집단에 지정되면 공시대상기업집단(자산 총액 5조 원 이상)에 적용되는 의무(기업집단 현황·대규모 내부거래·비상장회사의 중요사항·주식 소유 현황 등을 공시, 총수 일가 일감몰아주기 규제)와 더불어 상호출자 금지, 순환출자 금지, 채무보증 금지, 금융·보험사 의결권 제한 등의 규제를 받는다.

✎ 상호출자란 회사 간에 주식을 서로 투자하고 상대 회사의 주식을 상호 보유하는 것을 말한다.

순환출자(循環出資)●●●

재벌기업들이 계열사를 지배하기 위해 사용하는 출자 방식 중 하나로, 그룹 내에서 「A사 → B사 → C사 → A사」 순으로 출자하는 식이다. 이 경우 A사는 B사와 C사의 최대주주가 돼 B사와 C사를 동시에 지배할 수 있게 된다. 예컨대 한 그룹 내에서 자본금 100억 원을 가진 A사가 B사에 50억 원을 출자하고, B사는 C사에 30억 원을 출자하며, 다시 C사는 A사에 10억 원을 출자하는 방식으로 자본금과 계열사 숫자를 늘려가는 방식이다. 이렇게 되면 A사는 자본금 100억 원으로 B사와 C사를 지배할 수 있으며, 자본금도 C사가 출자한 10억 원을 포함해 110억 원으로 늘어나게 된다. 하지만 증가한 10억 원은 장부상에만 나타나는 거품일 뿐 실제로 입금된 돈이 아니다. 이 때문에 B사의 경영이 어려워지면 출자한 다른 계열사도 덩달아 부실해지는 악순환이 발생할 수 있다. 현행법에서는 A와 B 두 계열사 간에 상호출자를 금지하고 있는데 순환출자에 대해서는 별도의 규정을 두고 있지 않다.

부당내부거래(不當內部去來) •••

기업집단 내 계열사끼리의 불공정거래행위이다. 부당내부거래의 네 가지 유형으로는 계열회사에 유리한 차별거래, 강요행위, 납품업체에 자기회사 제품을 사도록 떠맡기는 거래강제, 정당한 이유 없이 비계열사와의 거래를 피하는 거래거절 등이 있다. 부당내부거래는 비계열사와 경쟁을 제한해 경제력을 집중시키고 한계기업의 퇴출을 막는 폐해를 유발한다. 따라서 정부는 공정거래법을 통해 기업집단(재벌)에 속한 기업들이 부당내부거래로 공정한 경쟁질서를 파괴하는 것을 규제하고 있다.

리니언시(leniency program) •••

불공정한 담합행위를 한 기업들의 자진신고를 유도하기 위해 도입된 제도로, 「자진 신고자 감면제」라고 한다. 담합 사실을 처음 신고한 업체에는 과징금 100%를 전액 면제해 주고, 2순위 신고자에게는 50%를 면제해 주는 특혜가 부여된다. 이 제도는 기업 간 담합의 경우 내부자 고발이나 담합 기업들의 협조가 있어야만 혐의를 입증하기가 수월하기 때문에 도입됐다. 하지만 담합으로 가장 많은 수익을 낸 기업이 자진신고를 해 감면 혜택을 받을 수 있다는 한계도 있다. 리니언시는 1978년 미국에서 처음 시행했고, 이후 유럽연합(EU)이 1996년, 한국이 1997년 도입했다.

전속고발권(專屬告發權) •••

공정거래법 관련 사건에 대해 공정거래위원회(약칭 공정위)의 고발이 있는 경우에만 검찰이 공소제기를 할 수 있는 제도이다. 고발권 남용으로 기업의 경제활동을 위협하는 것을 막기 위해 1981년 시행됐다. 그러나 이 제도로 독점권을 갖게 된 공정위가 고발 권한을 제대로 행하지 않아 기업의 불공정 관행에 면죄부를 준다는 지적에 따라 2014년부터 의무고발요청제를 도입해 감사원, 중소기업청, 조달청이 공정위에 고발 요청을 할 경우 공정위가 의무적으로 고발하도록 했다. 그러나 이후에도 전속고발권 폐지 여부가 지속적으로 논란이 되고 있다. 전속고발권을 폐지하면 시민단체나 소액주주 등도 고발권 행사가 가능해지는 반면 무분별한 형사고발로 기업이 피해를 입을 수도 있다.

반독점법(antitrust laws) •••

기업의 불공정한 독점을 막기 위한 미국의 법률로, 「독점금지법」이라고도 한다. 1890년 제정된 셔먼법(Sherman Act), 1914년 제정된 클레이턴법(Clayton Act), 연방거래위원회법 등 3개 법령과 판례로 구성돼 있다. 소비자의 이익 보호와 공정한 상거래 질서의 확립을 목적으로 하며, 이 점에서 한국의 공정거래법과 비슷하다. 미국은 기업들이 담합하거나 기타 제휴 등을 통해 해당 시장에서 사실상 독점적 지위를 행사하거나 경쟁을 저하시키는 경우 반독점법을 적용해 규제한다.

스튜어드십 코드(stewardship code) •••

연기금과 자산운용사 등 주요 기관투자가들의 의결권 행사를 적극적으로 유도하기 위한 자율지침을 말한다. 서양에서 큰 저택이나 집안일을 맡아보는 집사(steward)처럼 기관들도 고객 재산을 선량하게 관리해야 할 의무가 있다는 뜻에서 생겨난 용어이다. 기관투자가들이 주식 보유와 의결권 행사를 넘어서 기업과의 협력을 통해 기업 가치를 끌어올리는 것이 목적이다. 2010년 영국이 가장 먼저 도입했으며 이후 캐나다, 남아프리카공화국, 네덜란드, 스위스, 이탈리아, 말레이시아, 일본 등이 운용하고 있다. 우리나라는 2016년 12월부터 시행돼 국민연금공단이 2018년 7월 도입했다. 강제성은 없으므로 개별 기관투자가가 자율적으로 이행하면 된다.

사외이사제(社外理事制) •••

대주주의 영향을 받지 않는 대학교수, 변호사, 공인회계사, 언론인, 퇴직관료나 기업인 등 일정 요건의 외부 전문가들을 이사회에 참여시키는 제도이다. 일반적으로 사외이사는 등기이사(혹은 사내이사)와 법적 의무와 책임에 있어 동등한 지위를 갖는다. 1997년 외환위기를 계기로 기업경영의 투명성을 높이고자 도입했으며, 우리나라에서는 1996년 현대그룹이 처음으로 사외이사제를 채택했다. 우리나라 상법에서는 상장회사의 경우 이사 총수의 4분의 1 이상(최소 1인 이상)을 사외이사로 선임하도록 의무화하고 있다.

준법지원인제도(compliance officer, 遵法支援人制度) •••

대규모 기업에서 준법경영을 수행할 수 있도록 법률적 지식과 소양을 갖춘 사람을 준법지원인으로 채용해 회사의 경영과정을 살펴볼 수 있도록 하는 제도이다. 일정 규모의 상장사에는 한 명 이상의 준법지원인을 두어야 한다. 준법지원인은 상장사 경영진이나 임직원이 정해진 법과 규정을 준수하고 회사 경영을 적정하게 수행하는지 감시해 이사회에 보고하는 임무를 담당하는 직책으로, 금융회사의 준법감시인과 비슷하다. 변호사와 5년 이상 경력의 법학 교수, 그 밖에 법률적 지식과 경험이 풍부한 사람으로서 대통령령이 정하도록 하되 임기는 상근 3년이다.

CEO(chief executive officer) •••

기업의 최고 의사결정권자를 일컫는다. 미국 기업에서 처음 쓰기 시작했으며 국내 기업에서는 보통 대표이사와 같은 뜻으로 쓰인다. CEO는 대외적으로 기업을 대표하며, 대내적으로는 이사회의 결의를 집행하고 회사 주요 업무에 관한 결정과 집행을 담당한다. CEO에게 권한이 집중될 경우 독재경영으로 흐를 우려가 있고, 기업경영에도 심각한 영향을 끼치기 때문에 2000년대 들어서는 CEO의 권한을 보충·견제하기 위한 다양한 역할들이 생겨나고 있다. 대표적인 것으로는 최고재무책임자(CFO; chief financial officer), 최고정보보호책임자(CIO; chief information officer), 최고투자책임자(CIO; chief investment officer), 최고운영책임자(COO; chief operating officer), 콘텐츠기획책임자(CCO; chief communication officer), 최고융합책임자(CCO; chief convergence officer), 최고특허책임자(CPO; chief patent officer), 최고환경책임자(CGO; chief green officer), 최고위기관리책임자(CRO; chief risk officer), 최고고객담당책임자(CCO; chief of customer officer) 등이 있다.

살찐 고양이(fat cat)●●●

탐욕스럽고 배부른 자본가나 기업가를 비꼬는 표현으로, 1928년 저널리스트 프랭크 켄트(Frank R. Kent)가 발간한 도서 ≪정치적 행태(Political Behavior)≫에서 유래된 말이다. 이는 2008년 글로벌 금융위기 당시 구조조정과 임금 삭감 등으로 어려운 경제 상황하에서도 과도한 월급과 퇴직금을 챙긴 월가의 은행가와 기업인을 비난하는 말로 널리 사용됐다.

클로백(clawback) 발톱으로 긁어 회수한다는 뜻으로 임직원이 회사에 손실을 입히거나 비윤리적인 행동으로 명예를 실추시키는 경우 이미 지급한 성과급을 되돌려 받을 수 있도록 한 제도이다.

02 마케팅

마케팅믹스(marketing mix)●●●

마케팅 목표의 효과적인 달성을 위해 마케팅 활동에서 사용되는 제어 가능한 전략, 전술 등을 종합적으로 구성하는 것을 뜻한다. 마케팅믹스의 구성요소는 마케팅 관리자가 통제할 수 있는 모든 수단이다. 미국 미시간대 맥카시(J. McCarthy) 교수가 1960년 처음 사용한 용어로, 마케팅믹스의 구성요인을 4P라고 해 제품(product), 장소(place), 가격(price), 촉진(promotion)을 제시했다.

롱테일 법칙(long tail theory)●●●

80%의 「사소한 다수」가 20%의 「핵심 소수」보다 뛰어난 가치를 창출한다는 이론이다. 「결과물의 80%는 조직의 20%에 의해 생산된다」고 하는 파레토 법칙에 배치되는 것으로, 「역 파레토 법칙」이라고 한다. 상품 종류가 다양한 온라인 매장의 경우 매출 대부분이 오프라인에서는 판매량이 저조해 구비해 놓기 힘든 틈새상품에서 나온다는 법칙이다. 이에 따르면 온라인 매장의 상품별 매출곡선을 그리면 틈새상품의 매출을 나타내는 부분이 동물의 꼬리처럼 얇고 길지만(long tail) 이 부분에 해당하는 상품들의 총판매량이 많이 팔리는 인기상품의 총판매량을 압도한다.

카니벌라이제이션(cannibalization)●●●

자기잠식 효과를 뜻하는 말이다. 기능이나 디자인이 탁월한 후속 제품이 나오면서 해당 기업이 먼저 내놓은 비슷한 제품의 시장을 잠식하게 되는 경우, 혹은 중국에서 만든 저가 제품이 국내 시장에 들어와 동일 회사의 제품 시장을 잠식하는 경우 등이 해당된다.

킬러앱(killer app)●●●

시장에 나오자마자 경쟁제품을 제치고 인기를 누리는 혁신적인 제품이나 서비스를 가리키는 말로, 킬러 애플리케이션(killer application)이라고도 한다. 자동차나 컴퓨터, 인터넷 등이 대표적인 킬러앱으로, 이들 제품은 원래 의도했던 사용 목적에서 더 나아가 사회적 · 경제적인 변화를 가져온다.

가격차별화(price discrimination, 價格差別化)•••

동일한 제품에 대해 시간 또는 장소에 따라 수요 대상이 다른 시장에서 각기 다른 가격을 책정하는 것을 말한다. 독점시장에서 생산비용이 같은 동일한 제품에 대해 고객 대상에 따라 상이한 가격을 책정함으로써 이윤을 극대화시키기 위한 전략으로 나온 것이다. 일반적으로 가격탄력성이 큰 고객에게는 낮은 가격을 책정하고, 가격탄력성이 작은 고객에게는 높은 가격을 책정할 경우에 이윤이 극대화된다. 대인과 소인에 따른 가격 차등, 영화상영시간에 따른 관람료 차등(조조할인)이나 학생할인, 야간시간대의 전기요금 할인 등이 가격차별화의 대표적 예이다.

매스티지(masstige)•••

대중(mass)과 명품(prestige product)의 합성어로, 품질은 명품에 근접하지만 가격은 한 단계 낮춘 상품을 말한다. 대중상품과 고가상품의 틈새상품으로 중산층의 소득이 향상되면서 값이 비교적 저렴하면서도 명품에 근접한 만족감을 얻을 수 있는 제품을 소비하는 트렌드를 반영한 것이다. 2003년 미국 경제잡지 ≪하버드 비즈니스 리뷰≫가 처음 소개했으며, 21세기에 들어와 웰빙, 절약과 함께 중산층 소비자들의 소비심리로 자리 잡았다. 이러한 소비경향을 나타내는 사람들을 매스티지족이라고 부른다.

매스클루시버티(massclusivity) 대중을 의미하는 「mass」와 특별함과 유일함을 의미하는 「exclusivity」의 합성어로, 소수를 위해 맞춤 생산 방식으로 제공되는 고급품 및 고급 서비스를 지칭한다.

트레이딩 업(trading up)•••

중산층이 품질이나 감성적 만족을 얻고자 명품 브랜드를 소비하는 경향으로, 「상향 구매」라고도 한다. 중산층의 소득 수준이 높아지면서 더 나은 삶의 추구를 반영한 것이다. 1990년대 말부터 미국에서 유행하기 시작해 전 세계로 파급됐으며, 대중(mass)과 명품(prestige product)을 조합한 매스티지(masstige)의 붐을 가져왔다.

트레이딩 다운(trading down) 실속을 위해 저렴한 상품을 구매하는 경향을 뜻하는 말로, 생필품 같은 것은 최대한 아낀다는 의미로 사용된다.

사이버먼데이(cyber Monday)•••

미국의 추수감사절 이후 첫 월요일로, 매년 11월 넷째 주 목요일인 추수감사절이 지난 후 일상으로 돌아온 소비자들이 온라인 쇼핑을 즐기면서 온라인 쇼핑몰의 매출이 월요일에 급등한 데서 유래된 용어이다. 주요 업체들이 연휴를 마치고 직장으로 복귀한 고객들을 상대로 온라인상에서 파격적인 할인행사를 벌이면서 사이버먼데이가 중요한 쇼핑일로 부상했다. 추수감사절 다음 날인 금요일에 소비가 폭발적으로 늘어난 것을 가리키는 「블랙프라이데이(black Friday)」의 온라인판이다.

블랙프라이데이(black Friday) 11월 마지막 목요일인 추수감사절 다음 날로서, 연말 쇼핑 시즌을 알리는 시점이자 연중 최대의 쇼핑이 이루어지는 날

광군제(光棍節) 중국에서 11월 11일을 뜻하는 말로 미혼자들을 위한 날이자 중국 최대 규모의 온라인 쇼핑이 이루어지는 날

체리피커(cherry picker)●●●

「골라 먹는 사람」이라는 뜻으로 기업의 제품 구매, 서비스 이용 실적은 좋지 않으면서 자신의 실속만을 차리는 데 관심을 두는 소비자를 가리키는 말이다. 예를 들어 카드사의 경우 카드로 물건을 사서 카드사에 수수료 수익을 가져다주지는 않고 놀이공원 입장 할인·극장 할인 등의 혜택만 누리는 고객 등이 이에 해당한다.

소비자(~sumer) 유형

그린슈머(greensumer)	친환경·유기농 제품을 선호하는 소비자
메타슈머(metasumer)	평범한 제품에 변화를 더해 새로운 제품으로 변형시키는 소비자
모디슈머(modisumer)	제조업체가 제공한 사용법을 따르지 않고 자신이 재창조한 방법으로 제품을 즐기는 소비자
블랙컨슈머(black consumer)	부당한 이익을 취하고자 고의적으로 악성 민원을 제기하는 소비자
세컨슈머(secondsumer)	지속 가능한 삶을 위해 대안을 찾아 즐기는 소비자. 당장의 편리함보다는 환경과 사회 문제를 고려해 중고 및 로컬소비를 선호함
스토리슈머(storysumer)	「이야기를 찾는 소비자」란 뜻으로, 제품과 관련된 자신의 이야기를 적극적으로 알리는 소비자
알파컨슈머(α-consumer)	제품을 먼저 사용해 본 후 사용 후기를 다른 사람에게 알리는 소비자
체리슈머(cherrysumer)	한정 자원을 극대화하기 위해 알뜰하게 소비하는 전략적인 소비자
콘크리트 컨슈머(concrete consumer)	기업의 브랜드 커뮤니케이션 활동에 무감각해지는 소비자
큐레이슈머(curasumer)	기존 제품을 꾸미고 다양하게 활용하는 편집형 소비자
크리슈머(cresumer)	창의적 발상으로 제품의 판매와 유통 과정에 영향을 미치는 소비자
트라이슈머(trysumer)	체험을 중시해 직접 경험한 뒤 구매 여부를 결정하는 소비자
트윈슈머(twinsumer)	타인의 상품 사용 경험을 중시하는 소비자. 젊은층의 경우 인터넷 쇼핑을 할 때 다른 사람의 사용 후기를 참조해 상품을 구매하는 경향이 높음
팬슈머(fansumer)	각종 오디션 TV 프로그램처럼 직접 투자 및 제조 과정에 참여해 상품, 브랜드를 키워내는 소비자
페이크슈머(fakesumer)	가성비 높은 가짜를 구매하는 소비자
펀슈머(funsumer)	소비 경험을 통한 재미까지 추구하는 소비자
프로슈머(prosumer)	앨빈 토플러 등 미래학자들이 예견한 상품개발 주체에 의한 개념으로, 상품의 소비는 물론 개발에서 유통까지 직접 관여하는 소비자
하비슈머(hobbysumer)	가격 대비 마음의 만족을 추구하는 소비 형태인 가심비에서 한 발 더 나아가 자신의 경험에 가치를 두는 소비자
화이트 컨슈머(white consumer)	합리적인 판단으로 기업의 물품이나 서비스를 구매하는 정상적인 소비자

얼리 어답터(early adopter) 신제품이 출시되면 가장 먼저 구입해 써본 뒤 주위에 제품 정보를 알려주는 성향을 가진 소비자를 가리킨다. 반면, 슬로 어답터(slow adopter)는 지나치게 복잡한 기능은 피하고 단순하고 짧은 시간 동안 즐길 수 있는 제품을 선호하는 사람들을 지칭하는 말이다.

1

ZOOM IN

마케팅(marketing)의 유형

- **그린(green) 마케팅**: 자연환경, 생태계 보전 등을 중시하는 친환경적 마케팅
- **게릴라(guerilla) 마케팅**: 잠재고객이 많이 모인 장소에 갑자기 등장해 상품 선전이나 판매촉진 활동을 하는 마케팅. 스텔스 마케팅, 래디컬 마케팅, 앰부시 마케팅이 해당됨
- **노이즈(noise) 마케팅**: 자사상품이 구설수에 휘말리도록 해 소비자들의 이목을 끄는 마케팅
- **뉴메릭(numeric) 마케팅**: 숫자를 통해 브랜드와 상품의 인지도를 높이는 마케팅 예 1318, 2030, 2080 치약 등
- **니치(niche) 마케팅**: 시장을 세분화해 특정의 소비자를 공략하는 틈새 마케팅으로 매스 마케팅에 대응됨
- **뉴로(neuro) 마케팅**: 신경과학 기술을 응용한 마케팅. 소비자의 뇌 활동을 분석해 마케팅에 접목시킴
- **데카르트(techart) 마케팅**: 기술(tech)과 예술(art)의 합성어로 하이테크 기술을 바탕으로 생산된 제품에 예술적 디자인을 적용해 소비자의 감성에 호소하고, 브랜드 이미지와 품격을 높이는 마케팅
- **디마케팅(demarketing)**: 고객의 구매를 의도적으로 줄이는 활동으로 수요를 적절하게 관리해 제품을 합리적으로 판매하는 기법
- **동시화(synchro) 마케팅**: 규칙적이지 않은 수요 상태(계절적 · 시간적 요인)에서 수요의 평준화를 맞추기 위한 마케팅 예 심야 전화요금 할인, 비성수기 숙박시설 할인
- **드롭(drop) 마케팅**: 특정 요일이나 시간대를 정해 신제품을 판매하는 마케팅
- **DB(database) 마케팅**: 고객에 관한 데이터베이스를 구축해 고객이 필요한 제품을 직접 판매하는 것으로, 원투원(one to one) 마케팅이라고도 함
- **다이렉트(direct) 마케팅**: 신문, TV, 인터넷, 방문판매 등을 통해 직접 소비자에게 판매하는 활동
- **로스리더(loss leader) 마케팅**: 특정 상품 가격을 대폭 낮춰 해당 상품에서는 손해를 보지만 더 많은 고객을 유인해 전체적으로는 이익을 내는 마케팅
- **바이럴(viral) 마케팅**: 입소문 마케팅. 블로그나 카페 등 1인 미디어와 트위터, 인스타그램 등 SNS(소셜 네트워크 서비스) 사용자들이 늘면서 각광받음
- **버즈(buzz) 마케팅**: 소비자들이 자발적으로 상품 및 서비스에 대한 긍정적인 소문을 내도록 하는 마케팅
- **셀러브리티(celebrity) 마케팅**: 유명 스타들의 패션 아이콘을 활용한 마케팅
- **소셜(social) 마케팅**: 소비자, 환경, 사회 등 따뜻하고 인간적인 면을 부각해 기업이미지를 제고하는 마케팅
- **스텔스(stealth) 마케팅**: 소비자들 생활 속에 스텔스 전투기처럼 은밀하게 파고들어 광고인지 인식하지 못하도록 하는 마케팅. 언더커버(undercover) 마케팅이라고도 함
- **스프레드(spread) 마케팅**: 인터넷이나 입소문 등을 활용해 큰 비용을 들이지 않고 홍보 효과를 극대화시키는 마케팅
- **심바이오틱(symbiotic) 마케팅**: 서로 다른 기업이 생산과 판매를 분담해 공생하는 마케팅
  예 대기업이 영세업체들의 제품에 자사상표를 붙여 판매하는 것
- **앰부시(ambush) 마케팅**: 스폰서의 권리가 없지만 스폰서인 것처럼 가장해 판매를 신장시키는 마케팅
- **언더(under) 마케팅**: 온라인에서 드러나지 않게 입소문만으로 홍보하는 마케팅
  예 클릭 수를 조작해 인기 게시물로 노출, 대량 댓글 작성으로 여론을 조작하는 행위
- **언택트(untact) 마케팅**: 키오스크, VR(가상현실), 챗봇 등 첨단기술을 활용해 사람과의 접촉을 최소화하는 등 비대면 형태로 정보를 제공하는 마케팅
  - 온택트(ontact): 비대면을 일컫는 언택트(untact)에 온라인을 통한 외부와의 연결(on)을 더한 개념으로, 온라인을 통해 외부활동을 이어가는 방식을 말함
- **카운터(counter) 마케팅**: 역 마케팅. 특정한 제품이나 서비스에 대한 수요나 관심을 없애려는 마케팅
  예 금연 캠페인, 마약근절 캠페인
- **플래그십(flagship) 마케팅**: 시장에서 성공을 거둔 특정 상품 브랜드를 중심으로 마케팅 활동을 집중하는 전략
- **하이엔드(high-end) 마케팅**: 최상류층 고객만을 상대로 하는 VIP 마케팅
- **헤리티지(heritage) 마케팅**: 제품의 오랜 역사를 기업 비즈니스에 활용하는 마케팅

티핑 포인트(tipping point) •••

어떤 현상이 처음에는 미미했지만 어느 순간 마치 전염되는 것처럼 폭발적으로 번지는 그 시점을 말한다. 원래는 역학에서 바이러스가 병을 일으킬 만큼의 수에 다다르는 순간을 가리킨다. 이 용어는 말콤 글래드웰의 동명의 저서가 베스트셀러가 되면서 유명해졌다. 티핑 포인트에 오르기 위해서는 소수의 법칙, 고착성의 법칙, 상황의 힘 법칙 등이 필요하다. 소수의 법칙은 열정적이고 영향력 있는 소수에 의해 전파가 이뤄진다는 내용이며, 고착성의 법칙은 소리의 속도가 전해지는 메시지가 흡인력을 갖고 있어서 사람들의 기억 속에 고착돼야 행동을 변하게 한다는 법칙이다. 또 상황의 힘 법칙은 주변의 상황이 맞아떨어져야 잘 전파될 수 있다는 내용이다.

집단분쟁조정제도(集團紛爭調停制度) •••

50명 이상의 소비자가 같은 제품이나 서비스로 피해를 보았을 때 소비자단체나 지방자치단체 등이 이를 취합해 정부에 조정을 신청하는 제도이다. 소비자 집단분쟁을 조정할 분쟁조정위원회는 한국소비자원에 설치되며, 같은 피해를 본 소비자가 50명 이상이고 쟁점이 같은 사건이면 국가나 지방자치단체, 소비자단체, 사업자 등이 분쟁조정을 신청할 수 있다. 분쟁조정 결과는 재판상 화해와 같은 효력을 지니며 강제집행도 가능하다.

리콜(recall) •••

소비자에게 제공한 물품 또는 서비스의 결함으로 인해 소비자의 생명·신체 또는 재산에 위해(危害)를 끼치거나 끼칠 우려가 있는 경우 사업자가 스스로 또는 강제적으로 물품 등의 위해성을 알리고 해당 물품 등을 수거·파기·수리·교환·환급 또는 제조·수입·판매·제공 금지하는 등의 적절한 시정조치를 함으로써 위해요인을 제거하는 소비자보호조치이다(소비자기본법 제48조, 제49조, 제50조). 「소환수리제」라고도 하는 리콜은 물품 등의 위해로 소비자의 안전이 위협받을 때 해당 물품 등을 회수해서 소비자 피해를 예방한다는 점에서 물품 등으로 인해 피해를 입은 소비자에게 개별적으로 보상을 해주는 「소비자피해보상제도」와 다르다. 또 소비자 피해 발생의 사전 제거를 목적으로 한다는 점에서 소비자 피해가 발생한 후 개별 손해에 대한 해결을 목적으로 하는 「제조물책임제도」와도 차이가 있다. 리콜은 사업자의 자발적인 리콜과 정부의 강제적인 리콜로 구분된다.

레몬법(lemon law) 1975년에 제정된 미국의 소비자 보호법으로, 정식 명칭은 매그너슨-모스 보증법(Magnuson-Moss Warranty Act). 차량 또는 전자제품에 결함이 있어 일정 횟수 이상으로 반복해서 품질 기준을 충족하지 못할 경우 제조사가 소비자에게 교환이나 환불 또는 보상을 해야 한다는 것을 주요 내용으로 한다. 1975년 미국에서 연방법으로 처음 제정된 이후 1982년 주 단위로는 코네티컷주에서 최초로 시행돼 점차 모든 주로 확산됐다. 레몬법에서의 「레몬」은 영미권에서 결함이 있는 자동차, 불량품을 지칭하는 말로 쓰인다. 이는 달콤한 오렌지(정상제품)인 줄 알고 샀는데 매우 신 레몬(불량품)이었다는 의미를 담고 있다.
한편, 한국판 레몬법으로 불리는 자동차관리법 개정안은 인도된 지 1년 이내, 주행거리가 2만km를 넘지 않은 새 차가 반복적으로 고장이 나면 자동차 제작사가 이를 교환 또는 환불해줄 것을 규정하고 있으며 2019년 1월부터 시행에 들어갔다.

제조물책임법(PL법; product liability law)●●●

제조물의 결함으로 인해 발생한 생명·신체의 손상 또는 재산상의 손해에 대해 그 물품 제조자에게 무과실 책임의 손해배상의무를 부여함으로써 국민생활의 안전을 기하고 기업의 경쟁력 향상을 도모하기 위해 제정된 법률이다. 여기서 제조물이란 공산품(완제품, 부품, 원재료)을 가리키며, 가공하지 않은 부동산, 농수산물 등은 대상에서 제외된다. 분양 또는 임대용 주택이나 아파트 등은 부동산을 가공한 것이므로 제조물에 포함된다. 동일한 손해에 대해 배상할 책임이 있는 자가 2인 이상인 경우에는 연대해 배상책임을 진다. 손해배상청구권의 소멸시효는 손해 및 제조업자를 안 때로부터 3년이다. 리콜제도가 결함 제품 등을 미리 회수해서 전체 소비자의 위해를 방지하는 사전적 피해예방제도인 데 반해, 제조물 책임제도는 결함 제품 등의 사용 등으로 인해 피해를 입은 개별 소비자의 손해를 배상해 주는 사후적 피해구제제도이다. 미국이 전 세계에서 처음으로 1962년에 도입했으며, 우리나라는 2002년 7월 1일부터 도입, 시행 중이다.

오픈 프라이스(open price)●●●

최종 판매업자가 제품가격을 결정하는 제도이다. 실제 판매가격보다 부풀려 소비자가격을 표시한 뒤 할인해 주는 할인판매의 폐단을 근절시키기 위해 소비자가격을 제조업체가 아닌 대리점 등 유통업체가 표시하도록 한 것이다. 우리나라는 1999년 9월 1일부터 권장소비자가격 표시를 금지하고 오픈 프라이스 제도를 도입했다.

PB상품(private brand goods)●●●

백화점, 슈퍼마켓 등 대형소매상이 제조업체와 손잡고 독자 개발한 브랜드 상품을 뜻한다. 패션에서 식품, 음료, 잡화에 이르기까지 다양한 반면 해당 점포에서만 구입이 가능하다. PB상품은 유통경로를 축소해 가격이 저렴한 편이다.

PL상품(private label goods) 자체 제작상품. 대형유통업체들이 직접 기획, 생산, 판매를 책임지는 형태로 PB상품에 비해 유통업체들의 상품기획력이 보다 강화된 것이다.

립스틱 효과(lipstick effect)●●●

경기불황 때 소비자를 만족시켜 주는 저가상품이 잘 판매되는 현상을 뜻한다. 본래는 립스틱만 발라도 분위기를 바꾸는 효과를 얻는다는 뜻이다.

샤워효과(shower effect)●●●

백화점 업계에서 자주 쓰이는 용어로, 백화점 위층에 고객을 유인하는 상품을 마련해 놓으면 고객이 자연스럽게 아래층으로 내려가며 다른 물건도 쇼핑을 하게 된다는 주장이다.

분수효과(jetwater effect) 서민과 저소득층의 소득 증대가 총수요 진작과 경기 활성화로 이어져 궁극적으로 고소득층의 소득까지 높이게 된다는 주장이다. 마케팅 분야에서는 아래층의 이벤트가 위층의 고객을 유인하는 것을 뜻한다.

낙수효과(trickle-down effect) 정부가 투자 증대를 통해 대기업과 부유층의 부(富)를 먼저 늘려주면 경기가 부양돼 결국 중소기업과 저소득층에 혜택이 돌아가고 이것이 결국 총체적인 국가의 경기를 자극해 경제발전과 국민복지가 향상된다는 주장이다. 분수효과와 대비되며 「적하(滴下)효과」, 「하방침투 효과」라고도 한다.

폭포효과(waterfall effect) 오피니언 리더층을 공략하는 마케팅 기법. 물을 산꼭대기에 쏟아 부으면 저절로 산 아래로 흘러 내려가듯이 마케팅력을 목표 소비자의 정상에 집중시키면 효과가 자연스럽고 빠르게 전체로 퍼져 나간다는 주장이다.

전시효과(展示效果)●●●

각자의 소비행동이 사회일반 소비수준의 영향을 받아 남의 소비행동을 모방하려는 사회심리학적 소비성향의 변화를 말한다. 미국 경제학자 듀젠베리(J. S. Duesenbery)가 처음으로 사용했으며 과시효과, 시위효과, 데먼스트레이션 효과(demonstration effect)라고도 한다. 신문·영화·TV 등 광고의 영향이 크며, 전시효과에 의한 소비성향의 상승이 저축률의 저하를 가져오므로 개발도상국에서 문제시된다.

예 도시 – 농촌, 선진국 – 개도국

양떼효과(herding effect) 무리에서 혼자 뒤쳐지거나 동떨어지는 것을 싫어해서 따라하는 현상. 예를 들면, 특정 브랜드의 옷이나 전자제품이 인기를 끌면 나머지 사람들도 같은 제품을 사용하려 하는 것 등이 해당된다. 밴드왜건 효과가 소비자의 적극적인 선택에 의한 것이라면 양떼효과는 뒤지지 않기 위해 어쩔 수 없이 따라한다는 점에서 차이가 있다.

스놉효과(snob effect) 다른 사람들의 소비가 자신의 소비와는 반대 방향으로 작용하는 경우로 전시효과와 반대 현상. 속물효과 또는 백로효과라고도 한다. 주로 자신의 소비를 남이 따라하면 자신은 더 이상 그것을 소비하지 않음으로써 다른 사람과 차별성을 가지고자 하는 심리를 말한다.

펭귄효과(penguin effect) 물건 구매를 망설이던 소비자가 다른 사람들이 구매하기 시작하면 자신도 이에 영향을 받아 덩달아 구매하게 되는 소비 행태. 즉 소비자가 어떤 제품에 대해 확신을 갖지 못하다가 다른 사람들이 제품을 사면 이에 동조해 구매하는 소비심리를 가리킨다.

파노플리 효과(panoplie effect) 소비자가 특정 제품을 소비하면 유사한 급의 제품을 소비하는 소비자 집단과 같아진다는 환상을 가지게 되는 현상. 프랑스 사회철학자 장 보드리야르(Jean Baudrillard)가 도입한 개념이다. 이 현상은 구매한 물건을 통해 자신의 지위와 경제적 부를 드러내고자 하는 욕구에서 비롯되는 것으로, 명품에 대한 인기가 대표적이다.

밴드왜건 효과(band-wagon effect)●●●

의사결정 시 강자나 다수파를 따라가는 심리 현상을 지칭하는 말이다. 미국 경제학자 하비 레이번슈타인(H. Leibenstein)이 처음 사용한 용어로 모든 사람이 이렇게 생각(행동)하고 있으니 너도 따르라는 논리로 대중을 설득시킨다. 원래 밴드왜건은 행진할 때 대열의 선두에서 행렬을 이끄는 악대차로, 이 때문에 밴드왜건 효과를 「악대효과」라고도 한다. 경제학에서는 어떤 물건에 대해 수요가 많아지면 다른 사람들도 그에 편승해서 같은 물건을 찾기 때문에 수요가 더욱더 증가하게 된다는 의미로 쓰인다.

언더독 효과(underdog effect) 경쟁에서 열세에 있는 약자에게 연민을 느껴 지지하고 응원하게 되는 심리 현상. 투견 시합 시 아래에 깔린 개(언더독)를 응원하게 되는 현상에서 비롯된 이 용어는 1948년 미국 대선 때 사전 여론조사에서 뒤지던 민주당의 해리 트루먼 후보가 공화당의 토머스 듀이 후보를 제치고 당선되면서부터 널리 사용되고 있다.

베블런 효과(Veblen effect)●●●

허영심에 의해 수요가 발생하는 현상을 지칭하는 말이다. 즉, 가격이 오르는데도 일부 계층의 과시욕이나 허영심 등으로 인해 수요가 줄지 않고 오히려 늘어나는 현상이다. 예컨대 다이아몬드, 명품의류, 고급 자동차 등은 가격이 비쌀수록 더 잘 팔리고, 가격이 내려가면 누구든지 구입할 수 있다는 이유로 구매를 하지 않는 경향이 있다. 미국 사회학자 베블런(T. Veblen)이 저서 ≪유한계급론≫에서 「상층 계급의 눈에 띄는 소비는 사회적 지위를 과시하기 위해 자각 없이 행해진다」라고 쓴 데서 유래됐다.

의존효과(依存效果) 소비자가 생산자의 상품 선전활동에 자극을 받아 소비를 증대하게 되는 경향. 미국 경제학자 갤브레이스(J. K. Galbraith)가 저서 ≪풍요한 사회≫에서 처음 사용했다.

전자상거래(EC; electronic commerce)●●●

인터넷이라는 개방 공간에서 금융, 컴퓨터소프트웨어, 영상자료 등 서비스 상품과 실물 제품을 거래하는 새로운 무역형태로 「사이버 마켓」, 「e-커머스」라고도 불린다. 세계 각국의 생산자와 소비자가 직접 만나 중간상 없는 교역을 할 수 있으며, 신용카드나 전자화폐를 통한 대금 결제가 가능하다.

▌전자상거래 방식

B2B(business to business)	기업과 기업 간 전자상거래. e-마켓플레이스(e-Marketplace)라고도 함
B2C(business to customer)	기업과 소비자 간 전자상거래. 대부분의 전자상거래가 해당됨
B2E(business to employees)	직원을 대상으로 한 기업활동. 넓은 의미에서 B2E는 보다 많은 교육기회와 보너스, 자유로운 근무시간 제공 등을 통해 유능한 IT 인력을 유치·유지하는 전략을 지칭함
B2G(business to government)	기업과 행정기관이 전자상거래를 이용해 각종의 공공업무를 해결하는 것
C2B(customer to business)	소비자와 기업체 간의 거래. 역경매 사이트가 대표적임
C2C(customer to customer)	소비자와 소비자 간의 거래. 옥션이 대표적임
C2M(customer to manufacture)	소비자 주문 제조
D2C(direct to consumer)	생산자와 소비자 간 거래
G2B(government to business)	국가기관과 기업체 간의 거래
G2C(government to customer)	국가기관과 소비자 간의 거래
G2G(government to government)	국가기관과 국가기관 간의 거래. 방위산업체가 대표적임
M2M(marketplace to marketplace)	온라인 시장 간의 네트워크

크로스보더 이커머스(cross-border e-commerce)●●●

전자상거래를 통해 국경을 넘어선 판매자와 소비자의 연결을 뜻한다. 크로스보더란 세계무역기구(WTO)의 서비스 교역에 관한 일반 협정(GATS)에 서비스 무역에 관한 서비스 공급 형태의 하나로 정의돼 있다. 즉 생산이 완료된 서비스 제품이나 생산 요소인 노동과 자본이 국경 간 이동을 통해 공급되는 것을 말한다. 크로스보더 이커머스는 크로스보더가 확장된 개념으로 기업과 국경을 넘어 온라인을 활용, 외국의 소비자에게 상품을 판매하는 것을 뜻한다. 대표적인 예는 해외 직접구매(직구)이다.

BM특허(business model patent)●●●

「인터넷 비즈니스 모델 특허」의 약칭으로, 인터넷 비즈니스와 관련한 발명을 특허로 출원해 등록을 받은 특허권을 말한다. 전자상거래, 전자결제 등에 관한 새로운 아이디어가 그 대상이며 금융자동화, 인터넷 교육, 웹광고 등이 대표적인 사례이다.

소셜 커머스(social commerce)●●●

페이스북, 트위터 등의 소셜 네트워크 서비스(SNS; social network service)를 기반으로 하는 전자상거래의 일종으로, 「소셜 쇼핑(social shopping)」이라고도 한다. 구매자 수가 일정 수 이상에 이르면 파격적인 할인가로 상품을 제공하는 판매 방식이다. 이 용어는 2005년 야후에 의해 처음 소개됐으며, 2008년 미국의 온라인 할인쿠폰 업체 그루폰(Groupon)이 공동구매형 소셜 커머스의 비즈니스 모델을 만들어 성공을 거둔 이후 본격적으로 알려지기 시작했다.

O2O(online to offline)●●●

온라인과 오프라인을 연결한 마케팅으로, 특정 지역에 들어서면 실시간으로 스마트폰에 쿠폰 등을 보내주는 서비스가 대표적이다. 위치정보나 애플리케이션 등을 통해 고객 정보를 파악하고 이를 점주에게 제공하면, 점주는 이 정보를 바탕으로 쿠폰 발송 등의 서비스를 할 수 있다.

O4O(online for offline) 기업이 온라인을 통해 축적한 기술이나 데이터 · 서비스를 상품 조달, 큐레이션 등에 적용해 오프라인으로 사업을 확대하는 차세대 비즈니스 모델이다.

래플(raffle)●●●

상품은 제한적인데 구매하고 싶어 하는 사람이 많을 경우 응모 형식으로 판매하는 방식을 일컫는다. 구매 의향이 있어도 당첨이 돼야만 구매가 가능하고 한정수량이라는 점에서 소비자의 기대심리를 자극한다는 특징이 있다.

03 재무 · 인사관리

국제회계기준(IFRS; International Financial Reporting Standards)●●●

국제회계기준위원회(IASB)가 제정한 국제회계기준서 및 국제회계기준해석서를 통칭한다. IFRS는 순수한 민간단체에 의해 공표되기 때문에 각국의 상이한 회계기준에 대한 구속력은 없다. 다만 경제의 국제화와 함께 회계기준의 국제적 통일에 대한 필요성이 증대되면서 IFRS가 각국의 회계기준에 점차 폭넓게 반영되는 추세에 있다. 이에 따라 2005년부터 EU 상장기업에 IFRS 사용이 의무화됐고, 이후 일본, 중국, 한국, 미국이 IFRS를 도입하는 등 전 세계 120여 개국이 채택 중이다. 우리나라에서는 2011년부터 IFRS 기준에 따라 일반 상장기업과 금융회사를 중심으로 도입되기 시작했으며, 2013년부터 자산총액 2조 원 미만 기업까지 확대 시행됐다. IFRS의 가장 큰 특징 중 하나는 연결재무제표를 기준으로 삼는다는 점이며, 따라서 연결 기준으로 실적과 자산가치가 나타나므로 계열사의 실적이 관계회사의 실적에도 영향을 미치게 된다.

재무제표(財務諸表) •••

기업의 경영 활동을 일반적으로 인정된 회계원칙에 따라 일목요연하게 나타낸 재무보고서이다. 일반인들에게 기업과 관련된 재무정보를 제공하는 데 목적이 있다. 일반기업의 회계기준에는 재무상태표, 손익계산서, 현금흐름표, 자본변동표, 주석이 있다. 우리나라가 국제회계기준에 따라 채택한 재무제표는 기말 재무상태표, 기간 포괄손익계산서, 기간 자본변동표, 기간 현금흐름표, 주석, 전기 기초재무상태표 등이 있다.

연결재무제표(連結財務諸表) •••

지배와 종속 관계에 있는 개별 회사들의 재무제표를 연결해 하나로 만든 재무제표이다. 연결재무제표를 작성하려면 모회사와 자회사 간 상계하며 두 회사 간의 채권・채무, 매출・매입, 내부 미실현 이익, 배당금 등도 상계해야 한다. 따라서 모회사와 자회사 간의 내부거래나 떠넘긴 부채와 손실 등이 모두 드러나게 돼 기업집단의 실태를 파악하는 데 유리하다. 그러나 이 방식은 대상 기업의 범위가 작고 출자 관계가 없을 경우에는 내부거래를 하더라도 실체를 파악하기 힘들다는 단점이 있다. 국제적으로 연결재무제표가 주된 재무제표로 사용되고 있으며, 우리나라도 국제회계기준이 도입된 2011년부터 작성이 의무화됐다. 그러나 우리나라 그룹들 대부분은 총수가 지배하고 있어서 연결재무제표보다는 결합재무제표를 작성해야 전체적인 파악이 가능하다는 지적도 있다.

결합재무제표(結合財務諸表) 재벌 총수가 지배하고 있는 모든 계열사를 하나의 기업으로 보고 작성한 재무제표로 2012 사업연도부터 폐지됐다.

분식결산(window dressing settlement, 粉飾決算) •••

기업이 고의로 자산이나 이익 등을 크게 부풀려 계상한 결산이다. 금전 융통 등을 쉽게 하기 위해 비실현 매출의 계상, 자산의 과대평가, 비용과 부채의 과소계상, 가공매출의 계상 등의 방법을 쓴다. 반대로 세금이나 임금인상 대책 등으로 이익을 적게 계상하는 것을 역분식(逆粉飾)이라 한다. 불황기에는 분식결산을 하는 회사가 늘기 쉬운데, 이런 행위는 주주나 하도급 업체, 채권자들에게 손해를 끼치게 되고 탈세와도 관계되므로 상법은 물론 관련 법규에서 금지하고 있다. 분식회계를 방지하기 위한 장치로서 회사는 감사를 두어야 하며, 외부 감사인인 공인회계사에게 회계감사를 받아야 한다. 분식회계를 제대로 적발하지 못한 회계법인에는 영업정지 또는 설립인가 취소의 처분을 내릴 수 있다. 분식회계된 재무제표를 보고 투자해 손해를 본 투자자나 채권자는 손해배상 청구소송을 할 수 있으며, 2007년 1월부터는 분식회계에 대한 집단소송제가 도입됐다.

빅배스(big bath) •••

새로 부임하는 기업의 CEO가 전임 CEO의 재임기간에 누적된 손실을 회계장부상에서 최대한으로 털어버리거나 과도하게 상각하는 행위를 말한다. 이는 경영상 과오를 전임 CEO에게 넘기고 신임 CEO의 경영 성과를 극대화하기 위해서 행해진다. 하지만 이전 경영진의 성과를 보고 투자한 주주들은 이러한 회계 처리로 인해 주가 하락에 따른 손실을 볼 수도 있다.

재무상태표(財務狀態表) •••

일정한 시점에 현재 기업이 보유하고 있는 재무상태를 나타내는 회계보고서이다. 여기서 재무상태란 자산, 부채, 자본의 상태를 의미한다. 재무상태표는 차변과 대변으로 구성되며, 차변에 자산, 대변에 부채 및 자본이 있다. 총자산(자산 총계)의 합계는 항상 총부채(부채 총계)와 총자본(자본 총계)의 합계액과 일치한다. 재무상태표는 정보이용자들에게 기업의 유동성, 재무적 탄력성, 수익성과 위험도 등을 평가하는 데 유용한 정보를 제공한다. 기업의 회계처리가 국제회계기준(IFRS)으로 바뀌면서 대차대조표라는 용어 대신 재무상태표라는 용어가 쓰인다.

대차평균원리(貸借平均原理) 거래는 반드시 어느 계정의 차변과 다른 계정의 대변에 같은 금액이 기입되는 이중성을 띠고 있는데, 이에 따라 아무리 많은 거래가 일어나더라도 계정 전체를 통한 차변금액의 합계와 대변금액의 합계는 반드시 일치하게 된다. 이 관계를 대차평균의 원리라고 한다.

손익계산서(損益計算書) •••

기업의 경영성과를 명확히 하기 위해 영업연도 중 발생한 모든 수익과 이에 대응한 비용을 기재하고 그 기간 동안의 순이익을 표시하는 계산서이다. 발생주의, 실현주의, 수익비용대응의 원칙, 총액주의, 구분표시의 원칙에 의해 작성된다. 손익계산서는 대차대조표와 함께 경영활동에 의한 순손익을 계산하는 것이므로 두 계산에 의한 순손익액은 동액이어야 한다. 보고식과 계정식 두 종류가 있으며, 우리나라에서는 보고식 작성을 원칙으로 한다.

손익분기점(BEP; break-even point) •••

매출액과 그 매출을 위해 소요된 모든 비용이 일치되는 점으로, 투입된 비용을 완전히 회수할 수 있는 매출액이 얼마인가를 나타낸다. 이 손익분기점 이상의 매출을 올림으로써 비로소 이익이 생긴다. 한편, 손익분기점 비용은 손익분기점을 매출액으로 나눈 것이며, 이 비율이 낮을수록 수익률은 높다.

$$\text{손익분기점} = \frac{\text{고정비}}{1 - \left(\frac{\text{변동비}}{\text{매출액}}\right)}$$

대손충당금(allowance for bad debts, 貸損充當金) •••

외상매출금, 받을 어음 등 매출채권 중 기말까지 미회수액으로 남아 있는 금액에서 회수 불가능할 것으로 추정되는 금액을 비용처리하기 위해 설정하는 계정이다. 이 계정은 기간손익계산의 적정을 기하고 보유채권의 평가를 적정히 하며 장래 발생할 것으로 예상되는 대손에 대비, 기업재정의 안정을 유지하는 데 목적이 있다.

가지급금(假支給金) •••

현금지급은 이루어졌으나 어디에 어떻게 쓰일지 몰라 회계처리상 계정 과목(용도)을 명시하지 않은 지출금이다. 가지급금은 대주주, 임원 등 특수 관계자에게 용도 지정 없이 지불되는 업무 무관분과 직원 출장비와 같은 업무 관련분으로 크게 구분된다. 업무 무관 가지급금은 기업자금을 유용하는 수단으로 이용되기 때문에 세법으로 규제한다.

매출액 경상이익률(賣出額 經常利益率)•••

$$매출액\ 경상이익률 = \left(\frac{경상이익}{매출액}\right) \times 100$$

매출액에 대한 경상이익의 비율이다. 경상이익은 상법에 기초하는 손익계산을 할 때 사용되는 것으로 영업이익(영업수익 − 영업비용)에다 영업외수익을 더하고 영업외비용을 뺀 것이다. 기업회계원칙에서는 흔히 당기순이익이라 부른다. 경상이익을 매출액으로 나누어 100을 곱하면 매출액 경상이익률이 나온다. 경상이익은 기업 실적이 양호한지의 여부를 아는 데 가장 적합한 척도로 중요시된다.

부채비율(負債比率)•••

$$부채비율 = \left(\frac{부채총액}{자기자본액}\right) \times 100$$

회사의 부채총액을 자기자본액으로 나눈 비율이다. 기업 자본 구성의 안전도, 특히 타인자본 의존도를 표시하는 지표이다. 일반적으로 100% 이하를 표준비율로 보고 있으나 업종에 따라 차이가 있다. 정부는 기업의 부채비율이 200%를 넘지 못하도록 하고 있다.

경제적 부가가치(EVA; economic value added)•••

기업이 벌어들인 영업이익 가운데 세금과 자본코스트를 공제한 금액이다. 즉, 투하된 자본과 비용으로 실제로 얼마나 많은 이익을 올렸느냐를 따지는 경영지표이다. 이 값이 높을수록 수익성과 안정성이 높은 기업으로 평가받고 주가 역시 상승 여력이 있는 것으로 받아들여진다. EPS, PER, ROE 등 기존의 기업 분석 지표들이 당기순이익 등 주로 이익에 초점을 맞추고 있는 것과는 달리 기업의 현금흐름(캐시플로)에 분석의 초점을 맞춘 것으로 주로 기업의 투자 의사 결정, 업적 평가, 경영자 보상 평가의 3대 분야에서 응용되고 있다.

자기자본이익률(ROE; return on equity)•••

$$자기자본이익률 = \left(\frac{당기순이익}{평균자기자본}\right) \times 100$$

자기자본에 대한 기간이익의 비율이다. 기업의 당기순이익을 자기자본으로 나눈 뒤 100을 곱한 수치로, 자기자본이 얼마나 효율적으로 운영됐는지를 반영하는 지표이다. 기간이익으로는 흔히 경상이익, 세전순이익, 세후순이익 등이 이용된다. 주식시장에서는 자기자본이익률이 높을수록 주가도 높게 형성되는 경향이 있어 투자지표로 애용된다.

자기자본지도비율(自己資本指導比率)•••

총자본에서 부채를 뺀 자기자본이 총자본에서 차지하는 비율이다. 정부가 여신관리대상 기업의 경영 건전성을 유도하기 위해 설정하는 일종의 가이드라인으로 기업의 안정성을 가늠해 볼 수 있는 기준이 된다. 총자본 가운데 자기자본이 많을수록 기초가 튼튼한 기업이다.

기준경비율제도(基準經費率制度)•••

무기장사업자도 기장사업자와 같이 수입금액(매출금액)에서 필요경비를 공제해 정상적으로 소득금액을 계산하는 제도이다. 기장에 의한 근거과세제도 확립과 거래의 투명성 확보를 목적으로, 2002년 1월 1일 이후 발생하는 소득분부터 기준경비율제도가 도입됐다. 사업에 관련된 기본적인 비용인 주요 경비(매입비용, 임차료, 인건비)는 증빙서류에 의해 인정하고, 나머지 비용은 정부가 정한 기준경비율에 의해 필요경비를 인정해 소득금액을 계산한다. 무기장사업자도 사업실상(증빙서류 수취금액)에 따라 공평한 세 부담이 이루어지는 장점이 있다.

BPS(bookvalue per share)•••

주당 순자산가치를 나타내며, 기업이 보유하고 있는 총자산에서 부채를 뺀 금액을 발행주 수로 나눈 값이다. 국내 기업의 경우 자산가치를 취득원가로 표시하기 때문에 자산재평가를 하지 않은 기업의 경우 시장가치에 근접한 주당 순자산가치를 알기가 어렵다.

출자전환(DES; debt-equity swap)•••

기업의 재무구조 개선방법 중 하나로 기업 부채를 주식으로 전환하는 것이다. 일반적으로 금융기관이 기업에 대출하거나 보증을 선 돈을 회수하지 않고 기업의 주식과 맞바꾸는 형식으로 이뤄진다. 대출금을 주식으로 전환하면 은행은 채권자에서 주주로 위상이 바뀌는데 부실채권이 발생하는 것을 막고 기업을 정상화한 뒤 다른 곳에 매각할 수 있다. 또한 기업은 부채 축소로 경영 정상화를 도모할 수 있다. 반면 기업의 경우 경영권을 위협받을 수 있으며, 은행은 수익이 불안정해지고 부실이 심한 기업의 경우 은행까지 덩달아 부실해질 위험이 크다.

흑자도산(黑字倒産)•••

재무제표상에는 흑자임에도 도산하는 것을 뜻한다. 기업의 도산은 보통 과중한 적자로 경영이 부진할 때 일어나는 것이지만, 흑자도산이란 수지균형이 잡혀서 언뜻 보면 건전경영인 것 같은데도 회전자금의 변통이 어려워 부도가 나 도산하는 것을 말한다. 금융긴축의 결과, 거래처의 도산 또는 기타 자금회전이 어려울 경우 도산하게 된다.

어닝 쇼크(earning shock)•••

기업이 실적을 발표할 때 시장에서 예상했던 것보다 저조한 실적을 발표하는 것을 말한다. 시장의 예상치보다 실적이 저조하면 기업이 아무리 좋은 실적을 발표해도 주가는 떨어지기 마련이다. 반대로 저조한 실적을 발표해도 예상치보다 나쁘지 않으면 주가가 오르기도 한다. 하지만 쇼크가 통상 부정적인 의미로 사용되기 때문에 어닝 쇼크는 실적이 예상치보다 낮은 경우를 가리킨다. 반대로 시장 예상치를 훨씬 뛰어넘는 깜짝 실적은 어닝 서프라이즈(earning suprise)라고 한다.

어닝 시즌(earning season) 기업들의 분기별 또는 반기별 실적 발표 시기를 일컫는다. 기업들은 1년에 네 차례 분기별 실적을 발표하고 이를 종합해 반기와 연간 결산보고서를 발표한다. 우리나라의 경우, 어닝 시즌은 보통 12월 결산법인들의 분기실적이 발표되는 시기가 기준이 된다. 국내 기업들은 1분기 결산일로부터 45일 이내에 실적을 공시해야 한다.

직무의 3면 등가법칙 •••

직무와 관련된 권한, 책임, 의무가 서로 균형을 이뤄야 효율적인 업무수행이 가능하다는 직무수행에 관한 법칙이다. 즉, 직무에는 「책임 = 권한 = 의무」의 등식이 성립되는데 이것이 직무의 3면 등가법칙이다.

헤일로 효과(halo effect) •••

어떤 사물이나 사람을 평가할 때 부분적인 속성에서 받은 인상 때문에 다른 측면에서의 평가나 전체적인 평가가 영향을 받는 부적절한 일반화의 경향을 의미한다. 첫 만남에서 형성된 인상이나 고정관념이 상대방에 대한 전반적인 인상을 형성하거나, 한 사람의 특정 분야에 있어 부분적인 특성(업적)을 전체의 수준으로 확대 해석해 평가하는 경우가 여기에 해당된다. 이러한 심리적 기제는 마케팅에 활용돼 소비자의 구매 욕구를 높이기도 한다.

초두효과(primacy effect) 대부분의 경우 먼저 제시된 정보가 나중에 들어온 정보보다 전반적인 인상 현상에 더욱 강력한 영향을 미치는 것을 말하는데, 흔히 첫인상이 중요하다는 말로 표현된다.

빈발효과(frequency effect) 첫인상이 좋지 않게 형성됐다고 할지라도, 반복해서 제시되는 행동이나 태도가 첫인상과는 달리 진지하고 솔직하면 점차 좋은 인상으로 바뀌게 되는 현상을 말한다.

사일로 효과(organizational silos effect) •••

조직 장벽과 부서 이기주의를 의미하는 용어로, 조직에 있어서 각 부서 간에 담을 쌓고 내부 이익만을 추구하는 현상을 말한다. 본래 사일로는 곡식을 저장해 두는 굴뚝 모양의 창고를 가리키는 말이다. 성과주의가 심화되면서 부서 간의 지나친 경쟁 등으로 사일로 현상의 병폐가 나타나고 있다.

차이니즈월(Chinese wall) •••

중국의 만리장성이 유목 지역과 농경 지역을 갈라놓은 데서 유래된 말로, 기업 내 정보교류를 차단하는 장치나 제도를 뜻한다. 영역 확대로 인한 다양한 업무의 수행 과정에서 고객보다는 내부 관계사 이익에 부합하는 행위를 방지하기 위한 목적에서 만들어진 것으로, 자본시장법 제45조에 규정돼 있다.

링겔만 효과(Ringelmann effect) •••

집단에 참여하는 사람의 수가 늘어날수록, 성과에 대한 1인당 공헌도가 오히려 떨어지는 현상을 말한다. 개인이 혼자 일할 때 100% 역량을 발휘하는 구성원이 다른 사람과 함께 집단 내에서 일할 때는 이에 못 미치는 성과를 내는 조직 심리학 측면의 현상이라고 할 수 있다. 독일 심리학자 링겔만(M. Ringelmann)은 줄다리기 실험을 통해 이를 입증했다.

다면평가제(多面評價制) •••

근무평가 시 상사, 부하, 동료, 외부인 등의 평가를 모두 모아 평점을 매기는 제도로, 인사평가의 타당성, 신뢰성, 객관성을 높이고자 개발된 평가방식이다.

Chapter 04

경영 · 마케팅 상식력 테스트

선다형 문제

01 다음 중 X이론과 관련된 것은? MBC, 한국전력공사

① 민주적 지도이론
② 자기실현적 인간관
③ 자유방임적 인간관
④ 권위주의적 지도이론

④ X이론은 권위주의적 지도이론과 관련이 있다.
X · Y이론 : 미국 경영학자 맥그리거(D. Mcgregor)는 1960년대에 관리나 조직에 있어서의 인간관 내지 인간에 관한 가설의 유형을 다음 두 가지로 제시했다. 기본적으로 인간 본성에 대한 부정적인 관점을 X이론, 긍정적인 관점을 Y이론이라고 한다.

X이론	인간은 본래 노동을 싫어하고 경제적인 동기에 의해서만 노동을 하며 명령 · 지시받은 일밖에 실행하지 않는다는 것. 따라서 엄격한 감독, 상세한 명령 · 지시, 상사의 하부에 대한 지배 중시, 금전적 자극 등을 특색으로 하는 관리나 조직이 출현하게 된다.
Y이론	성선설의 입장에서 인간은 본래부터 일을 싫어하는 것(X이론)이 아니라 자기의 능력을 발휘해서 자기실현을 지향한다는 인간관. 의사결정에 조직 구성원을 광범하게 참여시키는 참여적 관리, 목표관리가 행해지며 엄격한 관리 대신 부하가 문제해결의 주체가 되고 상사는 그 문제해결을 도와주는 식의 관리가 행해진다.

02 테일러가 직계 조직의 결점을 시정하기 위해 제창한 경영관리 조직은? 서울교통공사

① 직능 조직
② 직계 참모 조직
③ 사업부제 조직
④ 애자일 조직

① 관리자가 담당하는 일을 전문화해 각 기능(직능)별로 전문가를 두어 그 업무를 전문적으로 지휘하고 감독하게 하는 조직을 말한다. 이것은 테일러(F. W. Taylor)가 직계 조직의 결함을 시정하기 위해 창안해 테일러식 조직이라고도 한다(중소기업에 적합).
② 라인(line) 조직의 지휘, 명령의 통일성을 유지함과 동시에 그 결점을 보완하기 위해 참모(staff)제도를 절충시킨 조직이다. 에머슨(H. Emerson)이 창안해 에머슨식 조직이라고도 한다(현대적 대기업에 적합).
③ 부처 내에 자주성을 가진 통일적인 행정관리 단위를 형성하기 위한 조직 형태
④ 부서 간 경계를 허물고 필요에 맞게 소규모 팀을 구성해 업무를 수행하는 조직 형태

03 경제학자 폴 사무엘슨은 자본주의 시장에서도 합성의 오류 문제가 존재한다고 했다. 다음에서 합성의 오류 현상을 가장 잘 보여주는 것은? 한겨레신문

① 금리를 올리면 부동산 투기는 잡을 수 있지만 경제 전반에는 오히려 나쁘다.
② 저축은 미덕이지만, 모두가 저축만 하면 소비가 줄어 경기가 침체된다.
③ 휴대폰 수출이 늘어날수록 퀄컴에 대한 특허료 지급은 더 많아진다.
④ 정부, 기업, 개인 등 각 경제주체들의 목표가 같으면 경제는 성장할 수 없다.

합성의 오류(fallacy of composition) : 어떤 사물이나 현상의 부분적 속성을 전체도 가지고 있을 것이라고 단정하는 논리를 말한다. 경제학자 폴 사무엘슨은 이 개념을 도입하면서, 경제주체들의 주장이나 행동이 개별적으로 선(善)하고 정당하더라도 경제 전체에 악영향을 미칠 수 있음을 경고했다.

04 생산기업체에서 종업원이 자발적으로 최선의 노력과 주의를 통해 결점을 없애자는 운동은?

한국전력공사, 한국토지주택공사

① ZD 운동　② 3S 운동
③ PC 운동　④ 3R 운동

① **ZD(zero defect) 운동**: 작업 시 결함을 없애자는 무결점 운동. 이 운동은 1962년 미국 방위산업체 마틴사에서 미사일을 제조할 당시, 납기단축에도 불구하고 개개 종업원의 주의와 연구를 통해 결함 없이 미사일을 완성한 데서 비롯됐다.
② 표준화(standardization), 단순화(simplification), 전문화(specialization)의 3개 머리글자를 따 만든 생산성 향상 운동
③ 인종과 성별, 종교, 성적지향, 장애, 직업 등과 관련해 소수약자에 대한 편견이 섞인 표현을 쓰지 말자는 정치·사회적 운동
④ 절약(reduce)·재사용(reuse)·재활용(recycle)의 머리글자를 딴, 물자를 절약하고 재활용하자는 환경 운동

05 필요한 부품을 필요할 때 필요한 만큼 생산 또는 구매·공급해서 재고 감소, 비용 절감, 품질 향상 보장, 낭비 제거 등 생산흐름의 효율화와 신속화를 가져올 수 있는 시스템은?

① JIT(just in time)
② PERT(program evaluation and review technique)
③ MIS(management information system)
④ TQM(total quality management)

① **JIT(just in time)**: 일본에서 개발된 재고관리기법으로 적시생산 또는 무재고 생산이라고도 한다.
② 사업의 일정 관리를 위해 개발된 기법으로 주로 신상품 개발과 같이 소요시간 예측이 어려운 경우에 활용
③ 경영정보시스템. 기업과 관계된 내·외부의 모든 정보를 컴퓨터로 정보화 처리한 경영 방식
④ 총체적 품질관리. 고객의 요구에 부응하는 품질 달성을 최우선의 목표로 삼고 지속적으로 개선을 하는 관리개선 기법

06 신기술 특허출원과 관련해 다른 사람들이 모방할 것을 우려해 특허출원을 하지 않는 것을 일컫는 말은?

한국중부발전

① 경영혁신 전략　② 블라인드 전략
③ 매트릭스 전략　④ 벤치마킹 전략
⑤ 블랙박스 전략

⑤ 검은 상자에 꼭꼭 숨겨둔다는 의미로, 기술공개에 따른 동종업계의 모방 가능성을 원천 차단하기 위해 아예 특허조차 내지 않고 기술을 숨기려는 전략
④ 어느 특정 분야에서 우수한 상대를 표적으로 삼아 자기 기업과 성과를 비교하고 이를 극복하기 위해 그들의 뛰어난 운영 프로세스 등을 배우는 동시에 자기혁신을 추구하는 기법

07 기업 인수·합병(M&A)과 직접적인 관계가 없는 용어는?

중앙일보

① 기업사냥꾼　② 주가지수옵션
③ 그린 메일　④ 흑기사

② **주가지수옵션(stock index option)**: 일정 기간 내에 특정 주식을 지정된 가격으로 사고파는 권리를 거래하는 것으로, 기업 M&A와 직접적인 관련이 없다.
① 기업의 M&A와 관련된 전문투자가
③ 경영권을 담보로 보유주식을 시가보다 비싸게 되파는 행위
④ 경영권 탈취를 돕는 제3자

08 우리나라의 이른바 「재벌기업」은 다음 중 어디에 해당되는가?

① 트러스트　② 콘체른
③ 콤비나트　④ 카르텔

② **콘체른(konzern)**: 법률상 독립돼 있으나 경영상 실질적으로 결합돼 있는 기업결합 형태
① 동종 또는 상호 관계가 있는 이종기업 간의 완전 합동
③ 독립된 기업이 기술적 합리화를 목적으로 지역적·다각적으로 결합하는 다수 기업집단 형태
④ 동종기업 간의 협정

Answer 1. ④ 2. ① 3. ② 4. ① 5. ① 6. ⑤ 7. ② 8. ②

09 공격 대상 기업이 자사의 편에 서서 경영권을 빼앗기지 않도록 도와줌으로써 우호적인 주주들을 확보하는 적대적인 M&A 방어전략은?

국립공원관리공단, 근로복지공단

① 백기사(white knight)
② 포이즌 필(poison pill)
③ 황금낙하산(golden parachute)
④ 차등의결권제도
⑤ 빅배스(big bath)

① **백기사(white knight)**: 「경영권 방어에 협조적인 우호주주」를 뜻하며, 어느 기업이 적대적 M&A(인수·합병)에 휘말렸을 때 이에 대한 방어전략 중의 하나이다.
② 적대적 기업 인수·합병이나 경영권 침해 시도가 발생하는 경우에 기존 주주들에게 시가보다 훨씬 싼 가격에 지분을 매입할 수 있도록 미리 권리를 부여하는 제도
③ 적대적 기업 인수 결과 대상 기업의 최고경영진이 실직할 경우 통상적인 퇴직금 이외에 현금이나 주식매입선택권(stock option) 등을 규정 이상으로 지급하거나 남은 임기의 상여금 지급 등을 보장하는 계약으로 적대적 M&A 시도자의 매수 부담을 증가시키는 전략
④ 1주 1의결권을 갖는 주식 외에 복수의결권이 인정되는 주식을 발행함으로써 지배주주의 경영권을 강화하는 방법
⑤ 새로 부임하는 기업의 CEO가 전임 CEO의 재임기간에 누적된 손실을 회계장부상에서 최대한으로 털어 버리거나 과도하게 상각하는 행위

10 주식회사를 설립하는 데 필요한 최소 발기인 수는?

SBS

① 1명 ② 2명
③ 3명 ④ 5명

주식회사 설립 시 1주당 최저액면가는 100원이며, 발기인 수는 1인 이상으로 자본금이 없어도 설립이 가능하다.

11 ㉠, ㉡에 해당하는 말을 고르면?

KBS

> ㉠ 기업 가치가 10억 달러 이상인 스타트업
> ㉡ 기업 가치가 100억 달러 이상인 스타트업

	㉠	㉡
①	데카콘	헥토콘
②	유니콘	데카콘
③	헥토콘	유니콘
④	유니콘	헥토콘

기업가치가 10억 달러 이상인 스타트업은 유니콘이고, 100억 달러 이상인 스타트업은 데카콘이다. 유니콘의 100배(Hecto) 가치를 가진 기업은 헥토콘(Hectocorn)이라고 부른다.

12 다음 제시된 실험에서 연상되는 것은?

YTN

> 집단에 속해 있는 개인의 공헌도를 측정하기 위한 줄다리기 실험을 실시했다. 이 실험에서는 2명이 속한 그룹에서 한 명이 발휘하는 힘의 크기는 자신의 힘의 93%였지만 3명이 속한 그룹에서 1명이 발휘하는 힘의 크기는 자신의 힘의 85%로 떨어졌다.

① 링겔만 효과 ② 언더독 효과
③ 넛지 효과 ④ 자이가르닉 효과
⑤ 디드로 효과

① **링겔만 효과(Ringelmann effect)**: M. 링겔만의 실험에서 비롯된 개념으로, 한 집단의 구성원 증가와 집단의 역량이 비례하지 않는 현상을 일컫는다. 즉, 개인의 역량이 집단의 규모가 커질수록 감소한다는 것으로 시너지 효과(synergy effect)의 반대 개념이다.
② 경쟁에서 열세에 있는 약자를 더 응원하고 지지하는 심리 현상을 일컫는다.
③ 넛지(nudge)는 「옆구리를 슬쩍 찌른다」는 뜻으로 강요에 의하지 않고 유연하게 개입함으로써 선택을 유도하는 방법을 뜻한다.
④ 마치지 못하거나 완성하지 못한 일을 쉽게 마음속에서 지우지 못하는 현상으로, 미완성 효과라고도 한다.
⑤ 하나의 물건을 갖게 되면 그것에 어울리는 다른 물건들을 계속적으로 사게 되는 현상을 일컫는다.

13 일단 어떤 행동을 선택해 추진하게 되면 그것이 만족스럽지 못하더라도 이전에 투자한 것이 아깝거나 그것을 정당화하기 위해 더욱 깊이 개입해 가는 의사결정과정을 일컫는 것은? MBC

① 긍정오류 ② 부정오류
③ 도박사의 오류 ④ 콩코드의 오류

④ **콩코드의 오류(Concorde fallacy)** : 어떤 행동을 적자로 마감하지 않으려는 인간의 경제심리에 의한 의사결정으로, 이 때문에 인간은 적절한 선에서 손실을 확정하고 물러나기가 어렵다. 매몰비용오류(sunk cost fallacy)라고도 한다.
① 존재하지 않는 것을 있다고 진단하는 오류
② 존재하는 것을 없다고 진단하는 오류
③ 선행 사건과 후행 사건이 연관성이 없음에도 연관성이 있다고 받아들이는 오류

14 동종업체나 협력업체, 경쟁업체 간에 전략적 제휴나 합작관계를 맺고 이를 통해 형성하는 기업 네트워크로서 특정 목적을 달성한 후에는 해체되는 한시적인 기업 형태는? 한국토지주택공사

① partnership ② mind company
③ franchise ④ virtual corporation
⑤ joint venture

④ **virtual corporation(가상기업)** : 미국 아이아코카 연구소의 로저 나겔 교수가 미국 제조업의 침체를 연구하며 제시한 것으로, 첨단 정보통신 기술을 바탕으로 기업들이 가진 정보를 공유하는 기업 형태이다.
② 자본을 투자해 설립한 합자회사가 아니라 기업이념이나 사업방향 등 무형의 자산을 투자해 설립한 정신적인 합자회사
③ 동일한 상표, 상호, 로고 기타 영업표지를 이용해 사업을 영위하는 경영 방식
⑤ 합작투자. 개인 기업에 대응하는 말로, 기업의 주체가 집단인 기업

15 소비자가 어떤 제품을 사용하다가 피해를 입었을 때 제조업체나 판매업체 측의 과실 유무에 관계없이 무조건 피해보상을 해 주어야 하는 제품책임제도는? 경기신용보증재단

① PL 제도 ② ABC 제도
③ ZBB 제도 ④ 쿨링오프 제도

① **PL(product liability) 제도** : 기업이 제작·유통한 제조물에 대해 안전을 보장하고 각종 결함에 따른 사고를 책임지는 제도로 2002년 7월 1일부터 국내에 도입됐다.
② 발행부수공사기구
③ 제로베이스 예산 제도
④ 판매원의 상술이나 언변에 홀려 상품을 구입한 경우 소비자가 일정 기간 내에 계약을 취소하고 계약금을 되돌려받을 수 있는 제도

16 카드사의 각종 할인이나 포인트 제도는 적극적으로 이용하면서도 실제 카드로는 상품을 구매하지 않는 사람들을 일컫는 말은? 근로복지공단

① 체리피커(cherry picker)
② 매스클루시버티(massclusivity)
③ 머추리얼리즘(maturialism)
④ 걸리시 소비자(girlish consumer)

① **체리피커(cherry picker)** : 카드 혜택만 쏙쏙 가져가는 소비자들을 지칭하는 말. 접시에 섞여 담긴 신포도와 체리 중 달콤한 체리만 집어먹는 얄미운 이들을 빗댄 표현이다.
② 극히 소수에게만 맞춤 생산으로 제공하는 고급상품이나 서비스
③ 젊은 세대가 주도하는 기존 소비시장에 만족하지 않는 중년층이 자신의 삶을 적극적으로 가꾸기 위한 상품을 찾는 소비성향
④ 성년이 된 뒤에도 10대 소녀처럼 어려 보이고 싶은 욕구가 늘어나면서 여성스러움을 추구하는 여성 소비계층

Answer 9. ① 10. ① 11. ② 12. ① 13. ④ 14. ④ 15. ① 16. ①

17 최고업무책임자를 지칭하는 용어는?

국민일보, 한국주택금융공사

① CEO ② CMO
③ COO ④ CFO

③ **COO(chief operation officer)**: 기업 내의 사업을 총괄하며, 일상 업무를 원활하게 추진하기 위한 의사결정을 행하는 최고운영책임자이다. 기업에 따라 최고업무책임자·최고집행책임자·업무최고책임자 등으로 쓰인다.
① chief executive officer, 최고경영책임자
② chief management officer, 최고마케팅책임자
④ chief financial officer, 최고재무책임자

18 전 세계 1~3% 안에 드는 최상류 부유층의 소비자들을 겨냥해 따로 프리미엄 제품을 내놓는 마케팅은?

YTN, 한국에너지공단

① 하이엔드 마케팅(high-end marketing)
② 임페리얼 마케팅(imperial marketing)
③ 카니벌라이제이션(cannibalization)
④ 하이브리드 마케팅(hybrid marketing)

① **하이엔드 마케팅(high-end marketing)**: 극소수의 최상류층을 겨냥한 마케팅. 외제차, 고급의류 등 고가명품이 주를 이루며, 럭셔리 마케팅, 프레스티지 마케팅, VIP 마케팅 등으로 불린다.
② 가격파괴와 정반대의 개념으로 높은 가격과 좋은 품질로써 소비자를 공략하는 판매기법
③ 자기잠식 효과. 기능이나 디자인이 탁월한 후속 제품이 나오면서 해당 기업이 먼저 내놓은 비슷한 제품의 시장을 깎아먹는 경우, 혹은 중국에서 만든 저가 제품이 국내 시장에 들어와 동일 회사의 제품 시장을 잠식하는 경우 등을 말한다.
④ 비용을 절감하는 동시에 비교우위를 확보하는 판매기법

19 언더독 효과의 예시로 바른 것은?

MBC

① 욱진이는 친구들 사이에서 유행하는 신발을 구입했다.
② 우식이는 축구 경기에서 열세인 팀을 응원했다.
③ 남자 소변기 중앙에 파리그림을 그려놓았더니 변기 밖으로 튀는 소변의 양이 줄어들었다.
④ 규원이는 친구에게 가운을 선물 받은 후 서재 가구 전체를 바꿨다.
⑤ A백화점은 지하에 식품매장을, 꼭대기 층에 전문 식당가를 조성했다.

언더독 효과(underdog effect): 경쟁에서 열세에 있는 약자를 더 응원하고 지지하는 심리현상을 뜻하는 용어로, 개싸움에서 아래에 깔린 개(언더독)를 응원한다는 뜻에서 비롯됐다.
① **밴드왜건 효과**: 어떤 재화에 대한 수요가 많아지면 그 경향에 따라서 다른 사람들도 이 재화에 대한 수요를 증가시키는 편승 효과
③ **넛지 효과**: 강요에 의하지 않고 유연하게 개입함으로써 선택을 유도하는 방법
④ **디드로 효과**: 하나의 물건을 갖게 되면 그것에 어울리는 다른 물건을 계속해서 사게 되는 현상
⑤ **샤워 효과**: 위층에 소비자들을 유인할 수 있는 상품을 배치해 위층의 고객 집객 효과가 아래층까지 영향을 미쳐 백화점 전체의 매출이 상승하는 효과

20 다음 중 기업이 일반적으로 인정된 회계원칙에 의해 준비해야 하는 재무제표가 아닌 것은?

한겨레신문, 한국전력공사, 한국토지주택공사

① 재무상태표 ② 자본변동표
③ 현금흐름표 ④ 제조원가명세서
⑤ 손익계산서

우리나라 기업회계 기준의 재무제표 종류로는 재무상태표(대차대조표), 포괄손익계산서(손익계산서), 이익잉여금 처분계산서, 주석과 주기가 있으며 상장법인 등 외부 회계감사를 받는 회사는 현금흐름표 및 자본변동표가 추가된다.

21 영업, 재무활동을 통해 얻은 잉여금이나 이익의 사내유보에서 발생하는 잉여금은? 한국마사회

① 당기순이익 ② 이익잉여금
③ 영업이익 ④ 매출총이익

② **이익잉여금**(earned surplus) : 손익거래에 의해서 발생한 잉여금이나 이익의 사내유보에서 발생하는 잉여금으로 기업의 영업활동에서 생긴 순이익이다. 배당이나 상여 등의 형태로 사외로 유출시키지 않고 사내에 유보한 부분이다.
① 기업이 일정 기간에 얻은 수익에서 지출한 모든 비용을 공제하고 순수하게 이익으로 남은 몫. 매출액과 함께 회사의 경영 상태를 나타내는 대표적인 지표이며 주식투자의 판단자료로도 이용된다.
③ 기업 본래의 영업활동에 의해 창출한 이익으로 일반적인 기업의 영업성과를 보여준다.
④ 상품 또는 제품의 매출액에서 매출된 상품 또는 제품원가를 공제한 차액

22 일종의 허영심에 의해 수요가 발생하는 현상으로, 가격이 상승해도 소비량이 늘어나는 것은? 한국주택금융공사, 한국토지주택공사

① 스놉효과(snob effect)
② 베블런 효과(Veblen effect)
③ 의존효과(dependence effect)
④ 자산효과(wealth effect)
⑤ 피셔효과(Fisher effect)

② **베블런 효과**(Veblen effect) : 허영심에 의해 수요가 발생하는 것. 비쌀수록 수요가 증가하는 다이아몬드가 그 예이다.
① 백로효과(白鷺效果) 또는 속물효과. 밴드왜건 효과와 반대되는 현상으로, 다른 사람들의 소비가 자신의 소비에 반대 방향으로 작용하는 경우이다.
③ 소비재에 대한 소비자의 수요가 소비자 자신의 자주적 욕망에 의존하는 것이 아니라 생산자의 광고·선전 등에 의존해 이루어지는 현상을 나타내는 용어이다.
④ 서류상 이익으로 부유하다는 느낌을 갖게 되는 것이다.
⑤ 인플레이션이 예상되면 채권자들이 예상 인플레이션율 만큼 명목이자율을 높게 설정하게 되는 효과이다.

23 분식결산이란 무엇인가? SBS, 스포츠서울, 코리아헤럴드

① 대규모 기업집단이 계열사의 영업 실적을 한데 합쳐 결산한 것
② 기업들이 자기회사의 영업 실적을 줄여서 결산한 것
③ 기업들이 자기회사의 영업 실적을 부풀려 결산한 것
④ 기업들이 다른 회사의 영업 실적을 빌려 결산한 것

분식결산(粉飾決算) : 기업이 자산이나 이익을 실제보다 부풀려 재무제표상의 수치를 고의로 왜곡시켜 행하는 회계를 말한다. ②는 역분식 결산으로 탈세 목적으로 행해진다. 감추어진 이익은 대손충당금, 가격변동준비금 등의 형태를 취한다.

24 담합 행위를 스스로 신고한 기업에 과징금을 감면 또는 면제해 주는 제도로, 죄수의 딜레마 이론을 활용했다. 미국에서 처음 시작돼 국내에는 1997년 도입된 이 제도는? KBS

① 플리바게닝 ② 리니언시
③ 휘슬블로어 ④ 로그롤링

② 리니언시는 담합 행위에 대한 적발을 높일 뿐만 아니라 관련 기업이 상대 기업을 신고할 수도 있기 때문에 죄수의 딜레마 이론을 활용한 제도라고 할 수 있다.
① 피고가 유죄를 인정하거나 다른 사람에 대해 증언을 하는 대가로 검찰 측이 형을 낮추거나 가벼운 죄목으로 다루기로 거래하는 것을 말한다.
③ 기업이나 정부기관 내에 근무하는 조직의 구성원이거나 구성원이었던 사람이 조직 내부에서 발생한 부정, 부패, 불법, 비리, 예산낭비 등을 알게 돼 이를 시정하고자 내부책임자 및 감사부서에 보고하는 것을 말한다.
④ 정치세력이 상호지원의 차원에서 투표거래나 투표담합을 하는 행위를 지칭한다. 즉, 자신의 선호와 무관한 대안에 투표하거나, 암묵적인 동의를 하는 의사결정 행태를 가리킨다.

Answer 17. ③ 18. ① 19. ② 20. ④ 21. ② 22. ② 23. ③ 24. ②

단답형 문제

25 금융기관이 기업에 내출해 준 돈을 회수하지 않고 기업의 주식과 맞바꾸는 형식의 기업 재무구조 개선 방법은?

26 경기불황기에 적은 비용으로 소비자의 욕구를 충족시켜 주는 일부 저가제품의 매출이 증가하는 현상은?

27 기업에 고용돼 시장의 유행 정보를 제공하는 소비자를 지칭하는 말은? MBC

28 경영 분야 등에 있어 기존 시장에 충격을 가할 정도로 혁신적인 아이디어를 제시해 결과나 흐름의 판도를 뒤바꾸는 역할을 한 인물, 사건 등을 일컫는 말은? 연합뉴스

29 원래 인체의 근육이나 신경이 결합해 나타나는 활동이나 그 작용을 뜻하는 말로서, 기업 간의 합병 등 독립된 2개 부문 이상이 결합했을 때 단순 합산 이상의 효과를 가져오는 경우를 일컫는 말은? SBS, 조선일보

30 미국 정치 · 경제학자인 존 윌리엄슨이 1989년 자신의 저서에서 제시한 남미 등 개도국에 대한 개혁처방에서 유래한 말로 1990년대 초 IMF와 세계은행, 미국 내 정치 · 경제학자들, 행정부 관료들의 논의를 거쳐 미국식 시장경제체제의 대외 확산 전략을 의미하는 것으로 정립된 말은? 한국경제신문

31 인터넷으로 상품을 구매할 때 다른 사람이 제품을 사용한 경험을 중시해 물건 구입 시 사용자 후기를 보고 그 물건을 산 사람의 의견을 참고해 구매결정을 내리는 소비자를 일컫는 말은? 문화일보

32 시장원리에 의해 퇴출돼야 하지만 정부예산 및 보증기금의 지원으로 연명하면서 덤핑 등으로 다른 정상기업들에 피해를 주는 한계기업을 지칭하는 말은?

33 일반적으로 기업시민주의라는 뜻으로 사용되는 용어로, 기업이 이윤을 사회에 환원한다는 정신으로 각종 기부활동을 통해 사회에 적극적인 공헌을 해야 한다는 사고방식을 가리키는 말은? 한국중부발전

34 가공품을 주로 판매하는 편의점과 달리 채소, 생선 등 농축산물도 함께 판매하며, 대형마트에 비해 출점이 용이한 기업형 슈퍼마켓은? 한겨레신문

35 앨빈 토플러 등 미래학자들이 예견한 상품개발 주체에 의한 개념으로, 소비자가 직접 상품의 개발을 요구하며 아이디어를 제안하고 기업이 이를 수용해 신제품을 개발하는 것은? 머니투데이, 스포츠서울

36 수익이 없는 고객의 수요를 감소시키고, 핵심고객과의 관계에 집중하는 마케팅 활동을 뜻하는 말은? 국립공원관리공단

37 조직의 부서들이 서로 장벽을 쌓고 부서 또는 내부 이익만을 추구하는 현상을 굴뚝 모양의 창고에 빗대어 나타낸 용어는? 국민연금공단

Answer **25.** 출자전환(DES; debt-equity swap) **26.** 립스틱효과(lipstick effect) **27.** 쿨헌터(cool hunter) **28.** 게임체인저(game changer) **29.** 시너지 효과(synergy effect) **30.** 워싱턴 컨센서스(Washington Consensus) **31.** 트윈슈머(twinsumer) **32.** 뱀파이어 기업 **33.** 필랜스러피(philanthropy) **34.** SSM(super supermarket) **35.** 프로슈머(prosumer) **36.** 디마케팅(demarketing) **37.** 사일로 효과(organizational silos effect)

완성형 문제

38 미국의 정치 · 경제평론가 번햄(J. Burnham)은 (　　) 혁명이란 말을 제일 먼저 사용한 사람이다. 동아일보

39 성과공유제는 (　　)와/과 (　　)이(가) 공동으로 협력활동을 통해 성과가 나면 이를 사전에 계약한 대로 나누는 제도를 말한다.

40 대중에게 잘 알려져 있지는 않지만 각 분야에서 세계시장을 지배하는 우량 강소기업을 (　　)(이)라 한다. 한국농어촌공사

41 (　　)은/는 시장에 나오자마자 산업을 변화시키고 시장을 재편해 경쟁 제품을 완전히 몰아냄으로써 초기에 투자한 비용을 수십 배 이상으로 회수할 수 있는 혁신적인 상품을 뜻한다. 한국중부발전

42 자기자본이익률(ROE)은 자기자본이 얼마나 효율적으로 운영됐는지를 반영하는 지표로, 기업의 (①)을/를 (②)(으)로 나눈 후 100을 곱한 수치로 계산한다. 국민연금공단, 한국공항공사

43 손익분기점(BEP)은 (　　)와/과 (　　)이/가 같아지는 점으로, 투입된 비용을 완전히 회수할 수 있는 매출액이 얼마인가를 나타내는 것이다. 한국마사회, 한국석유공사

44 PL상품은 (　　)이/가 제조업체에 상품을 주문 · 생산해 자체 상표를 부착한 상품이다. 서울시농수산식품공사

45 스핀오프(spin off)란 M&A의 반대 개념으로, 기업의 경쟁력 강화를 위해 일부 사업부문을 (　　)(으)로 분리 · 독립시키는 것이다. 근로복지공단

46 직접 상품의 개발을 기업에 요구하고 아이디어를 제안하는 등 제품의 생산 및 개발에 참여하는 소비자를 뜻하는 (　　)은/는 앨빈 토플러 등 미래학자들이 예견한 상품개발 주체에 의한 개념이다. 국민건강보험공단

47 (　　) 마케팅은 심야 전력 할인처럼 시간적 · 계절적 요인에 의한 불규칙적인 수요상태를 평준화하기 위해 활용하는 마케팅을 말한다. 인천항만공사

48 (　　) 마케팅은 소비자들이 자발적으로 상품 및 서비스에 대한 긍정적 소문을 내도록 하는, 즉 입소문 마케팅을 말한다. 서울시농수산식품공사

49 인사고과 평가 시에 특정 요소로부터 받은 인상이 중요한 영향을 미치는 (　　)와/과 같은 오류를 범하지 않도록 유의해야 한다. 한국전기안전공사

50 IFRS는 기업의 회계 처리와 재무제표에 대한 국제적 통일성을 높이기 위해 마련된 회계기준으로, (　　)을/를 기업의 주 재무제표로 한다. 한국예탁결제원

51 (　　) 마케팅은 매스미디어를 사용하지 않으면서 고객이 광고라는 사실을 인식하지 못하는 과정 속에서 브랜드의 커뮤니케이션을 수행하는 광고기법이다. 한국산업인력공단

Answer **38.** 경영자 **39.** 대기업, 중소기업 **40.** 히든 챔피언(hidden champion) **41.** 킬러 애플리케이션(killer application) **42.** ① 당기순이익 ② 자기자본 **43.** 총수익, 총비용 **44.** 유통업체 **45.** 자회사 **46.** 프로슈머(prosumer) **47.** 동시화 **48.** 버즈(buzz) **49.** 헤일로 효과(halo effect) 혹은 후광효과 **50.** 연결재무제표 **51.** 스텔스(stealth)

Chapter
05 재정 · 금융

01 재정 일반

재정의 3원칙 •••

양출제입(量出制入 : 지출을 헤아려 보고 수입 계획을 세움)의 원칙, 수지 균형의 원칙, 능력 강제의 원칙

회계연도(會計年度) •••

국가나 지방자치단체의 세입 · 세출을 구분하기 위해 설정하는 일정한 기간으로, 국가의 회계는 일반회계와 특별회계로 구분된다. 우리나라의 회계연도는 매년 1월 1일 시작해 12월 31일에 끝나는 역년제이다. 독일, 프랑스, 이탈리아, 러시아, 스페인 등이 우리나라와 같은 역년제 회계연도를 채택하고 있다. 예산은 1년제를 원칙으로 하며, 각 회계연도의 경비는 당해 연도의 세입 또는 수입으로 충당해야 한다는 「회계연도 독립의 원칙」에 따라야 한다.

일반회계(一般會計) •••

정부가 공공사업, 사회보장, 교육, 외교, 국방 등 일반행정을 추진하는 데 필요한 예산을 처리하는 회계로, 국가의 가장 기본적인 나라살림을 보여주는 회계이다. 일반회계는 내국세 · 관세 등 중앙정부의 조세수입과 과태료 등 세외수입, 전년도에 쓰고 남은 이월금 및 차입금을 세입으로 하며, 일반행정 · 국방 · 사회개발 · 교육 · 공공사업 등에 소요되는 지출을 세출로 해 구성된다. 국가 행정은 원래 하나의 회계로 처리할 수 있으며 이를 「예산의 단일주의」라고 한다.

특별회계(特別會計) 특별한 목적에 따라 일반회계와 분리해 별개로 설치한 회계. 우리나라의 경우 국가에서 특정 사업을 운영할 때, 국가가 특정 자금을 보유 · 운용할 때, 특정한 세입으로 특정한 세출에만 충당할 때 법률에 의해 특별회계를 설치할 수 있는데 사업특별회계, 자금특별회계 등으로 나뉜다.

추가경정예산(追加更正豫算) •••

국가의 예산이 실행 단계에 들어간 후에 부득이한 사유에 의해 필요불가결한 경비가 생겼을 때 정부가 예산을 추가 변경해 국회에 제출하고 국회의 의결을 거쳐 집행하는 예산이다. 따라서 본예산과 추가경정예산이 그해의 총예산이 된다. 추가경정예산은 단일예산의 원칙에 대한 예외이다.

준예산(準豫算) •••

국회에서 회계연도 개시 30일 전까지 예산안이 의결되지 못한 경우에 정부가 일정한 범위 내에서 전 회계연도의 예산에 준해 집행하는 잠정적인 예산이다.

예비비(豫備費)●●●

예상하기 곤란한 지출에 의한 예산의 부족을 충당하고자 용도 미정으로 세출예산에 설정하는 경비이다. 국회의 의결을 얻어야 하며, 지출한 경우에는 국회의 사후 승인을 요한다.

계속비(繼續費) 한 회계연도를 넘어 계속해 지출할 필요가 있는 경비를 말하며, 정부는 연한을 정해 국회의 의결을 얻어야 한다.

영기준 예산(zero based budget)●●●

모든 예산 항목에 대해 기득권을 인정하지 않고 매년 제로를 출발점으로 과거의 실적이나 효과, 정책의 우선순위를 엄격히 사정해서 예산을 편성하는 방법이다. 관리와 계획을 중시한 예산제도로서 예산 규모의 무질서한 팽창, 경직화를 방지하기 위해 기득권이나 관습에 사로잡히지 않는 입장을 취한다. 이 방법은 미국의 사무기기 업체 제록스사가 처음으로 도입했고, 우리나라는 1983년부터 채택했다. 영기준 예산제도의 장점으로는 가용자원의 효율적 분배, 예산의 효율적 집행, 추진 중인 사업에 대한 지속적 평가, 다른 예산제도와의 공존 가능 등을 들 수 있다. 반면에 국가적 모든 사업에 대해 매년 재검토하는 것은 현실적으로 불가능하고 많은 비용이 소모된다는 점, 예산정책의 일관성 · 지속성 유지가 힘들다는 점과 경직성이 강한 부문에는 적용하기 어렵다는 단점이 있다.

톱다운(top-down) 예산 기획예산처가 중장기 재정운용계획을 토대로 부처별 예산 한도를 미리 정해 주면 각 부처가 그 한도 안에서 자유롭게 예산을 편성하는 제도로, 2005년 예산 편성부터 도입됐다.

성인지 예산(gender sensitive budget, 性認知 豫算)●●●

국가예산의 배분 시 남녀평등을 고려한 제도로, 여성과 남성의 요구를 고르게 감안해 의도하지 않은 성차별이 초래되지 않도록 하는 것을 목적으로 한다. 이 제도는 1995년 베이징에서 개최된 유엔 세계여성대회에서 성 주류화(gender mainstreaming) 전략의 주요 의제로 채택되면서 세계 곳곳에서 시행되기 시작했다. 현재 미국 · 캐나다 · 영국 · 프랑스 등 전 세계 70여 개국에서 시행하고 있으며, 우리나라는 2010년 회계연도부터 도입했다.

세계잉여금(歲計剩餘金)●●●

재정운용 결과 세입이 예산보다 초과 징수되거나 지출이 당초 세출예산보다 적게 집행돼 불용액이 발생된 경우 초과세입과 세출불용액의 합계를 말한다. 즉, 정부가 1년 동안 거둬들여 쓰고 남은 돈이며, 국회의 동의 없이 집행된다. 예산회계법상 정부의 모든 지출은 예산에 계상돼야만 집행될 수 있지만 세계잉여금은 예산에 계상하지 않고서도 국채 원리금과 차입금을 상환할 용도로 사용될 수 있다.

조세의 4원칙●●●

공평의 원칙, 확실성의 원칙, 편의의 원칙, 징수비 최소의 원칙

직접세(直接稅) •••

납세의무자와 조세부담자가 일치해 조세부담이 전가되지 않는 조세이다. 직접세는 소득이나 재산에 따라 과세되고 담세력에 부응한 세라는 점에서 간접세에 비해 합리적이나, 조세저항이나 징수의 번잡 등의 단점이 있어 직접세 비중이 높은 선진국에서는 간접세의 비율이 점차 높아지는 추세이다. 국세 중 소득세 · 법인세 · 상속세 · 증여세 · 부당이득세, 지방세 중 주민세 · 취득세 · 자동차세 · 도시계획세 · 공동시설세 · 재산세 등이 직접세에 속한다. 국세 중 직접세는 약 30~40%의 비중을 차지하는데, 직접세가 과중하면 근로 의욕이나 저축 의욕이 감소되고 조세저항이 커진다.

간접세(間接稅) •••

납세의무자와 세금을 최종적으로 부담하게 되는 담세자가 일치하지 않는 조세이다. 간접세는 조세저항이 작고, 납세가 국민에게 편리하며, 개인적 사정에 간섭하는 것을 피할 수 있을 뿐만 아니라 국고 수입 조달상 유리하다. 그러나 역진성을 띠어 공평부담의 원칙에 어긋나고, 가격 변동을 일으켜 유통질서를 파괴시킨다는 단점이 있다. 국세 중 부가가치세, 개별소비세, 주세, 인지세, 증권거래세 등이 간접세에 속한다. 일반적으로 선진국은 직접세 중심이며, 우리나라를 비롯한 개발도상국은 경제발전 단계나 사회적 배경의 제약 때문에 간접세 중심이다.

▌직접세 · 간접세 비교

구분	직접세	간접세
성질	• 납세자와 담세자의 일치 • 조세의 전가성이 없음 • 소득과 재산의 원천(수입)에 기준을 두고 부과	• 납세자와 담세자의 불일치(최종 세금 부담자는 소비자이나 납세는 사업자가 함) • 조세가 타인에게 전가됨 • 소비(소득의 지출)와 유통 과정에 기준을 두고 부과
장점	• 담세능력에 따른 공평과세 가능 • 누진세 적용(고소득자에게는 높은 세율 적용)으로 소득 재분배 효과 • 조세수입이 확실	• 징수가 편리 • 조세에 대한 저항, 압박감이 작음 • 국가수입 조달이 편리하고 자본축적에 유리
단점	• 조세에 대한 저항, 압박감이 큼 • 조세징수가 곤란 • 일시에 많은 금액을 납부해야 함 • 저축과 근로의욕 저하	• 빈부와 상관없이 같은 소비에는 같은 세금을 부과하므로 저소득층에게 불리 • 조세수입이 불확실 • 가격 변동으로 물가상승을 자극함
종류	소득세, 상속 · 증여세, 재산세, 취득세, 등록세, 법인세 등	부가가치세, 개별소비세, 주세, 인지세, 증권거래세 등

국세(國稅) / 지방세(地方稅) •••

중앙정부의 살림을 위해 국민으로부터 징수하는 세금이 국세이고, 지방자치단체의 살림을 위해 지역주민으로부터 징수하는 세금이 지방세이다. 우리나라 국세 및 지방세의 조세 체계는 다음과 같이 구성돼 있다.

구분		보통세	목적세
국세	내국세	소득세, 법인세, 상속세, 증여세, 부가가치세, 개별소비세, 주세, 인지세, 증권거래세, 종합부동산세	교육세, 농어촌특별세, 교통・에너지・환경세
	관세, 임시수입부가세		
지방세		취득세, 등록면허세, 재산세, 주민세, 지방소득세, 지방소비세, 자동차세, 담배소비세, 레저세	지역자원시설세, 지방교육세

금융소득종합과세(金融所得綜合課稅) •••

금융기관으로부터 받는 이자소득이나 5년 미만 유지된 보험차익, 배당 등의 금융소득을 합산해 2000만 원이 넘을 경우 이 초과분을 근로소득, 사업소득, 부동산 임대소득 등 다른 소득과 합산해 과세하는 것이다. 이 제도는 원래 부부합산 4000만 원이었던 것이 2002년 8월에 위헌결정이 내려짐에 따라 개인별 4000만 원 이상으로 조정됐고, 2013년부터 2000만 원으로 재조정됐다. 금융실명제를 완결하는 후속조치로 1996년 소득부터 적용됐다가, 1997년 12월 3일 무기한 연기돼 사실상 폐지됐으나 2001년에 부활돼 2002년 5월에 첫 과세가 이뤄졌다.

개별소비세(個別消費稅) •••

일반적인 생활필수품 이외의 특정한 사치품이나 고가품의 소비에 대해서 일반 소비재보다 높은 비율의 세금을 부과하는 것으로, 세 부담의 역진성을 보완해 고소득층의 사치성 소비에 중과하고자 하는 데 중점을 둔 조세이다. 소득 재분배, 자원 배분, 재정 수입, 소비 억제의 효과를 기대할 수 있다.

부가가치세(VAT; value added tax) •••

상품(재화)의 거래나 서비스(용역)의 제공 과정에서 얻어지는 부가가치(이윤)에 대해 부과되는 조세로, 일반소비세이면서 간접세이다. 국내에서는 재화 및 용역의 최종가격에 10%의 부가가치세가 포함된다. 납세의무자는 국내에서 영리목적에 관계없이 독립적으로 사업을 하는 자이다. 부가가치세는 거의 모든 재화와 용역을 대상으로 하므로 조세 부과 영역이 가장 크다. 소득 규모에 상관없이 동일 세율을 적용하므로 공평과세원칙에는 어긋난다.

목적세(objective tax, 目的稅) •••

어떤 특정한 경비에 충당하기 위해 부과하는 세금이다. 세금 징수 단계에서부터 재원의 사용처를 미리 정해 놓은 세금으로 특정 목적 이외에는 사용할 수 없어 재정의 운용에 제한이 따른다. 따라서 국세에 대해서는 사용하는 나라가 드물다. 현재 우리나라에는 교육세, 농어촌특별세, 교통에너지환경세, 지역자원시설세, 지방교육세 등의 목적세가 있다.

준조세(quasi-tax, 準租稅)•••

세금은 아니지만 세금처럼 피할 수 없이 납부해야 하는 부담금이다. 중소기업의 경우 소속 업종별 조합비, 상공회의소 회비, 적십자 회비, 기금납부액 등 각종 준조세가 불필요한 자금 부담을 주고 원가 상승 요인으로 작용해, 국제경쟁력 강화에 걸림돌이 된다는 지적이 있다.

종합부동산세(綜合不動産稅)•••

부동산 보유에 대한 조세부담의 형평성을 제고하고 부동산의 가격 안정을 도모함으로써 지방재정의 균형발전과 국민경제의 건전한 발전을 기하려는 목적으로 2005년 6월부터 시행된 국세의 하나이다. 공시가격 9억 원 초과 주택(1세대 1주택자 12억 원), 종합합산 과세대상인 경우 공시지가 5억 원 초과인 토지, 별도합산 과세대상인 경우 공시지가 80억 원 초과인 토지에 대해 재산세와는 별도로 인별 합산해 국세로 징수된다.

토빈세(Tobin tax)•••

단기성 외환거래에 부과하는 세금을 지칭한다. 미국 경제학자 제임스 토빈(J. Tobin)이 1978년 국제 투기자본을 규제하기 위한 방안의 일종으로 제안해 붙여진 명칭이다. 단기적 자금 이동에 세금을 매겨 거래비용을 높임으로써 투기적 거래를 억제할 수 있으나 모든 국가가 토빈세를 도입하지 않으면 효력을 발휘하지 못한다.

부유세(net wealth tax, 富裕稅)•••

일정액 이상의 재산을 보유하고 있는 자에게 그 순자산액의 일정 비율을 비례적 혹은 누진적으로 과세하는 세금이다. 예컨대 한 사람이 가지고 있는 재산이 빚을 제외하고 총 액수가 일정 액수 이상일 때, 일정한 세율을 곱한 금액을 과세하는 것이다. 이는 빈부격차 해소, 재원 확보를 통한 사회복지 확충을 목적으로 한다. 벨기에, 노르웨이, 스페인, 스위스 등에서 행해지고 있다.

로빈후드 효과(Robin Hood effect) 소득 불평등을 해소하기 위해 부를 재분배할 경우 오히려 사회 전체의 부가 축소되는 현상을 뜻한다. 로빈후드 법칙이라고도 한다. 이러한 효과는 정치적 보수층이 사회적 분배나 부유세, 복지정책 등의 정책에 반박하기 위해 주로 인용한다. 저소득층 지원을 위해 고소득층에게 부담을 지우는 법을 「로빈후드법」, 고소득층에게 부과하는 세금을 「로빈후드세」라고도 부른다.

은행세(bank levy, 銀行稅)•••

은행에 투입된 공적자금을 회수하고 금융위기의 재발 방지를 위해 비예금성 부채에 부과하는 부담금으로 「거시건전성 부담금」이라고도 한다. 버락 오바마 미국 대통령이 도입을 주장해 「오바마세」라고도 불린다. 국내에는 2011년 8월부터 금융권의 비예금성 외화 부채에 외환건전성부담금(은행세)이 부과됐다. 은행세를 부담하는 기관은 은행법에 따라 설립된 은행과 산업은행, 수출입은행, 중소기업은행, 농협과 수협 신용사업 부문, 정책금융공사 등이다.

횡재세(windfall profit tax)●●●

일정 기준 이상의 이익을 얻은 법인이나 자연인에 대해 그 초과분에 보통소득세 외에 추가적으로 징수하는 소득세로, 「초과이윤세」라고도 한다. 정상 범위를 넘어서는 수익에 부과하는 것이어서 붙여진 이름이다.

디지털세(digital tax)●●●

다국적기업이 외국에 고정사업장을 두지 않아도 매출이 발생한 곳에서 세금을 부과하도록 한 조세체계이다. 경제협력개발기구(OECD)의 디지털세 합의안은 필라1(매출발생국 과세권 배분)과 필라2(글로벌 최저한세 도입)로 구성된다. 디지털세는 당초 구글, 페이스북 등 정보기술(IT) 기업이 세율이 낮은 국가에 본부나 데이터센터를 두고 조세를 회피하자 이를 막기 위해 마련됐다. 이후 논의 과정에서 그 대상이 다국적기업으로 확대됐다.

BEPS(base erosion and profit shifting) 소득이전을 통한 세원 잠식. 다국적 기업이 조세조약상으로 유리한 세율이 부과되는 국가에 페이퍼 컴퍼니를 만들어 세금을 회피하는 행위를 뜻한다.

탄소세(carbon tax, 炭素稅)●●●

석유, 석탄 등 각종 화석연료에 함유된 탄소 성분을 과세표준으로 삼아 부과하는 세금이다. 1990년 핀란드에서 처음 도입돼 스웨덴·노르웨이·덴마크·네덜란드 등 유럽을 중심으로 확산됐다.

탄소국경조정제도(CBAM; carbon border adjustment mechanism) 유럽연합(EU) 역내로 수입되는 제품 가운데 자국 제품보다 탄소배출이 많은 제품에 대해 관세를 부과하는 조치이다. 2023년 10월부터 전기·시멘트·비료·철강·알루미늄 등 탄소배출이 많은 6개 품목에 시범 시행 중이다.

스텔스 세금(stealth tax)●●●

납세자들이 세금을 내고 있다는 사실을 느끼지 못하도록 만든 세금으로, 부가가치세·판매세 등과 같은 간접세에 주로 부과된다. 레이더에 포착되지 않는 스텔스 전투기에 비유해 붙여진 명칭으로 징수비용이 저렴하고 조세저항이 작아서 정부는 비교적 안정적으로 세수를 확보할 수 있다.

조세부담률(租稅負擔率)●●●

$$조세부담률 = \left(\frac{조세(국세 + 지방세)}{경상GDP}\right)$$

경상GDP에서 조세(국세 + 지방세)가 차지하는 비중으로 특정 국가 국민들의 조세부담 정도를 측정하는 지표이다. 따라서 각 개인의 조세부담률은 각자의 소득수준, 소비행태, 재산보유상황 등에 따라 달라진다. 경제협력개발기구(OECD)는 매년 국가별 국민부담수준을 비교하기 위한 통계로서 조세부담률과 국민부담률을 작성해 발표한다.

국민부담률(國民負擔率) 경상GDP에서 조세와 사회보장기여금이 차지하는 비중. 국민부담률이 높다는 것은 세부담이 무겁다는 의미이다.
국민부담률 = 조세부담률(조세/GDP) + 사회보장부담률(사회보장기여금/GDP)

근로장려세제(EITC; earned income tax credit) •••

열심히 일을 해도 소득이 적어 생활이 어려운 근로자 또는 사업자가구(보험설계사, 방문판매원)를 대상으로 부부합산 연간 총소득과 부양자녀 수 등의 요건에 따라 산정된 근로장려금을 연간 최대 150~300만 원까지 지급하는 근로연계형 소득지원제도이다. 2009년 첫 실시돼 근로소득의 크기에 따라 근로장려금을 차등지급함으로써 제도 자체에 근로유인 기능을 보유해 대부분의 복지제도가 갖고 있는 한계인 근로의욕을 저해하는 문제를 해소했다. 또한 수급요건에 소득 이외에 부양자녀, 주택, 재산보유 상태를 반영함으로써 형평성 있는 근로장려금 지급이 가능하도록 설계돼 있다.

근로빈곤층(working poor) 일은 하고 있으나 낮은 임금, 빈번한 실직과 휴직 등의 요인으로 빈곤의 악순환을 겪는 저소득 근로자 계층

연금충당부채(年金充當負債) •••

연금 수급자와 재직자에게 지급해야 할 연금액을 현재 가치로 추정한 재무제표상 부채를 말한다. 당장 갚아야 하는 것은 아니나 공무원·군인 기여금과 정부부담금으로 조성한 재원이 지급액보다 부족하면 정부가 재정을 투입해 메워야 한다. 국제통화기금(IMF)은 연금충당부채를 공식 지표로 인정하지 않는다.

국가채무(government debt, 國家債務) •••

국가가 재정적자 등의 이유로 중앙은행이나 민간 또는 해외로부터 돈을 빌려 사용해 차후에 갚아야 할 국가의 채무이다. 중앙정부채무와 지방정부채무를 합한 것으로, 국제통화기금(IMF) 기준으로는 정부가 직접적인 원리금 상환의무를 지고 있는 채무를 말한다. 중앙정부채무는 크게 차입금, 국채, 국고채무 부담행위 등 세 가지로 나뉜다. 차입금은 한국은행 등을 통해 국내에서 빌려오는 국내차입금과 해외차관을 들여온 해외차입금으로 분류된다. 국채에는 국고채, 외평채, 국민주택채권 등이 있는데, 국가가 채권을 발행하면 나중에 이를 모두 갚아야 하므로 빚으로 간주된다. 국고채무 부담행위는 정부가 공공사업을 현금이 아닌 외상으로 진행하면서 진 빚을 말한다. 지방정부채무에는 지방채, 지방교육채 등이 포함된다.

예비타당성 조사제도(豫備妥當性 調査制度) •••

정부의 재정이 대규모로 투입되는 사업의 정책적·경제적 타당성을 사전에 검증·평가하기 위한 제도로, 예산 낭비 방지 및 재정운용의 효율성을 제고하기 위해 실시된다. 1999년 김대중 정부 때 도입됐으며, 이전의 부실한 타당성 조사로 무리한 사업들이 다수 추진됐던 사례들이 발생하지 않도록 하기 위한 목적에서 시행됐다. 대상은 국가재정법상 총사업비가 500억 원 이상이고, 국가의 재정지원 규모가 300억 원 이상인 각종 분야의 사업으로 평가항목은 경제성, 정책성, 지역균형발전으로 구성돼 있다.

1

02 금융 일반

국제통화기금(IMF; International Monetary Fund)•••

브레턴우즈 협정에 따라 1945년 설립돼 1947년 3월부터 국제부흥개발은행(IBRD)과 함께 업무를 개시한 국제금융기구이다. IMF와 IBRD를 총칭해 브레턴우즈기구라고도 한다. IMF는 세계무역의 안정을 목적으로 하며, 운영 자금은 회원국 출자로 충당한다. 본부는 미국 워싱턴 D.C.에 있다. 우리나라는 1997년 12월 3일 IMF로부터 자금지원을 받았으나 2001년 8월 23일 차입금 전액을 상환했다.

SDR(special drawing rights) 국제통화기금(IMF)의 특별인출권. IMF의 운영 축인 금과 달러를 보완하기 위한 제3의 세계 화폐

세계은행(WB; World Bank)•••

1944년 브레턴우즈 협정에 근거해 1946년 6월 설립된 국제연합(UN) 산하의 금융기관이다. 국제금융공사(IFC), 국제부흥개발은행(IBRD), 국제개발협회(IDA), 국제투자분쟁해결본부(ICSID), 국제투자보증기구(MIGA) 등 5개 국제기구를 합쳐 세계은행그룹(World Bank Group)이라고 한다. 흔히 이 중 IBRD와 IDA를 합쳐 세계은행(WB)이라 부르며, 협의의 의미로 세계은행의 핵심 기구인 IBRD만을 지칭하기도 한다. 본부는 미국 워싱턴 D.C.에 있다. 세계은행은 회원국들로부터의 출자나 채권 발행 등을 통해 기금을 조성해 개발도상국가에 저리로 자금을 지원하는 역할을 한다.

IBRD(International Bank for Reconstruction and Development) 국제부흥개발은행. 국제연합(UN) 산하의 국제 금융기관으로, 개발도상국의 공업화를 위한 융자가 주 업무이며, 본부 소재지는 미국 워싱턴 D.C.이다. 우리나라는 1955년 8월 26일에 가입했다.

IDA(International Development Association) 국제개발협회. 제2세계은행이라고 불리며, 개발도상국의 경제개발 원조를 목적으로 1960년에 설립됐다.

국제결제은행(BIS; Bank for International Settlements)•••

각국 중앙은행들 사이의 조정을 맡는 국제협력기관으로 「중앙은행들의 중앙은행」으로 불린다. 1930년 제1차 세계대전 후 독일의 배상 문제를 처리하기 위해 스위스 바젤에서 주요국의 공동출자에 의해 설립됐다. 본부 소재지는 스위스 바젤이며, 우리나라는 1992년 가입했다.

자기자본비율 규제 은행의 건전성과 안정성을 확보할 목적으로 은행으로 하여금 위험자산에 대해 일정 비율 이상의 자기자본을 보유토록 국제결제은행(BIS)이 권고하고 있는 자기자본비율 규제안이다. 은행의 신용 위험과 시장 위험에 대비해 최소한 8% 이상의 자기자본을 보유토록 하고 있다. 은행의 자기자본 8% 준수는 1997년부터 의무화됐다.

바젤 Ⅲ(Basel 3) 국제결제은행(BIS) 산하 바젤은행감독위원회(BCBS)가 금융위기 재발을 막기 위해 2010년 9월 발표한 은행 재정 건전화 개혁안. 자기자본비율 8%, 보통주 자본비율 4.5%, 티어1 자본비율은 6% 이상으로 강화한 것이 골자로, 국내 은행에는 2013년 12월부터 도입됐다.

자금세탁방지 국제기구(FATF; Financial Action Task Force)•••

금융시스템을 이용한 자금세탁에 효과적으로 대처하기 위해 1989년 G7 정상회의 합의로 설립된 국제기구이다. 기관회원으로는 유럽위원회(EC)와 걸프협력위원회(GCC)가 있다. 우리나라는 2009년 10월 정회원으로 가입했다.

유럽중앙은행(ECB; European Central Bank)●●●

1999년 설립된 유럽경제권의 중앙은행으로, 본부는 독일의 프랑크푸르트암마인에 소재한다. 미국의 연방준비제도이사회(FRB)와 마찬가지로 단기금리 조절과 물가안정을 위한 업무를 관장하는 것은 물론 회원국 금융정책의 집행권을 갖는다. 단, 통화정책에 관해서는 각국의 통화당국이 최종 책임을 진다.

Fed(The Board of Government of the Federal Reserve System)●●●

1914년 설립된 미국의 중앙은행으로, 연방준비제도위원회(FRB), 연방공개시장위원회(FOMC), 연방준비은행, 연방준비은행이사회 등을 주요 기관으로 한다. 연방준비제도위원회는 12개 연방준비은행(보스턴, 뉴욕, 필라델피아, 시카고, 샌프란시스코, 클리블랜드, 리치먼드, 애틀랜타, 세인트루이스, 미니애폴리스, 캔자스시티, 댈러스)에 대한 통제권을 갖고 있다. 위원회는 상원의 조언과 승인을 얻어 대통령이 임명하는 7명의 이사(임기 14년, 재임 불허, 2년마다 1명씩 교체)로 구성된다. 또한 그중 1명을 대통령이 임기 4년의 의장에 임명한다. 위원회는 12개 연방은행의 운영을 관리하고 미국의 금융정책을 결정한다. 그러나 통화정책을 결정하는 것은 연방공개시장위원회(FOMC)이며, 위원회는 FOMC와 함께 예금준비율의 변경 및 공개시장운영, 연방준비권의 발행과 회수 등 금융정책을 감독·수행한다.

FOMC(Federal Open Market Committee) 연방공개시장위원회. 연방준비제도위원회(FRB)의 통화·금리정책을 결정하는 기구로, FRB 위원 전원과 뉴욕 연방은행 총재 및 다른 지구 연방은행 총재 중에서 교대로 선출되는 4명을 합해 모두 12명으로 구성된다. 공개시장운영 방침을 결정하고 실제 그 집행은 뉴욕 연방은행이 맡는다.

한국투자공사(KIC; Korea Investment Corporation)●●●

동북아금융허브 추진 전략의 일환으로 정부가 100% 출자해 2005년 7월 공식 출범한 기관이다. 우리나라를 대표하는 국제투자 전문기관으로 외환보유액, 공공기금 등 공공 부문 여유자금을 효율적으로 운영한다. 정부기관이면서도 철저히 상업적으로 운영되는 것이 특징이다. 운영위원회는 기획재정부 장관, 한국은행 총재 등 당연직 위원과 대통령이 임명하는 6인의 민간위원 등 위원장 1인을 포함한 12인 이내의 위원으로 구성된다.

금융통화위원회(金融通貨委員會)●●●

한국은행의 통화신용정책 수립 기관(약칭 금통위)이다. 통화 운용과 금리 수준의 결정에 대한 최종 결정권을 갖고 있다. 금통위는 한국은행 총재 및 부총재, 각 추천기관에서 추천하는 5인 등 총 7인의 위원으로 구성된다. 금통위의 의장을 겸임하는 한국은행 총재는 국무회의의 심의를 거쳐 대통령이 임명하고 부총재는 총재의 추천에 따라 대통령이 임명한다. 임기는 총재 4년, 부총재 3년이다.

1

금융정책(金融政策) •••

통화량, 이자율 등의 변수를 조절해 완전 고용, 물가 안정, 국제수지 개선, 경제성장 촉진을 달성하기 위해 중앙은행이 수행하는 정책이다.

중앙은행의 금융정책 수단

공개시장운영	중앙은행이 증권 시장에서 기관 투자가나 민간을 대상으로 국공채 등 유가증권을 매입·매각함으로써 통화량을 조절하는 정책. 중앙은행이 채권을 매입하면 통화량이 증가하고, 채권을 매각하면 통화량이 감소함 예 증권 시장이 발달한 선진국형
재할인율 조정	중앙은행이 금융기관에 빌려 주는 자금의 금리를 조절함으로써 금융기관의 중앙은행으로부터의 차입 규모를 조절하는 정책. 중앙은행이 재할인율을 인상하면 통화량이 감소하고, 재할인율을 인하하면 통화량이 증가함 예 자금 공급이 풍부한 선진국형
지급준비율 조정	지급준비율(지준율)을 통해 금융기관의 신용 창조 능력을 조절하는 정책. 중앙은행이 지준율을 높이면 통화량이 감소하고, 지준율을 낮추면 통화량이 증가함 예 개발도상국형

빅스텝(big step) 중앙은행이 기준금리를 0.5%P 인상하는 것. 기준금리를 0.25%P 인상하는 것은 베이비 스텝(baby step), 0.75%P 인상하는 것은 자이언트 스텝(giant step)이라고 한다.

통화지표(通貨指標) •••

시중에 유통되고 있는 통화의 크기와 변동을 나타내는 척도로, 통화신용정책의 기초 자료가 된다. 우리나라는 M1(협의통화), M2(광의통화), Lf(금융기관유동성), L(광의유동성)을 편제하고 있다. M1은 지급수단으로서 화폐의 지급결제기능을 중시한 통화지표로, 민간이 보유하고 있는 현금과 예금취급기관의 결제성 예금 합계이다. M2는 화폐의 거래적인 기능뿐만 아니라 가치를 저장하는 수단으로서의 기능까지 포괄한다. Lf는 전체 금융기관의 자금상황을 나타내는 지표이며, L은 한 국가의 경제가 보유하고 있는 전체 유동성의 크기를 측정하기 위한 지표이다.

한국은행의 통화지표

M1	현금통화 + 요구불예금 + 수시입출식 저축성 예금(MMDA)
M2	M1 + MMF, 2년 미만 정기예적금, 수익증권, 시장형 상품(CD, RP, 표지어음), 2년 미만 금융채 및 금전신탁, 기타 통화성 금융상품(CMA, 2년 미만 외화예수금 등)
Lf	M2 + 2년 이상 장기 금융상품, 생명보험계약 준비금 등
L	Lf + 기타 금융기관 상품(증권사 RP, 예금보험공사채 등), 국채, 지방채, 회사채, CP

환율(exchange rate, 換率) •••

다른 나라 통화와의 교환 비율로 외환 시세, 외국환 시세라고도 한다. 이는 각 통화의 가치를 결정하는 바로미터가 된다. 따라서 대미달러 환율이란 1달러로 우리나라 원화를 얼마만큼 바꿀 수 있는가를 나타내 준다. 대미달러 환율의 하락은 우리나라 원화가 미 달러화에 비해 상대적으로 가치가 상승한다는 것을 의미하며, 이를 「원화의 평가절상」이라고 한다. 평가절상의 ▲긍정적인 효과로는 국제적인 영향력 강화 제고, 물가 안정에 기여, 외채 부담 감소 등이 있고 ▲부정적인 효과로는 수출 및 해외 투자 둔화, 핫머니의 유입 등이 있다.

환율 하락·상승 시

구분	원화 가치 절상(환율 하락)	원화 가치 절하(환율 상승)
수출	수출 상품 가격 상승➡수출 감소	수출 상품 가격 하락➡수출 증가
수입	수입 상품 가격 하락➡수입 증가	수입 상품 가격 상승➡수입 감소
물가	원자재 가격 하락➡물가 안정	원자재 가격 상승➡물가 상승
외자 도입	기업 원금 상환 부담 경감	기업 원금 상환 부담 증가

우리나라 환율제도의 변천 고정환율제도(1945. 10.~1964. 4. 5.)➡단일변동환율제도(1964. 4. 5.~1980. 2.)➡복수통화바스켓제도(1980. 2.~1990. 3.)➡시장평균환율제도(1990. 3.~1997. 12.)➡자유변동환율제도(1997. 12.~현재)

환율 전쟁(currency war, 換率 戰爭)●●●

자국의 수출경쟁력을 유지할 목적으로 외환시장에 인위적으로 개입해 자국의 통화를 가급적 약세로 유지하고자 경쟁하는 것을 말한다. 2008년 글로벌 금융위기 이후 각국은 내수 확대와 수출 증대를 통해 경기 회복을 도모했지만 곧 한계점에 다다랐고, 이에 따라 수출 확대를 위해 자국의 통화를 약세로 유지하고자 했다. 자국 통화가 약세를 보이면 수출 제품의 가격이 낮아짐으로써 매출 증가를 가져올 수 있다. 따라서 환율 전쟁은 일종의 근린궁핍화정책(beggar my neighbor policy)이라고 볼 수 있다. 국제무역에서 상대방을 궁핍하게 만들면서 자국의 경기회복을 도모하는 것이기 때문이다.

킹스턴 체제(Kingston system)●●●

1976년에 국제통화기금(IMF)이 자메이카의 수도 킹스턴에서 결의한 국제통화 협력 체제이다. 종래의 브레턴우즈 체제, 스미소니언 체제에 이어 세 번째 국제 금융 체제이다. 킹스턴 체제의 특징은 ▲변동환율제를 인정하고 통화로서의 금의 역할을 축소하며 궁극적으로는 금을 폐화(통용되지 않는 화폐)시키며 ▲대외준비자산으로서 미 달러화 대신 SDR(special drawing rights, 특별인출권)을 기축적 준비 자산화하며 ▲국제통화기금(IMF)의 신용 제도를 확충하고 그 이용 조건을 개선했다는 점 등이 있다.

국제통화제도의 변천

브레턴우즈 체제(초기 IMF, 1944) 미국 달러 중심의 금환본위제, 고정환율제➡**스미소니언 체제(1971)** 달러의 평가절하➡**킹스턴 체제(1976)** 변동환율제 인정, 금의 공정가격 폐지, SDR 역할 증진

플라자합의(Plaza agreement)●●●

1985년 9월 22일 미국, 영국, 독일, 프랑스, 일본 등 선진 5개국 중앙은행 총재가 미국의 무역수지 적자에 따른 세계경제 불균형을 해소하기 위해 뉴욕 플라자호텔에 모여 도출한 합의를 말한다. 일본 엔화와 독일 마르크화의 평가절상을 유도하고 이것이 순조롭지 못할 때에는 인위적인 환율 조정에 나선다는 내용이다. 이 합의로 달러화는 약세로 반전하며 10년간에 걸친 장기하락 추세에 진입했다. 덕분에 미국 제조업체들은 높아진 가격경쟁력으로 1990년대 들어 해외시장에서 선전했으며, 미국 경제는 회복세를 찾아갔다. 반면 일본은 엔고로 인해 버블 붕괴 등의 악재를 맞게 됐다.

페그제(peg system)•••

한 나라의 통화가치를 다른 나라의 통화에 연계시키는 환율 제도를 말한다. 「페그(peg)」는 영어로 「물건을 고정할 때 쓰는 나무로 만든 작은 못」이라는 뜻이다. 페그제하에서는 한 나라의 통화와 연계되는 통화 간에는 환율이 변하지 않지만, 연계된 통화와 세계 여타 통화 간의 환율이 변동하므로 간접적으로 변동환율제도를 채택한 셈이 된다. 페그제를 실시하는 대표적인 곳은 홍콩으로 1983년부터 「미국 1달러 = 7.78 홍콩달러」로 고정시켜 놓고 있다.

오버슈팅(overshooting)•••

환율, 주가, 금리 등의 가격변수가 일시적으로 폭등·폭락했다가 장기균형 수준으로 수렴해 가는 현상이다. 환율에서 오버슈팅 현상이란 정부가 정책적으로 통화를 늘리게 되면 자국의 통화가치가 하락(환율상승)하는데, 처음에는 균형수준 이하로 떨어졌다가 점차 통화가치가 상승(환율하락)해 새로운 균형수준에 이르게 되는 상태를 말한다. 이는 통화변동에 따른 금융시장과 외국환시장의 반응이 상품시장보다 빠르게 나타나기 때문이다. 증권에서의 오버슈팅은 대세 상승기에 주가상승 목표치가 일찍 반영돼 실제 가치보다 주가가 더 올라가는 현상을 말한다.

언더슈팅(undershooting) 주식 가격이나 환율이 저점을 하회해 단기간에 급락하는 움직임을 말한다.

통화 스와프(CRS; currency swaps)•••

두 거래 당사자가 약정된 환율에 따라 해당 통화를 일정 시점에서 상호 교환하는 외환거래이다. 통화 스와프는 환시세의 안정을 목적으로 하며, 단기적인 환리스크의 헤징(hedging)보다는 주로 중장기적인 헤징 수단으로 이용되고 있다. 자국 통화를 맡기고 상대국 통화를 빌려 오는 것이므로 내용상으로는 차입이지만 형식상으로는 통화 교환이다. 이와 같은 통화 스와프는 외환위기 발생 시 상대국이 외화를 융통해 줌으로써 유동성 위기를 넘기고 환시세의 안정을 꾀할 수 있다. 변제 시에는 최초 계약 때 정한 환율을 적용하기 때문에 시세 변동의 위험을 피할 수 있다. 예를 들어, 1월 1일 1300원을 내고 1달러를 빌리면, 만기일의 환율이 1500원이든 1000원이든 상관없이 1달러를 갚고 다시 1300원을 돌려받는 식이다.

치앙마이 이니셔티브(CMI; Chian Mai Initiative) 동남아시아국가연합(ASEAN, 아세안)과 한국·중국·일본 3국이 1990년대 말 발생한 동아시아 외환위기의 재발을 막기 위해 2000년 5월 태국 치앙마이에서 체결한 통화 교환 협정이다. 주 내용은 동남아시아 각국의 중앙은행 간에 통화 스와프가 원활히 이루어지도록 상호협력 체제를 구축하는 것이다. CMI 다자화 공동기금은 1200억 달러이며, 2010년 3월 24일부터 가동 중이다.

스프레드(spread)•••

채권의 발행이나 은행 대출 때 신용도에 따라 기준금리에 덧붙이는 위험가중 금리로, 「가산금리」라고도 한다. 예를 들어 외국에서 달러를 빌려올 때 리보(LIBOR, 런던은행 간 금리)가 연 5%이고, 실제 지불하는 금리가 8%라면, 3%를 스프레드라고 부른다. 스프레드는 신용도가 높을수록 낮고, 신용도가 낮을수록 높다.

리보(LIBOR; London inter-bank offered rate) ●●●

런던은행 간의 거래금리로, 전 세계 은행 간 거래에서 단기 차입 기준으로 사용됐다. 그러나 2012년 도이체방크·바클레이스 등이 개입된 리보 조작 혐의가 적발되며 단계적으로 폐지가 이뤄졌으며, 미국과 영국에서는 2023년 7월부터 완전 폐지됐다.

LIBID(London inter-bank bid rate) 런던은행 간 자금 시장에서 자금 수요 측이 제시하는 금리로, 리보금리보다 낮은 것이 보통이다.

코리안 프리미엄(Korean premium) ●●●

국내 금융기관의 신용도가 낮아져 외국에서 자금을 조달할 때 금리가 높아진 현상을 지칭한다. 반면에 코리아 디스카운트(Korea discount)는 우리나라 경제의 투명성 결여나 구조적 취약점 때문에 외국인들이 우리 기업의 가치를 실제보다 낮게 평가하는 현상을 말한다.

리디노미네이션(redenomination) ●●●

한 나라에서 통용되는 모든 지폐 및 동전의 액면을 동일한 비율의 낮은 숫자로 변경하는 조치로, 「디노미네이션 변경」이라고도 한다. 즉, 화폐의 실질가치는 그대로 두고, 액면을 동일한 비율의 낮은 숫자로 표현하는 조치를 말한다. 예컨대, 1000원을 1환(가칭)으로 바꾸는 식이다. 때문에 이론적으로는 소득, 물가 등 국민경제의 실질변수에 영향을 끼치지 않지만 체감지수의 변화가 나타나기 때문에 현실적으로는 물가변동 등 실질변수에 영향을 미칠 수 있다. 이 제도는 인플레이션, 경제 규모 확대 등으로 거래 가격이 커짐에 따라 숫자의 자릿수가 늘어나 계산할 때 불편해지는 등의 문제점 때문에 도입이 거론된다. 과거 중남미 일부 국가에서는 자국 통화의 대외적 위상을 높일 목적으로 리디노미네이션을 실시한 바 있다. 리디노미네이션의 실시는 자국 통화의 위상 제고, 인플레 기대심리 억제, 지하자금의 양성화, 쉬워진 대금결제 등의 장점과 ATM기 변경 등 막대한 비용, 검은돈 유통 확산 소지, 우수리 절상 등에 의한 물가상승, 국민 불안심리 초래 등의 단점이 있다. 리디노미네이션은 정부가 승인하면 국회를 거치지 않고 실시할 수 있다.

디노미네이션(denominatin) 화폐, 채권, 주식 등의 액면 금액 자체

양적 완화(QE; quantitative easing) ●●●

중앙은행이 통화를 시중에 직접 공급해 신용 경색을 해소하고, 경기를 부양시키는 통화정책을 말한다. 정책 금리가 0에 근접해 금리정책 효과가 더 이상 발휘되지 않는 비상 국면에 동원된다. 이는 중앙은행이 기준금리를 조절해 간접적으로 유동성을 조절하던 기존 방식과 달리, 국채나 다른 자산을 사들이는 직접적인 방법으로 시장에 통화량 자체를 늘리는 통화정책이다. 자국의 통화가치를 하락시켜 수출 경쟁력을 높이는 것이 주목적이다. 통화량이 증가하면 통화가치가 하락하고, 원자재 가격이 상승해 물가는 상승한다. 한 나라의 양적 완화는 다른 나라 경제에도 영향을 미칠 수 있다. 예를 들어, 미국에서 양적 완화가 시행돼 달러 통화량이 증가하면 달러가치가 하락해 미국 상품의 수출 경쟁력은 강화되나, 원자재 가격이 상승해 물가는 상승하며, 달러가치와 반대로 원화가치(평가절상, 환율 하락)는 상승한다. 한편, 양적 완화를 점진적으로 축소하는 것은 테이퍼링(tapering)이라고 한다.

헬리콥터 머니(helicopter money) 헬리콥터에서 돈을 뿌리듯이 중앙은행이 경기부양을 목적으로 직접 발행해 시중에 공급하는 비전통적 통화정책을 지칭한다. 국민에게 직접 돈을 주기 때문에 「민중을 위한 양적 완화」라고도 부른다. 기존의 양적 완화와는 달리 돈을 받는 사람은 갚을 필요가 없어 부채를 유발하지는 않으나, 중앙은행이 재정정책의 보조 도구로 전락할 수 있다는 문제가 있다. 이 용어는 1969년 미국 경제학자 밀턴 프리드먼(M. Friedman)이 처음 고안했고, 벤 버냉키(B. Bernanke) 전 미국 중앙은행(Fed) 의장 등이 도입을 주장했다.

양적 긴축(quantitative tightening) 중앙은행이 시중의 돈을 거둬들이는 통화정책으로, 보유한 채권의 만기가 도래해도 재투자하지 않고 내다 팔아 시중의 유동성을 빠르게 흡수하는 방식으로 이뤄진다.

기축통화(key currency, 基軸通貨)●●●

국제간의 결제나 금융거래 시 기본이 되는 통화를 말한다. 구체적으로는 국제무역 결제에 사용되는 통화, 환율평가 시 지표가 되는 통화, 대외준비자산으로 보유되는 통화 등의 의미를 포함한다. 미국 예일대의 트리핀(R. Triffin) 교수가 처음 사용한 말로, 현재는 미국 달러가 기축통화로 사용되고 있다.

글로벌 불균형(global imbalance) 미국 달러화가 기축통화 역할을 한 이후 미국은 무역 적자가 심화된 반면 중국 등 신흥국들은 무역 흑자가 계속 커진 현상을 지칭하는 말이다.

페트로 달러(petrodollar) 석유수출국이 보유한 오일머니로, 달러로만 석유 대금을 결제할 수 있도록 한 현 시스템을 가리키는 말로도 쓰인다. 미국은 페트로 달러를 통해 세계 원유시장을 통제하는 것은 물론 기축통화로서의 달러 가치를 유지하는 효과를 얻고 있다.

시뇨리지(seigniorage)●●●

중앙은행이나 정부가 화폐를 발권함으로써 얻는 수익을 가리키는 말로, 화폐 주조 차익, 화폐 발행 이득, 인플레이션 조세(inflation tax)라고도 한다. 중세 유럽의 봉건 영주를 지칭하는 시뇨르(seigneur)가 어원이다.

빅뱅(big bang)●●●

원래는 우주의 행성대폭발을 뜻하는 말이지만 통상 「금융 규제 완화」 또는 「금융 혁신」을 지칭한다. 1986년 10월 런던 금융시장이 증권 매매 · 위탁 수수료를 자유화하고 증권업자가 재편성되는 등 큰 변화를 보이면서 빅뱅이란 용어를 쓰게 됐다. 현재는 대형 상업은행들이 증권회사를 소유함으로써 금융자본의 집중 및 거대화 현상이 급속도로 진전되는 현상을 일컫는다.

스트레스 테스트(stress test)●●●

「금융 시스템 스트레스 테스트」의 줄임말로, 금융 · 정보기술(IT) · 공학 등 여러 분야에서 스트레스에 대한 반응을 실험, 측정하는 방법을 말한다. 원래는 시스템에 가상의 충격을 주고 어떤 반응이 나타나는지를 점검하는 정보기술(IT) 용어이다. 금융 용어로는 환율이나 성장률, 금리와 같은 변수를 시나리오별로 최악의 상황까지 가정해 여신 부실 규모와 은행 건전성을 진단하는 방법을 지칭한다.

꼬리 리스크(tail risk) •••

거대한 일회성 사건이 자산 가치에 엄청난 손실을 줄 수 있는 리스크로, 꼬리 리스크는 예측도 힘들고 발생 가능성도 낮지만 일단 발생하면 투자에 큰 영향을 미친다. 일반적인 자연 현상은 특정한 평균치를 중심으로 대칭을 이루는 종 모양의 정규분포 곡선이다. 따라서 바깥쪽으로 갈수록 높이가 낮아지는 꼬리 모양을 이룬다. 그러나 경우에 따라서는 발생 확률이 낮은 현상이 나타나면서 정규분포가 예측하는 것보다 빈도가 훨씬 커져 꼬리가 굵어질 경우 꼬리 리스크가 발생한다. 꼬리 리스크의 가장 단적인 예는 2007년부터 서서히 기미를 보이다가 2008년도에 발생한 글로벌 금융위기를 들 수 있다. 시장에서는 이를 꼬리가 두꺼워진다고 해 「팻 테일(fat tail)」이라고 부른다.

금산법(金産法) •••

「금융 산업의 구조개선에 관한 법률」의 약칭이다. 금산법은 대기업집단(재벌)이 고객의 돈을 이용해 그룹 총수의 경영권을 유지하거나 계열사를 확장하는 것을 막겠다는 취지로 1997년 제정됐다. 이 법에 따르면 동일 계열의 금융기관이 공동으로 다른 회사의 의결권 있는 발행주식 총수의 20% 이상을 소유하거나, 의결권 있는 발행주식 총수의 5% 이상을 소유하고 해당 회사에 대해 사실상 지배로 인정되는 행위를 하고자 할 때에는 금융위원회의 승인을 얻어야 한다.

프라이빗 뱅킹(private banking) •••

은행이 고객에게 예금 관리부터 재테크에 이르기까지 제공하는 모든 서비스를 지칭한다. 프라이빗 뱅킹 회원에 한해 은행 업무는 물론 세무·법률 상담, 증권 정보 제공, 부동산 투자 상담 등 은행 밖 업무까지 한곳에서 제공한다.

유니버설 뱅킹(universal banking) •••

금융기관이 여·수신의 전통적인 금융 업무 외에 유가증권의 매매 등 증권 업무도 겸업하도록 하는 제도이다. 「원스톱 뱅킹(one stop banking)」이라고도 한다. 이 제도는 금융기술의 혁신이 급속도로 진전되고 있는 시장 상황에서 고객 서비스 및 자금의 배분 효율을 높이는 효과가 있다.

골드뱅킹(gold banking) •••

일반 시중은행에서 금과 관련된 상품을 사고팔 수 있는 제도로 2003년 7월 국내에 도입됐다. 금은 국가 위험 없이 투자가 가능하고, 가격 변동도 주식이나 채권 등보다 크지 않아 안정적으로 자산을 운용할 수 있다.

오픈뱅킹(open banking) •••

하나의 금융 애플리케이션으로 다른 은행의 계좌 조회·이체 등이 가능한 서비스이다. 즉 핀테크 기업과 은행권이 공동으로 이용할 수 있는 공동결제시스템으로, 스마트폰에 설치한 응용프로그램(앱)을 통해 모든 은행 계좌에서 결제를 비롯해 잔액 조회, 거래내역 조회, 계좌실명 조회, 송금인 정보조회, 입금입체, 출금이체 등의 금융서비스를 실시간으로 이용할 수 있다.

방카슈랑스(bancassurance) •••

은행(bank)과 보험(assurance)의 합성어로, 은행과 보험회사가 상호 제휴와 업무 협력을 통해 종합 금융 서비스를 제공하는 금융 결합 형태를 말한다. 1986년 프랑스에서 시작돼 이후 영국, 독일, 네덜란드 등 유럽 지역을 거쳐 전 세계 금융시장으로 확산됐다. 우리나라에는 2003년 8월 도입됐다.

어슈어뱅크(assurbank) 보험과 은행의 합성어로 은행을 자회사로 두거나 은행 상품을 판매하는 보험회사를 말함. 방카슈랑스와는 반대 개념

리딩뱅크제(leading bank system) •••

금리 결정을 선도하는 은행을 두는 제도이다. 리딩뱅크가 금리를 변경하면 다른 금융기관들도 순차적으로 이를 반영해 전체 시장금리가 자연스럽게 변동하게 된다.

리볼빙제도(revolving system) •••

신용카드 회원의 이용대금에 대해 매월 대금결제 시 카드사와 회원이 미리 약정한 청구율이나 청구액만큼만 결제하는 제도이다. 미결제 잔액은 다음 달로 이월되고 잔여 이용한도 범위 안에서만 카드를 쓸 수 있다. 카드 사용액과 관계없이 매월 일정한 금액을 결제할 수 있어 계획적인 지출이 가능하나 규모가 지나치게 커질 경우 카드사 부실의 원인이 될 수도 있다.

프라임 레이트(prime rate) •••

은행이 일류 우량기업에 적용하는 최우대 대출금리로, 금융기관이 대출금리를 결정하는 기준이 되기 때문에 「기준금리」라고도 한다. 대출 시 적용하는 대출금리 가운데 가장 낮으며, 신용도가 낮은 기업이나 개인은 여기에 일정한 가산금리가 더해진다.

타입대(他入貸) •••

기업이나 금융기관 등이 약속어음이나 당좌수표를 자금이 모자라 결제하지 못할 때 은행이 빌려 주는 하루짜리 긴급 대출을 말한다. 타입대는 부도 위기에 처한 기업에 긴급자금을 지원해 준다는 점에서 바람직한 면도 있으나 통화관리 대상인 총통화(M2)에 잡히지 않아 규모가 커질 경우 시중자금의 흐름을 왜곡할 가능성이 있다.

그린론(green loan) •••

신재생에너지, 전기차, 전기차 배터리, 고효율에너지 등 친환경 관련 분야로 용도가 제한되는 대출을 뜻하며 「그린 파이낸싱(green financing)」이라고도 한다. 글로벌 관련 기관에서 친환경 인증을 받아야 하며 사후 관리 의무도 있지만 기업과 은행이 모두 환경 문제 해결에 기여해 사회적 책임을 실천할 수 있다.

그린본드(green bond) 환경 친화적 프로젝트에 투자할 자금을 마련하기 위해 발행하는 채권. 주요 대상에는 재생에너지(풍력 발전 등), 에너지 효율화 등이 있다.

프로젝트 파이낸싱(PF; project financing)●●●

은행 등 금융기관이 특정 사업의 사업성과 미래의 현금흐름을 보고 자금을 지원하는 금융기법이다. 대규모의 자금이 필요한 사회간접자본(SOC) 시설이나 석유, 조선, 발전소, 고속도로 건설 등의 사업에 흔히 사용되며, 선진국에서는 보편화된 금융기법이다. 프로젝트 자체를 담보로 장기간 대출해 주므로 프로젝트의 수익성이나 업체의 사업 수행능력이 부실할 경우, 해당 금융기관은 큰 손실을 볼 수 있다.

마이크로 크레디트(micro-credit)●●●

담보나 신용이 없어 제도권 금융을 이용하기 어려운 저소득층에게 창업 및 운영자금 · 시설개선자금 등을 지원해 주는 소액대출사업을 말한다. 이는 금융 소외계층에게 무담보 · 무보증으로 자금을 지원해 줌으로써 사회 · 경제적으로 자립할 수 있는 기반을 마련할 수 있도록 돕는 자활지원사업이다. 1970년대 방글라데시 · 베네수엘라 등 저개발국에서 시작됐으며, 민간 주도로 빈민과 여성에게 소자본 창업자금을 지원하는 방식으로 출발했다. 이후 방글라데시의 그라민은행 같은 성공 사례가 알려지면서 전 세계적으로 확산됐다. 국내에서는 2009년 12월 미소금융이라는 명칭으로 출범했다.

콜금리(call rate)●●●

콜시장(call market)에서 결정되는 금리로, 콜이란 일시적으로 자금이 부족한 금융기관이, 자금이 남는 다른 금융기관에 자금을 빌려 달라고 요청하는 것을 말한다. 콜금리는 금융시장의 수급 사정에 의해서 변동하는데, 사실상 중앙은행인 한국은행에서 통제하고 있다. 따라서 경기과열로 물가상승이 우려되면 콜금리를 높여 시중 자금을 흡수하고, 경기가 너무 위축됐다고 판단되면 콜금리를 낮추어 경기를 활성화시킨다.

종잣돈(seed money)●●●

부실기업의 회생을 지원하기 위해 금융기관에서 새로 융자해 주는 돈을 말한다. 새로운 열매를 맺기 위해 뿌리는 씨앗에 비유해 나온 말로 종종 부실기업에 대한 금융특혜라는 비난을 받는다.

순이자마진(NIM; net interest margin)●●●

금융사가 자산을 운용하면서 벌어들인 수익에서 자금조달 비용을 뺀 금액을 운용자산의 총액으로 나눈 수치이다. 금융기관의 수익력을 나타내는 지표로서 예금과 대출의 금리 차이에서 발생하는 예대마진과 채권 등 유가증권에서 발생한 이자가 포함된다. 하지만 유가증권 평가이익과 매매이익은 포함되지 않는다. 실질 순이자마진은 명목 순이자마진에서 충당금 적립률과 운영 경비율을 뺀 것으로 세계적으로 통용되는 은행의 이자 부문 수익성 지표이다. 이 비율이 마이너스로 내려가면 예금을 받아 대출을 많이 할수록 은행이 손해를 본다는 뜻이다.

세계 3대 신용평가기관 •••

한 국가가 국제 금융시장에서 자금을 조달할 때 적용받는 신용도를 국가신용등급이라고 한다. 통상 신용도가 높은 국가일수록 해외채권을 발행할 때나 차관을 들여올 때 낮은 금리가 적용된다. 이러한 국가신용도를 평가하는 대표적인 3대 신용평가기관으로는 영국의 피치 레이팅스(Fitch Ratings), 미국의 무디스(Moody's)와 스탠더드 앤드 푸어스(S&P)가 있다. 신용등급은 보통 20단계로 구분되는데 표기 방식은 평가 기관마다 조금씩 다르다.

모라토리엄(moratorium) •••

전쟁, 지진, 경제 공황, 화폐 개혁 등과 같이 한 나라 전체나 어느 특정 지역에 긴급사태가 발생한 경우, 국가 권력의 발동으로 일정 기간 금전 채무의 이행을 연장시키는 일을 지칭한다. 1933년 독일의 배상금 지불과 관련한 트랜스퍼 모라토리엄, 1931년 대공황에 대처하기 위한 후버 모라토리엄 등이 유명하다. 모라토리엄을 선언한 대표적인 국가로는 1982년 멕시코와 1987년 브라질을 꼽을 수 있다. 모라토리엄을 선언하면 국가 신인도가 급락하고 은행 등 금융기관의 신용도가 제로 상태에 빠져 대외 경상거래가 마비된다. 이에 따라 수출이 어려워지고 물가는 치솟으며 화폐가치는 급락한다. 또한 대규모 실업 사태와 구조조정의 고통이 장기화된다.

디폴트(default, 채무불이행) •••

채무 원리금을 상환할 수 없는 채무불이행 상태를 말한다. 특정 국가가 외국에서 빌려온 돈을 계약된 상환 기간 안에 갚지 못해 부도에 이르는 상황이나 기업이 이자 지급이나 원리금 상환을 계약대로 이행할 수 없을 때 사용된다. 디폴트는 채권자가 꿔 준 돈을 계획된 스케줄에 따라 받을 수 없게 될 경우 다른 재산이라도 확보하기 위해 선언하는 것과 채무자가 채무 변제 불능 상태에 빠지는 상태로 가는 것 등 두 가지의 경우가 있다. 채권 은행이 한 국가에 대해 디폴트를 선언하면 채권 은행은 본래 채무의 상환 기간 이전이라도 원리금의 회수를 강행할 수 있다. 또 채무국의 입장에서 일방적으로 채무 변제 거부(debt repudiation)를 선언하는 경우도 있다.

공적자금(public fund) •••

정부가 기업이나 금융기관의 구조조정을 위해 마련한 재정자금을 말한다. 자산관리공사나 예금보험공사가 국회 동의를 얻어 정부의 원리금 지급보증을 받아 채권을 발행해 조달한다. 이 자금은 금융기관의 부실채권 매입과 금융기관 출자, 예금대지급 등에 사용된다. 정부가 지급보증만 했기 때문에 정부 예산이나 국가 부채에는 포함되지 않는다. 단, 두 기관이 이 채권을 상환할 수 없을 때 최종 책임은 정부가 진다. 국제통화기금(IMF) 기준으로 보면 정부의 우발채무에 속한다.

구제금융(bailout, 救濟金融) •••

파산 위기에 처한 금융회사나 기업을 살리기 위해 공공자금이나 민간자금을 지원하는 것을 말한다. 이 말은 원래 비행기에서 낙하산으로 비상탈출을 감행하는 행위를 의미했으나 이후 금융권에서 구제금융, 긴급융자 등의 의미로 확대 해석해 사용되고 있다.

개인파산(個人破散)•••

개인이 자신의 능력으로 감당할 수 없는 빚을 진 경우 그 채무자를 구제하기 위해 법원이 파산을 선고함으로써 채무를 면제시켜 주는 제도이다. 파산 선고를 받은 파산자는 법원이 선임하는 파산관재인의 관리하에 자신의 모든 재산을 돈으로 환산, 채권자에게 나눠 주는 파산절차(일명 빚잔치)를 거친다. 파산자는 신원증명서에 파산 사실이 기재돼 공무원, 변호사, 기업체 이사 등이 될 수 없으며 금융기관에서 대출이나 신용카드를 발급받지 못하는 등의 제약을 받게 된다. 사기파산인 경우 10년 이하의 징역에 처해진다.

개인회생제(個人回生制)•••

재정적 어려움으로 인해 파탄에 직면하고 있는 개인 채무자의 채무를 법원이 강제로 재조정해 파산을 구제하는 개인 법정관리제도이다. 장래 계속적으로 또는 반복해 수입을 얻을 가능성이 있는 자에 대해 채권자 등 이해관계인의 법률관계를 조정함으로써 채무자의 효율적 회생과 채권자의 이익을 도모하기 위해 마련된 절차로서, 2004년 9월 23일부터 시행됐다. 채무 범위는 무담보채무의 경우 10억 원, 담보부채무의 경우 15억 원 이하이며, 신청 자격은 일정 수입이 있는 급여소득자와 영업소득자이다. 변제 기간은 최하 3년, 최장 5년이며, 이 기간에 일정 금액을 변제하면 나머지 채무를 면제 받을 수 있다.

개인워크아웃(individual workout, 채무조정)•••

금융사에서 빚을 진 신용불량자를 구제하기 위한 개인신용회복지원제도로 2002년 11월 도입됐다. 빚을 갚을 의지가 있으나 여력이 부족한 사람들을 구제하는 데 목적이 있다. 하나의 채무자를 두고 다수의 채권 금융회사(농수협단위조합・새마을금고・신용협동조합 제외)가 공동으로 채무를 조정한다는 점에서 기업워크아웃과 개념이 같다. 신청 대상자는 연체기간이 3개월(90일) 이상인 자로서 금융기관에 대한 총채무액이 15억 원(무담보 5억 원, 담보 10억 원) 이하이며, 최근 6개월 내 신규 발행 채무액이 총채무액의 30% 미만이고, 최저생계비 이상의 수입이 있는 자 또는 채무상환이 가능하다고 심의위원회가 인정하는 자로 한다.

뱅크런(bank run)•••

은행의 대규모 예금 인출 사태를 뜻하는 말로, 이 경우 은행에서는 당장 돌려줄 돈이 바닥나는 패닉 현상을 맞게 된다. 예금보험공사는 뱅크런으로 인한 은행의 위기를 막기 위해 은행이 문을 닫더라도 5000만 원까지 보호해 주는 예금자보호법을 시행하고 있다. 한편, 펀드 투자자들이 펀드에 투자한 돈을 회수하는 것은 「펀드런(fund run)」이라고 한다.

모럴 해저드(moral hazard, 도덕적 해이)•••

상황 변화에 따라 자기 이익만 추구함으로써 다른 사람이나 사회에 피해를 주는 기회주의적 행동을 말한다. 모럴 해저드의 결과로 나타나는 것이 역선택(adverse selection)이다. 고금리를 제시하는 부실 금융기관에 고객이 예금을 맡기는 것이 대표적인 경우이다.

머니론더링(money laundering)•••

마약 거래를 통해 얻은 부정자금을 구좌에서 구좌로 옮겨 자금의 출처나 수익자를 알 수 없게 하는 것으로 자금세탁의 일종이다. 위법행위로 얻은 더러운 자금이 구좌를 전전하는 가운데 깨끗한 돈으로 세탁(laundering)된다는 의미를 담고 있다.

폰지사기(Ponzi scheme)•••

신규 투자자의 돈으로 기존 투자자에게 이자나 배당금을 지급하는 방식의 다단계 금융사기를 가리킨다. 1920년대 미국에서 찰스 폰지(Charles Ponzi)가 벌인 사기 행각에서 유래된 용어로, 「폰지게임」이라고도 한다. 찰스 폰지는 막대한 수익을 내걸고 투자자를 끌어 모아 투자금 일부는 자신이 착복하고 신규 투자금의 일부는 기존 투자자들에게 배당하는 금융 피라미드 형식의 사기 행각을 벌였다. 하지만 결국 새로운 투자자 모집에 실패해 고객들에게 원금과 이자를 지불할 수 없게 되면서 사기 행각도 막을 내렸다.

불완전판매(不完全販賣)•••

금융회사가 고객에게 보험이나 금융상품에 대한 위험성이나 특징 등을 충분히 알리지 않거나 과장해서 상품을 판매한 것을 말한다. 이로 인해 고객이 투자 과정에서 손실을 입은 것이 인정된다면 고객은 이에 대해 손해배상책임을 물을 수 있다.

컨소시엄(consortium)•••

공동 목적을 위해 조직된 협회나 조합을 뜻하며, 「동반자 관계 간의 협력, 동지」를 뜻하는 라틴어에서 나온 말이다. 주로 ▲유가증권의 발행액 규모가 너무 커서 단독으로 인수하기 어려울 때 다수의 인수업자가 공동으로 창설하는 인수조합 ▲정부나 공공기관이 추진하는 대규모 사업에 다수 업체가 한 회사의 형태로 참여하는 경우 ▲여러 나라가 공동으로 차관을 제공하는 형식 등의 세 가지 경우에 쓰인다.

로드쇼(road show)•••

유가증권 발행을 위해 발행회사가 투자자(주로 금융기관)를 대상으로 벌이는 설명회를 지칭한다. 주요 국제 금융도시를 순회하며 열려 로드쇼라 불린다. 원래 로드쇼는 연극 용어로 여러 도시를 차례로 돌아다니며 갖는 순회공연을 의미한다.

코픽스(COFIX; cost of funds index)•••

은행들의 자금조달 관련 정보를 기초로 산출되는 자금조달비용지수로, 콜금리에 이어 2010년 2월에 도입된 대출 기준금리이다. 은행연합회가 국민 · 우리 · 신한 · 하나 · 기업 · SC제일 · 한국씨티은행과 농협 등 모두 8개 은행의 자금조달 금리를 취합한 뒤, 은행별 조달 잔액을 참작해 가중평균금리를 구해 산출한다.

DTI(debt to income raito, 총부채상환비율)•••

대출한 사람이 1년 동안 갚아야 할 원금과 이자액을 연간 소득으로 나눈 비율로, 대출자의 금융부채 상환 능력을 나타낸다. DTI는 소득 수준을 넘는 과다한 대출을 받아 집을 사는 것을 막기 위해 대출한도 제한에 사용되고 있다. DTI를 낮추면 대출을 억제하는 효과가 있다.

LTV(loan to value ratio, 주택담보인정비율) 주택을 담보로 대출 시 그 자산가치에 대해 대출을 받을 수 있는 최대 한도. LTV가 높을수록 대출받을 수 있는 금액도 높다.

DSR(debt service ratio, 총부채원리금상환비율) 주택대출 원리금 외에 모든 신용대출 원리금을 포함한 총 대출 상환액이 연간 소득액에서 차지하는 비중. DSR을 도입하면 연소득은 그대로인 상태에서 금융부채가 커지기 때문에 대출 한도가 대폭 축소된다.

자산부채종합관리(ALM; asset and liability management)•••

금리 변동에 따른 손실을 방지하기 위해 대출과 예금을 연계시켜 운용하는 은행의 첨단금융관리 기법이다. 금리 예측을 잘못해 싼 이자로 자금을 빌려 주면 후에 실세금리 상승 시 해당 은행 측은 큰 피해를 보게 되므로 이를 사전에 방지하기 위해 자산과 부채, 즉 예금과 대출을 연계해 종합 관리하는 것이다.

P&A(purchase of assets & assumption of liabilities)•••

우량 금융기관이 부실 금융기관의 부실채권을 제외한 우량자산과 부채를 인수하는 방식이다. 자산부채 이전, 계좌이전, 자산양수 등으로 불린다. 고객 계좌와 고객에 대한 대출이 인수자 쪽으로 함께 넘어가기 때문에 원칙적으로 고객의 피해는 없다. 부실채권은 부실채권 전담은행(배드뱅크) 또는 정부(한국자산관리공사)가 떠안는다.

배드뱅크(bad bank)•••

금융기관의 부실자산이나 채권만을 사들여 전문적으로 처리하는 구조조정 전문기관이다. 부실금융기관은 부실자산을 배드뱅크에 매각함으로써 우량 채권과 자산만 가지고 있는 굿뱅크(good bank)가 돼 정상적인 영업활동을 할 수 있게 된다. 배드뱅크는 사들인 부실자산 등을 담보로 유가증권(ABS)을 발행하거나 그 담보물을 매각해서 채무금을 회수한다. 공공기관 중에는 한국자산관리공사(캠코, KAMCO)가 있고, 민간기관 중에서는 6개 은행이 출자해 만든 유암코(UAMCO)가 있다.

서브프라임 모기지(sub-prime mortgage)•••

미국의 비우량 주택담보대출을 가리킨다. 미국에서는 신용등급이 낮은 저소득층에게 고금리로 주택마련 자금을 빌려 주는데, 이 서브프라임 모기지는 전체 주택 모기지의 약 5%를 차지한다. 미국의 주택담보대출 시장은 크게 우량 고객을 대상으로 하는 프라임 시장과 저신용자, 저소득층이 많이 이용하는 서브프라임 그리고 그 중간 단계인 알트A로 나뉜다. 서브프라임 등급은 부실 위험이 있기 때문에 프라임 등급보다 대출 금리가 2~4% 정도 높다. 2007~2008년에 전 세계를 강타한 미국발 서브프라임 부실 파문은 미국의 장기불황으로 주택시장이 침체되면서 비롯됐다.

파생금융상품(financial derivatives)•••

금리 또는 환율, 주가 등의 변동으로 인한 손실 위험을 헤지(hedge : 위험 회피)하거나 최소화한 상태에서 수익을 확보할 수 있도록 거래자의 특수한 조건에 맞게 각종 금융상품을 결합시켜 고안된 금융상품이다. 선물환, 선물, 옵션, 스와프 등과 이들 파생상품을 대상으로 한 선물옵션, 스와프선물, 스와프옵션 등 2차 파생상품들 이외에도 약 1200종의 파생상품들이 있다. 입도선매처럼 현시점에서 미리 정한 가격으로 나중에 현물을 주고받기로 약정하는 거래 방식이기 때문에 투자원금에 비해 많은 이익을 얻을 수도, 반대로 많은 손실을 입을 수도 있다.

차액결제거래(CFD; contract for difference) 주식 등 기초자산을 보유하지 않고 가격 변동분에 대해서만 차액을 결제하는 파생금융상품. 투자 위험도가 높아 전문투자자에 한해 거래가 허용돼 있다.

신용부도스와프(CDS; credit default swap)•••

부도가 발생해 채권이나 대출 원리금의 회수가 불가능할 경우에 대비한 신용파생상품이다. 기업 부도에 따른 금융기관의 손실위험을 줄여 거래의 안정성을 높여 준다. 채권자는 보험료(프리미엄)를 금융사에 내고, 채무불이행이 되면 원리금(보험금)을 받을 수 있다. 또한 금융사는 채무불이행이 일어나지 않으면 보험료를 수익으로 챙길 수 있다. 예를 들어 A은행이 B기업에 연 5% 금리로 100억 원을 대출해 준 경우 A은행은 B기업의 부도 가능성에 대비해 C금융회사와 CDS 거래를 할 수 있다. CDS를 약정할 때 인수자는 신용위험을 이전하는 대가로 수수료를 지급하게 되는데, 이 수수료를 CDS 프리미엄이라고 한다. 채무자인 국가나 기업의 부도 위험이 클수록 CDS 프리미엄이 높아진다. CDS는 1997년 JP모건이 처음 만들어 판매했다.

랩어카운트(wrap account)•••

여러 종류의 자산운용 관련 서비스를 하나로 싸서(wrap) 고객의 기호에 맞게 제공하는 자산종합 관리 계좌이다. 고객이 수탁한 재산에 대해 자산 구성부터 운용, 투자자문까지 통합적으로 관리해 주는 서비스로 선진국 투자은행의 보편적인 영업 형태이다.

구속성예금(拘束性預金)•••

은행이 대출하는 경우에 대출 조건으로 받아들이는 예금이다. 주로 정기예금 등의 구속성이 있는 것으로, 차입자 측은 빌린 금액에 대한 실제금리가 높아지기 때문에 불리하다. 예컨대 100만 원을 빌리면서 50만 원을 예금한다고 하자. 이 경우 실제 사용 금액은 50만 원이지만 이자는 100만 원에 대한 것을 부담하게 되는 것이다. 이러한 금융 관행을 「꺾기」 또는 「양건예금」이라고 한다.

양도성예금증서(CD; certificate of deposit)•••

은행의 정기예금에 대해 발행하는 무기명 예금증서이다. 은행의 정기예금에 양도성을 부여한 것으로, 은행이 발행하고 증권회사와 종합금융회사의 중개를 통해 매매된다. 예금통장과는 달리 통장에 이름을 쓰지 않는 무기명이며, 중도 해지는 불가능하나 양도가 자유로워 현금화가 용이한 유동성이 높은 상품이다. 한편, CD 금리(유통수익률)는 단기금리의 기준금리로서 변동금리채권, 주가지수 선물 및 옵션 시장의 기준금리로 활용되고 있다.

무자원(無資源) CD 입금이 안 된 상태, 즉 예금이 없는 상태에서 금융기관이 미리 발행한 양도성예금증서(CD). 금융기관은 원칙적으로 돈이 들어온 후에 CD나 어음, 수표를 발행해야 하지만 CD나 어음, 수표를 먼저 발행한 후 예금을 넣도록 하는 변칙적 관행이 유지돼 금융사고의 원인이 되기도 한다.

기업어음(CP; commercial paper) •••

기업체가 자금 조달을 목적으로 발행하는 어음 중 하나로, 기업과 어음상품 투자자 사이의 자금 수급 관계에서 금리가 자율적으로 결정되는 어음이다. 신용도가 높은 기업이 무담보·단기어음으로 발행한 어음을 금융기관이 할인해 매입한 후, 개인이나 기관투자가에게 재판매하는 어음상품으로 예금자보호 대상에 포함되지 않는다. 이사회 의결이 필요한 회사채와 달리, 대표이사의 직권으로 발행이 가능하다. 한편, 기업어음은 발행 목적에 따라 크게 상업어음과 융통어음으로 나뉜다.

기타 어음의 종류

표지어음(cover bill) 기업의 진성(상업)어음을 근거로 금융기관이 발행하는 어음. 은행이나 저축은행이 기업으로부터 받은 무역어음이나 상업어음을 분할·통합해, 은행을 지급인으로 새로 만들어 개인이나 기관투자가에게 다시 판매하는 어음상품이다. 표지어음은 금융기관이 어음할인 자금을 신속히 회수할 수 있고, 기업들에 자금지원을 할 수 있으며, 예금자보호도 된다.

기한부어음(usance bill, time bill) 일람출급(어음이 지급인에게 제시되는 날이 만기가 되는 것) 어음에 대칭되는 것으로 일람 후 30일, 60일, 90일, 120일과 같은 식으로 지불 기간이 정해진 어음

상업어음(commercial bill) 기업들이 상거래를 할 때 대금결제를 위해 발행하는 어음. 자금조달을 목적으로 발행하는 융통어음과 구별되며 흔히 진성어음이라고 한다. 상업어음의 종류에는 상품을 구입한 사람이 판매자를 수취인으로 해서 발행하는 약속어음과 판매자가 매수자를 지급인으로 하고 자신을 수취인으로 해 발행하는 환어음이 있다.

CMA(cash management account) •••

고객이 맡긴 예금을 어음이나 채권에 투자해 그 수익을 고객에게 돌려주는 실적배당 금융상품이다. 「어음관리계좌」 또는 「종합자산관리계정」이라고도 하며, 원금과 이자의 수시 인출이 가능하다. 종합금융회사의 CMA는 예금자보호법에 따라 최고 5000만 원까지 예금자보호가 가능하지만, 증권회사의 경우에는 보호받지 못한다.

미국 3대 주가지수 •••

다우존스산업평균지수(Dow Jones industrial average) 미국 다우존스사가 뉴욕 증권시장에 상장된 우량 기업 주식 30개 종목을 표본으로 시장가격을 평균해 산출하는 세계적인 주가지수이다. 「DJIA」 또는 「Dow」라고도 한다.

나스닥(NASDAQ) 「National Association of Securities Dealers Automated Quotation」의 약칭으로, 미국의 장외주식시장이다. 1971년 2월 8일 개설돼 25년 만에 세계 제2의 증권시장으로 성장, 미국의 중소기업과 벤처기업의 성장을 주도하고 있다.

S&P500지수 국제 신용평가 기관인 스탠더드 앤드 푸어스(S&P)가 작성하는 주가지수이다. 공업·서비스·금융 업종 500개 주가를 기준으로 산출한다. 다우존스산업평균지수에 비해 훨씬 포괄적이어서 머니 매니저들의 영업 실적을 평가하는 기준으로 널리 활용된다.

세계의 주요 주가지수 ▲한국 : 코스피, 코스닥 ▲미국 : 다우존스산업평균지수(DJIA), S&P500지수, NYSE종합주가지수 ▲캐나다 : S&P TSX ▲영국 : FT30, FTSE100 ▲프랑스 : CAC 제너럴, CAC40 ▲독일 : DAX ▲스위스 : SMI, SPI ▲이탈리아 : FISE MIB, BCI ▲일본 : 닛케이 225, 도쇼(東證)주가지수(TOPIX), 자스닥지수 ▲홍콩 : 항셍지수(HANGSENG) ▲대만 : 자이취엔지수(加權) ▲싱가포르 : STI ▲러시아 : 러시아 RTSI ▲중국 : 상하이종합주가지수

S&P 다우존스지수 : S&P500지수, 다우존스산업평균지수 등 미국 증시의 대표 지수를 산출하는 세계 최대 지수 사업체

VIX지수(volatility index) •••

S&P500지수 옵션의 향후 30일간의 변동성을 반영하는 지수로, 증시 지수와는 반대로 움직이는 특징이 있어서 「공포지수」라고 불린다. 일반적으로 VIX지수가 상승하면 투자자들의 불안심리가 고조돼 증시는 하락하게 된다.

코스피200 변동성지수(VKOSPI; volatility index of KOSPI200) 코스피200 옵션가격을 이용, 옵션 투자자들이 예상하는 KOSPI200 지수의 미래 변동성을 측정한 지수. 아시아 국가 최초의 변동성지수이다.

뉴욕증권거래소(NYSE; New York Stock Exchange) •••

뉴욕 월가에 위치한 세계 최대 규모의 증권거래소로 애칭은 「빅보드(Big Board)」이다. NYSE의 회원은 모두 개인으로 구성되며, 매매는 회원 간 경쟁매매에 의해 성립된다. 1792년 설립돼 현재 미국 전체 상장주식의 약 85%를 거래하고 있다.

CBOT(Chicago Board of Trade) 시카고 상품거래소. 1848년 4월 설립된 가장 오래된 세계 최대의 선물거래소이다. 전 세계 곡물 선물 거래량의 80~85%를 점하고 있다.

글로벡스(Globex) 「global exchange」를 줄여서 만든 합성어로 미국 시카고 선물거래소(CME)와 로이터사가 공동으로 개발한 선물거래 시스템. 선물과 옵션의 장외거래를 위한 전산매매 시스템으로 대부분의 국가들은 글로벡스를 표준 모델로 삼고 있다.

차스닥(CHASDAQ; China Securities Dealers Automated Quotation) •••

2009년 10월 23일 출범한 중국판 나스닥 시장이다. IT 기술주 중심의 제2증권거래소로 벤처 · 신규 창업 기업을 위한 장외시장이다. 중국에서는 촹예반(創業板)이라 부르며 상하이와 광둥성 선전에 있는 기존 거래소는 주반(主板)이라 부른다. 지수 포인트 수는 차스닥에 상장된 중소기업주 50개 전부를 포함시킨 1000포인트로 확정된 지수를 말하며 차스닥50지수라고도 한다.

커촹반(STAR; Sci-Tech innovation board, 科創板) 상하이판 나스닥 시장으로 불리는 기업주 · 창업주 전문 시장. 「과학창업판」이라는 의미로 2019년 6월 13일 개장했다. 중국의 주요 기술기업들이 홍콩, 미국 증시에 상장하는 관행을 끊고자 2018년 11월 시진핑 중국 국가주석의 지시로 추진된 정보기술(IT)주 관련 전문 주식거래소이다.

코스닥(KOSDAQ; Korea Securities Dealers Automated Quotation) •••

1996년 설립한 우리나라의 장외 주식거래시장이다. 코스닥은 전자거래시스템으로 운영되며, 자금조달 시장 및 투자처로 독립적인 역할을 수행한다. 미국의 나스닥(NASDAQ)과 같이 유사한 기능을 하는 중소 · 벤처기업을 위한 증권시장으로 거래소 시장에 비해 고위험 · 고수익의 시장이다.

K-OTC(Korea Over-The-Counter) 비상장주식의 매매거래를 위해 한국금융투자협회가 「자본시장과 금융투자업에 관한 법률」에 따라 개설 · 운영하는 장외시장

코넥스(KONEX; Korea New Exchange) 2013년 7월 1일 개장한 중소기업 전용 주식시장. 벤처기업이나 중소기업의 원활한 자금 조달을 위해 설립됐다.

코스닥 글로벌 세그먼트(KOSDAQ global segment) 한국거래소가 코스닥 시장 내 블루칩 기업 51개사를 선정해 2022년 11월 22일 출범시킨 시장

코스피(KOSPI; Korea Composite Stock Price Index) •••

한국의 종합주가지수를 지칭한다. 증권시장에 상장된 상장기업의 주식 변동을 기준시점과 비교시점을 비교해 전체적인 주가를 나타내는 지표로, 기준시점(1980년 1월 4일)의 주가기준을 100으로 한다.

$$코스피 = \left(\frac{비교시점의\ 시가총액}{기준시점의\ 시가총액}\right) \times 100$$

KOSPI200 주가지수 선물 및 주가지수 옵션의 거래 대상으로 개발된 주가지수. 시장 대표성, 업종 대표성 및 유동성 등을 감안해 선정된 200개 종목 중 시가총액에서 차지하는 비율이 큰 종목들의 증감에 비례해 증감한다.

KRX100(Korea exchange 100) •••

유가증권 시장과 코스닥 시장의 100개 대표 종목으로 구성된 한국의 통합 주가지수이다. 2005년 6월 1일부터 발표되고 있으며, 기준시점은 2001년 1월 2일을 1000포인트로 해 산출한다. 한 종목의 비중을 15% 이내로 제한하는 점과 최대 주주의 지분과 자사주 등 실제 거래되지 않는 주식을 제외한 유동주식으로만 지수가 발표되므로 시장의 흐름을 더욱 효과적으로 반영한다는 특징이 있다.

역외선물환시장(NDF; non deliverable forward) •••

본국의 세제나 운용상 규제를 피해 금융 · 조세 · 외환 관리 면에서 특전을 누릴 수 있도록 다른 나라에서 운용하는 선물환시장이다. 파생금융상품의 일종으로 「차액결제선물환」이라고도 한다. 역외선물환시장에서는 만기에 현물을 인도하거나 계약 원금을 주고받는 것이 아니라 계약한 선물환율과 지정환율 사이의 차액만을 지정통화로 정산한다. 우리나라에서 역외선물환시장은 1999년 4월 허용됐으며, 보통 싱가포르와 홍콩에 개설된 시장을 뜻한다.

다크풀(dark pool) •••

장 시작 전에 미리 매수 · 매도 주문을 받고, 장이 끝나면 당일 평균주가에 가중치를 부여해 매매를 체결하는 장외거래 시스템이다. 이 거래는 당일 거래 규모의 5%만 넘지 않으면 투자 주체와 거래 수량 등의 정보를 공시하지 않아도 되므로 익명성이 보장된다. 또한 이 시스템을 이용해 기관투자가들이 대량 매매를 할 경우 매매 시간 중 시장가격에 충격을 주지 않기 때문에 안정성을 높일 수 있지만, 증시 투명성을 가로막는다는 비판도 제기된다. 한국거래소(KRX)는 2010년 11월 29일부터 정식으로 한국판 다크풀인 「경쟁 대량매매제도」를 실시하고 있다.

섀도 보팅(shadow voting)●●●

주주들이 주주총회에 불참하더라도 참석한 것으로 간주해 참석 주주들의 투표 결과에 따라 의결을 진행하는 일종의 의결권 대리행사제도이다. 중립투표, 그림자투표라고도 한다. 주주총회에 참석하지도 않은 주주들의 의결권이 참석한 주주들의 비율 그대로 적용되기 때문에 그림자들이 투표하는 것과 마찬가지 결과를 초래한다는 의미이다. 1991년에 도입된 섀도 보팅은 경영진과 대주주의 정족수 확보 수단으로 남용될 수 있어, 주총을 형식화시킨다는 비판 여론이 일면서 2017년 전면 폐지됐다.

주가지수 선물거래(株價指數 先物去來)●●●

증권시장에서 매매되는 전체 또는 일부 주식의 가격수준인 주가지수를 매매 대상으로 하는 선물거래로, 주가지수 선물 1단위당 거래 금액이 표준적으로 정해져 있다. 통화선물 등 다른 선물거래와는 달리 거래할 현물이 존재하지 않으므로 최종 결재 시 실물의 입출고 없이 결재가 모두 청산거래로 이루어지는 특징이 있다. 우리나라에는 1996년 5월부터 주가지수 선물거래 시장이 개설됐다.

주가지수옵션(株價指數 option)●●●

주식의 가격 수준을 나타내는 주가지수를 장래에 사거나 팔 수 있는 권리를 매매하는 것이다. 즉 옵션 매수자는 주가지수가 불리하게 움직이면 권리행사를 포기해 옵션 매수대금만 손해를 보면 되고, 반대로 유리하게 움직이면 권리를 행사해 이익을 낼 수 있다. 옵션거래의 대상이 되는 주가지수는 선물거래에서와 마찬가지로 우량 상장종목 200개로 구성된 KOSPI200이다. 주가지수를 살 수 있는 권리를 「콜옵션」, 팔 권리를 「풋옵션」이라고 한다. 매매 단위를 「계약」이라고 부르며 1계약의 기본 단위는 10만 원이다. 기본 예탁금은 1000만 원이고 결제일은 거래 하루 뒤이다. 우리나라는 1997년 7월 7일 세계에서 25번째로 주가지수옵션 시장이 개장됐다.

콜옵션(call option) 이미 판매한 금융을 비롯한 특정자산을 정해진 기간 내에 일정한 가격으로 되살 수 있는 권리. 여기서 옵션은 미래의 특정 시기에 특정 가격으로 팔거나 살 수 있는 권리 자체를 현재 시점에서 매매하는 계약으로, 옵션을 매수한 사람은 만기 시점에 자신이 구입한 옵션이 자신에게 이로우면 행사하고 이롭지 않으면 행사하지 않는 선택권이다. 반면 장래의 일정 기간 내 혹은 일정 기일에 일정한 상품(주식, 채권, 금리, 통화 등)을 일정 가격으로 일정 수량을 매각할 권리는 풋옵션(put option)이라고 한다.

데이트레이딩(day trading)●●●

주가 흐름을 지켜보다 움직임이 빠르고 폭이 큰 주식을 포착해 매입한 뒤 단기 시세차익을 챙기고 빠져나오는 초단타 매매기법이다. 데이트레이딩은 미국에서 시작돼 홍콩과 도쿄 등 아시아로 급속히 확산됐으며, 우리나라에서는 스캘핑(scalping)을 제외한 모든 종류의 데이트레이딩이 가능하다.

스캘핑(scalping) 스캘퍼(초단타 매매자로 속칭 슈퍼 메뚜기)들이 2~3분 단위로 짧게 주식을 보유, 하루에 수십 번 또는 수백 번씩 주식거래를 하며 단기 시세차익을 챙기고 빠져 나오는 초단타 매매기법이다. 스캘핑은 원래 「가죽 벗기기」라는 뜻으로, 북미 인디언들이 적의 시체에서 머리 가죽을 벗겨 내 전리품으로 챙겼던 행위에서 비롯됐다.

헤징(hedging) •••

가격변동 위험을 제거하기 위해 행하는 거래로, 선물환거래가 대표적이다. 예를 들어 어떤 기업이 외국에 상품을 팔고 수출대금을 3개월 뒤에 받기로 했다면 3개월 후의 환율이 어떻게 되느냐에 따라 수출대금의 가치가 크게 달라질 수 있다. 이때 이 기업은 환율변동 위험에 노출돼 있다고 하는데, 이러한 환율변동 위험을 제거하기 위해 행하는 거래가 헤징이다. 이 경우 기업은 미래의 환율을 미리 고정시키는 선물환 거래를 행함으로써 환율변동 위험을 줄일 수 있다.

블랙먼데이(black monday) •••

1987년 10월 19일 월요일 미국 뉴욕의 다우존스 평균주가가 하루에 508포인트 폭락한 데서 붙여진 이름이다. 세계 대공황의 계기가 된 1929년 10월 24일 목요일 뉴욕증시의 주가 대폭락을 「암흑의 목요일」이라 지칭한 것에서 본떠 1987년의 주가폭락을 「블랙먼데이(검은 월요일)」라고 부른다. 이후 블랙먼데이는 1997년 10월 27일 월요일, 1998년 8월 31일 월요일에 2차, 3차로 발생했다.

서머랠리(summer rally) •••

주식시장에서 매년 6~7월에 한차례 주가가 크게 상승하는 현상을 지칭한다. 일반적으로 4~5월에는 배당금 지급과 각종 학자금 등의 악재가 작용, 주가가 큰 폭으로 하락하다 6월부터 반등세가 나타나는데 이 현상이 여름철 휴가 중에 일어나서 서머랠리라 부른다.

인디언랠리(Indian rally) 증시에서 본격적인 하락 국면을 앞두고 주가가 잠시 오르는 현상. 원래는 미국 동북 지역에서 겨울을 눈앞에 둔 늦가을에 여름과 같은 화창한 날씨가 잠시 나타나는 현상을 일컫는다.

산타랠리(Santa rally) 크리스마스를 전후한 연말과 신년 초에 주가가 강세를 보이는 현상. 크리스마스를 전후한 연말에 기업들의 성과급 지급 등이 늘어나 이것이 소비 증가로 이어지고 기업의 매출 신장을 불러와 주가상승을 가져오는 것이다. 매년 일정한 시기에 따라 증시의 흐름이 변하는 캘린더 효과(calendar effect)의 하나로, 보통 연말 장 종료 5일 전부터 이듬해 2일까지를 가리킨다.

더블위칭데이(double witching day) •••

「두 마녀가 설치는 날」이라는 뜻으로 선물과 옵션의 동시 만기일을 지칭한다. 3·6·9·12월의 두 번째 목요일로 1년에 네 번이 있다. 이날 선물과 현물 간 가격차가 정산되므로 주식시장에 엄청난 충격을 주기도 한다. 위칭데이(witching day)라는 용어는 1980년대 미국에서 처음 등장했는데, 파생상품 만기일이 겹치는 날이 마치 「마녀가 날아다니는 것」처럼 주식시장이 어지럽다고 해서 붙여진 명칭이다.

트리플 위칭데이(triple witching day) 주가지수선물, 주가지수옵션, 개별주식옵션 등 세 가지 파생금융상품의 만기일이 동시에 겹치는 날. 3·6·9·12월의 두 번째 목요일이다.

쿼드러플 위칭데이(quadruple witching day) 주식시장에서 선물, 옵션, 개별주식옵션, 개별주식선물 등 네 가지 파생상품의 만기일이 겹치는 날. 3·6·9·12월의 세 번째 금요일이다.

왝 더 독 현상(wag the dog effect)●●●

「개 꼬리가 몸통을 흔든다(the tail wagging the dog)」는 말에서 나온 것으로 주객전도 상황을 가리킨다. 주식시장에서는 선물(꼬리)이 현물(몸통) 시장을 흔드는 현상, 즉 선물매매가 현물에 직접적인 영향을 미치는 것을 뜻한다.

✎ 왝 더 독 현상은 정치권에서는 여론의 시선을 다른 곳으로 돌리기 위한 연막 행위를 지칭하는 말로 쓰이며, 전자업계에서는 본체보다도 소모품이나 부속상품의 시장 규모가 더 큰 상품을 지칭하는 말로 사용된다.

콘탱고(contango)●●●

선물가격이 현물가격보다 비싸지거나 결제월이 멀어질수록 선물가격이 높아지는 현상(선물가격 > 현물가격)을 지칭하는 용어이다. 「선물 고평가」라고도 하며, 이는 정상시장이다. 선물거래 가격은 일반적으로 이자와 창고료, 보험료 등 현물의 보유비용 등을 포함하기 때문에 현물가격보다 높고, 결제월이 먼 선물의 가격은 결제월이 가까운 선물가격보다 높을 수밖에 없다. 금 선물가격이 대표적인 콘탱고의 사례이다. 이와는 반대로 일시적인 영향으로 공급물량 부족이나 계절적 수요 탓에 수요와 공급이 불균형인 상태를 백워데이션(back-wardation)이라고 한다. 이는 현물가격이 선물가격보다 높아지는 현상으로, 현물 고평가라고도 한다. 여름철 난방유 등이 대표적인 백워데이션의 사례이다. 한편, 현물과 선물의 가격차는 베이시스(basis)라고 한다.

데드캣 바운스(dead cat bounce)●●●

주가가 큰 폭으로 떨어지다가 잠깐 반등하는 상황을 비유할 때 쓰이는 말이다. 폭락장 가운데서도 가끔 주가가 튀어 오르는 것을 죽은 고양이가 꿈틀한다는 식으로 표현한 것이다.

다우의 개(dogs of the Dow)●●●

미국 다우존스 산업평균지수에 편입된 30개 종목 중 전년도 배당수익률이 높은 10개 종목을 뜻한다. 즉, 주가 수익률은 저조했으나 많은 배당금을 배분한 우량 종목을 일컫는 것으로, 고배당에도 주가가 오르지 않아 제대로 대접을 받지 못하는 것을 개에 비유해 표현한 것이다.

포트폴리오(portfolio)●●●

투자자가 보유한 주식이나 채권 등의 유가증권 일람표이다. 포트폴리오를 구성한다는 것은 투자 위험을 최소화하기 위해 주식을 분산투자한다는 의미이다. 주식을 분산투자함으로써 제거될 수 있는 위험을 분산가능위험이라고 하는데, 이는 개별 기업의 경영 상태, 재무 상태와 같은 특수한 조건의 변동에 따라 나타날 수 있는 위험으로 비체계적 위험이라고도 불린다.

프로그램 매매(program trade)•••

주식 거래 과정을 미리 프로그램화한 시장상황별 투자 전략에 따라 컴퓨터가 자동으로 처리하는 거래 기법으로, 차익 거래와 비차익 거래로 구분된다. 차익 거래는 선물과 현물 중 고평가된 상품은 매도하고 저평가된 상품은 매수하는 거래 방식이다. 반면 비차익 거래는 현물만을 거래 대상으로 하며, 일정 규모 이상의 종목을 바스켓으로 묶어서 한꺼번에 처리하므로 보통 바스켓 거래라고도 한다. 이 기법은 주로 자금력을 갖춘 기관투자가나 외국인 투자가들이 이용하며, 우량주가 집중된 코스피200, 스타지수 종목들이 대상이다. 주식시장에 신규 정보 유입으로 가격이 효율적으로 조정될 수 있는 반면에 코스피지수를 급변하게 해 시장을 혼란시킬 수도 있다. 한국거래소(KRX)는 코스피200지수에 포함된 종목 15개 이상, 코스닥 스타지수 구성종목 중 10개 이상을 한꺼번에 매수・매도할 때 이를 프로그램 매매로 신고하도록 하는 「프로그램 매매 공시제」를 시행 중이다.

골든 크로스(golden cross)•••

주가를 예측하는 기술적 분석상의 지표 가운데 하나로, 단기주가 이동평균선이 장기주가 이동평균선을 아래에서 위로 급속히 돌파하는 상황을 가리킨다. 이는 강세장으로의 강력한 전환 신호로 해석된다. 골든 크로스의 반대는 데드 크로스(dead cross)로, 약세장으로의 전환 신호를 뜻한다.

불(bull) / 베어(bear) 미국 주식시장에서 황소(bull)는 상승 국면, 곰(bear)은 하락 국면을 나타낸다. 따라서 불은 주가가 오를 것이라고 믿는 투자가, 베어는 주가가 하락할 것이라고 믿는 투자가를 의미한다. 또 불마켓은 강세장을, 베어마켓은 약세장을 의미한다.

우선주(preferred stock, 優先株)•••

보통주에 비해 배당이나 기업 잔여재산의 분배 등에 있어서 우선권을 갖는 주식이다. 보통주에 대응되는 주식으로 이익 배당 우선주가 대표적이다. 일반적으로 영업이 부진한 회사가 신주 모집을 위해 또는 설립 시 발기인을 우대하기 위해 발행한다.

실권주(forfeited stock, 失權株)•••

회사가 유상증자를 실시할 때 주주는 정해진 날짜에 자신에게 배정된 유상증자분을 인수하겠다는 청약을 하고 해당 금액을 납입하게 된다. 그러나 청약기일까지 청약하지 않거나 청약을 해도 납입일에 돈을 내지 않으면 유상신주를 인수할 권리를 상실하는데, 이로 인해 발생한 나머지 주식을 실권주라 한다. 즉, 기존 주주가 자신에게 배정된 신주인수권을 포기하면 실권주가 생긴다. 실권주는 이사회의 결의에 따라 임의로 처분이 가능하다.

작전주(作戰株)•••

여러 사람이 공모해 이익을 얻기 위한 주가조작의 대상이 되는 주식이다. 작전이란 증권시장에서 증권 브로커, 큰손, 대주주 등 여러 명이 공모해 특정 주식을 매입함으로써 주식을 폭등시켜 이익을 챙기는 행위를 말한다. 법률적 용어로는 시세조종이라고 한다.

주식의 종류

구분	종류	내용
재산적 내용	보통주	회사의 이익, 이자의 배당, 잔여재산의 분배에 관해 표준이 되는 보통의 주식
	우선주	회사의 이익, 이자의 배당, 잔여재산의 분배에 있어서 우선권을 갖는 주식
	후배주	회사의 이익, 이자의 배당, 잔여재산의 분배에 있어서 다른 종류의 주식에 비해 열등한 지위에 있는 주식
	혼합주	이익배당에 있어서는 보통주보다 우선하고, 잔여재산의 분배에 있어서는 열등한 지위에 있는 주식
의결권	의결권주	주주총회에 상정된 안건에 대해 주주별로 의사결정에 관한 권리가 부여된 주식
	무의결권주	주주총회에 상정된 안건에 대해 주주별로 의사결정에 관한 권리가 부여되지 않은 주식. 무의결권주의 총수는 발행주식총수의 1/4(상장법인은 1/2)을 초과할 수 없음
액면표시	액면주	주권에 주식의 액면가액이 기재돼 있는 주식
	무액면주	주권에 주식의 액면가액이 기재돼 있지 않은 주식
기명 여부	기명주	주주의 성명이 주권과 주주명부에 표시돼 있는 주식
	무기명주	주주의 성명이 주권과 주주명부에 표시돼 있지 않은 주식
기타	상환주	발행 당시부터 이익으로써 소각이 예정돼 있는 특수한 주식
	전환주	다른 종류의 주식으로 전환할 수 있는 권리가 부여된 주식
	가치주	기업의 현재 또는 미래 예상이익에 비해 낮은 가격으로 거래되는 주식. 주가수익률(PER)이 낮음
	국민주	정부투자기관이 보유하고 있는 우량기업의 주식을 국민에게 매각해 널리 보급하는 주식
	넝마주	기업의 자구노력으로는 회복할 수 없는 주식
	디스플레이션주	전기 · 가스회사의 주식 등과 같이 인플레이션율이 하락할수록 이익을 얻는 주식
	선도주	주가의 평균적 움직임에 앞서서 주가가 변동하면서 대량 거래되는 주식
	성장주	장기간에 걸쳐 주가가 큰 폭으로 상승을 지속하고 있는 주식
	자산주	가치 있는 자산을 많이 소유하고 있으나 그 자산이 주가에 충분히 반영되지 않은 기업의 주식
	작전주	작전의 대상이 된 주식
	트래킹주	모기업이 특정 사업 부문을 육성하는 데 필요한 자금을 조달하기 위해 모기업 주식과는 별도로 발행하는 주식. 상환 부담이 없음
	황금주	1주 이상의 소수 지분으로 회사의 주요 의사결정에 거부권을 행사할 수 있는 권리가 부여된 특별 주식

블루칩(blue chip) •••

미국 주식시장에서 GE, IBM, AT&T 주식과 같이 재무내용이 건실하고 경기변동에 강한 대형 우량주를 일컫는다. 포커게임에 사용되는 흰색, 빨강, 청색 칩 가운데 청색이 가장 고가로 사용된 것에서 유래됐다. 한편, 미국에서는 황소 품평회에서 우량 등급으로 판정된 황소에게 파란 천을 둘러 주는 관습이 있는데, 이는 황소(bull)가 월스트리트에서 강세장을 상징하기 때문에 여기서 유래된 것이라는 설도 있다.

옐로칩(yellow chip) 준 우량주 또는 중가 블루칩이라고도 하며, 실제 가치보다 저평가돼 있어서 앞으로 인기주가 될 가능성이 높음

레드칩(red chip) 홍콩 증시에 상장된 중국 국영기업의 주식

블랙칩(black chip) 탄광이나 석유 또는 에너지 관련 종목주를 지칭

주가수익률(PER; price earning ratio)•••

주가를 1주당 순이익으로 나눈 값으로, 수익력에 비해 주가가 몇 배인가를 표시함으로써 종목 간 또는 국가 간 주가 수준의 비교를 가능하게 하는 지표이다. PER가 높다는 것은 주당이익에 비해 주식가격이 높다는 것을 의미하고, PER가 낮다는 것은 주당이익에 비해 주식 가격이 낮다는 것을 의미한다. 그러므로 PER가 낮은 주식은 앞으로 주식 가격이 상승할 가능성이 크다.

주당손익(EPS; earnings per share)•••

기업이 벌어들인 순이익(당기순이익)을 그 기업이 발행한 총 주식 수로 나눈 값이다. 1주당 이익을 얼마나 창출했느냐를 나타내는 지표로 그 회사가 1년간 올린 수익에 대한 주주의 몫을 나타낸다. 따라서 EPS가 높을수록 주식의 투자가치가 높다고 볼 수 있다.

내부자 거래(內部者 去來)•••

상장기업의 임직원, 대주주 등의 내부자가 그 직무・지위 덕택에 얻은 내부 정보를 이용해 자기 회사 주식을 매매함으로써 부당 이득을 취하는 것을 말한다. 주가에 영향을 주는 내부 정보로는 기업합병, 증자, 자산재평가, 신규 투자계획 등이 있다. 내부자 거래는 건전한 증권시장의 발전을 저해하기 때문에 각국에서 규제조치를 마련하고 있는데, 기업공시제가 대표적인 제도적 장치이다.

서킷 브레이커(circuit breaker)•••

주가가 일정 수준 이상 급락하는 경우 투자자들에게 냉정한 투자 판단 시간을 제공하기 위해 시장에서의 모든 매매 거래를 일시적으로 중단하는 제도이다. 1987년 10월 뉴욕 증시가 대폭락한 「블랙먼데이」 이후 주식시장의 붕괴를 막기 위해 처음 도입됐고, 우리나라에서는 1998년 12월 7일부터 실시 중이다. 주가지수가 직전 거래일의 종가보다 8%(1단계), 15%(2단계), 20%(3단계) 이상 하락한 경우 매매 거래 중단의 발동을 예고할 수 있다. 이 상태가 1분간 지속되는 경우 주식시장의 모든 종목의 매매 거래를 중단하게 된다.

사이드카(sidecar) 프로그램 매매 호가관리제도. 선물시장이 급변할 경우 현물시장에 미치는 영향을 최소화함으로써 현물시장을 안정적으로 운용하기 위해 마련됐다. 선물 가격이 전일 종가 대비 5%(코스피), 6%(코스닥) 이상 등락해 1분 이상 지속될 때 5분간 프로그램 매매를 정지한다. 장 개시 5분 전인 오전 9시 5분 이전과 장 마감 40분 전인 오후 2시 20분 이후에는 발동할 수 없으며, 사이드카 발동 후 5분이 지나면 자동 해제된다. 단 1일 1회만 발동 가능하다.

깡통계좌•••

투자자가 자신의 돈과 증권회사로부터 빌린 자금을 합쳐 사들인 주식의 가격이 융자금 이하로 떨어져 담보유지비율이 100% 미만인 계좌를 말한다.

주가연계증권(ELS; equity linked securities)●●●

기초자산이 되는 특정 주식과 주가지수 등의 가격 변동에 따라 수익률이 결정되는 파생상품이다. A회사 주가가 향후 1년간 10% 이상 오르면 연 7%의 금리를 주겠다는 식으로 조건을 단 증권이다. 주식 가격과 연동된 파생상품이기 때문에 주가연계증권이라고 부른다. 가입 시점의 주가와 기준 시점의 주가를 비교해 일정 수준 이하로 떨어지지 않을 경우 목표 수익률을 달성하고 상환되는 유형이 일반적이다.

ELF(equity linked fund) 주가연계펀드. ELS에 투자하는 펀드

ELD(equity linked deposit) 주가연계예금. 은행에서 예금 형식으로 발행하는 ELS로 예금자보호 대상

주가워런트증권(ELW; equity linked warrant)●●●

개별 주식 또는 주가지수와 연계해 미리 매매 시점과 가격을 정한 뒤 약정된 방법에 따라 해당 주식 또는 현금을 사고팔 수 있는 권리가 주어진 증권이다. 증시에 상장되므로 개별 주식처럼 손쉽게 매매할 수 있다.

파생결합증권(DLS; derivative linked securities)●●●

주가나 주가지수에 연계돼 수익률이 결정되는 주가연계증권(ELS)을 보다 확장해 이자율・통화・실물자산 등을 기초자산으로 하는 금융상품이다. 사전에 정해진 방식에 의해 수익률이 결정된다는 특징이 있다.

주식예탁증서(DR; depository receipts)●●●

국제간에 주식 유통 수단으로 이용되는 대체 증권을 가리킨다. 기업은 해외자본을 유치할 목적으로 DR을 발행하는데, 발행 지역에 따라 미국은 ADR(American), 전 세계를 대상으로 하면 GDR(Global)이라고 한다. 자국의 주식을 외국에서 거래하는 경우 법률이나 제도, 거래 관행 등 여러 가지 문제로 원활한 유통이 힘든 점을 해결하고자 외국의 예탁기관이 해외 현지에서 증권을 발행하도록 해 원주(原株)와 상호 전환이 가능하도록 한 주식대체증서이다. 발행자는 외화로 유상증자를 할 수 있고 투자자는 자국 통화로 외국 기업의 주식을 취득할 수 있다.

토큰증권(ST; securities token)●●●

실물자산이나 금융자산의 지분을 작게 나눈 뒤 블록체인 기술을 활용해 토큰(특정 플랫폼에서 사용되는 가상자산) 형태로 발행한 증권이다. 이자・배당 등 미래의 수익, 실물 자산 등에 대한 지분 권리가 인정되는 것이 특징이다. 토큰증권을 발행・유통하는 것을 STO(security token offering) 사업이라고 한다.

IR(investor relations)●●●

기업이 시장에서 좋은 평가를 얻기 위해 투자자들을 대상으로 실시하는 홍보활동을 가리킨다. 투자자 관계・기업 설명 활동이라고 한다. 홍보(PR)가 주로 고객과 언론 등 불특정 다수를 대상으로 하는 반면, IR은 투자자들에게 기업의 경영실적과 회사 사업내용 및 비전을 제시하는 경영활동이다.

IPO(initial public offering, 기업공개)•••

개인이나 소주주로 구성돼 소유 구조가 폐쇄적인 기업이 일반에 주식을 공개하고 재무내용을 공시하는 것을 말한다. 즉 증권거래법과 기타 법규에 의거해 주식회사가 발행한 주식을 일반투자자에게 균일한 조건으로 공모하거나, 이미 발행돼 대주주가 소유하고 있는 주식의 일부를 매출해 주식을 분산시키고 재무내용을 공시함으로써 주식회사의 체제를 갖추는 것이다.

북빌딩(book-building) 기업공개 때 공모주 가격을 결정하기 위해 주간사가 사전에 공모주식의 수요를 파악, 공모가격을 결정하는 제도

우회상장(back-door listing, 迂廻上場)•••

한국거래소(KRX)에 상장된 기업과 상장되지 못한 장외기업이 합병되면서, 장외기업이 상장을 위한 심사나 공모주 청약 등의 절차를 밟지 않고 곧바로 상장되는 것을 말한다. 「백도어리스팅(back-door listing)」이라고도 한다. 기존 장외기업이 자금의 여유는 있으나 현시점에서 상장심사 요건을 충족시키지 못하는 경우, 대주주의 지분율이 낮은 거래소(코스닥) 기업 가운데 자금에 어려움을 겪고 있는 기업을 대상으로 A&D(인수 후 개발)나 M&A(인수・합병)를 한다. 이때 주식 맞교환(스와핑)이나 현금으로 지분을 인수한 후 상장기업과 합병을 통해 상장 요건이 충족되지 않는 기업이 우회상장하는 형태로 백도어리스팅이 이루어진다. 우회상장은 기업 체질 개선이라는 M&A의 측면에서는 긍정적이지만, 일부 부실기업들이 우회상장을 이용해 자금을 원활히 조달할 수 있는 제도권 자금 시장으로 입성함에 따라 주주 및 일반 투자자들의 피해가 우려되기도 한다.

우리사주제도(ESOP; employee stock ownership plan)•••

회사가 종업원에게 자사주의 보유를 권장하는 제도로, 「종업원지주제도」라고도 한다. 회사로서는 안정주주를 늘리게 되고 종업원의 저축을 회사의 자금원으로 할 수 있다. 종업원도 매월의 급여 등 일정액을 자금화해 소액으로 자사주를 보유하게 됨에 따라 회사의 실적과 경영 전반에 대한 의식이 높아지게 된다. 우리나라는 우리사주조합원에 신주의 20% 범위 내에서 우선적으로 주식을 배정받을 권리를 보장하고 있다.

스톡옵션(stock option)•••

회사의 임직원이 당해 기업의 주식을 미리 정해진 가격으로 일정한 수량을 일정한 기간 내에 매수할 수 있는 권리로서 「주식매수선택권」이라고도 한다. 일종의 성과급적 보수제도인데 향후 기업 가치가 상승할 경우 회사의 경영이나 기술 혁신에 기여한 임직원에게 기업 가치의 상승분을 분배하게 되므로 미래지향적인 장기 보상제도라고 할 수 있다. 초기에 자금 부족 등의 어려움을 겪는 벤처기업이 우수 인력을 유치하는 수단으로 적극 활용하고 있다. 스톡옵션은 철저하게 능력 중심으로 제공되기 때문에 직급 또는 근속연수를 바탕으로 하는 우리사주조합 제도와는 차이가 있다. 그리고 자사의 주식을 매입하는 임직원에게 그 비율에 따라 일정 주식을 무상으로 지급하는 스톡퍼처스(stock purchase, 종업원 자사주구매제도)와도 다르다.

스톡그랜트(stock grant) 미래에 주식을 일정 가격으로 살 수 있는 권리를 주는 스톡옵션과 달리 현시점에서 자사주를 나눠 주는 제도. 대개 특별상여금 명목으로 무상 지급되며, 당장 현금화할 수 있다는 것이 장점이다.

풋백옵션(putback option)•••

기업의 인수·합병(M&A)에서 기업 인수 후 추가부실 발생 시 손실보전을 해준다는 계약으로, 인수 시점에서 자산의 가치를 정확하게 산출하기 어렵거나, 추후 자산가치의 하락이 예상될 경우 주로 사용되는 기업 M&A 방식이다. 또 풋백옵션은 기업공개(IPO) 시에 일반 청약자가 공모주식을 인수회사에 매도할 수 있는 권리인 환매청구권과 같은 의미로도 쓰인다.

증권집단소송제(證券集團訴訟制)•••

소액주주의 피해구제를 목적으로 도입된 증권 관련 집단소송제이다. 기업의 주가조작, 분식회계, 허위 공시 등으로 피해를 본 소액주주 가운데 1명이 소송에서 이기면 같은 피해를 본 나머지 주주들도 똑같은 보상을 받을 수 있다. 소송을 하기 위해서는 주주 50명 이상이 해당 기업이 발행한 유가증권 총수의 1만 분의 1 이상을 보유해야 한다. 단, 집단소송을 맡은 로펌의 소송 건수는 3년간 3건 이하여야 한다.

권리락(權利落)•••

보통 신주 배정의 권리가 없어진 것을 말하며, 배당 권리가 없어진 것은 배당락이라고 한다.

공매도(short stock selling, 空賣渡)•••

주식을 보유하지 않은 상태에서 주식을 빌려 매도 주문을 내는 매매기법이다. 주로 초단기 매매차익을 노리는 데 사용된다. 향후 주가가 하락할 것을 예상하고 주식을 빌려서 판 뒤 실제 주가가 하락하면 같은 종목을 싼값에 되사 차익을 챙긴다. 공매도는 제3자로부터 주식을 빌려 매도하는 「차입 공매도(covered short selling)」와 주식을 전혀 갖고 있지 않은 상태에서 매도 주문을 내는 「무차입 공매도(naked short selling)」로 구분되는데, 우리나라에서는 차입 공매도만 허용된다.

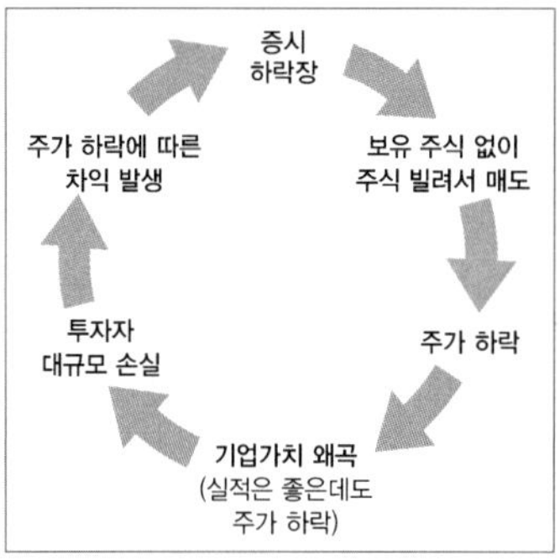

쇼트커버링(short covering) 빌린 주식을 되갚기 위해 해당 종목을 재매수하는 것. 하락장이 일단락되고 반등장이 예상될 때 차익실현이나 손절매 전략으로 활용된다.

공매도의 악순환

증시 하락장
보유 주식 없이 주식 빌려서 매도
주가 하락
기업가치 왜곡 (실적은 좋은데도 주가 하락)
투자자 대규모 손실
주가 하락에 따른 차익 발생

블록세일(block sale)•••

지분 매각 시 가격과 물량을 미리 정해 놓고 특정 주체에게 일정 지분을 묶어 일괄 매각하는 방식이다. 블록딜(block deal), 일괄매각이라고도 한다. 주식시장에서 대량의 지분을 매각할 경우 가격 변동과 물량 부담에 따른 불확실성이 커지는데 이러한 부담을 줄이기 위해 이용되는 매각 방식이다.

윈도드레싱(windowdressing)•••

기관투자가들이 결산기에 수익률을 높이기 위해 보유 종목의 종가를 관리하는 것을 지칭한다. 펀드매니저의 경우 연봉 산정에 불리한 「수익률 마이너스 종목」을 처분하는 행태를 뜻한다.

백데이팅(backdating) •••

스톡옵션의 부여일자나 행사일자를 유리한 날짜로 바꿔 차익을 올리는 편법 행위를 지칭한다. 가장 일반적인 것은 스톡옵션의 행사시점(할당받은 주식을 사는 시점)을 유리하게 고쳐 놓는 방식이다. 스톡옵션의 행사가격(주식 매입가격)은 스톡옵션이 주어지는 시점(구입하는 시점)의 시가로 정하는 것이 일반적인데, 백데이팅은 이 날짜를 소급 조작한다는 것이다.

로우볼 전략(low volatility 戰略) •••

증시의 상승・하락폭이 확대되면서 변화가 심할 때 상대적으로 주가의 변동성이 낮은 종목(안정적인 주식)으로 이뤄진 상품에 분산 투자하는 전략을 말한다. 변동성이 낮은 주식의 수익률이 장기적으로 봤을 때 시장 수익률을 앞선다는 연구 결과에 따라 마련됐다. 여기서 로우볼은 「낮은 변동성(low volatility)」을 뜻한다.

감자(reduction of capital, 減資) •••

주식회사가 주식 금액이나 주식 수의 감면 등을 통해 자본금을 줄이는 것으로, 증자(增資)에 대비되는 개념이다. 단수(端數)자본금의 정리, 회사분할, 합병 등의 목적으로 감자를 한다. 감자는 주주의 이해관계에 변화를 초래하고 회사 채권자의 담보를 감소시키게 되므로 상법상 주주총회의 특별결의를 거쳐야 하며 채권자를 보호하기 위한 절차를 두어야 한다.

뮤추얼펀드(mutual fund) •••

투자자들의 자금을 모아 투자회사를 설립한 다음 주식이나 채권, 선물 옵션 등에 투자해 발생한 이익을 나눠 주는 증권투자회사이다. 1999년 우리나라에 도입된 간접투자상품으로 「회사형 투자신탁」이라고 한다. 투자자가 직접 매매하는 것이 아니라 전문 펀드매니저가 운용해 주는 간접투자라는 점에서 투신사 수익증권과 비슷하나, 수익증권이 아닌 회사에 투자하는 것이라는 점에서 투자자는 곧 주주가 된다. 따라서 가입한 투자자도 주식을 나눠 받아 그 주식의 가치가 올라가면 수익이 높아진다.

리츠(REITs; real estate investment trusts) •••

소액 투자자들로부터 자금을 모아 부동산 투자를 전문으로 하는 일종의 뮤추얼펀드이다. 리츠의 설립 형태는 회사형과 신탁형이 있다. 우리나라에서 2001년 7월부터 허용된 리츠에는 모든 부동산에 제한 없이 투자할 수 있는 「일반 리츠」와 기업 구조조정용 부동산에만 전문적으로 투자하는 「CR 리츠」가 있다. 리츠는 일반인도 소액자금으로 부동산에 간접 투자할 수 있고 주식 형태로 거래되기 때문에 언제든지 투자 자금을 회수할 수 있어 환금성도 뛰어나다.

헤지펀드(hedge fund)•••

국제증권 및 외환시장에 투자해 단기 이익을 올리는 개인 모집 투자신탁이다. 주식 · 채권 · 파생상품 · 실물자산 등 투자 대상이나 투자 지역의 제한 없이 자유롭게 투자해 고수익을 노리지만 투자 위험도 높은 투기성 자본이다. 소수의 투자가들로부터 개별적으로 자금을 모아 파트너십을 결성한 뒤, 버뮤다 제도와 같은 조세회피지역에 위장 거점을 설립해 자금을 운영한다. 헤지펀드는 1990년대 말 아시아 국가들의 외환위기, 2008년 미국발 금융위기의 원인으로 지목되면서 비판을 받았다.

행동주의 헤지펀드(activist hedge funds) 단순한 투자보다는 자사주 매입, 배당 확대, 자회사와 계열사의 보유 지분 매각 등의 방식으로 단기 주주 가치를 높이는 것을 목적으로 하는 헤지펀드. 저금리 및 저성장 장기화에 따라 행동주의 헤지펀드에 자금이 몰리면서 이 자금을 바탕으로 행동주의 헤지펀드가 주식을 대량 매입한 후 기업에 막강한 영향력을 행사하는 사례가 늘어 거래 투명성을 확보해야 한다는 비판이 있다. 대표적인 행동주의 헤지펀드로는 삼성물산과 제일모직 합병에 반대하며 소송을 제기했던 엘리엇 매니지먼트가 꼽힌다.

PEF(private equity fund, 사모투자펀드)•••

사모방식으로 조성된 자금을 사적으로 투자하는 펀드를 말한다. 자본시장에서 자금을 모집하는 방식은 사모방식과 공모방식으로 구분된다. 공모는 공개적으로 자금을 모집하는 방식인 데 반해 사모는 특정한 소수의 투자자들로부터 사적이고 비공개적으로 자금을 모집한다. 이렇게 조성된 자금으로 부실기업이나 경영성과가 나쁜 기업을 인수한 뒤, 구조조정을 통해 가치를 높인 다음 경영권을 되팔아 수익을 얻는다.

역외펀드(off-shore fund)•••

기업 또는 금융회사의 유가증권 매매차익에 대해 과세하지 않거나 엄격한 규제가 없는 지역에 설립하는 해외 뮤추얼펀드이다. 유가증권 매매에 따른 세금이나 각종 규제를 피할 목적으로 버뮤다 제도 · 바하마 등 조세회피 지역인 제3국에 설립하는 경우가 많다. 하지만 일부 기업들이 조세회피지역에 역외펀드를 세워 이를 주가조작과 허위 외자유치 등 불공정거래의 수단으로 악용하면서 국제적인 문제가 되고 있다.

국부펀드(sovereign wealth fund)•••

세계 각국의 국영투자기관이 운용하는 외화자산(펀드)을 지칭한다. 즉, 국가가 외환보유액 중 일부를 투자용으로 따로 조성해 국가의 이익을 위해 운용하는 펀드로, 정부가 자산을 소유하고 관리 · 감독한다. 일반적으로 정부의 예산이 흑자를 기록하거나 외채가 적거나 없을 때 만들어진다. 대표적인 국부펀드로는 아부다비투자청(ADIA) · 노르웨이투자청(NBIM) · 중국투자공사(CIC) 등이 있다. 우리나라에서 국부펀드 역할을 하는 기관은 2005년 7월 설립된 한국투자공사(KIC)이다.

인덱스펀드(index fund)•••

목표지수(인덱스)를 선정해 이 지수와 같은 수익률을 올릴 수 있도록 운용하는 펀드이다. 주가지수의 흐름에 가장 가까운 대표적인 종목들을 편입해 운용하며, 위험회피를 중시하는 보수적인 투자 방법의 하나이다. 인덱스펀드는 효율적인 분산투자화, 증권매매에 따르는 비용 절감과 저렴한 운용 비용, 투자자 스스로에 의한 운용 등의 장점이 있다. 반면 목표 인덱스보다 낮은 투자 성과, 구성종목 교체의 곤란성, 비편입 종목에의 악영향, 증권업계의 침체 등은 단점으로 지적된다.

기타 펀드의 종류

레버리지펀드(leverage fund)	현물 주식에 신물 등의 파생상품을 활용해 일정 비율로 더 높은 상승 또는 하락이 되도록 설계된 펀드. 추종 지수 상승 시 수익률이 상승함
리버스펀드(reverse fund)	주가지수가 하락할 때 수익이 나는 파생상품에 투자하는 펀드. 단기에 주가가 하락할 때는 높은 수익을 얻을 수 있으나 개인이 매수·매도 시점을 포착하기는 어려워 주로 기관투자가나 투자전문가들이 리스크 헤지 상품으로 활용함
매칭펀드(matching fund)	투자신탁회사가 국내 및 해외 투자자들을 대상으로 수익증권을 발행, 판매된 자금으로 국내 증권과 해외 증권에 동시 투자하는 펀드
메자닌펀드(mezzanine fund)	전환사채(CB), 신주인수권부사채(BW), 교환사채(EB) 등 비교적 안정성이 보장되는 채권의 성격과 향후 주가가 오를 경우 주식으로 전환이 가능한 주식의 성격을 동시에 가지는 주식 관련 채권에 투자하는 펀드
모자펀드(母子 fund)	다수 개별 자(子)펀드의 재산을 1개 이상의 모(母)펀드에서 통합·운용하고, 자펀드는 모펀드의 수익증권을 편입해 운용하는 집중 관리 형태의 펀드
모태펀드(fund of funds)	기업에 직접 투자하지 않고 개별펀드(투자조합)에 출자하는 형식으로 운영되며 정부기금과 예산으로 조성됨. 출자 대상은 창업투자조합 등으로 한정되며, 투자 위험이 작음
바이아웃펀드(buyout fund)	부실기업의 경영권을 인수해 구조조정이나, 다른 기업과의 인수·합병(M&A) 등의 방법을 통해 기업 가치를 높인 다음 기업의 지분을 매각함으로써 수익을 챙기는 투자펀드. LBO(leveraged buyout, 차입인수)라 불리는 사모펀드의 일종
벌처펀드(vulture fund)	기업 구조조정 펀드. 부실기업을 싼값에 인수해 경영을 정상화한 후 다시 매각하는 전문적인 기업회생 회사로 고위험·고수익이 특징
사회책임투자펀드(SRI fund)	기업 재무구조뿐만 아니라 친환경, 사회공헌활동, 윤리경영 등 다양한 사회적 성과가 높고, 우수한 기업에 투자하는 펀드. SRI는 socially responsible investment의 약칭
상장지수펀드(ETF; exchange traded fund)	주식처럼 거래가 가능하고, 특정 주가지수의 움직임에 따라 수익률이 결정되는 펀드. 특정 주가지수와 연동되는 수익률을 얻을 수 있도록 설계된 지수연동형 펀드(index fund)로, 거래소에서 주식처럼 거래됨
시스템펀드(system fund)	펀드매니저의 주관적 판단을 배제하고 시장 상황에 따라 기계적으로 운용되는 펀드
엄브렐라펀드(umbrella fund)	하나의 펀드에 우산살처럼 채권형, MMF, 성장주식형 등 운용 및 투자 방법이 다른 여러 개의 자(子)펀드가 포함된 상품
인버스펀드(inverse fund)	코스피지수 선물 및 옵션거래를 통해 주가지수가 하락할수록 수익률이 오르도록 설계된 펀드. 단기간 주가 하락기에 큰 수익을 볼 수 있으며, 주로 기관투자가들이 리스크 헤지 상품으로 활용함. 리버스펀드(reverse fund)라고도 함
인컴펀드(income fund)	보통주·우선주·전환증권·회사채·국채 등 다양한 자산을 포함한 고배당 주식과 고수익 채권에 투자해 매매차익과 함께 정기적으로 지급되는 이자와 배당(인컴)을 동시에 추구하는 펀드
하이일드펀드(high yield fund)	수익률은 매우 높지만 신용도가 취약한 고수익·고위험 펀드. 정크본드펀드, 그레이(gray)펀드라고도 함. 만기까지 중도환매가 불가능한 폐쇄형이라는 점에서는 뮤추얼펀드와 유사함
섹터펀드(sector fund)	특정 산업 및 업종에 집중 투자하는 펀드
블라인드펀드(blind fund)	투자 대상을 미리 정하지 않고 자금을 모으는 펀드
코리아펀드(Korea fund)	한국 증권시장에서 투자 활동을 할 수 있는 외국인들의 수익증권
코파펀드(Co-Pa fund)	국민연금과 국내 기업이 1 대 1로 자금을 조성해 해외 인수·합병(M&A)에 나서는 사모투자펀드(PEF)
카멜레온펀드(chameleon fund)	공사채와 주식형 간 전환이 자유로운 펀드
스폿펀드(spot fund)	단기 투자로 목표 수익률을 달성하기 위해 운용되는 펀드
액티브펀드(active fund)	주식시장 전체의 움직임을 상회한 운용 성과를 목표로 하는 펀드
페어펀드(fair fund)	불완전판매 등 잘못을 한 행위자에게 벌금을 부과한 후 이 자금으로 피해를 본 투자자들을 구제하는 펀드
채권시장안정펀드(채안펀드)	채권시장 경색으로 일시적인 자금난을 겪고 있는 기업의 유동성을 지원하기 위해 은행, 증권사 등 관련 기관들이 공동으로 조성하는 펀드

크라우드 펀딩(crowd funding) •••

자금이 없는 예술가나 사회활동가 등이 자신의 창작 프로젝트나 사회 공익 프로젝트를 인터넷에 공개하고 익명의 다수에게 투자를 받는 방식이다. 목표액과 모금 기간이 정해져 있고, 기간 내에 목표액을 달성하지 못하면 후원금이 전달되지 않기 때문에 창작자는 물론 후원자들도 적극 나서서 프로젝트의 홍보를 돕는다. 트위터, 페이스북과 같은 소셜 네트워크 서비스(SNS; social network service)를 적극 활용하기 때문에 「소셜펀딩(social funding)」이라고도 부른다. 주로 영화·음악 등 문화상품이나 정보기술(IT) 신제품 분야에서 활발히 이용되고 있다.

디폴트옵션(default option, 사전지정운용제도) •••

퇴직연금 가입자(DC, IRP)에게 사전에 사업자가 제시한 운용 방법 중 하나를 택하도록 한 후, 만기가 도래한 시점에서 일정 기간 동안 가입자가 별도의 운용 지시를 하지 않을 경우 가입자가 사전에 택한 방법으로 퇴직연금을 운용하는 제도이다. 퇴직연금 가입자의 수익률을 높이고 노후 소득을 보장하기 위해 2023년 7월 시행됐다.

교환사채(EB; exchangeable bond) •••

사채권자의 의사에 따라 주식 등 다른 유가증권과 교환할 수 있는 사채로 주식과 사채의 중간적 형태를 띤다. 회사채의 한 종류로서 교환사채와 발행회사가 보유한 다른 기업의 주식과 교환되므로 교환 시 발행회사의 자산과 부채가 동시에 감소하는 특징이 있다. 전환사채(CB)나 신주인수권부사채(BW)와 달리 권리행사 시 발행회사의 주식이 발행되는 것이 아니므로 자본금에 변동이 없다. 또한 교환사채권자는 교환사채 발행 시 특정된 주식의 가격이 상승할 경우 시세 차익을 얻을 수 있다. 그리고 발행회사는 낮은 이율로 사채를 발행해 이자 지급에 대한 부담을 덜고 자금 조달도 촉진시킬 수 있다. 투자자에게는 전환사채와 마찬가지로 교환 대상의 주가가 낮을 경우에는 채권 이자와 함께 만기에 현금으로 상환하고, 주가가 높을 경우에는 주식으로 교환할 수 있다.

전환사채(CB; convertible bond) •••

발행 후 사채 매입자의 선택에 따라 미리 결정된 조건대로 주식으로 전환할 수 있는 사채이다. 사채의 안정성과 주식의 수익성이 보장되는 투자 수단이다. 전환사채는 기업으로서는 현재 발행되는 사채보다 싼 비용으로 자금 조달이 가능하고, 투자자에게는 일정 기간이 경과한 후 주식시장의 여건에 따라 주식으로 전환할지를 결정할 수 있다. 회사는 전환사채를 기존 주주에게 배정하거나, 아니면 제3자에게 발행할 수 있다. 기존 주주가 배정된 전환사채를 인수하지 않으면 실권주가 발생하게 된다.

사모사채(private placement bond, 私募社債) •••

기업이 기관투자가나 특정 개인에 대해 개별적인 접촉을 통해 매각하는 채권이다. 불특정 다수인을 대상으로 발행하는 공모사채에 비해 발행 시간과 비용이 절약되고 기업공개를 하지 않아도 돼 기업들이 선호한다. 매입자는 유리한 조건으로 대량의 채권을 확보할 수 있다. 채권으로서의 기능보다는 대출의 성격이 강하다. 그러나 발행량이 한정돼 있고 발행자가 유통시장에서 사후 관리를 할 수 없다.

신주인수권부사채(BW; bond with warrant)•••

발행 기업의 주식을 매입할 수 있는 권리가 부여된 사채, 즉 주식・채권・외환 등에 일정한 수량을 약정된 값에 매매할 수 있는 권리인 워런트(warrant)가 붙은 사채이다. 신주인수권부사채는 신주인수권과 회사채가 결합된 것으로, 회사채 형식으로 발행되지만 일정 기간(통상 3개월)이 경과하면 미리 정해진 가격으로 주식을 청구할 수 있다. 신주인수권을 행사하기 전까지는 BW를 가졌다고 해서 주주로서 배당을 받거나 의결권을 행사할 수 없다. BW는 보통 사채에 비해 발행 금리가 낮아 발행자는 적은 비용으로 자금을 조달할 수 있고, 투자자의 입장에서는 주가상승 시 매매차익을 올릴 수 있다.

환매조건부채권(RP; repurchase agreements)•••

발행 채권을 일정 기간 후에 일정 가액으로 환매수(도)할 조건으로 판매하는 채권, 즉 금융기관이 일정 기간 후에 다시 사는 조건으로 채권을 팔고 경과 기간에 따라 소정의 이자를 붙여 되사는 채권이다. 줄여서 「환매채」라고도 한다. 채권 투자의 약점인 환금성을 보완한 금융상품으로 매도 측에는 보유 채권을 일시 유동화시켜 자금 조달의 안정성을 기하고, 매수 측에는 단기자금의 운용 효율성을 제고시킨다는 장점이 있다. 가장 대표적인 환매채로는 국채를 들 수 있으며, 지방채, 특수채, 회사채 등이 있다. 우리나라의 RP 거래 형태는 한국은행RP, 금융기관의 대고객RP, 기관 간 RP가 있다. 한국은행은 통화조절용 수단으로 시중 은행에 RP를 판매한다. 한국은행RP는 시중 단기자금 조절에 효과적이며 콜금리에 직접적인 영향을 미친다.

변동금리부채권(FRN; floating rate note)•••

지급 이자율이 시중의 실세 금리에 따라 변하는 채권이다. 발행 시 이자율이 고정돼 만기 때까지 유지되는 현행 회사채나 국공채 등 고정금리부채권과 대조적이다. FRN은 금융시장에 불확실성이 확산돼 금리에 대한 장기 예측이 어려울 때 금리 변동의 위험을 최소화할 목적으로 발행된다. 우리나라에서는 1994년 9월부터 FRN 발행이 허용됐다.

외국환평형기금채권(EEF; exchange equalization fund)•••

외화자금의 수급을 조절하기 위해 정부가 발행하는 채권으로 줄여서 「외평채」라고도 한다. 국내 통화의 대외가치 안정과 투기적 외화의 유・출입에 따른 영향을 완화하기 위해 정부가 조성한 자금을 외국환평형기금이라고 하는데, 이 기금의 재원 조달을 위해 정부가 발행하는 채권이 외평채이다. 정부는 원-달러 환율이 급락(원화가치 상승)하면 원화표시 외평채를 발행해 달러를 사들이는 방식으로 원화가치를 떨어뜨리고, 반대로 원-달러 환율이 급등(원화가치 하락)하면 외화 표시 외평채를 발행해 조달한 뒤 이를 외환시장에 풀어 환율을 안정시킨다. 특히 달러화 표시 외평채는 우리나라의 국가 신인도를 나타내는 지표로 사용된다.

첨가소화채권(添加消化債券)•••

집이나 자동차 등을 살 때 의무적으로 매입해야 하는 채권이다. 국민주택채권, 지역개발채권, 도시철도채권 등 주로 국가나 지방자치단체가 사회복지시설 확충이나 공공의 목적을 위한 자금 조달을 위해 발행한다.

하이브리드채권(hybrid bond)•••

자본 조달 수단 가운데 하나로 주식과 채권의 특성을 동시에 가지고 있는 자본증권이다. 채권처럼 매년 확정이자를 받을 수 있고, 주식처럼 만기가 없으면서도 매매가 가능해 주식과 채권의 중간적 성격을 띤다. 보통 만기가 30년 이상으로 장기이고, 금리가 완전히 고정되지 않는다는 이유에서 국제회계기준(IFRS)상 자본으로 분류된다. 채권 소지자 측에서는 기업의 일반 채권이나 정기예금 금리보다 높고, 금융소득종합과세 대상에서도 제외된다는 장점이 있다.

후순위채권(subordinated bond, 後順位債券)•••

담보 없이 발행자의 일반 신용만으로 발행된 회사채이자, 채권발행기관이 파산했을 때 상환순위가 맨 뒤로 밀리는 회사채이다. 즉, 채권 발행기관이 파산했을 경우 다른 채권자들의 부채가 모두 청산된 다음에 마지막으로 상환받을 수 있는 채권이다.

상장지수증권(ETN; exchange traded note)•••

원자재 통화금리 변동성 등을 기초자산으로 해 이 자산의 성과대로 만기에 수익 지급을 약속한 증권이다. 주가지수, 개별 종목 주가만 기초지수로 삼는 상장지수펀드(ETF)를 보완하기 위한 증권으로 장기간 안정적인 투자를 하는 사람에게 적합하다.

수쿠크(Sukuk)•••

이슬람 국가에서 자금 조달을 위해 발행하는 채권의 일종으로, 「이슬람채권」이라고도 한다. 이슬람 율법 샤리아에서는 이자 지급을 금지하고 있어서 이슬람 은행권에서는 이자 대신에 실물거래의 성격을 갖는 배당금 형태로 수익을 지급한다. 즉, 채권 발행자가 부동산 등의 자산을 특수목적회사 등에 임대한 뒤 여기에서 나오는 수익을 배당금으로 투자자에게 주는 형식이다. 예를 들면 이슬람권에서는 개인이 집을 사기 위해 은행에서 돈을 빌리는 경우에도 은행은 대출금에 대한 이자를 받는 대신에 그 집을 직접 사서 개인에게 빌려 주고 원리금 대신 주택 사용료를 받는다. 이는 이슬람 율법에서 이자 지급은 금지하지만, 부동산 투자나 자산 리스 등 실체가 있는 거래에서 창출되는 이익을 얻는 것은 금지하지 않는다는 점을 이용한 것이다.

부티크(boutique)•••

본래는 「값비싼 옷이나 선물을 파는 가게」를 의미하지만, 금융 분야에서는 소수의 투자자로부터 투자 자금을 위탁받아 운용해 주는 소규모 투자 자문사를 의미하는 용어로 사용된다. 미국 월가에서 시작된 금융 부티크는 인수·합병(M&A), 기업공개(IPO), 우회상장, 유상증자, 신주인수권부사채(BW) 발행, 개인 자산가의 주식이나 파생상품 투자 자문 등을 하고 수수료를 받아 운영된다. 부티크는 2008년 금융위기로 미국 월가의 대형 은행들이 무너지면서 부상하기 시작했다. 대표적인 부티크로는 라자드, 에버코어 등이 꼽힌다.

레버리지(leverage)•••

자신의 자산을 담보로 차입자본을 끌어들이는 것을 지칭하는 말로, 작은 자산으로 큰돈을 빌려 자기지분을 늘리는 것이 마치 지렛대(lever)로 큰 물건을 들어 올리는 것과 같다고 해 붙여진 명칭이다. 금융계에서 레버리지 투자는 차입이라고 한다. 특히 레버리지 투자가 가장 많이 쓰이는 분야는 주식이다. 기업의 경기가 상승하면 주식 가격 역시 크게 올라 많은 이익을 올릴 수 있기 때문이다. 하지만 레버리지 투자는 이익률이 클수록 리스크도 크다. 대표적으로 2008년 시작된 글로벌 금융위기를 들 수 있다.

레버리지 효과 타인자본을 지렛대 삼아 자기자본 이익률을 높이는 효과. 가령 100억 원의 자기자본으로 10억 원의 순익을 올렸다고 할 때 자기자본이익률은 10%가 되지만 자기자본 50억 원에 타인자본 50억 원을 도입해 10억 원의 순익을 올리게 되면 자기자본이익률은 20%가 된다.

세이프헤븐(safe haven)•••

금융위기 등 어떤 상황에서라도 원금 이상의 가치를 지킬 수 있는 안전자산을 말한다. 일반적으로 글로벌 경제위기 시에는 세이프헤븐과 같은 안전자산으로 몰리다가 위기가 물러나면 다시 위험자산으로 빠져나가는 경향이 있다. 대표적인 세이프헤븐에는 미국의 장기 국채와 금, 엔화와 스위스프랑 등이 있다.

캐리 트레이드(carry trade)•••

금리가 낮은 나라에서 조달한 자금으로 다른 나라의 주식이나 채권 등 금융상품에 투자하는 거래를 말한다. 빌린 통화가 달러일 경우 달러 캐리 트레이드, 엔일 경우엔 엔 캐리 트레이드라고 부른다. 낮은 금리로 빌리기 때문에 조달 비용이 싸서 높은 수익을 올릴 수 있지만, 투자하는 나라의 통화가치가 떨어지는 경우에는 환전을 했을 때 손실을 볼 위험성이 있다. 따라서 돈을 빌리는 나라의 금리가 낮고 통화가치 하락이 예상될 때 캐리 트레이드가 활발해진다.

와타나베 부인(Mrs. Watanabe)•••

해외의 고금리 자산에 투자하는 일본의 주부 외환 투자자들을 지칭하는 말이다. 와타나베는 한국에서 김 씨・이 씨처럼 흔한 성(姓)으로, 국제 금융가에서 일본의 외환 투자자들을 부르는 용어이다. 와타나베 부인은 저금리로 엔화를 빌려 해외의 고금리 자산에 투자하는 일본의 중・상층 주부 투자자들로, 일본의 개인 외환 투자자들을 통칭하기도 한다. 이들은 일본의 10년 장기불황(1991~2002)과 은행의 저금리를 배경으로 2000년 무렵부터 등장했는데, 글로벌 외환시장을 좌지우지할 만큼 규모와 세력이 커졌다.

✎ 미국의 주부 외환 투자자들은 「스미스 부인」, 유럽의 주부 외환 투자자들은 「소피아 부인」, 중국의 주부 외환 투자자들은 「왕씨 부인」, 한국의 주부 외환투자자들은 「김씨 부인」이라고 지칭한다.

스마트머니(smart money)•••

장세 변화에 따라 신속하게 움직이는 자금을 지칭한다. 시장 정보에 민감하고 분석 능력이 있는 기관들이 보유한 현금 유동성 등이 여기에 해당한다. 반면에 움직이는 속도가 스마트머니에 비해 다소 떨어지는 자금은 정크머니(junk money)라고 한다.

핫머니(hot money)•••

국제 금융시장을 이동하는 단기 부동자금을 지칭한다. 각국의 단기금리나 환율 차이에 따른 투기적 이익을 목적으로 하는 것과 국내 통화 불안을 피하기 위한 자본도피를 목적으로 하는 것 등 두 가지가 있다. 핫머니의 특징은 자금 이동이 일시에 대량으로 이뤄진다는 점과 자금이 유동적이라는 점이다. 따라서 핫머니는 외환의 수급 관계를 크게 요동시키며 국제 금융시장을 불안정하게 하는 요인이 된다.

글로벌본드(global bond)•••

세계 금융시장에서 동시에 발행, 유통되는 국제 채권이다. 미국 채권시장의 양키본드와 유로 채권시장의 유로달러본드 및 일본 채권시장의 사무라이본드를 동시에 발행하는 것과 같은 효과가 있다. 여러 시장에서 발행되기 때문에 대규모 기채가 가능하고 유동성이 높다는 장점이 있다. 미국 달러화 표시로 발행되며 고정 금리인 경우가 많다. 글로벌본드는 10억 달러 이상의 대규모 자금이 필요한 경우 발행되기 때문에 세계은행(WB)이나 각국 정부 등에서 발행한다.

오페라본드(opera bond)•••

정부가 보유하고 있는 여러 은행 주식을 담보로 채권을 발행하고 이를 인수하는 투자기관에 일정 기간이 지난 후 특정 은행 주식으로 교환할 수 있는 권리를 주는 채권이다. 여기서 오페라는 「out performance equity redeemable in any asset」의 첫 글자를 딴 것이다. 교환사채(EB) 방식과 유사하지만 이는 오페라본드와 달리 정부가 한 은행 주식만을 담보로 채권을 발행한다는 점에서 차이가 난다. 또 채권을 인수하는 기관도 일정 기간이 지난 후 주가가 높은 은행 주식으로 교환할 수 있는 권리가 있어 교환사채보다 유리하다.

아리랑본드(Arirang bond)•••

외국 기업들이 자본 조달을 위해 국내 자본시장에서 발행・판매하는 원화 표시 채권이다. 1995년 아시아개발은행(ADB)이 한국산업증권을 주간사로 해 원화 800억 원어치를 아리랑본드라는 이름으로 발행한 것이 최초이다. 정부는 1999년 외환자유화 조치의 하나로 국내 기업 해외 현지법인의 아리랑본드 발행을 허용했다. 이와 달리 김치본드는 외국 기업이 국내에서 발행하는 채권이지만 원화가 아닌 달러화나 유로화 등 외국 통화로 발행된다. 일본의 경우 김치본드처럼 외국 기업이 엔화가 아닌 해외 통화로 발행하는 채권은 쇼군본드 또는 게이샤본드라고 한다.

코리안 페이퍼(Korean paper) 해외시장에서 거래되는 한국 관련 증권을 통칭해서 부르는 말. 한국인(정부・금융기관・기업)이 한국 이외의 지역에서 원화가 아닌 외화로 자금을 조달하는 모든 형태의 증권을 가리킨다. 흔히 「한국물」이라고 불리는데 정부가 발행하는 외평채(EEF), 기업어음(CP), 주식예탁증서(DR) 등이 포함된다.

양키본드(yankee bond) •••

비거주자인 외국인에 의해 미국 금융시장에서 발행되는 미 달러화 표시채권이다. 발행지의 법정통화로 발행되는 외국채의 하나로 국내의 일반 회사채처럼 주식과 연계되지 않는다는 점에서 해외채권으로 분류된다. 대부분 금리가 일정한 고정금리부 보통사채로 발행된다. 양키본드는 2~3억 달러의 대규모 자금을 10~40년 장기의 고정금리로 조달할 수 있고, 양키본드 발행만으로도 발행자의 신뢰성을 얻을 수 있어 인기가 높다.

발행지의 법정통화로 발행되는 외국채의 종류로는 양키본드 외에도 불독본드(bulldog bond, 영국), 사무라이본드(Samurai bond, 일본), 아리랑본드(Arirang bond, 한국), 딤섬본드(dim sum bond, 홍콩), 렘브란트본드(Rembrandt bond, 네덜란드) 등이 있다. 이 밖에 일본을 제외한 아시아 시장에서 발행되는 채권은 드래곤본드(dragon bond)라고 한다.

정크본드(junk bond) •••

신용등급이 높아 투자적격 업체에 속했던 기업이 경영 악화나 실적 부진으로 신용등급이 급격히 낮아졌을 때 과거 그 기업이 발행했던 채권을 지칭한다. 정크는 본래 쓰레기를 뜻하는 말이지만 경제 분야에서는 수익률은 높은 반면 신용도가 취약한 채권이란 뜻으로 사용된다. 고수익 채권(highyield bond), 열등채(low quality bond)라고도 한다. 기업의 신용도가 매우 낮아 회사채 발행이 불가능한 기업이 발행하는 회사채인 만큼 높은 이자율과 리스크를 특징으로 한다.

커버드본드(covered bond) •••

금융기관이 보유한 우량 자산을 담보로 발행되는 담보부채권의 일종이다. 부동산 담보 대출을 담보로 해서 발행되는 채권(MBS) 또는 대출자산을 담보로 발행되는 자산유동화증권(ABS)과 비슷하지만, 여기에 발행 금융기관의 상환의무까지 부여해 채권의 안정성을 높인 금융상품이다. 따라서 은행이 파산하더라도 은행의 담보자산에 대해 우선적으로 변제받을 수 있는 권리가 부여되며, 일반적으로 높은 신용등급을 받을 수도 있어 조달금리가 낮은 장점이 있다.

코코본드(CoCo bond) •••

조건부 자본증권으로, 조건에 따라 전환 가능하다는 뜻인 「contingent convertible」의 약칭이다. 평소에는 채권이지만 은행의 자본비율이 일정 수준 이하로 떨어지거나 공적 자금이 투입될 정도로 부실화하면 주식으로 변환되거나 상각된다. 투자위험이 큰 만큼 일반 채권보다 금리가 높다.

인터넷전문은행 •••

오프라인 점포를 마련하지 않은 채 온라인 네트워크를 통해 영업하는 은행을 말한다. 점포 없이 온라인, 현금자동지급기(CD), 현금자동입출금기(ATM) 등을 통해 영업하기 때문에 점포 운영비, 인건비 등을 최소화하는 대신 기존 일반은행보다 예금 금리를 높이거나 대출 금리를 낮출 수 있다. 인터넷전문은행은 최저자본금이 250억 원 이상이어야 하며, 원칙적으로 기업 신용공여가 금지되고(소상공인, 자영업자, 중소기업은 예외적 허용), 비대면 영업이 원칙이다. 국내 인터넷전문은행에는 케이뱅크, 카카오뱅크, 토스뱅크가 있다.

핀테크(FinTech)•••

금융(financial)과 기술(technology)의 합성어로 금융 분야에 IT 기술을 접목해 만든 새로운 유형의 금융 서비스를 말한다. 즉 금융 서비스 관련 소프트웨어 제작이나 운용 성과를 향상시킬 수 있는 기술적인 과정으로, 금융 창구에서 행해지던 업무가 인터넷뱅킹, 모바일뱅킹, ATM 등 전자금융 서비스로 대체되는 것이 여기에 포함된다. 전통적 금융 업무보다 비용이 절감되고 개인별 맞춤 업무를 볼 수 있는 등 양질의 서비스를 제공한다는 장점이 있다. 전 세계적으로는 영국 런던이 핀테크의 중심지로 활약하고 있다. 서비스 제공 주체가 금융회사이면 핀테크, IT 회사이면 테크핀이다.

테크핀(TechFin)•••

기술(technology)과 금융(finance)의 합성어로, 세계적 ICT 기업인 알리바바의 마윈 전 회장이 고안한 개념이다. IT 회사가 주도해 IT 기술에 금융을 접목한 서비스를 말한다. 즉 IT 기업이 주요 서비스를 통해 확보한 데이터와 기술 역량을 기반으로 금융 서비스를 제공하는 것을 의미한다. 따라서 핀테크에 비해 훨씬 더 방대한 데이터를 보유하고, 빅데이터, AI, 클라우드 등 IT 기술을 기반으로 한 막강한 데이터 분석 역량을 가지고 있다는 점이 특징이다. 국내 대표적인 테크핀으로는 카카오페이, 네이버페이 등이 있다.

옴니페이(omni-payment)•••

근거리무선통신(NFC)을 비롯해 마그네틱보안전송(MST), 유심(USIM), 비콘(Beacon), R코드, 바코드 등 다양한 간편결제 방식을 한번에 제공하는 플랫폼을 일컫는다. 「모든」이라는 뜻인 「옴니(omni)」와 결제수단을 뜻하는 「페이먼트(payment)」를 합성한 용어이다. 대표적으로 네이버페이, 삼성페이, 카카오페이 등이 옴니페이 기능을 탑재하고 있다.

디파이(DeFi, 탈중앙화금융)•••

탈중앙화(decentralize)와 금융(finance)의 합성어로, 탈중앙화된 금융 시스템을 일컫는다. 즉, 오픈소스 소프트웨어와 분산된 네트워크를 통해 정부나 기업 등 중앙기관의 통제를 받지 않는 금융 생태계를 말한다. 디파이는 은행 계좌나 신용카드가 없어도 인터넷 연결만 가능하면 블록체인 기술로 예금은 물론이고 결제, 보험, 투자 등의 다양한 금융 서비스를 이용할 수 있다.

디지털 화폐(digital currency)•••

디지털 방식으로 사용하는 형태의 화폐로, 금전적 가치를 전자적 형태로 저장해 거래할 수 있는 통화를 가리킨다. 여기에는 전자화폐, 가상자산(암호화폐), 중앙은행 디지털 화폐(CBDC) 등이 포함된다. 전자화폐는 IC칩이 내장된 카드나 컴퓨터 등에 전자기호 형태로 화폐적 가치를 저장했다가 상품 등의 구매에 사용할 수 있도록 하는 전자지급 수단을 말한다. 가상자산은 블록체인을 기반으로 분산 환경에서 암호화 기술을 사용해 만든 일종의 디지털 화폐이다. CBDC는 중앙은행 내 지준예치금이나 결제성 예금과는 별도로 발행하는 디지털 화폐로, 중앙은행이 보증한다는 점에서 안정성이 높다. 이 밖에 디지털 화폐에는 민간기업이 발행하는 스테이블 코인(stable coin)이 있다.

CBDC(central bank digital currency, 중앙은행 디지털 화폐) •••

비트코인 등 민간 가상자산과 달리 실물 명목화폐를 대체하거나 보완하기 위해 각국 중앙은행이 발행하는 디지털 화폐를 뜻한다. CBDC는 블록체인이나 분산원장기술 등을 이용해 전자적 형태로 저장한다는 점에서 가상자산과 유사하지만, 중앙은행이 보증한다는 점에서 비트코인 등의 민간 가상자산보다 안정성이 높다. 또 전자적 형태로 발행되므로 현금과 달리 거래의 익명성을 제한할 수 있으며, 정책 목적에 따라 이자 지급 · 보유한도 설정 · 이용시간 조절이 가능하다는 장점이 있다. 중국 중앙은행인 인민은행은 달러 중심의 국제 금융질서 재편을 목적으로 2014년부터 디지털 화폐(디지털 위안화)를 연구, 이 분야에서 상당히 앞서 있다. 바하마가 2020년 10월 세계 최초로 CBDC인 샌드달러를 상용화했으며 동카리브 국가기구(2021년 3월), 나이지리아(2021년 10월)도 CBDC를 도입했다.

가상자산(virtual asset, 암호화폐, 가상화폐) •••

컴퓨터 등에 정보 형태로 남아 실물 없이 사이버상으로만 거래되는 전자화폐의 일종이다. 각국 정부나 중앙은행이 발행하는 일반 화폐와 달리 처음 고안한 사람이 정한 규칙에 따라 가치가 매겨진다. 가상자산은 블록체인 기술을 활용하는 분산형 시스템 방식으로 처리된다. 분산형 시스템에 참여하는 사람을 채굴자라고 하며, 이들은 블록체인 처리의 보상으로 코인 형태의 수수료를 받는다. 이러한 구조로 가상자산이 유지되기 때문에 화폐 발행에 따른 생산비용이 전혀 들지 않고 이체비용 등 거래비용을 대폭 절감할 수 있다. 또 컴퓨터 하드디스크 등에 저장되기 때문에 보관비용이 들지 않고, 도난 · 분실의 우려가 낮아 가치저장 수단으로서의 기능도 뛰어나다. 그러나 거래의 비밀성이 보장되기 때문에 마약 거래나 도박, 비자금 조성을 위한 돈세탁에 악용될 수 있고, 과세가 어려워 탈세 수단이 될 수도 있어 문제시된다. 2009년 이후 전 세계에서 1000여 종의 가상자산이 개발됐으며, 그중 대표적인 가상자산에는 비트코인, 이더리움, 리플, 대시, 도지코인, 라이트코인 등이 있다. 한편, 2009년 비트코인이 첫 등장했을 때는 암호화 기술을 이용한 화폐라는 의미로 「암호화폐(crypto-currency)」라는 용어가 쓰였다. 외국에선 실물 화폐와 대비해 「가상화폐(virtual currency)」라고도 통용됐다. 이후 우리나라를 비롯해 각국 정부나 국제기구는 화폐의 성격이 없다는 점을 강조해 자산(asset)이라는 용어로 통일하는 추세이다.

주요 가상자산(암호화폐)의 종류

비트코인 (BTC; Bitcoin)	2009년 1월 사토시 나카모토라는 필명의 프로그래머가 개발한 가상자산. 통화를 발행하고 관리하는 중앙장치가 없고 완전한 익명으로 거래되며, 누구나 계좌를 개설할 수 있다. 이 때문에 범죄, 탈세 등에 악용되기도 한다. 통화 공급량이 엄격히 제한돼 총 발행량은 2100만 개로 정해져 있다. 유통량이 일정 기준을 넘으면 한번에 채굴할 수 있는 양이 줄어들고 문제도 어려워져 희소성이 높아진다. 비트코인에는 이 거래 시스템에 참여하는 모든 사람들이 같은 장부를 보관하게 되는 블록체인(분산형 장부 기록 데이터베이스 기술)이 적용돼 있다. * 알트코인(altcoin) : 비트코인을 제외한 모든 가상자산을 일컫는 용어로 alternative(대안)와 coin(동전)의 합성어. 이더리움, 리플, 라이트코인 등이 대표적이다.
도지코인 (Dogecoin)	인터넷 밈(meme) 도지(Doge)를 바탕으로 빌리 마커스와 잭슨 팔머가 2013년 12월에 만든 오픈 소스 가상자산. 가장 큰 특징은 총공급 한도가 무제한이라는 점이다.

김치 프리미엄 국내 가상자산 거래시장에서 거래되는 가상자산이 외국 시장보다 비싸게 거래되는 것을 뜻하는 용어. 국내에서 가상자산 투자자가 급증하고 투기 세력이 증가하는 반면 공급은 제한적이어서 김치 프리미엄이 형성되는데, 이 거품이 붕괴되면 투자자 손실이 발생할 수 있다.

다크코인(dark coin)•••

거래 익명성을 보장하고 프라이버시를 강화한 가상자산으로, 혁신적이라는 평가와 범죄에 악용될 수 있다는 평가를 동시에 받는다. 기존의 가상자산은 거래내역을 블록체인 네트워크에서 공개하지만 다크코인은 거래내역 정보를 드러내지 않아 다크웹을 통해 자금 세탁, 마약 거래 등의 범죄에 사용될 수 있기 때문이다. 대표적인 다크코인으로는 모네로(XMR), 대시(DASH) 등이 있다.

스테이블 코인(stable coin)•••

법정화폐 혹은 실물 자산을 기준으로 가격이 연동되는 비변동성 가상자산을 뜻한다. 기존의 가상자산은 특유의 가격 변동성 때문에 통화로써 사용되기에는 안정성이 떨어진다는 단점이 있다. 스테이블 코인은 이러한 가격 변동성을 줄이고, 법정화폐와 마찬가지로 가치의 척도가 되는 동시에 가치의 저장 기능을 가지고 있다. 1코인이 1달러의 가치를 갖는 테더(Tether, USDT) 코인이 대표적이다.

가상자산공개(ICO; initial coin offering)•••

기업들이 발행 목적, 규모, 운용 계획 등을 포함한 백서(white paper)를 공개하고 신규 가상자산을 발행해 투자자들로부터 사업 자금을 모집하는 방식을 일컫는다. 투자자가 발행사의 계좌에 비트코인 등 가상자산을 송금하면 발행사는 자체 가상자산을 투자자가 송금한 가상자산과 일정 비율로 교환해 준다. 투자자들은 발행사의 자체 가상자산을 거래소에서 되팔아 현금화할 수 있다. ICO는 사업계획서인 백서만 보고 투자해야 하므로 위험성이 커 국내에서는 전면 금지하고 있다. 반면 미국, 유럽연합(EU), 일본, 싱가포르, 스위스, 캐나다, 홍콩 등에서는 ICO를 허용하고 있다.

블록체인(blockchain security technology)•••

주로 가상자산으로 거래할 때 발생할 수 있는 해킹을 막기 위해 거래 내역이 담긴 장부를 한곳에 모아 저장하지 않고 거래 참여자 모두가 나눠가지는 분산형 데이터 저장 기술이다. 「공공 거래 장부」, 「분산 원장 기술」이라고도 한다. 기존 금융회사의 경우 중앙 집중형 서버에 거래 기록이 보관되지만, 블록체인은 온라인 네트워크 참여자의 컴퓨터에 똑같이 저장되며, 추가적인 거래 발생 시 각 참여자의 승인을 받아야 해 해킹이 원천적으로 불가능하다. 블록체인은 가상자산인 비트코인의 거래를 위한 보안 기술에 적용돼 있다.

아토믹 스와프(atomic swap) 각기 다른 블록체인을 기반으로 한 코인들 간의 교환이나, 다른 블록체인을 기반으로 한 토큰을 자신들만의 블록체인을 기반으로 한 코인으로 교환하는 것을 가리킨다. 아토믹 크로스-체인 트레이딩(atomic cross-chain trading)의 준말로, 「코인 스와프(coin swap)」라고도 한다. 서로 다른 블록체인 기반의 코인을 교환하기 위해서는 거래소를 이용해야 하는데, 시간과 비용을 줄이고 해킹 위험을 피하기 위해 거래소를 거치지 않고 교환하고자 할 때 아토믹 스와프가 사용된다.

NFT(non fungible token, 대체 불가 토큰)•••

블록체인 기술을 이용해 디지털 자산의 유일성을 인증하는 기술, 혹은 진품 인증서를 말한다. 각 NFT마다 고유의 값을 지니고 있어 다른 NFT로 대체 불가하며, 그 정보는 위・변조도 불가능하다. 이런 특성 덕분에 수없이 복사가 가능한 디지털 자산의 원본을 증명하는 데 활용된다. 최근 미술품은 물론 영상・음악・게임・트위터 게시물 등 디지털 자산화에 광범위하게 적용되고 있다.

플레이 투 언(P2E; Play to Earn) 게임을 하면서 돈을 번다는 개념으로, 사용자가 게임을 하며 획득한 재화나 아이템이 블록체인 생태계에서 자산으로 활용되는 모델

Chapter

선다형 | 단답형 | 완성형

05 재정 · 금융 상식력 테스트

선다형 문제

01 IMF에 대한 설명으로 옳지 않은 것은?

한겨레신문

① 브레턴우즈 체제를 관장하는 국제기구로 세계은행과 함께 창설됐다.
② 원래 임무는 각국의 환율 조정을 감독하는 것이었다.
③ 변동환율제가 도입된 이후 외환 및 외채 위기를 겪는 국가들을 지원하고 경제정책을 감독하는 역할을 수행하고 있다.
④ G7 국가들이 의사결정에 동등하게 참여한다.

④ 가맹국은 각각의 출자금에 비례해 IMF 총회에서 의결권을 갖는다.

02 다음 중 계좌추적권이 없는 기관은?

한국주택금융공사

① 금융정보분석원
② 중앙선거관리위원회
③ 규제개혁위원회
④ 국세청

계좌추적권이 제한적으로 부여된 기관은 탈세 조사 등을 위한 국세청, 금융기관의 감독을 위한 금융감독위원회, 공직선거를 위한 중앙선거관리위원회, 고위 공직자가 등록한 재산의 실사를 위한 공직자윤리위원회, 자금세탁 및 불법외환거래 방지 등을 위한 금융정보분석원(KFIU), 법으로 정한 단체의 회계검사를 위한 감사원 등이다.

03 다음 중 통화량을 증가시키기 위한 금융정책은?

서울교통공사, 한국마사회, 한국전력공사

① 공개시장에서의 매입정책
② 공개시장에서의 매각정책
③ 지불준비율 인상
④ 재할인율 인상

공개시장운영: 중앙은행이 증권시장에서 유가증권을 매입하면 본원통화가 증가해 통화량이 증대하게 되고, 반대로 유가증권을 팔면 통화량이 감소한다.
②, ③, ④는 통화량 감소 정책

04 원화가 평가절하됐을 때 나타날 수 있는 현상은?

YTN, 한국수자원공사

① 수출 증대, 물가상승, 차관 원화 부담 증가
② 수출 증대, 물가하락, 차관 원화 부담 증가
③ 수출 증대, 물가하락, 차관 원화 부담 감소
④ 수출 증대, 물가상승, 차관 원화 부담 감소

원화의 가치가 낮아지므로 가격경쟁력이 생겨 수출이 늘어나게 된다. 원화로 환산한 수입품의 가격은 상승하게 되므로 물가가 상승하게 된다. 낮은 원화의 가치 때문에 차관을 갚는 부담은 늘어나게 된다.

05 외채와 관련해 디폴트(default)가 가리키는 것은?

국가정보원

① 채무재조정 ② 채무불이행
③ 채무지불유예 ④ 채무탕감

디폴트(default): 채무불이행. 즉 외채 원리금의 상환 만기일이 도래했음에도 이를 갚지 못하는 상태를 말하며 채권자가 판단해 채무자나 제3자에게 통지한다. 실질적으로 국가의 부도를 뜻한다. 채무자는 본래 상환기일이 도래했을 때 갚아도 된다는 권리를 잃게 되고 채권자는 상환 기간 전에 융자액을 모두 회수할 권리가 생긴다.

06 경제학에서 자주 사용되는 도덕적 해이와 가장 관계가 먼 것은? 국가정보원, 한겨레신문

① 보험 가입자들의 비양심적인 보험금 타기
② 은행 예금 가입자들의 동시 예금 인출
③ 파산 기업가들의 자기 재산 우선 챙기기
④ 노동자들의 무책임한 파업

모럴 해저드(moral hazard) : 일반적인 금융시장에서 도덕적 해이란 경영이 위태로운 은행임을 알고 있음에도 예금보험제도를 믿고 높은 금리에 현혹돼 예금을 하는 행위를 말한다.
② 뱅크런(bank run)에 대한 설명이다.

07 다음 중 연결이 잘못된 것은? 경향신문

① 정크본드 – 열등채
② 헤지펀드 – 퀀텀펀드
③ 벌처펀드 – 부실기업
④ 뮤추얼펀드 – 역외펀드

- **뮤추얼펀드(mutual fund)** : 미국 투자신탁의 주류를 이루고 있는 형태로 개방형 · 회사형 성격의 자금
- **역외펀드(offshore fund)** : 특정 국가 또는 여러 나라의 주식 · 채권 · 수익증권 등 각종 금융상품에 투자하기 위해 제3국에서 조성된 자금

08 다음 중 국세가 아닌 것은?
국민일보, 중앙일보, 한국감정원, 한국중부발전

① 소득세 ② 법인세
③ 인지세 ④ 취득세
⑤ 교육세

④ 취득세는 지방세에 속한다.

09 거래소 시장에서 지수선물 가격이 전일 종가에 비해 5% 이상 상승 또는 하락하는 상태가 1분 이상 지속될 때 발동해 프로그램 매매 호가 효력을 5분간 정지시키는 제도는? 국민일보, 한겨레신문

① 가격제한제
② 공매도제
③ 서킷 브레이커
④ 사이드카

④ **사이드카(sidecar)** : 프로그램 매매호가 관리제도의 하나로, 선물가격이 전날 종가에 비해 급등락을 보일 경우 시장을 진정시키기 위해 이용한다.

✎ 선물시장이 급등락할 때 사이드카가 발동되는 것처럼 현물시장의 급등락이 발생할 때는 서킷 브레이커(주식매매 일시중단제)가 발동된다.

10 주식투자 시 중요한 지표로 활용되는 PER(price earning ratio)에 관한 다음 설명 중 옳지 않은 것은? 서울교통공사

① PER가 높을수록 투자가치가 높다.
② 주가가 떨어지면 PER는 낮아진다.
③ PER는 국가 간의 주가 수준 비교에도 사용될 수 있다.
④ 미국 · 일본 등 선진국의 PER가 한국의 PER보다 높은 편이다.

주가수익률(PER) : 주가를 1주당 순이익으로 나눈 값. 수익력에 비해 주가가 몇 배인가를 표시함으로써 종목 간 또는 국가 간 주가 수준의 비교를 가능하게 하는 지표이다. PER가 높다는 것은 주당이익에 비해 주식가격이 높다는 것을 의미하고, PER가 낮다는 것은 주당이익에 비해 주식가격이 낮다는 것을 의미한다. 그러므로 PER가 낮은 주식은 앞으로 가격이 상승할 가능성이 크다.
① PER가 높다는 것은 주당이익에 비해 주가수준이 높다는 것을 의미하므로 투자가치는 낮다.

Answer 1. ④ 2. ③ 3. ① 4. ① 5. ② 6. ② 7. ④ 8. ④ 9. ④ 10. ①

11 **각국의 주가지수 연결이 잘못된 것은?** KBS

① 대만 - 가권 ② 미국 - 다우존스
③ 프랑스 - FTSE100 ④ 독일 - DAX

③ FTSE100은 영국, 프랑스는 CAC

12 **다음 중 파생금융상품이 아닌 것은?** SBS

① 선물 ② 옵션
③ 스와프 ④ 헤지펀드

파생금융상품: 해당 거래의 기초가 되는 자산의 가격변동에 따라 그 가격이 결정되는 금융상품을 말한다. 파생금융상품의 종류에는 선도, 선물, 옵션, 스와프 등이 있다.
④ **헤지펀드(hedge fund)**: 국제증권 및 외환시장에 투자해 단기이익을 올리는 민간 투자기금을 뜻한다.

13 **영기준예산(zero base budget)의 장점이라고 할 수 없는 것은?** MBC, 동아일보, 한국전력공사

① 재정 운용의 탄력성
② 자원의 합리적 배분
③ 시간·노력의 절약
④ 적절한 정보의 제시

영기준예산(zero base budget): 행정기관의 모든 사업·활동에 전 회계연도 예산을 고려하지 않고 영기준(zero base)을 적용해 그 능률성·효과성과 사업의 계속·축소·확대 여부를 새로이 분석·평가하고, 사업의 우선순위를 결정해 이에 따라 예산을 편성하는 제도. 시간과 노력이 과중하게 들어가며 관료들의 자기방어 행태가 나타난다.

장점	가용자원의 효율적 배분 가능, 예산의 효율적 집행 가능, 추진 중인 사업에 대한 지속적 평가 가능, 상하 계층 간 소통 원활
단점	현실적 불가능, 시간과 비용이 많이 소요, 일관성·지속성 유지와 자원의 합리적 배분이 힘듦, 경직성 강한 부문에 적용 어려움

14 **다음 중 금융기업 구조조정에 사용되는 용어와 거리가 먼 것은?** 경향신문

① 워크아웃(work out)
② 베일아웃(bailout)
③ 어드바이저리 그룹(advisory group)
④ 론 리뷰(loan review)

④ **론 리뷰(loan review)**: 여신 재분석. 부실여신 방지를 위해 여신거래처를 상환능력 위주로 재분석하는 것이다.
① 법정관리나 화의 등 법원에 의한 강제절차에 들어가기 전에 채권단과 대상 기업 간에 채무조건 완화 등 사적 화의를 시도하는 것. 「기업개선작업」으로 번역된다.
② 기업 구제조처를 뜻하는 말로 월가에서는 강한 회사가 약한 회사에 금융 지원하는 것을 지칭한다.
③ 외부경영자문단. 채무상환 연기교섭을 담당하는 그룹으로 일반적으로 모든 채권자들 가운데서 선출된 거액 채권은행들로 조직된다.

15 **정권이 바뀌고 새 정부가 출범할 때 사회 안정이 기대됨에 따라 종합주가지수가 상승하는 현상은?** 한국남부발전

① 인디언 랠리(indian rally)
② 허니문 랠리(honeymoon rally)
③ 윈도드레싱(windo dressing)
④ 베어 마켓(bear market)

② **허니문 랠리(honeymoon rally)**: 새로운 정부에 대한 국민들의 기대감이 반영돼 단기적으로 주가지수가 상승하는 현상을 신혼여행의 단꿈에 빗대어 표현한 말이다.
① 증권시장에서 본격적인 하락 국면을 앞두고 주가가 잠시 오르는 현상. 인디언 서머(Indian summer)라고도 함
③ 증시에서 기관투자가들이 월말이나 분기말에 수익률을 높이기 위해 주식을 추가로 매수·매도해 주가를 관리하는 것
④ 증권의 가격이 하락하고 있거나 또는 하락이 예상되는 시장

16 다음 중 본원통화는? 포스코

① 현금통화량 + 요구불예금 + 저축성예금
② 현금통화량 + 요구불예금
③ 은행실질보유준비금 + 민간화폐보유고
④ 은행보유예금 + 민간은행금고

본원통화 : 중앙은행인 한국은행이 공급한 통화로서, 통화 공급의 기초가 되는 중앙은행의 통화성 부채를 말한다. 화폐발행액과 예금은행이 중앙은행에 예치한 지급 준비예치금의 합계로 구성되는데, 즉 화폐민간보유액(현금통화)과 금융기관의 지급준비금(RP, 통화안정화증권 제외)을 합한 것과 같다.

17 다음은 아시아 각국의 통화 명칭이다. 잘못 짝지어진 것은? 국가정보원, 중앙일보

① 말레이시아 – 말레이달러
② 태국 – 바트
③ 인도네시아 – 루피아
④ 싱가포르 – 싱가포르달러

① 말레이시아의 통화 명칭은 링깃

18 다음 중 만기에 다다른 채무의 상환을 연장해주는 조치는? 한국주택금융공사

① 캐리트레이드 ② 롤오버
③ 백워데이션 ④ 콘탱고

② **롤오버**(roll over) : 만기가 된 채권이나 증권 등 금융상품이 최초 계약 때와 같은 조건으로 자동 연장되는 것
① 낮은 금리로 자금을 조달해 수익률이 높은 다른 해외 통화나 주식, 국제 원자재 상품 등에 투자해 이익을 거두는 방식
③ 선물가격이 미래 현물가격보다 낮게 이루어지는 시장 또는 선물과 현물 간의 가격 역전현상
④ 선물가격이 현물가격보다 높은 상태

19 시드 머니를 바르게 설명한 것은? 한국전력공사

① 부실기업을 정리할 때 덧붙여 해주는 신규 대출
② 기업의 외상매출채권을 사서 자기의 위험부담으로 그 채권의 관리와 대금회수를 집행하는 기업금융의 일종
③ 기업의 단기자금조달을 쉽게 하기 위해 도입한 어음형식
④ 금융기관이 고객으로부터 돈을 받아 채권에 투자하고 계약기간이 만료되면 확정된 이자를 얹어 채권을 되사주는 금융상품

시드 머니(seed money) : 부실기업을 정리함에 있어서 빚이 자산보다 많은 경우 기존 대출금을 장기 저리로 해 주더라도 인수자가 잘 나서지 않기 때문에 신규 대출을 덧붙여 주어 부실기업을 정리하게 되는데 이때의 신규 대출을 말한다.
② 팩토링금융 ③ 기업어음(CP) ④ 환매채

20 다음 중 제1금융 은행 대출에 제재를 가하면 제2금융으로 몰리는 현상을 설명할 수 있는 효과는? 근로복지공단, 한국농어촌공사

① 피그말리온 효과(Pygmalion effect)
② 베르테르 효과(Werther effect)
③ 풍선효과(balloon effect)
④ 스티그마 효과(Stigma effect)

③ **풍선효과**(balloon effect) : 풍선의 한곳을 누르면 다른 곳이 나오는 것과 같이 한 가지 문제가 해결되면 또 다른 문제가 발생하는 현상
① 타인의 기대나 관심으로 인해 능률이 오르거나 결과가 좋아지는 현상. 로젠탈 효과라고도 한다.
② 유명인이나 자신이 모델로 삼고 있던 사람 등이 자살할 경우 그 사람과 자신을 동일시해서 자살을 시도하는 현상
④ 다른 사람들에게 무시당하고 부정적인 낙인이 찍히면 행태가 나쁜 쪽으로 변해 가는 현상. 낙인효과라고도 한다.

Answer 11. ③ 12. ④ 13. ③ 14. ④ 15. ② 16. ③ 17. ① 18. ② 19. ① 20. ③

단답형 문제

21 한 나라의 화폐를 가치변동 없이 모든 은행권 및 지폐의 액면을 동일한 비율의 낮은 숫자로 조정하거나 이와 함께 새로운 통화단위로 화폐의 호칭을 변경하는 것은? 연합뉴스

22 정치적 · 경제적으로 불안정한 나라에서 상대적으로 안정된 나라로 이동하는 단기 부동자금은? CBS, 국민일보

23 투자신탁회사가 고객들의 자금을 모아 펀드를 구성한 다음 금리가 높은 만기 1년 미만의 기업어음(CP) · 양도성예금증서(CD) · 콜 등 주로 단기 금융상품에 집중투자해 얻은 수익을 고객에게 되돌려주는 만기 30일 이내의 초단기 금융상품은? MBC

24 유로 캐리 트레이드를 상징하는 주부 외환투자자 또는 자금을 지칭하는 말은?

25 금융기관의 부실자산이나 채권만을 사들여 전문적으로 처리하는 기관은? 국민일보, 코리아타임즈

26 달러 등 기축통화에 대한 자국화폐의 교환비율을 정해 놓고 이를 고시한 후 이 비율을 넘어서 환율이 변할 시 정부가 개입해서 원래 환율로 되돌리도록 하는 환율제는? 서울경제신문

27 주식시장에서 기업들의 실적이 집중적으로 발표되는 시기를 일컫는 말은? 일간스포츠, 헤럴드경제

28 주가를 예측하는 기술적 분석상의 한 지표로 강세장으로의 강력한 전환신호로 해석되는 것은? 한국경세신문

29 은행과 보험을 통합한 형태로 은행이나 증권사, 상호저축은행 창구에서 보험상품을 판매하는 제도를 일컫는 말은? YTN, 연합뉴스, 전자신문, 한국일보

30 기업이 최초로 외부투자자에게 주식을 공개, 매도하고 재무내용을 공시하는 것은? 이데일리

31 보유하고 있는 주택을 담보로 금융기관에서 매월 연금을 지급받는 대출 상품은? YTN, MBN, 주택도시보증공사

32 정부에서 제출한 국가의 예산이 법정 기간 내 국회에서 의결되지 못한 경우, 정부가 일정한 범위 내에서 전년도 예산에 준해 집행하는 잠정적인 예산은? 한국전력공사

33 중앙은행의 금융정책의 하나로, 금융기관에 대해 은행 예금의 일정 비율에 해당하는 금액을 의무적으로 한국은행에 예치 또는 시재금으로 보유하도록 하는 정책은? 한국감정원

34 금융기관이 운영 과정에서 예기치 못한 손실을 입은 경우에도 정부나 중앙은행의 자금지원 없이 스스로 감당할 수 있을 만큼의 최소 자본을 보유하도록 한 제도는?

Answer **21.** 리디노미네이션(redenomination) **22.** 핫머니(hot money) **23.** MMF(money market funds) **24.** 소피아 부인(Mrs. Sophia) **25.** 배드 뱅크(bad bank) **26.** 페그제(peg system) **27.** 어닝 시즌(earning season) **28.** 골든 크로스(golden cross) **29.** 방카슈랑스(bancassurance) **30.** 기업공개(IPO; initial public offering) **31.** 역모기지론 **32.** 준예산 **33.** 지급준비제도 **34.** 자기자본규제제도

완성형 문제

35 다음 (　　) 안에 들어갈 화폐 단위를 순서대로 쓰시오. 한겨레신문

- 중국의 법정 통화인 인민화폐 단위 – (①)
- 1994년부터 통용된 브라질의 통화 단위 – (②)
- 인도의 통화 단위 – (③)
- 러시아의 통화 단위 – (④)

36 채권 발행인이 파산할 경우 채권이나 대출 원리금을 돌려받지 못할 위험에 대비한 일종의 보험 성격의 파생상품을 (　　)(이)라고 하며, 채무자인 국가나 기업의 부도위험이 클수록 (　　) 프리미엄도 높아진다. 서울신문

37 증시지수와는 반대로 움직여 공포지수라고도 불리는 (　　)지수는 시카고옵션거래소에 상장된 S&P500 지수 옵션의 향후 30일간의 변동성을 반영한다.

38 대출한 사람이 1년 동안 갚아야 할 원금과 이자액을 연간 소득으로 나눈 비율이 (①), 주택을 담보로 대출 시 그 자산가치에 대해 대출을 받을 수 있는 최대한도가 (②)이다. 한국감정원, 한국주택금융공사

39 국제결제은행(BIS)은 은행의 건전성과 안정성 확보를 위해 1992년부터 은행들에 총자산(위험가중자산) 대비 자기자본을 (　　)% 이상 유지하도록 권고하고 있다. 국민연금공단, 한국주택금융공사

40 금융회사가 금융상품의 위험성, 특징 등을 고객에게 충분히 알리지 않고 상품을 판매하는 것을 (　　)(이)라고 한다.

41 표준지 (①)은/는 국토교통부장관이 전국의 개별토지 중 지가대표성 등이 있는 토지를 선정·조사해 공시하는 것이고, (②)은/는 투기가 우려되는 특정 지역을 대상으로 국세청이 고시한다.
국민연금공단, 한국공항공사

42 (　　)은/는 이자를 금지하는 이슬람율법에 따라 투자자들이 이자 대신 배당금으로 수익을 배분받는 방식으로 개발된 이슬람 은행의 금융상품이다.
서울경제신문, 한국마사회, 한국산업인력공단

43 모기지론(mortgage loan)은 (　　)을/를 담보로 금융기관으로부터 장기주택자금을 대출하는 제도이다.

44 랩어카운트(wrap account)는 주식, 채권, 부동산 등 여러 종류의 자산운용 관련 서비스를 하나로 묶어 고객의 기호에 맞게 제공하는 맞춤형 (　　)을/를 말한다. 한국마사회, 한국전력공사

45 무디스, S&P, 피치는 세계 3대 (　　)이다.
한국국토정보공사, 한국토지주택공사

46 (①)은/는 전체 대지면적에서 연면적이 차지하는 비율, (②)은/는 대지면적에 대한 건축면적의 비율을 의미한다.
한국감정원, 한국공항공사, 한국토지주택공사

47 부정자금의 출처나 수익자를 알 수 없도록 자금의 구좌를 여러 차례 이동시키는 위법행위를 (　　)(이)라 하며, 관련 국제기구로는 FATF가 있다.
한국환경공단

48 은행 영업정지 발표 후 예금 가입자들이 한꺼번에 돈을 인출해 가는 현상을 (　　)(이)라고 한다.
수도권매립지관리공사

Answer **35.** ① 위안(元) ② 헤알(Real) ③ 루피(Rupee) ④ 루블(Ruble) **36.** 신용부도스와프(CDS; credit default swap) **37.** VIX **38.** ① 총부채상환비율(DTI; debt to income) ② 주택담보인정비율(LTV; loan to value ratio) **39.** 8 **40.** 불완전판매 **41.** ① 공시지가 ② 기준시가 **42.** 수쿠크(Sukuk) **43.** 부동산 **44.** 자산종합관리계좌 **45.** 신용평가기관 **46.** ① 용적률 ② 건폐율 **47.** 머니론더링(money laundering) **48.** 뱅크런(bank run)

Chapter

06 사회 · 노동

01 사회 일반

세계인권선언(世界人權宣言)●●●

제2차 세계대전에 대한 반성의 산물로서 1948년 12월 10일 제3회 유엔총회에서 채택된 선언이다. 이 선언은 전문 이하 30조에 걸쳐 개인의 여러 가지 기본적 자유와 함께 노동권 · 생존권적 권리를 오늘날 각국의 진보적인 헌법에서 규정하고 있는 인권보장처럼 자세히 규정하고 있다. 조약과 같은 구속력은 없으나 인권보장의 표준을 나타내는 것으로 큰 의의가 있다. 매년 12월 10일을 「인권의 날」로, 그 전후를 인권주간으로 정해 기념행사가 벌어진다.

유엔 해비타트(UN HABITAT; United Nations Human Settlements Programme)●●●

1976년 유엔개발계획(UNDP)의 주도로 개발도상국 국민의 거주 환경 등을 논의한 유엔 인간주거회의에서 채택된 인간주거 선언을 통해 설립된 UN 산하 국제기구이다. 해비타트는 원래 주거 장소, 생식을 위한 환경 등을 뜻하는 말이다. 「더 나은 도시의 미래(For a better urban future)」를 향한 비전 아래 「모두를 위한 도시(Cities for all)」를 목표로 하며, 케냐 나이로비에 본부를 두고 있다.

해비타트(Habitat for Humanity) 1976년 미국에서 시작된 비영리국제단체로, 열악한 주거환경으로 고통받는 사람들을 위해 집과 마을을 짓는 봉사활동을 한다. 자원봉사자들이 무보수 설계와 노동으로 집을 짓고 토지와 비용, 장비 등은 양심 있는 부자들이 기부한다.

베버리지 보고서(Beveridge report)●●●

「사회보장의 아버지」라고 불리는 영국 경제학자 베버리지(W. H. Beveridge)가 1942년에 영국 정부의 위촉을 받아 사회보장에 관한 문제를 연구 · 조사한 보고서이다. 이 보고서는 사회보장이나 사회사업이 당면하는 결핍, 질병, 불결, 무지, 태만의 5대 사회악을 지적하고 사회보장제도상의 6원칙을 제시했다. 그는 사회보장을 실업 · 질병 혹은 재해에 의해 수입이 중단된 경우의 대처, 노령에 의한 퇴직이나 본인 이외의 사망에 의한 부양 상실의 대비, 그리고 출생 · 사망 · 결혼 등과 관련된 특별한 지출을 감당하기 위한 소득보장을 의미하는 것으로 정의했다. 그는 빈곤과 결부시켜 사회보장을 「궁핍의 퇴치」라고 말하며 이는 국민소득의 재분배로 실현할 수 있고, 이를 통한 일정 소득의 보장은 결국 국민생활의 최저보장을 의미하는 것이라 했다. 이 보고서는 이른바 「요람에서 무덤까지」 국민들의 사회생활을 보장한다는 복지국가 이념의 대표적인 문헌이다.

사회보장(社會保障) •••

질병, 장애, 노령, 실업, 사망 등 각종 사회적 위험으로부터 모든 국민을 보호하고 빈곤을 해소하며 국민 생활의 질을 향상시키기 위해 제공되는 사회보험, 공공부조, 사회복지 서비스 및 관련 복지 제도를 말한다. 사회보장이란 용어는 1940년에 개념이 확립됐으나, 처음 사용된 것은 1935년 미국에서 사회보장법이 제정된 때부터이다. 우리나라는 1960년 제4차 개정헌법에서 처음으로 「국가의 사회보장에 관한 노력」을 규정했고, 1963년 11월에 전문 7개조의 「사회보장에 관한 법률」을 제정했다. 그 후 1980년 10월 개정된 헌법에서 사회보장이라는 용어를 최초로 사용했다.

각국의 사회보장제도

뉴질랜드	• 세계 최초로 완비된 사회보장제도를 확립한 국가 • 1938년 완전한 사회보장법을 제정해 영국, 호주 등에도 영향을 줌
독일	• 비스마르크(Bismarck)에 의해 최초로 사회보험 실시 • 1883년 질병보호법, 1884년 공업재해보험법, 1889년 폐질 · 노령보험법, 1911년 국가보험법 성립
영국	• 1942년 베버리지 보고서를 기초로 해 1945년부터 각종 사회보장법이 제정 • 1948년부터 자본주의 사회에서 가장 완비된 사회보장제도를 갖추게 됨
미국	• 루스벨트(F. D. Roosevelt) 대통령의 뉴딜정책의 일환으로 1935년에 사회보장법을 제정 · 실시 • 사회보장이라는 개념을 최초로 확립

사회보험(social insurance, 社會保險) •••

국민에게 발생하는 사회적 위험을 보험 방식에 의해 대처함으로써 국민건강과 소득을 보장하는 제도이다. 자유의사에 의해 가입하는 것이 아니라 법에 의해 강제성을 띠고 시행한다. 사회보험은 보험기술과 원리를 따르고 있다는 점에서 공공부조와 다르다. 또한 사회의 연대성과 강제성이 적용되는 등 여러 가지 면에서 사보험과는 다르다. 우리나라에서 실시되고 있는 5대 사회보험으로는 산업재해보상보험(우리나라 최초의 사회보험), 국민건강보험, 연금보험, 고용보험, 노인장기요양보험이 있다.

공공부조(public assistance, 公共扶助) •••

국가 및 지방자치단체의 책임하에 생활 유지 능력이 없거나 생활이 어려운 국민의 최저생활을 보장하고 자립을 지원하는 제도이다. 생활보호는 최저한의 수준에 그쳐야 하며 이를 국가최저(national minimum) 또는 사회최저(social minimum) 원칙이라고 부른다. 이 제도는 사회보험 계획을 추진하는 과정에서 대상자 적용에 문제가 발생하는 경우 이를 보완하기 위해 사용할 수 있다. 따라서 국가재정 부담 증가, 근로 의욕 상실 등 공공부조가 지니는 제한점에도 불구하고 빈곤퇴치 대책의 일환으로 이를 적용하게 된다. 공공부조와 관련해서는 의료급여법과 국민기초생활보장법이 적용되고 있다.

내셔널 미니멈(national minimum) •••

한 나라 전체 국민의 생활복지상 불가결한 최저 수준을 나타내는 지표로 「최소 한도의 국민생활 수준」 또는 「국민적 표준」으로 번역된다. 즉, 한 나라의 경제 규모, 1인당 국민소득에 비추어 영양, 주거, 생활환경 등이 최저 또는 표준으로서 어느 정도가 돼야 하는가를 수치로 나타낸 것이다.

국민기초생활보장제도(國民基礎生活保障制度) •••

저소득층의 기본적인 생활 보장 등을 위해 시행하는 사회보장제도 중 하나로, 「국민기초생활 보장법」에 규정돼 있다. 1961년부터 시행된 생활보호제도(생활보호법)를 대신하는 복지정책으로, 2000년 10월부터 시행되고 있다. 국민기초생활보장제는 생활보호제도와 다르게 급여수준을 향상시키고 지급 기준을 다양하게 세분화해 연령과 관계없이 가구의 소득이나 재산 등을 기준으로 지원 여부를 결정한다. 지급은 생계급여, 주거급여, 의료급여, 교육급여, 해산급여, 장제급여, 자활급여 등으로 이뤄지며, 이는 기준 중위소득(중위소득에 여러 경제지표를 반영해 산출한 것)에 따라 결정된다.

최저생계비(最低生計費) •••

국민의 건강하고 문화적인 생활을 유지하기 위해 소요되는 최소한의 비용을 말한다. 국민기초생활보장법은 개인소득(가구당)이 최저생계비 이상이 되도록 규정하고 있다. 최저생계비는 기초생활보장을 비롯한 각종 사회복지 수급자 선정 및 급여 책정의 기준이 된다. 정부는 3년에 한 번씩 소득 하위 40% 2만 가구를 대상으로 생활실태 조사를 벌여 최저생계비를 산출한다. 보건복지부장관은 국민의 소득・지출 수준과 수급권자의 가구 유형 등 생활 실태, 물가상승률 등을 고려해 매년 9월 1일까지 다음 연도의 최저생계비를 공표하며, 조사를 하지 않는 해에는 물가상승률을 반영해 결정한다.

기본소득(基本所得) •••

재산의 많고 적음이나 근로 여부에 관계없이 모든 사회구성원에게 생활을 충분히 보장하는 수준의 소득을 무조건적으로 지급하는 것으로, 무조건성・보편성・개별성을 특징으로 한다. 토머스 모어의 소설 ≪유토피아≫에서 처음 등장, 사회의 가치의 총합은 구성원들이 함께 누려야 한다는 데서 시작됐다. 기본소득제는 핀란드가 세계 최초로 중앙정부 차원에서 2017~2018년까지 2년간 시행한 바 있다.

재난기본소득(災難基本所得) 재난 상황에서 위축된 경기를 극복하기 위해 모든 국민에게 조건 없이 지급하는 일정 금액. 2020년 코로나19 사태가 장기화되면서 우리나라를 비롯해 전 세계적으로 재난기본소득이 추진됐다.

국민연금(國民年金) •••

가입자가 퇴직 등으로 소득원을 잃을 경우에 대비해 일정 부분을 적립해 노후를 보장하는 제도이다. 공적연금으로서 가입이 법적으로 의무화돼 있으며, 가입 대상은 18세 이상 60세 미만의 모든 국민이다. 종류는 노령연금, 장해연금, 유족연금, 반환일시금 등 네 가지가 있다. 1988년 1월 1일부터 실시됐으며 1999년 4월에 도시지역 주민까지 확대해 전 국민연금 시대가 개막됐다. 연금액은 하후상박 구조로 돼 있어 소득이 많은 사람의 연금액 백분율이 소득이 적은 사람보다 낮다. 국민연금 급여율은 생애 평균임금의 60% 수준(2008년까지 50%, 2028년까지 40%)이며, 연금 수령 연령은 2013년부터 5년 단위로 60세에서 한 살씩 올려 2033년에는 65세로 연장된다.

기초연금(基礎年金) 노후 보장과 복지 향상을 위해 65세 이상의 소득인정액 기준 하위 70%에게 일정 금액을 지급하는 제도. 2008년 1월부터 시행해 온 기초노령연금제도를 대폭 개정해 2014년 7월부터 시행됐다.

1

메트로폴리스(metropolis)•••

대체로 인구 100만 명이 넘는 거대도시를 지칭한다. 라틴어 「meter(mother)」와 「polis」가 합쳐진 말로, 본래는 수도, 그리스도교의 본산 등을 뜻한다. 일정 지역의 중심도시와 주변의 중소도시가 결합함으로써 형성된 하나의 대규모 도시가 메트로폴리스로, 한 국가의 경제 · 문화 등 주요 기능을 담당하는 중심이 된다. 메트로폴리스가 더욱 고도화되면 메갈로폴리스(megalopolis), 더 나아가서는 세계 전체가 도시화되는 에큐메노폴리스(ecumenopolis, 세계도시)로 이행된다.

메갈로폴리스(megalopolis) 인접해 있는 몇 개의 도시가 서로 접촉, 연결돼 이루어진 거대 도시권. 인구 집중, 공해 등의 문제를 일으킨다.

에코폴리스(ecopolis) 대기, 수질은 물론 동식물의 생태학적 자연환경까지도 이상적으로 보존하는 환경 시범도시

공동화 현상(空洞化 現象)•••

도심의 땅값(집값) 급등과 각종 공해 등으로 인해 주민들이 도시 외곽으로 이동하면서, 도심이 도넛(doughnut) 모양으로 공동화되고 외곽 지역이 밀집되는 현상이다. 「도넛 현상」이라고도 한다. 공동화 현상이 나타나면 도심에는 상주인구가 줄어들어 주택이 감소하고 공공기관, 상업기관만 남게 된다. 이 현상이 진행될수록 출퇴근 시 교통난과 비능률이 심화돼 다시 도심으로 되돌아오는 직주접근 또는 회귀 현상이 나타난다.

스프롤 현상(sprawl phenomena)•••

도시가 급격하게 팽창하면서 시가지가 도시 교외지역으로 질서 없이 확대되는 현상이다. 도시의 팽창으로 기존의 주거지역이 과밀화되면서 도시의 주거지역이나 공업지역이 농경지나 삼림지를 잠식하며 도시의 외곽으로 무질서하게 확대되면 토지이용과 도시시설 정비상에 많은 문제를 유발한다. 우리나라에서는 1970년대부터 스프롤 현상이 확산돼 대도시 주변의 주택과 공장의 무계획적이고 무질서한 건설, 지가의 앙등, 교통량의 폭증, 대기오염, 환경오염 등 여러 문제가 나타났다.

빨대효과(straw effect)•••

고속도로나 고속철도의 개통으로 컵의 음료를 빨대로 빨아들이듯이 대도시가 주변 중소도시의 인구나 경제력을 흡수하는 이른바 대도시 집중 현상을 지칭한다. 빨대효과는 고속도로나 고속철도 개통의 부작용 중 하나로 자주 거론된다.

풍선효과 풍선의 어느 한곳을 누르면 다른 곳이 튀어나오는 것처럼 하나의 문제가 해결되면 바로 또 다른 문제가 생기는 현상

코쿠닝 현상(cocooning syndrome)•••

청소년 범죄, 이혼의 급증 등 전통적 가치 체계가 상실된 현대에 가족의 소중함을 되찾고 이를 결속력으로 해소하려는 현상이다. 가정을 중시하는 경향을 가리켜 독일 사회심리학자 팝콘(S. Popcon)이 붙인 명칭이다. 그는 현대사회를 누에가 고치를 짓는 것처럼 사람들이 점점 자신의 활동반경을 축소시키게 된다고 해서 코쿠닝, 즉 「누에고치 짓기 현상」이라는 용어로 설명했다.

스쿨존(school zone)•••

초등학교 및 유치원 주출입문에서 반경 300m 이내의 주 통학로를 보호구역으로 지정해, 교통안전시설물 및 도로부속물 설치로 학생들의 안전한 통학공간을 확보해 교통사고를 예방하기 위한 제도를 말한다. 이 지역에는 신호기·안전표지·과속방지용 턱 등 도로부속물이 설치되며, 보호구역으로 지정된 초등학교 등의 주 출입문과 직접 연결돼 있는 도로에는 노상주차장을 설치할 수 없다. 또 보호구역 안에서 학생들의 등하교 시간에 자동차의 정차나 주차를 금지할 수 있으며, 차량 운행 속도는 30km 이내로 제한된다.

옐로카펫(yellow carpet) 어린이들이 횡단보도를 건너기 전 안전한 곳에서 기다리게 하고 운전자가 이를 쉽게 인지하도록 하기 위해 바닥 또는 벽면을 노랗게 표시하는 교통안전 설치물

레드존(red zone) 청소년 통행금지 및 제한구역

블루존(blue zone) 청소년들이 안전하게 활동할 수 있도록 설정된 안전지대

연앙인구(年央人口)•••

출생률과 사망률을 산출할 때 보통 그해의 중간인 7월 1일을 기준으로 하는데, 이때의 인구를 연앙인구라고 한다.

센서스(census)•••

조사 대상을 모두 조사하는 통계조사로, 일반적으로 인구총조사를 가리킨다. 이에 반해 무작위로 추출된 일부 대상을 조사하는 것을 표본조사라 한다. 센서스는 시간과 비용이 많이 들며 조사를 받는 측의 부담도 크기 때문에, 한정된 항목에 대해 일정 간격을 두고 실시하는 것이 일반적이다. 또 각 센서스의 결과는 표본조사의 모집단으로도 이용되기 때문에 조사에 강제력이 주어지는 지정 통계이다.

준거집단(reference group, 準據集團)•••

한 개인이 자신의 신념이나 태도·가치 및 행동방향을 결정하는 데 준거 기준으로 삼고 있는 사회집단이다. 이 용어는 1942년 미국 사회심리학자 하이먼(H. H. Hyman)의 논문 <지위의 심리학>에서 처음 사용됐다. 준거집단은 소속집단과 일치될 수 있으나 반드시 그 집단의 성원은 아닐 수도 있다.

주변인(周邊人)•••

둘 이상의 이질적 사회집단이나 문화에 속해 있으면서도 그 경계에 위치해 어느 쪽에도 귀속할 수 없는 사람을 뜻하며, 경계인, 한계인(marginal man)이라고도 한다. 예컨대 미국의 백인과 흑인의 혼혈아, 동양계 2세, 유럽의 유태인 또는 이민·이주로 다른 문화와 접촉했을 때 가치 기준, 행동 양식, 언어, 교육 등 상이한 제 문화의 경계에 서게 되는 사람들이 해당된다. 이들은 심한 내적 갈등, 정서적 불안정, 강한 자기의식, 열등감 등의 특성을 가지고 있으나, 주변적 상황에서 새로운 생활양식이나 문화를 창출할 가능성도 가지고 있다.

고령화사회(aging society, 高齡化社會) •••

국제연합(UN)은 65세 이상 인구가 총인구에서 차지하는 비율이 7%를 넘을 때 고령화사회로 규정하고 있다. 14%를 넘으면 「고령사회(aged society)」, 20%를 넘으면 「초고령사회(post-aged society)」로 구분한다. 우리나라는 2000년 고령인구 비율이 7.2%를 기록해 고령화사회로 진입했고, 2017년에 고령사회로 진입한 상태이며, 2026년이면 초고령사회에 진입할 것으로 전망된다.

노령화지수(老齡化指數) •••

15세 미만의 유소년(0~14세) 인구에 대한 노령(65세 이상) 인구의 비율을 뜻한다. 노령화지수가 높을수록 노령인구가 많다는 것을 나타내며, 보통 노령화지수가 30을 넘으면 「노령화사회」로 분류한다.

한계부락(限界部落) 65세 이상 실버세대의 비중이 50% 이상인 마을을 지칭하는 말로, 노인들의 비중이 너무 높아서 정상적인 사회공동체 유지가 어려운 한계상황에 다다른 곳을 이른다.

총부양비(總扶養比) •••

14세 이하 유소년 인구와 65세 이상 고령 인구의 합을 15~64세 인구로 나눈 뒤 100을 곱한 값으로 생산연령인구(15~64세) 100명이 부양해야 할 인구를 나타낸다. 즉, 생산가능 연령층의 인구가 부양해야 하는 경제적인 부담을 나타내는 지표이다.

합계출산율(合計出産率) •••

여성 1명이 가임기간(15~49세)에 낳을 것으로 기대되는 평균 출생아 수로, 출산력 수준 비교를 위해 활용되는 대표적 지표이다.

인구오너스(demographic onus) •••

생산연령인구(15~64세)의 비중이 하락하면서 경제성장이 지체되는 것을 뜻한다. 주로 고령화가 되고 있는 국가에서 발생한다. 인구오너스가 발생하면 복지, 의료, 연금 등이 확대돼 재정 부담 및 청년층의 조세 부담이 증가한다.

인구보너스(demographic bonus) 전체 인구에서 차지하는 생산연령인구의 비중이 증가해 노동력과 소비가 늘면서 경제성장을 이끄는 것

인구절벽(demographic cliff) 생산가능인구(15~64세)의 비율이 급속도로 줄어드는 현상

인구지진(age-quake) 영국 인구학자 폴 월리스(Paul Wallace)가 그의 저서에서 인구감소와 고령사회의 충격을 지진에 빗대 나온 말. 인구지진은 리히터규모 9.0에 비유될 정도로 충격이 크다.

아노미(anomie) •••

사회규범이나 법규범 또는 행위나 신념의 규범이 약체화 내지 상실된 사회 상태를 뜻한다. 신의(神意)와 법의 부재를 뜻하는 그리스어 「아노미아(anomia)」에서 유래된 말로, 시공간이나 관계 등에 대한 인식 혼란, 불안, 사회적 소외 등을 특징으로 한다. 이 개념은 프랑스 사회학자 에밀 뒤르켐(E. Durkheim)의 ≪분업론≫(1893)에 처음 등장한 후 미국 사회학자 머튼(R. K. Merton)에 의해서 다뤄졌으며, 오늘날 사회적 일탈현상의 주요 개념이 됐다.

사회화(socialization, 社會化) •••

인간이 태어나서 타인과의 상호작용을 통해 그 사회의 가치와 규범, 도덕, 신념 등을 내면화함으로써 그 사회가 바라는 인간다운 인간으로 성장하는 과정을 말한다. 사회화는 개인적 측면에서는 자아 정체감과 개인의 독특한 특성(personality)을 형성시키고 사회적 측면에서는 사회의 문화 내용을 전승시키는 기능을 갖는다.

재사회화(再社會化) 일차적인 사회화에 의해 학습한 가치, 규범, 신조 등을 버리고 새로운 가치, 규범, 신념을 습득하는 것(예 군대, 교도소). 재사회화되려면 먼저 탈사회화(사회화 과정에서 학습한 모든 것을 다 잊어버리고 백지화되는 현상)돼야 한다.

배리어 프리(barrier free) •••

고령자 또는 장애인들도 살기 편한 사회를 만들기 위해 물리적·제도적 장벽을 제거하는 것을 뜻한다. 1974년 유엔 장애자 생활환경전문가회의에서 <장벽 없는 건축 설계(barrier free design)>에 대한 보고서가 나오면서 건축학계에서 사용되기 시작했다. 이후 주택, 도로 등에서의 물리적 장벽뿐 아니라 자격과 시험 등을 제한하는 제도적·법률적 장벽, 텔레비전·신문 등 커뮤니케이션의 문화 정보전달 장벽, 차별과 편견 그리고 장애인 자신의 의식상 장벽까지 제거하자는 움직임으로 확산됐다.

디스토피아(dystopia) •••

현대사회의 부정적인 측면들이 극대화돼 나타나는 어두운 미래상을 지칭하는 말이다. 즉, 유토피아의 반대어로, 전체주의적인 정부에 의해 억압받고 통제받는 가상사회이다. 컴퓨터 기술의 발달로 감시가 더욱 공고화되는 사회, 극단적인 환경오염으로 생태계가 파괴된 사회, 기계에 의해 지배당하는 사회, 핵전쟁이나 환경재해로 인해 모든 인류가 멸망하는 사회 등이 디스토피아에 해당된다. 20세기의 3대 디스토피아 문학으로는 영국 소설가 조지 오웰의 ≪1984≫, 러시아 소설가 예브게니 이바노비치 자미아친의 ≪우리들≫, 영국 소설가 올더스 헉슬리의 ≪멋진 신세계≫가 꼽힌다.

빅 브라더(big brother) •••

영국 소설가 조지 오웰(G. Orwell)이 1949년 발표한 소설 ≪1984≫에 등장하는 독재 권력의 상징으로, 이 소설은 가상의 국가에서 자행되는 감시와 통제를 극단적으로 그리고 있다. 소설 속에서 빅 브라더는 텔레스크린, 도청장치를 이용해 대중에게 이데올로기를 강요한다. 영국 수상 윈스턴 처칠(W. Churchill)에서 이름을 따온 주인공 윈스턴 스미스는 빅 브라더라 불리는 절대 권력에 대항해 자유와 진실을 추구하지만, 호된 고문 끝에 빅 브라더를 사랑한다고 고백한다. 오웰은 이 작품을 통해 전체주의 체제하의 가상국가에서 개인생활과 사상 및 모든 정보를 감시·통제함으로써 권력을 독점한 지배기구인 빅 브라더의 위험성을 극단적으로 표현하고 있다. 한편, 컴퓨터·정보통신의 발달로 도청이나 감시카메라가 일반 영역에까지 파고들면서 빅 브라더 사회가 현실에도 도래했다는 지적이 나오고 있다.

팬옵티콘(panopticon) 영국 철학자 제러미 벤담(J. Bentham)이 제안한 원형 감옥의 건축 양식. 소수의 감독자가 자신은 노출시키지 않은 채 모든 수용자를 감시할 수 있다. 이후 프랑스 철학자 미셸 푸코(M. Foucault)가 컴퓨터 통신망과 데이터베이스를 개인의 사생활을 감시 또는 침해하는 대상으로 비유해 사용했다.

테크노스트레스(techno-stress)●●●

첨단기술 사회에 적응하지 못했을 때 생기는 정신적 스트레스를 가리키는 말로, 미국 심리학자 C. 브로드가 명명했다. 컴퓨터 단말기나 OA기기를 장시간 조작하는 사람에게 흔한 증상이다. 컴퓨터를 잘 모르는 사람들은 심리적 중압감을, 컴퓨터를 잘 다루는 사람들은 과다한 정보량과 이를 소화하지 못하는 데서 오는 스트레스를 받는다. 넓게는 정보화 사회가 인간에게 주는 스트레스 전체를 가리킨다.

와부와부 징후(wabuwabu 徵候)●●●

타인에게 악행을 저지르면서까지 자신의 이익만 챙기려 하는 이기적 행태를 일컫는 말이다. 미국 문화인류학자인 루스 베네딕트(R. F. Benedict)의 저서 ≪문화의 유형≫에 나오는 도부족의 무역 거래인 「와부와부」로부터 유래됐다. 파푸아뉴기니의 도부족은 인간이 지닌 원초적 형태의 모든 악의, 즉 거짓말, 살인, 도둑질 등을 자연스런 사회현상으로 받아들인다.

필랜스러피(philanthropy)●●●

박애행위 또는 자선사업을 의미하는 말이나, 일반적으로는 기업 시민주의의 뜻으로 사용된다. 즉, 기업이 「이윤을 사회에 환원한다」는 정신으로 각종 기부 활동을 통해 지역사회에 적극적인 공헌을 해야 한다는 사고방식이다.

~세대 관련 용어●●●

C세대	온라인 콘텐츠(contents)를 스스로 생산하며 타인과 공유하는 소비자
E세대	환경(environment)과 에너지(energy)에 대한 교육을 받고 그 중요성을 깨달은 세대
G세대	「green」과 「global」의 첫 글자에서 따온 것으로, 건강하고 적극적이며 세계화한 미래지향적인 젊은 세대
M세대	「mobile」의 첫 글자에서 따온 것으로, 휴대전화로 인터넷을 이용하는 무선 인터넷 세대
N세대	인터넷으로 대표되는 네트워크(network) 세대
X세대	무관심, 무정형, 기존 질서 부정 등을 특징으로 하며 보통 1965~1980년 사이에 태어난 세대
Z세대	1990년대 후반부터 2000년대 초·중반에 태어난 세대로 세계 인구의 40%를 차지. 디지털 네이티브(digital native), 포노사피엔스(phono sapiens)라고 불림
MZ세대	밀레니얼세대와 Z세대를 아울러 이르는 말. 디지털과 모바일 환경에 익숙함
논칼라세대	손에 기름을 묻히지도 않고 서류에 매달려 있지도 않은 컴퓨터 세대
밀레니얼세대	1980년대 초반~2000년대 초반 출생한 세대. 인터넷 사용으로 소셜 네트워크 서비스(SNS) 등 정보기술(IT)에 능통하며 대학 진학률이 높고, 금융위기 당시 사회 진출로 소득이 낮음
부머세대	전쟁 후 또는 혹독한 불경기를 겪은 후 사회적·경제적 안정 속에서 태어난 세대로, 베이비붐(베이비부머) 세대라고도 함
오팔세대	오팔(OPAL)은 「old people with active life」의 앞 글자를 딴 조어로, 새로운 소비층으로 부각되고 있는 5060세대를 지칭. 베이비부머 세대인 1958년생을 뜻하기도 함
알파세대	2011~2015년에 태어나 인공지능(AI), 로봇 등 기술적 진보에 익숙한 세대
잘파세대	1990년대 중반에서 2000년대 초반에 태어난 Z세대와, 2010년대 초반 이후에 태어난 알파세대를 합쳐 일컫는 말

~신드롬(증후군) 관련 용어 •••

공소 증후군 (empty nest syndrome)	중년의 주부가 정체성에 대해 상실감을 느끼는 심리적인 현상. 「빈 둥지 증후군」이라고도 함 * 찬 둥지 증후군(crowded nest syndrome) : 취업률 하락과 늦어지는 혼인 탓에 집을 떠나지 않는 자녀로 인해 걱정, 갈등, 우울감을 겪는 것
램프 증후군 (lamp syndrome)	일어날 가능성이 거의 없거나 해결할 수 없는 일에 대해 지나치게 걱정하고 불안해 하는 현대인의 성향을 일컫는 심리학 용어. 과잉근심이라고도 하며, ≪알라딘과 요술 램프≫에서 유래된 말
리플리 증후군 (Ripley syndrome)	현실을 부정하고 허구의 세계를 진실이라 믿으며 거짓된 말과 행동을 반복하는 반사회적 인격장애
모라토리엄 증후군 (moratorium syndrome)	지적 · 육체적으로 한 사람 몫을 충분히 할 수 있는데도 사회인으로서의 책무를 기피하는 증후군
뮌하우젠 증후군 (Münchausen syndrome)	병이 없는데도 다른 사람의 관심을 끌기 위해 아프다고 거짓말을 하거나 자해를 하는 일종의 정신질환
므두셀라 증후군 (Methuselah syndrome)	추억을 아름다운 것으로 포장하며 나쁜 기억은 지우고 좋은 기억만 남겨두려는 증후군
번아웃 증후군 (burnout syndrome)	탈진 증후군. 오직 한 가지 일에 매진하던 사람이 신체적 · 정신적인 극도의 피로감으로 인해 무기력증이나 자기혐오, 직무 거부 등에 빠지는 증후군 * 보어아웃(bore-out) : 직장인들이 직장생활의 지루함과 단조로운 업무 때문에 겪는 의욕 상실. 일에 지나치게 몰두하다 쌓인 피로로 돌연히 슬럼프에 빠지는 것을 뜻하는 번아웃(burn-out)과 반대되는 개념
사이버콘드리아 증후군 (cyberchorndria syndrome)	「cyber」와 「건강염려증(hypochondria)」의 합성어로, 인터넷 정보에 의존해 자신의 병을 직접 진단하고 처방하는 증상
슈퍼우먼 증후군 (superwoman syndrome)	직장 여성이 직장과 가정 모두 완벽을 기하려다 현기증, 호흡곤란, 허탈감 등의 증세를 보이는 증후군
스탕달 신드롬 (Stendhal syndrome)	뛰어난 예술작품을 보고 순간적으로 흥분 상태에 빠지거나 호흡곤란, 현기증, 위경련, 전신마비 등의 이상 증세를 보이는 증상
스톡홀름 증후군 (Stockholm syndrome)	극한 상황에서 약자가 강자의 논리에 동화되는 현상. 1973년 스웨덴 스톡홀름 인질강도사건에서 연유됨 * 리마 신드롬(Lima syndrome) : 범인이 인질의 상황을 인식하고 감정을 이입하는 것
아틀라스 증후군 (Atlas syndrome)	퇴근 후 육아와 가사를 도우면서 완벽한 아빠 노릇을 하려는 슈퍼아빠 증후군. 강한 척하려다 그리스신화의 아틀라스처럼 저주를 받은 셈이라는 뜻에서 나온 말
아폴로 신드롬 (Apollo syndrome)	뛰어난 인재들만 모인 집단에서 오히려 성과가 낮게 나타나는 현상
제트래그 신드롬 (jet lag syndrome)	항공기 탑승 시 시차로 인해 일시적으로 피로해지거나 멍해지는 등의 증세가 나타나는 현상. 제3의 피로로 불림
파랑새 증후군 (bluebird syndrome)	벨기에 동화 ≪파랑새≫의 주인공처럼 장래의 행복만을 몽상하면서 현재의 할 일에 정열을 느끼지 못하는 증후군. 피터팬 신드롬, 모라토리엄 증후군과 일맥상통함
포모 증후군 (FOMO syndrome)	포모(FOMO)는 「fear of missing out」의 약칭. 자신만 흐름을 놓치고 있는 것 같은 심각한 두려움 또는 세상의 흐름에 자신만 제외되고 있다는 공포를 나타내는 일종의 고립공포감을 뜻함
피터팬 증후군 (PPS; peter pan syndrome)	성년이 돼서도 어른들의 사회에 적응하지 못하는 「어른 아이」 같은 남성들이 나타내는 심리적 현상. 또는 중소기업이 받을 수 있는 지원을 계속 받기 위해 대기업으로 성장하는 것을 포기하는 현상
패스워드 증후군 (password syndrome)	은행통장, 신용카드, 휴대폰 등의 비밀번호가 늘어남에 따라 이를 기억해 내지 못해 혼란을 겪는 현상

1

~족 관련 용어•••

공통	인간군	특징
기혼 여성	유미족(yummy 族)	Young upwardly mobile mummy. 상향적이고 활동적인 젊은 어머니들을 지칭. 자녀의 출산·육아·교육 문제에 관심이 많음
	나우족(NOW 族)	New older women. 재력과 패션 감각을 겸비한 40~50대 여성들을 지칭
	나오미족	Not old image. 안정된 결혼생활을 누리며 신세대 못지않은 감각과 라이프스타일을 보여주는 30대 중반 여성들을 지칭
직장인	갤러리족(gallery 族)	직장일에 몰두하지 않고 주인의식도 희박한 직장인들을 골프경기의 구경꾼(gallery)에 비유한 말
	나토족(NATO 族)	No action talking only. 말만 하고 행동은 하지 않는 유형의 직장인
	네스팅족(nesting 族)	사회적인 성공보다는 단란한 가정을 중시하는 직장인
	다운시프트족(downshift 族)	저소득일지라도 여유 있는 직장생활을 즐기면서 삶의 만족을 찾는 유형
	잡노마드족(jobnomad 族)	유목민처럼 직업을 따라 유랑하는 직장인
	좀비족(zombie 族)	대기업이나 방대한 조직체 속에서 일을 해도 그만, 안 해도 그만인 식의 무사안일에 빠져 있는 직장인
	샐러던트족(saladent 族)	직장인(salaryman)과 학생(student)의 합성어로 「공부하는 직장인」을 뜻함
	여피족(yuppie 族)	도시나 그 주변을 기반으로 한 고소득 전문직에 종사하는 젊은이. 여피는 젊음(young), 도시(urban), 전문직(professional)의 머리글자를 딴 YUP에서 나온 말
맞벌이	딩크족(dink 族)	Double income no kids. 정상적인 부부 생활을 하면서도 의도적으로 자녀를 두지 않는 맞벌이 * 듀크족(dewk 族): Dual employed with kids. 아이가 있는 맞벌이
	딘트족(dint 族)	Double income no time. 경제적으로 풍족하나 바쁜 업무로 돈 쓸 시간이 없는 맞벌이
삶의 방식	슬로비족(slobbies 族)	Slower but better working people. 물질보다 마음, 출세보다 자녀를 중시하며 느긋하게 살아가는 사람들. 1990년 오스트리아에서 창설된 「시간 늦추기」에서 유래
	욘족(Yawns)	Young and wealthy but normal. 젊고 부유하지만 평범하게 사는 사람
	욜로족(YOLO 族)	You only live once. 인생은 한 번뿐이기에 현재 자신이 즐길 수 있는 행복을 최우선으로 소비하는 사람 * 욜드(YOLD): young old의 줄임말로 베이비부머(1946~1964년 출생)가 주도하는 젊은 노인층을 일컫는 말. 이전 세대에 비해 건강하고 부유하며 학력도 높아 은퇴 후에도 사회·경제생활을 적극적으로 이어간다는 특징이 있음
	코쿤족(cocoon 族)	사회관계를 싫어하며 자신만의 세계에서 생활하는 은둔족. 「히키코모리」와 유사함
	카우치포테이토족(couch potato 族)	포테이토칩을 먹으며 혼자 TV, 컴퓨터게임, 음악 감상 등을 즐기는 사람
	핑프족(fingp 族)	핑거 프린세스(finger princess), 핑거 프린스(finger prince)의 약칭. 간단한 정보조차 자신이 직접 찾으려 하지 않고, 인터넷이나 주변 인물들에게 무작정 물어보는 사람
	모모스족(momos 族)	빚을 내서 명품을 구매하거나 유명 브랜드 카피 제품을 소비하는 사람들을 보보스족에 빗대어 일컫는 말 * 보보스족(bobos 族): 부르주아와 같은 경제적 풍요와 보헤미안과 같은 내적 풍요를 동시에 누리는 상류 계층
	인스피리언스족(insperience 族)	집안(indoor)과 경험(experience)을 결합한 단어로, 집안에 다양한 장치나 시설을 갖춰 여가나 취미 생활을 영위하는 사람들을 지칭

	파이어족(FIRE 族)	경제적 자립(financial independence)을 토대로 자발적 조기 은퇴를 추진하는 사람들을 일컫는 용어. 20대부터 소비를 줄이고 수입의 대부분을 저축해 30대 말이나 40대 초반 은퇴를 목표로 함
젊은 세대	니트족(neet 族)	Not in employment education or training. 취업 의욕도 없고 일도 하지 않는 무능한 젊은이
	프리터족(freeter 族)	Free arbeiter. 필요한 돈이 모일 때까지만 아르바이트로 일하는 사람들
	캥거루족(kangaroo 族)	어미 배의 주머니에서 자라는 캥거루처럼 성인이 돼서도 부모에게 경제적·정신적으로 의존하는 젊은이 * 헬리콥터족(helicopter 族): 성인이 된 자식의 주위를 맴돌며 일일이 챙겨 주는 열성 부모
	패라싱글족 (parasite single 族)	결혼하지 않고 부모에게 얹혀사는 사람들로, 결혼보다는 자신들의 삶을 즐김. 대졸 이상의 고학력, 화이트칼라가 다수
	더블 스쿨족 (double school 族)	대학에 다니면서 자격증을 취득하기 위해 학원에 다니는 학생
	NG족	No graduation. 취업·진로 등의 문제로 졸업을 미루는 학생
나이든 세대	통크족(tonk 族)	Two only no kids. 자녀에게 의존하지 않고 취미, 운동 등의 여가생활로 부부만의 인생을 즐기는 노인세대
	우피족(woopies 族)	Well-off older people. 경제적으로 여유가 있는 나이든 세대. 자녀 양육으로부터 해방된 나이로 저축액과 연금이 있어서 구매력이 높음

디제라티(digerati) •••

디지털(digital)과 지식계급(literati)의 합성어로 디지털시대의 파워 엘리트로 부상한 신지식인들을 일컫는다. 또 인터넷 비즈니스로 성공한 기업인들을 칭하기도 하는데, 이들은 말보다 행동으로 보여주는 실행적 지식인으로 학연·지연에 얽매이지 않는 수평적인 네트워크를 추구하는 것이 특징이다.

하비프러너(hobby-preneur) •••

단순한 취미를 전문적인 분야의 사업으로 확장·발전시켜 창업을 이룬 사람들을 가리킨다. 이와 비슷한 용어로 「호큐페이션(hoccupation)」이 있는데, 이는 취미(hobby)와 직업(occupation)을 합친 말이다.

테크노크라트(technocrat) •••

과학적 지식이나 기술을 소유함으로써 사회 또는 조직의 의사결정에 중요한 영향력을 행사할 수 있는 사람, 즉 기술관료를 가리킨다. 테크노크라트는 기술적 기초 위에서 국가정책을 다룬다.

테크노크라시(technocracy) 어원적으로는 「기술에 의한 지배」를 뜻하나 일반적으로는 전문적 지식, 과학이나 기술에 의해 사회 혹은 조직 전체를 관리·운영 또는 조작할 수 있고 따라서 그것들을 소유하는 자가 의사결정에 커다란 영향력을 갖는 시스템, 혹은 그와 같은 견해의 총칭이다.

유한계급(有閑階級) •••

생산적 노동을 멀리하고 예술 · 오락 등 비생산적인 일에만 탐닉하는 인간집단을 지칭하는 말로, 미국 사회학자 베블런(T. B. Veblen)이 이에 관해 처음 본격적으로 연구했다. 화폐문화의 단계에 확립된 사회적 범주로서 귀족, 대자본가, 금리생활자 등이 이에 속한다. 이들은 과시적 소비행태로 자신의 높은 사회적 지위를 나타내는 성향이 있다.

블러드 엘리트(blood elite) •••

혈연 덕택으로 엘리트가 된 사람을 지칭하는 말이다. 족벌정치가 행해지고 있는 나라에서 정부 고위층과 혈연관계에 있다는 이유만으로 사회의 지배계층에 속하게 된 사람들 또는 일부 재벌 2세 등이 전형적인 예이다. 이에 반해 자신의 실력으로 엘리트가 된 사람은 「파워 엘리트(power elite)」라고 한다.

노블레스 오블리주(noblesse oblige) •••

높은 신분에 따르는 도덕상의 의무를 가리키는 말이다. 특권에는 반드시 책임이 따르고 고귀한 신분일수록 의무에 충실해야 한다는 것을 뜻한다. 초기 로마시대에 왕과 귀족들이 보여 준 투철한 도덕의식과 솔선수범하는 공공정신에서 비롯됐다.

프로보노(pro-bono) •••

「공익을 위해」라는 의미의 라틴어 「pro bono public」에서 나온 말로 전문가들이 자신이 가진 전문성을 활용해 사회적 약자와 소외계층을 돕는 활동을 뜻한다. 프로보노의 대표적인 예로는 의사의 의료봉사, 변호사의 무료 법률상담 등을 들 수 있다. 가진 자의 도덕적 의무를 뜻하는 「노블레스 오블리주」와도 일맥상통한다.

더 기빙 플레지(The Giving Pledge) •••

2010년 빌 게이츠 마이크로소프트(MS) 회장과 워런 버핏 버크셔해서웨이 회장이 재산의 사회환원 약속을 하면서 시작된 전 세계 부호들의 기부클럽이다. 기부(giving)를 약속(pledge)한다는 의미로, 세계 부호들이 생전이나 사후에 재산의 절반 또는 그 이상을 기부하겠다고 공개적으로 약속하면 더 기빙 플레지 회원이 될 수 있다. 이 캠페인에 참여하기 위해서는 자산이 10억 달러(약 1조 1000억 원) 이상이면서 재산의 절반 이상을 사회에 기부한다고 약속해야 한다. 즉, 최소 5억 달러 이상을 기부해야 한다. 빌 게이츠와 워런 버핏 외에도 마크 저커버그, 일론 머스크 등이 기부를 서약한 바 있다. 한국인으로는 최초로 배달의민족 창업자 김봉진 우아한형제들 의장이 2021년 2월 더 기빙 플레지로부터 공식 서약자로 인정받은 데 이어 같은 해 3월에 김범수 카카오 이사회 의장이 220번째 기부자로 이름을 올렸다.

과잉교정인간(過剩校正人間) •••

올바른 언어사용법에 지나치게 신경을 쓰는 사람을 지칭한다. 사람들은 표준말이나 고유말의 사용을 모범으로 삼고 여기에 순응하려고 하는데, 때로는 그 정도가 지나친 경우가 있다. 특히 신분상승 욕구가 과도한 사람은 상류계층의 말씨를 권위 있는 것으로 생각하고 지나칠 정도로 그것을 모방하려는 경향이 있다.

유리 천장(glass ceiling) •••

여성이나 소수 민족이 고위 경영자 혹은 상위 관리직으로 진출하는 것을 막는 눈에 보이지 않는 무형의 장벽을 일컫는 말이다. 유리 천장은 위를 쳐다보면 한없이 올라갈 수 있을 것처럼 투명하지만 막상 그 위치에 다다르면 보이지 않는 장벽이 더 이상의 전진을 막는다는 의미를 담고 있다. 이 말은 겉으로는 남녀평등이 이뤄진 것처럼 보이나 실상은 전혀 그렇지 못한 현실을 비유할 때 종종 쓰인다.

대나무 천장(bamboo ceiling) 미국 기업에서 아시아 국적이나 아시아계 미국인의 고위직 상승을 막는 보이지 않는 장벽을 지칭

유리 절벽(glass cliff) 기업이나 조직이 실패 가능성이 높은 상황에서만 여성을 고위직에 승진시킨 뒤 일이 실패하면 책임을 물어 해고하는 현상

젠더(gender) •••

성(性)을 뜻하는 섹스(sex)의 대체어로, 1995년 9월 5일 북경 제4차 여성대회 GO(정부기구) 회의에서 결정했다. 젠더는 사회적인 의미의 성을, 섹스는 생물학적인 의미의 성을 뜻한다. 젠더는 남녀차별적인 섹스보다 대등한 남녀 간의 관계를 내포하며 평등에 있어서도 모든 사회적인 동등함을 실현시켜야 한다는 의미가 함축돼 있다.

논바이너리(non-binery) 성별을 남성과 여성으로 구분하는 기준에서 벗어난 사람을 지칭. 성별 정체성에서 소수자라고 해 젠더퀴어라고도 부른다. 이들은 스스로를 남성, 여성으로 뚜렷하게 정체화하지 않고 그(He), 그녀(She) 대신 그들(They)이라는 표현을 사용한다.

미닝아웃(meaning out) •••

미닝(meaning)과 커밍아웃(coming out)의 합성어로, 잘 드러내지 않았던 자신만의 의미나 취향 또는 정치적 · 사회적 신념 등을 소비행위를 통해 적극적으로 표출하는 현상을 뜻한다. 보통 미닝아웃은 소셜 네트워크 서비스(SNS)의 해시태그 기능을 사용해 적극적으로 자신의 신념을 공유하고, 사회적 관심사를 이끌어낸다.

탈코르셋(脫corset) 짙은 화장이나 렌즈, 긴 생머리, 과도한 다이어트 등을 여성에게만 강요되는 사회적 억압으로 규정하고 이를 벗어나고자 하는 움직임

페미사이드(femicide) •••

여성(female)과 살해(homicide)를 합친 용어로, 여성이라는 이유로 살해당하는 것을 가리킨다. 좁게는 여성에 대한 증오범죄도 여기에 포함된다. 일반적으로 가부장적이고 성차별이 심한 불평등사회일수록 많이 발생한다. 세계보건기구(WHO)는 완력과 사회 · 경제적 지위가 달리는 여성들이 여성이라는 이유로 연애 · 동거 · 혼인 상대에게 살해당하는 사건을 페미사이드라고 정의하고 있다.

노마드(nomad) •••

유목민처럼 자유롭게 거주와 직장의 이동이 빈번하고 창조적인 사고방식을 갖춘 21세기 새로운 인간유형이다. 노마드족은 노트북과 휴대폰으로 언제 어디서든 외부와 접속하며 이동하고, 일정한 직장과 주소에 얽매이지 않는다. 프랑스 경제학자 자크 아탈리(J. Attali)는 21세기를 「디지털 장비로 무장하고 지구를 떠도는 디지털 노마드의 시대」라고 규정했다.

컨슈머리즘(consumerism) •••

대량생산과 대량소비 추세에 따른 소비자의 권리회복을 위해 나온 기치로 1960년대 후반부터 등장한 소비자 보호 사상이다. 미국 변호사 R. 네이더의 결함자동차 적발운동 이후 이러한 기업고발형의 소비자보호 운동이 세계적으로 확산됐다. 컨슈머리즘의 구체적인 방법으로는 불매운동이나 상품의 안전성 확보를 제조업체에 의무화하는 법률의 제정 등이 있다.

컨슈머리포트(Consumer Reports) 뉴욕에 본부를 둔 비영리단체인 소비자연맹이 발간하는 월간지. 매월 자동차 · TV · 가전제품 등 특정 품목을 선정, 업체별 성능 · 가격 등을 비교 평가해 발표한다. 이 평가 자료는 소비자가 제품을 구매할 때 필요한 정보를 제공하고 있어 소비자들 사이에서 상당한 권위를 인정받고 있다. 한국판 컨슈머리포트인 「스마트컨슈머(smartconsumer)」는 2012년 1월 11일 서비스를 개시했다.

오버투어리즘(over tourism) •••

지나치게 많다는 뜻의 「over」와 관광을 뜻하는 「tourism」이 결합된 말로, 수용 범위를 넘어선 관광객이 찾아오면서 환경 생태계 파괴, 교통대란, 주거난 등의 부작용이 발생하는 현상을 말한다.

그린투어리즘(green tourism) 농촌의 자연환경과 문화, 산업을 매개로 도시민과 농촌주민 간에 교류 형태로 추진되는 체류형 여가활동. 농촌관광사업이라고 함

에코투어리즘(eco-tourism) 환경을 고려한 여행 방식이나 여행 문화. 생태 관광, 환경 관광이라고 함

다크투어리즘(dark tourism) 역사의 어두운 현장을 돌아보며 교훈을 얻는 것을 목적으로 하는 여행. 블랙투어리즘(black tourism) 또는 그리프투어리즘(grief tourism)이라고도 함

볼런투어리즘(voluntourism) 자원봉사 여행

루키즘(lookism) •••

외모지상주의를 뜻한다. 미국 언론인 윌리엄 새파이어(W. Safire)가 인종, 종교, 성, 이념 등과 함께 인류 역사에 불평등을 만들어낸 원인의 하나로 외모를 지적하면서 처음 사용했다.

노비즘(nobyism) •••

철저한 개인주의에 바탕을 둔 사고를 뜻한다. 노비즘은 이웃이나 사회에 피해가 가더라도 자신에게 손해가 되지 않는 일에는 무관심으로 일관한다. 예를 들면 도로, 공원 등 공공장소에 쓰레기를 버리는 것은 상관하지 않지만 자신의 집 앞에 버리는 것은 용납하지 못한다.

알파걸(α-girl) •••

그리스 알파벳의 첫 자모인 알파(α)를 따서 만든 말로, 「첫째가는 여성」을 의미한다. 이들은 공부, 운동, 대인관계 등 모든 분야에서 또래 남학생과 동등하거나 그 이상의 성과를 보이는 엘리트 계층이다. 미국 아동심리학자인 댄 킨들러 하버드대 교수의 저서 ≪알파걸, 새로운 여성의 탄생≫을 통해 사회에 널리 알려졌다.

베타보이(β-boy) 알파걸로 인해 상대적으로 열등감에 시달리는 남성들

콘트라 섹슈얼(contra-sexual) •••

영국의 미래학연구소에 의해 생겨난 말로 전통적인 여성상에 반(反)하는 새로운 20대 여성들을 일컫는다. 이들은 성공과 돈을 우선하며, 30대 중반까지는 결혼이나 출산에 대해 관심을 갖지 않는다. 이와 달리 패션과 외모에 많은 관심을 보이는 남성은 「메트로 섹슈얼(metro-sexual)」, 여성들의 헤어 및 패션 스타일 등을 즐기는 남성은 「크로스 섹슈얼(cross-sexual)」, 요리하기를 즐기는 남성은 「게스트로 섹슈얼(gastro sexual)」이라고 한다.

성인지 감수성(gender sensitivity, 性認知 感受性) •••

젠더 감수성이라고도 하며, 이 개념에 대해 합의된 정의는 없지만 대체로 양성평등의 시각에서 성별 간 차이로 인한 일상생활 속에서의 차별과 유・불리함, 불균형을 인지해내는 민감성을 뜻한다. 1995년 중국 베이징에서 열린 제4차 유엔여성대회부터 사용되기 시작해 국제적으로 통용되고 있으며, 국내에서는 2000년대 초반부터 정책 입안이나 공공예산 편성 기준 등에 활용되고 있다.

슬로시티(slowcity) •••

1999년 이탈리아의 소도시 그레베 인 키안티(Greve in Chianti)시가 맨 처음 도입해 전 세계적으로 확산시킨 운동으로, 슬로푸드(slow food) 운동에서 확장된 것이다. 이탈리아어로 치따 렌타(citta lenta)나 치따슬로(cittaslow)라고 불리는 느린 도시(대도시와 반대 개념) 만들기 운동으로, 지역이 본래 갖고 있는 고유한 자원(자연 환경・전통산업・문화・음식 등)을 지키면서 지역민이 주체가 되는 지역경제 살리기 운동이다.

한국의 슬로시티 신안 증도, 완도 청산도, 담양 창평면, 하동 악양면, 예산 대흥면, 태안 소원면, 전주 한옥마을, 남양주 조안면, 청송 부동면・파천면, 상주 함창면・이안면・공검면, 영월 김삿갓면, 제천 수산면, 영양 석보면, 김해 봉하마을・화포천습지, 서천 한산면, 목포 외달도・달리도・1897 개항문화거리, 남양주 조안면 등

슬로푸드 운동(slowfoood movement) •••

패스트푸드를 먹지 말고 식사와 입맛의 즐거움이 살아있는 전통 음식을 되찾자는 운동이다. 1986년 이탈리아 로마의 스페인 광장에 맥도날드가 들어선 것을 본 카를로 페트리니와 그의 친구들에 의해 시작됐다. 1989년 11월 9일 세계 여러 나라가 동참해 슬로푸드 선언문이 채택되고 슬로푸드 운동기구가 출범했으며, 본부 소재지는 이탈리아의 브라(Bra)이다.

어플루엔자(affluenza) •••

풍요로워질수록 더 많은 것을 추구하는 과소비 중독 증상을 뜻하는 말이다. 어플루언트(affluent, 풍부한)와 인플루엔자(influenza, 유행성독감)의 합성어로, 더 많이 갖고자 하는 현대인들의 탐욕스런 욕망이 빚어낸 질병이다. 이 용어는 미국의 PBS 방송국 PD 그라프(J. D. Graaf), 환경과학자 왠(D. Wann)과 듀크대의 네일러(T. N. Naylor) 교수 등이 2001년 펴낸 동명의 저서에서 유래됐다.

제노포비아(xenophobia) •••

낯선 혹은 이방인을 뜻하는 제노(xeno)와 싫어한다는 뜻의 포비아(phobia)가 결합된 말로서 「이방인에 대한 혐오 현상」을 나타낸다. 외국인기피증이라고 하며 정확히는 「악의가 없는 상대방이 단지 자기와 다르다는 이유만으로 무조건 경계하는 심리 상태」를 일컫는다. 이는 자기 과보호의식이나 지나친 열등의식 때문에 일어나기도 한다.

호모포비아(homophobia) 동성애나 동성애자에 대해 혐오적 태도를 보이거나 그러한 감정을 느끼는 것을 말한다.

트리스카이데카포비아(triskaidekaphobia) 숫자 13에 대한 공포증을 이르는 말로, 서양에서는 13을 불운의 숫자로 여긴다. 반면 동양에서는 숫자 4가 죽음을 뜻하는 한자인 「죽을 사(死)」와 발음이 같다고 해 기피하는 경향이 있다.

네오포비아(neophobia) 낯설고 새로운 것을 싫어하며 공포까지 느끼는 심리를 가리킨다.

케미포비아(chemiphobia) 화학물질에 대한 공포증으로, 생필품이나 먹을거리 등에 포함된 각종 화학물질이 인체에 위협을 가할 것이라는 걱정에서 비롯된 현상이다.

콜포비아(callphobia) 전화통화를 기피하는 현상으로 통화보다는 문자나 모바일 메신저, 이메일로 소통하는 것을 선호하는 것을 말한다.

02 노동 일반

국제노동기구(ILO; International Labor Organization) •••

사회정의의 향상과 노동조건의 개선 및 생활수준의 향상을 목적으로 한 국제연합(UN) 전문기구의 하나이다. 1919년 창설, 1946년 최초의 유엔 전문기구가 됐으며, 1969년 노벨평화상을 수상했다. 본부 소재지는 스위스 제네바이다. 총회는 각 회원국으로부터 대표 4명(정부 2, 노동자 1, 사용자 1)이 출석하는 특이한 3자 구성을 취하고 있으며, 연 1회 개최한다. 우리나라는 1991년 12월 9일 151번째로 가입했다.

ILO 핵심협약 국제노동기구(ILO)의 190개 협약 가운데 ▲노조활동 보장 협약(87, 98호) ▲강제노동 금지 협약(29, 105호) ▲아동노동 금지 협약(138, 182호) ▲균등대우 협약(100, 111호) 등 8개를 말한다. 8개 협약은 최소한의 노동권 보장을 위해 회원국들이 가급적 비준해야 한다는 취지이지만, ILO가 협약 비준을 회원국에 강제할 권리는 없다. 우리나라의 경우 8개 핵심협약 중 강제노동 금지 협약(105호)은 비준하지 않은 상태이다.

노동위원회(勞動委員會) •••

노사 간의 법률적 권리, 경제적 이익분쟁을 판결·조정해 노사 간 분쟁을 평화적으로 해결하는 독립된 합의제 행정관청이다. 노동위원회는 동수의 근로자를 대표하는 자(근로자 위원) 및 사용자를 대표하는 자(사용자 위원), 공익을 대표하는 자(공익 위원)로 구성된다.

노사협의회(勞使協議會)●●●

근로자와 사용자가 상호 협조해 근로자의 복지 증진과 기업의 건전한 발전을 도모함을 목적으로 구성하는 협의기구이다. 근로자와 사용자를 대표하는 동수의 위원(노사 각 3인 이상 10인 이내)으로 구성된다.

청년유니온(Youth Community Union)●●●

청년들의 노동권 향상을 위해 청년들이 자발적으로 만든 한국 최초의 세대별 노동조합으로 2010년 3월 13일 설립됐다. 청년유니온에는 청년(15~39세)이라면 고용 형태(실업자, 비정규직, 정규직)에 관계없이 누구나 가입할 수 있다.

✎ 우리나라 양대 노총으로는 한국노동조합총연맹(한국노총)과 전국민주노동조합총연맹(민주노총)이 있다.

노동 3권(勞動 三權)●●●

근로자의 인간다운 생활을 보장하기 위해 헌법에서 정한 단결권(노동조합을 조직할 권리), 단체교섭권, 단체행동권을 말한다. 우리나라에서 단체행동권의 행사는 법률이 정하는 바에 따라야 하며, 공무원인 근로자는 법률로 인정된 자 외에는 노동 3권을 가질 수 없다. 또한 국가, 지방자치단체, 국공영기업체, 방위산업체, 공익사업체 또는 국민경제에 중대한 영향을 미치는 사업체에 종사하는 자의 단체행동권은 법률이 정하는 바에 따라 이를 제한하거나 인정하지 않을 수 있다.

근로기준법(勤勞基準法)●●●

헌법에 의해 근로조건의 기준을 정함으로써 근로자의 기본적 생활을 보장・향상시키며 균형 있는 국민경제의 발전을 도모함을 목적으로 하는 개별적 근로관계법이다. 1953년 5월 10일 제정, 공포됐다가 1997년 3월 13일 다시 제정, 공포됐다. 상시 5명 이상의 근로자를 사용하는 모든 사업장에 적용된다. 이 법에 따르면 사용자는 근로자에 대해 성별, 국적, 신앙 또는 사회적 신분을 이유로 차별적 처우를 할 수 없으며, 근로자에 대해 정당한 이유 없이 해고, 휴직, 정직, 전직, 감봉, 기타 징벌을 하지 못한다. 탄력적 근로시간제와 선택적 근로시간제가 인정되며, 15세 미만인 자는 근로자로 채용할 수 없다.

직장 내 괴롭힘 금지법●●●

사용자나 근로자가 직장에서의 지위 또는 관계 우위를 이용해 다른 근로자에게 신체적・정신적 고통을 주는 행위 등을 금지한 개정 근로기준법으로 2019년 7월 16일 시행됐다. 근로기준법(제76조의 2)에 따르면 직장 내 괴롭힘이란 「사용자 또는 근로자가 직장에서의 지위 또는 관계 등의 우위를 이용해 업무상 적정범위를 넘어 다른 근로자에게 신체적・정신적 고통을 주거나 근무환경을 악화시키는 행위」이다. 직장 내 괴롭힘이 발생하는 경우 사용자는 즉시 이를 조사하고 피해 직원의 희망에 따라 근무 장소 변경, 유급휴가 명령 등 적절한 조치를 취해야 한다. 만약 사용자가 직장 내 괴롭힘 발생 사실을 신고하거나 피해를 주장했음을 이유로 해고 등 불이익 처우를 하는 경우에는 3년 이하의 징역 또는 3000만 원 이하의 벌금에 처한다.

남녀고용평등과 일 · 가정 양립 지원에 관한 법률(男女雇傭平等法)●●●

헌법의 평등이념에 따라 고용에서 남녀의 평등한 기회와 대우를 보장하고 모성보호와 여성고용을 촉진해 남녀고용평등을 실현함과 아울러 근로자의 일과 가정의 양립을 지원함으로써 모든 국민의 삶의 질 향상에 이바지하는 것을 목적으로 한다(약칭 남녀고용평등법). 이 법은 ▲근로자 모집 · 채용 시 남녀차별 금지 ▲동일한 사업장 내의 동일 가치 노동에 대해서는 동일 임금 지급 ▲근로자의 교육 · 배치 및 승진 시 남녀차별 금지 ▲근로자의 정년 · 퇴직 및 해고 시 남녀차별 금지 ▲여성 근로자의 혼인, 임신 및 출산을 퇴직 사유로 예정하는 근로계약 체결 금지 ▲직장 내 성희롱 금지 등을 골자로 한다.

육아휴직 직전 또는 현재 근무하는 직장에서 가입한 고용보험 기간이 180일 이상(근속연수 1년 이상)이면서 자녀가 만 8세 이하 또는 초등학교 2학년 이하인 근로자가 최소 30일 이상 최대 1년 이내 휴직을 신청할 수 있는 제도

산전 · 산후 휴가 임신 중의 근로자에게 사용자는 산전 · 산후를 통하여 90일의 보호휴가를 주어야 하며, 휴가기간은 산후에 45일 이상 확보되도록 한다. 배우자의 출산을 이유로 휴가를 청구하는 경우 10일의 유급휴가가 가능하다.

가족돌봄휴가 근로자가 가족(조부모, 부모, 배우자, 배우자의 부모, 자녀 또는 손자녀)의 질병 · 사고 · 노령으로 인해 그 가족을 돌보기 위해 신청하는 휴가이다. 연간 최대 10일(취약계층과 한부모가정은 최대 25일)의 휴가를 쓸 수 있는데, 사업장에서 통상 무급으로 부여한다.

블라인드 채용법●●●

블라인드 채용이란 채용과정에서 편견이 개입돼 불합리한 차별을 야기할 수 있는 출신지, 가족관계, 학력, 외모 등의 편견 요인은 제외하고 실력(직무능력)을 평가해 인재를 채용하는 방식이다. 직무 중심의 공정한 채용을 목적으로 한 「채용절차의 공정화에 관한 법률」 개정안이 2019년 7월 17일 시행되면서 도입됐다.

노동조합 및 노동관계조정법(勞動組合法)●●●

노동조합의 설립과 해산, 단체교섭 및 단체협약, 쟁의행위, 노동쟁의의 조정 등에 관해 규정하고 있는 법률(약칭 노동조합법)이다. 헌법에 의한 근로자의 단결권, 단체교섭권 및 단체행동권을 보장해 근로조건의 유지 · 개선과 근로자의 경제적 · 사회적 지위의 향상을 도모하고, 노동관계를 공정하게 조정해 노동쟁의를 예방 · 해결함으로써 산업평화의 유지와 국민경제의 발전에 이바지함을 목적으로 한다.

노란봉투법 노사 관계에서 사용자와 쟁의행위의 범위를 넓히고 파업 노동자 등에 대한 손해배상 청구를 제한하는 내용을 담은 「노동조합 및 노동관계조정법 2 · 3조 개정안」을 말한다. 노란봉투법이라는 명칭은 2014년 쌍용차 파업 참여 노동자들에게 47억 원의 손해배상 판결이 내려지면서 시작된 시민들의 모금운동에서 유래된 것이다.

긴급조정(緊急調整)●●●

쟁의행위가 공익사업에 관한 것이거나 그 규모가 크거나 성질이 특별한 것으로서 현저히 국민경제를 해하거나 국민의 일상생활을 위태롭게 할 위험이 현존하는 때 노동부 장관이 노동 3권에 제한을 가하는 행정조치이다. 긴급조정을 결정한 때에는 지체 없이 그 이유를 공표함과 동시에 중앙노동위원회와 관계 당사자에게 각각 통고해야 한다. 긴급조정의 결정이 공표된 때에는 즉시 쟁의행위를 중지해야 하며, 공표일로부터 30일이 경과되지 않으면 쟁의행위를 재개할 수 없다.

필수유지업무제도(必須維持業務制度)•••

필수공익사업 종사 근로자는 파업 시 필수유지업무를 일정 수준으로 유지하도록 한 제도이다. 직권중재제도가 폐지됨에 따라 2008년 1월부터 도입됐다. 필수공익사업이란 쟁의행위 시 국민의 생활이 현저히 위태롭거나 그 업무의 대체가 어려운 사업으로 철도, 도시철도, 항공운수, 수도, 전기, 가스, 석유정제 및 석유공급, 병원, 혈액공급, 한국은행, 통신(우정포함)이 속한다. 필수유지업무협정은 쟁의행위 전에 반드시 체결돼 있어야 한다. 필수유지업무를 유지・운영하지 않을 경우 3년 이하의 징역 또는 3000만 원 이하의 벌금이 부과된다. 한편, 파업 참가자의 50%까지 대체근로가 가능하며, 쟁의행위가 장기화되는 경우 긴급조정제도를 통해 대응할 수 있도록 했다. 단, 파견근로자 사용은 허용되지 않는다.

직장폐쇄(lock-out, 職場閉鎖)•••

사용자가 노조의 쟁의행위에 맞서 근로자의 근로행위를 거부하는 법적 권리로, 노사분규 시 회사가 취할 수 있는 마지막 수단이다. 직장폐쇄는 쟁의행위가 끝나면 근로자들을 다시 취업시킨다는 점에서 집단적 해고와는 다르며, 노사 간 분쟁상태에서만 조치가 가능하므로 휴업 또는 정업과도 다르다. 직장폐쇄는 긴급성과 필요성이 인정되는 경우에 회사가 행정관청과 노동위원회에 신고하도록 돼 있으며 직장폐쇄 기간 중 사용자는 임금 지불 의무가 면제된다. 사용자는 직장폐쇄 기간 중 사업장의 출입문을 폐쇄하고 근로자들을 생산시설로부터 퇴거시킬 수 있다. 또한 노조 측이 사내에서 파업할 경우 불법파업이 되므로 공권력 투입을 요청할 수 있다.

정리해고(整理解雇)•••

경영이 악화된 기업이 경쟁력 강화와 생존을 위해서 구조조정을 할 때 종업원을 해고할 수 있는 합법적인 제도이다. 정식 용어는 「경영상 이유에 의한 고용조정」이며, 기업이 근로자에 대해 취할 수 있는 가장 강력한 제재수단이다. 1997년 3월 13일 근로기준법 개정으로 법제화됐다. 근로기준법상 해고가 근로자의 귀책사유로 해고하는 것인 데 반해, 정리해고는 회사의 경영상 어려움이나 인수・합병 등으로 인해 해고하는 것이어서 대개는 집단적인 해고를 수반한다. 해고의 요건은 긴박한 경영상의 필요, 해고 회피 노력, 대상자의 공정한 선정, 노조 또는 근로자 대표와의 협의 등 네 가지가 있다.

살쾡이 파업(wild cats strike)•••

노동조합 지도부가 주관하지 않는 비공인 파업이다. 흔히 사업장 단위로 기층 근로대중에 의해 자연발생적으로 터져 나오며 노동조합이 근로대중의 현실적 이익을 대변하지 못하는 사회에서 보편적으로 나타난다. 미국의 노동운동이 제2차 세계대전을 고비로 노골적인 노사유착의 경향을 가지면서 살쾡이 파업이 일어났으며 기습적・산발적인 형태로 전개된다는 점에서 살쾡이라는 이름이 붙었다.

기타 파업의 유형

동맹파업	노동조합 및 기타 근로자단체의 통제하에 그 소속원(조합원)이 집단적으로 노무 제공을 정지하는 쟁의행위. 쟁의행위의 가장 순수한 형태로, 가장 많이 이용됨
동정파업	노동자가 직접 고용관계에 있는 사용자와의 사이에는 분쟁이 없는데도 다른 사업장의 노동쟁의를 지원할 목적으로 자신들의 사용자에 대해 벌이는 파업
옥쇄파업	공장 출입문을 폐쇄한 채 공장 내에서 조합원들이 숙식을 해결하며 총파업에 나서는 초강경 투쟁 방식
소비파업	자신들의 파업을 비난하는 지역 상공업계를 상대로 소비를 억제하는 투쟁 방식
정치파업	정부 당국이나 입법자에 대해 압력을 행사할 목적으로 이뤄지는 파업. 헌법상 정당성을 인정받지 못함

피케팅(picketing) 파업이나 보이콧 등의 쟁의행위를 효과적으로 추진하기 위해 사업장 또는 공장 입구에서 플래카드를 들고 확성기 등을 이용해 파업에 참가하지 않은 근로희망자 또는 파업 파괴자들의 공장 출입을 저지하고 파업 등에의 참여를 요구하는 행위

보이콧(boycott) 특정 회사의 제품이나 서비스를 구입하거나 사용하지 않기 위한 행위로, 불매동맹이라 한다. 영국에서는 1880년 특정 지주에 대한 소작인의 항의 수단으로 채용됐으나 현재는 소매점에 대한 소비자운동의 항의수단으로 쓰이고 있다.

사보타주(sabotage) •••

프랑스어 「사보(sabot, 나막신)」에서 나온 말로 중세 유럽 농민들이 영주의 부당한 처사에 항의해 수확물을 사보로 짓밟은 데서 연유했다. 우리나라에서는 흔히 태업이라고 번역되는데 실제로는 태업보다 범위가 넓다. 태업은 노동자가 고용주에 대해 형식적으로는 일을 하면서 몰래 작업능률을 저하시키는 것을 말하지만, 사보타주는 쟁의 중에 기계나 원료를 고의적으로 파손하는 행위도 포함된다.

준법투쟁(遵法鬪爭) •••

일반적으로 준수하도록 돼 있는 안전규정 등을 필요 이상으로 준수하거나 평소와는 다른 양태의 권리 행사를 해 기업운영의 능률을 떨어뜨리는 행위를 말한다. 이는 태업과 유사한 것으로 쟁의행위에 대한 금지 · 제한 규정을 회피하기 위해 행해지는 경우가 많다.

클로즈드숍(closed shop) •••

노동조합원일 것을 고용 조건으로 해 모든 노동자를 조합에 가입시키는 노사 간의 협정이다. 노동조합 측에 가장 유리한 형태의 협정으로 노동조합의 단결을 꾀하고 사용자와의 교섭력을 강화해 보다 유리한 노동조건을 획득하는 것을 목적으로 한다. 조합을 탈퇴하는 노동자는 회사에서 해고당한다.

오픈숍(open shop) 노동자가 해당 기업의 노동조합에 가입할지 말지의 여부를 자유롭게 결정하도록 한 제도. 클로즈드숍의 반대 개념이다.

유니언숍(union shop) •••

종업원이 입사하면 반드시 노조에 가입하고 탈퇴하면 회사가 해고하도록 하는 제도이다. 클로즈드숍(closed shop)과 오픈숍(open shop)의 중간 형태로, 사용자가 조합원 · 비조합원을 불문하고 자유롭게 노동자를 고용할 수 있으나, 일단 고용된 노동자는 일정한 기간 내에 반드시 노동조합에 가입해야 한다. 따라서 노동조합에 가입하지 않거나 조합으로부터 제명당한 노동자는 회사에서 해고된다.

산별노조(産別勞組) •••

직종, 직업에 관계없이 특정 산업의 근로자가 가입한 산업별 노동조합이다. 조직의 결성 범위가 기업의 틀을 넘어선다는 점에서 기업별 노조와 구별된다. 산별노조로 바뀌면 규모가 거대해지면서 조합의 힘이 비약적으로 커지는데, 이것이 노동계가 산별노조 전환을 선호하는 가장 큰 이유이다. 공동 현안에 대해 사측에 조직적으로 대응할 수 있다는 장점도 있다.

산별교섭(産別交涉) 기업별 노조로부터 협상권한을 위임받은 산별노조가 산별 사용자 대표와 집단으로 벌이는 교섭. 독일에서 처음 도입됐고, 우리나라에도 도입돼 있다. 노동계는 산별교섭이 교섭비용 절감, 무분별한 파업 자제, 기업 간 임금경쟁 완화, 전임자 축소 등의 장점이 있다고 주장한다. 반면, 경제계는 근로조건의 하향평준화, 노동시장의 경직화, 총파업으로 인한 국민경제의 손실 등의 폐해가 있다고 주장한다.

복수노조(複數勞組) •••

한 사업장 내에 여러 개의 노조가 존립할 수 있도록 허용해 기존 노조에 불만인 근로자에게 「결사의 자유」를 보장하는 것을 말한다. 2010년 1월 1일 「노동조합 및 노동관계조정법(노동조합법)」 개정안이 국회 본회의를 통과함에 따라 2011년 7월 1일부터 복수노조 설립이 가능해졌다.

고용보험제(雇傭保險制) •••

국가가 실직자에게 실업급여를 지급하고, 직업훈련 등을 위한 장려금을 기업에 지원하는 사회보험제도이다. 건강보험, 국민연금, 산업재해보상보험과 함께 4대 사회보장제도의 하나로, 1995년 7월 1일부터 시행됐다. 사업주와 근로자는 각각 월정급여액의 일정 비율(0.3%)을 보험료로 납부해야 하며, 전국적인 고용보험 전산망 구축에 따라 지방노동사무소와 시군구에서 구인・구직 정보를 제공받는다. 적용 대상은 근로자 1인 이상 전 사업장이며, 의무적으로 고용보험에 가입해야 한다. 고용보험하에서의 실업급여는 자기의 의사에 반해 불가피하게 해고된 경우, 그리고 실직하기 전 6개월 동안 보험료를 납부했을 때로 한정된다.

✎ 우리나라에 도입・실시되고 있는 5대 사회보험에는 산업재해보상보험(1964), 건강보험(1977), 국민연금(1988), 고용보험(1995), 노인장기요양보험(2008)이 있다.

고용허가제(雇庸許可制) •••

국내 인력을 구하지 못한 3D 업종의 중소기업이 정부(고용노동부)로부터 고용허가서를 발급받아 합법적으로 외국 인력을 고용할 수 있는 제도로, 2004년 8월 17일부터 실시됐다. 외국인 근로자의 취업 기간은 3년이며 1년마다 갱신해야 한다. 허가를 받고 입국한 외국인 근로자는 국내 근로자와 마찬가지로 노동관계법의 적용을 받고, 노동 3권 등 기본적인 권익이 보장되며, 최저임금・퇴직금・산재보험 등을 보장받는다. 국가 간 양해각서(MOU) 체결을 통한 인력송출 대상 국가는 필리핀, 베트남, 몽골, 태국, 스리랑카, 인도네시아, 우즈베키스탄, 캄보디아, 파키스탄, 중국, 키르기스스탄, 방글라데시, 네팔, 미얀마, 동티모르, 라오스 등 16개국이다.

유연근로시간제(flexible work place, 柔軟勤務時間制) •••

개인의 여건에 따라 근로시간이나 형태 등을 조절할 수 있는 제도로, 기업 조직에 유연성을 부과하려는 경영 전략이다. 현행 근로기준법이 허용하는 유연근로시간제의 유형에는 탄력적 근로시간제(제51조)와 선택적 근로시간제(제52조), 재량근로시간제(제58조), 사업장 밖 간주근로시간제(제58조), 보상휴가제(제57조) 등이 있다. 한편, 2018년 7월 1일 300인 이상의 사업장부터 시행된 「주 52시간 단축」으로 인해 기업들의 유연근무제 도입이 확산됐다.

▌유연근로시간제의 유형(근로기준법)

구분	내용
탄력적 근로시간제 (제51조)	유연근무제의 일종으로, 특정일의 노동시간을 연장하는 대신 다른 날의 노동시간을 단축해 일정 기간 평균 노동시간을 법정노동시간에 맞추는 방식. 현행 근로기준법에 따르면 1주 최대 52시간이 기본이며, 탄력근로제 단위기간은 2주 이내 혹은 6개월 이내로 정함 〈적합 업종〉 계절적 영향을 받거나 시기별(성수기 · 비수기) 업무량 편차가 많은 업종 등
선택적 근로시간제 (제52조)	일정 기간(3개월 이내) 단위로 정해진 총 근로시간 범위 내에서 업무의 시작과 종료시각, 1일의 근로시간을 근로자가 자율로 결정하는 제도 〈적합 업종〉 근로시간에 따라 업무량의 편차가 발생해 업무 조율이 가능한 SW · 게임 개발, 사무관리(금융거래 · 행정처리 등), 연구, 디자인, 설계 등
재량근로시간제 (제58조 제3항)	업무의 성격상 업무수행 방법 등을 노동자의 재량에 맡길 필요가 있는 업무로서, 노사가 서면합의로 정한 시간을 근로시간으로 인정하는 제도 〈적합 업종〉 • 신상품 · 신기술 연구개발, 인문사회과학 · 자연과학 연구 • 정보처리시스템 설계 또는 분석 • 신문 · 방송, 출판사업의 기사 취재, 편성 또는 편집 • 의복 · 실내장식 · 공업제품 · 광고 등의 디자인 또는 고안 • 방송 프로그램 · 영화 등 제작 사업에서의 프로듀서나 감독 • 회계 · 법률사건 · 납세 · 법무 · 노무관리 · 특허 · 감정평가 · 금융투자분석 · 투자자산운용 등의 사무에 있어서 타인의 위임 · 위촉을 받아 상담 · 조언 · 감정 또는 대행을 하는 업무
사업장 밖 간주근로시간제 (제58조 1 · 2항)	출장 등 사유로 근로시간 전부 또는 일부를 사업장 밖에서 일해 근로시간 산정이 어려운 경우 소정근로시간 또는 업무수행에 통상 필요한 시간을 근로한 것으로 인정하는 근무 제도 〈적합 업종〉 근로시간 대부분을 사업장 밖에서 근로하는 영업직, AS 업무, 출장 업무 등
보상휴가제 (제57조)	근로자대표와 서면 합의를 통해 연장, 야간, 휴일 근로에 임금 대신 유급휴가로 부여하는 제도 〈적합 업종〉 업무를 완료한 이후 일정 기간 휴식 기간을 가지는 연구 · 교육 등의 직무

주 52시간 근무제 주당 법정 근로시간이 기존 68시간에서 52시간(법정근로 40시간 + 연장근로 12시간)으로 단축된 근로 제도로 2018년 7월부터 300인 이상 사업장과 공공기관을 대상으로 시행됐다. 산업계의 충격을 완화하기 위해 기업 규모별로 시행시기가 차등 적용돼 50~299인 사업장의 경우 2020년 1월, 5~49인 사업장의 경우 2021년 7월부터 시행됐다. 강행규정이기 때문에 노사가 합의를 해도 주 52시간을 초과할 수 없으며 이를 어길 시 사업주는 징역 2년 이하 또는 2000만 원 이하의 벌금에 처해진다.

타임오프제(time-off 制) •••

노조원들의 노무관리적 성격의 활동을 근무시간으로 인정해 임금을 지급하도록 하는 근로시간 면제제도이다. 노조전임자에 대한 회사 측의 임금지급을 원칙적으로 금지하되, 노조원들의 활동 가운데 단체교섭 활동시간과 고충처리 활동, 산업재해 처리와 예방활동 등 노무관리적 성격의 활동을 근무시간으로 인정함으로써 회사가 임금을 지급할 수 있다. 미국, 유럽 등에서 노조 간부가 회사 업무 외에 노사협의 등 노사 공동의 업무에 한해 예외적으로 노조 업무를 할 수 있도록 편의를 봐주던 제도에서 유래됐다. 우리나라에서는 2009년 말 노사정 합의로 도입돼 2010년 7월 1일 시행됐다.

통상임금(通常賃金) •••

근로자에게 정기적 · 일률적 · 고정적으로 소정근로 또는 총근로에 대해 지급하기로 정해진 시간급 · 일급 · 주급 · 월급 또는 도급금액을 말한다. 통상임금은 해고예고수당, 시간 외 · 야간 · 휴일근로 시의 가산수당, 연차유급휴가수당, 퇴직금의 산출 기초가 된다. 통상임금에 포함되기 위해서는 ▲노사계약에 명시된 근로에 대한 대가로 받는 돈이고 ▲정기적 지급(정기적) ▲모든 근로자에게 일률 지급(일률성) ▲사전에 확정한 금액(고정성)이라는 요건을 갖춰야 한다. 따라서 기본급뿐만 아니라 직책수당 · 기술수당 · 위험수당 · 근속수당 · 물가수당 등 정기적 · 일률적 · 고정적으로 지급되는 것은 통상임금에 산입된다. 그러나 연장 · 야간 · 휴일근로에 대한 임금, 출근자 또는 일정한 근무성적을 올린 자에게만 지급되는 성과급 등 실제 근로에 따라 변동되는 임금은 소정근로시간에 대한 임금이 아니므로 제외된다.

포괄임금제(包括賃金制) •••

근로계약 체결 시 근로형태나 업무 성질상 법정기준 근로시간을 초과한 연장 · 야간 · 휴일근로 등이 당연히 예정돼 있는 경우나 계산의 편의를 위해 노사 당사자 간 약정으로 연장 · 야간 · 휴일근로 등을 미리 정한 후 매월 일정액의 제 수당을 기본임금에 포함해 지급하는 것을 말한다. 포괄산정임금제도라고도 하며, 대법원 판례를 통해서 인정되기 시작했다. 포괄임금제가 인정되는 경우는 근로형태나 업무의 성질상 근로시간과 휴게시간이 불규칙하거나 노동자가 재량을 가지고 근로시간 등을 결정할 수 있어 근로시간 측정이 곤란하거나 근로시간의 측정이 가능하더라도 근로형태상 연장 · 야간근로 등이 당연히 포함돼 있는 경우 또는 계산의 편의와 근무의욕 고취를 목적으로 일정액을 제 수당으로 지급하는 경우이다. 또한 포괄임금제가 유효하기 위해서는 기본임금에 제 수당이 포함돼 임금이 지급된다는 내용이 명시된 근로계약서에 노동자가 동의를 해야 하고, 포괄임금이 노동자에게 불이익하지 않아야 한다.

임금피크제(salary peak system) •••

일정 연령에 달한 근로자의 임금을 삭감하는 대신 정년까지 고용을 보장하는 제도를 말한다. 우리나라에서는 2001년부터 금융회사를 중심으로 이와 유사한 제도가 도입돼 실시 중에 있다. 임금피크제의 형태에는 2~3년 동안 노동자의 임금을 삭감하지 않고 고용도 유지되는 단기형과 기존의 고용환경과 제도를 개선할 목적으로 장기간에 걸쳐 시행되는 중장기형이 있다. 대법원은 2022년 5월 합리적 이유 없이 나이만을 기준으로 한 임금피크제는 고령자고용법을 위반한 것으로 무효라고 판단했다.

퍼플 잡(purple job) •••

근로자가 개인의 여건에 따라 근무시간과 형태를 조절할 수 있는 제도이다. 주 5일, 전일제 근무 대신 재택근무나 시간제, 요일제 등 다양한 형태로 일을 하는 것을 말한다. 이른바 유연(탄력)근무제의 하나인데, 육아기간 동안 재택 혹은 시간제나 요일제 근무를 선택할 경우 보수만 줄어들 뿐 보험 등 다른 차별은 없다는 점에서 계약직이나 임시직과는 구분된다.

소프트 잡(soft job) 본래 영어로 「쉬운 일」을 뜻하는 말이었으나 현재는 진입장벽이 낮고 고용 창출 효과가 높은 서비스업 직종을 가리킨다.

미니잡(mini job) 근로시간이 주당 15시간 미만으로 짧은 초단시간 고용 형태를 말한다.

스마트워크(smart work)•••

첨단 정보통신기술(IT)을 이용해 시간과 장소의 제약 없이 업무를 수행할 수 있는 근무 형태를 일컫는다. 스마트워크는 정해진 시간에 사무실로 출근하지 않고 자택에서 본사 정보통신망에 접속해 일을 하는 재택근무, 모바일 기기를 이용해 업무를 수행하는 모바일 근무, 영상회의 시스템 등을 활용하는 원격근무 등을 포괄한다.

주휴수당(週休手當)•••

일주일에 15시간 이상 일하는 근로자에게 일주일에 하루씩 유급휴일을 주는 제도이다. 근로기준법 제55조에 따르면 사용자는 일주일 동안 소정의 근로일수를 개근한 노동자에게 1주일에 평균 1회 이상의 유급휴일을 주어야 하며, 이를 주휴일이라 한다. 주휴수당은 이 주휴일에 하루치 임금을 별도 산정해 지급해야 하는 수당을 말한다. 주휴일은 상시근로자 또는 단기간 근로자에 관계없이 일주일에 15시간 이상 근무한 모든 근로자가 적용 대상이 된다. 월급 근로자의 경우 월급에 주휴수당이 포함돼 있지만, 시간제 근로자 등의 경우 1주일 15시간 이상 근무 여부에 따라 주휴수당 지급 여부가 결정된다. 주휴수당은 임금에 해당하므로 사용자가 이를 지급하지 않을 경우 임금 체불로 노동부 진정의 대상이 될 수 있다.

사회적 일자리•••

사회적으로 필요한데도 수익성이 낮아 민간기업의 참여가 제대로 이뤄지지 않기 때문에 정부의 예산지원을 통하거나 비영리단체에 의해 창출되는 일자리를 말한다.

광주형 일자리 광주광역시가 지역 일자리를 늘리기 위해 고안한 사업으로, 기존 완성차업체 임금의 절반 수준의 적정임금을 유지하는 대신 상대적으로 낮은 임금은 정부와 지방자치단체가 주거 · 문화 · 복지 · 보육시설 등의 지원을 통해 보전한다는 노사 상생형 일자리 창출 모델이다. 2019년 1월 30일 광주시와 현대차 간 합의안이 의결되고 31일 협약식이 개최되면서 사업의 첫발을 내디뎠다. 한편, 광주형 일자리는 독일 완성차업체 폭스바겐의 「AUTO(아우토) 5000」 프로젝트를 참고했다.

잡 셰어링(job sharing)•••

하나의 업무를 2명 이상의 파트타임 근로자가 시간대별로 나눠 하는 것을 말한다. 경기불황일 때 근로자를 해고하는 대신 근로자의 1인당 근무시간을 단축해 여러 사람이 그 일을 나눠 처리하도록 해 고용을 유지하거나 창출하는 노동 형태이다. 잡 셰어링은 1980년대 유럽에서 본격 도입됐는데 그중에서도 1980~1990년대 네덜란드의 노사정 대타협(바세나협약)이 대표적 성공사례로 꼽힌다. 한편, 워크셰어링(work sharing)은 작업을 전체 직원이 나눠 처리함으로써 근로시간을 단축해 고용을 유지하거나 새 일자리를 창출하는 개념이다.

아웃 플레이스먼트(out placement)•••

기업의 구조조정이나 정년에 따라 퇴직하는 근로자에게 각종 지원을 통해 실직의 충격을 최소화하고 전직, 창업 등 새로운 일자리를 찾도록 지원해 주는 재취직 알선제도를 말한다. 기업은 구조조정에 따른 근로자의 저항을 줄여 구조조정을 원활하게 할 수 있고, 근로자는 실직에 따른 충격 완화와 체계적인 전직 지원을 받을 수 있다. 미국, 일본 같은 선진국에서는 이미 보편화한 제도로 국내에서는 2001년 7월 도입된 「전직 지원 장려금 제도」가 아웃 플레이스먼트 서비스의 하나이다.

비정규직 근로자(非定規職 勤勞者) •••

고용 형태를 기준으로 한시적 근로자 또는 기간제 근로자, 시간제 근로자 및 비전형 근로자가 해당된다. 비정규직의 개념에 대해 국제적으로 통일된 기준은 없으나, 경제협력개발기구(OECD)는 통상 임시직 근로자를 비정규직으로 파악하고 있다. 임시직 근로자에는 유기계약 근로자, 파견 근로자, 계절 근로자, 호출 근로자 등이 포함된다.

한시적 근로자(고용의 지속성)	근로계약기간을 정한 자(기간제 근로자) 또는 정하지 않았으나 계약의 반복 갱신으로 계속 일할 수 있는 근로자와 비자발적 사유로 계속 근무를 기대할 수 없는 자
시간제 근로자(근로시간)	근로시간이 짧은 파트타임 근로자
비전형 근로자(근로 제공 방식)	파견·용역 근로자, 특수고용 종사자, 가정 내 근로자(재택·가내), 일일(호출) 근로자

제로아워 계약(zero–hours contracts) 정해진 노동시간 없이 고용주가 요청할 때만 업무를 할 수 있는 비정규직의 일종. 최소한의 근무시간과 조건을 정해 놓지 않기 때문에 피고용인에게 일방적으로 불리한 고용계약으로 꼽힌다.

감시적·단속적 근로자(監視的·斷續的 勤勞者) 근로가 간헐적·단속적으로 이뤄져 휴게시간 또는 대기시간이 많은 업무에 종사하는 근로자. 예컨대 감시적 근로자에는 아파트나 건물의 경비원, 물품감시원 등 감시적 업무 종사자들이, 단속적 근로자에는 보일러 기사나 전기 기사 등 간헐적으로 노동이 이뤄져 휴게시간이나 대기시간이 많은 업무 종사자가 해당된다. 근로기준법 제63조에 따른 감시적·단속적 근로자의 휴게시간은 근로시간으로 보지 않는다.

특수고용직(特殊雇用職) 독자적인 사무실, 점포 또는 작업장을 보유하지 않고 비독립적인 형태로 업무를 수행하면서도 근로제공의 방법, 근로시간 등은 독자적으로 결정하는 개인사업자 형태의 근로. 학습지 교사, 보험모집인, 레미콘 기사, 골프장 경기보조원, AS기사, 애니메이터, 텔레마케터, 방송작가 등이 해당된다.

플랫폼 노동자(platform worker) 정보통신기술의 발전으로 탄생한 애플리케이션, SNS 등 디지털 플랫폼을 매개로 노동력을 제공하는 노동자. 스마트폰 사용이 일상화되면서 등장한 노동 형태로, 배달대행앱·대리운전앱·우버 택시 등의 디지털 플랫폼을 매개로 노동력을 제공하는 일종의 자영업자이다.

디졸브 노동(dissolve 勞動) •••

방송 산업 노동자들이 밤샘 촬영 이후 짧은 휴식을 취한 뒤 바로 촬영에 들어가는 열악한 노동 환경을 가리킨다. 원래 디졸브(dissolve)는 한 화면이 사라짐과 동시에 다른 화면이 점차 나타나는 장면 전환 영상기법이다.

✎ 이 밖에 열악한 노동 환경을 이르는 말로는 클로프닝(한 명의 종업원이 매장의 폐점과 그다음 날 개점을 담당하는 근무 방식), 크런치 모드(IT 업계에서 개발 마감 시한을 앞두고 장시간 업무를 지속하는 것) 등이 있다.

3D(dirty, dangerous, difficult) •••

본래 제조업, 광업, 건축업 등 더럽고 위험하며 어려운 분야의 산업을 일컫는 데서 비롯된 말로, 젊은층을 위주로 한 노동인력의 취업 경향을 설명하는 데 주로 사용된다.

최저임금제(最低賃金制) •••

국가가 노사 간의 임금결정 과정에 개입해 임금의 최저수준을 정하고, 사용자에게 이 수준 이상의 임금을 지급하도록 법으로 강제함으로써 저임금 근로자를 보호하는 제도이다. 최저임금제는 근로자에 대해 임금의 최저수준을 보장해 근로자의 생활안정과 노동력의 질적 향상을 꾀함으로써 국민경제의 건전한 발전에 이바지함을 목적으로 한다. 우리나라는 1988년 1월 1일부터 실시하고 있으며, 현재 전 사업장에 적용되고 있다(단, 동거의 친족만을 사용하는 사업과 가사사용인, 선원법에 의한 선원 및 선원을 사용하는 선박의 소유자는 제외됨). 최저임금은 최저임금심의위원회 심의에서 결정되며, 결정 기준은 근로자의 생계비, 유사근로자의 임금, 노동생산성 및 소득분배율을 고려해 업종별 또는 전 산업 동일하게 정해야 한다. 최저임금액은 시간, 일, 주 또는 월 단위로 결정하되 반드시 시간급을 명시해야 한다. 만일 최저임금액보다 적은 금액을 지급할 시에는 3년 이하의 징역 또는 2000만 원 이하의 벌금이 부과(병과 가능)된다.

명목임금(名目賃金) / 실질임금(實質賃金) 근로자가 노동의 대가로 받는 화폐액이 명목임금, 이것을 실제 구매력으로 나타낸 것이 실질임금으로 명목임금을 물가지수로 나누어 산출한다. 노동자의 임금 실태를 파악하는 데는 실질임금이 명목임금보다 정확하다.

생활임금(living wage, 生活賃金) ●●●

임금 노동자의 실질적 생활이 가능하도록 법정 최저임금 이상의 임금을 지급하도록 법적으로 규정한 제도로 최저선의 생계비인 최저임금을 넘어서는 개념이다. 즉, 근로자들의 주거비, 교육비, 문화비 등을 종합적으로 고려해 최소한의 인간다운 삶을 유지할 수 있을 정도의 임금수준으로 노동자의 생계를 실질적으로 보장하려는 정책적 대안이다. 이 제도는 1994년 미국 볼티모어에서 관련 조례가 제정되면서 시작됐다.

실업률(失業率) ●●●

15세 이상의 인구 중 노동을 제공할 의사와 능력이 있는 국민 가운데 일자리가 없어 실업 상태에 있는 사람들의 비율이다. 즉, 경제활동인구에 대한 실업자의 비율이다. 따라서 근로능력이 있더라도 일자리를 구하려는 의사가 없으면 계산에서 제외된다. 학생이나 주부는 원칙적으로 제외되지만 수입을 목적으로 취업하면 경제활동인구에 포함되며 군인이나 교도소 수감자 등은 무조건 대상에서 제외된다.

실업의 기준 실업자는 15세 이상 인구 중 조사 주간인 1주일 동안 다음의 3개 기준을 동시에 만족시키는 사람을 말한다. ① 4주일간 전혀 일을 하지 못하고 있었으나 ② 항상 취업이 가능하며 ③ 적극적으로 구직활동을 한 경우이다. ①은 경제활동인구 중 취업과 실업을 구분하는 기준이며 ②와 ③은 실업자와 비경제활동인구를 구분하는 데 사용된다. 적극적 구직활동 기준의 예외로서 비록 조사 주간에 구직을 하지 않았지만 그 이유가 일시적인 병이나 일기불순, 구직 및 취업대기(모두 30일 이내) 등인 경우 실업으로 분류하고 있다.

확장실업률(擴張失業率) ●●●

공식 실업률이 노동시장을 제대로 반영하지 못한다는 지적에 따라 마련된 고용보조지표로, 「경제활동인구 + 잠재경제활동인구」 대비 「시간 관련 추가취업가능자 + 실업자 + 잠재경제활동인구」의 비율로 나타낸다. 즉, 근로 시간이 주당 36시간 이하이면서 추가 취업을 원하는 「시간 관련 추가취업가능자」, 구직활동 여부와는 관계없이 취업을 하고자 하는 「잠재경제활동인구」 등도 실업자에 포함시켜 공식 실업률과 체감 실업률 간 괴리를 줄이기 위해 마련한 지표이다.

$$\text{확장실업률} = \left(\frac{\text{(시간 관련 추가취업가능자 + 실업자 + 잠재경제활동인구)}}{\text{확장경제활동인구}}\right) \times 100$$

실업의 유형●●●

마찰적 실업	노동의 수요와 공급에 있어서 일시적 불일치에 의해 일어나는 실업이다. 자본주의 경제하에시는 직업 선택의 자유와 노동의 자유에 따라 노동의 지역적 이동, 전업 이동, 계절적 변동을 하게 되는데, 신기술의 습득 등 시간적 마찰이 생겨 일어나는 실업이다. 한 경제가 완전고용 상태라고 할 때 통상 2~3%의 실업률을 전제로 하는데 이때의 실업이 마찰적 실업이다.
자발적 실업	현 노동 조건하에서 취업을 거부해 생기는 실업이다.
비자발적 실업	현 임금수준으로 일할 의사와 능력을 갖고 있으나 유효수요의 부족으로 비자발적으로 강요당하는 실업이다. • 기능적 실업 : 마찰적 실업(노동의 수요·공급 불일치), 경기적 실업(불황 시 발생) • 구조적 실업 : 경기파동으로 발생하는 일시적 실업이 아닌 자본주의 경제구조 특수성 때문에 필연적으로 나타나는 실업. 반영구적·대량적·만성적 실업임. 화폐적 실업(케인스 실업), 실물적 실업(맬더스 인구론, 후진 사회실업, 기술적 실업(마르크스의 산업예비군)이 해당됨
잠재적 실업	형식적·표면적으로는 취업 중이나, 실질적으로는 실업 상태인 경우이며, 가장적 실업, 위장실업이라고도 한다. 인구과잉의 후진국 농업 부분에 존재하는 실업의 유형이다.
계절적 실업	어떤 산업의 생산이 계절적으로 변동하기 때문에 일어나는 단기적 실업이다.
경기적 실업	자본주의 경제의 특유한 경기순환에 따라 나타나는 실업이다.

실망실업자(discouraged workers, 失望失業者) 취업 의사와 능력은 있으나 일자리를 구하지 못해 구직을 단념한 사람을 이르는 말. 실망실업자는 실제로는 경제활동인구에 포함되지만, 적극적으로 구직활동을 해야 하는 조건에 맞지 않아 고용통계상 비경제활동인구로 분류되기 때문에 실업자 통계에는 포함되지 않는다. 한편, 시간제와 일용직에 종사하면서 전직이나 추가 취업을 희망하는 사람들은 불완전취업자라고 하며, 이들 역시 비경제활동인구로 간주해 실업자에 포함시키지 않는다.

산업예비군(産業豫備軍)●●●

산업예비군 = 완전실업자 + 반실업자 + 구호대상자

실업자 및 반실업자를 포함하는 이른바 상대적 과잉인구를 지칭한다. 마르크스적 실업이라고도 하는데, 마르크스는 이것을 자본주의 발전에 따르는 필연적 산물이라고 보았다. 자본주의의 유기적 구성이 고도화하면서 노동을 절약하는 자본집약적인 생산방법이 널리 채용되고 이는 노동수요의 감소로 이어져 발생하는 특유의 실업이다. 산업예비군은 기술적 실업의 양상으로 나타난다.

완전고용(完全雇傭)●●●

노동의 의지와 능력을 갖추고 취업을 희망하는 모든 사람이 고용된 상태, 즉 현행 실질임금 수준에서 노동의 수요와 공급이 일치하는 상태를 말한다. 이론적으로는 노동의 수요곡선과 공급곡선이 일치하는 상태이다. 케인스의 정의에서는 현행 화폐임금 수준하에서 취업할 의사가 있어도 그 기회가 주어지지 않아서 발생하는 이른바 비자발적 실업이 존재하지 않는 상태를 가리킨다. 보통 노동인구에 대한 실업자 수의 비율이 3~4%가 되면 완전고용으로 여긴다.

색깔에 따른 노동자 분류●●●

화이트칼라(white collar)	정신적·지적 노동을 주로 하는 샐러리맨이나 사무직 노동자. 육체노동을 주로 하는 블루칼라(blue collar)에 대비되며, 보수적·권위적 경향
그레이칼라(gray collar)	화이트칼라와 블루칼라의 중간적 존재. 컴퓨터나 일반 전자장비 관계의 일 또는 오토메이션 장치의 감시·정비 등에 종사하는 근로자

골드칼라(gold collar)	기발한 아이디어와 창조적 사고로 신질서를 주도해 가는 사람들. 만화가, 그래픽 디자이너, 정보통신·금융·광고·서비스·첨단기술 관련 분야 종사자들이 해당됨. 대표적 인물은 빌 게이츠, 스티븐 스필버그 등
핑크칼라(pink collar)	부드럽고 섬세한 감성을 갖춘 여성 근로자
퍼플칼라(purple collar)	일과 가정을 함께할 수 있을 만큼 근무시간과 장소를 유연하게 선택할 수 있는 직업군
논칼라(non collar)	블루칼라도 화이트칼라도 아닌 무색 세대로 컴퓨터 세대가 해당
일렉트로칼라(electro collar)	정보화사회에서 컴퓨터가 생활화되면서 등장한 엘리트. 웹디자이너, 정보 컨설턴트, 멀티미디어 PD 등
실리콘칼라(silicon collar)	창의적 사고와 뛰어난 컴퓨터 실력으로 무장한 두뇌노동자
르네상스칼라(renaissance collar)	경제와 컴퓨터뿐만 아니라 인문학과 자연과학, 예술까지 꿰뚫고 다양한 경험을 가진 레오나르도 다빈치와 같은 르네상스시대의 인간형
스틸칼라(steel collar)	단순 반복 작업에도 질리지 않고 사람이 하기 힘든 작업을 해내는 산업용 로봇
레인보우칼라(rainbow collar)	아이디어와 변신에 능한 광고, 디자인, 패션업계 등 기획 관련 종사자

고용위기지역(雇傭危機地域) •••

고용노동부가 해당 지방자치단체의 신청을 받아 현지조사 등의 과정을 통해 지정하는 것으로, ▲고용보험 피보험자 증감률이 전국 평균보다 5%포인트 이상 낮고, 구직급여 신규 신청자가 전년보다 20% 이상 늘 때 ▲고용상황이 지속적으로 악화돼 직전 1년간 평균 피보험자 수가 3년 전보다 7% 이상 감소한 경우 지정한다. 고용위기지역으로 지정되면 근로자·실직자의 생계부담 완화, 재취업과 훈련 참여 기회 확대, 일자리 창출을 위한 다양한 지원방안 등 종합취업지원대책이 수립·실행된다.

연결되지 않을 권리(right to disconnect) •••

근무시간 외에 직장에서 오는 이메일이나 전화, 메시지 등을 받지 않을 수 있는 권리를 의미한다. 디지털 시대에 부합하는 사생활 보호와 자유권의 보장이라는 측면에서 새롭게 등장한 권리 개념으로 노동자들의 사생활과 여가시간을 보장하기 위한 것이다. 프랑스와 이탈리아 등에 도입돼 있다.

워라밸(work-life balance) •••

일과 삶의 균형(work-life balance)이라는 표현은 1970년대 후반 영국에서 개인의 업무와 사생활 간의 균형을 묘사하는 단어로 처음 등장했다. 워라밸은 연봉에 상관없이 높은 업무 강도에 시달리거나, 퇴근 후 SNS로 하는 업무 지시, 잦은 야근 등으로 개인적인 삶이 없어진 현대사회에서 직장이나 직업을 선택할 때 고려하는 중요한 요소 중 하나로 떠오르고 있다.

조용한 사직(quiet quitting) 직장을 그만두지는 않지만 정해진 시간과 업무 범위 내에서만 일하고 초과근무를 거부하는 노동 방식을 뜻한다.

엠커브 현상(M-curve 現象) •••

여성이 20대 초반에 노동시장에서 활발히 활동하다가, 임신·출산·육아 등으로 노동시장에서 이탈한 이후 다시 재취업하는 현상을 말한다. 취업률의 변화 추이가 영문 M자를 닮아서 엠커브라는 명칭이 붙었다.

Chapter

06 사회 · 노동 상식력 테스트

선다형 | 단답형 | 완성형

선다형 문제

01 사회집단에 대한 다음 설명 중 잘못된 것은? MBC

① 준거집단은 행위나 판단의 기준을 제공해 주는 집단이다.
② 집단과의 동일시 여부에 따라 내집단과 외집단으로 나눌 수 있다.
③ 외집단에서는 유대감, 협동심 등의 소속의식이 강조된다.
④ 원초집단은 개인과 사회를 연결해 주며, 사회통제의 기능을 담당한다.

③ 외집단은 내가 소속된 집단이 아니며, 이질감을 가지거나 심지어는 적대감이나 적대적 행동까지 가지게 되는 경우로 타인집단과 같은 의미이다. 내집단과 외집단은 미국 사회학자 섬너(W. G. Sumner)의 분류에 따른 사회집단이다.

02 일과 가정을 모두 중요시 여겨, 이 둘의 조화를 위해 근로시간과 장소를 조정해 일하는 노동자는? YTN

① 그린칼라 ② 골드칼라
③ 퍼플칼라 ④ 블랙칼라
⑤ 그레이칼라

③ **퍼플칼라(purple collar)**: 일과 가정의 조화를 위해 여건에 따라 근로시간과 장소를 탄력적으로 조정해 일하는 노동자
① 대체에너지 개발, 오염물질 제거 등 친환경산업 종사자
② 두뇌와 정보를 기반으로 새롭게 가치를 창조하고 정보화 시대를 선도하는 새로운 세대이자 능력 위주의 전문직 종사자
④ 새로운 라이프스타일을 꿈꾸는 유럽의 고소득 전문직 종사자로 패션과 문화에 관심이 많음
⑤ 사무직을 의미하는 화이트칼라와 육체노동직을 의미하는 블루칼라의 중간에 위치하는 노동자

03 고령화가 사회에 미치는 영향이 아닌 것은? YTN

① 생산인구 감소 ② 경제성장 둔화
③ 복지 확대 ④ 소득분배 악화
⑤ 저축 감소

③ 고령화사회로 들어서게 됨에 따라 국가재정은 악화되고 부양해야 하는 노인인구는 증가해 빈곤 · 질병 등 노인복지 문제 해결이 어려워진다.

04 근대적 사회복지제도의 발전 방향에 관한 내용으로 틀린 것은? 한겨레신문

① 잔여적 개념에서 제도적 개념으로
② 공공성에서 자발성으로
③ 선별주의에서 보편주의로
④ 자선적 개념에서 시민권적 개념으로

② 근대적 사회복지제도는 자발성에서 공공성으로 발전

05 다음 중 사회변동을 구조기능주의 혹은 진화론적 관점에서 바라보지 않고 갈등론적 시각으로 분석한 학자는? EBS, MBC

① H. Marcuse ② N. Smelser
③ E. Durkheim ④ R. Dahrendorf

④ **다렌도르프(R. Dahrendorf)의 갈등론적 입장**: 마르크스가 갈등의 요인을 경제적인 데서 찾는 반면, 다렌도르프는 정치적인 데서 찾는다.

06 현대사회의 이른바 「군중(群衆)」이란 개념에 대한 설명으로 가장 적절하지 않은 것은? MBC

① 여론 형성의 주체로서 사실과 이성을 존중한다.
② 성원들 서로가 서로를 모른다.
③ 최소한의 공통된 태도를 가진 인간집합체이다.
④ 성원 상호 간의 정서적 감염성이 강하다.

① 사실과 이성을 존중하는 것은 공중(公衆)의 특징이다. 군중의 특성으로는 익명성, 비개인성, 피암시성, 사회적 전염 등을 들 수 있으며 군중행동의 특성으로는 행동규범의 결핍, 무책임, 통제력의 결여, 무비판적 지향, 강한 정서적 감염성, 흥분감의 가중 등이 있다.

07 다음 중 아노미 현상과 관련이 없는 것은?
YTN, 국민연금공단, 국민체육진흥공단, 한국보훈복지의료공단

① 자살 ② 사회학
③ 세계적 빈곤 ④ 에밀 뒤르켐
⑤ 무규범 상태

아노미(anomie) : 사회적 기준이나 규범·가치관을 상실함으로써 혼란스럽고 불안해진 상태를 이르는 말이다.

08 다음 중 설명이 틀린 것은?

① 인구동태의 3요인은 출생, 사망, 이동이다.
② 인구의 사회적 증가율이란 「총증가율 − 자연증가율」이다.
③ 인구정책 중 인구 자체의 대책으로는 해외이민 정책과 자원개발이 있다.
④ 인구의 자연증가율이란 「(출생률 − 사망률) ÷ 1000」이다.

③ 인구문제의 일반적인 해결방안은 인구 자체의 측면, 경제적인 측면, 사회·문화적인 측면 등 세 가지 측면으로 나뉜다. 해외이민 정책과 출산억제 정책은 인구 자체의 측면, 자원개발은 경제적인 측면에 해당된다.

09 파슨스(T. Parsons)의 기능주의적 가족관과 관계가 없는 것은? MBC

① 보편적인 가족의 형태를 핵가족으로 본다.
② 남성은 가족 내에서 도구적 역할을 수행한다.
③ 여성은 가족 내에서 정서표출적 역할을 수행한다.
④ 여성운동의 논리적 근거가 됐다.

파슨스(Parsons)를 위시한 기능론자들은 핵가족 형태가 인류에게 보편적인 형태로서 앞으로 변화되지 않을 것이라고 주장했다. 남자는 수단적 역할, 여자는 정서적·표출적 기능을 담당해야 하는데, 이러한 남녀의 역할 분화는 생물학적 요인 자체로부터 비롯된다는 것이다. 기능주의의 약점은 역사상 존재한 다양한 가족 형태를 거의 설명하지 못한다는 점이다.
④ 미드(M. Mead)의 자유주의 관점에 해당된다.

10 전문가들이 자신의 전문성을 활용해 사회적 약자와 소외계층을 돕는 활동으로 의사의 의료봉사, 변호사의 법률상담 등이 해당한다. 노블레스 오블리주와 일맥상통하는 이 활동은? MBC, YTN

① 메세나 ② 프로보노
③ 볼런테인먼트 ④ 매칭그랜트
⑤ 네포티즘

② **프로보노**(pro bono) : 각 분야의 전문가들이 사회적 약자를 돕는 활동으로, 라틴어 「pro bono publico(공익을 위하여)」에서 나온 용어이다. 프로보노의 대표적인 예는 의사의 의료봉사, 변호사의 무료 법률상담 등이다. 가진 자의 도덕적 의무를 뜻하는 「노블레스 오블리주(noblesse oblige)」와도 일맥상통한다.
① 기업들이 문화예술에 적극 지원함으로써 사회 공헌과 국가 경쟁력에 이바지하는 활동을 총칭한다.
③ 자원봉사(volunteering)와 엔터테인먼트(entertainment)를 합쳐 만든 신조어로, 신나고 즐거운 자원봉사를 뜻한다.
④ 정기적으로 기업의 임직원이 비영리단체나 기관에 후원금을 지원하면 기업에서 이 후원금과 똑같은 금액을 1 대 1로 매칭해 조성하는 형태의 사회공헌기금 프로그램을 말한다.
⑤ 조카(nephew)와 편애(favoritism)가 합쳐진 말로 자신의 친척에게 관직을 주는 친족중용주의 혹은 족벌주의를 일컫는다.

Answer 1. ③ 2. ③ 3. ③ 4. ② 5. ④ 6. ① 7. ③ 8. ③ 9. ④ 10. ②

11 다음 그림에 대한 설명으로 옳지 않은 것은? MBC, SBS, YTN, 한겨레신문

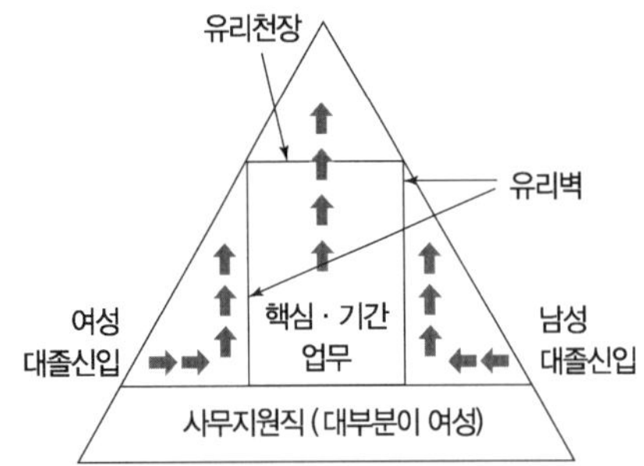

① 1990년대 이후 기업 내에서 여성들이 관리직급에 대거 승진하고 있는 현상을 설명한다.
② 제도상으로는 가능하나 실제로는 특정 직급 이상 승진이 불가능하다.
③ 같은 직군이라고 하더라도 여성을 일정 부서에만 배치하고 재무 · 기획 등 핵심 업무에서는 제외시킨다.
④ 여성 인력이 늘면서 제기된 조직 내의 보이지 않는 관행상의 차별을 나타낸다.

유리천장(glass ceiling) : 위를 쳐다보면 한없이 올라갈 수 있을 것처럼 투명하지만 막상 그 위치에 다다르면 보이지 않는 장벽이 더 이상의 전진을 막는다는 의미를 담고 있다. 이 말은 겉으로는 남녀평등이 이뤄진 것처럼 보이나 실상은 그렇지 않은 현실에 비유된다.

12 다음 용어 중 설명이 틀린 것은? 근로복지공단

① 통크족 : 자녀에게 부양받기를 거부하고 부부끼리 독립적으로 생활하는 신 노인층
② 좀비족 : 대기업이나 방대한 조직 속에서 일을 해도 그만, 안 해도 그만인 조직원
③ 뉴하드워커 : 급여나 휴일을 우선적으로 챙기기보다는 꿈과 낭만이 있는 일을 찾는 사람
④ 트위너 : 경제적인 면을 중요시 여겨 매사를 금전 위주로 생각하는 사람

---

④ **트위너(tweener)** : 부유층과 빈곤층의 중간에 속하며 금전 위주가 아니라 마음의 안정을 중시하는 사람들

13 일어날 가능성이 거의 없거나 해결할 수 없는 일에 대해 지나치게 걱정하고 불안해 하는 것을 일컫는 심리학 용어는? MBC

① 블랭킷 증후군 ② 램프 증후군
③ 쿠바드 증후군 ④ 번아웃 증후군

---

② **램프 증후군(lamp syndrome)** : 일어날 가능성이 거의 없거나 해결할 수 없는 일에 대해 지나치게 걱정하고 불안해 하는 현대인의 성향. 과잉근심이라고도 하며, ≪알라딘과 요술 램프≫에서 유래된 말이다.
① 소중히 여기는 물건이 곁에 없을 때 불안해지는 증상
③ 아내가 임신했을 때 남편도 입덧, 요통, 메스꺼움 등 육체적 · 심리적 증상을 아내와 똑같이 겪는 현상
④ 한 가지 일에만 몰두하던 사람이 극도의 피로감으로 인해 무기력증, 자기혐오, 직무 거부 등에 빠지는 증상

14 여성을 대상으로 한 남성의 폭력에 반대하는 것을 상징하는 리본은? KBS

① 화이트리본 ② 핑크리본
③ 레드리본 ④ 퍼플리본

---

① **화이트리본(white ribbon)** : 남성에 의한 여성 폭력 반대를 상징. 1989년 캐나다 몬트리올에서 페미니즘과 여권 신장에 분노한 한 남성이 여대생 14명을 살해한 것을 계기로 1991년 3명의 캐나다 남성이 화이트리본 캠페인을 벌인 것이 계기가 됐다. 이후 화이트리본 캠페인은 노르웨이와 스웨덴으로 퍼져갔고, 약 90개국으로 확산됐다. 화이트리본 데이는 11월 25일
② 유방암 예방과 유방 건강에 대한 인식 향상을 위한 리본
③ 에이즈에 대한 사회적 교육을 강조하는 리본
④ 자궁경부암 예방 노력에 동참하자는 의미를 가진 리본

15 실업자의 생활안정, 원활한 구직활동을 위해 일정 기간 동안 지급되는 실업급여 중 구직급여는 퇴직 다음 날로부터 몇 개월이 경과하면 지급받을 수 없는가? YTN

① 10개월 ② 12개월
③ 14개월 ④ 16개월
⑤ 18개월

---

② 퇴직 다음 날로부터 12개월이 경과하면 소정급여일수가 남아 있어도 더 이상 지급받을 수 없다.

16 다음 중 「콘텐츠를 창조적으로 직접 생산하고 자유롭게 소비하면서 만족을 느끼는 세대」를 가리키는 말은? 한국에너지공단

① C세대 ② P세대
③ M세대 ④ Y세대
⑤ N세대

① **C세대(contents generation)** : 콘텐츠를 창조적으로 생산하고 자유로운 커뮤니케이션에 만족을 느끼는 콘텐츠 세대
② 사회 전반에 적극적으로 참여하며, 열정(passion)과 힘(potential power)을 바탕으로 사회적 패러다임의 변화(paradigm-shifter)를 주도하는 세대
③ 휴대전화로 무선 인터넷을 사용하는 모바일 세대 또는 1980년대 초반 이후 출생한 밀레니엄 세대
④ 미국 역사상 가장 영향력 있는 세대로 일컬어지는 베이비붐 세대의 자녀 세대
⑤ 인터넷으로 대표되는 네트워크 세대

17 이방인에 대한 혐오현상을 뜻하는 말로, 자기와 다르다는 이유로 일단 경계하는 심리 상태를 나타낸다. 경기 침체 속에서 내국인의 실업률 증가 등 사회문제의 원인을 외국인에게 전가시키는 형태로 나타나기도 하는데, 이것은? YTN, 서울신문

① 제노포비아 ② 네오포비아
③ 호모포비아 ④ 투어리즘 포비아
⑤ 케미포비아

① **제노포비아(xenophobia)** : 이방인(xeno)과 기피하다(phobia)의 합성어로, 모든 사회 범죄나 문제를 외국인의 탓으로 돌리는 외국인 혐오증을 뜻한다.
② 낯설고 새로운 것을 싫어하며 공포까지 느끼는 심리를 지칭한다.
③ 동성애나 동성애자에 대해 무조건적으로 혐오적인 태도를 보이는 것을 말한다.
④ 관광 혐오증을 뜻하는 말로, 관광객이 지나치게 몰려들어 주민들의 삶이 침해당함에 따라 나타난 현상이다.
⑤ 화학물질에 대한 공포증으로 생필품이나 먹을거리 등에 포함된 각종 화학물질이 인체에 위협을 가할 것이라는 걱정에서 비롯된 현상이다.

18 벤 버냉키 전 미 연방준비제도이사회 의장이 상임연구원으로 있는 미국의 사회과학연구소로, 진보성향을 띠고 있는 이 단체는? MBC

① 헤리티지재단 ② 랜드연구소
③ 워싱턴의 싱크탱크 ④ 브루킹스연구소
⑤ 펄벅재단

④ 브루킹스연구소는 1927년에 설립된 미국 사회과학연구소로 보수성향의 헤리티지재단과 쌍벽을 이루는 진보성향의 단체이다.
① 미국적 보수주의를 지향하는 대표적 학술 · 연구기관으로 미 공화당의 싱크탱크 역할을 한다.
② 제2차 세계대전 후 공군의 원조 자금에 의해 1948년 설립된 싱크탱크로 인공위성 시스템을 개발했다.
③ 특정 집단이나 정파의 입장을 대변하는 이익단체들과는 달리 정책 현안에 대한 전문지식을 제시하고 정부나 의회의 정책 결정 과정에 입김을 행사하는 정책연구기관을 일컫는 말이다.
⑤ 노벨문학상, 퓰리처상을 수상한 바 있는 작가 펄벅(Pearl S. Buck)이 전쟁고아와 혼혈아동을 돕기 위해 설립한 재단이다.

19 세계 결혼제도와 관련된 설명으로 바른 것은? MBC

① 세계 최초로 동성결혼을 법적으로 허용한 국가는 벨기에이다.
② 우리나라는 동성동본 간 결혼을 허용하지 않는다.
③ 미국은 전역에서 동성결혼이 가능하다.
④ 북한은 1948년 동성동본 금혼 제도를 강화했다.

③ 미국 연방대법원은 2015년 미 전역에서의 동성결혼 합법화를 선언했다.
① 네덜란드는 2001년, 세계 최초로 동성결혼을 법적으로 허용했다.
② 2005년 3월 2일 국회에서 민법 개정안을 의결해 같은 해 3월 31일 동성동본 금혼 규정이 폐지됐다.
④ 북한에서는 1948년 동성동본 금혼 제도가 폐지됐다.

Answer 11. ① 12. ④ 13. ② 14. ① 15. ② 16. ① 17. ① 18. ④ 19. ③

20 **노동 3권에 관한 설명으로 틀린 것은?**

YTN, 경기방송

① 단결권, 단체교섭권, 단체행동권을 포함한다.
② 전국의 5급 이하 공무원은 조합의 조합원이 될 수 있다.
③ 단체행동권은 법률로써 제한을 받는다.
④ 방위산업체 및 공익사업체 근로자의 단체행동권은 법률이 정한 바에 따라 인정하지 않을 수 있다.

② 공무원노조의 가입은 6급 이하만 가능하다.

21 **노동자가 조합원 자격을 상실할 경우 사용자가 계약관계를 종료함으로써, 노조를 유지하고 활성화하는 데 기여하는 제도는?**

KBS, YTN, 국민연금공단, 한겨레신문

① 클로즈드숍(closed shop)
② 유니언숍(union shop)
③ 오픈숍(open shop)
④ 에이전시숍(agency shop)
⑤ 프레퍼렌셜숍(preferential shop)

② **유니언숍(union shop)**: 클로즈드숍과 오픈숍의 중간 형태. 회사와 노동조합과의 단체협약에 의하여 사용자가 조합원이나 비조합원을 불문하고 자유롭게 노동자를 고용할 수 있으나, 일단 고용된 노동자에 대해 일정한 기간 내에 반드시 노동조합에 가입하도록 하는 제도이다. 조합에 가입하지 않거나 조합으로부터 제명당한 노동자는 회사에서 해고된다.
① 노동조합원일 것을 고용 조건으로 하여 모든 노동자를 조합에 가입시키는 노사 간의 협정
③ 노동조합에 대한 가입 여부를 노동자가 자유롭게 결정할 수 있도록 한 제도
④ 노동조합원이 아니더라도 모든 종업원에게 단체교섭의 당사자인 노동조합이 조합비를 징수하는 제도
⑤ 비조합원에게는 단체협약상의 혜택을 주지 않거나 조합원을 유리하게 대우하기로 하는 제도

22 **최저임금법상 최저임금의 결정 기준이 아닌 것은?**

MBC, 한겨레신문

① 근로자의 생계비　② 유사근로자의 임금
③ 노동생산성　④ 기업의 지급능력
⑤ 소득분배율

최저임금은 최저임금심의위원회 심의에서 결정되며, 결정 기준은 근로자의 생계비, 유사근로자의 임금, 노동생산성 및 소득분배율을 고려해 업종별 또는 전 산업이 동일하게 정한다.

23 **우리나라가 국제노동기구(ILO)에 가입한 연도는?**

한겨레신문

① 1990년　② 1991년
③ 1992년　④ 1993년

국제노동기구(ILO; International Labor Organization): 세계의 모든 근로자를 위한 사회정의 구현과 노동조건 개선을 목적으로 1919년에 창설됐으며, 한국은 1991년 12월 9일 가입했다.

24 **잠재적 실업이란?**

EBS, KBS, MBC, YTN

① 형식적·표면적으로는 취업하고 있으나 실질적으로 실업 상태에 있는 실업 형태
② 노동에 대한 수요와 공급이 일시적으로 일치하지 못하는 데서 생기는 실업 형태
③ 자본주의 경제구조와 내재적 모순에서 오는 만성적·고정적 실업 형태
④ 산업의 생산과정이 계절적 조건에 의해 제약되어 노동의 투입이 계절적으로 변동하는 경우에 생기는 실업 형태

잠재적 실업: 표면적으로는 실업이 아니지만 노동자가 현재 직업에 대해 불만족한, 수입이 낮고 완전한 생활을 영위하지 못하는 반실업 상태. 위장실업 또는 가장실업이라고도 한다.
② 마찰적 실업 ③ 구조적 실업 ④ 계절적 실업

25 다음 중 노동법상 필수공익사업에 해당하지 않는 것은? YTN

① 병원사업 ② 석유정제사업
③ 은행 및 조폐사업 ④ 철도사업

필수공익사업 : 공익사업으로서 그 업무의 정지 또는 폐지가 공중의 일상생활을 현저히 위태롭게 하거나 국민경제를 현저히 저해하고 그 업무의 대체가 용이하지 않은 사업으로, ▲철도(도시철도) ▲수도 · 전기 · 가스 · 석유정제 및 석유공급사업 ▲병원사업 ▲한국은행사업 ▲통신사업을 말한다.
③ 은행 및 조폐사업은 공익사업에 해당된다.

26 ILO에 대한 설명으로 옳지 않은 것은? 근로복지공단

① 1919년 베르사유조약에 의해 설립됐다.
② 1946년 최초의 유엔전문기구가 됐다.
③ 각 회원국 대표 3명이 출석한다.
④ 우리나라는 1991년에 가입했다.

국제노동기구(ILO; International Labor Organization) : 노동자의 노동조건 개선 및 지위를 향상시키기 위해 설치한 국제연합(UN)의 전문기구. 본부는 스위스 제네바. 1919년 베르사유조약 제13편(노동편)을 근거로 창설됐으며, 1948년부터 제29차 총회에서 채택된 국제노동헌장에 입각해 운영되고 있다. 1946년 최초의 유엔전문기구가 됐고 1969년 노벨 평화상을 받았다. 총회는 각 회원국으로부터 정부 2명, 노사 각 1명 등 대표 4명이 출석해 연 1회 개최한다. 한국은 1991년 12월 151번째 회원국으로 가입해 1996년부터 3년 임기의 이사국으로 활동하고 있다.
③ 정부 2명, 노동자 1명, 사용자 1명 등 대표 4명이 출석한다.

27 해고에 대한 설명으로 바른 것은? YTN, 한겨레신문

① 사용자는 근로자를 해고할 경우 30일 전에 예고를 하여야 하고, 30일 전에 예고를 하지 아니하였을 때에는 30일분 이상의 통상임금을 지급하여야 한다.
② 경영 악화를 방지하기 위한 사업의 양도는 사용자가 경영상 해고를 할 수 있는 긴박한 경영상의 필요가 있는 경우에 해당하지 않는다.
③ 사용자는 근로자를 해고하려면 해고사유와 해고시기를 서면 또는 구두로 통지하여야 한다.
④ 사용자가 근로자에게 부당해고 등을 하면 근로자는 부당해고 등이 있었던 날부터 6개월 이내에 노동위원회에 구제를 신청할 수 있다.
⑤ 사용자는 산전 · 산후의 여성 근로자가 휴업한 기간과 그 후 60일 동안은 해고하지 못한다.

① 근로기준법 제26조
② 사용자가 경영상 이유에 의하여 근로자를 해고하려면 긴박한 경영상의 필요가 있어야 한다. 이 경우 경영 악화를 방지하기 위한 사업의 양도 · 인수 · 합병은 긴박한 경영상의 필요가 있는 것으로 본다(근로기준법 제24조).
③ 사용자는 근로자를 해고하려면 해고사유와 해고시기를 서면으로 통지하여야 한다(근로기준법 제27조).
④ 사용자가 근로자에게 부당해고 등을 하면 근로자는 노동위원회에 구제를 신청할 수 있으며, 이는 부당해고 등이 있었던 날부터 3개월 이내에 하여야 한다(근로기준법 제28조).
⑤ 사용자는 근로자가 업무상 부상 또는 질병의 요양을 위하여 휴업한 기간과 그 후 30일 동안 또는 산전 · 산후의 여성이 이 법에 따라 휴업한 기간과 그 후 30일 동안은 해고하지 못한다(근로기준법 제23조).

28 근로기준법상 근로자의 최저 연령은? 한국전력공사

① 13세 ② 15세
③ 16세 ④ 18세

근로기준법 제64조에 따르면 15세 미만인 자는 근로자로 채용하지 못한다.

Answer 20. ② 21. ② 22. ④ 23. ② 24. ① 25. ③ 26. ③ 27. ① 28. ②

단답형 문제

29 1938년 스웨덴의 노조와 사용자 간에 체결된 협약으로, 노조 측에는 산업평화를 유지할 기본책무를 부여하고, 사용자 측에는 노조활동의 자유와 단체행동권을 침해하지 못하도록 규정하고 있는 이 사회협약은? 문화일보

30 워크셰어링(work sharing)의 한 형태로, 일정한 나이까지는 연공서열에 따라 급여를 올려 주다가 이후 급여를 깎는 대신 정년까지 고용을 보장해 주는 제도는? 전자신문

31 파업 행위가 국가 경제나 국민 생활에 심각한 피해를 미칠 경우 노동부 장관이 중앙노동위원회 위원장의 의견을 들어 직권으로 발동, 30일간 쟁의행위를 할 수 없도록 하는 조치는?

32 정보의 독점으로 사회를 통제하는 권력이나 사회체계를 일컫는 말로, 조지 오웰의 소설 ≪1984≫에서 비롯된 용어는? YTN

33 저소득층, 실직자 등 광범위한 빈곤층의 기초생활보장을 위해 2000년 10월부터 생활보호법을 대신해 시행되고 있는 제도는?

34 사회보장제도 등을 통한 정부 지원금 또는 친지들이 주는 돈(사적 원조) · 상속 · 증여 등과 같이 자신의 노력 없이 타인의 재산으로부터 얻는 소득을 일컫는 말은? 전주방송

35 자원봉사자들이 주택의 신축 · 보수에 참여, 전 세계 무주택 서민들에게 안락한 주거 공간을 제공하기 위해 활동하는 비영리 민간단체는? 국민일보

36 지역 사회 구성원의 자발적 물품 기부에서 시작해 기부 수익의 적극적 활용을 통해 세계적인 구호단체로 성장한 영국의 단체는? 전주방송

37 향약의 4대 강목 중 현대 사회복지 개념의 정신적인 기초가 되고 있는 것은?

38 도심의 젊은 전문직 종사자를 뜻하는 말로, 돈과 출세를 인생의 2대 목표로 삼는 현대의 젊은이들을 가리키는 말은? 국가정보원, 조선일보

39 사회 고위층 인사에게 요구되는 높은 수준의 사회적 · 도덕적 의무를 일컫는 말은? 국민연금공단, 한국감정원

40 헌법에 따라 근로조건의 기준을 정함으로써 근로자의 기본적 생활을 보장하고 향상시키며, 균형 있는 국민경제의 발전을 도모하기 위한 개별적 근로관계법은 무엇인가? 한겨레신문

41 교육을 받는 학생도 아니고 구직활동은커녕 직업훈련도 받지 않는 청년 무직자를 일컫는 말은?

42 부패에 대한 사회구성원의 관용도에 따른 분류의 일종으로, 사회구성원 가운데 일부 집단은 처벌을 원하지만 다른 일부집단은 처벌을 원하지 않는 경우의 부패를 일컫는 말은?

43 현재의 일상에는 정열을 느끼지 못하고 장래의 행복만을 몽상하는 심리적인 현상을 지칭하는 말은? CBS, MBC

Answer **29.** 잘츠요바덴(Saltsjobaden) 협약 **30.** 임금피크제 **31.** 긴급조정 **32.** 빅 브라더(big brother) **33.** 국민기초생활보장법 **34.** 이전소득 **35.** 해비타트(Habitat) **36.** 옥스팜(Oxfam) **37.** 환난상휼(患難相恤) **38.** 여피족(yuppie 族) **39.** 노블레스 오블리주(noblesse oblige) **40.** 근로기준법 **41.** 니트족(neet 族) **42.** 회색부패(gray corruption) **43.** 파랑새 증후군(bluebird syndrome)

완성형 문제

44 사회보장제도를 가장 먼저 시행한 나라는 (①)이며, 사회보험제도를 최초로 실시한 나라는 (②)이다. 한국석유공사

45 유엔은 노령인구 비율을 기준으로 (①) 이상일 경우 고령화사회, (②) 이상일 경우 고령사회로 분류한다. 영남일보, 한겨레신문, 한국일보

46 영국 복지국가의 기틀을 확립한 베버리지는 결핍(want), 질병(disease), 불결(squalor), (　　), 태만(idleness)을 사람들의 행복한 생활을 가로막는 「다섯 가지의 악(five giants)」으로 규정하였다. 한겨레신문

47 가입자, 사용자 및 국가로부터 일정액의 보험료를 받고 이를 재원으로 국민의 생활안정과 복지증진을 도모하는 사회보장제도의 일종으로 1988년부터 실시된 제도는 (　　)(이)다. 한겨레신문

48 (　　)은/는 도로 · 지하철 · 고속철도의 개통 등으로 도시 간의 거리가 가까워지면서 큰 상권이 작은 상권을 흡수해 수도권 집중화가 더욱 심화되는 현상을 나타낸 말이다. YTN

49 패션과 미용 등 외모에 투자하는 남성을 (　　)(이)라고 한다. YTN

50 가장 활발히 일해야 할 20~30대에 육아부담 때문에 계속적인 사회활동을 포기하고 가정에 머무르면서 나타나는 경력 단절 현상을 (　　) 현상이라고 한다. MBC

51 학업, 운동, 대인관계, 업무능력 등 모든 분야에서 두각을 나타내는 엘리트 여성집단을 이르러 (　　)(이)라고 한다. MBC, 경향신문, 문화일보

52 오랜 시간 일을 해도 생계유지조차 힘든 저소득 노동자층을 (　　)(이)라고 한다. 경향신문, 문화일보

53 기초연금은 만 (　　)세 이상부터 수령이 가능하다.

54 (　　)은/는 실제로는 경제활동인구이지만 경기 위축에 따라 구직 노력에도 불구하고 일자리를 찾을 수 없어 조사기간 중 구직활동을 포기해 비경제활동인구로 분류된 사람을 일컫는다. MBC

55 칼 마르크스가 말하는 산업예비군은 오늘날의 (　　) 실업 유형과 유사하다. 서울교통공사, 한겨레신문, 한국전력공사

56 1919년 (　　)이/가 선언됨으로써 1일 8시간 노동제가 국제적으로 정식 선포된 계기가 됐다.

57 2010년 7월 도입된 타임오프제는 (　　)에 대한 회사 측의 임금지급을 원칙적으로 금지하되, 노무관리적 성격이 있는 업무에 한해 근무시간으로 인정해 주는 근로시간 면제제도이다. SBS, 경향신문, 서울경제신문, 연합뉴스

58 (　　)은/는 방송 산업 노동자들이 밤샘 촬영 이후 짧은 휴식을 취한 뒤 바로 촬영을 재개하는 열악한 노동 환경을 뜻한다. 경향신문

Answer **44.** ① 뉴질랜드 ② 독일 **45.** ① 7% ② 14% **46.** 무지(ignorance) **47.** 국민연금제도 **48.** 빨대효과(straw effect) **49.** 그루밍족(grooming 族) **50.** M커브 **51.** 알파걸(α-girl) **52.** 워킹 푸어(working poor) **53.** 65 **54.** 실망실업자 **55.** 기술적 **56.** 국제노동헌장 **57.** 노동조합 전임자 **58.** 디졸브 노동

07 통일 · 북한 · 군사안보

01 통일 일반

남북정상회담(南北頂上會談) •••

남한과 북한의 최고당국자가 만나 남북한의 현안을 포함한 화해와 협력에 대해 논의하는 회담을 말한다. 분단 이후 남북 정상 간 회담은 2000년과 2007년, 2018년(3차례) 등 모두 5차례 이뤄졌다. 1차 남북정상회담은 2000년 6월 당시 김대중 대통령과 김정일 국방위원장 간에, 2차 남북정상회담은 2007년 10월 당시 노무현 대통령과 김정일 국방위원장 간에 이뤄졌다. 이어 2018년 4월 27일 문재인 대통령과 김정은 국무위원장 간 남북정상회담(공식 명칭은 2018 남북정상회담)이 열렸으며, 5월 26일과 9월 18~20일 3번의 정상회담이 성사됐다.

한편, 2000년과 2007년 회담은 평양에서 열렸고, 2018년 회담은 4월 판문점 평화의 집, 5월 판문점 통일각, 9월 평양에서 개최됐다.

1차 남북정상회담 (2000)	• 2000년 6월 13~15일까지 평양에서 열린 분단 이후의 첫 남북정상회담으로, 김대중 대통령과 김정일 국방위원장 간에 「6 · 15 남북공동선언」이 채택됨. 이후 이산가족 상봉, 금강산 관광 및 남북 간 민간교류 사업이 본격적으로 이뤄짐 • 6 · 15 남북공동선언 : 통일문제 자주적 해결, 양(兩) 통일방안(연합 · 연방제) 공통성 인정, 이산가족 8 · 15 교환방문, 경제 · 문화 등 교류 활성화, 조속한 당국 대화 개최
2차 남북정상회담 (2007)	• 2007년 10월 2~4일까지 평양에서 열린 노무현 대통령과 김정일 국방위원장 간 정상회담으로 「10 · 4 남북공동선언」이 채택됨 • 10 · 4 남북공동선언 : ① 6 · 15 공동선언 적극 구현 ② 상호 존중과 신뢰의 남북관계로 전환 ③ 군사적 긴장 완화와 신뢰 구축 ④ 6자회담의 9 · 19 공동성명과 2 · 13 합의이행 노력 ⑤ 경제협력 사업 활성화 ⑥ 백두산 관광 실시 등 사회 · 문화 분야의 교류와 협력 발전 ⑦ 이산가족 상봉 등 인도주의 협력사업 적극 추진 ⑧ 국제무대에서 민족의 이익과 해외 동포들의 권리와 이익을 위한 협력 강화 등
3차 남북정상회담 (2018)	• 2018년 4월 27일 문재인 대통령과 김정은 국무위원장 간에 판문점 남측 「평화의 집」에서 열린 남북 정상 간 회담으로 「한반도의 평화와 번영, 통일을 위한 판문점 선언(4 · 27 판문점 선언)」이 채택됨 • 4 · 27 판문점 선언 : 핵 없는 한반도 실현, 연내 종전 선언과 정전협정의 평화협정 전환, 남북공동연락사무소 개성 설치, 이산가족 상봉, 문재인 대통령의 평양 방문 등
4차 남북정상회담 (2018)	문재인 대통령과 김정은 국무위원장이 2018년 5월 26일 오후 3시부터 5시까지 두 시간 동안 판문점 북측 지역 통일각에서 가진 두 번째 정상회담
5차 남북정상회담 (2018)	• 2018년 9월 18~20일까지 평양에서 열린 문재인 대통령과 김정은 국무위원장 간 정상회담으로 「9월 평양공동선언 합의문(9 · 19 평양공동선언)」이 채택됨 • 9 · 19 평양공동선언 : 남북군사공동위 가동 및 무력충돌 방지, 연내 동 · 서해안 철도 및 도로 연결 착공, 개성공단 · 금강산관광 정상화, 금강산 상설면회소 빠른 시일 내 개소, 화상상봉 · 영상편지 교환 우선 해결, 10월 중 평양예술단 서울 공연, 2032년 하계올림픽 공동개최 유치 협력, 북 동창리 엔진시험장 · 미사일 발사대 영구 폐지, 영변 핵시설 영구 폐기 등 추가 조치, 김정은 국무위원장 서울 답방 등

군사정전위원회(軍事停戰委員會)●●●

1953년 7월 27일 성립된 「한국군사정전에 관한 협정」에 의거, 휴전협정의 실시를 감독하고 모든 위반사건을 협의·처리하기 위해 설치된 기구이다. 본회의와 비서장회의 등으로 구성되는데 본회의는 조선인민군(북한) 최고사령관 및 중국인민의용군(중국) 사령(司令)이 공동 지명하는 위원 5명과 유엔군사령관이 지명하는 위원 5명으로 구성된다. 양측 사령관은 위원 5명 중 1명을 수석대표로 임명한다. 미군 장성이 유엔군 측 수석대표를, 북한군 장성이 북한군·중국군 측 수석대표를 정전 이후 맡아오고 있다.

7·4 남북공동성명(七·四 南北共同聲明)●●●

남북한 간의 긴장 완화와 통일문제에 관해 1972년 7월 4일 서울과 평양에서 동시 발표된 성명이다. 서울에서는 중앙정보부장 이후락, 평양에서는 노동당 조직지도부장 김영주를 대리해 제2부수상 박성철이 각기 남북공동성명을 발표했다.

모두 7개항으로 구성된 남북공동성명서는 ① 쌍방이 자주, 평화통일, 민족적 대단결의 조국통일 3대 원칙에 대해 합의하고 그에 기초해 ② 서로 상대방에 대한 비방·중상 중지 ③ 불의의 군사적 충돌을 방지하기 위한 적극적인 조치를 취할 것 ④ 남북 사이의 다방면적인 제반 교류를 실시할 것 ⑤ 남북적십자회담이 하루 빨리 성사되도록 적극 협조할 것 ⑥ 서울과 평양 사이에 상설 직통 전화를 설치할 것 ⑦ 남북조절위원회를 구성·운영할 것 등의 내용이 담겼다.

민족공동체통일방안(民族共同體統一方案)●●●

우리 정부의 공식 통일방안으로 정식 명칭은 「한민족공동체 건설을 위한 3단계 통일방안」(약칭 민족공동체통일방안)이다. 1994년 8월 15일 김영삼 대통령이 제시한 통일방안으로, 1989년 9월 11일 노태우 정부의 「한민족공동체통일방안」을 계승하면서 남북기본합의서 발효 등 상황변화를 반영해 보완·발전시킨 것이다. 민족공동체통일방안은 기본원칙으로 자주, 평화, 민주를 제시하고 있다. 또한 남북 간 화해협력을 통해 상호 신뢰를 쌓고 평화를 정착시킨 후 통일을 추구하는 점진적·단계적 통일방안으로서 통일의 과정을 「화해·협력 → 남북연합 → 통일국가(1민족 1국가) 완성」의 3단계로 설정하고 있다.

대북 관련 정책●●●

포괄적 접근방안	한·미·일 3국과 북한이 서로 주고받을 것을 각기 한 묶음으로 협상을 벌여 각종 현안을 마무리짓자는 제안이다.
상호주의(reciprocity)	경제 지원을 조건으로 북한의 군사적 위협을 줄이는 전략적 접근 방안이다.
레드라인(red line)	「한계선」이란 뜻으로, 대북 포용정책이 실패할 경우 봉쇄정책으로 전환하는 기준선을 의미한다. 한미 양국은 시간 개념은 도입하지 않고 북한의 행위를 기준으로 레드라인을 판단한다.
대북 포용정책 (engagement policy)	북한을 화해·협력의 동반자로 규정해 대화와 대북지원 등을 통해 개혁·개방과 국제화의 길을 걷게 하겠다는 대북정책 기조이다. 1998년 2월 25일 출범한 김대중 정부가 추진했던 대북정책을 말하며, 「대북 화해협력정책」이라고도 한다. 김대중 정부가 주창한 햇볕정책이 여기에 속한다.

햇볕정책 김대중 정부가 추진한 대북 유화정책의 기조로, 화해와 포용을 기본 태도로 하고 남북한 교류와 협력을 증대시켜 북한을 개혁·개방으로 유도한다는 대북 포용정책. 겨울 나그네의 외투를 벗게 만드는 것은 강한 바람(강경정책)이 아니라, 따뜻한 햇볕(유화정책)이라는 이솝우화에서 인용한 말이다. 김대중 대통령이 1998년 4월 3일 영국을 방문했을 때 런던 대학교에서 행한 연설에서 처음 사용했고, 그때부터 정착됐다. 비료 지원 및 쌀 지원, 고 정주영 현대그룹 명예회장의 북한 방문, 금강산 관광사업 등이 햇볕정책을 기조로 실시된 것들이다.

4대 남북경협합의서 •••

「6・15 남북공동선언」을 통해 합의된 남북 경제 협력의 활성화를 이행하기 위한 구체적인 조치로 마련된 경제 교류 협력과 관련된 4대 합의서이다. 투자보장합의서, 이중과세방지합의서, 청산결제합의서, 상사분쟁해결합의서가 2003년 8월 18일 판문점을 통해 교환됨으로써, 2000년 12월 16일 서명된 남북경협합의서가 효력을 지니게 됐다.

남북협력기금(南北協力基金) •••

남북한 간의 교류와 협력 사업에 필요한 재원 마련을 위해 1991년 통일부에 설치한 기금이다. 이 기금은 대북 비료 지원이나 쌀 지원 등 남북한 간 인도적 사업, 민간 단체의 대북 지원, 중소기업의 대북 진출 때 저리 융자로 쓰이고 있다.

남북 단일팀 •••

국제 스포츠 대회에 남북한이 단일팀을 구성해 출전한 것은 1945년 분단 이후 총 5번이다. 분단 이후 처음으로 결성된 「코리아 탁구 단일팀」은 1991년 4월 29일 일본 지바(千葉)현에서 열린 제41회 세계탁구선수권대회에 참가, 여자 단체전에서 우승을 했으며 남자는 4강에 오르는 성적을 거뒀다. 이 대회부터 남북한의 국기는 하늘색 한반도기가, 국가는 <아리랑>이 사용됐다. 이어 1991년 6월 포르투갈에서 열린 제6회 세계 청소년축구대회에도 남북 단일 축구팀이 참가해 8강 진출의 성과를 올렸고, 2018 평창 동계올림픽 여자 아이스하키 종목도 남북 단일팀으로 출전했다. 이어 2018년 세계탁구선수권 여자탁구팀, 자카르타-팔렘방 아시안게임 농구・카누・조정까지 남북 단일팀이 구성됐다.

남북철도 연결사업 •••

남북을 연결하는 철길은 경의선, 동해선, 금강산선 등 3개 노선이 있다. 2000년 7, 8월에 개최된 제1, 2차 남북장관급회담에서 남북한은 경의선 철도(서울~신의주) 및 도로(문산~개성)를 연결하기로 합의했다. 이에 따라 우리 정부는 2000년 9월 18일 경의선 철도・도로 연결 공사에 먼저 착수했으나 북측은 착공을 미루고 있었다. 그 후 2002년 8월 개최된 제7차 남북장관급회담에서 경의선과 동해선 철도・도로의 착공에 합의하고, 2002년 9월 18일 경의선과 동해선 철도・도로 연결공사 착공식을 동시에 개최했다.

경의선	서울~신의주를 잇는 총 499km에 달하는 철도. 1906년 개통된 이후 남북 분단으로 운행이 중단됐다가 2003년 문산(남)~개성(북) 구간이 복원됐다. 현재 남쪽 구간 중 서울역을 기점으로 남측 마지막 역인 도라산역*까지 열차가 운행 중이다. * 도라산역: 경의선 최북단 역으로 2002년 3월 말 완공됨. 행정구역상 경기도 파주시 장단면 노상리에 속하며 비무장지대(DMZ)와 남방한계선에서 700m 떨어져 있어, 평양과 205km, 서울과는 56km 거리에 있다.
동해선	함경남도 안변과 강원도 양양을 잇는 총 길이 192.6km(남한 122.6km, 북한 70km)의 동해북부선 철도. 1937년 12월 양양~안변 구간이 개통돼 남북을 잇는 주요 간선철도로 사용돼 오다 광복 직후인 1945년 9월에 남북 간 운행이 중단됐다. 이후 2000년 6・15 남북공동선언을 통해 경의선과 동해선의 남북 연결이 추진됐고, 2007년에는 동해선의 고성 제진(남)~감호(북) 구간이 연결됐다. 하지만 강릉~제진 구간은 공사비용 등의 문제로 착공이 지연, 현재까지 단절돼 있는 상태이다.

5 · 24 대북조치•••

2010년 5월 24일 이명박 정부가 천안함 피격 사건의 책임을 물어 북한에 가한 대북 제재조치이다. ▲북한 선박의 남측 해역 운항 및 입항 금지 ▲남북 간 일반교역 및 물품 반·출입 금지 ▲우리 국민의 방북 불허 및 북한 주민과의 접촉 제한 ▲대북 신규투자 금지 ▲영유아 등 순수 인도적 지원을 제외한 대북 지원 사업의 원칙적 보류 등이 포함돼 있다. 이 조치는 남북경협 기업의 도산과 남북관계 경색 등을 불러왔다.

천안함 피격 사건 2010년 3월 26일 백령도 해상에서 대한민국 해군의 초계함인 천안함이 북한의 어뢰에 의해 폭침된 사건이다. 이 사고로 승조원 104명 중 58명 구조, 40명 사망, 6명이 실종됐다.

9 · 19 남북군사합의•••

2018년 9월 19일 문재인 대통령과 김정은 북한 국무위원장이 평양정상회담을 통해 채택한 「9월 평양공동선언」의 부속 합의서이다. 정식 명칭은 「역사적인 판문점선언 이행을 위한 군사 분야 합의서」이며, 판문점선언에 담긴 비무장지대(DMZ)의 비무장화, 서해 평화수역 조성, 군사당국자회담 정례화 등을 구체적으로 이행하기 위한 후속 조치가 명시됐다. 대표적으로 남북은 비무장지대(DMZ) 상호 1km 이내에 근접한 감시초소(GP) 각 11개씩을 시범 철수하고, 판문점 공동경비구역(JSA) 경비 인력의 비무장화도 정전협정 취지에 따라 복원한다는 내용을 명시했다.

개성공단(開城工團)•••

남북경제협력사업의 하나로 황해북도 개성시 봉동리 일대에 개발한 개성공업지구를 말한다. 2000년 6·15 남북공동선언 이후 남북교류협력의 하나로 추진된 것으로, 당시 현대아산·북한의 조선아시아태평양위원회·민족경제협력연합회가 「개성공업지구건설운영에 관한 합의서」를 체결해 개성공단 사업의 기반을 마련했다. 북한이 2002년 11월 27일 개성공업지구법을 공포함으로써 구체화됐고, 2003년 개성공단 착공식과 2004년 6월 시범단지(2만 8000평) 부지 조성이 완료되며 2004년 10월 개성공업지구관리위원회 사무소가 개소됐다. 개성공단에는 2015년 12월 기준으로 입주기업 생산액이 누적 32억 달러를 돌파했으며, 북측 근로자 5만 5000여 명, 남측 근로자 700여 명이 근무했다. 그러나 2016년 2월 10일 한국 정부는 북한의 군사적 도발에 맞서 개성공단 사업의 전면 중단을 선언했고, 다음 날 11일 북한의 폐쇄 조치에 따라 남측 종사자들 전부가 추방됐다.

개성 남북공동연락사무소 2018년 9월 14일 개성공단 내에 설치돼 남북 간 교섭 및 연락, 당국 간 회담 및 협의, 민간교류 지원, 왕래 인원 편의 보장 등의 기능을 담당했다. 그러나 북한은 2020년 6월 16일 대북전단(삐라) 살포에 불만을 갖고 남북공동연락사무소 청사를 폭파했다.

금강산 관광사업(金剛山 觀光事業)•••

1998~2008년까지 현대아산이 추진해온 북한 금강산 일대 관광사업을 말한다. 2008년 7월 11일 금강산 관광지구에서 북한군의 총격으로 남측 관광객이 사망한 이후 잠정 중단됐다.

서해교전(西海交戰)•••

1999년 이후 2009년까지 북한함정이 서해 북방한계선(NLL)을 침범해 남북한 해군함정 사이에 벌어진 3번의 교전이다. 1, 2차 연평해전은 1999년 6월 15일과 2002년 6월 29일 연평도 인근 해역에서 발생했고, 3차 대청해전은 2009년 11월 10일 대청도 인근 해역에서 발생했다. 세 번의 서해교전으로 남북 양측에서 사상자가 발생했으며, 이로 인해 남북 간 긴장이 고조됐다.

독일 신드롬(German syndrome)●●●

한국인들이 통일을 바라면서도 내심 그 경제・사회적인 부담을 두려워하는 현상을 일컫는다. 1990년 독일 통일 이후 서독인들은 경제난 해결을 떠맡아야 했으며, 사회・문화적인 격차에 따른 어려움도 발생했다. 한국의 경우에는 인구비례나 소득격차 면에서 독일의 경우보다 훨씬 더 부담이 크다.

통일비용(統一費用)●●●

통일한국이 통일로 인해 부담해야 할 모든 경제적・비경제적 비용을 뜻한다. 좁은 의미로 해석하면 「통일 이후 남한이 북한에 지원함으로써 발생하는 경제적 손실」이라고 할 수 있다.

02 북한 일반

최고인민회의(最高人民會議)●●●

북한의 최고주권기관이자 최고입법기관으로 우리의 국회에 해당한다. 최고인민회의의 임기는 5년이며, 정기회의와 임시회의가 있다. 최고인민회의는 헌법과 법령의 제정 및 개정, 대내외 기본 정책 수립, 국무위원장 추대, 최고인민회의 상임위원장・내각총리・중앙재판소장 선거 및 소환, 중앙검찰소장 임명 및 해임, 국가예산 승인 등의 권한을 갖고 있다. 그러나 최고인민회의는 당에서 결정한 사항들을 추인하는 명목상의 권한만 갖는 형식적 기관에 불과하다.

최고인민회의 상임위원회 최고인민회의 휴회 중의 최고 주권기관. 주요 권한은 최고인민회의 소집, 최고인민회의 휴회 중 법안 채택 및 개정, 최고인민회의 휴회 중 국가예산 승인, 헌법 및 법규 해석, 각급 대의원 선거사업, 내각위원회・성 개폐, 조약 비준, 외교대표 임면, 상훈 수여, 대사권 및 특사권, 행정구역 개폐 등이다.

국무위원회(國務委員會)●●●

북한 국가주권의 최고정책적 지도기관(구 국방위원회)이다. 국방 건설사업을 비롯한 국가의 중요정책을 토의・결정하고, 국무위원장 명령과 국무위 결정・지시 집행 정형(상황)을 감독하고 대책을 수립한다. 또한 국무위원장 명령과 국무위 결정・지시에 반하는 국가기관의 결정・지시를 폐지하는 등의 임무와 권한을 가지고 있다.

국무위원장은 북한의 최고영도자이자 전반적 무력의 최고사령관으로서 국가의 무력 일체를 지휘・통솔한다. 또 대내외 사업을 비롯한 국가사업 전반과 국무위원회 사업 지도, 중요 간부의 임명・해임, 외국과의 중요 조약 비준과 폐기 결정과 특사권 행사, 전시에 국가방위위원회 조직 등의 권한을 갖는다.

내각(內閣)●●●

국방 분야를 제외한 대부분의 행정 및 경제 관련 사업을 관할하는 행정기관이다. 총리, 부총리, 위원장, 상(相)과 그 밖의 필요한 성원들로 구성되며 임기는 5년이다. 최고인민회의에서 선출되는 내각 총리는 내각 사업을 조직・지도하며 정부를 대표한다.

조선노동당(朝鮮勞動黨) •••

북한의 모든 조직체 중에서 가장 높은 형태의 정치조직이며 혁명의 참모부(당 규약 서문)로서 모든 권력의 원천을 이루는 권력의 중추기관이다. 당의 최고지도기관은 당대회이며, 당대회가 열리지 않을 때는 당대회가 선출한 당중앙위원회가 최고지도기관이 된다. 조선노동당의 최종 목적은 온 사회의 주체사상화와 인민대중의 자주성을 완전히 실현하는 데 있다. 또한 당 건설의 기본 원칙으로 사상・영도의 유일성 및 계승성 보장을 규정해 당 차원에서 권력세습의 제도화를 추진했다.

조국평화통일위원회(祖國平和統一委員會) •••

노동당의 전위기구로, 대남성명 발표 등 선전선동 활동을 주로 해 온 대남기구(약칭 조평통)이다. 1961년 5월 13일 남한의 4・19의거 당시 학생들이 남북협상을 들고 나왔을 때 북한이 작가 홍명희를 위원장으로 해 결성했다. 1984년 남북한과 미국을 포함한 3자 회담을 제의하기도 한 조평통은 1989년 고 정주영 현대 명예회장의 방북을 주관함으로써 주목을 끌었다. 2016년 6월 최고인민회의에서 정식 국가기구로 승격됐다.

북한의 대남 기구

통일전선부 (통전부)	대남 전략・전술 업무를 총괄하고 대남 외곽단체 업무를 조정・통제하는 노동당 중앙위원회 산하 전문부서이다. 남북회담・경제협력・민간교류, 대남자료 수집・분석 등 대남 사업 전반을 총괄하는 핵심부서이다.
조국평화통일위원회 (조평통)	남북관계 현안 관련 공식입장 발표, 회담・교류・공동행사 등 대남 실무사업을 총괄・집행하는 기구이다. 2016년 최고인민회의 제13기 제4차 회의를 통해 통전부 산하 당 외곽기구에서 국가기구로 변경됐다.
조국통일민주주의전선 (조국전선)	정당・사회단체의 연합체로 구성된 노동당 외곽기구로서, 남한에서 발생한 주요사건 및 남북관계 관련 이슈에 대한 성명 및 담화 발표를 통해 북한의 입장을 대변하는 역할을 수행한다.
조선아시아태평양평화위원회 (아태평화위)	미국, 일본 등 미수교국과의 관계 개선을 위한 창구 역할을 수행해 왔으며, 2000년 남북정상회담을 기점으로 금강산 관광 등 남북 간 교류・협력 사업의 상대로도 등장하고 있다. 유력 외국인사에 대한 방북 초청, 해외학술회의 참가, 투자유치 등도 진행한다.
민족화해협의회 (민화협)	김정일의 「민족대단결 5대 방침(1998년 4월)」에서 언급된 온 민족의 접촉・대화와 연대・연합을 실현하기 위한 실무기구 역할을 수행한다. 남한 민간단체와의 경제 분야 외 사회문화 교류・협력 관련 실무사업을 담당한다.
반제민족민주전선 (반제민전)	2003년 8월 1일까지 〈구국의 소리방송〉을 통해 남한 내 중대사건 또는 남북관계 현안 발생 시 담화, 기자회견, 선언문 등으로 북한의 입장을 대변해 왔다. 2003년 8월 15일부터는 〈조선중앙방송〉을 중계하며, 1997년 6월에 개설된 인터넷 홈페이지 〈구국전선〉도 운영한다.
조국통일연구원	남한의 정치・경제・사회・군사 등에 대한 학술・정책적 분석을 통해 대남정책 자료를 작성하며, 남한 주요 인물에 대한 분석과 평가, 한반도 주변국에 대한 정세분석도 수행한다.
민족경제협력위원회 (민경협)	남한 기업들과의 교역, 임가공 사업, 투자유치 사업 등 남북경협 관련 업무를 담당한다.

국가안전보위성(國家安全保衛省) •••

북한의 대 주민사찰기구로, 주요 임무는 체제 유지를 위한 안전보장이다. 이를 위해 주민들에 대한 정보사찰, 국경경비 및 출입국 관리, 「반탐(反探)」 활동, 해외정보 수집공작, 기관・기업소 및 주민사상 동향 감시, 「호위총국」과 협조 아래 고위간부 호위 등의 임무를 맡고 있다.

정찰총국(偵察總局)•••

북한 인민무력부 산하의 대남·해외 공작 업무 총괄 지휘 기구로, 대남 공작 업무를 맡아온 노동당 작전부와 35호실, 정찰국이 통폐합돼 2009년 2월 출범했다. 해외에 무기를 수출하는 청송연합을 통제하는 역할도 맡는다. 정찰총국은 천안함 폭침·연평도 포격·농협 해킹사건을 비롯한 굵직한 각종 사이버테러가 발생할 때마다 유력한 용의자로 주목받았다.
한편, 정찰총국 소속의 3대 해킹그룹으로는 라자루스(Lazarus)·블루노로프(Bluenoroff)·안다리엘(Andariel)이 있으며, 이들 조직은 모두 미국의 대북제재 명단에 올라 있다.

북한의 대화 전술•••

통미봉남 (通美封南)	미국과의 실리적 통상외교를 지향하면서 대미관계에서 남한 정부의 참여를 봉쇄해 나가는 북한의 외교 전략을 지칭한다. 이에 빗대 북한이 미국과의 관계 개선에 나서면서 후견인격인 중국을 배제하려는 것을 통미봉중(通美封中)이라고 한다.
벼랑끝 전술 (brinkmanship)	핵과 미사일 문제를 둘러싼 북미협상 과정에서 북한이 취한 협상전술을 지칭한다. 원래는 1960년대 미국 젊은이들 사이에서 유행했던 게임에서 유래한 말이다. 일명 공갈(협박) 전술이라고도 하며, 북한은 이를 「맞받아치기 전술」이라고 부른다. 즉, 협상을 막다른 상황까지 몰고 가는 초강수를 띄워 위기에서 탈출하는 특유의 협상 전술이다.
살라미 전술 (salami tactics)	이탈리아산 살라미 소시지를 아주 얇게 써는 것에 빗대어 협상 테이블에서 큰 문제를 한 번에 해결할 수 없을 때 문제를 세분해 이슈화함으로써 차례로 대가를 얻어 내는 전술을 말한다.

주체연호(主體年號)•••

김일성의 출생연도인 1912년을 주체 1년으로 산정한 북한식 연도 표기법으로, 이 연호는 김일성 사망 3주기인 1997년에 채택됐다. 북한은 주체연호와 함께 서기도 괄호 안에 병기하되 필요에 따라서는 연호만을 사용하고 있다. 다만 1912년 이전 연도는 종전대로 서기를 표기하도록 했다.

주체사상(主體思想)•••

「혁명과 건설의 주인은 인민대중이고 혁명과 건설을 추진하는 힘도 인민대중에 있다」는 것을 강조하는 북한 조선노동당의 지도사상이다. 북한의 헌법에는 주체사상이 「조선민주주의인민공화국의 활동지침」으로 규정돼 있다. 이러한 사상을 구현하는 지도지침으로 사상에서 주체, 정치에서 자주, 경제에서 자립, 국방에서 자위의 원칙을 내놓고 있다. 북한은 2009년 4월 9일 헌법을 개정하면서 「공산주의」를 삭제, 군대를 중시하고 군사력 증강에 집중하겠다는 「선군(先軍)사상」을 주체사상과 함께 핵심적 이념으로 채택했다.

선군사상(先軍思想) 주체사상과 함께 노동당의 지도적 지침으로 군대를 혁명의 주력군으로 해 혁명과 건설을 이끌어나간다는 김정일 시대의 통치 이념. 2009년 개정 헌법과 2010년 개정된 노동당 규약에 명시돼 있으며, 특히 선군사상은 군사적 대결에서의 승리를 위해 「군사선행의 원칙」을 내세우고 있다. 이는 당과 국가의 노선과 정책을 세우고 관철시켜 나가는 데 있어서 군대와 국방공업의 강화·발전을 우선적으로 강조하는 원칙이다. 한편, 북한은 2010년 개정한 노동당 규약에서 선군정치를 「사회주의 기본 정치 양식」으로 규정했다. 선군정치는 군사력 강화를 최우선 목표로 군을 전면에 내세워 혁명과 건설의 어려운 난국을 타개해 나가는 통치 방식이다.

북한의 미사일 •••

1970년대부터 시작된 초기 북한의 미사일 개발은 소련제 스커드 미사일을 제3국으로부터 들여와 역설계하는 방식이었다. 한국과 미국은 이 당시 북한이 개발해 실전 배치한 사거리 300~500km가량의 미사일을 스커드라고 이름붙이고 계열은 같지만 변형된 것은 B, C, ER 등을 붙여 구분한다. 이후 우리 정부는 북한 미사일이 새로 발견된 지역의 이름을 미사일 명칭으로 사용하고 있다. 노동, 대포동, 무수단 등이 그렇게 붙은 이름이다. 그러나 한미 정보당국은 북한이 개발 중이거나 실전 배치한 미사일에 대해 북한을 뜻하는 「Korea North」에서 따 KN을 붙이고 뒤에 숫자를 붙이는 식으로 분류한다. 이와 달리 북한은 주로 액체연료를 사용하는 미사일에는 화성, 고체연료를 사용하는 미사일에는 북극성이라는 이름을 붙인다. 북한은 위성을 탑재한 장거리 미사일 발사 시 초기에는 인공위성 이름을 광명성, 발사체는 은하라고 각각 구분해 불렀지만 현재는 발사체 자체도 광명성이라고 부른다.

북한의 탄도미사일 종류 및 제원

구분	대포동 2호	대포동 1호	노동 1호	화성 17호	화성 15호	화성 12호	화성 10호 (무수단)	화성 6호
사거리(km)	1만	2500	1300	1만 5000 이상 (정상 발사 시)	1만 3000	4500 ~5000	3000 ~4000	500
발사중량(kg)	7만 9200	3만 3400	1만 7800	8만~15만	7만 2000	2만 8000	1만 2000	6500
탄두무게(kg)	650~1000	500~700	700	1500	1000	650	650	770
로켓단수	3단	2단	1단	3단	2단	2단	1단	1단
상태	시험 발사		실전 배치	시험 발사			실전 배치	

동창리 미사일발사장 북한 평안북도 철산군 동창리에 위치한 미사일 발사장으로, 「서해 위성발사장」이라고도 한다. 핵탄두를 실을 수 있는 대륙간탄도미사일(ICBM)을 발사할 수 있는 대표적인 곳으로, 특히 미국 본토 타격이 가능한 ICBM에 사용되는 「백두산 엔진」을 개발한 장소로 알려져 있다. 북한은 2012년 은하 3호를 시작으로 인공위성을 실었다고 주장하는 발사체를 모두 동창리에서 발사했다.

붉은 청년근위대 •••

고등중학교 5~6학년 남녀 학생(만 15~16세)을 대상으로 조직된 민간 군사조직으로 1970년 9월 12일 김일성의 지시로 창설됐다. 북한은 이들을 항일혁명 투쟁 시기의 청년의용군과 소년선봉대의 영광스런 계승자로 지칭한다. 학교단위별로 중대 또는 대대급으로 편성되며 노동당 민방위부의 지휘통제를 받는다.

노농적위군(勞農赤衛軍) •••

북한의 대표적인 민병조직으로 남녀 만 17~60세까지 가입돼 있는 예비전력이다. 우리의 민방위 같은 성격으로 약 570만 명으로 추산되고 있으며, 연간 160시간의 훈련을 받는다. 이들은 평상시에 사회안전부를 지원해 민방위 업무와 함께 직장 및 주요 시설의 경계, 지역방위, 대공(對空)방어 등을 주요 임무로 한다.

교도대(敎導隊) •••

민간을 대상으로 하는 군사조직 가운데 가장 핵심적인 조직이다. 만 17~45세까지의 남자와 만 17~30세까지의 미혼 여자를 대상으로 해 행정단위별 지역과 직장 내에 설치된다. 부대 편성 시 대학생은 정규군의 병종·병과의 초급장교 임무를 수행할 수 있도록 전공별로 편성된다.

합영법(合營法)•••

북한이 서방의 자본과 기술을 도입하기 위해 1984년 9월 최고인민회의에서 제정한 합작투자법을 말한다. 북한에서 외국 자본과의 합작을 공식적으로 첫 법제화한 것이며 북한의 개방정책의 한 표현으로 주목된다. 그 주요 내용은 합작 당사자는 화폐, 재산, 현물, 발명권, 기술 등을 출자하며 그 가격은 국제시장 가격에 준해 평가되고, 합작회사에서 일하는 외국인이 얻는 임금과 출자자의 소득에 대해서는 북한 소득세법에 의해 과세되며 소득의 일부를 해외 송금할 수 있다는 것이다.

슈퍼노트(supernote)•••

초정밀 위조 100US달러로, 진짜 지폐와 같은 75%의 면섬유와 25%의 마로 제작된 화폐 용지를 사용하고 요판인쇄 방식으로 만들어진다. 위조지폐 감식기로도 식별하기 불가능할 정도로 정교하다. 슈퍼노트는 북한이 외화벌이 및 대남공작 등에 이용하기 위해 만드는 것으로 알려져 있다.

북한의 언론•••

북한의 언론은 당과 정권을 대변하면서 체제 선전과 선동 및 주민교육용으로 활용되고 있다.

신문	노동당 기관지 ≪노동신문≫, 내각 기관지 ≪민주조선≫, 김일성－김정일주의 청년동맹의 기관지 ≪청년전위≫ 등 3개의 중앙지와 각 시·도 당위원회에서 발행하는 10여 개 지방지와 기타 기관지가 있다.		
라디오 방송	북한 주민을 대상으로 하는 「조선중앙방송」과 「평양유선방송」, 대남방송인 「평양방송」이 있다.		
TV 방송	조선중앙텔레비죤, 용남산텔레비죤, 체육텔레비죤	통신사	조선중앙통신사

태양절(太陽節)•••

김일성의 생일인 4월 15일을 기념하는 북한의 최대 명절로 보통 이틀간의 연휴를 실시한다. 태양절에는 기념사진전과 축하공연·체육대회 등 대대적인 축하행사가 치러진다.

장마당•••

북한의 경제난이 심화됨에 따라 기존의 농민시장이 확대되면서 불법적 시장으로 그 성격이 변화된 1990년대 북한 시장을 통칭한다. 북한은 2003년에 장마당을 종합시장으로 합법화했다.

고난의 행군•••

북한이 1990년대 중·후반 국제적 고립과 자연재해 등으로 극도의 경제적 어려움을 겪은 시기에, 이를 극복하기 위해 제시한 구호이다. 이 시기 북한에서는 최소 수십만 명의 아사자가 발생한 것으로 알려졌다.

만수대의사당(萬壽臺議事堂)•••

우리의 국회의사당에 해당하는 건물로 평양시 중구역 만수대에 위치해 있다. 1984년 건립돼 최고인민회의를 비롯한 중요 정치행사와 북한 고위관리들이 외국대표단과 회담하는 장소로 이용된다.

봉수교회(鳳岫敎會)•••

1988년 9월 평양시 만경대구역에 설립된 북한의 대표적 교회이다. 현재 이 봉수교회 외에도 칠골교회가 있고, 성당으로는 장충성당이 있다.

순안공항(順安空港)•••

북한 유일의 국제공항으로, 평양시에서 북쪽으로 30km 떨어져 있고 고속도로로 평양과 연결돼 있다. 노선은 베이징, 상하이, 선양, 블라디보스토크 등이다. 한편, 북한 유일의 민간국적 항공사는 고려항공이다.

금수산기념궁전(錦繡山紀念宮殿)•••

김일성 주석과 김정일 국방위원장의 시신이 안치돼 있는 건물로 평양직할시 대성구역에 위치해 있다. 이 궁전은 1977년 김일성의 65회 생일을 맞아 준공됐다. 김일성 생전에 일명 주석궁으로 불리던 곳이며, 김일성 사후 성역화해 시신을 영구 보존할 수 있도록 개조됐다.

평양성(平壤城)•••

북한의 국보 1호로, 평양 중구역과 모란봉 구역에 걸쳐 있다. 6세기 중엽에 완성된 고구려 시대의 마지막 수도성이며 총길이 23km에 내성, 중성, 외성, 북성으로 이뤄져 있다. 특히 평양성은 대동문, 보통문, 을밀대, 부벽루, 연광정 등 평양의 대표적 문화유산이 집결돼 있는 곳이기도 하다.

북한의 음악정치•••

북한은 2000년부터 음악정치를 음악과 정치, 노래와 혁명을 하나로 결합시킨 영도예술로 규정하고 정권유지에 활용하고 있다. 음악정치에 사용되는 노래의 핵심 주제는 수령결사옹위정신과 수령과 군사, 인민의 혈연적 연계 강조, 혁명 찬양 등이다. 이는 모란봉악단 등을 통해 선전・선동된다.

모란봉악단	2012년 김정은 체제 출범과 함께 결성된 악단. 10인조 경음악 밴드로 구성돼 있으며, 북한판 걸그룹으로 일컬어진다. 파격적인 차림새와 서구의 음악을 공연하는 것이 특징이다.
삼지연관현악단	2009년 창단된 삼지연악단을 중심으로 모란봉악단, 청봉악단, 조선국립교향악단, 국가공훈합창단, 만수대예술단 등 6~7개의 북한 예술단에서 선발된 연주자와 가수, 무용수로 구성된 악단. 2018년 평창 동계올림픽 축하 공연을 위해 2018년 2월 6~12일까지 방남해 서울과 강릉에서 각각 1회씩 축하공연을 가졌다.
은하수관현악단	2009년 5월 창단됐으며 전통악기와 관현악기를 혼합해 연주하는 것이 특징이다. 김정일 시대 말기부터 김정은 시대 초반까지의 시기에 북한을 대표한다.
보천보전자악단	1985년 6월 4일 만수대예술단의 전자음악연주단을 분리해 결성된 전자음악단. 대표적인 히트곡은 전혜영이 부른 「휘파람」과 리경숙이 부른 「반갑습니다」
왕재산경음악단	1983년 7월 22일 결성된 북한 최초의 경음악단. 주로 당정 고위간부들의 모임이나 외국인이 참석하는 행사 등에서 공연한다.

옥류금(玉流琴) 문헌상으로 우리나라에서 가장 오래된 전통악기인 「공후」를 원형으로 해 1970년대에 완성된 북한의 대표적 민속악기이다. 가로로 놓인 비등변 사다리꼴의 울림통과 그것을 받치는 4개의 다리로 이루어졌고 길이 132cm, 폭 49cm, 두께 7cm이며 현은 33줄이다.

문화어(文化語) •••

1966년 5월 김일성의 교시에 의해 인위적으로 만들어진 북한의 표준어를 가리킨다. 김일성이 직접 만든 용어로 평양말을 중심으로 한 민족적 언어가 기준이 된다. 문화어의 가장 큰 특징은 한자어를 고유어로, 외래어를 한자어나 고유어로 바꾼 점이다.

03 군사/안보

북대서양조약기구(NATO; North Atlantic Treaty Organization, 나토) •••

제2차 세계대전 후 동유럽에 주둔하고 있던 소련군에 대항하기 위해 체결한 북대서양조약의 수행기구이다. 1949년 4월 워싱턴에서 조인된 북대서양조약을 기초로 해 같은 해 8월 24일부터 효력이 발생됐다. 기본적으로는 구소련 및 동구권을 겨냥한 군사방위기구로 본부는 벨기에의 브뤼셀 근교 카스토에 있다. 회원국은 미국, 영국, 캐나다, 독일, 이탈리아, 프랑스, 스페인, 포르투갈, 그리스, 튀르키예, 노르웨이, 덴마크, 벨기에, 룩셈부르크, 네덜란드, 아이슬란드, 체코, 폴란드, 헝가리, 리투아니아, 라트비아, 에스토니아, 몬테네그로, 불가리아, 루마니아, 슬로바키아, 슬로베니아, 알바니아, 크로아티아, 북마케도니아, 핀란드 등 31개국이다.

핵계획그룹(NPG; Nuclear Planning Group) 나토(NATO, 북대서양조약기구) 회원국 국방장관들이 모두 참여한 조율기구로, 1966년 설립됐다. NPG는 핵무기 운용에 대한 의사 결정 및 핵무기 정보와 핵전략의 논의·조율 역할 등을 담당한다. 이 기구의 결정은 만장일치제이나 핵무기 사용 여부의 최종 권한은 미국에 있다.

오커스(AUKUS) 미국, 영국, 호주 등 3개국이 2021년 9월 15일 공식 출범시킨 외교안보 3자 협의체로 명칭은 호주(Australia), 영국(UK), 미국(US)의 국호 첫 글자 및 이니셜을 딴 것이다. 이들 3개국은 오커스를 통해 정기적인 고위급 협의를 가지면서 국방과 외교정책 등의 교류는 물론 첨단기술과 정보를 공유하며, 미·영 양국이 호주의 핵잠 개발을 공동 지원한다.

쿼드(Quad) •••

인도·태평양 전략의 당사자인 미국·인도·일본·호주 등 4개국이 참여하고 있는 안보협의체이다. 쿼드는 2007년 이들 4개국이 처음 개최한 「4자 안보 대화(Quadrilateral Security Dialogue)」의 앞 글자를 따 붙인 명칭이다. 미국은 쿼드를 한국·베트남·뉴질랜드 등 주변국 참여를 통해 나토(NATO, 북대서양조약기구)와 같은 다자 안보 동맹으로 공식 기구화하겠다는 「쿼드 플러스」 계획을 가지고 있다.

유럽안보협력기구(OSCE; Organization for Security and Co-operation in Europe) •••

북대서양조약기구(NATO) 회원국과 구소련 국가들 및 모든 유럽 국가를 포괄하는 범유럽적인 안보협력기구이다. 1975년 8월 1일 핀란드 헬싱키에서 창설된 유럽안보협력회의(CSCE)가 모체로, 1994년 헝가리 부다페스트 정상회담에서 OSCE로 개칭됐다. 현재 유럽의 민주주의 증진과 무기 통제, 인권 보호, 긴장 완화, 분쟁 방지를 목적으로 활동 중이다. 회원국은 유럽 국가들과 미국·캐나다·몽골 등 57개국이며 한국을 비롯해 일본·알제리·이집트 등 11개 협력 국가를 두고 있다. 본부 소재지는 오스트리아 빈이다.

제네바 군축회의(CD; Conference on Disarmament) •••

국제 사회에서 다자 군축 협상을 담당하는 유일한 기구로, 1979년 스위스 제네바에 설립됐다. 유엔 총회 직속 기구는 아니나 유엔 정규예산으로 운영된다. 남북한은 1996년 6월 동시 가입했으며 현재 총 65개국이 가입돼 있다.

국제형사재판소(ICC; International Criminal Court) •••

반(反) 인도적 국제범죄를 저지른 개인을 처벌하는 사상 첫 상설 국제재판소이다. 1998년 7월 17일 로마에서 열린 국제연합(UN) 전권 외교사절회의에서 채택된 로마규정이 2002년 7월 1일 발효됨으로써 네덜란드 헤이그에 설치됐다. 공용어는 영어와 프랑스어이다. 유엔의 사법기관인 국제사법재판소(ICJ)가 국가 간 법적 분쟁을 취급하는 것과 달리 국제형사재판소는 개인의 형사책임에 한정되며, 심사 대상 범죄는 ▲집단학살 ▲인도적 범죄 ▲전쟁범죄 등이다. 최고 형량은 징역 30년(극단적인 경우 종신형)이며, 재판관은 9년 임기의 18인으로 구성돼 있다. 그러나 미국, 일본, 러시아, 중국을 비롯한 주요 국가들 및 대다수의 아랍국들이 로마규정을 비준하지 않고 있어 이들을 당사국으로 확보하는 것이 주요 현안이 되고 있다. 미국은 해외 주둔 자국 평화유지군의 면책특권을 주장하며 국제형사재판소 가입을 미루고 있다. 우리나라는 「국제형사재판소에 관한 로마규정」의 83번째 당사국이 됐으며 동 규정은 2003년 2월 1일 발효됐다.

제네바협약(Geneva Conventions) •••

전쟁으로 인한 희생자 보호에 관한 협약으로, 1864~1949년 제네바에서 체결된 일련의 국제조약이다. 「적십자조약」이라고도 한다. 목적은 전쟁, 기타 무력분쟁의 부상자, 병자, 난선자 및 평화적 인민 등을 전쟁의 위험 또는 재해로부터 보호해 가능한 한 전쟁의 참화를 경감하려는 것이다. 이 협약은 1949년 8월 12일 제네바회의에서 채택된 ▲전지(戰地)에 있는 군대의 부상자 및 병자의 상태 개선에 관한 조약 ▲해상에 있는 군대의 부상자, 병자 및 난선자의 상태 개선에 관한 조약 ▲포로의 대우에 관한 조약 ▲전시에 있어서의 민간인 보호에 관한 조약 등 4개 조약으로 돼 있다. 우리나라는 1966년에 가입했다.

국제원자력기구(IAEA; International Atomic Energy Agency) •••

원자력의 평화적 이용과 국제적인 공동 관리를 위해 1957년 창설된 국제연합(UN) 산하의 준독립기구이다. 1953년 미국의 아이젠하워 대통령이 유엔총회에서 창설을 제안했고, 1957년 7월 29일 헌장 발효로 IAEA가 발족했다. 본부 소재지는 오스트리아 빈이다. IAEA의 핵심 업무는 크게 두 분야로 원자력의 평화적 이용을 촉진하는 것과, 핵시설과 핵물질이 핵폭탄이나 무기로 전용되지 않도록 검증하기 위해 이들 시설과 물질에 대해 감시와 현장 검증을 실시하는 것이다. IAEA의 핵 감시 및 현장 검증을 가능케 하는 장치가 바로 핵안전조치이다. IAEA의 핵사찰 활동은 핵비확산조약(NPT)과 상호 밀접하게 연관돼 있다. 즉 NPT 회원국들 중 비핵보유국은 자국 관할하의 모든 핵물질과 핵시설에 대해 IAEA의 전면적인 안전조치(full-scope safeguards)를 수용해야만 한다. IAEA의 주요 기관으로는 총회, 이사회, 사무국이 있다. 총회는 연 1회 소집되며, 모든 회원국은 각 1표를 가진다. 의결은 회원국의 과반수 다수결로 처리된다. 한국은 1957년, 북한은 1974년에 각각 가입했다. 그러나 북한은 1993년 2월 IAEA가 특별핵사찰을 요구하자 1994년 6월에 IAEA를 탈퇴했다. IAEA는 2005년 핵무기 확산을 방지하고 평화적 이용에 공헌한 공로로 당시 사무총장 모하메드 엘바라데이와 함께 노벨평화상을 수상했다.

핵확산금지조약(NPT; Nuclear Nonproliferation Treaty)•••

정식 명칭은 「핵무기의 불확산에 관한 조약」으로, 국제 핵비확산 체제의 근간이다. 이는 핵 비보유국이 핵무기를 보유하거나 핵 보유국이 비보유국에 핵무기를 양여하는 것을 금지하는 국제조약이다. 1968년 국제연합(UN)에서 채택돼 1970년 3월 5일 정식 발효됐으며, 시효 기간은 출범 당시 25년이었으나 1995년에 무기한 연장됐다. NPT는 핵군축(비가역성 · 검증가능성 · 투명성), 핵비확산, 원자력의 평화적 이용의 3대 축으로 구성되는데, NPT는 미국 · 러시아 · 영국 · 프랑스 · 중국 등 5개국의 핵무기 보유를 인정하는 대신 다른 가입국의 보유는 금지하고 있다. 또 핵보유국이 다른 나라에 핵무기를 주지 못하도록 했고, 가입국은 국제원자력기구(IAEA)의 핵사찰도 받아야 한다. 그러나 NPT는 핵확산을 막기 위해 비핵보유국은 핵무기 개발이나 획득이 절대 금지되고 안전조치(safeguard) 제도에 의한 사찰을 받아야 하는 반면, 핵보유국은 단지 점진적인 핵무기 감축에 노력하는 것만이 요구되고 있어 불평등 조약이라는 비판을 받는다. 또한 NPT를 위반해도 적절한 제재 수단이 없다는 것이 한계로 지적된다. 핵무기 보유국 중 인도, 파키스탄, 이스라엘은 가입하지 않았다. 한국은 1975년 4월에 86번째 정식 비준국이 됐다. 북한은 1985년 가입했으나 IAEA의 특별핵사찰 요구에 반발해 2003년 1월 탈퇴했다.

포괄적 핵실험금지조약(CTBT; Comprehensive Test Ban Treaty)•••

전면적이고 포괄적인 핵실험금지조약으로, 「핵실험 전면 금지조약」이라고도 한다. 어떠한 형태 · 규모 · 장소에서의 핵폭발 실험도 금지하며, 특히 기존 핵무기의 안전 여부를 점검하는 안전실험은 물론, 임계치 이하의 극소규모 실험까지 금지한다. 1996년 9월 유엔총회에서 결의안이 채택된 CTBT는 비핵국가들이 1995년 5월 핵확산금지조약(NPT)의 무기한 연장에 합의해 주면서 핵보유국들로부터 받아낸 것이다. 당시 비핵국들은 NPT가 핵보유국들의 핵독점을 계속 인정하면서 비핵국들의 핵무기 보유를 제한하는 불평등 조약이라며 핵보유국들에 대해 포괄적인 핵실험 금지, 보유 핵무기 감축을 위한 체계적인 노력을 NPT 합의 조건으로 내놓았었다. 이 조약이 공식 발효되기 위해서는 핵능력을 보유했거나 개발 중인 것으로 알려진 나라들을 포함, 국제원자력기구(IAEA)에 원자로 보유국으로 보고된 44개국 모두가 비준해야 한다. 그러나 대표적인 핵개발 국가인 미국 · 중국을 비롯해 이란 · 이집트 · 인도네시아 · 이스라엘 등은 비준하지 않았고, 파키스탄 · 인도 · 북한 등은 서명에도 참여하지 않았다. 또 러시아는 2023년 11월 비준을 철회했다. 한국은 1999년 9월 24일 44개국 중 22번째로 비준했다.

비핵지대(NWFZ; nuclear weapon free zone)•••

특정 지역 내에서 국가 간 조약에 의해 핵무기의 생산 · 보유 · 배치 · 실험 등을 포괄적으로 금지하고, 핵확산금지조약(NPT)상의 5개 핵보유국들이 비핵지대 조약 당사국에 대한 핵무기 사용 및 위협금지를 내용으로 하는 소극적 안전보장(NSA; negative security assurance)을 제공하는 핵 군축 방식이다. 해당 지역 내에서 핵무기를 배제함으로써 핵전쟁 연루 가능성을 축소하는 것이 목표로서, 성공적으로 기능하기 위해서는 핵보유국의 NSA 제공과 검증 체제 구비가 중요하다. 현존 비핵지대는 ▲1959년 남극조약에 의한 남극 비핵지대 ▲1967년 발표한 트라테롤코조약에 의한 중남미 비핵지대 ▲1985년 라로통가조약에 의한 남태평양 비핵지대 ▲1995년 방콕조약에 의한 동남아 비핵지대 ▲1996년 4월 펠린다바조약에 의한 아프리카 비핵지대 ▲2006년 중앙아시아 비핵화조약에 의한 중앙아시아 비핵지대 등 모두 여섯 곳이 있다.

NCND 정책(neither confirm nor deny policy) •••

미국의 핵전력, 핵병기의 해외 주둔 혹은 해외 반입과 관련해 그 사실 여부에 대한 문제 제기가 있을 경우 그에 대해 미국이 「확인도 부인도 하지 않는 정책」을 말한다. NCND 정책은 1950년대에 만들어진 맥마흔법(McMahon Act)에 근거를 두고 있다.

유라톰(Euratom; European Atomic Energy Community, 유럽원자력공동체) •••

유럽 내 원자력의 평화적 개발을 위한 협력기구로 1958년 로마협정에 따라 설립했다. 초기 창설 멤버는 프랑스, 독일, 이탈리아, 베네룩스 3개국, 영국, 아일랜드, 덴마크의 9개국이며 이후 유럽연합(EU) 전 회원국을 포함하게 됐다. 본부 소재지는 벨기에 브뤼셀이다.

핵클럽(nuclear club) •••

핵무기를 보유하고 있는 국가들을 지칭하는 말이다. 국제사회에서 인정하는 핵클럽이라고 하면 미국, 영국, 러시아, 프랑스(1960년 핵실험 성공), 중국(1964년 핵실험 성공) 5개국을 지칭한다.

핵우산(nuclear umbrella) •••

핵보유국이 핵무기의 보복력으로 핵을 갖지 않은 동맹국에 대한 핵공격에 방어막을 제공하는 것을 말한다. 동맹국을 핵으로 만든 우산 아래 두어 핵공격을 피하게 해준다는 의미이다. NATO 가맹국들과 한국, 일본은 미국의 핵우산 아래에 있는데, 이는 군사적으로 뿐만 아니라 정치적 · 심리적 위협에 대처하는 효과도 있다. 비핵화(denuclearization)는 영토 내에 핵은 없지만 핵우산의 보호를 받을 수 있는 상태이며, 비핵지대화(nuclear free zone)는 핵우산을 걷어내고 영토 · 영공 · 영해에 핵무기의 출입과 통제를 하지 않는 것이다.

확장억제(extended deterrence) 동맹국이 핵 공격을 받거나 위협에 노출됐을 때 미국이 본토와 동일한 수준의 전력을 지원한다는 미국의 방위 공약이다.

그라운드 제로(ground zero) •••

핵폭탄 등 핵무기가 폭발한 지점 또는 피폭 중심지를 뜻하는 군사용어이다. 제2차 세계대전 당시 일본 히로시마와 나가사키에 각각 투하된 원자폭탄의 피폭지점을 일컫는 말로, ≪뉴욕타임스≫가 처음 사용했다. 이후 핵폭탄이나 지진과 같은 대재앙의 현장을 가리키는 용어로 사용됐으며, 2001년 미국에서 발생한 9 · 11 테러 이후 뉴욕의 세계무역센터(WTC) 빌딩이 붕괴된 지점을 같은 이름으로 부르면서 널리 알려졌다.

펜타곤(Pentagon) •••

미국의 국방부를 지칭하는 말로, 청사가 5각형 건물인 데서 붙여진 이름이다. 육 · 해 · 공 3군을 통합한 최고군사기관이며, 정식 명칭은 「Department of National Defense」이다. 1947년 워싱턴 포트맥 강변에 설립됐다. 3군 최고사령관인 대통령 직속이며 국방장관이 군사행정을 통할한다.

미국국가안전국(NSA; National Security Agency) 미국 국방부 특별활동국 소속의 미국 최대의 전자첩보기관으로, 1952년 메릴랜드주 포트 미드에 설립됐다. NSA가 관리하는 국제적인 정보 감시망 「에셜론(Echelon)」을 통해 전 세계의 통신망을 감청하고 암호의 작성·관리, 적성국의 암호 분석 및 해독을 주 임무로 한다.

MI5(Military Intelligence 5) 영국 군사정보부. 군사정부 제5국(보안국)으로 국내의 스파이 및 파괴활동 분자를 단속하는 것이 주 임무이다. 또 다른 공작부서인 MI6은 제6국(정보국)으로서 대외 스파이 활동을 담당한다.

모사드(Mossad) 이스라엘의 비밀정보기관으로 해외 업무를 담당한다.

자위대(自衛隊)•••

일본 방위청에 소속돼 직간접 침략을 방위할 목적으로 1954년 설치된 준 군대조직이다. 육상·해상·항공 자위대로 구성돼 있다. 제2차 세계대전의 도발과 패전의 대가로 미 점령군에 의해 부과된 평화헌법의 강령 때문에 사실상 군대임에도 자위대라는 명칭을 쓰고 있다. 외견상 자위대는 방어적 성격을 고수해 오고 군대 편제도 하사관 이상 간부 중심으로 돼 있으나 방어용 군대와 공격용 군대의 기술적 차이는 거의 없다.

집단적 자위권(集團的 自衛權) 우방국이 제3국으로부터 무력공격을 받았을 때 이를 자국에 대한 무력공격과 동일한 것으로 간주해 반격할 수 있는 권리. 이 집단적 자위권의 행사는 조약상의 근거는 필요 없고 행사하는 국가의 재량에 속한다.

유엔 평화유지활동(UN PKO; United Nations Peace Keeping Operation)•••

국제연합(UN)이 관계당사국의 동의를 얻어 일정한 군대 등으로 구성된 유엔 평화유지군(PKF)이나 감시단 등을 현지에 파견해 휴전·정전의 감시 또는 치안유지 임무를 수행하는 일을 뜻한다. 유엔 헌장 제7조에 의거해 평화위협, 파괴, 침략 행위에 대해 안전보장이사회 총회 의결에 따라 유엔 주도하에 실시되며, 사태의 진정이나 재발 방지 등의 역할을 한다. 조직 형태는 정전감시단과 평화유지군으로 나뉜다. 정전감시단은 정전의 감시·감독을 위해 분쟁지역에 파견되며 정전을 위반하는 행위가 일어나면 이것을 즉시 안보리에 보고하는 것이 임무로, 무기는 휴대하지 않는다. 반면 평화유지군은 개인화기, 장갑차 등으로 경무장하며 대규모이다.

PKO 기본원칙	동의성, 중립성, 비강제성, 대표성, 자발성
PKO 유형	예방적 전개, 평화 조성, 인도적 구원, 평화유지, 평화 강제, 평화 건설

유엔 평화유지군(UN PKF; United Nations Peace Keeping Force)•••

국제연합(UN) 회원국의 중대 단위 이상의 병력이 분쟁지역에 주둔하는 부대를 가리킨다. 1948년 이스라엘과 아랍제국 간의 휴전을 감시하기 위한 유엔 정전감시기구(UNTSO)를 시초로 구성됐으며, 1988년 노벨평화상을 수상했다. 평화유지군은 분쟁당사국들이 원할 때만 유엔 안보리의 결의에 따라 배치되며 보통 여러 국가에서 자발적으로 차출, 파견된다. 이들의 역할은 평화유지에 국한되며 무력행사는 「자위의 경우」로 엄격하게 제한한다.

1

유엔 평화유지군과 다국적군 비교

구분	유엔 평화유지군	다국적군
설치 근거	유엔 안보리 거쳐 총회 의결	핵심 이해당사국 주도로 창설 결정, 안보리 결의로 승인
사령관 임명권	유엔 사무총장 임명	참여국 협의
임무	적대행위가 종료된 지역에 정전 감시, 평화협정 이행 감시, 전후 복구 등 임무 수행(접수국 동의 필요)	침략행위 발생 또는 평화가 교란된 지역에서 평화회복 임무 수행(접수국 동의 불필요)
무력 사용 범위	자위 목적으로만 무력 사용	침략 격퇴, 무력 진압 등 적극적 무력 사용 가능
경비부담 주체	유엔 회원국들이 분담	병력파견국 자비 부담
복장	청색 베레모의 평화유지군 복장	자국 군복 착용

청해부대(青海部隊) 한국군 사상 첫 전투함 파병부대로, 소말리아 아덴만을 통과하는 한국 선박의 해적 피해를 예방하기 위해 2009년 3월 3일 「국군부대의 소말리아 해역 파병 동의안」이 국회에서 가결됨에 따라 즉시 창설됐다. 2011년 소말리아 해적으로부터 한국 선박 삼호주얼리호 선원들을 구출한 「아덴만의 여명」 작전으로 유명하다.

북핵 6자회담 •••

남북한을 포함, 미국 · 일본 · 중국 · 러시아 등 6개국이 모여 북한 핵문제를 평화적으로 해결하기 위한 다자회담이다. 2003년 8월 중국 베이징에서 1차 회담이 시작돼 2007년 2월에 2 · 13 합의를 보기까지 5차 회담이 열렸다. 미국은 북한에 대해 CVID(완전하고 검증 가능하며 불가역적인 핵폐기)를 목표로 북한이 핵무기 외에 평화적 목적의 핵활동까지 동결해야 한다는 입장인 반면, 북한은 핵동결 대상은 핵무기에 국한돼야 한다는 입장으로 팽팽히 맞서 협상 진전이 이뤄지지 않았다. 그러다 2007년 2월 13일 북한이 핵시설 폐기 때 중유를 제공하기로 하는 합의를 이끌어냈으며, 이후 6차 1단계 회의(2007. 7. 18~20.)에서는 「2 · 13 합의」의 이행방안 등이 논의됐다. 하지만 2008년 12월 수석대표 회담에서 북핵 신고 내용 검증에 대한 합의 도출에 실패했고, 이후 북핵 문제 해결을 위한 6자회담은 중단됐다.

제네바합의(agreed framework between DPRK and US) •••

북미 간 3단계 고위급회담 2차 회의(1994. 9. 23.~10. 17.)에서 양국이 서명한 기본 합의문이다. 제네바 기본합의문에서 미국은 북한에 대해 핵개발 동결대가로 1000MWe급 경수로 2기를 제공하고 대체에너지로 연간 중유 연 50만t을 제공하기로 했으며, 이에 대해 북한은 핵확산금지조약(NPT)의 완전 복귀와 모든 핵시설에 대한 국제원자력기구(IAEA)의 사찰 허용, 현재와 미래에 대한 핵활동의 전면 동결 및 기존 핵시설의 궁극적인 해체를 약속했다. 또 북미 양국은 쌍방의 수도에 연락사무소 설치, 한반도 비핵화 공동선언의 이행과 남북 대화의 재개에도 합의했다.

한반도 비핵화 공동선언(韓半島 非核化 共同宣言) •••

남북한이 「한반도의 비핵화를 통해 핵전쟁의 위험을 제거하고 조국의 평화와 평화통일에 유리한 조건과 환경을 마련하자」는 취지로, 1991년 12월 31일 판문점에서 열린 회담에서 합의하고 1992년 2월 6차 남북 고위급회담(평양)에서 「공동위 구성・운영 합의서」를 교환함으로써 발효됐다. 6개 항으로 이뤄진 비핵화 공동선언의 주요 내용은 ① 핵무기의 시험・제조・생산・접수・보유・저장・배비(配備)・사용의 금지 ② 핵에너지의 평화적 이용 ③ 핵재처리 시설 및 우라늄 농축시설 보유 금지 ④ 비핵화를 검증하기 위해 상대측이 선정하고 쌍방이 합의하는 대상에 대한 상호 사찰 ⑤ 공동선언 발효 후 1개월 이내에 남북핵통제공동위의 구성 등이다.

테러지원국(state sponsors of terrorism) •••

미국이 국제 테러행위에 직접 가담했거나 이를 지원하고 방조한 혐의가 있는 나라를 지칭하는 용어이다. 현재 쿠바・시리아・이란・북한 등 4개국이 테러지원국으로 지정돼 있으며, 미국은 테러지원국에 대해 수출입 통제, 대외원조 금지 등 군사・경제적으로 포괄적인 제재를 가한다. 북한의 경우 1987년 KAL기 폭파사건 이듬해 테러지원국 명단에 올랐다가 2008년 10월 11일 해제됐고, 2017년 11월 20일 재지정됐다.

적성국교역법(Trading with the Enemy Act, 敵性國交易法) •••

미국이 특정한 나라를 경제적으로 고립시키기 위해 1917년 제정한 연방법이다. 적성국에 지정된 국가는 미국과 무역 거래를 할 수 없고 미국 내 자산이 동결된다. 이들 국가와 거래하는 국가도 미국과 거래를 할 수 없어 사실상 국제사회에서 고립된다. 과거 공산권 국가들이 이 법의 적용 대상이었다. 현재 쿠바가 적성국교역법에 의해 제재를 받고 있다. 북한은 1950년 6・25전쟁 발발 직후 적성국에 지정, 규제를 받아오다 테러지원국 해제에 따라 이 규제에서도 풀려났으나 2017년 테러지원국으로 재지정되면서 다시 이 법의 제재를 받게 됐다.

백색국가(whitelist) •••

각국 정부가 안보상 문제가 없다고 판단한 안보 우방 국가로, 자국 제품 수출 시 허가 절차 등에서 우대를 해주는 국가를 말한다. 안전 보장 우호국, 화이트리스트, 화이트 국가라고도 부른다. 통상적으로 해외로 수출되는 제품은 안보 문제없이 적절한 관리가 이뤄지고 있는지 개별적으로 심사해야 할 필요가 있는데, 백색국가로 지정될 경우 절차와 수속에서 우대를 받는다. 우리나라는 2019년 9월 18일 일본을 백색국가에서 제외했는데, 이는 일본이 앞선 8월 28일 한국을 백색국가에서 제외한 데 대한 대응조치이다. 이후 한국은 2023년 4월, 일본은 같은 해 6월 상대국을 백색국가에 다시 포함시켰다.

지소미아(GSOMIA; general security of military information agreement, 군사정보보호협정)•••

협정을 맺은 국가 간에 군사 기밀을 서로 공유할 수 있도록 맺는 협정이다. ▲국가 간 정보 제공 방법 ▲정보의 보호와 이용 방법 ▲정보의 제공 경로와 제공된 정보의 용도 ▲보호의무와 파기 등의 내용을 규정하고 있다. 다만 협정을 체결해도 모든 정보가 상대국에 무제한 제공되는 것은 아니며, 상호주의에 따라 사안별로 검토해 선별적인 정보 교환이 이뤄진다. 이에 반해 상호군수지원협정(MLSA; mutual logistics support agreement)은 유엔 평화유지군 활동이나 대규모 재난 등의 상황에서 양국군이 상호 군수품과 서비스를 제공할 수 있도록 맺는 협정을 일컫는다. 한국과 일본은 2016년 11월 군사정보의 직접 공유를 위한 지소미아를 체결했다. 그러다 2019년 일본 정부의 한국 백색국가 제외조치에 대응해 우리 정부도 일본 정부와의 지소미아를 종료를 공식 발표했다가 종료 통보의 효력을 일시 중단하면서 잠정 유지됐다. 그리고 2023년 3월 16일 한일 정상회담에서 양국 정상은 한일 지소미아 종료 유예 철회에 합의하며 완전히 정상화했다.

대인지뢰금지협약(mine ban treaty, 對人地雷禁止條約)•••

대인지뢰의 사용, 비축, 생산, 이전 금지 및 폐기에 관한 협약으로 「오타와 협약」이라고도 한다. 1997년 12월 3일 캐나다 오타와에서 체결됐으며, 1999년 3월 1일 40개국이 비준하면서 효력이 발생했다. 가입국이 되면 4년 내에 비축 대인지뢰를 모두 폐기하고, 10년 내에 매설 지뢰를 모두 제거하며, 지뢰 희생자에 대한 보호와 재활에 나서야 한다. 프랑스, 독일, 영국, 호주, 캐나다, 노르웨이 등 19개국이 이 조약에 따라 대인지뢰를 전면 폐기했다. 그러나 남북한과 미국, 중국, 러시아 등은 대체무기가 개발되지 않았다는 이유로 조약 가입을 거부, 가입국들의 비난을 사고 있다. 현재 대인지뢰는 이집트, 이란, 앙골라 순으로 많이 매설돼 있다.

군축 3조약(軍縮 三條約)•••

생물・독소(毒素)무기 금지, 환경개변(改變)기술의 군사적 사용금지, 특정 재래식무기 금지 등 3개 조약을 말한다. 1972년 4월 생물・독소무기 금지조약이 성립되면서 페스트균이나 티푸스균을 세균제로서 생산・저장・사용하는 것이 금지됐다. 그 후 1976년 2월 환경개변기술 금지조약이 성립돼 인공지진・해일・태풍의 진로 변경 및 고엽제 대량 살포 등이 금지됐고, 1980년 10월에는 네이팜탄이나 지뢰 등에 의한 민간인의 과잉살상을 방지하려는 특정 재래식무기 금지조약이 성립됐다.

바세나르체제(WA; Wassenaar arrangement)•••

재래식무기 및 전략물자(전략상 필요한 물자, 전쟁수행 시 필요한 모든 물자)와 관련 기술이 적성국가나 테러지원국 등에 수출되는 것을 막기 위한 다자간 전략물자 수출통제체제이다. 기존의 대량파괴무기 확산금지체제를 보완하는 체제로, 1994년 대공산권수출조정위원회(COCOM)가 폐지되자 1996년 7월 네덜란드 바세나르에 본부를 설치하고 결성됐다. 국제평화와 지역안전을 저해할 우려가 있는 모든 국가를 대상으로 하나 국제조약이 아니므로 이를 집행하는 감독기구는 없다. 우리나라는 1996년 4월 가입했다.

국제전략물자 수출통제체제(export control regime)•••

전략물자가 분쟁국가나 국제평화를 저해할 우려가 있는 국가로 수출되지 않도록 통제하는 제도로, 비공식적이고 자발적인 다자간 협의체이다. 각국의 책임하에 전략물자에 대한 수출을 통제하며 위반자를 처벌한다. 군수품과 방위산업 물자, 이중용도 민수품 등이 통제대상이 된다. 이와 관련 ▲핵무기(핵공급국그룹, NSG: 한국 1995년 가입) ▲재래식무기(바세나르체제, WA: 한국 1996년 가입) ▲화학무기(호주그룹, AG: 한국 1996년 가입) ▲미사일(미사일기술통제체제, MTCR: 한국 2001년 가입) 등 4개 분야의 국제협정이 체결돼 있다. 가입국의 기업들은 무기 전용 가능성이 있는 전략물자를 4개 협정 미가입국에 수출할 때는 사전에 자국 정부의 허락을 받아야 한다. 전략물자 수출 적발 시 일반적으로는 시행국가와의 무역이 3년 이상 금지된다. 이 제도는 1994년 미국에서 처음 도입했으며, 이후 유럽연합(EU)이 2000년 6월, 일본이 2002년 4월에 도입하는 등 20여 개국에서 시행 중이다. 우리나라는 1996년부터 바세나르체제를 따랐고, 2003년 1월부터 이 제도를 본격적으로 도입했다.

캐치올(catch-all contols) 전략물자 수출통제 보완제도. 금지 품목이 아니더라도 대량살상무기(WMD)에 이용될 가능성이 높으면 반드시 정부의 수출허가를 받도록 하는 것이다. 인지(know), 의심(suspect), 통보(inform) 등 3대 요건으로 구성되고 한 개라도 해당되면 적용된다. 우리나라는 2003년에 도입하고 2007년 법적 근거를 마련했다. 일본은 2019년 한국의 백색국가 제외 사유로 캐치올 규제를 거론한 바 있다.

미사일기술통제체제(MTCR; missile technology control regime)•••

탄도미사일의 경우 사정거리 300km, 탑재중량 500kg 이상의 로켓, 미사일 등 무인운반체와 부속장치 및 관련기술에 대해 평화 목적이 증명되지 않으면 외국 수출을 금지하는 국제협약이다. 1980년대 들어 러시아제 스커드미사일이 북한 등 제3세계로 확산되자 미국 등 서방 7개국이 1987년 4월 16일 창설했다. 우리나라는 2001년 가입했다. MTCR 회원국이 되면 국제적인 우주산업개발에의 동참과 기술협력에 유리해지고, 회원국이 규정을 위반할 경우에는 평화 목적일지라도 선진국의 우주산업기술협력을 받지 못하게 된다. 중국, 이스라엘, 루마니아, 우크라이나 등 4개국은 MTCR에 가입하지는 않았으나 일방적으로 지침을 수락한 경우이다. 상당 수준의 미사일 개발 능력을 보유하고 있으면서 MTCR에 가입하고 있지 않은 나라로는 인도, 북한, 파키스탄이 있다.

한미 미사일지침 한미 양국 간 체결된 탄도미사일 개발 규제에 대한 지침. 한국은 1979년 탄두중량을 500kg, 사거리를 180km로 제한하는 조건으로 미사일 개발을 시작, 이후 네 차례(2001, 2012, 2017, 2020)의 개정을 거쳐 군사용 사거리는 800km로, 탄두중량은 그 제한을 완전히 해제했다. 그리고 2020년 7월에는 고체연료 사용 제한을 해제했다. 이로써 민간·상업용 로켓의 고체 연료 사용에 제한이 완전히 사라지게 됐다.

뉴 스타트(New START; New Strategic Arms Reduction Treaty)•••

2010년 4월 8일 체코 프라하에서 서명된 미국과 러시아 간의 핵무기 감축 협정으로 「신(新) 전략무기감축협정」이라고 한다. 미·러 양국이 실전 배치 핵탄두 수를 1550개 이하로 줄이고, 핵탄두를 운반하는 대륙간탄도미사일(ICBM)·잠수함발사탄도미사일(SLBM)·전략폭격기 등을 700기 이하로 줄이는 것을 주요 내용으로 한다. 1991년 7월 미국과 구소련이 핵탄두와 대륙간탄도미사일 등의 감축에 합의한 전략무기감축협정(START)의 맥을 잇는 것으로, 2011년 2월 5일 발효됐다. 이 협정은 당초 10년 기한으로 체결됐다가 양국의 합의에 따라 2026년까지 5년 연장됐으나, 러시아가 2023년 2월 참여를 중단했다.

HEUP(highly enriched uranium program) •••

고농축 우라늄 핵개발 계획을 지칭한다. 핵무기는 플루토늄탄과 우라늄탄으로 나뉜다. 북한은 플루토늄탄 개발을 추진해 오다가 1994년 북미 제네바합의를 통해 이 무기 제조와 관련이 있는 핵 재처리시설(방사화학실험실)과 원자로의 활동을 동결했다. 그러나 북한은 1990년대 말부터 우라늄탄 개발에 나선 것으로 알려졌다. 우라늄탄은 천연 상태의 우라늄을 정제해 그 속에 0.7% 포함된 핵분열 물질인 우라늄 235를 90% 이상으로 농축시켜 만든다.

한미 연례안보협의회(SCM; ROK-US security consultative meeting) •••

한반도 안보에 관한 제반 문제들을 협의하기 위해 매년 개최되는 한미 국방장관 간의 연례회의이다. 1·21사태와 푸에블로호 납북사건 등으로 한반도의 긴장이 극도로 고조됐던 1968년 5월 워싱턴에서 제1차 회의가 개최됐다. 1971년 2월 제4차 회의 때부터 명칭을 「한미 연례안보협의회」로 개칭하고 외교부도 참여하는 명실상부한 안보차원의 회의로 발전돼 현재에 이르고 있다. SCM은 국방장관 수준에서 안보문제를 협의하며, 양국의 국가통수 및 군사지휘기구의 명을 받아 군사위원회(MC; Military Committee)에 전략지침을 하달한다.

한미 주둔군지위협정(SOFA; Status of Forces Agreement) •••

정식 명칭은 「대한민국과 아메리카 합중국 간의 상호방위조약 제4조에 의한 시설과 구역 및 대한민국에서의 합중국 군대의 지위에 관한 협정」이다. 약칭 「한미 주둔군지위협정」 또는 「한미 SOFA」라고 부른다. 한미 상호방위조약 제4조에 따른 주한미군의 지위를 규정한 협정으로, 본협정과 합의의사록, 양해사항 등으로 구성돼 있다. 이 가운데 제22조 형사재판권은 불평등하다는 지적을 받아 왔다. 재판권을 행사할 권리가 경합하는 경우, 미군·군무원(군속) 및 그 가족의 신체나 재산에 대한 범죄, 공무집행 중에 일어난 범죄에 대해서는 미군이 일차적 재판권을 가지며, 기타 범죄에 대해서는 한국이 일차적 재판권을 가진다. 하지만 합의의사록에서는 미군이 한국에 재판권 포기를 요청하면 이를 호의적으로 고려하고, 재판권 행사가 중요하다고 결정하는 경우를 제외하고는 한국의 일차적 권리를 포기하도록 하고 있다.

한미 전시지원협정(WHNS; wartime host nation support) 1991년 7월 한국 정부와 미국 정부 간에 체결된 전시지원에 관한 일괄협정. 전시지원이란 위기, 적대행위 또는 전쟁 시 한국이 미국 군대의 접수, 이동과 지속을 위해 제공하는 군사 및 민간 자원과 지원을 말한다.

한미 방위비분담 특별협정(SMA; special measures agreement) 한미 양국이 주한미군 주둔비용에 관한 방위비 분담을 위해 1991년 체결한 특별협정. 분담금은 주한미군에서 근무하는 한국인 근로자의 인건비, 군사건설 및 연합방위 증강사업, 군수지원비 등의 명목으로 사용된다.

전시작전통제권(WOC; wartime operational control) •••

한반도 유사시 군의 작전을 통제할 수 있는 권리로, 「전시작전권」이라고도 한다. 한국군의 작전권은 평시작전통제권과 전시작전통제권으로 나뉘어져 있는데, 평시작전통제권은 한국군 합참의장, 전시작전통제권은 한미연합사령관(주한미군사령관)에게 있다. 여기서 전시란 데프콘3(중대하고 불리한 영향을 초래할 수 있는 긴장상태가 전개되거나 군사개입 가능성이 존재하는 상태)이 발령됐을 때를 말한다. 전시작전통제권의 한국 이양은 당초 2012년 4월 17일로 예정됐으나, 한미 양국은 이후 ▲한반도 및 역내 안보환경 ▲전시작전통제권 이후 한국군의 핵심군사능력 ▲북한 핵·미사일에 대한 한국군의 필수 대응능력 등 3가지 조건을 평가해 전환하기로 합의했다.

환태평양훈련(RIMPAC; Rim of the Pacific Exercise) •••

미 해군 제3함대가 1971년부터 2년마다 한 번씩 한국, 캐나다, 일본, 호주 등 태평양 우방국 해군들과 함께 실시하고 있는 합동 군사훈련이다. 해군의 기동훈련을 위주로 하는 방어적 성격의 훈련으로 태평양의 해상 교통로 방어와 연안국 간 연합작전 능력 향상을 목적으로 한다.

사드(THAAD; Terminal High Altitude Area Defense) •••

요격고도 40~150km, 최대 사거리 200km에 이르는 고고도 미사일방어체계의 핵심 수단으로, 발사된 탄도미사일이 목표물에 근접해 하강하는 종말단계에서 격추시킬 수 있는 미국 미사일방어(MD)의 핵심적 요격체계이다. 사드 1개 포대는 ▲포대 통제소 ▲사격 통제 레이더(AN/TPY-2 TM) 1대 ▲발사대 6기 ▲요격 미사일 48발 등으로 구성된다. 2017년 9월 7일 경북 성주 기지에 사드 1개 포대의 배치가 완료됐다.

사드의 요격체계

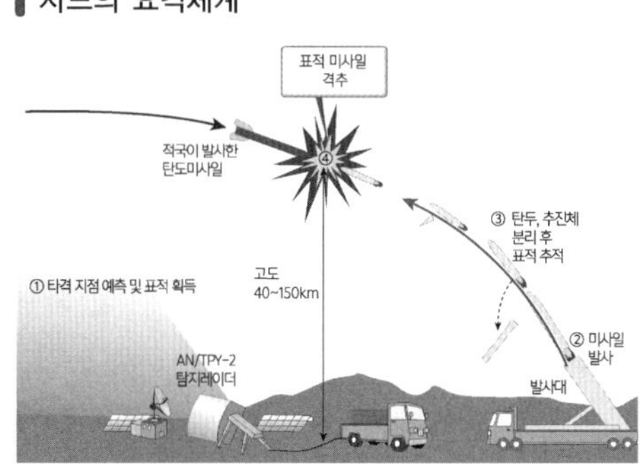

한국형 3축 체계(3K) •••

킬체인(Kill Chain) 북한의 핵·미사일 발사 징후를 정찰기·정찰위성 등의 핵심전력으로 먼저 탐지해 선제 타격하는 공격체계이다. 발사 전 제거가 핵심으로 탐지 – 확인 – 추적 – 조준 – 교전 – 평가 등 6단계로 진행되며, 25분 내 타격이 목표이다. 한편, 킬웹(Kill Web)은 북한이 핵·미사일을 발사하기 전 사이버작전 등을 이용해 교란·파괴할 수 있는 군 작전 개념으로 킬체인을 확대한 것이다.

한국형 미사일 방어체계(KAMD; Korea Air and Missile Defense) 10~30km의 저고도에서 적의 탄도 미사일 및 전투기, 폭격기를 공중 요격하는 하층방어체계이다. 발사 전 제거가 핵심인 킬체인이 작동하지 않았을 때 대응하는 단계이다. 지대공 요격미사일 체계인 천궁-Ⅱ 등이 핵심 전력이 된다.

대량응징보복(KMPR; Korea Massive Punishment and Retaliation) 북한의 핵·미사일 공격 시 대규모 미사일 발사·특수부대 침투 등으로 응징·보복한다는 한국군의 군사전략이다. 2016년 9월 9일 북한의 5차 핵실험 직후에 발표된 대 북한 응징·보복 전략으로 참수작전이라고도 한다.

한국항공우주작전본부(KAOC; Korean Air and Space Operations Center) 한반도 전역의 항공우주작전을 지휘·통제하고, 전시 한미 연합 공군전력의 작전을 지휘하는 한국군의 전략사령부로서 오산공군기지의 지하벙커에 위치하고 있다.

상호확증파괴(MAD; mutual assured destruction) •••

적이 핵공격을 가할 경우 남아 있는 핵전력으로 상대편을 전멸시키는 보복 핵전략이다. 「상호필멸전략」이라고도 한다. 1960년대 미국의 아이젠하워 대통령이 채택했으며, 냉전시대에 미국·구소련 간 핵전쟁을 억제하는 데 중요한 역할을 했다.

C4I •••

지휘(command), 통제(control), 통신(communication), 컴퓨터(computer), 정보(intelligence)의 영문 머리 글자를 딴 「전술 지휘 자동화체계」를 말한다. C4I는 이 5대 요소를 자동화해 전장을 한눈에 보면서 육해 공군의 전력을 입체적으로 활용해 최소 희생으로 전쟁에서 승리하는 통합 전장관리체계를 뜻한다.

워치콘(watchcon) / 데프콘(defcon) •••

워치콘(watch condition)은 한미 양국 군의 대북 정보감시태세를, 데프콘(defense readiness condition)은 방어준비태세를 지칭한다. 워치콘은 1~5단계로 나뉘며 긴장이 높아질수록 숫자가 내려간다. 워치콘5는 정상준비태세이며, 워치콘1은 적의 도발이 명백할 때 발령된다. 데프콘은 1~5단계로 구분되며 숫자가 낮을수록 전쟁 발발 가능성이 높다는 것을 의미한다. 우리 군은 1953년 정전 이래 데프콘4를 유지하고 있다. 데프콘3이 발령되면 우리 군의 작전통제권이 한미연합사령관(주한미군)에게 넘어가며, 데프콘 격상 권한 역시 연합사령관에게 있다. 데프콘1은 동원령 선포와 함께 전시체제에 돌입하는 것을 의미한다.

인포콘(infocon; information operations condition) 우리 군의 정보작전 방호태세를 일컫는다. 이 작전 개념은 한반도에서 위기가 발생할 경우 한미 연합사령관이 발령하는 전투준비태세인 「데프콘」에서 따온 개념으로, 2001년 4월부터 시행됐다. 정보전 징후가 감지되면 합동참모본부 의장이 단계적으로 인포콘을 발령하게 된다. 인포콘은 ▲정상(통상적 활동) ▲알파(증가된 위험) ▲브라보(특정한 공격위험) ▲찰리(제한적 공격) ▲델타(전면적인 공격) 등 5단계로 구분돼 단계적으로 조치된다.

GPR(global posture review) •••

미국의 해외주둔 미군 재배치계획으로, 「럼즈펠드 독트린」이라 불리는 해외주둔 미군 전력의 재편 방안이다. GPR의 핵심은 해외주둔 미군을 가장 적절한 지역에 최적의 전력으로 배치하겠다는 것이다. 이에 따라 주한미군 재배치의 일환으로 용산과 동두천, 의정부에 있는 미군기지가 평택으로 이전됐다.

KFX 사업(Korean Fighter eXperimental) •••

2015년부터 2028년까지 약 8조 원을 투입해 공군의 장기운영 전투기(F-4, F-5)를 대체하고 기반 전력으로 활용할 4.5세대급 전투기를 개발하는 초대형 국책사업이다. KF-21은 한국형 전투기(KF-X)의 고유 명칭이며, 통상 명칭은 「KF-21 보라매」이다. KF-21은 세계에서 8번째로 개발한 초음속 전투기로, 앞서 초음속 전투기를 개발한 나라로는 미국, 러시아, 중국, 프랑스, 일본, 스웨덴, 영국・독일・이탈리아・스페인(공동개발) 등이 있다.

공중조기경보통제기(AEW&C; Airborne Early Warning & Control) •••

날아다니는 전투지휘 사령부, 하늘을 나는 레이더라는 별칭을 갖고 있는 최첨단 전략정보기이다. 고성능 레이더를 탑재해 지상 레이더망에 잡히지 않는 저공 침투 항공기와 미사일을 원거리에서 포착할 수 있다. 또 적기에 관한 각종 정보를 탐색해 보고하는 기능과 아군의 요격기를 지휘, 통제하는 기능도 갖추고 있다. 국방부는 우리 군의 독자적인 정보 수집과 작전능력 보유를 위해 공중조기경보통제기 도입사업(E-X)을 추진해 공중조기경보통제기 4대를 운용하고 있다.

피스아이(Peace Eye, E-737) 우리나라 최초의 공중조기경보통제기(AEW&C). 최대 탐지거리는 500km 이상이며 3000여 개 비행체를 동시 탐지할 수 있고, 300여 개 목표물 추적이 가능하다. 우리나라는 약 2조 원의 사업비를 투자해 총 4대의 피스아이를 2011년 도입해 미국, 북대서양조약기구(NATO), 프랑스, 영국, 일본, 호주, 튀르키예, 사우디아라비아에 이어 아홉 번째로 공중조기경보통제기를 도입한 나라가 됐다.

글로벌호크(Global Hawk)•••

미국 노스롭그루먼사가 2000년 개발한 현존 최고 성능의 공군 장거리 고(高)고도 무인정찰기(RQ-4)이다. 20km 상공에서 35~40시간 비행이 가능하며, 기체 무게의 60%에 달하는 6.8t의 연료를 적재하고 시속 약 640km로 비행이 가능하다. 또한 첨단 영상레이더와 전자광학・적외선 감시 장비 등을 갖추고 있어 지상 30cm 물체까지도 식별이 가능하다. 특히 프레데터가 적 레이더에 쉽게 노출돼 격추당하기 쉽다는 단점을 보완하기 위해 추적 신호 방해 장비를 갖춘 것이 특징이다. 우리나라는 대북 감시정찰능력 확보를 위해 2019년 1호기를 시작으로 총 4대의 글로벌호크를 도입했다.

F-35A•••

한국의 차기전투기(F-X) 3차 사업 기종으로 선정된 미국 록히드마틴사의 스텔스 전투기이다. F-35A의 제원은 길이 15.7m, 높이 4.38m, 너비 10.7m, 최대 속력 마하 1.8(음속의 1.6배), 최대 항속거리 2200km, 전투 행동반경 1100km이다. 적의 레이더에 탐지되지 않고도 목표물을 정밀 타격할 수 있다는 점에서 한국형 미사일방어체계(KAMD)의 핵심 전력으로 꼽힌다. F-35A는 공대공미사일과 합동직격탄(JDAM), 소구경 정밀유도폭탄(SDB) 등 최대 8.2t의 무장 탑재력을 갖추고 있다.

F-22(F-22 Raptor) 보잉사와 록히드마틴사가 제작한 미국의 스텔스 전투기로, F-35와 더불어 5세대 전투기로 평가받는다. 2005년 말 국내에 도입된 이 전투기는 강력한 스텔스 기능(적 레이더에 식별되지 않는 기능)과 최대 250km 떨어진 곳에 있는 직경 1m 물체까지 식별해 낼 수 있는 최첨단 특수레이더 등 각종 첨단 기능을 탑재하고 있다.

T-50(T-50 Golden Eagle)•••

한국 최초의 초음속 제트훈련기 겸 경공격기로, 2003년 2월 19일 초음속 돌파 비행에 성공한 데 이어 2005년 8월 말부터 생산됐다. 한국항공우주산업(주)이 록히드마틴사로부터 기술을 이전받아 개발했다. 정식 명칭은 「T-50 고등훈련기」이며 「골든이글(검독수리)」이라는 별칭으로도 불린다. 길이 13.13m, 너비 9.45m, 높이 4.91m, 최대속도 마하 1.5, 이륙중량 1만 3454kg, 실용상승고도는 1만 4783m이다. T-50 생산으로 우리나라는 자체 기술로 초음속 비행기를 개발한 12번째 국가가 됐다.

킬러 위성(killer satellite)•••

적의 인공위성을 공격해 파괴하기 위한 군사 위성으로, 위성공격무기(ASAT; anti-satellite)의 한 종류이다. 이 분야에서는 미국, 러시아를 비롯해 중국 등이 경쟁하고 있다.

이지스함(Aegis)•••

미국 해군이 개발한 이지스 시스템을 장착한 구축함으로 「꿈의 구축함」이라고 불린다. 본래 「이지스(Aegis)」는 고대 그리스 신화에서 제우스가 딸 아테네에게 선물한 무적의 방패 이름이다. 이지스급 구축함은 해상에서 적의 유도탄이나 항공기, 함정, 잠수함 등 총 21개의 대공・대함・대잠 목표물에 대한 동시 대응 및 제압 능력을 갖고 있다. 한 척의 군함이 다수의 적 항공기와 전함, 미사일, 잠수함을 충분히 제압할 수 있어 금세기 최고의 함정이라는 평을 듣는다. 이지스함 보유국은 한국을 포함해 미국과 일본, 스페인, 노르웨이 등 5개국이다. 우리나라는 세종대왕함, 율곡이이함, 서애류성룡함 등 총 3척의 이지스함을 보유하고 있다.

세종대왕함(世宗大王艦) •••

한국 최초의 이지스함으로 2008년 12월 22일 작전배치됐다. 이로써 한국은 미국, 일본, 스페인, 노르웨이에 이어 다섯 번째 이지스함 보유국이 됐다. 주요 제원은 길이 165m, 너비 21.4m, 배수량 7650t(만재시 1만t), 최대 항속거리 약 9900km, 최대 탐지 및 추적거리 1054km, 탄도미사일 추적거리 925km이며 승무원 300여 명이 탑승할 수 있다. 360도 전방위를 감시하는 스파이-1D 이지스 레이더와 각종 미사일, 기관포로 3중 방공망을 구축한다. 최대 1000km 떨어져 있는 항공기나 미사일을 찾아낼 수 있고, 900개의 목표물을 동시에 추적할 수 있다.

주요 해군 함정
- 한국 최초 잠수함 : 장보고함
- 국산 1호 잠수함 : 이천함
- 한국 최초 이지스함 : 세종대왕함
- 국산 1호 구축함 : 광개토대왕함
- 한국 최초 4000t급 구축함 : 이순신함
- 한국 최초 스텔스함 : 문무대왕함
- 국내 최초 아시아 최대 대형수송함 : 독도함

핵사찰(nuclear inspection, 核査察) •••

핵무기 개발 의혹이 있는 핵확산금지조약(NPT) 가입국의 관련 시설에 대해 국제원자력기구(IAEA)가 국제법적 의무에 따라 벌이는 사찰활동으로, 임시사찰 · 통상사찰(일반사찰) · 특별사찰 등 3종류가 있다.

임시사찰	NPT 가입국이 IAEA에 신고한 핵시설과 핵물질 미보유 현황이 실제와 맞는지를 확인하기 위해 실시하는 사찰. 가입국이 최초로 신고한 플루토늄, 우라늄 등 핵물질과 원자로 가공 공장, 재처리 공장 등을 시찰하고 계량기록과 작업기록 등을 점검하며 주요 핵시설에는 감시카메라에 봉인 등을 설치한다.
통상사찰	핵물질과 핵시설의 변동 상황을 점검하기 위해 정기적으로 실시하는 사찰. 「일반사찰」이라고도 한다. 사찰 내용은 핵물질 재고 파악, 봉인 및 감시 장비 작동 점검 등 임시사찰과 거의 비슷하며 1년에 3~4차례 실시한다.
특별사찰	IAEA가 일방적으로 실시할 수 있는 사찰. 임시사찰 결과 신고한 내용과 실제 내용에 차이가 있는 것으로 확인됐으나 NPT 가입국이 의심 가는 시설에 대해 신고하지 않는 경우, 또는 통상사찰을 통해 의심할 만한 증거를 포착한 경우 실시한다.

런던 핵지침 선진국 간의 핵수출 통제체제. 핵사찰을 받지 않는 등 안전조치를 이행하지 않는 나라에 대해서는 핵무기 제조에 이용될 수 있는 원자력 시설과 기술을 판매하지 않기로 약속한 원자력 수출국 간의 약속지침이다.

전략핵(戰略核) •••

개개의 전장이 아닌 적의 영토 혹은 국가기반을 파괴할 목적으로 사용되는 핵무기이다. 핵을 적재한 대륙간탄도미사일(ICBM), 잠수함발사 탄도미사일(SLBM), 장거리 전략폭격기(B52나 B1, 백파이어 등)가 해당된다.

전술핵(戰術核) •••

개개의 전장(국지전)에서 사용되는 비교적 작은 핵무기이다. 원자포나 방공미사일인 핵탄두를 장착한 나이키, 허큘리스 등이 해당된다. 전략핵과 전술핵의 중간, 예컨대 서구에 배치돼 구소련 본토를 사정거리에 두고 있는 핵무기는 전역핵(戰域核)이라 부른다. 구소련의 SS20, 미국의 퍼싱Ⅱ, 토마호크 순항미사일은 중거리 핵전력(INF)이다.

핵배낭(nuclear pack)•••

공식 명칭은 「특수 원자 파괴탄」이며, 전쟁 발발 시 특공대원이 등에 짊어지고 적의 후방에 침투, 공군기지나 댐 등의 요새를 폭파하도록 만들어진 소형 핵무기이다. 무게는 30kg에 불과하나 그 위력은 10t에서 1kt에 달한다. 1963년 미국에서 처음 생산됐고, 독일, 이탈리아, 한국 등에 약 300개가 배치된 것으로 추정되고 있다.

블랙 백(black bag) 미국 대통령이 출장 중에 군사 보좌관에게 들려 가지고 다니는 핵 전용 암호 가방

운명의 날 시계(doomsday clock)•••

핵전쟁 발발로 인한 세계의 종말을 자정으로 가정한 예고시계로 1947년 핵물리학자들에 의해 창안됐다. 미국 시카고에 본부를 둔 미국 핵과학교육재단이 발행하는 ≪원자과학자 회보≫의 표지에 게재되며 회보시계(Bulletin Clock), 지구종말시계라고도 불린다. 이 시계의 오전 0시를 핵에 의한 인류파멸의 날로 보고, 그것이 어느 정도까지 다가오고 있는가를 장침의 움직임으로 나타낸다.

CVID(complete, verifiable, irreversible dismantlement)•••

「완전하고 검증가능하며 불가역적인(혹은 돌이킬 수 없는) 핵폐기」의 영문 앞글자를 딴 것으로 조지 부시 행정부 1기 때 수립된 북핵 해결 원칙이다. 당시 조지 W 부시 전 미국 대통령은 북핵 문제에 대한 미국의 목표를 천명할 때 이 표현을 사용했다. 이는 북한이 핵개발 프로그램을 복구 불가능한 상태로 만들어야 한다는 것으로, 미국은 북핵 6자회담에서도 CVID 방식의 핵문제 해결을 북한에 요구한 바 있다. 북한은 CVID에 대해 「패전국에나 강요하는 굴욕적인 것」이라며 강하게 반발해 왔다.

북한 비핵화 관련 용어

명칭	의미	특징
CVID(complete, verifiable, irreversible dismantlement)	완전하고 검증 가능하며 되돌릴 수 없는 핵폐기	조지 부시 행정부 1기 때 수립된 북핵 해결의 원칙
CVIG(complete, verifiable, irreversible guarantee)	완전하고 검증 가능하며 되돌릴 수 없는 안전보장	미국이 북한에 요구하는 완전한 비핵화가 이뤄지면 똑같은 방식의 완전하고 검증 가능하며 되돌릴 수 없는 체제 보장을 하겠다는 것
CVIN(complete, verifiable, irreversible normalization)	북한과의 완전한 관계 정상화	완전한 비핵화가 이뤄질 경우 북한과의 관계를 완전히 정상화시킨다는 것
CVIP(complete, verifiable, irreversible peace)	완전하고 검증 가능하며 되돌릴 수 없는 평화	북한 비핵화와 체제 보장이 이뤄질 때 한반도에 완전한 평화가 이뤄진다는 의미
PVID(permanent, verifiable, irreversible dismantling)	완전하고 검증 가능하며 되돌릴 수 없는 핵폐기	CVID보다 더 강력한 핵폐기
CPD(complete and permanent dismantlement)	완전하고 영구적인 폐기	CVID와 PVID의 첫 단어를 합친 것으로, 북한의 핵무기는 물론 생화학무기, 탄도미사일의 완전하고 영구적인 폐기를 뜻함
CD(complete denuclearization)	완전한 비핵화	2018년 6월 12일 싱가포르 북미 정상회담의 공동성명에 명시된 내용
FFVD(final, fully verified denuclearization)	최종적이고 충분히 검증된 비핵화	마이크 폼페이오 미 국무장관의 3차 방북(2018. 7.)을 앞두고 미 국무부에서 제시한 개념

리비아식 핵 해법 •••

「선(先) 핵 폐기, 후(後) 보상」으로 불리는 해법으로, 완전한 핵 포기를 선언하고 검증까지 이뤄진 후에야 제재 해제 등의 보상을 하는 방식이다. 1981년 미국과 외교 관계가 단절되면서 강력한 경제제재에 직면한 리비아는 2003년 3월 핵 포기 의사를 전달한 뒤, 2004년 미국에 핵무기와 핵문서를 넘겼다. 이후 2006년 리비아는 미국과의 국교를 정상화했지만 2011년 내전이 발생했고, 독재자 카다피는 반군에 의해 처형됐다. 이에 따라 리비아식 핵 해법은 「선 핵 폐기, 후 정권 교체」 모델로 각인됐다. 핵 포기 해법 사례로는 리비아 외에도 우크라이나식(비자발적 핵보유 포기 : 핵 완전 폐기 대신 경제지원과 안전보장 제공), 남아공식(자발적인 포기), 이라크식(침공 뒤 강제사찰), 파키스탄식(핵보유 묵인) 등이 있다.

경수로(輕水爐) •••

「경수형 원자로」의 줄임말로, 원자력발전에 사용되는 원자로 중 하나이다. 감속재로 물을 사용해서 경수로란 명칭이 붙었는데, 감속재란 핵분열 반응이 서서히 일어나도록 통제하는 물질을 말한다. 감속재로 흑연을 사용하면 흑연로, 중수(일반 수소보다 중성자 한 개가 더 있는 수소와 산소가 결합해 생긴 물)를 쓰면 중수로라고 한다. 경수로의 가장 큰 특징은 다른 원자로에 비해 핵무기 제조가 힘들다는 점이다. 1994년 제네바합의 당시 북한이 영변의 흑연로를 해체하는 대가로 미국 등이 함경남도 신포 금호지구에 경수로를 지어 주기로 한 것도 이 때문이었다. 그러나 북한이 국제원자력기구(IAEA)의 감시를 무시하고 플루토늄 추출을 시도한 것이 드러나 미국의 대북 경수로 건설 지원은 공정률 34% 단계에서 중단됐다.

소형 모듈 원자로(SMR; small modular reactor) •••

증기발생기, 냉각재 펌프, 가압기 등 주요 기기를 하나의 용기에 일체화한 전기출력 300MWe 이하의 소형 원자로를 말한다. SMR은 구성 요소들이 하나의 압력용기에 들어가 있어 사고가 발생해도 방사능 유출 위험이 상대적으로 줄어든다. 또한 기존 원전의 약 100분의 1 이하 수준으로 축소돼 건설공기 단축과 건설비용 절감의 장점이 있고, 다양한 지역 및 발전 목적에 따라 활용할 수 있다. 반면, SMR에 대해 크기만 작아진 원전이라는 비판이 있으며, 원전 운영인력이 대형 원전과 큰 차이가 없고 이것이 발전 단가에 반영될 수 있다는 우려도 나온다. 우리나라, 미국, 러시아 등 원전 설계기술을 보유한 국가에서 개발 중이다.

고속증식로(FBR; fast breeder reactor) •••

천연우라늄의 99%를 차지하는 우라늄 238(238U)을 원자로 내에서 플루토늄 239(239Pu)로 전환시켜 연료로 사용하는 원자로로, 「미래의 원자로」라 불린다. 액체금속인 나트륨을 냉각재로 사용해 「액체금속로」라고도 한다. 원자로 제어가 어렵고 경제성이 낮아 연구용 외에 상업용으로는 가동되고 있지 않다.

칼리머(Kalimer) •••

기존 원전보다 핵연료의 효율이 60배에 달해 「꿈의 원자로」라 불리는 한국형 액체금속로이다. 한국원자력연구원은 1997년부터 소듐냉각고속(SFR)로 개발에 착수, 2008년 중형 소듐냉각고속로인 「칼리머(KALIMER)-600」의 개념 설계를 마쳤다. 칼리머-600은 2030년대 상용화를 목표로 하고 있으며, 제4세대 원자력 시스템 국제공동개발연구의 참조 노형으로 선정돼 우리 기술력을 국제적으로 인정받았다.

하나로 원자로•••

순수 국내 기술로 설계・건조된 다목적 연구용 원자로이다. 1985년부터 건조하기 시작해 1994년 말 건설 공사를 완료하고 1995년 초 핵연료를 장전했다. 열출력 30MW급으로 성능면에서 세계 10위권에 해당하는 고성능 연구로이다. 고농축 우라늄을 핵연료로 사용하는 기존 원자로와는 달리 20%의 저농축 우라늄을 사용하도록 설계됐으며, 연구와 실험을 동시에 수행할 수 있는 세계 유일의 원자로이다.

한국형 원자로(韓國型 原子爐)•••

한국 실정에 맞게 개량한 원자로 모형을 일컫는다. 한국형 원자로 1호는 영광 3・4호기를 기본 모델로 해 개량한 울진 3・4호기(각각 1000MW급)이다. 울진 3・4호기는 북한 경수로 사업에 제공하려던 표준모델이다. 영광 3・4호기는 미국 컴버스천 엔지니어링과 한국원자력연구소가 기술이전협약을 맺고 공동 설계했으나, 울진 3・4호기는 이 기술을 바탕으로 원자력연구소가 설계를 단독 수행해 안전성 등 건설에 따른 모든 책임을 지고 있다.

체르노빌 원자력발전소 사고•••

1986년 4월 26일 오전 1시 23분 구소련 우크라이나공화국 키예프주(州)의 체르노빌 원자력발전소에서 4호 원자로의 노심(爐心)이 용융, 대량의 방사성물질이 유출돼 발생한 인류 역사상 최악의 방사능 오염 사고이다. 체르노빌 원전은 출력 100만kW인 흑연감속 경수로 4기를 보유한 발전소로, 이 사고로 1945년 일본의 히로시마와 나가사키에 투하된 원자탄보다 30~40배 많은 죽음의 재를 뿌린 것으로 추정된다.

후쿠시마 원자력발전소 사고•••

2011년 3월 11일 일본 동북부 지방을 관통한 규모 9.0의 대지진과 쓰나미로 인해 후쿠시마현(福島縣)에 위치해 있던 원자력발전소의 방사능이 누출된 사고이다. 당시 원자로의 전원이 멈추면서 원자로를 식혀주는 긴급 노심냉각장치가 작동을 멈췄고, 이후 연이은 수소 폭발이 일어나면서 다량의 방사성물질이 누출됐다. 이 사고는 체르노빌 사고와 함께 최악의 핵사고로 기록돼 있다(국제원자력사고등급(INES) 최고등급 7단계).

방사성폐기물(radioactive waste)•••

원자력발전소나 병원, 연구소 등에서 나오는 원자력 부산물을 말하며 중저준위, 고준위 방사성폐기물로 구분된다.

중저준위 방사성폐기물	방사능을 띤 기체로부터 방사능을 걸러 내는 필터, 원자로 내의 방사능을 흡착하는 이온교환수지, 액체 폐기물을 처리한 뒤에 남는 찌꺼기, 청소에 사용된 종이나 걸레, 비닐주머니, 이것들을 소각해 생긴 재 등이다. 이 폐기물들은 콘크리트나 아스팔트로 혼합해 드럼에 넣어 응고시켜 보관한다. 우리나라는 주민투표에 의해 경상북도 경주시가 중저준위 방사성폐기물처분장(방폐장)으로 결정, 2007년 11월 착공해 2015년 가동됐다.
고준위 방사성폐기물	사용후핵연료를 지칭하는데, 그 속에는 핵연료물질이 많이 남아 있을 뿐만 아니라 방사선의 세기가 강하고 반감기가 수만 년이나 되는 원소도 있다. 세계 각국에서는 그 속에 있는 핵연료 물질을 다시 이용하기 위해 이것을 물속에 넣어 보관한다.

핵재처리(核再處理)●●●

원자력발전소에서 배출되는 우라늄 연료로부터 핵분열 생성물(죽음의 재)을 제거해 플루토늄과 우라늄을 추출하는 것으로, 현재 가장 많이 사용되는 방법은 용매추출법이다. 한편, 남북한 간의 한반도비핵화공동선언에서는 핵재처리 시설과 우라늄 농축시설의 보유를 금하고 있다.

우라늄 농축(uranium enrichment) 천연 우라늄(U)은 235U 0.71%, 238U 99.28%로 구성돼 있다. 그런데 핵연료를 얻기 위해서는 235U가 훨씬 많이 필요하다. 따라서 235U의 함유율을 인공적으로 높이는 농축작업이 필수적이다. 농축은 235U와 238U의 질량 차이를 이용해 둘을 분리하는 방식으로 이뤄진다. 일단 우라늄 원광에서 불순물을 없애면 「옐로 케이크」라는 초기 단계의 원료가 된다. 이어 「육불화우라늄(UF_6)」이라는 이름의 기체로 전환된 뒤 1차 저농축 우라늄이 되는데, 이는 원자로의 연료로 사용이 가능하다. 그리고 이런 단계를 계속 반복하다 보면 고농축 우라늄, 즉 핵폭탄의 원료가 만들어진다.

임계실험(臨界實驗)●●●

원자로 속에서 최소의 연료를 사용해 「원자의 불」을 점화하는 것을 말한다. 핵연료를 원자로 안에 조금씩 넣어 가면 그 양이 어느 일정한 값을 넘었을 때 핵분열의 연쇄 반응이 일어나기 시작한다. 즉, 「원자의 불」이 점화된다. 이와 같이 핵분열이 지속적으로 진행되기 시작하는 경계가 임계(critical)이며, 이 핵연료의 일정량을 점화 한계량, 즉 임계량이라고 부른다.

핵융합(nuclear fusion, 核融合)●●●

높은 온도와 압력에서 두 개의 가벼운 원소가 충돌해 하나의 무거운 핵으로 변할 때 질량 결손으로 많은 양의 에너지가 방출되는 현상이다. 태양 내부에서 일어나는 원자핵반응과 같은 것으로 수소폭탄도 이 반응을 이용한 것이다. 핵융합을 일으키려면 중수소나 삼중수소의 원자핵과 그 바깥을 둘러싸고 있는 전자가 분리된 채 고루 섞여 있는 상태로 된 플라스마를 섭씨 1억도 정도되는 고온에 1초 정도 놓아둬야 한다.

핵분열(核分裂) 주로 우라늄, 토륨, 플루토늄과 같은 무거운 원자핵이 거의 같은 크기의 질량을 가진 2개 이상의 원자핵으로 분열하는 현상. 1핵분열당 약 200MeV의 막대한 에너지를 방출한다.

파이로프로세싱(pyroprocessing)●●●

사용후핵연료(원자력발전 후 남은 핵연료)를 재활용해 다시 원자력발전에서 핵연료로 사용할 수 있도록 하는 기술이다. 고체 공법으로 처리되기 때문에 핵연료 건식처리라고도 부른다. 사용후핵연료는 1%의 플루토늄과 96%의 우라늄, 기타 약 3% 등으로 구성돼 있어서 핵무기로 전용하기가 쉽지 않다. 파이로프로세싱은 이 사용후핵연료를 500℃ 이상의 고온에서 전기화학적으로 처리하는 기술이다. 하지만 파이로프로세싱은 개발 단계의 기술로서 실제로 검증된 사례는 없다.

브로큰 애로우(broken arrow)•••

핵전쟁 발발 가능성이 없는 중대한 핵무기 사고를 일컫는 미국 국방성의 용어이다. 핵무기의 우발적 핵폭발, 핵무기의 비핵폭발이나 소실, 방사능 오염, 핵무기의 도난·분실, 국민이 현실적·암묵적인 위험에 처해 있을 경우 등이 해당된다.

멜트다운(meltdown)•••

원자로의 냉각장치가 정지돼 내부의 열이 이상 상승하면서 연료인 우라늄을 용해해 원자로의 노심부가 녹는 중대 사고를 가리킨다.「노심용해」 또는「노심용융」이라고도 한다. 노심(reactor core)은 핵연료가 담긴 막대 다발과 냉각재, 감속재 등 원자력발전에 필요한 핵심 물질이 들어 있는 원자로의 한가운데 부분을 말한다. 노심용해의 주된 원인은 냉각시스템 이상으로 냉각수나 냉각재가 제대로 공급되지 않는 것으로, 노심용해가 일어나면 핵연료봉이 녹으면서 외부에 방사성물질이 방출될 수 있다. 일본 후쿠시마 원전은 2011년 3월에 발생한 대지진 여파로 멜트다운되면서 최악의 원전 사고로 이어졌다.

비대칭전력(非對稱戰力)•••

핵무기·생화학무기·탄도미사일 등 대량살상과 기습공격이 가능한 무기를 지칭하는 말이다. 반면 탱크·전차·군함·전투기·포·미사일·총 등 재래식무기는 대칭전력이라고 한다. 비대칭전력은 재래식무기에 비해 인명을 살상하는 데 있어 월등한 위력을 발휘하고 상대방의 취약점을 최대한 공략할 수 있으며, 비용도 더 적게 든다. 북한은 비대칭전력 위주로 군사력을 강화하고 있다.

대량살상무기(WMD; weapons of mass destruction)•••

생화학무기, 핵무기, 중장거리미사일 등 짧은 시간에 대량의 인명을 살상할 수 있는 무기를 지칭한다. 막대한 파괴력 때문에 핵확산금지조약(NPT), 생물무기금지협약(BWC), 화학무기금지조약(CWC) 등 여러 국제협약에서는 대량살상무기의 개발을 금지하고 있다. 미국은 2003년 이라크 공격의 한 명분으로 이라크가 인류를 위협하는 WMD를 개발해 숨기고 있다고 주장했으나 증거 확보에는 실패했다.

더티밤(dirty bomb) 다이너마이트와 같은 재래식 폭탄에 방사성 물질과 TNT 등 폭발물질을 가득 채운 무기로, 폭발 시 일반적인 폭탄 폭발현상과 함께 방사능 물질이 유포된다.

NBC 무기•••

핵(nuclear), 생물학(biological), 화학(chemical)무기를 총칭하는 말이다. 앞으로의 전쟁에서 맹위를 떨칠 것으로 보이는 무기로서 N은 수소폭탄을, B는 곤충·세균을, C는 독가스·방사성 무진(霧塵)을 포함한다. 이 무기들을 사용하는 전략을 NBC 전략이라고 부른다. 핵 대신 원자(atomic)를 사용해 ABC 무기, 방사선(radiological)을 사용해「CBR 무기」라고도 한다.

열화우라늄탄(DU; depleted uranium) •••

우라늄의 농축 과정에서 발생하는 견고한 부산물인 열화우라늄을 탄두로 해 만든 폭탄이다. 가장 큰 특성은 비중이 크다는 것인데, 철보다 2.5배, 납보다 1.5배 무겁다. 따라서 똑같은 무게의 탄환을 더 작게 만들어 공기저항을 줄일 수 있으므로 탄환의 속도가 빨라지고 사정거리도 길다. 또한 탱크, 장갑차 등을 쉽게 뚫을 정도로 관통력이 크다. 핵무기는 아니지만 핵분열성 물질인 우라늄 235를 포함하고 있어 인체에 치명적인 방사성 피폭 피해를 줄 수 있다.

전자폭탄(electronic bomb, 電子爆彈) •••

고출력의 마이크로웨이브 에너지를 순간적으로 발생시켜 폭발과 동시에 적의 지휘 통제 체계와 방공망 등의 모든 전자기기를 무력화시킬 수 있는 EMP(electro-magetic pulse)무기를 지칭한다. 정식 명칭은 「고전력극초단파(HPM; high power microwave)탄」이다. 「소리 없는 폭탄」, 사람에게 직접적인 피해를 입히지는 않아 「인도적 비살상무기」, 전자기파를 이용하기 때문에 「전자기펄스탄(EMP; electro-magnetic pulse bomb)」이라고도 불린다. 약 10개의 원자력발전소 전력생산량에 해당하는 100억W의 마이크로웨이브 에너지와 같은 강한 전자기파를 방출해 레이더 · 항공기 · 방공시스템을 무력화시킬 수 있다.

탄도미사일(ballistic missile) •••

미사일은 비행 방식에 따라 탄도미사일과 순항(크루즈)미사일로 구분된다. 순항미사일은 자체의 힘으로 날아가지만, 탄도미사일은 로켓을 동력으로 한다. 탄도미사일은 추진 장치 · 유도 장치(가속계 · 자이로) · 탄두 · 발사 장치 등으로 구성된다. 사정거리에 따라 ▲6400km 이상인 대륙간탄도미사일(ICBM) ▲2400~6400km인 중거리 탄도미사일(IRBM) ▲800~2400km인 준중거리 탄도미사일(MRBM) ▲800km 이하인 단거리 탄도미사일(SRBM) 등으로 구별되며 그 밖에도 공중 발사 탄도미사일(ALBM), 잠수함 발사 탄도미사일(SLBM) 등이 있다.

미사일의 종류

대륙간탄도미사일 (ICBM; intercontinental ballistic missile)	지상기지에서 발사되는 사정거리 6400km 이상, 로켓 엔진으로 추진되는 탄도미사일. 핵탄두를 장착, 관성 유도 방식에 의해 날아간다.
잠수함 발사 탄도미사일 (SLBM; satellite launched ballistic missile)	잠수함에 탑재돼 잠항하면서 발사되는 미사일. 탐지와 추적이 어렵기 때문에 「보이지 않는 핵주먹」으로 불린다. 특히 핵탄두 운반체 중에서도 사전 탐지가 어렵다는 측면에서 전략폭격기와 대륙간탄도미사일(ICBM)보다 고도화된 핵무기 운반체로 평가된다.
스탠더드 미사일 (SM; standard missile)	미국 해군의 함대공 미사일(SAM)
토마호크(tomahawk)	미국 제너럴 다이내믹사가 개발한 순항미사일. 어느 곳에서도 발사가 가능하며 최고 100m 고도로 날아 레이더에 잘 포착되지 않는다.
패트리엇 미사일 (patriot missile)	미국 레이시온사가 개발한 지대공 미사일. 걸프전쟁에서 이라크의 스커드 미사일을 효과적으로 요격했다.
에이타킴스(ATACMS)	미국 록히드마틴사가 1985년 개발한 전술 지대지 미사일
스커드 미사일(scud missile)	냉전시절 구소련에 의해 개발돼 많은 국가에 판매된 전술 탄도미사일 시리즈명
천마(天馬)	순수 국내 기술로 개발된 단거리 지대공 미사일(K-SAM)

메가톤(megaton) •••

원자폭탄, 수소폭탄의 폭발력을 표시하는 단위로 TNT 100만t 분량의 폭발력을 뜻한다. TNT 10억t 분량의 폭발력은 베가톤(begaton)이라 한다.

비무장지대(DMZ; demilitarized zone) •••

국제조약이나 협약에 의해서 무장이 금지된 지역 또는 지대를 가리킨다. 비무장지대에는 군대의 주둔이나 무기의 배치, 군사시설의 설치가 금지되며 일단 비무장지대의 설정이 결정되면 이미 설치된 것을 철수 또는 철거해야 한다. 우리나라는 휴전협정에 의해서 휴전선으로부터 남북으로 각각 2km 지역이 비무장지대(총 907km²)로 설정됐다.

판문점공동경비구역(JSA; Joint Security Area) •••

군사분계선상에 세워진 회담장을 축으로 하는 반경 400m의 원형지대를 지칭한다. 이 지역은 1954년 11월 8일 유엔 측과 북한 측의 협정에 따라 비무장지대 내에 군사정전위원회 본부지역을 설정하고, 그 안에 지름 800m의 공동경비구역을 설치, 쌍방이 35명씩 군인들을 배치해 공동경비임무를 맡았다. 공동경비구역은 1976년까지만 해도 군사분계선이 그어지지 않아 양측 경비병과 출입 민간인들이 자유롭게 통행할 수 있었다. 그러나 1976년 8월 18일 북측의 도끼만행사건 발생 이후 이 지역 내에 군사분계선을 표시하고 같은 해 9월 16일부터 이를 경계로 양측이 각각 분할경비를 맡아 왔다. 그러다 2018년 9월 19일 평양 남북정상회담에서 체결된 「역사적인 판문점선언 이행을 위한 군사 분야 합의서」에 따라 JSA 내 지뢰・폭발물 제거 및 초소와 화기에 대한 철수 작업 등 비무장화 조치들이 시행됐다. 그리고 2018년 10월 27일 JSA 비무장화 조치에 대한 남・북・유엔사의 공동검증이 종료됐다.

군사분계선(MDL; military demarcation line) 두 교전국 사이에 휴전 후 설정된 군사행동의 경계선을 말한다. 한국의 경우 1953년 7월 27일에 성립한 「한국 군사정전에 관한 협정」에 규정된 휴전의 경계선을 말하며, 「휴전선」으로도 불린다. 그 길이는 모두 약 250km로, 동해안의 간성 북방에서 서해안의 강화 북방에 이른다. 이 분계선 남북 양쪽 2km 지역이 비무장지대(DMZ)이다.

북방한계선(NLL; northern limit line) •••

1953년 유엔사령부가 정전협정 체결 직후 서해 5도인 백령도, 대청도, 소청도, 연평도, 우도를 따라 그은 해상경계선을 말한다. 1953년 7월 정전협정 체결 당시 유엔군과 북한군은 서해 5도의 전략적 중요성 때문에 양측이 첨예하게 대립하다 해상경계선을 확정하지 못했다. 당시 유엔군은 서해 5도와 북한 측 육지 중간을, 북한은 육지의 군사분계선을 기준으로 해상경계선을 정해야 한다고 주장했고, 결국 회담이 결렬됐다. 이후 1953년 8월 유엔사령부는 한강 하구에서부터 11개의 좌표를 이은 선을 양측 경계선으로 정하자고 북한에 통보했다. 또한 남북 간 우발적 월경에 따른 무력충돌을 막기 위해 1953년 남쪽지역 폭 1~5km 구역에 완충지역을 설정했다. 그러나 북한은 서해 NLL은 유엔사가 일방적으로 선언했을 뿐이라며 공식 인정하지 않고 있다. NLL을 둘러싼 남북의 대립은 결국 1999년 연평해전과 2002년 서해교전으로 이어졌다.

한국방공식별구역(KADIZ; Korea air defence identification zone) •••

우리나라의 영공방위를 위해 군사분계선(MDL)을 기준으로 동·서·남해 상공에 설정된 일정한 공역을 가리킨다. 영문 약칭인 「카디즈」라고 불린다. 국방부에서 관리하며 KADIZ 내로 진입하는 적성 항공기 및 주변국의 미식별 항공기에 대한 식별과 침투 저지를 위한 공중감시 및 조기경보체제를 24시간 유지하고 있다. KADIZ는 1951년 미태평양공군사령부에서 극동 방위 목적으로 설정됐는데, 북쪽 방어를 중시하다 보니 이어도가 제외돼 있어 논란이 됐다. 그러다 2013년 11월 중국이 우리나라의 이어도 등을 포함한 방공식별구역(CADIZ)을 선포하자, 우리 정부는 이에 대응한 새 방공식별구역을 2013년 12월 8일 선포했다. 우리나라의 새 방공식별구역은 기존 KADIZ의 남쪽 구역을 국제민간항공기구(ICAO)가 설정한 비행정보구역(FIR)과 일치시킨 것으로 기존에 포함되지 않아 논란을 일으켰던 이어도·마라도·홍도를 포함시켰다. 새 KADIZ는 2013년 12월 15일부터 효력이 발생됐다.

방공식별구역(ADIZ; air defense identification zone) 영공(領空) 방위(주변을 비행하는 군용 항공기 식별 목적)를 위해 영공 상공에 임의로 선을 그어 설정하는 자의적 공간. 국제법적으로 관할권을 인정받는 영공은 아니지만, 사전에 통보되지 않은 항공기가 침범하면 퇴각을 요청하거나 격추할 수 있음을 선포할 수 있는 구역이다.

비행정보구역(FIR; flight information region) •••

비행 중에 있는 항공기의 안전하고 효율적인 운항을 위해 필요한 각종 정보의 제공과 항공기 사고 발생 시 수색 및 구조 업무를 책임지고 제공할 목적으로 국제민간항공기구(ICAO)에서 분할 설정한 공역(空域)이다. 비행정보구역의 명칭은 국명을 사용하지 않고 비행정보업무를 담당하는 센터의 명칭을 그대로 사용한다. 우리나라의 FIR은 「인천 FIR」이다.

이원권(以遠權) 국제 항로를 운행할 때 상대방의 공항을 경유해 제3의 공항으로 연결·운항할 수 있는 권리. 국가 간 항공협정에서는 상대국의 어느 공항에 착륙·경유해 제3국의 어느 지점으로 비행할 수 있는지가 정치·경제상의 국익과 관계되기 때문에 중요한 문제가 된다.

인계철선(trip wire, 引繼鐵線) •••

과거 전방 지역에 있었던 주한미군 2사단을 지칭하던 말로, 북한군의 주요 예상 남침로인 한강 이북 중서부 전선에 미군이 집중적으로 배치돼 북한의 공격이 있으면 미군의 자동개입이 보장된다는 의미로 붙은 명칭이다. 원래 인계철선이란 클레이모어 등 폭발물과 연결돼 건드리면 자동으로 폭발하는 가느다란 철선을 뜻하는 말이다. 2003년 미국은 미2사단을 한강 이남으로 이동시킨다고 밝히면서 인계철선이라는 용어를 더 이상 쓰지 않기 바란다고 밝힌 바 있다.

신뢰조성조치(CBM; confidence building measures) •••

군비 관리, 군축의 환경을 조성하기 위해 대립국 간의 오해와 경계선을 풀게 하는 각종 조치를 뜻하는 말이다. 군비를 축소하는 것은 아니더라도 상호 간의 군사 활동을 파악하고 의사소통을 꾀함으로써 위기 발생 시의 안정에 공헌할 수 있다. 미소 간의 핫라인(hot line)협정, 핵전쟁방지협정 등의 여러 규정이 이 조치에 해당한다. CBM이라는 용어가 주목을 받게 된 것은 1975년 유럽안보협력회의(CSCE)의 헬싱키 선언부터이다.

드보크(dvoke) •••

러시아어로 참나무를 뜻하는 「두푸」에서 변형된 말로, 간첩장비 비밀 매몰장소를 일컫는 말이다. 무인포스트, 무인함이라고도 한다. 주로 북한에서 남파된 공작원들이 공작금, 무기류, 송수신기, 통신문건 등을 습기가 차지 않게 기름종이 등에 싸 플라스틱 통이나 병 등에 담아 묻어 놓으면 고정간첩 등이 이를 찾아간다.

핫라인(hot line) •••

국가 간 도발사태 등에 따른 전쟁을 방지하기 위해 설치된 직통선을 일컫는다. 정부의 의지에 달렸다는 의미에서 「의지의 연결선」이라고도 한다. 가장 유명한 핫라인은 1963년 8월 존 F. 케네디 미국 대통령과 흐루시초프 구소련 공산당 서기장의 합의로 백악관과 크렘린에 유무선 텔레라이프선이 설치된 것이다. 1971년에는 남북한 간, 1972년에는 미국 · 중국 간에도 핫라인이 설치됐다.

휴민트(HUMINT) •••

사람(human)과 정보(intelligence)의 합성어로 인적 네트워크를 통해 얻은 정보 또는 정보수집 방법을 뜻하는 말이다. 위성 촬영이나 감청 등과 같이 첨단장비를 이용해 얻어낸 정보인 테킨트(TECHINT)와 달리, 휴민트는 스파이와 같은 정보요원이나 내부 협조자 등을 통해 정보를 수집한다. 휴민트의 전형은 영화 <007>의 주인공 제임스 본드이다. 시긴트의 경우는 미국 국가보안국(NSA)의 통신 감청용 시스템인 에셜론이 대표적이다.

테킨트(TECHINT; technical intelligence) 휴민트의 대응 개념으로 각종 군사기술장비 등을 통해 얻은 정보의 총칭. 시긴트(SIGINT), 코민트(COMINT), 이민트(IMINT)로 나눌 수 있다.

시긴트(SIGINT; signal intelligence)	미사일 발사 시 발생하는 무선통신 등 각종 신호 정보
코민트(COMINT; communications intelligence)	통신 장비 감청을 통해 얻은 통신 정보
이민트(IMINT; image intelligence)	정찰기나 인공위성 등을 통해 얻은 영상 정보

스마트 전쟁(smart war) •••

무차별 대량 살상 · 파괴가 아닌 정보 네트워크와 인공위성을 기반으로 적국 군사신경망을 선택적으로 공격하는 전쟁의 한 형태를 말한다. 정확한 명중률로 민간 피해를 최소로 줄이면서도 주요 목표물에 필요한 만큼의 파괴력으로 정밀 타격을 가하기 때문에 지상군 투입은 되도록 미뤄진다. 토마호크 미사일, 공중조기경보기(AWACS), 무인정찰기 등이 스마트 전쟁의 축을 이룬다. 미국 미래학자 앨빈 토플러(A. Toffler)는 이를 두고 「무기와 전쟁의 제3의 물결」이라고 이름을 붙였다.

저강도 분쟁(LIC; low intensity conflict) •••

정치적 · 사회적 · 경제적 또는 심리적 목표 달성을 위해 실시되는 제한된 정치적 · 군사적 투쟁을 말한다. 국제테러, 반란, 폭동 등 직간접적 원인으로 발생하는 군사 분쟁으로 국제 정세에 큰 위협을 가한다. 다분히 정치적 요인으로 발생하는데, 정치적 · 경제적으로 그 발생 지역에 큰 영향을 준다.

그림자 전쟁(shadow war)●●●

선전포고를 통한 공식적 또는 직접적인 전쟁이 아닌, 자국의 개입 사실을 숨긴 채 특정 국가의 중요 시설을 공격하거나 그 나라의 요인을 암살하는 것을 말한다. 즉, 정규 군사력을 동원한 직접적인 전쟁이 아닌, 증거를 남기지 않고 비밀스럽게 적국을 공격하는 것이다. 사이버 공격, 핵 과학자 등 요인 암살, 외교관 테러, 드론(drone) 공격 등이 해당된다. 과거 이스라엘의 정보기관인 모사드(Mossad)와 이란의 정보기관인 모이스(MOIS) 간의 첩보 및 테러 전쟁이 그림자 전쟁의 대표적 사례이다.

대체복무제(alternative service, 代替服務制)●●●

징병제를 실시하는 국가에서 현역 입영 대상자 중 일정기준에 해당하는 자에게 기간산업 육성이나 기타 공익 목적을 위해 근무하도록 하고, 그것을 병역의무를 마친 것으로 인정해 주는 제도를 말한다. 즉, 군 복무 기간 또는 그 이상을 사회복지요원이나 사회공익요원, 재난구호요원으로 근무하는 것이다. 우리나라에서는 양심적 병역거부자들의 대체복무제 허용에 대한 찬반 논쟁이 계속돼 왔는데, 헌법재판소가 2018년 6월 종교와 양심을 이유로 군 복무를 거부한 이들을 위한 대체복무를 규정하지 않은 병역법 제5조 1항에 대해 헌법불합치를 결정을 내리면서 대체복무제의 초석이 마련됐다. 이에 따라 국방부는 2018년 12월 양심적 병역거부자의 대체복무를 36개월간 교도소(교정시설)에서 합숙 근무하는 것으로 결정, 2020년 10월부터 본격적으로 실시에 들어갔다.

양심적 병역거부(conscientious objector, 良心的 兵役拒否) 종교적 신념이나 양심상의 이유로 병역과 집총(총을 잡는 행위)을 거부하는 행위. 국방부는 2019년 1월 4일 양심적 병역거부라는 용어 대신 「종교적 신앙 등에 따른 병역거부」라는 용어를 사용하겠다고 발표한 바 있다. 우리나라 헌법(제19조)은 「모든 국민은 양심의 자유를 가진다」고 규정하고 있는데, 여기서 「양심」이란 세계관 · 인생관 · 주의 · 신조 등을 뜻한다. 우리나라 병역법(제88조 1항)은 「정당한 사유 없이 입영하지 않으면 3년 이하 징역형에 처한다」고 규정하고 있는데, 헌법재판소는 이 조항에 대해 2004년 8월과 10월, 2011년 8월, 2018년 6월 네 차례에 걸쳐 모두 합헌 결정을 내린 바 있다. 한편, 대법원은 1968년 「종교인의 양심적 결정에 의한 군복무 거부는 헌법상 양심의 자유에 속하지 않는다」는 판례가 확립된 이래, 종교적인 이유를 정당한 사유로 인정하지 않고 실형을 선고해 왔다. 양심적 병역거부자들에 유죄 판결을 내린 재판부들은 통상 징역 1년 6개월을 선고해 왔다. 그러다 2018년 11월 대법원 전원합의체는 양심적 병역거부자를 형사처벌해서는 안 된다는 판결을 처음으로 내놓았다. 다만 무분별한 병역거부가 이뤄지지 않도록 「정당한 사유에 해당하는 절박하고 구체적인 양심은 그 신념이 깊고, 확고하며, 진실해야 한다」는 판단 기준을 제시했다.

Chapter

07 통일 · 북한 · 군사안보 상식력 테스트

선다형 문제

01 다음 남북한의 통일 정책 및 성과 가운데 시대가 가장 오래된 것은? 국민연금공단

① 6 · 23 선언
② 남 · 북한 화해불가침합의서 채택
③ 6 · 15 남북공동선언
④ 남북한 UN 동시 가입

① 1973년 6월 23일 박정희 대통령이 발표한 평화통일외교정책에 관한 특별성명
② 1991년 12월 13일
③ 2000년 6월 15일
④ 1991년 9월 17일

02 한일 간 군사정보보호협정(GSOMIA)이 체결된 연도는? 경향신문

① 2012년 ② 2013년
③ 2014년 ④ 2015년
⑤ 2016년

지소미아(GSOMIA)는 박근혜 정부 때인 2016년 11월 23일 한국과 일본이 군사정보의 직접 공유를 위해 체결한 협정으로 군사정보의 전달 · 보관 · 파기 · 복제 · 공개 등에 관한 절차를 규정하는 21개 조항으로 구성됐다.

03 다음 중 서해 5도가 아닌 것은? MBC

① 우도 ② 백령도
③ 대청도 ④ 연평도
⑤ 덕지도

서해 5도는 연평도, 백령도, 우도, 대청도, 소청도이다.

04 다음 중 핵심 내용이 잘못 서술된 것은? 한겨레신문

① 6 · 23 선언 – 남북 교차승인과 유엔 동시 가입
② 7 · 4 남북공동성명 – 자주, 평화, 민족대단결의 통일원칙
③ 남북기본합의서 – 남북 간 화해, 협력, 불가침에 대한 합의
④ 10 · 21 북미 합의 – 북한의 유엔 가입, 북미 관계 개선, 북한 핵무기 개발 동결

④ **1994년 10 · 21 북미 합의**: 특별사찰 등 과거 핵의혹 해소, 핵활동 동결 및 관련 시설 해체, 사용 후 연료봉 처리, 북한의 NPT 지위문제 해결, 대체에너지 제공, 남북대화 재개, 경수로 지원, 북 · 미 관계 개선이 핵심 내용이다.

05 다음 중 핵확산금지조약(NPT)에 대한 설명으로 잘못된 것은? MBC, 교통안전공단, 조선일보, 중앙일보

① 모든 조약국이 의무적으로 IAEA와 safeguard 협정을 체결해야 한다.
② 25년마다 조약 효력의 갱신 여부를 결정해야 한다.
③ 북한은 비조약국이다.
④ 조약상 핵보유국은 미, 러, 영, 불, 중 5개국이다.

NPT(Nuclear Non-Proliferation Treaty): 핵확산금지조약. 핵무기의 확산을 막기 위해 1968년 제23차 UN 총회에서 통과된 조약으로 1970년 3월 3일 발효됐다. 유효 기간은 원래 25년이었으나 1995년 7월 NPT 당사국 회의에서 NPT의 무기한 연장안이 채택됐다.
③ 북한은 1985년 가입했다가 1993년 3월 12일 탈퇴를 선언, 같은 해 6월 11일 NPT 잔류에 합의했으나 2003년 1월 다시 탈퇴했다.

06 남한의 원자재 일부 또는 전부를 북한으로 반출해 가공 임금을 지불한 다음 다시 반입하는 형태로서, 주로 노동 집약적 경공업 제품에서 이루어지는 교역 방식은?

① 간접 교역 ② 직접 교역
③ 삼각 교역 ④ 위탁 가공 교역
⑤ 수탁 가공 교역

④ **위탁 가공 교역** : 먼저 가공할 원자재를 생산자에게 수출하고, 이를 가공한 후 가공임을 포함한 가격으로 다시 수입하는 교역을 말하는 것으로 임가공 교역이라고도 한다. 이는 노동 집약적 경공업 제품에서 흔히 이루어진다.
⑤ 외국의 무역업체로부터 위탁을 받아 제품을 가공한 후 위탁자 또는 계약에 의해 지정된 곳으로 수출하는 거래 방식

07 우리나라의 비무장지대(DMZ)는?

SH공사, 서울교통공사, 한국공항공사

① 휴전선을 중심으로 남북 각 2km
② 38선을 중심으로 남북 각 2km
③ 휴전선을 중심으로 남북 각 10km
④ 38선을 중심으로 남북 각 10km

우리나라는 휴전협정에 의해서 휴전선으로부터 남북으로 각각 2km 지역이 비무장지대(총 997km^2)로 설정됐다.

08 NCND와 관계가 있는 것은?

YTN, 중앙일보, 한국전력공사

① 독일의 통일정책 ② 미국의 핵무기
③ 북한의 국수주의 ④ 중국의 개방정책

NCND(Niether Confirm Nor Deny) : 미국이 핵무기 보유와 관련된 제반사항에 대해 확인도 부인도 않는다는 정책. NCND 정책은 1950년대에 만들어진 국내법(맥마흔법)에 근거를 둔다.

09 공식적 핵보유국을 바르게 나열한 것은?

서울교통공사

① 미국, 러시아, 일본, 중국, 영국
② 미국, 러시아, 프랑스, 일본, 중국
③ 미국, 러시아, 독일, 프랑스, 중국
④ 미국, 러시아, 영국, 프랑스, 중국

핵클럽(nuclear club) : 핵무기 보유국을 말하며, 국제사회에서 공식적으로 인정되는 핵클럽은 미국, 영국, 러시아, 프랑스, 중국 5개국을 지칭한다. 이들 국가는 유엔안전보장이사회의 상임이사국이다.

10 핵병기의 취급 부주의로 일어나기 쉬운 소위 우발전쟁을 방지하기 위해 마련된 것은?

한국토지주택공사

① 블랙 백 ② 핫라인
③ 정찰위성 ④ 핵우산

② **핫라인**(hot line) : 우발전쟁이나 착오에 의한 전쟁을 사전에 방지하기 위해 1963년 워싱턴의 백악관과 모스크바의 크렘린 사이에 설치된 직통 전화. 이것을 설치한 케네디와 흐루시초프의 머리글자를 따서 KK라인이라고도 한다. 이후 1971년에는 남북한 간, 1972년에는 미국·중국 간에도 핫라인이 설치됐다.

11 국제원자력기구(IAEA)와 관련이 없는 것은?

MBC, 문화일보, 한국수력원자력, 한국전력공사

① 원자력에 대한 정보교환 촉진
② 원자력의 평화적 이용
③ 핵분열물질이 군사목적에 사용되지 않도록 보장조치를 강구
④ 본부는 미국 워싱턴에 소재
⑤ 2005년 노벨평화상 수상

④ IAEA(국제원자력기구)의 본부는 오스트리아 빈에 있다.

Answer 1. ① 2. ⑤ 3. ⑤ 4. ④ 5. ② 6. ④ 7. ① 8. ② 9. ④ 10. ② 11. ④

12 한반도 비핵화의 5원칙은? 서울교통공사

① 핵무기의 제조, 판매, 저장, 배비, 사용 금지
② 핵무기의 제조, 보유, 저장, 배비, 사용 금지
③ 핵무기의 제조, 연구, 저장, 배비, 사용 금지
④ 핵무기의 제조, 실험, 저장, 배비, 사용 금지

한반도 비핵화에 관한 공동선언(1992)에 따른 원칙은 핵무기의 시험, 제조, 생산, 접수, 보유, 저장, 배비(配備), 사용의 금지를 골자로 한다.

13 수소폭탄 제조에 이용되는 반응은? SH공사

① 핵융합 반응 ② 핵분열 반응
③ 수소 결합 ④ 핵자기 반응

수소폭탄은 원자폭탄이 폭발할 때 고온이 되므로 그 주위를 리튬, 중수소로 둘러싸면 원자폭탄이 기폭제가 돼 핵융합의 연쇄반응이 일어난다.
① **핵융합 반응**: 두 개의 가벼운 원자핵이 결합해 보다 무거운 원자핵이 되는 원자핵 반응

14 현재 우리나라에서 사용하고 있는 원자로는? SBS

① 핵융합 반응에서 나오는 에너지를 이용한다.
② 핵분열 반응에서 나오는 에너지를 이용한다.
③ 가속시킨 입자를 사용해 원자핵을 인공변환시킬 때 나오는 에너지를 이용한다.
④ U-255의 핵에 고속의 중성자를 흡수시킴으로써 발생하는 에너지를 이용한다.

현재 우리나라에서 사용하고 있는 원자로는 핵분열 반응에서 나오는 에너지를 이용한다. 농축도 3~4%의 저농축 우라늄을 원료로 하고 천연수, 즉 보통의 물을 감속재·냉각재로 사용하는 발전용 원자로인 경수로형이다.

15 다음 중 3·8도선 군사경계선이 설정됨에 따라 남북분단의 씨앗이 된 회의는? MBC, 국민연금공단

① 얄타회담 ② 포츠담선언
③ 모스크바 3상회의 ④ 카이로선언

① **얄타회담(Yalta Conference)**: 1945년 미국의 루스벨트, 영국의 처칠, 소련의 스탈린 등 3국의 수뇌가 참석해 개최한 회담. 미군은 소련군 점령 지역이 과도하게 확대되는 것을 방지하기 위해 북위 3·8도선을 경계로 일본군의 무장을 해제시킬 것을 제의했고, 소련이 이에 동의해 3·8도선 군사 경계선이 설정됐다.
② 1945년 7~8월, 한국 독립 약속의 재확인
③ 1945년 12월, 모스크바 협정 발표. 미·소공동위원회를 설치해 5년간의 신탁통치안을 협의
④ 제2차 세계대전 말기인 1943년 11월 27일, 연합국 측이 카이로회담의 결과로 채택한 대일전(對日戰)의 기본목적에 대한 공동 코뮈니케로 한국 독립을 약속함

16 한국전쟁 휴전협정에 참가한 당사국은? 한국토지주택공사

① 미국, 북한, 남한 ② 미국, 중국, 북한
③ 미국, 러시아, 북한 ④ 미국, 중국, 러시아
⑤ 미국, 중국, 남한

1953년 7월 27일 마크 웨인 클라크 유엔군 사령관과 팽덕회 중국의용군 사령관, 김일성 북한인민군 사령관이 정전협정에 서명했다.

17 북한 지도층이 자본주의의 위험성을 비난하는 데 사용하는 말은? 한국마사회

① 적화 ② 백화
③ 황화 ④ 청화

② 북한 지도층은 「붉은색에서 흰색」으로 변색할 가능성을 우려해 관영매체를 통해 자본주의 폐해를 「백화」라 지칭하며 비난한다.

18 ABC 병기란? 한국토지주택공사

① 화생방 병기
② 특수전 개인병기
③ 특수전 공군병기
④ 핵을 기본으로 한 병기

ABC 병기 : atomic weapon(원자병기), biological weapon(생물병기), chemical weapon(화학병기)의 앞글자를 따서 ABC 병기라 하며, 원자력·세균·독가스 등을 사용하는 화생방 병기를 지칭한다.

19 우리나라가 최초로 건조한 한국형 구축함은?

① 이천함 ② 이순신함
③ 장보고함 ④ 독도함
⑤ 광개토대왕함

⑤ **광개토대왕함** : 한국형 1호 구축함(KDX-1)으로, 1996년 11월 건조됐다. 해군 최초로 대공미사일을 탑재했고, 상세 설계에서 건조까지 우리 기술로 만들어진 본격적인 헬기 탑재 구축함이다.
① 1992년 10월 진수된 국산 1호 잠수함
② 2002년 5월에 진수된 한국 최초의 4000t급 구축함
③ 1993년 6월 한국군 최초로 실전 배치된 잠수함
④ 2005년 7월 12일 진수된 국내 최초이자 아시아 최대 규모의 대형 수송함

20 국산 기술로 개발한 최초의 초음속 전투기는? YTN, 근로복지공단

① GE-16 ② F-15K
③ KT-1 ④ T-50

④ **T-50** : 1997년 본격적인 개발에 착수해 한국항공우주산업(KAI)과 미국 록히드마틴사가 공동으로 개발에 성공한 국내 최초의 초음속 항공기

21 다음 중 성격이 다른 기관은? 국가정보원, 부산일보

① 모사드 ② FBI
③ BND ④ MI6

①, ③, ④는 각각 이스라엘, 독일, 영국의 해외 정보활동 담당 기구이다.
② FBI(미국 연방수사국)는 자국 내 정보활동 기구

22 특정 인물이나 계층을 상대로 벌이는 테러와는 달리 불특정 다수를 향한 테러를 일컫는 말은? 근로복지공단, 한국농어촌공사

① 메가테러리즘 ② 테크노테러리즘
③ 슈퍼테러리즘 ④ 백색테러리즘

③ **슈퍼테러리즘(super terrorism)** : 21세기에 나타난 새로운 테러 형태로, 이전의 테러가 어떤 특정 목표나 명분을 가지고 자행된 것이라면 슈퍼테러리즘은 불특정 다수의 인물들을 살해하거나 별다른 의미 없는 대량살상도 서슴치 않고 실행하는 것이 특징이다.
① 최대한 많은 인명을 살해함으로써 사회를 공포와 충격으로 몰아넣는 테러리즘 경향
② 사이버무기, 레이저무기, 생물 및 독소무기, 전자무기 등 다양한 테러공격무기가 동원되는 테러
④ 우익에 의한 테러 행위

23 남북 체육회담의 성과로 가장 먼저 남북 단일팀이 구성된 종목은?

① 축구 ② 씨름
③ 탁구 ④ 태권도

1991년 1~2월 남북체육회담이 열려 각종 국제대회에 참가할 단일팀 구성에 합의한 결과, 1991년 4월 일본 지바현에서 열린 제41회 세계탁구선수권대회에 남북 탁구가 단일팀으로 첫 출전해 여자 단체전에서 중국을 꺾고 우승했다.

Answer 12. ② 13. ① 14. ② 15. ① 16. ② 17. ② 18. ① 19. ⑤ 20. ④ 21. ② 22. ③ 23. ③

단답형 문제

24 6·15 남북공동선언 5개항은? 세계일보, 연합뉴스

25 한국인들이 통일을 바라면서도 내심 그 경제·사회적인 부담을 두려워하는 것을 뜻하는 말은?

26 중대한 핵무기 사고를 지칭해 미국 국방성이 사용하는 용어는? 근로복지공단, 한국토지주택공사

27 대량파괴무기(WMD) 및 관련 물자의 불법거래 차단 및 그와 같은 특수상황 방지를 목표로 2003년 6월 미국, 영국, 프랑스 등 11개국이 참가해 출범한 국가 간 협조체제는? 경기신용보증재단, 국립공원관리공단, 새마을금고연합회, 한국농어촌공사

28 지상 20km 상공에서 38~42시간 동안 비행하며 레이더(SAR)와 적외선 탐지장비 등을 통해 지상 30cm 크기의 물체까지 식별할 수 있는 미국의 고고도 무인정찰기는? 국립공원관리공단

29 우리나라의 공식적인 핵폐기물 처리 방식은? 국민일보

30 정부가 남북통일 이후까지를 상정, 추진하는 21세기형 전력증강 사업은?

31 한 척의 군함이 다수의 적 항공기, 전함, 미사일, 잠수함과 맞서 충분히 제압할 수 있다는 점에서 「금세기 최고의 함정」이라는 평을 듣는 꿈의 구축함은?

32 1993년 6월 실전 배치된 한국 최초의 잠수함은? SH공사, 한국감정원, 한국농어촌공사

33 1994년 사망한 김일성의 출생일인 4월 15일을 기념해 1997년 7월 9일 제정된 북한의 대표적인 명절은? 연합뉴스

34 북한이 서방의 자본과 기술을 도입하기 위해 1984년 9월 최고인민회의에서 제정한 합작 투자법은?

35 남북한 간 축구 대결의 효시로 꼽히는 것은?

36 북한의 정식 명칭은? 한겨레신문

37 북한의 방송 주무 기구는? 방송통신위원회

38 핵무기 보유국이 핵무기가 없는 국가에 핵 억지력을 제공하는 것을 의미하는 용어는? MBC, 국립공원관리공단

Answer **24.** 통일문제 자주적 해결, 양 통일방안 공통성 인정, 이산가족 8·15 교환방문, 경제·문화 등 교류 활성화, 조속한 당국대화 개최 **25.** 독일 신드롬(German syndrome) **26.** 브로큰 애로우(broken arrow) **27.** 대량살상무기 확산방지구상(PSI) **28.** 글로벌호크(Global Hawk) **29.** 지하동굴 매장 **30.** F-X 사업 **31.** 이지스함(Aegis) **32.** 장보고함 **33.** 태양절 **34.** 합영법 **35.** 경평축구 **36.** 조선민주주의인민공화국(DPRK; Democratic People's Republic of Korea) **37.** 조선중앙방송통신위원회 **38.** 핵우산(nuclear umbrella)

완성형 문제

39 「북한의 모든 조직체 중에서 가장 높은 형태의 정치조직」으로서 모든 권력의 중추인 (　　　)의 목적은 온 사회를 주체사상화해 인민대중의 자주성을 완전히 실현하는 데 있다.

40 협상을 막다른 상황까지 몰고 가는 초강수를 띄워 위기에서 탈출하는 (　　　)은/는 통미봉남(通美封南), 살라미 전술과 함께 북한 특유의 대화 협상전술의 하나이다.

41 퍼그워시 회의는 핵무기와 세계평화에 관한 문제들을 논의하기 위해 세계 각국의 (　　　)들이 참여하는 회의이다. 근로복지공단, 세계일보, 연합뉴스

42 워치콘(watchcon)은 5단계의 한미 양국 군 간 「대북 정보감시태세」로, 긴장이 높아질수록 단계 숫자가 (　　　).
근로복지공단, 국립공원관리공단, 한국농어촌공사, 한국일보

43 북한 무장간첩이나 특수부대원 등이 남한을 침투했을 경우에 취하는 단계별 조치인 (　　　)은/는 군뿐 아니라 경찰도 동원된다.

44 북한은 핵무기, 탄도미사일 등 대량살상과 기습공격이 가능한 (　　　) 위주로 군사력을 강화하고 있다.

45 북한은 2009년 2월 (　　　)을/를 조직해 대남·해외 공작업무를 총괄 지휘하도록 했다.

46 원자로의 냉각장치가 멈추어 내부의 열 상승으로 인해 핵연료가 완전히 녹아 원자로가 손상되는 현상을 (　　　)(이)라고 한다. 조선일보

47 고농축 우라늄(HEU)은 핵무기를 제조하기 위해 천연우라늄 중에서 원자핵분열이 가능한 (　　　)의 비율을 높인 것이다.

48 (　　　)은/는 공습에 대비한 등화관제, 본격적인 미사일 공격에 앞서 여러 발의 핵공격으로 적의 미사일방어체제를 무력화시키는 것, 전기 공급이 수요를 따라가지 못해 일시에 발생한 대규모의 정전사태 등의 의미로 사용된다. 경인일보, 조선일보

49 북한과 인접한 5개의 섬인 서해 5도는 백령도, (　　　), 대청도, 소청도, (　　　)를 일컫는다.
경인일보, 근로복지공단, 헤럴드경제

50 (　　　)은/는 2008년 12월 작전배치된 한국 최초의 이지스함이다. 한국전기안전공사

51 2009년 3월 한국형 구축함인 (①)과 함께 소말리아 해역에 파병된 (②)부대는 한국군 사상 첫 전투함 파병부대이다. MBC, 한국일보

52 세계 최초의 원자력 항공모함은 미국의 (①)이며, 중국의 첫 항공모함은 (②)이다.

53 우라늄을 농축하는 과정에서 발생한 폐기물로 만든 폭탄인 (　　　)은/는 탱크, 장갑차 등을 뚫을 정도의 관통력을 지녔다. 한국남부발전

Answer **39.** 조선노동당 **40.** 벼랑끝 전술 **41.** 과학자 **42.** 내려간다 **43.** 진돗개 **44.** 비대칭전력 **45.** 정찰총국 **46.** 멜트다운(meltdown) **47.** 우라늄 235 **48.** 블랙아웃(blackout) **49.** 연평도, 우도 **50.** 세종대왕함 **51.** ① 문무대왕함 ② 청해 **52.** ① 엔터프라이즈(Enterprise)호 ② 바랴크(Varyag)함 **53.** 열화우라늄탄(DU; depleted uranium)

한 권으로 다 잡는

CORE
일반상식

PART

02

인문과학

01 역사

01 한국사

한(韓)민족의 형성

우리 민족은 고(古) 아시아족 계통으로 인종학상으로는 황인종에 속하는 퉁구스의 한 갈래이고, 언어학상으로는 알타이(Altai)어계에 속한다. 우리나라에 사람이 살기 시작한 것은 구석기시대부터이며, 신석기시대에서 청동기시대를 거치는 과정에서 민족의 기틀이 이루어졌다.

선사시대의 비교

구분	구석기	신석기	청동기	철기
연대	약 70만 년 전	약 8000년 전	BC 20~15세기경	BC 5세기경
유물	뗀석기(긁개, 밀개, 주먹도끼, 자르개, 슴베찌르개), 골각기	• 토기 : 이른 민무늬 토기, 덧무늬 토기, 빗살무늬 토기, 융기무늬 토기 • 석기 : 간석기(돌괭이, 돌삽, 돌보습) ➡ 농기구 출현	• 토기 : 미송리식 토기, 민무늬 토기, 덧띠새김무늬 토기 • 석기 : 간석기(반달돌칼) • 청동기 : 비파형 동검, 거친무늬 거울(서북방설)	• 토기 : 검은간토기, 덧띠토기(점토대 토기) • 석기 : 간석기 • 철기 : 철제 농기구, 무기, 연모 • 청동기 : 세형동검(거푸집 : 한국식 동검) • 붓(창원 다호리 유적 : BC 2세기 한반도 남부 한자 보급)
유적	전국적 분포(단양 금굴, 공주 석장리, 연천 전곡리, 제천 점말동굴, 단양 수양개, 청원 두루봉 동굴)	움집(반지하형 · 원형 · 방형), 조개더미(웅기)	• 움집(장방형 · 지상형) • 고인돌, 돌무지 · 돌널무덤	• 지상형 가옥, 귀틀집 • 돌무지 · 돌널 · 독무덤, 널무덤(청동기 + 철기)
경제	수렵, 어로	농경 시작(조, 피, 수수 등)	벼농사 시작, 가축 사육 증가	농경(벼농사 발달), 목축(밭갈이 가축 이용), 어업 교역
사회	무리사회, 이동생활	씨족 중심 부족사회, 평등 모계사회, 원시신앙	• 군장사회(국장국가) • 선민사상 : 울주 반구대 암각화	친족공동체(연맹 왕국)
일본에 영향	–	조몬 토기	야요이 토기	가야 토기–스에키 토기

고인돌(支石墓) 족장급의 무덤으로 추측되는 청동기시대의 대표적인 분묘로서, 선돌과 함께 거석문화에 속한다. 중국의 산동(山東) 반도로부터 한국의 동북방을 제외한 전 지역과 서부 일본에 널리 분포돼 있다. 우리나라의 경우에는 대개 한강을 중심으로 북방식(탁자식 : 용강, 은율)과 남방식(기반식 : 대구, 나주)으로 나뉜다. 고인돌은 당시 지배층의 정치권력과 경제력을 잘 반영하고 있다. 고창 · 화순 · 강화의 고인돌은 2000년 유네스코 세계문화유산으로 등재됐다.

고조선(古朝鮮)●●●

청동기 문화의 기반 위에 성립된 우리나라 최초의 국가이다. ≪삼국유사≫나 ≪동국통감≫의 기록에 따르면 기원전(BC) 2333년 단군왕검에 의해 건립됐다고 한다. 한때는 중국 전국 7웅의 하나인 연과 대등한 세력을 형성하면서 동방 사회의 중심이 되기도 했다. 고조선의 세력 범위는 비파형 동검과 미송리식 토기의 출토 지역과 거의 일치한다. 8조 금법을 기본으로 한 엄한 족장지배 사회였고, 사유재산제, 노비, 일부다처제 사회였다. 기원전 4세기경 예맥족에 의해 철기 문화를 보급받았고, 기원전 108년에 한무제에 의해 멸망했다. 건국에 관한 기록은 ≪삼국유사≫, ≪제왕운기≫, ≪응제시주≫, ≪세종실록지리지≫, ≪동국여지승람≫ 등에 나와 있다.

고조선의 8조법 ≪한서지리지≫에 남아 있는 고조선 사회의 기본법. 살인·상해·절도죄를 기본으로 하는 이 관습법은 족장들의 사회질서 유지 수단이었으며, 동시에 가부장 중심의 계급사회로서 사유재산을 중히 여긴 당시 사회상을 반영하고 있다. 「사람을 죽인 자는 사형에 처한다, 남에게 상해를 입힌 자는 곡물로 배상한다, 남의 물건을 훔친 자는 노비로 삼고, 배상하려는 자는 50만 전을 내야 한다」 등 3조만 전해진다.

초기 여러 나라의 성장●●●

청동기 문화의 발전과 함께 군장이 지배하는 사회가 출현했는데, 이것이 국가의 시초이다. 최초의 국가는 고조선이며, 이후 철기 문화의 발전으로 삼한 사회에서는 중앙집권국가의 성립 기반을 마련해 갔다. 이때 등장한 나라가 만주와 한반도 각지에 성립된 부여, 고구려, 삼한 등이다. 여러 나라들은 철기 사용으로 농업을 발전시키고, 주변 지역을 정복해 삼국 형성의 기반을 마련했다. 이들 국가들은 제천 행사를 통해 부족 간의 단결을 강화하고 계급 간의 갈등을 해소(농경사회)했다.

초기 국가의 성격

구분	부여	고구려	옥저	동예	삼한
위치	만주 송화강 유역	졸본 ➡ 통구	함흥평야 일대	영흥, 덕원, 안변 일대	한강 이남
정치	• 마가, 우가, 저가, 구가(4출 ➡ 대사자, 사자) • 5부족 연맹 • 사출도 • 제가회의	• 대가(상가, 고추가, 대로, 패자) ➡ 사자, 조의, 선인 • 5부족 연맹 • 제가회의	읍군, 삼로(군장국가)		신지, 견지, 읍차, 부례(군장), 제사장(소도) ➡ 제정 분리
경제	• 말, 주옥, 모피 • 반농반목	• 맥궁 • 약탈 경제(부경)	5곡, 소금, 어물	단궁, 과하마, 반어피, 방직기술 발달	쌀, 철(변한)
제천행사	영고(12월), 은정월	동맹(10월)	×	무천(10월)	5월(수릿날), 10월 계절제
사회	순장, 형사취수제(일부다처제), 우제점복, 1책 12법	후장, 데릴사위제, 형사취수제, 우제점복, 1책 12법	세골장(가족공동묘), 민며느리제	족외혼, 책화(씨족사회 유풍)	두레, 독무덤, 초가지붕의 반움집(귀틀집)

소도(蘇塗) 삼한시대 때 천신에게 제사지낸 지역을 일컫는다. 제사와 정치가 분리되지 않았던 당시에는 제사를 매우 중요하게 여겨, 매년 한두 차례에 걸쳐 각 읍 단위로 제주인 천군을 선발하고, 소도에서 제사를 지내며 질병과 재앙이 없기를 빌었다. 이곳에서는 죄인이 들어와도 잡지 못했다.

발해(渤海) •••

고구려 유장인 대조영(大祚榮)이 698년 지린성(吉林省) 돈화현 동모산에서 고구려인과 말갈족을 합해 세운 나라이다. 고구려 유민이 지배층을 이루고 다수의 말갈족을 지배했다. 정치 조직은 중국의 것을 본떠 3성(정당성 · 선조성 · 중대성) 6부(충부 · 인부 · 의부 · 지부 · 예부 · 신부)를 두었고 국가의 중대사는 정당성에서 귀족회의로 결정했다. 전국의 행정구역은 5경 15부 62주로 나누었고 군대는 10위로 조직했다. 발해는 고구려 문화를 계승하고, 지배층 내에서는 귀족 문화를 발달시켰으며, 통일신라에 대한 견제책으로 일본과 무역관계를 맺어 동해 해로를 개척했다. 거란족에 의해 926년 멸망했다.

고구려(高句麗) •••

부여에서 남하한 고주몽(동명성왕)이 BC 37년에 건국했으나, 668년 나당 연합군에 패해 멸망했다. 고구려는 태조왕 때 현도를 공격하고 옥저를 정복하면서 고대왕국의 기반을 확립하고, 고국천왕 때 을파소를 등용해 진대법을 실시하는 등 농민생활의 안정을 기했다. 미천왕 때는 서안평을 점령해 낙랑을 축출했다(313). 소수림왕 때, 전진으로부터 불교를 받아들이고 태학(최초의 국립대학)을 설립했으며, 율령을 반포해 고대왕국체제를 완성했다. 광개토대왕 때는 신라와 가야에 침범한 왜구를 격퇴하고 한강선까지 진출했으며, 요동 지역을 확보하기까지 했다. 또 장수왕 때는 남하정책에 따라 서울을 평양으로 천도(427)하는 등 위로는 요동 지역, 아래로는 남한강까지 진출했다. 이 밖에도 고구려는 10월에 동맹이라는 추수감사제를 지냈고, 데릴사위제 풍속이 행해졌다.

고구려 관련 주요 키워드

광개토대왕릉비 (廣開土大王陵碑)	만주 집안현(輯安縣) 통구(通溝)에 있는 광개토왕의 비석으로 장수왕이 414년에 세운 것. 원래의 명칭은 국강상광개토경평안호태왕비(國崗上廣開土境平安好太王碑)이다. 우리나라 최대의 비석으로 신라를 도와 왜군을 물리친 것을 비롯해 64성, 1400여 촌을 정복한 사실 등이 상세히 적혀 있다. 일본은 「辛卯年來渡海破 百殘□□新羅」라는 비문을 확대 · 왜곡 해석함으로써 임나일본부설(任那日本付設)의 근거로 삼고 있다.
대막리지 (大莫離支)	고구려의 최고 관등이며 관직으로서 현재 국무총리에 해당한다. 군권과 행정권을 쥔 자로 고구려 후반기에 연개소문으로부터 시작됐다.
진대법 (賑貸法)	고구려의 고국천왕이 을파소 등을 기용해 고국천왕 16년(194)에 실시한 일종의 빈민구제법. 춘궁기에 가난한 백성에게 관곡을 빌려 주었다가 추수기인 10월에 관에 환납하게 하는 제도이다. 귀족의 고리대금업으로 인한 폐단과 양민의 노비화를 막기 위해 실시했으며 고려의 의창제도, 조선의 환곡제도의 선구가 됐다.
태학 (太學)	고구려 소수림왕 2년(372)에 중앙에 설치했던 국립학교이자 우리나라 최초의 국립교육기관. 상류계급의 자제들만이 입학이 가능했다.

백제(百濟) •••

≪삼국사기≫에 따르면 백제의 건국과 관련해서는 온조설화와 비류설화가 전해진다. 고이왕(8대) 때 한강 유역의 대부분을 통합하고 복제와 관제를 갖춘 후 율령을 반포했다. 근초고왕 때는 마한의 전역을 확보하고 탐라까지 진출, 남조 문화를 받아 일본에 전하기도 했다(아직기). 백제는 4세기 중엽부터 산둥과 일본에 진출해 고대 무역국가를 형성했다. 한때 고구려의 남하정책에 대비해 신라와 나제 동맹(433)을 맺기도 했으나, 진흥왕의 한강 진출로 파기됐다. 성왕 때 수도를 사비(부여)로 천도하고 불교를 장려하며 중국의 남조와 문물교류를 하는 등 중흥기를 맞이했으나 660년 나 · 당 연합군에 의해 멸망했다.

2

신라(新羅)•••

신라는 박혁거세에 의해 건국됐다고 전해지며, 6세기 초부터 중앙집권 국가로서 비약적인 발전을 했다. 내물왕 때부터 김씨의 왕위 세습이 확립되고 왕의 칭호도 왕권의 강화를 나타내는 대수장이란 뜻의 「마립간」이라 불렀다. 지증왕 때 우산국(울릉도)을 복속하고 국호를 신라, 왕호를 마립간에서 왕으로 바꾸었다. 법흥왕에 이르러 불교를 공인하고(527), 율령을 반포했다. 진흥왕 때는 화랑도 공인, 국사 편찬, 황룡사 창건, 우륵에 의한 가야금 보급 등 안으로는 문화의 융성을 꾀했고, 밖으로는 한강 유역을 확보하는 부흥기를 맞이했다.

신라 사회체제

골품제도	부족장 세력의 대소에 따라 편입
화백제도	귀족연합체로서 의장은 상대등
화랑제도	교육적 · 군사적 · 종교적 기능

✎ 삼국이 한강 유역을 차지한 순서(전성기) : 백제(4C) ➡ 고구려(5C) ➡ 신라(6C)

신라 관련 주요 키워드

골품제도	신라시대 지배계급(귀족) 사이에 존재한 신분제도. 성골과 진골로 구성되는 왕족과 육두품 이하 5 · 4두품 등의 일반 귀족이 있었다. 골품에 따라 관직, 혼인, 의복 · 가옥 · 가마의 규모와 장식 등 사회생활 전반에 걸쳐 엄격하게 규제됐다. 성골은 28대 진덕여왕으로 대가 끊기고 29대 무열왕부터는 진골이 대를 이었다. 6두품은 득난(得難)이라고 해 종교나 학문 분야에서 많은 활약을 했다.
독서삼품과	신라 제38대 원성왕 4년(788)에 국학(國學)에 설치한 일종의 관리 등용법. 국학의 여러 학생들에게 독서로 시험을 치러 그 성적에 따라 3등급으로 나누어 채용했다.
지리도참설	신라 말기에 도선(道詵)이 중국에서 받아들인 지리학으로, 인문 지리적인 인식과 예언적인 도참 신앙이 결부된 학설. 이는 우리나라의 수도를 중앙권으로 끌어올리는 데 기여함과 동시에, 신라 정부의 권위를 약화시키는 역할을 했다.
왕오천축국전	신라 성덕왕 때 승려 혜초(704~787)가 727년에 쓴 고대 인도의 오천축국 답사 여행기. 1908년 프랑스의 동양학자 펠리오(Pelliot) 교수가 중국 간쑤성(甘肅省)의 둔황굴에서 두 권을 발견, 현재 파리국립도서관에 보관돼 있다.
무구정광대다라니경	세계 최고(最古)의 목판 인쇄본(국립중앙박물관 소장). 1966년 10월 13일 경주 불국사 석가탑 속에서 발견됐다.
상원사 동종	현존하는 가장 오래된 범종. 주성 연대는 725년(신라 성덕왕 24)이다.
성덕대왕신종	에밀레종, 봉덕사종이라고도 함. 우리나라 최대의 거종(巨鐘)으로 비천상과 용두 조각으로 유명하다.

고려 태조의 3대 국가정책•••

고려 태조 왕건의 민족융합정책, 북진정책, 숭불정책을 일컫는다. 태조는 왕권의 안정화를 위해 호족세력을 통합하는 민족융합정책을 우선으로 하고, 고구려의 옛 땅을 회복하려는 북진정책, 불교와 재래의 관습을 중시함으로써 민심을 수습하고 왕실의 안전을 도모하는 숭불정책을 기본으로 했다.

고려 무신정권의 정치 기구•••

교정도감	고려시대 최충헌 이래 무신정권의 최고 정치기관
중방	상장군 · 대장군의 군사 회의기관으로 정중부, 이의민의 최고 통치기구 * 중방정치 : 고려 때 정중부가 무신란 이후 군사 최고 보좌기관인 중방에서 국정 전반을 통치하던 때의 정치 형태
도방	경대승이 설치한 신변보호를 위한 사병 집단
정방	최우가 자신의 집에 설치한 최고 인사기구
서방	최씨 정권의 문인 우대기구

고려의 과거제도(高麗 科擧制度)•••

고려 광종 9년(958) 쌍기(雙冀)의 건의로 시작돼 조선 말기까지 존속한 관리 채용 시험제도이다. 과거의 종류로는 한문학 시험인 제술과, 유교경전 시험인 명경과, 의학·천문·음양지리 시험인 잡과가 있었다. 무과는 공양왕 때 처음으로 실시했고, 5품 이상 관리의 자손이 과거를 거치지 않고 등용되는 「음서제도(조선시대 문음은 2품 이상)」가 있었는데, 이는 고려가 귀족 중심의 문벌사회였다는 것을 보여준다. 과거제도는 갑오경장 때 폐지됐다.

조선의 과거제도

분야	• 문과: 생원·진사 시험(소과)을 거쳐 성균관에 입학, 다시 대과인 문과에 합격해야 요직 진출 가능 • 무과: 문과보다 경시. 무과 실시는 고려시대에 비해 문무 양반제도가 확립됐음을 의미 • 잡과: 서얼이나 중간 계층이 응시했으며 천시. 역과, 의과, 음양과, 율과 등
특징	개인 능력 존중. 양인 이상 신분이면 응시 가능했으나 수공업자, 상인, 승려, 무당, 노비, 서얼은 제외
실시 시기	3년마다 실시하는 식년시와 증광시(특별한 경사가 있을 때), 별시와 정시(국가적 보통 경사가 있을 때), 알성시(왕이 성균관 문묘를 배알할 때)
기타 관리 선발	취재(하급 관리 선발 시험), 이과(서리 선발 시험), 학덕에 의한 천거
문음제도	2품 이상 고관 자제에게 해당. 고려보다 혜택 범위 축소

장생고(長生庫)•••

고려시대 사원의 금융기구로, 사원전(寺院田)에서 나는 소득을 자본으로 해서 이자 발생의 원칙에 따라 민간경제의 융통을 기하고 사원 자체의 유지·발전을 도모했다. 그러나 결국은 사원의 부(富)를 축적하는 기관으로 변질, 서민의 금융경제를 좌우하게 돼 사회·경제적 폐해와 부패를 조장했다.

상평창(常平倉)•••

고려 성종 12년(993)에 구빈제도의 하나로 설치됐던 물가조절기관이다. 곡식과 포목 등 생활필수품을 값쌀 때 사두었다가 흉년이 들면 팔아 물가를 조절했다. 조선시대에도 이 제도는 그대로 유지·시행됐으며, 선조 41년(1608)에 선혜청으로 이름이 바뀌었다.

고려시대의 구빈제도

흑창(黑倉)	태조	춘대추납(春貸秋納). 빈민구제
의창(義倉)	성종	흑창을 의창으로 개칭. 농민보호기구
상평창(常平倉)	성종	물가조절기관
제위보(濟危寶)	광종	빈민구제를 위한 재단. 보의 효시
대비원(大悲院)	문종	빈민환자 치료, 의료 및 생활보호제도
구제도감(救濟都監)	예종	빈민구제를 위해 설치한 임시 관청
혜민국(惠民局)	예종	빈민에게 무료로 의약 제공

전시과(田柴科) •••

고려의 토지제도로, 전시과라는 명칭은 문무관리에게 전지와 연료 채취지인 시지를 준 데에서 비롯됐다. 신라의 녹읍제가 토지 자체보다 인간을 지배하려는 데 그 목적이 컸음에 비해 전시과는 토지를 통한 농민 지배의 성격이 강했다. 즉, 전시과는 고려시대에 문무 관리들에게 지급하던 토지제도로 토지에 대한 소유권이 국가에 있어서 세습은 되지 않고, 관리에게는 수조권(조세 징수권)만 인정했다. 태조 23년(940)의 역분전에 기초를 둔 것으로, 경종 1년(976)에 처음 시행됐다.

공음전(功蔭田) : 5품 이상의 관리가 전시과(과전) 이외에 지급받던 토지로, 세습이 허용됐다.

기인제도(其人制度) •••

고려 태조 때 지방 호족들에게 중앙 관직의 위계와 동등한 향 직위를 주어 지방자치를 관할하도록 하되, 호족의 자제를 인질로 서울에 데려다가 지방행정의 고문 구실을 하게 한 제도이다. 기인제도의 시초는 통일신라시대의 상수리제도이며 지방 세력가들을 견제하는 데 그 목적이 있었다.

사심관제도(事審官制度) 고려 태조 때 지방 세력가들을 견제하기 위해 실시된 제도로 중앙의 고관이 된 사람에게 자기 고향의 사심관이 되게 했다. 사심관은 부호장 이하의 향리를 임명할 수 있었으며, 그 지방의 치안에 대한 연대책임을 맡았다.

노비안검법(奴婢按檢法) •••

고려 광종 7년(956)에 실시한 일종의 노비 해방법이다. 고려 건국기를 전후해 여러 무장과 호족들은 전쟁포로나 전쟁으로 재난을 입은 사람들을 강제로 잡아다가 노비로 삼아 점차 경제적 · 군사적 세력을 증대시켜 갔다. 중앙집권적 체제로의 왕권 확립에 힘써 오던 광종은 이러한 귀족들의 세력 증대를 억제하기 위해 노비안검법을 실시해 본래 양민이었던 노비들을 모두 해방시켰다.

벽란도(碧瀾渡) •••

고려 때의 국제 무역항이다. 개경(開京)에 가까운 예성강은 물이 비교적 깊어 강어귀에서 약 20리 되는 벽란도까지 큰 배가 올라 갈 수 있었으며 송, 왜, 사라센(Sarasen) 등의 상인들이 드나들었다. 이때 사라센 상인에 의해 우리나라가 처음으로 서양에 전해져 고려, 즉 코리아(Corea)라고 불리게 됐다.

국자감(國字監) •••

고려 성종 11년(992)에 세워진 국립대학이다. 충선왕 때 성균관으로 개칭됐다가 공민왕 때 다시 국자감으로 환원됐고, 조선시대에 와서 성균관으로 개칭됐다. 교육 과목으로는 유학의 경전과 문학을 주로 하는 3학(국자학 · 태학 · 사문학)과 그 외 기술 분야의 3학(율학 · 산학 · 서학)이 있었다.

묘청의 난•••

고려 인종 13년(1135), 묘청이 풍수지리의 이상을 표방하고, 서경(西京, 지금의 평양)으로 천도할 것을 주장하다가 유학자 김부식 등의 반대로 실패하자 일으킨 반란이다. 관군에 토벌돼 1년 만에 평정됐다. 민족사가인 단재 신채호는 묘청의 난을 「조선 역사상 1천년 내의 제1대 사건」이라고 하여, 민족 자주성의 표현으로 높이 평가했다.

만적의 난•••

고려 신종 1년(1198)에 최충헌의 노비 만적이 중심이 돼 개경에서 일으킨 노비해방운동이다. 만적이 공사(公私) 노비를 모아 노비문서를 불사르고 난을 일으키려다 사전에 발각돼 수많은 노비들과 함께 잡혀 죽었다. 노비 신분해방과 정권탈취를 내세운 우리나라 역사상 최대의 천민봉기라는 점에서 의의가 있다.

농민과 천민의 신분해방운동

반(反) 무신의 난 동북면 병마사 김보당의 난, 서경 유수 조위총의 난

천민의 난(신분해방운동) 공주 명학소의 난(망이 · 망소이의 난), 전주 관노의 난, 노비 만적의 난

농민의 난 김사미(운문) · 효심(초전)의 난

직지심체요절(直指心體要節)•••

고려 우왕 3년(1377)에 백운이라는 승려가 만든 불서의 일종으로, 구텐베르크보다 80년 앞선 현존 세계 최고(最古)의 금속활자본이다. 1972년 파리의 국립도서관에서 유네스코 주최로 개최한 「책의 역사」 전시회에서 발견됐다.

삼국사기(三國史記)•••

고려 중기 인종(1145) 때 왕명에 따라 김부식이 펴낸 역사서로 신라 · 고구려 · 백제 3국의 정치적 흥망, 변천 등을 담고 있다. 중국의 정사와 기전체의 시초인 사마천의 ≪사기(史記)≫를 따르고 있으며, 신라본기 12권, 고구려본기 10권, 백제본기 6권, 연표 3권, 잡지 9권, 열전 10권으로 엮어진 50권 10책으로 돼 있다.

건원중보(乾元重寶)•••

고려 성종 15년(996)에 주조된 우리나라 최초의 화폐로, 철전(鐵錢)과 동전의 두 종류가 있다. 그 후 삼한중보, 삼한통보, 해동중보, 해동통보, 동국중보, 동국통보 등이 주조됐으나 잘 통용되지 않았다. 한편, 34대 공양왕 때 한국 최초의 지폐인 저화(楮貨)가 발행됐다.

신기전(神機箭)•••

추진체로 로켓이 붙어 있는 화살로 고려 말 최무선이 만든 우리나라 최초의 로켓인 주화를 세종 때(1448) 개량한 것이다. ≪국조오례서례≫의 병기도설(兵器圖說)은 국제학회에서 세계 최고(最古)의 로켓 설계도로 공인받았다.

연등회(燃燈會) •••

고려 때 행하던 불교행사의 하나로, 주과와 가무 등을 즐기며 국가와 왕실의 태평을 기원하던 제전이다. 훈요십조 제6항에서 팔관회와 함께 언급하고 있다. 성종 때 일시 중단됐으나 현종 때 부활해 전국적으로 거행됐으며 행사 시기는 처음에는 2월이었으나 후에 정월 15일로 바뀌었다.

팔관회(八關會) 신라 진흥왕 12년(551)부터 행해진 고려의 국가적 종교행사로, 토속신앙과 불교가 융합된 것이다. 원래는 토속신인 천령·5악(五惡)·대천 등에게 제사하던 제전이다. 개경(11월 15일)과 서경(10월 15일)에서만 거행되는 이 행사 때 왕은 법왕사 또는 궁중에서 하례를 받고 지방관 및 외국 사신의 선물을 받았으며, 그에 따라 무역이 성행했다.

도첩제(度牒制) •••

승려가 출가했을 때 국가에서 발급해 주던 공인 허가증으로 「도패」라고도 한다. 고려시대부터 시행돼 조선 태조 때 억불책의 하나로 더욱 강화해 실시됐다. 승려가 되려는 자에게 국가에 대해 일정 의무를 지게 한 후 도첩을 줌으로써 백성들이 함부로 승려가 되는 것을 억제했으며, 승려가 죽거나 환속을 하게 되면 도첩을 반드시 반환하도록 했다.

조선의 중앙기구 •••

승정원(承政院)	왕명의 출납을 맡은 왕의 비서기관으로 고려의 중추원과 성격이 같음
의금부(義禁府)	왕명에 따라 귀족 고관 양반들의 중죄를 다스리던 곳으로 고려의 순마소와 성격이 같음
삼사(三司)	홍문관(고문 역할), 사헌부(감찰 탄핵), 사간원(왕에 대한 간쟁)
춘추관(春秋館)	국사의 편찬을 맡은 기관
예문관(藝文館)	왕의 교서를 제찬하던 곳

탕평책(蕩平策) •••

조선 21대 왕 영조가 약화된 왕권을 강화하기 위해 사색당인을 고루 등용해 붕당(학문적·정치적 입장을 같이하는 양반들이 모여 구성한 정치 집단)의 폐해 시정에 힘썼던 불편부당(不偏不黨)의 정책이다. 이후 정조도 이 정책을 계승했으나 당쟁을 뿌리 뽑지는 못했다.

대동법(大同法) •••

조선 광해군 1년(1609)에 이원익·한백겸의 주장으로 현물로 바치던 공물을 토지의 결수에 따라 쌀로 바치도록 한 대공수미법(代貢收米法)이다. 경기도에서 처음으로 실시했으며 선혜청에서 관장했다. 그 후 숙종 34년(1708)에는 세액을 토지 1결당 12두로 통일하고, 평안도·함경도를 제외한 전국에서 실시했다. 이 법은 1884년 지세(地稅)에 병합되면서 폐지됐다.

향약(鄕約) •••

조선 중종 때 추진된 권선징악, 상호부조의 정신을 주로 한 향촌의 자치규약이다. 중국 송나라 때의 여씨향약을 본뜬 것으로, 덕업상권, 과실상규, 예속상교, 환난상휼이 그 기본 강령이었다.

광작(廣作) •••

17 · 18세기 모내기하는 이앙법의 보급과 밭고랑과 이랑을 만들어 재배하는 견종법의 보급으로 노동력이 절감됨에 따라 한 집안에서 넓은 토지를 경영하던 것을 말한다. 이로써 지주들은 병작보다 노비를 부려 광작하는 방법으로 더 많은 이득을 얻을 수 있었으며, 가난한 농민은 토지를 얻기 어려워 노동자나 노비가 되는 경우가 많아졌다. 결국 이앙법과 광작의 보급은 농촌사회 내부의 분화를 촉진시켜 사회적 문제를 야기시켰다.

균역법(均役法) •••

조선 영조 때 군역의 부담을 경감하기 위해 실시한 납세제도(1751)이다. 종래의 양포세를 반으로 줄이고, 나머지를 어업세, 염세, 선박세, 결작 등으로 징수해 보충했다. 역(役)을 균등히 한다는 취지에서 제정했으나, 시일이 지남에 따라 폐단이 심화돼 19세기에는 이른바 「삼정 문란」의 하나로 꼽히게 됐다.

삼정(三政)의 문란 조선 말 안동 김씨 득세 시대에 전정(수세 행정), 군정(군포), 환곡(양곡 대여) 등 3대 재정 · 행정을 둘러싼 정치 부패를 말한다. 그중 환곡(환정)의 문란이 특히 심해 여러 방법으로 농민을 착취하는 수단이 됐다.

홍경래의 난 •••

조선 순조 11년(1811), 홍경래(洪景來)를 중심으로 관서지방에서 일어났던 반란이다. 서북인(西北人)에 대한 차별 대우, 당쟁과 세도정치로 도탄에 빠진 민생, 평안도 지방의 큰 흉년, 탐관오리의 횡포 등이 원인이며, 홍경래의 난을 계기로 많은 민란이 발생했다.

진주민란(晋州民亂) 철종 13년(1862)에 진주 병사 백낙신(白樂莘) 등의 탐학과 토호에 반항해 농민들이 관아를 습격하며 일으킨 농민봉기(흰 수건을 둘러 백건당(白巾堂) 사건이라고도 함). 이에 정부는 박규수(朴珪壽)를 안핵사(조선 후기 지방에서 사건이 발생했을 때 처리를 위해 파견한 임시 직책)로 보내어 수습했다. 이 난을 계기로 전라 · 충청 · 경상도는 물론, 북으로는 함흥, 남으로는 제주까지 민란이 확대됐다.

고부민란(古阜民亂) 동학농민운동의 시발점이 된 민중봉기. 1894년 1월 고부 군수 조병갑의 탐학에 반대해 동학교도 전봉준의 지휘로 교도와 농민이 관아를 점령, 만석보를 파괴하고 전라감사의 군대를 격파한 사건을 말한다.

방곡령(防穀令) •••

고종 26년(1889)에 함경도 감사 조병식(趙秉式)이 식량난을 막기 위해 곡물의 일본 수출을 금지한 명령을 일컫는다. 일본의 경제적 침투로 일어나는 경제 파탄을 막기 위해 내린 일종의 미곡 수출 금지령이다.

난전(亂廛) •••

조선시대 국가에서 허용한 범위를 넘어선 상행위를 말한다. 조선시대에는 초기부터 육의전을 중심으로 하는 시전이 있었는데 육의전은 국가가 보호하는 반면, 다른 시전은 엄격히 제한했고 이 제한을 넘으면 난전이라 해 처벌을 받았다.

금난전권(禁亂廛權) 육의전과 시전 상인이 난전을 금지할 수 있는 권리. 본래 상거래 행위를 감독하는 평시서의 고유 권한이었으나, 조선 후기 상권 경쟁이 치열해지면서 시전은 정부에 대해 국역의 부담을 지는 대신에 반대급부로서 금난전권을 요구해 이를 취득했다. 이는 상업의 발전을 가로막는 요인이 됐다.

육의전(六矣廛) 조선시대 운종가, 종루 등 중심가에 자리 잡고 왕실, 국가 의식의 수요를 도맡아 공급하던 어용상점. 비단, 무명, 명주, 모시, 종이, 어물 등 여섯 종류의 상품을 독점하고 전매권을 행사했다.

객주(客主) ●●●

조선 후기 대규모 교역이 행해지면서 등장한 지방 최고의 도매업자를 말한다. 도매업과 위탁판매업, 창고업, 운송업, 숙박업에 종사하는 사람들로 자금의 대부와 어음 발행, 예금 등의 은행업도 겸해 지방 상업 발달에 중요한 구실을 했다. 개항 초기 외국 무역 담당자 또는 상품 위탁 판매자로 대두해 새로운 자본계급으로 성장했으나 1930년 이후 그 세력이 약화돼 갔다.

사상(私商) 조선 후기 한강을 중심으로 자본을 모은 경강상인(京江商人)과 개성의 송상(松商)들을 지칭. 이들은 전국에 송방이라는 지점을 설치하고, 인삼 재배와 무역 등에 깊이 참여해 부를 축적했다.

도고(都賈) 조선 후기의 큰 상인들이 독점적인 도매업의 방법을 통해 염가로 매점해 고가로 판매(매점매석)한 것. 도고의 성장은 농업에서의 광작과 유사한 현상으로 상인의 계층 분화를 촉진시킨 요인이 됐다.

3포(三浦) ●●●

세종 때 왜인들에 대한 회유책으로 개항한 웅천의 제포, 동래의 부산포, 울산의 염포를 지칭한다. 이 세 곳에 왜관을 설치하고, 왜인의 교통·거류·교역의 처소로 삼았다.

6진(六鎭) ●●●

조선 세종 16년(1434) 영토 수복 정책에 따라 김종서 등에게 두만강 유역의 여진족을 몰아내고 그곳에 설치하게 한 경원, 경흥, 온성, 종성, 회령, 부령 등 여섯 군데의 진을 지칭한다. 이 6진의 개척 결과 우리나라의 국토 경계선이 오늘날 두만강에까지 이르게 됐다.

비변사(備邊司) ●●●

조선 중종, 명종 연간에 왜인 및 야인과의 충돌이 빈번해지면서 변경 사무의 처리를 위해 설치한 기구로 「비사」 또는 「주사」라고도 부른다. 중종 5년(1510)에 삼포왜란을 계기로 병조의 속아문으로 설치됐다가, 명종 10년(1555)에 을묘왜변(명종 9년)을 수습하는 과정에서 일품아문으로 정식 발족됐다. 비변사는 처음에는 국방 문제만을 논의했으나, 왜란 뒤에는 국정 전반을 다루는 최고의결기관이 돼 의정부의 기능이 상대적으로 약화됐다. 비변사는 흥선대원군이 집권한 뒤에 폐지됐다.

훈련도감(訓練都鑑) ●●●

조선시대에 수도의 수비를 맡아보던 군영으로, 선조 26년(1593)에 유성룡의 건의에 따라 설치됐다. 오군영 중 가장 먼저 설치된 훈련도감은 포수·사수·살수의 삼수병으로 편제돼 전문기술을 가진 특수부대였으며, 별기군이 설치되기까지 존속했다.

속오군(束伍軍) 임진왜란 이후에 지방에 설치된 양·천인의 혼성부대. 사노비들도 군역을 지게 됨에 따라 신분 향상이 이루어져 납속책과 함께 신분제 문란의 한 원인이 됐다.

잡색군(雜色軍) 유사시에 향토방위를 맡은 예비군(조선 초기). 전직 관료, 서리, 향리, 교생, 노비 등 각 계층의 장정들로 구성됐는데 이들은 평상시에는 본업에 종사하면서 일정 기간만 군사훈련을 받았다.

소수서원(紹修書院) ●●●

우리나라 최초의 사액서원이다. 중종 38년(1543), 풍기 군수인 주세붕이 최초의 서원인 백운동서원을 설립, 그 후 퇴계 이황이 명종으로부터 「소수서원」이란 사액을 하사받아 개칭했다.

성균관(成均館) •••

유학을 전수하던 조선시대의 최고 국립종합대학으로 생원, 진사와 15세 이상의 양반 자제 및 유생이 입학했다. 이곳에서 수학한 학생은 대과에 응시할 수 있었으며, 정원은 120명이었다.

외규장각 도서(外奎章閣 圖書) •••

외규장각은 정조가 즉위하면서 설립한 규장각의 외곽 서고로 정조 6년(1782) 강화도에 설치됐다. 이곳에는 역대 왕의 글과 글씨, 어람용 의궤(국가의 주요 의례 절차와 내용을 정리한 문서) 및 주요 서적, 왕실 관련 물품 등이 보관돼 있었다. 프랑스로 약탈됐던 외규장각 도서는 서지학자이던 고 박병선 박사에 의해 1975년 프랑스국립도서관에서 발견돼 그 존재가 알려졌다. 이후 우리 정부는 프랑스 정부에 외규장각 도서의 반환을 요구해 5년마다 갱신하는 임대형식의 대여에 합의했다. 그 결과 2011년 4, 5월에 약탈도서 297권이 모두 반환됐다.

조선 왕실 의궤 의궤는 역대 왕의 글과 글씨, 어람용 의례 궤범 등을 포함한 것으로 조선 왕실의 제사와 혼인, 장례 등 주요 행사를 기록해 놓아 「기록 문화의 꽃」으로 불린다. 조선시대의 정치 · 사회상과 엄정한 기록문화를 보여 주는 귀중한 사료이다.

실학(實學) •••

조선 후기인 17~18세기에 나타난 근대 지향적이고 실증적인 학문이다. 즉, 성리학의 형이상학적 공리공론을 문제 삼고 경세(經世)와 실용(實用)의 방면에 아울러 관심을 둠으로써 유학의 본래적 학문 기능을 회복하려고 한 학문이다. 실학은 ▲농업 개혁을 중심으로 하는 경세치용학파와 ▲상공업 개혁을 위주로 하는 이용후생학파로 나뉜다. 전자는 유형원(반계수록), 이익(성호사설)을 거쳐 정약용(목민심서, 경세유표)에 의해서 완성됐고, 후자는 유수원(우서), 홍대용(의산문답), 박제가(북학의), 박지원(열하일기) 등에 의해서 완성됐다. 또한 실학자 김정희는 실사구시(사실에 입각해 진리를 탐구하려는 태도)의 방법론과 실천을 역설했다.

<table>
<tr><td>중농학파</td><td>• 경세치용학파
• 17세기 후반부터 실리적 · 체계적인 개혁 지향, 농촌 문제의 해결 방안 제시 및 토지 제도 개혁 주장, 자영농 육성 중시
• 구한말의 애국 계몽 사상가들과 일제시대 국학자들에게 큰 영향을 주어 우리나라 근대 사상의 중요한 한 갈래를 형성
• 대표 학자
– 유형원: 17세기 후반 실학을 체계화한 인물로, 중농학파의 선구자. 중농적 개혁안을 제시했고 균전제를 주장. 저서 ≪반계수록≫
– 이익: 18세기 전반 실학파를 성립한 인물로, 성호학파를 형성했고 한전제를 주장. 저서 ≪성호사설≫
– 정약용: 19세기 후반 실학의 집대성자. 여전제, 정전제를 주장. 저서 ≪여유당전서≫</td></tr>
<tr><td>중상학파</td><td>• 18세기 후반 청 문화의 영향을 받아 등장했고, 청을 통해 서양 문화의 영향을 받아 북학파라고 함
• 농업뿐 아니라 상공업 진흥과 기술혁신 등 물질문화 발달에 관심을 보여 이용후생학파라고 함
• 농업에만 치우친 유교적 이상국가론에서 탈피, 부국강병을 위한 더 적극적인 방안을 제시
• 박규수, 김옥균 등 개화 사상가들에게 영향을 끼쳐 우리나라 근대 사상 형성에 기여
• 대표 학자
– 유수원: 중상학파 실학의 선구자(소론). 저서 ≪우서≫
– 홍대용: 북학의 선구자(노론). 저서 ≪의산문답≫
– 박지원: 수레와 선박 이용과 화폐 유통 필요성 강조. 저서 ≪열하일기≫, ≪과농소초≫, ≪양반전≫
– 박제가: 수레와 선박 이용 주장, 절검보다 소비 권장. 저서 ≪북학의≫</td></tr>
</table>

경국대전(經國大典)●●●

조선 시대의 기본 법전으로 조선 세조 때 최항, 노사신이 편찬을 시작해 성종 16년(1485)에 완성했다. 고려 말부터 성종 15년(1484)까지 약 100년간에 걸쳐 반포된 제법령, 교지, 조례 및 관례 등이 총망라돼 있다.

조선시대의 법전

편찬자	법전명	편찬자	법전명
정도전(태조)	조선경국전(최초), 경제문감	최항, 노사신(성종)	경국대전(기본 법전)
조준, 하륜(태조)	경제육전	김재로(영조)	속대전
하륜(태조)	속육전	김치인(정조)	대전통편(경국대전 + 속대전)
집현전(세종)	육전등록	조두순(고종)	대전회통(최대)

동국통감(東國通鑑) 고조선부터 고려 말까지의 편년체 역사서이다. 최항, 양성지 등이 세조 4년(1458)에 착수해 성종 15년(1484)에 서거정이 완성, 이듬해에 새로 펴냈다. 이는 중국 사마광의 ≪자치통감≫을 본뜬 편년체로 쓰여 읽기 편해 널리 알려지게 됐다.

동의보감(東醫寶鑑)●●●

중국과 한국의 의서를 모아 하나로 만든 조선 제일의 의서이다. 어의 허준이 선조의 명을 받아 선조 30년(1597)에 편집에 착수해 광해군 3년(1611)에 완성했다. 각 병마다 처방을 풀이한 체계적인 의서로, 우리나라 최고의 한방의서로 인정받고 있다. ≪동의보감≫은 의학서적 중 세계 최초로 2009년 유네스코 세계기록유산에 등재됐다.

목민심서(牧民心書)●●●

다산 정약용이 여러 책에서 지방 장관의 사적을 가려 뽑아 치민(治民)에 대한 도리를 논술한 책이다. 수령이 지켜야 할 지침과 관리들의 폭정을 비판한 정약용의 3대 저서(목민심서 · 경세유표 · 흠흠신서) 가운데 하나로 48권 16책으로 구성돼 있다. ≪경세유표≫가 정부기구의 제도적 개혁론을 편 것이라면 이 책은 지방 관헌의 윤리적 각성과 농민정책의 정상화 문제를 다룬 것으로, 우리나라 사회경제 연구에 필요한 귀중한 자료이다.

정약용의 저서

- 경세유표 : 일종의 제도개혁안
- 흠흠신서 : 형옥에 관한 법전서
- 마과회통 : 의학집

하멜표류기(Hamel 漂流記)●●●

조선 효종 4년(1653), 제주도에 표류해 온 네덜란드인 H. 하멜이 조선에 14년 동안 억류됐다가 귀국한 후, 조선의 지리 · 풍속 · 산물 · 정치 · 교역 등을 자세히 기록해 조선의 사정을 유럽에 알린 최초의 문헌이다.

혼일강리역대국도지도(混一疆理歷代國都之圖) •••

현존하는 동양 최초의 세계지도로 세계 학계가 공인한 채색지도(가로 1m 68cm, 세로 1m 58cm)이다. 줄여서 「강리도」라고도 한다. 중국과 한국의 하천, 섬들이 자세하게 기입돼 있으며, 특히 한반도가 다른 나라에 비해 매우 과장되게 그려져 있다. 조선 태종 때인 1402년에 이회·김사형·이무 등이 제작했고, 유학자 권근이 발문을 썼다. 현재 원본은 전해지지 않으며, 필사본 2종이 일본 류코쿠(龍谷)대학과 텐리(天理)대학에 보관돼 있다.

4대 사화(四大 士禍) •••

조선시대에 학파의 대립, 권력 쟁탈로 많은 선비들이 화를 입은 네 가지 큰 사건을 일컫는다. 즉, 연산군 4년(1498)의 무오사화, 연산군 10년(1504)의 갑자사화, 중종 14년(1519)의 기묘사화, 명종 원년(1545)의 을사사화를 말한다.

무오사화	세조를 비방한 김종직의 조의제문(弔義帝文)을 사초에 기록한 것을 빌미로 훈구파가 사림파를 제거 * 조의제문(弔義帝文): 조선 성종 때 김종직이 중국 초나라의 항우가 죽인 의제의 죽음을 조위해 쓴 글. 세조가 어린 단종을 죽이고 즉위한 것을 풍자한 것인데, 후에 무오사화의 발단이 됐다.
갑자사화	윤비 폐출사건을 들추어서 훈구파가 사림파의 잔존 세력을 제거
기묘사화	남곤, 홍경주 등의 훈구파에 의해 조광조 등 신진 사류가 축출된 사건
을사사화	왕실 외척 간의 대립 때문에 일어난 사화

임진왜란(壬辰倭亂) •••

1592~1598년 두 차례에 걸쳐서 조선에 침입한 일본과의 전쟁을 말하며, 2차 침입은 정유재란(丁酉再亂)이라고 한다. 일본을 통일한 도요토미 히데요시(豊臣秀吉)가 자국의 혼란과 신흥 상업세력의 발흥을 억제하기 위해 전쟁을 일으켰는데, 조선은 이를 방어하지 못했으며 선조는 의주로 피난했다. 그러나 이순신·권율을 비롯해 의병의 활약과 심유경·이여송 등이 이끈 명나라 군대에 의해 일본을 격퇴했다. 임진왜란의 결과 조선은 경복궁·불국사·사고(전주사고 제외) 등의 문화재가 유실됐고, 속오법 실시와 훈련도감 설치 등 군제개편이 이루어졌다.

임진왜란의 3대첩 | 한산도대첩, 행주대첩, 진주성대첩(거북선이 최초로 출현한 전투는 사천해전)

징비록(懲毖錄) 임진왜란 때 서애 류성룡이 자신의 경험을 바탕으로 전쟁의 배경·진행상황·결과 등을 연구하고 반성하기 위해 쓴 수기(국보). 임진왜란이 일어난 1592년(선조 25)부터 1598년까지 7년간의 전황을 기록한 것으로 다시 이 나라에 이러한 참담한 전쟁이 일어나서는 안 된다는 생각에서 후세에 알리기 위해 썼다고 한다. 「징비」는 ≪시경(詩經)≫ 구절 중 「豫其懲而毖後患(미리 지난 일을 징계하여 후환을 경계한다)」는 대목에서 따왔다.

병자호란(丙子胡亂)●●●

조선 인조 14년(1636), 정묘호란 이후 청이 명을 정벌하기 위해서 군량과 병선의 징발을 요구하고 형제 관계를 군신 관계로 바꾸도록 강요하자, 이에 격분한 조선 정부가 임전태세를 강화함으로써 일어난 전쟁이다. 청의 태종이 용골대와 마부대를 선봉으로 10만 대군을 이끌고 침입, 결국은 주화파 최명길을 통해 삼전도(松坡)에서 굴욕적인 항복을 했다. 이 결과 청과 조선은 군신 관계를 맺고 명과의 관계를 끊었으며, 소현세자와 봉림대군과 함께 척화파인 3학사(홍익한 · 윤집 · 오달제)를 인질로 보냈다.

병인양요(丙寅洋擾)●●●

고종 3년 병인년(1866)에 프랑스 극동 함대의 로즈(P. G. Rose) 제독과 대원군이 보낸 이경하의 군대가 충돌한 사건이다. 대원군이 천주교도를 학살하자, 프랑스 신부 F. C. 리델이 프랑스 파견함대에 이 사실을 보고했다. 이에 프랑스 함대가 강화도를 공격 · 점령했으나, 강화에서 이경하가 이끈 군대와 싸우다가 40여 일 만에 격퇴됐다. 그 결과 대원군은 천주교를 더욱 탄압하고 쇄국정책을 강화했다.

신미양요(辛未洋擾)●●●

고종 8년(1871) 미국의 군함 5척이 강화도에 침입해 소동을 일으킨 사건이다. 미국은 고종 3년 발생한 미국 상선 제너럴셔먼호사건에 대한 문책과 함께 한편으로는 조선과 통상조약을 맺고자 했으나, 곧 격퇴됐다. 그 결과 대원군은 온 나라에 척화비를 세우는 등 쇄국정책을 더욱 강화했다.

운요호사건(雲揚號事件)●●●

고종 12년(1875) 일본 군함 운요호가 강화도에 불법으로 침투, 조선수군과 충돌해 인적 · 물적 피해를 입히고 퇴각한 사건이다. 그 다음해 일본은 이 사건에 대한 사죄와 함께 통상요구 등을 내세웠고, 결국 조선과 병자수호조약(강화도조약)을 체결했다.

강화도조약(江華島條約)●●●

고종 13년(1876) 운요호사건으로 인해 일본과 맺어진 불평등조약이자 외국과의 최초의 근대적 조약이다. 한 · 일수호조약, 병자수호조약이라고도 한다. 당시 조선은 근대적인 국제관계를 제대로 인식하지 못해 일본의 요구를 그대로 수용할 수밖에 없었다. 강화도조약은 조선을 자주국으로 인정해 평등한 권리를 가진다고 규정했지만, 이는 조선에 대한 청의 종주권을 부인함으로써 일본의 조선 침략을 용이하게 하려는 것이었다. 또한 부산(1876), 원산(1880), 인천(1883) 등 3항의 개항과 치외법권의 인정 등 전문 12개조로 구성된 최초의 근대 조약이지만, 해안 측량권(제7관), 치외법권(영사 재판권, 제10관)은 조선의 주권을 명백하게 침해하는 일본의 강요에 의한 불평등조약이었다. 이는 열강이 조선에 침투할 수 있는 길을 열어주는 계기가 됐다.

근대사회 전개 과정 강화도조약(1876) ➡ 임오군란(1882) ➡ 갑신정변(1884) ➡ 동학농민운동, 청일전쟁, 갑오개혁(1894) ➡ 을미사변, 을미개혁, 을미의병(1895) ➡ 아관파천(1896) ➡ 독립협회(1896～1898) ➡ 대한제국(1897) ➡ 러일전쟁(1904) ➡ 을사조약, 을사의병(1905) ➡ 애국계몽운동(1905～1910) ➡ 신민회(1907～1911) ➡ 고종의 강제 퇴위, 군대해산, 정미의병(1907) ➡ 국권 피탈(1910)

임오군란(壬午軍亂)•••

고종 19년(1882) 구식 군인들이 일으킨 반란으로, 신식 군대 별기군(別技軍)의 양성과 군제 개혁으로 인해 민씨 일파에 대한 불만이 폭발하며 발생했다. 군졸들은 일본 공사관을 습격하고 민겸호 등 민씨 일파를 죽였으나 대원군이 이 난을 수습하고 재집권했다. 이 사건을 계기로 군란 진압과정에 개입한 청의 내정 간섭을 받게 됐으며, 일본과는 제물포조약이 체결됐다.

제물포조약(濟物浦條約) 고종 19년(1882) 임오군란으로 발생한 일본 측의 피해보상 문제를 해결하기 위해 조선과 일본 사이에 맺은 조약. 전문 6개조로 배상금을 지불할 것, 공사관 보호를 위해 군대를 주둔하게 할 것, 일본에 사절을 보내어 사과할 것 등을 골자로 했다. 이때 사죄단으로 일본에 갔던 박영효가 처음으로 그곳에서 태극기를 게양했다.

갑신정변(甲申政變)•••

고종 21년(1884)에 개화당의 김옥균, 박영효 등이 중심이 돼 민씨 일파를 몰아내고 개화된 정부를 수립하기 위해 일본의 힘을 빌어 우정국 낙성식에서 일으킨 정변이다. 그러나 신정부는 청나라의 간섭으로 3일 만에 무너지고, 김옥균·박영효 등은 일본으로 망명했다. 이 사건을 계기로 조선과 일본 간에는 한성조약이, 청과 일본 간에는 톈진조약이 체결됐다.

혁신강령 14개조

① 청에 잡혀간 대원군의 석방요구와 청에 대한 조공 폐지 ② 문벌 폐지와 인민평등권 제정 ③ 지조법 개혁 ④ 내시부 폐지, 우수인재 등용 ⑤ 부정관리 처벌 ⑥ 상환미를 영구히 받지 않음 ⑦ 규장각 폐지 ⑧ 순사제도 설치, 도둑 방지 ⑨ 혜상공국 폐지 ⑩ 투옥, 유배자의 형을 감경 ⑪ 4영을 1영으로 함 ⑫ 모든 재정은 호조에서 통할 ⑬ 고관회의에서 정책 심의 ⑭ 정부, 육조 외 모든 불필요한 기관 폐지

한성조약(漢城條約) 갑신정변으로 인한 일본인 피해자에게 배상금을 지불하고, 일본 공사관 재건비를 부담하게 하는 등 식민지적 기반을 닦는 데 박차를 가한 조약이다(김홍집 ↔ 이노우에).

동학농민운동(東學農民運動)•••

조선 고종 31년(1894)에 동학교도 전봉준이 중심이 돼 일으킨 반봉건·반외세 운동이다. 교조신원운동의 묵살, 전라도 군수 조병갑의 불법 착취와 동학교도 탄압에 대한 불만이 도화선이 됐으며, 전라도·충청도 일대 농민이 참가했다. 1894년 3월의 고부 봉기(제1차)와 9월의 전주·광주 궐기(제2차)로 나눌 수 있다. 한때는 관군을 무찌르고 삼남지방을 휩쓸었으나, 청과 일본의 개입으로 고전하다 우금치전투에서 관군과 일본군에게 패했다. 이 운동은 안으로는 갑오개혁, 밖으로는 청일전쟁의 시발점이 됐으며 3·1운동에 영향을 미쳤다.

폐정개혁안 12개 항목

① 동학교도는 정부와의 원한을 일소하고 서정에 협력 ② 탐관오리 엄벌 ③ 횡포한 부호 엄징 ④ 불량한 유림과 양반의 무리 징벌 ⑤ 노비문서 폐지 ⑥ 천인에 대한 대우 개선 ⑦ 청상과부의 개가 허용 ⑧ 무명 잡세 일체 폐지 ⑨ 관리 채용시 지벌을 타파하고 인재 등용 ⑩ 왜와 통한 자는 엄징 ⑪ 기왕의 공사채를 무효로 할 것 ⑫ 토지는 평균해 분작

갑오개혁(甲午改革) •••

고종 31년(1894) 일본의 강압으로 김홍집을 수반으로 하는 혁신 내각이 실시한 정치 · 경제 · 사회 · 문화 전반에 걸친 근대적 개혁이다. 이 개혁은 국내외적으로 극히 복잡한 근대 봉건사회 제도의 청산이자 근대화의 출발점이 됐으나, 보수적 봉건 잔재로 인해 기형적 근대화가 이루어지게 됐다.

갑오개혁의 내용

정치면	청의 종주권 부인, 개국기원 사용, 의정부와 궁내부의 분리, 과거제 폐지, 사법권 독립, 경찰권 일원화, 지방을 23부로 개편, 언론의 자유와 신교육령 등
경제면	재정을 탁지부에서 관장, 은본위 화폐제도 채택, 금납제 실시, 도량형 정비 등
사회면	신분제도 폐지, 적서차별 폐지, 조혼 금지, 과부 재가 허용, 고문과 연좌제 폐지 등

홍범 14조(弘範 十四條) •••

고종 32년(1895)에 국문 · 국한문 · 한문 세 가지로 반포한 14개조의 강령으로, 우리나라 최초의 헌법이다. 갑오개혁 이후의 신정부에서 내정 개혁과 자주독립의 기초를 확고히 하려는 목적으로 발표했으나, 이 법으로 인해 일본의 의사로 고종이 갑오개혁에 서약하게 됐다.

을미사변(乙未事變) •••

1895년(고종 32년) 10월 8일 일본공사 미우라 고로(三浦梧樓)가 주동해 명성황후(明成皇后)를 시해하고 일본 세력의 강화를 획책한 정변이다. 작전 암호명은 여우사냥이었다. 을미사변은 민족감정을 크게 자극해 의병을 일으키는 계기가 됐다. 반면에 고종이 러시아공사관으로 피신하는 아관파천의 계기가 돼 친일 내각은 실각하고 러시아의 내정간섭을 받게 됐다.

을미개혁(乙未改革) 을미사변 직후 수립된 김홍집 친일 내각이 단행한 개혁. 태양력 실시, 종두법(우두법) 실시, 소학교 설립, 우편제도 실시, 연호 사용(건양), 군제 개편(친위대 · 진위대) 등의 개혁과 함께 단발령을 내렸다.

아관파천(俄館播遷) 명성황후가 시해된 후 1896년 친일 정권을 전복시키기 위해 친러파 이완용, 이범진, 윤용선 등이 러시아 공사 베베르와 결탁해 고종을 러시아 공사관으로 옮긴 일을 말한다. 고종은 약 1년간 러시아 공사관에 기거했으며 환궁 후 국호를 대한제국, 연호를 광무(光武)로 고치고 왕을 황제라 칭해 국외에 독립제국임을 선포했다.

독립협회(獨立協會) •••

1896년 7월 설립한 한국 최초의 근대적 사회정치단체로, 외세 의존과 국권 침탈의 위기 속에서 국난 극복과 민권 신장 및 부국강병을 꾀했다. 서구 시민사상을 가진 서재필 · 윤치호 등이 남궁억 · 정교 등의 개신 유학자들을 포함, 이상재 등의 타협과 조정으로 이 단체를 조직했다. 특히 독립협회는 상인, 농민, 노동자 및 백정 출신까지 참여한 범국민적인 조직으로서 자주독립, 자강혁신, 자유민권이라는 목표를 내세우고 ≪독립신문≫을 발간해 이러한 활동을 주도했다. 1898년 해산됐다.

황국협회(皇國協會) 구한말 광무 2년(1898)에 정부의 후원 아래서 독립협회를 견제하려고 조직된, 보수인물과 상인들의 반 폭력단체이다. 이기동, 홍종우, 길영수, 박유진 등 보부상을 중심으로 조직됐다.

신민회(新民會) •••

1907년 안창호, 이승훈, 양기탁, 신채호 등이 조직한 비밀결사단체이다. 무모한 무력충돌 지양과 비밀결사를 통한 민족주의 교육 실시, 국민의 근대적 자주의식 고취, 민족산업의 육성, 국외 독립운동 기지 건설 등을 활동 목표로 정해 기초를 다지는 데 앞장섰다. 이러한 방침에 따라 대성학교・오산학교를 세우고 태극서관과 도자기 회사를 설립・운영했으나, 1910년 105인 사건으로 활동이 중지됐다.

신간회(新幹會) •••

1920년 이후 민족운동이 점차 대립돼 분열이 심해지자 이를 통일하기 위해 1927년 조직된 민주주의 항일단체의 통합 기구이다. 일제하의 최대 항일단체로 이상재를 회장으로 조병옥, 안재홍 등이 중심이 돼 광주학생운동을 후원하고 투옥된 학생을 변호했다. 특히 한국인 착취기관의 철폐, 한국인 본위의 교육 실시, 한국어 교육, 과학・사상 연구의 자유 등을 요구했다.

조선어학회(朝鮮語學會) •••

1921년 1월 23일 우리말과 글의 연구, 통일, 발전을 목적으로 창립된 민간학술단체이다. 이윤재, 장지영, 김윤경, 최현배 등이 「조선어연구회」로 조직했다가 1931년 「조선어학회」로 개칭했다. 한글날・맞춤법 통일안을 제정했고, ≪우리말 큰사전≫을 편찬했으며 잡지 ≪한글≫도 발간했다.

조선사편수회 일제가 한국 역사를 그들의 통치 목적에 부합되도록 왜곡된 책을 편찬하기 위해 설치한 한국사 연구기관

을사늑약(乙巳勒約) •••

1905년 일본과 맺은 조약으로, 제2차 「한일협약」이라고도 한다. 러일전쟁(1904~1905)에서 이긴 일본은 포츠머스조약으로 한국에 대한 우위권을 인정받은 후, 한국을 보호국으로 만들기 위해 이토 히로부미(伊藤博文)를 앞세워 조약을 체결, 한일 합방의 기초를 이루었다. 이 결과 우리나라는 주권을 상실하고 외교권을 박탈당했으며, 일본은 서울에 통감부를 두고 보호정치를 실시했다. 한편, 장지연은 ≪황성신문≫(1905. 11. 20.)에 논설 「시일야방성대곡(是日也放聲大哭)」을 발표해 일본의 침략성을 규탄하고 조약 체결에 찬성한 대신들을 공박했다.

정미 7조약(丁未 七條約) •••

헤이그밀사 사건 뒤 일본의 강압으로 고종이 퇴위하고 순종이 즉위할 때인 융희(隆熙) 원년(1907)에 통감(統監) 이토 히로부미(伊藤博文)와 이완용 간에 맺은 조약으로, 「한일 신협약」이라고도 한다. 통감부는 이로부터 각 부의 차관을 일본인으로 두는 이른바 차관정치를 행했다.

국채보상운동(國債報償運動) •••

1907년(융희 1년) 1월, 일본으로부터 얻은 1300만 원(圓)의 차관을 갚기 위해 일어난 거족적인 민족경제 자립운동이다. 대구의 서상돈 등이 주동하고, 제국신문 · 황성신문 등이 지지해 모금운동을 벌였으나 통감부의 압력과 일진회의 방해로 중지됐다.

조선물산장려운동 1922년 조만식을 중심으로 일어난 민족운동의 하나로 평양에 설립된 조선물산장려회가 계기가 됐다. 국산품 애용 · 민족기업 육성 등의 구호를 내걸고 강연회와 시위 · 선전을 벌였으나 1940년 강제 해산됐다.

동양척식주식회사(東洋拓殖株式會社) •••

1908년 일본이 한국의 경제를 독점 · 착취하기 위해 설립한 특수 국책회사이다. 서울에 본사를 두고, 1000만 원의 자본금으로 설립된 이후 주로 토지 매수에 주력해 1924년에는 6만 591정보의 토지를 소유하게 됐다. 매수한 토지는 소작을 두어 고율의 소작료를 받고, 빌려 준 곡식에서도 2할 이상의 높은 이자를 받았다.

대한민국임시정부(大韓民國臨時政府) •••

3 · 1운동이 일어난 후 조국의 광복을 위해 임시로 중국 상하이(上海)에서 조직해 선포한 정부이다. 1919년 4월 11일 각 도의 대의원 30명이 모여서 임시헌장 10개조를 채택 · 발표하고, 4월 17일에 임시정부를 조직해 관제를 선포했다. 군주제를 벗어난 우리나라 최초의 민주공화정체제로서, 당시의 각료로 임시의정원 의장 이동녕, 국무총리 이승만이 임명됐다. 임시정부는 연통제(聯通制)를 실시해 정보통신 자금 조달을 담당하게 했으며 외교위원부를 두어 다각적인 외교활동을 전개했다. 또한 ≪독립신문≫을 발행하고, 한일관계 사료집을 간행하는 등 많은 업적을 남겼으며 우리나라를 대표해 국제회의에 대표를 파견하기도 했다. 임시정부는 1948년 정부 수립까지 독립운동의 대표기관이었다.

임시정부 헌정 변천과 대통령

- 임시정부 헌정 변천 : 1차(1919) 대통령중심제(이승만) ➡ 2차(1925) 국무령 중심 내각책임제(김구) ➡ 3차(1927) 국무위원 중심 집단지도체제(김구) ➡ 4차(1940) 주석중심제(김구) ➡ 5차(1944) 주석 · 부주석 중심제(김구)
- 임시정부 대통령 : 1대 이승만, 2대 박은식(국무총리 이동휘)

대한민국 정부 수립 •••

초대 국회의 제헌의원들이 1948년 7월 17일에 헌법을 공포하고 대통령에 이승만, 부통령에 이시영을 선출했다. 국회의장에는 신익희, 대법원장에는 김병로가 선출돼 1948년 8월 15일 대한민국 정부 수립을 내외에 선포함으로써 제1공화국이 출범했다. 이어 12월 제3차 UN소총회에서 한국 정부는 48 대 6의 압도적 다수의 찬성으로 승인을 받아 한반도의 유일한 합법 정부로 출발했으며, 민족의 정통성을 확인했다. 제1공화국은 1960년의 4 · 19 혁명으로 제2공화국이 탄생하기까지 존속했으며, 자유당이 정권을 담당했다.

얄타회담(Yalta Conference)•••

1945년 2월 11일 미국의 루스벨트, 영국의 처칠, 소련의 스탈린 등 3국의 수뇌들이 소련 흑해 연안의 얄타에서 독일의 2차 세계대전 패전에 따른 관리를 논의한 회담이다. 그 결과 회담 참여국들은 패전국인 독일에 대해 최저 생계를 마련해 주는 것 외에 일체의 의무를 지지 않으며, 독일의 군수산업을 폐쇄하고, 주요 전범들은 뉘른베르크 재판에 회부하기로 했다. 또 독일은 3개(나중에 프랑스가 동등한 지위를 얻으면서 4개)의 점령 지역으로 분할됐다. 소련은 대일전(對日戰) 참전 대가로 러일전쟁에서 잃은 영토를 반환받았으며, 서유럽에서는 전쟁 이전의 국경을 인정했고, 오데르강과 나이세강을 따라 새로운 국경선이 만들어졌다. 특히 이 회담에서는 남북의 38선을 경계로 남쪽은 미군정, 북쪽은 소련군이 군정을 실시키로 합의됐다.

한국의 해방과 국제 회합

카이로선언(1943)	한국 독립 약속. 대표국은 미・영・중
테헤란회담(1943)	연합국 상륙작전. 대표국은 미・영・소
얄타회담(1945)	38도선의 설정. 대표국은 미・영・소
포츠담선언(1945)	카이로선언 및 한국 독립 재확인. 대표국은 미・영・소
모스크바3상회의(1945)	5년간 신탁통치 합의. 대표국은 미・영・소
미・소공동위원회(1946)	한국 통일 문제 토의. 대표국은 미・소

농지 개혁(農地 改革)•••

1950년 남한에서 실시된 농지에 대한 개혁 조치이다. 토지 개혁 문제는 남한의 경우 미군정하에서 실현되지 못하고 이승만 정권으로 넘어갔다. 북한에서는 이미 1946년 초 「무상몰수, 무상분배」 원칙에 의한 전면적 토지 개혁이 이뤄졌으나, 남한에서는 단독 정부 수립 후 1950년 3월에야 농지 개혁법이 공포되고, 6・25전쟁 발발 직전에 실시됐다. 이는 「유상몰수, 유상분배」 원칙에 입각, 사실상 농민보다는 지주들에게 유리한 개혁이었다. 농지 개혁의 본래 목적은 자작농 양성에 있었으나, 실제로는 분배 농지에 대한 세금과 상환액이 과중해 분배받은 농지를 되파는 경우가 많았고 이에 따라 다시 토지 겸병과 소작지가 생겨났다. 그 결과 농지 개혁은 보상의 부실과 인플레이션으로 인해 대지주를 제외한 중소 지주를 몰락시키고 매판 자본가를 양성하는 데 기여했으며, 가구당 경지 규모를 더욱 영세화시켰다.

사사오입 개헌(四捨五入 改憲)•••

1954년 11월 29일 국회에서 당시의 집권당인 자유당이 사사오입의 기묘한 논리를 적용시켜 정족수 미달의 헌법 개정안을 불법적으로 통과시킨 제2차 헌법 개정을 말한다. 자유당은 이승만 대통령의 영구 집권을 목적으로 초대 대통령에 한해 중임 제한을 철폐한다는 것을 골자로 하는 헌법 개정안을 1954년 9월 8일 정식으로 국회에 제출했다. 11월 27일 국회에서의 표결 결과 재적 의원 203명 중 찬성 135표, 반대 60표, 기권 7표로 헌법 개정에 필요한 3분의 2인 136표에서 1표가 모자랐다. 이에 따라 국회부의장 최순주(자유당)는 부결을 선포했으나 그 선포가 있고 이틀 후 재적 의원 203명의 3분의 2선은 사사오입(四捨五入)한 135명이 된다며 전날의 부결 선포를 번복, 개헌안의 가결을 선포했다. 사사오입 개헌은 절차상으로도 정족수에 미달한 위헌적인 개헌이었고, 실질적으로도 초대 대통령에 한해 중임 제한을 철폐한다는 점에서 평등의 원칙에 위배되는 위헌 무효의 헌법 개정이었다.

진보당사건(進步黨事件) •••

1958년 1월 위원장 조봉암을 비롯한 진보당의 전 간부가 북한과 내통하고 북한의 통일 방안을 주장했다는 혐의로 구속 기소된 사건이다. 1956년 5월 15일 대통령 선거에서 야당의 조봉암이 216만 표를 얻어 이승만의 장기 집권 체제에 큰 위협이 되자 자유당 정권은 1958년 1월 13일 진보당사건을 발표, 간부들을 구속하고 2월 25일 정당 등록을 취소했다. 그러나 재판 결과 대부분 조작됐음이 밝혀졌으며, 1959년 2월 27일 대법원 판결에서도 조봉암을 제외한 대다수의 간부들이 무죄를 선고받았다. 대법원 판결에서 사형을 선고받은 조봉암은 그 후 변호인단을 통해 재심을 청구했으나 기각됐으며, 7월 31일 사형이 집행됐다.

4 · 19 혁명(四一九 革命) •••

1960년 4월 19일에 절정을 이룬 한국 학생 일련의 반부정 · 반정부 항쟁으로, 이승만 정권을 무너뜨리고 제2공화국을 출범시킨 역사적 전환점이 됐다. 당시 이승만의 장기 집권과 정부의 부정부패에 대한 국민들의 불만이 높아져 있는 상태에서 1960년 3월 15일 자유당이 치밀한 사전 계획 아래 부정 선거를 감행, 17일 이승만과 이기붕이 각각 정 · 부통령으로 당선됐다고 발표하자, 격분한 학생 · 시민들이 독재 정권 타도와 부정 선거를 규탄하면서 발생했다. 마산에서 부정 선거 규탄 시위가 일어나면서 시작됐는데 이때 경찰은 시위 군중에 발포해 많은 희생자를 냈고, 김주열 학생 사건으로 시위는 더욱 격렬해졌다. 자유당 정권은 마산사건 배후에 공산주의 세력이 개입했다고 발표해 사태를 수습하려 했지만 곧 진상이 밝혀져 국민들의 항의가 전국적으로 확대돼 마침내 4월 19일 고교 · 대학생을 중심으로 대규모 시위가 일어났다. 결국 4월 26일 이승만은 하야 성명을 발표하고 29일 하와이로 망명했다. 또한 이기붕 일가는 자살하고, 자유당 정권은 붕괴됐다.

인민혁명당(인혁당)사건(人民革命黨事件) •••

한일 회담에 반대하는 시위가 거셌던 1964년 8월 14일 인민혁명당(약칭 인혁당)이란 반국가단체가 북한 지령을 받고 국가 전복을 시도했다고 중앙정보부(중정)가 발표한 사건이다. 서울지검 공안부 담당 검사는 증거 불충분으로 기소를 거부했지만 당직 검사가 26명을 국가보안법 위반으로 기소, 1965년 9월 대법원에서 전원 유죄 판결을 받았다.

전국민주청년학생총연맹(민청학련)사건(全國民主青年學生總聯盟事件) •••

당국이 단순한 시위 지도기관을 국가 변란을 목적으로 폭력 혁명을 기도한 반정부 조직으로 왜곡, 날조한 사건이다. 1974년 4월 긴급조치 4호가 발동된 상황에서 비상군법회의 검찰부는 유신 반대 투쟁을 주도한 전국민주청년학생총연맹(약칭 민청학련) 관련자 180명을 구속 기소했다. 이 사건으로 비상군법회의에 송치된 사람은 윤보선 전 대통령, 지학순 주교, 김지하 시인을 비롯해 인혁당 재건 관련자 21명과 일본인 2명을 포함, 무려 252명에 이른다. 중정이 인혁당 재건위를 그 배후로 지목해 관련자 23명 중 8명은 사형, 15명은 무기징역 및 징역 15년의 중형을 선고한 것이 2차 인혁당사건이다. 스위스 국제법학자협회는 인혁당 피고인들에 대한 사형이 집행된 1975년 4월 9일을 「사법 사상 암흑의 날」이라고 선포했고, 이 때문에 민청학련사건은 「사법 살인」의 대표적 사건으로 꼽힌다.

3선 개헌(三選 改憲)•••

공화당이 박정희의 3선을 가능하게 할 목적으로 1969년 추진했던 제6차 개헌이다. 개헌안의 골자는 대통령의 3선 연임을 허용하고, 대통령에 대한 탄핵소추 결의 요건을 강화하는 한편, 국회의원의 행정부 장·차관의 겸직을 허용하는 것 등이다. 개헌안은 10월 17일 유권자 77.1%가 참여해 65.1% 찬성을 얻어 확정됐다. 이로써 박정희는 1971년 4월 제7대 대통령 선거에 민주공화당 후보로 출마할 수 있는 법적 근거를 마련해 재선에 성공, 1972년 이후 유신 체제와 함께 장기 집권했다.

오적필화사건(五賊筆禍事件)•••

김지하의 담시(譚詩) 「오적(五賊)」이 ≪사상계≫(1970년 5월호)에 게재된 데 이어 신민당 기관지 ≪민주전선≫ 6월 1일자에 전재됨으로써 필자 김지하를 비롯해 발행인 등이 반공법 위반 혐의로 구속된 사건이다. 여기서 오적은 재벌·국회의원·고급공무원·장성·장차관으로 일제 통치의 수혜 특권층이다.

전태일 분신자살사건(全泰壹 焚身自殺事件)•••

1970년 11월 13일 서울 평화시장 재단사 전태일(당시 22세)이 열악한 노동 조건에 항거, 근로기준법 준수를 요구하며 분신·자살한 사건이다. 이 사건은 1970년대 노동 운동의 신호탄이 됐을 뿐만 아니라, 한국 사회 변혁 운동 주체에 대한 과학적 인식을 촉발시켜 노학연대, 지식인의 노동 현장 참여 등 사회 운동의 새로운 지평을 연 것으로 평가된다.

10월 유신(十月 維新)•••

1972년 10월 17일, 당시 대통령 박정희에 의해 행해진 초헌법적 체제이다. 10월 유신은 1972년 12월, 박정희가 제8대 대통령으로 취임한 시점부터 1981년 제5공화국이 시작되기 직전까지 지속됐다. 군부대를 동원, 헌법 기능을 마비시키고 반대파의 정치 활동을 전면 봉쇄했다는 점에서 사실상 쿠데타로 본다. 이로 인해 자유민주주의의 기본 원칙들이 부정되고 한국의 민주주의가 크게 후퇴했다. 이에 1973년 유신 헌법 개정 100만인 서명 운동, 1975년 민주회복국민회의 결성, 1976년 민주구국선언, 1979년 부마항쟁(釜馬抗爭) 등 유신 독재 체제에 항거하는 민주 세력의 투쟁이 계속됐다.

부마민주항쟁(釜馬民主抗爭) 1979년 10월 16~20일 부산 및 마산 지역을 중심으로 박정희의 유신 독재에 반대한 시위 사건. 이 사건은 학생들의 반독재 투쟁을 전국적으로 확산시키는 계기가 되는 한편, 권력 내부의 암투와 맞물려 10·26사태를 촉발시키는 결정적인 요인이 됐다.

5·18 민주화 운동(五一八 民主化 運動)•••

1980년 5월 18~27일 광주에서 일어난 군사 독재 반대 민주항명이다. 12·12사태로 정권을 잡은 전두환 중심의 신군부 세력은 1980년 5월 18일 광주에서 군사 독재에 항거하며 민주화를 요구하는 대규모 시위가 발생하자 계엄령을 선포해 이들을 진압했다. 5·18 민주화 운동은 1980년대 민주화 운동의 토대이자 학생 운동의 전환점이 된 사건이다.

박종철 고문치사사건(朴鍾哲 拷問致死事件)•••

1987년 1월 14일 서울대생 박종철(당시 21세)이 치안본부 남영동 대공분실에서 조사를 받던 중 고문・폭행으로 사망한 사건이다. 경찰은 단순 쇼크사로 발표했으나, 물과 전기고문의 심증을 굳히게 하는 부검의의 증언으로 사건 발생 5일 만인 19일 물고문 사실을 공식 시인하고, 수사경관 조한경과 강진규를 특정범죄가중처벌법 위반 혐의로 구속했다. 이후 천주교정의구현전국사제단의 성명을 통해 치안감 박처원과 경정 유정방・박원택 등 대공간부 3명이 이 사건을 축소・조작했고, 고문에 가담한 경관이 5명이었다는 사실이 밝혀졌다. 이 사건과 관련된 일련의 추모 집회와 규탄 대회는 개헌 논의와 연결되면서 6월 항쟁으로 이어져 1987년 민주화 운동의 촉발제가 됐다.

6월 민주항쟁(六月 民主抗爭)•••

전두환 정부의 강압적 통제에 반대하는 저항이 전국적으로 일어나 1987년 6월 민주항쟁으로 이어졌다. 정부가 4・13 호헌 조치를 발표하자 학생과 시민들은 호헌 철폐와 독재 타도를 주장하며 시위를 전개했고, 이 과정에서 이한열 사망사건이 발생하자, 시위는 더욱 격렬하게 확산됐다. 6월 26일에는 전국적으로 100여 만 명이 참여하는 대규모 시위로 확대됐고 이에 당시 민주정의당 대표였던 노태우가 6・29 민주화 선언을 발표해 민주화 요구가 수용됐다. 이를 계기로 1987년 10월 5년 단임의 대통령직선제 헌법이 의결됐다.

02 세계사

현생 인류•••

약 4만 년 전에 출현한 것으로 추정되는 화석 인류로 가장 진화해 호모사피엔스사피엔스(Homo Sapiens Sapiens)라 불린다. 알래스카와 오스트레일리아까지 분포돼 있으며, 유럽의 크로마뇽인・그리말디인, 중국의 저우커우뎬 상동인 등이 있다. 이 시기부터 인종의 분화가 시작됐으며, 도구를 개량하고 성공적인 수렵을 염원하는 동굴벽화와 다산(多産)을 바라는 여인상을 제작했다.

인류의 진화 과정 오스트랄로피테쿠스(약 200만 년 전, 최초의 인류) ➡ 호모에렉투스(약 50만 년 전, 베이징인, 자바인, 하이델베르크인 등) ➡ 호모사피엔스(약 20만 년 전, 네안데르탈인) ➡ 호모사피엔스사피엔스(약 4만 년 전, 크로마뇽인, 상동인, 그리말디인)

세계 4대 문명•••

▲BC 2500년경 황허(黃河) 유역의 황허 문명 ▲BC 3000~2500년 사이의 인더스강 유역의 인더스 문명 ▲BC 3000년경 나일강 유역의 이집트 문명 ▲티그리스・유프라테스강 유역의 메소포타미아 문명을 일컫는다. 이들 4대 강의 기후, 교통, 토지 등이 고대 농업 발달에 유리하다는 점이 문명 발생의 근거가 되고 있다.

메소포타미아 문명	• 메소포타미아(티그리스, 유프라테스 두 강의 유역)에 번영한 고대 문명 • 「비옥한 초승달 지대」의 중심부로, 기원전 6500년경부터 농경과 목축이 시작돼 수메르 · 바빌로니아 · 아시리아 등의 도시 문명이 발달 • 쐐기 모양의 설형문자 사용, 바빌로니아 왕국은 함무라비 법전 편찬 • 점성술과 천문학 발달, 태음력을 제정하고 60진법에 의한 시간 측정법을 창안
이집트 문명	• BC 3200년경 이집트의 나일강을 중심으로 번영한 문명 • 농업, 천문학, 기하학, 10진법, 상형문자가 발달 • 피라미드, 스핑크스 등 뛰어난 건축술과 독특한 문화를 형성
인더스 문명	• 인도의 인더스강을 중심으로 BC 3000~2500년경에 발달한 문명 • 인더스강 하류의 모헨조다로, 상류의 하라파의 유적 등은 BC 3000년경에 전개된 금석 병용기의 도시국가 유적
황허 문명	중국 황허 유역의 비옥한 황토 지대를 중심으로 한 동아시아에서 가장 오래된 문명

오리엔트 문명(Orient civilization) BC 3200년경부터 알렉산드로스(알렉산더) 대왕이 통일할 때까지 약 3000년간 오리엔트 지방에 번영했던 세계 최고(最古)의 문명으로, 메소포타미아 · 이집트 문명을 통칭. 오리엔트는 고대 로마인이 「태양이 떠오르는 지방」을 가리켜 부른 오리엔스(Oriens)에서 유래된 것이며 이집트와 서아시아 일대를 총칭한다. 이집트에서는 천문학과 태양력이 만들어졌고, 상형문자를 사용했으며 이를 파피루스에 적어 이용했다. 메소포타미아를 정복해 고 바빌로니아 왕국을 세운 아무르인은 함무라비왕 때 메소포타미아를 통일하고, 함무라비 법전을 편찬했다. 또 동부 지중해 연안의 히타이트에서는 오리엔트 최초로 철기를 사용했다. 그 후 오리엔트는 아시리아에 의해 최초로 통일됐다.

에게 문명(Aegean civilization) 기원전 3000년경 크레타섬을 중심으로 그리스 본토 및 소아시아의 서해안에서 일어난 세계 최초의 해양 문명. 크레타 문명과 미케네 문명을 포괄하는 것으로, 오리엔트 문명을 그리스인에게 전달해 주는 역할을 했다.

백년전쟁(Hundred Year's War, 百年戰爭) •••

1337~1453년까지 약 100여 년에 걸쳐 영국과 프랑스 사이에 일어난 전쟁이다. 프랑스의 왕위 계승 문제와 플랑드르 지방의 양모 공업을 둘러싼 이해관계가 얽혀 영국군이 침입한 것이 발단이다. 프랑스는 잔다르크의 활약으로 승전했으며 1453년에 아라스(Aras)에서 화의를 맺었다. 백년전쟁의 결과 양국 모두 왕권이 신장돼 봉건 제후 · 기사들이 몰락하고, 중앙집권화로 나아가게 됐다.

장미전쟁(Wars of the Roses, 薔薇戰爭) •••

왕위 계승권을 둘러싼 랭커스터가와 요크가의 대립으로 발생한 영국의 내란(1455~1485)이다. 장미전쟁이란 이름은 랭커스터가와 요크가가 각각 가문의 문장으로 붉은 장미와 흰 장미를 사용한 데서 붙여졌다. 이 전쟁은 랭커스터가의 승리로 끝났으며, 헨리 7세가 즉위해 튜더 왕조가 시작됐다. 장미전쟁의 결과 영국의 봉건 무사 계급이 몰락하고 주권이 의회에 속하게 됐다.

30년전쟁(三十年戰爭) •••

가톨릭과 프로테스탄트 간의 대립으로 인해 1618~1648년 독일을 중심으로 유럽 제국에서 벌어진 종교 전쟁이다. 합스부르크가의 구교 통일책에 대해 신교도 제후가 항쟁, 종교 분쟁이 다시 격화돼 일어났다. 그 결과 프랑스에 유리한 베스트팔렌조약이 체결됐고, 신교도 측의 승리로 끝나 신성로마제국은 유명무실해졌다.

베스트팔렌조약(Westfalen 條約) 1648년 10월 24일 독일 30년전쟁을 종결시킨 조약. 유럽 사상 최초의 국제회의로서, 베스트팔렌 오스나브뤼크에서 조인됐다. 이 회의 결과 스위스와 네덜란드의 독립이 승인됐고, 독일에서는 루터파 이외에 칼뱅파를 새로 인정했다.

7년전쟁(Seven Year's War, 七年戰爭) 프로이센·오스트리아의 대립에 영국과 프랑스의 식민지 전쟁이 얽힌 국제 전쟁(1756~1763). 제3차 슐레지엔전쟁이라고도 한다. 이 전쟁의 결과 프로이센은 영국의 지원에 힘입어 슐레지엔의 영유권을 확보했으며, 영국은 북아메리카와 인도의 프랑스 영토를 빼앗아 결정적으로 세계를 제패하게 됐다.

크림전쟁(Krim War)•••

러시아의 남하(침략) 정책이 원인이 돼 1853~1856년에 걸쳐 러시아를 상대로 투르크, 영국, 프랑스, 사르디니아 등의 연합군이 행한 국제 전쟁으로, 「동방전쟁」이라고도 한다. 세바스토폴 함락으로 러시아가 패배하고 파리에서 강화조약이 체결됐다. 이 전쟁은 영국 나이팅게일의 간호 활동으로 유명하다.

미국독립전쟁(American Independent War, 美國獨立戰爭)•••

영국이 식민지인 미국에 발포한 인지조례에 대해 1775년 미국의 13개 식민주가 큰 불만을 품고 영국 본토에 대항해 일으킨 전쟁이다. 조지 워싱턴(G. Washington)을 독립군의 총사령관으로 추대해 1776년 독립선언서를 발표하고 영국군에 항전했다. 프랑스, 스페인, 네덜란드 등의 원조로 1783년 파리조약에서 독립이 승인됐다. 미국 혁명은 본국으로부터의 식민지 독립이었으며 절대왕정과 귀족 지배에 반대하는 민주주의 혁명의 성격을 지녔다. 미국의 독립선언문은 로크 등의 계몽사상의 영향을 받아 제퍼슨(T. Jefferson)이 기초했다.

미국의 3대 건국정신 | 청교도 정신(puritanism), 개척 정신(frontier spirit), 실용주의 정신(pragmatism)

남북전쟁(Amercian Civil War, 南北戰爭)•••

1861년 미국에서 일어난 노예 해방 전쟁이다. 남부의 농업 중심 노예 노동주의와 북부의 자유로운 임금 노동주의가 대립, 링컨 대통령이 노예 해방을 선언하자 남부에서 반기를 들고 합중국에서 분리·독립을 주장하며 전쟁을 일으켰다. 이 전쟁은 1865년 북부의 승리로 끝났다.

드레퓌스 사건(Dreyfus Affairs)•••

1894년 프랑스에서 유태계 포병 대위 드레퓌스의 간첩 혐의를 둘러싸고 정치적으로 큰 파장을 몰고 온 사건이다. 드레퓌스는 육군의 기밀서류를 독일에 매각했다는 혐의로 체포돼 종신 금고형에 처해졌으나 후에 새로운 증거가 나타나, 재심을 청구하는 작가 에밀 졸라 등의 자유주의적 지식인과 재심을 반대하는 군부 우익 국수주의자가 대립해 공화파 대 반공화파의 정치적 항쟁으로까지 발전했다. 결국 1899년 드레퓌스는 대통령 특사로 석방됐고, 1906년 최고 법원의 판결로 무죄가 확정돼 군에 복직했다. 자유주의적 재심파의 승리로 끝난 이 사건은 프랑스 공화정의 기반과 좌파 세력의 결속을 다지는 계기가 됐다.

제1차 세계대전(World War I)•••

1914~1918년까지 연합국(러시아, 미국, 영국)과 동맹국(독일, 오스트리아, 오스만 제국) 등 31개국이 참전한 인류 최초의 세계 전쟁이자 유럽을 중심으로 벌어진 제국주의 전쟁이다. 1914년 7월 28일 세르비아에 대한 오스트리아의 선전포고로 발발해 1918년 11월 11일 독일의 항복으로 끝이 났다. 종전 후 베르사유 조약(1919)에 따라 독일은 해외 식민지와 알자스, 로렌 등을 프랑스에 넘기고 군비 제한과 거액의 배상금이 부과됐다. 그러나 이 조약으로 인한 과다한 배상금은 히틀러 정권의 탄생과 제2차 세계대전의 원인이 됐다. 한편, 제1차 세계대전이 발발하자 일본은 영일 동맹에 따라 연합국 측에 참전해 중국에 있던 독일 조차지 칭다오(青島)와 태평양상의 독일 영토를 점령했으며, 중국의 위안스카이 정부에 21개조 요구를 제시해 산둥성과 만주·몽고 등지의 이권을 얻어냈다.

사라예보 사건(assassination of Sarajevo) 1914년 6월 28일 오스트리아 황태자 프란츠 페르디난트 부처가 사라예보에서 세르비아 청년에게 저격, 암살된 사건. 대세르비아주의를 실현하려는 반오스트리아 비밀 결사가 계획한 것이었으나, 오스트리아 정부는 세르비아 정부에 책임을 추궁하고, 같은 해 7월 28일 세르비아에 선전포고했다. 이 사건은 제1차 세계대전 발발의 직접적인 계기가 됐다.

제2차 세계대전(World War II)•••

1939~1945년까지 독일, 이탈리아, 일본의 3국 조약을 근간으로 한 추축국 진영과 영국, 프랑스, 미국, 소련, 중국 등을 중심으로 한 연합국 진영 간에 벌어져 인류 역사상 가장 큰 인명과 재산 피해를 낳은 전쟁이다. 이 전쟁의 전승국인 미국, 영국, 프랑스, 소련, 중국을 중심으로 1945년 10월 24일 국제연합(UN)이 창설됐으며, 전후 세계 경제 질서의 회복을 위해 체결된 브레튼우즈 협정(1944)으로 달러가 세계의 기축 통화로 자리 잡게 됐다. 이로 인해 세계는 다시 미국과 서유럽을 중심으로 한 자본주의 진영과 소련, 동유럽, 중국을 중심으로 한 공산주의 진영으로 재편됐다.

3B 정책(3B policy)•••

1890년부터 제1차 세계대전까지 독일의 제국주의적 근동정책(近東政策)을 뜻한다. 독일의 비스마르크는 베를린, 비잔티움(지금의 이스탄불), 바그다드를 연결하는 철도를 부설함으로써 발칸에서 소아시아를 거쳐 페르시아만에 이르는 지역을 경제적·군사적으로 이용하려 했다.

3C 정책(3C policy) 카이로·케이프타운·캘커타를 연결하는 영국의 제국주의적 식민지 확대 정책. 독일의 3B 정책과 충돌해 제1차 세계대전의 중요한 원인이 됐다.

십자군(Crusades, 十字軍)•••

11세기 말~13세기에 걸쳐 유럽 각지의 그리스도교도가 이슬람교도로부터 성지 예루살렘을 탈환하기 위해 결성한 원정군으로, 170여 년 동안에 7회에 걸쳐 원정했다. 한때 시리아, 팔레스타인에 예루살렘 왕국, 콘스탄티노플에 라틴 왕국을 건국했으나, 이슬람의 반격으로 당초의 목적을 달성하지 못한 채 끝났다. 그 결과 교황권과 봉건귀족의 지위가 실추되고 왕권이 강화됐다. 또한 경제가 활성화되고 동방무역에 의한 외래문화가 유입되면서 도시가 발전했다.

카노사의 굴욕(humiliation at Canossa)●●●

중세의 서임권(가톨릭의 주교, 수도원장 따위의 성직을 임명하는 권한) 투쟁에서 황제권이 교황권에 굴복한 상징적 사건이다. 신성로마제국의 황제 하인리히 4세가 1076년 교황 그레고리 7세의 폐위를 요구했다가 반대로 파문을 당하자 독일 제후의 반란을 두려워한 나머지 1077년 이탈리아의 카노사(Canossa)로 교황을 찾아가 3일간 용서를 구한 끝에 사면을 받았다.

낭트칙령(Nantes 勅令)●●●

1598년 4월 13일 프랑스의 국왕 앙리 4세가 공포한 신구 양교도 화해의 칙령으로 위그노전쟁(1562~1598)을 종결시켰다. 신교도에게 신앙의 자유와 일정한 범위 안에서 예배의 자유를 허용했다. 고등법원 안에 신구 양파의 법관에 의한 특별 법정을 설치하고, 신교도의 공직 취임을 허가했다. 그러나 완전한 신앙의 자유를 인정한 것은 아니며 1685년 루이 14세에 의해 폐지됐다.

위그노전쟁(Huguenots Wars) 1562~1598년 벌어진 프랑스의 신·구교 간 전쟁. 프랑스 남부의 신교도인 위그노(Huguenot)가 급성장해 정치 세력화하자 구교(가톨릭)의 반감을 사게 됐다. 이러한 신·구교의 정치적 갈등은 결국 프랑스 최초의 종교전쟁인 위그노전쟁으로 이어졌다. 이 전쟁으로 신·구교 양 진영 모두 많은 희생자를 냈으며 프랑스 국토를 심각하게 황폐화시켰다.

메르센조약(treaty of Mersen)●●●

카롤링거 왕조 이후 프랑크 왕국을 최종적으로 분할한 조약이다. 이탈리아 황제이던 맏형 로타르 1세의 죽음을 계기로 870년 아헨 근처의 메르센에서 조약이 체결돼 로타르의 영토 중 이탈리아는 그의 아들에게 남겨지고 로트링겐은 동프랑크 국왕 루드비히 2세와 서프랑크 국왕 칼 2세가 분할 취득했다. 이 조약으로 현재 독일, 프랑스, 이탈리아의 지리적 기초가 이뤄졌다.

포츠머스조약(treaty of Portsmouth)●●●

러일전쟁의 결과 맺어진 강화 조약으로, 1905년 미국 루스벨트 대통령의 조정에 의해 일본 수석전권 고무라 주타로(小村壽太郎)와 러시아 수석전권 비테가 미국 포츠머스에서 체결했다. 이 조약에 따라 일본은 한국에 대한 우선권, 관동주(關東州)의 조차, 남만주 철도 등의 양도, 사할린 남반의 할양, 연해주의 어업권을 획득했다.

종교개혁(Reformation, 宗敎改革)●●●

16세기경 로마 가톨릭교회의 지나친 세속화와 타락에 반발, 가톨릭으로부터 이탈해 프로테스탄트교회를 세운 그리스도교 개혁 운동이다. 종교개혁은 중세적 권위로부터의 신앙해방운동으로 사회·정치운동으로 파급됐다는 데에서 의의를 찾을 수 있다. 독일의 마틴 루터가 교황청의 면죄부 매출에 반대해 95개조의 의견서를 제출한 것이 도화선이 돼 일어났으며, U. 츠빙글리, J. 칼뱅 등에 의해 전 유럽에 퍼져 프로테스탄트라는 신교의 성립을 낳았다. 종교개혁의 선구는 14세기 영국의 J. 위클리프와 보헤미아의 J. 후스이다.

권리청원(Petition of Right, 權利請願)•••

1628년 영국의 국왕 찰스 1세가 왕권신수설을 내세우고 전제정치를 하자, 의회가 인민의 헌법상 권리를 주장하기 위해 제출한 청원서이다. 주요 내용으로 의회의 동의 없는 과세, 이유의 명시가 없는 구속, 병사의 민가숙박 금지 등이 있다. 권리청원은 주권이 국왕으로부터 의회로 옮겨지는 첫걸음이 됐고, 따라서 영국 헌법상 중요한 의의를 갖는다. 후에 영국 정치가 W. 피트는 권리청원을 대헌장(마그나카르타), 권리장전과 더불어 영국 헌법의 「성경」이라고 했다.

권리장전(English Bill of Rights, 權利章典)•••

1689년 12월 명예혁명으로 왕위에 오른 윌리엄 3세에게 영국 의회가 요구한 법률이다. 왕권에 의한 법률의 집행정지는 위법, 금전의 징수와 상비군의 유지에는 의회의 승인을 얻을 것, 의회 선거의 자유 보장, 의원의 언론 자유 등 13개 항목으로 구성된 권리장전은 영국의 정치 체제가 국왕과 의회의 조화 위에 선 입헌군주제를 취할 것을 명시했다. 이때부터 「국왕은 군림하나 통치하지 않는다」는 영국의 의회민주주의가 실현됐다.

상업혁명(Commercial Revolution, 商業革命)•••

15세기 말 콜럼버스의 미 대륙 발견과 바스코 다 가마의 아프리카 남단을 통한 신항로 개척에 따라 이루어진 유럽 각국 국민의 상업 활동상의 일대 변혁을 지칭한다. 이 같은 지리상의 2대 발견은 세계 상업의 규모를 비약적으로 확대시켰고, 스페인과 포르투갈을 세계 상업에서 후퇴하게 했으며, 유럽의 상업을 장악하고 있었던 이탈리아와 남독일의 상인을 쇠망하게 했다. 상업혁명은 특히 17세기 후반 이후의 영국 경제가 급속히 유럽 경제권을 벗어나, 식민지 생산물의 수입 가공·재수출을 통해 자본축적을 이룩함으로써 산업 혁명의 기초를 다지는 데 기여했다.

산업혁명(Industrial Revolution, 産業革命)•••

1760~1830년에 이르러 약 1세기 동안 기술혁명에 의한 생산성 향상으로 근대 자본주의사회를 성립시킨 경제·사회상의 혁명을 말한다. 영국에서 면방직 공업의 출현으로 시작, 수공업적 소규모 생산에서 대량생산의 공장제 기계 공업으로 전환됐으며 프랑스·미국·독일 등지로 확산됐다. 영국에서 산업혁명이 가장 먼저 일어난 이유는 자본의 축적, 풍부한 노동력·원료와 시장의 확보, 풍부한 지하자원 보유 등 때문이다. 그러나 산업혁명으로 노동 조건의 악화와 실업자의 증가, 인구의 도시 집중 현상 등 심각한 사회 문제가 야기됐다.

산업혁명의 구분

제1차 산업혁명	제2차 산업혁명	제3차 산업혁명	제4차 산업혁명
18세기	19~20세기 초	20세기 후반	2015년~
증기기관 기반의 기계화혁명 ➡ 영국의 섬유공업	전기 에너지 기반의 대량생산혁명 ➡ 컨베이어벨트를 이용한 대량생산	컴퓨터와 인터넷 기반의 지식정보화혁명 ➡ 앨빈 토플러가 제3의 물결로 명명. 미국 주도의 글로벌 IT기업 부상	사물인터넷(IOT), 인공지능(AI) 기반의 만물초지능혁명 ➡ 제품, 설비, 인간이 디지털기술로 촉발되는 초연결 기반의 지능화혁명

영국의 2대 시민혁명 •••

청교도혁명(Puritan Revolution) 청교도를 중심으로 1642~1660년에 걸쳐 영국에서 일어난 무력혁명이자 최초의 시민혁명이다. 스튜어트 왕조의 절대주의와 의회의 대립은 찰스 1세의 폭정으로 한층 더 격화돼 1642년에 결국 내란이 폭발했다. R. 크롬웰을 주동으로 한 의회파는 왕당파를 물리쳐 찰스 1세를 죽이고 공화정치를 선언, 혁명에 성공했다. 하지만 크롬웰의 독재에 의해 1660년에 왕정복고를 맞게 됐다.

명예혁명(Glorious Revolution) 1688~1689년 사이 영국에서 일어난 무혈혁명이다. 국왕 제임스 2세가 전제정치를 강화하고 가톨릭교회를 부활시키려 하자, 의회 지도자들이 제임스 2세를 추방하고 네덜란드 총독 윌리엄을 새로운 왕으로 추대해 권리장전을 승인하게 했다. 이처럼 피를 흘리지 않고 성취된 혁명이어서 명예혁명이라 한다.

러시아혁명(Russia Revolution) •••

세계 최초의 사회주의 혁명으로, 1917년 3월과 11월(러시아력에서는 2월과 10월)에 러시아에서 일어난 이 두 혁명을 통칭해 러시아혁명이라고 한다.

2월혁명 1917년 3월 8일 러시아의 페트로그라드(현 상트페테르부르크)에서 일어난 혁명이다. 차르 전제정부의 내외정책이 실패하자 진보주의자들이 주동한 일종의 민주주의적 혁명으로 로마노프 왕조는 전복되고 르보프공의 임시정부가 수립됐으며, 같은 해 7월에 온건파 자유주의자인 케렌스키 내각이 수립돼 볼셰비키 혁명의 전주곡이 됐다.

10월혁명 2월혁명으로 성립된 정부가 약체여서 소비에트와의 이중 권력 구조 상태가 지속됐다. 이에 망명처로부터 귀국한 레닌은 「모든 권력을 소비에트로」라는 기치를 내걸고 민중의 지지를 넓혀 갔고, 11월 7일 무장봉기를 일으킴으로써 볼셰비키(다수파, 레닌이 대표)가 정권을 장악하게 됐다.

프랑스혁명(French Revolution) •••

프랑스에서 부르봉 왕조의 절대주의적인 구제도를 타파하고 근대 시민사회를 이룩한 전형적인 시민혁명(1789~1799)이다. 청교도혁명, 미국독립전쟁과 함께 근대 민주주의의 3대 혁명 중 하나로 근대 시민사회 성립의 계기가 됐다. 프랑스의 부르봉 왕조는 정치·경제·사회 등 전반에 걸쳐 불합리한 상태에 있었는데, 이를 앙시앵 레짐(ancien regime, 구제도)이라고 한다. 사회적 모순에 대한 계몽 사상가들의 계몽과 미국 독립전쟁에 크게 자극받은 시민들이 국왕의 국민의회 탄압에 항거, 바스티유 감옥을 습격함으로써 혁명이 폭발했다. 파리 시민의 압력에 따라 국민의회는 특권계급의 조세상의 특전, 영주 재판권 및 10분의 1세 등 일체의 봉건적 특권을 폐지해 봉건적 예속 관계를 해체시켰고, 인권 선언으로 자유·평등·주권재민 및 사유재산의 불가침 원칙을 확인했다. 이 혁명의 성공으로 1791년 신헌법이 공포되고, 다음 해에는 왕정이 폐지돼 공화제가 성립됐다. 이어 1793년 국왕 루이 16세의 처형이 있었고, 이후 자코뱅파의 독재가 시작됐다. 지도자 로베스피에르는 민중과의 결속을 강화시키기 위해 공포 정치를 펴고 혁명에 철저를 기했으나, 그것이 오히려 그의 실각을 가져왔다. 그 후 혁명은 퇴조 경향을 보여, 사회 불안과 함께 강력한 지도자를 요구하는 여론에 호응하며 등장한 나폴레옹의 군사적 독재에 국가 권력이 위임돼 1799년 막을 내렸다.

프랑스혁명의 3대 정신	자유, 평등, 박애

인클로저 운동(enclosure movement) •••

개방 경지나 공유지, 황무지를 산울타리나 돌담으로 둘러놓고 사유지임을 명시한 운동으로 두 차례에 걸쳐 이뤄졌다. 중세 말~19세기까지 유럽, 특히 영국에서 전형적으로 볼 수 있었다. 제1차 인클로저 운동은 15세기 말~17세기 중반까지 주로 지주들이 곡물 생산보다 상대적으로 유리한 양모 생산을 위해 경지를 목장으로 전환시킨 것을 말한다. 이 운동으로 농민의 실업과 이농, 농가의 황폐, 빈곤의 증대 등을 야기했다. 제2차 인클로저 운동은 18세기 후반~19세기 전반에 걸쳐 인구 증가에 따른 식량 수요의 격증에 대해 합법적인 의회 입법을 통해 정부 주도하에 이루어졌는데, 이는 농민의 임금 노동자화를 촉진시켰다. 그 결과 영국에서는 지주, 농업 자본가, 농업 노동자의 삼분제를 기초로 해 자본제적 대농 경영이 성립됐고 이른바 자본의 「본원적 축적」이 가능해졌다.

러다이트 운동(Luddite movement) •••

1811~1817년 영국 중・북부 직물 공업지대에서 일어났던 기계 파괴 운동으로, 주동자 N. 러드의 이름에서 유래됐다. 기계를 도입한 대공장의 출현으로 생활에 위협을 느낀 수공업자와 가내 수공업 노동자가 중심이 돼 공장이나 기계에 대한 집단적 파괴 행위를 벌였으나, 조직적인 운동이 아니어서 쉽게 진압됐다.

차티스트 운동(Chartist movement) •••

19세기 영국 노동자층의 정치 운동으로, 보통선거 등 6개항의 요구를 중심으로 한 「인민 헌장(People's Charter)」을 내건 것이 이 명칭의 유래이다. 노동자들은 1832년 선거법 개정에서 참정권을 얻지 못하고, 1834년에는 노동조합 대연합이 해체, 구빈법도 개악되자 1836년 W. 러벗 등이 노동자 협회를 결성했다. 1848년 프랑스의 2월혁명에 자극받아 런던에서 크게 데모했으나, 탄압을 받아 1858년에는 이 운동도 소멸했다. 이후 선거권 확대 등에 큰 영향을 끼쳤다.

길드(guild) •••

중세 후기에 서유럽의 도시 상인이나 수공업자가 생산과 판매를 통제해 일정 지역 내의 산업과 거래를 독점한 동업 조합을 지칭한다. 왕권 또는 영주권에 대항해 그 착취를 배격한 것으로, 상인 길드와 수공업자 길드가 주된 것이었다.

봉건제도(封建制度) •••

중세 유럽의 사회 제도로 봉토수수(封土授受)에 의해 성립됐던 지배 계급 내의 주종관계를 뜻한다. 서유럽에서는 대략 8~9세기경부터 13세기까지 유지됐던 제도이다. 권력자인 영주는 토지를 부하(기사)들에게 나누어 주고, 그 토지에 매인 농민에게는 군사적 의무를 부여해 봉토제(封土制)에 입각한 주종관계를 이루었다. 이런 주종 관계는 왕을 정점으로 해 중층적으로 맺어졌다. 봉건제도는 정치적으로는 지방분권, 군사적으로는 주종관계, 경제적으로는 장원제도라는 특징을 갖는다.

봉건제도 왕과 영주의 정치적 계약 관계

장원제도 영주와 농노의 경제적 관계

장원제도(莊園制度)●●●

국왕, 제후, 기사 등 토지 소유자인 영주와 경작자인 농민 간에 맺어지는 지배·예속 관계를 뜻한다. 12세기에 이르러 농업 기술이 크게 혁신되면서 확립됐다. 1촌락 1장원의 구조로서 대부분의 농민은 농노로 영주의 군사력을 유지하는 경제적 기반을 마련해 주고 영주로부터 신변보호를 받는 동시에 토지 이용권을 인정받았다. 또 농노는 영주로부터 거주 이전 불허, 행정·경찰·재판권의 영주 소유 등의 강제를 받았다. 초기 봉건제의 지대는 「노동 지대」였으나 경제가 발전함에 따라 「현물 지대→화폐 지대」로 바뀌었다.

함무라비 법전(code of Hammurabi)●●●

기원전 1700년경 바빌로니아 함무라비 왕이 중앙집권을 확립하기 위해 제정한, 설형문자로 된 법전으로 세계 3대 법전 중 하나이다. 전문 282조로 된 성문법으로 민법, 상법, 형법, 소송법, 세법, 노예법 등으로 나뉘어 있다.

세계 3대 법전 | 함무라비 법전, 나폴레옹 법전, 로마 법전

12표법(Laws of the 12 Tables)●●●

BC 451년에 제정된 로마 최초의 성문법이다. 이 법전은 로마의 귀족과 평민의 투쟁 결과로 제정됐으며 로마법 발달의 출발점이 됐다. 후대 로마인에 의해 「전 로마법 체제」라고 불렸으며, 후대 법률의 기초를 이루었다. 12표법은 그때까지 비밀로 돼 왔던 관습법과 판례법의 일부라도 성문화돼 공시됐다는 점에서 큰 의의가 있다.

마그나카르타(Magna Carta, 대헌장)●●●

1215년 영국 존 왕의 실정에 격분한 귀족·승려가 왕의 권한을 제한하고, 인민의 자유와 권리를 보장하기 위해 국왕에게 강요해 받은 약정서로, 「대헌장」이라고도 한다. 전문 63조로 돼 있는데, 이는 영국 헌법(불문법)의 기초가 됐을 뿐만 아니라, 국민의 권익을 옹호하는 근대 헌법의 토대가 됐다. 국왕·관리들의 비행 금지, 인신의 자유와 부당한 재판에 의한 체포와 재산몰수 금지 등을 정하고 있으나 전체 국민의 권리를 보장한 것이 아니라 관습적으로 인정되고 있던 귀족의 권리를 재확인한 봉건적 문서였다.

마우리아 왕조(Maurya empire)●●●

인도 최초의 통일왕조(BC 317~180)를 지칭한다. 알렉산더 대왕의 서북 인도 침입 직후 마가다국의 찬드라 굽타가 마우리아 왕조를 세워 인도를 통일했다. 기원전 3세기의 아소카왕 시대에 전성기를 이루었으나 기원전 2세기 초에 멸망했다. 아소카왕은 마우리아 왕조의 제3대 왕으로 인도 역사상 최초의 통일 국가를 이룩했으며, 불교를 통치이념으로 삼는 등 불교 보호 정책을 실시, 소승불교가 동남아에 전파됐다.

세포이 항쟁(Sepoy 抗爭)●●●

인도 최초의 민족적 항쟁(1857~1859)으로, 인도 델리 근교의 소도시 메러트에서 세포이(영국 동인도회사의 인도 용병)가 선봉이 돼 영국의 학정을 물리치기 위해 일으켰다. 전 인도의 세포이가 이에 참가했으며 농민과 시민도 호응해 순식간에 반영 독립전쟁의 양상을 띠었으나 결국 진압됐다. 이를 계기로 영국은 동인도회사를 해산하고 본국 정부가 인도를 직접 통치하기 시작했다.

스와라지 운동(Swaraji movement)●●●

1906년 인도에서 간디가 일으킨 반영(反英)·자치 운동이다. 정치적으로는 인도인의 민족주의 운동을 불러일으켰으며, 경제적으로는 영국 제품의 배척으로 전개됐다. 국민회의 캘커타 대회에서도 4대 목표 중의 하나로 결의해 이 운동의 지도에 앞장섰다. 이 운동의 목표는 제2차 세계대전 후 비로소 실현됐다.

국민회의 4대 강령 | 스와라지(인도인의 자치), 스와데시(국산품 애용), 보이콧(영국 상품 배척), 국민 교육

카스트(Caste)●●●

인도사회의 특수한 신분 제도를 일컫는다. 기원전 10세기경 인도에 침입한 아리아인과 선주민들의 부족 제도가 함께 분해돼 각 혈족 집단이 지역·직능별로 폐쇄 신분을 형성해 브라만(사제), 크샤트리아(왕족·무사), 바이샤(상인·농민), 수드라(노예)의 4카스트가 성립됐다. 직업의 세습은 물론, 의식주와 행동 양식도 달라 다른 계급끼리는 결혼도 금지된다.

춘추전국시대(春秋戰國時代)●●●

중국의 주(周)가 수도를 옮긴 BC 770~403년 사이의 시기로 중국 역사상 가장 오랜 분열 기간이다. BC 403년을 경계로 춘추시대와 전국시대로 나뉜다. 춘추시대에 주 왕실의 세력이 약해지자 제후들이 분립 항쟁을 되풀이해 말기에는 10여 개 국가로 분립됐다. 전국시대에는 이른바 「전국 7웅(진·초·제·연·한·위·조)」이 할거하면서 패권을 다투었다. 춘추전국시대 제후들은 부국강병과 민생 안정을 위해 신분보다 능력 위주로 인재를 등용해, 제자백가라고 하는 많은 사상가들이 배출됐으며, 학문·사상이 발달했다. 이 시대에는 철제 농기구의 사용으로 농업 생산력이 증대했고 상공업도 발달했다. 「춘추」와 「전국」은 각기 공자의 저서 ≪춘추≫와 저자 미상의 ≪전국책≫에서 유래됐다.

진한시대(秦漢時代)●●●

전국 7웅 중 진(秦)이 전국시대의 혼란을 수습하고 중국을 통일한 때부터 후한 멸망까지의 시대(BC 221~AD 220)를 일컫는다. 진의 시황제는 관료제와 군현제를 실시하고 화폐와 도량형을 통일했으며 분서갱유를 통해 유가 사상을 억압하고 법가 사상을 채택했다. 대외적으로 흉노를 축출, 만리장성을 수축하기도 했으며 남해 교역로를 개척해 진(China)의 이름이 유럽에까지 알려졌다. 그러나 진은 시황제의 정책이 너무 급진적이었기 때문에 각지에서 반란이 일어나 멸망하고, 항우와 싸워서 이긴 유방이 한(漢)을 세웠다(BC 202). 한은 왕망의 난을 경계로 전한(前漢)과 후한(後漢)으로 나누어지는데, 각각 고대 통일국가를 형성했다.

분서갱유(焚書坑儒) 진시황이 BC 213년 승상 이사(李斯)의 건의에 따라 진(秦)의 기록, 박사관 소장의 서적, 의약, 점술, 농서 등을 제외한 모든 서적을 불태우고 다음 해에 유생, 방사(方士) 등 460여 명을 생매장한 사건을 가리킨다. 이는 중국을 통일하고 중앙집권화를 꾀하던 진시황이 법가 사상으로 사상을 통제하려고 한 데서 비롯됐다.

안사의 난(安史之亂) •••

당나라 현종(玄宗) 후기부터 장원이 발달하고 균전 농민이 감소해 부병제가 모병제로 바뀌고, 변방 사령관인 절도사의 독립적 세력이 커지면서 절도사 안녹산(安祿山)과 사사명(史思明)이 일으킨 반란(755~763)이다. 당은 위구르족의 힘을 빌려 난을 진압했으나, 이후 국력이 쇠퇴해 균전제 붕괴가 촉진되면서 대규모 농민 반란이 일어나는 원인이 됐다.

황소의 난(黃巢之亂) •••

당의 쇠망을 결정적으로 초래하게 된 당 말의 농민 대반란(875~884)을 일컫는다. 황소(黃巢)는 산둥(山東) 호족 출신으로, 874년 기근에 허난(河南)의 왕선지(王仙芝)가 난을 일으키자 이에 호응, 유민들을 규합해 큰 세력을 형성하고 산둥, 허난(河南) 등지로 이동하며 관헌·부호에 대한 약탈을 감행했다. 880년 화베이(華北)로 진출해 뤄양(洛陽), 창안(長安)을 함락하고 국호를 대제(大齊)라 칭하며 제위에 올랐다. 약 10년 후 당의 투르크계 절도사 이극용(李克用) 등의 무력으로 진압됐다.

위진남북조(魏晋南北朝) •••

후한 멸망(220) 후 다음 해부터 수(隋)의 문제(文帝)가 진(陳)을 멸망시키기까지의 시대(221~589)를 일컫는다. ▲조조의 위(魏)·유비의 촉(蜀)·손권의 오(吳)로 분열된 시기가 삼국시대(220~280) ▲위의 촉 병합 후 진(晋)이 중국을 통일(280)하고 다시 내분 끝에 흉노에 멸망해 5호(흉노·선비·갈·저·강)의 16국이 흥망(316~439)한 시기가 5호 16국 시대 ▲그 후 진의 일족이 난징에 동진을 세워(317) 남조를 이루고 5호 16국이 북위에 의해 수습돼 북조를 이룬 시기가 남북조시대(439~589)이다. 남북조시대는 발달한 화북의 중국 문화가 강남으로 이동하고 강남이 경제 중심지가 되는 등 중국 역사상 중요한 전환기가 됐다.

당(唐) •••

수(隋, 589~618) 말의 혼란기에 이연(李淵, 고조)이 수를 멸하고 세운 왕조(618~907)이다. 강력한 전제정치를 수립했는데 당 태종 때 3성 6부를 설치하고 돌궐, 위구르, 토욕혼, 토번 등을 쳐서 동서 교통로를 재개하고 고구려에도 원정했다. 고종·현종(649~756) 때 번영기를 누렸고 현종 때에는 「개원(開元)의 치(治)」라 해 융성기를 누렸다. 당의 영토 확장 정책으로 이슬람 및 서역 상인들의 왕래가 잦아지면서 서역의 풍속이 유행했다. 특히 당 문화는 강건한 북조 문화와 화려한 남조 문화가 융합된 바탕 위에, 외국 문화가 수입돼 귀족적·국제적인 성격을 띠었다.

송(宋)•••

송대의 3대 발명품 | 화약, 나침반, 인쇄술

후주의 절도사 조광윤(趙匡胤)이 변경(汴京)을 도읍으로 세운 왕조(960~1279)이다. 뒤를 이은 태종이 전 중국을 통일했다. 태종은 과거제에 의한 전제 체제를 확립하고 문치주의를 취했으나, 이민족의 침입이 잦아 1127년 금의 침입으로 멸망했다. 송의 일족은 강남의 임안(臨安)으로 도읍을 옮겨 남송(1127~1279)을 세워 금(여진족)과 화친했으나, 13세기 후반 몽고(元, 1271~1635)에 의해 멸망했다. 송의 사회에서 전통적인 문벌 귀족은 몰락하고, 군벌과 신흥 지주층(형세호)이 새 지배층으로 등장했다. 또 송대에는 화폐 경제(교자・회자・유통)가 진전되고 도시가 번영했으며, 주자학이 융성하고, 나침반・화약 등이 발명됐다.

청(淸)•••

만주족이 세운 정복 왕조로 중국 최후의 왕조(1616~1911)이다. 시조 누르하치는 중국 동북지방에서 칸 황제의 자리에 취임했고 후금(後金)을 일으켜 그의 아들 태종(太宗)이 1636년에 국호를 청으로 고쳤다. 1644년 태종의 아들 세조는 명의 멸망을 기회로 북경으로 천도해 중국의 왕조가 됐다. 17세기 말부터 18세기 말에 강희(康熙), 옹정(雍正), 건륭(乾隆)의 3대에 걸친 황금기를 이룩해 중국 역대 왕조 중 최대의 판도를 형성했다. 그러나 19세기 이후 한민족의 반항과 제국주의 열강의 침략에 따라 국세가 쇠퇴해져 신해혁명으로 멸망했다.

아편전쟁(Opium Wars / Anglo-Chinese Wars, 阿片戰爭)•••

1840~1842년 사이 영국과 청(淸)나라 간에 일어난 전쟁이다. 아편 수입 급증으로 인한 피해와 은의 유출을 막기 위해 1839년 청의 선종(宣宗)이 아편 무역 금지령을 내리고, 임칙서(林則徐)를 광둥(廣東)에 파견해 영국 상인의 아편을 불태워 버리고 밀수업자를 처형했다. 이에 영국은 무역 보호를 구실로 해군을 파견해 전쟁이 발발, 청나라가 패하고 난징조약(南京條約)이 맺어졌다. 아편전쟁을 계기로 중국은 타의에 의해 국제 사회로 진입했으며, 이후 본격적인 열강의 침략을 받게 됐다.

난징조약(Treaty of Nanjing, 南京條約) 1842년 청이 아편전쟁의 결과로 영국과 맺은 최초의 불평등 조약. 1843년에 다시 추가 조약이 체결됐는데, 배상금 지불, 영국의 홍콩 할양, 상하이・광둥 등 5개 항구의 개항, 공행의 폐지, 치외 법권 인정 등을 규정했다. 이 조약은 중국 최초의 개국 조약으로, 중국의 반식민지화의 발단이 됐다.

태평천국운동(太平天國運動)•••

멸만흥한(滅滿興漢)의 구호를 내걸고 1851년 홍수전(洪秀全)이 광시성(廣西省)에서 일으킨 농민 운동(1851~1864)이다. 그리스도교를 내용으로 하는 종교적 내란의 형태를 보였으나, 그 본질은 이민족 청조 타도와 악습 철폐, 남녀평등, 토지 균분, 조세 경감 등을 주장한 농민 전쟁이었다. 1864년에 지주, 상인, 외국자본의 연합군에 의해 진압됐다. 중국 근대 사상 최초의 대규모 반봉건적인 사회 혁명 운동이자 만주족의 통치와 열강의 식민지화에 대항한 반제국주의적 민족 운동이었다.

애로호사건(Arrow Affairs)•••

1856년 청나라와 영국・프랑스 연합국 간에 벌어진 전쟁이다. 1856년 광둥(廣東)에 정박 중인 영국선 애로호(Arrow 號)에 범인 수사를 목적으로 청나라 관헌이 임검하고 영국 기를 내린 일에서 발발한 양국 간의 분쟁 사건으로, 「제2의 아편전쟁」이라고도 한다. 때마침 프랑스인 선교사의 살해를 계기로 영국과 프랑스가 공동 출병해 광둥과 톈진(天津)을 점령, 1858년에 톈진조약이 체결됐고, 연합군의 베이징 점령으로 1859년에 강제로 베이징(北京)조약을 맺었다. 이 사건 후 외국 공사의 베이징 주둔이 허용되고, 크리스트교 포교, 외국인의 내륙 여행, 아편 판매가 공인됐다. 국내에서는 대원군의 위정척사와 천주교 탄압의 원인이 되기도 했다.

톈진조약(天津條約) 중국 톈진(天津)에서 청나라와 여러 나라 사이에 맺어진 일련의 조약들을 총칭

① 1858년 6월 애로호사건 이후 청나라가 러시아・미국・영국・프랑스 등 4개국과 맺은 조약. 이 조약은 편무적 최혜국 조관을 명시함으로써 이후 불평등 조약의 근간이 됐다. 그 내용은 전비 배상, 외교관의 베이징 주재와 중국 여행 및 무역의 자유 보장, 기독교 포교의 자유와 선교사 보호, 10개 항구 개방 등이다.

② 갑신정변으로 야기된 청・일군의 충돌 문제를 타협하기 위해 1885년 리훙장(李鴻章)과 이토 히로부미(伊藤博文) 사이에 맺은 조약. 그 내용은 청・일 양군의 조선에서의 동시 철병, 조선의 변란으로 군대를 파병할 때는 먼저 상대방에 통보한다는 것 등이다. 이 조약으로 일본은 조선에서 청과 대등한 세력을 유지해 조선에 대한 파병권을 얻게 됐으며, 후일 청일전쟁 유발의 한 원인이 됐다.

③ 1885년 프랑스의 베트남 보호권을 인정한 청나라와 프랑스 간의 조약

베이징조약(Treaty of Beijing, 北京條約) 애로호사건의 결과 1860년, 청과 영국・프랑스・러시아 간에 맺어진 조약. 이 조약으로 청은 영국에 주룽(九龍)반도를 할양했고, 프랑스에는 청이 몰수한 가톨릭교회와 그 재산을 반환했으며, 러시아에는 이 조약을 중재해 준 대가로 연해주를 내주게 됐다.

청일전쟁(淸日戰爭)•••

조선의 지배권을 둘러싼 청나라와 일본 사이의 전쟁(1894~1895)이다. 조선의 동학농민운동을 진압하기 위해 청이 출병하자, 일본도 거류민의 보호를 구실로 조선에 상륙함으로써 양국 군대가 충돌하게 됐다. 그 결과 일본의 승리로 청은 시모노세키조약에 따라 랴오둥 반도와 타이완・펑후섬을 잃었으며, 일본의 조선에서의 우월권을 인정하게 됐다.

시모노세키조약(下關條約) 청일전쟁 이후에 일본과 청이 시모노세키에서 체결한 조약. 그 내용은 조선이 자주국임을 확인, 청은 일본에 타이완・요동・평후섬을 할양, 청은 배상금 2억 냥을 지불, 충칭(重慶)・쑤저우(蘇州)・항저우(杭州) 등의 개항과 일본 선박의 자유 항해 및 일본인의 거주・무역 허가, 일본군은 3개월 이내에 철수하되 웨이하이(威海)의 일본군은 배상금 완료 시까지 주둔 허용 등 5개 조항이다. 이로써 청나라는 조선에서의 종주권을 상실했다.

양무운동(洋務運動)•••

1862~1894년 사이에 청나라의 증국번(曾國藩), 리훙장(李鴻章) 등 한인 지주들이 중심이 돼 중국의 근대화를 꾀한 개혁 운동이다. 이들은 태평천국운동과 애로호사건 등에 자극받아 제반, 내정, 군사, 과학, 통신 등을 개혁함과 동시에 서양 문물을 도입했다. 그러나 양무운동은 표면적인 기술의 모방으로 끝나고 청일전쟁의 패배로 좌절됐다.

중체서용(中體西用) 양무운동의 기본 사상. 중국의 전통적 유교 도덕을 중심으로 서양의 과학기술과 그 성과를 도입, 강화해 가는 것으로서 「중국의 학문을 체(體)로 하고 서양의 학문을 용(用)으로 한다」는 것이다. 조선에서는 김홍집 등 온건 개화사상가들에 의해 계승됐다. 이 논리를 한국에서는 동도서기론, 중국에서는 중체서용론, 일본에서는 화혼양재론으로 표현했다.

무술정변(戊戌政變) •••

1898년 청나라 덕종(德宗) 광서제(光緖帝)가 등용한 캉유웨이(唐有爲) 등의 개혁파가 전제정치를 폐지하고 정치 개혁에 착수했으나, 서태후(西太后)를 비롯한 수구파 관료들의 반대 음모로 실패, 덕종이 유폐되고 개혁파들이 체포돼 전제정치가 부활된 정변을 말한다. 이로써 캉유웨이의 변법자강운동은 100일 만에 끝이 나고 이후 청조는 수구파가 지배했다.

변법자강운동(變法自强運動) 청조 말기에 덕종이 채택한 개혁 운동으로, 「무술변법」이라고도 한다. 청프전쟁과 청일전쟁에서의 연이은 패배와 그 후 열강의 침략을 계기로, 서양의 과학기술의 모방만이 아닌 보다 근본적인 개혁의 필요에서 캉유웨이(康有爲), 량치차오(梁啓超) 등이 일본의 메이지유신과 같은 입헌군주제의 수립과 정치제도 전반의 개혁을 역설하며 전개한 운동을 말한다.

삼민주의(三民主義) •••

중국의 쑨원(孫文)이 제창한 중국 혁명의 지도 이념이다. 민족주의(민족의 독립), 민권주의(민권의 신장), 민생주의(민생의 안정)를 내용으로 하며 중국 정치의 기본 이념으로 받아들여져 왔다.

의화단운동(義和團運動) •••

비밀 결사인 의화단 교도에 의한 반제국주의 운동(1899~1910)이다. 독일의 진출과 기독교의 선교 활동에 반발, 부청멸양(청을 돕고 서양을 물리침)을 내걸고 산둥(山東)에서 무장봉기한 이 민중 운동은 곧 화북 일대로 번졌고 청조도 동조해 열강에 선전포고를 했다. 이에 일본과 러시아를 주력으로 하는 8개국 연합군이 출병, 청은 열국과 강화를 시도했지만 이는 결국 거액의 배상, 외국 군대의 베이징(北京) 주둔 인정 등 반식민지화가 추진되는 계기가 됐다.

신해혁명(辛亥革命) •••

반식민지·반봉건사회인 청조(淸朝)를 쓰러뜨리고 공화정 체제의 중화민국을 수립한 중국 최초의 민주 혁명(1911~1912)이다. 의화단운동 후에 쑨원(孫文)이 이끄는 중국혁명동맹회 등을 중심으로 무창(武昌)에서 군대가 봉기한 것을 계기로 혁명 운동이 전국에 파급돼 중화민국 임시정부가 수립되고 쑨원이 임시 대총통에 취임해 공화정을 선언했다. 이어서 청제의 퇴위에 대신해 위안스카이(袁世凱)가 임시 대통령에 취임했다. 이 혁명의 성공으로 청조가 무너지고 중화민국이 탄생했다.

5·4운동(五四運動) •••

1919년 5월 4일 베이징(北京)에서 일어난 중국 민중의 반봉건·반제국주의 운동이다. 파리강화회의에 중국이 제소한 「21개조 요구 폐기안」이 무시되자 학생 3000여 명과 지식인을 중심으로 일본과 그와 결탁한 군벌에 대한 반대 시위로 시작됐다. 6월 3일 베이징 학생에 대한 대 탄압을 계기로 상인·노동자도 합세함으로써 전국적인 대중 운동으로 발전, 중국 근대화를 추진시킨 원동력이 됐다.

백화제방 백가쟁명(百花齊放 百家爭鳴) •••

1956년부터 시작된 중국 문화 정책의 슬로건으로, 「누구든지 자기의 의견을 피력할 수 있다는 것」을 뜻한다. 약칭은 쌍백방침(雙百方針)이며, 1956년 당시 중국 공산당 선전부장인 루딩이(陸定一)가 한 연설에서 사용한 말이다.

문화대혁명(文化大革命) •••

1966년 5월~1976년 10월에 걸쳐 중국에서 전국적으로 전개됐던 극좌파의 정치적 성격을 띤 문화 운동으로, 「문혁(文革)」이라고도 한다. 1958년 당의 일선에서 물러났던 마오쩌둥(毛澤東)과 천보다(陳伯達), 장칭(江靑) 등이 실용주의적 노선의 류사오치(劉少奇) 집단에 대해 대중을 동원해 정치직으로 도전했던 것이 이 운동의 본질적 성격이다. 그러나 마오쩌둥의 죽음과 4인방(장칭, 왕훙원, 장춘차오, 야오원위안)의 몰락, 덩샤오핑(鄧小平)의 부활로 문혁은 1977년 공식적으로 종료됐다.

천안문사건(天安門事件) •••

1976년 4월 4~5일 천안문 광장에서 중국 국민들이 중국 정권에 항거해 폭력적인 유혈사태를 일으킨 정치적 사건이다. 마오쩌둥(毛澤東) · 장칭(江靑) 등 문혁파(文革派)가 저우언라이(周恩來)를 추도하기 위해 모인 학생과 군중들을 유혈 진압함으로써 3000여 명이 사망 · 부상 · 체포당했다. 이 사건 후 덩샤오핑(鄧小平)이 배후에서 조종했다는 비판을 받고 실각했으며 화궈펑(華國鋒)이 신임 총리에 취임했다. 1976년 10월에 4인방이 체포되자 덩샤오핑은 이 사건과 관련 없음이 발표되고 1977년 7월 당 제10기 3중전회에서 부주석에 복권됐다.

천안문사태(天安門事態) 1989년 6월 4일 중국 정부가 천안문광장에서 민주화를 요구하던 학생들과 시민들을 무력으로 진압, 유혈사태를 일으킴으로써 중국 현대사에 큰 충격을 준 정치적 참극. 이 사태 이후 6월 제13기 4중전회(四中全會)에서 조자양 총서기는 민주화 시위를 지지, 당을 분열시켰다는 이유로 총서기와 중앙군사위 제1부주석 등 모든 공직에서 해임되고 장쩌민(江澤民) 상해시 당서기가 총서기로 선출됐다.

메이지유신(明治維新) •••

일본의 왕정복고(王政復古)와 함께 시작된 근대화 운동(1868)이다. 도쿠가와 요시노부(德川慶喜) 장군이 존왕양이(尊王攘夷) 세력에 굴복해 같은 해 12월 즉위한 메이지 천황(明治天皇)에게 통치권을 반환함으로써 무인지배 체제는 무너지고 천황제의 정부 수립에 이르는 정치 개혁 과정이 시작됐다. 메이지유신은 상인 · 자본가 등 민족자본을 배경으로 하고, 서양 열강의 외적 자주 속에서 위로부터 시도된 정치 · 경제 · 사회상의 적극적인 서구화 · 근대화 운동이었다. 주요 내용은 근대적인 중앙집권 체제 강화, 계급제도 타파, 교육 · 세제 · 사회 · 문화 등의 전반적 개혁 실시 등이다.

새역모 •••

「새로운 역사교과서를 만드는 모임」의 줄임말이다. 1997년 후지오카 노부카쓰(藤岡信勝)와 니시오 간지(西尾幹二) 교수 등이 중심이 돼 만든 우익단체로, 「자유사관에 입각한 민족주의」를 표방하고 있다. 2001년 일본 역사교과서 왜곡 파동에 중심 역할을 한 단체로, 결성 전부터 일본의 독자적인 관점에서 역사기술을 주장했다. 제2차 세계대전 전승국들에 의해 진행된 일본의 전후 개혁을 「자학사관」으로 규정하고, 일본의 식민지 지배와 침략전쟁 등 과거의 일본 역사를 정당화하는 데 몰두하며 좌익적 시각을 철저히 배제하는 것이 특징이다.

역사공정(歷史工程) •••

중국이 자국 영토 안에 있는 다른 민족의 역사를 중국의 역사에 편입시키기 위해 추진하고 있는 정책을 말한다. 56개의 다민족으로 구성된 중국은 소수민족의 분열을 막고 정치적 안정과 현 중국체제의 유지를 위해 역사공정을 추진해 왔다. 구체적으로는 역사의 여러 문헌과 유적, 유물들을 재고증・재해석하는 일련의 작업들이 역사공정의 일환이다. 역사공정에 따르면 티베트의 달라이 라마 전통과 우리나라의 고조선 역사 등이 모두 중국 역사의 일부분에 속한다고 주장해 문제가 된다. 동북공정도 역사공정의 일부분이다. 중국은 역사공정의 기본 근간으로 통일적 다민족국가론과 요하문명론을 내세운다. 통일적 다민족국가론은 현재 중국 영토 내에서 역사적으로 활동했던 민족은 모두 중화민족이며, 그들의 역사적 활동 내용 모두 중국 역사의 범주에 속한다는 이론이다. 요하문명론은 기존의 4대 문명보다 앞서 중화문명이 요하 지역에서 시작됐고, 이 일대 모든 민족들이 황제의 후예라는 것이다.

동북공정(東北工程) 「동북변강역사여현상계열연구공정(東北邊疆歷史與現狀系列硏究工程)」의 줄임말. 동북사회과학원 산하 변강사지연구중심과 지린성(吉林省), 랴오닝성(遼寧省), 헤이룽장성(黑龍江省) 등 동북3성(東北三省)이 연합해 2002년부터 5년간 추진한 국책사업이다. 이 사업은 중국 국경 안에서 전개된 모든 역사를 중국의 역사로 편입시키기 위한 연구 프로젝트이다. 특히 한반도가 통일됐을 때를 대비해 고구려, 발해 등 한반도와 관련된 역사를 중국의 역사로 편입시킴으로써 향후 영토 분쟁을 미연에 방지하고자 하는 의도를 드러내었다.

동북아역사재단(東北亞歷史財團) •••

중국의 고구려역사 왜곡과 일본의 역사교과서 왜곡 및 독도 영유권 주장 등 동북아 역사 왜곡에 체계적으로 대응하기 위해 2006년 9월 28일 공식 출범한 국가기구이다. 동북아역사재단은 동북아 역사문제 및 독도 관련 사항에 대한 연구 및 분석을 실시하고, 홍보・교육・지원사업을 통해 바른 역사인식 공유, 동북아지역의 평화・번영의 기반 마련을 목적으로 한다.

Chapter

01 역사 상식력 테스트

선다형 문제

01 고조선에 관한 설명으로 옳지 않은 것은?

① 목축을 주 산업으로 했고, 살인·상해·절도 행위 등을 규제하는 성문법이 시행되고 있었다.
② 진·한 교체기에 일군의 유목민으로부터 철기문화를 수용했다.
③ 청동기 문화를 기반으로 탄생한 군장국가였다.
④ 단군은 제사장, 왕검은 정치 권력자를 의미한다.

① 고조선은 농경사회를 이루었다. 8조법은 고조선 사회의 기본법으로, 살인죄·상해죄·절도죄에 대한 처벌을 규정하고 있다.

02 발해에 대한 설명으로 옳은 것은? MBC

① 676년에 건국됐다.
② 신라와 밀접한 관계를 유지했고, 특히 문화 교류가 활발했다.
③ 926년에 지도층의 내분을 틈탄 당나라의 침략으로 멸망했다.
④ 발해에 대한 본격적인 연구는 조선 후기 실학자들이 시작했다.

④ 18세기의 실학자들과 20세기의 민족사학자들에 의해 발해를 우리 역사로 인식해 본격적으로 연구되기 시작했다.
① 698년 대조영이 중경(길림성의 돈화현 동모산)에서 고구려인과 말갈족을 합쳐 발해를 세웠다.
② 신라와는 대립관계에 있었다.
③ 926년 거란(요)에 의해 멸망했다.

03 고려시대의 명장 윤관에 대한 설명으로 틀린 것은? YTN

① 별무반은 여진족에 대비한 군대이다.
② 별무반의 기병은 신기군이다.
③ 1107년에 여진을 정벌했다.
④ 여진족을 몰아내고 동북 9성을 쌓았다.
⑤ 별무반의 보병은 항마군이다.

⑤ 별무반은 신기군(기병), 신보군(보병), 항마군(승병)으로 구성됐다.

04 고려와 조선의 정치에서 나타난 공통점으로 볼 수 없는 것은? 중앙일보

① 과거를 통해 문무관리를 선발했다.
② 국가의 중대사는 합의를 거쳐 결정했다.
③ 고급관료의 자제는 과거를 통하지 않고 관직에 나갈 수 있었다.
④ 서경제도를 통해 고관과 국왕의 횡포를 견제했다.

① 고려시대에는 과거에 무과가 설치돼 있지 않았다.
② 고려 – 도당(도병마사)의 합의제, 조선 – 재상권과 합의제의 발달
③ 고려 – 음서제도, 조선 – 문음제도
④ 서경은 관리 임용, 법률 제정 등에서 대간의 서명을 받는 제도로 고려시대에 시행돼 조선시대에 폐지됐다.

Answer 1. ① 2. ④ 3. ⑤ 4. ①

05 **다음 중 조선시대의 대동법(大同法)의 영향으로 맞지 않는 것은?** KBS, 한국전력공사

① 대동법으로 국가의 재정수입이 증가됐다.
② 지주의 부담은 감소되고 농민의 부담은 증가됐다.
③ 대동법의 실시로 집산지인 삼랑진, 강경, 원산 등이 상업도시로 성장했다.
④ 공인이 등장하고 상업이 발달했다.

② 대동법의 실시로 지주의 부담은 증가됐고, 농민의 부담은 경감됐다.
대동법(大同法): 조선 광해군 때부터 모든 공물을 토지의 결수에 따라 미곡으로 통일해 바치게 한 납세제도. 이 제도의 실시는 지주 부담 증가, 농민 부담 감소, 국가 재정수입 증대, 공인의 발생과 수공업의 발전, 삼랑진·원산·강경 등 상업도시 성장 등의 결과를 가져왔다.

06 **영조와 정조의 업적이라고 볼 수 없는 것은?** 한국전력공사

① 탕평책의 실시
② 병권의 강화
③ 전제왕권의 재확립
④ 5대 사고(史庫)의 정비

④ 5대 사고를 정비한 왕은 제15대 광해군(1575~1641)이다.

영조와 정조의 정책

구분	영조	정조
왕권 강화	병권 장악, 신문고, 서원 정리	장용영·규장각 설치, 수원성 축조
당쟁 완화	탕평책	신해통공, 공장안 폐지
위민정책	균역법	서얼, 노비 차별 완화
문화	동국문헌비고, 속대전, 속오례의, 속병장도설, 무원록 등	증보문헌비고, 대전통편, 추관지, 탁지지, 동문휘고 등

07 **유학을 전수하던 조선시대 최고 국립 종합대학인 성균관의 구조와 설명이 잘못 연결된 것은?** YTN

① 명륜당: 유학을 강의하는 곳
② 문묘: 공자를 모신 곳
③ 양재: 유학생들의 기숙사
④ 비천당: 과거 시험장
⑤ 존경각: 선현에 대한 제사를 지내는 곳

⑤ 존경각은 도서관을 말한다. 선현에 대한 제사를 지내는 곳은 양무라고 한다.

08 **다음 중 정약용에 대한 설명으로 옳지 않은 것은?** 국민일보, 한겨레신문

① 개인의 자유로운 이윤을 강조했다.
② 각 생산활동에 있어서 기술혁신의 중요성을 강조했다.
③ 지주제 개혁안으로 여전제와 정전제를 주장했다.
④ 이익과 유형원이 정약용의 학문을 이었다.

④ 실학을 집대성한 정약용은 경세치용학파인 유형원과 이익의 학문을 계승했다.

09 **조선 후기 사회에 대한 설명 중 틀린 것은?** YTN

① 북벌론은 국가의 정체성을 확보해 혼란을 수습하는 수단으로 작용했다.
② 임진왜란을 계기로 비변사는 국정 최고합의 기관으로 그 기능이 강화됐다.
③ 선조 때 중앙군은 5군영제, 지방군은 속오군 체제가 완비됐다.
④ 붕당 정치는 세도 정치로 이어져 농민의 생활이 더욱 어려워졌다.

③ 5군영 중에서 훈련도감은 선조(1594), 어영청·총융청·수어청은 인조(1624, 1626), 금위영은 숙종(1682) 때 설치됨으로써 완비됐다. 속오군은 선조 27년(1594) 유성룡의 건의를 계기로 처음에는 황해도 지역에 지방 방어 체제인 진관체제가 재정비되면서 전국으로 편성됐다.

10 다음 중 임진왜란 이후 의정부를 대신해 왕권을 견제하는 역할을 했던 기구는? 한국토지주택공사

① 비변사 ② 도병마사
③ 도평의사사 ④ 승정원
⑤ 규장각

① **비변사**: 조선시대 군국(軍國)의 사무를 맡아 처리하던 관청. 중종 때는 변방에 변이 일어날 때마다 임시로 설치했으나, 명종 10년 을묘왜변을 계기로 상설기구가 됐다. 임진왜란 때부터는 그 기능이 확대돼 조정의 중추기관으로 변모, 의정부를 대신해 사실상 국가 최고 기구가 되기도 했다. 비변사는 군사 문제뿐만 아니라 조선 후기에는 정치·경제·외교·문화 등 국내 일반 행정의 모든 문제를 협의·결정하는 기능을 하면서 왕권 견제의 기능을 하게 됐다.
② 고려시대에 국사 및 국방에 관한 일을 합의하던 중앙회의 기구
④ 왕의 비서기관
⑤ 역대 국왕의 시문, 친필, 서화, 유교 등을 관리·보관하던 왕실 도서관

11 다음 조선 말에 일어난 사건을 시대순으로 바르게 나열한 것은? 동아일보, 한국수력원자력, 한국토지주택공사

㉠ 갑오경장	㉡ 임오군란
㉢ 대한제국	㉣ 갑신정변
㉤ 아관파천	㉥ 운요호사건

① ㉣ – ㉡ – ㉥ – ㉠ – ㉤ – ㉢
② ㉠ – ㉣ – ㉥ – ㉤ – ㉡ – ㉢
③ ㉠ – ㉡ – ㉥ – ㉣ – ㉢ – ㉤
④ ㉡ – ㉠ – ㉣ – ㉥ – ㉤ – ㉢
⑤ ㉥ – ㉡ – ㉣ – ㉠ – ㉤ – ㉢

㉥ 운요호사건(고종 12년, 1875) → ㉡ 임오군란(고종 19년, 1882) → ㉣ 갑신정변(고종 21년, 1884) → ㉠ 갑오경장(고종 31년, 1894) → ㉤ 아관파천(고종 33년, 1896) → ㉢ 대한제국(고종 34년, 1897)

12 다음을 읽고 공통으로 연상되는 항일단체를 고르면? YTN

- 김원봉과 만주 지린성
- 동양척식주식회사 폭파
- 김구, 신채호
- 장제스의 지원

① 의열단 ② 신간회
③ 신민회 ④ 한인애국단
⑤ 대한독립의군부

① **의열단**: 김원봉 등이 일제요인 암살과 식민통치기관 파괴를 위해 1919년 만주 지린성에서 구성했다. 의열단의 기본규약인 〈5파괴〉의 대상은 조선총독부, 동양척식주식회사, 매일신보사, 경찰서 및 기타 일본제국주의의 중요기관 등이었다. 김구, 신채호 등이 실질적 고문 역할을 했으며, 장제스 중화민국총통의 지원을 받았다.
② 1920년대 민족주의와 사회주의 진영이 통합돼 조직한 일제하 최대의 합법적 항일단체
③ 1907년을 전후해 안창호, 이승훈, 양기탁, 신채호 등 사회계몽 운동가들이 조직한 비밀결사단체
④ 1931년 중국 상하이에서 김구가 중심이 돼 조직한 항일독립운동 단체
⑤ 고종의 밀조를 받아 1912년 의병 잔여 세력을 규합, 조직적인 항일 투쟁을 전개했던 단체

13 동학혁명 때 내세운 폐정개혁안의 조항 내용만으로 묶인 것은? 한국전력공사

㉠ 문벌 타파
㉡ 중대 범죄의 공판
㉢ 노비문서의 소각
㉣ 토지의 평균적 분작
㉤ 재정의 단일화

① ㉠, ㉡, ㉢ ② ㉡, ㉢, ㉣
③ ㉠, ㉢, ㉣ ④ ㉢, ㉣, ㉤

㉡ 독립협회 헌의6조 내용
㉤ 갑신정변 14개 개혁요강 중 12번째 항

Answer 5. ② 6. ④ 7. ⑤ 8. ④ 9. ③ 10. ① 11. ⑤ 12. ① 13. ③

14 반민특위에 대한 설명 가운데 틀린 것은? MBC

① 8·15 해방 이전 일제에 협력한 친일 부역자를 처벌하기 위해 1949년 1월부터 활동했다.
② 당시 특별재판부의 책임자는 김병로였다.
③ 반민특위 활동 중에 터진 국회 프락치사건으로 반민특위의 입지가 강화됐다.
④ 실형이 선고된 경우는 7건으로, 친일 잔재청산에 사실상 실패했다.

③ 1949년 국회 프락치사건과 반민특위 습격사건을 계기로 반민특위가 해체됐으며, 친일파 청산은 실패로 돌아갔다.
반민족행위특별조사위원회: 반민족행위처벌법을 집행하기 위해 1948년 9월 29일 제헌국회에 설치된 특별기관. 약칭 반민특위. 1949년 1월 8일 화신재벌 총수 박흥식에 대한 검거를 시작으로 본격적인 활동에 들어갔다. 그러나 친일 세력과 이승만 정부, 그리고 대부분 일본 경찰 출신인 경찰 간부들의 방해로 실질적인 성과를 거두지는 못했다.
국회 프락치사건: 1949년 4월 이른바 남로당 프락치로 제헌국회에 침투, 첩보공작을 한 혐의로 김약수 등 13명의 의원이 체포된 사건

15 6월 항쟁에 대한 설명으로 잘못된 것은? MBC

① 박종철 고문치사사건이 항쟁의 불씨가 됐다.
② 6·29 선언 이후 노동자들의 대투쟁이 일어났다.
③ 1987년 6월 초 이한열이 최루탄에 맞아 뇌사상태에 빠지자 분노한 시민들이 대거 시위에 가담했다.
④ 전두환이 4월에 직선제를 약속한 가운데 6월 민정당 전당대회에서 노태우를 후보로 추대했다.

④ 전두환 정권은 1987년 4월, 개헌에 대한 정치권의 합의가 이루어지지 않았다며 간선제의 현행법을 유지한 채 선거를 치르겠다는 4·13 호헌 조치를 발표했다. 이에 6월 10일 박종철 고문치사사건의 조작과 은폐를 규탄하며 호헌 철폐를 외치는 범국민적 민주화 시위가 확산됐다. 이로 인해 전두환 정권은 물러나게 됐으며 노태우는 대통령 직선제 개헌을 주요 내용으로 한 6·29 선언을 발표했다.

16 4·19 혁명에 관한 다음 설명 중 옳지 않은 것은?

① 한일협정 체결에 불만을 가진 학생들이 일으킨 의거이다.
② 학생들의 일련의 반부정(反不正)·반정부(反政府) 항쟁이다.
③ 제2공화국의 출범을 보게 한 역사적 전환점이 됐다.
④ 5·16 군사 정변 이후 이를 의거로 규정했다가 문민정부에 들어서면서 혁명으로 환원됐다.

① 4·19 혁명의 직적접인 원인은 정권을 계속 유지하기 위해 헌법을 고치고 부정선거를 한 자유당의 독재 정치이다.

17 역사적 사건과 그 결과로 나타난 현상을 연결한 것으로 틀린 것은? MBC

① 동학운동 — 청일전쟁
② 만주사변 — 러일전쟁
③ 운요호사건 — 강화도조약
④ 30년전쟁 — 베스트팔렌조약

② 만주사변은 1937년의 중일전쟁으로 확대됐다.

18 다음 동북공정(東北工程)에 대한 설명으로 틀린 것은? YTN, 부산교통공단

① 현재의 중국 국경 안에서 전개된 모든 역사를 중국 역사로 만들기 위한 연구 프로젝트이다.
② 고구려, 발해 등은 고대 중국의 동북지방에 속한 지방정권이라고 주장한다.
③ 한국은 중국의 동북공정에 대처하기 위해 2004년 고구려사연구재단을 발족했다.
④ 고구려와 발해를 제외한 고조선을 한국사로 인정한다.

④ 동북공정에서는 고구려, 발해뿐만 아니라 고조선을 고대 중국의 변방 정권으로 편입시키려 하고 있다.

19 일본의 대륙 침략 사실을 시대순으로 바르게 나열한 것은? 중앙일보

① 타이완 할양 – 강화도조약 – 만주사변
② 강화도조약 – 타이완 할양 – 만주사변
③ 강화도조약 – 만주사변 – 타이완 할양
④ 러일전쟁 – 청일전쟁 – 중일전쟁

강화도조약(1876) → 청일전쟁(1894～1895) → 타이완 할양(1895) → 러일전쟁(1904) → 만주사변(1931) → 중일전쟁(1937)

20 「王侯將相 寧有種乎」라는 구절과 관계있는 역사적 사건은? MBC

① 황건의 난
② 안사의 난
③ 망이·망소이의 난
④ 진승·오광의 난

王侯將相 寧有種乎(왕후장상 영유종호) : ≪사기(史記)≫에 나오는 구절로 「왕, 제후, 장군, 재상의 씨가 어찌 따로 있겠느냐」는 뜻이다. 즉 신분은 태어날 때 정해지는 것이 아니라 노력하면 달라질 수 있음을 강조한 말이다. 이 말은 진나라 때 최초로 난을 일으킨 진승과 오광이 한 말이다.
④ 중국 진나라 때 일어난 중국 역사상 최초의 농민반란. 진승과 오광이 폭우로 사역장소에 기일까지 도착할 수 없게 돼 참형을 당할 처지가 되자, 병사들을 설득해 난을 일으켰다. 이때에 「왕후장상의 씨가 어찌 따로 있겠느냐」고 한 말에는 신분에 관계없이 힘으로 거병한 이 반란의 성격이 잘 나타나 있다. 진나라는 이 농민봉기로 멸망했다.
① 서기 184년 2월 관리들의 착취와 가뭄, 기근 등으로 인해 유랑민으로 전락하게 된 농민들을 중심으로 일어난 민중봉기
② 당나라 때 절도사 중 강력한 힘을 지녔던 안녹산과 그의 부장인 사사명이 정권 찬탈을 위해 일으켰던 반란. 황소의 난과 함께 당이 멸망하게 되는 결정적인 요인으로 작용했다.
③ 고려 정중부 집권기에 특수 행정 구역인 공주 명학소에서 무거운 조세 부담 등에 불만을 품고 망이와 망소이가 주동이 되어 충남 공주를 중심으로 일으킨 민중봉기이다.

21 쑨원의 민족·민권·민생의 삼민주의가 점차 국민 각계각층으로 널리 파급되면서 외국자본에 의한 식민화를 반대하고 봉건적인 청조(淸朝)에 반대한 운동은? 한국토지주택공사

① 신해혁명 ② 양무운동
③ 의화단사건 ④ 국민혁명
⑤ 변법자강운동

① **신해혁명(1911～1912)** : 반식민지·반봉건사회를 주창하며 청조(淸朝)를 쓰러뜨리고 공화정 체제의 중화민국을 수립한 중국 최초의 민주 혁명. 그 결과 중화민국 임시정부가 수립되고 쑨원이 임시 대총통에 취임해 공화정을 선언했다.
② 1862～1884. 증국번(曾國藩)·이홍장(李鴻) 등 한인(漢人) 지주들이 중심이 돼 중국의 근대화를 꾀한 개혁 운동. 이들은 태평천국운동과 애로호사건 등에 자극받아, 제반 내정·군사·과학·통신 등을 개혁함과 동시에 서양 문물을 도입했다.
③ 1899～1910. 독일의 진출과 기독교의 선교활동에 반발, 부청멸양(扶淸滅洋)을 내건 비밀결사인 의화단 교도에 의한 반제국주의운동이다.
④ 1924～1928. 삼민주의(민족·민권·민생주의)에 바탕을 둔 쑨원(孫文)이 이끄는 중국 국민당이 반제국주의·반봉건군벌을 내세워 장제스가 이끄는 중국 공산당과 함께 전개한 민족통일운동이다.
⑤ 청조 말기에 덕종이 채택한 개혁운동이다. 캉유웨이(康有爲)·량치차오(梁啓超) 등이 일본 메이지유신과 같은 입헌군주제의 수립과 정치제도 전반의 개혁을 역설하며 전개했다.

22 다음 중 그 문명이 다른 하나는? YTN

① 태음력 ② 60진법
③ 피라미드 ④ 설형문자
⑤ 함무라비 법전

③ 피라미드는 이집트 문명이다. 나머지는 메소포타미아 문명에 해당한다.

Answer 14. ③ 15. ④ 16. ① 17. ② 18. ④ 19. ② 20. ④ 21. ① 22. ③

23 다음 역사적 사건에 대한 설명 중 옳은 것은?
한국토지주택공사

① 로마 최초의 성문법은 리키니우스법이었다.
② 12표법은 집정관 2명 중 1명을 평민으로 정했다.
③ 콘스탄티누스 황제는 밀라노 칙령으로 기독교를 국교로 인정했다.
④ 펠로폰네소스전쟁을 통해 로마가 지중해를 장악하게 됐다.
⑤ 도미나투스로 불리는 전제군주정을 수립한 로마의 황제는 디오클레티아누스이다.

① 로마 최초의 성문법은 12표법이다.
② 12표법은 기원전 451년에 10인의 위원이 임명돼 종래의 관습법을 정리·제정한 로마 최초의 성문법이다.
③ 콘스탄티누스 황제는 밀라노 칙령으로 크리스트교를 공인했고, 국교로 인정한 사람은 테오도시우스 황제이다.
④ 로마가 지중해 해상권을 둘러싸고 벌인 싸움은 포에니전쟁(Poeni War)이다. 포에니전쟁은 기원전 264~146년에 걸쳐 로마와 카르타고 간에 일어난 세 차례의 전쟁으로, 그 결과 카르타고가 패망했다.

24 종교개혁에 대한 설명으로 틀린 것은? MBC

① 신의 절대적 권위와 깨끗한 교회정치를 주장한 루터운동, 칼뱅주의, 위그노운동, 프로테스탄트 등을 지칭한다.
② 1517년 마틴 루터가 95개항의 개혁안을 제시, 교황청을 공박했다.
③ 인간은 교회에 의해서만 구원을 받을 수 있다는 주장 아래 교황청의 폐단을 비난했다.
④ 마틴 루터는 철저히 교황청과 교권을 배격, 신교운동의 기틀을 마련했다.

③ 종교개혁은 교직자의 지배로부터의 신앙해방운동이다.

25 다음 전쟁에 관한 설명 중 틀린 것은?
YTN, 국민일보

① 포에니전쟁 – 지중해 패권을 둘러싸고 로마와 카르타고 간에 치러진 전쟁이다.
② 백년전쟁 – 가톨릭과 프로테스탄트 간의 대립으로 유럽 제국에서 벌어진 종교전쟁이다.
③ 장미전쟁 – 왕위 계승권을 둘러싸고 랭커스터가와 요크가의 대립으로 발생한 영국의 내란이다.
④ 크림전쟁 – 러시아의 남하정책이 원인이 되어 일어난 전쟁으로 동방전쟁이라고도 한다.

② **백년전쟁(Hundred Years' War)**: 프랑스 왕위 계승 문제와 플랑드르 지방의 양모 공업을 둘러싸고 영국과 프랑스 사이에 일어난 전쟁이다. 잔다르크의 활약으로 프랑스가 승리했다.

26 십자군 원정이 유럽 사회에 미친 영향을 잘못 설명한 것은?
한국전력공사

① 동방에 대한 관심이 높아졌다.
② 교황의 권위가 더욱 신장됐다.
③ 지중해 연안의 도시가 발달했다.
④ 봉건 영주의 세력이 몰락했다.

십자군(Crusades): 11세기 말~13세기에 걸쳐 유럽 각지의 그리스도교도가 이슬람교도로부터 성지 예루살렘을 탈환하기 위해 결성한 원정군으로, 170여 년 동안 7회에 걸쳐 원정했다. 한때 시리아·팔레스타인에 예루살렘 왕국, 콘스탄티노플에 라틴 왕국을 건국했으나 이슬람의 반격으로 당초의 목적을 달성하지 못한 채 끝났다.
십자군 원정의 결과: 교황권 쇠퇴, 왕권 신장, 중앙집권화, 상공업 번영, 이슬람문화와의 접촉을 통한 문화 발달 등

27 다음 시대별로 일어난 사건 중 가장 먼저 일어난 것은? 서울교통공사, 한국에너지공단, 한국전력공사

① 명예혁명 ② 청교도혁명
③ 미국독립선언 ④ 프랑스혁명
⑤ 종교개혁

종교개혁(16~17세기) → 청교도혁명(1642~1660) → 명예혁명(1688~1689) → 미국독립전쟁(1775~1783) → 프랑스혁명(1789~1799)

28 다음 중 영국에서 발생한 사건을 순서대로 나열한 것은? MBC

㉠ 권리청원	㉡ 권리장전
㉢ 마그나카르트타	㉣ 명예혁명
㉤ 청교도혁명	

① ㉠ − ㉢ − ㉡ − ㉣ − ㉤
② ㉢ − ㉠ − ㉤ − ㉣ − ㉡
③ ㉠ − ㉡ − ㉣ − ㉤ − ㉢
④ ㉢ − ㉤ − ㉣ − ㉡ − ㉠

㉢ **마그나카르타**: 1215년 영국 존 왕의 실정에 격분한 귀족이 왕의 권한을 제한하고, 인민의 자유와 권리를 보장하기 위해 국왕에게 강요해 체결한 약정서
㉠ **권리청원**: 1628년 영국의 국왕 찰스 1세가 왕권신수설을 내세우고 전제정치를 하자, 의회가 국민의 헌법상 권리를 주장하기 위해 제출, 승인을 얻은 청원서
㉤ **청교도혁명**: 청교도를 중심으로 1642~1660년에 걸쳐 영국에서 일어난 무력혁명
㉣ **명예혁명**: 국왕 제임스 2세가 전제정치를 강화하고 가톨릭 교회를 부활시키려 하자 1688~1689년 영국에서 일어난 시민혁명
㉡ **권리장전**: 1689년에 공포된 법률로 의회의 승인 없이 법률의 정지나 면제, 금전 징수, 상비군의 유지를 할 수 없음과 의회 안에서의 언론의 자유, 왕위 계승의 순서와 자격 등을 규정

29 제1차 세계대전 중 러시아의 차르 정권을 무너뜨린 혁명은? MBC

① 2월혁명 ② 3월혁명
③ 7월혁명 ④ 11월혁명

① 1917년 3월 8일(러시아력에서는 2월) 러시아 페트로그라드에서 일어난 혁명. 같은 해 11월에 일어난 10월혁명과 함께 러시아혁명으로 불린다. 차르(로마노프 왕조) 전제 정부의 내외정책이 실패하자 진보주의자들이 주동이 된 일종의 민주주의적 혁명으로, 로마노프 왕조는 전복되고 르보프 공의 임시정부가 수립됐다. 같은 해 7월에 온건파 자유주의자인 케렌스키 내각이 수립돼 볼셰비키 혁명의 전주곡이 됐다.
③ 1830년 7월 프랑스의 복고 왕조가 무너진 혁명. 왕정복고 후 즉위한 샤를 10세(1824~1830)가 의회 해산, 선거권 축소, 언론·출판의 통제 등 반동정치를 한 것에서 비롯됐다.
프랑스 2월혁명: 1848년 2월 왕정을 타도하고 제2공화정을 수립한 혁명. 7월혁명 후 본격화된 산업혁명으로 산업자본가와 노동자의 세력이 커지고, 사회주의 사상도 보급됐다.

30 다음 중 프랑스혁명이 전개된 순서대로 나열한 것은? MBC

① 국민의회 결성 − 삼부회 소집 − 바스티유 감옥 습격 − 인권선언 발표
② 삼부회 소집 − 바스티유 감옥 습격 − 국민의회 결성 − 인권선언 발표
③ 바스티유 감옥 습격 − 국민의회 결성 − 삼부회 소집 − 인권선언 발표
④ 삼부회 소집 − 국민의회 결성 − 바스티유 감옥 습격 − 인권선언 발표
⑤ 바스티유 감옥 습격 − 삼부회 소집 − 국민의회 결성 − 인권선언 발표

④ 삼부회 소집(1789. 5.) → 국민의회 결성(1789. 6.) → 바스티유 감옥 습격(1789. 7) → 인권선언 발표(1789. 8.~1791. 10.)

Answer 23. ⑤ 24. ③ 25. ② 26. ② 27. ⑤ 28. ② 29. ① 30. ④

단답형 문제

31 세계 최고(最古)의 목판 인쇄물은 다라니경(751)이며, 세계 최초의 금속활자 인쇄본은 상정고금예문(1234)이다. 현존하는 최고(最古)의 금속활자 인쇄본은? 경향신문, 스포츠조선

32 고려 초기 광종 때 포로나 전재민(戰災民)으로 전락한 농민 중에 불법적으로 남의 노비가 된 불쌍한 백성을 조사해 다시 양인이 될 수 있도록 조처한 법은? 서울경제신문, 한국일보

33 고려 때 사찰의 운영을 위해 사찰의 밭에서 수확된 소득을 대부해 이식(利息)을 늘리던 서민 금융기관의 일종은? CBS

34 프랑스가 강화도를 공격하고 외규장각 의궤를 약탈해 간 사건은? YTN

35 조선시대에 일어난 4대 사화는? 충청일보, 근로복지공단

36 단재 신채호가 「조선 역사상 일천년래 제일 대사건」이라 평한 고려 인종 때의 서경 천도 및 칭제 건원운동을 주도한 사람은? 경향신문

37 1896년 2월 11일부터 약 1년간에 걸쳐 고종과 태자가 러시아 공사관으로 옮겨 거처한 사건은? 스포츠조선

38 선교사 알렌이 세운 우리나라 최초의 근대식 병원의 이름은? 한국일보

39 르네상스 시대의 3대 발명품은? 한국일보

40 1912년 임진왜란 때 일본에 약탈됐다가 93년 만인 2006년 7월 7일에 우리나라로 반환된 조선왕조실록은 어디 사고본인가? YTN

41 한 시대의 사회와 역사를 평가할 수 있는 기준은 바로 그 나라 국민들의 정신력이라고 간파한 근대 역사학의 아버지는? YTN, 매일신문

42 러시아 말로 「민중 속으로」를 뜻하며, 제정 러시아 말기 지식인층에 의해 전개된 농촌운동을 본떠 문맹퇴치를 목적으로 1931~1934년까지 전개된 농촌계몽운동은? YTN, 서울신문

43 1618~1648년까지 유럽의 여러 나라들이 종교와 왕조, 영토 및 통사에서의 적대관계 등 다양한 이유로 일어났던 최후 · 최대의 종교 전쟁은? YTN

44 스페인 내전 당시 마드리드 내부의 프랑코 호응파를 지칭하는 말은? 방송통신위원회

45 일본 교토부(府) 우지시(市)에 있는 작은 마을로 일제강점기 때 교토 비행장 건설을 위해 조선인 징용자 1300여 명이 끌려갔던 곳이다. 조선인 징용자들이 해방 후 고국으로 돌아오지 못하고 거주하다 2017년 철거된 이곳은? MBC, 경향신문, 국민일보

46 ≪삼국지연의≫에 등장하는 촉한의 오호대장군의 이름을 모두 쓰면? SBS

Answer **31.** 직지심체요절 **32.** 노비안검법 **33.** 장생고(長生庫) **34.** 병인양요(丙寅洋擾) **35.** 무오사화, 갑자사화, 기묘사화, 을사사화 **36.** 묘청 **37.** 아관파천 **38.** 광혜원 **39.** 화약, 나침반, 인쇄술 **40.** 오대산 사고본(오대산본) **41.** 랑케 **42.** 브나로드운동 **43.** 30년전쟁 **44.** 제5열 **45.** 우토로 **46.** 관우, 장비, 마초, 황충, 조운

2

완성형 문제

47 단군신화가 최초로 기록된 책은 ( )이다. YTN

48 ( )은/는 일본에 유학 및 한문과 우리나라 문화를 전한 백제 때의 학자이다. 한국에너지공단

49 풍수지리설은 ( ) 말기 때 처음 우리나라에 도입됐다. YTN

50 ( )은/는 고려시대에 시정을 논하고, 기강과 풍속을 교정하며, 백관을 규찰·탄핵 등의 일을 맡아보던 사정기관으로, 조선시대에도 고려와 같이 감찰 행정 업무를 담당했다. 한국에너지공단

51 우리나라 국경선이 압록강과 두만강으로 확정된 것은 ( ) 때이다. KBS, 서울교통공사

52 1897년 고종은 아관환궁 이후 청(淸)의 속박에서 벗어나 제국으로 발전한다는 의미에서 ( )(이)라는 국호를 선포했다. 동아일보

53 (①)은/는 조선 고종 31년에 국문·국한문·한문의 세 가지로 반포한 우리나라 최초의 헌법으로, (②) 이후의 신정부에서 내정개혁과 자주독립의 기초를 확고히 하려는 목적으로 발표됐다.
국민연금공단, 근로복지공단

54
- 노량해전 – 노량 앞바다 – 이순신
- 안시성전투 – 안시성 – (①)
- (②) – 청천강 – 을지문덕
- 행주대첩 – 행주산성 – (③)

한국남부발전

55 우리나라가 최초로 외국과 체결한 근대 조약인 ( )은/는 일본의 강요에 의해 맺어진 불평등 조약이다. 매일신문

56 고종 31년 김홍집을 수반으로 한 혁신 내각이 실시한 정치·경제·사회·문화 전반에 걸친 근대적 개혁인 ( ) 이후 노비제도가 폐지됐다. YTN

57 독립협회는 (①), 자유민권, 자주국권 사상을 내세우고 독립정신을 고취시키고자 했으나, (②)의 방해공작 등으로 1898년 해산됐다. 국가정보원

58
- 일본 천왕 히로히토 – 이봉창
- 이토 히로부미 – (①)
- 상하이 홍커우공원 – (②)

국민연금공단

59 ≪택리지(擇里志)≫는 실학자 ( )이/가 저술한 지리서이다. 국민연금공단

60 청나라 외교관이었던 황준헌은 (①)의 남하정책에 대비하기 위한 방책으로 조선·일본·청 등 동양 3국 간 협력의 중요성을 서술한 (②)을/를 김홍집에 기증했다. CBS, MBC, 근로복지공단

61 1898년 캉유웨이·량치타오 등이 주축이 돼 전개한 변법자강운동은 서태후 등의 보수파가 덕종을 유폐한 ( )이/가 성공함으로써 실패로 돌아갔다. YTN

Answer **47.** 삼국유사(三國遺事) **48.** 왕인 **49.** 신라 **50.** 사헌부 **51.** 조선 세종 **52.** 대한제국(大韓帝國) **53.** ① 홍범 14조 ② 갑오경장 **54.** ① 연개소문 ② 살수대첩 ③ 권율 **55.** 강화도조약 **56.** 갑오개혁 **57.** ① 자강개혁 ② 황국협회 **58.** ① 안중근 ② 윤봉길 **59.** 이중환 **60.** ① 러시아 ② 조선책략 **61.** 무술정변

02 문학 · 한자

01 문학 일반

국제 펜클럽(International PEN Club)●●●

문학을 통해 각국 국민의 상호 이해를 도모하고 각 사회에서 표현의 자유를 옹호함을 목적으로 하는 국제적인 문학가 단체를 지칭한다. 본부는 영국 런던에 있다. 영국의 여류 작가 도슨 스콧(C. A. Dawson Scott)의 제창에 따라 1921년 영국에 펜클럽이 조직되고, 그 후 프랑스 펜클럽이 만들어진 이후 각국에 확대됐다. PEN은 시인 · 극작가(poet · playwriter)의 P, 수필가 · 편집자(essayist · editor)의 E, 소설가(novelist)의 N을 나타내며 나아가 전체로서 펜(PEN)을 나타낸다. 우리나라는 1955년에 가입했다.

공쿠르상(Le Prix de Goncourt)●●●

프랑스 작가 에드몽 공쿠르(Edmond de Goncourt)의 유언에 따라 1903년 제정된 프랑스 최고 권위의 문학상이다. 프랑스의 아카데미 공쿠르(Academie Goncourt)가 매년 12월 첫 주에 신인작가의 작품 중 가장 우수한 소설 작품을 뽑아 수여하며, 프랑스에서 가장 권위 있는 문학상으로 평가되고 있다.

부커상(The Booker Prize) 1969년 영국의 식품유통사인 부커(Booker)사가 독립기금인 북 트러스트(Book Trust)의 후원을 받아 제정한 문학상. 영국에서 출판된 영어소설을 대상으로 그해 최고 소설을 뽑는 영국의 문학상으로, 노벨문학상, 공쿠르상과 함께 세계 3대 문학상으로 꼽힌다. 영연방 국가에서 영어로 발표된 소설 작가에게 수여하는 부커상과 비영연방 작가와 번역자에게 주어지는 부커상 인터내셔널 부문으로 나뉜다. 우리나라에서는 소설가 한강이 ≪채식주의자(The Vegetarian)≫로 2016년 아시아인 최초이자 최연소로 인터내셔널 부문 상을 수상했다.

메디치상(Prix Médicis) 실험적인 작품에 수상하는 젊은 문학상으로, 공쿠르상 · 르노도상 · 페미나상과 함께 프랑스의 4대 문학상으로 꼽힌다. 1970년부터 메디치 외국문학상이 신설됐으며, 국내에서는 한강의 ≪작별하지 않는다≫가 2023년 한국 작가 최초로 외국문학상을 수상했다.

레제드라마(Lesedrama / closet drama)●●●

무대 상연을 목적으로 하지 않고, 읽기 위한 목적으로 쓴 희곡으로 「부흐드라마(buchdrama)」라고도 한다. 연극성보다 문학성에 더 중점을 둔 것으로, 18~19세기에 걸쳐서 유럽에서 성행했다. 괴테의 ≪파우스트≫ 1 · 2부가 대표적이다.

패러디(parody)●●●

잘 알려진 원작을 비틀어서 풍자적인 새로운 메시지를 만들어내는 것으로 원래는 문학의 한 표현 형식에서 비롯된 것이다. 패러디는 고대 그리스어 「노래(ode)를 따라한다(para)」에 어원을 두고 있으며, 패러디의 시조는 고대 그리스의 풍자시인 히포낙스라고 알려져 있다. 근세까지는 원작에 해학적 요소를 가미해 개작한 문학과 음악의 기법으로 통용됐으나, 지금은 그 의미가 확장돼 모든 예술 작품의 원본에 유머를 넣어 변형한 작품을 뜻한다.

카타르시스(catharsis, 感情淨化)●●●

아리스토텔레스의 ≪시학≫에서 비극이 인간에게 주는 효과를 설명하기 위해 사용된 용어로 「감정의 정화 작용」이란 뜻을 지니고 있다. 즉, 비극을 감상할 때 관객은 눈물을 흘리게 되는데 이때 자기의 고뇌를 발산하고 감정이 깨끗이 정화된다는 것이다.

액자식 구성(額子式 構成)●●●

한 편의 소설 작품이 내부와 외부 이야기로 이루어진 통합식 구성을 말한다. 「내부 이야기」는 핵심이 되는 이야기로 주제와 관련이 있으며, 이야기 틀이 바뀜에 따라 시점의 변화가 일어난다. 김동리의 <무녀도>와 <등신불>, 김동인의 <배따라기>, 현진건의 <고향> 등이 대표적인 액자식 구성의 소설이다.

피카레스크식 구성 스페인의 악한 소설에서 유래한 것으로, 각각의 독립된 이야기가 같은 주제나 인물을 중심으로 짜인 연작 형태의 구성 방법. 보카치오의 ≪데카메론≫, 홍명희의 ≪임꺽정≫ 등이 대표적이다.

옴니버스식 구성 몇 개의 독립된 짧은 이야기를 늘어놓아 한 편의 작품으로 만든 구성 방법

02 국문학

고려가요(高麗歌謠)●●●

고려시대 평민들이 부르던 민요적 시가를 뜻한다. 넓은 의미로는 고려시대의 모든 시가를 말하나 일반적으로 「속요」만을 지칭하며 다른 말로 여요(麗謠), 장가(長歌)라고도 부른다. 내용은 주로 남녀 간의 사랑, 자연에 대한 예찬, 이별의 아쉬움 등 평민의 진솔한 감정을 나타낸 것이며, 조선시대 도학자들은 이를 가리켜 남녀상열지사(男女相悅之詞)라 해 삭제, 개작하기도 했다. 형식은 분절식 3음보이며 후렴구, 전후 양절의 형식을 지니고 있다. 대표적인 작품으로는 ≪악학궤범≫에 <동동·처용가>, ≪악장가사≫에 <정석가·청산별곡·서경별곡·사모곡·쌍화점·이상곡·가시리·처용가·만전춘>, ≪시용향악보≫에 <상저가·유구곡> 등이 전한다.

고려속요의 후렴구

- 사모곡 : 위 덩더둥셩
- 동동 : 아으 動動다리
- 서경별곡 : 위 두어렁셩 두어렁셩 다링디리
- 가시리 : 위 증즐가 太平聖代
- 청산별곡 : 얄리얄리 얄라셩 얄라리 얄라
- 정읍사(백제) : 어긔야 어강됴리 아으 다롱디리

향가(鄕歌) •••

삼국시대 말에 발생해 통일신라시대부터 고려 초까지 존재했던 한국 고유의 정형시가이다. 사뇌가, 도솔가 등으로 불린다. 표기 형태는 향찰이고 현재 전해지는 노래는 25수가 있으며 그중 14수는 ≪삼국유사≫에, 11수는 ≪균여전≫에 전한다. 향가의 형식은 4구체, 8구체, 10구체가 있다. 특히 10구체를 사뇌가(詞腦歌)라고도 부르며 제9행에는 「아으」와 같은 감탄사가 붙는다. 향가의 작가가 주로 승려, 화랑이었으므로 내용도 역시 불교적이거나 동료 화랑에 대한 추모 등의 작품들이 많다.

주요 작품으로는 ≪삼국유사≫에 수록돼 있는 <서동요 · 풍요 · 헌화가 · 도솔가(이상 4구체)>, <모죽지랑가 · 처용가(이상 8구체)>, <혜성가 · 원왕생가 · 제망매가 · 찬기파랑가 · 안민가 · 천수대비가 · 우적가(이상 10구체)> 등이 있고, ≪균여전≫에 <보현십종원왕가> 11수가 있다.

≪**삼대목(三代目)**≫ 신라 제51대 진성여왕 때 각간 위홍과 대구 화상이 편찬한 향가집이며 우리나라 최초의 가집(歌集). ≪삼국사기≫의 〈신라본기〉에 이 책에 관한 기록이 있고 지금은 전하지 않는다.

정읍사(井邑詞) •••

현존하는 유일한 백제시대의 가요로, 무고(舞鼓)에 맞추어 부르던 삼국시대 속악의 창사(唱詞)이다. 행상을 나간 남편의 밤길을 염려하는 내용으로 ≪악학궤범≫에 실려 전한다.

고대 가요

작품	작가	연대	성격	내용	출전
공무도하가 (公無渡河歌)	백수광부의 처	고조선	서정가요	물에 빠져 죽은 남편을 애도한 노래로, 악곡명은 「공후인」	해동역사
구지가 (龜旨歌)	구간 등	신라 유리왕 19년	집단가요	민중의 소망을 비는 주술적인 노래로, 일명 「영신군가」	삼국유사
황조가 (黃鳥歌)	유리왕	고구려 유리왕	서정가요	꾀꼬리의 정다운 모습을 보고 실연의 슬픔을 노래함	삼국사기

경기체가(景幾體歌) •••

고려 고종 때 발생해 조선 중기까지 계속된 한림별곡체의 시가 형태로, 경기하여가(景幾何如歌), 별곡체(別曲體)라고도 한다. 고려속요가 일반 서민들에 의해 향유됐음에 비해 경기체가는 귀족 계층의 문학으로 퇴폐적 · 향락적 · 현실 도피적이었으며, 조선 초기에는 건국을 칭송하는 악장이 이 형식으로 지어졌다. 형식은 주로 3 · 4조의 3음보를 가지며 연의 구별이 있고, 후렴구 「景幾(긔) 엇더ᄒᆞ니잇고」를 갖는다. 최초의 작품은 고려 고종 때 한림제유의 <한림별곡>이다.

가사(歌辭) •••

고려 말 경기체가의 붕괴에서 발생한 교술 장르로, 조선시대에 들어와 본격적으로 창작돼 주로 사대부 사회에서 널리 유행했던 노래이다. 형식은 3 · 4 또는 4 · 4의 연속체로 종구는 시조의 종장과 유사하다. 최초의 가사로는 고려 말 나옹 화상이 지었다는 <서왕가>를 들기도 하나 조선시대 정극인의 <상춘곡>을 말하는 것이 일반적이다. 대표적인 작가 · 작품으로는 송순의 <면앙정가>, 정철의 <사미인곡> <속미인곡> <관동별곡> 등과 기타 내방가사, 유배가사, 기행가사들이 있다. 가사는 창가(唱歌)로 계승됐다.

시조(時調) •••

우리 고유의 대표적 정형시로, 고려 중엽에 발생해 말엽에 완성된 형태로 조선시대를 거쳐 지금까지 불리고 있다. 원래 단가(短歌)라고 불리던 노래를 조선 영조 때의 가객 이세춘이 「시절가조(時節歌調)」라는 새로운 곡조를 만들어 부른 데서 생긴 것으로 시조는 이 시절가조의 준말이다. 기본 형식은 초·중·종장의 3장 6구 45자 내외이며, 종류로는 평시조, 엇시조, 사설시조, 연시조가 있다. 대표적인 작가 및 작품은 고려시대의 우탁·이존오·최영·정몽주의 <단심가>, 이방원의 <하여가> 등이 있으며 조선시대에는 최초의 연시조인 맹사성의 <강호사시가>, 최초의 사설시조인 정철의 <장진주사>, 윤선도의 <어부사시사> 등이 유명하다.

조선시대 3대 시조집 박효관·안민영의 《가곡원류》, 김천택의 《청구영언》, 김수장의 《해동가요》를 이른다. 이 중 《청구영언》은 고려 말 이래 역대의 작품을 수집·편찬한 우리나라 최초의 시조집이다.

설화(說話) •••

신화, 전설, 민담 등 한민족 사이에 구전돼 온 이야기를 총칭한다. 발생은 자연적·집단적이고, 내용은 민족적·평민적이다. 그 민족의 생활 감정과 풍습을 노골적으로 암시하며, 형식은 서사적이어서 소설의 모태가 된다. 신화, 전설, 민담의 차이는 대체로 신성성과 역사성의 유무로 구별한다. 즉, 신화는 둘 다 갖추고 있으나, 전설은 역사성만을 가지며, 민담은 이 모두를 제거한 흥미 본위의 옛 이야기라는 특성을 갖는다. 한국의 고대 설화는 《삼국유사》에 수록돼 있고, 최초의 설화집인 박인량의 《수이전》은 제목만 전해 오고 있다. 이규보의 《백운소설》, 이인로의 《파한집》, 최자의 《보한집》 등에도 실려 있다.

단군신화(檀君神話) 우리나라 국조인 단군에 관한 신화. 《삼국유사》에 따르면 옛날에 환인의 아들 환웅이 홍익인간의 뜻을 품고 천부인(天符印) 세 개와 무리 3000명을 거느리고 태백산 꼭대기의 신단수 밑에 내려와 신시(神市)를 건설했다. 그는 풍백(風伯)·우사(雨師)·운사(雲師)를 거느리고 세상의 360여 가지 일을 다스리고 가르치던 중, 곰이 변해 여자가 된 웅녀와 혼인해 단군왕검을 낳았다. 이 단군왕검이 즉위해 도읍을 평양성이라 하고 국호를 조선이라 했으며, 이어 도읍을 아사달로 옮기고 1500년 동안 나라를 다스렸다고 한다. 단군신화는 일연의 《삼국유사》 외에도 《세종실록지리지》, 이승휴의 《제왕운기》, 권남의 《응제시주》 등에 실려 있다.

구운몽(九雲夢) •••

서포 김만중의 한글 소설로 몽자류 소설의 효시로 꼽힌다. 인간의 부귀, 영화, 공명이 모두 일장춘몽임을 그린 양반 소설의 대표작으로, 한문본도 있다. 상계(신선계)와 하계(인간계)의 이중 구조로 돼 있으며, 조선조 최고의 걸작으로 인정받는다.

고대 소설의 근원 설화

- 도미 설화, 열녀 설화, 염정 설화, 신원 설화, 암행어사 설화 ➡ 춘향전
- 효녀지은 설화, 연권녀 설화, 인신공희 설화, 거타지 설화 ➡ 심청전
- 방이 설화, 박타는 처녀 ➡ 흥부전
- 구토지설, 용원 설화(인도) ➡ 별주부전
- 조신 설화 ➡ 몽자류 소설(구운몽 등)
- 장자못 설화 ➡ 옹고집전
- 지하국 대적 퇴치 설화 ➡ 홍길동전

금오신화(金鰲神話) •••

우리나라 최초의 한문 소설로, 세조 때 김시습이 단종의 폐위에 불만을 품고 지은 5편(만복사저포기, 이생규장전, 취유부벽정기, 용궁부연록, 남연부주지)의 단편소설을 일컫는다. 평양, 개성, 경주 등 옛 도읍지를 배경으로 우리나라의 고유한 신앙과 연결된 생활감정과 역사의식을 묘사하고 있다. 한국 전기체 소설의 효시로 명나라 구우의 ≪전등신화≫를 본받아 지었다.

패관문학(稗官文學) •••

패관들이 모아 기록한 가설항담에 창의성과 윤색이 가미된 일종의 산문적인 문학 양식이다. 패관문학이라는 말은 김태준이 ≪조선소설사≫에서 처음 사용했다. 주요 작품으로 박인량의 ≪수이전≫(최초의 설화집)이 있고 이인로의 ≪파한집≫, 최자의 ≪보한집≫, 이규보의 ≪백운소설≫, 이제현의 ≪역옹패설≫ 등이 있다.

가전체문학 •••

소설 발생에 선구적인 구실을 한 문학 형태의 하나로, 고려 말기에 등장한 우화적 · 의인적 수법의 짤막한 전기체 설화이다. 대표적인 작품으로는 임춘의 <국순전> <공방전>, 이규보의 <국선생전> <청강사자현부전>, 이곡의 <죽부인전>, 이첨의 <저생전>, 석식영암의 <정시자전> 등이 있다.

▎가전체 작품과 의인화 대상 연결

작품	저자	의인화	작품	저자	의인화
국순전	임춘	술	죽부인전	이곡	대나무
공방전	임춘	돈(엽전)	저생전	이첨	종이
국선생전	이규보	술과 누룩	정시자전	석식영암	지팡이
청강사자현부전	이규보	거북	죽존자전	혜심	대나무

두시언해(杜詩諺解) •••

정식 명칭은 「분류두공부시언해(分類杜工部詩諺解)」로, 이백(李白)과 함께 쌍벽을 이루는 당나라 때의 시성 두보(杜甫)의 시를 국문학 사상 최초로 국역한 한시집이다. 「안사의 난」으로 방랑 생활을 하던 두보가 당시의 우울한 생활을 읊은 것으로 유교적 충효정신을 바탕으로 한 현실적 · 사실주의적 문학이다. 초간본과 중간본 사이에 약 150여 년의 차이가 있어 음운 및 어휘 변천을 알 수 있는 귀중한 국어사 연구 자료가 되고 있다.

훈민정음(訓民正音) •••

세종대왕이 창제한 우리나라 글자의 이름, 즉 한글 창제 당시의 명칭이다. 세종 25년(1443)에 제정하고, 집현전 학자 성삼문, 정인지, 최항, 박팽년, 이선로, 이개 등이 3년간의 면밀한 연구·보완을 거쳐 세종 28년(1446)에 반포했다. 그리고 한글의 실용성을 검토하기 위해 <용비어천가>를 지어 실험했다. 창제 당시 자모의 수는 자음 17자, 모음 11자 모두 28자였으나 그동안 4자(ㅿ, ㆁ, ㆆ, ·)가 줄어 현재 24자가 사용되고 있다. 훈민정음의 한문해설서인 <훈민정음>(1446)은 1997년 유네스코 세계기록유산으로 등재됐다.

카프(KAPF) •••

조선 프롤레타리아 예술가동맹의 약칭으로, 에스페란토어인 「Korea Artista Proletaria Federatio」의 머리글자를 모은 것이다. 1922년 심훈, 송영 등의 염군사(焰群社)와 1923년 김팔봉, 박영희, 이상화 등의 파스큘라(PASKYULA)가 연합해 1925년 결성했으며 이어서 이기영, 한설야 등이 참여했다. 카프는 프로문학의 전위 단체로서 종래의 개인적·산발적인 무목적적 신경향파 문학에서 벗어난, 계급의식에 입각한 조직적인 프로문학과 정치적인 계급운동을 목적으로 했다. 1932년 6월 1차 검거와 함께 일제의 탄압이 시작됐으며, 1934년의 2차 검거에 이어 1935년 6월 김팔봉이 카프 해산계에 서명·날인함으로써 해체됐다. 카프 문인의 대다수는 전향했다.

동반자작가 1920년대 「카프」에 가담하지는 않았으나 프로문학에 동조했던 작가들. 유진오 〈여직공〉, 이효석 〈도시와 유령〉, 채만식 〈농민의 회계 보고〉 등이 대표적이다.

주지파(主知派) •••

주정주의(主情主義)의 대립 개념으로, 감각과 정서보다는 지성을 중요시하는 창작 태도나 그러한 경향을 띠는 유파를 말한다. 유럽에서는 특히 프랑스에서 유명했으며 영국에서는 제1차 세계대전 후 T. S. 엘리엇 등이 주장했다. 모더니즘이라고도 하며 특히 시에 있어서 회화성을 강조한 점이 두드러진다. 우리나라에서 본격적으로 주지주의 문학론을 도입한 사람은 최재서이며, 주요 작품으로는 김기림의 <기상도>, 김광균의 <와사등> 등이 있다.

신문학(新文學) •••

갑오경장(1894) 이후의 문학으로 창가, 신체시, 신소설, 신극 등이 포함되며 주요 내용은 인습 타파, 계몽사상, 애국사상, 부국강병 등이다. 최초의 신체시는 최남선의 <해에게서 소년에게>이며, 최초의 신소설은 이인직의 <혈의 누>이다.

신소설 주요 작가와 대표적 작품

작가	작품	내용
이인직	혈의 누 (1906)	• 우리나라 최초의 신소설(만세보에 연재) • 청일전쟁을 기점으로 7세 소녀(옥련)의 10년 행적과 그의 은인 구완서의 애정 문제를 다룸. 신교육과 자유 결혼 주장
	은세계 (1908)	• 미국에 유학 중인 남매를 통해 국민의 동등한 권리와 자주독립을 고취한 정치소설 • 1909년 원각사에서 구연학의 번안 작품 〈설중매〉와 함께 최초의 신극 대본으로 각색 공연됨

이해조	자유종 (1910)	• 자주독립, 여성의 인권, 교육(한자 폐지), 계급 · 미신 타파 등의 문제를 토론 형식으로 기록한 정치소설 • 판매 금지 조치를 당함
	구마검 (1908)	무당의 허위성을 폭로, 미신 타파를 주장
	화의 혈 (1912)	• 기생의 굳은 절개와 동학농민운동을 전후한 관리들의 부패상 폭로 • ≪매일신보≫에 연재
최찬식	추월색 (1912)	• 남녀 주인공의 일본 · 영국 등지에서의 유학 생활과 애정을 다룬 소설 • 신소설 중 가장 애독된 작품 중 하나
	안의 성 (1914)	삼각연애의 고민과 파란을 전개, 자유연애와 결혼 및 인권 옹호 사상 고취
안국선	금수회의록 (1908)	• 동물의 입을 빌려 사회 각층의 의식 구조와 사회 부패상을 풍자한 우화소설 • 최초의 판금 소설
	공진회 (1915)	• 근대 이후 최초의 단편소설집 • 〈기생〉, 〈인력거꾼〉, 〈시골 노인 이야기〉 등 3편의 단편소설 수록

이해조의 개작 소설 ① 춘향전 ➡ 옥중화(1910) ② 심청전 ➡ 강상련(1911) ③ 흥부전 ➡ 연의 각(1911) ④ 별주부전 ➡ 토의 간(1911) ⑤ 소양정기 ➡ 소양정(1913)

청록파(靑鹿派) •••

시집 ≪청록집≫(1946)을 낸 박목월, 조지훈, 박두진을 이르는 말이다. 박목월은 민요적 율조로 향토적 정서를 표현했으며, 조지훈은 옛것에 대한 향수와 선적(禪的) 관조를 노래했다. 박두진은 기독교 사상을 바탕으로 자연과의 교감을 표현했다. 이들은 모두 일제 말기에 ≪문장≫(1939)을 통해 등단했다는 점, 자연 속에서 소재를 취한 점, 해방 후 시의 순수성을 옹호했다는 공통점을 지니고 있다.

▌한국 현대시의 흐름

흐름	유파	잡지	주요 작가	특징
낭만시	백조파	백조(1922), 폐허(1920)	이상화, 홍사용	감상적 낭만주의, 주관적 정열과 격정
경향시	신경향파	개벽(1920)	박영희, 김기진, 임화	정치적 목적성 강조
순수시	시문학파	시문학(1930)	김영랑, 박용철	순수성 강조, 세련된 언어와 기교
주지시	모더니즘	삼사문학(1934)	김광균, 장만영	이미지와 지성 중시
생명파시	생명파	시인부락(1936)	서정주, 유치환	생명의식의 앙양과 인간 탐구
청록파시	청록파	문장(1939)	박목월, 박두진, 조지훈	자연과의 교감, 자연귀의

한글학회 •••

우리나라 최초의 민간 학술단체인 「조선어연구회」가 모체로, 1921년 12월 3일 주시경의 문하생들이 주축이 돼 만들어졌다. 한글학회의 주요 업적은 ≪한글≫의 간행, <한글맞춤법 통일안>의 작성, ≪우리말 큰사전≫의 간행 등이다.

독립신문(獨立新聞) •••

최초의 한글 전용 민간신문으로, 미국에서 귀국한 서재필이 정부로부터 자금을 받아 1896년 4월 7일 창간했다. 민중계몽과 신문의 중요성을 일깨워 여러 민간 신문이 창간되는 계기를 만들었다.

한성순보(漢城旬報) 1883년(고종 20년) 10월 30일 창간된 우리나라 신문의 효시이다. 한문으로 된 관보 중심의 순보로 시사와 신문화를 주로 소개했으며 박문국에서 발행했다.

근현대 주요 동인지 •••

잡지명	발행인 / 동인	특징
청춘(1914)	최남선	최초의 월간 종합 계몽지. 최초의 단편소설인 이광수의 〈소년의 비애〉, 〈어린 벗에게〉 등 연재
태서문예신보(1918)	장두철	최초의 주간지. 서구 문단의 동향과 작가 소개
창조(1919)	김동인, 주요한, 전영택, 김환	최초의 순문예 동인지. 반계몽주의, 사실주의 표방
개벽(1920)	이돈화, 박영희, 김기진	천도교 기관지로, 1920년 발행된 우리나라 최초의 항일 종합잡지. 후에 카프의 기관지화됨
폐허(1920)	염상섭, 오상순, 황석우, 김억, 남궁벽	퇴폐주의적 성향의 시 중심 동인지
장미촌(1921)	박종화, 변영로, 황석우, 노자영, 박영희	최초의 시 전문 동인지. 낭만주의적 경향
백조(1922)	현진건, 나도향, 이상화, 박종화, 홍사용, 나빈	감상적 낭만주의 지향
금성(1923)	양주동, 이장희, 유엽, 백기만	낭만주의적 경향의 시 중심 동인지
영대(1924)	주요한, 김억, 김소월, 김동인, 이광수	≪창조≫의 후신. 민족주의적 경향
조선문단(1924)	이광수, 방인근	카프에 대항한 민족주의 문예지
시문학(1930)	박용철, 김영랑, 이하윤, 신석정	언어의 기교, 순수한 정서를 중시해 순수시를 지향하고 목적 문학에 반발
시인부락(1936)	서정주, 오장환, 김동리, 함형수, 김달진	생명파 중심의 시 전문지. 인간과 그 생명 자체에 집요한 관심을 보여줌
자오선(1937)	윤곤강, 이육사, 김광균, 신석초, 민태규	시 전문지. 모든 경향과 유파를 초월한 개방적 자세가 특징
문장(1939)	김연만	월간 종합문예지. 고전 발굴에 주력했으며, 신인 추천제를 둠
인문평론(1939)	최재서	월간 문예지. 작품 발표와 비평 활동에 주력
사상계(1953)	장준하	종합교양지로 문예면에 비중을 둠. 신인문학상과 동인문학상을 제정

① 3대 동인지 : 창조, 폐허, 백조
② 대립 잡지 : 개벽(신경향파) ⟺ 조선문단(민족주의)
③ 전후신 동인지 : 창조 ➡ 영대, 장미촌 ➡ 백조
④ 절충 : 문예공론
⑤ 동인지 및 잡지의 발간 순서 : 창조(1919) ➡ 개벽(1920) ➡ 폐허(1920) ➡ 장미촌(1921) ➡ 백조(1922) ➡ 금성(1923) ➡ 영대(1924) ➡ 조선문단(1924) ➡ 해외문학(1927) ➡ 문예공론(1929) ➡ 삼천리(1929)

03 세계문학

세계 3대 단편작가 •••

에드가 앨런 포(미국, 1809~1849), 모파상(프랑스, 1850~1893), 안톤 체호프(러시아, 1860~1904)

우리나라 3대 단편작가 김동인(1900~1951), 현진건(1900~1943), 이효석(1907~1942)

중국의 4대 기서 •••

시내암의 ≪수호지≫, 나관중의 ≪삼국지연의≫, 오승은의 ≪서유기≫, 왕세정의 ≪금병매≫

로스트제너레이션(lost generation) •••

직역하면 「잃어버린 세대」라는 뜻으로 미국 작가 거트루드 스타인(G. Stein)이 명명한 말이다. 제1차 세계대전 후의 미국 전후파 작가인 헤밍웨이, 포크너, 더스 패서스, 피츠제럴드, 루이스 등을 가리킨다. 1차 대전의 환멸에서 출발, 유럽의 전장에서 돌아와 미국의 문화적 전통 결여와 고향 상실의 비원, 절망과 허무 등을 여러 작품에 반영시켰다. 대표적인 작품으로는 헤밍웨이의 ≪누구를 위하여 종은 울리나≫ ≪무기여 잘 있거라≫, 포크너의 ≪병사의 보수≫, 피츠제럴드의 ≪재즈 에이지≫ 등이 있다.

비트제너레이션(beat generation) •••

미국 문학 사상 「로스트제너레이션」의 뒤를 이은 세대를 총칭한다. 제2차 세계대전 후 1950년대 중반 샌프란시스코와 뉴욕을 중심으로 대두된 보헤미안적인 문학가, 예술가들의 그룹을 지칭하기도 한다. 이들은 반체제적 · 반정치적 · 반지성적인 태도로 당시 문화적 · 도덕적 가치들에 구애받지 않는 자기실현과 자기표현을 옹호했다. 대표적인 작품으로는 잭 케루악의 ≪노상에서≫, 앨런 긴즈버그의 ≪비명≫ 등이 있다.

하드보일드(hard-boiled) •••

1930년경 미국 문학에 등장한 신사실주의 수법으로, 원래 「계란을 익히다」라는 뜻에서 「비정, 냉혹」이라는 뜻의 문학 용어가 됐다. 폭력적인 테마나 사건을 감정이 없는 냉혹한 시선 또는 도덕적인 판단을 배제한 채 사실만을 묘사하는 수법으로, 주로 탐정 · 추리 소설에 영향을 끼쳤다. 대표적 작가로는 헤밍웨이, 챈들러 등이 있다.

앙가주망(engagement) •••

「자기 구속」, 「사회 참여」를 뜻하는 프랑스 실존주의학파의 용어로 일반적인 예술지상주의 문학에 비해 사회적 · 정치적 입장을 명확히 내세우는 문학을 일컫는다. 정치적 문제에 적극적인 반응을 보이고 문제의 핵심을 작품으로 형상화했다. 대표적인 작품으로는 아라공의 ≪단장시집≫, 사르트르의 ≪침묵하는 공화국≫, 모리아크의 ≪검은 수첩≫ 등이 있다.

모더니즘 문학(modernism literature) •••

20세기 초 등장해 현대 문학·예술의 반사실주의적이고, 전위적·실험적인 경향을 가리키는 포괄적인 명칭이다. 주로 영국·미국의 비평계에서 쓰이는 말이며, 독일·프랑스에서는 전위주의(아방가르드)라는 용어로 표현한다. 문학에서의 모더니즘은 낭만주의에 대한 반발로 등장해 감성보다는 이성을 중시한 이미지즘, 주지주의적 경향을 나타낸다. 대표적인 작가로는 영국의 T. S. 엘리엇, T. E. 흄, E. 파운드, D. H. 로렌스, T. H. 헉슬리와 프랑스의 P. 발레리 등이 있다. 한편, 한국 문학에 모더니즘이 도입된 것은 1930년대로 최재서와 김기림에 의해 소개된 바 있다. 1936년에는 이상, 김유정, 박태원 등이 모더니즘적인 예술집단의 성격을 지닌 「구인회」를 결성하기도 했다.

다다이즘(dadaism) •••

1915~1922년경 스위스, 독일, 프랑스 등의 유럽과 미국에서 일어난 반문명·반합리적 예술운동이다. 기성의 모든 사회적·도덕적 속박에서 해방시켜 개인의 진정한 본능에 충실하고자 했던 범예술 정신을 가리킨다. 브르통, 아라공, 뒤샹 등의 문학가와 미술가가 주도했으며 추상미술, 초현실주의를 비롯해 1960년대의 다양한 예술운동에 영향을 주었다.

앵그리 영 맨(angry young man) •••

제2차 세계대전 후 영국의 젊은 세대들이 일으킨 문학 운동을 일컫는다. 전후 현실에 분노와 반감을 가지고 있었던 영국의 젊은이들은 기존의 모든 허식적·보수적인 세력과 2차 대전이 인류에게 준 반인류적인 파괴와 절망에 대해 반발했는데, 이를 작품에 반영시킨 작가군을 앵그리 영 맨이라고 한다. 존 오스본의 희곡 <성난 얼굴로 돌아보라>에서 붙여진 이름이다.

백화운동(白話運動) •••

1917년 이후 후스(胡適) 등이 중심이 돼 모든 사상과 감정을 표현하는 데 어려운 문어를 쓰지 말고, 일상생활에서 사용하는 구어문인 백화문(白話文)을 사용할 것을 주창하고 이를 보급해 중국의 신문화 건설에 크게 이바지한 문학 혁명이다. 대표작으로는 루쉰(魯迅)의 ≪아큐정전≫이 있다.

브나로드운동(vnarod movement) •••

1870년 러시아 청년 귀족과 학생들이 주동해 농민을 주체로 한 사회 개혁을 전개한 계몽운동이다. 브나로드란 러시아어로 「민중 속으로」라는 뜻이다. 우리나라에서는 1930년경 일제에 이기는 길은 농촌을 일깨우는 일이라 해 ≪조선일보≫, ≪동아일보≫ 등이 벌인 농촌계몽운동이다. 주로 문맹 타파와 한글 보급, 애국애족사상 고취 등의 범국민 활동을 펼쳤다. 대표적인 작품으로는 심훈의 ≪상록수≫, 박영준의 <모범경작생>, 이무영의 <제1과 제1장> <흙의 노예> 등이 있다.

04 우리말

단위를 나타내는 말•••

❶ 길이

• 뼘: 엄지손가락과 다른 손가락의 사이를 한껏 벌린 거리 예 허리둘레가 세 뼘 반이다.
• 발: 두 팔을 펴서 벌린 길이 예 옷감 다섯 발만 끊어 오너라.
• 자: 1자는 0.303m 예 이 장롱은 열 자 길이이다.
• 치: 한 자의 10분의 1로, 약 3.03cm의 길이 예 장식장의 가로 폭이 한 자 두 치이다.
• 리: 약 400m쯤 되는 거리 예 옛날에는 십 리 길을 걸어다녔다.
• 길: 사람 키의 한 길이 예 열 길 물 속은 알아도 한 길 사람 속은 모른다.
• 아름: 두 팔을 벌려 껴안은 둘레의 길이 예 두 아름이나 되는 큰 나무

❷ 무게

• 관: 1관은 3.75kg 예 감자 한 관만 주세요.
• 근: 1근은 육류의 경우 600g, 야채・채소류의 경우 375g 예 어린 아이가 고기 한 근을 먹어 치운다.
• 푼: 옛날 엽전의 단위 예 주머니에는 동전 한 푼 없었다.
• 돈: 옛날 엽전 열 푼의 무게(1돈은 3.75g) 예 서 돈짜리 금반지를 선물했다.
• 냥: 한 냥은 한 돈의 열곱 예 그 금송아지는 두 냥 닷 돈짜리이다.

❸ 부피

• 홉, 되, 말, 섬: 곡식・액체 등의 분량을 헤아리는 단위 예 우리 집은 한 달에 쌀 서 말을 먹는다.
• 줌: 주먹으로 쥘 만한 분량 예 한 줌 흙으로 돌아가다.
• 짐: 한 번에 져 나를 만한 분량 예 나무를 한 짐이나 해 왔다.
• 가웃: 되, 말, 자의 수를 셀 때 그 단위의 약 반에 해당하는 분량이 더 있음을 나타내는 말

속담에 나오는 단위어

• 제 코가 석 자
• 되로 주고 말로 받는다.
• 오 푼 쓰고 한 냥 갚는다.
• 구슬이 서 말이라도 꿰어야 보배
• 삼 척 동자도 다 안다.
• 한 섬 빼앗아 백 섬 채운다.
• 세 치 혀가 다섯 자 몸을 망친다.
• 땅 열 길을 파도 돈 한 닢 안 나온다.
• 큰 집이 천 칸이라도 밤에 자는 자리는 여덟 자밖에 안 된다.

❹ 기타

• 강다리: 장작 100개비
• 갓: 해산물 10마리, 나물 10모숨
• 거리: 오이나 가지 50개를 통틀어 가리키는 말
• 고리: 소주 10사발을 한 단위로 이르는 말
• 꾸러미: 달걀 열 개를 꾸리어 싼 것
• 닢: 동전이나 가마니 같이 납작한 물건을 세는 단위. 닢>잎

- 단: 짚이나 장작의 한 묶음
- 담불: 벼 100섬
- 동: 묶어서 한 덩이로 만든 묶음. 먹 10장, 붓 10자루, 무명 베 50필, 백지 100권, 조기와 비웃(청어) 2000마리, 생강 10접, 곶감 100접
- 두름: 물고기를 짚으로 엮은 두 줄 20마리, 산나물 10모숨 예 청어 한 두름, 고사리 한 두름
- 땀: 바늘을 한 번 뜬 그 눈
- 마장: 십 리가 못 되는 거리
- 마지기: 논밭의 넓이 단위. 논은 200~300평, 밭은 100평
- 매: 맷고기나 살담배를 작게 갈라 동여 매어 놓고 파는 한 덩이, 젓가락 한 쌍 예 담배 한 매, 젓가락 한 매
- 모숨: 한 줌 분량의 긴 물건을 세는 단위 예 푸성귀 두 모숨
- 뭇: 생선 10마리, 미역 10장
- 모: 모난 물건을 세는 말 예 두부 세 모
- 바리: 마소에 잔뜩 실은 짐을 세는 단위 예 곡식 한 바리
- 사리: 국수, 실, 새끼 등을 사리어 감은 뭉치를 세는 단위 예 국수 두 사리
- 손: 조기·고등어 따위는 두 마리, 배추는 두 통, 미나리·파 따위는 한 줌씩을 이름 예 고등어 한 손
- 쌈: 바늘 24개, 금 100냥쭝 예 바늘 한 쌈, 광목 한 쌈
- 우리: 기와 2000장
- 접: 과일이나 채소 100개 예 오이 한 접
- 죽: 버선 10장 또는 옷 10벌 예 버선 두 죽, 접시 한 죽
- 채: 집의 수, 이불·가마·수레의 단위, 인삼 750그램, 인삼 100근 예 오막살이 한 채, 이불 한 채
- 축: 말린 오징어 20마리 예 오징어 두 축
- 켤레: 신, 버선, 방망이 따위의 두 짝을 한 벌로 세는 단위 예 버선 한 켤레
- 쾌: 북어 20마리, 엽전 10냥
- 타래: 실이나 노끈 따위를 사리어 묶음으로 만들어 세는 단위 예 무명실 한 타래
- 톨: 밤이나 마늘의 낱개 예 밤 세 톨
- 톳: 김 100장 묶음이나 40장 묶음

날씨와 관련된 말•••

❶ 바람

- 갈마바람: 서남풍의 뱃사람 말
- 건들바람: 초가을에 선들선들 부는 바람
- 고추바람: 몹시 찬 바람
- 높새바람: 동북풍
  - 된새바람: 동북풍의 뱃사람 말
- 높하늬바람: 서북풍
  - 마칼바람: 서북풍의 뱃사람 말

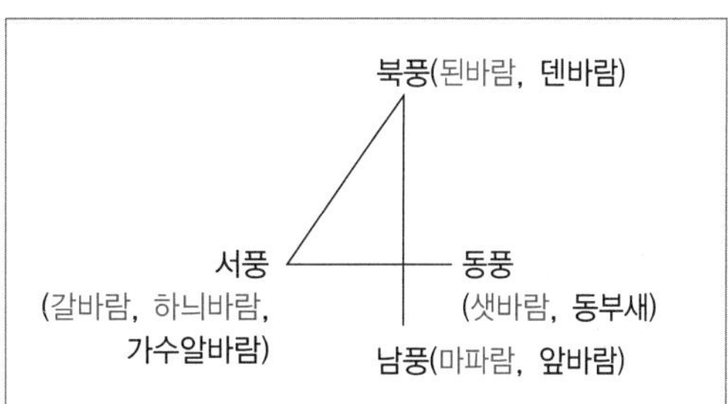

- 된마파람: 동남풍의 뱃사람 말. 된마, 든바람, 샛마파람

- 살바람: 좁은 틈새로 들어오는 바람. 황소바람
- 색바람: 초가을에 선선히 부는 바람
- 소소리바람: 초봄에 제법 차갑게 부는, 살 속으로 기어드는 차고 음산한 바람
- 왜바람: 일정한 방향 없이 이리저리 부는 바람
- 피죽바람: 모내기철에 아침에는 동풍이 불고, 저녁에는 서북풍이 부는 상태

❷ 비

- 개부심: 장마에 큰물이 난 뒤, 한동안 쉬었다가 몰아서 내리는 비
- 건들장마: 초가을에 비가 쏟아지다가 번쩍 개고 또 오다가 다시 개는 장마
- 그믐치: 음력 그믐에 내리는 비나 눈
- 는개: 안개보다는 조금 굵고 이슬비보다는 가는 비
- 먼지잼: 비가 겨우 먼지나 날리지 않을 정도로 오는 비
- 목비: 모낼 무렵에 한목 오는 비
- 발비: 빗방울의 발이 보이도록 굵게 내리는 비
- 여우비: 볕이 난 날 잠깐 뿌리는 비
- 웃비: (날이 아주 갠 것이 아니라) 한창 내리다가 잠시 그친 비
- 작달비: 굵직하고 거세게 퍼붓는 비

❸ 눈

- 길눈: 한 길이나 될 만큼 많이 쌓인 눈
- 누리: 싸락눈보다 크고 단단한 덩이로 내리는 눈. 우박
- 마른눈: 비가 섞이지 않고 내리는 눈
- 숫눈: 눈이 와서 쌓인 상태 그대로의 깨끗한 눈
- 자국눈: 겨우 발자국이 날 정도로 적게 내린 눈

❹ 안개, 서리

- 물안개: 비 오듯이 많이 끼는 안개
- 해미: 바다 위에 낀 매우 짙은 안개
- 된서리: 늦가을에 아주 되게 내린 서리. 무서리
- 무서리: 그해의 가을 들어 처음 내리는 묽은 서리
- 상고대: 나무나 풀에 눈같이 내린 서리
- 서리꽃: 유리창 따위에 엉긴 수증기가 얼어붙어 꽃처럼 무늬를 이룬 것

길과 관련된 말•••

- 가풀막: 몹시 가파르게 비탈진 곳
- 고샅길: 마을의 좁은 골목길, 좁은 골짜기 사이의 길
- 길섶: 길의 가장자리. 길가
- 낭길: 낭떠러지를 끼고 난 길

- 도린곁 : 인적이 드문 외진 곳
- 모롱이 : 산모퉁이의 휘어 둘린 곳
- 숫눈길 : 눈이 와서 덮인 후에 아무도 아직 지나지 않은 길
- 에움길 : 굽은 길 또는 에워서 돌아가는 길
- 자드락길 : 나지막한 산기슭에 경사지게 있는 좁은 길
- 조롱목 : 조롱 모양으로 된 길목
- 허방 : 길 가운데 움푹 팬 땅

음식과 관련된 말●●●

- 고수레 : 반죽할 때 쌀가루에 끓는 물을 골고루 뿌리는 일 / 음식을 귀신에게 먼저 바친다는 의미로 조금씩 던지며 하는 소리
- 과메기 : 청어나 꽁치를 차게 말린 것
- 맏물 : 과일, 푸성귀, 해산물 따위에서 그해의 맨 처음에 나는 것
- 못밥 : 모내기를 하다가 들에서 먹는 밥
- 비웃 : 청어를 식료품으로 이르는 말
- 사잇밥 : 농사꾼이나 일군들이 끼니 외에 참참이 먹는 음식(= 곁두리)
- 중둥밥 : 팥을 달인 물에 흰쌀을 안쳐 지은 밥 / 찬밥에 물을 넣고 다시 무르게 끓인 밥
- 첫국밥 : 아이를 낳은 뒤 산모가 처음으로 먹는 국과 밥. 주로 미역국과 흰밥을 먹음
- 감투밥 : 그릇 위까지 수북하게 담은 밥
- 강조밥 : 좁쌀만으로 지은 밥
- 대궁 : 먹다가 그릇에 남긴 밥
- 푸닥거리 : 무당이 하는 굿의 하나. 간단하게 음식을 차려놓고 잡귀를 풀어먹이는 일

사람의 성격과 관련된 말●●●

- 곰살궂다 : 성질이 부드럽고 다정스럽다.
- 궤란쩍다 : 행동이 건방지고 주제넘다.
- 끌밋하다 : 차림새나 인물이 깨끗하고 미끈해 시원하다.
- 두남두다 : 가엾게 여기어 돌보아주다.
- 무람없다 : 예의를 지키지 않아 버릇없다.
- 버르잡다 : 작은 일을 크게 벌리다.
- 성마르다 : 도량이 좁고 성미가 급하다.
- 열없다 : 조금 부끄럽다. 담이 작고 겁이 많다.
- 자발없다 : 끈기가 없고 경솔하다.
- 잔망스럽다 : 하는 짓이 얄밉도록 맹랑하다.
- 희떱다 : 몹시 궁하면서도 손이 크며 마음이 넓다. / 실지보다 과장이 많다. / 속은 비었어도 겉으로는 호화롭다.

어미와 새끼의 이름•••

어미 이름	새끼 이름	어미 이름	새끼 이름	어미 이름	새끼 이름	어미 이름	새끼 이름
가오리	간자미	곰	능소니	말	망아지	숭어	동어, 모쟁이
각다귀	며루	꿩	꺼병이	매	초고리	잠자리	학배기
갈치	풀치	나비	배추벌레	매미	굼벵이	조기	꽝다리
개구리	올챙이	농어	껄떼기	명태	노가리	청어	굴뚝청어
고등어	고도리	돌고래	가사리	방어	마래미	호랑이	개호주

한글 맞춤법(2017. 3. 28. 시행)•••

❶ **된소리**: 한 단어 안에서 뚜렷한 까닭 없이 나는 된소리는 다음 음절의 첫소리를 된소리로 적음

㉠ 두 모음 사이에서 나는 된소리

예 소쩍새, 어깨, 오빠, 으뜸, 아끼다, 기쁘다, 깨끗하다, 어떠하다, 해쓱하다, 가끔, 거꾸로, 부썩, 어찌, 이따금

㉡ 「ㄴ, ㄹ, ㅁ, ㅇ」 받침 뒤에서 나는 된소리

예 산뜻하다, 잔뜩, 살짝, 훨씬, 담뿍, 움찔, 몽땅, 엉뚱하다

✎ 단, 「ㄱ, ㅂ」 받침 뒤에서 나는 된소리는 같은 음절이나 비슷한 음절이 겹쳐 나는 경우가 아니면 된소리로 적지 않음

예 국수, 깍두기, 딱지, 색시, 싹둑, 법석, 갑자기, 몹시

❷ **구개음화**: 「ㄷ, ㅌ」 받침 뒤에 종속적 관계를 가진 「-이(-)」나 「-히-」가 오면 「ㅈ, ㅊ」으로 소리 나더라도 「ㄷ, ㅌ」으로 적음

예 맏이, 해돋이, 굳이, 닫히다, 같이, 끝이, 핥이다, 걷히다, 닫히다, 묻히다

❸ **「ㄷ」 소리 받침**: 「ㄷ」 소리 받침을 「ㅅ」으로 적는 경우

예 덧저고리, 돗자리, 엇셈, 웃어른, 핫옷, 무릇, 사뭇, 얼핏, 자칫하면, 뭇, 옛, 첫, 헛

❹ **모음**

㉠ 「계, 례, 몌, 폐」의 「ㅖ」는 「ㅔ」로 소리 나도 「ㅖ」로 적음

예 계수, 사례, 연예, 폐품, 혜택, 계집, 핑계, 계시다

✎ 단, 게송(偈頌), 게시판(揭示板), 휴게실(休憩室)은 본음대로 적음

㉡ 「의」나 「ㅢ」가 「ㅣ」로 소리 나도 「ㅢ」로 적는 경우

예 본의, 하늬바람, 늴리리, 닁큼, 씌어

❺ **두음법칙**

㉠ 한자음 「녀, 뇨, 뉴, 니」가 단어 첫머리에 오면 두음법칙에 따라 「여, 요, 유, 이」로 적음

예 여자, 연세, 요소, 유대, 이토, 익명

✎ 단, 다음과 같은 의존명사에서는 「냐, 녀」 음을 인정함

예 냥(兩), 냥쭝(兩一), 년(年)(몇 년)

㉡ 한자음 「랴, 려, 례, 료, 류, 리」가 단어의 첫머리에 오면 두음법칙에 따라 「야, 여, 예, 요, 유, 이」로 적음 예 양심, 역사, 예의, 용궁, 유행, 이발

다음과 같은 의존명사는 본음대로 적음
예 몇 리(里)냐?, 그럴 리(理)가 없다.

단어의 첫머리 이외의 경우에는 본음대로 적음
예 개량, 수력, 혼례, 쌍룡, 급류, 진리

모음이나 「ㄴ」 받침 뒤에 이어지는 「렬, 률」은 「열, 율」로 적음
예 나열, 치열, 비열, 규율, 비율, 실패율, 분열, 선열, 진열, 선율, 전율, 백분율

㉢ 한자음 「라, 래, 로, 뢰, 루, 르」가 단어의 첫머리에 올 적에는, 두음 법칙에 따라 「나, 내, 노, 뇌, 누, 느」로 적음 예 낙원, 내일, 노인, 누각, 능묘

단어의 첫머리 이외의 경우에는 본음대로 적음
예 연로, 낙뢰, 가정란, 동구릉, 광한루

❻ 어미의 형태

㉠ 어간의 끝 「ㅂ」이 「ㅜ」로 되는 것은 소리 나는 대로 적음
예 가까워, 괴로워, 고마워, 외로워, 무거워

단, 「돕다 / 곱다」는 「도와 / 고와」로 적음

㉡ 종결형 어미 「-오」는 「-요」로 소리 나도 「-오」로 적음. 단, 연결형에서의 「-이요」는 「-요」로 적음
예 이것은 책이오. / 이것은 책이요, 저것은 붓이다.

❼ 사이시옷

㉠ 순우리말로 된 합성어로서 앞말이 모음으로 끝난 경우

- 뒷말의 첫소리가 된소리로 나는 것
  예 고랫재, 귓밥, 나룻배, 나뭇가지, 냇가, 댓가지, 뒷갈망, 맷돌, 머릿기름, 모깃불, 못자리, 바닷가, 뱃길, 볏가리, 부싯돌, 선짓국, 쇳조각, 아랫집, 잇자국, 잿더미, 조갯살, 찻집, 쳇바퀴, 킷값, 핏대, 햇볕, 혓바늘
- 뒷말의 첫소리 「ㄴ, ㅁ」 앞에서 「ㄴ」 소리가 덧나는 것
  예 아랫니, 텃마당, 아랫마을, 뒷머리, 잇몸, 깻묵, 냇물, 빗물, 멧나물
- 뒷말의 첫소리 모음 앞에서 「ㄴ ㄴ」 소리가 덧나는 것
  예 도리깻열, 뒷윷, 두렛일, 뒷일, 뒷입맛, 베갯잇, 욧잇, 깻잎, 나뭇잎, 댓잎

㉡ 순우리말과 한자어로 된 합성어로서 앞말이 모음으로 끝난 경우

- 뒷말의 첫소리가 된소리로 나는 것
  예 귓병, 머릿방, 뱃병, 봇둑, 사잣밥, 샛강, 아랫방, 자릿세, 전셋집, 찻집, 콧병, 탯줄, 텃세, 핏기, 햇수, 횟가루, 횟배
- 뒷말의 첫소리 「ㄴ, ㅁ」 앞에서 「ㄴ」 소리가 덧나는 것
  예 곗날, 제삿날, 훗날, 툇마루, 양칫물
- 뒷말의 첫소리 모음 앞에서 「ㄴ ㄴ」 소리가 덧나는 것
  예 가욋일, 사삿일, 예삿일, 훗일

㉢ 두 음절로 된 한자 : 곳간(庫間), 셋방(貰房), 숫자(數字), 찻간(車間), 툇간(退間), 횟수(回數)

❽ 띄어쓰기

㉠ 의존명사, 단위를 나타내는 명사 및 열거하는 말 등

- 의존명사는 띄어 씀

  예 아는 것이 힘이다. / 나도 할 수 있다. / 먹을 만큼 먹어라.

- 단위를 나타내는 명사는 띄어 씀

  예 소 한 마리, 옷 한 벌, 열 살, 조기 한 손, 연필 한 자루, 버선 한 죽, 신 두 켤레, 북어 한 쾌

  ✎ 단, 순서를 나타내거나 숫자와 어울리어 쓰이는 경우에는 붙여 쓸 수 있음

  예 두시 삼십분 오초, 제일과, 삼학년, 육층, 제1어학실습실

- 수는 「만(萬)」 단위로 띄어 씀

  예 십이억 삼천사백오십육만 칠천팔백구십팔(12억 3456만 7898)

- 두 말을 이어 주거나 열거할 적에 쓰이는 말들은 띄어 씀

  예 국장 겸 과장 / 열 내지 스물 / 청군 대 백군 / 책상, 걸상 등 / 사과, 배 등속 / 호주, 아프리카 등지

- 단음절로 된 단어가 연이어 나타날 때는 붙여 쓸 수 있음 예 좀더 큰것, 이말 저말, 한잎 두잎

㉡ 고유명사 및 전문용어

- 성과 이름, 성과 호는 붙여 쓰고 호칭어, 관직명은 띄어 씀

  예 최치원 선생, 충무공 이순신 장군

- 성과 이름, 성과 호를 띄어 쓸 수 있는 경우

  예 남궁 억, 독고 준, 황보 윤태

❾ 그 밖의 것

㉠ 「이」로 적는 것

- 겹쳐 쓰인 명사 뒤

  예 겹겹이, 골골샅샅이, 곳곳이, 길길이, 나날이, 낱낱이, 다달이, 땀땀이, 몫몫이, 번번이, 샅샅이, 알알이, 앞앞이, 줄줄이, 짬짬이, 철철이

- 「ㅅ」 받침 뒤

  예 기웃이, 나굿나굿이, 남짓이, 뜨뜻이, 버젓이, 번듯이, 빠듯이, 지긋이

- 「ㅂ」 불규칙 용언의 어간 뒤

  예 가벼이, 괴로이, 기꺼이, 너그러이, 부드러이, 새로이, 쉬이, 외로이, 즐거이

- 「-하다」가 붙지 않는 용언 어간 뒤

  예 같이, 굳이, 길이, 깊이, 높이, 많이, 실없이, 헛되이

- 부사 뒤

  예 곰곰이, 더욱이, 생긋이, 오뚝이, 일찍이, 히죽이

㉡ 「히」로 적는 것: 「-하다」가 붙는 어근 뒤 ✎ 단, 「ㅅ」 받침 제외

예 간편히, 고요히, 공평히, 과감히, 극히, 급히, 급급히, 꼼꼼히, 나른히, 능히, 답답히, 딱히, 속히, 엄격히, 정확히, 족히

㉢ 다음과 같은 접미사는 된소리로 적음

- -꾼

  예 구경꾼, 나무꾼, 낚시꾼, 난봉꾼, 노름꾼, 농사꾼, 누리꾼, 도굴꾼, 도망꾼, 도박꾼, 막노동꾼, 말썽꾼, 머슴꾼, 밀렵꾼, 밀수꾼, 방해꾼, 배달꾼, 사기꾼, 사냥꾼, 살림꾼, 소리꾼, 술꾼, 이야기꾼, 잔소리꾼, 장사꾼, 재주꾼, 짐꾼, 춤꾼, 투기꾼, 파수꾼, 훼방꾼, 힘꾼, 심부름꾼, 익살꾼, 일꾼, 장꾼, 장난꾼, 지게꾼

• -깔

예 맛깔, 때깔, 빛깔, 성깔

• -때기

예 거적때기, 나무때기, 널판때기, 등때기, 베때기, 송판때기, 판때기, 팔때기, 귀때기, 볼때기, 판자때기

• -꿈치

예 발꿈치, 뒤꿈치, 팔꿈치

• -빼기

예 고들빼기, 곱빼기, 과녁빼기, 그루빼기, 대갈빼기, 머리빼기, 밥빼기, 악착빼기, 앍둑빼기, 앍작빼기, 억척빼기, 얽둑빼기, 얽빼기, 얽적빼기, 재빼기, 이마빼기, 코빼기

• -배기

예 귀퉁배기, 나이배기, 대짜배기, 육자배기, 주정배기, 진짜배기, 뚝배기, 학배기

• -적다

예 괘다리적다, 괘달머리적다, 딴기적다, 열통적다, 맛적다

• -쩍다

예 맥쩍다, 멋쩍다, 해망쩍다, 행망쩍다, 객쩍다, 겸연쩍다

㉣ 지난 일을 나타내는 어미는 「-더라, -던」으로, 물건이나 일의 내용을 가리지 않는 (또는 선택) 뜻을 나타내는 조사와 어미는 「(-)든지」로 적음

예 지난 겨울은 몹시 춥더라. 그 사람 말 잘하던데! / 가든지 오든지 마음대로 해라. 배든지 사과든지 마음대로 먹어라.

자주 출제되는 맞춤법

깍두기	법석	갑자기	핑계	게시판	휴게실	무늬	늴리리
백분율	연이율	미닫이	얼음	비로소	이파리	굵직하다	굵다랗다
널찍하다	널따랗다	실컷	뻐꾸기	반드시(꼭)	일찍이	싫증	며칠
무작위	잗주름	전셋집	예삿일	훗일	곳간	셋방	숫자
찻간	툇간	횟수	살코기	안팎	생각건대	아무튼	하여튼
깨끗이	틈틈이	급히	솔직히	쓸쓸히	대로(大怒)	맞추다	여태껏

자주 출제되는 표준어

끄나풀	강낭콩	사글세	돌[돐(×)]	셋째	미루나무	오뚝이	냄비
수꿩	수놈	수캉아지	수퇘지	숫양	서울내기	깍쟁이	상추
멋쟁이	담쟁이	아지랑이	미장이	괴팍하다	으레	주책	윗도리
윗니	위쪽	위층	웃어른	웃옷	구절	시구	글귀
무[무우(×)]	꼭두각시	낭떠러지	넉 되	덩굴[덩쿨(×)]	살쾡이	녘	설거지

주의해야 할 외래어 표기법•••

구분	○	×	구분	○	×
accelerator	액셀러레이터	악셀라이터	chandelier	샹들리에	상들리에
accessory	액세서리	악세사리	chassis	섀시	샤시
adapter	어댑터	아답터	chocolate	초콜릿	초콜렛
alcohol	알코올	알콜	christian	크리스천	크리스챤
aluminium	알루미늄	알류미늄	climax	클라이맥스	클라이막스
ambulance	앰뷸런스	앰블란스	coffee shop	커피숍	커피샵
animation	애니메이션	애니매이션	collar	칼라	컬러
back mirror	백미러	백밀러	color	컬러	칼라
badge	배지	뱃지	comedian	코미디언	코메디언
balance	밸런스	발란스	complex	콤플렉스	컴플렉스
barbecue	바비큐	바베큐	conte	콩트	꽁트
battery	배터리	밧데리	counselor	카운슬러	카운셀러
biscuit	비스킷	비스켓	cunning	커닝	컨닝
block	블록	블럭	curtain	커튼	커텐
boat	보트	보오트	cymbals	심벌즈	심볼즈
body	보디	바디	data	데이터	데이타
brush	브러시	블러쉬	déut	데뷔	데뷰
buffet	뷔페	부페	dessin	데생	뎃생
Burberry	바바리	버버리	digital	디지털	디지탈
Bushman	부시먼(족)	부시맨	dynamic	다이내믹	다이나믹
business	비즈니스	비지니스	endorphin	엔도르핀	엔돌핀
café	카페	까페	enquete	앙케트	앙케이트
cake	케이크	케잌	eye shadow	아이섀도	아이섀도우
calendar	캘린더	카렌다	file	파일	화일
caramel	캐러멜	카라멜	film	필름	필림
carpet	카펫	카페트	finale	피날레	휘날레
catalog	카탈로그	카달로그	frontier	프런티어	프론티어
catholic	가톨릭	카톨릭	frypan	프라이팬	후라이팬
centimeter	센티미터	센치미터	fuse	퓨즈	휴즈
champion	챔피언	참피언	garbage	가비지	개비지
gossip	가십	고십	royalty	로열티	로얄티
guard	가드	가아드	running shirt	러닝셔츠	런닝셔츠
gum	껌	검	salon	살롱	싸롱
handling	핸들링	핸드링	sandal	샌들	샌달
hotchkiss	호치키스	호지키스	Santa Claus	산타클로스	싼타크로스

구분	○	×	구분	○	×
ideologie	이데올로기	이데올로지	sash	새시	샤시
Indian	인디언	인디안	sausage	소시지	소세지
jacket	재킷	자켓	saxophone	색소폰	색스폰
jazz	재즈	째즈	scarf	스카프	스커프
juice	주스	쥬스	schedule	스케줄	스케쥴
ketchup	케첩	케찹	scotch tape	스카치테이프	스카치테잎
label	라벨 / 레이블	레벨	shadow	섀도	샤도우
leadership	리더십	리더쉽	signal	시그널	시그날
license	라이선스	라이센스	sofa	소파	쇼파
lighter	라이터	라이타	sponge	스펀지	스폰지
margarine	마가린	마아가린	stamina	스태미나	스태미너
mask	마스크	매스크	stamp	스탬프	스탬
mass game	매스게임	마스게임	standard	스탠더드	스탠다드
massage	마사지	맛사지	styrofoam	스티로폼	스치로폼
mechanism	메커니즘	매커니즘	sunglass	선글라스	썬글라스
message	메시지	메세지	supermarket	슈퍼마켓	수퍼마켓
milk shake	밀크셰이크	밀크쉐이크	symbol	심벌	심볼
montage	몽타주	몽타지	symposium	심포지엄	심포지움
morphine	모르핀	몰핀	talent	탤런트	탈렌트
narration	내레이션	나레이션	target	타깃	타겟
nazism	나치즘	나찌즘	teamwork	팀워크	팀웍
nonsense	난센스	넌센스	television	텔레비전	텔레비젼
Odyssey	오디세이	오딧세이	terminal	터미널	터미날
offset	오프셋	옵셋	thrill	스릴	드릴
original	오리지널	오리지날	tree	트리	추리
palette	팔레트	파레트	tulip	튤립	튜울립
pamphlet	팸플릿	팜플렛	tumbling	텀블링	덤블링
pierrot	피에로	삐에로	unbalance	언밸런스	언발란스
pilot	파일럿	파일롯	union	유니언	유니온
placard	플래카드	플랭카드	valentine day	밸런타인데이	발렌타인데이
plankton	플랑크톤	프랑크톤	washer	와셔	워셔
plastic	플라스틱	프라스틱	Windows	윈도	윈도우
plaza	플라자	프라자	workshop	워크숍	워크샵
rent-a-car	렌터카	렌트카	yellow card	옐로카드	옐로우카드
repertory	레퍼토리	레파토리	yogurt	요구르트	요쿠르트
rotary	로터리	로타리	zigzag	지그재그	지그자그

05 한자

① 동자이음어(同字異音語)

한자	뜻·음	예	한자	뜻·음	예
降	내릴 **강**	降雨(강우)	索	찾을 **색**	索引(색인)
	항복할 **항**	降伏(항복)		쓸쓸할 **삭**	索莫(삭막)
惡	악할 **악**	惡漢(악한)	更	다시 **갱**	更生(갱생)
	미워할 **오**	憎惡(증오)		고칠 **경**	更張(경장)
塞	막을 **색**	閉塞(폐색)	易	쉬울 **이**	難易(난이)
	변방 **새**	塞翁(새옹)		바꿀 **역**	貿易(무역)
數	셀 **수**	數學(수학)	說	말씀 **설**	說得(설득)
	자주 **삭**	頻數(빈삭)		달랠 **세**	遊說(유세)
	촘촘할 **촉**	數罟(촉고)		기쁠 **열**	說喜(열희)
樂	풍류 **악**	音樂(음악)	見	볼 **견**	見聞(견문)
	즐길 **락**	樂園(낙원)		나타날 **현**	謁見(알현)
	좋아할 **요**	樂山(요산)			
省	살필 **성**	反省(반성)	炙	구울 **자**	膾炙(회자)
	덜 **생**	省略(생략)		구울 **적**	散炙(산적)
內	안 **내**	內容(내용)	率	거느릴 **솔**	率先(솔선)
	내시 **나**	內人(나인)		비율 **률**	能率(능률)
切	끊을 **절**	切斷(절단)	度	법도 **도**	制度(제도)
	온통 **체**	一切(일체)		헤아릴 **탁**	忖度(촌탁)
讀	읽을 **독**	讀書(독서)	推	옮길 **추**	推進(추진)
	구절 **두**	吏讀(이두)		밀 **퇴**	推敲(퇴고)
洞	마을 **동**	洞里(동리)	辰	별 **진**	辰宿(진수)
	통할 **통**	洞察(통찰)		별 **신**	星辰(성신)
則	법칙 **칙**	規則(규칙)	復	회복할 **복**	恢復(회복)
	곧 **즉**	然則(연즉)		다시 **부**	復活(부활)
否	아니 **부**	否決(부결)	布	펼 **포**	布告(포고)
	막힐 **비**	否運(비운)		베풀 **보**	布施(보시)
北	북녘 **북**	北進(북진)	食	먹을 **식**	食堂(식당)
	패배할 **배**	敗北(패배)		밥 **사**	蔬食(소사)
暴	나타낼 **폭**	暴露(폭로)	參	석 **삼**	參萬(삼만)
	사나울 **포**	暴惡(포악)		참여할 **참**	參席(참석)

漢字	훈음	예	漢字	훈음	예
識	알 **식**	識見(식견)	行	갈 **행**	行路(행로)
	기록할 **지**	標識(표지)		항렬 **항**	行列(항렬)
狀	형상 **상**	狀態(상태)	滑	미끄러울 **활**	圓滑(원활)
	문서 **장**	賞狀(상장)		익살스러울 **골**	滑稽(골계)
畫	그림 **화**	畫廊(화랑)	覺	깨달을 **각**	先覺(선각)
	그을 **획**	畫順(획순)		꿈깰 **교**	覺眼(교안)
乾	하늘 **건**	乾坤(건곤)	龜	거북 **귀**	龜鑑(귀감)
	마를 **간**	乾物(간물)		터질 **균**	龜裂(균열)
茶	차 **다**	茶菓(다과)	宅	집 **댁**	媤宅(시댁)
	차 **차**	茶禮(차례)		집 **택**	住宅(주택)
便	오줌 **변**	便器(변기)	丹	붉을 **단**	丹心(단심)
	편할 **편**	便利(편리)		모란 **란**	牡丹(모란)
沸	끓을 **비**	沸騰(비등)	殺	죽일 **살**	殺人(살인)
	불끈할 **불**	沸波(불파)		덜 **쇄**	相殺(상쇄)
宿	잘 **숙**	宿泊(숙박)	拾	주울 **습**	拾得(습득)
	별 **수**	星宿(성수)		열 **십**	拾圓(십원)
屬	좇을 **속**	從屬(종속)	車	수레 **거**	車馬(거마)
	맡길 **촉**	屬託(촉탁)		수레 **차**	車票(차표)
佐	도울 **좌**	補佐(보좌)	拓	개척할 **척**	開拓(개척)
	절일 **자**	佐飯(자반)		박을 **탁**	拓本(탁본)

② 모양이 닮은 한자

漢字	훈음	예	漢字	훈음	예
可	옳을 **가**	可否(가부)	看	볼 **간**	看護(간호)
司	맡을 **사**	司會(사회)	着	입을 **착**	着服(착복)
階	섬돌 **계**	階層(계층)	季	철 **계**	季節(계절)
偕	함께 **해**	偕老(해로)	秀	빼어날 **수**	秀才(수재)
諧	희롱할 **해**	諧謔(해학)	委	맡길 **위**	委任(위임)
怒	성낼 **노**	憤怒(분노)	綠	초록빛 **록**	綠林(녹림)
恕	용서할 **서**	容恕(용서)	緣	말미암을 **연**	因緣(인연)
侍	모실 **시**	侍女(시녀)	密	빽빽할 **밀**	密集(밀집)
待	기다릴 **대**	待望(대망)	蜜	꿀 **밀**	蜜蜂(밀봉)

辯	말잘할 **변**	雄辯(웅변)	跛	절룩발이 **파**	跛行(파행)
辨	분별할 **변**	辨理(변리)	破	깨실 **파**	破損(파손)
徒	무리 **도**	徒黨(도당)	募	모을 **모**	募集(모집)
徙	옮길 **사**	移徙(이사)	慕	사모할 **모**	追慕(추모)
從	좇을 **종**	從業(종업)	墓	무덤 **묘**	墓地(묘지)
唆	부추길 **사**	教唆(교사)	揚	날릴 **양**	讚揚(찬양)
悛	고칠 **전**	改悛(개전)	楊	버들 **양**	楊柳(양류)
俊	준걸 **준**	俊傑(준걸)	場	마당 **장**	場所(장소)
深	깊을 **심**	深淺(심천)	暑	더울 **서**	避暑(피서)
探	더듬을 **탐**	探索(탐색)	署	맡을 **서**	署理(서리)
捐	버릴 **연**	義捐(의연)	濁	흐릴 **탁**	淸濁(청탁)
損	덜 **손**	缺損(결손)	燭	촛불 **촉**	華燭(화촉)
逐	좇을 **축**	逐條(축조)	撤	거둘 **철**	撤收(철수)
遂	이를 **수**	遂行(수행)	徹	통할 **철**	透徹(투철)
險	험할 **험**	險難(험난)	抗	겨룰 **항**	抗拒(항거)
儉	검소할 **검**	儉素(검소)	坑	구덩이 **갱**	坑道(갱도)
綱	벼리 **강**	綱領(강령)	徵	부를 **징**	徵兵(징병)
網	그물 **망**	魚網(어망)	微	작을 **미**	微笑(미소)
墳	무덤 **분**	墳墓(분묘)	哀	슬플 **애**	悲哀(비애)
憤	분할 **분**	憤怒(분노)	衷	마음 **충**	衷情(충정)
噴	뿜을 **분**	噴水(분수)	衰	쇠할 **쇠**	衰弱(쇠약)
彼	저 **피**	彼此(피차)			
披	헤칠 **피**	披露(피로)			
被	입을 **피**	被服(피복)			

③ 동음이의어(同音異議語)

가설	假說	어떤 현상을 설명하거나 어떤 이론을 구체적으로 펴 나가기 위해 설정한 가정 예 그 가설(假說)이 증명되었다.
	街說	사회에 떠도는 소문(평판). 가담(街談). 항설(巷說)
	架設	(전선, 다리, 선로 따위를) 건너질러 시설함 예 전선을 가설(架設)하다.
	假設	임시로 설치함 예 그곳에 가설(假設) 극장이 생겼다.
감상	感傷	대상에서 받은 느낌으로 마음 아파하는 일. 하찮은 사물에도 쉽게 슬픔을 느끼는 마음 예 감상(感傷)에 젖다.
	感想	마음에 느끼어 일어나는 생각 예 외국을 둘러보고 온 감상(感想)이 어떻습니까?
	鑑賞	예술 작품을 음미해 이해하고 즐김 예 그림을 감상(鑑賞)하다.
감정	感情	느끼어 일어나는 심정. 마음. 기분 예 불쾌한 감정(感情)을 얼굴에 드러내다.
	憾情	언짢게 여기는 마음. 원망하거나 성내는 마음 예 감정(憾情)을 풀고 화해하다.
	鑑定	사물의 값어치, 좋고 나쁨, 진짜와 가짜 등을 살펴서 판정함 예 보석 감정(鑑定)
	戡定	난리를 평정함 예 그는 그 일을 감정(戡定)한 공로로 훈장을 받았다.
공용	公用	공공의 목적으로 사용함. 또는 그런 물건 예 공용(公用) 물품
	共用	함께 씀. 또는 그런 물건 예 남녀 공용(共用)
	供用	마련해 두었다가 씀 예 공용림(供用林)
공유	公有	국가 또는 공공 단체의 소유 예 공유(公有) 재산
	共有	(두 사람 이상이 한 물건을) 공동으로 소유함 예 우리는 사회의 모든 구성원이 공유(共有)하는 행동 양식을 습득해야 한다.
과년	瓜年	여자가 혼기에 이른 나이 / 임기(任期)가 다한 해 예 딸이 자라 어느덧 과년(瓜年)에 이르렀다.
	過年	여자의 나이가 보통의 혼기를 지남 / 지난 해 예 과년(過年)한 처녀
	課年	해마다 빠짐없이 꼭꼭 함
기상	奇想	보통으로는 생각해 낼 수 없는 기발한 착상(着想)
	氣象	비 · 눈 · 바람 · 구름 · 기온 · 기압 등 대기(大氣) 속에서 일어나는 현상 예 기상(氣象) 난동
	氣像	사람이 타고난, 꿋꿋한 바탕이나 올곧은 마음씨 또는 그것이 겉으로 드러난 모습 예 대장부의 씩씩한 기상(氣像)
	起牀	잠자리에서 일어남 예 아침 여섯 시에 기상(起牀)하다.

동의	同意	의견을 같이함 예 결혼에 동의(同意)하다.
	動議	회의 중에 예정된 의안 이외의 의제를 제안하는 일 또는 그 의제 예 동의(動議)와 재청(再請)
무고	無故	별다른 까닭이 없음 / 아무 탈 없음 예 무고(無故)로 결근하다. / 집안 식구들이 모두 무고(無故)하다.
	誣告	없는 사실을 거짓으로 꾸며 남을 고발하거나 고소함 예 무고(誣告) 혐의
	無告	괴로운 처지를 하소연할 곳이 없음. 또는 그런 사람
방화	邦畫	자기 나라에서 제작된 영화 ⟺ 외화(外畵)
	防火	화재를 미리 막음 예 방화(防火) 훈련
	放火	일부러 불을 지름 예 방화(放火)를 저지르다.
사상	事象	관찰할 수 있는 형태를 취해 나타나는 여러 가지 일. 사실과 현상 예 인생의 갖가지 사상(事象)
	寫像	물체에서 나온 빛이 거울이나 렌즈에 반사・굴절된 후에 모여서 생기는 상(像)
	思想	생각 / 사고 작용의 결과로 얻어진 체계적 의식 내용 / 사회나 정치에 대한 일정한 견해 예 고루한 사상(思想) / 헤겔의 철학 사상(思想) / 진보적 사상(思想)
	捨象	(공통의 성질을 뽑아내기 위해) 낱낱의 특수한 성질을 고려 대상에서 제외하는 일
사실	史實	역사상에 실제로 있었던 일 예 사실(史實)에 근거를 두다.
	事實	실제로 있거나 실제로 있었던 일 예 그런 일이 있었던 것은 사실(事實)이다.
	寫實	사물의 실제의 모습을 있는 그대로 나타냄 예 사실(寫實) 묘사
사정	私情	개인의 사사로운 정 예 사정(私情)에 이끌리다.
	司正	그릇된 일을 다스려 바로잡음 예 사정(司正) 위원
	事情	일의 형편이나 까닭 예 집안 사정(事情)으로 퇴학했다.
	查定	조사하거나 심사해 결정함 예 졸업 사정(查定) 회의를 열다.
연기	煙氣	물건이 탈 때 생기는 빛깔이 있는 기체 연기 예 집안에 연기(煙氣)가 가득하다.
	演技	관객 앞에서 연극, 노래, 춤, 곡예 따위의 재주를 나타내 보임. 또는 그 재주 예 노인 역을 연기(演技)하다.
	延期	정해 놓은 기한을 물림 예 우천으로 축구 경기가 연기(延期)됐다.
	連記	둘 이상의 것을 나란히 적음 예 청원자의 이름을 연기(連記)하다.
운명	運命	인간을 포함한 모든 것을 지배하는 필연적이고 초월적인 힘 / 앞으로의 생사나 존망에 관한 처지 예 운명(運命)에 맡기다. / 조국의 운명(運命)을 걸머지다.
	殞命	사람의 목숨이 끊어짐 예 아버지께서 운명(殞命)하셨습니다.

이상	以上	그것을 포함해, 그것보다 많거나 위임을 나타냄 예 20세 이상(以上)의 남성들
	異狀	평소와는 다른 상태 예 갑작스레 몸에 이상(異狀)이 생기다.
	理想	그렇게 되었으면 하고 마음에 그리며 추구하는 최상·최선의 목표 예 이상(理想)을 추구하다.
	異常	정상이 아닌 상태나 현상 예 정신 이상(異常)
전력	全力	가지고 있는 모든 힘. 온 힘 예 전력(全力) 질주
	前歷	과거(이전)의 경력 예 다양한 전력(前歷)을 가진 인물
	電力	전류가 단위 시간에 하는 일 또는 단위 시간에 사용되는 전기 에너지의 양
	戰力	전쟁·경기 등을 수행할 수 있는 능력 예 전력(戰力) 강화
	專力	오로지 한 가지 일에만 힘을 쏟음 예 연구에 전력(專力)하다.
전형	全形	사물 전체의 모습이나 형상 예 건물 전형(全形)을 찍다.
	典型	같은 부류의 특징을 가장 잘 나타내고 있는 본보기 예 단편소설의 전형(典型)
	銓衡	됨됨이나 재능 따위를 가려 뽑음. 또는 그런 일 예 서류 전형(銓衡)
정의	正義	사람으로서 지켜야 할 바른 도리 예 정의(正義)를 위해 싸우다.
	正意	바른 뜻. 또는 올바른 생각
	情誼	사귀어 두터워진 정 예 그간의 정의(情誼)로 보아서도 그럴 수는 없다.
	定義	어떤 개념의 내용이나 용어의 뜻을 다른 것과 구별할 수 있도록 명확히 한정하는 일. 또는 그 개념이나 뜻 예 정의(定義)를 내리다.
정체	正體	참된 본디의 형체 예 정체(正體) 불명의 사람들
	停滯	사물이 발전하거나 나아가지 못하고 한자리에 머물러 그침 예 차량이 정체(停滯)되다.
현상	懸賞	(어떤 목적으로 조건을 붙여) 상금이나 상품을 내거는 일 예 현상(懸賞) 퀴즈 / 현상(懸賞) 공모
	現象	지각(知覺)할 수 있는 사물의 모양이나 상태 / (본질과의 상관 개념으로서) 시간과 공간 속에 나타나는 대상 예 열대야 현상(現象)
	現像	형상(形象)을 나타냄. 또는 그 형상 / 사진술에서, 촬영한 필름이나 인화지 따위를 약품으로 처리해 영상(映像)이 드러나게 하는 일 예 사진 현상(現像)
	現狀	현재의 상태. 지금의 형편. 현태(現態). 현황 예 현상(現狀) 유지 / 현상(現狀) 타파

④ 주제별 한자성어

가혹한 정치	民生塗炭(민생도탄), 塗炭之苦(도탄지고), 苛政猛於虎(가정맹어호)
은혜를 잊지 못함	刻骨難忘(각골난망), 白骨難忘(백골난망), 結草報恩(결초보은)
융통성이 없음	守株待兎(수주대토), 膠柱鼓瑟(교주고슬), 尾生之信(미생지신), 刻舟求劍(각주구검)
온갖 고생을 함	千辛萬苦(천신만고), 千苦萬難(천고만난), 艱難苦楚(간난고초), 艱難辛苦(간난신고)
평범한 사람들	張三李四(장삼이사), 匹夫匹婦(필부필부), 凡夫凡婦(범부범부), 樵童汲婦(초동급부), 甲男乙女(갑남을녀)
자기 합리화	我田引水(아전인수), 穿鑿之學(천착지학), 牽强附會(견강부회)
화합할 수 없는 사이	氷炭之間(빙탄지간), 氷炭不相容(빙탄불상용), 水火相剋(수화상극), 犬猿之間(견원지간), 不俱戴天之讐(불구대천지수)
제삼자가 이익을 얻음	漁父之利(어부지리), 犬兎之爭(견토지쟁), 蚌鷸之爭(방휼지쟁)
절세의 미인	傾國之美(경국지미), 傾城之色(경성지색), 傾城之美(경성지미), 丹脣皓齒(단순호치), 明眸皓齒(명모호치), 絶世美人(절세미인), 月下美人(월하미인), 花容月態(화용월태), 絶世佳人(절세가인)
외로운 처지	孤立無依(고립무의), 孤立無援(고립무원), 四顧無親(사고무친), 孤城落日(고성낙일)
태평한 시절	鼓腹擊壤(고복격양), 擊壤歌(격양가), 太平聖代(태평성대), 比屋可封(비옥가봉), 含哺鼓腹(함포고복), 康衢煙月(강구연월)
일시적인 계책	姑息之計(고식지계), 臨時變通(임시변통), 臨機應變(임기응변), 彌縫策(미봉책), 下石上臺(하석상대), 凍足放尿(동족방뇨), 掩耳盜鈴(엄이도령)
혼자서는 안 됨	孤掌難鳴(고장난명), 獨掌難鳴(독장난명), 獨不將軍(독불장군), 獨木不成林(독목불성림)
혈족끼리 서로 다툼	同族相殘(동족상잔), 自中之亂(자중지란), 骨肉相爭(골육상쟁)
절친한 친구	水魚之交(수어지교), 管鮑之交(관포지교), 金蘭之契(금란지계), 莫逆之友(막역지우), 刎頸之交(문경지교), 斷金之交(단금지교), 竹馬之友(죽마지우), 竹馬故友(죽마고우), 竹馬舊誼(죽마구의), 蔥竹之交(총죽지교), 肝膽相照(간담상조), 金石之交(금석지교), 伯牙絶絃(백아절현), 知音(지음)
학문, 재주가 갑자기 늘어남	刮目相對(괄목상대), 日就月將(일취월장), 日將月就(일장월취), 日進月步(일진월보), 日新又日新(일신우일신)
뛰어난 존재	白眉(백미), 泰山北斗(태산북두, 泰斗), 囊中之錐(낭중지추), 鐵中錚錚(철중쟁쟁), 間世之材(간세지재), 群鷄一鶴(군계일학)

환경의 영향을 입게 됨	堂狗風月(당구풍월), 近墨者黑(근묵자흑), 麻中之蓬(마중지봉), 脣亡齒寒(순망치한), 南橘北枳(남귤북지)
우열을 가리기 힘듦	難兄難弟(난형난제), 大同小異(대동소이), 伯仲之勢(백중지세), 五十步百步(오십보백보)
사물의 기원	嚆矢(효시), 萌芽(맹아), 濫觴(남상)
위급한 형세	累卵之危(누란지위), 風前燈火(풍전등화), 危機一髮(위기일발), 命在頃刻(명재경각), 百尺竿頭(백척간두), 焦眉之急(초미지급), 危急存亡之秋(위급존망지추), 累卵之勢(누란지세), 如履薄氷(여리박빙)
분수를 모르고 덤빔	螳螂之斧(당랑지부), 螳螂拒轍(당랑거철), 以卵投石(이란투석), 一日之狗不知畏虎(일일지구부지외호)
충신, 인재	柱石之臣(주석지신), 犬馬之忠(견마지충), 棟梁之材(동량지재), 社稷之臣(사직지신)
아무리 말해도 소용 없음	馬耳東風(마이동풍), 牛耳讀經(우이독경), 牛耳誦經(우이송경), 對牛彈琴(대우탄금)
일이 잘못된 뒤 후회함	晩時之歎(만시지탄), 亡羊補牢(망양보뢰), 十日之菊(십일지국), 死後藥方文(사후약방문), 死後淸心丸(사후청심환), 雨後送傘(우후송산), 大寒索裘(대한색구)
겉과 속이 다름	口蜜腹劍(구밀복검), 面從腹背(면종복배), 面從後言(면종후언), 羊頭狗肉(양두구육), 勸上搖木(권상요목), 表裏不同(표리부동)
대상과의 합일	物心一如(물심일여), 物我一體(물아일체), 渾然一體(혼연일체)
아무리 애써도 뜻을 이루기 어려움	百年河淸(백년하청), 千年一淸(천년일청), 漢江投石(한강투석), 紅爐點雪(홍로점설), 不知何歲月(부지하세월)
실패에 굴하지 않음	不撓不屈(불요불굴), 百折不撓(백절불요), 七顚八起(칠전팔기), 百折不掘(백절불굴)
매우 곤란한 처지	進退兩難(진퇴양난), 四面楚歌(사면초가), 山盡水窮(산진수궁)
몹시 가난함	桂玉之歎(계옥지탄), 赤手空拳(적수공권), 赤貧如洗(적빈여세)
세상이 크게 변함	滄桑之變(창상지변), 變化無雙(변화무쌍), 天旋地轉(천선지전), 桑田碧海(상전벽해)
대(大)를 위해 소(小)를 희생함	大義滅親(대의멸친), 泣斬馬謖(읍참마속), 見危致命(견위치명), 先公後私(선공후사) ⟺ 憑公營私(빙공영사)
고향을 잊지 못함	思鄕之心(사향지심), 狐死首丘(호사수구), 越鳥巢南枝(월조소남지), 首丘初心(수구초심)
학문에 전념함	自强不息(자강불식), 發憤忘食(발분망식), 手不釋卷(수불석권), 螢窓雪案(형창설안), 切磋琢磨(절차탁마), 韋編三絶(위편삼절), 晝耕夜讀(주경야독)

작은 것이 모여 큰 힘이 됨	塵合泰山(진합태산), 土積成山(토적성산), 十匙一飯(십시일반), 積羽沈舟(적우침주), 積小成多(적소성다)
매우 오만함	傍若無人(방약무인), 傲慢不遜(오만불손), 傲慢無道(오만무도), 傲慢無禮(오만무례), 妄自尊大(망자존대), 眼下無人(안하무인)
아주 무식함	一字無識(일자무식), 魚魯不辨(어로불변), 盲者丹青(맹자단청), 目不識丁(목불식정)
불가능한 일	乾木水生(건목수생), 指天射魚(지천사어), 以卵投石(이란투석), 陸地行船(육지행선), 緣木求魚(연목구어)
마음이 서로 통함	不立文字(불립문자), 敎外別傳(교외별전), 拈華微笑(염화미소), 拈華示衆(염화시중), 心心相印(심심상인), 以心傳心(이심전심)
한바탕의 헛된 꿈	盧生之夢(노생지몽), 呂翁之枕(여옹지침), 邯鄲枕(한단침), 邯鄲之夢(한단지몽), 黃粱夢(황량몽), 一炊之夢(일취지몽), 一場春夢(일장춘몽)
누군가를 잊지 못하고 그리워함	輾轉反側(전전반측), 輾轉不寐(전전불매), 寤寐不忘(오매불망)
견문이 좁음	坐井觀天(좌정관천), 管見(관견), 井中觀天(정중관천), 管中之天(관중지천), 井底之蛙(정저지와)
자주 바뀌어 일관성이 없음	高麗公事三日(고려공사삼일), 作心三日(작심삼일), 朝變夕改(조변석개), 朝夕之變(조석지변), 朝令暮改(조령모개)
미미한 존재, 또는 매우 작음	九牛一毛(구우일모), 滄海一粟(창해일속), 大海一滴(대해일적)
자연을 몹시 사랑함	煙霞痼疾(연하고질), 泉石膏肓(천석고황)
부모에 대한 효도	昏定晨省(혼정신성), 冬溫夏淸(동온하정), 望雲之情(망운지정), 風樹之歎(풍수지탄), 班衣之戱(반의지희), 老萊之戱(노래지희), 反哺之孝(반포지효), 昊天罔極(호천망극)
제자가 스승보다 뛰어남	青出於藍而青於藍(청출어람이청어람), 氷水爲之而寒於水(빙수위지이한어수), 後生可畏(후생가외), 後生角扤(후생각올)

⑤ 속담 관련 한자성어

속담	한자성어
가재는 게 편이요, 초록은 동색이다.	類類相從(유유상종), 草綠同色(초록동색)
같은 값이면 다홍치마	同價紅裳(동가홍상)
고래 싸움에 새우 등 터진다.	鯨戰蝦死(경전하사)
공든 탑이 무너지랴!	積功之塔不墮(적공지탑불타)
까마귀 날자 배 떨어진다.	烏飛梨落(오비이락)
귀에 걸면 귀걸이, 코에 걸면 코걸이	耳懸鈴鼻懸鈴(이현령비현령)
고양이 목에 방울 달기	猫頭縣鈴(묘두현령), 猫項懸鈴(묘항현령)
과부 사정은 동무 과부가 안다.	同病相憐(동병상련)
그림의 떡	畵中之餠(화중지병)
꿩 먹고 알 먹는다.	一擧兩得(일거양득)
나중에 난 뿔이 우뚝하다.	靑出於藍(청출어람), 後生可畏(후생가외)
내 코가 석자	吾鼻三尺(오비삼척)
냉수 먹고 이 쑤시기	虛張聲勢(허장성세)
누워서 침 뱉기	自繩自縛(자승자박)
달리는 말에 채찍질	走馬加鞭(주마가편)
달면 삼키고 쓰면 뱉는다.	甘呑苦吐(감탄고토)
등잔 밑이 어둡다.	燈下不明(등하불명)
말 타면 경마 잡히고 싶다.	騎馬欲率奴(기마욕솔노)
모기 보고 칼 빼기	見蚊拔劍(견문발검)
목마른 놈이 우물 판다.	臨渴掘井(임갈굴정)
방귀 낀 놈이 성 낸다.	賊反荷杖(적반하장)
배보다 배꼽이 더 크다.	本末顚倒(본말전도)
백지장도 맞들면 낫다.	相扶相助(상부상조)
비단옷 입고 밤길 걷기	錦衣夜行(금의야행)
아랫돌 빼서 윗돌 괸다.	下石上臺(하석상대)
언 발에 오줌 누기	凍足放尿(동족방뇨), 姑息之計(고식지계), 彌縫策(미봉책)
엎어지면 코 닿을 데	指呼之間(지호지간)
우물 안 개구리	井底之蛙(정저지와), 夏蟲疑氷(하충의빙)
원님 덕에 나팔 분다.	狐假虎威(호가호위)

윗물이 맑아야 아랫물이 맑다.	上濁下不淨(상탁하부정)
서당 개 삼 년에 풍월을 읊는다.	堂狗風月(당구풍월)
소 잃고 외양간 고친다.	亡羊補牢(망양보뢰), 死後藥方文(사후약방문)
쇠귀에 경 읽기	牛耳讀經(우이독경)
숲은 보나 나무는 보지 못한다.	走馬看山(주마간산)
새 발의 피	鳥足之血(조족지혈)
손바닥도 마주쳐야 소리가 난다.	孤掌難鳴(고장난명)
주머니에 들어간 송곳이라.	囊中之錐(낭중지추)
쥐 잡으려다 장독 깬다.	矯角殺牛(교각살우), 小貪大失(소탐대실)
천리 길도 한 걸음부터	登高自卑(등고자비)
콩 심은 데 콩 나고 팥 심은 데 팥 난다.	種瓜得瓜 種豆得豆(종과득과 종두득두)
티끌 모아 태산	積小成大(적소성대)
하룻강아지 범 무서운 줄 모른다.	螳螂拒轍(당랑거철)
무는 호랑이는 뿔이 없다.	角者無齒(각자무치)
이 없으면 잇몸으로 산다.	脣亡齒寒(순망치한)

⑥ 서간문 용어

本第入納 (본제입납)	자기 집에 편지를 부칠 때 겉봉 표면에 자기 이름을 쓰고 그 밑에 쓰는 말	座下(좌하) 座前(좌전)	편지에서 상대방을 높혀 그의 이름 아래에 쓰는 말
親展(친전) 親披(친피)	남을 시키지 않고 몸소 펴서 봄. 받는 이가 손수 펴 보기를 바란다는 뜻에서 편지의 겉봉에 쓰는 말	人秘親展 (인비친전)	편지를 받은 당사자가 직접 보기를 바란다는 말
轉交(전교)	다른 사람의 손을 거쳐 받게 함	展(전)	손아랫사람에게 쓸 때
貴中(귀중)	편지를 받을 기관이나 단체의 이름 아래에 써서 상대편을 높이는 말	就伏白 (취복백)	웃어른에게 안부를 물은 다음 사연을 여쭐 때 쓰는 말

2

7 절기(節氣)

철	달(음력)	절기(節氣)	날짜(양력)	해설
봄(春)	정월(正月)	입춘(立春)	2월 4일경	봄이 시작되는 때
		우수(雨水)	2월 18일경	봄기운이 돌고 초목이 싹트는 때
	이월(二月)	경칩(驚蟄)	3월 5일경	동물들이 겨울잠에서 깨어나는 때
		춘분(春分)	3월 20일경	밤과 낮의 길이가 같아지는 때
	삼월(三月)	청명(淸明)	4월 5일경	날씨가 맑고 밝아지는 때
		곡우(穀雨)	4월 20일경	봄비가 내려 백곡이 윤택해지는 때
여름(夏)	사월(四月)	입하(立夏)	5월 6일경	여름이 시작되는 때
		소만(小滿)	5월 21일경	여름 기분이 나는 때
	오월(五月)	망종(芒種)	6월 6일경	보리가 익고 볏모를 심게 되는 때
		하지(夏至)	6월 21일경	낮이 길고 밤이 가장 짧은 때
	유월(六月)	소서(小暑)	7월 7일경	본격적인 더위에 접어드는 때
		대서(大暑)	7월 23일경	더위가 최고도에 달하는 때
가을(秋)	칠월(七月)	입추(立秋)	8월 7일경	가을로 접어드는 때
		처서(處暑)	8월 23일경	아침저녁으로 선선해지는 때
	팔월(八月)	백로(白露)	9월 8일경	이슬이 내리고 가을 기운이 완연해지는 때
		추분(秋分)	9월 23일경	밤낮의 길이가 같아지는 때
	구월(九月)	한로(寒露)	10월 8일경	초목에 찬이슬이 맺히는 때
		상강(霜降)	10월 24일경	서리가 내리기 시작하는 때
겨울(冬)	시월(十月)	입동(立冬)	11월 7일경	겨울이 시작되는 때
		소설(小雪)	11월 22일경	겨울 기분이 점점 나기 시작하는 때
	동짓달(十一月)	대설(大雪)	12월 8일경	눈이 썩 많이 오는 때
		동지(冬至)	12월 22일경	밤이 길고 낮이 가장 짧은 때
	섣달(十二月)	소한(小寒)	1월 5일경	겨울이 고비에 접어들어 몹시 추운 때
		대한(大寒)	1월 20일경	추위가 최고도에 달하는 때

⑧ 가족 호칭

구분	자기가족		타인가족	
	산 사람	죽은 사람	산 사람	죽은 사람
할아버지	祖父(조부), 王父(왕부)	先考祖(선고조), 祖考(조고), 王考(왕고)	王尊丈(왕존장), 王大人(왕대인)	先祖父丈(선조부장), 先王考丈(선왕고장)
할머니	祖母(조모), 王母(왕모)	先祖母(선조모), 先王母(선왕모), 祖妣(조비)	王大夫人(왕대부인), 尊祖母(존조모)	先王大夫人(선왕대부인), 先祖妣(선조비)
아버지	家親(가친), 嚴親(엄친), 父主(부주)	先親(선친), 先考(선고), 先父君(선부군)	春府丈(춘부장), 春丈(춘장), 大人(대인), 春堂(춘당)	先大人(선대인), 先考丈(선고장), 先丈(선장)
어머니	慈親(자친), 母主(모주), 家慈(가자)	先妣(선비), 先慈(선자)	慈堂(자당), 大夫人(대부인), 母堂(모당), 萱堂(훤당), 母夫人(모부인)	先大夫人(선대부인), 先夫人(선부인)
아들	家兒(가아), 家豚(가돈), 豚兒(돈아), 迷豚(미돈)		令郎(영랑), 令息(영식), 令胤(영윤)	
딸	女息(여식), 息鄙(식비)		令愛(영애), 令嬌(영교), 令孃(영양)	

큰아버지	伯父(백부)	맏형	伯兄(백형), 家伯(가백), 舍伯(사백)
작은아버지	叔父(숙부), 舍叔(사숙)	형	家兄(가형), 舍兄(사형)
큰어머니	伯母(백모)	자신의 손자	孫子(손자), 孫兒(손아)
작은어머니	叔母(숙모), 舍叔母(사숙모)	남의 손자	令抱(영포), 令孫(영손)
장인 / 장모	聘丈(빙장) / 聘母(빙모)	남의 아내	令夫人(영부인), 令室(영실), 閤夫人(합부인)
누이의 아들	甥姪(생질)	자기의 아내	妻(처), 內子(내자), (어른에게) 제댁
누이의 딸	姪女(질녀)	친하고 정다운 벗	大兄(대형), 仁兄(인형)
아버지의 사촌 형제	堂叔(당숙), 從叔(종숙)	남의 아우 / 맏형	季氏(계씨), 弟氏(제씨) / 伯氏(백씨)
6촌형	再從兄(재종형)	손윗누이의 남편	姉兄(자형), 妹兄(매형), 姉夫(자부)
며느리	子婦(자부)	누이의 며느리	甥姪婦(생질부)
조카며느리	姪婦(질부)	누이의 딸 / 사위	甥姪女(생질녀) / 甥姪壻(생질서)
사위	嬌客(교객), 家壻(가서)	남편의 형	시아주버니, 媤叔(시숙)

⑨ 나이 호칭

10세 안팎	沖年(충년)	50세	知天命(지천명)	88세	米壽(미수)
15세	志學(지학)	60세	耳順(이순)	90세	卒壽(졸수)
20세 전후 여성	芳年(방년), 妙年(묘년), 妙齡(묘령)	61세	還甲(환갑), 華甲(화갑), 回甲(회갑)	91세	望百(망백)
20세	弱冠(약관)	70세	古稀(고희), 從心(종심)	99세	白壽(백수)
30세	而立(이립)	77세	喜壽(희수)	100세	期頤之壽(기이지수)
40세	不惑(불혹)	80세	傘壽(산수)		

하수(下壽)는 나이 60세 또는 80세를 지칭하며, 중수(中壽)는 나이 80세 또는 100세, 그리고 상수(上壽)는 나이 100세 또는 100세 이상을 지칭한다.

02 문학 · 한자 상식력 테스트

선다형 문제

01 문학의 기원에 관한 이론 중 모방본능설을 주장한 사람은?

① 칸트(I. Kant)
② 다윈(C. Darwin)
③ 아리스토텔레스(Aristoteles)
④ 허드슨(W. H. Hudson)

모방 충동이 예술을 낳게 하는 원동력이 된다는 모방본능설은 플라톤과 아리스토텔레스가 주장했다.
① 유희본능설 ② 흡인본능설 ④ 자기표현 본능설을 각각 주장했다.

02 고전소설과 이를 개작한 신소설과의 연결이 잘못된 것은?

① 춘향전 – 옥중화(獄中花)
② 흥부전 – 연(燕)의 각(脚)
③ 심청전 – 강상련(江上蓮)
④ 토끼전 – 수국기연(水國奇緣)

④ 고전소설 ≪토끼전(별주부전)≫을 개작한 신소설은 ≪토(兎)의 간(肝)≫이다.

03 다음 중 설명이 틀린 것은? 한국감정원

① 최초의 4구체 향가는 <도솔가>이다.
② 신라 향가는 ≪삼국유사≫, ≪균여전≫에 총 25수가 전해진다.
③ 조선시대에 본격적으로 창작되기 시작한 가사(歌辭)는 주로 사대부 계층에서 유행했다.
④ 고려가요는 주로 평민들이 부르던 민요적 시가이다.

① 최초의 4구체 향가는 〈서동요〉. 〈도솔가〉는 신라시대 월명사가 지은 4구체 향가로 도솔은 미륵을 지칭한다.

04 옴니버스식 구성에 대해 바르게 설명한 것은? 한국에너지공단

① 현실의 모습 또는 실화, 기록성이 짙은 소재를 바탕으로 제작하거나 구성하는 기록물
② 몇 개의 짧은 독립된 이야기를 늘어놓아 한 편의 작품으로 만든 것
③ 한 편의 작품이 내부 이야기와 외부 이야기로 이루어진 통합식 구성
④ 구전돼 온 이야기의 총칭
⑤ 각각의 독립된 이야기가 같은 주제나 인물을 중심으로 짜인 연작 형태의 구성

① 다큐멘터리
③ 액자식 구성
④ 설화
⑤ 피카레스크식 구성

05 공공문제에 대해 발표자의 의견을 두고 청중 또는 발표자끼리 질문과 답변이 이루어지는 형식은? KBS

① 포럼 ② 심포지엄
③ 패널 ④ 원탁토의

② 학술적 · 전문적인 특정 주제에 대해 관련 분야의 전문가 및 권위자(3~6명)가 강연식으로 발표하고, 다수의 청중과 질의응답하는 형식
③ 특정 문제에 관심과 경험이 있는 배심원(4~8명)들을 뽑아 청중 앞에서 각자의 지식 · 견문 · 정보를 발표하고, 여러 가지 의견을 제시해서 함께 생각하는 공동토의
④ 10명 내외의 소규모 집단이 평등한 입장에서 자유롭게 의견을 나누는 비공식적 형식의 토의

06 작품과 저자의 연결이 옳지 않은 것은?

서울교통공사

① ≪동문선≫ – 서거정
② ≪역옹패설≫ – 이제현
③ ≪동사강목≫ – 이규보
④ ≪반계수록≫ – 유형원

③ ≪동사강목≫은 조선 숙종 때의 학자 안정복(1712~1791)이 저술한 국사책으로 고조선에서 고려 말까지의 역사가 담겨 있다. 이규보는 ≪동국이상국집≫, ≪국선생≫ 등을 저술했다.
① 성종의 명으로 1478년(성종 9년)에 편찬된 역대 시문선집. 서거정이 중심이 돼 노사신·강희맹·양성지 등 찬집관 23명이 편찬함
② 고려시대의 3대 비평문학서 중의 하나로 고려 말기에 이제현이 지은 시화, 잡록집
④ 17세기 실학의 거장 유형원이 당시의 통치제도를 중심으로 정치, 경제, 문화에 대한 견해를 담은 책

07 다음 중 연암 박지원에 대한 설명으로 잘못된 것은?

한겨레신문

① 연암은 중국에 갔을 때 중국의 수레가 규격이 똑같으면서 중국 천하 곳곳에 다니는 것을 보고 조선의 수레 문제에 대해 비판했다.
② 연암의 ≪허생전≫에는 장기도에서의 무역이 형상화돼 있다. 이는 연암의 중상주의적 시각이 투영된 것이다.
③ 연암은 이용후생 정덕(利用厚生 正德)을 정덕 이용후생(正德 利用厚生)으로 새롭게 인식했는데, 이는 ≪서경(書經)≫의 내용에 바탕을 둔 것이다.
④ 연암은 고문(古文)에 대해 비판했으나 고문을 전적으로 부정하지 않았다.

③ 박지원의 실학적 태도는 이용이 있고서 후생이 있으며 후생이 있고서 정덕이 있다고 해 이용후생이 정덕보다 선행하여야 함을 주장했다.

08 한국전쟁을 소재로 한 작품과 작가의 연결이 옳지 않은 것은?

SBS

① 염상섭 – ≪광장≫
② 조정래 – ≪태백산맥≫
③ 김원일 – ≪마당 깊은 집≫
④ 황순원 – ≪나무들 비탈에 서다≫
⑤ 전상국 – ≪아베의 가족≫

① ≪광장≫은 전쟁이 가져다 준 비극의 잔상을 그리고 있는 작품으로 최인훈의 중편소설이다.
② 분단의 상처로 인한 한 인간의 처절한 삶을 그린 작품
③ 6·25 전쟁의 아픔 속에 살아가는 사람들의 삶을 그린 소설
④ 6·25 전쟁을 겪은 젊은이들의 정신적 방황을 그린 소설
⑤ 6·25 전쟁의 상처를 지닌 가족의 이야기를 다룬 소설

09 다음이 설명하는 소설의 제목은?

> 1978년 발표된 현기영의 사실주의 중편소설로, 제주 4·3사건을 다룬 최초의 작품이다. 이 소설은 1949년 1월 16일 제주도 북제주군 조천면 북촌리에서 벌어진 양민학살을 바탕으로 하고 있다. 4·3사건 언급 자체를 할 수 없었던 제4공화국 시절에 발표돼 작가가 고문과 금서 조치를 당하는 고초를 겪었지만, 이 작품을 계기로 각계에서 4·3사건의 진상 규명을 요구하는 목소리가 터져 나오기 시작했다.

① 지슬　② 한라산
③ 순이 삼촌　④ 동백꽃 지다
⑤ 잠들지 않는 남도

① 제주 출신인 오멸(본명 오경헌) 감독의 흑백영화로, 1948년 발생한 제주 4·3사건을 배경으로 한 작품이다. 제목인 〈지슬〉은 제주 사투리로 감자를 뜻하며 생존, 희망 등을 의미한다.
② 1987년 ≪녹두서평≫ 창간호에 발표된 이산하 시인의 장편서사시로 4·3사건의 대량학살과 진실을 폭로한 작품이다.
④ 4·3사건을 그려낸 화집으로, 화가 강요배가 제주 민중들의 투쟁과 처참했던 민간인 학살의 현장을 되살려내고, 여기에 4·3사건을 겪은 사람들의 사실적인 증언을 덧붙였다.
⑤ 가수 안치환이 작사·작곡한 민중가요로, 4·3사건의 고통을 담고 있다.

Answer 1. ③ 2. ④ 3. ① 4. ② 5. ① 6. ③ 7. ③ 8. ① 9. ③

10 **1930년대 일제강점기의 황폐해진 식민지 농촌을 배경으로 러시아 브나로드운동의 영향을 받은 젊은 지식인들의 농촌계몽운동을 다룬 작품은?** YTN

① 돈(豚) ② 감자
③ 탁류 ④ 상록수

브나로드운동과 관련된 작품: 이광수의 ≪흙≫(1932), 심훈의 ≪상록수≫(1935), 이무영의 〈제1과 제1장〉(1939), 박영준의 〈모범경작생〉(1934) 등
④ 심훈이 1935년에 발표한 장편소설로 당시 브나로드운동(농촌계몽운동)을 반영한 대표적 작품이다.
① 이효석의 1933년 작품. 자연과 인간본능의 순수성을 추구하는 서정적 작품
② 김동인의 1925년 작품. 자연주의 계열의 대표작으로 하층민인 복녀의 타락과 비극을 통해 개인과 사회의 관계, 갈등 요인을 객관적으로 표명한 작품
③ 채만식의 작품으로 1930년대 식민지 시대의 사회적·경제적·심리적인 무질서의 혼류 속에 휩쓸린 인간의 탐욕·죄악 및 파멸을 통해 식민지 조선의 현실을 생생하게 묘사한 풍속소설이자 세태소설

11 **다음 중 스페인 내전과 관계가 없는 작품은?** SBS

① 헤밍웨이의 ≪누구를 위하여 종을 울리나≫
② 피카소의 <게르니카>
③ 헤르만 헤세의 ≪데미안≫
④ 켄 로치의 <랜드 앤 프리덤>

③ 제1차 세계대전 직후 혼란스럽던 독일 사회에 헤르만 헤세가 「에밀 싱클레어」라는 가명으로 발간한 자서전 형식의 소설이다. 싱클레어의 유년시절부터 1차 대전이 일어나기까지를 기록하고 있다.
① 스페인 내란에 참전한 미국인 대학 교수 로버트 조던과 스페인 여인 마리아와의 사랑을 그린 장편소설
② 1937년 스페인 내전 당시 독일 파시스트의 폭격으로 폐허가 된 스페인의 작은 마을 게르니카의 참상을 그린 작품
④ 1936년 파시즘에 대항했던 민중 투쟁의 역사인 스페인 내전을 그린 영화

12 **앙가주망 문학의 특징은?** 국가정보원

① 인간의 감성을 중요시함
② 사회적 참여를 중요시함
③ 사물을 객관적으로 보는 것을 중요시함
④ 인간의 심리묘사를 중요시함

앙가주망(engagement): 참여 문학. 인간이 자기가 처해 있는 사회적·정치적 문제에 적극적으로 참여하는 것을 말한다. 이 말은 프랑스의 철학가·문학가인 사르트르가 그의 논문 〈존재와 무(無)〉(1943)에서 전개했다.

13 **이상사회인 유토피아와는 달리, 디스토피아 세계의 도래를 그리고 있는 것은?** 대구도시철도공사

① 도연명의 <도화원기(挑花源記)>
② 허준의 ≪홍길동전≫
③ 올더스 헉슬리의 소설 ≪멋진 신세계≫
④ 힐튼의 ≪잃어버린 지평선≫

③ 미래예측 소설의 걸작으로 꼽히는 ≪멋진 신세계≫에서 헉슬리는 사람을 부화 장치로 대량생산해 집단 양육하는 사회를 그렸다.
① 〈도화원기〉의 무릉도원, ② ≪홍길동전≫의 율도국, ④ ≪잃어버린 지평선≫의 샹그릴라는 모두 유토피아이다.

14 **프랑스 대문호 빅토르 위고의 장편소설 ≪레미제라블≫의 시대적 배경은?** 한국에너지공단

① 프랑스혁명 ② 7월혁명
③ 1차대전 ④ 시민혁명
⑤ 10월혁명

≪레미제라블≫은 프랑스혁명 후 붕괴된 사회상을 잘 드러내고 있는 작품이다.

15 단테의 ≪신곡≫에 대한 설명으로 잘못된 것은?

국가정보원

① 「지옥 – 연옥 – 천국」 순이다.
② 베르길리우스라는 시인이 등장한다.
③ 단테의 경험을 바탕으로 중세의 사상과 세계관을 총체적으로 집약했다.
④ 베아트리체가 지옥과 연옥으로 가는 길을 안내한다.

④ 베르길리우스가 지옥과 연옥의 길을, 베아트리체는 천국의 길을 안내한다.
신곡(La Divina Commedia): 이탈리아 시인 단테(1265~1321)가 쓴 장편서사시. 지옥·연옥·천국을 여행하는 형식으로 그리스도교적 시각에서 인간 영혼의 정화와 구원에 이르는 고뇌와 여정을 그린 작품이다. 어두운 숲에서 길을 잃은 단테는 로마의 대시인 베르길리우스와 함께 지옥과 연옥을 방문해 천태만상의 죄와 벌을 목격하고, 베아트리체의 안내로 천국의 비전을 보는 것을 중심 플롯으로 하고 있다.

16 「호미로 막을 것을 가래로 막는다」는 속담의 언어적 기능은?

매일신문

① 친교적 기능　② 표출적 기능
③ 관어적 기능　④ 지령적 기능

④ **지령적 기능(감화적 기능)**: 사람의 마음을 표현하되 듣는 사람에게 감화 작용이 일어나게 해 특정 행동을 하도록 하는 기능이다. 「호미로 막을 것을 가래로 막는다」는 속담은 작은 힘으로 될 일을 기회를 놓쳐 큰 힘을 들이게 된다는 뜻으로, 기회를 놓치지 말고 일을 쉽게 해결하라는 의미를 가진 지령적 기능의 예라고 볼 수 있다.
① 말하는 사람과 듣는 사람의 친밀한 관계를 확인하는 기능
② 언어를 기호 이전의 용법으로 거의 본능적으로 사용하는 것으로, 표현 의도나 전달 의도가 없는 것
③ 언어 수행에 필요한 매체로서의 언어의 기능에 충실한 기능으로, 말을 통해 새로운 말을 학습하고 지식을 증진시키는 역할을 함

17 「시치미를 떼다」라는 말과 관련이 있는 동물은?

YTN, 경인일보

① 부엉이　② 꿩
③ 닭　④ 비둘기
⑤ 매

매의 꽁지에 주인을 표시하기 위해 다는 이름표를 시치미라고 한다. 「시치미를 떼다」라는 말은 매의 시치미를 떼어 임자를 모르게 한다는 뜻에서 유래했다.

18 다음 중 80세를 일컫는 용어가 아닌 것을 모두 고르면?

경인일보

㉠ 산수(傘壽)	㉡ 팔순(八旬)
㉢ 미수(米壽)	㉣ 고희(古稀)

① ㉠, ㉢　② ㉠, ㉣
③ ㉡, ㉢　④ ㉡, ㉣
⑤ ㉢, ㉣

㉢ 미수는 88세를, ㉣ 고희는 70세를 일컫는다.

19 밑줄 친 부분 중 맞춤법에 맞지 않는 것은?

MBC

① 나는 자장면 곱빼기로 주세요.
② 오늘은 햇님이 방긋 웃는 날씨이다.
③ 농민들은 일손을 놓고 헬기를 향해 손을 흔들었다.
④ 제가 담근 김치 좀 맛보세요.

② 햇님 → 해님

Answer 10. ④ 11. ③ 12. ② 13. ③ 14. ① 15. ④ 16. ④ 17. ⑤ 18. ⑤ 19. ②

20 다음의 낱말 중 일어나는 음운현상의 성격이 다른 하나는? 한겨레신문

① 국민[궁민] ② 천리[철리]
③ 굳이[구지] ④ 국화[구콰]

자음동화: 두 형태소가 결합 시 음절 끝 자음이 뒤에 오는 자음과 만나 영향을 받아 한쪽 또는 양쪽의 자음이 그와 비슷하거나 같은 성질의 음소로 바뀌는 현상. ①, ②, ④가 해당됨
구개음화: 끝소리가 「ㄷ, ㅌ」인 형태소가 모음 「ㅣ」로 시작되는 조사, 접미사를 만나면 구개음 「ㅈ, ㅊ」으로 바뀌는 현상. ③이 해당됨

21 다음 중 복수표준어가 아닌 것은? MBC, SBS, YTN, 문화일보

① 넝쿨 / 덩굴 ② 영판 / 아주
③ 가엽다 / 가엾다 ④ -뜨리다 / -트리다
⑤ 만날 / 맨날

② 「영판」은 「아주」의 잘못된 표기이다. 「아주」만 표준어로 인정한다.

22 다음 중 띄어쓰기가 틀린 것은? CBS, SBS, 문화일보, 연합뉴스, 중앙일보, 한국환경공단

① 그의 직책은 국장 겸 과장이다.
② 우리는 부산, 광주 등지를 여행했다.
③ 졸업 선물로 옷 한 벌 사줄게.
④ 제가 준비한 내용은 여기까지입니다.
⑤ 머리 손질하려는데 좋은데 좀 알려줘.

⑤ 좋은데 → 좋은 데

23 다음 중 외래어 표기가 옳은 것끼리 묶인 것은? OBS, TV조선, 경향신문, 문화일보, 부산일보, 연합뉴스

① 로봇, 케익, 메시지, 플룻
② 알콜, 하이라이트, 컨닝, 헬멧
③ 슈퍼마켓, 워크숍, 도넛, 앙케트
④ 나레이션, 쥬스, 파일, 초콜릿
⑤ 가디건, 넌센스, 무데뽀, 배터리

① 케익 → 케이크, 플룻 → 플루트
② 알콜 → 알코올, 컨닝 → 커닝
④ 나레이션 → 내레이션, 쥬스 → 주스
⑤ 가디건 → 카디건, 넌센스 → 난센스
「무데뽀」는 외래어 표기법에는 맞지만 비표준어로, 「막무가내」 또는 「무모」로 쓰는 것이 좋다.

24 다음 중 외국어 번역투 없이 자연스러운 문장은? 한겨레신문

① 이해를 구하려고 그런 발언을 하였을 따름이다.
② 그는 전쟁으로 인한 위기가 곧 극복되어지리라 예상하였다.
③ 이는 그 사태를 계속 주목해야 한다는 말에 다름 아니다.
④ 무엇이 그로 하여금 천박한 생각을 품게 하였는지 모르겠다.

② 극복되어지리라 → 극복되리라
③ 말에 다름 아니다 → 말임에 틀림없다
④ 그로 하여금 → 그에게

25 다음 중 맞춤법이 옳지 않은 것은? 경향신문, 한국환경공단

① 숟가락 ② 풍비박산
③ 시귀(詩句) ④ 껍질째
⑤ 이파리

③ 시귀 → 시구

2

26 다음 중 단어의 합성관계가 다른 하나는?

MBC, 한국토지주택공사

① 오두발광 ② 함박
③ 시어머니 ④ 줄임표
⑤텃세

한자와 순우리말이 결합된 단어 : ① 오두 + 발광(發狂) ③ 시(媤) + 어머니 ④ 줄임 + 표(表) ⑤ 텃 + 세(勢)
② 함박은 바가지 같은 그릇을 뜻하는 순우리말

27 다음 중 소리 나는 대로 표기한 것이 바르지 못한 것은?

SBS, YTN, 연합뉴스

① 맏형[마텽] ② 낮 한때[나탄때]
③ 뒷다리[뒤따리] ④ 여덟[여덥]
⑤ 국 한 대접[구칸대접]

④ 여덟은 [여덜]이라고 발음한다.

28 다음 중 작은 일을 하려다 중대한 일을 그르친 경우를 일컫는 사자성어는?

MBC, 경향신문

① 당랑거철(螳螂拒轍)
② 각주구검(刻舟求劍)
③ 교각살우(矯角殺牛)
④ 함흥차사(咸興差使)

③ **교각살우(矯角殺牛)** : 「뿔을 바로잡으려다가 소를 죽인다」는 뜻으로, 조그만 일을 고치려다 큰일을 그르침을 의미한다. ≒ 과유불급(過猶不及), 소탐대실(小貪大失), 교왕과직(矯枉過直), 교각살우(矯角殺牛)
① 「사마귀가 수레를 막는다」는 뜻으로, 분수도 모르고 강한 자에게 덤빈다는 의미이다. ≒ 당랑지부(螳螂之斧), 이란투석(以卵投石), 일일지구부지외호(一日之狗不知畏虎)
② 「칼을 찾으려고 물 위의 배에다 위치를 표시한다」는 뜻으로, 어리석고 미련해 융통성이 없고, 시류의 흐름을 모른다는 의미이다.
④ 심부름 간 사람이 돌아오지 않을 때 하는 말로, 〈축수편(逐睡篇)〉에 전하는 우리나라 고사이다.

29 한자성어와 그 뜻이 잘못 연결된 것은?

MBC, YTN, 경향신문

① 姑息之計 : 필요할 때는 쓰고 필요 없으면 버리는 야박한 인심
② 金蘭之契 : 친구 사이의 우정
③ 目不識丁 : 일자무식인 사람
④ 風前燈火 : 매우 위급한 처지
⑤ 口蜜腹劍 : 겉과 속이 다름

① **고식지계(姑息之計)** : 당장의 편한 것만을 택하는 일시적이며 임시변통의 계책을 이르는 말 / 필요할 때는 쓰고 필요 없을 때는 버린다는 뜻의 사자성어로는 甘呑苦吐(감탄고토), 狡兎死良狗烹(교토사양구팽, 줄여서 토사구팽) 등이 있다.
② **금란지계(金蘭之契)** : 친구 사이의 굳은 우정
③ **목불식정(目不識丁)** : 고무래를 보고도 정자를 알지 못한다는 뜻으로, 일자무식인 사람을 가리키는 말
④ **풍전등화(風前燈火)** : 바람 앞의 등불이라는 뜻으로, 존망이 달린 매우 위급한 처지를 비유
⑤ **구밀복검(口蜜腹劍)** : 입에는 꿀이 있고 뱃속에는 칼이 있다는 뜻으로, 말은 정답게 하나 속으로는 해칠 생각을 함을 이르는 말

30 반의어끼리의 연결이 바르지 않은 것은?

SH공사

① 大 – 少 ② 開 – 閉
③ 輕 – 重 ④ 斷 – 繼
⑤ 鈍 – 敏

① 「大(큰 대) – 小(작을 소)」, 「多(많을 다) – 少(적을 소)」가 반의어 관계이다.
② 開(열 개) ↔ 閉(닫을 폐)
③ 輕(가벼울 경) ↔ 重(무거울 중)
④ 斷(끊을 단) ↔ 繼(이을 계)
⑤ 鈍(둔할 둔) ↔ 敏(민첩할 민)

Answer 20. ③ 21. ② 22. ⑤ 23. ③ 24. ① 25. ③ 26. ② 27. ④ 28. ③ 29. ① 30. ①

단답형 문제

31 소설 구성의 3요소는? MBC

32 우리나라 작가 가운데 ≪삼국지≫를 쓴 사람을 3인 이상 쓰면? 한국일보

33 김만중은 ≪서포만필(西浦漫筆)≫에서 「좌해진문장지차삼편(左海眞文章只此三篇)」이라 했는데, 여기에 해당하는 작품은? KBS

34 우리나라 최초의 한문소설집인 김시습(金時習)의 ≪금오신화≫에 실려 있는, 현재 전하는 작품 다섯 편을 쓰면?

35 가난한 선비를 일컫는 우리말로 고(故) 이희승 선생이 1952년 발표한 수필 제목은? 문화일보

36 중국의 4대 기서는? 한국에너지공단, 한국석유공사

37 화가 고갱의 생애에서 힌트를 얻어 쓴 소설로, 서머셋 몸이 장편작가로서의 명성을 얻는 데 기여한 작품의 제목은? SBS

38 레비 스트로스, 롤랑 바르트, 클로드 브레몽 등이 중심이 돼 20세기 중엽 프랑스에서 시작된 문예비평 이론은? 경향신문

39 13세기 이탈리아 민요에서 파생됐으며 셰익스피어 · 밀턴 · 워즈워스 · 키츠 등이 이 형식의 우수한 작품을 남겼다. 정형시 가운데 가장 대표적인 이 시형은? 한국일보

40 5 · 18 광주민주화운동을 그린 한강의 장편소설로, 2017년 이탈리아 문학상 말라파르테상을 수상한 작품은? 경향신문

41 「낙양의 지가를 올린다」란 속담을 풀이하면? 스포츠서울

42 여러 사람이 놀이나 잔치로 모이는 일을 의미하는 순우리말은? 문화일보

43 김 100장의 단위는? 한국에너지공단

44 신문, 잡지 등에 실을 기사를 취재해 쓰거나 편집하는 사람인 「기자」를 한자로 쓰면? 경인일보

45 한 세력을 이용해 다른 세력을 제어함을 뜻하는 말로 「오랑캐로 오랑캐를 무찌른다」는 의미의 사자성어는? 한겨레

Answer **31.** 인물, 사건, 배경 **32.** 황석영, 정비석, 이문열, 장정일 **33.** 관동별곡, 사미인곡, 속미인곡 **34.** 만복사저포기, 이생규장전, 취유부벽정기, 남염부주지, 용궁부연록 **35.** 딸깍발이 **36.** 수호지, 삼국지연의, 서유기, 금병매 **37.** 달과 6펜스 **38.** 구조주의 비평 **39.** 소네트(sonnet) **40.** 소년이 온다 **41.** 낙양지귀(洛陽紙貴), 곧 저서가 호평을 받아 잘 팔리는 것을 이르는 말 **42.** 모꼬지 **43.** 톳 **44.** 記者 **45.** 이이제이(以夷制夷)

완성형 문제

46 문학의 3대 장르는 ( ), ( ), ( )을/를 이른다. 교통안전공단

47 우리나라에 ( )(으)로 알려진 헤르만 헤세의 소설은 작품 속의 두 주인공인 〈나르치스와 골드문트〉가 원제목이다. 한국일보

48 노신의 ( )은/는 중국에서 일어난 구어체 문학인 백화문학의 대표적인 작품이다. YTN, 한국에너지공단, 중앙일보, 한국경제신문

49 토마스 쿤은 저서 ≪과학혁명의 구조≫에서 시대적 상황에 따라 진리라고 믿는 과학 연구의 「기본(초) 문법」을 ( )(이)라고 표현했다. CBS

50 문학에서 비극은 운명 비극, 성격 비극, ( ) 비극으로 나뉜다. SBS

51 갈바람, 하늬바람, 가수알바람은 모두 ( )와/과 관계가 있다. OBS

52 가전체문학의 대가인 임춘의 (①)은/는 술을 의인화한 작품이고, 〈공방전〉은 (②)을/를 의인화한 작품이다.

53 프랑스 레지스탕스 출신 작가 스테판 에셀은 그의 저서 ( )에서 무관심이야말로 최악의 태도라며 인권과 환경 문제 등에 끊임없는 관심과 적극적인 참여를 호소했다. 한겨레신문

54 ( )은/는 시각 장애인을 위한 글자인 점자를 이용해 1926년 서울 맹학교 교사인 송암 박두성 선생이 창안한 한글점자 체계이다. KBS

55 날씨와 관련된 우리말 가운데 개부심, 그믐치, 먼지잼은 모두 ( )와/과 관련이 있다.

56 두 음절로 된 한자 가운데 ( ), 곳간(庫間), ( ), 찻간(車間), 툇간(退間), 횟수(回數) 등 6개 한자는 사이시옷을 받쳐 적는다. 한국에너지공단

57 「얼굴이 두껍고 부끄러움이 없다」는 뜻의 사자성어 후안무치(厚顔無恥)는 ( )와/과 비슷한 의미로 사용된다. 경인일보

58 펄 벅(Pear Buck)은 중국 신해혁명을 전후해 빈농에서 대지주가 된 왕룽(王龍) 일가를 중심으로 전개한 장편소설 ( )(으)로 1938년 노벨문학상을 수상했다. 공무원연금공단

59 螢(①)之功, 切磋琢(②), 韋(③)三絶은 「꾸준히 학문을 갈고 닦음」을 의미하는 사자성어이다. MBC, 전북일보

60 ( )은/는 나무에 올라 고기를 얻으려고 한다는 뜻의 한자성어로, 불가능한 일을 무리하게 하려 함을 비유하는 말이다. 한겨레

Answer **46.** 시, 소설, 수필 **47.** 지와 사랑 **48.** 아큐정전 **49.** 패러다임(paradigm) **50.** 상황 **51.** 서풍 **52.** ① 국순전 ② 돈(엽전) **53.** 분노하라 **54.** 훈맹정음 **55.** 비 **56.** 셋방(貰房), 숫자(數字) **57.** 철면피(鐵面皮) **58.** 대지 **59.** ① 雪 ② 磨 ③ 編 **60.** 연목구어(緣木求魚)

03 문화 · 매스컴

01 문화 일반

세계지식재산권기구(WIPO; World Intellectual Property Organization) •••

지식재산권의 국제적 보호 촉진과 국제협력을 위해 설립한 국제기구이다. 저작권을 다루는 베른조약(1886년 발효)과 산업재산권을 다루는 파리조약(1883년 발효)의 관리와 사무기구상의 문제를 통일적으로 처리할 목적으로 세계지식재산권기구설립조약(1967년 성립, 1970년 발효)에 근거해 설립, 1974년 유엔전문기구가 됐다. 우리나라는 1979년 정식으로 가입했고, 북한은 1974년에 가입했다. 한편, WIPO는 2007년 9월 28일 열린 제43차 WIPO에서 한국어를 최초로 국제기구 공식어로 채택했다.

지식재산권(intellectual property right) •••

지식재산이란 인간의 창조적 활동 또는 경험 등에 의해 창출되거나 발견된 지식 · 정보 · 기술, 사상이나 감정의 표현, 영업이나 물건의 표시, 생물의 품종이나 유전자원, 그 밖에 무형적인 것으로서 재산적 가치가 실현될 수 있는 것을 말한다. 지식재산권이란 법령 또는 조약 등에 따라 인정되거나 보호되는 지식재산에 관한 권리를 말하는 것으로서 산업재산권, 저작권, 신지식재산권을 포괄하는 무형적 권리를 뜻한다.

산업재산권	특허권, 실용신안권, 디자인권 및 상표권을 총칭하며, 특허청에 출원해 등록받음으로써 배타적 독점권이 부여된 권리. 실용신안권은 우리나라와 일본 등을 제외한 대부분의 국가에서 인정하지 않음
저작권	지식재산권의 하나로서 인간의 사상 또는 감정 등을 독창적으로 표현한 창작물인 저작물에 대해 창작자가 가지는 독점 · 배타적인 권리를 말함. 저작권, 저작인접권은 산업재산권과 달리 창작과 동시에 보호를 받음
신지식재산권	첨단산업재산권, 산업저작권, 정보재산권 등 산업재산권, 저작권에 속하지 않으면서 경제의 발전 및 변화와 함께 그 보호의 필요성이 대두된 새로운 지식재산권

✎ 우리나라가 현재 가입 중인 저작권 관련 주요 국제조약으로는 세계저작권협약 및 제네바 음반협약(1987년 가입), WTO/TRIPs협정(1995년 가입), 베른조약(1996년 가입), WIPO 저작권조약(2004년 가입), 로마조약(2009년 가입) 등이 있다. 또 우리나라는 산업재산권을 국제적으로 보호하기 위해 1883년 체결된 파리조약에도 가입돼 있다.

베른조약(Berne Convention) •••

문학 및 미술 저작물 보호에 관한 조약으로 「만국저작권 보호동맹조약」이라고도 한다. 저작물을 국제적으로 보호하는 것을 목적으로 하며, 1886년 스위스의 수도 베른에서 체결됐다. 우리나라는 1996년 가입했다. 가맹국은 다른 가맹국 국민들의 저작물을 자국민의 저작물과 동등하게 대우하며 저작권의 효력은 발생주의(즉, 등록 등의 절차를 필요로 하지 않고 저작 사실 자체로 효력을 발생하는 것)에 따르며, 저작권은 저작자의 생존 기간 및 사후 50년 동안 보호한다는 것 등을 원칙으로 한다.

저작권법(copyright, 著作權法)●●●

저작자의 권리와 이에 인접하는 권리를 보호하고 저작물의 공정한 이용을 도모함으로써 문화 및 관련 산업의 향상·발전에 이바지함을 목적으로 제정된 법률이다. 저작권은 저작물을 창작한 때부터 발생하며 어떠한 절차나 형식의 이행을 필요로 하지 않는다. 저작권은 저작인격권과 저작재산권으로 나뉜다. 저작인격권은 저작자의 명예와 인격적 이익을 보호하기 위한 권리로서 저작자는 그의 저작물을 공표하거나 공표하지 아니할 것을 결정할 권리를 가진다. 여기에는 공표권, 성명표시권, 동일성 유지권이 있다. 이에 비해 저작물의 경제적 가치와 이익을 대상으로 하는 저작재산권은 저작물을 어떤 방법으로 이용하느냐에 따라 복제권, 공연권, 공중송신권, 전시권, 배포권, 대여권, 2차적 저작물 작성권 등의 권리로 세분된다. 저작재산권은 저작자가 생존하는 동안과 사망한 후 70년간 존속한다. 공동저작물의 저작재산권은 맨 마지막으로 사망한 저작자가 사망한 후 70년간 존속한다. 업무상 저작물과 무명 또는 널리 알려지지 않은 이명이 표시된 저작물의 저작재산권은 공표된 때부터 70년간 존속한다. 다만, 창작한 때부터 50년 이내에 공표되지 않은 경우에는 창작한 때부터 70년간 존속한다. 저작재산권은 양도 등이 가능하지만, 저작인격권은 저작물 창작에 직접 참여한 사람만 주장할 수 있는 권리로 양도나 상속이 불가능하다.

저작재산권의 제한 재판 등에서의 복제, 정치적 연설 등의 이용, 학교교육 목적 등에의 이용, 시사보도를 위한 이용, 시사적인 기사 및 논설의 복제 등, 공표된 저작물의 인용, 영리를 목적으로 하지 아니하는 공연·방송, 영리를 목적으로 하지 않은 사적 이용을 위한 복제, 도서관 등에서의 복제, 시험 문제를 위한 복제 등, 시각·청각장애인 등을 위한 복제, 미술 저작물 등의 전시 또는 복제 등은 저작자의 허가 없이도 가능하다.

카피레프트(copyleft)●●●

저작권(copyright) 소유자가 모든 사용자에 대해 자신의 창작물을 사용, 변경, 재배포하는 것을 무상으로 허용하는 것으로, 「프리웨어(freeware)」라고도 한다. 카피라이트와는 달리 사용자의 자유를 보장하기 위해 저작권을 사용한다는 점에서 카피레프트라고 부른다. 발명이나 저작이 개인 영역에서 사장되는 것을 막고 사회적 공개를 장려하는 것이 목적으로, 「지적재산권」이 오히려 정보의 물길을 막는 장애물이 되고 있는 현실을 극복하기 위해 전개된 운동이다. 카피레프트는 리처드 스톨먼(Richard M. Stallman)이 정부와 기업 등 소수의 정보 독점에 대항, 지적소유권에 대응하는 정보와 프로그램에 대한 새로운 소유권을 의미하는 개념으로 창안했다.

문화다양성협약(Convention on the Protection and Promotion of the Diversity of Cultural Expressins)●●●

세계 각국의 문화적 다양성을 인정하는 국제협약으로, 정식 명칭은 「문화콘텐츠와 예술적 표현의 다양성 보호와 증진을 위한 협약」이다. 1999년 유네스코 총회에서 프랑스와 유럽 국가들이 처음 제안한 이후 2001년 11월 프랑스 파리에서 「세계 문화다양성 선언」이 채택됐고, 2002년에는 5월 21일을 「세계 문화다양성의 날」로 선포했다. 그 뒤 여러 차례의 회의를 통해 2005년 6월 3일 최종적으로 협약 초안이 마련됐으며, 같은 해 10월 20일 제33차 유네스코 총회에서 채택돼 2007년 3월 18일 공식 발효됐다.

세계유산(World Heritage, 世界遺産) •••

유네스코(UNESCO)가 1972년 11월, 제17차 정기총회에서 채택한 「세계 문화 및 자연유산 보호협약」에 따라 구성된 세계유산위원회가 협약 가입국의 문화유산 중에서 인류를 위해 보호해야 할 가치가 있다고 인정한 것을 말한다. 유네스코 세계유산은 역사적으로 중요한 가치를 지니고 있는 문화유산과 지구의 역사를 잘 나타내고 있는 자연유산, 그리고 이들의 성격을 합한 복합유산으로 구분된다.

남북한 유네스코 세계유산 등록 현황

지역	세계유산 등록 현황	
남한	문화유산(13)	종묘(1995), 해인사 장경판전(1995), 불국사 · 석굴암(1995), 창덕궁(1997), 수원 화성(1997), 경주역사유적지구(2000), 고창 · 화순 · 강화 고인돌유적(2000) · 조선 왕릉 40기(2009), 하회 · 양동마을(2010), 남한산성(2014), 백제역사유적지구(2015), 산사 · 한국의 산지 승원(2018), 한국의 서원(2019), 가야고분군(2023)
	자연유산(2)	제주도 화산섬 및 용암동굴(2007), 한국의 갯벌(2021)
북한	문화유산(2)	고구려 고분군(2004), 개성역사유적지구(2013)

세계기록유산(Memory of the World, 世界記錄遺産) •••

유네스코(UNESCO)가 세계적 가치가 있다고 인정한 기록유산을 말한다. 유네스코는 전 세계의 귀중한 기록물의 효과적 보존 및 이용을 위해 1995년에 선정기준 등을 마련, 1997년부터 2년마다 국제자문위원회(IAC)의 심의 · 추천을 통해 세계기록유산을 선정해 왔다.

한국의 세계기록유산 훈민정음 · 조선왕조실록(1997), 직지심체요절 · 승정원일기(2001), 해인사 고려대장경판 및 제경판 · 조선왕조의궤(2007), 동의보감(2009), 일성록(2011), 5 · 18민주화운동 기록물(2011), 난중일기 · 새마을운동 기록물(2013), 한국의 유교책판 · KBS 특별생방송 「이산가족을 찾습니다」 기록물(2015), 조선왕실 어보와 어책 · 국채보상운동 기록물 · 조선통신사 기록물(2017), 4 · 19혁명 기록물 · 동학농민혁명 기록물(2023)

인류무형문화유산(Intangible Cultural Heritage) •••

유네스코(UNESCO)가 인류 문화의 다양성과 창의성을 존중하기 위해 제정한 제도로, 전 세계의 전통 춤 · 연극 · 음악 · 놀이 · 의식 등 구전 또는 무형문화재 가운데 보존해야 할 가치가 있는 유산이 선정된다.

한국의 인류무형문화유산 종묘제례 및 종묘제례악(2001), 판소리(2003), 강릉단오제(2005), 강강술래 · 남사당놀이 · 영산재 · 제주칠머리당영등굿 · 처용무(2009), 가곡 · 대목장 · 매사냥(2010), 줄타기 · 택견 · 한산모시짜기(2011), 아리랑(2012), 김장문화(2013), 농악(2014), 줄다리기(2015), 제주 해녀문화(2016), 씨름(2018, 남북 공동 등재), 연등회(2020), 탈춤(2022)

✎ 북한의 아리랑은 2014년 남한과는 별도로 첫 인류무형문화유산으로 등재됐다.

국보(國寶) / 보물(寶物) •••

국가지정문화재는 국보, 보물, 사적, 명승, 천연기념물, 국가무형문화재, 국가민속문화재로 분류된다. ▲국보는 보물에 해당하는 문화재 중 인류 문화의 견지에서 역사적 · 학술적 · 예술적 가치가 크고 제작 연대가 오래된 데다 특히 그 시대에서 대표적이거나 제작 의장 · 기술이 우수해 그 유래가 드문 것을 문화재위원회의 심의를 거쳐 지정한다. ▲보물은 건조물, 전적, 서적, 고문서, 회화, 조각, 공예품, 고고자료, 무구(무기) 등의 유형문화재 가운데 중요한 것을 문화재청장이 문화재위원회의 심의를 거쳐 지정한다.

✎ 「국가유산기본법」이 2023년 4월 27일 국회 본회의를 통과하면서 2024년 5월부터 「문화재」의 법적 명칭이 「국가유산」으로 변경된다. 또한 유형문화재 · 기념물 · 민속문화재는 문화유산, 기념물은 자연유산, 무형문화재는 무형유산으로 분류체계가 재정립된다.

서브컬처(subculture)•••

어떤 사회의 전체적인 문화 또는 주요 문화에 대비되는 개념으로, 「하위문화」 또는 「부차적 문화」라고도 한다. 즉, 어떤 사회에서 일반적으로 볼 수 있는 행동양식과 가치관을 전체로서의 문화라고 할 때, 그 전체적 문화의 내부에 존재하면서 어떤 점에서는 독자적 특질을 나타내는 부분적 문화이다. 상류계층 문화, 화이트칼라 문화, 농민 문화, 도시 문화, 청소년 문화, 군사 문화, 불량배집단 문화 등이 해당된다.

반문화(counterculture, 反文化) 한 사회의 지배적인 문화에 저항하고 대립하는 하위문화(subculture)이다. 사회 구성원들의 가치와 규범인 전체문화를 거부한다는 점에서 저항적인 성격을 가지고 있으나 사회변화를 이끌어가는 역할을 하기도 한다. 지배문화에 대립한다는 의미에서 반문화를 「대항문화(對抗文化)」라고도 한다. 반문화의 대표적인 예로는 1960년대 미국의 히피 문화를 들 수 있다.

수치문화(shame culture)•••

타인의 내적 감정과 의도 및 자신의 체면을 중시하는 행동양식을 특징으로 하는 문화로 미국 문화인류학자 베네딕트(R. Benedict)가 처음 사용한 말이다. 베네딕트는 수치문화에 대응하는 개념으로서 내면적 죄의식을 중시하는 행동양식을 죄의식문화라 규정하고, 전자를 동양적 특징을 지닌 문화, 후자를 서유럽 문화의 전형이라고 보았다.

문화지체(cultural lag, 文化遲滯)•••

물질문화의 급속한 변동에 비해 비물질문화의 완만한 변화가 상대적으로 뒤처지는 것을 말한다. 미국 사회학자 오그번(W. F. Ogburn)이 저서 ≪사회변동론≫에서 주장한 이론이다. 문화변동 과정에서 물질문화는 발명과 발견, 전파의 과정을 통해 쉽게 발전하는 반면 비물질문화는 제도, 관념, 의식, 가치관 등을 포함하기 때문에 빠르게 발전하지 못한다. 이 때문에 물질문화의 변동이 앞서나가고 비물질문화의 변동이 상대적으로 지체되는 현상이 발생한다. 예를 들면, 자동차가 급속히 보급되는 속도에 비해 교통안전의식이 제대로 함양되지 않아 교통사고가 빈발하는 것을 들 수 있다.

문화변동(cultural change) 한 사회의 문화가 내적으로 변동하거나, 다른 사회로부터 문화요소를 수용하고 변화하는 과정. 문화변동은 발명, 발견에 의해 발생하는 내재적 변동과 서로 다른 문화가 접촉하고 전파되면서 발생하는 외재적 변동, 즉 문화접변으로 구분된다. 문화접변은 성격이 다른 두 문화가 접촉하면서 발생하는 접촉적 변동을 의미하는 것으로 전쟁, 교역, 이민, 유학, 포교 등이 있다.

문화할인(cultural discount rate) 한 문화권의 문화상품이 다른 문화권으로 진입했을 때 문화적 차이로 인해 그 가치가 떨어지는 현상

문화실조(cultural deprivation) 문화요소의 결핍이나 과잉으로 인한 인간발달의 실패나 지체현상

문화지능(CQ; cultural intelligence) 서로 다른 문화의 차이를 인지하고 이에 적응하는 능력

아우라(aura)•••

독일 철학가 발터 벤야민(W. Benjamin)의 예술 이론으로, 예술 작품에서 흉내 낼 수 없는 「고고한 분위기」를 뜻하는 말이다. 1934년 벤야민은 논문 <기술 복제 시대의 예술 작품>에서 기술 복제 시대의 예술 작품에 일어난 결정적 변화를 「아우라의 붕괴」라고 정의했다. 따라서 사진이나 영화와 같이 복제되는 작품에는 아우라가 생겨날 수 없다고 보았다. 이 때문에 그의 이론은 기술주의적 사고라는 비판을 받았다.

밈(meme) •••

영국 진화생물학자 리처드 도킨스(Richard Dawkins)의 저서 ≪이기적 유전자≫(1976)에 나오는 말로, 유전적 방법이 아닌 모방을 통해 습득되는 문화요소라는 뜻이다. 그는 남의 것을 모방하고자 하는 인간의 심리를, 그리스어 모방(mimeme)과 유전자(gene)를 합성해 meme(밈)이라고 이름 붙였다. 밈의 사례로는 노래, 사상 선전문구, 도자기를 굽는 방식, 건물을 짓는 양식, 광고 등이 있다.

모더니즘(modernism) •••

근대적 · 실험적 감각으로 표현된 모든 문학, 미술 등 예술 전반에 나타난 문화 · 예술운동 및 경향을 말한다. ▲철학 분야에서는 교회의 권위 · 봉건주의에 대항해 18세기 계몽주의를 근간으로 해 나타난 서구 이성주의적 사상을 ▲문학 · 예술 분야에서는 19세기 사실주의에 대항해 등장한 20세기 초 특히 제1차 세계대전의 충격 속에 등장한 표현주의, 미래주의, 다다이즘, 형식주의 등 다양한 반사실주의적 조류를 가리킨다. 즉, 근대 산업 혁명과 자본주의를 바탕으로 해 과학적 발견과 합리성을 중시하며, 기계 문명과 도회적 감각을 중시하고, 다양한 현대적 · 감각적 · 추상적 예술운동을 모두 포괄하는 의미로 사용한다.

포스트모더니즘(post-modernism) 1960년대 후기 산업사회적 상황에서 나타나기 시작한 문화예술운동이면서 정치 · 경제 · 사회 전반에 나타난 새로운 경향으로 구조주의와 대응됨. 모더니즘에 반발해 탈근대성을 바탕으로 모든 형식이나 기준을 배격하고, 개성 · 자율 · 다양성을 중시해 절대이념(탈이념적)을 거부하며, 사물 자체의 중요하고 의미심장한 변화를 의미하는 개념 사조이다.

아방가르드(avant-garde) •••

전통적인 기법이나 제재를 타파하고 새로운 것을 찾자는 초현실주의 예술운동으로 「전위 예술」이라고도 한다. 20세기 초에 프랑스와 독일을 중심으로 자연주의와 고전주의에 대항해 등장했다. 아방가르드는 19세기 후반 사회주의자 · 무정부주의자들의 정치운동 명칭이 예술에 영향을 미치면서 사용됐으며, 이후 반문명, 반합리적 예술운동인 다다이즘(dadaism)으로 전개됐다. 모더니즘보다 더 급진적 · 전위적 · 실험적 경향을 나타낸다. 미술에 있어서는 초현실주의(쉬르레알리즘), 추상주의(입체파 · 미래파)를 총괄하는 의미로 사용된다. 모호성 · 불확실성의 역설과 주체의 붕괴, 비인간화 등을 특징으로 한다.

반달리즘(vandalism) •••

도시의 문화예술작품이나 공공시설, 자연경관 등을 파괴하는 행위를 일컫는다. 5세기 초 유럽의 민족 대이동 때 아프리카에 왕국을 세운 반달족이 지중해 연안에서 로마에 걸쳐 약탈과 파괴를 거듭했던 데서 유래된 말이다.

메세나(mecenat) •••

기업들이 문화예술에 대한 지원을 통해 사회에 공헌하고 국가 경쟁력에 이바지하는 활동을 총칭하는 용어이다. 고대 로마제국시대에 문화예술인을 지원했던 재상 마에케나스(Gaius Clinius Maecenas)의 이름에서 유래됐다. 1967년 미국에서 기업예술후원회가 발족하면서 이 용어를 쓰기 시작해, 이후 기업인들의 각종 지원 및 후원 활동을 지칭하는 말로 사용되고 있다.

팬덤(fandom) •••

특정한 인물이나 분야를 열성적으로 좋아하는 사람들 또는 그러한 문화 현상을 말한다. 팬덤은 광신자를 뜻하는 「fanatic」의 팬(fan)과 영지, 나라 등을 뜻하는 접미사 덤(-dom)의 합성어이다. 텔레비전의 보급과 함께 대중문화가 확산되면서 나타난 현상의 하나로, 팬덤이 문화적 영향력을 행사하면서 팬덤 문화라는 말이 탄생했다.

BL 보이즈 러브(Boy's Love)의 줄임말로, 남성 간의 사랑 이야기를 담은 소설 · 만화 등을 통칭하는 장르를 말한다. 과거에는 음지 문화로만 여겨졌으나 웹툰 · 드라마 등 다양한 장르에서 인기 콘텐츠로 부상하고 있다.

사이버펑크(cyberpunk) •••

사이버(cyber)와 펑크(punk)의 합성어로, 펑크는 1970년대 이후의 저항문화와 그 성향을 가진 집단을 가리킨다. 따라서 사이버펑크는 컴퓨터로 대표되는 정보기술에 지배되는 사회에 저항하는 사람들이나 그들의 운동이라는 뜻과 함께, 그러한 문제를 다룬 문화 장르를 말한다. ≪뉴 로맨서≫는 사이버펑크 소설의 효시이다.

02 영화 · 연극

◇ 영화

칸 영화제(Festival de Cannes) •••

프랑스의 국립영화센터에 의해 1946년 설립돼 관광휴양지 칸에서 매년 5월 개최되는 국제 경쟁 영화제이다. 일반적으로 국제영화제 중 최고의 권위를 인정받고 있다. 황금종려상(최우수작품상) · 심사위원대상 · 남우주연상 · 여우주연상 · 감독상 · 각본상 등의 경쟁 부문과 비경쟁 부문, 주목할 만한 시선, 황금카메라상, 시네파운데이션 등의 부문으로 나누어 시상한다.

한국 수상 내역 ▲이두용 : 〈물레야 물레야〉(1984) – 특별부문상 ▲임권택 : 〈춘향뎐〉(1999) – 한국 영화 사상 최초 경쟁부문 진출 ▲임권택 : 〈취화선〉(2002) – 감독상 ▲박찬욱 : 〈올드보이〉(2004) – 심사위원대상 ▲전도연 : 〈밀양〉(2007) – 여우주연상 ▲박찬욱 : 〈박쥐〉(2009) – 심사위원상 ▲이창동 : 〈시〉(2010) – 각본상 ▲홍상수 : 〈하하하〉(2010) – 주목할 만한 시선 부문 대상 ▲김기덕 : 〈아리랑〉(2011) – 주목할 만한 시선 부문 대상 ▲문병곤 : 〈세이프〉(2013) – 황금종려상(단편) ▲류성희 : 〈아가씨〉(2016) – 벌칸상 ▲봉준호 : 〈기생충〉(2019) – 황금종려상 ▲박찬욱 : 〈헤어질 결심〉(2022) – 감독상 ▲송강호 : 〈브로커〉(2022) – 남우주연상

베니스 영화제(Venice International Film Festival)•••

이탈리아 베니스에서 개최되는 최고(最古)의 국제 경쟁 영화제로, 1932년 5월 창설됐다. 매년 8월 말~9월 초에 개최되며 독일의 베를린 영화제, 프랑스의 칸 영화제와 함께 세계 3대 영화제로 꼽힌다. 최우수작품에는 「산마르코 금사자상(황금사자상)」이 수여되며, 이외 주요 수상부문으로 은사자상(심사위원대상・감독상), 각본상, 남우・여우주연상 등이 있다. 타 영화제 출품작을 제외한 일반 극영화만 출품이 가능하며, 황금사자상 수상작은 다른 부문 수상이 금지된다.

한국 수상 내역 ▲강수연 : 〈씨받이〉(1987) – 여우주연상 ▲이창동, 문소리 : 〈오아시스〉(2002) – 감독상, 신인여우상 ▲김기덕 : 〈빈집〉(2004) – 감독상 / 〈피에타〉(2012) – 황금사자상 ▲전규환 : 〈무게〉(2012) – 퀴어사자상

베를린 영화제(Berlin International Film Festival)•••

1951년 독일의 통일을 기원하며 창설된 영화제로 매년 2월경 독일 베를린에서 개막한다. 수상 부문은 황금곰상(최우수작품상), 은곰상(심사위원대상, 감독상, 여우주연상, 남우주연상, 알프레드 바우어상 등), 평생공로상 등이 있다. 베를린 영화제에서는 주로 이념과 정치, 사회적인 주제를 다룬 작품들이 황금곰상을 수상한다는 특징이 있다.

한국 수상 내역 ▲강대진 : 〈마부〉(1961) – 특별은곰상 ▲장선우 : 〈화엄경〉(1994) – 알프레드 바우어상 ▲김기덕 : 〈사마리아〉(2004) – 감독상 ▲임권택 : 명예황금곰상(2005, 아시아 최초) ▲박찬욱 : 〈싸이보그지만 괜찮아〉(2007) – 알프레드 바우어상 ▲박찬욱・박찬경 : 〈파란만장〉(2011) – 황금곰상(단편) ▲나영길 : 〈호산나〉(2015) – 황금곰상(단편) ▲김민희 : 〈밤의 해변에서 혼자〉(2017) – 여주주연상 ▲홍상수 : 〈도망친 여자〉(2020) – 감독상 ▲홍상수 : 〈인트로덕션〉(2021) – 각본상 ▲홍상수 : 〈소설가의 영화〉(2022) – 심사위원대상

아카데미상(Academy Awards)•••

정식 명칭은 「영화예술과학아카데미상」이며, 흔히 「오스카상」이라고도 불린다. 1929년 배우 더글러스 페어뱅크스가 중심이 돼 조직, 매년 2~3월경 미국 로스앤젤레스(LA)에서 시상식이 열린다. 미국 최대의 영화상으로서 전년도 작품 가운데 미국 영화예술과학아카데미(AMPAS) 회원 5700여 명의 투표로 작품상, 감독상, 여우주연상, 남우주연상, 각본상 등 주요 5개 부문을 포함한 25개 부문에서 상이 수여된다(각본상을 뺀 나머지 4개 부문에서 수상할 경우 그랜드슬램이라고 함). 아카데미상은 상금이 없는 대신 오스카(Oscar)라는 애칭의 인간입상(人間立像)이 수여된다.

한편, 봉준호 감독의 영화 <기생충>은 한국 영화 사상 최초로 2020년 제92회 아카데미 시상식에서 작품상・감독상・각본상・국제장편영화상 등 4관왕을 기록했다. 이어 2021년에는 윤여정이 영화 <미나리>로 한국 배우 최초로 아카데미 여우조연상을 수상했다.

골든글로브상(Golden Globe Awards) 1943년 설립된 할리우드 외신기자협회(HFPA; Hollywood Foreign Press Association)가 1944년부터 영화 및 TV프로그램과 관련해 시상하고 있는 상. 골든글로브 시상식은 아카데미 시상식 전에 열리며 골든글로브 작품상이 오스카 트로피를 차지하는 경우가 많아 「아카데미의 전초전」이라고도 한다. 시상은 TV드라마・뮤지컬・코미디 부분으로 분류해 진행되며, 특별상・공로상 격인 세실 B. 드밀(Cecil B. deMille)상을 비롯해 그해 최우수영화의 각 부문과 최고 남녀 배우 등을 선정해 시상한다. 〈기생충〉의 봉준호 감독은 한국 영화 사상 최초로 2020년 제77회 골든글로브상에서 외국어영화상을 수상했다. 이어 넷플릭스 드라마 〈오징어 게임〉에서 오일남 역을 맡았던 오영수 배우가 2022년 제79회 골든글로브상에서 TV 부문 남우조연상을 수상했다.

선댄스 영화제(Sundance Film Festival)•••

세계에서 가장 권위 있는 독립영화제로, 매년 1월 20일 미국 유타주 파크시티에서 열린다. 1985년 미국 배우 겸 감독인 로버트 레드포드가 할리우드의 상업주의에 반발해 독립영화 제작에 활기를 불어넣기 위해 설립했다. 토론토 영화제, 뉴욕 영화제와 함께 북미 3대 영화제로 꼽힌다. 한편, 한국계 감독 아이삭 리(정이삭)의 영화 <미나리>는 2020년 제36회 선댄스 영화제 미국 영화 부문에서 최고상인 심사위원대상과 관객상을 수상했다.

스크린쿼터(screen quota)•••

영화상영관이 연중 일정 기간을 한국영화 상영에 할애하도록 의무화한 국산영화 의무 상영제도를 말한다. 외국영화의 지나친 시장잠식 방지와 자국 영화산업 보호, 육성을 위한 제도적 장치이다. 「영화 및 비디오물의 진흥에 관한 법률」에 따르면 영화상영관의 경영자는 매년 1월 1일부터 12월 31일까지 연간 상영일수의 5분의 1(73일) 이상 한국영화를 상영해야 한다. 그러나 ▲한국영화상영일에 외국영화 유료시사회를 개최하는 경우 ▲한국영화상영일에 2회 이상 외국영화 무료시사회를 개최하는 경우 ▲한국영화상영일에 외국영화를 상영하는 경우의 상영일수는 한국영화상영일수에 포함하지 않는다. 현재 스크린쿼터제는 우리나라를 포함해 프랑스, 스페인, 브라질, 파키스탄, 중국 등에서 실시하고 있다.

인디즈(indies)•••

「독립(independents)영화」의 약칭으로, 대형 영화사에 의존하지 않고 작은 독립 프로덕션에 의해 제작된 영화를 말한다. 대자본의 지원을 받지 않으므로 개성적인 작품이 많다. 인디즈에서 활약해 명성을 얻은 감독으로는 짐 자무쉬, 스파이크 리 등이 있다.

옴니버스 영화(omnibus film)•••

각각 독립된 에피소드를 하나로 묶은 단편집 형식의 영화를 말한다. 영국 작가 서머셋 몸(Somerset Maugham)의 단편 네 개를 합쳐서 영화화한 <사중주>(1949)가 공개될 때 처음 이 말이 사용됐다.

블랙 시네마(black cinema)•••

통상 아프리카계 미국인인 흑인 감독과 배우들이 주축이 돼 그들이 처한 현실이나 사건 등을 다룬 영화를 말한다. 블랙 시네마의 전성기는 1980~1990년대로 스파이크 리 감독의 <똑바로 살아라>, 존 싱글턴 감독의 <보이즈 앤 후드> 등이 대표적이다. 특히 블랙 시네마는 오바마 미국 대통령이 취임한 2009년 이후 각종 영화제에서 수상하면서 그 존재감이 부각됐다. 대표적으로 <문라이트>(배리 젠킨스 감독)는 2017년 아카데미 작품상, <겟아웃>(조던 필 감독)은 2018년 아카데미 각본상, <블랙 팬서>(라이언 쿠글러 감독)는 2019년 아카데미 미술상 · 의상상 · 음악상 등을 각각 수상했다.

블랙워싱(blackwashing) 원작이나 시대적 배경을 무시하고 흑인 등 유색인종을 무조건 등장시키는 추세를 비꼬아 이르는 말. 할리우드 등 서양 주류 영화계에서 무조건 백인 배우를 기용하는 관행인 「화이트워싱(whitewashing)」에 빗대어 만들어졌다. 화이트워싱의 경우 원작과 달리 유색인종 캐릭터를 백인으로 바꾸는 것을 의미한다.

블록버스터(blockbuster) •••

영화계에서 엄청난 흥행 수입을 올린 영화, 특히 매표 매출액이 큰 영화를 지칭하는 말이다. 미국에서는 연 1억 달러 이상, 전 세계적으로는 4억 달러 이상의 매표 매출을 올린 영화를 가리킨다. 할리우드에서 블록버스터의 시작은 스티븐 스필버그 감독의 <조스>(1975)이다.

컬트 무비(cult movie) •••

「숭배받는 영화」라는 뜻으로 일반적인 평가와는 달리 젊은이들에게 종교적인 숭배에 가까운 열광적인 지지를 받는 영화를 지칭한다. 소극장 등에서 장기간 상영되는 경우가 많다.

메이킹 필름(making film) •••

영화가 만들어진 과정과 제작 뒷얘기에 대한 궁금증을 풀어 주는 것으로 일명 영화 제작 다큐멘터리라고 할 수 있다. 영화의 기획 단계에서부터 촬영 현장, 제작자들의 고민 등 한 편의 영화가 탄생하기까지의 모든 과정을 담고 있다.

리덕스 필름(redux film) 오래전에 개봉한 작품을 감독이 재편집해 만든 영화로, 「리덕스」는 라틴어로 「근원 회귀, 돌아온」이란 뜻이다. 리덕스 필름이 만들어지는 이유는 제작자가 감독의 뜻과 다르게 영화를 편집해 개봉하는 경우가 많기 때문이다. 상영 시간에 맞추려고 필름을 잘라내는 사례가 대표적이다. 「디렉터스 컷」이나 「언 컷 버전」 등의 용어와 함께 쓰인다.

리부트(reboot) •••

컴퓨터를 재시동하는 것과 같이 어떤 시리즈 영화에서 연속성을 버리고 작품의 주요 골격이나 등장인물만 차용해 새로운 시리즈로 다시 시작하는 영화를 말한다. 원작 영화의 골격은 그대로 두고 감독이나 배우를 새롭게 투입해 다시 만드는 「리메이크(remake)」, 시리즈 번외편인 「스핀오프(spin-off)」와는 차이가 있다. 리부트는 속편의 반복으로 시리즈가 식상해질 경우 새로운 에너지를 불어넣어 흥행을 도모하기 위한 활로로 시도된다. 2005년 크리스토퍼 놀란 감독의 <베트맨 비긴즈> 성공 이후 각광받기 시작했다.

스핀오프(spin-off) 원작에서 새롭게 파생돼 나온 작품을 말한다. 기존의 등장인물이나 상황에 기초해 새로운 이야기를 만들어 낸 영화, 드라마, 책 등을 모두 지칭한다. 스핀오프는 원작과 세계관을 공유하고 있지만 주인공이나 줄거리는 전혀 다르다. 〈슈렉〉의 조연인 장화 신은 고양이를 주인공로 만든 〈장화 신은 고양이〉(2001)가 대표적이다.

시퀄(sequel) 일반적인 속편 영화를 말한다. 원작 영화가 흥행에 크게 성공했을 경우 제작되는데, 기존의 등장인물과 스토리를 재사용, 확장해 이야기를 전개한다.

프리퀄(prequel) 원작 영화에 선행하는 사건을 담은 속편이다. 주인공의 과거 이야기 또는 오리지널 에피소드에 선행하는 사건을 보여 줌으로써 본편에 당위성과 개연성을 제공한다.

몽타주(montage) •••

영화 필름의 단순한 편집이나 일련의 짧은 장면(쇼트)을 극적 또는 인상적인 효과를 위해 병치 배열로 연결해 편집하는 기법을 말한다. 몽타주는 조립 또는 집합시킨다는 뜻의 프랑스어 「몽테르(monter)」에서 파생된 말이다. 세르게이 에이젠슈타인의 <전함 포템킨>(1924)이 무성영화 시대의 대표적인 몽타주 영화이다.

미장센(mise-en-scène) •••

영화의 한 프레임 내에서 배우와 세트 디자인의 고정된 배열을 묘사하는 것을 뜻하는 용어로, 프랑스어로 「무대 위에 배치한다」는 의미이다. 카메라 전방에 있는 모든 영화적 요소인 연기, 분장, 무대장치, 의상, 조명 등이 조화된 상태로 「화면 내의 모든 것이 연기한다」는 관점에서 영화적 미학을 추구한 공간 연출이다. 이 기법은 스토리 위주의 영화보다는 주로 예술 영화에서 그 중요성이 강조된다.

맥거핀(macguffin) 영화의 전개와는 무관하지만 관객들의 시선을 집중시켜 의문이나 혼란을 유발하는 장치로, 복선과 반대되는 의미이다. 맥거핀은 알프레드 히치콕 감독이 극적인 줄거리를 역동적으로 전개시키기 위해 사용한 이후 보편화됐다.

카메오(cameo) •••

「관객의 시선을 단번에 끌 수 있는 단역 출연사」라는 의미로, 원래는 양각으로 조각한 모조 보석(규빅)이나 연체동물 껍데기 안에 들어 있는 단단한 보석을 말한다. 영화나 방송극에서 직업 연기자가 아닌 유명 인사가 잠시 얼굴을 비추거나 배우가 평소 자신의 이미지에 걸맞지 않은 단역을 잠시 맡는 것 등이 해당된다. 카메오 출연의 원조는 서스펜스 영화의 거장 알프레드 히치콕 감독이다.

신스틸러(scene stealer) 직역하면 「장면을 훔치는 사람」이란 뜻으로, 영화나 드라마에서 주연 못지않은 조연 연기자를 지칭하는 말로 쓰인다.

오마주(hommage) •••

「경의, 존경」이라는 뜻의 프랑스어로, 영화에서 특정 작품의 장면 등을 차용해 해당 작가나 작품에 대한 존경을 표시하는 것을 말한다. 보통 영화인이 자신이 존경하는 작가나 영향을 받은 작품 등에 보내는 헌사로써 특정 장면을 모방하는 것이다. 기존 영화를 모방한다는 점에서는 패러디와 유사하나 목적은 정반대이다. 특히 작가주의 영화감독들에게서 많이 나타난다.

페르소나(persona) •••

어원은 그리스어 「가면」으로 「외적 인격」 또는 「가면을 쓴 인격」을 뜻한다. 카를 융이 분석심리학적 관점에서 내놓은 개념으로, 현재는 주로 영화계에서 사용되는 표현이다. 대개 작가주의 영화감독들은 자신의 분신이나 특정한 상징을 표현하는 배우로서 특정 배우와 오랫동안 작업하는 경우가 많은데 이때 이 배우는 영화감독의 페르소나가 된다.

클리셰(cliché) •••

진부한 표현이나 고정관념을 뜻하는 프랑스어로, 본래는 활자를 넣기 좋게 만든 연판(鉛版)을 뜻하는 인쇄용어였다. 현대에 들어서는 영화나 드라마 등에서 진부한 장면이나 판에 박힌 대화, 상투적 줄거리, 전형적인 수법이나 표현을 뜻하는 용어로 많이 사용된다.

시퀀스(sequence)●●●

영화에서 몇 개의 관련된 장면이 모여서 이뤄지는 구성단위를 가리킨다. 영화의 막은 1~2개의 시퀀스로 구성되고, 시퀀스는 여러 개의 신(scene)으로 구성되며, 각 신은 여러 장의 컷(cut)으로 구성된다.

디졸브(dissolve)●●●

한 화면이 사라짐과 동시에 다른 화면이 점차 나타나는 장면 전환 기법이다. 오버랩(over－lap)과 비슷한 뜻으로 쓰인다.

연극

연극의 3요소●●●

희곡, 배우, 관객(연극의 4요소: 연극의 3요소 + 무대)

희곡의 3요소 대사(대화·독백·방백), 지문, 해설

토니상(Tony Awards)●●●

배우 앙트와네트 페리(Antoinette Perry)를 기리기 위해 1947년 제정된 미국 브로드웨이의 연극상으로, 「토니」는 페리의 애칭이다. 「연극의 아카데미상」이라고도 불린다. 매년 5월 말~6월 초에 브로드웨이에서 새롭게 개막 상연된 연극과 뮤지컬에 대해 각 부문별로 시상한다.

에든버러 프린지 페스티벌(Edinburgh Fringe Festival)●●●

영국 북부 스코틀랜드의 에든버러시에서 열리는 세계적인 공연예술축제이다. 제2차 세계대전 종전 뒤인 1947년, 전쟁으로 얼룩진 유럽을 문화예술로 재통합하자는 기치 아래 시작된 에든버러 인터내셔널 페스티벌을 모태로 탄생했다. 이때 인터내셔널 페스티벌에 공식 초청받지 못한 8개 공연단체가 극장이 아닌 소규모 공간을 극장으로 개조해 공연했던 것이 프린지(언저리, 주변이라는 뜻) 페스티벌의 시초이다. 프린지협회에 참가비만 내면 누구나 축제에서 공연할 수 있다. 1999년 한국의 넌버벌 퍼포먼스 「난타」가 처음 에든버러에 입성한 후 한국 작품들도 꾸준히 이 페스티벌에 참가하고 있다.

극예술연구회(劇藝術研究會)●●●

1931년 일제 치하에서 벌어진 최초의 신극운동단체이다. 1939년 25회 공연으로 해산할 때까지 당시 지식인들과 연극인들에게 많은 감명을 주어 진정한 신극운동의 요람이자 연극실험실의 민중화를 추구했다. 윤백남, 홍해성, 서항석, 이헌구, 이하윤, 정인섭, 유치진 등 초창기 연극인들이 주축이 됐다.

키노드라마(kino-drama) •••

영상을 연극의 일부분으로 수용해 다양하고 첨단적인 무대를 만들어 가는 연극으로, 「연쇄극」이라고도 한다. 이 용어는 원래 영화가 발명된 후 고전적 예술장르인 연극에서 장면 전환을 풍부하게 하기 위해 영상을 이용한 것을 뜻했는데, 오늘날에는 영화적 연극이란 의미로 사용되고 있다. 1919년 10월 27일 단성사에서 상영한 <의리적 구토>(의리적 구투라고도 함)는 한국 최초의 영화이자 키노드라마이다.

소외효과(疏外效果) •••

독일 극작가 브레히트(B. Brecht)의 서사기법으로, 「이화(異化)효과」 또는 「소격(疏隔)효과」라고도 한다. 현실의 친숙한 주변을 생소하게 보이게 해, 극중 등장인물과 관객과의 감정적 교류를 방지하는 것이다. 소외효과의 목적은 관객이 무대 위에서 벌어지고 있는 사건과 일정한 거리를 두도록 해 무대의 사건에 대해 연구하고 비판하는 태도를 갖게 하는 것이다. 즉, 관객의 감정이입을 거부하고 냉철한 이성과 비판력을 요구한다. 이러한 기법으로는 주석 달기, 관객에게 말 걸기, 번호 붙이기, 노래 삽입 등이 있다.

넌버벌 퍼포먼스(non-verval performance) •••

정해진 줄거리와 대사 없이 리듬, 비트, 스텝만으로 무대를 채우는 비언어적 공연 형식을 일컫는다. 우리나라의 <난타>를 비롯해 영국의 <스텀프>, 호주의 <탭덕스>, 미국의 <튜브> 등이 대표적인 넌버벌 퍼포먼스이다. 일정한 줄거리와 악보로 구조화된 음악이 없는 대신 도발적이고 폭발적인 리듬, 마임과 춤 등으로 구성된다. 주변의 모든 것이 악기가 된다는 것이 특징이다.

부조리연극(不條理演劇) •••

1960년대에 프랑스를 중심으로 일어난 연극운동으로, 연극평론가 마틴 에슬린의 저서 ≪부조리극≫(1961)에 의해 정착된 용어이다. 일상적 논리성의 폐기, 줄거리의 부재, 시적 이미지가 풍부한 대사 등이 특징이다. 인간 존재의 부조리성, 내면적 진실의 포착 등을 목표로 했고, 안티 테아트르(반연극)라고도 불리며 프랑스 파리뿐만 아니라 미국 오프브로드웨이 등 전 세계 연극계를 크게 변모시켰다. <고도를 기다리며>의 사무엘 베케트, <무소>의 외젠 이오네스코 등이 대표적인 작가이다.

블르바르극(boulevard theater) 제2제정기의 프랑스 파리에서 시작된 상업적 연극. 스타급 배우를 기용해 연애를 소재로 한 가벼운 희극이 많다.

아지프로극(agitprop theater) 1920년대 구소련에서 시작돼 시사풍자극이나 대규모의 쇼 형태로 공연되는 연극으로 선동극, 선전극이라고도 한다.

모놀로그(monologue) •••

배우가 혼자 또는 다른 등장인물의 존재 여부와 관계없이 자신의 생각을 소리 내어 말하는 것 또는 그 대사를 일컫는 말로, 「독백」이라고도 한다. 주요 등장인물들의 개인적인 사상이나 감정을 표현·해석하는 데 필요한 극적 기법으로 셰익스피어, 괴테 등이 사용했다.

가부키(歌舞伎)•••

17세기 초 오쿠니(阿國)라는 여성을 중심으로 한 가부키 춤에서 발단해 에도(江戶)시대의 서민오락으로 완성된 일본의 대표적 고전 연극이다. 여성의 출연 금지로 1629년 이후 모두 남성으로만 구성된다.

경극(京劇)•••

청나라 때부터 시작된 중국의 대표적인 전통 연극으로, 창, 몸짓, 대사, 동작 등 4개 연기 요소가 있어 무용에 가깝다. 극의 내용은 주로 영웅담·연애담이며 ≪삼국지연의≫, ≪수호전≫, ≪서유기≫ 등에서 소재를 땄다. 경극은 베르톨트 브레히트 등 서양 현대 연극의 개혁자들에게 많은 영향을 주었다.

가면극(假面劇)•••

가면을 쓰고 하는 연극으로, 탈춤과 탈놀이를 포함한다. 가면극은 서민생활과 함께 계승·발전돼 우리 민속의 중요한 부분을 차지하고 있는데, 양반에 대한 풍자, 남녀의 삼각관계에서 오는 갈등, 서민 생활의 애환 등을 잘 나타내고 있다. 양주 별산대놀이, 고성 오광대놀이, 통영 오광대놀이, 진주 오광대놀이, 가산 오광대놀이, 강릉 관노탈놀음, 북청 사자놀음, 봉산 탈춤, 강령 탈춤, 해주 탈춤, 수영 들놀음, 동래 들놀음, 송파 산대놀이, 하회 별신굿놀이, 남사당패 덧뵈기 등이 우리나라의 대표적인 가면극이다.

광대(廣大) 조선시대 민속 예능인의 총칭으로 재인(才人)을 일컫는다. 본래는 탈꾼과 꼭두각시꾼을 가리키는 말로 쓰였으나 의미가 확대돼 민속 예능인의 범칭으로 쓰인다.

풍물(風物)•••

남사당놀이 6종목 가운데 첫 번째 놀이이다. 우리 민족음악의 본디 이름으로 중부지방에서는「풍물」, 호남에서는「풍장」, 영남에서는「매구」라고 부른다. 이를 농악이라고 칭한 것은 일본 사람들에 의해서이다. 풍물은 네 가지 타악기(사물)인 꽹과리, 장구, 북, 징이 기본이 되고 여기에 선율 악기인 태평소와 버꾸놀이의 소도구인 소고(버꾸)로 이루어진다.

남사당놀이 우두머리인 꼭두쇠를 비롯해 최소 40명의 남자들로만 구성된 유랑 연예인인 남사당패가 관객 앞에서 풍물(풍물놀이), 버나(접시돌리기), 살판(땅재주), 어름(줄타기), 덧뵈기(탈놀음), 덜미(꼭두각시놀음)의 여섯 가지 놀이를 차례로 펼쳐 보이는 것을 말한다(국가무형문화재, 2009년 세계무형유산 등재).

사물놀이•••

농촌에서 마을 공동으로 쓰이는 네 가지 악기, 즉 꽹과리·장구·북·징(四物)을 치며 노는 농촌의 민속놀이이다. 꽹과리·장구·북·징이 상징하는 것은 각각 별·인간·달·해이며, 각각의 소리는 번개·비·구름·바람에 비유된다.

마당놀이 ●●●

넓게는 마당에서 벌이는 모든 민속놀이를 일컫는 말이며, 좁게는 북청 사자놀이의 한 장면을 이르는 말이다. 이 겨룸놀이 중 현재 알려진 것은 ▲정월놀이 : 연날리기, 편싸움, 고싸움놀이, 동채싸움, 쇠머리대기, 기세배 ▲단오놀이 : 씨름, 그네뛰기 ▲추석놀이 : 줄다리기, 가마싸움, 장치기 등 11마당의 마당놀이이다.

꼭두각시놀음 ●●●

우리나라의 민속인형극으로, 등장인물은 박첨지, 꼭두각시(박첨지의 본처), 덜머리집(박첨지의 첩), 홍동지(박첨지의 조카) 등이다. 이 때문에 지방에 따라 「박첨지 놀음」 또는 「홍동지 놀음」이라고도 한다. 파계승에 대한 풍자, 농촌 사회의 일면, 일부(一夫) 대 처·첩의 삼각관계, 양반에 대한 소롱과 보욕, 죽은 이에 대한 축원으로서 불사(佛寺)의 전립 등을 보여준다.

마당극 ●●●

우리 민족 고유의 전통 민속연희를 창조적으로 계승한 현대 연극 양식으로 마당굿, 민족극, 민중극이라고도 불린다. 1970년대 사회·문화 저변에 팽배해 있던 상업주의, 배금주의, 소시민주의, 문화적 사대주의 등에 대한 비판적 저항으로 대두해 지극히 사회 비판적이고 현실 고발적인 내용을 담고 있다. 연희자와 관중이 분리되지 않고 한마당에서 같이 호흡할 수 있다는 점에서 서구의 근대 연극과는 구별된다. 1970년대 초 김지하, 임진택, 이상우, 채희완 등에 의해 민중적 문화운동으로 전개, 대학가로 확산됐다. 1972년 공연된 <금관의 예수>가 최초의 마당극이며, 1980년 3월 극단 「연우무대」가 공연한 <장산곶매>는 마당극의 대표적 작품으로 꼽힌다.

씻김굿 ●●●

민간신앙의 하나로 전라남도 지방에서 행해지는 사자의례(死者儀禮)의 한 형식이다. 경기도 지방의 <자리걷이> <지노귀굿> <천금새남>, 서울 지방의 <길가름>, 경상도 지방의 <오구굿> 등과 같은 성격에 속한다. 씻김은 사령(死靈)의 신체 모형을 만들어 무녀가 씻기는 것을 말한다.

제석굿 민족신화의 하느님과 그의 자손인 환인, 환웅, 단군 등 삼신을 주신으로 모시는 굿

03 음악 · 미술

음악

그래미상(Grammy Award) ●●●

전 미국 레코드예술과학아카데미(약칭 NARAS)가 1959년부터 수여해 오고 있는 음반계의 아카데미상으로, 그해 우수한 레코드와 앨범을 선정해 수상한다. 그래미는 그래머폰(gramophone, 축음기)에서 따온 애칭이며, 수상자에게는 나팔이 부착된 축음기 모양의 기념패가 주어진다. 팝과 클래식을 가리지 않으며, 특히 올해의 레코드, 올해의 앨범, 올해의 노래, 신인상 등 4개 부문의 수상자가 가장 주목받는다.

골든디스크(golden disk) ●●●

100만 장 이상 팔린 레코드를 가리키는 말로, 「밀리언셀러 레코드(million seller record)」라고도 한다. 미국 레코드협회에서 100만 장 이상 팔린 레코드에 대해 금빛 레코드를 시상한 데서 비롯됐다.

관현악(orchestra music) ●●●

관악기, 현악기, 타악기의 대합주 음악을 일컫는다. 이를 연주하는 단체 중 대규모이고 본질적인 것을 교향악단, 필하모닉 관현악단이라고 부른다. 오늘날 관현악단의 인원수는 80~100명 정도로, 한 사람의 지휘자가 통괄해 연주한다. 또한 관현악단의 편성도는 지휘자와 가까운 곳부터 「현악기 - 목관악기 - 금관악기 - 타악기」 순서로 편성된다.

악기의 분류

목관악기	피콜로, 오보에, 클라리넷, 바순, 파곳, 플루트, 잉글리시 호른, 베이스 클라리넷, 색소폰
금관악기	호른, 트럼펫, 트롬본, 튜바
현악기	바이올린, 비올라, 첼로, 더블베이스, 하프, 콘트라베이스
타악기	음정이 있는 것: 비브라폰, 실로폰, 마림바, 벨, 팀파니
	음정이 없는 것: 큰북, 작은북, 심벌즈, 공, 트라이앵글, 탬버린, 캐스터네츠
건반악기	피아노, 첼레스타, 오르간, 하몬드오르간, 아코디언

피콜로는 근대 관현악에서 가장 높은 음역의 악기로 음색이 날카롭다. 또 콘트라베이스는 관현악에서, 튜바는 금관악기 중에서 각각 가장 낮은 음을 담당한다. 이 밖에 오케스트라는 연주를 시작하기 전, 오보에의 A음을 기준으로 조율(튜닝)을 한다.

교향곡(symphony) ●●●

관현악을 위해 작곡된 가장 대규모의 기악곡으로, 보통 4악장으로 구성된다. 18세기 중엽~19세기 초 고전파 음악의 대표적 장르로서, 오늘에 이르기까지 모든 음악 형태 중 가장 중요한 위치를 차지하고 있다. 교향곡에 일대 진보를 가져온 사람은 「교향곡의 아버지」라고 불리는 하이든이며, 그가 수립한 엄격한 형식은 모차르트를 거쳐 베토벤에 와서 절정에 달했다. 교향곡을 연주하는 관현악기는 크게 현악기군(바이올린 · 비올라 · 첼로 · 더블베이스), 목관악기군(플루트 · 오보에 · 클라리넷 · 파곳), 금관악기군(호른 · 트럼펫 · 트롬본), 타악기(팀파니) 등으로 나뉜다.

세계 3대 교향곡 베토벤 〈운명〉, 슈베르트 〈미완성 교향곡〉, 차이콥스키 〈비창〉

소나타(sonata) •••

원칙적으로 표제가 없는 절대음악적인 기악을 위한 독주곡 또는 실내 악곡으로, 16세기 중엽의 바로크 초기 이후에 유행했다. 2악장 이상의 복(復)악장으로 이루어져 있으며 제시부, 전개부, 재현부의 3형식으로 구성된다. 소나타는 하이든에 의해 형식이 확립됐고, 모차르트에 의해 발전, 베토벤에 의해 완성됐다.

랩소디(rhapsody) •••

원래는 유명한 노래의 멜로디를 연결해 만들어진 가곡을 말했으나, 오늘날에는 일정한 형식이 없이 환상적이고 자유스러운 악장으로 발전시켜 만든 화려한 악곡을 지칭한다. 「광시곡(狂詩曲)」이라고도 하며, F. 리스트의 <헝가리 광시곡>이 유명하다.

녹턴(nocturne) •••

낭만파시대에 주로 피아노를 위해 작곡된 소곡(小曲)으로, 「야상곡(夜想曲)」이라고도 한다. 아일랜드 작곡가 J. 필드가 처음 작곡했으며, 쇼팽에 의해서 정교하고 세련된 피아노 소품으로 완성됐다. 서정적이며 환상적인 분위기를 풍긴다.

담시곡(譚詩曲) •••

자유로운 형식의 짧은 서사시를 바탕으로 작곡된 기악곡으로, 「발라드(ballade)」라고도 한다. 담시곡은 원래 극적인 이야기풍의 서사시에 붙인 성악곡이었으나 그 형식은 나라와 시대에 따라 각양각색이었다. 18세기 이후 표제음악풍의 시적인 줄거리를 담은 기악곡으로 변모했다.

칸타타(cantata) •••

합창, 중창, 독창 등으로 구성된 대규모의 성악곡으로, 「교성곡(敎聲曲)」이라고도 한다. 종교적인 것과 세속적인 것의 두 가지로 구별할 수 있는데, 전자로는 바흐의 작품, 후자로는 브람스의 <운명의 노래>, <애도가> 등이 대표적이다. 극적인 요소가 없는 점에서 가극과 구별된다.

레퀴엠(requiem) •••

가톨릭교회의 「사자(死者)를 위한 미사곡」으로, 「진혼곡(鎭魂曲)」이라고도 한다. 모차르트, 브람스의 레퀴엠이 유명하다.

오라토리오(oratorio) •••

기도장에서 행해지는 종교적 악극을 말하며, 「성담곡(聖譚曲)」 또는 「성극(聖劇)」이라고도 한다. 세속적인 음악인 오페라와 함께 성악곡 중 최대의 형식을 가지며, 관현악이나 오르간을 반주로 하는 독창·합창·중창으로 이루어진다. 16세기 로마에서 시작해 17세기에 오페라와 함께 발달했으며, 18세기에 완성됐다. 극적 요소를 지니는 장엄한 곡으로 무대 배경이나 의상, 동작은 사용되지 않는 것이 특징이다. 헨델의 <메시아>, 하이든의 <천지창조> 등이 유명하다.

오페라(opera) •••

음악적 · 문학적 · 연극적 · 미술적 요소들을 모두 포함한, 대규모의 종합예술이라 할 수 있는 음악극을 말한다. 기원은 그리스시대이나 근대 가극으로 발달하기 시작한 것은 17세기 초이며, 이탈리아에서 일어나 여러 나라로 파급되면서 다양하게 발전했다. 오페라는 그 구성에 따라 정가극, 희가극, 오페레타, 악극 등으로 구분된다. 거의 모든 대사를 노래로 표현하며 간간이 흥미를 주기 위해 춤을 곁들이는 오페라도 있다.

구분	내용
정가극 (opera seria)	비극적인 내용이나 영웅적인 이야기를 소재로 하며, 레시타티브, 아리아, 중창, 합창 등을 관현악 반주로 노래 예 비제의 〈카르멘〉, 베르디의 〈라 트라비아타〉 〈아이다〉 등
희가극 (opera buffa)	쾌활하고 익살스러우며 희극적인 내용을 소재로 하는 대중적인 오페라 예 모차르트의 〈피가로의 결혼〉, 로시니의 〈세비야의 이발사〉 등
오페레타 (operetta)	19세기 후반에 발달한 대중적인 음악희극으로 희가극 · 경가극이라고도 함. 1920년대에 들어서서 오페레타는 미국에서 뮤지컬로 이행됨 예 오펜바흐의 〈천국과 지옥〉, 슈트라우스의 〈집시 남작〉 등
악극 (music drama)	레시타티브, 아리아, 중창, 합창 등의 형태를 사용하지 않고 관현악으로 담화적인 멜로디를 연주함으로써 극의 내용을 이끌어 가는 음악극. 음악 예술적인 면보다는 극적 예술이 주도적인 역할을 함. 악극은 바그너에 의해 창시됨 예 바그너의 〈트리스탄과 이졸데〉 등

프리마돈나(prima donna) •••

「제1의 여인」이라는 뜻으로, 오페라의 여주인공을 맡은 소프라노 가수를 지칭한다. 남성 가수는 「프리모 우오모(primo uomo)」라 한다.

카스트라토(castrato) •••

여성이 무대에 설 수 없었던 18세기 바로크시대의 오페라에서 여성의 음역을 노래한 남성 가수를 뜻한다. 교회에서는 남성만이 노래할 수 있도록 허락한 로마가톨릭교회의 전통 때문에 생겨났다. 카운터테너에서 소프라노까지 오르내리는 3옥타브 반의 목소리를 내기 위해 변성기 전인 소년시절에 거세당했으며, 「신의 목소리」라고 불렸다.

카운터테너(counter tenor) 변성을 거친 후 가성으로 소프라노의 음역을 구사하는 남성 성악가. 14세기 단성음악에서 다성음악으로 발전할 때 테너(기본음)의 바로 위 성부로 처음 생겨났다.

아카펠라(a cappella) •••

「예배당풍으로, 성당풍으로」란 뜻으로, 클래식에서 반주 없이 부르는 합창곡을 일컫는다. 대중가요에도 큰 영향을 미쳐 1960년대 이후 미국을 중심으로 흑인영가, 블루스, 컨트리뮤직에서 종종 이용됐다. 아카펠라풍의 대중가요는 악기를 사용하지 않고 목소리, 입, 손장단 등으로만 표현하므로 화음이 강조되는 특징이 있다.

뉴에이지 음악(new age music)•••

고전 음악이나 포크 뮤직 등 광범위한 음악장르를 포괄하는 연주 음악을 일컫는다. 재즈와 프로그레시브 록에 가까운 동양적 명상 음악으로 비트가 제거돼 있어 서정성이 깊고 청각적으로 부담이 없다. 뉴에이지 계열의 음악에는 컨템퍼러리 재즈, 프로그레시브 록, 클래식 팝, 영화 음악 등이 포함된다. 1986년부터 그래미상에 「뉴에이지 뮤직」 부문이 신설돼 독립성을 가진 하나의 음악 장르로 정착됐다.

세계 민속음악•••

포크 송(folk song)	「민요」라는 뜻이지만, 1950년대 말부터 미국의 젊은 세대 사이에서 유행된 자작곡 중심의 노래
람바다(lambada)	브라질의 관능적인 춤과 노래. 람바다는 브라질어로 채찍을 의미
칸초네(canzone)	원래는 14~18세기에 걸쳐 이탈리아에서 유행한 세속적인 시에 곡을 붙인 가곡을 가리킨 말로, 일반적으로 이탈리아의 민요, 가요를 지칭
살사(salsa)	뉴욕의 푸에르토리코인 지구에서 생겨난 라틴 음악. 쿠바 음악이 바탕이 됨
플라멩코(flamenco)	스페인 남부 안다루시아 지방을 중심으로 한 집시의 민속음악
삼바(samba)	브라질의 민중음악. 리오의 빈민가에서 생겨나 1940년대부터 카니발의 공식 음악이 돼 발전
보사노바(bossa nova)	삼바에 모던재즈가 가미돼 발달한 브라질 음악. 보사노바란 포르투갈어로 새로운 경향, 감각을 의미
탱고(tango)	아르헨티나의 부에노스아이레스에서 19세기 말 성립된 댄스 음악
하바네라(habanera)	쿠바의 무곡. 스페인에서 발생했으며 보통 템포에 의한 2/4박자의 곡으로 2종의 리듬형이 특징. 〈카르멘〉이 유명

춤곡•••

가보트(gavotte)	2/2박자, 4/4박자의 프랑스 고전 춤곡. 17세기 중엽 발레와 오페라에 도입된 후 크게 유행함
왈츠(waltz)	3/4박자의 빠르고 화려한 오스트리아 춤곡. 요한 슈트라우스에 의해 크게 발전한 후, 쇼팽과 차이콥스키에 의해 더욱 순수예술작품으로 발전함
볼레로(bolero)	19세기 초에 성행했던 3/4박자의 스페인 민속무곡. 1780년경 유명한 무용가 세레소가 창작했다고 함. 음악은 3박자로 캐스터네츠의 반주를 따름
마주르카(mazurka)	3/4박자의 폴란드 민속무곡. 3/4박자, 3/8박자의 템포가 빠르고 발랄한 느낌을 주는 춤곡으로 쇼팽에 의해 예술적으로 승화돼 널리 알려짐
폴로네즈(polonaise)	3/4박자, 폴란드의 귀족적인 춤곡. 남성적이고 힘찬 느낌을 주는 리듬이 특징이며 쇼팽에 의해 고도로 예술화됨
폴카(polka)	2/4박자의 보헤미아 춤곡. 경쾌하고 리듬이 활기 있음
타란텔라(tarantella)	6/8박자, 3/8박자의 이탈리아 나폴리 지방의 춤곡

갈라 콘서트(GALA concert)•••

주연급이 등장해 작품의 주요 장면을 부분적으로 보이는 무대를 말한다. 「갈라(gala)」란 라틴어에서 비롯된 용어로, 흔히 아리아와 중창・합창 등의 오페라를 무대 및 조명 장치 없이 약식으로 공연하는 것을 말하지만, 최근에는 격식을 꼭 지키지 않는 축제성 기획 공연을 통칭하기도 한다.

쾨헬번호(Köchel-verzeichnis) •••

루드비히 폰 쾨헬이 모차르트 전 작품의 연대순 리스트에 붙인 번호로, 흔히 「KV」, 「K」로 쓴다.

작곡가들의 작품번호 • RV : 비발디 • BWV : 바흐 • HWV : 헨델 • Hob : 하이든 • D : 슈베르트 • B : 드보르자크 • K 또는 KV : 모차르트 • WoO : 베토벤의 작품 중 작품번호가 없는 것

대위법(counterpoint, 對位法) •••

서로 다른 둘 이상의 선율을 동시에 조합하는 작곡 기법을 말한다. 「음표 대 음표」를 뜻하는 라틴어 푼크투스 콘트라 푼크툼(punctus contra punctum)에서 유래된 말이다. 현대에는 특히 쇤베르크의 12음 음악에서 무조의 대위법이 중요한 역할을 하고 있다. 어떤 성부의 선율이나 주제를 타성부가 모방해 악곡을 전개하는 수법을 특히 모방 대위법이라고 하며, 그중 가장 완성된 형태가 푸가(fuga)이다.

카논(canon) 어떤 성부의 멜로디를 다른 성부가 일정한 간격을 두고 모방하면서 뒤쫓아 가는 대위법적인 악곡

푸가(fuga) 동시에 진행하는 여러 선율로 하나의 주제를 체계 있게 모방해(이를 대위법이라 함) 그것들을 합쳐서 만든 성악곡이나 기악곡. 대개 반주 없는 주제가 먼저 등장해 곧이어 다른 성부로 이어진다. 바흐의 〈브란덴부르크 협주곡〉 중 제5번의 Ⅲ이 대표적이다.

론도(rondo) 중세의 성악곡 형식에서 유래해, 17~18세기에 크게 유행한 기악 형식. 론도의 특징은 되풀이해서 나오는 주제와 그 되풀이 사이에 별도의 악상이 끼어드는 것으로, ABACBA와 같은 형식을 취하는 경우가 많다.

빠르기말 •••

악곡의 빠르기 정도를 표시하는 말을 일컫는다. 가장 표준이 되는 빠르기말은 라르고(Largo) – 아다지오(Adagio) – 안단테(Andante) – 알레그로(Allegro) – 프레스토(Presto) 등 다섯 가지가 있다.

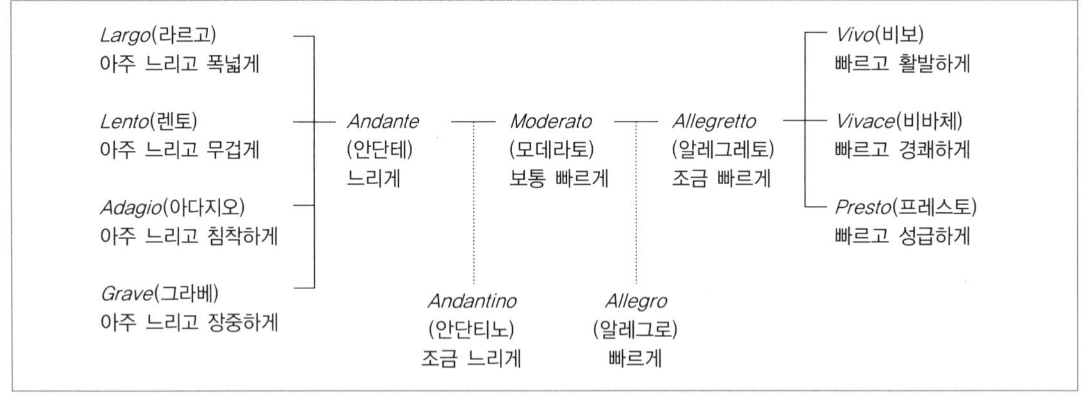

나타냄말 악곡의 분위기, 진행 양식, 표현 방법 등을 나타내는 말. 셈여림, 악상, 주법의 세 가지가 있음. *Animato*(생기 있게), *Amabile*(사랑스럽게), *Brillante*(화려하게), *Cantabile*(노래하듯이), *Con brio*(활기 있게), *Conmoto*(감동적으로), *Comodo*(편안히), *Dolce*(부드럽게), *Espressivo*(표정을 풍부하게), *Grazioso*(우아하게), *Maestoso*(장엄하게), *Marcato*(똑똑히 힘을 주어)

셈여림표 *pp*(피아니시모, 매우 약하게) – *p*(피아노, 약하게) – *mp*(메조피아노, 조금 약하게) – *mf*(메조포르테, 조금 강하게) – *f*(포르테, 강하게) – *ff*(포르티시모, 매우 강하게)

기악의 연주 형태 •••

독주는 혼자서 악기를 연주하는 것으로 반주가 따른다. 중주는 두 사람 이상이 각기 다른 종류의 악기를 연주하는 것이다.

2중주	• 독주악기 + 피아노 = 소나타 • 2대의 악기
3중주	• 피아노 3중주 : 피아노, 바이올린, 첼로 • 현악 3중주 : 바이올린, 비올라, 첼로 • 목관 3중주 : 플루트, 오보에(또는 클라리넷), 바순 • 플루트 3중주 : 플루트, 바이올린, 첼로 • 호른 3중주 : 호른, 바이올린, 피아노
4중주	• 피아노 4중주 : 피아노, 바이올린, 비올라, 첼로 • 현악 4중주 : 바이올린 2, 비올라 1, 첼로 1 • 목관 4중주 : 플루트, 오보에, 클라리넷, 바순 • 금관 4중주 : 트럼펫, 트롬본, 호른, 튜바
5중주	• 피아노 5중주 : 피아노 1, 바이올린 2, 비올라 1, 첼로 1 • 현악 5중주 : 바이올린 2, 비올라 1(2), 첼로 2(1) (현악 4중주 + 현악기) • 목관 5중주 : 플루트, 오보에, 클라리넷, 바순, 호른

퀸텟(quintet) 5명의 연주자를 위한 실내악. 현악 5중주는 주로 바이올린 2, 비올라 2, 첼로로 구성되며, 성악 5중주는 소프라노 2, 알토, 테너, 베이스로 구성된다. 보통 현악 4중주(바이올린 2 · 비올라 1 · 첼로 1) 편성에 현악기 이외의 악기를 하나 더 곁들인 5중주는 추가된 악기명으로 불린다. 한편, 콰르텟(quartet)은 4개의 독주악기에 의한 실내악 중주를 말하며, 가장 대표적인 것은 현악 4중주(바이올린 2 · 비올라 1 · 첼로 1)로 실내악의 중심이 되고 있다.

정간보(井間譜) •••

조선 세종이 창안한 악보로 전통적인 기보법의 하나이다. 바둑판처럼 우물 정(井)자 모양으로 칸(間)을 지르고 칸의 수로는 음의 길고 짧음을, 칸 안의 음이름으로는 음의 높고 낮음을 나타낸다. 현재는 정간보와 오선보의 두 기보법이 사용된다.

국악의 음계 궁, 상, 각, 치, 우는 중국의 음계이며, 우리 국악은 모두 12음률로 돼 있다. ≪세종실록≫에 기록된 고대 악보인 율자의 12율명은 악보의 기본명이다. 12율명은 황종, 대려, 태주, 협종, 고선, 중려, 유빈, 임종, 이칙, 남려, 무역, 응종이다. 기보법에 표기할 때는 머리글자만 따서 사용한다.

정악(正樂) •••

전통 음악을 크게 분류해 그중 한 갈래를 가리키는 말로, 일명 「아악(雅樂)」이라고 한다. 과거 궁중과 상류층에서 연주되던 음악의 총칭으로 민속악과 대비된다. 여기에는 여민락, 수제천, 종묘제례악, 문묘제례악 등 옛 궁중 음악과 가곡, 가사, 시조, 영산회상 등 옛 풍류방의 음악이 포함된다.

종묘제례악(宗廟祭禮樂) 종묘와 영녕전의 제례의식에서 쓰이는 음악. 보태평의 11곡과 정대업의 11곡이 연주됐다. 종묘제례는 1910년 폐지됐다가 1945년 전주 이씨 종친회에 의해 복원됐다(무형문화재, 세계무형유산).

문묘제례악(文廟祭禮樂) 문묘제례에서 연주되는 의식음악. 매년 음력 2월과 8월의 상정일(上丁日)에 성균관의 대성전에서 석전의식을 행할 때에 연주되는데, 이때 연주되는 음악은 주(周)의 음악을 모델로 해 복원된 중국 고대 음악이다.

민속악(民俗樂) •••

조선 순조 이후에 발생해 발달된 서민적인 한국 음악으로 판소리, 시나위, 무악, 농악, 민요, 잡가 등이 여기에 속한다. 민속악 장단은 판소리에서만 북장단을 사용하고, 그 밖의 산조, 잡가, 민요, 무악, 탈춤, 민속놀이 등은 모두 장구를 사용한다. 한편, 판소리나 산조 등에서 진양조, 중모리, 중중모리, 자진모리, 휘모리, 단모리 등은 장단의 빠르고 느림을 나타내는 말이다.

3대 악성(三大 樂聖) •••

조선 세종 때 궁중 음악인 아악의 기초를 확립한 박연, 고구려 때 칠현금에 능했던 왕산악, 12월을 상징해 가야금을 만든 우륵 등 세 사람을 일컫는다.

삼현육각(三絃六角) •••

악기편성법의 하나로, 일명 「육잡이」라고 한다. 주로 무용 반주에 쓰이는데 향피리 2, 젓대 1, 해금 1, 장구 1, 북 1의 6악기로 편성된다.

여민락(與民樂) •••

조선시대 관현합주곡의 하나로 일명 「승평만세지곡(昇平萬歲之曲)」이라고 한다. 모두 7장으로 구성되며 연주에 1시간 20여 분이 소요되는 대곡이다. 여민락은 세종이 「백성과 더불어 즐긴다」는 뜻에서 지은 이름이다. 편성 악기는 향피리, 대금, 해금, 거문고, 가야금, 당적, 아쟁, 장구, 좌고 등이다.

시나위 •••

굿에 뿌리를 둔 즉흥적인 기악합주 음악이다. 본래는 경기 남부, 충청도, 전라도, 경상도 서남부 지역에서 굿을 할 때 무가(巫歌)나 무무(巫舞)의 반주 음악으로 연주하는 무악장단에 육자배기 소리로 된 허튼가락을 얹어 연주하는 기악합주 음악을 말한다.

산조(散調) •••

국악기 독주음악의 하나로, 남도소리의 시나위 가락을 장단에 넣어 연주하는 것을 일컫는다. 기본 장단에는 진양조, 중모리, 자진모리가 있고, 중모리와 자진모리 사이에 중중모리가 낀다. 단, 가야금 산조만은 자진모리 다음에 속도가 더 빠른 휘모리와 단모리가 추가된다. 전남 영암 출신인 김창조(1865~1929)가 처음으로 그 틀을 만들어 가야금에 얹어 탄 것으로 전해진다.

다스름 본 곡의 연주에 앞서 호흡을 고르기 위해 미리 연주하는 짧은 악곡. 「조음(調音)」이라고도 한다. 소규모의 관현악 반주가 따르는 가곡의 연주나 독주곡인 산조의 연주에 앞서 다스름을 연주함으로써 조율 상태를 확인하고 마음을 가다듬을 수 있다.

2

ZOOM IN

판소리

한 사람의 창자(唱者)가 소리(唱)와 아니리(白), 발림(科)을 섞어 가면서 긴 이야기를 노래하는 형식. 한 사람의 고수가 북장단을 쳐서 반주하고 「으이, 좋지, 잘한다」 등의 추임새로 흥을 돋우는 역할을 한다. 판소리는 숙종(1674~1720) 무렵에 12마당이 성립됐고 지금은 그중에서 5마당(①~⑤)만이 전해진다.

① 춘향가 ② 심청가 ③ 박타령 또는 흥부가 ④ 토끼타령 또는 수궁가 ⑤ 화용도 또는 적벽가 ⑥ 배비장전 ⑦ 옹고집전 ⑧ 변강쇠타령 또는 가루지기타령 ⑨ 장끼타령 ⑩ 강릉 매화전 ⑪ 무숙이타령 또는 왈자타령 ⑫ 가짜신선타령

판소리 여섯마당(신재효 분류)	춘향가, 심청가, 흥부가, 수궁가, 적벽가, 변강쇠타령
판소리 구성의 3요소	창(노래, 음악적 요소), 아니리(사설, 문학적 요소), 발림(몸짓, 연극적 요소)

1 판소리 유파

판소리는 지역, 창법, 조(調)의 구성에 따라 동편제, 서편제, 중고제 등으로 나뉜다.

동편제	명창 송흥록의 유파. 우조를 잘 불렀고, 운봉 · 구례 · 순창 · 흥덕 등지에서 성행. 창법은 씩씩하고 담담한 것이 특징이다.
서편제	박유전의 유파. 계면조를 잘 불렀고, 광주 · 나주 · 보성 · 해남 등지에서 성행. 창법은 부드럽고 애절하며 꼬리가 길다.
중고제	염계달, 김성옥의 유파. 경기도와 충청도에서 성행. 창법은 동편제와 서편제의 중간이며 상하성(上下聲)이 분명하다.
강산제	서편제의 수령 박유전이 만년에 전남 보성군 강산리에서 여생을 보내며 창시한 유파. 체계가 정연하고 범위가 넓다.

2 판소리 주요 용어

더늠	• 판소리의 유파에 따라 계승돼 오는 특징적인 대목이나 음악적 스타일 • 어떤 명창이 부른 판소리의 특정한 대목이 격찬을 받게 되면 그 대목은 누구의 더늠이라고 말하게 되고 그 더늠은 후배 명창들에 의해서 계승됨
바디	판소리 한 판의 전체적인 짜임새를 가리키는 말(바디는 베를 짤 때에 베의 날을 고르게 하는 도구의 이름). 판소리의 질적 우열을 평할 때, 어느 유파의 스타일을 가리킬 때, 개인의 한 판을 가리킬 때 쓰이는 말
눈대목	판소리의 가장 감동적인 대목을 지칭하는 말
쑥대머리	판소리 〈춘향가〉 중의 한 대목. 근세 명창 임방울의 더늠으로 알려져 있으며, 춘향이 옥중에서 이도령을 그리워하는 내용으로 돼 있음. 쑥대머리는 쑥(풀)과 같이 「헝클어진 머리」라는 뜻
아니리	판소리에서 한 대목의 소리와 다음 대목의 소리 사이에 가락을 붙이지 않고 말하듯이 사설을 엮어 가는 것. 판소리 창자는 아니리를 통해 극적인 전개를 보충 설명할 수 있고, 다음 소리를 위해 잠시 휴식할 수 있음
발림 / 너름새	• 판소리 연주에서 창자가 소리의 극적인 전개를 돕기 위해 하는 몸짓이 발림으로 일명 너름새, 사체라 부름. 하지만 엄밀히 따지면 발림은 춤사위에 한정해 사용하는 반면, 너름새는 소리꾼이 사설의 내용에 따라 몸짓으로 표현하는 연기력(손바닥으로 땅을 치는 동작 등) 또는 모든 육체적 동작을 가리킴 • 신재효(1812~1884)는 〈광대가〉에서 발림(너름새의 의미로 사용)과 인물, 사설, 득음을 광대가 갖추어야 할 네 가지 필수조건으로 제시함
추임새	• 판소리 창자가 노래를 부를 때 창자의 흥을 돋우어 주기 위해 고수 또는 청중이 가락의 알맞은 곳에 붙이는 「좋지, 얼씨구, 잘한다, 어디, 아먼, 으이」 등의 말 • 판소리의 연행에서 추임새의 역할은 대단히 중요한데, 첫째 창자의 흥을 돋우어 주고, 둘째 소리의 강약을 보강해 주며, 셋째 소리의 휴지부를 메꿔 주고, 넷째 북가락 대신에 장단을 제시해 주고, 다섯째 소리를 이끌어 내며, 여섯째 창자의 상대역을 맡는 등 복합적인 기능을 함
내드름	판소리 · 산조 · 농악 등에서 한 악절의 시작 선율 또는 내는 가락

범패(梵唄)•••

석가여래의 공덕을 찬양하며 절에서 재를 올릴 때 부르는 노래를 말한다. 가곡·판소리와 함께 우리나라 3대 전통 성악곡 중 하나로, 범음·어산·범토·인도소리 등으로 불린다.

비나리•••

걸립패의 상쇠가 마당굿을 마친 후 고사상 앞에 서서 부르는 고사소리를 말한다. 사설에 따라 산세풀이, 액풀이, 원풀이, 과거풀이, 성주풀이, 농사풀이 등으로 나뉜다.

회심곡(回心曲)•••

걸립패 고사소리의 하나인 평조염불 중 부모은중경(父母恩重經) 부분을 지칭하는 말이다. 서산대사 휴정(休靜)이 지은 불교 포교가사로 「회심가」라고도 한다. 가사는 부모에게 효도하고 탐욕을 버리며 착한 일을 많이 하고 염불해 본심을 바르게 닦아 극락에 가서 태평가를 부르자는 권념송불(勸念頌佛)의 내용이다.

남도소리•••

주로 전라도와 경상도 서남부 및 충청도 일부 지역에서 불리는 민속성악 및 그 소리를 말한다. 판소리를 위시해 단가, 민요, 그리고 일부 잡가와 노동요 등이 포함된다. 한국민요 중 음악성이 가장 뛰어나며, 대표적인 것에 전라도의 육자배기·농부가·진도아리랑·새타령·날개타령·남원산성·강강술래, 경상도의 쾌지나 칭칭·성주풀이 등이 있다.

서도소리 황해도·평안도·함경도 지방에서 불리는 노래의 총칭. 평안도의 수심가·엮음수심가·긴아리·자진아리·안주애원성·배따라기·자진배따라기 등과 황해도의 산염불·자진염불·긴난봉가·사리원난봉가·병신난봉가·숙천난봉가·몽금포타령 등이 유명하다.

미술

FIAC(Foire internationale d'art contemporain, 피악)•••

프랑스 파리에서 매년 10월에 열리는 아트페어이다. 바젤 아트페어, 시카고 아트페어 등과 함께 세계 3대 회화제로 꼽힌다. 1974년 침체돼 있던 세계 현대미술을 활성화시키기 위해 프랑스 내 80여 화랑과 출판업자들이 모여 조직했다.

세계 5대 아트페어 시카고 아트페어, 바젤 아트페어, 쾰른 아트페어, 피악(FIAC), 아르코(ARCO)

비엔날레(biennale)•••

「격년제」란 뜻의 이탈리아어로 2년마다 열리는 전람회 및 그 밖의 미술행사를 말한다. 이탈리아의 베네치아 비엔날레, 미국의 휘트니 비엔날레, 브라질의 상파울루 비엔날레가 세계 3대 비엔날레에 속하며, 우리나라에서는 1995년 광주에서 처음 시작됐다. 특히 1895년 창립된 베네치아 비엔날레는 세계 최고(最古)·최대의 국제미술전으로, 우리나라는 1986년 이 비엔날레에 처음 참가해 1995년 25번째로 한국관이 건립됐다. 1993년 독일관 대표로 참가한 백남준이 황금사자상을 수상한 데 이어, 1995년 전수천, 1997년 강익중, 1999년 이불이 특별상을 수상했고, 2015년에는 임흥순이 다큐영화 <위로공단>으로 은사자상을 수상했다.

트리엔날레(triennale) 3년마다 열리는 미술행사를 말하며, 인도 트리엔날레 등이 유명하다. 4년마다 열리는 미술행사는 콰드리날레(quadriennale)라고 한다.

2

프리츠커상(Pritzker Architecture Prize)•••

미국의 세계적 호텔 체인 하얏트 재단의 제이 프리츠커(Jay Pritzker)가 건축예술을 통해 인류와 환경에 중요한 기여를 한 생존 건축가를 표창하기 위해 1979년 제정한 상이다. 국제적으로 권위를 인정받아 건축계의 노벨상으로 불린다. 프리츠커상은 국적, 인종, 종교, 이데올로기와 상관없이 주어지며, 수상자에게는 상금 10만 달러와 청동 메달이 수여된다.

미술 표현 기법•••

용어	표현 기법
마블링 (marbling)	물 위에 유성 물감을 떨어뜨려 저은 다음 그 위에 종이를 덮어 대리암 모양의 무늬가 묻어나게 하는 표현 기법
데칼코마니 (decalcomanie)	전사법이란 뜻으로, 에른스트 이래 널리 응용된 초현실주의 회화기법의 하나. 유리판이나 종이 등 물감 흡수가 잘 되지 않는 재질의 표면에 물감을 칠하고 반으로 접었다가 펴거나 그 위에 종이를 덮어 누르거나 문지른 후 떼어내는 기법
파피에 콜레 (papier colle)	신문지, 벽지 등 종이 따위를 찢어 붙이는 기법으로 콜라주의 일종. 브라크와 피카소가 시작한 큐비즘의 표현 기법
콜라주 (collage)	큐비즘의 파피에 콜레가 발전된 것으로 화면에 종이, 나뭇조각, 상표, 타일, 섬유 등을 붙여 독특한 효과를 나타내는 기법. 피카소의 〈등나무 의자가 있는 정물〉은 최초의 콜라주 회화로 평가받음. 콜라주는 팝 아트를 비롯해 20세기 미술에서 폭넓게 사용됨 * 아상블라주(assemblage): 콜라주와 구별하기 위해 뒤뷔페가 처음 사용한 말로, 기성 제품을 수집하는 것을 뜻함 * 컴바인 페인팅(combine painting): 콜라주의 확대된 개념으로 2차원, 3차원적 물질을 회화에 도입하려는 미술 운동. 미국의 라우센 버그가 제창
모자이크 (mosaic)	돌, 도자기, 타일 등 작은 조각들을 사용해 일정한 형상이나 모양을 표현하는 기법. 〈테오도라 황비상(비탈레 성당)〉이 유명함
프로타주 (frottage)	바위나 나무의 거친 면에다 종이를 대고 연필이나 크레용 따위로 문질러서 나타내는 표현 기법. 초현실주의의 에른스트가 고안함

현대미술 사조•••

미술 사조	특징 및 작품
야수파 (포비즘, fauvisme)	• 20세기 초(1900~1919). 고흐, 고갱으로부터 직접적인 영향을 받아 일어난 미술 사조 • 인상주의의 빛에 의한 명암법을 거부하고 원색을 대담하게 사용했으며, 형태를 단순화했고, 자유로운 붓놀림을 통한 주관적 감정을 표현한 것이 특징 • 대표 작가 : 마티스, 루오 등
입체파 (큐비즘, cubisme)	• 20세기 초(1907~1914). G. 브라크의 작품에 큐브(cube)라는 이름이 붙여진 데서 비롯된 야수파 운동을 전후해 일어난 프랑스 회화운동 • 포름(forme)을 존중, 인상파에서 시작돼 야수파 · 표현주의에서 극을 이루는 색채주의에 대한 반동으로 나타남 • 대표 작가 : 피카소, 브라크 등
표현주의 (expressionism)	• 1911~1920년. 독일에서 일어난 미술운동으로, 극단적 형태의 변형과 단순화로 작가의 내면세계를 표현 • 대표 작가 : 뭉크, 샤갈, 클레 등
미래파 (퓨처리즘, futurism)	• 20세기 초. 〈미래주의 선언〉(1912)에 의해 이탈리아에서 일어난 전위 예술운동 • 대표 작가 : 보초니, 세베리니 등
초현실주의 (쉬르레알리즘, surréalisme)	• 1919~1940년. 프랑스를 중심으로 유럽과 미국에서 널리 유행한 인간의 무의식이나 꿈의 세계 등 비현실세계를 표현하기 위해 물체의 모순된 배치와 형태로 대담하게 표현한 미술 형식. 콜라주, 프로타주 등의 표현기법 사용은 현대미술에 영향을 줌 • 대표 작가 : 달리, 미로, 마그리트 등
추상미술 (abstract art)	• 20세기 전기(1940년 이후). 눈에 보이는 현실사물을 구체적인 형태로 표현하는 것이 아니라 순수한 조형의 요소와 원리를 이용해 나타내는 미술 사조 • 대표 작가 : 몬드리안, 칸딘스키 등
미니멀리즘 (minimalism)	1960년대 나타난 문화 · 예술운동으로 장식적 요소를 일체 배제하고 표현을 최소화하는 기법이나 양식. 당초 미술계에서 시작돼 최소한의 조형 수단을 써서 제작한 그림이나 조각을 미니멀 미술(minimal art)이라 했으며 문학 · 음악 · 무용 · 건축 분야로 확대됨
포토리얼리즘 (photo realism)	사진기의 이미지를 사용해 일상생활의 모습을 극도의 사실주의로 화폭에 담는 미술운동의 경향. 1960년대 후반 미국에서 극추상 모더니즘의 주류였던 미니멀리즘의 고급 미술 지향성에 대한 반동으로 나타남. 극사실주의나 초사실주의 등으로도 불림

아르누보(art nouveau) 「새로운 예술」이란 뜻으로 19~20세기에 유럽 · 미국 각지에서 일제히 유행한 장식양식. 아르누보는 자연에서 유래된 아름다운 곡선을 디자인의 모티브로 삼는데, 주로 곡선을 사용해 식물을 모방한 까닭에 「꽃의 양식」, 「물결의 양식」, 「당초 양식」이라고도 한다. 영국 건축가 매킨토시, 스페인 건축가 안토니 가우디, 오스트리아 화가 구스타프 클림트 등이 대표적인 예술가이다.

팝아트(pop art)•••

1950년대에 영국에서 일어나 1960년대 이후 미국에서 확산된 현대미술의 조류로, 「뉴리얼리즘(신사실주의)」이라고도 한다. 포스터, 만화, 통조림, 전기제품, 자동차 등 대량소비시대의 기성품에 포위된 환경을 묘사한다. 앤디 워홀, 리히텐슈타인, 올덴버그, 로젠퀴스트 등이 미국 팝아트의 대표적 작가이다.

옵아트(op art) 색면의 대비, 선의 구성 등 광학적인 효과를 표현하려는 것으로, 「옵티컬 아트(optical art, 광학적 미술)」라고도 한다. 철저한 형식주의 경향을 나타내며 후에 벽지나 장식, 상품디자인 등에 적용됐다.

키네틱 아트(kinetic art) 움직이는 예술로, 동력에 의해 움직이는 작품과 관객이 작품을 움직일 수 있는 것으로 나뉜다. 최초의 작품은 뒤샹이 자전거 바퀴를 사용해 만든 〈모빌〉(1913)이다.

비디오 아트(video art) 비디오를 매체로 한 영상예술 작품의 총칭으로 1960년대 등장해 1970년대에 성행했다. 비디오 아트의 선구자로는 백남준이 있다.

오브제(objet) •••

물건이나 물체, 객체란 의미로 미술에서의 레디메이드(기성품) 개념이다. 프랑스어의 「objet」를 미술 용어로 그대로 사용한 것이다. 오브제를 가장 빈번하게 사용한 초현실주의에서는 오브제를 전용하거나, 이에 독특한 표현 개념을 부여해 예술의 한 방법으로 삼았다.

레디메이드(ready-made) 「기성품」이란 뜻으로 마르셀 뒤샹이 창조해 낸 미적 개념. 뒤샹이 20세기 초, 도기로 된 변기에 「레디메이드」란 제목을 붙여 전람회에 출품함으로써 이 명칭이 미술 용어로 일반화됐다.

키치(kitsch) •••

저속한 미술품, 사이비 그림이라는 의미로 19세기 말 독일에서 처음 생겨난 용어이다. 당시 급격한 산업화와 교통통신의 발달, 대중문화의 탄생 등으로 그림에 대한 소유 욕구가 확산되면서 키치가 나타났다.

프레스코(fresco painting) •••

회반죽 벽에 그리는 벽화기법으로, 인류 회화사에서 가장 오래된 그림 기술 혹은 형태로 여겨진다. 기원전 약 3000년 미노스 문명의 중심지인 크레타섬의 크노소스 벽화가 이 기법으로 그려진 대표적 유물이다.

걸개그림 •••

대형 화폭에 그린 것을 벽이나 틀에 걸어 설치한 이동식 벽화로, 불교사원의 괘화(掛畵)에서 유래돼 정착됐다. 판화와 더불어 1980년대 한국사회 변혁운동에서 대표적인 매체로 각광받았다.

게르니카(Guernica) •••

스페인 북부의 바스크 지방에 있는 작은 도시를 소재로 한 피카소의 대표작 중 하나로 꼽히는 대작이다. 스페인 내전 당시 폭격으로 1540여 명이 희생된 소도시 게르니카의 참상을 특유의 입체파 양식으로 담아냈다. 스페인 공화파 정부의 의뢰를 받고 그려진 이 작품은 첫 전시된 1937년 파리 만국박람회 당시 반전·반파시즘 투쟁을 암시한 정치적 메시지 때문에 논란을 일으켰다.

〈게르니카〉와 함께 대량 학살의 잔혹성을 폭로하는 피카소의 대표적 반전 작품에는 1951년 작 〈한국에서의 학살〉이 있다. 이 작품은 1950년 한국전쟁 중 황해도 신천에서 일어난 대학살을 소재로 해 한국전의 참상을 고발하기 위해 제작됐다.

바우하우스(Bauhaus) •••

1919년 건축가 발터 그로피우스(Walter Gropius)를 지도자로 해 독일의 바이마르에 설립된 종합조형학교 겸 연구소이다. 공업기술과 예술과의 결합을 목표로 기능적·합목적적인 새로운 미의 창조를 시도했고, 각 분야에서 현대 조형에 큰 영향을 미쳤다. 클레, 모홀리나기, 파이닝거, 칸딘스키, 이텐 등이 활약했다.

소호(SOHO) ●●●

뉴욕의 하우스톤가와 커널가 사이의 화랑 밀집 지역을 지칭한다. 「South of Houston(휴스턴가 남쪽)」의 약칭으로, 원래 공장지대였던 이곳에 1950년대부터 화가들이 모여들면서 형성됐다.

삼원색(三原色) ●●●

적당하게 혼합하면 임의의 색을 나타낼 수 있는 기본이 되는 세 가지 색을 말한다. 그림물감의 삼원색은 적(赤)·청(靑)·황(黃)이며, 삼색판의 원색으로도 사용한다. 빛의 삼원색은 적(赤)·녹(綠)·청(靑)이다.

3원 3재(三園 三齋) ●●●

조선시대의 6대 화가, 즉 단원 김홍도·혜원 신윤복·오원 장승업 등 「3원」과, 공재 윤두서·현재 심사정·겸재 정선 등 「3재」를 가리킨다.

신품 4현(神品 四賢) ●●●

서화로 유명한 신라 때의 김생, 고려 때의 탄연·최우·유신을 일컫는다.

남종화(南宗畵) / 북종화(北宗畵) ●●●

중국 명대 후기의 서예가인 동기창이 동양화를 2대 조류로 구분한 것이다. 남종화는 문인화, 남화라고도 불리며 작가의 정신과 교양을 중시하는 경향으로 추상성이 강하다. 반면 북종화는 북화라고도 불리며, 기술적 수련을 중시하는 경향으로 외면적 묘사에 치중해 꼼꼼하고 정밀하게 그린다. 따라서 남종화는 수묵 위주로, 북종화는 채색 위주로 발전했다.

탱화(幀畵) ●●●

불상이나 불교의 신앙 내용을 그려서 벽에 거는 그림을 뜻한다. 한국의 사찰은 대부분 불상을 봉안하고 그 뒤에 탱화가 걸려 있으나 일본, 중국 등지의 사찰에는 이와 같은 탱화가 없다.

만다라(mandala, 曼荼羅) 부처가 깨달은 진리를 그린 불화로 외적으로는 우주의 삼라만상을, 내적으로는 마음 속 의식의 흐름을 상징한다.

진경산수(眞景山水) ●●●

산천의 실재하는 경관을 소재로 하는 화풍으로 주로 조선 후기 18~19세기에 성행했다. 실재하는 경관을 그리는 풍조는 숙종 때부터 영·정조 때까지 성행했는데, 이는 발달한 상업경제로 인한 생활의 여유와 자기 문화에 대한 긍지가 반영된 것이다. 정선과 김홍도에 의해 이룩된 진경산수는 탁월한 필치와 화면 경영으로 인해 당대부터 이름이 높았다.

몽유도원도(夢遊挑源圖) •••

조선 세종 29년(1447)에 안견이 안평대군의 부탁으로 그린 그림으로, 일본 텐리대(天理大) 중앙도서관에 소장돼 있다. 신선이 산다는 이상 세계를 낭만적으로 그려냈다.

사신도(四神圖) •••

중국 고대사상에서 발생한 방위를 상징하는 동물을 그린 그림이다. 동쪽에는 청룡(봄), 서쪽에는 백호(가을), 남쪽에는 주작(여름), 북쪽에는 현무(겨울)의 네 짐승을 배치해 그 방위를 수호한다고 믿었다. 우리나라에서 사신도는 고구려 고분 벽화에서 많이 볼 수 있으며, 강서고분의 <사신도>가 유명하다.

04 매스컴 · 광고

매스컴

국제기자연맹(IFJ; International Federation of Journalists) •••

세계인권선언 제19조에 따른 언론과 언론인의 자유 신장을 위해 1952년 창립한 국제기자단체로, 본부 소재지는 벨기에 브뤼셀이다. 가입 자격은 신문 노조의 기능을 가진 단체, 국제자유노동조합에 준회원 자격을 가진 단체이다. 한국기자협회는 1966년에 정회원이 됐고, 전국언론노조는 1990년에 가입했다.

국제언론인협회(IPI; International Press Institute) •••

1950년 10월 자유주의 국가 언론인들이 개인 자격으로 결성한 국제언론단체로, 「국제신문편집인협회」 또는 「국제신문협회」라고도 한다. 구성원은 개인 자격으로 가입하며, 매년 1회씩 대회가 열린다. 언론 보도의 자유 수호와 교류 촉진, 언론인 상호 간의 협조를 도모함으로써 매스미디어의 실무를 개선하는 것을 목적으로 한다. 한국은 1960년 12월 가입했다.

세계신문협회(WAN-IFRA; World Association of Newspapers and News Publishers) •••

전 세계 신문 · 통신사 등 언론 및 관련 기관들이 가입한 세계 최대의 언론단체(한국 1971년 가입)이다. 1948년 국제신문발행인협회(FIEJ)로 발족해 1996년 WAN으로 개칭했으며, 2009년 국제미디어기술연구협회(IFRA)와 합병했다. 본부는 프랑스 파리와 독일 다름슈타트에 있다. 제3세계 언론인 보호 차원에서 제정한 「황금펜상」을 매년 수여한다.

세계 4대 통신사•••

AP(미국 연합통신사), UPI(미국 통신사), AFP(프랑스 통신사), 로이터(영국 통신사)를 꼽는다. 통신사란 독자적인 취재조직을 가지고 신문사, 방송국 및 기타 보도기관을 대신해서 뉴스와 기사자료를 수집・배포하는 기구이다. 신문사나 방송국은 이들 통신사와 계약을 맺어 계약료를 내고 뉴스를 제공받는다. 근대적 통신사의 기원은 1835년 설립된 아바스통신사(AFP의 전신)이다.

세계의 통신사 DPA(독일), ITAR-TASS(러시아), 신화사(중국), 중앙통신(북한), 시사통신・공동통신(일본), CNA(대만 중앙통신사), PANA(홍콩범아시아통신연맹), 블룸버그(미국의 대표적 경제전문통신사), 연합뉴스・뉴시스・뉴스1(한국) 등

미국 3대 방송사•••

NBC(National Broadcasting Company), CBS(Columbia Broadcasting System), ABC(American Broadcasting Company)

세계의 방송사 MBS(미국 공동방송회사로 라디오 방송사), CNN(미국 뉴스 전문방송), BBC(영국 방송협회), NHK(일본 방송협회), 알자지라(카타르 위성TV 방송), 알아라비아(아랍어 위성TV 방송), 텔레수르(중남미 뉴스 전문방송), 프랑스 24(프랑스 뉴스 전문채널)

ABC(Audit Bureau of Circulation, 발행 부수 공사기구)•••

신문, 잡지, 뉴미디어 등 매체사에서 자발적으로 제출한 부수 및 수용자 크기를 표준화된 기준위에서 객관적인 방법으로 실사, 확인해 이를 공개하는 것으로 매체사의 경영합리화와 광고발전에 기여한다. 미국은 1914년에 세계 최초로 ABC(현 AAM)를 설립했으며, 아시아에서는 인도가 1943년에 처음으로 설립했다.

매그넘(Magnum Photos)•••

국제 자유 보도사진 작가그룹을 지칭한다. 1947년 「세상을 있는 그대로 기록한다」는 기치하에 프랑스의 카르티에 브레송, 헝가리의 로버트 카파, 폴란드의 데이비드 시무어, 영국의 조지 로저 등 세계적으로 유명한 4명의 보도사진 작가들이 모여 창립했다. 이들은 특정 언론사 등에 소속돼 활동하는 전속 사진작가들과 달리 매그넘에 소속돼 다큐멘터리 형식의 사진을 전문으로 작품 활동을 한다.

맥루한의 미디어 결정론•••

캐나다 미디어 이론가 마셜 맥루한(M. McLuhan)은 1965년 저서 ≪미디어의 이해≫에서 「미디어는 메시지다(media is message)」라고 강조했다. 이는 미디어가 전달하고자 하는 것은 그 내용과 전혀 다른, 곧 미디어 그 자체의 특질(형태)이라는 것을 뜻한다. 커뮤니케이션 과정에서 다른 모든 요소(메시지)에 영향을 미치는 미디어의 중요성을 강조하면서 메시지와 채널의 결합으로 생기는 결과적 영향을 「마사지(massage)」라고 표현하기도 했다. 이는 뉴미디어가 촉각을 자극할 것이라고 보았기 때문이다.

핫미디어 / 쿨미디어(hot media / cool media) 커뮤니케이션 미디어에 대한 수신자 측의 관여, 참가, 보완의 정도를 가지고 구분하는 이론으로, 마셜 맥루한이 제창했다. 핫미디어란 라디오, 영화, 활자 등 표면상으로는 정보량이 많으나 대상들에게 감정의 전달이 제대로 되지 않는 것으로 수신자 측의 참가 의식이 약하다. 반대로 쿨미디어란 TV, 전화, 만화 등 정보량은 적으나 대상들에게 감정의 전달이 잘 되는 것으로 수신자 측이 보완하는 부분이 크다.

언론의 4이론 •••

언론의 체제와 그에 대한 통제 방식 등에 관한 이론으로서 미국 언론학자 시버트(F. Siebert), 피터슨(T. Peterson), 슈람(W. Schramm) 등이 다음과 같이 분류했다.

권위주의 이론	매스미디어의 기능은 정치권력 구조에 의해 결정되고, 수행되는 정부의 정책을 지지하고 발전시키는 것이라는 주장. 오늘날 비공산 독재정권의 언론제도에 적용되고 있으며 라틴 아메리카 제국에서 행해짐
자유주의 이론	권위주의적 언론통제에 대한 반향으로서 계몽주의, 이성주의 이론 그리고 천부적 인권론에 바탕을 둠. 17~18세기에 유럽에서 태동해 미국에서 꽃피운 이 이론은 밀턴, 로크, 제퍼슨, 밀 등에 의해 확립됨
사회책임주의 이론	언론은 정부로부터 자유로우면서도 국민에 대해서는 책임을 져야 한다는 것으로, 언론의 4이론 중 가장 최근에 대두된 이론
소비에트 공산주의 이론	과거 소련과 동구권 국가들의 매스미디어는 권위주의의 변형된 형태인 공산주의 개념을 수용, 모든 매스미디어는 당에 의해 소유되고 당 산하기관으로 운영됨

매스 커뮤니케이션 효과 이론 •••

매스 커뮤니케이션의 총체적 효과의 크기에 관한 대표적 이론들로는 ▲그 효과가 대단히 크다는 기본 가정의 탄환 이론, 미디어의존 이론, 모델링 이론, 의미 이론, 침묵의 나선 이론, 문화계발 이론 등의 소위 「대효과 또는 강효과 이론」과 ▲반대로 매스 커뮤니케이션 효과는 일반적으로 생각하는 것과는 달리 실제로는 그리 크지 않다고 주장하는 선별효과 이론, 2단계유통 이론, 제한효과 이론 등의 「소효과 이론」 ▲매스 커뮤니케이션 효과는 아주 크지도 작지도 않다는 주장의 이용과 충족 이론, 의제설정기능 이론 등의 소위 「중효과 이론」 등이 있다.

탄환 이론	매스 커뮤니케이션 효과에 대한 초기 이론의 하나로 매스미디어는 수용자 대중들에게 강력한 영향력을 즉각적이고 획일적으로 미치고 있다는 슈람의 주장. 피하주사식 이론, 기계적 자극·반응 이론, 언론매체의 강효과 이론 등으로 불림
침묵의 나선 이론	언론매체가 여론에 미치는 영향력을 설명하기 위해 노엘레 노이만이 제시한 언론매체의 강효과 이론. 사람은 자신의 의견이 사회적으로 우세하고 지배적인 여론과 일치되면 그것을 적극적으로 표현하며 그렇지 않을 경우에는 침묵을 지키는 성향이 있다는 것
문화계발 이론	거브너는 중(重)시청자와 경(輕)시청자의 비교에 기초해 배양 이론을 뒷받침하는 연구를 제시. 중시청자에게 있어 텔레비전은 사실상 정보원, 사상, 의식을 독점하고 포함함
제한효과 이론	매스미디어는 강력한 것이 아니며 기존의 태도나 가치, 신념을 강화시키는 제한적인 효과가 있을 뿐이라는 조셉 클래퍼의 주장. 탄환 이론에 대한 반성으로 등장함
인지균형 이론	인간은 이성적 동물로서 사회현실에 대한 모순적인 인지를 회피하려는 경향이 있다고 보는 심리학적 이론. 1946년 하이더가 제시함
기타 이론	뉴콤의 대칭 이론, 허버트 크루그만의 저관여 이론, 오스굿과 탄넨바움의 일치 이론, 페스팅거의 인지부조화 이론, 맥과이어의 접종 이론 등

루핑효과(looping effect) 특정 사실이 언론매체를 통해 이슈화되면 사람들이 관심을 갖게 되고, 이 관심이 확산되는 현상. 캐나다 과학철학자 이언 해킹(Ian Haking)이 「만들어진 사람들(Making Up People)」이라는 논문에서 소개한 용어이다. 그는 괴테의 ≪젊은 베르테르의 슬픔≫을 읽고 젊은이들의 자살 현상이 확산된 것은 소설이라는 매체가 있었기 때문이라고 보았다.

스트라이샌드 효과(Streisand effect) 온라인에서 특정 정보를 삭제하거나 숨기려고 하다가 오히려 큰 관심을 얻으면서 결국 해당 정보의 확산으로 이어지는 상황을 의미한다. 이 용어는 미국의 가수이자 배우인 바브라 스트라이샌드(Barbra Streisand)의 이름에서 유래됐다.

반론권(right of reply)•••

신문이나 방송 등 매스미디어에 의해 명예훼손을 당한 이해관계자가 그 미디어에 대해 반박문이나 정정문을 게재 또는 방송하도록 요구할 수 있는 권리이다. 우리나라에서는 2005년 1월 「신문 등의 자유와 기능보장에 관한 법률」로 변경되면서 정정보도, 반론보도, 추후보도 청구권에 대해서 별도로 규정한 「언론중재 및 피해구제 등에 관한 법률」이 제정됐다. 이 법률은 언론사의 언론보도로 침해되는 명예나 권리, 그 밖의 법익과 관련돼 발생한 다툼을 조정하고 중재하는 등 실효성 있는 구제제도를 확립해 언론의 자유와 공적 책임의 조화를 목적으로 한다. 실정법상의 권리로 역사상 처음 반론권을 제정한 나라는 프랑스이다. 미국에서는 신문에 관해서 플로리다, 미시시피, 네바다, 위스콘신의 4개 주를 제외하고는 연방이나 기타 주에서 실정법상 반론권을 인정하지 않고 있다.

정정보도청구권 언론보도 내용의 전부 또는 일부가 사실이 아님으로 인해 피해를 입었을 경우, 당해 미디어에 대해 그 잘못을 정정하도록 요구할 수 있는 권리. 정정보도청구권은 신문이나 방송에 대해 그의 명예를 회복하도록 반론할 기회를 요구하는 것으로 액세스권의 성격을 지닌다. 정정보도의 대상이 되는 것은 사실보도에 한정되며, 비판·논평 등은 제외된다.

액세스권(right of access)•••

언론자유와 관련된 기본권의 하나로서 국민이 매스미디어에 자유롭게 접근해 이를 이용할 수 있는 권리(국민의 알권리와 표현의 자유), 즉 「보도매체 접근이용권」이다. 여론에 바탕을 둔 민주정치의 실현에는 언론·출판의 자유가 불가결하기 때문에 개인이 언론기관을 통해 여론 형성에 참여하도록 하기 위해 액세스권이 인정된다. 액세스권을 실현시키는 방법으로는 신문이나 방송에 대한 반론권, 의견 광고, 신문에 대한 투서, 방송의 시청자 참가 프로그램, 매스미디어에 대한 비판 등이 있다. 우리나라에서도 국민의 알권리와 표현의 자유 보장은 「신문 등 진흥에 관한 법률」과 「방송법」에서, 정정보도청구권과 반론보도청구권은 「언론중재 및 피해구제 등에 관한 법률」에 의해 보호받고 있다.

알권리(right to know) 모든 정보원으로부터 일반적인 정보를 수집할 수 있는 권리로 곧 정보의 자유를 뜻함. 구체적으로는 매스 커뮤니케이션에 있어서 전달자의 활동 자유를 요구하는 권리, 국민 각자가 국정에 관한 정보를 요구하는 권리로, 1945년 미국 AP통신사의 K. 쿠퍼에 의해 처음 사용된 용어이다. 그러나 다른 기본권과 마찬가지로 헌법상 정보의 자유가 인정된다고 해 무조건 절대적으로 보장되는 것이 아니라 국가안전보장, 질서 유지 또는 공공복리를 위해 법률로써 제한이 가능하다.

미디어 리터러시(media literacy)•••

다양한 형태의 미디어에 접근해 미디어가 제공하는 정보와 콘텐츠를 분석적·비판적으로 이해하며, 자신의 생각을 미디어로 책임 있게 표현하고 소통할 수 있는 능력이다. 따라서 이 능력이 있는 사람은 각종 미디어가 제공하는 정보를 그대로 습득하기보다는 해당 정보와 매체를 해석하고 평가 및 분석, 생산까지 가능하게 된다.

퓰리처상(Pulitzer Prize)•••

미국에서 가장 권위 있는 보도·문학·음악상으로, 헝가리 출신의 미국 신문왕 조셉 퓰리처(1847~1911)의 유언에 따라 1917년에 창설됐다. 컬럼비아대학교 언론대학원에 있는 퓰리처상선정위원회는 매년 4월경에 ▲언론 분야(뉴스·보도사진 등 8개 부문) ▲문학 분야(시·소설 등 5개 부문) ▲드라마 분야(1개 부문) ▲음악 분야(1개 부문)에서 수상자를 각각 선정한다.

2

ZOOM IN

저널리즘(journalism)

매스미디어를 통해 공공적인 사실이나 사건에 관한 정보를 보도하고 논평하는 활동을 말한다. 특히 시사적 문제의 보도·논평의 사회적 전달 활동을 의미한다.

저널리즘의 유형

옐로 저널리즘 (yellow journalism)	대중의 원시적 본능을 자극하고 호기심에 호소해 흥미 본위로 보도하는 센세이셔널리즘 경향을 띠는 저널리즘
제록스 저널리즘 (xerox journalism)	극비문서를 제록스로 몰래 복사해서 발표하는 것과 같이 문서를 바탕으로 한 폭로 기사 일변도의 안이한 취재 방법과 언론 경향
블랙 저널리즘 (black journalism)	개인이나 집단, 조직의 약점을 이용해 이를 발표·보도하겠다고 위협하거나 보도해서 특정한 이익을 얻는 것을 목적으로 하는 저널리즘
팩 저널리즘 (pack journalism)	취재 방법이나 시각 등이 획일적이어서 개성이 없는 저널리즘. 권력에 의한 제도적·자의적 제한 등에 그 원인이 있으며, 보도지침, 협조요청이라는 이름으로 행해짐
탐사 저널리즘 (investigative journalism)	사건 자체보다는 그 사건의 이면을 심층적으로 파헤쳐 보도함으로써 사건을 보다 폭넓은 사회적·역사적 맥락에서 접근하는 저널리즘
그래프 저널리즘 (graph journalism)	사진을 중심으로 편집된 간행물. 다큐멘터리를 중심으로 사회 문제 및 패션, 미술, 영화의 소재까지 다룸
포토 저널리즘 (photo journalism)	사진기술로 대상이 되는 사실이나 시사적인 문제를 표현하고 보도하는 저널리즘
하이프 저널리즘 (hipe journalism)	오락만 있고 정보가 전혀 없는 저널리즘
낙하산 저널리즘 (parachute journalism)	뉴스거리가 있는 곳 어디라도 가서 즉각적으로 기사를 작성하는 취재보도 형태. 현지 사정을 잘 모르면서 선입견에 따라 기사를 작성하는 폐해가 있을 수 있음
경마 저널리즘 (horse race journalism)	후보자의 득표 상황만을 집중적으로 보도하는 선거보도의 형태
수표 저널리즘 (check journalism)	신문 또는 방송사가 유명 인사들의 사진 또는 스캔들 기사, 화제성 사건의 당사자 증언 등을 거액을 주고 사들여 보도하는 것
공공 저널리즘 (public journalism)	시민의 공공 참여와 토론의 활성화로 참여하는 민주주의 저널리즘. 시빅 저널리즘(civic journalism)이라고도 함
로봇 저널리즘 (robot journalism)	컴퓨터 프로그램이 데이터를 알고리즘에 따라 해석해 자동으로 기사를 생성하는 저널리즘
뉴 저널리즘 (new journalism)	1960년대 이후 새롭게 등장한 보도 및 기사 작성 스타일. 취재 대상에 밀착해 사실을 파헤치고 사건과 상황에 대한 표현을 실감있게 전달함
가차 저널리즘 (gotcha journalism)	언론이 특정 정치인이나 저명인사의 약점을 부각시켜 사안의 맥락과 관계없이 흥미 위주로 집중 보도하는 공격 저널리즘
PD 저널리즘 (PD journalism)	PD들이 취재·구성해 보도하는 저널리즘. 기자가 단순 사실을 보도하는 데 비해 PD는 사실 이면에 숨겨진 진실을 보도한다는 데 초점을 둠. MBC 〈PD수첩〉, KBS 〈추적 60분〉, SBS 〈그것이 알고 싶다〉 등이 대표적
하이에나 저널리즘 (hyena journalism)	평소에는 상대방의 힘이 강해서 비판하지 못하다가 상대방이 무력화되면 집중적으로 매도하는 저널리즘
스트리트 저널리즘 (street journalism)	시민이 휴대전화 등을 이용해 길거리에서 발생한 사건·사고의 현장을 기자가 돼 전달하는 것으로, 시민 저널리즘이라고도 함

제4계급 •••

언론인을 서구 봉건제의 세 계급(승려, 귀족, 평민)과 대비해 제4의 계급이라는 뜻으로 지칭한 말이다. 1837년 매콜리경이 의회의 기자석을 가리켜 「신문 본래의 사명은 전제적 경향을 띠는 정치에 대한 하나의 위협이어야 한다」고 한 데에서 유래했다. 오늘날에는 매스 커뮤니케이션을 가리켜 「제4권력」 또는 「제4부」라고 해, 입법 · 사법 · 행정과 나란히 권력을 가진다는 의미로 쓰이고 있다.

관훈클럽(寬勳 club) •••

신문인의 친목과 언론의 발전을 위해 1957년 1월 설립된 단체이다. 설립 당시 서울시 종로구의 관훈동에서 창립총회를 가진 데서 붙여진 명칭이다.

내셔널 프레스클럽(National Press Club) 워싱턴 주재의 미국 및 각국의 신문 · 통신 · 방송 특파원들의 친선 기관. 방미하는 외국 수뇌가 클럽에 초대받아 연설과 질의응답하는 것을 주 행사로 하며, 상당한 권위를 인정받는다.

방송의 날 •••

매년 9월 3일에 실시하는 우리나라의 방송기념일을 일컫는다. 이날은 1947년 미국 애틀랜틱 시티에서 열린 국제무선통신회의에서 한국이 호출부호 HL을 배당받은 날이다.

신문의 날, 신문주간 한국신문편집인협회는 1957년 4월 7일 한국 최초의 민간 독립신문 창간 61주년을 맞아 이날을 신문의 날로 제정하고, 신문의 날을 전후해 일주일간을 신문주간으로 선포했다.

에미상(Emmy Awards) •••

미국텔레비전예술과학아카데미(ATAS)가 1949년부터 주최하는 자국 내 TV프로그램 시상식으로, TV 부문의 아카데미상이라 평가된다. 에미상은 프라임타임 에미상, 데이타임 에미상, 스포츠 에미상, 뉴스 · 다큐멘터리 에미상 등 다양한 분야에서 시상이 이뤄지며 이는 각기 다른 날짜에 진행된다.

한국 수상 내역 〈오징어 게임〉(넷플릭스 시리즈)은 2022년 제74회 에미상 드라마 부문 남우주연상(이정재, 아시아 배우 최초), 감독상(황동혁, 비영어권 드라마 최초), 여우게스트상(이유미), 시각효과상, 스턴트퍼포먼스상, 프로덕션디자인상 등 6관왕을 기록했다. 드라마 〈연모〉(KBS2)는 한국 드라마 최초로 2022년 제50회 국제 에미상 「텔레노벨라(Telenovela)」 부문을 수상했다.

ATSC(Advanced Television System Committee) •••

디지털 방송 전송 규약

- 8VSB : 한국과 미국에서 채택하고 있는 디지털 방송 전송 규약
- COFDM : 유럽 등에서 채택하고 있는 디지털 방송 전송 규약

미국의 디지털TV 방송 표준을 연구 · 개발하고 이를 심의하기 위해 1983년 설립된 디지털TV 방송 표준화기구 또는 기술표준 규격을 일컫는다. 유럽의 DVB 방식이나 일본의 ISDB 방식에 비해 전송 속도가 빠르고 일반 컴퓨터와 호환성이 높으며 다양한 신호 포맷으로 여러 채널의 방송이 가능하다. 하지만 이동 중에서의 고화질(HD급) 방송 수신 구현이 어렵다는 단점이 있다. 우리나라는 ATSC 방식을 채택해 2012년 12월 31일 오전부터 지상파 아날로그 방송이 전면 중단되고 디지털TV 방송만 송출하고 있다.

SNG(satellite news gathering) ●●●

통신위성을 이용한 텔레비전 뉴스 송수신 시스템을 일컫는다. SNG는 취재 현장에서 핸디용 송신기로 통신위성을 향해 영상과 음성을 발사하고, 그것을 텔레비전국 등에 설치된 지상기지에서 수신하는 중계 방식이다.

교차소유(cross-ownership) ●●●

한 개인 또는 기업이 두 가지 종류 혹은 그 이상의 커뮤니케이션 산업을 소유한 형태로, 「겸영」이라고도 한다. 예를 들면, 신문사를 소유한 자가 TV방송국이나 케이블TV를 동시에 소유하는 것이다.

오프 더 레코드(off the record) ●●●

기록에 남기지 않는 비공식적 발언으로, 기자회견이나 인터뷰 등에서 보도·공표하지 않는다는 조건을 붙여 하는 발표를 말한다. 즉, 발언자의 이야기를 정보로서 참고해 둘 뿐, 기사화해서는 안 된다는 것을 뜻한다. 이 경우 취재기자가 오프 더 레코드를 지켜야 할 의무는 없다.

딥 백그라운드(deep background) ●●●

내용은 보도해도 되지만 취재원이나 출처를 일절 밝히지 못하는 취재 형식을 말한다. 정치나 사회에 상당한 여파를 미칠 수 있거나 외교·안보적으로 지대한 사안인 경우 취재원이 부담을 느끼는 것을 막기 위해 만들어졌다. 그러나 이 방식은 실제 취재원이 없으면서 있는 것처럼 허위 기사를 쓰는 데 악용되기도 한다.

한편, 취재원이 요구하는 공개 정도에 따라 취재 협정을 나누면 다음과 같다.

온 더 레코드(on the record)	내용은 물론 취재원까지 모두 써도 된다.
백그라운드(background)	내용은 쓰지만, 취재원을 「소식통」 또는 「정부 관계자」 등으로 모호하게 쓴다.
딥 백그라운드(deep background)	내용은 써도 되지만 취재원이 누군지 알 수 없도록 해야 한다.
오프 더 레코드(off the record)	취재원은 물론 내용까지 일체 보도해선 안 된다.

스쿠프(scoop) ●●●

일반적으로 신문사나 방송국 등이 특종기사를 경쟁 관계에 있는 타사보다 앞서 보도하는 것으로, 「비트(beat)」라고도 한다.

포토라인(photo line) ●●●

신문·방송사 카메라 기자들이 더 이상 취재원에 접근하지 않기로 약속한 일종의 「취재 경계선」을 뜻한다. 포토라인이 설치되는 이유는 과열 취재경쟁으로 인한 불상사 등을 막으려는 데 있다.

데드라인(dead line) 신문·잡지에서 원고 마감 최종 시간을 뜻하는 말

게이트키퍼(gatekeeper)•••

미국의 사회심리학 및 사회학에서 유래한 개념으로, 뉴스 미디어 조직에서 전략적인 의사결정자의 위치에 있는 편집자 등과 같은 사람들을 지칭하는 말이다. 사회학자 레윈(K. Lewin)이 처음 사용했다. 일반적으로 게이트키퍼는 언론사에 종사하면서 일반 수용자에게 전달할 뉴스를 통제하는 사람을 말한다.

스포일러(spoiler)•••

「망쳐 버리는 사람」이라는 뜻으로, 영화나 TV 드라마・책 등이 대중에게 공개되기 전에 줄거리나 주요 장면・결말 등을 미리 알려 이야기의 흥미를 크게 떨어뜨리는 사람이나 행위를 말한다.

발롱 데세(ballon d'essai)•••

시험기구 또는 관측기구를 뜻하는 기상 용어에서 비롯된 말로, 반향이 불확실한 논리에 관해 시험적으로 하나의 의견 또는 정보를 언론에 흘려 여론의 동향을 탐색하려는 여론 관측 수단을 뜻한다. 정치가 등이 종종 이용하며 부정적인 여론이 나타나면 이미 한 말을 뒤집는 경우도 있다.

방송 프로그램 등급제•••

부적절한 언어, 폭력성, 선정성 등을 기준으로 해 ▲모든 연령 ▲7세 이상 ▲12세 이상 ▲15세 이상 ▲19세 이상 등 5등급 중 해당 등급 기호를 본방송 프로그램의 시작과 동시에 30초 이상, 방송 중 10분마다 30초 이상, 중간광고 직후 본방송 프로그램의 시작과 동시에 30초 이상 표시해야 한다(단, 「19세 이상 시청가」 등급 프로그램은 본방송 프로그램의 시작부터 종료 시까지 지속적으로 표시). 이 제도는 2002년 11월부터 국내에 도입, 전면 실시 중이다.

✎ 개봉 영화 등급은 전체 관람가, 12세 이상 관람가, 15세 이상 관람가, 청소년관람불가, 제한상영가의 5등급으로 분류된다.

V칩(violence chip) 공중파 방송이나 케이블 방송의 프로그램 가운데 음란 및 폭력적 화면이나 저속한 용어 등이 포함돼 있을 경우 청소년들이 해당 프로그램을 시청할 수 없도록 선별하는 장치. 미국 내에서는 TV를 판매하는 제조업체들에 대해서 1999년 7월 1일부터 V칩 장착이 의무화돼 있다.

파일럿 프로그램(pilot program)•••

시험 제작・방송을 통해 시청자 반응을 미리 떠본 뒤 정규편성을 결정하는 프로그램을 말한다. 파일럿 프로그램은 시청자 기호에 대한 고려 없이 고정으로 편성했다가 경쟁 채널이 시청률을 선점해 버리는 것을 어느 정도 방지할 수 있다.

레인코트 프로그램(raincoat program) 날씨 등의 이유로 중계방송을 할 수 없거나 경기가 빨리 끝나는 경우에 대비해 미리 준비해 놓은 방송 프로그램. 「스탠바이 프로그램(stand by program)」이라고도 한다.

퍼블릭 액세스(public access)•••

시청자 제작 방송 프로그램을 일컫는 용어로, 시청자가 직접 제작한 영상물을 방송국에 의뢰하면 검열이나 대가 없이 그대로 상영하는 것을 말한다. 방송의 권리를 시민들에게 돌려주자는 운동의 한 형태이다.

방송 편성의 종류●●●

구분	내용
구획 편성 (block programming)	하루를 몇 가지 시간대로 구분해 구획으로 나누고 각 구획마다 특정한 시청자를 대상으로 하는 프로그램을 집중적으로 편성
대응 편성 (counter programming)	동일 시청자를 상대로 전혀 다른 별개의 프로그램을 편성하는 것. 선택의 폭을 넓혀 시청 계층을 확대하기 때문에 긍정적인 편성 방법으로 평가됨
대안 편성 (alternative programming)	대응 편성과 유사하나 일반 대중이 아닌 특정 계층을 대상으로 전문화된 프로그램을 편성함
띠 편성 (strip programming)	일주일에 5일 이상 같은 시간대에 동일한 프로그램을 편성하는 방법으로 고정 시청자를 확보하는 데 유리함
실력 편성 (power programming)	같은 시청자들을 대상으로 같은 유형의 프로그램을 맞물려 편성하는 정면 도전 편성 예 특정 방송 프로그램이 시청률이 높을 경우 경쟁 방송사도 유사한 프로그램을 편성하는 것
엇물리기 편성 (cross programming)	경쟁 방송국의 프로그램보다 조금 앞서거나 중간 정도에 프로그램을 편성하는 방법
장기판 편성 (chekerboard programming)	동일 시간대에 매일 다른 유형의 프로그램을 편성하거나 격일간격 또는 주간 단위로 같은 프로그램을 편성하는 방법
함포사격용 편성 (blockbuster programming)	90분에서 2시간 정도의 강력한 단일 프로그램을 지칭. 경쟁사의 프로그램보다 일찍 시작해 시청자를 장악하는 편성법
해머 편성 (hammock programming)	끼워넣기 편성. 새 프로그램을 인기 프로그램 사이에 끼워 넣는 편성법
텐트 폴링 편성 (tent-poling programming)	양면 걸치기 편성. 인기 프로그램 앞뒤에 새 프로그램을 각각 배치하는 편성법
스턴트 편성 (stunt programming)	상대 프로그램을 무력화시키는 모든 편성법으로 특집 프로그램을 가리킴

MC(master of ceremonies)●●●

프로그램의 진행을 맡은 사람으로 무대 위의 연출자(on-stage producer)라고 한다. 남성 사회자는 호스트(host), 여성 사회자는 호스티스(hostess) 등으로 부르기도 한다.

MC의 유형

구분	내용
앵커맨(anchorman)	종합뉴스 프로그램 진행자. 뉴스에 대한 논평과 뉴스 아이템에 대한 취재 지시 및 편집을 담당하는 등 통상적인 뉴스 진행자를 뜻하는 뉴스 캐스트(news caster)보다 전문적이고 개성적임. 앵커퍼슨(anchor person)이라고도 함
체어맨(chairman)	토론 프로그램의 사회자. 찬반토론과 같이 이해관계가 상충하는 프로그램에서 발언 허용 시간, 반박 기회 등을 공평하게 부여하면서 객관적인 토론을 진행함
모더레이터(moderater)	토론 프로그램의 사회자. 체어맨과 달리 융통성을 갖고 흥미, 완급, 집중도를 조절해가며 일반적인 토크 프로그램을 진행함

디스코뉴스(disco news)●●●

본질보다는 스타일을 중요시하는 TV 저널리즘을 과장해서 비판한 TV 뉴스를 가리키는 말이다.

인스턴트뉴스(instant news) 뉴스 제공자가 원래의 정보를 자신들에게 유리하게 가공해 완성된 형태로 제공하는 뉴스

스테이션 ID(station identification)●●●

TV방송에서 자사의 채널을 알리기 위해 로고, 로고송, 심벌, 캐릭터, 슬로건 등의 다양한 형태로 영상화한 것으로 「방송국명 고지」라고도 한다. 보통 10~20초로 구성되는 일종의 채널 광고인 스테이션 ID는 자사의 브랜드 이미지를 고지시켜 시청자에게 우호적인 시청 동기를 유발하는 데 목적이 있다.

호출 부호(call sign) 방송국이나 무선국에서 사용하는 전파 호출 부호. 우리나라 방송국의 콜 사인은 한국을 나타내는 HL 콜 사인에 각 방송국의 고유 번호를 붙여 KBS-HLKA, MBC-HLKV, CBS-HLKY, PBC-HLQP, EBS-HLQL, SBS-HLSQ, BBS-HLSG 등으로 나타내고 있다.

스테이션 브레이크(SB; station break)●●●

어떤 프로그램이 끝나고 다음 프로그램으로 넘어가는 시간으로, 라디오나 TV 모두 앞 프로그램의 길이에 따라 결정된다. SB 시간에 「방송국명 고지」와 커머셜을 방송한다. 이것을 스테이션 브레이크의 스파트 커머셜(SB 스파트)이라 한다. 우리나라는 현행 방송법에서 30초짜리 SB 광고(토막광고)만을 인정한다.

방송 광고의 종류

방송 프로그램 광고	방송 프로그램의 전후(방송 프로그램 시작 타이틀 고지 후부터 본방송 프로그램 시작 전까지 및 본방송 프로그램 종료 후부터 방송 프로그램 종료 타이틀 고지 전까지)에 편성되는 광고
중간광고	하나의 방송 프로그램 중간에 나오는 광고로 1회에 1분 이내로 제한
분리편성광고	하나의 방송 프로그램을 2부 또는 3부로 쪼개어 그 사이에 편성하는 광고
토막광고	하나의 방송 프로그램이 끝나고 다른 방송 프로그램이 시작되기 전 편성된 광고. 1회당 90초 이내, 시간당 2회를 초과할 수 없고 매회당 4회로 제한
자막광고	방송 프로그램과 관계없이 문자 또는 그림으로 나타내는 광고
시보광고	현재 시간 고지 시 함께 방송되는 광고
가상광고	방송 프로그램에 컴퓨터 그래픽을 이용해 만든 가상의 이미지를 삽입하는 형태의 광고로 방송 프로그램 시간의 5%를 초과할 수 없음
간접광고	방송 프로그램 안에서 상품을 소품으로 활용해 그 상품을 노출시키는 형태의 광고

광고총량제(廣告總量制) 방송광고의 전체 허용량을 법으로 정하고, 시간과 횟수 또는 방법 등에 관한 사항은 방송사 자율로 정하는 제도. 지상파 방송은 방송 프로그램 편성시간당 평균 15% 이내, 최대 18%의 광고총량을 허용하고, 유료방송에는 방송 프로그램 편성시간당 평균 17% 이내, 최대 20%의 광고총량을 허용한다.

빈지뷰잉(binge viewing)●●●

「콘텐츠 몰아보기」를 뜻하는 말로, 빈지워치(binge watch) 혹은 빈지워칭(binge watching)이라고도 한다. 주말이나 휴일을 이용해 드라마 전편을 몰아서 보는 시청 형태를 이르는 말로 동영상 스트리밍 업체인 넷플릭스가 선도한 것으로 평가된다.

블랭킷 에어리어(blanket area)●●●

방송에서의 난청 지역을 일컫는 말로, 「담요로 둘러싸인 지역」이라는 의미이다. 두 개의 방송국에서 방송되는 전파가 중복됨으로써 어느 쪽의 방송도 들리지 않는 지역 또는 1국의 송신용 안테나에 너무 인접돼 있어 다른 방송은 잘 들리지 않는 지역을 가리키기도 한다.

전파월경(spillover) •••

한 나라의 방송위성 전파가 주변 국가에까지 흘러 들어가는 현상을 지칭한다. 타국의 문화에 영향을 미치게 되기 때문에 국제적인 문제가 되기도 한다.

시청률(ratings) •••

- 가구 시청률 = $\left(\frac{\text{특정 채널 시청가구 수}}{\text{총 TV보유 가구 수}}\right) \times 100$
- 개인 시청률 = $\left(\frac{\text{특정 채널 시청인구 수}}{\text{TV 보유 가구의 총인구 수}}\right) \times 100$
- 가구 점유율 = $\left(\frac{\text{특정 채널 시청가구 수}}{\text{TV 시청가구 수}}\right) \times 100$

모집단 전체에서 특정 시간대 동안 TV를 시청한 가구나 사람들을 백분율로 나타낸 것이다. 라디오는 「청취율」이라고 한다. 시청률은 가구 시청률(HUT; household using television)과 개인 시청률(PUT; persons using television)로 구분하는데 개인 시청률은 가구 시청률보다 집계하기가 어려워 통상적으로는 가구 시청률을 기준으로 삼는다(1가구당 TV가 1대임을 가정한 시청률). 가구 시청률은 총 TV 보유 가구 중에서 특정 시간대에 TV를 켜놓은 가구의 비율을 말한다. 개인 시청률은 TV 보유 가구의 총인구 중에서 특정 채널을 시청 중인 개인의 비율을 말한다. 이처럼 시청률이 TV를 시청하지 않는 사람들을 모두 고려한 지표인 데 반해, TV를 시청하고 있는 사람들만을 고려한 지표는 「점유율(share)」이라고 한다. 점유율은 TV를 보고 있는 가구 중에서 특정 채널을 보고 있는 가구 수의 비율을 말한다. 전체 시청자의 규모를 파악하는 데는 시청률을, 특정 방송 시간 내 프로그램의 경쟁력을 파악하기 위해서는 점유율을 이용하는 것이 좋다.

피플미터(people meter) 미국의 여론조사 기관인 닐슨이 개발한 텔레비전 시청률 조사수단. 과학적인 표본 추출방식에 의해 뽑힌 일정 수 가구의 텔레비전 수상기에 피플미터 장치를 달면 중앙의 메인 컴퓨터에 수상기 작동방식, 채널 변환 등이 초단위로 자동 기록된다.

페이 퍼 뷰(PPV; pay per view) •••

케이블 TV, 위성방송, IPTV(인터넷 멀티미디어 방송) 등에서 별도 요금을 내야만 시청할 수 있는 프로그램 유료 시청제를 말한다. 보는 만큼 시청료를 지불하는 방식으로 프로그램 단위로 선택해 이에 대한 비용만 지불한다. 주문형비디오(VOD)가 원하는 시간에 방송을 골라 볼 수 있는 것과 달리, 페이퍼뷰는 정해진 시간에 프로그램이 방송된다.

위성방송(satellite broadcasting) •••

적도 상공 약 35,784km 궤도상의 방송위성(BS; broadcasting satellite)을 이용한 텔레비전 방송이나 PCM (pulse code modulation) 방송 등을 일컫는다. 위성방송은 위성으로부터 직접 전파를 송신하기 때문에 화질이 깨끗하고, 전국 동시 방송이 가능하며, 난시청 문제도 해소할 수 있다. 우리나라는 1970년 6월 인텔샛(INTELSAT)에 가입함으로써 그해 금산에 위성통신 지구국을 개통했고 1996년 7월부터 KBS가 위성 시험방송의 첫 전파를 발사했다.

직접위성방송(DBS; direct broadcast satellites) 위성으로부터 TV 방송국을 거치지 않고 직접 각 가정용 안테나로 양질의 방송 신호를 전송하는 기술. ▲위성전송의 광역성으로 난시청 문제 해소 ▲지상방송보다 높은 주파수인 12GHz대를 사용해 27MHz 광대역 방송을 하므로 지상방송에는 없는 여러 특징을 가진 새로운 방송서비스 가능 ▲슈퍼스테이션(super-station)의 실현을 통한 전국적 방송망 구축이 가능하다는 점 등을 특성으로 한다.

데이터 방송(data broadcasting)•••

텍스트, 그래픽, 문서, 소프트웨어 등의 멀티미디어 데이터를 방송 매체를 이용해 전송하고, 전용 셋톱 박스 혹은 해당 처리 기능을 보유한 PC를 통해 시청자가 그 정보를 이용하게 하는 서비스이다. 대화형 서비스 또는 대화형 방송이라고 한다.

텔레텍스트(teletext) 텔레비전 전파의 매우 짧은 간격을 이용해 문자 정보를 전달하는 다중 방송으로, 「문자 다중 방송」이라고도 한다.

뉴미디어(new media)•••

신문, 잡지, 라디오, TV 방송 등 기존 미디어 이외에 일렉트로닉스 기술의 발전에 따라 디지털화해 복합적 기능을 갖게 된 여러 가지 미디어를 일컫는다. 이 같은 뉴미디어는 디지털화, 미디어의 종합화, 정보의 양과 채널 수 증가, 광역화, 고속화, 쌍방향성, 탈대중화, 비동시성, 영상화 등의 특징을 갖는다.

레거시 미디어(legacy media) 현재에도 여전히 사용되지만 과거에 출시됐거나 개발된 전통 미디어. 일반적으로 TV(지상파・케이블), 라디오, 신문 등이 이에 해당된다.

트랜스미디어(trans media)•••

각각의 미디어들이 서로 간의 경계를 넘어 결합・융합되는 현상을 가리키는 말로, 미디어학자 헨리 젠킨스(Henry Jenkins)가 저서 ≪컨버전스 컬처≫에서 제시했다. 예컨대 인기가 많은 웹툰이 드라마, 영화, 게임 등 다양한 콘텐츠 제작으로 이어지면서 이야기가 확장되고 새롭게 만들어지는 경우를 들 수 있다. 대표적인 트랜스미디어 콘텐츠로는 마블이 있다.

UHD TV(ultra high definition television)•••

풀HD(해상도 1920×1080)보다 4~16배 선명하고, 10~12bit로 색을 표현하며, 10채널 이상의 입체 음향(22.2채널)을 지원하는 차세대 방송 기술이다. 초고선명 TV, 초고해상도 TV, 초고화질 TV, 슈퍼 하이비전 등으로 불린다. UHD TV 기술은 일본 NHK 방송 기술 연구소가 개발하고 2012년 8월 국제전기통신연합(ITU)의 라디오주파수대역 통신 규약인 ITU-R의 권고에 따라 TV의 국제표준이 됐다. ITU-R BT.2020에 따르면 UHD TV는 4K UHD(해상도 3840×2160) 또는 8K UHD(해상도 7680×4320)를 가지며, 화면 비율은 16 : 9이고, 순차주사(progressive scan) 방식만을 지원해야 한다. 국내 지상파 3사는 2017년 2월 28일부터 UHD 시험 방송에 들어갔고, 같은 해 5월 31일부터 일부 프로그램에 한해 4K UHD 본 방송이 실시됐다.

HDTV(high definition television) 주사선 수가 최대 1250개, 16 : 9의 넓은 화면비, CD급 음질 수준을 제공하는 고선명 TV이다. 일본 NHK가 개발해 1981년 미국에서 첫선을 보였으며, 국내 HDTV 방송은 2001년 10월 26일부터 본격 실시됐다.

AM(amplitude modulation)•••

주파수는 변하지 않고 진폭이나 출력이 변화하는 전송 기술로, 「진폭 변조」라고도 한다. 1705kHz의 대역폭을 갖는다. 장파・중파・단파 방송은 이 방식으로 이루어지는 방송이다. 반송파에 신호를 단순히 혼합해 겹치게 하는 방식이다. 음성 신호의 경우 가청음의 한계는 15kHz 정도인데 대부분의 음은 5kHz 이내이므로 필요한 전파의 폭은 955~1005kHz의 10kHz 정도면 족해 FM에 비해 훨씬 좁다.

FM(frequency modulation)●●●

변조신호에 따라 반송파의 진폭은 변하지 않고 주파수만이 변화하는 변조 방식으로, 주파수 변조라고도 한다. 직파를 사용하는 FM은 일반적으로 초음파(VHF) 이상의 파(波)가 사용되며, 잡음이 적고 좋은 음질을 얻을 수 있기 때문에 음악 방송이나 텔레비전 음성부의 송신에 보편적으로 사용된다.

PCM(pulse code modulation) 펄스부호 변조 방식. AM, FM에 이은 제3의 변조 방식으로, 각기 특정 부호를 나타내는 펄스(맥동파)에 의해 신호를 보낸다.

MPEG(moving picture experts group)●●●

1990년 4월 발족한 국제표준화기구(ISO) 산하의 동화상 전문가 그룹, 혹은 이 위원회가 제정한 압축 방식의 국제적 표준을 말한다. MPEG의 국제 표준화 작업은 응용 분야별, 필요기술 특성에 따라 단계적으로 진행된다. CD를 포함한 저장 매체의 동영상 압축 표준인 MPEG1, 고선명(HD) TV를 포함한 디지털 TV 방송에 필요한 고화질 영상 압축의 MPEG2(1996년 완성), 객체 기반의 영상 압축 및 재현을 목표로 한 MPEG4, 디지털 멀티미디어 데이터의 내용 표현 방식을 목표로 한 MPEG7 등이 있다.

VOD(video on demand)●●●

시청자가 원하는 시간에 원하는 내용의 프로그램을 전송, 재생해 주는 시스템으로, 「주문형 비디오 시스템」이라고도 한다. 전화선, 동축케이블, 광섬유 등을 활용해 데이터를 전송한다.

SVOD(subscription VOD)	정기 결제하면 일정 기간 동안 이용할 수 있는 주문 구독형 비디오 예 넷플릭스
TVOD(transactional VOD)	편당 결제형 비디오 예 카카오페이지
AVOD(advertising supported VOD)	무료이며 광고 기반형 비디오 예 유튜브

NOD(news on demand) 이용자가 컴퓨터 등을 통해 서비스 회사의 데이터베이스에 접속해 원하는 정보를 주문해 받아 볼 수 있는 양방향 멀티미디어 서비스이다. 「주문형 뉴스」라고도 한다.

미디어렙(media rep)●●●

매체(media)와 대표자(representative)의 합성어로 「방송광고 판매 대행회사」를 뜻하는 말이다. 방송사가 직접 광고 영업을 할 경우 광고 요금이 급등하거나 광고주의 방송 프로그램 간섭 등의 폐해를 막기 위해 두는 제도이다. 2008년 한국방송광고진흥공사(KOBACO)의 독점에 대해 헌법재판소가 헌법불합치 결정을 내린 지 3년여 만에 「방송광고 판매대행 등에 관한 법률(미디어렙법)」이 제정, 2012년 2월 23일부터 시행되면서 KBS · MBC · EBS는 공영, SBS · 종합편성채널 등은 1사 1미디어렙의 설립이 가능해졌다.

MCN(multi channel network, 다중 채널 네트워크)●●●

유튜브, 아프리카TV 등 동영상 사이트에서 인기가 많은 1인 · 중소 창작자의 콘텐츠 유통 · 판매, 저작권 관리, 광고 유치, 자금 지원 등에 도움을 주고 콘텐츠로부터 나온 수익을 창작자와 나눠 갖는 미디어 사업을 일컫는다. 쉽게 말해 연예기획사가 연예인을 관리해 주듯이 MCN 사업자는 1인 · 중소 제작자의 활동 및 콘텐츠 관리에 도움을 준다.

OTT(over the top)●●●

인터넷을 통해 영화, 드라마, TV방송 등 각종 영상을 제공하는 서비스를 말한다. 본래 TV에 연결하는 셋톱박스(top)로 영상 콘텐츠를 제공하는 서비스를 일컬었으나, 현재는 플랫폼에 상관없이 인터넷으로 영상을 제공하는 모든 서비스를 지칭한다. 미국의 넷플릭스, 유튜브, 애플TV를 비롯해 국내의 웨이브, 티빙, 왓챠플레이 등이 대표적인 OTT 업체이다. OTT 서비스의 주 수익모델은 정기 결제를 통해 일정 기간 제한 없이 콘텐츠를 시청할 수 있는 SVOD(구독 주문형 비디오)이다.

FAST(Free Ad-supported Streaming TV) 광고 기반 무료 스트리밍 TV. OS가 탑재된 스마트 TV를 통해 구독요금이나 수신료를 지불하지 않아도 실시간 채널과 VOD 콘텐츠를 감상할 수 있는 온라인동영상서비스(OTT)이다.

어뷰징(abusing)●●●

포털 사이트에서 검색을 통한 클릭 수를 늘리기 위해 중복·반복기사를 전송하거나 인기 검색어에 올리기 위해 클릭 수를 조작하는 행위 등을 뜻한다. 한편, 게임에서의 어뷰징은 게임의 시스템을 이용해 불법적인 이익을 취하는 행위를 뜻한다.

홀드백(hold back)●●●

영화나 TV 등 콘텐츠의 부가 판권이 한곳에서 다른 곳으로 넘어가는 데 걸리는 기간을 말한다. 즉, TV지상파 방송에서 방영된 프로그램이 이후 다른 플랫폼에서 재방송되기까지 걸리는 기간 또는 한 편의 영화가 극장에서 상영된 후, 다른 플랫폼에서 유통되는 데 걸리는 기간이다.

광고

3B 법칙●●●

3B는 미인(beauty)·아기(baby)·동물(beast)의 머리글자로, 광고의 주목률을 높이기 위해서는 이 같은 친근감을 주는 3B를 고려해 광고 메시지를 제작해야 한다는 것을 뜻한다.

아이드마 원칙(principle of AIDMA)●●●

미국의 롤랜드 홀(Rolland Hall)이 제창한 광고 효과의 심리적 단계를 나타내는 말로, 「주목(attention) – 흥미(interest) – 욕망(desire) – 기억(memory) – 구매 행동(action)」 5단계 과정의 머리글자를 딴 것이다.

티저 광고(teaser advertising)●●●

중요한 부분을 고객에게 바로 공개하지 않고 서서히 알려나감으로써 사람들의 관심을 끄는 광고 기법이다. 예를 들면, 광고 초기에는 상품명이나 광고주를 알아볼 수 있는 메시지는 피하고 회가 거듭될수록 서서히 그 상품명이나 광고주를 밝혀 나가는 기법이 있다.

PPL 광고(product placement advertising) •••

영화나 TV드라마 등에서 특정 제품을 노출해 광고 효과를 극대화하는 간접광고 방식으로, 「제품 삽입 광고」라고도 한다. 영화나 TV드라마의 소품을 특정 회사 제품으로 대체해 자주 노출함으로써 회사 측에서는 브랜드 이미지를 높일 수 있고, 제작사 측에서는 협찬금이나 협찬상품을 제공받을 수 있다. 1970년대부터 할리우드 영화를 중심으로 유행하기 시작해 전 세계로 확산됐다.

POP 광고(point of purchase advertisement) •••

구매(판매)되는 장소에서의 광고, 즉 소매점을 단위로 한 그에 부수되는 광고를 말한다. 간판, 실물대, 포스터 등 소매점의 광고물 일체를 총칭하며 구매시점 광고, PS 광고(판매시점 광고)라고도 한다. POP 광고는 구매를 직접적으로 촉진하는 역할을 한다.

인포머셜(informercial) •••

상품이나 점포에 관한 상세한 정보를 제공해 소비자의 이해를 돕는 광고 수법으로, 정보(information)와 광고(commercial)의 합성어이다. 아주 짧은 시간에 시청자에게 깊은 인상을 남겨야 하는 보통 커머셜과는 달리 상품에 대한 각종 정보를 가능한 한 많이 제공함으로써 관심과 구매 욕구를 불러일으킨다.

브랜디드 콘텐츠(branded contents) •••

콘텐츠 안에 자연스럽게 브랜드 메시지를 녹여내 소비자의 공감과 흥미를 이끌어내는 광고 형태를 말한다. 즉, 해당 브랜드가 마케팅 목적에서 기획・제작한 콘텐츠를 일컫는다. 브랜드가 주체적으로 콘텐츠 제작에 참여하며, 콘텐츠 안에 기업 이미지가 단순히 포함되는 것을 넘어 브랜드의 메시지와 가치에 대한 공감을 이끌어내는 것을 목표로 한다.

애드버토리얼(advertorial) •••

광고(advertisement)와 편집기사(editorial)의 합성어로 「논설식 광고」를 일컫는다. 신문, 잡지에 기사 형태로 실리는 PR 광고로, 일반 대중에 관계있는 기업에 관한 주장이나 식견 등을 소개한다.

CPM(cost per millenium) •••

1000명 혹은 1000세대의 수용자에게 도달하는 데 드는 광고 요금 비율로, 「CPT(cost per thousand)」라고도 한다. CPM은 광고주가 광고비를 얼마나 효율적으로 사용했는가를 재는 척도이다.

$$\text{CPM} = \left(\frac{\text{광고 요금}}{\text{도달 인구}}\right) \times 100$$

밀라인 레이트(milline rate) 신문광고 요금의 이론적 비교단위로, 발행부수 100만 부당 광고지면 1행의 경우 광고요율을 표시한 것. 우리나라에서는 1행을 1cm 1단으로 한다. 계산식은 「(1행당 광고 요금/발행부수)×1000000」

Chapter
03 문화 · 매스컴 상식력 테스트

선다형 문제

01 특정 문화권의 문화 상품이 타 문화권으로 진입할 때 언어, 관습 등의 문화적 차이로 인해 그 가치가 떨어지는 현상을 일컫는 말은? MBC

① 문화 지체 ② 문화 할인
③ 문화 변동 ④ 문화 실조
⑤ 문화 지능

① 급속도로 변화하는 기술과 양적인 누적으로 인한 물질문화의 변화와 발달의 속도를 비물질문화가 따르지 못하는 것
③ 한 사회의 문화가 내적으로 변동하거나, 다른 사회로부터 문화요소를 수용하고 변화하는 과정
④ 문화요소의 결핍이나 과잉으로 인한 인간 발달의 실패나 지체 현상
⑤ 서로 다른 문화의 차이를 인지하고 이에 적응하는 능력

02 영화의 전개와는 무관하지만 관객들의 시선을 집중시켜 의문이나 혼란을 유발하는 극적 장치는? KBS, 문화일보, 한겨레신문

① 맥거핀 ② 미장센
③ 몽타주 ④ 나라타주

① **맥거핀(macguffin)** : 영화의 전개와는 무관하지만 관객들의 시선을 집중시켜 의문이나 혼란을 유발하는 장치로, 연극이나 극에서의 복선과 반대되는 의미이다. 감독은 맥거핀에 해당하는 소재들을 미리 보여주고 관객의 자발적인 추리 행태를 통해 서스펜스를 유도한다. 히치콕 감독이 〈싸이코〉 등의 영화에서 사용하면서 보편화됐다.
② 카메라 앞에 놓이는 모든 요소들, 즉 연기 · 분장 · 무대장치 · 의상 등이 조화된 상태로 화면 내의 모든 것이 연기한다는 관점에서 영화적 미학을 추구하는 공간연출을 말한다.
③ 일련의 짧은 장면이나 영화 필름의 단순한 편집을 인상적이고 극적인 효과를 위해 병치 배열로 편집하는 기법이다.
④ 영화에서 장면을 이중 화면으로 표현하면서 해설을 화면에 더하는 기법이다.

03 1920년 전후 독일, 프랑스 등 유럽과 미국에서 브르통, 뒤샹, 아르프 등의 문학가와 미술가가 주도한 반문명, 반합리적 예술운동은? KBS, YTN

① 다다이즘(dadaism)
② 팝아트(pop art)
③ 댄디즘(dandyism)
④ 옵아트(optical art)
⑤ 미니멀리즘(minimalism)

① 초현실주의운동의 전제가 된 문화예술 경향. 기성의 모든 사회적 · 도덕적 속박에서 정신을 해방시켜 개인의 진정한 본능에 충실하려고 했던 범예술 정신을 가리킨다.
② 20세기 중반에 일어난 구상미술의 경향
③ 19세기 초 유럽사회에서 일어난 사조로, 세련된 멋과 치장을 은연중에 과시하는 태도
④ 기하학적 형태 등을 이용해 시각적 착각을 다룬 추상미술
⑤ 장식적 요소를 배제하고 표현을 최소화한 미국 미술의 한 경향

04 영화 작품과 수상했던 국제영화제가 잘못 연결된 것은? YTN, 한국마사회

① 사마리아 – 베를린 영화제 감독상
② 오아시스 – 베니스 영화제 감독상
③ 올드보이 – 칸 영화제 심사위원대상
④ 취화선 – 베니스 영화제 감독상
⑤ 박쥐 – 칸 영화제 심사위원상

④ 임권택 감독은 〈취화선〉으로 제55회 칸 영화제(2002) 감독상을 수상했다.
① 2004년, 김기덕
② 2002년, 이창동
③ 2004년, 박찬욱
⑤ 2009년, 박찬욱

05 용어와 서술이 바르게 짝지어진 것은? MBC

① 아르누보 – 20세기 초 프랑스에서 출발한 신미술운동
② 비엔날레 – 4년마다 열리는 국제 미술전람회
③ 데포르마시옹 – 사실파 화가들이 처음으로 시도한 기법
④ 아방가르드 – 전통적인 기법을 타파하고 새로운 것을 찾자는 초현실주의 예술운동

④ **아방가르드(avant-garde)** : 전위예술운동. 기성관념이나 유파를 부정하고 새로운 것을 이룩하려 했던 입체파, 표현주의, 다다이즘, 초현실주의 등 혁신 예술을 통틀어서 일컫는다.
① 아르누보는 프랑스에서 싹터 19세기 말 최고조에 달했던 서정성이 강한 조형표현운동. 「아르누보」란 신미술이란 뜻
② 비엔날레는 2년마다 열린다.
③ 데포르마시옹은 회화나 조각에서 대상의 특정 부분을 의식적으로 강조, 왜곡, 확대, 변형시키는 근대 미술기법. 고갱, 고흐, 모딜리아니 등이 이러한 기법을 사용했다.

06 유네스코 지정 세계기록유산이 아닌 것은?
한겨레신문, 한국농어촌공사, 한국보훈복지의료공단, 한국전력공사

① 승정원일기 ② 훈민정음
③ 직지심체요절 ④ 해인사장경판전

④ 해인사장경판전은 세계기록유산인 고려대장경판(팔만대장경)을 보존하는 보고(寶庫)로, 유네스코 세계문화유산이다.

07 남사당놀이의 여섯 마당이 잘못 표시된 것은?
KBS, 동아일보

① 어름 – 탈놀음 ② 버나 – 접시 돌리기
③ 살판 – 땅재주 ④ 덜미 – 꼭두각시놀음

남사당놀이 여섯 마당 : 풍물(풍물놀이), 버나(접시 돌리기), 살판(땅재주), 어름(줄타기), 덧뵈기(탈놀음), 덜미(꼭두각시놀음)

08 연극과 영화를 결합시켜 상연하는 극은?
SBS, 한겨레신문

① 소시오드라마 ② 각색드라마
③ 키노드라마 ④ 솝오페라

③ **키노드라마(kinodrama)** : 연극의 단점을 보완하고 영화의 기법을 보충해 상연하려고 시도했던 연쇄극의 형태
① 미국의 정신 병리학자 야콥 L. 모레노가 고안해 낸 즉흥극. 개인의 사회적 부적응, 신경증을 치료하기 위해 참가자들이 자발적으로 참여해 연기함으로써 사회의 공통된 경험이나 문제점을 파악하고 해결하는 데 그 목적이 있다.
② 시나 소설 등의 문학 작품을 연극 장르에 활용할 수 있도록 알맞게 손질한 것
④ 1920~1930년대 미국에서 유행한 것으로 주부들을 주 시청층으로 삼아 일정 시간대에 방송된 라디오 · TV 연속극

09 자진모리에 해당하는 빠르기는? KBS, 중앙일보

① Andante ② Moderato
③ Allegro ④ Adagio

자진모리 : 국악 장단의 한 가지로 중중모리보다 빠르고 휘모리보다 느린 정도를 나타내는 말이다.
③ **알레그로(Allegro)** : 빠르게
① 느리게
② 보통 빠르게
④ 천천히, 매우 느리게

10 국악기에 대한 설명으로 틀린 것은? SBS, 중앙일보

① 좋은 가야금은 벽오동으로 만든다.
② 징은 전쟁에서 후퇴하거나 싸움을 거둬들이는 신호로 사용됐다.
③ 태평소는 호적 또는 나발이라고 부른다.
④ 단소의 구멍은 앞 4개, 뒤 1개로 돼 있다.

③ 태평소는 호적, 날나리, 쇄납, 새납이라고도 한다. 나발은 놋쇠로 만든 취악기로 흔히 나팔이라고 한다.

Answer 1. ② 2. ① 3. ① 4. ④ 5. ④ 6. ④ 7. ① 8. ③ 9. ③ 10. ③

11 다음 설명 중 틀린 것은? SBS

① 헨델의 <구세주>는 오라토리오이다.
② 세계 3대 바이올린 협주곡의 작곡가는 베토벤, 차이콥스키, 멘델스존이다.
③ 피아노 4중주는 피아노, 바이올린, 비올라, 첼로로 구성된다.
④ 빠르기말 중 안단테는 「느리게」란 의미이다.
⑤ 단가는 판소리를 시작하기 전 목을 풀기 위해 부르는 일종의 서곡이다.

② 베토벤, 멘델스존, 브람스 등에 의해서 각각 작곡된 바이올린 협주곡을 가리켜 「세계 3대 바이올린 협주곡」이라고 부른다.

12 작품에 BWV가 붙는 작곡가는? YTN, 한국일보

① 바흐 ② 모차르트
③ 헨델 ④ 슈베르트
⑤ 드보르자크

BWV(Bach Werke Verzeichnis) : 바흐의 작품 목록으로 1950년 볼프강 슈미더가 붙인 것이다. BWV는 연대순 목록이 아니며, 악장별로 별도 번호를 부여하지 않는다는 점에서 모차르트의 쾨헬번호와 다르다.
② 모차르트 – K, KV(쾨헬번호)
③ 헨델 – HWV
④ 슈베르트 –D
⑤ 드보르자크 – B

13 작품과 작곡자의 연결이 바르지 않은 것은? KBS, YTN

① 마왕 – 슈베르트
② 토스카 – 푸치니
③ 헝가리 무곡 – 베르디
④ 니벨룽겐의 반지 – 바그너

③ 〈헝가리 무곡〉은 브람스의 작품

14 레오나르도 다빈치 등이 사용한 기법으로 색과 색 사이의 경계선인 윤곽을 명확히 구분 지을 수 없게 하는 방법은? SBS, 근로복지공단

① 마블링 ② 스푸마토
③ 콜라주 ④ 프로타주

② **스푸마토(sfumato)** : 윤곽선을 마치 안개에 싸인 것처럼 표현해 명확히 구분하지 못하도록 하는 명암법. 레오나르도 다빈치의 대표작 〈모나리자〉에 이 기법이 사용됐다.
① 물 위에 유성 물감을 떨어뜨린 후 표면에 종이를 찍는 기법
③ 화면에 종이, 나뭇조각, 타일, 섬유 등을 붙여 독특한 효과를 내는 기법
④ 바위나 나무의 거친 면에다 종이를 대고 연필이나 크레용 따위로 문지르는 기법

15 대중매체의 효과에 대한 이론과 설명으로 옳지 않은 것은? MBC, SBS, 교통안전공단, 한겨레신문

① 의제설정기능 이론: 대중매체는 특정 문제에 대해 아는 사람들이 어떻게 생각하는가에 직접 영향을 미치기보다는, 어떤 문제가 중요한지에 대한 사람들의 생각에 영향을 미친다.
② 보강 이론: 대중매체의 설득적인 내용이 사람들의 의견을 바꾸기보다는 기존 의견을 강화시킨다.
③ 침묵의 나선 이론: 스스로 소수 의견을 가졌다고 생각하는 사람들은 자기 의견을 밝히기를 꺼리게 돼 다수의견이 더욱 지배적이 된다.
④ 이용과 충족 이론: 사람들은 대중매체가 제공하는 내용에 따라 수동적으로 이를 이용하며, 이를 통해 자신들의 욕구를 충족시킨다.

④ **이용과 충족 이론** : 초기 언론매체 효과 연구의 기본적 전제인 수동적 수용자의 개념을 부정하고, 수용자는 언론매체의 능동적인 소비자라는 전제를 그 출발점으로 한다. 이 이론에 따르면 수용자는 능동적이기 때문에 자신의 욕구와 동기를 충족시키는 방향으로 언론매체를 사용한다.

16 포스터, 만화, 통조림, 전기제품 등 대량 소비시대의 기성품에 포위된 환경을 묘사하는 현대미술의 한 조류를 표현한 사람은? KBS

① 장 미셸 바스키아 ② 앤디 워홀
③ 뱅크시 ④ 로이 리히텐슈타인

② **앤디 워홀**(Andy Warhol): 미국 팝아트의 대표적 작가. 1960년대부터 상품 라벨이나 만화류, 시사물이나 인물 등을 소재로 해 회화, 조각, 영화 등의 작품들을 제작했다.
① 「검은 피카소」라고 불리는 미국 현대미술 작가
③ 영국을 기반으로 신원을 밝히지 않고 활동하는 그라피티 작가
④ 만화를 회화에 접목시켜 밝은 색채와 단순화된 형태가 특징인 미국 팝아티스트

17 제도적인 제약이나 안이한 취재·편집 경향으로 인한 획일적이고 개성이 전혀 없는 보도 행태를 일컫는 말은? KBS, MBC, SBS, YTN

① hyena journalism ② gotcha journalism
③ street journalism ④ yellow journalism
⑤ pack journalism

⑤ **팩 저널리즘**(pack journalism): 자의적·제도적 제한 및 안이한 취재·편집 태도로 취재방법이나 취재시간 등이 획일적이고 개성이 없는 저널리즘을 일컫는다. 1990년대 이전 우리나라에서 각 언론기관에 시달된 「보도지침」, 「협조요청」 등의 보도 제한과 정부기관의 사찰과 간섭 등이 해당된다.
① 하이에나 저널리즘. 사회적 지위나 권력이 약한 사람들에 대한 뉴스를 노골적으로 파헤치는 저널리즘 행태
② 가차 저널리즘. 특정 정치인이나 저명인사의 사소한 말실수나 당황해 하는 행동 등을 흥미 위주로 집중 보도하는 행태
③ 스트리트 저널리즘. 시민이 휴대전화 등을 이용해 길거리에서 발생한 사건·사고 현장을 전달하는 행태
④ 황색 저널리즘. 대중의 원시적 본능을 자극하고 호기심에 호소해 흥미 본위의 보도를 하는 센세이셔널리즘 경향을 띠는 저널리즘

18 다음 중 캐나다 미디어 이론가 마셜 맥루한(M. McLuhan)과 관련이 없는 것은? KBS

① 미디어는 메시지이다(media is message)
② 지구촌(global village)
③ 문화제국주의(cultural imperialism)
④ 쿨미디어(cool media)와 핫미디어(hot media)

③ 문화제국주의 이론의 대표적 학자는 실러(H. Schiller). 문화제국주의는 서구식 근대화와 매체의 유입으로 제3세계의 전통적 가치는 붕괴되고, 진정한 민족문화가 상실돼 버렸다는 것으로, 미디어 제국주의론, 문화종속 이론이라고도 한다.

19 언론과 관련된 약어 중 잘못된 것은? KBS, MBC

① IPI – International Press Institute
② ABC – Audit Bureau of Communication
③ SNG – Satellite News Gathering
④ DBS – Direct Broadcasting Satellite

② Communication → Circulation
ABC(Audit Bureau of Circulations): 발행 부수 공사기구
① 국제언론인협회
③ 통신위성을 이용한 텔레비전 뉴스 취재 시스템
④ 직접위성방송

20 우리나라의 방송서비스 등장 순서로 바른 것은? MBC

㉠ 지상파DMB	㉡ 케이블방송
㉢ IPTV	㉣ 위성방송

① ㉠ – ㉡ – ㉢ – ㉣
② ㉠ – ㉣ – ㉡ – ㉢
③ ㉡ – ㉠ – ㉣ – ㉢
④ ㉡ – ㉣ – ㉠ – ㉢

④ ㉡ 케이블방송(1995) – ㉣ 위성방송(1996) – ㉠ 지상파DMB(2005) – ㉢ IPTV(2008)

Answer 11. ② 12. ① 13. ③ 14. ② 15. ④ 16. ② 17. ⑤ 18. ③ 19. ② 20. ④

21 **같은 시간대에 다른 방송과 다른 유형의 프로그램을 제작해서 경쟁하지 않고 나머지 시청자들을 공략하는 방송 편성 기법은?** KBS, YTN

① 역 편성 ② 실력 편성
③ 구획 편성 ④ 띠 편성

② 같은 시청자들을 대상으로 같은 유형의 프로그램을 맞물려 편성하는 기법
③ 하루를 몇 시간대로 구분해 구획으로 나누고 각 구획마다 특정 시청자를 대상으로 하는 프로그램을 집중적으로 편성하는 기법
④ 일주일에 5일 이상 같은 시간대에 동일한 프로그램을 편성하는 기법

22 **생방송이 불가능해질 경우를 대비해 미리 준비해 놓는 프로그램은?**
CBS, KBS, MBC, 경인일보, 방송통신위원회

① 레인코트 프로그램
② 파일럿 프로그램
③ 르포르타주
④ 발롱 데세
⑤ 런닝오더

① **레인코트 프로그램**(raincoat program) : 스포츠 생중계와 같이 날씨 등의 이유로 방송이 불가능할 경우에 대비해 미리 준비해 놓는 프로그램. 줄여서 레인코트라고 하며, 스탠바이(stand-by) 프로그램이라고도 한다.
② 시험 제작 · 방송을 통해 시청자의 반응을 미리 떠본 뒤 정규편성을 결정하는 프로그램
③ 어떠한 현상을 필름이나 테이프에 촬영하고 녹음을 넣어 편집한 「기록 보고 프로그램」. 문학에서는 보고문학 · 기록문학 · 논픽션 등이 이에 해당하며, 영화 · TV · 라디오 등에서는 현지 기록 보고 프로그램이나 기사 등을 말한다.
④ 반향이 불확실한 논리에 대해 실험적으로 하나의 의견 또는 보도를 언론에 흘려 여론의 동향을 탐색하려는 여론 관측 수단
⑤ 프로그램의 아이템을 시간순으로 정리한 목록표

23 **다음 중 촬영 기법을 표현하는 말이 아닌 것은?**
MBC, 경향신문, 교통안전공단

① 핸드헬드 ② 블러링
③ 닷징 ④ 줌잉

③ **닷징**(dodging) : 인화할 때 확대기에서 나오는 빛을 가리거나 해서 기대할 수 있는 인화 기법. 우리말로 부분굽기라고 한다.
① 카메라의 흔들림이 그대로 전달되는 촬영 기법
② 셔터 스피드가 느림에서 오는 떨림 현상
④ 초점거리 변화로 일어나는 피사체의 상이 큰 데에서 작은 데로, 반대로 작은 데에서 큰 데로 나타나는 현상

24 **다음 중 블랙 시네마가 아닌 작품은?** KBS

① 킬링 디어 ② 블랙 팬서
③ 겟 아웃 ④ 문라이트

블랙 시네마(black cinema) : 흑인의 시각으로 흑인의 삶과 정체성을 다룬 영화

25 **드라마 〈대장금〉의 주인공이었던 이영애를 섭외해 전기밥솥 광고를 찍는다고 할 때 노릴 수 있는 효과는?** MBC, 서울신문

① 초두효과 ② 인지효과
③ 맥락효과 ④ 피그말리온 효과

③ **맥락효과**(context effect) : 처음에 내린 판단에 따라 입력되는 정보들에 대한 판단이 맥을 잇게 된다는 것이다. 즉, 첫 이미지가 긍정적이면 다음에 들어오는 정보도 긍정적으로 처리될 가능성이 월등히 높아지게 된다는 것이다.
① 상대방에게 전달되는 이미지 중에서 처음에 강하게 들어온 정보는 전체적인 이미지의 판단에 결정적이라는 것이다.
② 광고물의 내용이나 상품에 대해 어느 정도 지식을 가지게 되는 광고효과의 한 단계이다.
④ 기대와 믿음이 그대로 실현되는 현상. 특히 교육학에서 아이들을 학습시키는 과정에서 그들에 대한 기대와 믿음이 크면 클수록 아이들은 더욱 발전하게 된다는 현상을 가리킨다.

2

26 특정 기업의 협찬을 대가로 영화나 드라마에서 해당 기업의 상품이나 브랜드 이미지를 끼워 넣는 광고 기법은? YTN, 스포츠서울, 한국전력공사

① 시즐 광고 ② 서라운드 세션
③ 티저 광고 ④ PPL
⑤ 비넷 광고

① 소리로 식욕을 돋우어 판매를 유도하는 광고. 「시즐(sizzle)」이란 고기가 지글지글 구워지는 소리의 영어식 표현이다.
② 인터넷 사용자가 한 사이트에 접속해 떠날 때까지 한 브랜드의 광고만 보여주는 기법
③ 중요한 부분을 바로 공개하지 않고 서서히 알려 관심을 끄는 광고 기법
⑤ 한 가지 주제에 맞춰 다양한 것을 연속 방영하는 광고 기법. 같은 경험을 가진 많은 사람들의 장면을 짧게 연속적으로 보여줌으로써 단순하지만 강렬한 이미지를 심어줄 수 있다.

27 다음 중 넷플릭스, 웨이브에 대해 바르게 설명한 것은 몇 개인가? KBS

- 각종 미디어 콘텐츠를 제공하는 OTT 사업자이다.
- TV뿐만 아니라 스마트폰, 태블릿PC 등에서도 서비스를 이용할 수 있다.
- 유사한 성격의 서비스로는 애플TV, 왓챠플레이 등이 있다.

① 0개 ② 1개
③ 2개 ④ 3개

OTT(over the top) : 인터넷을 통해 영화, 드라마, TV방송 등 각종 영상을 제공하는 서비스를 말한다. 대표적인 OTT 업체로는 넷플릭스, 유튜브프리미엄, 웨이브, 티빙, 왓챠플레이, 애플TV+, 디즈니+ 등이 있다.

28 디지털 미디어를 기반으로 영화 · 방송 · 게임 등의 문화예술산업을 첨단산업으로 발전시키기 위한 기술 및 노하우를 총칭하는 용어는? MBC

① BT ② ST
③ NT ④ ET
⑤ CT

⑤ cultural technology의 약칭. 문화산업기술, 문화기술이라고도 부른다.
① 생명공학기술 ② 항공우주기술 ③ 나노기술 ④ 환경기술

29 한 편의 영화가 VOD 등 다른 수익과정으로 중심을 이동할 때까지 걸리는 기간을 일컫는 용어는? MBC

① 딥포커스 ② 제로 레이팅
③ 홀드백 ④ 아웃소싱
⑤ 스핀오프

① 매우 깊은 시야 심도를 가진 영화의 구도
② 콘텐츠 사업자가 통신사와 제휴를 통해 이용자가 특정 콘텐츠를 사용할 때 발생하는 데이터 이용료를 면제 또는 할인해 주는 제도
④ 제품의 생산과 유통 · 포장 · 용역 등의 과정이 하청기업의 발주나 외주를 통해 이루어지는 경영 형태
⑤ 오리지널 영화나 드라마의 캐릭터나 설정에 기초해 새로운 이야기를 만들어 내는 것

30 다음 중 공영방송이 아닌 것은? KBS

① 일본 NHK ② 독일 ARD
③ 미국 ABC ④ 영국 BBC

③ 미국의 공영방송으로는 PBS, NPR, CPB가 있다.
공영방송 : 방송의 목적을 영리에 두지 않고, 청취자로부터 징수하는 수신료 등을 주 재원으로 해 공공의 복지를 위해서 행하는 방송을 말한다.

Answer 21. ① 22. ① 23. ③ 24. ① 25. ③ 26. ④ 27. ④ 28. ⑤ 29. ③ 30. ③

단답형 문제

31 2003년 11월 유네스코(UNESCO)가 「세계무형유산 걸작」으로 선정한 우리나라의 국가무형문화재는? 국민일보

32 20세기 중반 서양의 예술 아방가르드운동을 촉발시킨 현대문학과 예술의 전위적이고 실험적인 문화예술 경향은? 한겨레신문

33 드라마나 영화 등에서 앞으로 일어날 일을 관객에게 미리 알려줌으로써 결말을 기대하고 예측하는 재미를 망치는 사람을 일컫는 말은? 강원민방, 일간스포츠, 한국일보

34 무대 안에서 연출자의 의도로 만들어지는 모든 배경, 소도구, 배우의 위치 등을 아우르는 총체적인 무대의 정경을 일컫는 말은? MBC, SBS, 근로복지공단

35 평소에는 인지하지 못하고 있다가 언론보도 이후 관심이 집중적으로 쏠려 더욱 확산되는 현상은? 문화일보, 서울시농수산식품공사

36 저작권으로 설정된 정보의 독점을 거부하고 온라인상에서 서로 정보를 공유하자는 뜻을 갖고 있으며, 리눅스의 전 세계적인 확산과 함께 성장해 온 이것은? KBS, SBS, 국민일보, 세계일보

37 예술·문화를 옹호하자던 로마제국 초기 대신의 이름에서 유래된 것으로 기업의 예술·문화 활동에 대한 전반적인 지원을 일컫는 말은? MBC, YTN, 부산일보

38 영화 등에서 독특한 개성이나 뛰어난 연기력으로 주목을 받는 조역을 일컫는 말은? 경인일보

39 지나치게 상업화된 할리우드 영화에 반대해 영화인들의 독립적이면서 다양한 관점을 보호한다는 목적하에 1985년부터 개최된 최대 규모의 독립영화제는? YTN, 머니투데이

40 한국 태생의 미술가로 작품 〈관계항〉 연작을 선보였으며 일본의 획기적 미술운동인 모노파(物派)의 거두로 일컬어지는 작가는? 서울신문

41 기존의 TV 화면보다 훨씬 세밀하고 현장감 있는 선명한 화상과 양질의 음성을 제공하는 HDTV의 가로 대 세로 비율은? MBC, YTN

42 TV방송대역 중 지역적으로 사용되지 않고 비어 있는 주파수 대역을 일컫는 말은? KBS

43 어떤 사건이 대중에게 전달되기 전에 매스미디어 기업 내부의 각 부분에서 일정한 정치적·이데올로기적 기준에 의해 사건을 해석·취사 선택하고 검열하는 직책 또는 사람은? MBC, 중앙일보

44 미국과 유럽 등지의 뛰어난 보도사진가들로 구성된 자유 사진가 집단으로, 소속 회원들의 사진을 각 언론사 등에 판매하는 사진통신사는? CBS, MBC, 문화일보, 한겨레신문

45 초고속 인터넷망을 이용하여 방송 프로그램, 영화, 동영상 등 다양한 영상 콘텐츠들을 TV 수상기로 제공하는 서비스는? KBS, MBC, 코리아헤럴드

46 사실과 진실은 다르다는 명제 아래 사건 자체보다는 그 사건의 이면을 적극적으로 파헤치는 언론보도 방식은? SBS, 경향신문, 스포츠서울

Answer **31.** 판소리 **32.** 모더니즘(modernism) **33.** 스포일러(spoiler) **34.** 미장센(mise-en-scène) **35.** 루핑효과(looping effect) **36.** 카피레프트(copyleft) **37.** 기업 메세나(corporation mecenat) **38.** 신스틸러(scene stealer) **39.** 선댄스 영화제(sundance Film Festival) **40.** 이우환 **41.** 16 : 9(1.78 : 1) **42.** 화이트 스페이스(white space) 또는 유휴대역 **43.** 게이트키퍼(gatekeeper) **44.** 매그넘(Magnum) **45.** IPTV(Internet protocol television) **46.** 블랙 저널리즘(black journalism)

완성형 문제

47

- 동대문 – (①)
- 서대문 – 돈의문(敦義門)
- 남대문 – 숭례문(崇禮門)
- 북대문 – (②)

서울신문, 한국일보

48 판소리에서 창자(唱者)가 극적인 전개를 보충 설명하기 위해 대목과 대목 사이에 가락을 붙이지 않고 말하듯 사설을 엮어가는 것을 (　　)(이)라고 한다.
KBS, MBC, SBS, 경향신문

49 세계 4대 영화제는 칸, 베니스, (　　), (　　) 영화제를 말한다.
MBC, 근로복지공단, 서울교통공사, 한국수력원자력

50 독일 문화비평가인 발터 벤야민은 「기계문명 시대에 (　　)은/는 사라지게 된다」라는 말을 남겼다.
SBS

51 스크린쿼터제 시행에 의한 한국영화 의무상영일수는 (①)일이며, 2013년 7월 1일부터 저작권 보호기간이 (②)년으로 연장됐다.
MBC, YTN, 한국보훈복지의료공단

52 국악 장단 빠르기는 「(①) – 중모리 – 중중모리 – 자진모리 – (②) – 단모리」 순서로 빨라진다.
KBS, 한국감정원, 한국마사회, 한전KPS

53 연주회에서 오케스트라는 연주 시작 전 튜닝할 때 (　　)의 A음을 기준으로 맞춘다. KBS, 중앙일보

54 오페라 등에 나오는 기악반주의 독창곡으로, 서정적인 선율을 갖는 기악곡을 일컫는 용어로도 사용된다. 바흐의 관악모음곡 제3번 D장조의 제2곡 에어(Air)를 빌헤르미가 편곡한 G선상의 (　　)이/가 유명하다.
MBC

55 (　　)은/는 〈아이다〉, 〈나부코〉, 〈가면무도회〉 등의 오페라 곡을 작곡했다.
KBS, YTN, 국제신문, 코리아헤럴드

56 인생과 노력은 본질적으로 비논리적인 것이며, 언어는 전달의 수단으로서는 부적합한 것이므로 인간의 유일한 피난처는 웃음 속에 있다는 가정에 근거한 연극사조를 (　　)(이)라 한다.
MBC, 한국가스공사

57 우리 농촌의 민속놀이인 사물놀이에는 (　　), 징, (　　), 북 등의 악기가 사용된다.
국가정보원, 서울신문, 스포츠서울, 한국일보

58 방송 프로그램에 컴퓨터 그래픽을 이용해 만든 가상의 이미지를 삽입하는 형태의 가상광고는 방송 프로그램 시간의 (　　)%를 초과할 수 없다.
방송통신심의위원회

59 청소년 보호를 위한 방송 프로그램 시간대는 평일 오전 (①)와 오후 (②)이다. KBS

60 방송의 날인 9월 3일은 국제무선통신회의에서 우리나라가 (①)을/를 배당받은 날을, 신문의 날인 4월 7일은 (②) 창간일을 기념일로 정한 것이다.
CBS, KBS, 경향신문, 한겨레신문

61 특종기사를 경쟁 관계에 있는 타 언론사보다 앞서 보도하는 것을 (　　)(이)라고 한다.
교통안전공단, 근로복지공단, 매일신문, 한국산업인력공단

Answer **47.** ① 흥인지문(興仁之門) ② 숙정문(肅靖門) **48.** 아니리 **49.** 베를린, 모스크바 **50.** 아우라(aura) **51.** ① 73 ② 70 **52.** ① 진양조 ② 휘모리 **53.** 오보에 **54.** 아리아(aria) **55.** 주세페 베르디 **56.** 부조리극 **57.** 꽹과리, 장구 **58.** 5 **59.** ① 7~9시 ② 1~10시 **60.** ① 호출부호 ② 독립신문 **61.** 스쿠프(scoop)

04 철학 · 교육 · 종교

01 동양철학

유가사상(儒家思想)●●●

중국 춘추 말기에 공자(기원전 552~479)를 창시자로 해 성립된 학파이다. 유가사상의 근본은 인(仁)이며, 인은 임금에 대해서는 충(忠), 부모에 대해서는 효(孝), 형제에 대해서는 제(悌)가 된다. 유가의 주 사상은 ≪사서오경≫에 잘 드러나 있으며 일상생활을 가족관계와 사회관계에서 고찰하는 실용적인 교의를 창설했다.

- 공자: 인 · 예, 군자, 정명, 대동사상
- 맹자: 성선설, 인 · 의, 사단, 대장부, 호연지기, 왕도정치, 역성혁명
- 순자: 성악설, 예의 실천

도가사상(道家思想)●●●

노자와 장자를 대표로 하는 제자백가의 하나로서 유가의 인의예악(仁義禮樂)이나 묵가의 겸애설(兼愛說)을 모두 인위라 부정하고 우주와 인생을 근원적으로 탐구하는 사상이다. 노자는 만물의 근원을 무(無)라 하고 무는 자연이며, 생명의 근원을 이룬다고 했다. 장자는 인간의 절대적 자유와 만물제동의 이치를 논했다. 즉, 노자는 도 · 무위자연(無爲自然) · 겸허 · 부쟁(不爭) · 상선약수(上善若水) · 소국과민(小國寡民) 등을, 장자는 정신적 자유의 경지인 제물(齊物)과 물아일체(物我一體)를 주장했다. 이러한 노자 · 장자의 사상은 도교의 사상적 근거가 됐고, 불교사상을 받아들이는 매개가 됐으며 주자학 등 후대의 철학에 큰 영향을 미쳤다.

성리학(性理學)●●●

송 · 명에 걸쳐 발달한 유학의 한 계통으로, 성명(性命)과 이기(理氣)의 관계를 논한 유교 철학이다. 공자의 학설에 불교와 도교의 사상을 섞어 인의 원리, 인심 · 천리와의 관계를 논한 학문으로, 주자에 이르러 집대성돼 주자학 또는 도학(道學) · 이학(理學) · 성명학(性命學)이라고도 한다. 성리학은 이(理) · 기(氣)의 개념을 구사하면서 우주의 생성과 구조, 인간 심성의 구조, 사회에서의 인간의 자세 등에 관해 깊이 사색함으로써 한 · 당의 훈고학이 다루지 못했던 새로운 유학사상을 수립했다. 경험적 세계를 중시하는 주기파(主氣派)와 원리적 문제를 중시하는 주리파(主理派)의 두 계통으로 대별된다.

사단칠정논쟁(四端七情論爭) 퇴계 이황과 고봉 기대승 사이에 전개된 사단(理)과 칠정(氣)에 관한 이기론적(理氣論的) 해석을 둘러싼 조선시대 성리학 논쟁이다. 이황은 이(理)와 기(氣)가 시간 · 공간상 분리돼 발동한다는 이기호발설(理氣互發說)을 주장했고, 기대승은 이 · 기의 시공상의 분리를 생각하지 않는 이기겸발설(理氣兼發說)을 주장했다. 양자는 모두 기발(氣發)에 의한 것이라는 입장을 견지한다.

2

양명학(陽明學) •••

중국 명나라 중기에 양명 왕수인(王守仁)이 유학의 실천성을 회복하고자 제창한 유교 학설이다. 양명학의 골자는 심즉리(心卽理), 치양지(致良知), 지행합일(知行合一)의 주장에 있으며 ≪대학≫의 격물(格物), 치지(致知), 성의(誠意) 등에 대한 새로운 해석을 바탕으로 하고 있다. 조선에서는 퇴계의 이론적 공박이 있어 크게 발전하지 못하고 강화학파에 의해 조선 말기에 겨우 명맥을 유지했다.

격물치지(格物致知) 사물의 이치를 깊이 연구하면 지식을 얻을 수 있다는 뜻으로 정이천(程伊川)이 내세웠고 주희가 완성한 존심양성(尊心養性)의 수도법(修道法)이다.

경학(經學) •••

유가의 경전인 ≪시경≫, ≪서경≫, ≪역경≫, ≪예기≫, ≪악기≫, ≪춘추≫ 등 「육경(六經)」을 연구하는 학문이다. ≪악기≫는 문헌 속에만 존재할 뿐 실재 전하지 않고 있어 소위 육경은 실제로 「오경」인 셈이다. 이 학문은 동양에서 가장 오랜 전통을 지닌 학문의 하나로 꼽힌다.

주역(周易) 유가의 주요 경전인 삼경의 하나. 역경 또는 역이라고도 하며, 주(周) 대에 이루어졌고 점서로 쓰였다고 해 ≪주역≫이라 한다. 「경(經)」과 「전(傳)」의 두 부분으로 구성돼 있다.

사서삼경(四書三經) •••

유교의 기본 경전으로 사서(四書)는 ≪논어≫ ≪대학≫ ≪중용≫ ≪맹자≫를 말한다. 삼경(三經)은 ≪시경≫ ≪서경≫ ≪역경(주역)≫이며, 삼경에 ≪춘추≫ ≪예기≫를 더해 오경이라 한다. 특히 ≪논어≫는 유가의 성전이자 중국 최초의 어록이기도 하다.

사서	논어	공자의 어록이 담긴 경전. 공자가 죽은 후 그의 제자들이 편찬했다.
	맹자	맹자가 쓴 유교의 경서. 7편으로 구성돼 있다.
	대학	≪예기≫ 49편 중 42편. 삼강령(三綱領)과 팔조목(八條目)으로 구성되며, 삼강령은 교육의 목적이고 이 목적을 이루는 방법이 팔조목이다.
	중용	≪예기≫ 49편 중 31편. 내면적인 수련을 통해 참된 인격을 형성하도록 이끄는 내용을 담고 있다.
삼경	시경	중국에서 가장 오래된 시가집(詩歌集)으로, 고대 각 지방에서 전해지던 가사들을 모아놓았다.
	서경	역대 제왕들이 천명(天命)의 보존을 위해 지켜야 할 규범에 대해 다루고 있다.
	역경	우주의 원리를 상징이나 수리로 표현해 다루고 있다.

제자백가(諸子百家) •••

중국 전국시대(BC 5~3세기)에 활약한 학자와 학파의 총칭으로, 제자(諸子)란 제선생이란 뜻이고, 백가(百家)란 수많은 파별(派別)을 의미한다. 한서(漢書)의 ≪예문지(藝文志)≫에서는 제자백가를 유가(儒家), 도가(道家), 음양가(陰陽家), 법가(法家), 묵가(墨家), 종횡가(縱橫家), 잡가(雜家), 농가(農家), 명가(名家) 등 아홉 종류와 소설가(부록)로 분류했다.

사단설(四端說) •••

맹자(孟子)가 주창한 인간 도덕성에 관한 학설이다. 인간은 태어나면서 측은(惻隱)・수오(羞惡)・사양(辭讓) 시비(是非)의 네 가지 품성을 가지고 있어, 이것이 인(仁)・의(義)・예(禮)・지(智)라고 하는 덕(德)이 된다고 했다.

사덕(四德)	사단(四端)
인(仁)	남을 사랑해 측은히 여기는 마음(측은지심, 惻隱之心) – 사랑
의(義)	불의를 부끄러워하고 미워하는 마음(수오지심, 羞惡之心) – 정의
예(禮)	서로 양보하고 공경하는 마음(사양지심, 辭讓之心) – 예의
지(智)	옳고 그름을 판단하는 마음(시비지심, 是非之心) – 지혜

맹자의 성선설(性善說) 인간과 사회의 본래 모습(자연 상태)은 서로가 사랑하고 아껴주며(仁), 옳은 일을 좋아하고 옳고 그름의 구분이 명확하게 인식되는(善), 이상적인 질서 상태라고 주장했다.

순자의 성악설(性惡說) 인간은 본성적으로 이(利)를 추구하고 남을 질투하며, 쾌락을 좇는 이기적 존재라고 주장했다.

삼강오륜(三綱五倫) •••

유교의 도덕사상에서 기본이 되는 세 가지 강령과 사람이 지켜야 할 다섯 가지 도리를 일컫는다. 삼강오륜은 원래 중국 전한(前漢) 때의 동중서(董仲舒)가 말한 것에서 유래됐다.

삼강(三綱)	군위신강(君爲臣綱)	신하는 임금을 섬기는 것이 근본
	부위자강(父爲子綱)	아들은 아버지를 섬기는 것이 근본
	부위부강(夫爲婦綱)	아내는 남편을 섬기는 것이 근본
오륜(五倫)	부자유친(父子有親)	아버지와 아들 사이의 도리는 친애에 있음
	군신유의(君臣有義)	임금과 신하 사이의 도리는 의리에 있음
	부부유별(夫婦有別)	남편과 아내 사이의 도리는 서로 침범하지 않음
	장유유서(長幼有序)	어른과 어린아이 사이의 도리는 엄격한 차례와 복종해야 할 질서가 있음
	붕우유신(朋友有信)	벗과 벗 사이의 도리는 믿음에 있음

호연지기(浩然之氣) •••

인간 본성의 함양에 대한 맹자의 견해로서, 지극히 크고 굳세며 곧은 마음을 뜻하며 진취적 기상의 바탕이 된다.

화랑도(花郎徒) •••

신라시대 청소년 단체인 「화랑도」의 이념이면서 신라의 주요 사회사상의 하나이다. 최치원의 「난랑비서(鸞郎碑序)」에는 현묘지도(玄妙之道) 또는 풍류도・화랑도가 설명돼 있다. 내용적으로는 유・불・도 3교의 가치관을 포함하고 있으며, 이 점은 화랑들이 신조로 삼는 세속오계(世俗五戒)와 삼덕(三德)인 겸허・검소・순후에서 잘 드러난다. 대표적 화랑으로는 김유신, 사다함, 원술, 죽지 등이 있다.

세속오계(世俗五戒) 신라 진평왕 때 원광법사가 화랑에게 일러준 다섯 가지 계명으로, 사군이충(事君以忠), 사친이효(事親以孝), 교우이신(交友以信), 임전무퇴(臨戰無退), 살생유택(殺生有擇)을 말한다. 이 가운데 사군이충과 사친이효를 으뜸으로 여긴다. 세속오계는 후에 화랑도의 신조가 돼 화랑도의 발전과 삼국 통일의 기초를 이룩하게 했다.

성(誠) / 경(敬) •••

우리 겨레의 윤리생활의 근본 바탕을 이루는 성실(誠實)과 경애(敬愛)를 뜻하는 말이다. 성(誠)은 하늘의 이법(理法)이며 마음의 참모습으로, 「참」이자 「거짓이 없는 것」이다. 경(敬)은 성의 실천적 의미를 지니는 것이다. 성이 인간을 인간답게 하는 본연의 바탕이라고 한다면, 경은 인간 이성에 다다를 수 있도록 실천하는 일체의 행위 내용이라고 할 수 있다.

중체서용론(中體西用論) •••

청 말기 양무운동(洋務運動)을 근거로 한, 즉 유교를 근본으로 해 서양의 발달된 기술과 물질문명을 수용하려는 사상이다. 이는 서구문명의 우위를 산업・기술・과학 분야에서는 인정하되 정신적 가치의 면에서는 중국 본래의 유교를 기준으로 삼는다는 입장이다. 대표적 저술은 장지동의 ≪권학편(勸學編)≫이며 조선의 동도서기론(東道西器論), 일본의 화혼양재(和魂洋才)와 같은 사상적 맥락을 지니고 있다.

위정척사론(衛正斥邪論) •••

19세기 말 성리학자들이 천주교를 앞세운 서구와 일본의 제국주의를 배격하고 국권을 수호하려고 전개한 위정척사운동의 논리를 일컫는다. 위정척사는 「정학(正學)을 수호하고 사학(邪學)을 물리친다」는 의미로 이론적으로는 주리적 이기론의 관점에 의한 화이론(華夷論), 정통론, 명분론이 기본 골격을 이룬다. 이는 주자 성리학의 가치관에 의거해 서양의 가치를 「사(邪)」로 규정하고 배척함으로써 국권을 수호하고 민족자존의 의식을 고양한다는 논리이다. 이후 항일의병 투쟁의 이념적 기반이 됐다.

홍익인간(弘益人間) •••

고려시대의 승려 일연(一然)이 지은 ≪삼국유사≫의 단군신화에 나오는 말로, 「널리 세상을 이롭게 한다」는 뜻의 한국 최초의 건국이념이다. 환인의 아들 환웅이 천하에 뜻을 두어 세상 사람들을 다스리기를 원하므로, 환인이 천부인(天符印 : 청동검・청동거울・청동방울) 3개를 주어 내려 보내며 홍익인간으로써 다스리게 했다는 말에서 비롯된다.

정치 이념	인본주의(人本主義) : 순수한 인간 본성의 발로로, 널리 인간을 이롭게 한다는 인간 중심의 원리
근본 정신	대승주의(大乘主義) : 개인적인 나(小我)보다 사회적인 우리(大我)를 강조한 대승적 가치관의 표현
윤리 의식	이타주의(남을 먼저 생각), 평등주의, 순수한 인간애, 상부상조, 평화 애호, 광명 숭상, 성자의 원리(참고 견디는 곰)

불함문화론(不咸文化論)•••

동방문화는 백두산에서 비롯됐으며 한족(韓族)이 문화의 중심을 형성했다는 육당 최남선의 학설이다. 일본 관학자들의 단군말살론, 일선(日鮮)동조론, 문화적 독창성 결여론 등에 맞서 역사, 종교, 신화, 민속, 인류학 등을 통해 고대 문화의 원류를 밝히는 데 초점을 두고 있다. 육당은 동방문화의 원류를 「볽(park) 사상」으로 파악했다. 육당에 의하면 「백」은 「볽」을 대신하는 고어로 신, 하늘, 해를 뜻한다. 또 볽의 가장 오랜 문자형이 불함이다. 동이족의 지명에 많이 나오는 백산(白山)은 태양신에 제사를 지내는 장소를 지칭하며, 태백산은 그 중심이 된다. 백(불함)을 숭상하는 모든 문화권이 불함문화권이며 조선이 그 중심에 해당된다는 주장이다. 불함문화권에 속하는 민족은 한족, 만주족, 일본족이다.

화쟁(和諍)•••

신라 고승 원효(元曉, 617~686)의 중심 사상이자 모든 논쟁을 화합으로 바꾸려는 한국 불교의 전통사상이다. 원효의 ≪십문화쟁론(十門和諍論)≫은 여러 경(經), 논(論)에 산재하는 교리적 대립을 열 가지 범주(十門)로 분리, 포괄해 그에 대한 화해를 시도한 책으로 화쟁의 내용을 총체적으로 담고 있다.

02 서양철학

헬레니즘(Hellenism)•••

마케도니아의 알렉산드로스 대왕이 죽은 기원전 323년부터 로마가 이집트를 정복한 기원전 31년경까지의 그리스·로마 문명을 가리킨다. 헬레니즘은 「말하다」, 「그리스인처럼 행동하다」라는 뜻의 그리스어에서 유래했다. 헬레니즘 문화는 그리스 고유의 문화와 오리엔트 문화가 융합된 문화로 헤브라이즘과 함께 유럽 문화의 근간을 이룬다. 헬레니즘 문화는 개인주의적·현실적 미를 추구했으며 인도에 영향을 주어 간다라 미술을 탄생시켰다. 또한 인본주의 사상에 기초를 두었으며, 이성적·과학적·미신적 특성을 지니고 있다. 이 시기의 대표적 철학에는 에피쿠로스학파(쾌락주의)와 스토아학파(금욕주의) 등이 있으며, 자연과학의 발달로 아르키메데스, 유클리드 등의 학자가 배출됐다. 대표적인 유물로는 라오콘, 밀로의 비너스, 시모트라케의 니케 등이 있다.

헤브라이즘(Hebraism)•••

그리스어로 「유목민」, 「방황하는 자」를 뜻하는 말로, 헤브라이 문화 또는 헤브라이 정신을 가리킨다. 헤브라이즘은 신 중심적, 윤리적 인생관, 세계관을 특징으로 하며, 헬레니즘과 서로 대립하는 유럽문화의 2대 원류이다. 넓은 뜻의 헤브라이즘은 품행, 복종, 윤리의 이상을 지상목표로 하는 인생태도로서, 인간이 아닌 신, 즉 여호와 의지에 절대 복종하는 것을 생의 근본이념으로 삼았다.

그리스철학(Greek philosophy) •••

고대 그리스에서 발생해 고대 로마까지 계승된 철학 사상 전체를 지칭한다. 그리스철학은 자연철학이라 해 일찍부터 자연계의 의미를 생각하는 철학이 성립돼 있었지만 소크라테스와 플라톤, 아리스토텔레스에 의해 체계가 성립됐다. 플라톤은 태어나서 변화하고 사라져 가는 현상의 세계와 이성에 의해서만 인식할 수 있는 이데아의 세계를 구별했으며, 아리스토텔레스는 플라톤보다도 경험에 의한 지식을 중시했다.

스토아학파(Stoicism) •••

퀴닉(Kynic) 학파의 윤리설을 계승해 헤라클레이토스(Herakleitos)의 로고스설을 발전시킨 철학상의 한 학파이다. 유기적 유물론 또는 범신론에 기초한 개인주의적 실천지(實踐智)를 주장했고, 외물(外物)에 대한 욕망과 격동에 동하지 않는 무정념(無情念)을 아파테이아(apatheia)라 해 준엄한 도덕주의와 엄격한 의무의 준수를 역설했다.

에피쿠로스학파(Epicureanism) 쾌락을 최고 선으로 규정한 아테네의 철학자 에피쿠로스(Epikuros)가 창시, 스토아학파와 함께 헬레니즘 시기를 대표하는 철학상의 한 학파. 스토아학파가 플라톤과 아리스토텔레스의 사상을 이어받아 인간 이성을 통한 엄격한 금욕주의적 태도를 중시한 데 반해, 에피쿠로스학파는 인간의 감각적 경험과 정신적 쾌락 등 현실 세계에서의 행복을 중시하면서 마음의 평정을 이루는 이상적 경지인 아타락시아(ataraxia, 평정심)를 추구했다. 이후 에피쿠로스학파는 근대 영국의 경험론과 공리주의 윤리설 형성에 영향을 끼쳤다.

교부철학(patristic philosophy, 敎父哲學) •••

그리스도교의 교의를 합리적으로 설명하려는 목적에서 일어난 철학이다. 교부는 저작 활동에 의해 그리스도교 교회와 그 신자들을 지도한 사람으로, 특히 1~2세기부터 8세기경까지 활동한 사람들을 가리키는데, 그들의 철학을 교부철학이라 한다. 클레멘스에 의해 창시됐으며, 아우구스티누스에 이르러 최전성기를 이루었다.

그리스도교의 윤리사상

구분	교부철학(중세 전기)	스콜라철학(중세 후기)
대표자	아우구스티누스	토마스 아퀴나스
수용	플라톤 철학	아리스토텔레스 철학
특징	• 그리스도교 교리 체계화 • 원죄설, 7주덕	• 신의 존재를 증명 • 신앙과 이성의 조화

스콜라철학(Scholaticism) 중세 유럽에서 형성된 기독교 중심의 철학. 대표적 철학자는 토마스 아퀴나스. 아주 세밀한 문제를 상세하게 논해 「번쇄철학」이라고도 한다. 중세 스콜라철학에서의 실재론과 유명론의 다툼인 「보편논쟁」은 스콜라철학의 쇠퇴를 가져오는 계기가 됐다.

분석철학(analytic philosophy, 分析哲學) •••

언어를 논리적으로 분석해 그 의미를 밝히려는 것을 목적으로 하는 철학으로, 논리실증주의에서 비롯됐다. 형이상학적인 명제들은 경험적으로 검증되지 않는 무의미한 것이며, 이러한 무의미한 명제들은 철학자들이 애매한 일상 언어를 부당하게 확대하고 사용한 데서 생겨났다고 보았다. 이들은 의미의 이론, 언어의 논리적 분석을 전개해 기호논리학으로 발전시켰다. 대표적인 학자로는 B. 러셀, L. 비트겐슈타인 등이 있다.

생철학(philosophy of life, 生哲學)•••

지성보다는 감정을, 합리성보다는 비합리성을, 개념보다는 직관과 체험을, 기계적 필연보다는 자유로운 창조를 존중하는 19세기 중엽~20세기 초엽에 성행한 철학상의 한 경향을 말한다. 계몽철학의 주지주의와 헤겔의 이성주의에 반대했다. 생철학은 실존철학의 전 단계라고 할 수 있으며 니체, 베르그송, 딜타이, 짐멜 등의 철학이 여기에 속한다.

경험론(empiricism, 經驗論)•••

인식의 근거를 경험에서 구하며 초경험적 · 이상적 계기로서의 인식을 인정하지 않는 학설(귀납법)이다. 합리론에 상대되는 것으로 근세 철학의 기초가 됐으며, 로크, 베이컨, 홉스 등이 대표적인 사상가이다. 경험론은 20세기 미국 실용주의로 발전했다.

합리론(rationalism, 合理論)•••

비합리적 · 우연적인 것을 배척하고, 이성적 · 논리적 · 필연적인 것을 중시하는 태도(연역법)를 뜻한다. 대륙 합리론, 이성론, 이성주의라고도 한다. 대표적인 학자는 데카르트, 스피노자, 라이프니츠 등이다. 이들은 감각적 경험론을 혼란된 것이라 경시하고, 수학적 인식을 원형으로 하는 것과 같은 논증적 지식을 중시한다. 데카르트는 진리 탐구의 방법으로 철저한 의심을 통해 확실한 진리를 인식한다는 「방법적 회의」를 주장했다. 데카르트의 「나는 생각한다. 그러므로 나는 존재한다(cogito, ergo sum)」란 말은 사유하는 자아의 자기 확실성을 나타낸 대표적 명제이다. 합리론은 18세기 독일의 관념론으로 발전했다.

귀납과 연역 한 가지의 구체적인 사실에서 일반적인 원리를 도출해 내는 것이 귀납이며, 그와 반대로 일반적인 원리를 최초의 전제로 하고 거기에서 개별적인 경우를 추론하는 것이 연역이다. 따라서 귀납은 경험주의의 방법이며, 연역은 합리주의의 방법이라 할 수 있다. 연역법의 대표적인 추리논법이 삼단논법(대전제 – 소전제 – 결론)이다.

관념론(idealism, 觀念論)•••

존재와 사유의 관계에 있어서 사유를 제1차적이며 본원적인 것으로 보는 철학상의 입장이다. 칸트, 헤겔에 이르는 독일 고전철학에서 이성을 일체의 존재의 본질과 발전의 원칙으로 보았으며, 이는 절대적 관념론으로 이어졌다.

종속이론(dependency theory, 從屬理論)•••

1960년대 후반 라틴아메리카의 구체적 현실 속에서 「저발전이란 무엇인가, 그리고 왜 지속되고 있는가?」라는 문제의식에서 출발한 이론으로 서유럽 사회의 발전 이론이 남미 사회의 분석에 적합하지 않다고 보는 대신 자체적으로 적합한 이론적인 틀을 구축하고자 했다. 종속이론 속에는 각기 다른 분석방법을 가진 구조주의와 네오마르크시즘이 혼재돼 있고 연구의 범위와 내용에도 차이가 많다. 그러나 전체적으로 공통된 인식은 저발전의 원인을 선진 제국에의 종속에서 찾고, 종속으로부터의 탈피를 주창한다는 점이다. 대표적인 학자들로는 A. G. 프랑크, 도스 산토스, S. 아민 등이 있다.

변증법적 유물론(dialectical materialism, 辨證法的 唯物論)●●●

마르크스와 엥겔스가 주장한 자연·사회 및 사유(思惟)의 가장 일반적인 발전 법칙에 관한 과학적 철학을 뜻한다. 헤겔이 변증법의 토대와 주체를 정신적인 것에 둔 데 반해, 마르크스와 엥겔스는 유물론적 입장에서 세계는 본성이 물질적인 것으로서 물질의 운동법칙에 따라 발전한다고 주장했다.

변증법(dialectic, 辨證法) 문답, 대화의 기술을 의미하는 희랍어 디아렉티케(dialektike)에서 나온 용어로 헤겔에 의해 확립됨. 헤겔의 변증법은 즉자, 대자, 즉대자(정립 these, 반정립 antithese, 종합 synthese)의 단계를 거쳐 전개된다. 「즉자」란 「스스로 있다」는 의미로 자신 안에 있는 타자와의 관계나 모순에 대해 자각하지 못하는 추상적 오성의 단계이다. 이 단계에서 나아가 자신을 부정해 자신이 절대적인 존재가 아닌 타자와 관계를 맺고 있는 존재임을 깨달아 그 자율성을 회복하는 단계가 바로 「대자」이다. 「즉대자」는 앞서의 두 단계를 거치면서 자신을 보다 고차원적인 입장에서 종합·통일하는 단계인데 이를 「지양(止揚)」이라고 한다.

프랑크푸르트학파(Frankfruter schule)●●●

1930년대 이후 등장한 프랑크푸르트암마인 대학교의 사회문제 연구소를 중심으로 한 신마르크스주의 사회 이론가 집단을 일컫는다. 대표적인 구성원으로는 당시 사회문제연구소 소장직을 맡고 있던 호르크하이머를 비롯해 T. 아도르노, H. 마르쿠제, E. 프롬, 발터 벤야민 등이 있다.

우상론(偶像論)●●●

영국 철학자 베이컨(F. Bacon)은 편견과 망상을 우상이라고 했으며, 이를 종족의 우상, 동굴의 우상, 시장의 우상, 극장의 우상 등 네 개로 나누었다.

베이컨의 4대 우상

종족의 우상	모든 사물을 인간 본위로 해석하려는 보편적인 편견(자연의 의인화). 맹목적인 습관, 감정, 신앙에서 오는 편견 예 아리스토텔레스의 목적론적 세계관 / 새가 노래를 하고 나비가 춤을 춘다.
동굴의 우상	개인적인 취미, 성격, 환경, 교육, 습관에서 오는 편견 예 우물 안의 개구리
시장의 우상	인간의 접촉, 언어에 의해 나타나는 편견 예 귀신이나 도깨비가 있다고 믿음
극장의 우상	전통, 역사, 권위를 무비판적으로 믿는 편견. 독단적 학설 예 유명인의 말을 무조건 믿음

부조리(不條理)●●●

실존주의 철학 용어로 절망적인 한계 상황을 의미한다. A. 카뮈의 ≪시지프스의 신화≫에 나오는 용어로 인간과 세계, 의식과 현실의 절망적인 관계에 대한 형이상학적 인식을 나타낸다. 사르트르, 하이데거, 키에르케고르에 의해 발전, 카뮈의 핵심적인 사상이 됐다. 카뮈는 부조리란 인생에서 삶의 의의를 찾을 희망이 전혀 없는 것이며, 이것은 인간과 세계와의 관계 그 자체에 내재한다고 보았다. 그의 작품 ≪이방인≫은 부조리의 한 전형을 그린 것으로 유명하다.

정오(正午)의 문학 프랑스 실존주의 작가 A. 카뮈의 사상. 모순을 이루는 두 기본항의 어느 한쪽으로도 쏠리지 않는 긴장의 모럴, 한계의 모럴, 절도의 모럴 등을 표현하는 사상으로 모순의 명석한 인식과 부조리에 대한 과감한 반항을 중추로 하고 있다.

한계상황(限界狀況) K. 야스퍼스가 처음 사용한 용어로 실존이 거기로부터 결코 도피할 수 없는, 그러면서도 그 이유를 놓칠 수 없는 궁극적이면서도 우연적인 상황. 한계상황으로는 상황일반, 죽음, 고뇌, 투쟁 등이 있다.

소외(疎外)•••

인간이 자기 본래의 모습을 잃어버리고 다른 것으로 돼 버리는 상태를 일컫는다. 헤겔에 의해 처음 사용됐으며 포이에르 바흐와 마르크스에 의해 발전됐다. 헤겔에 따르면 소외는 절대정신의 근본적인 한 계기이며, 마르크스는 자본주의 속에서 소외돼 있는 인간이 주체적 자유를 회복하는 작용을 계급투쟁이라고 했다.

순수이성(純粹理性)•••

칸트철학의 중심 개념으로 감각과 경험을 초월한 선천적 사유 능력을 일컫는다. 넓은 의미로는 경험을 가능하게 하는 선천적인 인식 능력 전체를 말하며, 감성(感性)·오성(悟性) 및 협의의 이성(理性)이 포함된다. 좁은 의미로는 수용성의 능력인 감성에 대한 능동적인 사유 능력을 의미한다.

칸트의 3대 비판 | 순수이성 비판, 실천이성 비판, 판단력 비판

로고스(logos) / 파토스(pathos)•••

고대 그리스철학이나 신학에서 기본을 이루는 용어로, 로고스는 논리적·이성적·과학적인 것을 가리키며 파토스는 감성적·감각적·신체적·예술적인 것을 가리킨다. 인간의 인식과 행동의 방법은 정도의 차는 있어도 로고스적이거나 파토스적인 것의 어느 한쪽으로 분류된다. 인식의 방법으로서의 합리주의, 경험주의에도 대응한다.

에토스(ethos) 성격·관습의 뜻을 지닌 그리스어에서 비롯된 철학 용어. 예술의 감성적 요소인 파토스에 대립되는 개념이다.

노에시스(noesis) / 노에마(noema)•••

독일 철학자 후설(E. Husserl)의 현상학에서 기본이 되는 용어이다. 의식은 항상 어느 것에 대한 의식이며(지향성), 거기에는 작용적·대상적인 면이 있는데 노에시스는 의식의 작용을, 노에마는 의식의 대상을 나타낸다. 노에시스는 노에마와 결부시킴으로써 노에마로 하여금 대상을 지향하는 의미를 부여하고, 의식으로 하여금 대상을 구성하는 역할을 하게 한다.

계몽주의(enlighenment, 啓蒙主義)•••

교회로 대표되는 구시대의 묵은 사상과 특권에 반대해 인간적·합리적 자유의 자율을 제창한 혁신적 사상을 일컫는다. 17세기 말 영국에서 일어나 유럽에 퍼졌다. 영국 철학자 로크의 경험철학과 민주적 정치이론을 중심으로 한 이 사상은 몽테스키외, 루소 등에 영향을 주어 프랑스혁명의 원동력이 됐다. 근대 국가로서의 통일을 보지 못한 독일에서는 지식의 통속화에 그쳤으나, 이를 완성·극복한 칸트철학을 낳게 했다.

공리주의(utilitarianism, 功利主義)•••

18세기 말에서 19세기 전반에 걸쳐 영국에서 벤담(J. Bentham)을 중심으로 전개된, 자본주의 확립기의 윤리설과 사회사상을 일컫는다. 개인주의와 합리주의를 사상적 기조로 해, 공리 또는 최대행복 원리를 도덕적 기초로 삼았다. 경제적으로는 자유방임을 주장하고 경제에 대한 국가의 간섭을 배제하는 야경국가론을 전개했으며, 밀(J. S. Mill)을 거쳐 페이비언사회주의(Fabianism)의 사상적 원류가 됐다.

벤담의 양적 공리주의 쾌락은 오직 한 종류이며 질적 차이는 없고 양적인 차이만 있음. 「최대다수의 행복이 옳고 그름의 척도이다」

밀의 질적 공리주의 쾌락은 삶의 궁극적 목표이자 최고선이지만 질적인 차이를 강조. 「배부른 돼지가 되기보다는 차라리 배고픈 인간이, 만족스러운 바보가 되기보다는 불만족스러운 소크라테스가 되는 것이 더 바람직하다」

실존주의(existentialism, 實存主義)•••

- 유신론적 실존주의자 : 키에르케고르, 야스퍼스, 마르셀 등
- 무신론적 실존주의자 : 니체, 하이데거, 사르트르 등

20세기 전반 인간의 본질을 이성이나 정신 등의 보편적 원리로 규정하고자 하는 철학적 입장과는 반대로, 지금 이곳에 있는 자기의 개별적이고 구체적인 현실존재로 다루며 그 문제성을 추구해 가고자 하는 사상이다. 사르트르에 의해 「실존이 본질에 우선한다」라는 명제로 정식화된 이 입장은 제1차 세계대전 후 황폐한 시대적 상황 속에서 야스퍼스, 하이데거, 마르셀, 사르트르 등에 의해 이론이 다양화되고 심화됐다. 실존주의의 선구자인 키에르케고르는 실존이란 자기가 자신이 되려는 생성과정이라는 점과 신 앞에 선 단독자로서의 주체적 결단을 강조했다.

구조주의(structuralism, 構造主義)•••

1960년대 프랑스에서 인류학자 레비스트로스, 철학자 푸코, 신마르크스주의자인 경제학자 루이 알튀세, 정신분석학자 라깡 등에 의해 주창된 사상이다. 구조주의는 인간의 주체성과 자유의 문제에 대한 마르크스주의와 실존주의의 견해를 비판하고 관계 개념에 주목해, 구조를 형성하는 요소들 간의 동질성이 전제된 「교환」이라는 사고방식을 중시한다. 이러한 견지에서 특히 사회의 구조와 체제, 의미론 등의 재구성을 시도하고 있다. 한편, 후기 구조주의는 구조주의의 인간 경시에 대한 반작용으로 나타났으며, 종교와 역사의 역할, 다원결정의 역할을 중시했다.

실증주의(positivism, 實證主義)•••

19세기 후반 철학의 연구 방법이 자연과학의 연구 방법과 다르지 않다고 주장하는 철학적 입장이다. 프랑스 철학자이자 사회학자인 콩트(A. Comte)의 저서 ≪실증철학 강의≫에서 처음 사용됐다. 실증주의는 자연과학의 발달과 공업사회의 성립을 배경으로 경험론과 계몽주의에 근원을 두고 있으며 프랑스혁명의 대표적인 철학이 됐다.

아나키즘(anarchism, 무정부주의) ●●●

개인을 지배하는 국가권력 및 모든 사회적 권력을 부정하고, 한 개인을 정치적·경제적·사회적으로 절대자유의 경지에 두려는 사상을 말한다. 대표적인 사상가는 영국의 고드윈, 독일의 마르크스, 프랑스의 프루동, 러시아의 바쿠닌 등이다. 고대 그리스와 중국에서 일어나 19세기에 이르러 가장 활기를 띤 사회이론으로, 개인적 무정부주의와 사회적 무정부주의 두 종류를 들 수 있다.

니힐리즘(nihilism) ●●●

무(無)를 뜻하는 라틴어 니힐(nihil)에서 유래된 말로 「허무주의」를 의미한다. 니힐리즘은 절대적인 진리나 도덕·가치 같은 것이 존재하지 않는다고 보는 입장인데, 이러한 의미에서는 회의주의, 상대주의, 무정부주의도 니힐리즘의 한 형태라고 볼 수 있다. 투르게네프가 ≪아버지와 아들≫에서 처음 이 말을 사용했고, 니체는 니힐리즘의 대두를 예언하고 그것을 극복해야 한다고 주장했다. 이러한 니힐리즘 사상은 19세기 후반 니체, 도스토옙스키 등의 사상에 반영됐고, 20세기 들어서 급속히 퍼졌다.

수정자본주의(修正資本主義) ●●●

자본주의의 여러 모순을 국가의 개입 등에 의해 완화함으로써 자본주의 사회의 발전과 영속을 도모하려는 주장 또는 정책을 일컫는다. 1929년 세계공황 이후 미국에서 루스벨트에 의해 채택된 뉴딜 정책, 그 이론적 근거가 된 케인스학파의 경제 이론, 영국의 사회보장제도에 의한 「요람에서 무덤까지」의 복지국가정책 등에서 비롯돼, J. 버넘 등이 제창한 경영자혁명론 등의 주장에서 볼 수 있다.

공산주의(communism, 共産主義) ●●●

사유재산제도의 부정과 공유재산제도의 실현에 의해 빈부의 차를 없애려는 사상과 운동으로, 라틴어 코뮌(commune)에서 유래됐다. 사유재산제도를 철폐하고 사회의 모든 구성원이 재산을 공동 소유하는 사회제도를 의미한다. 마르크스와 엥겔스에 의해 확립됐으며, 20세기 초 레닌에 의해 러시아에서 행해져 마르크스－레닌주의라 불린다.

프래그머티즘(pragmatism, 實用主義) ●●●

지식의 가치를 행동의 결과로 판단하는 입장으로 「실용주의」라고도 한다. 19세기 말부터 20세기 전반까지 미국 철학의 주류가 된 사고방식이다. 영국의 경험주의에서 영향을 받아 관념이 아닌 실제 생활과의 관련 속에서 사상을 생각하는 입장이며, 미국적인 철학이다. 대표적인 철학자로는 퍼스, 제임스, 듀이 등이 있으며, 특히 J. 듀이는 「지식은 도구이다」라는 말로 도구적 실용주의를 주장했다.

칼뱅주의(Calvinism) •••

프랑스 신학자이자 종교개혁자인 칼뱅이 종교적 입장에서 자본주의 정신을 합리화한 구제예정설과 직업소명관을 뜻한다. 구제예정설은 개인의 운명이란 신의 섭리, 즉 신의 선고에 의해 미리 예정돼 있어 각 개인은 신의 은총을 받게 돼 있지 않으면 벌을 받고 저주를 받게 된다는 것이다. 직업소명설에 따르면 인간은 신의 은총을 확인하기 위해서 근면, 검소, 투철한 기업정신, 성실성 등을 통해 많은 부(富)와 재화를 얻으려고 노력하게 됐다는 것이다.

생디칼리즘(syndicalism) •••

국가 통제에 반대하고 노동조합에 의해 산업을 관리하도록 하는 사회주의 사상으로, 무정부주의와 공산주의의 영향이 크다. 「생디카(syndicat)」는 그리스어에 기원을 두고 있는 프랑스어로 「조합」을 뜻한다. 이는 프랑스와 이탈리아의 정치 상황 속에서 생겨난 사상으로 단순한 노동조합주의 차원에 그치지 않고, 의회정치를 무시하고 지식인 정치를 존중하지 않는다. 대표적인 이론가는 프랑스 정치사상가 조르주 소렐(G. Sorel)이다.

쇼비니즘(chauvinism) •••

맹목적 · 광신적 · 호전적 애국주의로, 「국수주의」라고도 한다. 프랑스 연출가 코냐르가 지은 속요 <삼색모표>에 등장하는 니콜라 쇼뱅이라는 한 병사의 이름에서 따온 것이다. 조국의 이익과 영광을 위해서는 수단과 방법을 가리지 않으며 국제정의도 고려하지 않는 비합리적인 배외주의(拜外主義)와 지나치게 편협하고 배타적인 애국주의를 뜻한다. 또 「남성 쇼비니즘」이라는 말도 쓰이는데, 이는 맹목적 남녀차별사상을 가리킨다.

징고이즘(jingoism) 편협한 애국주의, 맹목적인 주전론(主戰論), 대외적 강경론 등을 뜻한다. 1877~1878년 러시아 · 튀르키예 전쟁 때 튀르키예를 원조하기 위해 영국이 개입해야 한다고 주장한 주전론자들을 가리킨 말로 쇼비니즘(chauvinism)과 같은 의미이다.

03 교육 · 심리

유네스코(UNESCO; United Nations Educational Scientific and Cultural Organization) •••

1946년 창설된 국제연합(UN) 교육과학문화기구를 일컫는다. 인종, 성별, 종교의 차별 없이 교육, 과학, 문화를 통해 국가 간의 협력을 촉진함으로써 정의와 법의 지배를 실현하고 기본적 자유를 지킬 것을 목적으로 한다. 본부 소재지는 프랑스 파리이며, 우리나라는 1950년에 가입했다.

유네스코 세종대왕 문해상(UNESCO King Sejong Literacy Prize) 국제 문맹퇴치운동을 활성화하기 위해 1989년 우리나라가 제정한 상으로 문맹퇴치에 공로가 있는 기관 또는 개인에 수여된다. 유네스코 각 회원국 대표나 관련 기관 등의 추천을 거친 후 유네스코 사무총장이 위촉한 심사위원들의 심사로 매년 수상자가 결정되며 총 상금은 2만 달러이다. 시상식은 매년 「세계 문해의 날」인 9월 8일에 개최된다.

나이스(NEIS; national education information system) •••

교무, 학사, 인사, 예산, 회계 등 교육행정에 필요한 모든 정보가 담겨 있는 「교육행정정보시스템」의 명칭이다. 그러나 나이스에는 프라이버시에 해당하는 민감한 정보들이 담겨 있어서 개인의 신상정보 유출 우려와 인권 침해 측면에서 자유롭지 못하다.

에듀파인(Edufine) 전국 초 · 중 · 고등학교와 국공립유치원에서 사용하고 있는 국가관리회계시스템이다. 물품구입비, 급식운영비, 학생복지비, 교과활동비, 체험활동비, 외부 강사료, 시설비 등 예산 소요와 관련된 모든 것을 기록한다.

교육의 3불(不) 정책 •••

1999년에 도입된 고교등급제, 기여입학제, 본고사 금지를 말한다. 하지만 3불 정책은 대학의 학생 선발 자율권과 정부의 교육평준화 정책이 맞물려 지속적인 논란이 되고 있다.

전인교육(全人敎育) •••

인간이 지니고 있는 모든 자질을 전면적 · 조화적으로 육성하려는 교육을 일컫는다. 즉, 인간으로서 갖춰야 할 폭넓은 교양과 건전한 인격을 육성하는 것을 목적으로 하는 총체적인 교육으로 신체적 · 지적 성장, 정서적 · 사회성의 발달을 조화시켜 균형된 전일체(全一體)로서의 인간을 육성하려는 교육이념이다.

평생교육(平生敎育) •••

인생의 전 단계에 걸쳐서 계속되는 교육과 가정교육, 학교교육, 사회교육이 전체로서 유기적으로 통합돼야 한다는 교육의 원리이다. 이것은 다른 부분적인 교육 개념과는 달리 교육 개념으로서 가장 포괄적이고 다원적인 의미와 내용으로 구성돼 있다. 평생교육의 이념은 1967년 유네스코의 성인교육 추진위원회에서 P. 랑그랑이 발표한 「평생교육」이라는 기조 논문이 계기가 됐다. 우리 헌법은 「국가는 평생교육을 진흥해야 한다」라고 규정, 그 제도와 운영 및 재정 등에 관한 사항을 법률로 정하도록 하고 있다.

NIE(newspaper in education)•••

신문을 활용한 교육으로, 신문에 실린 다양한 정보를 교육에 활용함으로써 언론의식, 민주의식, 시민의식을 함양하는 데 목적이 있다. NIE는 1930년대 ≪뉴욕타임스≫가 신문을 교실에 배포하며 처음 시작됐고, 이후 미국신문발행인협회(ANPA)에 의해 본격 확산됐다. 우리나라에서는 1995년에 ≪중앙일보≫가 신문사로는 처음 NIE를 도입하기 시작해 여러 신문사로 확산됐다.

계기수업(契機授業)•••

정규 교육과정과 상관없이 사회적·정치적으로 중요한 의미가 있는 주제나 사건이 발생했을 때, 이를 계기로 학교장 재량에 따라 학교별로 관련 주제를 잡아 실시하는 교육을 일컫는다. 일선 초·중·고교에서는 사회교과 시간이나 특별활동, 재량활동 시간을 활용해 계기수업이 이뤄진다.

석좌제도(碩座制度)•••

교육 연구 활동에 저명한 업적을 낳은 사람에게 계속적인 연구비를 지원해 연구와 강의에 주력하도록 하는 제도이다. 지원 대상자는 교수 및 연구원으로 나뉘며, 통상 기금 제공자의 이름을 붙여 그의 이름을 남기게 한다.

테뉴어(tenure) 정년 보장을 조건으로 교수 연구 성과를 평가하는 심사

브레인풀제(brain pool system) 국가가 대학교육의 질을 높이고 국내 연구 수준을 향상시킬 목적으로 교육·연구 관련 분야에 종사한 우수한 인재를 초빙해 각 대학 및 각종 연구기관 등에 근무하면서 강의와 연구 활동을 할 수 있도록 보장하는 전문 인력 활용 제도

에듀테인먼트(edutainment)•••

교육(education)과 오락(entertainment)의 합성어로, 이질적 두 요소를 하나로 묶은 새로운 형태의 학습 방법, 또는 이 같은 효과를 위해 구성된 소프트웨어를 말한다.

프로이드의 성격이론•••

프로이드의 성격 구성의 3요소는 원초아(id), 자아(ego), 초자아(superego)이다.

구분	내용
원초아(id)	성격의 가장 원초적인 부분으로 자기만족만을 추구하는 쾌락원리에 의해 작용. 원초아의 충동은 성적 본능과 공격적 본능이 있음
자아(ego)	원초아와 외계와의 매개 역할을 해 현실에 맞추어 원초아의 활동을 이성적으로 지배. 원초아가 선천적이고 무의식적인 데 비해, 자아는 후천적이고 주로 의식적임
초자아(superego)	일반적으로 양심을 말하는 것. 초자아는 어려서 아이가 부모의 도덕적 표준에 동일시함으로써 형성됨

리비도(libido)•••

프로이드가 가정한 성충동 에너지로, 생애를 통해서 새로운 대상들에 부착되고 여러 형태의 동기화된 행동을 통해서 표현된다. 리비도가 외부로 발산돼 역동적으로 움직여 일어나는 결과가 자살이며, 반대로 리비도가 외부로 발산되지 못하고 내부로 향하면 자기 자신을 사랑하는 자기애(narcissism)가 된다.

프로이드의 성 심리적 발달단계●●●

프로이드에 의하면 인간의 심리적 · 성적 발달은 구순기, 항문기, 남근기, 잠복기, 생식기를 거치면서 발달한다. 각 단계는 유쾌한 자극의 부위와 적절한 성적 애착의 대상들이 있으며, 보통의 이성애적 관계에서 절정에 이른다.

단계	연령	특징
구강기(oral)	0~8개월	• 즐거움의 근원은 빨기, 물기, 삼키기, 입술을 움직이는 것이다. • 충동의 즉각적인 만족에 빠진다. • id가 지배한다.
항문기(anal)	8~18개월	• 성 만족의 근원은 배설물을 보유하거나 배설하는 것이다. • id와 ego가 지배한다.
남근기(phallic)	18개월~6세	• 어린이는 생식기에 관심을 갖게 되고, 생식기가 성 만족의 근원이 된다. • 오이디푸스(Oedipus)와 엘렉트라(Electra) 콤플렉스를 갖는다. • id, ego, superego 간의 관계가 정립된다.
잠복기(latency)	6~11세	• 성 만족에 대한 관심이 없어지고, 같은 성(性)의 부모를 동일시한다. • id, ego, superego가 지배한다.
생식기(genital)	11세 이상	병적인 애착과 퇴행을 제외하고 어른의 형태와 같은 성 만족에 관심을 둔다.

오이디푸스 콤플렉스(Oedipus complex)●●●

아이들이 이성의 부모에게 성적인 애정과 욕망을 느끼는 것으로, 프로이드에 따르면 남근기의 남아는 자기 어머니에게 성적 애착을 느끼고 아버지를 경쟁자로 인식해 반감을 가지는 경향이 있다. 오이디푸스는 그리스 신화에 나오는 왕으로 자기 아버지를 죽이고 어머니와 결혼한다.

엘렉트라 콤플렉스(Electra complex) 딸이 무의식적으로 어머니를 미워하고 아버지를 좋아하는 경향. 엘렉트라는 그리스 전설에 나오는 아가멤논과 클리템네스트라의 딸이다.

파블로프식 조건 반사●●●

파블로프가 개를 실험해 타액 분비 반응을 연구한 이론으로, 「고전적 조건 형성 이론」이라고도 한다. 조건 형성의 기본 요소로는 무조건 자극, 무조건 반응, 조건 자극, 조건 반응 등이 있다.

매슬로우의 동기이론(motivation theory)●●●

인본주의 심리학의 근거로 A. H. 매슬로우가 주장한 욕구단계설이다. 인간에 대한 염세적 · 부정적 · 한정적 개념을 부정한 이론이다. 인간의 욕구는 「생리적 욕구 – 안전 욕구 – 소속 및 애정욕구 – 자존의 욕구 – 자아실현 욕구」 등 5단계로 진행되는데, 상위 단계의 욕구가 충족되기 위해서는 하위 단계의 욕구가 먼저 충족돼야 한다는 것이다. 즉, 충족되지 못한 하위 단계의 욕구를 만족시키려는 노력이 동기부여가 되고, 하위 단계의 욕구가 충족되면 다음 단계의 욕구를 충족하기 위한 방향으로 진행한다는 것이다.

피아제의 인지발달이론(theory of cognitive development)●●●

피아제에 따르면, 인간의 인지발달은 감각운동기(0~2세), 전조작기(2~7세 / 직관적 · 자기중심적), 구체적 조작기(7~11세 / 서열화 · 탈중심화), 형식적 조작기(11세 이후 / 추상적사고 · 연역적추론)의 네 단계를 거친다. 인지발달의 각 단계에 도달하는 데는 개인의 지능이나 사회환경에 따라 개인 간 연령의 차이는 있을 수 있으나, 발달 순서는 바뀌지 않는다고 가정한다. 각 단계는 전 단계의 심리적 구조가 통합된 것이며, 다음 단계의 심리적 구조로 통합되는 준비 과정이기도 하다. 개인의 인지구조는 유아에서 성인에 이르기까지 매우 느리게 변하며, 그 일정 기간에 나타나는 사람의 사고양식에는 일관성이 있다.

적응기제(adjustment mechanism, 適應機制)●●●

욕구불만과 갈등으로 인한 긴장과 불안을 해소하고 자기방어를 목적으로 하는 기제로 방어기제, 도피기제, 공격기제의 세 가지 유형이 있다.

방어기제	자신에 대한 위협을 느끼지 않도록 자기의 실제 감정을 왜곡시키거나 변명하는 방어기제 예 투사, 합리화, 주지화, 보상, 동일시, 승화, 반동형성, 환치 등
도피기제	위협적인 사태로부터 자기를 도피시킴으로써 안정을 찾으려는 적응 기술 예 고립, 퇴행, 억압, 부정, 백일몽, 고착 등
공격기제	가장 불합리한 적응기제로, 문제가 발생할 경우 무조건 반항하거나 공격해 만족을 취하는 적극적 · 능동적 기제 예 힘 · 폭행 · 싸움 등(직접 공격기제), 조소 · 비난 · 폭언 등(간접 공격기제)

가스라이팅(gas-lighting)●●●

거부, 반박, 전환, 경시, 망각, 부인 등 타인의 심리나 상황을 교묘하게 조작해 그 사람이 현실감과 판단력을 잃게 만듦으로써 타인에 대한 지배력을 강화하는 행위를 말한다. 정신적 학대를 일컫는 심리학 용어로, 연극 <가스등(gas light)>(1938)에서 유래됐다.

플라세보 효과(placebo effect)●●●

약리학적으로 비활성인 약품(젖당, 녹말, 우유, 증류수, 생리적 식염수 등)을 환자에게 약이라고 속여 투여해 유익한 작용을 얻어내는 경우를 말한다. 플라세보는 「만족시키는」이라는 뜻을 가지고 있다. 속임약 효과, 가짜 약 효과라고도 하는데, 가짜 약을 먹고도 이를 진짜 약으로 생각할 경우 진짜 약을 먹은 것과 같은 효과가 있다는 것이다.

노시보 효과(nocebo effect) 「해를 끼친다」는 뜻의 라틴어에서 따온 말로, 정보에 대해 부정적인 반응을 나타내는 현상. 플라세보 효과와 반대되는 개념이다. 예를 들면 아무 약효가 없는 약을 먹게 한 후 두통을 일으키는 약이라고 말하면 복용자의 다수가 실제로 통증을 호소하는 경우, 여러 사람이 같은 음식을 나눠 먹은 후에 그중 한 사람이 음식이 상한 것 같다고 배를 움켜쥐면 다른 사람들도 메스꺼움을 호소하거나 배가 아프다고 하는 경우 등을 들 수 있다.

베르테르 효과(Werther effect)•••

자살의 전염 현상을 일컫는 말로, 1974년 미국 사회학자 데이비드 필립스가 최초로 언급했다. 괴테가 1774년 펴낸 소설 ≪젊은 베르테르의 슬픔≫에서 주인공 베르테르는 연인 로테에게 실연당한 뒤 권총으로 자살하는데, 이 책을 읽은 유럽의 많은 젊은이들이 유행처럼 자살하게 된 데에서 비롯된 용어이다.

자이가르닉 효과(Zeigarnik effect)•••

미처 완결을 짓지 못한 일에 대한 긴장과 불편한 마음이 지속돼 잔상이 오래 가는 현상으로 「미완성 효과」라고도 한다. 러시아의 심리학과 학생이던 블루마 자이가르닉과 쿠르트 레빈이 제시한 이론이다. 이 효과는 여러 분야에서 다양하게 사용되는데, 예를 들면 티저 광고나 TV 방송드라마에서 중요한 장면에서 끝맺음하는 경우 등이다.

크레스피 효과(Crespi effect)•••

보상 등이 효과를 내기 위해서는 점차 그 강도를 높여야 한다는 이론으로, 미국 심리학자 레오 크레스피(Leo Crespi)가 1942년 처음 정의했다. 즉, 보상을 점차 높게 하면 좋은 결과가 도출될 확률이 높아지지만, 보상을 높게 하다가 낮게 하면 수행 결과의 완성도가 급격히 하락한다는 것이다.

피그말리온 효과(Pygmalion effect)•••

교사가 학생 개개인을 어떤 관점에서 대해 주느냐에 따라 학생의 학업성취도가 달라지는 현상으로, 「로젠탈(Rosenthal) 효과」라고도 한다. 능력이 있는 학생으로 기대하고 대우해 주면 학생의 능력은 더욱 신장되며, 그와 반대로 능력이 없는 학생으로 기대하면 그들의 능력은 신장되지 못한다.

2

04 종교 일반

크리스트교(Christ 敎)•••

예수 그리스도의 인격과 교훈을 중심으로 하는 종교이다. 천지만물을 창조한 유일신을 하나님으로 섬기고, 그 독생자 예수 그리스도를 구세주로 믿으며, 그리스도의 속죄와 신앙과 사랑의 모범을 추종해 영혼의 구원을 따른다.

그리스정교(Greek 正敎) 로마가톨릭교회에서 떨어져 동유럽국가, 러시아, 소아시아, 이집트의 일부에 분포돼 독자적인 제식과 전통을 갖는 기독교 제파의 총칭. 동로마제국의 국교로서 발전한 그리스도교로 「동방정교회」라고도 한다.

에큐메니즘(ecumenism) 기독교의 교파와 교회를 초월해 하나로 통합하려는 세계 교회주의 및 그 운동. 이를 실천하기 위한 세계교회협의회(WCC)가 1948년에 결성됐다.

가톨릭(Catholic)•••

정통교의(精通敎義)를 믿는 그리스도교로 로마가톨릭 또는 가톨릭교회라고도 하며 우리나라, 중국, 일본 등지에서는 구교(舊敎) 또는 천주교라고 한다. 가톨릭이라는 명칭은 본래 「모든 곳에 있는」 혹은 「보편적」이란 뜻의 희랍어 「카톨리코스」에서 기인한다.

추기경(cardinal) 로마가톨릭교회의 정점에 있는 교황의 최고 고문이자 교황 다음가는 고위 성직자. 어원은 경첩(cardo)에서 유래됐는데, 초기 교회에서는 평신도를 돌보는 사제를 뜻했다. 그 후 로마가톨릭교회의 조직이 정비됨에 따라 그 직무가 바뀌다가 12세기 후반에 이르러 거의 현재와 같게 됐다. 추기경의 임명은 전적으로 교황의 자유 결정에 따르고 있다(교회법 제232조). 우리나라에는 김수환 추기경에 이어 정진석, 염수정 추기경이 서임됐다.

프로테스탄트(Protestant)•••

16세기에 부패한 로마가톨릭에 대항해 루터, 츠빙글리, 칼뱅 등이 종교개혁을 일으킨 결과, 가톨릭으로부터 분리돼 나온 교파의 총칭으로 「신교(新敎)」라고도 한다. 프로테스탄트는 「항의한다」는 뜻으로 그 당시 로마가톨릭교회의 교리와 제도, 생활 등을 개혁하기 위한 주장을 분명히 했다는 데에서 붙여진 이름이다. 루터주의, 칼뱅주의, 성공회 등이 있다. 퀘이커교는 17세기 영국의 폭스(G. Fox)가 일으킨 프로테스탄트의 한 종파로 정식 명칭은 프렌드파(Friend)이다.

청교도(Puritan, 淸敎徒) 16세기 후반 영국에서 일어난 칼뱅파의 신교도로, 영국의 국교회에 반대해 순결한 신앙과 철저한 신교주의를 취했다. 신대륙으로 건너간 청교도인 필그림 파더스(Pilgrim Fathers)는 온갖 고난을 겪으며 미국 건국의 기초를 닦았다. J. 밀턴의 ≪실락원≫은 청교도 문학의 대표적 작품이다.

성공회(Anglican Church, 聖公會) 로마교회에서 분리, 영국 국왕을 교회의 수장으로 해 성립한 교회로 영국성공회, 영국국교회라고도 한다. 영국은 로마교회에 속해 있었으나 1534년 국왕 헨리 8세의 이혼 문제를 계기로 로마교황의 종교적·정치적 지배에서 벗어나 독립된 교회를 만들게 됐다. 영국 국왕은 성(聖)과 속(俗) 모두 군림하는 통치자의 위치에서 각 주교를 임명한다. 수위 성직자는 캔터베리 사원의 대주교이며, 국왕의 대관식을 집행하고 국정상에서 발언권을 갖는다. 대한성공회는 1889년 11월 초대 주교인 고요한에 의해 시작됐다.

이슬람교(Islam)•••

그리스도교, 불교와 더불어 세계 3대 종교의 하나로 7세기경 아라비아의 예언자 무함마드(Muhammad, 영어식 표기 마호메트)에 의해 창시된 정교일치(正教一致)의 종교이다. 유일신 알라(Allah)에 대한 절대신빙을 기초로 해 계시록인 「코란」에 의한 신앙과 기도를 중요시한다. 그 문화는 중세에 그리스 문화를 계승해 아라비아 문화로 발달하고, 근대 유럽 문화의 탄생에 크게 이바지했다. 이슬람교의 5대 의무(五行)는 증언 또는 고백, 예배, 희사 또는 천과, 단식, 순례이다.

이슬람 관련 용어

코란 (Koran)	이슬람교의 경전으로 「독송돼야 하는 것」이란 뜻의 아라비아어. 무함마드가 알라로부터 받은 계시·계율·제의에 관한 규정 및 설교 등을 집대성한 것이다. 산문시체의 114장으로 이루어지며, 신자가 지켜야 할 여섯 가지 신앙대상(六信)과 다섯 가지의 의무(五行)가 적혀 있다. * 샤리아(Sharia) : 이슬람의 법체계로서 아랍어로 샤리아는 무슬림이면 누구나 복종하고 따라야 하는 「신을 향한 길」이다. 종교생활부터 가족·사회·경제·정치·국제관계에 이르기까지 무슬림 세계의 모든 것을 규정하는 포괄적인 체계이므로 일반적인 법체계보다 훨씬 포괄적이다.
메카 (Mecca)	무함마드의 출생지이자 이슬람교의 최대 성지로 사우디아라비아 서쪽 홍해에 가까운 헤자즈(Hejaz) 지방의 도시. 이 나라의 종교·행정·상업의 중심지이며, 6억 명이 넘는 전 세계 이슬람교도는 매일 5회씩 이 방향을 향해 예배한다. 또한 메카에 대한 순례는 이슬람교도의 중요한 의무 중 하나이며, 해마다 순례의 달(12월)에는 약 300만 명의 순례자가 모여 든다.
라마단 (Ramadan)	회교력의 9월. 무함마드가 아라비아 반도 서부의 동굴에서 알라로부터 코란의 계시를 받은 것을 기려 이 달의 시작을 알리는 초생달이 나타난 다음 날부터 한 달 동안 개시하는 회교도들의 전통적인 종교 행사. 라마단 중의 단식은 신앙고백, 기도, 희사, 메카 순례와 함께 이슬람 5대 의무 중의 하나에 속한다.
하지 (Hajj)	이슬람교에서 말하는 성지 메카 「순례」의 뜻. 이슬람교도의 의무 중 하나로, 이슬람력의 순례월(12월) 7일부터 13일까지 사우디아라비아의 서부 연안에 있는 성지 메카의 카바 신전 등을 순례한다. 이때 교도들은 몸을 정화하는 의미로 두 장의 흰 천을 두른다. 메카는 국적을 불문하고 모든 이슬람교도에게 개방되며, 해마다 수백만 명이 찾는다.

이슬람교 2대 종파•••

시아파(Shiah 派) 수니파와 더불어 이슬람교의 2대 종파로, 「이단파」라고도 하며 종주국은 이란이다. 무함마드(Mahomet, 마호메트)에게 아들이 없었기 때문에 그가 죽은 후 후계를 둘러싸고 대립하면서 시아파가 생겨났다. 수니파는 무함마드의 후계자를 정통 칼리프왕조와 역대 칼리프왕조의 칼리프(계승자, 대리자라는 뜻)로 보는 데 반해, 시아파는 무함마드의 사위 알리(제4대 칼리프)만을 정통 칼리프로 여긴다. 시아파는 약 1할을 점하는 소수로, 페르시아만 산유국에 많으며 특히 이란의 인구의 9할이 시아파이다.

수니파(Sunni 派) 이슬람교의 다수파로 「정통파」라고도 하며, 종주국은 사우디아라비아이다. 칼리프(후계자)의 역사, 즉 이슬람의 현실적·역사적 발전을 그대로 인정하는 입장을 취하는 파로, 전 이슬람교도의 약 9할을 차지하고 있다.

이슬람식 4대 베일•••

무슬림 여성들이 베일을 착용하는 이유는 무슬림 여성으로서 정체성을 드러내며, 성적 유혹을 피하고 순결한 자로 보이게 하기 위해서이다. 대표적인 4대 베일로는 부르카(burka), 히잡(hijab), 니캅(niqab), 차도르(chador)가 있다.

부르카(burka)	이슬람식 베일의 대표격으로, 머리부터 발목까지 전신을 가리고 눈 부위만 망사로 돼 있는 이슬람 전통의상. 아프가니스탄과 아라비아반도 일부 및 이집트의 베두인족 여성들이 주로 착용한다. 사우디아라비아의 모든 계층 여성과 탈레반 정권하의 아프가니스탄 여성들은 강제적으로 부르카를 입는다. 프랑스는 유럽 최초로 부르카 등의 착용 금지법을 제정, 2011년 4월부터 시행 중이다.
히잡(hijab)	시리아 등 아랍권 여성들이 쓰는 이슬람식 머리 수건. 얼굴만 내놓은 채 머리에서 가슴 부위까지 상체만 가리는 것이 특징이다. 비교적 입고 벗기가 편리하며, 코란에 언급돼 있는 의상이다. 무슬림 여성은 13세 이상이 되면 코란의 규범에 따라 히잡을 입는다.
니캅(niqab)	부르카에서 망사 부분이 없는 베일이다. 주로 파키스탄과 예멘, 모로코의 여성들이 쓴다.
차도르(chador)	얼굴을 뺀 나머지 몸통을 가리는 외투로, 주로 이란 여성들이 입는다. 이란 여성은 초경이 시작되는 13세가 넘으면 집 밖에서 반드시 얼굴을 가리는 검은색 차도르를 착용해야 한다.

명예살인(honor killing, 名譽殺人)•••

요르단, 이집트, 예멘 등 이슬람권 국가에서 순결을 잃거나 간통한 여성들을 상대로 가족의 일원이 집안의 명예를 더럽혔다며 살해하는 관습을 말한다. 살해한 가족은 붙잡혀도 가벼운 처벌만 받기 때문에 이슬람 국가에서는 공공연하게 자행돼 왔다.

할랄(halal)•••

「허용된」이란 뜻의 아랍어로 할랄 제품은 이슬람 율법에 따라 도살·처리·가공된 식품과 공산품을 총칭한다. 술(알코올)과 돼지고기, 피 등은 할랄의 반의어인 하람(haram)이라고 부르는데, 이것이 들어간 식품은 할랄 인증을 받을 수 없다. 또한 양, 소, 닭 등 할랄 육류라고 해도 「알라의 이름으로」라는 주문을 외운 뒤 날카로운 도구를 사용해 동물의 앞쪽에서 도살하는 이슬람 방식에 의해 도축된 것이 아니면 인증을 받을 수 없다. 한편, 유대인들의 율법에 따라 도살·처리·가공된 것은 「코셔(Kosher) 인증」이라고 한다. 코셔 율법은 할랄보다 더 엄격한 상위 개념이다.

유대교(Judaism)•••

천지만물의 창조자 유일신 야훼(Yahweh)를 믿으며 유대인을 신의 선민으로 자처하고 메시아의 지상천국 건설을 믿는 유대인의 종교를 일컫는다. 예언자 모세의 가르침을 바탕으로 토라(torah, 율법)와 의례를 정비해서 기원전 5~4세기에 성립됐고, 이후 크리스트교와 이슬람교의 모태가 됐다.

힌두교(Hinduism)•••

인도의 민족종교로 힌두는 「인도인」이란 뜻이다. 기원전 2000년 이후 인도에 침입한 아리아인이 만든 베다와 제사 계급인 바라문에 의해서 기초가 다져졌다. 후에 민간 신앙이나 주술을 도입해 다양한 교의와 의례를 낳았다. 브라마·비슈누·시바의 3신을 비롯한 여러 신, 생물, 미생물 등이 그 숭배 대상이다. 힌두교의 대표적인 성전에는 「베다」와 「우파니샤드」가 있다. 힌두교 사회에 있어 도덕관념의 기초는 바라문교의 법전에 규정돼 있는 달마(법, 의무)이다.

시크교(Sikhism) 15세기에 나나크가 창시한 힌두교의 개혁파로서, 긴 머리나 수염, 터번을 감은 모습이 특징이다. 인도 서북 펀잡 지방에서 태어난 나나크는 이슬람교의 영향을 받아 우상숭배를 부정하고 유일신 하리에의 열렬한 신앙을 설교했다. 그가 죽은 후 나나크를 스승으로 삼는 시크교가 형성됐다.

라마교(Lamaism)•••

티베트에 옛날부터 있었던 주술적인 본(Bon)교와 인도로부터 건너온 밀교가 결합해 성립된 것으로 「티베트 불교」라고도 한다. 라마(lama)는 「생명의 근원을 주는 자」란 뜻으로 스승을 의미한다. 불(佛)・법(法)・승(僧)의 삼보(三寶)에 법을 전하는 라마를 더해 사보(四寶)라 해, 이에 절대 귀의한다. 현재 제14대 달라이 라마(Dalai Lama)는 인도 다람살라(Dharamsala)에 망명정부를 수립하고 티베트의 독립 투쟁을 전개하고 있으며, 1989년에는 노벨평화상을 수상했다.

불교(Buddhism, 佛教)•••

기원전 5세기경 인도의 석가모니가 베푼 설법을 믿는 종교이다. 그의 가르침에는 3법인, 4성제, 5온, 12인연, 삼사생염설(三事生染說), 8정도 등이 있다. 여러 종교 중에서 신도 수가 가장 많으며, 특히 동양의 문화에 절대적인 영향을 끼쳤다. 불교 성전은 율(律)・경(經)・논(論)이라는 3장(三藏)으로 구분되며, 불교에서의 3보(三寶)는 불(佛)・법(法)・승(僧)이다. 불교의 기본 입장은 「만물은 무상하다」, 「모든 존재는 불변적이고 독립적인 자아를 지니고 있지 않다」, 「이러한 모든 존재는 고(苦)이다」라는 세 명제에 바탕을 두고 있다.

불교사상

3법인(三法印)	제행무상(諸行無常), 제법무아(諸法無我), 일체개고(一切皆苦)
4성제(四聖諦)	석가모니가 깨달은 네 가지의 성스러운 진리. 고성제(苦聖諦), 집성제(集聖諦), 멸성제(滅聖諦), 도성제(道聖諦)
5온(五蘊)	불교에서 인간을 구성하는 물질적 요소인 색온(色蘊)과 정신적 요소인 사온(受, 想, 行, 識)
8정도(八正道)	정견(正見), 정사유(正思惟), 정어(正語), 정업(正業), 정명(正命), 정정진(正精進), 정념(正念), 정정(正定)

4부 대중(四部 大衆) 불교의 교단을 구성하는 네 부류의 집단. 불교 교단 중에 출가한 무리와 재가의 무리로, 비구・비구니・우바새・우바니를 말한다. 비구와 비구니는 각각 남승, 여승으로 출가해 구족계를 받은 사람, 우바새와 우바니는 각각 재가의 남녀로 불도에 들어가 출가 수행승을 섬기는 사람이다.

우리나라의 삼보사찰 해인사(법보), 송광사(승보), 통도사(불보)

천도교(天道教)•••

조선 말기에 수운 최제우가 창설한 동학을 제3대 교조 손병희가 개칭한 우리나라의 대표적 민족 종교이다. 인격적이며 초월적인 유일신 한울님(天主)을 신앙 대상으로 하는 천도교는 사람이 곧 하늘이라는 인내천(人乃天) 사상과 사람 섬기기를 한울님 섬기듯이 해야 한다는 사인여천(事人如天) 사상을 바탕으로 한 현세주의적 종교이자 모든 사람이 한울님처럼 대접받을 수 있는 정치・경제・사회・문화 체제가 이루어지도록 힘써 지상에 천국을 건설하자는 종교이다. 연호는 포덕(布德)으로, 창도의 해인 1860년을 포덕 1년으로 한다.

대종교(大倧教) 단군 숭배 사상을 기초로 한 우리나라 고유의 민족 종교. 한얼님(단군)을 신앙 대상으로 모신다. 홍암 대종사 나철이 1909년 음력 정월에 개종했다.

해방신학(theology of liberation, 解放神學) •••

1960년대 라틴아메리카 가톨릭 신학자들을 중심으로 발전한 그리스도교 신학운동이다. 교회가 피억압자나 차별받는 사람 등 소외계층의 입장에 서서 사회운동에 적극적으로 참여해야 한다는 민중 해방운동에 바탕을 둔다. 해방신학을 체계화한 사람은 구스타보 구티에레즈 신부이며, 대표적 신학자로는 레오나르도 보프 신부가 있다.

템플턴상(Templeton prize) •••

종교 분야에서 인류를 위해 큰 업적을 이룬 인물에게 매년 수여되는 상으로 미국계 영국인 실업가 J. M. 템플턴이 1972년에 창설해 템플턴 재단에서 운영한다. 상금은 140만 파운드에 달한다. 역대 수상자로는 테레사 수녀(1973), 제14대 달라이 라마(2012) 등이 있다.

Chapter

선다형 | 단답형 | 완성형

04 철학 · 교육 · 종교 상식력 테스트

선다형 문제

01 사단(四端) 중에서 수오지심(羞惡之心)과 관련이 있는 것은? KBS, 방송통신위원회

① 仁 ② 義
③ 禮 ④ 智

▌사단(四端)

측은지심(惻隱之心)	인(仁)에서 우러나는 측은히 여기는 마음. 즉, 곤경에 처한 사람을 측은하게 여기는 마음
수오지심(羞惡之心)	의(義)에서 우러나는 부끄러워하는 마음. 즉, 의롭지 못한 일에 대해서 부끄러워하고 미워하는 마음
사양지심(辭讓之心)	예(禮)에서 우러나는 사양하는 마음. 즉, 남을 공경하고 사양하는 마음
시비지심(是非之心)	지(智)에서 우러나는 시비를 따지려는 마음. 즉, 옳고 그름을 판단할 줄 아는 마음

02 정치 질서의 혼란과 인간성의 타락에 대해 노자(老子)가 제시한 해결책이 아닌 것은? MBC

① 정치적 불간섭
② 사회 조직 해체
③ 인위적인 문화생활 거부
④ 교육의 보편화

---

④ 무위자연을 강조한 노자(老子)는 획일적이고 보편화된 지식만을 습득하는 학문 및 교육 활동에 반대했다.
노자(老子) : 선하게 살아야 한다는 도덕적 명령이나 규범, 그리고 그 규범을 제도적으로 강제하는 국가권력 자체에 사회 혼란의 원인이 있으며, 그러한 강제는 인간의 자연적 본성에 반한다고 주장했다.

03 공자가 편찬한 유교의 기본 경서인 오경(五經)의 하나로서 최초의 편년체(編年體) 역사서는? 한국일보

① 시경 ② 서경
③ 춘추 ④ 예기

---

③ **춘추(春秋)** : 기원전 5세기 초에 공자가 엮은 것으로 알려진 중국의 역사서. 편년체로 기록함
오경(五經) : 시경, 서경, 주역, 예기, 춘추

04 실학사상의 내용이 아닌 것은? 국가정보원

① 무실역행(務實力行)
② 이용후생(利用厚生)
③ 실사구시(實事求是)
④ 경세치용(經世致用)

---

① 무슨 일이든지 최선을 다해 힘써 행한다는 뜻으로 도산 안창호의 대표적인 사상이다.
실학(實學) : 17~18세기에 나타난 근대지향적이고 실증적인 학문으로 실사구시(實事求是)를 바탕으로 한 학문연구 방법을 강조했다. 실학은 농업개혁을 중심으로 하는 경세치용학파(중농학파)와 상공업 개혁을 위주로 하는 이용후생학파(중상학파)로 나뉘었다.

05 다음 중 세속오계(世俗五戒)에 해당하지 않는 것은? 인천관광공사

① 事君以忠 ② 事親以孝
③ 君臣有義 ④ 臨戰無退

---

③ **군신유의(君臣有義)** : 「군주와 신하의 관계는 의리를 바탕에 두어야 한다」는 유교의 원리로 삼강오륜(三綱五倫)의 오륜(五倫)에 속한다.
세속오계(世俗五戒) : 신라 때 화랑이 지켜야 했던 다섯 가지 계율. 사군이충(事君以忠), 사친이효(事親以孝), 교우이신(交友以信), 임전무퇴(臨戰無退), 살생유택(殺生有擇)

06 **소크라테스, 프로타고라스, 플라톤, 아리스토텔레스가 공통으로 다룬 것은?** 교통안전공단

① 인간 ② 이성
③ 자연 ④ 신

① 소크라테스 이전의 고대 그리스철학이 자연의 근원에 관심을 둔 것에 비해 소크라테스 이후의 그리스철학은 인간본성을 밝히려는 인간 중심 철학이라고 할 수 있다.

07 **다음 중 헬레니즘(Hellenism)과 관련이 없는 것은?** YTN

① 여러 신이 존재한다는 다신론주의에 따른다.
② 라오콘, 밀로의 비너스 등이 대표적이다.
③ 고대 그리스와 중동, 서남아시아의 문화가 융합된 산물이다.
④ 헤브라이즘(Hebraism)과 일맥상통한다.
⑤ 인간 중심의 사상이다.

④ 서양의 문화는 유대 · 기독교 문명의 영향을 받은 헤브라이즘과 그리스 · 로마 문명의 영향을 받은 헬레니즘이 양대산맥을 이룬다.

08 **다음 중 세계를 구성하고 지배하는 질서를 의미하는 용어는?** MBC, SBS, 한국석유공사

① 로고스 ② 에토스
③ 파토스 ④ 에피투미아

① **로고스(logos)** : 사물의 근거, 척도, 이성
② 성격, 습관 ③ 격정, 열정 ④ 자기본위

09 **다음 내용에 해당하는 서양의 학파는?**

- 금욕주의
- 이성주의
- 로마의 만민법 성립에 영향

① 스콜라철학 ② 스토아학파
③ 경험론 ④ 에피쿠로스학파

② **스토아학파(Stoicism)** : 로마의 만민법과 중세 및 근대의 자연법 사상에 이론적 기초를 제공했으며, 범신론적 윤리 사상의 형성 및 크리스트교의 박애 사상과 세계시민주의(만민평등 사상)에 영향을 준 학파이다. 또한 선하고 유덕한 생활을 위해 아파테이아를 유지할 것을 주장했다.

10 **영국 경험론 철학자 베이컨이 구분한 4개의 우상 가운데 개인적인 취미, 성격, 환경에서 오는 편견을 가리키는 것은?** MBC, 한국산업인력공단, 한국전력공사

① 종족의 우상 ② 동굴의 우상
③ 시장의 우상 ④ 극장의 우상

베이컨의 4대 우상

종족의 우상	사람이 가지고 있는 고정관념 때문에 발생하는 오류 예 새가 노래한다, 꽃이 나를 보고 웃는다
동굴의 우상	개인의 주관이나 선입견 및 편견을 가지고 봄으로써 넓은 세계를 제대로 파악하지 못하게 되는 경우 예 우물 안 개구리
시장의 우상	언어 때문에 발생하는 오류 예 행운의 여신이라는 단어가 있기 때문에 행운의 여신이 실제로 존재한다고 생각하는 것
극장의 우상	기존의 권위 때문에 발생하는 오류 예 교황청이 그렇게 발표했기 때문에 천동설이 옳다고 주장하는 경우

Answer 1. ② 2. ④ 3. ③ 4. ① 5. ③ 6. ① 7. ④ 8. ① 9. ② 10. ②

11 합리주의 철학에 대한 설명으로 틀린 것은?

① 칸트는 합리론과 경험론을 종합적으로 인식하고자 했다.
② 연역적 추론을 강조한다.
③ 수학적 인식을 원형으로 하는 논증적 지식을 중시한다.
④ 정신을 우주의 궁극적 실재라고 보았고, 이상주의적 경향을 지닌다.

④ 관념론에 대한 설명이다.
합리론(rationalism): 프랑스를 중심으로 유럽 대륙에서 발전한 근대 철학사상으로 비합리적·우연적인 것을 배척하고, 이성적·논리적·필연적인 것을 중시하는 태도. 대표적 학자로 데카르트(R. Descartes), 파스칼(B. Pascal), 스피노자(B. Spinoza), 라이프니츠(G. Leibniz) 등이 있다.

12 철학자 니체(Nietzche)가 말하는 「초인(超人)」이란 어떤 사람을 말하는가? MBC

① 영겁으로 회귀할 인간상
② 신에 완전히 귀의할 인간상
③ 절대적 존재로서의 인간상
④ 인간의 불완전성을 극복한 이상적 인간상

④ 니체의 「초인」은 일반적으로 인간의 불완전성이나 제한을 극복한 이상적 인간을 일컫는 말이다.

13 「이성적인 것은 현실적인 것이고, 현실적인 것은 이성적인 것이다」라는 말이 나오는 저서와 작가가 옳게 나열된 것은? 한겨레신문, 한국마사회

① 법철학 강요 – 헤겔
② 기독교의 본질 – 포이에르바흐
③ 경제학·철학 초고 – 마르크스
④ 순수이성비판 – 칸트

① 「이성적인 것은 현실적인 것이고, 현실적인 것은 이성적인 것이다」라는 말은 헤겔의 ≪법철학 강요≫ 서문에 나와 있다.

14 다음 중 현대 서구사상에 대한 설명으로 틀린 것은? SBS

① 생철학은 19세기 실증과학에 대립해 나타났으며 대표적 학자는 쇼펜하우어, 니체, 베르그송 등이다.
② 구조주의는 인간을 본위로 삼기보다 다른 것과의 교환요소로 파악한다.
③ 분석철학은 철학의 임무가 과학과 일상적 지식의 개념들이나 명제를 분석하고 그 의미를 밝히는 데 있다고 본다.
④ 실존주의 학자로는 키에르케고르, 사르트르, 하이데거 등이 대표적이다.
⑤ 실용주의 학자로는 듀이, 제임스, 아도르노, 브로델이 있다.

⑤ 아도르노는 프랑크푸르트학파의 중심인물로 비판이론을 전개한 신 마르크스주의자이다. 브로델은 생철학과 관련된 학자이다.

15 다음 두 사람의 대화 내용으로 볼 때 윤아가 영향을 받고 있는 철학자와 학설은?

> 현서: 영희를 도와주면 내게 무슨 이익이 있을까?
> 윤아: 이익 때문에 누구를 돕는다는 것은 옳지 않아. 어려운 사람을 도울 때는 어떤 이유도 달아서는 안 돼.

① 듀이의 실용주의 윤리설
② 밀의 공리주의 윤리설
③ 칸트의 의무론적 윤리설
④ 홉스의 자연주의 윤리설

③ 칸트의 의무론적 윤리설은 도덕적 행위는 동기와 의지부터가 순수함에서 출발해야 한다는 것이다.

16 다음 중 종말론적 역사관이 아닌 것은? 중앙일보

① 헤겔의 「역사변증법」
② 토인비의 「도전과 응전의 역사」
③ 슈팽글러의 「유기체론적 역사관」
④ 아우구스티누스의 「신의 예정에 의한 역사」

② 토인비는 「인류의 역사는 도전(challenge)과 응전(response)의 역사이다. 이 싸움에서 이긴 자는 살아남고 진 자는 소멸되었다」라고 말했다.

17 깊은 체험적 진리를 간결하고 압축된 형식으로 나타낸 짧은 글로, 가장 오래된 유명한 예로는 히포크라테스의 「예술은 길고 인생은 짧다」가 있다. 이를 무엇이라고 하는가? KBS, MBC

① 좌우명　② 에세이
③ 데카당스　④ 아포리즘

④ **아포리즘(aphorism)**: 정의(定意)를 의미하는 그리스어에서 유래된 것으로 금언, 격언, 경구, 잠언 등이 이에 속한다.
① 늘 자리 옆에 적어 놓고 자기를 경계하는 말
② 형식에 구애 없이 생각나는 대로 붓 가는 대로 견문이나 체험 또는 의견이나 감상을 적은 산문 형식의 글
③ 19세기 말엽 프랑스에서 일어난 문학상의 한 경향으로 예술 활동의 퇴조를 의미

18 교육학 시간에 A라는 이론을 배웠지만 그 다음 심리학 시간에는 B라는 이론을 배우게 됨으로써 A라는 이론을 기억하지 못하는 현상은? 한겨레신문

① 역행 간섭　② 우선 간섭
③ 순행 간섭　④ 기억 간섭

① **역행 간섭(retroactive interferenc)**: 새로운 자극으로 인해 이미 학습한 내용을 잊어버리는 경우
③ 이전 정보의 학습과 회상으로 인한 새로운 학습에 대한 방해

19 지그문트 프로이드가 제시한 성격발달 단계 중 「오이디푸스 콤플렉스」와 「엘렉트라 콤플렉스」가 나타나는 단계는? MBC

① 구강기(oral stage)
② 항문기(anal stage)
③ 남근기(phallic stage)
④ 생식기(genital stage)

③ **남근기(18개월~6세)**: 생식기에 관심을 갖게 되고 생식기가 성 만족의 근원이 되며 오이디푸스·엘렉트라 콤플렉스를 갖는다.
오이디푸스 콤플렉스: 남자 아이가 이성 부모에게 성적 애착을 느끼고 동성 부모에게 경쟁의식을 느끼는 경향. 여자 아이의 경우는 엘렉트라 콤플렉스라고 한다.

20 학습 이론과 관련된 다음의 서술 중 (　) 안에 공통적으로 들어갈 용어는? MBC

> (　)란 행동 반응의 경향성을 증가시키는 자극이다. 파블로프식 고전적 조건 형성에서는 (　)가 반응을 유발하며, 스키너식 조작적 조건 형성에서는 반응 다음에 (　)가 주어진다.

① 강화(reinforcement)
② 인지(cognition)
③ 조건화(conditioning)
④ 동기화(motivation)

① **강화(reinforcement)**: 조건자극에 대한 반응의 연합을 하게 하는 조작 또는 조건자극에 대한 반응의 확률을 증가시키는 모든 사태
② 사람이 지식을 습득하고 사고해 문제를 해결하며 계획을 세우는 것과 지각·기억 및 정보처리 등의 정신과정
③ 조건반응을 형성하기 위한 훈련과정
④ 유기체 내부로부터 움직여서 목표 추구를 위한 행동을 하게 하는 개체의 조건 또는 태세

Answer 11. ④ 12. ④ 13. ① 14. ⑤ 15. ③ 16. ② 17. ④ 18. ① 19. ③ 20. ①

21 유치원이 정부 지원금을 부정하게 사용하는 것을 막기 위해 마련된 일명, 유치원 3법에 해당하지 않는 것은? MBC

① 학교급식법
② 유아교육법
③ 사립학교법
④ 학교보건법

유치원 3법: 유치원이 정부 지원금을 부정하게 사용하는 것을 막기 위해 마련된 유아교육법 · 사립학교법 · 학교급식법 개정안으로, 대표 발의자의 명칭을 따 「박용진 3법」이라고도 한다. 법안에는 정부의 학부모 지원금을 유치원에 주는 보조금으로 성격을 바꿔 설립자가 지원금을 유용할 수 없게 하고, 정부의 회계 관리 시스템을 의무적으로 사용하며, 각종 처벌 규정을 명확히 하는 등의 내용이 포함됐다.

22 학교 교육이나 생산 활동에서 교사나 책임자가 기대하는 대로 학생과 직원들이 능률이 높아지는 현상은? MBC, YTN, 국제신문, 근로복지공단

① 피그말리온 효과
② 베르테르 효과
③ 발살바 효과
④ 플라세보 효과

---

① **피그말리온 효과(Pygmalion effect)**: 타인의 기대나 관심으로 인해 능률이 오르거나 결과가 좋아지는 현상. 학생들에게 긍정적 반응과 기대를 보임으로써 실제로 학생들의 능력이 향상되는 현상을 이르는 로젠탈 효과와 비슷한 의미로 사용된다.
② 자살이 전염되는 사회적 현상. 독일의 문호 괴테가 1774년 출간한 소설 ≪젊은 베르테르의 슬픔≫에서 주인공 베르테르가 연인 로테에게 실연당한 뒤 권총으로 자살하는 내용이 있는데, 이 책을 읽은 유럽 젊은이들 사이에서 이를 모방해 권총으로 자살하는 것이 유행처럼 퍼져 나간 데서 붙여진 이름이다.
③ 숨을 참고 갑자기 힘을 줄 때 뇌에 산소공급이 일시적으로 차단돼 의식을 잃는 현상이다.
④ 약효가 전혀 없는 가짜 약을 진짜 약이라고 속여 환자에게 복용하도록 했을 때 병세가 호전되는 현상이다.

23 목격자가 많을수록 책임감이 분산돼 개인이 느끼는 책임감이 적어져 도와주지 않고 방관하게 되는 심리현상을 이르는 말로, 방관자 효과라고도 하는 심리학 용어는? MBC

① 베블런 효과
② 제노비스 효과
③ 밴드왜건 효과
④ 언더독 효과

---

② **제노비스 효과(Genovese syndrome)**: 주위에 사람이 많을수록 책임감이 분산돼 어려움에 처한 사람을 도와주는 것을 주저하게 된다는 이른바 「방관자 효과」 또는 「구경꾼 효과」를 말한다. 이 명칭은 1964년 3월에 키티 제노비스(Kitty Genovese)라는 여성이 강도에게 살해당할 당시 목격자가 있었음에도 전혀 구조요청이 없었다는 ≪뉴욕타임스≫의 오보 기사에서 비롯됐다.
① 과시욕구 때문에 재화의 가격이 비쌀수록 수요가 증대되는 현상
③ 어떤 재화에 대한 수요가 많아지면 그 경향에 따라서 다른 사람들도 이 재화에 대한 수요를 증가시키는 편승효과
④ 경쟁에서 열세에 있는 약자를 더 응원하고 지지하는 심리현상

24 자신과 비슷하거나 같은 직종에 근무하는 사람들에게 열등감을 느낀 나머지 자신이 그들을 앞설 힘이 없으며 조력자밖에 할 수 없다는 생각을 가지게 되는 증상을 ( ) 증후군이라고 한다. ( ) 안에 들어갈 인물은? MBC

① 도리안 그레이(Dorian Gray)
② 살리에리(Salieri)
③ 리플리(Ripley)
④ 뮌하우젠(Münchausen)

---

② **살리에리 증후군(Salieri syndrome)**: 영화 〈아마데우스〉에 나오는 안토니오 살리에리의 심리상태에서 비롯된 용어로, 비슷한 일에 종사하는 사람들 중 탁월하게 뛰어난 1인자를 보며 2인자로서 열등감이나 무기력감을 느끼는 현상을 일컫는다.
① 도리안 그레이 증후군은 나이가 들면서 자신이 늙어가는 것을 견디지 못하는 정신질환을 말한다.
③ 리플리 증후군은 현실을 부정하고 허구의 세계를 진실이라 믿으며 거짓된 말과 행동을 반복하는 반사회적 인격 장애이다.
④ 뮌하우젠 증후군은 주위 사람들의 이목을 끌기 위해 꾀병 등 거짓말을 일삼는 일종의 정신질환이다.

25 머튼의 아노미 이론에서 시험을 볼 때 커닝하는 행위는 일탈 유형 중 어디에 속하는가? KBS

① 의례 ② 반역
③ 도피 ④ 동조
⑤ 혁신

머튼(R. Merton)의 일탈 유형

유형	문화적 목표	제도적 수단	일탈 유형
동조 (순응)	+	+	모범생, 사회화가 잘된 사람
혁신	+	−	횡령, 사기 등 화이트칼라 범죄
의례	−	+	형식주의자
도피 (패배, 은둔)	−	−	알콜, 마약중독자
반역, 혁명형	− / +	− / +	혁명가, 히피

+ : 수용 / 보유, − : 거부 / 미보유

26 다음 중 프로테스탄티즘의 윤리에 해당하지 않는 것은? 국민일보

① 신앙의인 ② 교회일치
③ 만인사제 ④ 성서주의

프로테스탄티즘(Protestantism) : 16세기 종교개혁운동으로 생긴 종파들을 총칭하는 말이다. 프로테스탄트는 「항의한다」는 뜻으로 그 당시 로마가톨릭교회의 교리와 제도와 생활 등을 개혁하기 위해 자기들의 주장을 분명히 했다는 데에서 붙여진 이름이다. 프로테스탄티즘은 기본적으로 ▲사람은 선행에 의해서가 아니라 오직 신앙에 의해서만 하느님 앞에서 의로워진다는 신앙의인(信仰義認)의 원리 ▲전승 등을 부정하고 성서만이 신앙의 근거라고 하는 성서주의(聖書主義) ▲성직자와 평신도의 구별을 배제하고 신 앞에서의 평등을 강조하는 만인사제(萬人司祭)의 원리를 신학적 특징으로 한다.

27 베버가 주장한 근대 서구의 자본주의를 발전시킨 원동력은? SH공사, 경인일보, 국민연금공단

① 계몽사상
② 시민 혁명
③ 프로테스탄트 윤리
④ 프래그머티즘 사상

③ 베버는 저서 ≪프로테스탄티즘의 윤리와 자본주의의 정신≫에서 서구 자본주의 발달의 다양한 요인 가운데 한 가지로 프로테스탄트 윤리를 거명했다. 베버는 유럽 특유의 프로테스탄트 윤리가 다른 문명의 종교들과는 달리 합리적인 자본주의 정신을 낳았으며 자본주의 발달을 위해서는 금욕과 노동 정신 등 프로테스탄트의 윤리가 전제돼야 한다고 주장했다.
④ 프래그머티즘은 지식의 가치를 행동의 결과로 판단하는 입장으로, 실용주의라고 한다. 19세기 말부터 20세기 전반까지 미국 철학의 주류가 된 사고방식이다.

28 이슬람교에 대한 설명으로 틀린 것은? SBS

① 알라를 유일신으로 하며, 내세관과 예정설을 믿는다.
② 노아, 아브라함, 모세 등의 예언자를 기독교와 공유한다.
③ 이슬람교의 대부분은 시아파이다.
④ 샤리아(Sharia)는 코란에 입각해 제정된 이슬람법이다.
⑤ 마호메트의 후계자를 칼리프라고 한다.

③ 이슬람교의 대부분을 차지하고 있는 것은 수니파로, 정통파라고도 한다. 수니파는 이슬람의 현실적 · 역사적 발전을 그대로 인정하는 입장을 취하고 있는 교파로, 전 이슬람교도의 약 90%를 점하고 있다.

Answer 21. ④ 22. ① 23. ② 24. ② 25. ⑤ 26. ② 27. ③ 28. ③

단답형 문제

29 지극히 크고 굳세며 곧은 마음이라는 뜻으로, 진취적 기상의 바탕이 되는 호연지기(浩然之氣)의 출전은? MBC, OBS, 경향신문

30 사단과 칠정에 관한 이기론적 해석을 둘러싼 논쟁을 벌인 두 사람은? MBC, 서울경제신문, 한겨레신문

31 플라톤의 4주덕(四主德)이란? KBS

32 독일 실존주의 철학자 야스퍼스가 사용한 용어로 변화시키지도, 회피할 수도 없는 절대적인 상황을 뜻하는 말은?

33 프랑스의 사상가 장 보드리야르의 이론으로 실재로는 존재하지 않는 것을 마치 실재로 있는 것처럼 만들어 놓아 실재와 가상이 혼란스러워진 상태를 일컫는 말은? CBS, EBS, KBS

34 「최대 다수의 최대 행복이 선이다」라는 양적 공리주의를 주장한 철학자는? 한국일보

35 ≪정의론≫을 통해 「정의란 철학적 진리나 종교적 신념이 아닌 사회적 합의의 대상」이라는 독창적 이론을 제시한 미국 철학자는? 한국일보

36 프랑스 철학자 질 들뢰즈의 개념에서 빌려 온 것으로, 기존 가치와 삶의 방식을 맹종하기보다 불모지를 이동하며 새로운 것을 창조해 내는 것을 의미하는 말은? 한국일보

37 1877~1878년 러시아와 오스만 제국 간의 전쟁 당시 러시아를 견제하기 위해 영국이 오스만 제국을 원조해야 한다고 주장한 주전론자에서 유래한 것으로, 맹목적·호전적·배타적 애국주의 등을 의미하는 말은? 국민일보

38 페루 일본대사관 인질극에서 유래한 용어로 인질범이 포로나 인질에게 강자로서 약자에게 갖는 동정심을 의미하는 것은? MBC, 매일신문, 언론중재위원회

39 최초의 경험임에도 이미 본 적이 있거나 경험한 적이 있는 것 같은 이상한 느낌이나 환상을 일컫는 용어는? 서울신문

40 불교에서 승려들이 음력 4월 보름 다음 날부터 7월 보름까지 3개월 동안 한곳에 머물면서 좌선과 수행에 전념하는 것을 일컫는 말은? 한국일보

41 불교의 교단을 이루는 4부류의 집단, 즉 불교교단 중의 출가한 무리와 재가의 무리로, 비구(比丘)·비구니(比丘尼)·우바새(優婆塞)·우바니(優婆尼)를 뜻하는 용어는? 일간스포츠, 한국일보

42 이슬람교의 3대 성지는 메카, 메디나 그리고 또 어느 곳인가? 경향신문

43 아랍권의 이슬람 여성들이 머리와 상반신을 가리기 위해 쓰는 베일은? 경향신문, 국민일보, 문화일보

Answer **29.** 맹자(孟子) **30.** 퇴계 이황, 고봉 기대승 **31.** 지혜, 용기, 절제, 정의 **32.** 극한상황(한계상황) **33.** 시뮬라시옹(simulation) **34.** 제러미 벤담(Jeremy Bentham) **35.** 존 롤스(John Rawls) **36.** 노마디즘(nomadism) **37.** 징고이즘(jingoism) **38.** 리마 신드롬(Lima syndrome) **39.** 데자뷔(deja vu) **40.** 하안거(夏安居) **41.** 4부 대중 **42.** 예루살렘 **43.** 히잡(hijab)

완성형 문제

44 諸子百家에서 子는 (①)을/를 뜻하고, 家는 (②)을/를 뜻한다. SBS

45 칸트의 3대 저서는 ≪순수이성 비판≫, ≪실천이성 비판≫ 그리고 (　　　)이다. SBS, 국제신문

46 고대 그리스 철학자 엠페도클레스는 만물은 물, 불, 공기, (　　　) 등 네 가지를 기본 요소로 한다는 4원소설을 주장했다. 한국에너지공단

47 근대 철학자 베이컨이 말한 「아는 것이 힘이다」에서의 지식은 (　　　)에 의한 지식을 의미한다. 한국감정원

48 에드워드 윌슨은 서로 다른 요소 또는 모든 학문적 지식들이 한데 모여 새로운 지식으로 거듭난다는 (　　　)을/를 주장했다. YTN, 조선일보

49 스토아학파에서는 정념이나 주위 환경에 흔들리지 않는 상태 또는 정신을 (　　　)(이)라고 한다. MBC, SH공사, 한국토지주택공사

50 프랑스 철학자인 자크 데리다는 (　　　) 철학의 창시자로 기존 서양철학의 기본 개념을 재검토하려 했다. SBS

51 프랑스 정신분석학자이자 철학자인 (　　　)은/는 인간이 욕망의 주체임을 강조하며, 잉여쾌락을 주창했다. 한겨레신문

52 국가의 유지, 발전을 위해서는 도덕적 관념이나 종교적 정신에 구애됨이 없이 수단과 방법을 가리지 않고 정무(政務)를 처리해야 한다는 국가지상주의 사상을 (　　　)(이)라 한다. KBS, 동아일보

53 (　　　)은/는 적절한 처방이나 약도 정작 환자 본인이 믿지 않기 때문에 약을 먹어도 그 효과를 얻지 못하는 현상을 말한다. OBS

54 범죄를 저지르고도 죄책감을 느끼지 못하고 외형적으로는 전혀 드러나지 않는 반사회적 성격장애자를 (　　　)(이)라 한다. OBS, YTN, 서울교통공사

55 (　　　)(이)란 디지털 공간에서 말하는 것을 좋아하는 소비자인데, 라틴어로 「이야기하는 사람」이라는 뜻을 가지고 있다. KBS

56 이슬람교의 경전은 (①)(이)고, 이슬람의 율법은 (②)이다. 경향신문

57 송광사, 통도사, 해인사는 우리나라의 (　　　)에 속한다. 경향신문, 한국전력공사

Answer **44.** ① 선생 ② 학파 **45.** 판단력 비판 **46.** 흙 **47.** 과학적 사고 **48.** 통섭 **49.** 아파테이아(apatheia) **50.** 해체주의 **51.** 자크 라캉(Jacques Lacan) **52.** 마키아벨리즘(Machiavellism) **53.** 노시보 효과(nocebo effect) **54.** 사이코패스(반사회적 인격장애) **55.** 호모나랜스(homo-narrans) **56.** ① 코란(Koran) ② 샤리아(Sharia) **57.** 삼보사찰(三寶寺刹)

한권으로 다잡는

CORE

일반상식

PART

03

자연과학

컴퓨터 · 정보통신

01 컴퓨터

컴퓨터의 5대 기능 •••

▲입력(컴퓨터 외부의 데이터를 컴퓨터 내부로 읽어들이는 기능) ▲기억(프로그램이나 데이터를 저장하는 기능) ▲연산(사칙연산) ▲제어(입력 · 출력 · 연산 · 기억 기능 등을 제어, 감독하는 기능) ▲출력(컴퓨터 내부의 정보를 컴퓨터 외부로 꺼내는 기능)

애니악(ENIAC) •••

미국에서 완성한 세계 최초의 진공관컴퓨터로, 종래의 계전기를 모두 전자관(진공관)으로 대치한 형태이다. 1946년 미국 펜실베이니아대학교에서 J. W. 모클리와 P. 에커트의 공동설계에 의해 완성됐다. 종래의 계전기식에 비해 1000배 이상 계산 속도가 빨라 탄도계산에는 도움이 됐으나 기억용량이 작아서 다목적용으로 사용할 수는 없었다.

컴퓨터의 발전 MARK- I(1944, 전기기계식 계산기) ➡ ENIAC(1946, 세계 최초의 진공관컴퓨터 전자계산기 사용, 외부 프로그램 방식) ➡ EDSAC(1949, 최초의 프로그램 내장방식 컴퓨터) ➡ EDVAC(1951, 2진수 체계 사용) ➡ UNIVAC I(최초의 상업용 전자계산기, 자기테이프 사용) ➡ IBM 701

비트(bit; binary digit) / 바이트(byte) •••

비트(bit) 디지털 컴퓨터에서 정보를 나타내는 최소의 단위이다. 일반적으로 컴퓨터는 0과 1의 조합(2진법)으로 수의 계산과 논리연산을 한다. n개의 비트로는 2^n개의 데이터를 표현할 수 있다.

바이트(byte) 컴퓨터에서 하나의 문자나 숫자 등의 정보를 나타내는 최소 단위이다. 8개의 bit가 모여서 1byte를 이룬다. $2^8 = 256$ 종류의 정보를 나타낼 수 있으며 영자는 1바이트로 한 글자를, 숫자는 1바이트로 두 글자를, 한글은 2바이트로 한 글자를 표현할 수 있다.

▌정보의 단위

구분	B	KB	MB	GB	TB	PB	EB	ZB	YB	RB	QB
단위	바이트	킬로 바이트	메가 바이트	기가 바이트	테라 바이트	페타 바이트	엑사 바이트	제타 바이트	요타 바이트	론나 바이트	퀘타 바이트
하위 단위 환산	1byte	1024B	1024KB	1024MB	1024GB	1024TB	1024PB	1024EB	1024ZB	1024YB	1024RB

bps(bit per second)●●●

초당 비트 수로, 1초 동안에 몇 개의 비트를 전송할 수 있는가를 나타내는 단위이다. 데이터 전송의 빠르기를 평가하는 단위로 사용된다. 1초간에 1비트를 전송하면 1bps로 표시한다.

저장 용량 단위(소 ➡ 대) 비트(bit) ➡ 바이트(byte) ➡ 워드(word) ➡ 필드(field) ➡ 레코드(record) ➡ 파일(file)

연산속도 단위(느림 ➡ 빠름) ms(milli second, 10^{-3}초) ➡ μs(micro second, 10^{-6}초) ➡ ns(nano second, 10^{-9}초) ➡ ps(pico second, 10^{-12}초) ➡ fs(femto second, 10^{-15}초) ➡ as(atto second, 10^{-18}초)

중앙처리장치(CPU; central processing unit)●●●

컴퓨터의 두뇌 기능을 담당하는 장치로서 입력된 명령을 해석해 실행하며, 모든 주변기기를 통제한다. 자료처리 순서를 제어하는 제어장치, 프로그램이나 데이터를 저장할 수 있는 주기억장치, 산술과 논리 연산 등을 처리하는 연산논리장치와 이들 사이의 데이터 전송을 담당하는 버스(bus)로 구성돼 있다. 컴퓨터의 모든 구성요소(입출력 장치)는 CPU와 연결되며, 입력되는 데이터를 1과 0으로 변환해 연산, 데이터 입출력, 제어 등의 기능을 수행한다.

MIPS(million instructions per second) CPU(중앙연산처리장치)의 성능을 나타내는 단위로, 1초당 100만 단위의 명령어를 처리할 수 있는 연산속도이다. 컴퓨터의 성능을 나타내는 지표 중 하나로서, 하드웨어 처리 속도의 기준이 된다.

버스(bus) 중앙처리장치(CPU)와 주변기기를 연결해 주는 컴퓨터 내부의 통신장치. CPU칩과 함께 컴퓨터의 성능을 좌우하는 중요 요소이다.

프로토콜(protocol)●●●

본래 외교 용어로 조약 원안, 의정서 등을 의미하지만 컴퓨터 용어로는 통신회선을 이용해 컴퓨터와 컴퓨터, 컴퓨터와 단말기끼리 데이터를 주고받을 경우의 상호약속, 즉 「통신규약」을 뜻한다. 프로토콜을 최초로 상용화한 것은 1974년 발표된 IBM사의 SNA(systems network architecture)이다.

ROM(read only memory)●●●

출력 전용 기억소자로, 전원 유무와 관계없이 기억된 내용을 유지하는 비휘발성 메모리이다. 사전으로서의 기능을 수행하며 워드프로세서의 한자, 메모리, IC카드 등에 쓰인다.

RAM(random access memory)●●●

수시로 입출력이 가능한 기억소자로, 전원 공급 중단 시 기억된 내용이 지워지는 휘발성 메모리이다. 수행 중인 프로그램이나 데이터를 저장한다. 속도가 빠르다는 장점이 있으며 컴퓨터의 체감 속도를 좌우하는 역할을 한다. 일정 시간이 지나면 전하가 방전돼 주기적으로 재충전이 필요한 DRAM(동적 램)과 전원이 유지되는 상태에서는 기억 내용이 유지되는 SRAM(정적 램)이 있다.

CAD · CAM(computer aided design · computer aided manufacturing)•••

컴퓨터에 의한 설계 · 제조를 일컫는 용어로, 컴퓨터를 이용해 제품 설계를 하고 그 설계 데이터를 토대로 공작기계 등을 작동시키는 NC(수치제어) 테이프를 작성해 자동 생산하는 시스템을 말한다. 1960년대 미국의 자동차, 항공기 메이커 등이 잇따라 실용화했다.

유니코드(unicode)•••

한글을 비롯해 전 세계의 문자를 컴퓨터에서 소프트웨어적으로 거의 완벽하게 처리할 수 있는 국제표준 통일문자코드를 말한다. 국제표준화기구(ISO)에서 추진하고 있는 유니버설 코드체계(UCS) 진행 상황에 불만을 느낀 IBM, 마이크로소프트(MS) 등의 컨소시엄이 만든 것이다. 유니코드는 기본적으로 2바이트(16비트) 체계에 전 세계 모든 문자를 나타내는 것을 목표로 하며, 65,536자의 코드 영역을 사용한다.

아스키코드(ASCII code; American standard code for information interchange code) 미국 정보교환 표준 코드. 알파벳의 문자 인코딩을 말하며, 7비트이고 33개의 제어문자, 95개의 출력 가능한 문자들을 포함해 총 128개의 문자들로 구성돼 있다.

프로그래밍 언어(programming language)•••

프로그램을 작성하기 위해 사용되는 컴퓨터 언어로, 저급 언어와 고급 언어로 구분할 수 있다. 저급 언어란 컴퓨터 내부에서 바로 처리가 가능한 프로그래밍 언어로, 기계어와 어셈블리어가 있다. 저급 언어는 강력하나 배우기 어려운 것이 단점으로, 일반 사용자들은 잘 사용하지 않는다. 고급 언어는 프로그램을 작성하거나 작성된 프로그램을 이해하고 유지 · 보수하기가 쉽지만, 작성된 프로그램들이 실행되려면 반드시 컴파일러나 인터프리터 등을 이용해 기계어로 번역돼야 한다. C, FOTRAN, Pascal 등이 대표적인 고급 언어이다.

개방형 플랫폼(open platform)•••

누구나 해당 플랫폼에 맞는 소프트웨어를 만들고 팔 수 있도록 프로그램 개발환경(API; application programming interface)을 공개하는 것을 말한다. 플랫폼이란 응용 프로그램, 소프트웨어 등이 실행되는 환경을 뜻하는 용어로, 컴퓨터뿐만 아니라 각종 게임이나 PDA 등에 이르기까지 기반 시스템을 가리키는 말로 광범위하게 사용된다.

컴퓨터의 유형•••

뉴로컴퓨터 (neuro computer)	뇌 · 신경세포의 반응과 유사하게 반응하도록 설계된 신경망컴퓨터로, 제6세대 컴퓨터
퍼지컴퓨터 (fuzzy computer)	인간 두뇌의 제어방법에 가까운 제어를 할 수 있는 컴퓨터
양자컴퓨터 (quantum computer)	반도체가 아닌 원자를 기억소자로 활용해 슈퍼컴퓨터의 한계를 뛰어넘는 첨단 미래형 컴퓨터
슈퍼컴퓨터 (super computer)	초고속 · 초대형 컴퓨터로 일기예보나 항공공학, 원자력 분야 등 복잡하고 방대한 계산에서 필수적인 장비로 꼽힌다. 50~100메가플롭(flops, 1초에 할 수 있는 부동소수점 연산의 횟수를 나타내는 컴퓨터 연산속도 단위) 이상의 처리 성능을 지니고 있다.

사용권에 따른 소프트웨어의 분류 •••

라이트웨어(liteware)	상용 소프트웨어 버전에서 몇 가지 핵심 기능을 제거한 채 무료로 배포되는 소프트웨어
미들웨어(middleware)	분산 컴퓨터 환경에서 서로 다른 기종 간의 서버와 클라이언트들을 연결해 주는 중계 소프트웨어
번들 소프트웨어(bundled software)	컴퓨터 또는 하드웨어 장치를 살 때 패키지의 일부로서 함께 판매되는 소프트웨어
베이퍼웨어(vaporware)	하드웨어나 소프트웨어 분야에서 아직 개발되지 않은 가상의 제품
셰어웨어(shareware)	일정 기간 무료로 사용해 본 후 사용자가 계속 사용할 의향이 있으면 정식 사용자로 등록하고 비용을 지불해야 하는 공개 소프트웨어
어밴던웨어(abandonware)	소프트웨어 시장에서 더 이상 상품으로서의 가치를 인정받지 못하고 퇴출된 프로그램
크리플웨어(crippleware)	프로그램의 중요한 핵심 기능을 모두 빼고 공개해서 사용자가 원하는 기능을 이용하려면 정식 제품을 사도록 홍보하는 소프트웨어
프리웨어(freeware)	공개 소프트웨어로, 개인 사용자 누구나 무료로 사용하는 것이 허가돼 있는 공개 프로그램
와레즈(warez)	프로그램의 복사 방지 장치나 셰어웨어의 시간제한 등을 풀어 누구나 제한 없이 사용할 수 있게 만들어 음성적으로 이용되는 소프트웨어

스파이웨어(spyware) 사용자가 모르는 상태에서 컴퓨터에 설치돼 광고화면을 강제로 보여주는 악성 프로그램을 말한다. 사용자가 무료 샘플 프로그램인 셰어웨어나 프리웨어를 다운받거나 특정한 사이트에 접속했을 때 사용자의 컴퓨터에 몰래 설치된다.

인공지능(AI; artificial intelligence) •••

인지, 학습, 추론 등 인간의 지적능력의 일부 또는 전체를 컴퓨터를 이용해 구현하는 시스템을 일컫는다. 1955년 존 매카시(John McCarthy) 미국 다트머스대 교수가 논문에서 처음 사용했으며, 1년 후 1956년 다트머스 회의에서 「지능을 가진 기계」를 대체해 공식적으로 사용됐다. 초기의 인공지능 연구는 잠시 주춤했으나 2006년 이후 점차 인간의 뇌신경망을 본뜬 「딥러닝」 기술이 확립되고 빅데이터 시대가 태동하면서 비약적인 발전을 하게 됐다. 인공지능의 개발 언어로는 리스프(LISP), 프롤로그(PROLOG) 등이 있다.

특이점(singularity, 特異點) 인공지능이 전체 인류 지능의 총합을 넘어서는 시점을 가리키는 말로, 무어의 법칙(Moore's Law)을 기반으로 한다. 알파고를 개발한 구글의 레이 커즈와일은 2005년 저서 ≪특이점이 온다≫를 통해 인공지능이 빠른 속도로 진화해 2029년에는 사람처럼 감정을 느끼고 2045년에는 특이점이 온다고 주장했다.

챗GPT(ChatGPT) •••

오픈(Open)AI가 2022년 11월 말 공개한 이후 전 세계에 돌풍을 일으킨 대화 전문 인공지능 챗봇이다. 오픈AI에서 만든 대규모 인공지능 모델인 GPT-3.5 언어 기술을 기반으로 한다. 오픈AI는 테슬라 창업자인 일론 머스크가 2015년 설립한 인공지능 연구소로, 2018년 마이크로소프트(MS)에 지분을 매각했다.

생성 AI 기계 스스로 학습한 알고리즘으로 글 · 이미지 · 영상 등을 이용자가 원하는 형태로 생성해 내는 기술을 일컫는다. 기존 AI가 데이터와 패턴을 학습해서 대상을 이해하는 것이라면, 생성 AI는 기존 데이터와의 비교 학습을 통해 새로운 콘텐츠를 탄생시키는 특성 때문에 초거대 AI라고도 불린다. 초거대 AI는 대용량 데이터를 스스로 학습해 인간처럼 종합적 추론이 가능한 차세대 AI이다.

할루시네이션(hallucination) 「환각」이나 「환영, 환청」을 뜻하는 영어 단어로, 생성형 인공지능(AI)이 거짓 정보를 마치 사실인 것처럼 생성 · 전달하는 현상을 뜻한다.

빅데이터(big data)•••

데이터의 생성 양·주기·형식 등이 방대한 데이터로, 기존 데이터에 비해 너무 크기 때문에 종래의 방법으로는 수집·저장·검색·분석이 어려운 통상 100TB(테라바이트, 1TB = 1024GB) 이상의 거대한 데이터 집합을 뜻한다. 빅데이터는 각종 센서와 인터넷의 발달로 데이터가 늘어나면서 생겨났다. 빅데이터는 초대용량의 데이터 양(volume), 다양한 형태(variety), 빠른 생성 속도(velocity)라는 뜻에서 3V라고도 불리며, 여기에 네 번째 특징으로 가치(value)를 더해 4V라고 정의하기도 한다.

알고리즘(algorithm) 어떤 문제를 해결하기 위한 일련의 절차나 시스템. 소셜미디어 업체 등은 알고리즘을 통해 사용자의 개인정보, 사용기록 등을 분석해 사용자에게 맞춤형 콘텐츠나 광고를 제공한다.

머신러닝(machine learning)•••

방대한 양의 빅데이터를 분석해 미래를 예측하는 기술이다. 데이터를 수집, 분석해 미래를 예측한다는 점에서 빅데이터 분석과 유사하지만 컴퓨터 스스로가 방대한 데이터를 수집, 학습할 수 있다는 점에서 차이가 있다. 이는 인공지능(AI)의 한 분야로, 빅데이터 핵심 기술의 하나로 각광받고 있다. 머신러닝의 예로는 포털사이트에서 제공하는 검색어 자동 완성 기능, 엘리베이터에 센서를 달아 속도·출입문 오작동 등의 정보를 분석해 사고 발생 가능성을 예측하는 것, 범죄자와 잠재적 범죄자의 심리나 행동을 분석해 범행이 어떤 시점 또는 어떤 장소에서 발생할 가능성이 높은지를 예측하는 것 등이 있다.

딥러닝(deep learning)•••

컴퓨터가 인간처럼 스스로 외부 데이터를 조합, 분석해 학습하는 기술이다. 딥러닝의 고안으로 인공지능(AI)이 획기적으로 도약하게 됐다. 뉴스 요약 서비스, 이미지 분석, 자동 운전, 자율 로봇 등 다양한 분야에서 사용된다. 학습 자료의 양이 많을수록, 학습의 단계가 세분화될수록 성능이 좋아진다.

신경망 처리 장치(NPU; neural processing unit)•••

인간 뇌의 신경망을 모방해 수천 개의 연산을 동시에 할 수 있는 인공지능(AI) 반도체를 일컫는다. 딥러닝 알고리즘 연산에 최적화된 프로세서로, 뇌처럼 정보를 스스로 학습하고 처리할 수 있어 「AI칩」이라고도 부른다. 기존의 중앙처리장치(CPU)는 한 개의 연산을 빠르게 순차적으로 처리했으나 NPU는 한꺼번에 수천 개의 연산을 동시다발적으로 처리할 수 있다. 따라서 스마트폰뿐만 아니라 데이터센터, 자율주행차, 클라우드 등의 분야에 NPU를 활용하면 대용량의 데이터를 실시간으로 수행할 수 있다.

알파고(AlphaGo)•••

구글 딥마인드(Google DeepMind)가 개발한 인공지능 컴퓨터 바둑 프로그램으로, 2016년 3월 이세돌 9단과의 대국에서 4-1로 승리함으로써 전 세계적인 관심을 끌었다. 인공 신경망인 정책망(바둑돌 놓을 곳 찾기)과 가치망(각 수에 따른 승률 예측)을 결합한 기술을 사용하는 것이 특징이다.

하둡(Hadoop) •••

빅데이터를 저장하고 분산 처리할 수 있는 자바 기반의 오픈 소스 프레임 워크로, 2005년에 더그 커팅(Doug Cutting)이 구글의 분산 파일 시스템인 GFS(Google File System)와 맵리듀스(MapReduce)를 구현한 것이다. 맵리듀스는 저장된 파일 데이터를 분산된 서버의 CPU와 메모리 자원을 이용해 쉽고 빠르게 분석할 수 있는 컴퓨팅 플랫폼이다. 따라서 하둡은 다수의 컴퓨터를 하나로 묶어 대용량의 데이터를 처리하는 기술이라고 할 수 있다. 이러한 하둡은 오픈 소스여서 서버 비용만 들기 때문에 비용이 저렴하고 설치도 비교적 간편하다.

증강현실(AR; augmented reality) •••

가상현실(VR; virtual reality)의 한 분야로 현실 세계에 가상의 사물이나 정보를 합성해 마치 원래의 환경에 존재하는 것처럼 보이도록 하는 컴퓨터 그래픽 기법을 뜻한다. 예를 들어 휴대전화 카메라로 거리를 비추면 주변 상점이 자동 검색돼 화면에 나타나거나 상품 바코드를 비추면 그 상품의 정보가 뜨는 식이다. 의료 · 군사 분야 등에서는 이를 활용해 가상체험, 훈련도 가능하다.

MR(mixed reality, 혼합현실) AR과 VR을 혼합해 현실 배경에 현실과 가상의 정보를 혼합시켜 제공하는 것으로 대용량 데이터를 처리할 수 있는 기술이 필요하다.

XR(eXtended Reality, 확장현실) VR · AR · MR 기술 모두를 의미하며 이후 등장할 또 다른 형태의 현실도 포괄하는 개념이다.

02 인터넷

국제인터넷주소관리기구(ICANN; Internet Corporation of Assigned Names and Numbers) •••

1998년 6월 미국 정부에서 발간한 <인터넷 주소의 운영에 관한 백서>에 의해 그해 11월 탄생한 비영리 국제기구이자 도메인 관련 최고 국제기구로, 「아이칸」이라고 부른다. 미국 상무부에서 주도하던 도메인 주소 관리를 위임받아 인터넷상에서의 도메인 이름과 IP주소 · 프로토콜의 범주와 포트번호 할당, 상표권 분쟁 해결, 최상위 도메인 신규 인가 등의 업무를 하고 있다. 한편, 인터넷도메인 관리기구에는 국제적으로는 InterNIC이 있고 태평양 지역에는 APNIC가 있다. 한국을 대표하는 모든 「kr」 도메인은 한국인터넷진흥원(KISA; Korea Internet Security Agency)에서 관리한다.

IDC(Internet Data Center) •••

인터넷 서비스에 필요한 서버, 전용회선, 네트워크 관리 등을 대행해 주는 사업으로 「인터넷 서버 호텔」이라고도 한다.

반크(VANK; Voluntary Agency Network of Korea) •••

1999년 외국인들을 대상으로 국가 홍보와 교류를 위해 만들어진 대한민국의 비정부 민간단체이다. 「사이버 외교사절단」이라고도 부르는 이들은 특히 한국에 대한 잘못된 소개 내용을 바로잡는 일에 큰 공을 세우고 있다.

디지털 네트워크의 3대 법칙 •••

사노프의 법칙(Sarnoff's law) 텔레비전과 라디오와 같은 전통 매체에서 「네트워크의 가치는 시청자의 수에 비례한다」는 것으로 텔레비전의 개척자인 데이비드 사노프(David Sarnoff)가 제시했다. 예를 들어, 1명이 TV를 시청한다면 네트워크 가치는 1이 되고, 100명이 시청하면 100이 된다.

메트칼프의 법칙(Metcalfe's law) 이더넷 발명자이자 스리콤 설립자인 밥 메트칼프(Bob Metcalfe)가 1980년 「네트워크의 가치는 참여자 수의 제곱에 비례한다」고 주장한 데서 나온 법칙이다. 즉, 네트워크의 규모가 커지면 그 비용은 직선적으로 증가하지만, 네트워크의 가치는 기하급수적으로 증가한다는 것이다. 이 법칙에서 가장 중요한 개념은 노드(node)인데 네트워크의 가치가 바로 이 노드의 수에 비례한다.

리드의 법칙(Reed's law) 「네트워크의 가치는 노드의 수가 n이라고 했을 때 2의 n승에 비례한다」는 법칙이다. 따라서 n의 2승인 메트칼프의 법칙 그래프에 비해서 리드의 법칙 그래프가 훨씬 가파른 곡선 형태를 그린다. 메트칼프의 법칙이 노드들 간의 가능한 연결의 수를 네트워크의 효용성으로 본 반면에 리드의 법칙은 그룹의 개념을 가장 중요시한다. 즉, 리드는 노드들의 연결로 네트워크 소통이 이뤄지면서 잠재적 집단이 형성된다고 보았다. 이렇게 형성된 집단은 추가적인 연결을 통해 관계가 발전할 것이고, 이는 곧 네트워크의 새로운 효용이 형성되는 것을 의미한다. 트위터나 페이스북, 이베이 등이 리드의 법칙의 사례에 해당된다.

디지털 디바이드(digital divide) •••

정보의 격차로 인한 사회 계층의 단절을 의미한다. 디지털이 보편화되면서 이를 제대로 활용하는 계층은 지식이 늘어나고 소득도 증가한다. 이에 반해 디지털을 이용하지 못하는 사람들은 전혀 발전하지 못해 격차가 커지는 것이다. 디지털 디바이드를 극복하지 못하면 계층 간의 갈등과 소득 격차가 더욱 심화돼 사회 안정을 해칠 수 있다.

디지털 컨버전스(digital convergence) •••

디지털기술의 발달로 단일 제품 중심의 제품 경계가 사라지고, 소프트웨어와 하드웨어의 공유가 가능해지는 현상을 뜻한다. 디지털 컨버전스는 ▲기존 제품의 디지털화 ▲디지털 제품 간의 융합 ▲광대역 네트워크로의 통합이라는 3단계 발전 과정을 거치면서 진화하며, 이를 통해 새로운 사업, 제품, 비즈니스 모델이 생겨나게 되고, 소비자들의 생활이나 문화에도 영향을 미치게 된다.

디지털 디톡스(digital detox) •••

「디지털(digital)」에 독을 해소한다는 뜻의 「디톡스(detox)」가 결합된 말로, 디지털 홍수에서 벗어나 심신을 치유하는 일을 일컫는다. 현대인들이 각종 전자기기 사용을 중단하고 명상, 독서 등을 통해 몸과 마음을 회복시키자는 것을 말한다.

망 중립성(network neutrality, 網 中立性)•••

인터넷망을 이용해 전달되는 인터넷 트래픽에 대해 데이터의 내용이나 유형을 따지지 않고, 이를 생성하거나 소비하는 주체를 차별 없이 동일하게 취급해야 한다는 것을 의미한다. 망 중립성에 따르면 한 달에 100기가바이트(GB)의 데이터 트래픽을 일으키는 기업 소비자와 1GB의 데이터만 사용하는 개인이 동일한 부담을 지게 된다. 그러나 디지털 기기의 대중화, 콘텐츠의 대용량화로 인해 대규모 데이터를 이용하는 인터넷 환경이 일반화되면서 인터넷망 과부화로 트래픽 문제가 발생했고, 이에 망 중립성 존폐에 대한 논란이 있다.

넷플릭스법 과도한 트래픽을 유발하는 부가통신사업자에 통신서비스 품질 유지 의무를 부과하는 내용을 담은 전기통신사업법 개정안 시행령(2020년 12월 10일 시행)을 일컫는다. 글로벌 IT기업들이 한국 이동통신망에 무임승차한다는 논란이 확산되면서 마련된 것으로, 대표적인 기업인 넷플릭스의 명칭을 따 넷플릭스법이라고 부른다.

인포메이션 아파르트헤이트(information apartheid)•••

정보화시대에 등장한 새로운 불평등 현상으로, 첨단의 컴퓨터 문화에 늘 접촉해 있는 계층과 그렇지 못한 계층은 같은 지역에 있어도 빈부의 격차에 따라 그 차이가 심한 것을 뜻한다. 남아프리카공화국에서 자행됐던 인종차별·격리 정책인 아파르트헤이트에 빗대어 나온 말이다.

게임시간 선택제(game 時間 選擇制)•••

만 18세 미만 청소년 본인 또는 법정대리인이 원할 경우 특정 시간에 게임에 접속하는 것을 차단하는 제도이다. 청소년들의 자율성을 보장하고 게임 이용시간을 적절하게 관리하도록 지원하기 위해 게임산업진흥에 관한 법률에 따라 2012년 7월부터 시행됐다. 연매출 300억 원 이상의 게임업체는 의무적으로 이 제도를 도입해야 하며, 온라인 게임과 네트워크 접속이 가능한 비디오 게임에 적용되고 모바일 게임은 해당되지 않는다.

게임 셧다운제(game shutdown 制) 온라인 게임중독을 방지하기 위해 만 15세 미만 청소년은 밤 12시부터 오전 6시까지 온라인 게임에 접속할 수 없도록 한 규제이다. 2011년 11월 도입됐으나 국내 게임 산업을 위축시키고 실제 청소년의 게임 중독을 억제하지 못한다는 비판을 받았다. 이에 정부는 2021년 게임 셧다운제를 폐지하고 게임시간 선택제로 청소년의 게임시간 제한 제도를 일원화하기로 했다.

클라우드 컴퓨팅(cloud computing)•••

인터넷상의 서버를 통해 데이터 저장, 네트워크 가동, 콘텐츠 사용 등 IT 관련 서비스를 동시에 누릴 수 있는 컴퓨팅 환경을 일컫는다. 쉽게 말해 소프트웨어와 데이터를 PC가 아닌 데이터 센터의 서버에 저장해 뒀다가 필요할 때마다 언제든지 인터넷에 접속해 사용하는 서비스이다. 클라우드 컴퓨팅을 도입하면 컴퓨터 시스템을 유지·보수·관리하기 위한 비용과 시간, 인력을 줄일 수 있고, 자료를 안전하게 보관할 수 있으며, 언제 어디서든 자신이 작업한 문서 등을 열람, 수정할 수도 있다. 하지만 서버가 해킹당할 경우 개인정보가 유출될 수 있고, 서버 장애가 발생하면 자료 이용이 불가능하다는 단점도 있다.

클라우드(cloud) 사진·문서·동영상 등 각종 콘텐츠를 내부 저장 공간이 아닌 클라우드 서버에 저장한 뒤 인터넷으로 접속해 컴퓨터·스마트폰 등 다양한 기기로 이용할 수 있는 서비스. 언제 어디서나 볼 수 있는 구름(cloud) 속에 데이터를 저장해 둔다고 해서 클라우드라고 부른다.

에지 컴퓨팅(edge computing)•••

방대한 데이터를 중앙 집중 서버가 아닌 분산된 소형 서버를 통해 실시간으로 처리하는 기술이다. 「에지(edge)」는 가장자리라는 의미로, 중앙 서버가 모든 데이터를 처리하는 클라우드 컴퓨팅과 달리 네트워크 가장자리에서 데이터를 처리한다는 뜻이다. 사물인터넷(IoT) 기기가 본격적으로 보급되면서 데이터의 양이 폭증했고, 이 때문에 클라우드 컴퓨팅이 한계에 부딪히게 됐는데, 이를 보완하기 위해 에지 컴퓨팅 기술이 개발됐다. 즉, 모든 데이터를 클라우드로 보내서 분석하는 대신, 중요한 데이터를 실시간으로 처리하기 위한 기술이다. 에지 컴퓨팅 기술은 실시간으로 대응해야 하는 자율주행차를 비롯해 스마트 팩토리, 가상현실(AR)·증강현실(VR) 등 4차 산업혁명을 구현하는 데 핵심적인 역할을 한다.

그리드 컴퓨팅(grid computing)•••

컴퓨터의 연산 능력, 데이터, 첨단 실험 장비 등 여러 장비를 인터넷을 통해 공유하려는 새로운 분산 컴퓨팅(distributed computing) 모델이다. 그리드 컴퓨팅이라는 용어는 미국 시카고대학 이언 포스터(Ian Foster) 교수가 처음 사용했다. 고속 네트워크로 연결된 다수의 컴퓨터 시스템이 사용자에게 통합된 가상의 컴퓨팅 서비스를 제공하는 개념이다.

모바일 에지 컴퓨팅(MEC; mobile edge computing)•••

통신 서비스를 이용하려는 사용자와 가까운 곳에 서버를 위치시켜 사용자의 데이터를 처리하는 기술이다. 모바일 네트워크가 전송하는 데이터에 사용자가 언제든 접근할 수 있도록 안개 모양처럼 분산돼 퍼져 있다고 해 「포그(fog) 컴퓨팅」이라고도 한다. MEC가 적용되면 데이터 전송 시간이 비약적으로 단축되는 것은 물론 맞춤형 서비스가 가능해진다.

웹2.0(Web 2.0)•••

초창기 웹(web)을 1.0이라고 생각하고 다음 세대 웹을 2.0으로 구분한 개념으로, 개방·공유·참여 등으로 대표되는 이용자 참여 중심의 인터넷 환경을 뜻한다. 여기서 더 나아간 웹3.0은 상호 연결된 가상 공간으로 개방성, 탈중앙화, 분권화의 특성을 가진 블록체인 기반의 인터넷 환경을 말한다.

메타버스(metaverse)•••

「메타(meta, 가상·초월)」와 「유니버스(universe, 우주)」의 합성어로 3차원(3D) 가상 세계를 가리킨다. 메타버스는 웹과 인터넷 등의 가상 세계가 현실 세계에 흡수된 형태로 3차원 가상 세계에서 개인과 콘텐츠가 만나 현실처럼 교류하는 공간이다. 이 말은 닐 스티븐슨(Neal Stephenson)의 소설 ≪스노 크래시≫(1992)에서 가상의 분신인 아바타와 함께 처음 소개돼 이후 <매트릭스>(1999), <레디 플레이어 원>(2018) 등의 영화에서 배경으로 구현됐다. 대표적인 메타버스의 사례로는 세컨드라이프, 트위니티 등의 SNS 서비스가 있다.

유비쿼터스(ubiquitous) •••

사용자가 시간과 장소에 구애받지 않고 자유롭게 네트워크에 접속할 수 있는 환경을 일컫는다. 「언제 어디서나 동시에 존재한다」는 라틴어에서 유래된 말로, 1988년 미국 제록스사의 마크 와이저(Mark Weiser) 소장에 의해 처음 사용됐다.

N 스크린(N screen) •••

여러 개의 정보기기로 같은 콘텐츠를 이용할 수 있는 차세대 네트워크 서비스를 일컫는다. 언제 어디서나 다중의 콘텐츠를 공유하고 실행할 수 있으며, 끊김 없이 이용할 수 있는 사용자 중심의 서비스이다. 사용자가 구입한 콘텐츠는 단말기가 아니라 서버에 저장돼 있어 언제 어디서나 다양한 단말기로 불러와 이용할 수 있다. N은 부정정수로 여러 개의 디지털 단말을 접속할 수 있다는 의미이며, 휴대폰·PC·TV 등 세 개가 연결되면 3 스크린이라고 한다.

사물인터넷(IoT; internet of things) •••

생활 속 사물들을 유무선 네트워크로 연결해 정보를 공유하는 환경을 말하며, 1999년 MIT대학에서 내놓은 개념이다. 각종 사물들에 인터넷 통신 기능을 내장해 사람과 사물, 사물과 사물 간의 인터넷 기반 상호 소통을 이루는 것이다. 이를 통해 가전제품, 전자기기는 물론 헬스케어, 원격검침, 스마트홈, 스마트카 등 다양한 분야에서 사물을 네트워크로 연결해 정보를 공유할 수 있다. 기기가 알아서 일을 처리해 준다는 의미로 「M2M(machine to machine)」이라고도 부른다.

만물인터넷(IoE; internet of everything) 사물인터넷보다 더 나아가 IT 기기뿐 아니라 가전·자동차·집 등 모든 사물이 인터넷으로 연결되며, 연결 기기가 늘어날수록 그 효과는 더 커진다.

블루투스(bluetooth) •••

휴대폰, 이어폰, 노트북 등의 휴대기기를 서로 연결해 정보를 교환할 수 있게 하는 무선 기술 표준이다. 주로 10m 안팎의 초단거리에서 저전력 무선 연결이 필요할 때 쓰인다. 10세기경 덴마크와 노르웨이를 통일한 덴마크의 바이킹 왕 헤럴드 블탄 1세의 별명에서 유래됐다.

비콘(beacon) 블루투스4.0(BLE) 프로토콜 기반의 근거리 무선통신 장치. 최대 70m 이내의 장치들과 교신이 가능하며, 5~10cm 단위의 구별이 가능할 정도로 정확성이 높은 것이 강점이다. 특히 전력 소모가 적어 모든 기기가 항상 연결되는 사물인터넷(IoT) 구현에 적합하다.

스트리밍(streaming) •••

인터넷에서 음성이나 영상, 애니메이션 등의 파일을 다운로드 없이 실시간으로 재생하는 기법을 말한다. 전송되는 데이터가 마치 물이 흐르는 것처럼 처리된다고 해서 스트리밍(streaming)이라는 명칭이 붙었다. 1995년 리얼 네트워크사가 개발한 리얼오디오에서 처음으로 선보였다.

IPv6(Internet Protocol version 6) •••

1994년 인터넷기술처리위원회(IETF)에서 제정한 차세대 인터넷주소 체계로, 기존 IPv4보다 데이터 처리속도, 동시데이터 처리용량, 인터넷주소 체계 등을 대폭 확장한 차세대 인터넷의 핵심기술이다. IPv4는 약 43억 개(2^{32})의 인터넷주소를 만들어 낼 수 있는 반면, IPv6는 2^{128}(43억×43억×43억×43억)개의 주소를 생성할 수 있어 IP주소의 부족을 해결할 수 있다.

P2P(peer to peer) •••

인터넷으로 다른 사용자의 컴퓨터에 접속해 각종 정보나 파일을 공유할 수 있게 해 주는 시스템을 말한다. P2P는 IP주소를 만들어 주어 외부에서도 자유롭게 이 가상 IP주소를 찾아 인터넷 접속을 하듯이 PC에 들어올 수 있게 하는 기술로 음악은 물론 동영상, 비디오, 문자파일 등의 정보를 검색엔진 없이도 상대방과 1 대 1로 공유할 수 있다. 미국의 MP3 파일 공유 서비스 냅스터(Napster), 그누텔라(Gnutella)와 국내의 소리바다가 이 기술을 사용했다.

RSS(rich site summary, really simple syndication) •••

뉴스나 블로그 등 콘텐츠 업데이트가 잦은 웹사이트에서 업데이트된 정보를 해당 사이트에 접속하지 않고도 자신의 PC에서 쉽게 확인하고 이용할 수 있는 데이터 형식이다. 이는 블로그마다 주어지는 고유한 데이터 제공 주소로, 이를 통해 블로그 글을 외부로 보낼 수 있다.

쿠키(cookie) •••

웹사이트에 접속할 때 자동적으로 만들어지는 임시파일로 이용자가 본 내용, 상품구매 내역, 신용카드 번호, 아이디(ID), 비밀번호, IP주소 등의 정보를 담고 있는 일종의 정보파일이다. 쿠키는 과거에 방문한 웹사이트를 다시 찾을 때 별도의 절차 없이 빠르게 접속할 수 있는 역할을 하기 때문에 해커들의 주요 공격대상이다. 쿠키라는 명칭은 파일용량이 작고, 이용자의 방문정보들이 마치 과자를 먹으면 으레 남겨지는 과자 부스러기와 같다고 해서 붙여졌다.

프록시 서버(proxy server)●●●

컴퓨터 네트워크에서 다른 서버로의 자원 요청을 중계하는 서버이다. 서버와 클라이언트 사이에 중계기로서 통신을 대리 수행하는 것이 프록시, 그 중계 기능의 역할을 하는 것이 프록시 서버이다. 프록시 서버에는 클라이언트로부터 요청된 자원들이 임시로 저장돼 있어서 클라이언트가 자원을 재요청하는 경우 원격 서버에 접속할 필요 없이 정보를 제공받을 수 있다. 따라서 데이터 전송 시간과 외부 트래픽이 줄고 서버 측의 네트워크 병목 현상 방지 효과도 얻을 수 있다.

POP3(post office protocol 3)●●●

받는 메일로 불리는 POP의 3번째 버전으로, 응용계층 인터넷 프로토콜 중 하나이다. 원격 서버로부터 TCP/IP 연결을 통해 이메일을 가져오는 데 사용된다. 대부분의 이메일 프로그램이 서버에 이메일을 남겨두는 기능을 제공하지만, POP은 원격 서버에 접속해서 이메일을 가져온 후 서버에서 이메일을 삭제한다. 현재 대부분의 메일 서버에서는 POP3을 사용하고 있다.

IMAP(internet message access protocol) POP과 같이 이메일을 받아오는 표준 프로토콜이다. 인터넷 서버와 동기화돼 이메일을 열람할 수 있다. 수신함에 메일 전체를 가져오는 POP과 달리 메일의 제목이나 보낸 사람만 보고 선택적으로 메일을 다운로드할 수 있고, 이메일 메시지를 서버에 남겨뒀다가 나중에 삭제할 수도 있다.

SMTP(simple mail transfer protocol) 인터넷에서 이메일을 보낼 때 이용되는 간이 전자우편 전송 프로토콜이다. 메일 서버 간, 클라이언트와 서버 간 통신 메일을 보낼 때에도 사용된다.

화이트도메인(white domain)●●●

정상적으로 발송하는 대량의 이메일이 스팸으로 간주돼 차단되는 것을 방지하기 위해, 사전에 등록된 개인이나 사업자에 한해 국내 주요 포털사이트로 이메일을 전송하는 것을 보장해 주는 제도이다. 한국인터넷진흥원(KISA)에 화이트도메인으로 등록하면 포털사이트에 동시에 등록된다.

다크웹(dark web)●●●

일반적인 검색 엔진이나 브라우저를 사용해서는 찾을 수 없는 특정 부류의 웹 사이트를 말한다. 익명이 보장되고 검열도 피할 수 있어 경쟁사의 고객 정보, 영업 비밀, 살인 청부 등 불법적인 정보 거래 등이 이뤄진다. 보통 토르(TOR; The Onion Router)와 같은 특수한 웹브라우저를 사용해야만 접근할 수 있다. 토르는 본래 미국 해군 정보 보안 프로젝트로 고안됐으나 이후 내부 고발자의 언론 제보, 독재 국가에서 반체제 인사의 외국 접촉 등에 사용되다 최근에는 사이버 범죄에 악용되고 있다.

딥웹(deep web) 검색 엔진이 찾지 못하는 모든 웹페이지. 딥웹이 다크웹보다 좀 더 포괄적 개념이다.

메모리해킹(memory hacking)●●●

컴퓨터 메모리에 있는 수취인의 계좌번호나 송금액을 변조하거나, 보안카드 비밀번호를 절취한 후 돈을 빼돌리는 해킹 방식이다. 정상적인 인터넷뱅킹 사이트에 접속했음에도 이체거래 과정에서 금융거래 정보 등을 실시간 위·변조하는 즉시 공격의 특징을 지니고 있다.

피싱(phishing) •••

개인정보(private data)와 낚시(fishing)의 합성어로 「개인정보 사냥행위」를 말한다. 금융기관이나 공공기관을 가장해 전화 · 이메일로 인터넷 사이트에서 보안카드 일련번호와 코드 번호 일부 또는 전체를 입력하도록 요구해 금융 정보를 몰래 빼가는 수법이다.

스피어 피싱(spear phishing) 정부 고위간부, 유명인, 군인 등과 같은 특정인을 대상으로 이들의 개인정보를 캐내기 위한 피싱공격을 지칭하는 말로, 작살 낚시(spearfishing)에서 따왔다.

파밍(pharming) •••

인터넷 금융사기인 피싱(phishing)이 고도로 정교해짐에 따라 확장된 형태의 금융범죄 수법이다. 합법적으로 소유하고 있던 사용자의 도메인을 탈취하거나 도메인네임시스템(DNS) 이름을 속여 사용자들이 진짜 사이트로 오인하도록 유도해 개인정보를 훔친다.

스미싱(smishing) •••

문자메시지(SMS)와 낚시(fishing)의 합성어로, 문자메시지를 이용한 휴대폰 해킹을 일컫는다. 해커가 보낸 무료쿠폰, 돌잔치 초대장 등 낚시성 메시지의 웹사이트 주소를 클릭하면 악성코드가 스마트폰에 설치돼, 소액결제 또는 개인 금융정보 탈취 등의 피해를 발생시킨다.

큐싱(qshing) QR코드를 찍으면 악성링크로 접속되거나 직접 악성코드를 심는 금융범죄 수법

해커(hacker) •••

컴퓨터에 대한 집요한 관심과 전문적 기술 및 해박한 지식을 갖추고 시스템을 자유자재로 조작하는 사람을 지칭한다. 1980년대 들어 네트워킹의 급속한 진전으로 타인의 컴퓨터에 무단 침입해 범죄를 저지르는 사람들이 등장하면서 본래 이름에서 벗어나 컴퓨터망을 이용한 첨단 도둑을 일컫는 말로 사용된다. 이들을 본래 의미의 해커와 구별해 「크래커(cracker)」라고 부르기도 한다.

크래커(cracker) 비정상적인 통로로 허가받지 않은 컴퓨터 시스템에 침입하거나 불법적으로 정보를 빼내거나 변경하는 사람들. 일부 크래커들은 중요한 시스템 리소스를 파괴하기도 한다. 사이버 펑크(cyber punk) 또는 사이버 크룩(cyber crook)이라고도 부르며, 이들의 행위를 흉내 내는 사람을 카피캣(copycat)이라고 한다.

화이트해커(white hacker) 순수하게 학업을 목적으로 해킹을 공부하는 사람을 지칭하는 말이다.

어나니머스(anonymous) •••

해커들의 온라인 커뮤니티로서 전 세계에서 활동하는 인터넷 해킹 그룹을 지칭한다. 어나니머스(anonymous)는 익명이라는 뜻으로, 위키리크스(WikiLeaks)를 지지하며 지금까지 많은 기업들을 상대로 인터넷 해킹 공격을 해 왔다. 어나니머스의 상징은 가이 포크스 가면이다.

가이 포크스(Guy Fawkes) 1605년 영국에서 화약 음모 사건을 계획한 로마 가톨릭 혁명 단체의 구성원으로, 포크스 가면은 현재 저항을 표현하는 수단으로 사용되고 있다. 영국인들은 포크스가 거사를 단행하려 했던 11월 5일을 「가이 포크스 데이(Guy Fawkes day)」로 지정해 기념하고 있다. 특히 영화 〈브이 포 벤데타(V for Vendetta)〉를 통해 가이 포크스는 「자유와 저항의 상징」으로 완전히 자리 잡게 됐다.

3

ZOOM IN

해킹(hacking)

컴퓨터 네트워크의 취약한 보안망에 불법적으로 접근해 악영향을 끼치는 행위. 원래는 컴퓨터 네트워크의 보안 취약점을 찾아내어 그 문제를 해결하고 이를 악의적으로 이용하는 것을 방지하는 행위를 일컬었다. 이 용어는 1950년대 말 미국 매사추세츠공과대학(MIT) 동아리 모임에서 사용됐던 해크(hack)에서 유래됐다. 해크는 작업 과정 그 자체에서 느껴지는 순수한 즐거움이란 뜻이다. 그러나 순수한 의미의 해킹은 1980년대 이후 컴퓨터가 일반화되면서 상대방 컴퓨터에 접근해 프로그램을 변형시키는 부정적인 의미로 변질됐다. 해킹은 여러 가지 관점에 따라 다양한 개념으로 나눌 수 있다. 악의를 갖지 않고서 해킹을 하는 해커를 「화이트 해트(white hat, 화이트 해커)」라 하는데, 시스템의 문제를 찾아 이를 보안하는 해킹이 이에 속한다. 반면에 상대방의 컴퓨터를 해킹해 개인정보 유출, 신용카드 도용 등과 같은 피해를 입히는 해킹은 「블랙 해트(black hat)」라 한다. 해킹은 다음의 여러 기술을 이용해 수행된다.

① 디도스(DDoS; distributed denial of service)
한꺼번에 수많은 컴퓨터가 특정 웹사이트에 접속해 비정상적으로 트래픽을 늘림으로써 해당 사이트의 서버를 마비시키는 해킹 방법. 트래픽이 많이 발생할 때 서버가 분산하는 기능이 있는데 이를 무력화시킨다는 뜻에서 「분산 서비스 거부 공격」이라고 부른다. 대개 일반 사용자의 PC를 악성코드 등을 통해 감염시켜 좀비 PC로 만든 뒤 원격 제어를 통해 공격명령을 내린다.

② 스머핑(smurfing)
서비스 접근 거부 공격. 고성능 컴퓨터를 이용해 초당 1기가비트에 이르는 엄청난 양의 접속 신호를 한 사이트에 집중적으로 보내 상대 컴퓨터의 서버를 접속 불능 상태로 만들어 버리는 해킹 수법. 스머핑과 같은 공격법을 「핑 홍수(ping flood)」라고 한다. 이 경우 공격자가 사용한 시스템의 연결속도가 상대보다 빠르면, 공격을 당한 컴퓨터는 네트워크를 통해 어떤 정보도 전송할 수 없게 된다. 사이버상에서 데모 · 시위용으로 많이 사용하는 방법으로 분산 서비스 거부 공격(DDoS)의 변종이다.

③ 스푸핑(spoofing)
임의로 구성된 웹사이트를 통해 이용자의 정보를 빼가는 해킹 수법. 1995년 미국에서 처음 보고됐으며, 악의적인 네트워크 침입자가 임의로 웹사이트를 구성해 일반 사용자들의 방문을 유도한 다음, 인터넷 프로토콜인 TCP/IP의 구조적 결함을 이용해 사용자의 시스템 권한을 획득한 후 정보를 빼간다.

④ 스니핑(sniffing)
스니퍼(sniffer)를 이용해 네트워크상의 데이터를 도청하는 행위. 스니퍼는 「컴퓨터 네트워크상에 흘러 다니는 트래픽을 엿듣는 도청장치」를 말한다. 스니핑 공격은 웹호스팅, 인터넷데이터센터(IDC) 등과 같이 여러 업체가 같은 네트워크를 공유하는 환경에서 매우 위협적인 공격이 된다. 하나의 시스템이 공격당하면 그 시스템을 이용해 네트워크를 도청하고, 다른 시스템의 사용자 ID와 비밀번호를 알아내기 때문이다.

⑤ 백오리피스(back orifice)
「뒷구멍」이라는 사전적 의미처럼, 윈도의 허점을 공략해 「윈도의 보안책은 철통같다」는 MS사의 주장에 일침을 가하고자 cDc(Cult of Dead Cow, 죽은 소 숭배)라는 해커 그룹이 개발한 해킹 툴이다. 1998년 해커들의 연례 행사인 데프콘(DEFCON)을 통해 처음 공개됐다.

⑥ 키로그(key log)
상대방의 컴퓨터에 깔아두면 상대방이 컴퓨터로 무엇을 하는지를 모두 파일로 기록하는 프로그램. 키보드로 눌러진 글자는 모두 저장된다.

⑦ 후킹(hooking)
키보드 입력 정보를 가로채는 기법. 컴퓨터 하드 본체에서 정보를 빼내는 기존 바이러스와는 달리 키보드와 본체 사이에서 정보를 가로채는 사이버 범죄 행위이다.

⑧ 제로데이 공격(zero day attack)
운영체제(OS)나 네트워크 장비 등 핵심 시스템의 보안 취약점이 발견된 뒤 이를 막을 수 있는 패치가 발표되기 전에, 그 취약점을 이용한 악성코드나 해킹 공격을 감행하는 수법이다.

핵티비즘(hactivism)●●●

「해커(hacker)」와 행동주의를 뜻하는 「액티비즘(activism)」의 합성어로, 자기만족보다는 정치적 명분을 갖고 해킹하는 것을 말한다. 즉, 파괴만을 목적으로 하는 크래커들의 소행과는 달리 인터넷을 정치적 저항수단으로 이용한다.

랜섬웨어(ransom ware)●●●

인터넷 사용자의 컴퓨터에 잠입해 내부 문서나 스프레드시트, 그림파일 등을 암호화해 열지 못하도록 만든 후 해독용 열쇠 프로그램 전송 조건으로 금품을 요구하는 악성 프로그램이다. 주로 이메일, 소셜네트워크서비스(SNS), 메신저 등을 통해 전송된 첨부파일을 실행하면 감염되며, 웹사이트 방문을 통해 감염되기도 한다.

미러링(mirroring)●●●

해킹이나 장비 고장 등으로 데이터가 손실되는 것을 막기 위해 데이터를 하나 이상의 장치에 중복 저장하는 것이다. 자료가 훼손되는 것을 방지하기 위해 데이터 백업 및 이중보관용으로 만든 별도의 사이트를 미러링 사이트(mirroring site) 혹은 미러사이트(mirror site)라고 한다.

좀비 PC(zombie PC)●●●

바이러스에 감염됐지만 스스로 인지하지 못한 채 스팸을 보내는 등 원격조종당하는 PC를 말한다. 해커들은 타인의 PC에 이미 알려진 보안상 결함을 이용해 원격으로 제어할 수 있는 봇 프로그램을 설치한다. 해커들이 이 봇 프로그램에 명령을 내리면 감염된 좀비 PC들이 특정 웹사이트를 공격하거나 다른 취약 시스템을 검색한다.

봇 프로그램(bot program) 사용자의 컴퓨터에 몰래 잠입해 있다가 해커의 조정에 따라 시스템을 감염시키는 악성 원격제어 프로그램. 감염된 컴퓨터를 해커 마음대로 움직일 수 있기 때문에 심각한 피해가 일어날 수 있다.

백도어(back door)●●●

「뒷문이 열렸다」는 의미로, 시스템의 보안이 제거된 비밀통로를 일컫는다. 원래는 서비스 기술자나 유지보수 프로그래머들의 액세스 편의를 위해 시스템 설계자가 고의적으로 만들어 놓은 것이다. 최근에는 해킹에 취약한 부분을 일컫는 용어로 사용되며, 「트랩 도어(trap door)」라고도 부른다.

캡차(CAPTCHA)●●●

「Completely Automated Public Turing test to tell Computers and Humans Apart」의 약칭으로, 자동계정 생성 방지 기술이다. 캡차는 불법 봇 프로그램이 사용자를 인터넷 사이트에 무단으로 가입시키는 것을 막기 위한 일종의 보안 프로그램이다. 웹페이지에서 봇을 차단하기 위해 찌그러진 문자, 왜곡된 숫자 등을 활용해 문자를 만들어 사람은 구별할 수 있게 하고 봇은 정확히 인지하지 못하게 해 둘을 구별하는 방식이다. 이 기술은 미국 카네기멜론대학 연구원이 2000년에 만들어 무료로 제공한 후 포털업체 등이 도입하면서 널리 퍼졌다.

크립토재킹(cryptojacking)•••

해커가 몰래 사용자의 PC를 암호화폐(가상자산) 채굴 용도로 활용하는 사이버 범죄로, 「암호화폐(cryptocurrency)」와 「납치(hijacking)」의 합성어이다. 해커가 개인 PC에 암호화폐 채굴 악성코드를 설치하고 채굴한 암호화폐를 해커의 전자지갑으로 전송하는 방식으로 이뤄진다. 해커들이 보통 새벽 시간에 암호화폐를 채굴하도록 만들어 놓아 피해자는 자신의 PC가 암호화폐 채굴에 사용됐는지 모르는 경우가 많다.

사이버슬래킹(cyberslacking)•••

근무시간에 주식 거래나 게임 등 업무 이외의 사적인 용도로 인터넷을 사용함으로써 업무에 방해가 되는 일체의 행위를 말한다.

사이버스쿼팅(cybersquatting)•••

유명 브랜드나 회사, 단체 이름 등과 동일한 인터넷 도메인네임을 관련 업체에 비싼 가격에 되팔 목적으로 선점하는 행위를 일컫는다. 도메인네임은 인터넷 사용자가 특정 웹사이트에 접속하기 위한 고유명칭으로, 이용자가 기억하기 쉽거나 특정 기관 및 업체의 성격을 잘 나타내 줄 경우 전자상거래 등에 유리하기 때문에 이를 악용하는 사람들이 생겨났다. 이와 같은 부정한 목적의 도메인네임의 등록을 금지하기 위해 「인터넷주소자원에 관한 법률」에 따라 2009년 9월 10일부터 도메인네임 실명제가 시행됐다.

사이버 언더테이커(cyber undertaker)•••

죽은 사람이 생전에 남긴 온라인상의 흔적을 지워주는 전문가로, 「디지털 장의사」라고 불린다. 개인이 온라인상에 남긴 글, 사진, 동영상 등의 디지털 족적을 일일이 찾아서 삭제하기 어려운 경우 유족이 디지털 장의사에게 의뢰하면 고인이 인터넷에 남긴 흔적을 제거해준다.

사이버테러리즘(cyber terrorism)•••

인터넷 등 컴퓨터통신망을 이용해 가상공간에서 상대방에게 피해를 입히는 행위로, 정보화사회에서 일어나는 부작용 중의 하나이다. 사이버테러의 가장 흔한 형태는 불특정 다수를 겨냥한 바이러스 공격이다. 1999년 전 세계를 긴장시킨 체르노빌(CIH) 바이러스가 대표적인 예이다.

사이버파티(cyber party)•••

인터넷 등의 통신망을 이용해 정치가와 시민의 쌍방향 의사소통을 가능하게 하는 가상정당 또는 가상이해집단의 모임을 일컫는다. 시민과의 의사소통으로 전자민주주의를 통한 직접민주주의를 가능하게 한다.

사이퍼펑크(cypherpunk)•••

암호기술을 이용해 기존의 중앙집권화된 국가와 기업구조에 저항하려는 사회운동가를 일컫는다. 데이비드 차움, 에릭 휴즈, 티모시 메이, 존 길모어 등이 초기 활동가들이며 위키리크스의 설립자인 줄리언 어산지도 대표적인 사이퍼펑크 운동가이다. 특히 에릭 휴즈가 1993년에 발표한 「사이퍼펑크 선언」 가운데 「사이퍼펑크는 코드를 개발한다(Cypherpunks write code)」라는 문구는 사이퍼펑크 운동을 상징한다. 사이퍼펑크 운동가들이 자신들의 사상을 실제 구현한 대표적인 결과물이 블록체인 기술을 활용한 가상자산이다.

블루리본(blue ribbon)•••

인터넷 사용자인 네티즌들이 정부 당국의 사전 검열에 대항해 펼치는 「온라인 표현 자유화 운동」을 일컫는다. 명칭은 이 캠페인에 참여하는 네티즌들이 자신의 홈페이지에 파란색 리본 그림을 띄우는 데에서 비롯됐다. 블루리본 운동은 1995년 6월 미국 의회가 공공통신망에 저속한 자료를 올릴 경우 형사처벌을 할 수 있다는 정보통신 규제조항을 수정・통과시킴으로써 촉발됐다. 이후 네티즌들이 자국 정부의 정보검열 및 통제정책에 반대할 때 사용한다. 우리나라의 블루리본 운동은 1996년 4월부터 시작됐다.

키보드워리어(keyboard warrior)•••

상습적으로 악성 댓글을 다는 네티즌을 가리키는 말이다. 인터넷상에서는 거침없는 내용의 게시물을 올리는 악플러(다른 사람이 올린 글에 대해 비방하거나 험담하는 내용의 댓글을 즐겨 올리는 사람)이지만 막상 실제 생활에서는 전혀 힘을 쓰지 못하는 소심한 성격을 가진 이들을 지칭한다.

사이버불링(cyber bullying)•••

인터넷상에서 특정인을 괴롭히는 일, 즉 페이스북 등 SNS 또는 카카오톡 등 스마트폰 메신저와 휴대전화 문자메시지 등을 이용해 상대를 하루 종일 괴롭히는 행위를 일컫는다.

크런치 모드(crunch mode)•••

소프트웨어 개발 마감 시한을 맞추기 위해 수면, 영양 섭취, 위생, 기타 사회활동 등을 포기하고 연장 근무하는 것으로 「크런치 타임(crunch time)」이라고도 한다. 「으드득 부서지는 소리」라는 뜻의 크런치는 게임업계에서는 신규 게임 출시 전에 실시하는 강도 높은 야근과 철야 근무를 말한다.

도그푸딩(dogfooding)•••

「자신이 만든 개밥을 먹으라(Eat your own dog food)」라는 말에서 유래한 미국 IT업계 용어로, 자사의 신제품이나 서비스를 내부에서 가장 먼저 사용하는 것을 뜻한다. 1970년대 개 사료 회사인 알포(Alpo)의 론 그린 회장이 자신의 반려견에게도 알포 사료를 준다고 한 것이 그 시초이다. 도그푸딩을 주요 경영 전략으로 활용하는 대표적인 기업으로는 구글이 있다.

금순공정(golden shield project, 金盾工程)•••

1998년 시작된 중국의 디지털 공안 체제로 중국 공안부에서 운영한다. 「황금방패」라고도 하며 만리장성에 빗대어 「방화장성(great firewall of China)」 또는 「만리방벽」이라고도 불린다.

3

E3(Electronic Entertainment Expo)•••

미국에서는 열리는 세계 최대의 국제적인 종합 게임전시회로 미국의 E3, 유럽의 게임스컴, 일본 도쿄게임쇼(TGS)와 함께 세계 3대 게임쇼로 꼽힌다. 1995년부터 시작된 이 행사는 프리뷰 버전이나 데모들이 출품돼 게임 산업의 흐름을 파악할 수 있는 것이 특징이다.

컴퓨터 관련 신인류•••

네오싱글족(neo-single)	탄탄한 경제력과 디지털 활용능력을 갖춘 디지털시대의 신독신주의자
네트르프르너(netrepreneur)	인터넷(Internet)과 기업가(entrepreneur)의 합성어로, 젊은 인터넷 창업가
사이버펑크족(cyber punk)	인공두뇌학을 의미하는 사이버네틱스(cybernetics)와 부랑자(punk)의 합성어로, PC 앞에서 대부분의 시간을 보내는 인간형
예티족(yetties)	기업가적이고 기술에 능통하며 인터넷을 잘 다루는 고소득의 젊은 기술 전문가. 젊고(young), 기업가적(entrepreneurial)이며, 기술에 바탕을 둔(tech-based), 인터넷 엘리트(Internet elite)

FAANG•••

미국의 IT 산업을 선도하는 대기업인 페이스북(Facebook), 아마존(Amazon), 애플(Apple), 넷플릭스(Netflix), 구글(Google)의 앞 글자를 딴 용어이다. 미국 경제방송인 CNBC의 짐 크래머가 애플이 빠진 FANG이란 용어를 고안했는데, 주식시장에서는 여기에 애플을 더해 FAANG이라는 용어를 만들어 사용하고 있다.

✎ 넷플릭스 대신 마이크로소프트(MS)를 포함시킨 FAAMG, 페이스북 대신 MS를 포함시킨 MAANG이라는 용어도 사용된다.

데이터스모그(data smog)•••

정보 과잉으로 인한 정보 공해를 일컫는 말로, 인터넷의 급속한 발전에 따라 불필요한 정보들이 지나치게 많이 유포되는 현상을 말한다. 1997년 미국 저널리스트 데이비드 솅크(David Shenk)가 출간한 책 제목에서 유래됐다. 인터넷의 발달로 많은 정보가 쏟아져 나오는데, 이 중 무차별적인 정보나 허위 정보들이 마치 대기오염의 주범인 스모그처럼 가상공간을 어지럽힌다는 뜻이다. 이 때문에 현대인들은 정보 과다로 인한 극심한 정보 피로 증후군에 시달리고 있다.

인포데믹(infodemics, 정보전염병) 정보(information)와 전염병(epidemics)을 합친 말. 잘못된 정보가 미디어, 인터넷 등의 매체를 통해 급속히 퍼져나가는 것이 전염병과 유사하다는 데서 생겨난 용어이다.

딥페이크(deepfakes)•••

인공지능(AI) 기술을 활용해 특정 인물의 얼굴, 신체 등을 원하는 영상에 합성한 편집물이다. 미국에서 「딥페이크」라는 네티즌이 미국 온라인 커뮤니티 「레딧(reddit)」에 할리우드 배우의 얼굴과 포르노를 합성한 편집물을 올리면서 시작됐다. 이후 연예인, 정치인 등 유명인뿐만 아니라 일반인도 대상이 되면서 사회적 문제가 됐다. 딥페이크는 온라인에 공개된 무료 소스코드와 머신러닝 알고리즘으로 손쉽게 제작이 가능하며 진위 여부를 가리기 어려울 만큼 정교하다.

필터버블(filter bubble)•••

인터넷 정보기술 업체가 개별 사용자의 성향에 맞춘 정보를 제공해 이용자를 편향된 정보에 가두는 현상을 뜻한다. 이 용어는 미국의 시민단체 무브온(Move on)의 이사장인 엘리 프레이저(Eli Pariser)의 저서 ≪생각 조종자들(The Filter Bubble)≫에 나오는 개념이다. 구글, 아마존, 페이스북 등의 인터넷 정보제공자들은 이용자의 개인적 성향이나 관심사, 사용 패턴, 검색 기록 등의 데이터를 수집, 분석해 이용자에게 맞춘 정보를 제공한다. 따라서 이렇게 필터링된 정보만을 받아보는 이용자들은 자신도 모르는 사이에 정보 편식이나 가치관 왜곡이 일어날 수 있다.

03 정보통신

국제전기통신연합(ITU; International Telecommunication Union)•••

국제연합(UN) 전문기구 중의 하나로 전기통신 관련 세계 최고 국제기구이다. 전신은 1865년에 설립된 만국전신연합이며, 사무국 소재지는 스위스 제네바이다. 주요 목적은 전기통신의 개선과 전파의 합리적 사용을 위한 국제협력, 국가 간의 의견조정 등이다.

MWC(Mobile World Congress)•••

세계 최대 규모의 이동통신 전시회로, 세계이동통신사업자협회(GSMA; Global System for Mobile Communications Association)가 주관해 매년 2월경 스페인 바르셀로나에서 열린다. 1987년 첫 전시회 이후 점차 규모가 커지면서 현재는 「모바일 올림픽」이라고 불린다.

TED 콘퍼런스(TED conference)•••

미국 비영리 재단인 TED가 주최하는 첨단기술 관련 강연회로, TED는 기술(technology), 엔터테인먼트(entertainment), 디자인(design)의 머리글자에서 따온 것이다. 「공유할 가치가 있는 아이디어(Ideas worth spreading)」라는 슬로건 아래 매년 개최된다. TED 콘퍼런스의 모든 강연은 실시간으로 인터넷 생중계를 통해 유료로 볼 수 있으며, 강연 후에는 인터넷에 무료로 공개된다.

GNSS(global navigation satellite system)●●●

지상물의 위치·고도·속도 등에 관한 정보를 제공하는 위성 측위 시스템으로, 크게 위성, 지상의 제어국, 사용자로 구성된다. 고도 약 2만km 중궤도상의 인공위성에서 보내는 신호를 지상 제어국의 수신 장치에서 받아서 100m 이내의 위치정보를 파악한다. GNSS는 군사적 용도로 개발되기 시작해 항공기·선박·자동차 등 교통수단의 위치 안내나 긴급구조·통신 등 민간 분야에서 폭넓게 이용되고 있다. 대표적인 GNSS에는 미국 국방부가 개발·운영 중인 GPS를 들 수 있으며, 이 밖에 러시아의 글로나스(GLONASS), 유럽연합(EU)의 갈릴레오(Galileo), 중국의 베이더우(北斗, Beidou)가 있다.

GPS(global positioning system) 위성항법장치. GPS 위성이 보내는 신호를 수신해 사용자의 현재 위치를 파악하는 시스템. 항공기·선박·자동차 등의 내비게이션과 스마트폰·태블릿 PC 등에서 주로 쓰인다. 미국 국방부가 1973년 군사용으로 개발한 것이 GPS의 시초이다. 한편에서는 개인의 사생활 보호와 범죄에 악용되는 것을 막기 위해 GPS 사용을 제한해야 한다는 지적도 있다.

LBS(location based service) 위치기반서비스. 이동통신사의 네트워크나 위성항법장치(GPS) 등을 통해 얻은 위치정보를 바탕으로 이용자에게 제공하는 서비스 시스템. 우리나라는 위치정보의 유출·오용 및 남용으로부터 사생활의 비밀 등을 보호하고 위치정보의 안전한 이용환경을 조성할 목적으로 「위치정보의 보호 및 이용 등에 관한 법률」을 2005년 7월 28일부터 시행 중이다.

에셜론(Echelon)●●●

전 세계 어디라도 전화 통화, 이메일, 팩스, 라디오전파 등 모든 유무선 통신을 도청할 수 있는 전 지구적 감청망을 말한다. 에셜론의 존재가 드러난 것은 1998년 1월 언론인 던컨 켐벨(Duncan Campbell)이 유럽연합(EU) 의회에 에셜론에 대한 보고서를 제출하면서부터이다. 이 보고서에 따르면 1948년 미국 주도로 영국, 캐나다, 호주, 뉴질랜드 등 국가들 사이에 에셜론 프로젝트에 관한 비밀협약이 맺어졌으며, 모든 감청자료는 미국 국가안보국(NSA)의 슈퍼컴퓨터를 통해 관리해 왔다. 당초 목적은 테러 및 국제범죄 예방이었으나 전 세계의 통신을 언제든지 도청할 수 있다는 점 때문에 세계 각국의 의혹을 받아왔다.

파이브 아이즈(Five Eyes) 미국·영국·캐나다·호주·뉴질랜드 등 영어권 5개국이 참여하고 있는 기밀정보 동맹체. 2013년 6월 미국 국가안보국(NSA) 요원이던 에드워드 스노든에 의해 NSA가 영국·캐나다·호주·뉴질랜드 정보기관과 협력해 벌인 다양한 첩보활동의 실태가 드러났다. 파이브 아이즈는 1946년 미국과 영국이 소련 등 공산권과의 냉전에 대응하기 위해 비밀 정보교류 협정을 맺은 것이 시초로, 그로부터 10년 뒤인 1956년 호주와 뉴질랜드·캐나다가 가세하면서 결성됐다. 파이브 아이즈는 에셜론이라는 국제 통신감청망 프로그램을 통해 전 세계 통신망을 취합해 정보를 공유하는 것으로 알려져 있다.

GDPR(general data protection regulation)●●●

유럽연합(EU)이 2018년 5월 25일부터 본격 시행 중인 개인정보 보호규정으로, 1995년부터 운영돼 온 EU 정보보호법을 대폭 강화한 것이 특징이다. 이 때문에 EU 의회는 2015년 5월 GDPR을 통과시킨 뒤 2년간의 유예 기간을 둔 바 있다. GDPR은 EU 거주자의 개인정보를 다루는 모든 기업이나 단체가 프라이버시 보호와 관련된 광범위한 규정들을 준수하도록 강제하는 것을 골자로 한다. GDPR 적용 대상은 EU 거주 시민의 개인정보를 처리하는 모든 정보 통제자, 정보 처리자, 정보보호책임자(DPO) 등이다.

블랙리스트 제도(blacklist system)●●●

소비자가 휴대전화를 등록해서 사용할 수 있는 제도로, 도난당하거나 분실된 휴대전화의 국제식별번호(IMEI; International mobile equipment identity)를 관리한다는 뜻에서 블랙리스트라는 이름이 붙었다. 국내에서는 화이트리스트 제도가 적용돼 오다 2012년 5월부터 블랙리스트 제도가 도입돼, 소비자가 휴대폰을 구입하면 제조사와 무관하게 원하는 통신사에 등록해 사용할 수 있다.

화이트리스트(white list) 안전한 IP 주소를 따로 분류해 이곳에서 보내는 것은 모두 수용하도록 하는 목록을 말한다. 광고나 허위 내용, 스팸메일을 보내는 주소 목록인 블랙리스트와 반대된다. 불법 사이트의 급증으로 블랙리스트 업데이트가 한계에 이르면서 등장했다.

마이데이터(mydata)●●●

개인이 자신의 정보를 적극적으로 관리·통제하고 신용이나 자산관리 등에 능동적으로 활용하는 일련의 과정을 말한다. 마이데이터를 이용하면 각종 기관과 기업 등에 분산돼 있는 자신의 정보를 한꺼번에 확인할 수 있으며, 업체에 자신의 정보를 제공해 맞춤 상품이나 서비스를 추천받을 수 있다.

정보통신망의 종류●●●

PAN (personal area network)	개인통신망. 한 명의 범위 내에서 컴퓨터 기기들 간의 통신을 위한 컴퓨터 네트워크. 블루투스가 대표적임
LAN (local area network)	근거리통신망. 일정 지역 내의 근거리에 위치한 다수의 컴퓨터나 OA 기기 등을 서로 연결한 통신 네트워크
MAN (metropolitan area network)	도시권통신망. LAN과 WAN의 중간 형태로 위성도시 등을 연결한 형태
WAN (wide area network)	광대역통신망. 국가와 대륙, 전 세계에 걸쳐 형성되는 통신망으로 넓은 지역을 연결
ISDN (integrated services digital network)	종합정보통신망. 하나의 통신회선을 통해 음성, 이미지, 동영상, 텍스트 등의 다양한 데이터를 제공하는 통신망
B-ISDN (broadband-ISDN)	광대역 종합정보통신망. ATM(비동기식 전달 방식)을 기반으로 대용량 데이터를 디지털 방식으로 150~600Mbps의 초고속으로 전송함
VAN (value added network)	부가가치통신망. 공중 통신사업자로부터 회선을 임대해 데이터를 전송하는 통신망으로 신용카드 결제 대행사업자가 대표적임
VPN (virtual private network)	가상사설망. 통신 사업자에게 전용 회선을 임대해 공중망을 통해 사설 네트워크를 구축하는 것으로 기존 사설망의 고비용 부담 해소를 위해 사용함
BcN (broadband convergence network)	광대역통합망. 통신, 방송, 인터넷이 융합된 광대역 멀티미디어 서비스를 언제 어디서든 이용할 수 있는 종합네트워크. 가정광가입자망(FTTH), 광랜과 3세대 이동통신, 와이브로(WiBro) 등이 대표적임
ADSL (asymmetric digital subscriber line)	비대칭 디지털 가입자 회선. 기존의 전화선을 이용해 컴퓨터가 데이터통신을 할 수 있게 하는 통신 수단
VDSL (very high-data rate digital subscriber line)	초고속 디지털 가입자 회선. 기존의 전화선을 이용해 양방향으로 빠르게 많은 데이터를 전송할 수 있음
FTTH (fiber to the home)	댁내 광가입자망. 집에서 100Mbps라는 빛의 속도로 데이터를 전송받을 수 있는 서비스

3

ZOOM IN

정보화사회와 관련한 법률

① 정보통신망 이용촉진 및 정보보호 등에 관한 법률(정보통신망법)

정보통신망의 이용을 촉진하고 정보통신서비스를 이용하는 자를 보호함과 아울러 정보통신망을 건전하고 안전하게 이용할 수 있는 환경을 조성해 국민생활의 향상과 공공복리의 증진에 이바지함을 목적으로 하는 법률. 데이터 3법이 2020년 8월 시행됨에 따라 정보통신서비스 제공자는 본인확인기관으로 지정받은 경우를 제외하고는 이용자의 주민등록번호를 수집할 수 없다.

데이터 3법 개인정보 보호법·정보통신망법·신용정보법 개정안을 일컫는 말로, 4차 산업혁명에 맞춰 개인과 기업이 정보를 활용할 수 있는 폭을 넓히기 위해 마련됐다. 2020년 1월 국회 통과에 이어 그해 8월 5일부터 시행 중이다. 추가 정보의 결합 없이는 개인을 식별할 수 없도록 안전하게 처리된 가명정보의 개념을 도입하는 것과 분산된 개인정보 보호 감독기관을 개인정보보호위원회로 일원화하고 국무총리 소속의 중앙행정기관으로 격상하는 등의 내용을 골자로 한다.

사이버 명예훼손죄 정보통신망법에 따라 「사람을 비방할 목적으로 정보통신망을 통해 사실이나 허위 사실을 적시해 타인의 명예를 훼손한 자」에게 적용되는 범죄. 일반 명예훼손의 경우 2년 이하, 출판물에 의한 명예훼손은 3년 이하의 징역에 처해지는 데 비해 사이버 명예훼손죄는 7년 이하의 징역, 10년 이하의 자격정지 또는 5000만 원 이하의 벌금형에 처해진다. 이는 온라인상에서의 명예훼손 행위가 인터넷의 특성인 시·공간적 무제한성, 고도의 신속성과 전파성 등으로 인해 현실 세계에 큰 피해를 줄 수 있기 때문이다. 명예훼손죄는 피해자의 고소가 있어야 처벌할 수 있는 「반의사불벌죄」이다.

② 개인정보 보호법(個人情報 保護法)

개인정보의 처리 및 보호에 관한 사항을 정함으로써 개인의 자유와 권리를 보호하고, 나아가 개인의 존엄과 가치를 구현함을 목적으로 제정된 법률. 개인정보란 ▲살아 있는 개인에 관한 정보로서 성명, 주민등록번호 및 영상 등을 통해 개인을 알아볼 수 있는 정보 ▲해당 정보만으로는 특정 개인을 알아볼 수 없더라도 다른 정보와 쉽게 결합해 알아볼 수 있는 정보 ▲가명정보를 말한다. 개인정보처리자는 필요한 범위에서 최소한의 개인정보만을 적법하고 정당하게 수집하며, 그 목적 외 용도로 활용할 수 없다. 개인정보를 익명 또는 가명으로 처리해도 개인정보 수집목적을 달성할 수 있는 경우 익명, 가명에 의해 처리될 수 있다. 가명처리란 개인정보의 일부를 삭제하거나 일부 또는 전부를 대체하는 등의 방법으로 추가 정보가 없이는 특정 개인을 알아볼 수 없도록 처리하는 것을 말한다. 이 밖에도 개인정보 보호에 관한 사무를 독립적으로 수행하기 위해 국무총리 소속으로 개인정보보호위원회를 둔다.

가명정보(假名情報) 이름, 주소, 주민등록번호 등 개인을 알아볼 수 있는 개인정보와 개인을 알아볼 수 없도록 범주화한 익명정보의 중간 개념. 가명정보는 추가 정보의 사용 없이는 특정 개인을 알아볼 수 없게 조치한 정보로 개인정보 중 일부를 삭제하거나 모호하게 표시해 누군지 알 수 없게 만든 정보를 뜻한다. 가명정보는 통계 작성 연구, 공익적 기록보존 목적으로 처리 가능하다.
예 홍길동, 25세, 남성, 010-1234-5678, 서울시 서초구 서초동 ➡ 홍○○, 20대 남성, 010-○○○○-○○○○, 서울시 서초구
한편, 익명정보는 시간, 비용, 기술 등 개인정보처리자가 활용할 수 있는 모든 수단을 합리적으로 고려할 때 다른 정보를 사용해도 더 이상 개인을 알아볼 수 없게 조치된 정보이다. 예를 들면, 이름을 완전히 지우고 주소를 서울시 등으로 범주화하는 것이다.

③ 통신비밀보호법(通信秘密保護法)

통신 및 대화의 비밀과 자유에 대한 제한은 그 대상을 한정하고 엄격한 법적 절차를 거치도록 함으로써 통신 비밀을 보호하고 통신의 자유를 신장함을 목적으로 제정된 법률. 도청은 물론 도청 내용의 누설을 금지하고 있다(제16조). 이를 어길 경우 10년 이하의 징역 또는 5년 이하의 자격정지 등 범죄의 경중에 따라 처벌된다.

✎ 도청과 감청: 통신비밀보호법에서는 감청(監聽)을 「전기통신 내용을 당사자의 동의 없이 전자장비나 기계장치로 엿듣는 행위」라고 정의하고 있다. 수사기관이나 정보기관은 범죄 수사나 국가안전을 위해 법원의 허가 등 적법한 절차를 거치면 합법적으로 감청할 수 있다. 이 같은 목적과 절차를 무시하면 불법 감청은 도청(盜聽)이 된다.

5G 이동통신(5th generation mobile communications)•••

최대 다운로드 속도가 20Gbps(1초에 2.5GB 전송), 최저 다운로드 속도는 100Mbps인 5세대 이동통신 기술이다. 전 세대 4G인 LTE의 최대 속도(1Gbps)보다 20배가량 빠르며 처리용량도 100배 많다. 또한 1km^2 반경 안의 100만 개 기기에 사물인터넷(IoT) 서비스를 제공할 수 있고, 시속 500km 고속열차에서도 자유로운 통신이 가능하다. ▲초광대역 서비스(eMBB; enhanced Mobile Broadband) ▲고신뢰·초저지연 통신(URLLC; Ultra Reliable & Low Latency Communications) ▲대량연결(mMTC; massive Machine-Type Communications)이라는 3대 특성을 가지고 있으며 이를 토대로 가상현실(VR), 자율주행, 사물인터넷(IoT) 기술 등을 구현할 수 있다.

✎ 국제전기통신연합(ITU)은 2015년 10월 전파통신총회에서 5G의 공식 기술 명칭을 「IMT(International Mobile Telecommunication)-2020」으로 정했다.

ZOOM IN

이동통신 기술의 발전

1세대 이동통신은 아날로그 방식의 통신 기술이며, 음성 위주의 서비스를 제공했다. 세계 최초의 1세대 아날로그 이동통신 방식인 AMPS(advanced mobile phone service)는 1983년 미국에서 아메리테크(Ameritech)에 의해 세계 최초로 서비스됐으며, 우리나라에는 1984년 도입됐다. AMPS는 셀 내 사용자를 구분하기 위해 다중접속(multiple access) 방식으로 FDMA(frequency division multiple access)를 사용했다. 2세대 이동통신은 한국과 미국이 주축이 돼 개발한 CDMA(code division multiple access, 코드분할다중접속) 방식의 IS-95이다. 유럽이 채택한 GSM(global system for mobiles)은 TDMA(time division multiple access), IS-95는 CDMA를 핵심 기술로 했다. 3세대 이동통신은 크게 유럽과 일본의 WCDMA와 한국과 미국의 CDMA2000으로 나눌 수 있다. 이후 CDMA 방식의 문제점을 개선하기 위해 우리나라에서는 OFDMA(orthogonal frequency division multiple access)를 채택한 와이브로(WiBro)가 개발됐다. WiBro의 OFDMA 채택은 LTE를 만드는 계기가 됐고, LTE-A로 발전했으며 LTE와 LTE-A는 4세대의 대표적인 기술이 됐다. 5세대 이동통신 서비스(5G)는 2019년 4월 한국에서 세계 최초로 상용화됐다.

세대별 이동통신 기술

구분	1G	2G	3G	4G	5G
표준 기술	아날로그	CDMA, TDMA	WCDMA, CDMA2000	와이브로, LTE	5G NR
최고 속도	14.4kbps	144kbps	14Mbps	75Mbps	20Gbps
2GB 다운로드 속도	-	약 32시간	약 19분	약 16초	1초 이하
상용화 시기	1984년	2000년	2006년	2011년	2019년
서비스	음성통화	음성통화, 문자, 저속 인터넷	음성통화, 문자, 고속 인터넷, 영상통화	고음질 통화, 초고속 인터넷, 고화질 동영상, 메신저	VR, AR, 홀로그램, 자율주행, 스마트 팩토리 등

LTE(long term evolution) 4세대 이동통신(4G) 기술. 기존 3세대(3G) 이동통신 기술을 장기적으로 진화시킨 네트워크란 의미로, 와이브로 에볼루션과 함께 대표적인 4G 이동통신 초기 기술이다. 3G 이동통신에 비해 무선 인터넷 속도가 5~10배 정도 빠르다. 채널 대역폭은 1.25~20MHz이며, 20MHz 대역폭을 기준으로 하향 링크의 최대 전송속도는 100Mbps, 상향 링크의 최대 전송속도는 50Mbps이다.

6G 이동통신 4G(LTE)보다 100배, 5G(20Gbps)보다 5배 빠른 100Gbps의 속도를 구현할 수 있는 이동통신 기술로 2030년 상용화될 전망이다. 최대 전송속도는 1Tbps. 6G가 상용화되면 인공지능(AI), 양자암호통신, 위성통신 등이 융합되는 초연결 사회가 구축된다.

디지털통신(digital communication)•••

모든 정보를 0과 1로 구성되는 디지털신호로 교환하는 통신 방식이다. 디지털통신에서는 단말장치로 아날로그신호를 디지털신호로 전환시키고 다시 이 디지털신호는 디지털통신망이라 부르는 전용 회선으로 상대측에 전송돼 수신 측에서 또다시 원래의 신호로 바꾼다. 이 때문에 통신 회선의 사용 효율이 높아지고 통신비를 절감할 수 있다. 또 잡음에 강한 고품질의 통신이 가능하다.

아날로그통신(analog communication) 음성과 같이 시시각각 연속적으로 변화하는 신호. TV 등의 신호나 전화통신이 대표적이다. 전화교환기는 송화기로부터 음성 아날로그 신호를 그대로 나누어 소리의 크기에 따라 반송파의 진폭치를 바꾸고 주파수를 변화시킨다. 이 때문에 전송 중 잡음이 생기기 쉽다.

3

데이터통신(data communication)•••

원격지 간에 통신회선을 사용해 정보나 데이터를 주고받는 일로, 주로 컴퓨터용 데이터를 대상으로 한 통신이다. 이를 위해서는 컴퓨터 네트워크를 구성해야 하기 때문에 전신, 전화에 이어 「제3의 통신」이라고도 한다.

광통신(optical communication, 光通信)•••

영상, 음성, 데이터 등의 전기신호를 레이저 광선의 강약으로 전환시켜 전송하는 통신 방식으로, 빛의 전반사 원리를 이용한다. 레이저광을 머리카락 굵기 정도의 유리섬유 속을 통해 보내므로 「광섬유통신」이라고도 한다. 빛은 주파수가 높아 넓은 대역(band)을 얻을 수 있으므로 전송 정보량이 많다는 특징이 있다. 1초에 4억 회 점멸하는 광선을 사용하므로 한 개의 광섬유로 약 6000 전화 회선분의 정보량을 송수신할 수 있다.

광섬유(optical fiber, 光纖維) 광통신에 이용되는 전송로. 전류로 신호를 전하는 전선과 달리 빛을 신호로 하기 때문에 정보를 더욱 먼 곳으로 전송할 수 있다. 석영계 유리를 재료로 한 것이 많아 유리섬유를 가리키기도 한다. 두께는 0.1mm 정도이다. 전파를 사용하는 것보다 같은 시간에 보낼 수 있는 정보량이 많고 전기적 잡음을 받지 않는다는 장점이 있다.

동보통신(multi-address calling, 同報通信)•••

동일한 정보를 불특정 다수에게 동시에 송신하는 통신 방식이다. 이를 약간 변형시켜 상대방을 선택해서 정보를 보내는 방법도 있다. 정보를 단시간에 대량으로 보내는 VAN(부가가치통신망)의 중요한 기능 가운데 하나이다. 불특정 다수를 대상으로 하는 선거홍보나 마케팅활동 등에 유용하게 활용된다.

GMPCS(global mobile personal communications systems & services)•••

「위성휴대통신」으로, 정지궤도 위성을 이용한 이동통신서비스를 일컫는다. 단말기와 위성을 직접 연결해 음성이나 데이터 등 통신 서비스를 제공한다. 국내에서는 글로벌스타와 오브콤, 인말샛, 투라야 등 4개 위성을 이용해 주파수를 할당받아 서비스를 해오고 있다.

텔레매틱스(telematics) •••

「차량 무선 인터넷 서비스」로, 통신(telecommunication)과 정보과학(informatics)의 합성어이다. 이동통신망, 위성항법장치(GPS) 등을 자동차에 접목시켜 운전자와 탑승자에게 교통정보를 안내하는 것은 물론 긴급구난, 원격 차량 진단, 인터넷 서비스 등을 제공한다. 1990년대 후반부터 미국, 일본, 유럽 등 선진국에서 차량용 멀티미디어 환경을 구축하기 위해 텔레매틱스의 보급이 시작됐으며, 우리나라에는 2001년부터 보급됐다.

V2X(vehicle to everything) •••

「차량사물통신」을 일컫는 말로, 자동차가 도로에 있는 다양한 요소와 유무선망을 통해 소통하는 기술이다. 전방 교통 상황과 차량 간 접근을 알리는 V2V(vehicle to vehicle), 신호등과 같은 교통 인프라와 소통하는 V2I(vehicle to infrastructure), 보행자 정보를 지원하는 V2P(vehicle to pedestrian) 등으로 구성되며, 이를 통해 완벽한 자율주행이 가능하게 된다.

NFC(near field communication) •••

10cm 이내의 가까운 거리에서 다양한 무선 데이터를 주고받는 근거리 무선통신 기술을 일컫는다. 무선태그(RFID) 기술 중 하나로 13.56MHz의 주파수 대역을 사용하는 비접촉식 통신 기술이다. 통신거리가 짧기 때문에 상대적으로 보안이 우수하고 가격이 저렴하다. 또 데이터 읽기와 쓰기 기능을 모두 사용할 수 있으며, 블루투스처럼 기기 간 설정을 하지 않아도 된다.

VoIP(voice over internet protocol) •••

인터넷 전화 혹은 음성 패킷망으로, 인터넷을 통해 통화할 수 있는 통신 기술이다. 세계 어느 지역에서나 컴퓨터만 있으면 사용할 수 있다. 케이블을 통해 여러 명이 동시에 사용할 수 있고 확장성도 뛰어나다. 무엇보다 기존 전화보다 요금이 훨씬 싸고 같은 인터넷 전화로 사용자끼리 통화하면 통화료가 부과되지 않는다. 번호는 「070 + 국번 4자리 + 일반번호 4자리」로 구성된다.

mVoIP(mobile voice over internet protocol) 무선 인터넷 전화. 음성 전용망이 아니라 인터넷망을 통해 음성신호를 실어 나르는 기술인 VoIP 가운데 무선통신망을 이용하는 경우를 mVoIP라고 부른다.

번들링(bundling) •••

유선과 무선을 하나로 결합하거나 묶어서 싼 가격에 공급하는 정보통신 서비스이다. 케이블 텔레비전과 초고속 인터넷, 초고속 인터넷과 무선랜을 함께 묶어 서비스하는 것과 같이 둘 이상의 서비스를 묶어서(bundling) 싸게 판매함으로써 고객을 늘리는 통신 서비스를 통틀어 일컫는다. 여러 서비스를 동시에 받을 수 있고, 가격도 싸다는 장점이 있다. 이 밖에도 두 개 이상의 다른 제품을 하나로 묶어서 단일 가격으로 판매하는 것을 말하기도 한다. 이들 묶음은 끼워팔기(tying)와는 달리 개별적으로 분리해 판매할 수 있다. 마이크로소프트 오피스(MS Office)가 대표적인 예이다.

백본(backbone) •••

자신에게 연결돼 있는 소형 회선들로부터 데이터를 모아 빠르게 전송할 수 있는 대규모 전송회선이다. 인터넷상으로 네트워크가 가능하도록 한 기본적인 인프라로서 「기간망」이라고도 한다. 랜에서 광역통신망(WAN)으로 연결하기 위한 하나의 회선 또는 여러 회선의 모음을 말하기도 하고, 빌딩 간의 연결처럼 랜 안에서 거리를 효율적으로 늘리기 위한 회선을 뜻하기도 한다.

가상이동통신망사업(MVNO; mobile virtual network operator) •••

이동통신서비스를 제공하기 위해 필수적인 주파수를 보유하지 않고, 주파수를 보유한 SK텔레콤, KT, LG텔레콤 등 이동통신망사업자(MNO; mobile network operator)로부터 통신망을 빌려 독자적인 이동통신서비스를 제공하는 사업자를 일컫는다. 「알뜰폰」 또는 「가상이동통신망사업자」라고도 부른다. 다른 통신사로부터 망을 빌린다는 점만 빼고는 기존 사업자와 사업 방식이 같다. 우리나라는 2011년부터 아이즈비전, 헬로모바일, 엠모바일 등 MVNO 사업자가 본격적으로 등장했다.

전력선통신(PLC; power line communication) •••

전력선을 통신매체로 사용해 음성 및 데이터 정보를 고속으로 전송할 수 있는 기술을 총칭한다. PLC 통신기술이 활용되고 있는 기술 분야로는 초고속 인터넷통신은 물론 인터넷전화(VoIP), 홈네트워킹, 홈오토메이션, 원격검침에 이르기까지 다양하다. 국내에서는 2001년 3월 PLC 서비스를 시작해 전력선통신을 처음으로 실용화했다.

델린저현상(Dellinger phenomena) •••

태양면의 폭발로 갑자기 많은 양이 방출되는 전자기파가 지구 전리층의 이온과 충돌하면서 전자의 밀도를 크게 증가시켜 이로 인해 일시적으로 단파무선통신이 끊어지는 전파의 장애 현상을 말한다. 국제통신의 두절은 짧을 때는 5~10분, 길 때는 수 시간까지 계속된다. 1935년 태양의 자전주기에 따라 전파의 이상감쇄 현상을 발견한 미국 물리학자 델린저(J. H. Dellinger)의 이름에서 따왔다.

Chapter

01 컴퓨터 · 정보통신 상식력 테스트

선다형 | 단답형 | 완성형

선다형 문제

01 컴퓨터의 용량을 나타내는 단위를 크기가 작은 것부터 순서대로 바르게 나열한 것은? MBC

① MB → KB → GB → TB
② KB → GB → MB → TB
③ MB → GB → KB → TB
④ KB → MB → GB → TB

컴퓨터 용량단위 순서 : KB(210B) → MB(220B) → GB(230B) → TB(240B) → PB(250B)

02 입출력장치와 주기억장치를 연결하며 데이터의 이동 통로 역할을 하는 것은? 한국전력공사

① bus ② buffer
③ register ④ connecter

① **버스(bus)** : 컴퓨터 내에서 중앙처리장치(CPU)와 주기억장치, 입출력장치 간에 정보를 전송하는 데 사용되는 공용 목적의 전기적 통로
② 완충용 기억장치
③ 주기억장치에 있는 데이터나 명령을 산술 · 논리 · 연산장치에 보내기 위해 사용되는 일시적 기억장소
④ 연결 단자

03 나노초는 몇 초인가? 한국마사회

① 100만 분의 1초 ② 10억 분의 1초
③ 100경 분의 1초 ④ 1000조 분의 1초

② **나노초(ns; nano second)** : 1ns = 10^{-9s}
① **마이크로초(㎲; micro second)** : 1㎲ = 10^{-6s}
③ **아토초(as; atto second)** : 1as = 10^{-18s}
④ **피코초(ps; pico second)** : 1ps = 10^{-12s}

04 컴퓨터가 무제한의 RAM의 용량을 갖고 있는 것과 같은 효과를 주어 많은 양의 데이터 처리를 가능하게 만들어주는 운영체제의 한 요소는? 교통안전공단, 서울교통공사

① 시분할처리시스템
② 가상기억장치
③ 다중프로세싱
④ 실시간처리시스템

② **가상기억장치(virtual memory)** : 고속이지만 값이 비싸고 용량에 제한이 있는 주기억장치와 저속이지만 용량이 큰 보조기억장치를 논리적으로 합체시켜서 하나의 가상적인 기억 영역으로 쓸 수 있게 한 시스템
① 중앙처리장치의 이용시간을 짧게 분할해 각 이용자에게 순차적으로 할당함으로써 여러 명의 사용자가 한 대의 중앙 컴퓨터시스템을 공동으로 이용할 수 있는 시스템
③ 하나의 컴퓨터에 여러 개의 프로세서를 두어 동시에 다중의 작업처리가 가능한 방식
④ 컴퓨터로 즉석에서 필요한 계산을 처리해 그 결과를 데이터가 발생한 곳에 되돌려 보내는 정보처리방식

05 네트워크에 연결된 컴퓨터들이 상호 간에 정보를 주고받는 방법에 관한 규칙으로, 인간으로 치면 언어와 같은 구실을 하는 것은? KBS, 경기신용보증재단, 경향신문, 한국전력공사

① PROTOCOL ② NFC
③ HTML ④ XML

① **프로토콜(protocol)** : 컴퓨터끼리 또는 컴퓨터와 단말기 사이에 상호 통신할 때 데이터를 오류 없이 원활하고 신뢰성 있게 주고받기 위해 필요한 약속을 규정한 통신규약
② 근거리 무선통신
③ 하이퍼텍스트의 구조를 서술하는 일종의 컴퓨터 언어
④ 웹을 구성하는 HTML의 기능에서 호환성과 동영상 교환 등 확장성을 개선한 인터넷 언어

06 각종 데이터를 개인 PC가 아닌 인터넷 서버에 보관하는 서비스는? KBS, MBC, OBS, YTN, 한국일보

① 북마크(bookmark)
② 에지 컴퓨팅(edge computing)
③ 클라우드 컴퓨팅(cloud computing)
④ 화이트도메인(white domain)
⑤ 그리드 컴퓨팅(grid computing)

③ **클라우드 컴퓨팅(cloud computing)**: 인터넷상의 서버를 통해 데이터 저장, 네트워크 가동, 콘텐츠 사용 등 IT 관련 서비스를 동시에 누릴 수 있는 컴퓨팅 환경
① 인터넷의 웹브라우저에서 웹사이트의 주소를 등록해 놓고 나중에 찾아갈 수 있도록 하는 기능
② 방대한 데이터를 중앙 집중 서버가 아닌 분산된 소형 서버를 통해 실시간으로 처리하는 기술
④ 한국인터넷진흥원에 미리 등록된 메일 발송자에 한해 국내 주요 포털사이트로의 이메일 전송을 보장해 주는 제도
⑤ 모든 컴퓨팅 기기를 하나의 초고속 네트워크로 연결, 컴퓨터의 계산능력을 극대화한 차세대 디지털 신경망 서비스

07 상용 프로그램의 복사방지 장치나 셰어웨어의 시간제한 등을 해제한 후, 누구나 제한 없이 사용할 수 있도록 만들어 음성적으로 이용되는 프로그램은? 국민일보

① 와레즈 ② 베이퍼웨어
③ 스파이웨어 ④ 베타 프로그램

① **와레즈(warez)**: 프로그램의 복사방지 장치나 등록 장치, 셰어웨어의 시간제한 등을 풀어 누구나 사용할 수 있게 만든 소프트웨어 또는 그러한 소프트웨어를 모아놓은 웹사이트를 일컫는다.
② 하드웨어나 소프트웨어 분야에서 아직 개발이 안 된 가상의 제품
③ 공개 소프트웨어에 사용자 몰래 포함돼 있는 각종 프로그램 모듈
④ 정식 제품을 출시하기 전에 일부 관계자나 선별된 사용자에게 제공되는 성능 테스트용 프로그램

08 인터넷 사이트를 방문하는 사람들의 컴퓨터로부터 사용자 정보를 얻어내기 위해 사용되는 임시 파일로 인터넷의 「숨은 눈」을 지칭하는 것은?
MBC, 방송통신위원회, 한겨레신문, 한국마사회, 한국장애인고용공단

① 자바 ② 큐비트
③ 쿠키 ④ 캐시

③ **쿠키(cookie)**: 특정 홈페이지에 접속할 때 생성되는 사용자 정보를 담은 임시 파일. 암호화돼 있긴 하지만 ID와 비밀번호를 비롯해 자주 가는 홈페이지의 메뉴, 그림, 아이콘 등이 포함돼 있어 개인 신상정보가 쿠키를 통해 고스란히 노출될 수 있다.
① 1996년 1월 미국의 선 마이크로시스템사가 개발·출시한 객체 지향 프로그래밍 언어. C++을 기반으로 하면서 분산처리 환경에서 사용하기 적합한 언어이다.
② 양자컴퓨터에서의 정보저장의 최소 단위. 양자컴퓨터는 큐비트(qubit)로 처리되는 중첩·얽힘과 같은 양자역학적인 현상을 적용해 자료를 처리한다.
④ 정보를 임시로 저장해 두는 고속의 메모리

09 도메인네임을 인터넷주소(IP)로 바꿔 주는 역할을 수행하는 것은? KBS, SH공사

① InterNIC ② KISA
③ DNS ④ i-PIN
⑤ NIC

③ **DNS(domain name system)**: 인터넷상에서 도메인네임을 관리하는 시스템. 숫자로 된 인터넷주소(IP)를 문자로 표현된 도메인네임으로 상호 변환해 주는 역할을 한다.
① 미국의 국제정보망센터로, 도메인을 관리하는 국제단체. 각 국가별 NIC가 존재하며, IP주소와 도메인네임 부여 등의 역할을 한다.
② 한국인터넷진흥원(KISA). 우리나라의 인터넷주소와 도메인 관리 등 모든 국내 인터넷 업무를 총괄한다.
④ 인터넷상에서의 개인식별번호
⑤ 네트워크 인터페이스 카드(network interface card). 흔히 LAN카드라고 한다.

Answer 1. ④ 2. ① 3. ② 4. ② 5. ① 6. ③ 7. ① 8. ③ 9. ③

10 다음 중 프록시 서버에 대한 설명으로 틀린 것은?
KBS, 한국토지주택공사

① 클라이언트와 서버의 역할을 동시에 수행한다.
② 외부로부터의 불법적인 침입을 방지하는 방화벽 역할을 한다.
③ 네트워크의 데이터 캐시 기능을 제공한다.
④ 바이러스에 감염된 파일을 찾아내어 제거하거나 손상된 파일을 복구한다.

④ 컴퓨터 바이러스 백신 프로그램에 대한 설명이다.
프록시 서버(proxy server): 컴퓨터 네트워크에서 다른 서버로의 자원 요청을 중계하는 서버. 프록시 서버에는 클라이언트로부터 요청된 자원들이 임시로 저장돼 있어서 클라이언트가 자원을 재요청하는 경우 원격 서버에 접속할 필요 없이 정보를 제공받을 수 있다. 따라서 데이터 전송 시간과 외부 트래픽이 줄고 서버 측의 네트워크 병목 현상 방지 효과도 얻을 수 있다.

11 금융기관 또는 유명 회사의 웹사이트에서 보낸 메일로 위장해 위조된 사이트에 접속하도록 유인하는 행위는?
MBC, 중앙일보, 한국토지주택공사

① 키보드워리어(keyboard warrior)
② 사이버스쿼팅(cyber squatting)
③ 피싱(phishing)
④ 스머핑(smurfing)
⑤ 사이버불링(cyber bulling)

③ **피싱(phishing)**: 개인정보(private date)와 낚시(fishing)의 합성어로, 「개인정보 사냥행위」를 말한다.
① 악성 댓글을 상습적으로 올리는 네티즌
② 일확천금을 노리고 인터넷 도메인네임을 마구잡이로 선점하는 행위
④ 고성능 컴퓨터를 이용해 엄청난 양의 접속신호를 한 사이트에 집중적으로 보냄으로써 상대 컴퓨터의 서버를 접속 불능 상태로 만들어 버리는 해킹 수법
⑤ 웹상에서 특정인을 악의적으로 괴롭히는 행위

12 다음 중 아날로그와 디지털에 관한 설명으로 틀린 것은?
한겨레신문

① 봉화대의 신호는 초기적인 디지털 형식의 신호체계이다.
② 아날로그 신호의 주파수(frequency)란 신호가 1초 동안 사이클을 이루는 횟수이다.
③ 디지털 압축기술을 이용하면 하나의 전송채널에 여러 신호를 싣는 다중화(multiplex)가 가능하다.
④ 아날로그 신호를 디지털화하기 위해서는 자연적인 신호를 양자화(quantization)한 뒤 표본화(sampling)하는 과정을 거친다.

④ **PCM(펄스코드변조)**: 아날로그 신호를 디지털 신호로 바꾸는 과정으로 표본화(sampling) → 양자화(quantization) → 부호화(encoding)의 3단계로 구성된다.

13 지식과 정보의 격차가 소득의 차이를 만들어내면서 지식 · 정보 전문가인 「골드 칼라(gold collar)」가 새로운 지배계급으로 떠오르고 있는 반면, 「정보이용능력(information literacy)」이 없는 빈곤계급도 양산되는 현상을 가리키는 용어는?
KBS, MBC, 국립공원관리공단, 전자신문, 한겨레신문

① 디지털 디바이드(digital divide)
② 테크노 스트레스(techno stress)
③ 스카다시스템(SCADA system)
④ 디제라티(digerati)

① **디지털 디바이드(digital divide)**: 새로운 정보기술에 접근할 수 있는 능력을 보유한 자와 그렇지 못한 자 사이에 경제적 · 사회적 격차가 심화되는 현상
② 사무자동화(OA) 시대에 직면한 인간의 정신적 장애
③ supervisory control and data acquisition. 컴퓨터의 정보수집 및 처리 · 분석 · 제어기술과 통신기술을 결합한 통합 제어시스템. 전력 · 수도 · 공항 · 금융 · 교통통제시스템 등 국가기간시설의 제어시스템에 주로 사용됨
④ 디지털시대의 새로운 파워엘리트로 부상한 신지식인

14 전자문서의 효력이 발생하는 시기는? YTN

① 수신자의 컴퓨터 파일에 기록될 때
② 서명 또는 사인을 했을 때
③ 출력 후 등기로 수신자에게 도달됐을 때
④ 발신자가 파일을 발송했을 때
⑤ 수신자가 출력했을 때

---

① 일반문서는 수신자에게 도달되면, 전자문서는 수신자가 관리·지정한 전자적 시스템에 입력되면 효력이 발생한다.

15 디지털 노마드에 대한 설명으로 잘못된 것은? OBS, 국제신문, 문화일보, 한국일보

① 디지털기기를 시공간의 제약 없이 자유롭게 활용하는 21세기형 신인류를 뜻한다.
② 현대의 유목민들은 사이버공간에서 생산성과 삶의 질 극대화를 위해 움직인다는 의미이다.
③ 디지털 노마드의 증가에 따라 디지털 코쿠닝은 줄어들 것이라는 전망이다.
④ 이 용어는 자크 아탈리가 21세기를 노마드의 시대라고 규정하면서 널리 사용되고 있다.

---

③ 21세기에는 디지털 노마드의 증가와 동시에 디지털기기를 통해 자신만의 여가 또는 문화생활을 하려는 디지털 코쿤족(digital cocoon)도 증가할 것이라고 예상된다.

16 웜바이러스가 아닌 것은? MBC, 국민일보, 매일신문

① 아고봇 ② 사세르
③ 베이글 ④ 트로이목마

웜바이러스(worm virus) : 네트워크를 통해 자신을 복제·전파해 시스템을 파괴하거나 작업을 방해하는 악성 프로그램이다. 한편, 악성 프로그램은 웜을 비롯해 컴퓨터 바이러스, 트로이목마 등으로 분류한다.
④ **트로이목마(trojan horse)** : 자기 복제를 하지 않으나 유용한 프로그램인 것처럼 가장하고 있다가 사용자가 웹상에서 내려받고 실행시키면 컴퓨터 시스템을 파괴하는 악성 프로그램

17 기업이 응용소프트웨어를 직접 설치하지 않고 인터넷을 통해 임대하는 방식으로, 값비싼 기업용 소프트웨어를 일일이 구입할 필요가 없어 초기 투자비용을 줄일 수 있는 서비스는? 조선일보, 한국전력공사

① ASP(application service provider)
② LBS(location based service)
③ CRM(customer relationship management)
④ ERP(enterprise resource planning)

---

① ASP : 응용소프트웨어 임대 애플리케이션 서비스 제공업체
② 위치기반서비스. 이동통신사의 네트워크나 위성항법장치(GPS) 등을 통해 얻은 위치정보를 바탕으로 이용자에게 위치추적·위치기반정보·공공안전 서비스 등을 제공하는 시스템
③ 고객관계관리. 기업이 고객과 관련된 내외부 자료를 분석·통합해 고객 중심 자원을 극대화하고 이를 토대로 고객 특성에 맞게 마케팅 활동을 계획·지원·평가하는 과정
④ 전사적 자원관리. 기업 내부의 운영업무, 즉 영업판매·자재구매·생산계획·생산공정·고객만족·재무관리 등을 효율적으로 운영하기 위해 전사적으로 업무를 통합하는 정보시스템

18 다음 중 MVNO에 대한 설명으로 옳은 것은? MBN, 한겨레신문

① 무선 인터넷 게임에 등장하는 가상의 이동통신사업자
② 이동통신업체의 통신망을 빌려 이동통신서비스를 제공하는 업체
③ 가상의 이동통신망을 사용해 온라인 게임 서비스를 제공하는 사업자
④ 원격으로 로봇을 조종하는 서비스를 제공하는 업체

가상이동통신망사업자(MVNO) : 이동통신서비스를 제공하기 위해 필수적인 주파수를 보유하지 않고, 주파수를 보유하고 있는 이동통신망사업자(MNO; mobile network operator)의 망을 통해 독자적인 이동통신서비스를 제공하는 사업자

Answer 10. ④ 11. ③ 12. ④ 13. ① 14. ① 15. ③ 16. ④ 17. ① 18. ②

19 양자컴퓨터에 대한 설명으로 바르지 않은 것은? YTN

① 반도체가 아닌 원자를 기억소자로 활용한다.
② 슈퍼컴퓨터보다 수만 배 빠른 성능을 가진다.
③ 데이터가 0 혹은 1의 값만 갖는 비트를 사용한다.
④ 양자컴퓨터 개념을 처음 제안한 사람은 물리학자 리처드 파인만이다.
⑤ 최초의 양자컴퓨터는 아이작 추앙이 만들었다.

③ 양자컴퓨터에서는 데이터가 0이면서 1이 될 수 있는 큐비트(qubit)를 사용한다.
④ 노벨물리학상 수상자 리처드 파인만은 1980년대 초 나노 양자시스템의 컴퓨터 시뮬레이션을 위해 양자컴퓨터를 제안했다.
⑤ 양자컴퓨터에 대한 연구는 1985년 IBM에서 시작됐으며, 1997년 아이작 추앙이 2비트 양자컴퓨터를 처음 만들었다.

20 다음이 설명하는 것은? KBS

> 빠른 변화로 인해 기존에 존재하던 것들의 경계가 모호하게 되는 현상을 말한다. 사물인터넷(IoT), 핀테크, 인공지능(AI), 드론 등 혁신적인 기술이 등장하면서 확산되고 있다. 금융회사 대신 핀테크를 이용해 해외 송금을 하는 것, 온라인으로 신청해 오프라인으로 서비스를 받는 우버(Uber)나 에어비앤비(Airbnb) 등이 대표적인 예이다.

① 빅블러 ② 캐즘
③ 뉴노멀 ④ 티핑포인트

제시문은 변화의 속도가 빨라지면서 기존에 존재하던 것들의 경계가 뒤섞이는 현상을 뜻하는 「빅블러(big blur)」에 관한 설명이다.
② 새롭게 개발된 제품이 시장 진입 초기에서 대중화로 시장에 보급되기 전까지 일시적으로 수요가 정체되는 현상
③ 시대 변화에 따라 새롭게 떠오르는 기준 또는 표준
④ 어떤 상품이나 아이디어가 마치 전염되는 것처럼 폭발적으로 번지는 순간을 가리키는 말로, 1969년 노벨경제학상 수상자인 토머스 셸링의 논문에서 처음 소개된 개념

21 특수한 웹브라우저를 사용해야만 접근할 수 있는 웹으로, 익명성 보장은 물론 IP주소 추적이 불가능해 해킹으로 얻은 개인정보, 살인 청부, 경쟁사의 영업비밀 등 주로 불법적인 정보가 거래되는 인터넷 페이지는? 경향신문

① 랜섬웹(ransom web)
② W3C
③ 다크웹(dark web)
④ 스푸핑(spoofing)
⑤ 넷스케이프(Nets cape)

③ **다크웹(dark web)**: 일반적인 검색 엔진이나 브라우저를 사용해서는 찾거나 방문할 수 없는 특정 부류의 웹 사이트. 익명이 보장되고 검열도 피할 수 있어 경쟁사의 고객 정보, 영업 비밀, 살인 청부 등 불법적인 정보 거래가 이뤄진다.
① 웹 서버에 저장된 데이터베이스를 암호화해 열지 못하도록 만든 후 돈을 보내면 해독용 프로그램을 전송해 준다며 금품을 요구하는 악성 프로그램
② 월드와이드웹(WWW) 컨소시엄으로 1994년 10월 월드와이드웹의 창시자인 팀 버너스 리를 중심으로 창립됨
④ 임의로 구성된 웹사이트를 통해 이용자의 정보를 빼가는 해킹 수법
⑤ 세계 최초의 상용화 웹브라우저

22 다수의 네티즌들이 특정 개인 또는 사회 등에 대해 일방적인 여론몰이를 통해 공중의 적으로 매도하는 현상을 뜻하는 용어는? KBS

① 캐즘(chasm)
② 매카시즘(McCarthyism)
③ 핵티비즘(hacktivism)
④ 네카시즘(netcarthism)

④ **네카시즘(netcarthism)**: 인터넷(Internet)과 매카시즘(McCarthyism, 미국을 휩쓴 일련의 반공산주의 선풍)의 합성어
① 새롭게 개발된 제품이 시장 진입 초기에서 대중화로 시장에 보급되기 전까지 일시적으로 수요가 정체되는 현상
② 반공주의 성향이 강한 집단에서 정치적 반대자나 집단을 공산주의자로 매도하려는 태도
③ 해커(hacker)와 적극적 행동주의(activism)의 합성어로, 해킹을 통해 국가나 기관에 압력을 행사하는 행위

23 **뉴스나 블로그 등 콘텐츠 업데이트가 잦은 웹사이트에서 업데이트된 정보를 해당 사이트에 접속하지 않고도 자신의 PC에서 쉽게 확인하고 이용할 수 있는 데이터 형식은?** KBS

① RSS
② sniffing
③ hooking
④ NFC

① rich site summary
② 컴퓨터 네트워크상에 흘러 다니는 트래픽을 엿듣는 도청장치인 스니퍼로 네트워크상의 데이터를 도청하는 행위
③ 키보드 입력정보를 가로채는 기법으로, 컴퓨터 하드웨어 본체에 접근해 정보를 직접 빼내는 기존 바이러스나 해킹과 달리, 키보드와 본체 사이에서 오가는 정보를 가로채는 사이버범죄
④ 가까운 거리에서 무선 데이터를 주고받는 근거리 무선통신 기술

24 **특정 인물의 얼굴 등을 인공지능(AI) 기술을 이용해 특정 영상에 합성한 편집물로, 포르노 영상에 유명인이나 일반인의 얼굴을 합성하는 사례가 많아 디지털 성범죄 논란이 있다. 단속이 어려워 사회적 문제가 되고 있는 이 편집물은?** MBC

① 리벤지 포르노
② 환치기
③ 딥페이크
④ 데이터스모그

③ **딥페이크(deepfakes)** : 인공지능(AI) 기술을 활용해 특정 인물의 얼굴, 신체 등을 원하는 영상에 합성한 편집물. 무료 소스코드와 머신러닝 알고리즘으로 손쉽게 제작이 가능하며, 진위 여부를 가리기 어려울 만큼 정교하다.
① 헤어진 연인에게 보복하기 위해 유포하는 성적인 사진이나 영상 콘텐츠
② 통화가 다른 두 나라에 각각 계좌를 만든 후 한 국가의 계좌에 입금하고 다른 국가에서 해당 국가의 환율에 따라 입금한 금액을 현지 화폐로 인출하는 불법 외환거래 수법
④ 정보 과잉으로 인한 정보 공해

25 **유닉스에서 출발한 대표적인 공개 소프트웨어 운영체제는?** KBS, 디지털타임즈

① 윈도(Window)
② 맥(Mac)
③ 리눅스(Linux)
④ 도스(DOS)

③ 1991년 핀란드 대학생인 리누스 토발즈가 구역 내 근거리 통신망(LAN)이나 웹사이트에 사용됐던 유닉스(UNIX)를 대체하기 위해 개발한 컴퓨터 운영체제. 소스가 공개돼 누구든지 변형이 가능하다.
① 마이크로소프트사가 개발한 운영체제
② 애플사가 개발한 개인용 컴퓨터로, 공식 명칭은 매킨토시(Macintosh)
④ 외부기억장치인 자기디스크 장치를 바탕으로 컴퓨터 시스템을 작동하고, 관리 · 제어하는 컴퓨터 운영체제

26 **다음의 제시된 사례에 해당하는 행위는?** MBC

- 단체 채팅방 등에 피해 대상을 초대한 후 단체로 욕설을 퍼붓는 떼카
- 피해 대상을 대화방으로 끊임없이 초대하는 카톡 감옥
- 단체방에 피해 대상을 초대한 뒤 한꺼번에 나가 혼자만 남겨두는 방폭

① 사이버불링
② 사이버 언더테이커
③ 사이버슬래킹
④ 스마트몹

① **사이버불링(cyber bullying)** : 소셜네트워크서비스(SNS), 카카오톡 등 스마트폰 메신저와 휴대전화 문자메시지 등을 이용해 상대를 지속적으로 괴롭히는 행위를 일컫는다.
② 세상을 떠난 사람들이 생전에 남긴 온라인상의 흔적을 지워주는 전문가
③ 근무 시간에 주식거래나 게임 등 업무 이외의 용도로 인터넷을 사용함으로써 업무에 방해가 되는 일체의 행위
④ 첨단 정보통신 기술을 바탕으로 이뤄진 긴밀한 네트워크를 통해 정치 · 경제 · 사회 등의 제반 문제에 참여하는 사람들의 집단

Answer 19. ③ 20. ① 21. ③ 22. ④ 23. ① 24. ③ 25. ③ 26. ①

단답형 문제

27 인간 두뇌의 제어 방법에 가까운 제어를 할 수 있는 컴퓨터는? YTN

28 자기디스크에서 데이터를 읽을 때 가장 기본이 되는 단위는? KBS, 한국마사회

29 불특정 다수에게 무작위로 보내는 스팸메일을 규제하는 방식으로, 수신자의 사전 동의를 얻어야 메일을 발송할 수 있도록 하는 방식은? SBS, YTN, 매일신문

30 소유하고 있던 사용자의 도메인을 탈취하거나 도메인네임시스템(DNS) 이름을 속여 사용자들이 진짜 사이트로 오인하도록 유도, 개인정보를 훔치는 인터넷 사기 수법은? OBS, 경향신문

31 정치적 목적을 달성하기 위한 수단으로 특정 정부, 기관, 기업, 단체 등의 웹사이트를 해킹해 서버를 무력화하는 활동 방식을 일컫는 말은? 국민일보

32 갑작스런 접속자 폭주로 해당 홈페이지가 마비되도록 공격하는 해킹 방식을 지칭하는 말은? SBS, 경향신문, 조선일보

33 팀 오라일리에 의해 성립된 개념으로 사용자들이 각종 콘텐츠를 자유롭게 올리고 인터넷 서비스를 직접 만들 수 있게 하는 등 이용자의 적극적인 참여를 유도하고 정보 공유를 확대하는 인터넷 환경을 뜻하는 용어는? KBS, YTN, 문화일보

34 인터넷 사용자의 컴퓨터에 몰래 침입해 내부 문서나 그림파일 등을 암호화한 후 해독용 열쇠 프로그램을 전송해 준다며 금품을 요구하는 악성 프로그램은? 서울시농수산식품공사

35 디지털기술의 발전으로 기존의 기술 · 산업 · 서비스 · 네트워크의 경계가 사라지면서 등장한 새로운 형태의 융합 상품이나 서비스를 일컫는 말은? SBS, 머니투데이, 이데일리

36 컴퓨터 데이터 복구, 휴대폰 통화 기록, 인터넷 접속기록, 휴대폰 카메라 사진, 폐쇄회로 TV, 내비게이션 등 모든 디지털 기기에 남아 있는 디지털 증거를 찾아 사실관계를 밝혀내는 첨단 수사기법은?

37 광섬유 대역폭은 12개월마다 3배씩 증가한다는 법칙은? MBC

38 유명하고 안전한 IP 주소를 따로 분류한 목록으로, 이 주소에서 보내는 메일은 안전한 내용으로 취급하여 수용한다. 이 목록은? 경향신문

39 닐 스티븐슨이 1992년 출간한 소설 ≪스노 크래시≫에서 처음 등장한 개념으로, 현실 세계와 같은 사회 · 경제 · 문화 활동이 이뤄지는 3차원 가상 세계를 일컫는 말은? 경인일보

Answer **27.** 퍼지컴퓨터(fuzzy computer) **28.** 섹터(sector) **29.** 옵트 인(opt-In) **30.** 파밍(pharming) **31.** 핵티비즘(hacktivism) **32.** 디도스 공격(DDoS, 분산 서비스 거부 공격) **33.** 웹2.0 **34.** 랜섬웨어(ransomware) **35.** 디지털 컨버전스(digital convergence) **36.** 디지털 포렌식(digital forensics) **37.** 길더의 법칙(Gilder's law) **38.** 화이트리스트(white list) **39.** 메타버스(metaverse)

완성형 문제

40 데이터 손실을 막기 위해 데이터를 하나 이상의 장치에 중복 저장하는 것을 (①)(이)라 하는데, 여기에는 여러 개의 하드디스크를 하나의 디스크처럼 묶어 구성함으로써 일부 중복된 데이터를 분할저장하는 (②) 기술이 이용된다. MBC

41 하나의 콘텐츠를 스마트폰, PC, 스마트TV 등 다수의 정보기기에서 공유할 수 있는 컴퓨팅·네트워크 서비스를 (　　　)(이)라고 한다.
KBS, MBC, OBS, YTN, 일간스포츠

42 CPU의 성능을 나타내는 단위인 MIPS는 1초 동안 (　　　) 단위의 명령어를 처리할 수 있는가를 나타낸다. 한국전력공사

43 가정이나 사무실의 소켓에 전원선을 꽂으면 음성, 데이터, 인터넷 등을 고속으로 이용할 수 있는 서비스를 (　　　)(이)라고 한다. KBS

44 (　　　)은/는 마이크로소프트(MS)사가 정보기술(IT) 인재들의 소프트웨어 개발을 진작하기 위해 전 세계 16세 이상 학생들을 대상으로 2003년부터 매년 개최하는 소프트웨어 기술 경진대회이다. 서울신문

45 메트칼프의 법칙은 네트워크의 가치는 네트워크의 사용자 수의 제곱에 (　　　)한다는 법칙이다.
전자신문

46 (　　　)은/는 현실 세계에 실시간 부가정보를 담은 가상 세계를 합쳐 하나의 영상으로 보여주는 기술을 말한다. KBS, SBS, 경향신문, 스포츠한국

47 해커가 심어 놓은 봇 프로그램에 감염돼 자신도 모르는 사이 원격조종을 당하는 PC를 (　　　)(이)라고 한다. 한국일보

48 (　　　)은/는 컴퓨터 등의 디스플레이 장치를 장시간 보면서 작업하는 사람에게 일어나는 증후군으로, 안질환·두통·불안감 등의 증상을 나타낸다.
SBS, 경향신문, 매일경제, 스포츠서울

49 1984년 미국 캘리포니아 몬터레이에서 창립된 비영리재단인 (　　　)은/는 미국뿐만 아니라 유럽, 아시아 등에서 기술과 지식, 아이디어, 오락에 관련된 강연회를 개최하고 있다. KBS

50 사용자가 구입한 휴대폰을 통신사와 관계없이 원하는 통신사에 등록해 사용할 수 있는 제도를 (　　　)(이)라고 한다. MBC

51 (　　　)은/는 비차별, 상호접속, 접근성 등 세 가지 원칙에 따라 모든 네트워크 사업자는 모든 콘텐츠를 차별 없이 동등하게 취급해야 한다는 의미이다.
KBS

52 구독자 수가 일정 규모를 넘는 유튜버에게 수여되는 트로피 가운데 실버 버튼은 10만 명, 골드 버튼은 100만 명, (　　　) 버튼은 1000만 명을 돌파했을 때 받을 수 있다. SBS

53 FAANG은 미국 IT산업을 선도하는 페이스북, 아마존, 애플, (　　　), 구글의 앞 글자를 딴 용어이다.
KBS

Answer **40.** ① 미러링(mirroring) ② RAID(redundant array of independent disks) **41.** N 스크린(N screen) **42.** 100만 **43.** 전력선통신(PLC; power line communication) **44.** 이매진컵(Imagine Cup) **45.** 비례 **46.** 증강현실(AR) **47.** 좀비 PC **48.** VDT 증후군 **49.** TED(Technology, Entertainment, Design) **50.** 블랙리스트제도 **51.** 망 중립성 **52.** 다이아몬드 **53.** 넷플릭스(Netflix)

Chapter

02 과학 · 기술

01 순수과학

원자(atom, 原子)•••

한 종류의 입자가 여러 개 모여 원소를 이룰 때, 이 입자 한 개를 가리키는 용어이다. 물질을 형성하는 최소 단위로 그리스의 데모크리토스가 붙인 이름이다. 원자는 화학 반응을 하는 화학 원소의 최소 양이며, 같은 원소의 원자는 모두 똑같다. 원자는 양성자, 중성자, 전자 등의 더 기본적인 입자로 구성돼 있다.

원자핵(atomic nucleus, 原子核)•••

양성자와 중성자로 구성돼 있는 복합 입자를 말한다. 원자의 중심에 있는 양전기를 띤 입자로서 그 주위를 마이너스 전기를 띤 전자가 돌고 있다. 원자핵은 강한 상호작용으로 결합한 중성자와 양성자로 구성돼 있는데, 양성자 수는 원소의 종류를 결정하고, 그 원자의 원자번호와 같으며 중성자 수는 동위체의 종류를 결정한다. 단, 수소의 원자핵에는 중성자가 없다.

전자(electron, 電子)•••

원자핵과 더불어 원자를 구성하는 소립자의 하나로 영국 물리학자 톰슨(J. J. Thomson)이 1897년 음극선 실험 도중 발견했다. 양성자와 같은 양의 음전하를 띠며, 모든 물질의 구성 요소이다. 전자는 모든 원자에 있어 핵 주위의 궤도에 존재한다. 전자의 수는 양성자의 수와 같으며, 원자의 전기적 중성이 유지된다. 전자의 운동 상태에 따라 원자가 등 원자의 성질이나 전기전도, 자성과 같은 고체의 성질이 결정된다.

쿼크(quark)•••

소립자의 복합 모델에서의 기본 구성 입자의 한 종류이다. 대부분의 물질은 양성자와 중성자로 이루어져 있고 이들은 다시 쿼크로 이루어져 있다. 쿼크는 6가지 종류가 있으며 물리학자들은 이들을 up/down, charm/strange, top/bottom 등 3개의 쌍으로 분류한다. 쿼크와 쿼크 사이의 접착제 역할은 글루온이 담당한다. 쿼크는 결코 독립적으로 존재하지 않으며 항상 다른 쿼크들과 결합해 생긴다.

소립자(elementary particle, 素粒子)•••

렙톤(lepton)과 함께 물질을 구성하는 가장 기본적인 입자이다. 물질 구조는 「분자 → 원자 → 원자핵 → …」의 계층으로 나눠지는데 소립자는 이 계층에서 원자핵 다음의 입자로서 현재 가장 기본적인 입자이다. 소립자 가운데 가장 먼저 발견된 것은 전자(1897)이며, 1908년에 영국 물리학자 러더퍼드(E. Rutherford)가 원자핵을 발견했고 이어 양성자, 중성자, 양전자, 중간자 등 약 300종류에 달하는 소립자의 존재가 알려졌다.

중성미자(neutrino) •••

우주를 이루는 기본입자 가운데 하나인 소립자로, 「뉴트리노」라고도 한다. 전기적으로 중성이며 질량이 0에 가까운 경입자족(렙톤, lepton)에 속한다. 중성자가 β붕괴로 양자와 전자로 파괴될 때 방출된다. 정지 질량이 0이고, 속도는 광속과 비슷하며 스핀이 2분의 1인 소립자이다. 전하를 가지지 않아 물질과의 작용이 거의 없기 때문에 관통력이 크다. 결합하는 미립자에 따라 일렉트론, 뮤온, 타우 등 세 가지 타입으로 분류할 수 있다. 다른 물질과 상호작용을 일으키지 않아 우리 몸을 통과해도 그 존재를 느끼지 못하기 때문에 「유령 입자(ghost particle)」라고 한다. 방사성물질의 붕괴, 태양같은 별 내부의 핵융합, 그리고 초기 우주의 대폭발 과정의 부산물로 생성된다.

반입자(反粒子) •••

어떤 입자와 질량이 같고 전하 · 바리온 수(數) · 하전(荷電) 스핀양자 수가 같은 크기인데, 전기의 부호만 이 반대인 소립자이다. 장의 양자론에 따르면 소립자는 입자와 반입자의 두 가지 상태를 가지며, 이 상태는 상호 변환될 수 있다. 대부분의 입자는 반입자와 합쳐져 소멸해 광자가 된다. 광자와 π 중간자는 자기 자신이 스스로의 반입자이다.

렙톤(lepton) •••

양성자, 중성자 등의 무거운 입자(바리온, baryon)나 중간자(meson)에 비해 가벼운 입자를 지칭하는 말이다. 전자(electron), 뮤온(muon), 타우온(tauon) 등 −1의 전하를 갖는 세 개의 입자와 각각 전기적으로 중성 상태인 세 가지 중성미자(neutrino, 中性微子)가 있다. 렙톤은 쿼크로 구성돼 있지 않고 그 자체가 기본 입자라고 알려져 있다.

힉스 입자(Higgs boson) •••

물질을 구성하는 17개의 기본입자 중 모든 소립자에 질량이 부여되는 과정에서 생성됐다가 사라지는 소립자의 일종이다. 1964년 처음 존재를 예언한 영국 이론물리학자 피터 힉스(P. W. Higgs)의 이름을 따 명명됐다. 현대 물리학의 근간이 되는 「표준 모형」에 의하면 모든 물질은 12개의 기본 입자(쿼크 6개 · 렙톤 6개), 이들 사이에서 힘을 전달하며 상호작용을 담당하는 4개의 매개 입자, 그리고 힉스 입자 등 총 17개의 작은 입자(소립자)들로 구성된다. 이들 소립자 중에서 유일한 스칼라 입자인 힉스 입자는 나머지 16개의 입자 각각에 질량이 부여되는 과정(힉스 메커니즘)에서 생성되기 때문에 신이 숨겨 놓은 「신의 입자」라 일컫는다.

반물질(antimatter, 反物質) •••

보통의 물질을 구성하는 소립자(양성자, 중성자, 전자 등)의 반입자(반양성자, 반중성자, 양전자 등)로 구성되는 물질을 말한다. 입자와 반입자가 만나면 상호작용해 감마선이나 중성미자로 변하기 때문에 존재를 확인하기 어렵다.

분자(molecule, 分子) •••

화학 물질의 최소 단위, 즉 독립해 존재할 수 있는 화합물의 최소 단위이다. 원자가 모여 분자가 되고, 거기에 물질로서의 성질이 생긴다. 그 이상 분할하면 그 물질로서의 성질을 잃고 다른 것이 돼 버린다. 분자는 1811년 이탈리아 물리학자 아보가드로(A. Avogadro)에 의해 처음 도입된 개념인데, 실재한다는 것이 확인됨으로써 정확한 지식을 얻을 수 있게 됐다.

이온(ion) •••

분자 또는 원자로서 전하를 가진 것을 일컫는다. 영국 물리학자이자 화학자인 패러데이(M. Faraday)가 염류 산알칼리의 수용액이 전기 분해될 때 용액 속의 전기장 안에서 전극을 향해 이동하는 것이 있음을 발견하고, 그리스어로 「간다」는 뜻의 ion을 따서 이것을 이온이라고 명명했다. 후에 스웨덴 화학자 아레니우스(S. Arrhenius)가 이들 물질이 수용액 속에서 양이온과 음이온으로 나뉨을 보여 줬다.

보일 · 샤를의 법칙(Boyle–Charles's law) •••

일정량의 기체의 부피는 압력에 반비례, 절대온도에 정비례한다는 법칙이다.

- 보일의 법칙 : PV = 일정(P: 압력, V: 질량이 일정한 기체의 부피)
- 샤를의 법칙 : $\frac{V}{T} = \frac{V_0}{T_0}$ = 일정(T: 절대온도)

아보가드로의 법칙(Avogadro's law) •••

모든 기체는 그 종류에 관계없이 같은 온도 압력하에서 같은 부피 속에 같은 수의 분자가 있다는 법칙이다. 이탈리아 물리학자 아보가드로(A. Avogadro)가 기체 반응의 법칙을 설명하기 위해 주장했다.

플라스마(plasma) •••

초고온에서 음전하를 가진 전자와 양전하를 띤 이온으로 분리된 기체 상태를 일컫는다. 이때는 전하 분리도가 상당히 높으면서도 전체적으로 음과 양의 전하수가 같아서 중성을 띠게 된다. 일반적으로 물질의 상태는 고체 · 액체 · 기체 등 세 가지로 나뉘는데, 플라스마는 흔히 「제4의 물질 상태」라고 부른다. 고체에 에너지를 가하면 액체, 기체가 되고 다시 이 기체 상태에 높은 에너지를 가하면 수만℃에서 전자와 원자핵으로 분리돼 플라스마 상태가 되기 때문이다. 플라스마는 초고온 핵융합에 이용될 뿐만 아니라 반도체 공정, 신소재 합성 등에 이르기까지 다양하게 활용된다.

동위원소(isotope, 同位元素) •••

원자번호(양성자 수)는 같으나 질량수(양성자 수 + 중성자 수)가 다른 원자를 말한다. 「아이소토프」 또는 「동위체(同位體)」라고도 한다. 화학원소는 서로 같아 화학적으로 거의 구별할 수가 없으나 그것을 구성하고 있는 원자의 질량이 서로 다른 것을 동위원소라고 한다. 1901년 영국 화학자 소디(F. Soddy)가 개념 확립과 동시에 이 명칭을 붙였다.

방사성원소(radioactive element, 放射性元素) •••

방사능을 가져서 스스로 방사선을 방출하고 붕괴하는 원소를 뜻한다. 자연적으로 존재하는 것은 우라늄(U)・라듐(Ra)・폴로늄(Po) 등이며, 인공적으로 만들어지는 넵투늄(Np) 계통의 원소도 방사성원소이다. 최초로 발견된 방사성원소는 우라늄(U)이며, 1896년 프랑스 물리학자 베크렐(A. H. Becquerel)은 우라늄 화합물이 방사선을 방출해 사진 건판을 감광시키고 기체를 통과할 때 기체 분자를 이온화시킨다는 사실을 발견했다. 1898년에는 퀴리 부부(피에르, 마리)가 광석 속에서 라듐(Ra)을 발견했다.

3

반감기(半減期) 방사성원소가 붕괴해 처음 질량의 반으로 줄어드는 데 걸리는 시간. 온도나 압력 등의 외부 조건에 영향을 받지 않고 방사성원소의 종류에 따라 일정하다. 라듐의 반감기는 1622년, 우라늄은 45억 년이다.

플루토늄(plutonium) •••

원소기호 Pu, 원자번호 94의 방사성원소이다. 1940년 미국 화학자 G. T. 시보그와 핵물리학자 E. M. 맥밀런 등에 의해서 처음 검출됐으며 태양계의 행성이었던 명왕성(Pluto)의 이름을 따서 「플루토늄」이라고 명명됐다. 우라늄과 비슷한 성질을 지닌 플루토늄은 특정 형태의 원자로 연료나 핵무기 재료로 사용되며, 반감기는 2만 4110년이다. 플루토늄은 자연에 존재하는 물질이 아니라 원자로 내에서 우라늄 농축연료를 분열시키거나 238U(우라늄)에 중성자를 조사(照射)해 대량 생산한다. 플루토늄에는 몇몇 동위원소가 있는데 그중 239Pu(플루토늄)은 농축 과정이나 연쇄폭발이 뛰어나 핵폭탄 제조에 사용되는 핵무기 재료로도 쓰인다.

세슘(Cs; cesium) •••

주기율표상에서 제1족 6주기에 속하는 알칼리금속 원소의 하나로, 비교적 희귀 금속에 속한다. 자연 상태의 세슘은 질량수가 133인 ^{133}Cs 형태로 존재한다. 특히 세슘의 동위원소(양자수는 같으나 질량수가 다른 원자) 중 하나인 세슘 137(^{137}Cs)은 자연 상태에서 존재하지 않고, 핵실험 등의 결과로 발생하는 인공적 원자로 반감기가 약 30년에 이른다. 우라늄의 핵분열 과정에서 얻어지는 물질인 세슘 137이 체내에 유입되면 근육에 60%가량 침착되고 나머지는 전신에 분포되는데, 이 경우 유전자(DNA)에 손상을 일으킬 수 있고 심한 경우 암을 유발할 수 있다.

동소체(同素體) •••

동일한 원소이면서도 원자의 배열, 성질 또는 결합 양식이 다른 물질을 일컫는다. 산소(O_2)와 오존(O_3), 다이아몬드와 흑연은 모두 같은 원소로 이루어진 물체지만 성질과 모양이 서로 다르다. 또 원자의 배열 상태, 결합 양식이 다른 것은 흔히 결정(結晶)에서 볼 수 있는데 사방황, 단사황, 고무 모양황이 그 예이다.

pH(potential of hydrogen) •••

산이나 염기의 액성 및 세기를 나타내는 지수로, 수소이온 농도의 역수의 상용로그(log)값을 말한다. 「수소이온 지수」라고도 한다. 1기압, 25℃에서의 물 1ℓ는 10^{-7}mole인 수소이온을 가지므로, 그 pH는 7이라 한다. pH7은 중성, 7보다 작은 수용액은 산성, 7보다 큰 수용액은 알칼리성이다. 즉, pH가 작을수록 $[H^+]$는 커져 산성이 강해지고, pH가 클수록 $[H^+]$는 약해지며 $[OH^+]$는 커져서 염기성이 강해진다. 그러나 강산이라도 농도가 묽으면 pH는 크고, 약산이라도 농도가 진하면 pH는 작다.

끓는점과 어는점•••

섭씨온도는 물의 끓는점과 어는점을 100등분해 끓는점을 100℃, 어는점을 0℃로 정해 사용하는 온도이며, 화씨온도는 물의 끓는점과 어는점을 180등분해 끓는점을 212°F, 어는점을 32°F로 정해 사용하는 온도이다. 한편, 순수한 물질의 녹는점과 어는점은 같고, 열의 출입만 서로 반대이다. 순수한 물질의 녹는점(어는점)은 그 양과 관계없이 종류에 따라 다르므로 물질을 구별하는 특성이 된다.

밀도(density, 密度)•••

$$밀도 = \frac{질량}{부피}\ (단위:\ kg/m^3,\ g/cm^3)$$

한 물질의 단위 부피의 질량을 밀도라고 하며, 이는 물질에 따라 다르다. 고체와 액체는 온도와 압력의 영향을 거의 받지 않지만 기체는 온도와 압력에 의해 변화한다. 물의 밀도는 4℃에서 $1g/cm^3$로 최대이며, 기체의 밀도는 1기압 15℃일 때의 값이다. 일반적으로 온도가 올라가면 부피는 증가하고 질량은 변하지 않으므로 밀도는 감소한다. 밀도의 크기는 일반적으로 고체 > 액체 > 기체 순이다.

아르키메데스의 원리(Archimedes's principle)•••

「부력의 원리」라고도 한다. 부력(浮力)이란 주위의 유체가 물체에 미치는 압력의 합력을 말한다. 유체 속에 물체가 잠기게 되면, 그 물체가 차지하는 부피와 동일한 부피만큼의 유체에 해당하는 힘으로 물체를 밀어내게 된다. BC 220년경 고대 그리스 수학자이자 물리학자인 아르키메데스가 시라쿠사의 왕 히에론의 명에 따라 왕관이 순금으로 만든 것인지를 조사하느라 고심하던 중에, 우연히 목욕탕에서 자신의 몸이 가볍게 느껴짐을 깨닫고 이 원리를 발견했다고 한다.

비중(specific gravity, 比重)•••

어떤 물질의 질량과 같은 부피를 가진 표준물질의 질량과의 비를 말한다. 고체와 액체의 경우 보통 4℃ 물을, 기체는 0℃ 공기를 표준물질로 사용한다. 모든 물체는 온도 및 압력에 따라 밀도가 변하므로 비중은 온도 및 압력에 의존하는 양이다. 밀도는 질량을 부피로 나눈 값으로 단위는 g/cm^3이며, 비중은 표준물질과의 질량비로 단위가 없다.

국제단위계(SI; International System of Units)•••

1960년 제11회 국제도량형총회(CGPM)에서 채용된 단위계이다. 우리나라는 1959년 CGMP에 가입하고, 곧바로 SI를 국가표준 단위로 채택했다. SI의 기본 단위는 초(s · 시간), 미터(m · 길이), 킬로그램(kg · 질량), 암페어(A · 전류), 켈빈(K · 온도), 몰(mol · 물질의 양), 칸델라(cd · 광도) 등 7개이다. 이 7개 단위와 여기서 파생된 22개 유도단위는 국제표준이며 미국, 미얀마, 라이베리아를 제외한 전 국가에서 법정단위로 채택돼 있다. 유도단위는 기본단위의 곱, 나누기로 표현할 수 있는 단위들이다. 예를 들어 힘(N)은 $kg \cdot m/s^2$으로 나타낸다.

각종 단위 정리

퀴리(curie)	방사성물질의 양을 나타내는 단위. 매초 370억 개의 원자핵이 파괴되는 경우가 1퀴리. 반감기가 짧은 것일수록 소량으로도 1퀴리가 됨. 기호는 Ci
베크렐(becquerel)	원자핵이 방사선을 내면서 붕괴돼 가는 비율을 표시한 방사능 단위. 기호는 Bq
그레이(gray)	물질에 흡수된 방사선의 에너지인 흡수선량을 나타내는 단위. 기호는 Gy
라드(rad)	흡수된 방사선량의 단위. 기호는 rad 또는 rd. 국제단위계(SI)에서는 그레이(Gy)를 씀
데시벨(decibel)	소음을 측정하는 단위. 기호는 dB. 간신히 들을 수 있는 소리는 10dB, 전화벨 소리는 60dB, 열차 소리는 100dB. 80dB 이상의 소음을 계속 들으면 평생 청각 장애자가 될 수 있음
펨토(femto)	계량·측정의 보조 단위로 1000조 분의 1(10^{-15})을 의미. 기호는 f
가우스(gauss)	자계(磁界)의 세기를 나타내는 단위. 기호는 G
옹스트롬(angstrom)	빛의 파장이나 결정의 원자 배열 등을 측정할 때 쓰이는 길이의 단위. 기호는 Å. 1옹스트롬은 1000만 분의 1mm
몰(mole)	물질의 한 분자량을 그램으로 나타내는 단위. 기호는 mol
암페어(ampere)	전류의 단위. 기호는 A
옴(ohm)	전기 저항의 단위. 1암페어의 전류가 흐를 때 저항을 나타냄. 기호는 Ω
볼트 / 와트(volt / watt)	볼트는 전압의 크기를 표시하는 단위. 기호는 V / 와트는 전력의 크기를 나타내는 단위. 기호는 W
TOE (tonnage of oil equivalent)	석유, 가스, 전기 등 각각 다른 종류의 에너지원들을 원유 1ton의 발열량인 107kcal를 기준으로 표준화한 단위
배럴(barrel)	야드·파운드계 용량의 단위. 기호는 bbl
갤런(gallon)	야드·파운드계 부피의 단위. 기호는 gal
부셸(bushel)	무게 또는 야드·파운드계 체적의 단위. 기호는 bu
헥토파스칼(hPa)	압력·기압의 단위. 수치상으로는 밀리바와 같으며 1기압은 1013.25hPa
켈빈(Kelvin)	온도의 단위. 절대 온도라고도 하며 기호는 K
마하(mach)	비행기나 로켓 등 항공 역학에서 쓰이는 속도 단위. 마하 1은 시속 약 1200km에 해당. 기호는 M
데니어(denier)	섬유나 실의 가늘기 정도를 나타내는 단위. 데니어 수가 많을수록 실이 굵으며 기호는 D 또는 d. 1데니어는 길이 450m, 무게 50mg의 실 굵기임
바이트(byte)	컴퓨터가 처리하는 정보량의 기본 단위. 8bit를 1byte로 함
bps(bits per second)	초당 비트 수, 즉 정보 전달 속도의 단위
AU(astronomical unit)	태양계 내의 천체의 거리를 나타내는 천문단위. 지구와 태양의 평균거리 1억 4959만 7870km를 1천문단위로 함
파섹(parsec)	태양계 이외의 천체의 거리를 측정하는 단위. 기호는 pc 또는 psc
럭스(lux)	조명도의 국제단위. 기호는 lx
칸델라(candela)	광도(光度)의 단위. 기호는 cd
헤르츠(hertz)	1초 동안 진동한 횟수를 나타내는 주파수·진동수의 단위. 기호는 Hz
PPB(parts per billion)	PPM의 1000분의 1로 10억 분의 1을 나타내는 단위. 공해 측정에 쓰임
PPM(parts per million)	아주 적은 양으로 포함된 물질의 농도를 나타내는 단위로 1백만 분의 1을 나타냄
나노(nano)	10^{-9}(10억 분의 1)에 해당하는 보조 단위의 접두어. 1나노미터는 10^{-9}m, 1나노초(秒)는 10^{-9}초

법정 계량 단위 : ▲길이 : m, cm, km ▲넓이 : m^2, cm^2, ha ▲부피 : m^3, cm^3, L 또는 l ▲무게 : g, kg, t

등속도 운동(等速度 運動)•••

$$S = vt$$

물체가 일직선상을 일정한 속력으로 운동하고 있을 때 이 운동을 등속 직선 운동 또는 등속도 운동이라 한다. 이러한 물체의 운동은 속력과 방향이 일정하므로 직선 운동만 하고 이동한 거리는 경과한 시간에 비례한다. 그러므로 물체가 일정한 속력 v로 시간 t 동안 일직선상을 운동했을 때 이동한 거리(S)는 vt이다.

힘의 3요소•••

힘을 나타내는 데 필요한 요소인 힘의 크기, 방향, 작용점을 일컫는다.

운동의 법칙(law of motion)•••

영국 물리학자 뉴턴(I. Newton)이 확립한 물체의 운동에 관한 역학의 기본이 되는 세 가지 법칙이다.

운동의 제1법칙 (관성의 법칙)	외부에서 힘이 작용하지 않거나 힘이 작용해도 그 합력이 0이면 정지해 있는 물체는 계속 정지해 있고, 운동하고 있는 물체는 등속도 운동을 한다. 예 버스가 출발할 때 뒤로 쏠린다. 옷의 먼지를 턴다. * 관성(慣性) : 물체가 어느 순간의 운동 상태를 그대로 유지하려는 성질. 질량이 큰 물질일수록 관성이 크다.
운동의 제2법칙 (가속도의 법칙)	물체에 힘이 작용하면 물체의 질량(m)에 반비례하고 힘(F)에 비례하는 가속도(a)가 생긴다(F와 a는 같은 방향). $F = ma(a = F/m)$ 예 힘이 강한 어른이 던진 공의 속도가 더 빨리 증가한다.
운동의 제3법칙 (작용 · 반작용의 법칙)	작용과 반작용은 크기가 같고 방향이 반대이며, 일직선상에서 서로 다른 물체 사이에 작용한다. 예 로켓이 가스를 분사해 추진력을 얻는다.

중력(gravity, 重力)•••

$$F = mg$$

지표면에 있는 어떤 물체에 작용하는 중력은 물체의 질량에 비례하고, 지구 중심으로부터 물체까지의 거리(지구 반지름)의 제곱에 반비례한다(만유인력의 법칙). 물체에 작용하는 중력(F)은 물체의 질량(m)에 중력장의 세기(g)를 곱한 값과 같다. 이 식을 뉴턴의 운동 제2법칙 「F = ma」와 비교하면 중력장의 세기 g는 가속도 a에 해당하므로 중력 가속도라고도 한다. 지구 표면 부근에서는 지구의 중력(중력 가속도)으로 모든 물체가 지표를 향해 낙하하는데, 그 속도는 초속 9.8m씩 증가한다.

중력장(重力場) 중력 작용을 나타내는 물리적인 장(場). 중력을 지구 표면 가까이에 있는 물체에 작용하는 힘이라고 한다면 지구 만유인력의 장과 지구 원심력의 장을 합한 것이 중력장이다.

만유인력의 법칙(law of universal gravitation)•••

1666년 영국 물리학자 뉴턴(I. Newton)은 우주 속의 모든 물체들 사이에 「두 물체의 질량 m_1, m_2의 곱에 비례하고 두 물체 사이의 거리 r의 제곱에 반비례하는 인력이 작용한다」고 했다.

$$F = G\frac{m_1 \cdot m_2}{r^2} \quad (G \fallingdotseq 6.67 \times 10^{-11} Nm^2/kg^2 : \text{만유인력 상수})$$

열의 이동 •••

물체 속으로 들어가서 그 온도를 높이고 따뜻한 감각을 주는 열(熱)의 이동 현상에는 대류, 전도, 복사 등이 있다.

대류(對流)	액체나 기체가 열을 받으면 팽창에 의해 열을 받은 부분은 위로 올라가고 열을 받지 않은 부분은 아래로 내려가는 현상. 냉장고의 윗부분에 얼음을 두는 것은 열의 대류 현상을 이용한 것
전도(傳導)	물질은 이동하지 않으면서 열이 물질 속 고온부에서 저온부로 옮아가는 현상. 쇠막대의 한쪽 끝을 달굴 때 생김
복사(輻射)	열에너지가 전자파의 한 형태가 돼 전도 물질이 없이 다른 물체로 직접 이동하는 현상

에너지 원단위(energy 原單位) •••

제품 1개(또는 일정량의 1단위)를 만드는 데 들어가는 에너지의 투입량으로 원(달러)당 칼로리(kcal/원, 달러)로 표시한다. 원단위가 내려갈수록 생산이 합리적으로 행해진다.

에너지 보존의 법칙(law of conservation energy) •••

자연계에 존재하는 여러 가지 형태의 에너지가 서로 일정한 양적 관계를 가지고 변환하며, 그 총량은 일정하게 유지된다는 법칙이다. 열역학의 형성에 따라 열역학 제1법칙으로 발전됐다.

열역학 (熱力學)	• 열과 역학적 일과의 기본적인 관계를 바탕으로 열 현상을 비롯해서 자연계에서의 에너지의 흐름을 통일적으로 다루는 물리학의 한 분야이다. • 열역학은 제1법칙 「에너지 보존의 법칙」, 제2법칙 「엔트로피 증대의 법칙」과 제3법칙 「물체의 온도가 절대 0도에 가까워짐에 따라 엔트로피 역시 0에 가까워진다는 법칙」으로 구성된 이론 체계이다. 그 적용 범위는 광범위하고 그 결과는 보편적인 의미를 가진다.
엔트로피 (entropy)	• 물질계에서 열의 가역적 상태를 나타내는 물리량의 하나이다. • 엔트로피는 열의 이동에 따라 이동하는데, 그 수치는 이동한 열량을 절대 온도로 나누어 나타낸다. 열이 높은 쪽에서 낮은 쪽으로 이동하고, 농도의 농담이 있을 때 서로 섞여 균일해지려는 것과 같이 불안정한 물질이나 계(系)가 평형적이고 안정된 상태로 되려 할 때 엔트로피는 증대된다. • 자연계의 현상은 반드시 엔트로피가 증대되는 방향으로 나아가는데, 이를 열역학 제2법칙이라 한다.

엔탈피(enthalpy) 열역학 함수의 하나. 열함수 또는 깁스(J. W. Gibbs)의 열함수라고도 함. 물체의 내부 에너지를 U, 압력을 p, 부피를 V라 했을 때 엔탈피 H는 「H = U + pV」로 표시된다.

초전도(superconduction, 超電導) •••

어떤 물질을 절대온도 0도(섭씨 영하 273.15도)에 가까운 극저온 상태로 냉각시키면 갑자기 전기 저항이 없어지는 물리적 현상을 일컫는다. 이때의 온도를 임계온도(臨界溫度)라고 한다. 1911년 네덜란드 물리학자 오네스(H. Onnes)가 극저온 상태에서 쓸 수 있는 온도계를 찾는 과정에서 우연히 발견했다. 초전도 물체는 전류를 거의 무제한으로 흘려보낼 수 있어 매우 강력한 자석을 만들거나 전력손실이 없는 송전선을 만드는 데 활용된다.

임계온도(臨界溫度) 기체 상태에서 액체 상태로 변화되는 온도점. 기체는 어느 한계점 이하의 온도에서는 압축에 의해 액화할 수 있는데, 이 한계점에 해당하는 온도를 기체의 임계온도라고 한다. 예를 들면 암모니아는 132도, 이산화탄소는 31도, 산소는 −119도가 임계온도로 이보다 높은 온도에서는 압력을 아무리 크게 하더라도 기체가 액화되지 않는다.

절대온도(絶對溫度) 물질의 특성과는 상관없이 정의되는 온도. 기호는 K. 섭씨 영하 273.15도를 0도로 해 보통의 섭씨와 같은 눈으로 잰 온도이며, 절대온도의 0K(절대영도)는 물리적으로 생각되는 가장 낮은 온도이다.

쿨롱의 법칙(Coulomb's law)•••

1785년 프랑스 물리학자인 쿨롱(C. A. Coulomb)이 비틀림 저울을 사용한 실험에서 발견한 기본 법칙으로, 전기와 자기에 관한 것이 있다. 두 전하 사이에 작용하는 전기력은 두 전하를 잇는 직선상에 작용하고, 이때 전기력의 크기는 두 전하 간 거리의 제곱에 반비례하며 두 전하량의 곱에 비례한다는 법칙이다.

$$F = K\frac{q_1 \cdot q_2}{r^2} \ (k = 9.1 \times 10^9 Nm^2/c^2 : \text{쿨롱상수})$$

앙페르의 법칙(Ampére's law)•••

전류와 자기장과의 관계를 나타내는 기본 법칙의 하나로 1822년에 프랑스 물리학자 앙페르(A. M. Ampere)가 발표했다. 도선에 전류가 흐르면 그 도선의 주위에 자장(磁場)이 생기며, 그 방향은 오른쪽으로 돌릴 때의 나사못의 방향과 같다는 법칙이다.

옴의 법칙(Ohm's law)•••

1826년 독일 물리학자 옴(G. Ohm)이 발견한 법칙으로 전류의 세기는 전기 저항에 반비례한다는 법칙이다. 도선 양단에 1V의 전압을 걸었을 때 1A의 전류가 흐르는 도선의 전기 저항을 1옴(Ω)이라 한다.

패러데이의 법칙(Faraday's law)•••

전기 유도에 관한 이론으로, 유도기 전력의 크기는 코일 속을 지나는 자기력선속(자속)의 시간적 변화율과 코일의 감은 횟수에 비례한다는 법칙이다.

플레밍의 법칙(Fleming's rule)•••

플레밍의 오른손법칙 자기장 속에서 도선이 움직일 때 자기장의 방향(검지)과 도선이 움직이는 방향(엄지)으로 유도기전력(중지)의 방향을 결정하는 규칙이다. 오른손 엄지를 도선의 운동 방향, 검지를 자기장의 방향으로 했을 때, 중지가 가리키는 방향이 유도기전력 또는 유도전류의 방향이 된다. 발전기의 원리는 플레밍의 오른손법칙과 관련이 있다.

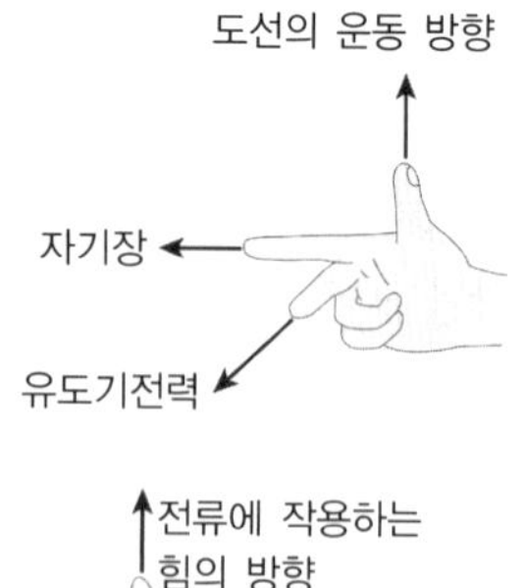

플레밍의 왼손법칙 전류가 흐르는 도선이 자기장 속을 통과해 힘을 받을 때 힘의 방향을 나타내는 규칙이다. 왼손의 엄지, 검지 및 중지 세 개를 서로 직각으로 벌려서 검지는 자기장의 방향, 중지는 전류의 방향으로 했을 때, 엄지가 가리키는 방향이 도선이 받는 힘의 방향이 된다. 전동기의 원리는 플레밍의 왼손법칙과 관련이 있다.

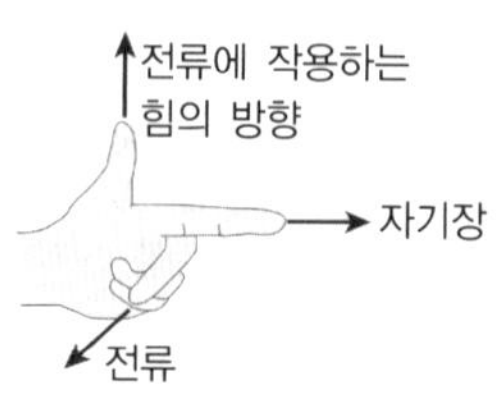

로렌츠 힘(Lorentz's force)●●●

자기장 속에서 전류(전하의 흐름)가 전자기력을 받는 것과 마찬가지로 자기장 속에서 운동하는 전하도 힘을 받는데, 이렇게 전하가 자기장 속에서 받는 힘을 로렌츠 힘이라 한다. 전류가 흐를 때 (−) 전하는 전류와 반대 방향으로, (+) 전하는 전류가 흐르는 방향으로 운동한다. 이때 자기장의 방향으로 오른손의 네 손가락을, 엄지의 방향으로 전류의 방향을 일치시키면 손바닥이 보이는 방향이 로렌츠 힘(전자기력)의 방향이 된다.

빛의 여러 가지 현상●●●

빛이 공기 속을 통과할 때나 어떤 매질을 통과할 때 각기 다르게 나타나는 여러 가지 현상으로, 반사, 굴절, 산란, 분산 등이 있다. 이 밖에도 빛은 입자성으로 나타나는 직진과 파동성으로 나타나는 간섭, 회절, 편광 등의 현상을 나타낸다.

반사(反射)	일정한 방향으로 진행하는 파동이 다른 물체의 표면에 부딪쳐서 진행의 방향을 반대 방향으로 바꾸는 현상 * 전반사 : 빛이 물질의 경계면에서 모두 반사하는 현상. 전반사 프리즘은 쌍안경, 시침기 등에 활용
굴절(屈折)	빛이 한 매질로부터 다른 매질을 통과할 때 그 경계면에서 방향을 바꾸어 꺾이는 현상 예 신기루, 아지랑이, 무지개
산란(散亂)	빛이 공기 속을 통과할 때 공기 중의 미립자에 부딪쳐서 흩어지는 현상 예 저녁에 하늘이 붉게 보이는 것
분산(分散)	빛 또는 다른 파동에 있어서 굴절률이 파장에 따라 다르기 때문에 일어나는 현상 예 짧은 파장(보라색 쪽)일수록 굴절률이 큼
직진(直進)	빛이 진행할 때 균일한 매질 속에서 빛은 똑바로 진행하는 현상 예 일식, 월식
간섭(干涉)	같은 파장과 진폭의 빛이 나란히 놓인 두 개의 슬릿(slit, 좁은 틈)을 통과하면 스크린상에 밝고 어두운 간섭무늬가 생기는 현상. 영(Young)의 실험을 통해 빛의 파동성이 증명 예 비누 거품의 착색
회절(回折)	빛의 파동성으로 좁은 틈이나 장애물을 만났을 때 장애물 뒤쪽으로 돌아 들어가는 현상
편광(偏光)	진동 방향이 한 방향으로만 된 빛. 편광 현상으로 빛이 횡파임을 알 수 있음

광자(photon, 光子)●●●

빛은 입자성과 파동성을 동시에 가지는데(빛의 이중성), 광자(또는 광양자)는 빛을 입자라고 간주하는 경우의 명칭이다. h를 플랑크상수, f를 전자파의 진동수라고 하면, 광자는 통상 정지질량 0에서 에너지 hf를 가지는 소립자로 간주된다. 독일 물리학자 아인슈타인(A. Einstein)은 빛을 광양자라는 에너지의 입자로 가정해 광전 효과를 설명했으며, 그 공로로 1921년 노벨물리학상을 수상했다. 이후 1923년 미국 물리학자 콤프턴(A. H. Compton)은 콤프턴 효과를 발견함으로써 아인슈타인의 광양자 가설을 입증했다. 한편, 빛은 파동의 성질로 보면 전자기파에 해당한다.

가시광선(visible rays, 可視光線)●●●

사람의 눈으로 느낄 수 있는 파장역의 전자기파로, 일반적으로 사람은 3800~4000Å(옹스트롬)에서 7600~8000Å 정도의 전자기파를 감지할 수 있다. 가시광선은 파장에 따라, 빨・주・노・초・파・남・보의 7가지 색으로 나눌 수 있다. 가시광선보다 긴 파장이 적외선, 짧은 파장이 자외선이다. 찜질방에서 사용되는 것은 원적외선이다.

자외선(紫外線) / 적외선(赤外線) 사람 눈에 느껴지는 빛의 파장은 무지개에서 볼 수 있듯이 파장이 긴 빨강에서 파장이 짧은 보라색의 범위인데, 사람의 눈에 보이지 않는 빨강 밖의 광선이 가시광과 전파 사이에 있는 적외선이고, 보라색 밖의 광선이 가시광과 X선 사이에 있는 자외선이다. 그러므로 적외선은 눈에 보이는 빨강보나 파장이 더 길고, 자외선은 눈에 보이는 보라색보다 파장이 더 짧다. 자외선은 화학 작용이 강하므로, 적외선을 열선이라 하는 것에 견주어 화학선이라고도 한다. 적외선은 저온의 물체에서도 방출되지만 자외선은 비교적 고온의 물체에서만 방출된다. 「우주선 – 감마선 – X선 – 자외선 – 가시광선 – 적외선 – 초음파 – 전파」 순으로 파장은 길어지며 에너지도 적어진다.

양자론(量子論) •••

미시적 존재의 구조나 기능을 해명하기 위해 양자(양성자)의 관점에서 전개되는 물리학 이론을 통틀어 지칭하는 말이다. 플랑크의 양자가설에서 아인슈타인의 광양자설, 보어의 원자구조론에 이르기까지를 전기(前期) 양자론이라고 하며, 양자역학의 성립 이후 정비된 이론체계로서 현대 물리학의 핵심이 되고 있다.

양성자(陽性子) 중성자와 함께 원자핵의 구성 요소가 되는 소립자의 하나로 기호는 P. 질량은 전자의 약 1800배이고 양전하를 가지며 전기량은 전자와 같다. 원자핵 내의 양성자의 수는 그 원자의 원자번호를 나타낸다.

상대성 이론(theory of relativity, 相對性 理論) •••

아인슈타인의 특수 상대성 이론과 일반 상대성 이론을 통틀어 상대성 이론이라고 한다. 현재 상대성 이론은 우주 관측에 사용되는 입자가속기 등 물리・천문 분야뿐만 아니라, 시간과 공간을 정밀하게 측정해야 하는 인간 활동의 모든 영역에 그 영향력을 미치고 있다.

특수 상대성 이론 1905년에 아인슈타인이 제창한 시공간에 대한 이론이다. 기존 뉴턴 법칙에서의 시간과 공간의 절대성을 부정하고, 좌표계의 기준 틀을 등속 운동(무중력 상태)만으로 가정한 특수한 상황에 한정해 시공간의 상대성을 제창했다. 이 이론에 따르면 시공간에서의 물체의 운동은 관찰자의 운동 상태에 따라 다르다. 특수 상대성 이론의 기본 원리는 상대성 원리와 광속도 불변의 원리이다.

$$E = mc^2$$

특수 상대성 이론의 중요한 결론 가운데 하나인 물체의 질량 m과 에너지 E와의 관계(등가성)를 나타내는 것(c는 광속도)

일반 상대성 이론 아인슈타인이 1916년 한정된 상황에서 설명한 특수 상대성 이론의 기준 틀을 확장해 일반화한 이론이다. 즉, 중력 및 가속도를 가진 계(系)에서도 시공간의 상대성이 성립하도록 체계화한 이론이다. 수성의 근일점 이동과 별빛이 태양 부근에서 휜다는 것 등 우주론의 형성에 기여했다.

허블-르메트르의 법칙(Hubble–Lemaître's law) •••

먼 우주로부터 오는 빛의 적색 편이(천체의 스펙트럼선이 원래의 파장에서 파장이 약간 긴 쪽으로 치우쳐 나타나는 현상)는 거리에 비례한다는 법칙으로 「속도–거리 법칙」이라고도 한다. 이 법칙은 우주팽창론의 첫 관측 증거이자, 빅뱅에 대한 증거로 널리 인용된다. 벨기에 천문학자이자 가톨릭 성직자였던 르메트르(G. Lemaître)는 1927년 우주가 팽창한다는 사실을 발견하고 빅뱅이론을 제안했다. 이는 미국 천문학자인 허블(E. Hubble)보다 2년 앞선 것이다.

빅뱅(big bang, 大爆發) 한 점의 우주가 약 150억 년 전 대폭발(big bang)에 따라 현재의 팽창우주가 만들어졌다는 이론 = 대폭발 이론

정상우주론(定常宇宙論) 우주는 시작도 끝도 없이, 영원히 밀도가 일정하고 불변인 것이라고 생각하는 우주론 ↔ 진화우주론, 팽창우주론

대충돌설(giant impact hypothesis)●●●

약 46억 년 전 현재 질량의 90% 수준으로 성장한 상태의 초기 지구에 대략 화성만한 크기의 행성이 충돌함에 따라 그 파편이 지구 주위의 우주 공간에 뿌려졌고, 그 파편들이 모여 달을 형성하게 됐다는 이론이다. 달의 기원에 관한 쌍둥이설, 분리설, 포획설, 대충돌설 등의 여러 가설 중 가장 유력하다.

케플러의 법칙(Kepler's laws)●●●

독일 천문학자 케플러(J. Kepler)가 덴마크 천문학자 브라헤(T. Brahe)의 행성 관측 결과로부터 경험적으로 얻은 행성 운동에 관한 세 가지 법칙이다. 이 법칙은 후에 뉴턴이 만유인력을 발견하는 데 핵심적인 수학적 기초를 제공해 주었다.

제1법칙(타원 궤도의 법칙)	모든 행성은 태양을 초점으로 하는 타원 궤도를 그리며 공전한다.
제2법칙(면적의 법칙)	한 행성과 태양을 잇는 선은 같은 시간에 같은 면적을 휩쓸고 지나간다. 행성은 태양과 가까워질수록 더 빨리 움직이고, 멀어질수록 더 느리게 움직인다. 면적의 법칙을 따르는 이유는 「운동량의 보존」 때문이다.
제3법칙(주기의 법칙)	행성의 공전 주기의 제곱은 공전 궤도의 긴 반지름의 세제곱에 비례한다.

행성(planet, 行星)●●●

국제천문연맹(IAU)이 2006년 8월 24일 정한 행성의 기준은 ① 항성(태양) 주위를 돌 것 ② 자체 질량에서 나오는 중력으로 구형(球形)을 유지할 것 ③ 공전궤도 주변의 다른 천체들에 대한 지배권을 가질 것으로 규정된다. IAU는 ①의 조건만 만족하면 소행성, ①과 ②의 조건을 만족하면 왜행성으로 구분한다. 명왕성은 ①, ②의 기준은 충족하지만 주변에 다른 천체들이 많아 ③을 충족시키지 못해 행성에서 퇴출됐다. 행성의 기준을 충족시키지 못하는 태양계 천체 중 위성(달처럼 행성을 도는 천체)이 아닌 것을 왜행성(dwarf planet)이라고 한다. IAU가 공식적으로 인정한 왜행성으로는 세레스(Ceres), 명왕성(Pluto, 134340), 에리스(Eris), 하우메아(Haumea), 마케마케(MakeMake) 등 총 5개가 있다.

지구형 행성	목성형 행성
• 수성, 금성, 지구, 화성 • 자전 속도가 느리고, 질량과 반지름이 지구보다 작으며, Fe · Ni · Si 등으로 구성	• 토성, 목성, 천왕성, 해왕성 • 자전 속도가 빠르고, 질량과 반지름이 지구보다 크며, H_2 · He · CH_4 · NH_3 등으로 구성

골디락스 행성 행성계의 중심별로부터 적절한 거리를 유지하고 있어 표면이 지나치게 뜨겁지도 차갑지도 않아 생명체가 살기에 알맞은 온도를 유지할 수 있는 영역에 위치한 행성

파섹(parsec)●●●

천문학에서 사용하는 거리의 단위로, 연주 시차를 초(秒) 단위로 측정한 값의 역수(逆數)이다. 즉, 연주 시차가 1초라면 1파섹, 0.1초라면 10파섹이 된다. 1파섹은 3.259광년에 해당한다. 연주 시차가 측정될 수 있는 것은 약 300광년 거리까지이며, 그보다 먼 거리의 별은 간접적인 방법으로 추정한다. 켄타우루스 별은 연주 시차가 가장 큰 항성으로 0.76초, 1.32파섹이다.

천문단위(AU; astronomical unit)•••

태양계 내 천체의 거리를 나타내는 단위로, 지구와 태양의 평균거리 1억 4959만 7870km를 1천문단위로 한다. 1960년대 이르러 지구로부터의 레이더 관측으로 금성까지의 거리를 정확히 측정하는 것이 가능해졌고, 현재는 이것을 바탕으로 케플러의 제3법칙을 응용해 천문단위 거리를 정확하게 알 수 있다.

태양계의 반지름	약 40AU(1천문단위 : 지구~태양 간 거리) = 명왕성의 궤도 반지름

퀘이사(quasar)•••

항성은 아니지만 방대한 에너지를 방출하고 있으며 인류가 관측할 수 있는 가장 먼 거리에 있는 천체이다. 준항성상 천체(QSO; quasi stellar object)를 줄여 퀘이사(quasar)라고 부르며, 준성(準星)이라고도 한다. 퀘이사의 특징은 보통의 은하수의 100만 개분의 1 정도밖에 존재하지 않으며, 전파의 스펙트럼이 주(週)에서 연(年) 정도의 시간적 변화를 하고, X선이나 적외선의 방출이 있다는 것 등이다.

변광성(變光星)•••

항성 가운데 밝기가 주기적으로 변하는 것을 일컫는다. 변광성은 밝기의 변화에 따라 스펙트럼도 변하고, 별 자체가 팽창하기도 하고 축소하기도 하는데 이는 스펙트럼선의 도플러 효과로 알 수 있다. 맥동(脈動) 변광성은 변광 주기와 절대 등급 간에 주기가 길수록 광도가 밝다는 주기광도(週期光度)와 관계가 있으며, 구상성단이나 근거리 은하의 거리를 재는 데 이용된다.

블랙홀(black hole)•••

고밀도에 의해 생기는 중력장의 구멍을 일컫는다. 중심부의 수소가 핵융합 반응으로 타버린 별에서는 물질이 별의 중심을 향해 급격히 수축하며 이 때문에 해방된 중력 에너지는 급격하게 빛나는 초신성이 된다. 그러나 수축한 물질은 그 밀도가 물의 1000조(兆) 배가 되면 안정된 중성자성(中性子星)이 된다. 다시 이 정도를 넘어서면 강한 중력장에 의해 공간이 생기며 물질과 빛을 빨아들여 모든 것이 그 속으로 빨려 들어가 버리고 거기로부터는 빛조차 빠져 나오지 못하는 공간의 구멍이 된다. 아인슈타인의 일반 상대성 이론에 근거를 두고 있으며 황소자리 게성운인 펄서(pulsar), 백조자리 엑스선 천체 등은 이 블랙홀을 거느린 근접속성으로 여겨진다.

펄서(pulsar) 규칙적인 전파를 발사하는 중성자별로, 펄서는 「맥동 현상을 보이는 별(pulsating star)」을 줄여서 부르는 말이다. 1964년 영국 천문학자 휴이시(A. Hewish)가 최초로 발견한 펄서는 주기가 1.33730초로 맥동하는 짧은 주기의 전파를 보내는 것이어서 한때 우주의 고등 문명체가 보내는 신호로 오인받았으나 이러한 천체가 여럿 발견되면서 그때까지 이론적으로만 존재하던 중성자성으로 인정됐다.

태양풍(solar wind, 太陽風)•••

태양에서 방출되는 초음속 플라스마의 흐름으로 평균 유속은 매초 450km, 평균 입자 밀도는 5g/cm^3, 평균 온도는 100만K이다. 고온의 코로나 가스의 일부가 태양의 중력을 이겨내고 흘러나온 것이다. 태양풍이 강할 경우 지구에 자기폭풍을 일으키고, 지구 자기장에 변동을 일으켜 극지방 상공에 오로라가 발생하는 등 지구 주변의 우주 환경에 영향을 미친다. 혜성의 꼬리가 항상 태양의 반대쪽으로 뻗치는 것도 태양풍 때문인 것으로 알려져 있다. 1958년 미국 천체물리학자 파커(E. Parker)에 의해 태양풍의 존재가 이론적으로 증명됐고, 1959년 소련의 달 탐사선 루나 2호와 1962년 미국의 금성 탐사선 매리너 2호에 의해 확인됐다.

코로나(corona) 태양의 가장 바깥쪽 대기로 태양 반지름의 몇 배나 되는 구역에 걸쳐 희게 빛나는 부분이다. 100만K의 고온이며 수소가 주성분인데 매우 희박하다. 보통 개기일식 때 볼 수 있다. 코로나의 모양은 흑점의 극대기에는 원형으로 보이며, 극소기에는 태양 적도 방향으로 길게 뻗은 편평한 모양이 된다.

흑점(sunspot, 黑點) 태양의 광구면에 나타나는 검은 점이다. 흑점이 검게 보이는 까닭은 주위보다 온도가 약 2000K 정도 낮기 때문이며, 온도가 낮은 까닭은 지구의 약 4000배나 되는 강한 자기장이 아래로부터의 대류를 방해하기 때문인 것으로 해석된다. 지름은 최대가 5만km 정도로 수개월 주기로 변하며, 그 수가 많아질수록 태양의 활동이 활발하다.

자기폭풍(magnetic storm, 磁氣暴風)•••

지구 자기장이 갑자기 불규칙하게 일시적으로 변하는 현상으로 태양면의 폭발과 함께 수많은 입자들이 쏟아지면서 일어난다. 1741년 스웨덴 천문학자 셀시우스(A. Celsius)가 오로라 변화에 따라 지구 자기가 변동하는 것을 최초로 발견했다. 몇 시간에서 수일간 지속되며, 극지방에서 더 자주 일어난다. 전리층 폭풍이나 우주선 폭풍을 동반하기도 하고, 극지방에서는 오로라를 생성해 내기도 한다. 강력한 전류를 발생시켜 지상의 도체에 유도전류를 일으켜 많은 피해를 일으킬 수 있다.

오로라(aurora) 지구 자장의 영향으로 지자기(地磁氣)의 자극으로부터 25°가량의 범위 내 북극권 · 남극권 상공에 나타나는 발광 현상을 일컫는다. 오로라 에너지원의 발생지는 미국 아이오와 대학의 연구로 밝혀졌다. 그것은 지구로부터 보아 태양과 반대 측의 약 64만km인 태양계 내 공간에 위치한다.

암흑물질(暗黑物質)•••

은하계에 존재하는 보이지 않는 모든 물질을 총칭하며, 중력에 의해서만 그 존재를 알 수 있다. 은하계 내에는 수소 가스가 떠돌고 있으며 수소원자로부터 발생하는 전파에 의해서 은하의 넓이나 질량을 추정할 수 있다.

협정세계시(UTC; Temps Universel Coordonné / Coordinated Universal Time, 協定世界時)•••

1972년 1월 1일부터 국제 사회가 사용하는 과학적 시간의 표준으로, 세슘원자의 진동수에 의거한 초의 길이가 그 기준으로 쓰인다. UTC는 국제원자시와 윤초 보정을 기반으로 표준화됐으며, 그리니치 평균시(GMT)에 기반하므로 「GMT」라고도 불린다. GMT로 6월 30일 및 12월 31일의 최종 초 뒤에 1초를 넣거나 빼서 조정하는데, 이 1초를 윤초(閏秒)라고 한다. 약칭 UTC는 영어권과 프랑스어권 모두 자신들의 언어 약자를 원해 절충안으로 정해진 것이다.

표준시(standard time, 標準時)•••

한 나라 또는 한 지방에서 공통으로 사용하는 그 지방만의 평균 태양시로, 우리나라는 1961년 8월 10일부터 동경 135°에서의 평균 태양시를 사용하고 있다. 우리나라의 표준시는 영국으로부터 135° 동쪽에 위치하므로 영국보다 9시간 빠르며, 일본 동경 부근의 135° 경도선에서 120°까지는 같은 시간권을 쓰고 있어서 우리나라와 일본은 시간이 같다. 그러나 동경 135°선은 울릉도 동쪽 350km 지점을 남북으로 지나는, 즉 한국의 영토를 지나지 않는 선이다. 따라서 한국 표준시는 동경 127°선이 지나는 서울의 지방 평균시보다 32분 정도 빠르다. 한편 중국은 북경(120° 동경) 시간을 표준시로 정해 우리보다 1시간 늦다.

서머타임(summer time)•••

해가 빨리 뜨는 여름철의 낮 시간을 최대한 활용하기 위해 마련된 제도로 표준시간을 한 시간 앞당기는 것이다. 「일광 절약 시간(daylight saving time)」이라고도 한다. 우리나라는 1948~1960년(1950~1952년 제외)과 서울올림픽 당시인 1987~1988년 두 차례 서머타임을 시행했다. 서머타임은 1784년 미국 정치가 프랭클린(B. Franklin)이 양초를 절약하기 위한 목적으로 제시하면서 등장했으며, 독일이 제1차 세계대전 때 처음 채택했다. 현재 한국, 일본을 제외한 미국과 유럽 등 선진국 대부분이 서머타임제를 실시하고 있다.

자오선(子午線)•••

지구상에서 두 극을 지나는 커다란 원을 일컫는다. 영국 런던의 그리니치 천문대를 지나는 원(경선)을 본초(本初) 자오선이라 하고 이것을 0°로 해 동경 180°, 서경 180°로 나눈다. 하늘을 큰 공으로 생각했을 때 이 천구(天球)상에서 천정(天頂)과 천저(天底)를 연결하는 커다란 원, 즉 천구의 두 극을 통과하는 원이다. 이것은 지평선과 마찬가지로 관측 지점에 고정시켜서 생각할 수 있는 기준선이며, 천체의 방위각 시각을 측정하는 기준이 된다.

회귀선(回歸線)•••

적도로부터 남북 위도 23°27′을 지나는 위선(緯線)으로 북의 위선을 북회귀선 또는 하지선(夏至線), 남의 위선을 남회귀선 또는 동지선(冬至線)이라 한다. 하지나 동지에 태양은 각 회귀선의 직상(直上)에 위치하는데, 태양이 위선상을 직사할 때까지 남북으로 전전한 후에 적도로 향해 회귀하므로 이렇게 부른다. 두 회귀선의 사이가 열대에 속한다.

날짜 변경선(international date line)•••

지구상에서 날짜를 변경하기 위해 편의상 만들어 놓은 경계선으로, 「날짜선」 또는 「일부 변경선」이라고도 한다. 경도 0°인 영국 그리니치 천문대에서 180° 반대쪽 태평양 한가운데(경도 180°)로 북극과 남극 사이 바다 위에 세로로 그려져 있다. 이 기준선을 서쪽에서 동쪽으로 넘을 때는 날짜를 하루 늦추고(같은 날짜 반복), 동쪽에서 서쪽으로 넘을 때는 하루를 더한다.

베버선(Weber's line) ●●●

동물 지리학상 분포 경계선의 하나로, 독일 사회학자 베버(M. Weber)가 말레이 제도 부근의 담수어 분포를 조사한 끝에 티모르·셀레베스섬의 동쪽, 카이·세람·할마헤라섬의 서쪽 해상을 가로지르는 선이 동물지리학상 동양구와 오스트레일리아구의 경계선임을 확인한 데서 유래됐다.

월리스선(Wallace's line) 영국 박물학자 월리스(A. Wallace)가 제창한 것으로, 담수어 이외의 동물에 대한 생물 지리학상 분포 경계선이다. 발리섬·롬복섬 사이의 롬복 해협으로부터 보르네오섬·세레베스섬 사이의 마카사르 해협을 지나 민다나오섬의 동쪽에 이르는 선으로 서쪽이 아시아구, 동쪽이 오스트레일리아구이다.

3

인류세(anthropocene, 人類世) ●●●

인류가 지구 기후와 생태계를 변화시켜 만들어진 새로운 지질시대를 말한다. 인류(anthropos)와 시대(cene)의 합성어로서, 네덜란드 화학자 파울 크뤼천(Paul Crutzen)이 2000년, 산업혁명으로 오존층에 구멍이 나면서 새로운 지질연대로 접어들었다며 인류세를 주장했다. 인류세의 대표적인 특징은 플라스틱 등의 인공물 증가, 이산화탄소와 메테인(메탄) 농도의 급증, 닭 소비 증가 등이다. 인류세를 상징하는 지표인 국제표준층서구역(GSSP)으로는 캐나다 온타리오주의 크로퍼드 호수가 선정됐다.

✎ 미국·프랑스 등 12개국의 연구자들로 구성된 국제지질학연합(IUGS)은 현재의 지질연대를 공식적으로 홀로세(Holocene)로 인정하고 있다. 홀로세는 1만 2000년 전 지구에서 인류가 번성할 때부터 현대까지를 포함한다.

절대연대(絶對年代) ●●●

암석, 광물, 화석, 지층 등의 생성 연대나 지질학적 사건을 나타내는 측정 연대로 방사성 연대, 동위 원소 연대라고도 한다. 이 연대는 반감기가 밝혀진 방사성원소[반감기가 488억 년인 87Rb(루비듐), 7억 년인 235U(우라늄), 5730년인 14C(탄소) 등]의 잔존 함유량을 분석해 산출한다.

지오이드(geoid) ●●●

지구의 등중력면(等重力面)으로, 평균 해수면을 잡아 육지까지 연장해 실제에 가깝게 지구의 모양을 나타낸 것이다. 지오이드는 어디에서나 중력 방향에 수직이며, 해양에서는 평균 해수면과 일치하고 육상에서는 땅속을 통과하게 된다. 또한 그 높이가 항상 0m로, 측량 해발고도의 기준면이 된다.

지구 정보

에라토스테네스(Eratosthenes)	그리스 천문학자. 지구의 크기 최초 측정(4만 6280km)
지구의 둘레	약 4만 74km(지구의 반지름 6400km)
대기권 구성	대류권 – 오존층 – 성층권 – 중간권 – 열권
지각의 8대 구성 원소	O(전체 94% 차지), Si, Al, Fe, Ca, Na, K, Mg
지구 자기의 3요소	편각, 복각, 수평자기력
지구공전의 증거	광행차, 연주시차, 별빛의 스펙트럼 연주 변화
지구자전의 증거	푸코 진자, 전향력, 인공위성의 서편 현상, 자유낙하 물체의 동편 현상

밴앨런대(Van Allen belt) •••

지구를 2중으로 둘러싼 방사능대로, 내층의 높이(두께)는 적도상에서 2000~5000km, 외층은 1만~2만 km이다. 도넛 모양의 이 띠는 고속의 전자와 양자가 지구의 자장(磁場)에 포착된 것으로 1958년 1월에 쏘아 올린 미국의 인공위성 익스플로러 1호와 달로켓, 소련의 스푸트니크 3호 등에 의해 발견됐다.

판구조론(plate tectonics, 板構造論) •••

1965년 캐나다 지질학자 투조 윌슨(Tuzo Wilson)이 대륙이동설과 해저확장설을 결합시켜 제창한 지진 발생 원인에 대한 학설이다. 약 100km 정도 두께의 지구 표면이 10여 개의 판(plates)으로 쪼개져 있으며, 이 판들은 서로 상대적으로 운동하게 되는데 이때 판과 판이 부딪힐 때의 충격으로 지진이 발생한다는 이론이다. 지구의 표면은 7개(유라시아판, 태평양판, 아메리카판, 아프리카판, 호주판, 인도판, 남극판)의 큰 판과 12개(필리핀판, 나즈카판, 카리브판, 코코스판 등)의 작은 판 등 20개가량의 판으로 나누어져 있는데, 이들 판 밑에는 「맨틀(mantle)」이라는 층이 있다. 맨틀은 점성이 있고 온도가 높아 쉽게 변형될 수 있는 층으로, 이 맨틀의 움직임에 따라 판이 움직이거나 쪼개지면서 판 경계 부근에서 지진이 발생한다. 일본은 유라시아판과 태평양판의 경계면에 위치해 있다.

대륙이동설(大陸移動說) 고생대의 지구는 판게아(Pangaea)라고 하는 단 하나의 초(超)대륙으로 돼 있었는데, 이것이 분열·이동해 현재와 같은 형태의 대륙들이 됐다는 학설이다. 1912년 독일 지구물리학자 베게너(A. L. Wegener)가 아프리카 서안과 남아메리카 동안의 모습이 둘을 하나로 갈라놓은 것처럼 일치하는 것에 착안해 대륙이동설을 주장했다.

가이아 이론(Gaia theory) 영국 과학자 러브록(J. Lovelock)이 1978년 주장한 가설이다. 가이아(Gaia)란 그리스신화에 등장하는 대지의 여신으로 지구를 상징적으로 나타내기 위해 사용된 말이다. 가이아 이론은 지구를 생물과 무생물이 상호작용하는 생명체로 바라보면서 지구가 생물에 의해 조절되는 하나의 유기체임을 강조한다.

환태평양화산대(環太平洋火山帶) •••

확대되는 태평양 플레이트와 그 주변 플레이트와의 접촉면에 따르는 화산대를 일컫는다. 알류샨 열도, 필리핀 군도, 일본 열도, 솔로몬 제도, 뉴질랜드 등 화산 활동이 활발한 태평양 주변 지대가 북미 연안으로부터 중아메리카, 남아메리카의 서해안으로 이어져 띠(belt) 모양을 하고 있다. 환태평양화산대는 동시에 지진대이기도 하며, 환태평양조산대와도 일치해 지질시대의 제3기 이후 현재에 이르는 지구상 최대의 변동대를 이루고 있다.

지진의 규모 •••

지진의 크기 측정은 절대적 개념의 「규모」와 상대적 개념의 「진도」가 사용되고 있다. 규모란 지진 자체의 크기를 측정하는 단위로 1935년 이 개념을 처음 도입한 미국 지질학자 리히터(C. Richter)의 이름을 따서 「리히터 스케일(Richter scale)」 또는 「리히터 규모(Richter magnitude)」라고도 한다. 국제적으로 규모는 소수 1자리까지 아라비아 숫자로 표기하고, 진도는 정수 단위의 로마 숫자로 표기하는 것이 관례이다. 예를 들면, 규모 5.6, 진도 Ⅳ로 표기한다. 지진 규모는 지진파로 인해 발생한 총에너지의 크기로 계측·관측에 의해 계산된 객관적 지수이며, 지진계에 기록된 지진파의 진폭, 주기, 진앙 등을 계산해 산출된다. 규모 1.0의 강도는 폭약(TNT) 480g의 힘에 해당되며, 규모가 1.0 증가할 때마다 에너지는 약 32배씩 늘어난다.

매그니튜드(magnitude) 지진의 규모를 나타내는 단위. 통상 M으로 표시한다. 각지의 진도가 하나의 지진에 대해 여러 가지 수치를 나타내는 데 반해 매그니튜드는 하나의 지진에 대해 하나의 수치만을 나타낸다. 매그니튜드(M)가 1 이상 3 미만인 지진은 「미소지진(微小地震)」이라고 한다.

진도(intensity scale, 震度) 지표상 한 지점에서의 인체에 느껴지는 진동의 세기 또는 이에 수반하는 피해에 관한 상대적 척도. 피해 정도는 진앙지로부터 떨어진 거리, 지층의 성질 등에 따라 다르게 나타나므로 진도 역시 측정 지역에 따라 다르게 나타난다.

쓰나미(tsunami, 津波)●●●

해안(津)을 뜻하는 일본어 「쓰(tsu)」와 파도(波)를 뜻하는 「나미(nami)」가 합쳐진 말로서 「지진해일」로 번역된다. 산더미 같은 파도가 해안을 덮치게 되는 지진해일은 보통 해저에서 지진이 발생하거나 화산이 폭발할 때 거대한 지각이 함몰되면서 발생한다. 쓰나미는 현재 지진해일을 일컫는 국제 공용어로, 태평양에 인접한 일본에 이 같은 지진해일의 피해가 잦았기 때문에 일본어로 쓰이고 있다.

세계기상기구(WMO; World Meteorological Organization)●●●

세계기상사업의 조정, 개선 및 정보 교환을 위한 연구와 교육을 맡고 있는 국제연합(UN) 전문기구이다. 1951년 정식 발족됐으며 우리나라는 1956년에 가입했다. 본부 소재지는 스위스 제네바이다. WMO에는 4년마다 열리는 총회를 비롯해 집행위원회, 지역기상협회, 전문위원회 및 사무국이 있다.

쾨펜의 기후 분류●●●

독일 기상학자 쾨펜(W. P. Koppen)이 1884년에 세계의 식생에 기초를 두고 고안한 기후 분류를 말한다. 열대 우림 기후, 사바나 기후, 온대 하계 건조 기후(지중해성 기후), 온대 동계 건조 기후, 온대 습윤 기후(서안 해양성 기후), 냉대 습윤 기후(아한대 다우 기후), 냉대 동계 건조 기후(아한대 하우 기후), 툰드라 기후, 빙설 기후, 스텝 기후, 사막 기후 등 11개의 주요 기후로 구분된다.

열대 우림 기후	연중 고온 다우한 기후. 매일 스콜(squall)이 내리며, 최고 건조한 달의 강수량은 60mm 이상, 연간 강수량은 2000mm를 넘는다. 기온의 일교차가 연교차보다 크다. 이 지역에서는 원시 농업 · 수렵 · 채집이 행해지며, 재식 농업에 의해 기름야자 · 고무 · 카카오 등을 재배한다. • 해당 지역 : 아마존강 유역, 아프리카의 기니만 연안과 콩고 유역, 동남아시아의 무역풍대의 섬 등
사바나 기후	긴 풀과 관목으로 이루어진 습윤한 열대 초원으로 사막과 열대 우림 사이의 지대. 계절풍에 따른 우량에 의해 건기와 우기로 나눈다. 이 지역에서는 플랜테이션 재식 농업이 성행하며, 사탕수수, 목화, 커피 등을 재배한다. • 해당 지역 : 아프리카 내륙부, 호주 북부, 브라질 고지대, 동남아시아 등
지중해성 기후	여름은 고온 건조하나 겨울은 편서풍이 강하고 온화해 비가 많은 기후. 이 지역에서는 올리브, 레몬, 포도, 무화과 등 지중해성 과수 재배가 발달했다. • 해당 지역 : 미국 캘리포니아 해안, 호주 남부, 남아프리카공화국 연안, 지중해 연안 등
서안 해양성 기후	편서풍의 영향으로 여름은 냉량하고 겨울은 온난한 기후. 혼합 농업과 낙농업이 발달했다. • 해당 지역 : 서부 유럽, 북미 서안, 호주 남동부 등
스텝 기후	건조 한계와 사막 한계 사이의 기후. 사막 기후 지역을 둘러싸면서 분포하며, 초원 기후라고도 한다. • 해당 지역 : 북아메리카 프레리, 아르헨티나 팜파스, 러시아 흑토지대 등

태풍(typhoon)•••

중심 부근 최대풍속이 17m/s 이상인 열대성 저기압을 일컫는다. 발생 지역에 따라 다르게 불리는데 북서태평양에서는 태풍, 북중미에서는 허리케인(hurricane), 인도양에서는 사이클론(cyclone), 남태평양에서는 윌리윌리(willy-willy)라고 한다. 열대저기압의 중심 부분에는 반지름 15~50km 정도의 하강기류가 있는 원형지역이 나타나는데, 이를 「태풍의 눈」이라고 한다. 태풍의 눈이 통과한 지역에는 강한 폭풍우가 내리고, 태풍의 눈 주변에서 최대 풍속을 보인다. 일반적으로 태풍은 해수면 온도가 보통 27℃ 이상, 남·북위 5° 이상에서 발생한다. 계절별로는 7~10월 사이에 많이 발생하며 수명은 발생부터 소멸까지 1주일에서 1개월 정도이다. 태풍 이름은 각 국가별로 10개씩 제출한 총 140개가 각 조 28개씩 5개 조로 구성되고, 1조부터 5조까지 순차적으로 사용한다. 우리나라가 제출한 태풍 이름은 개미, 나리, 장미, 미리내, 노루, 제비, 너구리, 개나리, 메기, 독수리가 있다.

허리케인(hurricane) 적도 지방에서 뭉쳐진 공기덩어리의 압력이 팽창하면서 다른 지역으로 이동하는 현상으로, 대서양에서 발생해 북아메리카로 올라가는 폭풍. 열대성 폭풍의 바람 세기가 시속 119km로 높아지면 허리케인으로 불린다. 폭풍의 신, 강대한 바람을 뜻하는 스페인어 「우라칸(huracan)」에서 유래한 허리케인은 북대서양, 카리브해, 멕시코만 등지에서 8~10월에 집중적으로 발생한다.

콜드포켓(cold pocket)•••

기상학에서 말하는 고층 일기도 상층부의 차가운 공기층으로 1500m, 3000m, 4500m 상공의 고층 일기도에서 주변보다 특별히 기온이 낮아 원으로 표시되는 부분을 말한다. 「한기(寒氣) 주머니」로 번역된다. 콜드포켓은 지표 공기에도 영향을 미쳐 한 지역에 장시간 머물 경우 그 지역은 혹한에 시달리게 된다.

제트 기류(jet stream)•••

대류권 상부 또는 성층권에서 그의 수평축을 따라 부는 강한 바람대(帶)를 말한다. 수천 km의 길이와 수백 km의 폭, 그리고 수백 m의 두께를 가지고 있으며 겨울철 전성기에는 전 지구를 휘감고 있기도 한다. 제트 기류 가까이에서는 풍속의 변화가 심해 비행기의 고도가 올라가면 이 기류의 영향으로 일시적으로 흔들리거나 혹은 그 흐름에 따라 쉽게 운항할 수도 있다. 제트 기류는 그 안에 들어온 물질을 빠르게 이동시키기 때문에 대기 중의 확산 현상에도 중요한 역할을 한다.

북극진동(AO; arctic oscillation, 北極振動)•••

북극과 중위도(30~45도) 지방 사이에 기압차가 주기적으로 변화하는 현상이다. 기압 차이에 따라 북극의 찬바람이 위아래로 오르내리면서 중위도 지역에 추위가 반복된다. 북극진동이 강하면 양의 값, 약하면 음의 값으로 지수를 표시한다. 일반적으로 극와(極渦, 고위도에 존재하는 한랭와)가 강한 겨울에 한기(寒氣)는 고위도에 축적돼 중위도로 남하하기가 어렵다. 이 때문에 중위도에 위치한 한국 남부나 일본의 겨울은 따뜻하다. 반대로 극와가 약한 겨울에는 고위도에 있는 한기가 중위도까지 남하해 추운 겨울이 된다.

푄(Foehn) •••

산지에서 불어내리는 돌풍적인 건조한 열풍으로 우리나라의 높새바람이 해당된다. 북미 로키 산지에서는 「치누크(chinook)」라고도 불린다. 습한 공기가 산을 넘을 때 바람의 상측에서 단열냉각에 의해 수증기가 비 또는 눈이 돼 내리나 산을 내려갈 때는 단열승온해 건조열풍이 된다. 흔히 산맥을 경계로 기압차가 있을 때에 일어나며, 로키산맥 · 알프스산맥, 우리나라에서는 여름철 태백산맥에서 많이 볼 수 있다.

무역풍(貿易風) 위도 30° 부근의 아열대 지방의 해상에서 부는 바람으로 풍속은 초속 4~8m. 열대 지방에서 1년 내내 부는 편동풍으로, 이 바람의 작용에 의해 적도 해류가 발생한다. 북반구에서는 북동풍, 남반구에서는 남동풍이 된다. 무역풍이 부는 지역 내에서는 폭풍이 거의 없고 날씨도 매우 좋다.

편서풍(偏西風) 중위도(30° 아열대) 고압대와 고위도(60° 아한대) 저압대 사이의 온대 지방인 대륙 서쪽에서 1년 내내 부는 바람. 유럽 서안, 북미 서안 등 대륙의 서안 기후에 크게 영향을 끼치며, 겨울에 강하고 여름에 약하다.

계절풍(季節風) 일정한 지역에 한해서 부는 바람. 비열차에 의한 대류에 의해 생기는 바람으로 「몬순(monsoon)」이라고도 하며, 여름에는 바다에서 육지로, 겨울에는 육지에서 바다로 분다. 계절풍이 가장 뚜렷하게 나타나는 지역은 인도 주변과 동남아시아 지방이다. 우리나라는 계절풍의 영향을 받아 겨울에는 한랭 건조한 북서 계절풍이, 여름에는 고온 다습한 남동 계절풍이 분다.

토네이도(tornado) 주로 미국 대륙에서 부는 깔때기 모양의 회오리 바람. 라틴어 「tornare(돌다)」에서 유래한 토네이도는 수많은 복합적 기상 요인이 합쳐져 일어나지만, 기본 조건은 따뜻하고 습기 찬 대기와 차고 빠른 대기가 상호작용을 일으켜 발생한다.

스콜(squall) •••

열대지방에서 대류에 의해 내리는 소나기를 말한다. 갑자기 불기 시작해 갑자기 멈추는 강한 바람 또는 강하게 내리쬐는 햇볕으로 공기의 일부가 상승, 그 상승 기류에 의해서 비가 내린다. 1962년 세계기상기구(WMO)가 채용한 스콜의 기상학적 정의는 「풍속의 증가가 매초 8m이고, 풍속이 매초 11m 이상에 달하며 적어도 1분 이상 그 상태가 계속되는 경우」이다.

나비효과(butterfly effect) •••

아마존의 정글에서 날개를 파닥거리는 나비의 움직임이 몇 주일 또는 몇 달 후 미국 텍사스주에 폭풍우를 일게 할 수 있다는 이론이다. 미국 기상학자 에드워드 로렌츠(E. Lorenz)가 주장했다. 약간의 바람의 변화가 지구 기상을 극적으로 변화시키는 엄청난 파급효과를 낳음을 일컫는 것으로, 혼돈 속에 감춰진 질서를 설명하는 카오스 이론의 전제가 된다.

순상 화산(楯狀 火山) •••

화산체의 형태로 분류한 화산의 한 종류이다. 화구에서 분출된 용암의 점성이 작을 경우(묽은 경우) 쉽게 흘러 경사가 완만한 산을 이룬다. 이러한 용암이 수차례 분출돼 층층이 쌓이면, 방패를 엎어 놓은 듯한 경사가 완만한 모습의 화산이 생기는데 이를 순상 화산, 아스피테(aspite)라고 한다. 제주도나 하와이가 대표적인 순상 화산이다.

칼데라(caldera) •••

화구의 일종으로 화산체가 형성된 후에 대폭발이나 산정부의 함몰에 의해 2차적으로 형성된 냄비 모양의 분지를 말한다. 칼데라의 어원은 포르투갈어 「칼데리아(calderia, 냄비)」이다. 그리스의 산토리니섬, 백두산 천지 등이 칼데라의 일종이다.

표준화석(標準化石)•••

특정한 지질시대의 지층에서만 산출돼 한 지층의 지질시대를 결정하는 데 도움이 되는 화석으로, 「시준화석(示準化石)」이라고도 한다. 지층의 퇴적 당시의 환경 상황을 나타내는 표준화석은 생존 기간이 짧고, 분포 면적이 넓으며, 개체수가 많은 생물의 화석이어야 한다. 각 지질시대별 표준화석을 살펴보면 다음과 같다. ▲고생대의 표준화석: 삼엽충(초기), 갑주어(중기), 푸줄리나(후기) ▲중생대의 표준화석: 암모나이트, 공룡, 시조새(중기) ▲신생대의 표준화석: 화폐석(초기), 매머드(후기), 에오히푸스(말의 조상)

카르스트 지형(karst topography)•••

석회암 지역의 탄산칼슘이 빗물과 지하수에 쉽게 용해되면서 이뤄진 지형으로 돌리네(doline), 탑 카르스트(tower karst), 석회 동굴(종유동) 등이 있다. 「카르스트」는 발칸반도 북서부의 슬로베니아의 카르스트 지방 이름에서 따온 말로 「돌로 이뤄진 밭」이란 의미이다. 카르스트 지형의 가장 큰 특징은 지하에 하천이 흐르고 있는 것으로, 때로 대규모의 종유동이 형성된다. 발칸반도나 중국의 윈난성(雲南省) 등지에 많이 분포돼 있으며, 우리나라에서는 충북 단양, 황해도 봉산 인근에 발달돼 있다.

리아스식 해안(rias coast)•••

하천에 의해 침식된 육지가 침강하거나 해수면이 상승해 만들어진 해안이다. 하천에 의해 침식된 곳을 리아스식 해안이라 하고, 빙하에 의해 침식돼 형성된 지형을 피오르(fjord)라고 한다. 리아스식 해안은 해안선이 복잡해 물의 흐름이 잔잔하기 때문에 양식 등을 하기에 유리하다. 우리나라의 남해안과 서해안이 대표적인 리아스식 해안이다.

피오르 해안(fjord coast) 빙하가 흘러들어 형성된 U자형 계곡으로 폭이 좁고 긴 해안 지형. 풍광이 아름다워 관광지로도 유명하고 항구 발달에 유리하다. 노르웨이 남서 해안, 북미 북서 해안, 칠레 남북 해안에 주로 분포하며, 노르웨이의 송네 피오르(Songne fjord)가 유명하다.

배사 구조(背斜 構造)•••

지각의 변동이나 압력으로 인해 생긴 해저의 지질 구조로, 낙타의 등처럼 볼록한 부분을 일컫는다. 배사 구조는 두꺼운 압력 층을 밖으로 해 그 안에 비중이 가벼운 순으로 천연가스·원유·유전수(油田水)의 층을 형성하며 석유의 유출을 막고 있어 「석유 단지」로도 불린다. 지층에 많은 석유를 함유하고 있어도 이 같은 배사 구조의 형태를 띠지 않으면 석유의 채취가 불가능하다.

선상지(扇狀地)•••

산지의 하천이 홍수 등으로 급하게 평지로 흘러내릴 때 계곡 어귀에 토사나 돌이 퇴적돼 만들어진 부채꼴의 완만한 경사지이다. 선상지는 대체로 수리(水利)가 좋지 않아 메마른 땅으로 버려지는 경우가 많다. 우리나라는 노년기 지형이 많아 선상지 발달이 저조한 편이다. 구례, 사천, 추가령 지구대 등이 대표적인 선상지이다.

바르한(barkhan) 초승달 모양의 사구(砂丘). 사막지역에서 바람에 의해 침식돼 운반된 물질로 이루어진 것으로, 바람 부는 방향을 향한 면은 경사가 완만하지만 반대쪽은 경사가 급한 것이 특징이다. 사하라 사막, 중앙아시아의 사막 등에서 볼 수 있다.

범람원(flood plain, 氾濫原) 하천이 홍수로 인해 범람해 토사를 퇴적함으로써 생긴 평야. 장년기 이후의 지형에서 특히 넓어지고 그 안에 자연제방이나 후배습지(後背濕地)가 생기며 강은 자유롭게 곡류하게 된다. 토지가 비옥해 농경지로 이용되는 곳이 많다.

순상지(shield, 楯狀地) 지각 중 지질학적으로 가장 오래되고 안정돼 있는 방패 모양의 고원 지형. 선캄브리아 시대의 화성암과 변성암으로 구성되고 그 위에 원생대·고생대 지층이 퇴적·습곡돼 안정지괴를 이루는 지역이다. 이 지형에는 금, 구리, 철, 우라늄 등의 광물 자원이 풍부하다. 캐나다의 로시아 순상지, 발틱 순상지, 앙가라(바이칼) 순상지가 유명하다.

3

대륙붕(continental shelf, 大陸棚)•••

해안으로부터 수심 200m 이내의 비교적 얕은 해저 지형으로, 대륙에서 이어지는 바다 밑의 완만한 경사 지역을 일컫는다. 해저 지형의 약 7.5%를 차지하는 대륙붕은 석유, 천연가스, 코발트 등 광물 자원 및 수자원의 보고이기도 해 개발을 둘러싼 국가 간 분쟁이 계속되고 있다.

반성 유전(伴性 遺傳)•••

어떤 유전자가 X염색체나 Z염색체상에 있어서 성에 따라 다르게 나타나는 유전 현상이다. 색맹과 혈우병의 유전이 이에 속하는데, 색맹 중에서 가장 흔한 적록색맹은 여자보다 남자에게 더 많이 나타난다. 사람의 색맹 유전자는 X염색체에 있으며 색맹 유전자 X′가 정상 유전자 X에 대해 열성이다. 여성의 경우 XX′는 정상(잠재성)이지만, 남성의 경우 X′Y는 색맹이 되므로 남성이 여성에 비해 색맹의 빈도가 높게 나타난다.

한성 유전(限性 遺傳) 유전자가 Y 또는 W 염색체상에 있으므로 형질의 발현이 한쪽 성에만 일방적으로 유전되는 경우 예 염소의 뿔 유전

종성 유전(從性 遺傳) 성염색체가 아닌 보통 염색체상에 있는 유전자이면서 성에 따라 표현이 다르게 나타나는 경우 예 사람의 대머리 유전자

다위니즘(Darwinism)•••

영국 생물학자 다윈(C. R. Darwin)이 생물의 진화에 관해 설명한 학설로, 진화설 가운데 가장 확실하며 지금도 그 일부만 정정됐을 뿐 거의 인정되고 있다. 다윈이 주장한 자연도태설은 생물에는 변이가 일어나며, 그것이 생활에 안성맞춤이면 그 생물은 적자(適者)로서 생존하고, 그 변이는 자손에게 전해져 그 생물은 점차 변화한다는 것이다. 「자연선택설」이라고도 한다.

멘델의 법칙(Mendel's laws)•••

오스트리아 유전학자 멘델(G. Mendel)이 1865년에 발표한 뒤, 1900년에 재발견된 유전의 원리로, 우열·분리·독립의 세 법칙으로 나뉜다. 유전현상은 이것을 바탕으로 설명된다.

우열의 법칙	순종인 두 대립 형질을 가진 개체를 교배시켰을 때, 잡종 제1대(F1)에서는 두 가지 대립 형질 중 어느 한쪽만 나타나는데, 이때 나타나는 형질을 「우성」, 나타나지 않는 형질을 「열성」이라고 함
분리의 법칙	F1에서 교배가 일어나면 짝을 짓고 있던 대립 유전자들은 서로 분리돼 F2의 형질이 3 : 1의 비율로 분리되는 현상
독립의 법칙	두 쌍 이상의 대립 형질이 유전될 때도 독립적으로 분리의 법칙에 따라 유전되는 현상

세포(cell, 細胞)•••

생물체의 기본 구조로, 내부에 1개의 핵을 갖추고 세포막에 둘러싸여 있다. 세포는 원핵세포와 진핵세포로 분류되며 그 크기는 생물이나 조직의 종류에 따라 다르다. 세포의 원형질이 움직임으로써 생물 작용이 이루어진다.

세포막(細胞膜) 세포 내부를 채우고 있는 원형질의 가장 바깥쪽의 얇은 막. 「원형질막」이라고도 한다. 지질 분자의 층 사이에 단백질 분자가 모자이크 모양으로 박힌 구조로서, 이 막에 의해 세포 내에 들어오는 수분을 조절하거나 드나드는 물질을 제어한다.

원형질(原形質) 세포 속에서 실제로 작용하고 있는 세포의 내질(內質). 원형질은 콜로이드라고 불리는 상태로서 주성분은 단백질. 핵질과 세포질로 구성된다. 식물의 세포에는 그 바깥쪽에 세포벽이 있지만, 동물은 대부분의 경우 세포의 제일 바깥 부분이 원형질막(세포막)이라 불리는 아주 얇은 막이며, 식물의 경우에도 세포벽의 바로 밑, 원형질의 제일 바깥 부분에는 원형질막이 있다.

핵(nucleus, 核)•••

세포의 중심에 있는 작은 물체로서 세포 작용의 중추가 된다. 핵막에 싸여 세포질과 경계를 이루며 핵산이 들어 있는 핵액과 염색질을 가지고 있다. 일반적으로 한 개의 세포에 한 개의 핵이 있으며 세포 분열에 관여한다. 핵은 DNA로부터의 유전 정보를 세포질 속에 내보내고 세포질 속에 있는 소포체 위의 리보솜에 의해 단백질을 합성해 세포를 구성하거나 효소를 만들어 화학반응을 진행시킨다.

DNA(deoxyribo nucleic acid)•••

생물의 유전 현상에 큰 역할을 하는 핵산의 일종으로, 유전자의 본체를 이룬다. 염기(아데닌-A, 구아닌-G, 사이토신-C, 티민-T)와 당류 및 인산으로 된 고분자 화합물로 염색체의 주성분이며 실질적인 유전 물질이다. 인간의 경우 23쌍의 염색체로 이루어져 있다. DNA의 2중 나선 구조에서 A는 T와, G는 C와 마주보고 있는데 이 A-T, G-C 구조는 DNA가 유전자로서의 기능을 나타내는 데 매우 중요한 의미가 있다. 1953년 미국 생물학자 왓슨(J. D. Watson)과 영국 생물학자 크릭(F. C. Crick)에 의해 2중 나선형의 분자 구조를 하고 있다는 것이 밝혀졌다.

정크 DNA(junk DNA) 게놈을 구성하는 DNA 안에서 아무런 유전 정보도 갖고 있지 않은 부분을 이르는 말. 사람의 DNA에서 유전 정보를 갖고 있는 부분은 1~1.5%에 지나지 않는다. 유전 정보를 갖고 있는 부분을 엑슨(exon), 나머지 부분을 인트론(intron)이라고 하는데, 정크 DNA는 인트론 부분의 DNA이다. 일반적으로 진화한 생물에는 정크 DNA가 많고 세균류에는 아예 존재하지 않는다.

RNA(ribo nucleic acid)•••

유전자 본체인 디옥시리보 핵산(DNA)이 가지고 있는 유전 정보에 따라 필요한 단백질을 합성할 때 작용하는 고분자 화합물로, 「리보 핵산」이라고도 한다. 리보스・염기・인산 등 세 가지 성분으로 돼 있으며, 단일 가닥 구조로서 DNA의 염기인 티민(T) 대신 우라실(U)을 가진다.

리보솜(ribosome)•••

세포질 속에서 소포체의 표면에 붙어 있거나 독립적으로 산재하고 있는 과립 모양의 물질이다. 단백질이나 지질 외에 다량의 RNA를 가지고 있으며, 단백질 합성 기능을 갖고 있다. 크기는 15~20nm(1nm = 10억 분의 1m) 정도이다. 반면 리소좀(lysosome)은 얇은 단일막으로 싸인 공 모양의 입자로 가수 분해 효소가 들어 있고 식균 작용을 한다.

염색체(染色體) •••

세포 분열이 일어날 때 만들어지는 굵은 실타래나 막대 모양의 구조물이다. 모세포의 유전 정보를 딸세포에 전달하며, 유전자인 DNA가 다수 배열돼 있다. 핵이 분열해 둘이 될 때 핵 속에 있는 염색사는 그 주위에 기질이라는 물질이 붙어 염색체라는 소체로 변하며, 세로로 갈라져 한 가닥씩 분리돼 두 극에 모여 두 핵을 만든다. 따라서 여기에서 생긴 두 핵은 똑같은 수와 질의 염색체를 가지게 된다. 한 종(種)에 대한 염색체 수는 정해져 있는데 사람은 남녀 모두 46개이다.

게놈(genome) •••

유전자(gene)와 염색체(chromosome)의 합성어로, 한 생물체가 지닌 유전 물질(DNA)의 집합체를 뜻한다. 유전체가 생명 현상을 결정짓기 때문에 흔히 「생명의 설계도」라고 부른다. 세포학적으로는 종(種)에 따라서 일정한 숫자로 이루어지는 1쌍의 염색체를 게놈이라 하며 1게놈 속에는 상동 염색체가 함유돼 있지 않다. 게놈 속의 1개 염색체 또는 염색체의 일부만 상실해도 생활 기능에 중대한 영향을 받는다. DNA는 인간의 세포핵에 있는 23쌍의 염색체에 나뉘어 담겨 있다. 유전자는 염기 나열 구조의 세포 내 역할을 의미하는 기능적 단위로 인간 생체에서 기능을 갖는 유전자는 10만 개 정도이다. 유전자에 따라 키, 피부색 등이 결정되며 염기 배열의 돌연변이로 질병이 생긴다. 1920년에 독일 식물학자 윙클러(H. Winkler)가 게놈 개념을 확립했으며 미생물유전학과 분자유전학의 발전과 함께 게놈에 대한 연구가 활발히 진행되고 있다. 유네스코는 1997년 제29차 총회에서 유전자 연구에 있어서 인권과 인간의 존엄성을 강조한 「인간 게놈 선언」을 채택했다. 이 선언은 지난 1948년 채택된 「세계 인권 선언」에 이은 제2의 세계 인권 선언이다.

숫자로 본 인간 게놈 지도

- 전체 염기쌍(A, T, C, G) 숫자 : 31억 개
- 인간의 유전자 수 : 3만~4만 개
- 개인 간의 DNA 염기서열은 99.95% 일치
- 각 염색체에서 발견된 유전자 수 : 1번 염색체가 2968개로 최다, Y염색체는 231개로 최소
- 인간 게놈에서 확인된 단일 염기변이(SNP) : 1400만 개

세컨드게놈(second genome) 우리 몸에 사는 미생물의 유전 정보 전체를 지칭하며, 「마이크로바이옴(microbiome, 장내 미생물)」이라고도 불린다. 반면 게놈은 우리 몸에 있는 유전 정보 모두, 즉 유전자 집합체를 일컫는다. 과학자들은 2007년에 국가별로 자국민에게 질병을 일으키는 특이 미생물의 유전 정보를 분석하고, 이를 공유하기 위해 「국제 인간 마이크로바이옴 컨소시엄(IHMC)」을 조직했다. 우리나라는 2011년 5월 여덟 번째 회원국으로 IHMC에 가입했다.

프로테옴(proteome) •••

인체 내 특정 세포나 특수 상황에서 만들어지고 작용하는 단백질의 총합으로, 「프로테인(protein · 단백질)」과 「옴(ome · 전체)」의 합성어이다. 세포에 세균이 침투하거나 세포가 분열할 때 등 외부 환경이 바뀔 때마다 수많은 단백질이 어떻게 움직이고 상호작용하는지를 담고 있다. 선진국들은 프로테옴 연구를 위해 2000년 국제공동연구단체인 세계인간프로테옴기구(HUPO)를 결성했으며, 우리나라에도 2001년 한국인간프로테옴기구(KHUPO)가 설립됐다.

프로테오믹스(proteomics) 유전자의 산물인 단백질들을 확인하고 이들 간의 상호작용, 변형, 위치 등을 규명하는 연구. 이를 통해 세포 내 단백질들 간의 네트워크를 규명, 생명현상을 총체적으로 이해할 수 있다. 현재 인체 단백질 중 5% 정도의 정체가 밝혀진 상태이다.

줄기세포(stem cell) •••

여러 종류의 신체 조직으로 분화할 수 있는 능력을 가진 미분화 세포이다. 원시 단계의 세포로 「만능세포」, 「간세포」라고도 한다. 줄기세포 자체는 아직 분화가 결정되지 않은 미분화 세포로 근육, 뼈, 내장, 피부 등 각 신체 기관 조직으로 전환될 수 있는 분화 능력을 가지고 있다. 줄기세포는 사람의 배아를 이용해 만들 수 있는 「배아줄기세포」와 혈구 세포를 끊임없이 만드는 골수 세포와 같은 「성체줄기세포」로 나뉜다. 배아줄기세포는 분화 능력은 있으나, 아직 분화는 일어나지 않은 미분화 세포로 다양한 조직 세포로 분화가 가능하다. 이와 달리 성체줄기세포는 모든 조직으로 분화할 수는 없으나 각 표적 기관(정해진 장기나 조직)으로는 분화할 수 있다.

배아줄기세포 (embryonic stem cell)	배아의 발생 과정에서 추출한 세포로서 모든 조직의 세포로 분화할 수 있는 능력을 가진 미분화 세포. 정자와 난자가 수정된 다음 4~6일이 지나면 배반포 단계의 배아(embryo)가 된다. 이때 배아 내부에 내세포괴(inner cell mass)라는 세포 덩어리가 생기는데 이를 분리해 배양한 것이 배아줄기세포이다. 전문가들은 부상이나 질병 등으로 조직이 손상됐을 때, 배아줄기세포를 원하는 조직으로 분화시켜서 치료에 이용할 수 있을 것이라고 예측하고 있다. 하지만 배아 파괴라는 윤리적인 문제로 인해 그 연구가 제한적이다. * 배아: 수정 후 14일이 안 된 상태로 구체적 장기를 형성하기 이전의 세포 덩어리 단계
성체줄기세포 (adult stem cell)	성인의 골수와 혈액 등에서 추출해낸 것으로, 뼈와 간, 혈액 등 구체적 장기의 세포로 분화되기 직전의 원시 세포. 필요한 때에 특정한 조직의 세포로 분화하게 되는 미분화 상태의 세포로 배아줄기세포처럼 모든 조직의 세포로 분화하지 않는다. 성체줄기세포는 환자로부터 직접 얻을 수 있는 데다 골수나 뇌세포 등 이미 성장한 신체 조직에서 추출하기 때문에 윤리적인 문제에서 비교적 자유롭다. 그러나 소량으로 존재하기 때문에 분리해 내기가 쉽지 않다.

역분화줄기세포 줄기세포를 이용한 질병 치료법 가운데 하나로 성인의 피부 세포에 역분화를 주입해 모든 세포로 분화할 수 있는 줄기세포를 얻어내는 방법. 난자를 사용하지 않으므로 생명 윤리 문제는 없으나 돌연변이 위험이 따르고 효율성도 낮다.

테라토마(teratoma) •••

비정상적으로 분화된 세포로 「기형종」이란 의미를 갖고 있다. 일반적인 종양은 단일한 세포들로 이루어져 있지만 테라토마는 피부 세포, 근육 세포, 신경 세포 등 다양한 세포와 조직들로 이루어져 있다. 생식 세포에 생기는 경우가 많으며 배아줄기세포의 분화 능력을 검증할 때 사용된다.

스키드 마우스(SCID mouse; severe combined immunodeficiency disease mouse) 유전자를 조작해 면역 능력을 결핍시킨 실험용 쥐로 테라토마 실험에 쓰인다.

ATP(adenosine triphosphate) •••

생물체의 에너지 저장 물질로 아데닌(염기)에 리보오스(당기)가 결합한 아데노신에 인산 3분자가 결합한 화합물이다. 생물체 내에서 유기물이 분해될 때 유리되는 에너지의 일부는 열에너지로 소비되지만 나머지의 대부분은 ATP라는 화합물에 저장돼 필요에 따라 에너지 공급원으로 쓰인다. 「아데노신삼인산」이라고도 부르며, 끝의 두 인산이 고에너지 결합을 하고 있는 고에너지 인산 화합물이다. ATP 생성의 가장 중요한 장소는 미토콘드리아이다.

미토콘드리아(mitochondria) 세포에서 에너지 대사의 중추를 이루는 세포 내 소기관 중 하나로, 진핵세포의 특징인 핵막으로 둘러싸여 있다. 세포 에너지인 아데노신삼인산(ATP)이 생성되기 때문에 에너지를 생산하는 공장으로 불린다. 이중막으로 된 얇고 기다란 대(帶) 모양을 하고 있으며 그 크기는 폭 약 0.5μ, 길이 최고 7μ이다. 미토콘드리아는 세포에 필요한 에너지를 공급할 뿐만 아니라 신호 전달, 세포 분화, 세포 사멸 등과 같은 다양한 조절에 관여한다.

뉴런(neuron)●●●

신경계를 이루는 구조적·기능적인 기본 단위이다. 신경세포는 핵과 그 주위의 세포질로 이루어지며, 돌기에는 수상돌기와 축색돌기가 있다. 뉴런과 뉴런은 시냅스(synapse)로 연결돼 있으며, 한 뉴런의 흥분은 시냅스를 통해 다른 뉴런의 수상 돌기로 전달된다. 종류로는 감각 뉴런, 운동 뉴런, 연합 뉴런이 있다.

ABO식 혈액형●●●

사람의 적혈구에는 응집원 A와 응집원 B가 있는데 이를 기준으로 해서 사람의 혈액형을 O형, A형, B형, AB형의 네 가지로 분류한 것을 ABO식 혈액형이라 한다. 1901년 오스트리아 병리학자 란트슈타이너(K. Landsteiner)가 발견했다.

▌ABO식 혈액형의 응집원과 응집소

혈액형	A형	B형	AB형	O형
응집원(적혈구)	A	B	A와 B	없음
응집소(혈청)	β	α	없음	α와 β

▌ABO식 혈액형 **▌Rh식 혈액형**

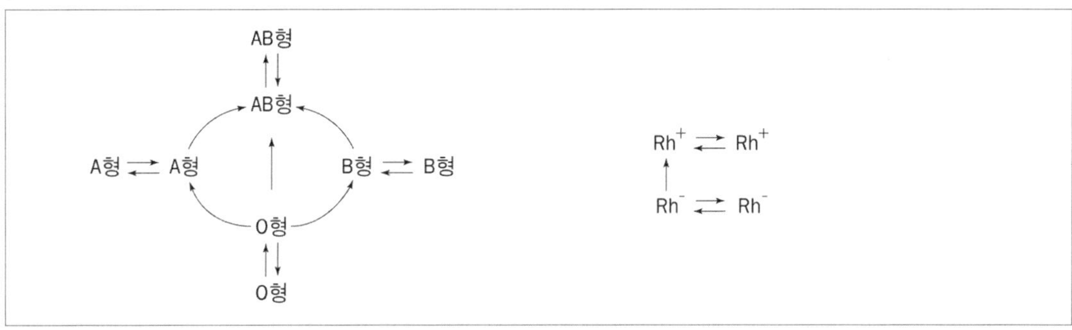

Rh인자 혈액 가운데 Rh인자가 있고 없음에 따라 혈액형을 구별하는데 Rh인자가 있는 혈액을 Rh^+, 없는 혈액을 Rh^-라 한다. 유전적으로 Rh^+는 Rh^-에 대해 우성이며, 동양인과 유럽인의 85%가 Rh^+형을 가지고 있다. Rh^-인 사람이 Rh^+인 사람으로부터 수혈을 받으면 수혈 반응을 일으키고, 또 Rh^-의 여성이 Rh^+의 태아를 가지면 그 태아는 위험하다.

ABO식 혈액형의 유전자형●●●

▲A형 : AA, AO ▲B형 : BB, BO ▲AB형 : AB ▲O형 : OO

▌부모와 자녀의 혈액형의 유전자형

부모	자녀	부모	자녀
A형(AA), B형(BO)	AB형(AB), A형(AO)	A형(AO), B형(BO)	AB형(AB), A형(AO), B형(BO), O형(OO)
A형(AA), B형(BB)	AB형(AB)	O형(OO), AB형(AB)	A형(AO), B형(BO)
A형(AO), B형(BB)	AB형(AB), B형(BO)		

02 첨단과학

CES(International Consumer Electronics Show) •••

미국 소비자기술협회(CTA; Consumer Technology Association) 주관으로 매년 1월 열리는 세계 최대 규모의 가전제품박람회이다. 1967년 미국 뉴욕에서 제1회 대회가 열린 이후 1995년부터 라스베이거스에서 열리고 있다. 이 전시회에서는 TV, 스마트폰, AV 기기 등 다양한 첨단 전자제품이 소개된다. 스페인 MWC(Mobile World Congress), 독일 IFA(International Funkausstellung)와 함께 세계 3대 IT 전자제품 박람회로 꼽힌다.

IFA(International Funkausstellung) 1924년 독일 베를린에서 시작된 세계적인 전자제품박람회로 유럽 최대 디지털제품 전시회이다. 1950년부터 2005년까지는 격년제로, 2006년부터는 해마다 열리고 있으며 메쎄 베를린(Messe Berlin)이 주최한다. 매년 하반기에 개최돼 세계 주요 전자업체들의 제품 트렌드를 한눈에 확인할 수 있다.

이어도 해양과학기지(離於島 海洋科學基地) •••

제주도 남제주군 서남쪽의 수중섬 이어도에 있는 무인 종합 해양과학기지이다. 한국해양연구원이 기상관측과 해양자원 연구를 목적으로 1995년부터 212억 원을 투입해 2003년 6월 완공했다. 총면적은 1345m^2, 총높이는 수중 암반으로부터 76m(수상 36m)이다. 이어도 해양과학기지는 최첨단 관측 장비를 통해 해양, 기상 관련 자료를 수집하며, 해경의 수색 및 구난기지로도 활용된다. 중국은 이어도 해양과학기지 건설 이후부터 이어도가 자국 영토라고 주장하고 있다. 이어도는 양국 연안으로부터 400해리가 되지 않아 배타적경제수역(EEZ) 수역이 겹친다.
한편, 국내 두 번째 해양과학기지인 가거초 해양과학기지는 2009년 10월 13일 전남 신안군 가거도에서 서쪽으로 47km 떨어진 가거초 수심 15m 아래 286m^2 규모로 건설됐다.

이어도(離於島) 마라도 서남쪽으로 149km에 위치한 수중 암초. 일본 나가사키(長崎)현 도리시마(鳥島) 서쪽으로 276km, 중국 서산다오(余山島) 북동쪽으로 287km가량 떨어진 곳에 위치해 있다. 「파랑도」라고도 부르는데, 1900년 영국 상선 소코트라호가 처음 수중 암초를 확인한 이후 국제해도에는 「소코트라 록(Socotra Rock)」으로 표기돼 있다. 이어도는 제주도민의 전설에 나오는 환상의 섬, 피안의 섬으로 잘 알려져 있다.

남극 세종과학기지(Antarctic King Sejong Station, 南極 世宗科學基地) •••

한국 최초의 남극과학기지로, 한국해양연구원 극지연구본부가 관리 운영하고 있다. 서남극 남극 반도에 평행하게 발달한 남셰틀랜드 군도의 킹조지섬과 넬슨섬으로 둘러싸인 맥스웰만 연안에 위치한다. 우리나라는 1986년 11월 남극조약에 가입한 후, 본격적인 남극 연구를 위해 1988년 2월 세종과학기지를 건설했다. 기지에는 매년 약 18명으로 구성된 월동 연구대가 1년간 상주하며, 여름철인 11월에서 이듬해 2월까지는 150여 명의 하계 연구대가 파견돼 다양한 극지 연구를 수행한다.
한편, 우리나라는 세종과학기지에 이어 남극 대륙 중심부로 진출하기 위해 동남극 북빅토리아랜드 테라노바만 연안에 제2 남극기지인 장보고기지를 건설했다. 이로써 한국은 세계에서 10번째로 남극에 두 개 이상의 연구 기지를 보유한 국가가 됐다.

북극 다산과학기지 한국 최초의 북극 해양과학기지. 우리나라는 북극의 환경 및 자원 연구를 위해 2002년 4월 29일 노르웨이령 스발바르 군도 스피츠베르겐섬의 니알슨(Ny-Alesund)에 다산기지를 개설했다. 다산기지 건설로 한국은 남극과 북극에서 과학기지를 운영하는 8번째 국가가 됐다.

온누리호(Onnuri 號) •••

1992년 건조돼 첨단 연구 장비를 장착해 국제적으로 인정받은 1400t급, 선체 길이 57m인 한국 유일의 종합 해양 조사선이다. 「온 세상」을 뜻하는 순우리말로 명명돼 태평양 심해저 망간단괴 및 해저 열수광상(구리 · 아연 · 금 · 은과 같은 귀금속 다량 존재) 등 광물 자원 탐사와 남극 해역 조사 등에 참여해 왔다.

아라온호(Araon 號) 대한민국 첫 국적 쇄빙선(극지에서 얼음을 깨면서 항해할 수 있는 특수 선박). 정부가 제2 남극대륙기지 추진 등 본격적인 극지 탐사를 위해 1040억 원을 투입해 건조했으며 2009년 6월 11일 진수식에 이어 그해 9월 30일 첫 항해를 시작했다.

해미래(HEMIRE) 정부가 2001년 5월부터 2007년 4월까지 약 120억 원을 들여 개발 완료한 무인 심해잠수정. 지질 · 생태계 연구와 함께 심해 광물자원탐사와 극지연구 등이 가능한 다목적 잠수정으로 해저 6000m까지 잠수할 수 있다. 해미래 개발로 한국은 미국, 프랑스, 일본에 이어 세계 4번째로 6000m급 심해잠수정 보유국이 됐다.

크리스마스 강연(Royal Institution Christmas Lectures) •••

영국왕립연구소(Royal Institution)의 대표적 대중 과학 프로그램이다. 1826년 영국왕립연구소 소장이었던 마이클 패러데이(Michael Faraday)의 대중 과학 강연으로 시작돼 제2차 세계대전 때를 제외하고 매년 계속됐다. 패러데이의 크리스마스 강연집인 <촛불의 과학>은 오늘날에도 읽혀진다. 매년 크리스마스 시즌에 그해의 과학적 이슈를 주제로 대중 강연 및 TV 방영을 실시하며, 방청객 참여형의 다이내믹한 극장식 강연이 특징이다. 크리스마스 강연은 영국은 물론 일본과 한국 등 세계 여러 나라에서 실시되고 있다.

강소연구개발특구(强小硏究開發特區) •••

대학 · 연구소 · 공기업 등 지역에 위치한 주요 거점 기술핵심기관을 중심으로 소규모 · 고밀도 집약 공간을 연구개발(R&D)특구로 지정 · 육성하는 제도이다. 연구 · 주거 · 산업 · 문화를 집적한 자족형 공간으로, 신규 연구개발특구 수요에 대응하기 위해 2018년 7월 도입됐다. 경기 안산, 경남 김해 · 진주 · 창원, 경북 포항, 충북 청주 등 6개 지역이 강소특구로 지정돼 있다.

극한기술(極限技術) •••

극단적인 환경을 조성함으로써 새로운 현상과 신물질을 창출하는 기술로 극저온, 초고온, 초고압, 고진공, 초청정 등의 5대 분야가 있다.

나노 기술(nano-technology) •••

나노미터(nm : 10억 분의 1미터) 수준을 제어하는 기술이다. 조작 범위는 0.1~100nm로 분자와 원자를 다루는 초미세 기술이어서 고전역학이 아닌 양자역학이론이 적용된다.

사이버네틱스(cybernetics) •••

기계의 제어 시스템에 관한 메커니즘을 생물 유기체의 신경계와 관련해 연구하는 학문으로, 「인공 두뇌학」이라고도 한다. 타수(舵手, 키잡이)라는 뜻의 그리스어에서 유래된 말로 1948년 미국 수학자 노버트 위너(N. Wiener)가 자신이 창안한 새로운 학문을 지칭하는 말로 처음 사용했다.

휴머노이드(humanoid) ●●●

인간의 신체와 유사한 구조로 인간을 대신하거나 인간과 협력할 수 있는 지능을 가진 로봇을 일컫는다. 인간형 로봇이란 뜻에서 「안드로이드(android)」라 부르기도 한다. 일본 혼다의 아시모(Asimo), 소니의 큐리오(Qrio)와 한국과학기술원(KAIST)의 휴보(Hubo), 마루, 아라 등이 대표적인 휴머노이드이다.

사이보그(cyborg) 생물과 기계 장치의 결합체로, 인간과 기계 사이의 통신을 뜻하는 사이버네틱스(cybernetics)와 생물(organism)의 합성어이다. 1960년 미국 컴퓨터 기술자 맨프레드 클라인즈와 정신과 의사 네이선 클라인의 ≪사이보그와 우주≫에서 처음 소개됐다. 인간의 지적 능력은 대행될 수 없다고 보기 때문에 뇌 이외의 수족이나 장기 등을 교체한 개조인간만을 사이보그라고 지칭한다. 다시 말해 사이보그란 로봇이나 안드로이드와는 달리 처음부터 사람을 대상으로 인체공학・생물공학적인 기술로 탄생시킨 것이다.

소프트 로봇(soft robot) ●●●

실리콘, 고무 등 부드러운 재질로 이뤄진 로봇으로, 강철로 만들어진 일반적인 로봇보다 움직임이 유연하고 외부 충격에 강해 다양한 환경에서 활용할 수 있다. 특히 재난 구조나 의료, 우주 탐사에서 활용이 기대된다.

마이크로 모빌리티(micro mobility) ●●●

친환경 동력을 활용해 근거리・중거리 주행이 가능한 소형 이동수단을 일컫는 말로 전기스쿠터, 초소형전기차, 전동식 킥보드, 호버보드, 전동휠 등이 포함된다. 대도시화와 1인 가구 증가에 따라 미래 교통수단으로 주목받고 있는 마이크로 모빌리티는 전기 등의 친환경 동력으로 움직이며 도심뿐만 아니라 농어촌 등 다양한 환경에서도 사용할 수 있다.

반도체(semiconductor, 半導體) ●●●

전기 전도도가 철이나 구리같이 전기를 잘 흐르게 하는 도체와 황이나 고무같이 전기를 거의 흐르게 하지 않는 절연체의 중간에 있는 물질을 일컫는다. 대표적인 반도체 물질로는 실리콘, 저마늄(게르마늄), 갈륨, 비소 등이 있다. 반도체는 주기율표의 4족에 있는 원소(elemental) 반도체와 3족, 5족 원소들의 결합으로 이뤄지는 화합물(compound) 반도체가 있다. 원소 반도체는 한 가지 원소로 구성된 반도체로서 실리콘(Si)과 저마늄(Ge)이 있다. 최초의 반도체는 1948년 미국 벨연구소가 개발한 트랜지스터이며, 1958년에는 집적회로인 IC가 개발됐다. 반도체는 사람의 두뇌에 비교할 때 정보의 기억 역할을 하는 메모리 반도체(D램・플래시・P램 등)와 암산과 추론 등 정보 처리・연산 기능을 하는 비메모리 반도체(PC의 중앙처리장치)로 나뉜다. 플래시메모리는 전원이 끊어져도 저장된 데이터가 지워지지 않는 메모리 반도체이다. 내부 방식에 따라 셀이 병렬로 연결된 노어(NOR; not OR)플래시형, 셀이 직렬로 연결된 낸드(NAND; not AND)플래시형으로 구분된다. 노어플래시는 데이터 처리 속도가 빠른 대신 셀의 구조가 복잡해 집적도를 높이기가 어렵다. 반면, 낸드플래시는 데이터 처리 속도는 느리나 셀의 구조가 간단해 집적이 용이하다.

메모리 반도체의 종류

D램(dynamic RAM)	전원이 끊기면 데이터가 사라지는 휘발성 메모리. 속도가 빨라 PC나 모바일기기의 시스템 메모리로 주로 쓰임
S램(static RAM)	메모리의 각 비트의 기억이 전원이 있는 한 유지되는 것
플래시메모리 (flash memory)	D램, S램과 달리 전원이 꺼져도 저장된 정보는 사라지지 않는 비휘발성 메모리. 스마트폰, 태블릿, USB 드라이브 등에 주로 쓰임

차세대 메모리 반도체•••

전원이 끊기면 데이터가 사라지는 D램과 데이터 처리 속도가 느린 플래시메모리의 단점을 보완한 최첨단 메모리 반도체이다. 반도체 내부 기본 단위인 셀을 구성하는 물질에 따라서 Re램(저항변화형 메모리), Fe램(강유전체 메모리), P램(상변화 메모리), M램(자성 메모리) 등으로 분류된다.

M램 (MRAM; magnetic RAM)	초고속 · 저전력으로 동작하며, 전력 공급이 없어도 데이터 보관이 가능한 비휘발성 차세대 메모리. 강자성체의 성질을 이용해 데이터를 저장하며 플래시메모리보다 1000배 이상 빠른 데이터 처리 속도를 갖고 있다.
P램 (PRAM; phase change RAM)	물질에 전류를 가하면 내부 구조가 변하는 원리를 이용한 비휘발성 반도체. 크기가 작고 낮은 전압에서도 작동해 차세대 반도체 중 생산 비용이 제일 저렴하며, 고속 · 고집적화가 쉬워 제품 설계가 용이하다.
Fe램 (FRAM; ferroelectric RAM)	비휘발성 컴퓨터 메모리의 한 종류. F램 또는 강유전체 램이라고도 한다. 높은 내구성과 낮은 전력 소비량이 특징으로 플래시메모리보다 10배 이상 속도가 빠르다. 강유전체 분극 특성을 이용해 데이터를 저장하며, 상대적 저비용이 장점이나 고집적화가 어렵고, 반복 사용 및 내구성이 취약하다.
Re램 (RRAM; Resistive RAM)	전기가 통하지 않는 부도체도 일정 수준 이상 전압을 가하면 미약한 전류가 흐르는 현상을 이용한 비휘발성 메모리. 금속 전극과 절연막으로 이뤄져 구조가 매우 간단하다. 내구성과 미세 공정에 유리하며, 휴대기기용 플래시메모리 대체용으로 개발됐다.

시스템 반도체(system semiconductor)•••

정보를 저장하는 메모리 반도체와 달리 디지털화된 전기적 데이터의 연산 및 제어 · 변환 · 가공 등의 처리 기능을 수행하는 전자 소자를 일컫는 말로, 비공식적인 용어이다. 해외에서는 논리적인 연산을 수행하는 반도체칩이란 뜻에서 「로직칩(logic chip)」이라고 한다. 비메모리 반도체라고도 불리지만 이 역시 해외에서는 사용되지 않는 용어이다. 시스템 반도체는 메모리 반도체와 LED칩을 제외한 모든 반도체로 여러 기능을 하나의 칩에 통합해 경제성 및 편의성을 극대화한다. 인텔의 중앙연산처리장치(CPU), 시스템온칩(SoC) 등이 시스템 반도체의 대표적 소자이며, 장치 종류에 따라 마이크로컴포넌트(microcomponents, 초소형 대집적회로), 아날로그 IC(analog IC), 로직 IC(logic IC, NOT · OR · AND 등 논리회로로 구성된 반도체), 주문형 반도체(ASIC), 광학 반도체(optical semiconductor) 등으로 구분된다. 시스템 반도체는 IT 분야는 물론 자동차 · 에너지 · 의료 · 환경 등 다양한 분야와의 융합이 진행 중이며, 특히 인공지능(AI) · 사물인터넷(IoT) · 자율주행차 등으로 대표되는 4차 산업혁명에서 핵심 부품으로 향후 지속적 성장이 전망된다.

뉴로모픽 반도체(neuromorphic semiconductor) •••

인간의 뇌를 모방한 차세대 프로세서 칩으로 인간의 두뇌를 이루고 있는 시냅스(synapse)와 뉴런(neuron) 등의 신경세포를 실리콘 기반의 소자로 구성한 것이다. 반도체 칩을 구성하는 코어(Core)부의 일부 소자는 뇌 신경세포인 뉴런의 역할을, 메모리는 뉴런과 뉴런을 연결하는 시냅스 기능을 담당한다. 뉴로모픽 반도체는 인공 뉴런을 병렬로 구성한 구조여서 적은 전력으로 대규모 데이터 알고리즘을 처리할 수 있다.

칩4(Chip4) •••

미국이 2022년 3월 한국・일본・대만에 제안한 반도체 동맹으로, 미국식으로는 팹4(Fab4)로 표기한다. 칩4는 미국이 추진 중인 프렌드쇼어링(friend-shoring) 전략에 따른 것으로, 중국을 견제하고 동맹국들과 함께 안정적인 반도체 공급망을 형성하는 것을 목표로 한다. 칩4 국가들은 반도체 주요국으로 미국은 대표적인 팹리스 업체들을 보유하고 있으며, 대만과 한국은 파운드리 분야에서 세계 1・2위를 다투고 있고, 일본은 반도체 소재 시장에서 큰 비중을 차지하고 있다.

ASIC(application specific integrated circuit) •••

반도체 생산 업체가 특정 주문에 맞춰 생산하는 주문형 반도체를 일컫는다. 이와 달리 표준형 반도체는 일정 요건만 갖추면 어떤 전자제품에도 쓸 수 있도록 규격이 정해져 있다. 주문형 반도체는 특정 응용 분야 및 기기의 특수한 기능에 맞춰 만들어진 집적회로이기 때문에 뛰어난 반도체 설계 능력이 요구된다.

집적회로(integrated circuit) •••

하나의 반도체 기판 위에 많은 전자회로 소자를 초소형으로 집적해 서로 분리될 수 없는 구조로 만든 복합적 전자 소자 또는 시스템을 말한다. 집적회로는 1958년 미국 TI사의 잭 킬비(J. Kilby)가 발명한 이후, 기술의 발전에 따라 하나의 반도체에 들어가는 회로의 집적도, 즉 「SSI(저밀도 집적회로) – MSI(중밀도 집적회로) – LSI(고밀도 집적회로) – VLSI(초고밀도 집적회로) – ULSI(울트라 고밀도 집적회로) – 시스템 온 칩(system on chip)」 등으로 발전해 왔다.

장점	기기의 소형화, 저렴한 가격, 기능 확대, 높은 신뢰성, 간단한 수리・교환, 신호 처리의 고속화 유리
단점	전압・전류・열에 약함, 발진이나 잡음이 나기 쉬움, 마찰에 의한 정전기의 영향 고려 등 취급에 주의가 필요함

팹리스(fabless) / 파운드리(foundry) •••

팹리스란 반도체 제조시설 없이 설계와 개발만을 수행하는 업체로, 팹리스에서 설계한 회로는 생산 전문 업체(파운드리)를 통해 위탁 생산한다. 스마트폰 통신칩 시장지배적 사업자인 퀄컴이 팹리스의 대표적 기업으로 반도체 설계만 하고 생산은 하지 않는다. 반면에 파운드리는 외부 업체가 설계한 반도체 제품을 위탁받아 생산만 담당하는 업체를 말한다. 팹(FAB, 반도체 생산공장)을 보유한 전문 생산업체가 수행하며, 초기에 대량 설비 투자비용이 발생한다.

BB율(book-to-bill ratio) •••

미국과 일본 반도체 시장의 수급 관계를 나타내는 지표로, 세계 반도체 시장의 경기를 반영한다. BB율은 반도체 메이커들의 수주액(book)을 출하액(bill)으로 나눈 것으로 국제반도체장비재료협회(SEMI)가 북미와 일본에 있는 반도체 장비재료업체들의 수급 상황을 조사해 매달 또는 분기별로 발표한다. BB율이 1.0이면 수주와 출하의 균형점, 1.0 이상은 경기상승, 1.0 이하면 경기둔화를 뜻한다. 반도체 업계에서는 가장 바람직한 상태를 1.20으로 본다.

GBR(global billing report) BB율을 대체할 반도체 수급 상황 지표로, 세계 반도체 출하량 수치를 뜻함

비트 크로스(bit cross) •••

차세대 반도체 제품의 가격이 현재 주력 반도체 제품 가격의 두 배 아래로 낮아져 차세대 제품에 대한 수요를 불러일으키는 것을 일컫는다. 즉, 128MD램의 가격이 2달러라면 256MD램의 가격은 4달러 이하로 낮아지는 것을 말한다. 비트 크로스 현상은 제품 가격을 떨어뜨려 반도체 업체들의 이익을 줄이는 면도 있으나, 차세대 제품 시장을 넓히는 효과도 가져온다.

무어의 법칙(Moore's law) •••

1965년 페어차일드의 연구원 고든 무어(G. Moore)가 마이크로칩의 용량이 매년 두 배가 될 것으로 예측해 만든 법칙으로, 1975년 24개월로 수정됐다. 이후 인텔의 데이비드 하우스(D. House)는 그 주기를 18개월로 보았다. 무어의 법칙은 메트칼프의 법칙(통신 네트워크의 가치는 이용자 수의 제곱에 비례함), 가치사슬을 지배하는 법칙(조직은 계속적으로 거래 비용이 적게 드는 쪽으로 변화함)과 함께 인터넷 비즈니스의 특징을 설명하는 인터넷 경제 3원칙으로도 불린다.

길더의 법칙(Guilder's law) 광섬유의 대역폭(정보 전송 속도)은 12개월마다 3배씩 증가한다는 법칙

신경망칩(neurochip) •••

인간의 사고 활동을 모방하는 새로운 형태의 컴퓨터 기술로 생체 신경 조직의 동작 원리를 적용한 반도체 칩이다. 배우고 생각하는 기계로 불리는 제6세대 컴퓨터의 핵심 부품이다. 이 신경망칩은 음성·몸짓·시선으로도 정보 전달이 가능해 장애자나 노약자용 컴퓨터, 음성을 인식해 문서 작성 및 번역 등을 할 수 있는 전자비서 등 다양한 산업 분야에서 응용될 수 있다.

DNA칩(DNA chip) •••

기능이 밝혀진 유전자 조각 5000~2만 개를 가로세로 각각 2cm 크기의 칩 안에 고밀도로 모아 놓은 생화학 반도체이다. DNA칩의 바닥판은 현미경으로 사물을 관찰할 때 사용하는 일반 유리로, 이 위에 DNA를 점 형태로 찍어 놓으면 DNA칩이 된다. 1995년 미국 스탠퍼드 대학에서 처음 개발했으며, 이 칩을 사용하면 유전자에 의한 질병과 그 원인을 단시간에 밝혀낼 수 있다.

시스템온칩(SoC; system on chip)•••

회로판(PCB) 위에서 마이크로프로세서, 메모리 반도체, 디지털신호처리칩(DSP), 마이크로컨트롤러(MCU) 등 여러 개의 반도체칩으로 구현되던 시스템을 하나의 칩으로 구현한 기술집약적 반도체를 일컫는다. 연산 기능과 데이터의 저장 및 기억, 아날로그와 디지털 신호의 변화 등을 하나의 칩으로 해결하는 것이다. 따라서 SoC 기술이 발달하면 제품의 크기를 줄일 수 있고, 노이즈(칩 간 충돌 현상) 문제도 해결할 수 있으며, 전기 사용량도 줄일 수 있다. 특히 반도체 구입 단가 및 조립 원가를 대폭 절감할 수 있다.

픽셀(pixel)•••

컴퓨터, TV, 모바일 기기 화면의 이미지를 구성하는 최소 단위이다. 「picture element」의 줄임말로 흔히 「화소」라고도 한다. 디스플레이의 각 픽셀들은 서브픽셀(sub pixel)로 구성돼 있으며, R(red), G(green), B(blue)의 조합으로 색을 만들어 낸다. 예를 들어 R, G, B가 모두 켜져 있으면 흰색(white), 반대로 모두 꺼져 있으면 검정색(black)이 된다. 해상도는 한 화면에 픽셀이 몇 개나 포함되는지를 의미하며, 일반적으로 가로세로 픽셀 수를 곱한 형태로 표현한다. HD(high definition)TV는 720개의 픽셀을 지원하며 화면비는 16 : 9이다. 풀(full) HDTV는 1920×1080 픽셀을 지원하며 화면비는 16 : 9이다. UHD(ultra high definition)는 4K(3840×2160)와 8K(7680×4320)로 구분된다. 4K는 가로 픽셀이 약 4000개(1K = 1000)이고, 8K는 가로 픽셀이 약 8000개여서 붙여진 이름이다. 같은 면적에 얼마나 많은 양의 픽셀이 포함되는지에 따라 선명도가 달라지는데, 이는 PPI(pixel per inch)로 확인할 수 있다. PPI는 1인치 안에 들어있는 픽셀 수를 의미하며, PPI가 높을수록 정교한 이미지 표현이 가능하다.

OLED(organic light emitting diodes)•••

기존 디스플레이 장치와 달리 빛을 내는 층이 유기 화합물로 돼 있는 자체 발광 다이오드로, 「유기 발광 다이오드」라고도 한다. OLED는 화질 반응속도가 초박막액정표시장치(TFT-LCD)에 비해 1000배 이상 빨라 동영상을 구현할 때 잔상이 거의 나타나지 않는 장점이 있다. 구동 방식에 따라 수동형(PM; passive matrix)과 능동형(AM; active matrix)으로 나뉘며 자체 발광, 넓은 시야각, 초박형 및 저전력, 고선명·고화질 등이 특징이다. 휴대전화, 캠코더, 스마트폰 등 각종 전자제품의 액정 소재로 사용되면서 LCD(액정표시장치)를 대체할 차세대 평판 디스플레이로 각광받고 있다. OLED는 두께와 무게를 LCD의 3분의 1로 줄일 수 있어 소형 모니터(2~40인치)뿐만 아니라 TV까지 활용도가 넓다.

다이오드(diode) 전류를 한 방향으로만 흐르게 하고, 그 반대 방향으로는 흐르지 못하게 하는 성질을 가진 반도체 소자. 본래 2단자 소자 혹은 2극 진공관을 가리키는 말이지만 최근에는 반도체 다이오드를 가리키며, 소재로는 저마늄(게르마늄)이나 실리콘이 널리 쓰인다. 라디오나 텔레비전 수상기부터 대용량의 전력용 정류기에 이르기까지 전자 기기를 구성하는 부품으로 수요가 많다.

HDR(high dynamic range)•••

명암(화면의 밝고 어두운 정도)의 범위를 넓혀, 더욱 현실감 높은 화질을 보여주는 이미지 표현 기술이다. 촬영 단계부터 밝고 어두운 부분의 정보를 모두 파악해 그 형태와 색을 더욱 세밀히 표현한다.

ZOOM IN

평판 디스플레이(flat panel display)의 구분

구분	종류	특징
발광성	OLED (organic light emitting diodes)	• 형광성 유기 화합물에 전류가 흐르면 빛을 내는 자체 발광 현상을 이용해 만든 디스플레이 • 화질 반응 속도가 초박막액정표시장치(TFT-LCD)에 비해 1000배 이상 빨라 동영상 구현 시 잔상이 거의 없음 • 자체 발광, 넓은 시야각, 고선명 · 고화질, 초박형 및 저전력이 특징
	AMOLED (active matrix OLED)	• 능동형 유기 발광 다이오드, 「아몰레드」라고 함. 스스로 빛을 내는 형광물질을 사용한 자체 발광형 디스플레이 • LCD에 비해 1000배 이상 응답 속도가 빠르기 때문에 잔상의 문제가 나타나지 않음 • 고선명 · 고화질의 화면 구성이 가능하며 전력 소모가 적음
	QLED (quantum-dot light-emitting diodes)	• 스스로 빛을 내는(자발광) 「퀀텀닷(양자점) 무기 발광 다이오드」 • 수명이 길고 색 재현율이 좋으며, LCD보다 더 얇게 만들 수 있는 차세대 디스플레이 기술 * 발광물질, 형광물질로 OLED는 유기물을 사용하고, QLED는 무기물을 사용함
	CRT (cathode ray tube)	• 음극선관을 말하며 「브라운관」이라고도 함. 전기 신호를 전자빔의 작용에 의해 영상이나 도형, 문자 등의 광학적인 영상으로 변환해 표시하는 특수 진공관 • 하나의 전자총에서 방출된 전자들의 주사를 통해 영상을 표시 • 화면이 곡선으로 휘어져 있고, 부피가 커서 40~50인치를 만들기 어려움
	FED (field emission display)	• 전계 방출 디스플레이 • 음극판에서 방출된 전자가 양극판의 형광체에 조사돼 영상을 표시 • PDP와 브라운관의 장점만을 결합, 대형 · 소형 생산이 용이하고 선명함 • 전기 소모량이 적으나, 수명이 짧음
	PDP (plasma display panel)	• 플라스마의 전기 방전을 이용한 화상 표시 장치 • 유리판 두 개 사이에 가스를 주입, 자체 발광 • 초대형 화면은 만들기 쉬운 데 비해 30인치 이하 소형은 어려움 • 화면이 바뀔 때마다 끊김 현상이 발생하고 해상도가 LCD에 비해 떨어지며 전기 소모량이 다소 많음
	LED (light emitting diodes)	• 발광 다이오드 • 갈륨(Ga), 인(P), 비소(As) 등의 화합물에 전류를 흘려 빛을 발산하는 반도체 소자 • 다이오드의 특성을 가지고 있으며, 전류가 흐르면 빨강 · 초록 · 노란색의 빛을 발함 • 전구에 비해 수명이 길고 응답 속도가 빠르며 다양한 모양으로 만들 수 있음
	• ELD(electro luminescent display) : 전계 발광 디스플레이 • VFD(vacuum fluorescent display) : 형광 표시판 디스플레이	
비발광성	LCD (liquid crystal display)	• 액정표시장치 • 유리판 두 개 사이에 액정을 주입, 백라이트로 발광 • 고화질 · 고해상도, 가볍고 얇음. 전력 소비가 적음 • 밝기는 PDP에 비해 떨어지고, 옆에서 보면 잘 안 보일 수 있으며, 응답 속도가 느림
	TFT-LCD (thin film transistorLCD)	• 제2의 반도체라고 불리는 초박막 액정표시장치(LCD) • 액정의 변화와 편광판을 통과하는 빛의 양을 조절하는 방식으로 영상 정보를 표시 • 고화질 · 고휘도 · 대용량 표시가 가능하며, 전기 소모량이 적은 데다 가볍고 얇으면서 해상도가 높음 • 화면의 각도가 좁고 색깔 변화가 어려우며 응답 속도가 느려 자연스러운 동영상 재현이 힘듦
	• ECD(electro chemical display) : 전자 변색 디스플레이 • SPD(suspended particle display) : 분산 입자 배향형 디스플레이 • TBD(twisting ball display) : 착색 입자 회전형 디스플레이 • EPID(electrophoretic image display) : 전기영동 디스플레이	

QLED(quantum dot light-emitting diodes)•••

스스로 빛을 내는(자발광) 퀀텀닷(양자점) 소자를 활용한 디스플레이로, 「양자점 발광 다이오드」라고도 한다. 퀀텀닷은 물질의 크기가 나노미터로 줄어들 경우 전기적·광학적 성질이 크게 변화되는 반도체 나노 입자를 말한다. 물질 종류의 변화 없이도 입자 크기별로 다른 길이의 빛 파장이 발생돼 다양한 색을 낼 수 있으며 기존 발광체보다 색 순도, 광 안정성 등이 높다.

퀀텀닷(QD; quantum dot) 스스로 빛을 내는 양자(量子·quantum)를 나노미터 단위로 주입한 반도체 결정으로 양자점이라고도 함. 물질 종류의 변화 없이도 입자 크기별로 다른 길이의 빛 파장이 발생돼 다양한 색을 낼 수 있고, 색 순도와 광 안정성 등이 높아 차세대 발광 소자로 부각되고 있다.

신재생에너지(new & renewable energy)•••

「신에너지 및 재생에너지 개발·이용·보급촉진법」에 따라 기존의 화석연료를 변환시켜 이용하거나 수소·산소 등의 화학 반응을 통해 전기 또는 열을 이용하는 신에너지와 햇빛·물·지열·강수·생물유기체 등을 포함하는 재생 가능한 에너지를 변환시켜 이용하는 재생에너지를 일컫는 말이다. 신재생에너지는 총 11개원으로 구성되는데 ▲신에너지 3개 분야(수소, 연료전지, 석탄액화가스화 및 중질잔사유가스화)와 ▲재생에너지 8개 분야(태양광, 태양열, 바이오, 풍력, 수력, 해양, 폐기물, 지열)로 나뉜다.

에너지저장장치(ESS; energy storage system)•••

화력, 풍력, 태양광 발전 등으로 만들어진 잉여 전력을 모아 보관했다가 적시에 가정이나 공장, 빌딩 등 필요한 곳에 공급할 수 있는 저장장치이다. ▲화학에너지(리튬이온, 니켈, 납축전지 등)로 저장하는 배터리 방식과 ▲물리적 에너지(양수 발전, 압축 공기 저장 등)로 저장하는 비(非)배터리 방식이 있는데 보통 리튬이온 배터리 방식이 많다. 국내에서는 정부가 재생에너지 확대 정책을 추진하면서 그 일환으로 보조금을 지원해 ESS 설치를 장려했다. 그러나 리튬이온 배터리를 사용하는 ESS에서 잇달아 화재 사고가 발생하면서 이에 대한 안전성 문제가 대두됐다.

스마트 그리드(smart grid)•••

기존의 전력망에 정보통신기술(ICT)을 접목해 전력 생산 및 소비 정보를 양방향·실시간으로 교환함으로써 에너지 효율을 최적화하는 지능형 전력망을 뜻한다. 이 기술을 활용하면 소비자는 저렴한 요금 시간대를 찾아 전기를 사용할 수 있으며, 전기 품질이 향상되고 자연재해에 대한 대응 능력이 강화된다. 스마트 그리드는 2009년 주요 8개국(G8) 정상회의 기후변화포럼(MEF)에서 온실가스 감축을 위해 필요한 「7대 전환적 기술」 중 하나로 선정됐으며, 한국은 이 기술의 개발 선도 국가에 선정됐다. 한편, 제주도에는 스마트 그리드의 조기 상용화와 수출 산업화를 촉진하기 위한 실증단지가 2009년에 구축됐다.

7대 전환적 기술 스마트 그리드, 에너지 효율, 태양광 에너지, CCS(탄소포집저장), 첨단자동차, 바이오 에너지, 석탄가스화 복합발전(IGCC)

연료전지(fuel cell, 燃料電池)●●●

수소 또는 메탄올 등의 연료가 산화할 때 생기는 화학에너지를 전기에너지로 변환시키는 장치이다. 쓰고 버리는 1차전지나 여러 번 재충전 가능한 2차전지와 달리, 별도의 전원 충전 없이 연료 카트리지만 바꿔 주면 장시간 사용할 수 있는 저공해 · 고효율 차세대 에너지원이다.

2차전지(rechargeable battery)●●●

충전해서 반영구적으로 사용하는 전지로, 외부 전원을 통해 공급받은 전류가 양극과 음극 사이에서 물질의 산화 · 환원 반응을 일으키는 과정 중 생성된 전기를 충전하는 방식이다. 분리막, 양극재, 음극재, 전해질 등의 4대 핵심 소재로 구성되며, 니켈카드뮴, 리튬이온, 니켈수소, 리튬폴리머 등 다양한 종류가 있다. 2차전지는 노트북, 휴대전화 등 휴대용 전자기기뿐만 아니라 전기자동차의 핵심 소재이며, 부가가치가 높아 반도체 및 디스플레이와 함께 21세기 「3대 전자부품」으로 꼽힌다.

리튬이온전지 2차전지 시장의 대부분을 차지하고 있는 전지. 양극(리튬코발트산화물)과 음극(탄소) 사이에 유기 전해질을 넣어 충전과 방전을 반복하는 원리를 이용한다. 가볍고 고용량의 전지를 만드는 데 유리해 휴대전화, 노트북, 디지털 카메라 등에 많이 사용된다.

리튬폴리머전지 외부 전원을 이용해 충전하는 고체 전해질 전지로 안정성이 높고 에너지 효율이 좋은 차세대 2차전지. 전지가 파손돼도 발화하거나 폭발할 위험이 거의 없다.

핵융합 에너지(nuclear fusion energy)●●●

가벼운 원소의 원자핵들이 태양에서처럼 원자핵과 전자가 분리돼 있는 초고온 플라스마 상태에서 서로 결합해 무거운 원자핵이 되면서 방출하는 에너지를 일컫는다. 우라늄 또는 플루토늄 핵이 분열하면서 내는 에너지를 이용하는 것으로 원자력발전과는 반대되는 물리현상이다. 태양이 빛과 열을 내는 원리와 같아 핵융합장치를 「인공태양」이라 부른다. 핵융합은 바닷물에 풍부한 중수소(^{2}H 또는 D)와 흙에서 쉽게 추출할 수 있는 리튬(삼중수소, ^{3}H 또는 T)을 원료로 사용, 미래 청정에너지로 기대를 모으고 있다.

핵융합 반응 | 중수소(^{2}H) + 삼중수소(^{3}H) = 헬륨(^{4}He) + 중성자(n) + 에너지

국제핵융합실험로(ITER; International Thermonuclear Experimental Reactor)●●●

국제원자력기구(IAEA) 지원하에 7개국이 공동으로 진행 중인 핵융합에너지 연구 프로젝트이다. 토카막이라는 핵융합장치를 이용해 중수소와 삼중수소를 플라스마 상태로 만든 다음, 핵융합 반응을 일으켜 에너지를 생산하는 과정을 최종 실증하기 위해 국제적으로 공동 수행하는 핵융합실험로 건설 사업이다. 「인공태양, 꿈의 에너지」라고도 부른다. 출력은 500MW로 중형 원자력발전소와 유사하나 핵융합 발전 원료인 중수소를 바닷물에서 얻을 수 있고, 방사성폐기물이 발생하지 않아 처리 문제에서 상대적으로 자유롭다. 총 건설 사업비는 50억 8000만 유로이며, 현재 우리나라를 비롯해 미국 · 러시아 · EU · 일본 · 중국 · 인도 등 7개국이 참여하고 있다. 2025년 첫 가동을 목표로 프랑스 남부 카다라슈에 건설 중이다.

토카막(tokamak) 핵융합 반응을 실험하기 위한 연구용 핵융합로. 1968년 구소련이 개발한 장치로, 플라스마(plasma)를 공간 속에 가두어 두는 핵융합 실험장치 중 가장 우수한 것으로 인정받는다. 국내에는 한국과학기술연구원과 원자력연구소에 설치돼 있다.

WECPNL(weighted equivalent continuous perceived noise level) •••

항공기 소음 측정 단위로 「가중등가감각소음도」라고도 한다. 국제민간항공기구(ICAO)가 항공기의 소음 특성을 감안해 사용토록 권고하고 있다. 이는 소음 측정의 통용 단위인 dB(데시벨)로는 항공기 소음에 포함돼 있는 고주파 소음의 측정이 곤란한 것을 보완해 최대한으로 고주파 가중치를 둔 것이다. 그래서 주거지역 낮 기준인 55dB이면 65~70WECPNL 정도의 측정지수가 나온다.

관성항법장치(INS; inertial navigation system) •••

가속도를 이용한 항법장치를 일컫는다. 항공기의 속도, 자세, 위치, 진행 방향 등을 컴퓨터로 계산해 이에 따라 운행하는 항법시스템이기 때문에 지상관제소의 전파에 의한 도움이 일체 불필요하다. INS에 의해 항공기의 비행은 자동화되고, 안정성이 더욱 높아지고 있다.

하이퍼루프(hyperloop) •••

민간 우주개발업체 스페이스X의 창업자 일론 머스크(Elon Musk)가 2012년 처음 구상한 것으로, 백트레인(진공튜브 열차) 유형의 고속 철도를 말한다. 진공에 가깝게 조성된 지름 3.2m 터널을 만들어 28인승 기차 1량이 그 안을 달리는 시스템이다. 이론상 최대 시속은 1280km(마하 1.06)로, 여객기의 2배에 달한다.

스마트시티(smart city) •••

도시의 경쟁력과 삶의 질 향상을 위해 건설·정보통신기술 등을 융·복합해 건설된 도시 기반 시설을 바탕으로 다양한 도시 서비스를 제공하는 지속가능한 도시이다. 즉, 도시에 ICT·빅데이터 등 신기술을 접목해 각종 도시문제를 해결하고, 삶의 질을 개선할 수 있는 도시 모델이다. 최근에는 다양한 혁신기술을 도시 인프라와 결합해 구현하고 융·복합할 수 있는 공간이라는 의미의 「도시 플랫폼」으로 활용되고 있다. 우리나라는 스마트시티 국가시범도시로 세종과 부산을 선정했다.

원유 종류(原油 種類) •••

현재 국제원유시장에서 기준가로 삼고 있는 세계 3대 유종은 브렌트유, 서부텍사스중질유(WTI), 두바이유이다. 이들 3대 유종은 생산비나 품질이 달라 가장 비싼 WTI → 브렌트유 → 두바이유 순으로 각각 배럴당 1~2달러 정도 가격차를 보인다. 이 중 서부텍사스중질유(WTI)는 미국에서 체결되는 원유 거래의 기준가이자 국제유가를 선도하는 지표로 활용된다.

아라비안 라이트(Arabian light) 사우디아라비아의 가와르 유전 가운데 육상에서 생산되는 원유. 중동 원유 중에서 생산량이 많고 표준적인 품질이란 점에서 원유 가격을 정할 때 기준 원유로 채택되고 있다.

오일샌드(oil sand) •••

말 그대로 흙 속에 포함된 석유, 즉 지하에서 생성된 원유가 지표면 근처까지 이동하면서 수분이 사라지고 돌이나 모래와 함께 굳은 원유이다. 원유가 천연 아스팔트화돼 있는 것은 타르샌드(tar sand)라고 한다. 오일샌드는 흙에서 석유를 채굴하는 별도의 추출 및 정제 과정이 필요하기 때문에 작업 비용이 많이 들어 생산단가가 높다. 이로 인해 실용화되지 않은 채 수십 년간 방치돼 왔으나 1973년 오일쇼크 이후 석유 대체자원으로 급부상했다. 2000년 이후 고유가가 지속되고 대규모 분리공정기술이 도입되면서 오일샌드 개발이 활발해졌다. 오일샌드는 주로 캐나다와 미주 지역에 분포해 있다.

나프타(naphtha) •••

정제되지 않은 가솔린으로, 원유를 증류할 때 프로판 가스와 등유 · 유분 사이에서 유출된다. 경질과 중질로 구분되는데 경질은 석유화학 원료인 에틸렌을 비롯해 도시가스, 합성비료 등 제조용으로 쓰이며, 중질은 자동차용 휘발유의 혼합 기초재료인 접촉재질과 방향족 탄화수소 제품의 원료 등으로 사용된다. 나프타는 이처럼 기초 원료로 사용되기 때문에 국제가격 변화에 따라 석유화학 제품의 가격도 움직인다.

옥탄가(octane number) 가솔린이 연소할 때 이상 폭발을 일으키지 않는 정도를 나타내는 수치를 말한다. 옥탄가가 높은 가솔린일수록 이상 폭발을 일으키지 않고 잘 연소한다.

지열발전(地熱發電) •••

지하 4~5km에 물을 넣고 지열로 데운 뒤 이때 발생한 증기로 터빈을 돌리는 방식의 발전소이다. 지열발전 방식은 화석연료 발전과는 달리 온실가스, 오염물질이 거의 배출되지 않는다는 장점이 있다. 또 신재생에너지원과 달리 한번 시설을 마련하면 24시간 전기를 생산할 수 있어 안정적인 발전이 가능하다. 반면 시설 투자비용이 많이 들고, 설치하는 데 환경적 제약이 따른다는 단점이 있다. 또 지하에 물을 주입하고 빼내는 과정이 있어, 지반이 약해지고 단층에 응력이 추가돼 지진 발생의 위험이 있다.

✎ 포항지열발전소는 경북 포항시 흥해읍 남송리에 위치한 국내 최초의 지열발전소로, 2017년 11월 규모 5.4의 포항지진의 원인으로 지목되면서 가동이 중단됐다.

방사광(放射光) •••

빠른 속도의 전자가 커브를 틀 때 발생하는 강한 빛을 일컫는다. 기존의 X선광보다 수백 만~수억 배 이상 밝고 10m 떨어진 곳에서도 단지 4mm 정도밖에 퍼지지 않을 정도로 집적도가 높다. 감마선에서 적외선까지 매우 다양한 영역의 빛이 함께 들어 있는 방사광은 원하는 파장의 빛을 마음대로 골라 사용할 수 있다. 이처럼 방사광가속기는 어떤 특정한 길이의 빛을 인공적으로 매우 강하게 만들 수 있다. 1994년 12월 포항공대 부설 방사광가속기 연구소가 준공되면서 우리나라는 세계에서 다섯 번째로 첨단 방사광가속기를 보유하고 있다.

일관제철소(一貫製鐵所) •••

철강을 만드는 공정은 크게 제선·제강·압연의 세 공정으로 나누어진다. 제선이란 원료인 철광석과 유연탄 등을 커다란 가마(고로라고 부름)에 넣어 액체 상태의 쇳물을 뽑아내는 공정을 말한다. 제강은 이렇게 만들어진 쇳물에서 각종 불순물을 제거하는 작업이며, 압연이란 쇳물을 슬라브(커다란 쇠판) 형태로 뽑아낸 후 여기에 높은 압력을 가하는 과정이다. 압연에는 열간압연과 냉간압연이 있는데 열간압연을 통해 만들어진 철강 반제품을 핫코일이라 부른다. 일관제철소란 이 같은 일관된 제철 과정을 모두 갖추고 있는 제철소를 말한다.

금속피로(metal fatigue, 金屬疲勞) •••

금속재료에 반복응력이 생길 때, 반복 횟수의 증가에 따라 금속재료의 강도가 저하되는 현상이다. 금속표면에 미세한 결함이 있으면 반복응력에 의해 확대되기 때문에 나타난다. 실제 산업 현장에서 발생하는 파손 사고의 약 95% 이상이 금속피로 현상에 의한 피로파괴이다. 금속의 피로강도 저하의 요인으로는 거친 표면가공, 용접불량, 부식, 표층의 인장잔류응력 등이 있다.

그래핀(graphene) •••

탄소 원자가 벌집 모양의 육각형 형태로 연결된 2차원 평면 구조를 이루는 물질이다. 연필심으로 쓰이는 흑연인 「그래파이트(graphite)」와 탄소이중결합을 가진 분자를 뜻하는 접미사 「-ene」를 결합해 만든 용어이다. 그래핀은 0.34mm의 두께로 매우 얇고 투명하며, 화학적 안전성과 전기 전도성이 뛰어나다. 특히 신축성이 좋아서 늘이거나 접어도 전기 전도성을 잃지 않기 때문에 「꿈의 나노물질」로 불린다. 그래핀은 구부릴 수 있는 디스플레이 화면과 태양전지 등에 광범위하게 활용할 수 있다. 이 그래핀이 튜브 형태로 말려 있으면 탄소나노튜브가 된다.

탄소나노튜브(carbon nanotube) 6개의 탄소로 이루어진 육각형들이 서로 연결돼 관 모양을 이루고 있는 신소재이다. 지름 0.5~10nm의 원통형 탄소 결정으로, 높은 인장력과 전기 전도성 등의 특성을 가지고 있어 차세대 첨단 소재로 주목받고 있다. 강도는 철강보다 100배 뛰어나고, 전기 전도도는 구리, 열전도율은 다이아몬드와 같다. 이 같은 우수한 성질로 인해 반도체와 평판 디스플레이, 연료전지, 초강력섬유, 생체센서 등 다양한 분야에 두루 활용된다.

희토류(rare earth elements, 稀土類) •••

원소주기율표 제3족인 스칸듐(Sc), 이트륨(Y)과 란타넘족 원소(원자번호 57~71)를 포함하는 17개 원소를 총칭한다. 지각 내 총 함유량이 300ppm(100만 분의 300) 미만인 희유금속의 일종이다. 일반적으로 은백색 또는 회색을 띠고 공기 중에서 서서히 산화하며, 산과 뜨거운 물에는 녹지만 알칼리에는 잘 녹지 않는다. 화학적으로 안정되면서도 열을 잘 전달하는 성질이 있어 광학유리, 전자제품 등 첨단산업의 소재로 사용된다. 이 때문에 「첨단산업의 비타민」이라고 불린다. 중국이 세계 희토류 매장의 30%, 생산량의 95% 이상을 차지하고 있어 현재 전 세계의 희토류를 독점하고 있다.

희소금속(rare metal, 稀少金屬) •••

수요에 비해 매장량이 극히 부족하거나 추출이 어려운 금속으로, 매장 및 생산이 일부 국가에 편중돼 있어 원활한 공급이 힘든 금속을 지칭하기도 한다. 보통 리튬 · 크로뮴 · 몰리브데넘 · 텅스텐 · 코발트 · 바나듐 등 35종(56개 원소)의 광물을 희소금속으로 분류하고 있다. 희소금속은 「산업의 비타민」으로 불릴 정도로 IT와 자동차 등 다양한 분야에서 고기능성 재료 및 부품을 개발하는 데 쓰인다. 특히 적은 양으로도 관련 제품의 품질을 개선할 수 있다는 특징 때문에 부가가치가 매우 높다. 우리나라는 망가니즈 · 몰리브데넘 · 코발트 · 텅스텐 · 타이타늄 · 리튬 · 마그네슘 · 인듐 · 희토류 · 크로뮴을 10대 희소금속으로 지정해 비축량을 확보하고 있다.

바나듐(Vanadium) 희소금속으로 원자번호는 23번, 원소기호는 V. 강철에 소량만 첨가해도 강도가 높아지기 때문에 생산되는 바나듐의 90%가 철강 산업에 활용되고 있다. 특히 자동차 부품, 가스 터빈, 방위산업 분야에서 활발하게 사용되며, 배터리로도 개발되고 있다.

디지털포렌식(digital forensic) •••

범죄수사에 적용되고 있는 과학적 증거 수집 및 분석기법의 일종으로, 각종 디지털 데이터 및 통화기록, 이메일 접속기록 등의 정보를 수집 · 분석해 범행과 관련된 증거를 확보하는 수사기법을 말한다.

프로파일러(profiler) 범행 현장에 남아 있는 흔적과 범행수법을 심리학과 행동과학을 근거로 분석해 범인의 성격, 심리, 취향, 직업, 행동양태 등을 추론하는 범죄심리분석 수사관을 말한다. 이러한 수사지원기법을 프로파일링(profiling)이라 한다. 이 기법은 미국연방수사국(FBI)의 존 더글러스가 1978년 처음 범죄수사에 도입했으며, 국내에는 2000년에 도입됐다.

유전자가위(gene scissor) •••

인간 및 동식물 세포의 유전체를 교정하는 데 사용되는 유전자 교정 기술로, 유전체에서 특정 염기 서열을 인식한 후 해당 부위의 DNA를 정교하게 잘라내는 시스템을 말한다. 유전자가위로는 1세대 징크핑거 뉴클레이즈(ZFNs), 2세대 탈렌(TALENs), 3세대 크리스퍼(CRISPR-Cas9), 4세대 프라임 에디터(prime editor)가 있다. 가장 많이 활용되는 크리스퍼 유전자가위는 인간이나 동식물의 세포에서 특정 유전자가 있는 DNA를 잘라내는 효소로, 교정하려는 DNA를 찾아내는 가이드 RNA와 DNA를 잘라내는 Cas9 단백질로 구성된다. 크리스퍼 기술을 이용하면 유전자를 잘라내고 새로 바꾸는 데 최장 수년씩 걸리던 것이 며칠로 줄어들며, 동시에 여러 군데의 유전자를 손볼 수도 있다. 이로 인해 유전자가위는 에이즈, 혈우병 등 유전 질환 치료에 도움이 되고, 농작물 품질 개량이 용이해 유전자변형농수산물(GMO)의 대안으로 주목받고 있다. 하지만 생태계 파괴와 맞춤형 아기(designer baby) 탄생이라는 윤리적 문제에 대한 우려도 있다.

디자이너 베이비(designer baby, 맞춤형 아기) 희귀 질환이나 암 등을 앓고 있는 자녀를 치료하는 데 이용할 줄기세포를 얻기 위해 시험관 수정기술을 통해 질환 자녀의 세포조직과 완전히 일치하는 특정배아를 가려내 이 중 질병 유전자가 없는 정상적인 배아만을 골라 탄생시킨 아기를 지칭한다. 2000년 8월 미국에서 처음 탄생했으며 영국도 디자이너 베이비 시술을 허용 중이지만, 이를 두고 생명의 존엄성과 인간 윤리에 배치된다는 비판이 제기되는 등 논란이 끊이지 않고 있다.

ZOOM IN

생명복제

1 복제기술

① 생식세포복제 : 난자와 정자가 결합된 수정란의 분할과정에 있는 난세포(할구)를 공여핵세포로 이용한 복제. 현존하는 생명체의 복제가 아닌 향후 태어날 생명체를 복제하는 기술이다. 이 기술은 1983년에 영국에서 생쥐가 복제된 이후 1986년 면양을 복제하는 등 각종 동물에서 성공사례가 이어졌으나 체세포복제에 밀려나는 추세이다.

② 체세포복제 : 난자와 정자가 결합하는 수정과정 없이, 난자의 핵을 제거한 뒤 체세포의 핵을 투입해 자신과 똑같은 복제생물을 만드는 것. 체세포란 간세포, 유방세포와 같이 세포의 특성이 결정된 세포를 말한다. 복제양 돌리가 체세포복제 기술에 의해 1997년 2월 탄생했고 돌리 이후 각국에서는 생쥐, 소 등의 체세포복제가 이어졌다. 국내에서도 1999년 체세포복제로 젖소 영롱이와 한우 진이가 탄생했으며, 세계 최초의 복제 개 「스너피(Snuppy)」가 2005년 4월 24일 태어났다.

③ 역분화줄기세포복제 : 완전히 자란 체세포에 세포분화와 관련한 유전자를 지닌 조작된 유전자를 주입해, 마치 배아줄기세포와 같이 세포 생성 초기의 만능세포 단계로 되돌아간 세포(iPS, 유도 만능줄기세포)를 복제하는 것. 2007년 일본 교토대 야마나카 신야 교수팀이 최초로 성인의 피부세포로 배아줄기처럼 전능성을 가진 줄기세포(iPS)를 만드는 데 성공했다. 환자의 피부세포를 떼어 내 배아줄기세포를 만들어 그 환자의 질병을 치료한다는 점에서 이식거부 반응의 우려를 없앤 환자맞춤형 줄기세포를 만들 수 있다는 점과 난자나 배아를 이용하지 않아 윤리적 문제에서 자유로운 기술이라는 점에서 배아줄기세포(체세포줄기세포)의 대체기술로 인식되고 있다.

2 인간복제

정자와 난자가 수정된 후 태아로 발육되기 전의 세포 분열 상태인 인간 배자(胚子)를 복제해 동일한 유전자를 가진 인간을 계속 출산하는 것. 《뉴욕타임스》가 1993년 10월 24일 첫 보도한 것이 전 세계적인 이슈로 확산됐다. 캐나다의 종교집단 라엘리안 무브먼트가 최초로 인간복제 전문회사 클로네이드(Clonaid)사를 설립하고, 인간복제를 시도, 2002년 「이브(Eve)」라는 이름을 가진 세계 최초의 복제 아기의 탄생을 발표했으나 사실 여부는 확인되지 않았다. 인간복제 금지에 대한 국제적인 논의는 2005년 열렸으나 당뇨병이나 알츠하이머병 등 치료 목적의 복제로 알려진 「연구용 복제」 허용 여부를 둘러싼 의견 갈등으로 진전을 이루지 못했다. 당시 유엔은 인간복제를 금지하는 선언문을 채택했으나 의무화가 아닌 데다 모호한 부문이 많았다. 「연구용 복제」는 인간의 유전자와 완전히 일치하는 조직을 생산하고 세포를 성장시켜 뇌졸중과 척추 부상, 당뇨병, 파키슨병, 알츠하이머병 등을 치료할 수 있다. 지금까지 쥐, 양, 돼지, 소, 개 등이 복제됐고 미국에서 2007년 영장류인 붉은털 원숭이 배아복제를 성공시켜 줄기세포 획득을 가능하게 했다.

3 배아(embryo)복제

체세포를 이용해 배아를 만드는 것. 사실상 체세포복제와 같은 의미로 쓰인다. 배아는 정자와 난자가 만나 결합된 수정란으로, 수정된 뒤 조직과 기관으로 분화가 마무리되는 8주까지의 단계를 가리킨다. 수정란이 만들어진 뒤 4~6일이 지난 체세포복제 배아에서 세포덩어리를 추출해 배양하면 배아줄기세포를 얻을 수 있다. 영국 정부가 2000년 8월 16일 세계 최초로 의료를 목적으로 한 인간 배아복제를 허용한 이후 2001년 11월에 미국의 어드밴스트 셀 테크놀로지(ACT)사가 사상 최초로 사람의 체세포를 이용한 인간 배아복제에 성공했다. 현재 미국, 영국, 스페인, 중국 등에서 체세포복제배아 연구를 공식 허용하고 있다. 우리나라는 체세포복제배아 연구에 대해 국가생명윤리심의위원회가 2007년 3월 「복제배아 연구에 사용하는 난자를 체외수정할 때 수정이 되지 않아 폐기 예정이거나 적출 난소에서 채취한 잔여 난자로만 한정」한 제한적 허용안을 밝혔다. 그러나 체세포복제배아 연구는 황우석 전 서울대 교수의 논문 조작과 비윤리적인 난자 획득 등의 문제가 드러나면서 전면 금지됐다. 이후 2009년 4월 29일 생명윤리위는 국내 줄기세포 연구 활성화를 위해 「차병원의 체세포복제 배아줄기세포 연구」에 대해 조건부 연구 승인을 결정했다.

윤리적 문제 인간 배아복제를 둘러싼 문제는 세포 배양기간 「14일」에 있다. 과학자들은 수정한 지 14일 미만의 배아는 생명체가 아니므로 13일까지의 배아를 복제 대상으로 하는 것은 윤리적으로 문제될 게 없다는 입장이다. 각종 신체기관이 아직 형성되기 전 단계라는 근거에서이다. 그러나 종교계 등 반대론자들은 배아 자체도 생명이며, 이런 복제가 허용될 경우 결국 완전한 형태의 인간복제로 귀결될 것이라고 강조하고 있다.

✎ 클로닝 헤이븐(cloning haven) : 복제 피난처. 한 나라에서 복제를 금지하더라도 금지국이 아닌 다른 나라에서 복제를 하는 경우를 말하는 것으로, 복제 관련 금지 법안은 전 세계가 함께 발맞춰야 한다는 것을 의미한다.

3

ZOOM IN

바이오 관련 용어

- **바이오닉스(bionics)** : 생체의 기구 · 기능을 공학적으로 연구 · 응용하는 학문. 생명의 단위라는 뜻의 그리스어 「비온(bion)」에서 비롯된 개념으로, 생체공학, 인간기계공학이라고도 함
- **바이오디젤(biodiesel)** : 쌀겨 · 폐식용유 · 유채꽃 · 콩 등에서 식물성 기름을 추출해 경유와 유사한 성질의 물질로 가공해 만든 대체에너지
- **바이오리액터(bioreactor)** : 생체 내에서 이뤄지고 있는 물질의 분해 · 합성 · 화학적인 변환 등의 생화학적 반응 과정을 인공적으로 재현하려는 시스템. 생체 반응기라고도 함
- **바이오매스(biomass)** : 화학적 에너지로 이용되는 생물, 즉 태양 에너지를 받아 유기물을 합성하는 식물체와 이들을 식량으로 하는 동물, 미생물 등의 생물유기체를 총칭함
- **바이오메트릭스(biometrics)** : 사람의 신체적 특징을 나타내는 생체 정보를 개인의 식별 · 인증에 활용하는 기술. 생체 인증이라고도 함. 건물과 시설의 출입 관리, 전자상거래 시 본인 확인 등에 이용됨
- **바이오모니터링시스템(biomonitoring system)** : 특정한 화학 물질에 대해 반응하는 능력이 탁월한 생물(물벼룩, 발광박테리아, 클로렐라 등)을 검지 소자로 이용해 모니터링하는 시스템
- **바이오미메틱스(biomimetics)** : 생체 모방. 그리스어로 생명을 뜻하는 「bios」와 모방이나 흉내를 뜻하는 「mimesis」의 합성어
- **바이오밸리(biovalley)** : 대규모 생명과학 연구기관이나 대학 및 바이오 벤처기업이 모여 있는 지역을 실리콘밸리에 빗대어 일컫는 말 예 충북 오송 바이오밸리
- **바이오베터(biobetter)** : 바이오 신약의 효능 등을 개선시킨 바이오 의약품. 오리지널 의약품의 효능과 부작용을 개선한 것으로 슈퍼바이오시밀러라고도 함
- **바이오부탄올(bio-butanol)** : 폐목재, 볏짚, 해조류 등에서 추출한 포도당과 박테리아를 이용해 만든 액체 연료. 바이오디젤, 바이오에탄올과 함께 3대 바이오에너지라고 불림
- **바이오산업(bioindustry)** : 생물 자체 또는 그들이 가진 고유의 기능을 높이거나 개량해 자연에는 극히 미량으로 존재하는 물질을 대량으로 생산하거나 유용한 생물을 만들어내는 산업
- **바이오시밀러(bio-similar)** : 오리지널 바이오의약품의 특허 기간이 만료된 후 이를 본떠 만든 비슷한 효능의 복제약. 바이오 복제약, 바이오제네릭(biogeneric)이라고도 함
- **바이오에식스(bioethics)** : 생명윤리학. 생명을 의미하는 「bio」와 윤리를 뜻하는 「ethics」의 합성어로, 생명윤리를 다루는 학문을 말함
- **바이오에탄올(bio-ethanol)** : 사탕수수 · 밀 · 옥수수 · 감자 · 보리 등 주로 녹말 작물을 발효시켜 차량 등의 연료 첨가제로 사용하는 바이오 연료
- **바이오인포메틱스(bioinformatics)** : 생물정보학. 생물학 연구에 의해 생성된 데이터를 컴퓨터로 분석 · 정리 · 응용하는 학문. 생물학은 물론 전산학, 수학, 통계학 등을 융합함
- **바이오일렉트로닉스(bioelectronics)** : 바이오센서, 바이오칩, 바이오컴퓨터 등과 같이 생체 기술과 전자공학 기술을 융합한 연구 영역
- **바이오칩(biochip)** : 단백질, DNA, 세포, 조직 등과 같은 생물 소재와 실리콘 등의 무기물을 조합해 제작된 유리 또는 실리콘웨이퍼
- **바이오컴퓨터(biocomputer)** : 인간 뇌의 정보처리시스템을 모방해 만든 컴퓨터
- **바이오테크놀로지(biotechnology)** : DNA 재조합 기술을 응용한 여러 가지 새로운 과학적 방법 등의 생화학적 공정. 생물공학 또는 생명공학이라고도 함
- **바이오피드백(biofeedback)** : 생물체의 자기 제어, 즉 생체의 신경, 생리 상태 등을 어떤 형태의 자극 정보로 바꾸어 그 생체에 전달하는 조작을 말함
- **바이오해저드(biohazard)** : 세균, 곰팡이, 바이러스 등 미생물을 취급할 때 생기는 감염재해. 생물재해라고도 함
- **바이오트론(biotron)** : 인공 환경 속에서 동식물을 기르는 시설의 총칭. 생물 환경 조절 장비 실험실이라고도 함

03 우주개발

NASA(National Aeronautics and Space Administration, 미국 항공우주국)•••

1958년 10월 1일 설립된 대통령 직속기관으로, 우주탐사 활동과 우주선에 관한 연구 및 개발을 담당한다. 워싱턴에 본부가 있으며 케네디우주센터(발사장 플로리다), 마샬우주센터(앨라배마), 존슨우주센터(텍사스), 제트추진연구소(캘리포니아) 등으로 구성돼 있다. NASA는 아폴로 계획으로 1969년 인간을 최초로 달에 보내는 데 성공했다. 그러나 아폴로 계획은 1972년의 아폴로 17호까지 모두 6회의 달착륙에 성공한 끝에 중단됐다. 그 후 유인우주선의 지구 주위 궤도에서의 과학실험에 중점을 두게 됐고 스카이랩(우주정거장 설치) 계획을 거쳐 현재는 스페이스 셔틀(왕복 유인우주선)이 우주개발의 중심을 이루고 있다.

ESA(European Space Agency, 유럽우주기구)•••

유럽 공동으로 로켓이나 위성의 개발, 우주 연구를 하기 위해 1975년 5월에 발족한 국제조직이다. 본부는 프랑스 파리에, 발사시설은 기아나우주센터에 있다. 가입국은 오스트리아, 벨기에, 덴마크, 독일, 프랑스, 아일랜드, 이탈리아, 네덜란드, 노르웨이, 스페인, 스웨덴, 스위스, 영국, 포르투갈, 루마니아, 룩셈부르크, 그리스, 핀란드, 체코, 에스토니아, 헝가리, 폴란드 등 22개국이다.

ISS(International Space Station, 국제우주정거장)•••

세계 16개국이 참여해 건설한 국제우주정거장으로, 2031년 1월 남태평양 포인트 니모에 추락하며 임무가 종료될 예정이다. 우주공간에서의 인간의 장기 체류 및 신물질 연구, 우주과학 및 활용 연구 등을 목적으로 1998년 건설에 착수해 2011년 완공됐다. ISS의 총건설비용은 350억 달러 이상으로 이 프로젝트에는 미국, 러시아, 일본, 캐나다와 유럽연합 11개국(벨기에 · 덴마크 · 프랑스 · 독일 · 이탈리아 · 네덜란드 · 노르웨이 · 스페인 · 스웨덴 · 스위스 · 영국), 브라질 등 총 16개국이 참여하고 있다. ISS는 즈베즈다, 자르야, 유니티 등 3개의 기본기능 모듈과 데스티니, 키보, 콜럼버스 등 3개의 실험 모듈로 구성돼 있다. 크기는 길이 73m, 폭 109m, 높이 20m로 축구장과 비슷하고, 무게는 460t이다. 고도 약 350~460km에서 초속 7.6~7.7km의 엄청난 속도로 지구궤도를 돌고 있다. 궤도주기는 91.2분으로 하루 14~15회 지구를 돈다. 내부온도는 18~27℃, 내부압력은 1기압이다. 상주 인원은 총 7명까지 가능하다.

톈궁(天宮) 중국이 건설 중인 독자 우주정거장. 2021년 4월 발사된 핵심 모듈 「톈허(天和)」를 중심으로 양쪽에 두 개의 실험실 모듈인 「원톈」과 「멍톈」이 결합된 T자형 구조로 돼 있다. 길이는 37m, 무게는 100t 규모이며 비행 궤도는 평균 고도 390km이다.

나로우주센터(Naro Space Center)•••

전남 고흥군 봉래면 외나로도(동경 127.3도, 북위 34.26도)에 위치한 한국 최초이자 세계 26번째 우주센터이다. 2003~2009년까지 총 2650억 원을 투입해 완성한 나로우주센터는 인공위성 발사대를 비롯해 인공위성 자력발사 수행을 위한 발사장 시설과 함께 발사운용을 위한 장비를 갖추고 있다. 현재 우주 로켓 발사장을 갖춘 나라는 미국, 러시아, 중국, 일본, 인도, 프랑스, 브라질, 카자흐스탄, 호주, 이스라엘, 파키스탄, 캐나다, 한국 등 13개국이다.

나로호(KSLV-Ⅰ) 100kg급 소형인공위성을 지구 저궤도에 진입시킬 수 있는 한국 첫 우주발사체. 2009년 8월 25일과 2010년 6월 10일 각각 실시된 1, 2차 발사는 실패했고, 나로과학위성을 탑재한 3차 발사는 2013년 1월 30일 성공했다.

누리호(KSLV-Ⅱ) 한국항공우주연구원 등이 국내 독자 기술로 개발한 첫 한국형 우주발사체로, 총 중량 200t · 높이 47.2m의 3단형 로켓. 2021년 10월 1차 발사에서는 위성모사체의 궤도 안착에 실패했으나 2022년 6월 21일 2차 발사에서 성능검증위성을 성공적으로 분리해 궤도에 안착시키면서 한국은 전 세계 7번째로 1톤급 실용위성을 우주발사체에 실어 자체 기술로 쏘아올린 국가가 됐다. 이어 2023년 5월에는 실용급 위성을 탑재해 3차 발사에 성공했다.

다누리(KPLO) 과학기술정보통신부가 주도해 국내 기술로 개발한 한국 최초의 달 궤도선. 국내에서 개발한 탑재체 5종(고해상도카메라, 광시야 편광카메라, 자기장 측정기, 감마선분광기, 우주인터넷 검증기)과 NASA가 개발한 섀도캠을 싣고 2022년 8월 5일 발사돼 145일 만인 12월 27일 임무궤도에 안착했다.

3

제임스 웹 우주망원경(JWST; James Webb Space Telescope) •••

미국 항공우주국(NASA)의 우주망원경으로, 핵심인 주경은 금을 코팅한 베릴륨으로 만든 18개의 육각형 반사거울로 이뤄져 있다. 주경의 전체 지름은 6.5m로 2.4m의 허블 우주망원경보다 훨씬 크다. 허블이 가시광선으로 10억 광년 이내의 빛과 행성을 추적했다면, 제임스 웹은 적외선 관측용으로 130억 광년에서 오는 빛도 포착할 수 있다. 또한 허블이 지구 상공 610km 궤도를 돌며 우주를 관측했다면 제임스 웹은 지구에서 150만km 떨어진 「라그랑주 점(공전하는 두 개의 천체 주변에서 알짜 중력과 원심력이 평형인 지점)」에서 초기 우주의 모습을 관측한다.

허블 우주망원경(Hubble Space Telescope) NASA가 개발한 천문관측용 우주망원경으로 1990년 4월 발사됐다. 지구 상공 610km에서 지구 주위를 돌면서 천체의 측광관측과 분광관측을 수행한다.

스푸트니크 충격(Sputnik shock) •••

구소련이 세계 최초의 인공위성인 스푸트니크 1호를 1957년 10월 4일 발사하자 미국을 비롯한 서방 진영이 갖게 된 경각심을 말한다. 당시 미국은 과학기술과 핵을 포함한 군사력 면에서 절대 우위라고 믿었는데, 스푸트니크호의 성공적인 발사는 구소련에 추월당할 수 있다는 위기의식을 불러일으켰다.

우주개발사

① 최초의 인공위성: 스푸트니크 1호(1957, 구소련)
② 미국 최초의 인공위성: 익스플로러 1호(1958)
③ 최초의 유인우주선: 보스토크 1호(1961, 구소련, 세계 최초의 우주인 유리 가가린 탑승)
④ 미국 최초의 유인우주선: 프리덤 7호(1961)
  중국 최초의 유인우주선: 선저우(神舟) 5호(2003)
⑤ 최초의 금성 착륙선: 비너스 4호(1967, 구소련)
⑥ 최초의 달 착륙선: 아폴로 11호(1969, 미국)
  • 세계 최초의 달 탐사선: 루나 1호(1959, 구소련)
  • 중국 최초의 달 탐사선: 창어(嫦娥) 1호(2007) (창어 4호는 인류 최초로 달 뒷면 착륙에 성공)
  • 일본 최초의 달 탐사선: 가구야(2007)
  • 아시아 최초의 달 착륙선: 창어 3호(2013, 중국)
  • 인도 최초의 달 탐사선: 찬드라얀 1호(2008) (찬드라얀 3호는 2023년 인류 최초로 달 남극에 착륙)
⑦ 최초의 우주정거장: 살류트 1호(1971, 구소련)
⑧ 최초의 화성 착륙선: 바이킹 1호(1975, 미국)
  인저뉴어티(2021, 미국): 최초로 화성 비행에 성공한 미국의 화성 탐사용 무인 헬기
⑨ 최초의 우주 왕복선: 컬럼비아호(1981, 미국)
⑩ 최초의 소행성 착륙선: 슈메이커호(2001, 미국)

아폴로 계획(Apollo project)•••

소련과의 우주개발 경쟁에서 뒤진 미국이 국위 선양과 기술력의 우위를 확립하기 위해 1960년대 말까지 달 표면에 인류를 착륙시키려 한 최초의 달 착륙 유인우주비행 계획을 말한다. 1969년 7월 20일 아폴로 11호의 닐 암스트롱 선장이 달의 「고요한 바다」에 착륙, 인류 최초의 발자국을 남겼다. 아폴로 계획은 17호까지 모두 여섯 차례의 달 착륙이 이루어졌으며, 12명의 미국 우주비행사들이 달 표면을 밟았다. 17호 귀환 후인 1972년 12월로 아폴로 계획은 종지부를 찍었다.

아르테미스 프로젝트(Artemis project) 미국 항공우주국(NASA)이 추진 중인 달 유인 탐사 프로젝트로, 2025년까지 최초의 여성 우주인을 포함한 인류를 달에 보내는 것이 최종 목표이다. 2022년 12월 무인 우주선 오리온이 달 궤도 비행을 마치고 지구로 귀환하면서 아르테미스 1호 임무를 성공적으로 마무리했다.

세티(SETI; Search for Extra-Terrestrial Intelligence)•••

외계의 지적생명체들이 전파를 보낸다는 가정 아래 전파망원경에 정교한 스펙트럼 분석기를 장착하고, 이를 통해 포착된 전파주파수를 분석하는 과학적 작업을 뜻한다. TV, 휴대전화, 라디오 등에서 발생한 비의도적인 인공적 전파신호에서 더 나아가 인공적인 전파신호를 의도적으로 만드는 작업을 하는 것은 메티(METI; Messaging to Extra-Terrestrial Intelligence)라고 한다.

무궁화 위성(Koreasat)•••

한국 최초의 상용 통신・방송복합위성이다. 무궁화 1호는 1995년 8월 5일 미국 플로리다의 케이프 커내버럴 발사장에서 발사돼 8월 30일 정지궤도에 진입했다. 무궁화 1호의 본래 운용수명은 10년이었지만 이보다 훨씬 빠른 4년 3개월로 단축 운영됐다. 이후 무궁화 2호, 3호가 1996년 1월 14일과 1999년 9월 5일에 각각 발사됐다. 5호는 2006년 8월 22일에 상업용 겸 군사용으로 발사됐다. 6호는 올레 1호(olleh 1)라고도 하며 2010년 12월 30일에, 7호는 2017년 5월 4일에 각각 남미 기아나 우주센터에서 발사됐다.

✎ 우리별 1호(KITSAT-1)는 우리나라 최초의 국적위성이자 소형 과학인공위성이다. 1992년 8월 11일 발사돼 지구 표면 촬영, 우주선 측정, 음성 데이터・화상 정보 교신 등의 실험을 5년간 수행했다. 우리별 1호 외에 소형 과학실험위성으로 우리별 2・3호와 과학기술위성 1호가 발사됐다. 이 밖에 다목적 실용위성으로 아리랑 1・2・3・5호와 아리랑 3A호가 발사된 바 있다.

천리안 2호(千里眼 二號)•••

한국의 정지궤도위성으로 기상・우주기상탑재체가 실리는 2A, 해양・환경탑재체가 실리는 2B로 제작됐다. 2010년 6월 발사된 한국 최초의 정지궤도위성인 천리안 1호의 설계 수명(7년) 만료가 다가오자 이를 대체하기 위해 개발한 위성이다. 국내 기술로 개발한 첫 정지궤도위성인 천리안 2A호는 2018년 12월 5일에, 세계 최초로 환경탑재체가 탑재된 정지궤도위성인 천리안 2B호는 2020년 2월 18일에 기아나우주센터에서 각각 성공적으로 발사됐다.

우주조약(outer space treaty, 宇宙條約) •••

정식 명칭은 「달과 그 밖의 천체를 포함하는 우주공간의 탐사 및 이용에 있어서의 국가 활동을 규제하는 원칙에 관한 조약」이다. 우주천체조약 또는 우주공간평화이용조약이라고도 하며 1967년 10월 발효됐다. 인류 최초의 우주조약으로 전문과 본문 17조로 구성돼 있다. 주요 내용은 ▲우주는 모든 나라에 개방되며 어느 나라도 영유할 수 없다(우주공간과 천체의 법적 지위) ▲달을 비롯한 모든 천체는 평화적 목적에만 이용할 수 있다(우주개발 활동의 기본원칙) ▲핵무기 등 대량파괴무기의 궤도비행과 천체상이나 우주공간에서의 군사기지 설치, 핵실험 등을 금지한다(천체의 비군사화) 등이다.

우주 3조약 1967년 발효된 우주조약에 기초해 이루어진 구조반환협정, 손해배상조약, 등록조약 등 3개 조약을 지칭. 구조반환협정(1968)은 불시착한 우주비행사의 구조나 비행사, 낙하물을 발사국에 반환하는 것을 의무화하고 있다. 손해배상조약(1972)은 인공위성 등이 지상에 낙하해 손해를 입혔을 경우 발사국이 과실 유무에 관계없이 손해배상책임을 진다는 것을 골자로 한다. 등록조약(1976)은 로켓, 인공위성을 쏘아 올린 경우 그 궤도 등의 정보를 유엔 사무총장에게 통보할 것을 요구하고 있다.

우주속도(宇宙速度) •••

어떤 물체를 지구인력에 대항시켜 회전하게 하거나, 지구인력을 뿌리치고 다른 천체에 도달시키려 하는 데 필요한 속도를 일컫는다. 제1 · 제2 · 제3의 우주속도가 있는데, 달은 지구의 위성이므로 달까지 가는 데는 제1 우주속도면 충분하다.

제1 우주속도 (위성속도)	인공위성과 같이 지구를 회전시키기 위한 속도. 초속 7.9km
제2 우주속도 (지구탈출속도)	지구 인력권을 탈출하기 위한 속도. 초속 11.2km
제3 우주속도 (천체탈출속도)	• 태양계를 벗어나 다른 우주공간으로 탈출하기 위한 속도. 초속 16.7km • 속도는 천체의 질량과 반지름 비(比)의 제곱근에 비례

우주클럽(space club) •••

자국 영토에서 자국 기술로 인공위성 및 우주선 발사가 가능한 국가들의 모임으로, 우주개발 기술 수준으로 분류한 경우 A그룹에 속하는 국가들이다. 일반적으로 우주개발 기술은 크게 인공위성 및 우주선 등을 생산할 수 있는 위성체 기술과 이들을 쏘아 올릴 수 있는 발사체(로켓) 기술로 나눌 수 있다. 이를 기준으로 해 국가의 우주기술 수준은 보통 A · B · C · D의 네 그룹으로 분류한다. 현재 우주클럽에는 러시아, 미국, 프랑스, 일본, 중국, 영국, 인도, 이스라엘, 이란, 북한, 한국 등이 가입돼 있다.

포인트 니모(point nemo) •••

임무가 끝난 인공위성 등이 회수되는 지점으로, 뉴질랜드와 남아메리카 대륙, 남극 대륙 사이의 남태평양 한복판을 일컫는다. 인적이 없고 육지로부터 멀리 떨어져 있어 인공위성이 추락해도 피해를 최소화할 수 있다. 좌표는 48° 52.6′ S, 123° 23.6′ W. 정식 명칭은 「해양도달불능점(The oceanic pole of inaccessibility)」이며, 포인트 니모는 라틴어로 「아무도 가본 적이 없는 곳」이라는 뜻이다.

랑데부(rendez-vous) •••

본래는 회합(會合)의 약속 또는 만나는 지점이라는 뜻이나, 해군 용어로는 함정을 한 장소에 집합시키는 것을 의미한다. 우주 용어로는 고속으로 비행 중인 물체 바로 옆에 제2의 비행체를 접근시켜서 양자 간의 상대속도를 0에 가깝게 일치시키는 기술을 가리킨다. 세계 최초로 랑데부에 성공한 것은 1965년 3월 15일 미국의 2인승 우주선 제미니 6호와 7호이다.

도킹(docking) •••

두 개 이상의 우주선이나 인공위성이 우주공간에서 결합하는 것을 일컫는다. 인공위성의 수리나 연료의 보급, 유인 우주활동의 전개, 우주정거장이나 태양발전위성 등의 대형 구조물 조립에 불가결한 기술이다. 1966년 3월 16일 미국의 제미니 8호와 아제나 무인위성이 사상 최초로 도킹에 성공했고, 1967년 10월 소련의 무인위성 코스모스 186호와 188호가 지상조종으로 자동 도킹하는 데 성공했다.

정지궤도위성(靜止軌道衛星) •••

적도 상공 3만 5786km에 위성이 위치하고 있을 때 이 위성은 마치 정지하고 있는 것처럼 보이는데, 이를 정지궤도위성이라 한다. 이때 위성은 지구상의 궤도를 따라 지구와 같은 속도로 24시간 비행한다. 1963년 2월 4일에 발사한 신컴(Syncom) 위성은 정지형 통신위성 실험에 최초로 성공한 위성이다. 정지궤도위성의 아이디어를 낸 것은 영국 공상과학 소설가이자 수학자인 클라크(A. Clarke)였다. 그는 1945년 ≪무선세계≫에 기고한 글을 통해서 전 세계를 하나로 묶는 통신망을 구축하려면 인도양, 대서양, 태평양 상공에 세 개의 위성이 있으면서 지구와 같은 속도로 24시간 비행해야 한다는 개념을 제시했다. 이 선구자적 업적을 기리기 위해 적도 상공 3만 5786km의 궤도를 「클라크 띠(Clarke belt)」라고 부른다. 정지궤도위성은 목적에 따라 통신위성, 방송위성, 기상위성 등으로 구분된다.

Chapter

선다형 | 단답형 | 완성형

02 과학 · 기술 상식력 테스트

선다형 문제

01 물질을 구성하는 가장 작은 입자는?

YTN, 서울교통공사

① 쿼크 ② 소립자
③ 양성자 ④ 중성자
⑤ 전자

① **쿼크(quark)** : 물질을 구성하는 가장 작은 입자로서 업, 다운, 참, 보텀, 스트레인지, 톱의 6종류가 있다. 쿼크는 소립자의 내부에 존재한다.
② 물질을 이루는 가장 기본적인 요소
③ 중성자와 함께 원자핵을 구성하는 소립자의 하나
④ 전하를 띠지 않는 원자를 구성하고 있는 입자의 한 종류
⑤ 음전하를 가지는 질량이 아주 작은 입자

02 다음 중 전기와 상관없는 법칙은? YTN

① 옴의 법칙(Ohm's law)
② 플레밍의 법칙(Fleming's rule)
③ 렌츠의 법칙(Lenz's law)
④ 패러데이의 법칙(Faraday's law)
⑤ 케플러의 법칙(Kepler's law)

⑤ **케플러의 법칙(Kepler's law)** : 케플러가 티코 브라헤의 행성관측 결과로부터 경험적으로 얻은 행성운동에 관해 정리한 세 가지 법칙(타원궤도의 법칙인 제1법칙, 면적속도 일정의 법칙인 제2법칙, 주기의 법칙인 제3법칙)
① 전류의 세기는 전기저항에 반비례한다는 법칙
② 전자기 현상에 대해 플레밍이 발견한 법칙(오른손법칙, 왼손법칙)
③ 유도기전력과 유도전류는 자기장의 변화를 상쇄하려는 방향으로 발생한다는 전자기법칙
④ 전자기유도에 관한 이론

03 절대온도 0도는 섭씨 약 몇 도(℃)인가?

YTN, 서울신문

① −270℃ ② −273℃
③ −275℃ ④ −277℃

② 절대온도 0도는 섭씨로 −273.15℃이다.

04 인체가 방사선을 받았을 때의 영향을 나타내는 단위로, 1979년 국제단위계(SI)의 단위로 채용됐다. 방사선의 형태와는 관계없이 그 방사선으로 인한 일정한 생물학적 효과만을 나타내는 이 단위는?

KBS, YTN, 경향신문

① 렘(rem) ② 줄(J)
③ 시버트(Sv) ④ 퀴리(Ci)
⑤ 베크렐(Bq)

③ **시버트(Sievert, 기호 Sv)** : 인체에 노출됐을 때 영향을 미치는 방사선량의 측정 단위. 1979년 국제단위계인 SI 단위로 채용되기 전까지는 퀴리(Ci), 렘(rem) 등이 사용됐지만 현재는 베크렐(Bq)과 시버트(Sv)로 통일됐다.
① 1g의 라듐(1퀴리의 방사능)으로부터 1m 떨어진 거리에서 1시간 동안 받은 방사선의 영향을 나타내는 단위이다.
② 에너지와 일의 SI 단위. 1J은 1N(뉴턴)의 힘으로 물체를 힘의 방향으로 1m만큼 움직이는 동안 한 일 또는 그렇게 움직이는 데 필요한 에너지이다.
④ 기존에 사용하던 방사능 세기의 단위로, 현재는 SI 단위 베크렐(Bq)이 사용된다.
⑤ 원자핵이 방사선을 내면서 붕괴돼 가는 비율을 표시한 방사능 단위. 1Bq은 1초에 1개의 원자핵이 붕괴하면서 방출하는 방사능을 말한다.

Answer 1. ① 2. ⑤ 3. ② 4. ③

05 플루토늄 생성 과정에 대한 설명으로 틀린 것은?

YTN

① 중성자를 하나 흡수한 우라늄 238은 양성자가 하나 생성돼 넵투늄 239로 변한다.
② 플루토늄 239의 반감기는 2만 4000년이다.
③ 알파 붕괴를 통해 우라늄 235와 헬륨 원자핵 1개를 형성한다.
④ 플루토늄 239는 고속증식로에서 핵분열을 일으킨다.
⑤ 우라늄 235에 중성자를 충돌시키면 플루토늄 239로 변한다.

⑤ 우라늄 238에 중성자를 충돌시키면 플루토늄 239로 전환돼 우라늄 235와 같은 용도로 사용할 수 있다.

06 다음과 관련된 과학이론은?

SBS, 한국감정원, 한국방송광고진흥공사

- 그리스인의 우주개벽설에서 우주 만물이 생성되기 이전의 원초상태
- 겉으로는 불규칙·무질서해 보이는 비예측성 현상 속에 존재하는 법칙
- 나비효과

① 카오스 이론(chaos theory)
② 가이아 이론(Gaia theory)
③ 대폭발 이론(big bang theory)
④ 퍼지 이론(fuzzy theory)

① **카오스 이론(chaos theory)**: 「카오스」의 어원은 그리스어로 우주 생성과정에서의 최초 단계를 말한다. 「혼돈」이라는 의미를 가진 카오스는 무질서한 상태를 말하지만, 이 이론에서는 장래의 예측 불가능한 현상을 일컫는다.
② 지구를 생물과 무생물이 상호작용하는 살아있는 거대한 유기체로 소개한 이론
③ 우주는 처음 매우 온도가 높고 밀도가 높은 상태였는데, 정체를 알 수 없는 대폭발을 거치면서 오늘날의 우주가 탄생됐다는 이론
④ 부정확한 것을 명확하게 표현하는 이론

07 초전도 현상에 관한 설명 중 맞는 것은?

MBC, SBS, 서울교통공사, 한국전력공사

① 금속의 열전도율이 100%에 달하는 현상
② 금속이 완전 반자성을 띠는 현상
③ 금속의 전기저항이 거의 영(零)으로 떨어지는 현상
④ 금속의 자성이 극히 강해지는 현상

초전도 현상: 어떤 물질을 절대온도 0도(섭씨 영하 273도)에 가까운 극저온 상태로 냉각시키면 갑자기 전기저항이 없어지는 물리적 현상

08 다음 중 에너지 보존의 법칙에 대한 설명으로 옳지 않은 것은?

한국에너지공단

① 에너지를 공급받지 않으면서 일할 수 있는 영구기관은 만들 수 없다.
② 에너지는 한 형태의 에너지에서 다른 형태의 에너지로 전환될 수 있다.
③ 에너지 전환이 일어나기 전후의 에너지 총합은 항상 일정하다.
④ 온도가 다른 두 물체를 접촉시키면 결국 두 물체의 온도는 같아진다.
⑤ 공기의 저항이 없을 때 높은 곳에서 물체를 떨어뜨리면 땅에 떨어지기까지 위치에너지의 감소는 운동에너지의 증가와 같다.

④ 열역학 제2법칙에 대한 설명이다. 물질계의 열적 상태를 나타내는 물리량인 엔트로피(entropy)는 열의 이동에 따라 이동하는데, 그 수치는 이동한 열량을 절대온도로 나누어 나타낸다. 자연계 현상은 반드시 엔트로피가 증대되는 방향으로 나아가는데 이를 열역학 제2법칙(엔트로피 증대의 법칙)이라고 한다. 즉, 열은 항상 온도가 높은 쪽에서 낮은 쪽으로만 흐른다는 것이다.
에너지 보존의 법칙: 자연계에 존재하는 여러 가지 형태의 에너지는 서로 일정한 양적 관계를 가지고 변환하며, 그 총량은 일정하게 유지된다는 법칙. 열역학의 형성에 따라 열역학 제1법칙으로 발전됐다.

09 **지구 자전을 증명할 수 있는 것은?** SBS

① 광행차
② 별의 연주시차
③ 춘분점의 이동
④ 푸코진자의 진동면 이동
⑤ 태양의 남중고도 변화

지구 자전의 증거: 푸코진자의 진동면 회전, 전향력, 인공위성 궤도의 서편 현상, 자유낙하하는 물체가 동쪽으로 치우쳐 떨어진다는 사실, 지구는 적도 부분이 부푼 타원체라는 사실 등
①, ② 지구 공전의 증거
③ 달의 중력에 의해 지구의 자전축이 2만 5730년을 주기로 이동한다는 세차운동의 증거
⑤ 지구가 자전축이 기울어진 채 태양 주위를 공전하기 때문에 나타나는 현상

10 **대륙붕에 대한 설명으로 잘못된 것은?** MBC, 한국전력공사

① 수심 약 200m 이내의 해저 지형이다.
② 석유, 천연가스 등의 광물 자원이 매장돼 있다.
③ 1945년 트루먼 미 대통령이 대륙붕 선언을 발표했다.
④ 대륙붕 조약에 의해 해상의 항해 자유가 제한된다.

④ 대륙붕 조약 제3조는 대륙붕의 상부 수역은 공해(公海)이고, 그 상공은 공공(公空)이라고 규정하고 있다. 따라서 영토로부터 12해리 내의 영해가 아니면 조업을 하지 않는 한 국적 관계없이 항해는 가능하다.
대륙붕(大陸棚): 연안에서 완만하게 경사를 이루고 있는 수심 200m 이내의 해저(海底)로서 전체 해저 면적의 7.5%를 차지하고 있다. 제2차 세계대전 이후 석유와 천연가스 등의 해저자원 개발이 기술적으로 가능해지자, 1945년 미국 대통령 H. S. 트루먼이 자국 근해에 있는 대륙붕 자원을 미국이 맡는다고 선언했는데, 이것이 최초의 대륙붕 선언이다.

11 **지구에 대한 설명으로 잘못된 것은?** SBS

① 지구의 모양은 완전한 구형이 아니라 타원체이므로, 위도 1° 사이의 실제 지표거리는 극쪽으로 갈수록 짧아진다.
② 지구의 중력은 물체와 지구 사이에 작용하는 인력과 지구 자전에 의한 원심력의 합력으로, 적도에서 최소이고 극에서 최대이다.
③ 어느 지점에서의 지구 중력은 그 지점의 지하 구성 물질에 따라 다르며 이를 이용해 지하 구성 물질을 추정할 수 있다.
④ 지오이드는 중력 방향에 수직인 면이다.

① 위도 1° 사이의 지표상의 거리는 고위도(극)로 갈수록 길어진다.

12 **레이저를 발사해 주변 환경을 인식하는 눈 역할을 하는 자율주행 시스템의 핵심 기술은?** 한국일보

① LiDAR
② LDWS
③ AEB
④ BSD

① 사물에 레이저를 쏘아 물체를 감지하고, 빛이 다시 돌아오기까지 걸리는 시간과 강도를 통해 위치 · 방향 · 거리 등을 측정해 주변 환경을 3차원으로 구현해주는 센서이다. 자율주행의 필수 기술 중 하나로 꼽히며 물체의 형태까지 인식할 수 있을 정도로 정밀한 기술이다.
② 차선 이탈 경보 시스템
③ 자동 긴급 제동 시스템
④ 후측방 경보 시스템

Answer 5. ⑤ 6. ① 7. ③ 8. ④ 9. ④ 10. ④ 11. ① 12. ①

13 **중위도 고기압대에서 적도 지역 저기압대로 규칙적으로 부는 바람은?** MBC, YTN

① 푄 ② 무역풍
③ 편서풍 ④ 극동풍
⑤ 제트류

지구 대기는 위도에 따른 태양복사에너지의 과부족 차이와 지구 자전에 의한 전향력의 영향으로, 적도를 중심으로 해 남북극 사이에 대칭적으로 지구 규모의 대기 대순환이 발생한다. 이에 따라 적도-남북위 30° 사이와 남북극-남북위 60° 사이에서는 동에서 서로 부는 편동풍이, 중위도(남북위 30°~60°)에서는 서에서 동으로 부는 편서풍이 발생한다. 특히 편동풍 중에서 아열대지역에서 적도를 향해 부는 바람을 무역풍이라 하고, 극지방에서 남북위 60°로 부는 바람을 극동풍(극 편동풍)이라 한다.
① 산지에서 불어내리는 돌풍적인 건조한 열풍
⑤ 대류권 상부나 성층권에서 수평축을 따라 부는 바람

14 **다음 설명 중 틀린 것은?** SBS

① 허블에 의하면 우주는 계속 팽창하고 있다.
② 초신성은 폭발하면서 여러 가지 물질을 우주 공간에 방출한다.
③ 항성의 밝기는 1등급에서 6등급으로 구분하는데, 이 중에서 6등급이 가장 밝은 것이다.
④ 태양의 흑점은 태양 광구에 나타나는 검은 반점으로, 그 개수나 크기가 대략 11년을 주기로 크게 증감한다.
⑤ 태양과 지구 사이의 평균거리는 약 1억 5000만 km이며, 이것을 천문단위거리(AU)라고 한다.

③ 항성들의 밝기는 기원전에 히파르코스가 정의했고, 프톨레마이오스가 개량한 등급단위를 사용한다. 이 단위계는 천구에 있는 항성 중 가장 어두운 것을 6등성이라 하고, 가장 밝은 것을 1등성으로 해 밝은 항성일수록 작은 값을 갖게 된다. 1등성과 6등성의 밝기는 100배 차이가 난다.

15 **다음 중 혈액 응고 작용과 가장 관련이 깊은 혈액 내의 물질은?** MBC, SBS

① 적혈구 ② 백혈구
③ 혈장 ④ 혈청
⑤ 혈소판

⑤ 상처가 나면 혈소판에서 트롬보키나아제가 나와 혈액을 응고시킨다.
① 산소 운반
② 식균 작용
③ 노폐물 운반
④ 응고된 피에서 분리되는 담황색의 투명한 액체

16 **염색체의 끝에 달려 있는 단백질 사슬로, 세포 분열이 진행될수록 점점 짧아져 노화의 진행과 관련이 있을 것으로 추정되는 것은?** SBS, 한겨레신문

① 게놈(genome)
② 크로모좀(chromosome)
③ 아데닌(adenine)
④ 텔로미어(telomere)

④ **텔로미어(telomere)** : 염색체 끝 부분의 핵산 서열로 세포가 분열할 때마다 조금씩 줄어들어 나중에는 매듭만 남게 되고, 세포복제가 멈춰 죽게 된다.
① 정자 및 난자에 포함돼 있는 염색체 또는 유전자 전체
② 유전염색체
③ 뉴클레오티드나 핵산의 구성 성분이 되는 염기성 물질

17 **인터페론에 관한 설명 중 틀린 것은?** YTN

① 항바이러스성 단백질이다.
② 인터페론 α, 인터페론 β, 인터페론 γ가 있다.
③ 특수 암세포의 분열을 억제한다.
④ B형 만성간염 치료에는 주로 인터페론 γ를 사용한다.
⑤ 생물공학적인 방법으로 처음 인터페론을 산업적으로 생산했다.

④ B형 만성간염 치료에는 주로 인터페론 α를 사용한다.

18 생활 속 과학 이론에 대한 설명 중 틀린 것은? MBC

① 하늘이 파란색으로 보이는 이유는 빛의 산란 때문이다.
② 초음파 가습기는 복사판에 초음파를 쏘아 열을 발생해 증발시킨다.
③ 술을 마시고 취하는 것은 산화작용 때 생기는 아세트알데히드 때문이다.
④ 사과를 깎아두면 퀴닌산이 공기 중에 노출, 산화돼 갈색으로 변한다.

② 초음파 가습기는 전자회로에서 만들어진 초음파 신호를 특수한 초음파 진동자에 가함으로써, 진동을 만들고 초음파를 발생시킨다. 이 진동자를 얕은 물의 밑바닥에 설치하면 그 진동의 효과로 물이 미세한 알갱이 상태로 튀어나가게 된다.

19 유전 정보의 전달에 관여하는 핵산인 DNA와 RNA 분자에 관한 설명 중 틀린 것은? MBC, SBS, YTN

① DNA 분자는 이중나선 구조이다.
② RNA 분자는 단일 구조이다.
③ 공통된 염기성분은 아데닌, 구아닌, 시토신이다.
④ 미국의 오초와가 처음 발견했다.

④ 왓슨(미)과 크릭(영)에 의해 DNA의 분자 구조가 이중나선 구조임이 밝혀졌고, 오초와는 생체 외에서의 RNA 합성에 성공했다.

20 엘리베이터를 타고 내려갈 때 멍멍함을 느끼는 귀 안의 기관은? KBS

① 전정기관 ② 유스타키오관
③ 세반고리관 ④ 달팽이관

② **유스타키오관**(eustachian tube) : 중이와 인두를 연결하며 귓속의 습도와 공기압력을 조절하는 환기통과 같은 역할을 한다. 이관(耳管)이라고도 하며, 평상시에는 닫혀 있다가 침 등을 삼기는 연하운동이나 하품 등을 할 때 열린다.

21 바이오에너지에 대한 설명으로 틀린 것은? 경향신문, 한국에너지공단, 한국전력공사, 한국환경공단

① 녹색에너지라고도 불린다.
② 기존 에너지를 합성해 얻은 에너지이다.
③ 바이오가스와 알코올 연료로 구분된다.
④ 바이오매스(biomass)라고도 한다.

② 바이오에너지는 동식물의 유기물, 이들 자원에서 파생된 종이 · 음식찌꺼기와 같은 유기성 폐기물 등을 발효 또는 열분해해서 얻을 수 있는 친환경적이고 재생 가능한 에너지, 즉 재생에너지이다. 기존 화석연료에너지를 합성 · 변환해 새로운 에너지로 개발한 것은 신에너지이다.

22 우리나라 최초의 다목적 실용위성은? MBC, 국가정보원

① 아리랑 1호 ② 우리별 3호
③ 한별위성 ④ 무궁화 5호

① 한국 최초의 다목적 실용위성. 1999년 12월 21일 발사됨
② 순수 국산위성으로 1999년 5월 26일 발사됨
③ 한국의 SK텔레콤과 일본의 MBCo가 공동제작해 2004년 3월 13일 발사한 세계 최초의 위성DMB용 방송통신위성
④ 우리나라 최초의 민간위성 겸 한국군 최초의 통신위성

23 각국의 달 탐사위성에 관한 설명 중 틀린 것은? YTN, 국민일보

① 최초로 달 표면에 착륙한 우주선은 1966년 러시아의 루나 9호이다.
② 일본은 2007년 달 탐사선 가구야를 발사했다.
③ 우리나라는 2009년 과학기술위성 2호 발사에 성공했다.
④ 중국은 2007년 10월에 중국 최초의 달 탐사위성 창어 1호를 발사했다.

③ 우리 기술로 만든 과학기술위성 2호는 2009년, 2010년 소형위성 발사체(KSLV-1)에 실려 발사될 예정이었으나 폭발로 인한 발사 실패와 함께 소실됐다.

Answer 13. ② 14. ③ 15. ⑤ 16. ④ 17. ④ 18. ② 19. ④ 20. ② 21. ② 22. ① 23. ③

단답형 문제

24 해안선처럼 부분이 전체를 대변하는 것으로 자기 유사성과 순환성을 특징으로 하는 구조는? 국민일보

25 태양면의 폭발로 인한 일시적인 단파통신의 장애현상은? KBS, OBS, 대전일보

26 핵폭탄의 폭발력을 측정하는 단위로, TNT 100만t의 폭발력을 뜻하는 것은? SH공사, 국립공원관리공단

27 ≪네이처≫, ≪사이언스≫와 함께 꼽히는 세계 3대 과학 잡지는? 국민일보

28 수정 후 14일 이내에 배아 내부에서 떼어낸 세포덩어리로, 인체를 이루는 모든 세포와 조직으로 분화할 수 있는 세포는? MBC, MBN, 연합뉴스

29 반도체칩 저장용량은 1년에 2배씩 증가할 것이라는 이론은? 국민일보, 문화일보, 서울경제신문

30 비정상적으로 분화된 세포(기형종)인 테라토마 조직이나 줄기세포 DNA를 화학물질로 염색해 사진을 찍는 작업은? 한국토지주택공사

31 내연 엔진과 전기자동차의 배터리 엔진을 동시에 장착해 기존 차량에 비해 연비 및 유해가스 배출량을 획기적으로 줄인 자동차는?
문화일보, 전자신문, 한국감정원, 한국일보

32 산소, 실리콘과 함께 지구의 지각을 이루는 주요 구성 원소 중 하나인 은백색의 가볍고 무른 금속으로 내구성이 커 원자재 등 다양한 용도로 사용되는 원소는? 한겨레신문

33 특정 진동수를 가진 물체가 같은 진동수의 힘을 외부로부터 받을 때 진폭이 커지며 에너지가 증가하는 현상은? 조선일보

34 흙 속에서 추출하는 희귀한 금속으로, 광학렌즈·전기차 배터리 합금 등 첨단산업의 소재로 사용되고 있는 17개의 원소는? MBN, 조선일보

35 빛과 온도를 자유로이 조절해 인공적으로 사계절을 재현할 수 있으며, 동식물의 생육 과정을 관찰·연구하는 데 목적을 두고 설치한 인공기상실은?
한국일보

36 기계의 제어 시스템에 관한 메커니즘을 생물유기체의 신경계와 관련시키는 종합 과학은? YTN

37 범죄의 심리적인 측면뿐 아니라 현장의 증거, 통계학적 요소, 기타 일상적인 상식 등 다양한 요소들을 다방면으로 수집·분석해 범인의 윤곽을 잡아내는 직업은? MBN, 국립공원관리공단, 서울신문, 인천관광공사

38 2014년 완공된 우리나라의 제2남극기지의 명칭은? 서울경제신문

39 오랜 세월 모래와 진흙이 쌓여 단단하게 굳은 탄화수소가 매장된 퇴적암층에서 채취하는 가스로, 기술적 제약 때문에 오랫동안 채굴이 이뤄지지 못하다가, 2000년대 들어 수평정시추 등이 상용화되며 급부상한 신에너지원은? SBS

Answer **24.** 프랙탈(fractal) **25.** 델린저 현상(Dellinger phenomenon) **26.** 메가톤(megaton) **27.** 셀(Cell) **28.** 배아줄기세포(embryonic stem sell) **29.** 황의 법칙 **30.** 스테이닝(staining) **31.** 하이브리드 카(hybrid car) **32.** 알루미늄(Aluminium) **33.** 공진 현상(共振 現想) **34.** 희토류(rare earth elements) **35.** 바이오트론(biotron) **36.** 사이버네틱스(cybernetics) **37.** 프로파일러(profiler) **38.** 장보고과학기지 **39.** 셰일가스(shale gas)

완성형 문제

40 물체가 일정한 속도로 달리는 상태에서의 가속도는 ( )이다. YTN

41 CERN은 「신의 입자」로 불리는 ( )을/를 찾기 위해 빛의 속도로 가속한 양성자를 충돌시켜 빅뱅 후 1000만 분의 1초 상황을 재현하는 실험을 해오고 있다. CBS, 경향신문, 조선일보, 한겨레신문

42 지구자기장의 3요소는 수평자력, 편각, ( )이다. MBC

43 밤하늘에 반짝이는 별빛의 색깔이 다른 것은 별의 ( )이/가 다르기 때문이다. MBC, 교통안전공단, 동아일보

44 뉴턴이 확립한 물체의 운동에 관한 역학의 기본이 되는 세 가지 법칙은 ( ), ( ), ( )이다. 대한장애인체육회, 방송통신위원회, 한국마사회

45 봄철에 일어나는 아지랑이는 빛의 ( )에 의해 나타나는 자연 현상이다. SH공사

46 우리나라는 동경 (①)도를 기준으로 한 평균 태양시를 사용하고 있으며, 이는 세계 표준시보다 (②)시간 빠르다. SH공사, 서울교통공사, 한국전력공사

47 고체, 액체, 기체에 이은 제4의 물질인 ( )은/는 고온에서 음전하를 가진 전자와 양전하를 띤 이온으로 분리된 기체 상태를 말한다. MBC

48 천연가스를 그 주성분인 메탄의 끓는점 이하로 냉각해 액화시킨 것을 (①)(이)라 하고, 프로판이나 부탄 등 탄화수소를 주성분으로 하는 가스를 액화한 것을 (②)(이)라고 한다. SBS, 한국가스공사

49 원자, 분자 등 10억 분의 1m 수준의 미시적 대상을 다루는 기술을 ( )(이)라 한다. 서울교통공사

50 시간, 질량, 길이, 온도 등과 같이 그 크기만 있고 방향을 갖지 않는 물리량을 ( )(이)라 한다. KBS

51 파원(음원)이 관측자 쪽으로 접근해 올 때 음파가 높게 들리고, 멀어지고 있을 때 낮게 들리는 현상을 ( )(이)라 하는데, 허블은 이 현상을 이용해 별빛의 적색편이 현상을 밝혀 우주팽창을 증명했다. KBS, MBC, SBS, 서울교통공사

52 아보가드로의 법칙은 「같은 온도, 같은 압력 아래에서 모든 기체는 같은 부피 속에 같은 수의 ( )을/를 가진다」는 법칙이다. MBC

53 입김을 불었을 때 알코올 분자가 음주측정기 안의 백금과 만나서 생기는 ( )의 양을 측정해 혈중 알코올 농도를 알아낼 수 있다. SBS

54 지구의 인력권을 벗어난 우주선은 외부의 힘을 받지 않는 한 ( )에 의해 우주공간에서 계속 비행을 하게 된다. SBS, 서울교통공사

55 세계 최초의 인공위성은 구소련의 ( )이다. 쌍용그룹, 충청일보

56 ( )은/는 별도의 광원장치 없이 발광소자가 각각 구동, 자체적으로 빛을 발하는 디스플레이를 말한다. MBC, 문화일보, 한국공항공사

57 「전설의 섬」이라 불리며 한국의 해양과학기지가 위치해 있는 곳은? MBC, SBS

Answer **40.** 0 **41.** 힉스 입자(Higgs boson) **42.** 복각 **43.** 표면온도 **44.** 관성의 법칙, 가속도의 법칙, 작용·반작용의 법칙 **45.** 굴절 **46.** ① 135 ② 9 **47.** 플라스마(plasma) **48.** ① LNG ② LPG **49.** 나노 기술(nano-technology) **50.** 스칼라(scalar)량 **51.** 도플러 효과(현상) **52.** 분자 **53.** 전류 **54.** 관성 **55.** 스푸트니크호 **56.** AMOLED(능동형 유기 발광 다이오드) **57.** 이어도(파랑도)

03 환경 · 보건

01 환경 일반

유엔환경계획(UNEP; UN Environment Program)•••

환경 분야의 국제적 협력을 촉진하고자 국제연합(UN) 총회 산하에 설치된 환경 전담 국제정부 간 기구이다. 1972년 스톡홀름에서 열린 유엔인간환경회의(UNCHE)의 「인간환경 선언」 결의에 따라, 제27차 유엔총회에서 환경 문제에 대한 국제협력 추진기구로서 설립됐다. 인구 증가, 도시화, 환경과 자원에 관한 영향 분석 및 환경 생태에 대한 연례보고서를 작성하고, 국제적으로 중요한 환경 문제에 대한 각국 정부의 주의를 환기시키며, 5년마다 지구 전체의 환경 추세에 대한 종합보고서를 발간한다. 1985년 3월 오존층 보호를 위한 빈조약에 이어 1987년 9월에는 오존층 파괴 물질에 대한 몬트리올의정서를 채택하고, 오존층 보호를 위한 국제협력 체계를 확립했다. 조직은 집행이사회, 사무국, 환경관리이사회, 환경기금, 조정위원회로 구성돼 있다. 한국은 1972년 가입했으며, 본부는 유엔 산하 기구 최초로 제3세계 국가인 케냐 나이로비에 있다.

IPCC(Intergovernmental Panel on Climate Change) 기후변화에 관한 정부 간 협의체. 유엔환경계획(UNEP)과 세계기상기구(WMO)가 기후변화를 분석하기 위해 1988년 11월 공동으로 유엔 산하에 설립, 2007년 노벨평화상을 수상했다.

유엔인간환경회의(UNCHE; United Nations Conference on the Human Environment)•••

1972년 6월 5일 스웨덴 스톡홀름에서 열린 국제적인 환경회의로, 「스톡홀름 회의」라고도 한다. 국제연합(UN)이 「오직 하나뿐인 지구」를 슬로건으로 해 주최했다. 목적은 지구를 환경파괴로부터 보호하고 천연자원이 고갈되지 않도록 국제적인 협력 체제를 만드는 것이다. 113개국 대표가 모인 이 회의 결과 인간의 경제활동으로 발생한 공해, 오염 등의 문제를 범지구적인 차원에서 해결하기 위한 스톡홀름 선언(인간환경 선언)이 채택됐고, 지구 차원의 환경문제를 전문으로 다룰 유엔 기구인 유엔환경계획(UNEP)의 설치, 환경기금 조성 등이 합의됐다. 특히 이 회의 개최일인 6월 5일을 기념해 「세계 환경의 날(WED; World Environment Day)」이 제정됐다.

인간환경 선언 세계적으로 환경위기에 처한 지구를 보전하는 데 함께 협력하고 노력하자는 내용의 선언적 규정이다. 1972년 스웨덴 스톡홀름에서 113개국 대표가 모여 채택해 「스톡홀름 선언」이라고도 한다. 환경에 관한 인권 선언으로 비유되며 이를 바탕으로 이듬해인 1973년에 환경 관련 국제기구인 유엔환경계획기구(UNEP)가 창설됐다.

나이로비 선언 스톡홀름 선언 10주년을 맞이한 1982년 5월 케냐 나이로비에 모인 세계 정상들이 채택한 세계 환경보전과 개선을 위한 원칙이다.

지구의 날 지구 환경오염 문제의 심각성을 알리기 위해서 자연보호론자들이 제정한 지구 환경보호의 날로, 매년 4월 22일

유엔환경개발회의(UNCED; United Nations Conference on Environment and Development) •••

1992년 유엔총회의 결의에 따라 브라질 리우데자네이루에서 개최된 환경회담으로 「지구 정상회의(Earth Summit)」, 「리우 정상회의」라고도 불린다. 이 회의에서 지구환경 보전의 기본원칙이 될 「리우 선언」과 그 실천 계획인 「의제 21」을 채택했다. 또 지구온난화 방지를 위한 기후변화방지협약과 생물자원 보전을 위한 생물다양성협약, 삼림보존원칙 등에 합의했다. 우리나라는 이 회의에서 기후변화협약에 152번째, 생물다양성협약에 154번째로 서명했다.

교토의정서(Kyoto Protocol) •••

1992년 6월 리우 유엔환경회의에서 채택된 기후변화협약을 이행하기 위해 1997년 만들어진 국가 간 이행 협약으로, 「교토기후협약」이라고도 한다. 2005년 2월 16일부터 발효됐으며, 2020년 만료됐다. 지구 온난화의 주범인 탄산가스 배출량 규제에 초점을 맞춰 국가별 목표 수치를 제시했다. 또한 선진국의 감축의무 이행에 신축성을 확보하기 위해 배출권거래제도, 공동이행제도 및 청정개발체제 등의 신축성 체제를 도입했다. 미국은 자국의 산업보호를 위해 2001년 3월 탈퇴했다. 2002년 비준한 한국은 2015년부터 온실가스 배출권거래제 시행에 들어갔다.

교토 메커니즘

공동이행제도	선진국인 A국이 선진국인 B국에 투자해 발생된 온실가스 배출 감축분의 일정분을 A국의 감축 실적으로 인정하는 제도
청정개발체제(CDM)	선진국인 A국이 개발도상국인 B국에 투자해 발생된 온실가스 배출 감축분을 자국의 감축 실적에 반영할 수 있도록 하는 제도
배출권 거래제	온실가스 감축의무가 있는 국가에 배출 쿼터를 부여한 후 국가 간 배출 쿼터의 거래를 허용하는 제도

몬트리올의정서(Montreal Protocol) 지구오존층을 보호하기 위해 CFC(염화불화탄소), 할론 등 오존층 파괴물질의 사용을 규정한 국제환경협약. 1989년 1월 발효됐으며, 우리나라는 1992년 5월에 발효됐다.

코펜하겐의정서(Copenhagen Protocol) 오존층 파괴물질의 생산 및 소비 규제를 주목적으로 하는 국제환경협약. 1989년 발효된 몬트리올의정서의 제2차 개정 의정서로 우리나라는 1995년 3월에 발효됐다.

지속가능발전목표(SDGs; Sustainable Development Goals) •••

2015년 제70차 UN총회에서 2030년까지 달성하기로 결의한 의제이자 지속가능발전의 이념을 실현하기 위한 인류 공동의 목표이다. SDGs는 「단 한 사람도 소외되지 않는 것」이라는 슬로건과 함께 인간, 지구, 번영, 평화, 파트너십이라는 5개 영역에서 인류가 나아가야 할 방향성을 17개 목표와 169개 세부 목표로 제시하고 있다. 지속가능발전(sustainable development)이란 현재 세대가 여러 가지 발전을 진행하면서도 미래 후손이 발전할 가능성을 보호하는 형태의 발전을 가리킨다. 미래 세대가 사용할 경제·사회·환경의 자원을 낭비하거나 기능을 저하시키지 않으면서 현재 우리 세대에서 경제 성장, 사회 안정과 통합, 환경 보전이라는 세 가지 목표를 통합적으로 추구한다.

기후변화협약(UNFCC; United Nations Framework Convention on Climate Change)•••

지구온난화를 막기 위해 모든 온실가스의 인위적인 배출을 규제하기 위한 협약으로, 정식 명칭은 「기후변화에 관한 유엔 기본 협약」이다. 생물다양성협약과 함께 1992년 6월 리우 회의에서 채택돼 1994년 3월 21일 발효됐다. 가입국이 되면 온실가스를 감축하려는 노력과 이에 관련된 정보를 공개해야 한다. 지구온난화를 발생시키는 온실가스 중 탄산가스의 인위적인 배출이 가장 많이 이루어지기 때문에 탄산가스 배출량을 규제하는 것에 초점을 맞추고 있다. 우리나라는 1993년 12월 세계 47번째로 기후변화협약에 가입해 1994년 3월부터 적용받고 있다.

COP(Conference of the Parties) 유엔기후변화협약(UNFCC)에 가입된 당사국들이 모여 기후변화 협약의 이행을 검토하는 회의로 1995년 시작됐다.

파리기후변화협약(Paris Climate Change Accord)•••

교토의정서를 대체해 2021년부터 적용 중인 새 기후변화협약으로 2016년 11월 발효됐다. 「파리협정」, 「파리협약」이라고도 부른다. 이 협약은 선진국만 온실가스 감축 의무가 있었던 1997년 교토의정서와 달리 195개 당사국 모두에게 구속력 있는 보편적인 첫 기후합의라는 점에서 역사적인 의미를 가진다. 산업화 이전 대비 지구 평균기온 상승을 「2℃보다 상당히 낮은 수준으로 유지」하는 것을 장기목표로 하며, 「1.5℃ 이하로 제한하기 위한 노력을 추구」하는 것이 골자이다. 또 국가별 온실가스 감축량은 각국이 제출한 자발적 감축목표(INDC)를 그대로 인정하되 2020년부터 5년마다 상향된 목표를 제출하도록 했다. 이 협약에 가입하지 않은 국가는 이란, 튀르키예, 에리트레아, 이라크, 남수단, 리비아, 예멘 등 7개국이다.

생물다양성협약(CBD; Convention on Biological Diversity)•••

지구상의 생물종을 보호하기 위한 국제 환경협약으로 전문과 42개 조항, 2개 부속서로 구성돼 있다. 여기서 생물종이란 지구상의 모든 생물종과 이 생물종들이 서식하는 생태계, 생물이 지닌 유전자까지도 포함한다. 1992년 6월 유엔환경개발회의(UNCED)에서 158개국 대표가 서명함으로써 채택됐고, 1993년 12월 29일부터 발효됐다. 우리나라는 생물다양성협약의 154번째 회원국이다. 이 협약의 특징은 기술선진국이 우위에 있는 기후변화협약과는 달리 생물자원이 풍부한 개발도상국이 비교적 우위에 있다는 것이다.

바젤협약(Basel Convention)•••

유해 폐기물의 국가 간 교역을 규제하는 내용의 국제환경협약이다. 이 협약의 기본 취지는 병원성 폐기물을 포함한 유해 폐기물의 국가 간 이동 시, 교역국은 물론 경유국까지 사전 통보 등의 조치를 취함으로써 유해 폐기물의 불법 이동을 줄이자는 것이다. 선진국이 주도하는 대부분의 환경 관련 국제협약과 달리 바젤협약은 선진국의 폐기물 처리장이 돼서는 안 되겠다는 위기의식을 느낀 아프리카 등 77그룹이 주도하고 있다. 1989년 3월 유엔에서 채택된 이후 1992년 5월 5일부터 정식 발효됐다. 우리나라는 1994년 2월 가입, 관련 국내법인 「폐기물의 국가 간 이동 및 그 처리에 관한 법률」이 동년 5월부터 시행됐다.

워싱턴협약(CITES; Convention on International Trade in Endangered Species of wild fauna and flora)•••

범세계적으로 멸종위기에 처한 야생 동식물의 포획·채취와 상거래를 규제해 야생 동식물과 생태계를 보호하기 위한 협약이다. 머리글자를 따 CITES(사이티스)라고 불린다. 규제 대상 야생 동식물을 멸종위기 정도에 따라 부속서 I, II, III로 구분해 차등 규제하고 있다. 1975년 7월 발효됐으며, 우리나라는 1993년 7월 가입했다. 우리나라는 멸종위기에 처한 야생 동식물을 허가 없이 국내로 반입할 경우 최고 2년 이하의 징역이나 1000만 원 이하의 벌금형에 처하고 있다.

람사르협약(Ramsar Convention)•••

물새 서식지로 중요한 습지보호에 관한 협약으로, 1971년 이란의 람사르에서 채택돼 1975년 12월 발효됐다. 이 협약은 국경을 넘어 이동하는 물새를 국제자원으로 규정하고 가입국에 습지를 보전하는 정책을 펴도록 의무화하고 있다. 또한 습지를 바닷물이나 민물의 간조 시 수심이 6m를 넘지 않는 늪과 못 등의 소택지와 개펄로 정의하고 있다. 우리나라는 1997년 7월 28일부터 람사르협약이 발효돼 세계 101번째 가입국이 됐다.

한국의 람사르 습지 강원 대암산 용늪, 창녕 우포늪, 신안 장도 산지습지, 순천만·보성갯벌, 제주 물영아리오름 습지, 울주 무제치늪, 태안 두웅습지, 전남 무안갯벌, 제주 물장오리오름 습지, 오대산국립공원습지, 강화 매화마름군락지, 제주 한라산 1100고지 습지, 충남 서천갯벌, 전북 고창·부안갯벌, 제주 동백동산습지, 전북 고창 운곡습지, 전남 신안 증도갯벌, 서울 한강 밤섬, 인천 송도갯벌, 제주 숨은물뱅듸, 한반도 습지, 순천 동천하구, 안산 대부도 갯벌, 고양 장항습지

런던협약(London Dumping Convention)•••

폐기물의 해양 투기로 인한 해양오염을 방지하기 위해 마련된 국제협약이다. 1972년 채택돼 1975년부터 발효됐으며, 우리나라는 1992년 12월에 가입해 1994년 1월부터 효력이 발생했다. 런던협약에 가입한 국가는 매년 자국이 해양에 버리고 있는 폐기물 현황을 협약 사무국에 보고할 의무가 있으나 몬트리올의정서처럼 무역 규제 조항은 없다.

사막화방지협약(UNCCD; UN Convention to Combat Desertification)•••

기상 이변과 토지 남용 등으로 인한 사막화현상을 방지해 지구환경을 보전할 목적으로 체결된 협약이다. 기후변화협약, 생물다양성협약과 함께 3대 환경협약으로 불리며 공식 명칭은 「심각한 한발 또는 사막화를 겪는 아프리카 지역 국가 등 일부 국가들의 사막화를 방지하기 위한 국제연합 협약」이다. 사막화란 건조지대에서 일어나는 토지 황폐화 현상을 말한다. 1994년 6월 채택돼 1996년 12월 발효됐으며, 사무국 소재지는 독일 본이다. 매년 6월 17일은 채택일을 기념하는 「사막화의 날」로 지정됐으며, 우리나라는 1999년 158번째로 가입했다.

ISO 14000•••

국제 환경표준화 인증 규격을 일컫는다. 국제적으로 환경 관련 규격을 통일해 제품 및 이를 생산하는 기업에 환경인증을 주는 것이다.

세계자연보전연맹(IUCN; International Union for Conservation of Nature)•••

국제연합(UN)의 지원을 받아 1948년 설립된 세계 최대 규모의 환경 분야 국제기구로, 스위스 글랑에 본부를 두고 있다. 세계자연보전연맹은 국제적으로 통용되는 멸종위기종 관련 보고서인 <IUCN 적색목록(Red List)>을 1964년부터 발표해 오고 있으며, 세계자연유산의 등재 평가 및 권고의견 제출 권한을 보유하는 등 국제 환경 분야에서 큰 영향력을 가지고 있다. 특히 1992년 「지구를 돌보며(Caring for the Earth)」 전략 발표를 통해 생물다양성협약(CBD), 기후변화협약(UNFCCC), 사막화방지협약(UNCCD)의 기초 마련에 기여했으며, 1999년에는 UN 영구 옵서버 자격을 획득했다. 우리나라는 1966년 자연환경보전협회가 IUCN에 처음 가입한 데 이어 환경부(국가회원), 문화재청, 산림청, 제주도, 국립공원공단(정부기관회원) 등 16개 기관이 회원으로 활동하고 있다.

그린피스(Greenpeace)•••

핵실험 반대와 자연보호 운동 등의 활동을 펼치고 있는 세계적인 환경보호 단체이자 대표적인 비정부기구(NGO)이다. 1971년 12명의 환경보호 운동가들이 캐나다 밴쿠버 항구에 모여 결성한 것이 그 시작이다. 녹색의 지구와 평화를 결합한 그린피스라는 명칭은 미국 알래스카의 암치카섬으로 핵실험 반대시위를 떠난 과정에서 지어진 것이다. 네덜란드 암스테르담에 본부가 있고, 동아시아에는 서울, 베이징, 홍콩, 타이페이에 지부가 있다. 그린피스는 기후변화, 삼림과 생물다양성 보호, 원자력발전 반대, 환경오염 등의 환경 이슈를 중점적으로 다룬다. 또 핵실험에 반대하고 고래 보호에 적극적으로 나서고 있으며, 비폭력 행동주의를 표방한다.

레인보우 워리어호 폭파사건 1985년 7월 그린피스 소속의 레인보우 워리어호(Rainbow Warrior)가 뉴질랜드의 오클랜드항에 정박 중 폭파·침몰된 사건. 레인보우 워리어호는 히로시마 원폭 투하 40주년인 8월 6일을 기해 프랑스의 핵실험 기지인 폴리네시아의 모루로아환초 일대를 시위 항해할 예정이었으나, 이 폭파사건으로 포르투갈 사진가가 사망했다. 조사 결과 이 사건은 프랑스 정보기관의 공작으로 이뤄졌으며, 미테랑 프랑스 대통령도 연루됐다는 설이 있었다. 이 사건은 그린피스가 세계적으로 널리 알려지게 된 계기가 됐다.

그린피스의 대표 조사선: 에스페란자호, 레인보우 워리어호, 아틱 선라이즈호

세계자연기금(WWF; World Wide Fund For Nature)•••

세계적인 비영리 환경보전기관으로 그린피스, 지구의 벗(FoEI)과 함께 세계 3대 민간환경단체에 속한다. 1961년 스위스에서 설립됐으며 본부는 스위스 글랑에 있다. 한국에는 2014년 공식적으로 WWF-Korea(세계자연기금 한국본부)가 설립됐다.

로마클럽(Club of Rome)•••

1968년 4월 이탈리아 실업가 아우렐리오 페체이의 제창으로 지구의 유한성이라는 문제의식을 가진 유럽의 경영자, 과학자, 교육자 등 지식인들이 로마에 모여 회의를 가진 데서 붙여진 명칭이다. 천연자원의 고갈, 환경오염, 개발도상국의 인구 증가 등 인류의 위기에 대한 타개책을 모색해 경고·조언하는 것이 목적이다. 로마클럽은 1972년 <성장의 한계>라는 보고서를 발표, 제로성장의 실현을 주장해 주목을 받았다. 총회는 매년 1회 개최된다.

지구챔피언상(Champions of the Earth Award)•••

유엔환경계획(UNEP)이 지구환경 문제에 대한 인식 제고와 지구적 실천행동을 촉진하기 위해 지구 환경 보전에 공헌한 개인이나 단체에 수여하는 국제환경상으로, 「지구환경대상」이라고도 한다. 1987년 제정됐던 「글로벌500상(Global 500 Roll of Honour)」을 대체해 2004년 설립, 2005년부터 부문별로 수상하고 있다.

골드먼 환경상(Goldman Environmental Prize)•••

풀뿌리 환경운동가들을 위한 세계에서 가장 권위 있는 상으로, 1990년 리처드 골드먼과 로다 골드먼이 설립했다. 매년 6개 대륙(아시아, 유럽, 북미, 남미, 아프리카, 기타 도서 국가들)에서 각 한 명씩을 선정해 수여한다. 평생에 걸친 업적이 아닌 환경문제에 대한 최근의 업적에 대해서 시상하며, 죽은 사람은 제외된다. 한국에서는 1995년에 당시 환경운동연합의 사무총장이던 최열이 수상한 바 있다.

내셔널 트러스트(National Trust)•••

무분별한 개발을 막으려는 시민들이 자발적으로 성금을 모아 보전가치가 큰 자연자산이나 문화유산을 매입해 영구히 보전·관리하는 운동이다. 1895년 영국에서 시작돼 1907년 처음으로 내셔널 트러스트법이 마련됐다. 우리나라에는 2000년 1월 내셔널 트러스트 운동본부가 공식 발족함으로써 본격적인 활동이 시작됐다. 대표적인 활동으로는 강화군 매화마름 군락지, 미술사학자 혜곡 최순우 고택, 희귀동물 서식지 동강 제장마을 보호 등이 있다.

지구환경금융(GEF; Global Environment Facility)•••

지구 환경개선을 위해 조성된 최초의 다자간 금융기구로서 1991년부터 3년간 시범운영 기간을 거친 후 1994년에 공식적으로 출범했다. 우리나라는 1994년 5월 가입했다. GEF의 지원 분야는 지구온난화 방지, 생물다양성 보전, 국제수자원 보호, 오존층 보호, 사막화 및 산림황폐화 방지 등 6개 분야이다. 가입국 정부들로 구성된 총회가 3년마다 열리고 32개 이사국으로 구성된 이사회(6개월마다 소집)가 있다.

녹색기후기금(GCF; Green Climate Fund) 개발도상국의 온실가스 감축과 기후 변화에 대응할 목적으로 2013년 12월 설립된 국제금융기구이다. 사무국은 우리나라 인천 송도에 있다.

바이오 안전성 의정서(Cartagena Protocol on Biosafety)•••

유전자변형생물체(LMO; living modified organisms)의 수출입 국가 간의 이동과 취급, 사용에 관한 사항을 규정한 의정서이다. 2000년 1월 캐나다 몬트리올에서 채택돼 2003년 발효됐다. 1999년 콜롬비아의 카르타헤나에서 개최된 회의에서 비롯됐기 때문에 「카르타헤나의정서」라고도 한다. 우리나라는 2007년 가입했으며, 2008년 1월 1일부터 발효됐다. 그러나 GMO(유전자변형농수산물) 작물 재배면적의 70% 이상을 점유하고 있는 미국, 아르헨티나, 캐나다, 우루과이, 호주, 칠레 등 이른바 곡물생산국 모임인 「마이애미 그룹(Miami Group)」은 이 의정서의 비당사국이다.

P4G(Partnering for Green Growth and the Global Goals 2030) •••

녹색경제 분야의 공공·민간 파트너십 강화를 위한 글로벌 이니셔티브이다. P4G는 녹색경제 관련 5대 중점분야(식량·농업, 물, 에너지, 도시, 순환경제)에서 민관협력을 촉진하고 지속가능발전목표(SDGs) 달성과 파리협정 이행을 가속화하기 위한 협력체로, 제1차 정상회의가 2018년 덴마크에서, 제2차 정상회의가 2021년 서울에서 각각 개최됐다. 미국 워싱턴 D.C.에 사무국을 두고, 우리나라를 포함한 12개국 정부와 세계도시기후정상회의(C40), 글로벌녹색성장연구소(GGGI), 세계경제포럼(WEF), 세계자원연구소(WRI) 등 국제기구·협의체, 민간기업, 시민사회가 참여하고 있다.

C40 세계도시 기후정상회의(C40 World City Climate Summit) 기후변화 대응방안을 논의하기 위해 2005년에 만들어진 세계도시 간 협의체. C는 도시(city)와 기후(climate)를 의미하며, 「환경올림픽」으로도 불린다.

글로벌녹색성장연구소(GGGI; Global Green Growth Institute) 개발도상국의 녹색성장 전략을 지원하는 등의 업무를 담당하는 국제기구. 우리나라 주도로 2010년 출범했다. 창립회원국은 18개국이며, 2012년 10월 23일 서울에서 제1회 총회 및 이사회를 개최, 국제기구로서 공식 출범했다.

LMO(living modified organism, 유전자변형생물체) •••

현대 생명공학기술을 이용해 새롭게 조합된 유전물질을 포함한 동물·식물·미생물 등 모든 살아 있는 생물체를 의미한다. 이 용어는 국제조약인 「바이오안전성에 관한 카르타헤나의정서」 및 이 의정서 국내 이행법인 「유전자변형생물체의 국가 간 이동 등에 관한 법률」에서 사용하는 법적 용어이다. LMO 가운데 작물은 유전자변형작물(GM작물), 동물은 유전자변형동물(GM동물) 등으로 불린다.

GMO(genetically modified organism, 유전자변형농수산물) •••

인공적으로 유전자를 분리하거나 재조합해 의도한 특성을 갖도록 한 농수산물을 말한다. 1986년 미국 칼진사가 숙성 기간을 연장해 껍질이 물러지는 것을 방지한 토마토를 개발한 것이 시초이며, 이후 1995년 미국 몬산토사가 유전자변형 콩을 상품화하는 데 성공해 일반에 알려졌다. 세계적으로 GMO 품목은 22종인데 국내에서는 그중 안전성이 확인된 대두, 옥수수, 카놀라, 사탕무, 알팔파, 면화 등 6종만 수입 판매가 허용되고 있다. GMO는 LMO가 생명력을 잃고 냉장, 냉동, 가공된 식품(예 두부, 두유)까지 포함하므로 GMO가 LMO보다 범위가 넓다.

현행법상 GMO 표시기준은 제조·가공한 식품 또는 식품첨가물에 남은 DNA 또는 유전자변형단백질의 잔존 여부에 있다. 따라서 원재료가 GMO라도 열처리 등 정제 과정으로 유전자변형물질이 남아 있지 않으면 GMO 표시를 하지 않아도 된다. 우리나라는 GMO 표시를 하지 않아도 되는 이른바 「비의도적 혼합치」 기준이 3%로 유럽연합(EU)의 0.9%에 비해 느슨한 편이다.

프랑켄푸드(franken food) 유전자조작을 통해 개발된 농산물. 유전자조작에 반대하는 환경보호론자들이 만들어낸 용어로, 영국의 공상괴기소설에 나오는 프랑켄슈타인과 음식의 합성어이다.

유전자편집식품(遺傳子編輯食品) 유전자가위 기술을 통해 품종을 개량한 것으로, 새로운 유전자가 편입되지 않는다는 점에서 유전자변형농수산물(GMO)과 다르다. 주로 유전자가위로 유전자의 일부를 잘라 돌연변이를 일으켜 수확량이나 영양가를 높이는 방식을 활용한다. 인체 위해성이 검증되지 않았고, 종 변이에 의한 생태계 교란이 일어날 수 있어서 유럽에서는 규제 대상이다.

환경개선부담금제(環境改善負擔金制) •••

오염자부담원칙에 따라 오염물질을 배출한 오염 원인자에게 오염물질 처리 비용을 부담하도록 하는 제도이다. 부과 대상은 점포 · 사무실 · 수상건물 등 지붕과 벽 및 기둥이 있고 각 층 바닥면적의 합계가 160m² 이상인 건축물과 경유자동차이다. 지방자치단체는 이들로부터 3월과 9월, 1년에 두 차례 부담금을 징수한다. 환경개선부담금이 면제되는 건물은 외국정부 및 국제기구나 대한민국 정부 소유의 시설물, 단독주택 · 아파트 등 공동주택, 160m² 미만의 시설물 · 공장 · 창고 · 주차장 등이다.

오염자부담원칙(PPP; polluter pays principle) 환경오염 방지 비용은 오염 발생 원인자인 기업이 부담해야 한다는 원칙이다. 환경자원의 합리적인 이용과 배분을 조장하는 동시에 국제 무역이나 투자의 부작용을 방지하기 위해 1972년 경제협력개발기구(OECD) 이사회가 가맹국에 권고했다. 최근 들어서는 환경오염 방지 비용을 사용자가 부담해야 한다는 사용자부담원칙(user pays principle)이 거론되고 있다.

생산자책임재활용제(EPR; extended product responsibility) •••

생산업체가 제품 생산 시부터 재활용이 가능한 제품으로 생산하는 것은 물론 사용 후 발생되는 폐기물의 재활용까지 책임지도록 한 제도이다. 만약 업체에서 의무를 이행하지 못했을 때는 재활용에 투입되는 비용 이상을 납부해야 한다.

온실가스 배출권 거래제(emission trading system) •••

기업들이 정부로부터 온실가스 배출허용량을 부여받고, 그 범위 내에서 생산 활동 및 온실가스 감축을 하되, 각 기업이 감축을 많이 해서 허용량이 남을 경우는 다른 기업에 남은 허용량을 판매할 수 있고, 반대로 기업이 감축을 적게 해서 허용량이 부족할 경우, 다른 기업으로부터 부족한 허용량을 구입할 수 있도록 하는 제도이다. 「탄소배출권 거래제」라고도 한다. 교토의정서를 이행하기 위한 경제적 수단 세 가지(배출권 거래제, 청정개발체제, 공동이행제도) 중 주된 수단으로 국가마다 할당된 감축량 의무 달성을 위해 자국의 기업별, 부문별로 배출허용량이 할당된다. 현재 유럽연합(EU) · 뉴질랜드 · 스위스 등에서는 배출권 거래제가 의무적으로, 미국 · 일본 등에서는 자발적 형태로 시행되고 있다. 우리나라에서는 2015년 1월부터 시행되고 있다.

탄소중립(carbon-neutral) •••

온실가스 배출은 최대한 줄이되, 남은 온실가스는 흡수, 제거해서 실질적인 배출량이 0(Zero)이 되도록 하는 것을 말한다. 즉, 배출되는 탄소와 흡수되는 탄소량을 같게 해 탄소 「순배출이 0」이 되게 하는 것으로, 「넷-제로(Net-Zero)」라고도 한다. 한편, 우리 정부는 2021년 10월 18일, 2030년까지 온실가스 배출량을 2018년 대비 40% 감축하고 2050년에는 순배출량 0을 달성하겠다는 목표를 담은 ▲2050 탄소중립시나리오 ▲2030 국가 온실가스감축목표(NDC) 상향안 등 2개 안건을 확정한 바 있다.

지속가능항공유(SAF; sustainable aviation fuel) 석탄이나 석유 대신 폐식용유, 사탕수수, 동식물성 기름, 옥수수 등 바이오 대체연료로 생산한 친환경 항공유. 기존 항공유 대비 탄소 배출을 80% 줄일 수 있는 반면 2~5배 비싸다.

탄소포인트제(carbon point system) •••

가정이나 상업 등의 전기, 상수도, 도시가스의 사용 절감량을 온실가스 감축분으로 환산해 탄소포인트를 부여하고 이에 상응하는 인센티브를 제공하는 제도이다. 2009년 7월 1일 본격 출범했다. 감축된 이산화탄소 10g당 1포인트가 부여된다.

탄소발자국(carbon footprint) •••

어떤 주체가 일상생활을 하는 과정에서 얼마나 많은 탄소를 만들어 내는지를 양으로 표시한 것이다. 탄소발자국은 개인 또는 단체가 직간접적으로 발생시키는 온실기체의 총량을 의미하는 것으로, 생태발자국에서 기후변화에 초점을 맞춘 개념이다. 주로 이산화탄소의 배출량을 측정해 나무그루 수로 표시하는데 단위는 kg이다.

생태발자국(ecological footprint) 인간이 지구에서 살아가기 위해 필요한 의식주 등을 제공하기 위한 자원의 생산과 폐기에 드는 비용을 토지로 환산한 지수를 말한다. 즉 인간이 자연에 남긴 영향을 발자국으로 표현한 것으로, 1996년 캐나다 경제학자 마티스 웨커네이걸과 윌리엄 리스가 고안한 개념이다. 표기 방법은 지구의 개수이며 단위는 ha이다. 지구가 기본적으로 감당해 낼 수 있는 면적 기준은 1인당 1.8ha이며, 면적이 넓을수록 환경문제가 심각함을 의미한다.

그린 GNP(green GNP) •••

자연자원 고갈이나 환경오염으로 인한 사회적 손실(액)을 공제하고 산출하는 국민총생산(GNP)을 말한다. 환경문제가 세계의 관심사로 대두되면서 성장 위주로 산출하는 종래의 GNP 개념에 환경비용을 고려한 것이며, 정확한 산출 방법이 확립돼 있지는 않다.

비오토프(biotope) •••

야생동물이 서식하고 이동하는 데 도움이 되는 숲, 가로수, 습지, 하천, 화단 등 도심에 존재하는 다양한 인공물이나 자연물을 일컫는다. 지역 생태계 향상에 기여하는 작은 생물들의 서식공간으로 단절된 생태계를 연결하는 징검다리 역할을 한다.

자연휴식년제(natural sabbatical system, 自然休息年制) •••

생태계 보존을 위해 오염 상태가 심각하거나 훼손 우려가 있는 지역을 지정해 일정 기간 출입을 통제하는 제도이다. 훼손이 심한 국・공립공원이나 등산로・정상부・계곡 또는 보호할 필요성이 있는 희귀 동식물 서식지에 대해 일정 기간 출입을 통제함으로써 자연환경을 보호하고 파괴된 생태계를 복원하는 데 목적이 있다.

생물권보전지역(biosphere reserve, 生物圈保全地域) •••

생물다양성의 보전과 이의 지속가능한 이용을 조화시킬 수 있는 방안을 모색하기 위해 전 세계적으로 뛰어난 생태계를 대상으로 유네스코(UNESCO)가 지정한 육상, 연안 또는 해양 생태계를 말한다. 유네스코 생물권보전지역은 람사르습지, 세계자연유산과 더불어 국제기구가 공인하는 세계 3대 자연보호지역 중 하나로, 생물권보전지역의 조사・관리 등을 위한 기술적・재정적 지원을 유네스코로부터 받을 수 있다. 생물권보전지역은 국제적 협약이나 협정의 적용을 받지 않으나 보전・지원・발전이라는 세 가지 기능을 지니며, 이를 수행하기 위해 3개 용도구역(핵심, 완충, 협력)을 설정하고 있다.

한반도의 생물권보전지역 설악산(1982), 백두산(1989), 제주도(2002), 구월산(2004), 신안 다도해(2009), 묘향산(2009), 광릉숲(2010), 전북 고창군(2013), 칠보산(2014), 순천시(2018), 금강산(2018), 강원 생태평화(2019), 연천 임진강(2019) 등

블루벨트(blue belt) •••

수자원 보전지역을 뜻하는 말로, 연안의 수자원을 해양오염의 위험으로부터 보호하기 위해 설정한 오염 제한구역이다. 우리나라는 한려수도 일대와 서해안 일부가 해당된다.

그린벨트(green belt) •••

개발제한구역을 뜻하는 말로, 1950년대 영국에서 시작, 도시 주변의 녹지공간을 보존해 개발을 제한하고 자연환경을 보전하자는 취지로 확대됐다. 이 구역 내에서는 건축물의 신·증축, 용도 변경, 토지 형질 변경 및 토지 분할 등의 행위가 제한된다. 우리나라에는 1971년 도입됐다.

경관지구(景觀地區) 경관이 뛰어난 곳을 무분별한 개발행위로부터 보호하기 위해 지정한 지역. 자연경관지구, 수변경관지구, 시가지경관지구가 있다. 경관지구로 지정된 곳에는 도시계획조례가 정하는 건축물을 건축할 수 없다.

깃대종(flagship species) •••

특정 지역의 생태·지리·문화적 특성을 반영하는 상징적인 야생 동식물로서 사람들이 보호해야 할 필요성이 인정되는 종이다. 국립공원관리공단은 2007년부터 21개 국립공원을 대상으로 총 41종의 야생 동식물을 깃대종으로 지정해 관리하고 있다. 예 설악산: 눈잣나무, 산양 / 북한산: 산개나리, 오색딱따구리 등

백두대간(白頭大幹) •••

백두산 병사봉(장군봉)에서 시작해 계곡과 강을 건너지 않고 오로지 산줄기만으로 남쪽의 지리산 천왕봉까지 이어지는 한반도의 가장 크고 긴 산줄기를 일컫는다. 우리나라에서 조사된 야생 동식물 87.7%가 서식하고 있으며, 유무형의 문화재(국보 2점, 보물 11점 등)가 산재하고 있는 한반도 핵심 생태축이다. 백두대간은 1대간 1정간(장백) 13정맥(남한 9정맥)으로 구성돼 있으며, 남한 전체 백두대간 보호지역(2634km^2)의 50%가 국립공원(12개 공원)에 포함된다. 남한의 경우 6개 도와 32개 시·군에 걸쳐 있다.

1대간	백두산 – 두류산 – 금강산 – 설악산 – 오대산 – 태백산 – 속리산 – 덕유산 – 지리산

생태학적 난민(生態學的 難民) •••

생태가 파괴됨으로써 생기는 난민으로, 유엔환경계획(UNEP) 등에서 전쟁난민과 구분 짓기 위해 쓰기 시작한 말이다. 「환경난민」이라고도 한다. 전 세계적으로 급속히 진행되고 있는 삼림 파괴, 지구의 사막화, 가뭄·홍수·해일 등 자연현상과 인위적인 생태계 파괴 등 여러 가지 요인에 의해 발생한다.

침묵의 봄(Silent Spring) •••

미국 생태학자 레이첼 카슨(Rachel Carson)이 1962년 출간한 환경 관련 저서이다. 카슨은 이 저서에서 살충제, 살균제 등 농약의 남용이 생태학적 위기를 초래해 작은 새가 지저귀는 봄을 침묵시켜 버린다고 경고했다. 당시 이 책은 큰 반향을 일으켰는데, 그 결과 미국의 수많은 주 의회가 유기 염소계 농약 사용에 대한 규제를 결의했다.

2차 공해(二次 公害) •••

공해 방지나 환경 정화를 목적으로 사용한 처리장치나 약품, 첨가물 등에서 파생하는 2차적인 공해를 일컫는다. 1차 공해는 공장 등 고정 발생원이나 자동차 등 이동 발생원에서 직접 배출되는 유해물질에 의한 일반적인 공해이다.

열오염(熱汚染) •••

화력발전소나 철강 관련 공장 등에서 배출되는 고온의 배기가스와 이를 식히기 위한 온배수의 영향으로 수중생물 및 조류 등에 미치는 피해를 일컫는다. 물에 대한 열의 충격으로 생기는 공해인데, 일반적으로 물이 찰수록 더 많은 산소가 흡수되고 물이 뜨거울수록 적게 흡수된다.

오존(ozone, O^3) •••

산소분자 3개가 결합된 산소의 동소체로, 「냄새를 맡는 일」을 뜻하는 그리스어 ozein에서 유래됐다. 상온에서 약간 푸른빛을 띠는데, 공기 속에 부피로 0.0002%만 존재해도 냄새를 감지할 수 있다. 기체 상태의 오존은 물에 잘 녹지 않는다. 오존은 자외선이 풍부한 높은 산, 산림, 해안 등의 공기 속에 많이 존재하며 상쾌한 느낌을 준다. 그러나 오존이 다량으로 존재할 때는 오히려 불쾌감을 준다. 대기 중에 존재하는 오존은 지상으로부터 10~50km 사이에 있는 성층권 오존과, 지상에서 10km 이내에 위치한 대류권 오존으로 나뉜다.

오존의 분류

성층권 오존	지상 10~50km에 두터운 띠 모양의 층을 형성, 자외선을 차단하는 역할을 하며 지구 생명체를 지켜 주는 보호막 구실을 한다. 해안가의 오존 농도는 육지보다 2~3배 높게 나타나지만 해안 오존은 자연적으로 생성돼 인체에 무해하다.
대류권 오존	오존주의보와 관련된 오존으로 일산화탄소, 메테인(메탄), 탄화수소, 질소산화물 등과 같은 대기오염물질이 태양빛과 광화학 반응을 일으켜 발생한다. 이 중 자동차 배기가스에서 배출되는 질소산화물은 오존 생성의 직접적인 원인이 된다.

오존경보제(ozone 警報制) •••

오존 농도의 정도에 따라 생활행동의 제한을 권고하는 제도이다. 1995년 7월 1일부터 서울시 전역에서 처음 실시됐으며 이후 전국으로 확산됐다. 전국의 시도별 각 측정소에서 오존이 기준치를 넘어서면 오존경보가 다음과 같이 발령된다.

오존경보 발령 기준

구분	발령 기준	인체 영향
주의보	오존 농도 0.12ppm 이상	눈 · 코 자극, 불안, 두통, 호흡수 증가
경보	오존 농도 0.3ppm 이상	호흡기 자극, 가슴 압박, 시력 감소
중대경보	오존 농도 0.5ppm 이상	폐기능 저하, 기관지 자극, 폐충혈, 급성 폐부종

✎ 1997년 7월 1일부터 서울, 인천, 광주, 대구, 대전, 부산 등 6대 도시에서는 오존 농도를 시간대별로 미리 예측해 알려주는 「오존 예보제」가 실시되고 있다.

3

지구온난화(地球溫暖化)●●●

이산화탄소가 지표에서 대기로 다시 반사되는 적외선을 흡수해 지구 표면의 온도가 올라가는 현상이다. 이로 인해 사막화, 해수면 상승, 생태계 변화 등이 유발된다. 이산화탄소는 화학적으로 안정되고 무독성이어서 그 자체로는 생물에 직접적인 해를 끼치지 않는다. 그러나 태양의 빛 가운데 짧은 파장은 통과시키고 긴 파장은 잡아 두는 이산화탄소의 물리적 성질이 문제가 된다. 대부분의 학자들은 화석연료 사용에 따른 대기 중 이산화탄소량의 증가를 지구온난화의 주원인으로 보고 있다.

온실가스(greenhouse gas) 지구온난화를 유발하는 가스로서 CO_2(이산화탄소), CH_4(메테인), N_2O(아산화질소), HFCs(수소불화탄소), PFCs(과불화탄소), SF_6(불화유황) 등을 지칭한다. 이 가운데 HFCs, PFCs, SF_6는 자연계에는 존재하지 않으며 인간이 합성한 가스이다. CO_2는 전체 온실가스 배출량 중 80% 이상을 차지한다.

열섬현상(heat island effect)●●●

인구와 건물이 밀집돼 있는 도심 지역이 주변 지역에 비해 기온이 현저하게 높게 나타나는 현상을 말한다. 이 현상은 여름보다 기온 교차가 심한 봄가을이나 겨울에, 낮보다 밤에 뚜렷하게 나타난다. 특히 매연, 인공열, 미세먼지 등이 열섬의 가장 중요한 원인 물질이 되기 때문에 「오염의 섬」이라고도 한다.

스모그현상(smog 現象)●●●

연기(smoke)와 안개(fog)의 합성어로 연무 또는 매연 현상을 일컫는다. 주로 대도시나 공장지대에서 굴뚝으로 배출되는 연기, 자동차의 배기가스 등이 무풍 상태로 인해 지표 가까이 쌓여 안개처럼 보인다. 스모그현상이 나타나면 눈이 아프고, 호흡기 질환이 악화되며, 폐가 약한 사람의 경우 사망에까지 이를 수 있다. 1952년 12월 영국 런던에서 발생했던 스모그현상이 세계적으로 잘 알려져 있다.

대기오염의 유형

구분	내용
런던형 스모그	1952년 12월 5~9일까지 5일간 영국 런던에서 발생한 스모그. 주로 공장의 배기가스, 빌딩이나 가정의 난방(석탄)으로 인한 매연이 주원인으로, 여기에 아황산가스와 짙은 안개가 결합해 악화됨
로스앤젤레스(LA)형 스모그	자동차 등 석유계 연료로부터 발생한 스모그. 광화학 스모그, 백색 스모그라고도 함
서울형 스모그	자동차 배출가스와 안개가 결합한 스모그로, 런던형 스모그와 LA형 스모그의 특성을 가짐

엘니뇨(El Nino)●●●

중미 에콰도르에서 남미 페루에 이르는 해류의 수온이 북쪽에서 유입된 난류로 갑자기 높아지는 현상이다. 보통 열대 동태평양 적도 부근 해수면 온도가 5개월 이상 평년보다 0.5도 이상 높은 상태가 지속되면 엘니뇨라고 하는데 온도가 1.5도 이상이면 강한 엘니뇨, 2.0도 이상이면 슈퍼 엘니뇨라고 부른다. 1949년 이후 대략 4년 주기로 크리스마스 무렵에 집중 발생해 스페인어로 「아기 예수」라는 이름이 붙었다. 엘니뇨가 시작되면 해류의 방향이 「동쪽(미주) → 서쪽(호주)」에서 「서쪽 → 동쪽」으로 바뀌어 해수면이 높아지고, 뜨거운 난류가 남북미 대륙에서 충돌해 홍수, 가뭄 등의 기상이변이 유발된다. 직접적인 영향을 받는 곳은 미국 대륙, 호주, 페루, 에콰도르, 인도네시아, 필리핀 등이다. 한국・일본 등지에서는 여름 저온・겨울 고온이, 페루・에콰도르 연안 등지에서는 홍수 등의 기상이변이 나타난다.

라니냐(La Nina) •••

엘니뇨의 반대 현상으로, 스페인어로 「여자아이」란 뜻이다. 엘니뇨가 시작되기 전이나 끝난 뒤에 예년보다 강한 무역풍이 지속될 때 일어나는 기후변동 현상을 일컫는다. 즉, 적도 무역풍이 평년보다 강해지면서 서태평양의 해수온도 상승으로 적도 동태평양에서 저수온 현상이 강화되는 해류의 이변 현상을 말한다. 이에 따라 인도네시아, 필리핀 등 동남아시아에서는 극심한 장마가, 페루 등 남미에서는 가뭄이, 북미에서는 강추위가 발생할 수 있다.

적조(赤潮) •••

바닷속의 플랑크톤이 갑자기 이상 번식돼 해수가 적색이나 황색, 갈색으로 변하는 현상이다. 발생 원인은 완전히 밝혀지지 않았으나 도시 공장폐수로 바다가 오염돼 질소, 인 등이 많아지는 부영양화가 간접적인 원인이다. 여기에 플랑크톤의 「성장촉진 인자」인 비타민, 아미노산류가 가세해 폭발적으로 확산되는 것으로 알려져 있다.

부영양화(富營養化) 질소, 인 등 영양물질이 폐쇄성 수역에 다량 유입되면 녹조류가 과다하게 번식하는데, 이 녹조류로 호소(湖沼) 또는 해역이 부패하면서 썩어 가는 현상이다.

생물지표종(biological indicator species, 生物指標種) •••

표준이 되는 수생생물로부터 수질오염의 정도를 측정할 수 있는 지표가 되는 종을 일컫는다. 수질등급은 매우 좋음(Ⅰa), 좋음(Ⅰb), 약간 좋음(Ⅱ), 보통(Ⅲ), 약간 나쁨(Ⅳ), 나쁨(Ⅴ), 매우 나쁨(Ⅵ)으로 구분한다. 이를 기준으로 해 생물지표종 및 서식지 특성에 따라 생물등급을 ▲매우 좋음~좋음 ▲좋음~보통 ▲보통~약간 나쁨 ▲약간 나쁨~매우 나쁨 단계로 나눈다.

생물등급에 따른 생물지표종(생물 / 저서생물)

등급	생물	저서생물
매우 좋음~좋음	산천어, 금강모치, 열목어, 버들치 등	옆새우, 가재 등
좋음~보통	쉬리, 갈겨니, 은어, 쏘가리 등	다슬기, 넓적거머리 등
보통~약간 나쁨	피라미, 끄리, 참붕어 등	물달팽이, 물벌레 등
약간 나쁨~매우 나쁨	붕어, 잉어, 미꾸라지 등	실지렁이, 붉은깔따구 등

생물경보체제(bio-monitoring system, 生物警報體制) •••

중금속, 독극물 등으로 상수원 등 하천이 오염됐을 때 즉각 이를 감지해 경보를 내리는 수질 측정망으로, 「바이오모니터링 시스템」이라고도 한다. 물고기와 물벼룩을 이용하는데, 급성 독성물질에 예민한 이들의 반응을 전자통제 장치에 입력해 일정 한도를 넘어서면 경보를 울리게 한다.

PPM(parts per million) •••

100만 분의 1을 나타내는 단위로, 환경오염과 같이 극히 적은 물질의 양을 표시할 때 주로 사용된다. 1g의 시료 중에 100만 분의 1g, 물 1t 중의 1g, 공기 $1m^3$ 중의 1cc가 1ppm이다.

PPB(parts per billion) PPM의 1000분의 1, 즉 10억 분의 1을 나타내는 단위. 대기오염 물질의 대기 중 농도를 표시할 때 사용된다.

PSI 지수(pollutant standard index) •••

대표적인 대기오염 지수로 부유분진, 아황산가스, 질소산화물, 오존, 일산화탄소, 부유분진과 아황산가스의 혼합물 등 여섯 개의 오염도가 인체에 미치는 영향을 총체적으로 나타낸다.

DO(dissolved oxygen) •••

용존산소량, 즉 물속에 용해돼 있는 산소의 양을 말한다. 깨끗한 강물에는 보통 5.7~10ppm 정도가 포함돼 있다. 물속에 유기물이 늘어나면 산소가 소비돼 줄어들기 때문에 용존산소는 수질오염을 나타내는 지표가 된다.

BOD(biochemical oxygen demand) •••

물의 오염 정도를 표시하는 지표로 생화학적 산소요구량이라고도 한다. 즉, 호기성 박테리아가 일정 기간(보통 20℃에서 5일간) 수중의 유기물을 산화 분해시켜 정화하는 데 소비되는 산소량을 ppm(백만분율)으로 나타낸 것이다. 물이 많이 오염될수록 유기물이 많으므로 그만큼 박테리아 분해에 필요한 산소량도 증가한다. 따라서 BOD가 높을수록 오염이 심한 물이다. 1ℓ의 물에 1mg의 산소가 필요한 경우가 1ppm인데, 보통 하천의 경우 5ppm이 되면 자정 능력을 상실하고 10ppm을 넘으면 악취를 풍긴다.

COD(chemical oxygen demand) 화학적 산소요구량. BOD와 마찬가지로 물의 오염 정도를 나타내는 기준으로 유기물 등의 오염물질을 산화제로 산화할 때 필요한 산소량을 나타낸다. 단위는 ppm으로 표시하고 이 숫자가 클수록 하천의 오염도가 심하다.

환경호르몬(environmental hormone) •••

인체호르몬이 나오는 내분비계를 교란시키고 인체의 균형 있는 성장을 방해하는 물질로, 정식 명칭은 「외인성 내분비교란물질(endocrine disruptor)」이다. 인체에 들어가면 여성호르몬과 똑같은 작용을 한다고 해서 이런 이름이 붙었다. 환경호르몬은 정자 수 감소 등 생식기 이상뿐만 아니라 면역계, 신경계 등 인체 대부분에 영향을 미친다. 농약과 수은·납·카드뮴 등 중금속과 비스페놀 A 등 플라스틱 성분, 프탈레이트 등 플라스틱 가소제, 강력세척제인 노닐페놀류가 의심 물질이다. 특히 다이옥신은 대표적인 환경호르몬으로 암을 유발하는 것으로 알려져 있다. 환경호르몬이 인체에 유해하다는 사실이 처음 밝혀진 것은 1966년 미국 매사추세츠주의 한 의사가 10대 소녀에게서 질암을 발견하면서부터이다. 이후 1996년 세계야생생물기금(WWF) 고문인 미국 동물학자 테오 콜본이 ≪도둑맞은 미래(Our Stolen Future)≫라는 책에서 미국 5대호에 서식하고 있는 야생조류 일부가 생식 및 행동장애로 멸종위기에 처해있다고 경고하면서 관심을 끌었다.

다이옥신(dioxin) 베트남전 당시 많이 사용돼 그 후유증이 문제가 된 제초제의 일종인 고엽제(agent orange)의 주성분이다. 정확한 명칭은 폴리염화디벤조파라디옥신(PCDDs)으로 화합물 제조, 폐기물 소각, 펄프 · 종이 제조 과정 등에서 주로 발생한다. 다이옥신은 맹독성 화학물질로 발암성과 축적성이 높으며, 화학적으로 안정돼 있어 분해되거나 다른 물질과 쉽게 결합되지 않아 자연적으로 사라지지 않는다. 따라서 적은 양이라도 지속적으로 배출될 경우 먹이사슬을 통해 생태계에 축적된다. 동물실험 결과 다이옥신은 피부질환과 암을 유발하고 면역체계에 이상을 불러일으키는 것으로 보고됐다.

DDT(dichloro-diphenyl-trichloroethane) 몸속에 축적돼 분비계 이상을 일으키는 환경호르몬 중 하나로, 강력한 살충 및 제초효과를 가지고 있다. DDT는 1960년대 들어 생태계를 파괴하고 인체에 악영향을 미친다는 사실이 알려지면서 대부분의 국가에서 사용 금지 처분이 내려졌다.

산성비(acid rain)●●●

수소이온농도(pH)가 자연 상태 빗물 수준인 5.6 이하(수치가 적을수록 산성이 강해짐)를 나타내는 비이다. 공기 중의 아황산가스나 이산화질소 등이 빗물에 녹아들어 생긴다. 산성비 피해 중 가장 심각한 것은 토양의 산성화로, 이는 토양이 딱딱하게 굳고 식물 성장에 필요한 토양 속 금속 성분이 제거되는 것이다. 산성비는 식물의 잎을 시들게 하고, 플랑크톤이나 물고기가 살 수 없는 죽음의 호수를 만들기도 하며, 석조 건물이나 예술품을 훼손시키기도 한다. 한편, 국경을 넘어 수천km를 이동하며 내리는 산성비를 「월경산성비」라고 한다.

건성강하물(乾性降下物) 「죽음의 재」라 불리는 공해 물질로, 산성강하물의 한 형태이다. 산성비는 공해 물질이 포함돼 있는 비인 데 비해, 건성강하물은 맑은 하늘에서 눈에 보이지 않게 떨어지는 산성의 미립 물질이기 때문에 산성비보다 동식물이나 건물 등에 훨씬 큰 피해를 준다.

라돈 가스(radon gas)●●●

폐암을 일으키는 대표적인 실내의 오염물질로 천연 우라늄이 자연 붕괴할 때 생기는 방사성 가스이다. 석재, 벽돌, 석고, 흙담 등 건축자재에 들어 있으며 지하실이나 벽 틈새를 타고 실내로 침투한다.

초미세먼지(ultrafine particles)●●●

지름이 2.5μm 이하인 먼지로 PM 2.5라고 한다. 먼지는 입자의 크기에 따라 총먼지, 지름이 10μm 이하인 미세먼지, 지름이 2.5μm 이하인 초미세먼지로 나뉜다. 이 가운데 10μm 이하의 미세먼지(PM 10)는 사람의 폐포까지 깊숙이 침투해 각종 호흡기 질환을 일으키는 직접적인 원인이 된다. 황산염, 질산염, 암모니아 등의 이온 성분과 금속화합물, 탄소화합물 등의 유해물질로 이루어져 있는데, 주로 자동차 배기가스에서 발생한다. 환경부는 1995년부터 10μm 이하의 농도를 미세먼지 기준으로 삼고 있다.

미세먼지 비상저감조치 고농도 미세먼지가 장기간 지속되는 경우 단기간에 미세먼지를 줄여 대기질을 개선하고 국민건강을 보호하기 위해 차량부제, 사업장 조업 단축 등을 실시하는 것을 말한다.

미나마타병(Minamata disease)●●●

일본 구마모토현(熊本縣) 미나마타시에서 발생한 수은에 의한 공해병이다. 1932년부터 신일본질소비료의 미나마타 공장에서 메틸수은이 함유된 폐수가 인근 바다로 흘러 들어갔고, 이곳의 물고기를 먹은 주민들에게서 수은 중독현상이 나타났다. 수은 중독은 중추신경계에 장애를 가져오는데 사지마비, 언어장애, 경련, 정신착란을 일으켜 결국은 사망에 이르게 된다.

이타이이타이병(itai-itai disease)•••

일본 도야마현(富山縣)의 진즈(神通)강 하류에서 발생한 카드뮴에 의한 공해병이다. 일본 4대 공해병의 하나로서 카드뮴에 중독된 환자가 「이타이이타이(아프다, 아프다)」라고 호소했기 때문에 이런 병명이 붙었다. 재채기를 하거나 의사가 맥을 짚는 것만으로도 골절될 수 있으며 결국에는 사망에 이르게 된다. 이 병은 미츠이(三井) 금속광업 가미오카 광산에서 아연을 제련할 때 광석에 포함된 카드뮴을 제거하지 않고 그대로 강에 버린 것이 원인이었다.

새집증후군(sick house syndrome)•••

새집이나 수리한 집에 거주하는 주민에게서 눈이 따갑거나 두통, 천식, 아토피성 피부염 등의 질환이 나타나는 현상을 말한다. 건축자재로 쓰이는 단열재나 합판・섬유・가구 등의 접착제에서 많이 방출되는 포름알데히드와 간・혈액・신경계에 유해한 휘발성 유기물질인 톨루엔이 주요 유발물질인 것으로 알려져 있다.

빌딩증후군(building syndrome)•••

밀폐된 공간에서 오염된 공기로 인해 온몸이 쉽게 피로해지는 현상을 말한다. 이 증후군에 걸린 사람은 두통, 현기증, 집중력 감소 등의 증상과 기관지염, 천식 등 갖가지 질환을 호소한다.

로하스(lohas)•••

「건강과 지속 성장성을 추구하는 라이프스타일(Lifestyle of Health and Sustainability)」의 약칭이다. 미국의 내추럴마케팅연구소가 2000년 처음 발표한 개념으로, 친환경적이고 합리적인 소비패턴을 지향하는 생활 방식 또는 이를 추구하는 사람들을 일컫는다. 일회용품 줄이기, 장바구니 사용하기, 천기저귀나 대안생리대 쓰기, 프린트 카트리지 재활용 캠페인 등이 로하스의 대표적 활동이다.

바이콜로지(bicology)•••

자전거(bicycle)와 생태학(ecology)의 합성어로, 대기오염과 소음의 근원인 자동차를 추방하고 자전거를 이용함으로써 환경을 보호하는 동시에 인간성을 회복하려는 운동과 그 생태학적 사상을 일컫는다. 1971년 미국에서 제창돼 공해추방 시민운동으로 확산됐다.

에코테러리즘(eco-terrorism)•••

환경보호라는 미명하에 급진적인 환경단체나 동물보호단체들이 방화, 파괴, 협박 등 과격한 행위를 보이는 것을 말한다. 예컨대 에코테러리스트들은 개발이 지구환경 파괴를 가져온다며 고급주택단지나 벌목회사에 불을 지르는 등의 행위를 서슴지 않는다.

RE100(renewable energy 100) •••

「재생에너지 100%」의 약칭으로 2050년까지 풍력 · 태양광 등 재생에너지 전력으로 기업 전력량의 100%를 충당하겠다는 목표의 국제 캠페인이다. 2014년 영국 다국적 비영리기구인 「더 클라이밋 그룹」에서 발족된 것으로, 정부의 강제가 아닌 글로벌 기업들의 자발적 참여로 진행된다.

3R(reduce, reuse, recycle) 3R은 쓰레기를 줄이고(reduce), 재사용하고(reuse), 재활용해(recycle) 환경을 보전하고 자원순환 사회를 만들자는 운동이다. 4R은 여기에 분리배출, 유용자원 매립의 최소화, 폐자원의 에너지화를 통한 에너지 회수(recovery)를 추가한 가치상향형 자원순환을 지향한다.

그린 업그레이드(green upgrade) •••

환경문제에 관심은 있으나 실생활에서 쉽게 동참하지 못하는 대신 배출한 이산화탄소만큼 기부금을 내는 운동이다. 이렇게 모인 기부금은 환경보호기금 등을 통해 지방자치단체나 비영리단체의 각종 환경프로젝트에 사용된다. 이런 행동을 하는 사람들은 그린 업그레이드족이라고 한다.

제로 웨이스트(zero waste) •••

모든 제품의 재활용 및 재사용을 통해 폐기물을 없애는 것에 초점을 둔 친환경적 가치관이나 생활양식을 말한다. 구체적인 방법으로는 개인 용기에 음식 포장, 남은 재료를 활용한 요리, 옷 수선, 손수건 이용, 텀블러 · 장바구니 사용, 플라스틱 빨대 사용 자제 등이 있다.

레스 웨이스트(less waste) 환경오염을 방지하고 자연을 보호하기 위해 쓰레기 배출량을 줄이는 친환경적 가치관이나 생활양식을 말한다. 레스 웨이스트는 쓰레기를 전혀 만들지 않는 삶을 의미하는 제로 웨이스트(zero waste)보다 도전하는 데 수월하고 부담이 없으며, 쓰레기 배출량 줄이기를 실천하고 유지하기 쉽다는 점에서 의미가 있다.

플로깅(plogging) 조깅을 하면서 동시에 쓰레기를 줍는 운동으로, 스웨덴에서 시작돼 북유럽을 중심으로 확산됐다. 건강과 환경을 동시에 챙길 수 있다는 점에서 인기를 끌고 있는데, 국립국어원은 2019년 11월 플로깅을 대체할 우리말로 「쓰담달리기」를 선정한 바 있다.

비치코밍(beachcombing) 해변(beach)을 빗질(combing)하듯이 조개껍데기, 유리 조각 따위의 표류물이나 쓰레기를 주워 모으는 것을 뜻한다.

특별재난지역(特別災難地域) •••

대형 사고나 자연재해 등으로 피해를 입은 지역의 긴급한 복구 지원을 위해 대통령이 선포하는 지역을 말한다. 1995년 삼풍백화점 붕괴 사고를 계기로 도입된 제도로, 도입 당시에는 대형 사고 등 사회재난에 한해 선포할 수 있도록 했지만 2002년 태풍 루사를 계기로 자연재해 시에도 선포할 수 있도록 대상을 확대했다. 특별재난지역으로 선포되면 긴급 구조를 비롯한 일체의 현장 업무를 중앙정부가 체계적으로 관장해 구호 작업과 복구, 보상에 소요되는 경비를 지원하게 된다. 또 지방세법과 국세법에 의한 재산세, 취득세, 등록세 등 세금 감면과 납세 유예 혜택이 주어진다.

02 보건 · 건강

세계보건기구(WHO; World Health Organization)•••

보건 · 위생 분야의 국제적인 협력을 위해 설립한 국제연합(UN) 전문기구이다. 1946년 61개국의 세계보건기구헌장 서명 후 1948년 26개 회원국의 비준을 거쳐 정식으로 발족했다. WHO는 세계 인류가 신체적 · 정신적으로 최고의 건강 수준에 도달하는 것을 목적으로 활동한다. 주요 기관으로는 총회, 이사회, 사무국이 있으며, 재정은 회원국 정부의 기부금으로 충당한다. 본부는 스위스 제네바에 있다. 현재 가맹국은 194개국이며 한국은 1949년 제2차 로마총회에서, 북한은 1973년에 가입했다.

유엔에이즈계획(UNAIDS; the United Nations Programme on HIV/AIDS)•••

각 국가들의 에이즈 관리 및 예방사업을 돕기 위해 1996년 1월 창설된 UN 산하의 에이즈 전담기구이다. 각 국가에 에이즈에 대한 신속한 정보를 제공하고 있으며, HIV 확산 방지는 물론 감염인이나 그로 인한 피해자 지원 등의 활동을 한다.

세계 에이즈의 날 매년 12월 1일. 1988년 1월 영국 런던에서 열린 세계보건장관회의에서 에이즈 예방을 위한 「런던선언」을 채택하면서 제정됐다.

국제수역사무국(OIE; Office International des épizooties)•••

정식 명칭은 「세계동물보건기구(World Organisation for Animal Health)」로, 가축질병의 확산 방지와 근절을 위해 1924년에 설립된 국제기구이다. 본부는 프랑스 파리에 있다. 1995년 세계무역기구(WTO)의 설립과 동시에 위생식물검역조치 적용에 관한 협정(SPS협정)이 발효되면서, OIE가 동물검역에 관한 국제기준을 수립하는 국제기관으로 공인됐다. OIE 회원국은 130여 가지 가축전염병의 자국 내 발생 현황을 보고할 의무가 있고, 국제적인 축산물 교역은 OIE가 정하는 위생 기준에 근거해 이뤄지고 있다. 우리나라는 1953년 11월에, 북한은 2001년 3월에 회원국이 됐다.

담배규제기본협약(FCTC; Framework Convention on Tobacco Control)•••

금연을 위해 필요한 국제협력 방안을 담은 보건 분야 최초의 국제협약이다. 세계보건기구(WHO) 주도로 2005년 2월 27일 발효됐다. 우리나라는 2005년 4월 이 협약에 비준, 8월부터 적용 중이다. 담배규제기본협약은 흡연 통제를 위해 담배광고 및 판촉의 포괄적인 금지, 간접 흡연규제, 경고문구 제한 등을 골자로 하고 있다. 협약의 당사국들은 담배 광고나 판촉 금지조치를 발효일로부터 5년 이내에 도입하고 겉 포장의 경고문도 3년 이내에 30% 이상으로 확대해야 할 의무를 진다. 이 협약은 공중보건과 위생에 관한 사상 최초의 국제협약이라는 점에서 큰 의미를 갖는다.

HACCP(hazard analysis critical control point)

「위해 요소 중점관리기준」으로, 식품의 원재료 생산에서부터 제조・가공・보존・유통단계를 거쳐 최종 소비자가 섭취하기 전까지의 각 단계에서 발생할 수 있는 모든 위해 요소에 대해 체계적인 관리로 식품의 안전성을 확보하기 위한 과학적인 위생관리체계이다. 이 개념은 1960년대 초 미국 우주계획의 식품 개발에 처음 적용된 이후 1980년대 들어 일반화됐다.

법정감염병(法定感染病)

감염병이란 제1급감염병, 제2급감염병, 제3급감염병, 제4급감염병, 기생충감염병, 세계보건기구 감시대상 감염병, 생물테러감염병, 성매개감염병, 인수(人獸)공통감염병 및 의료관련감염병을 말한다(「감염병의 예방 및 관리에 관한 법률」 제2조 1항).

법정감염병의 구분

구분	특성	감염병명
제1급감염병 (17종)	생물테러감염병 또는 치명률이 높거나 집단 발생의 우려가 커서 발생 또는 유행 즉시 신고해야 하고, 음압격리와 같은 높은 수준의 격리가 필요한 감염병. 단, 갑작스러운 국내 유입 또는 유행이 예견돼 긴급한 예방・관리가 필요해 보건복지부장관이 지정하는 감염병을 포함함	에볼라바이러스병, 마버그열, 라싸열, 크리미안콩고출혈열, 남아메리카출혈열, 리프트밸리열, 두창, 페스트, 탄저, 보툴리눔독소증, 야토병, 신종감염병증후군, 중증급성호흡기증후군(SARS), 중동호흡기증후군(MERS), 동물인플루엔자 인체감염증, 신종인플루엔자, 디프테리아
제2급감염병 (22종)	전파가능성을 고려해 발생 또는 유행 시 24시간 이내에 신고해야 하고, 격리가 필요한 감염병. 단, 갑작스러운 국내 유입 또는 유행이 예견돼 긴급한 예방・관리가 필요해 보건복지부장관이 지정하는 감염병을 포함함	결핵, 수두, 홍역, 콜레라, 장티푸스, 파라티푸스, 세균성이질, 장출혈성대장균감염증, A형간염, 백일해, 유행성이하선염, 풍진, 폴리오, 수막구균 감염증, b형헤모필루스인플루엔자, 폐렴구균 감염증, 한센병, 성홍열, 반코마이신내성황색포도알균(VRSA)감염증, 카바페넴내성장내세균속균종(CRE)감염증, E형간염, 엠폭스
제3급감염병 (26종)	그 발생을 계속 감시할 필요가 있어 발생 또는 유행 시 24시간 이내에 신고해야 하는 감염병. 단, 갑작스러운 국내 유입 또는 유행이 예견돼 긴급한 예방・관리가 필요해 보건복지부장관이 지정하는 감염병을 포함함	파상풍, B형간염, 일본뇌염, C형간염, 말라리아, 레지오넬라증, 비브리오패혈증, 발진티푸스, 발진열, 쯔쯔가무시증, 렙토스피라증, 브루셀라증, 공수병, 신증후군출혈열, 후천성면역결핍증(AIDS), 크로이츠펠트－야콥병(CJD) 및 변종크로이츠펠트－야콥병(vCJD), 황열, 뎅기열, 큐열, 웨스트나일열, 라임병, 진드기매개뇌염, 유비저, 치쿤쿠니야열, 중증열성혈소판감소증후군(SFTS), 지카바이러스감염증
제4급감염병 (24종)	제1급감염병부터 제3급감염병까지의 감염병 외에 유행 여부를 조사하기 위해 표본감시 활동이 필요한 감염병	인플루엔자, 매독, 회충증, 편충증, 요충증, 간흡충증, 폐흡충증, 장흡충증, 수족구병, 임질, 클라미디아감염증, 연성하감, 성기단순포진, 첨규콘딜롬, 반코마이신내성장알균(VRE) 감염증, 메티실린내성황색포도알균(MRSA) 감염증, 다제내성녹농균(MRPA) 감염증, 다제내성아시네토박터바우마니균(MRAB) 감염증, 장관감염증, 급성호흡기감염증, 해외유입기생충감염증, 엔테로바이러스감염증, 사람유두종바이러스 감염증, 코로나바이러스감염증-19

팬데믹(pandemic) •••

세계보건기구(WHO)가 선포하는 감염병 최고 경고 등급으로, 세계적으로 감염병이 대유행하는 상태를 일컫는다. WHO는 감염병의 위험도에 따라 감염병 경보단계를 1~6단계까지 나누는데, 팬데믹은 최고 경고 등급인 6단계에 해당한다. 팬데믹은 특정 질병이 전 세계적으로 유행하는 것으로, 이를 충족시키려면 전염병이 특정 권역 창궐을 넘어 2개 대륙 이상으로 확산돼야 한다. ▲1단계는 동물에 한정된 전염 ▲2단계는 동물 간 전염을 넘어 소수의 사람에게 전염된 상태 ▲3단계는 사람들 사이에서 전염이 증가된 상태 ▲4단계는 사람들 간 전염이 급속히 확산되면서 세계적 유행병이 발생할 초기 상태 ▲5단계는 전염이 널리 확산돼 최소 2개국에서 병이 유행하는 상태이다. ▲6단계인 팬데믹은 5단계를 넘어 다른 대륙의 국가에까지 추가 전염이 발생한 상태이다. 인류 역사상 팬데믹에 속한 질병은 14세기 중세 유럽을 거의 전멸시킨 흑사병(페스트), 1918년 전 세계에서 5000만 명 이상의 사망자를 발생시킨 스페인 독감, 1968년 100만 명이 사망한 홍콩 독감 등이 있다. WHO가 1948년 설립된 이래 팬데믹을 선언한 경우는 1968년 홍콩독감과 2009년 신종플루, 2020년 코로나바이러스감염증-19 등 세 차례이다.

감염병 재난 위기경보 수준(보건복지부)

구분	해외 신종감염병	국내 원인불명 · 재출현 감염병
관심(blue)	해외에서의 신종감염병 발생 및 유행	발생
주의(yellow)	해외 신종감염병의 국내 유입	제한적 전파
경계(orange)	국내 유입된 해외 신종감염병의 제한적 전파	지역사회 전파
심각(red)	국내 유입된 해외 신종감염병의 지역사회 전파 또는 전국적 확산	전국적 확산

에피데믹(epidemic) 비교적 넓은 영역에 퍼지는 감염병으로, 한 국가나 대륙에서 빠르게 확산되는 국지적 유행을 가리킨다. 에피데믹은 세계보건기구(WHO)의 감염병 경보 6단계 중 4단계이다.

엔데믹(endemic) 넓은 지역에서 강력한 피해를 유발하는 팬데믹이나 에피데믹과 달리, 특정 지역의 주민들 사이에서 주기적으로 발생하는 풍토병을 가리킨다. 즉, 감염병이 특정 지역이나 사람(demos)에 한정된(en-) 경우를 가리킨다.

에이즈(AIDS; acquired immunity deficiency syndrome) •••

후천성면역결핍증후군으로, 병원체인 HIV(인간면역결핍바이러스)에 감염돼 체내의 면역 기능이 저하되면서 카리니 폐렴, 카포시 육종, 기회 감염 등을 동반한 증후군을 일으키는 일종의 전염병이다. HIV가 전파되는 경로는 성 관계, 혈액을 통한 전파, 감염된 여성의 출산 등 세 가지뿐이며 음식이나 물, 공기 등을 통해서는 전염되지 않는다. 증상은 발열, 체중 감소, 설사, 심한 피로감, 악성 종양, 호흡 곤란 등이며, 신체가 무방비 상태에 이르기 때문에 무해한 세균이나 곰팡이에도 생명을 빼앗기게 된다. 하지만 1996년 레트로바이러스 증식을 억제하는 항레트로바이러스 약물들이 개발되고, 이들 약물을 섞어 쓰는 칵테일 요법이 정착되면서 불치병의 범주에서 점차 벗어나고 있다.

HIV(human immunodeficiency virus) 인간면역결핍바이러스. 에이즈(AIDS)를 유발하는 바이러스로, 수혈이나 성 접촉을 통해 사람에게 감염된다. 1930년대 초 양성 바이러스인 유인원 면역결핍바이러스(SIV)가 사람에게 감염되면서 살인 바이러스로 진화됐다. HIV 자체가 사람을 죽이지는 않지만 다른 많은 감염을 가능하게 해 에이즈를 야기시킨다. 인체의 특성에 따라 변신하기 때문에 지역마다 유행하는 아형이 다르다.

파킨슨병(Parkinson's disease)•••

영국의 의사 파킨슨이 1817년에 처음으로 보고한 질환으로, 중뇌 흑질 부위의 신경전달 물질인 도파민의 분비가 감소해 뇌세포가 점점 괴사하는 질병이다. 별칭은 「진전마비」이다. 주로 50세 전후에 발병하며 초기에는 근경직, 운동 감소, 진전(무의식으로 일어나는 근육의 불규칙한 운동) 등의 증상이 나타난다. 떨리는 것은 대개 손발부터 시작되고 점차 전신의 수의(隨意) 운동이 불가능해진다. 교황 요한 바오로 2세, 권투선수 무하마드 알리, 장쩌민 전 중국 국가주석이 파킨슨병을 앓았다고 한다.

알츠하이머병(Alzheimer disease)•••

노인성 치매를 일으키는 병으로, 독일의 신경과 의사 올로이스 알츠하이머의 이름을 따서 명명된 신경 질환이다. 이 병에 걸리면 특히 기억과 정서면에서 심각한 장애를 일으킨다. 현대 의학에서는 아직 알츠하이머병의 뚜렷한 예방법이나 치료법이 개발돼 있지 않다.

치매(dementia) 한의학에서 흔히 매병이라고 불리는 질환으로 뇌가 여러 가지 원인에 의해 손상을 받아 기억력이나 이해력, 판단력 등에 장애가 나타나 사회생활에 지장을 초래하게 된다. 원인에 따라 노인성 치매와 혈관성 치매, 알코올 남용 등에 의한 가역성 치매(치료 가능한 치매) 등으로 구분된다.

구제역(FMD; foot and mouth disease, 口蹄疫)•••

소, 돼지, 양, 염소, 사슴 등 발굽이 둘로 갈라진 동물(우제류)에게 감염되는 급성 바이러스성 질병이다. 잠복기는 2~14일 정도인데, 대표적인 증상은 입술・혀・잇몸・코・발굽 사이 등에 물집(수포)이 생기며, 체온이 급격히 상승하고 식욕이 저하돼 심하게 앓거나 죽게 된다(폐사율 50% 이상). 국제수역사무국(OIE)에서 A급 질병(전파력이 빠르고 국제교역상 경제 피해가 매우 큰 질병)으로 분류하며 우리나라에서는 가축전염병 예방법상 제1종 가축전염병으로 지정돼 있다. 병인체는 Picornaviridae Aphthovirus이다. 주로 공기를 통해 전염되며, 감염된 동물의 물집액이나 침, 분변, 사람의 의복, 차량 등을 통해서도 확산된다. 구제역 바이러스는 냉장 및 냉동 조건하에서는 오래 보존되나, 열에는 약해 50도 이상의 열을 30분 정도 가하면 사멸되며, 70도 정도에서는 7~10초면 파괴된다. 다만, 인수공통전염병이 아니기 때문에 구제역에 걸린 소나 돼지의 고기를 날로 먹어도 사람은 감염되지 않는다.

아프리카돼지열병(ASF; African swine fever)•••

이병률(감염된 동물의 비율)이 높고 고병원성 바이러스에 전염될 경우 치사율이 거의 100%에 이르는 바이러스성 출혈 돼지전염병이다. 「돼지 흑사병」으로도 불리는데, 아프리카 지역에서 주로 발생했기 때문에 아프리카돼지열병이라는 이름이 붙었다. 우리나라에서는 이 질병을 가축전염병 예방법상 제1종 가축전염병으로 지정해 관리하고 있다. ASF는 주로 감염된 돼지의 분비물(눈물, 침, 분변 등)에 의해 직접 전파되는데, 잠복 기간은 약 4~19일이다. 다만, ASF는 인체에는 영향이 없고 다른 동물에도 전염되지 않으며, 돼지와 야생멧돼지 등 돼지과 동물만 감염된다. 이 병에 걸린 돼지는 고열(40.5~42℃), 식욕부진, 기립 불능, 구토, 피부 출혈 증상 등을 보이다가 보통 10일 이내에 폐사한다. 이 질병이 발생하면 세계동물보건기구(OIE)에 발생 사실을 즉시 보고해야 하며, 돼지와 관련된 국제 교역도 즉시 중단된다. 아프리카돼지열병은 이름이 비슷한 돼지열병과 그 임상증상은 비슷하지만 전혀 다른 바이러스 질병으로, 돼지열병과 달리 백신이 없어 위험성이 더욱 높다.

조류인플루엔자(AI; avian influenza) •••

청둥오리 등 야생조류나 닭, 오리 등 가금류에 발생하는 급성 바이러스성 전염병이다. 잠복기는 수 시간에서 2~3일 정도이며 세계동물보건기구(OIE)에서는 최장 잠복기를 21일로 규정한다. 조류인플루엔자에 걸린 가금류는 감기, 설사, 식욕부진 증세와 산란율이 급격히 떨어지는 특징을 보이다 폐사한다. 조류인플루엔자는 70도 이상으로 끓이면 30분, 75도 이상에서는 5분, 80도 이상에서는 1분이 지나면 바이러스가 소멸된다. 이에 따라 감염된 가금류와 직접 접촉하거나 감염된 닭·오리고기·계란을 날 것으로 섭취하지 않는 이상 사람에게 전파되지 않는다. 병원성 정도에 따라 고병원성과 저병원성으로 구분하며, 일반적으로 알려진 H5N1형 AI 바이러스는 대부분 고병원성이다. 고병원성 조류인플루엔자(H5, H7)는 가축전염병 예방법상 제1종 가축전염병으로, 야생조류는 저항력이 있어 생존율이 높지만, 사육하는 닭과 오리 등은 폐사율이 100%에 가까워 가금류 에이즈라고 불린다. 특히 H5N1형은 드물게 사람에게도 감염증을 일으킨다. 사람 사이의 감염은 아직 밝혀지지 않았으며, 인체에 감염된 경우 사망률이 높은 편이다.

3

코로나바이러스감염증-19(COVID-19, corona virus disease 19) •••

2019년 12월 중국 우한에서 처음 발생한 뒤 전 세계로 확산된 신종 코로나바이러스(SARS-CoV-2) 감염에 의한 호흡기 증후군이다(제2급 법정감염병). 병원체는 코로나바이러스과에 속하는 RNA 바이러스 「사스-코로나바이러스-2(SARS-CoV-2)」이다. 코로나바이러스감염증-19(약칭 코로나19)는 감염자의 비말(침방울) 및 접촉을 통해 전파되며, 잠복기는 1~14일(평균 4~7일)이다. 주 증상은 발열, 권태감, 기침, 호흡곤란 및 폐렴 등 경증에서 중증까지 다양한 호흡기감염증이 나타난다. 이 밖에도 가래, 인후통, 두통, 객혈과 오심, 설사 등도 나타나지만 무증상인 경우도 있다.

코로나바이러스(corona virus) 아데노바이러스·리노바이러스와 함께 사람에게 감기를 일으키는 3대 바이러스 중 하나. 전자현미경으로 봤을 때 바이러스 입자 표면이 돌기처럼 튀어나와 있는데 이 모양이 마치 왕관처럼 생겼다고 해서 라틴어로 왕관을 뜻하는 「corona」에서 파생돼 명명됐다. 확인된 인체 전염 코로나바이러스는 총 7종으로, 이 가운데 4종(229E, OC43, NL63, HKU1)은 감기와 비슷한 가벼운 증상만 일으킨다. 하지만 사스(SARS-CoV, 중증급성호흡기증후군)와 메르스(MERS-CoV, 중동호흡기증후군), 코로나바이러스감염증-19(COVID-19)의 경우 심각한 호흡기 질환을 일으킬 수 있으며, 실제로 많은 사망자가 발생한 바 있다.

사회적 거리두기 코로나19 확진자가 급증하면서 지역사회 감염 차단을 위해 실시된 정부의 권고 수칙으로, 2020년 3월 처음 도입됐다. 초기에는 코로나19 유행의 심각성과 방역조치의 강도에 따라 1~3단계로 구분·시행되다가, 2021년 7월부터는 4단계로 나뉜 사회적 거리두기 체계 개편안이 시행됐다. 사회적 거리두기는 2022년 4월 18일, 도입 2년 1개월 만에 전면 해제됐다.

사스(SARS; severe acute respiratory syndrome) •••

중증급성호흡기증후군으로, 2002년 11월부터 중국 광둥 지역을 중심으로 발생해 2003년에 홍콩, 싱가포르, 캐나다 등 전 세계로 확산됐다. 우리나라에서는 제1급 법정감염병으로 지정돼 있다. 38도 이상의 발열과 기침, 호흡 곤란, 비정형 폐렴 등의 증세를 보인다. 세계보건기구(WHO)가 중심이 돼 원인병원체에 대한 연구를 진행 중이며, 현재까지는 변종 사스 코로나바이러스(corona virus)가 원인병원체로 알려져 있다.

중동호흡기증후군(MERS; middle east respiratory syndrome, 메르스)•••

메르스 코로나바이러스(MERS-CoV)의 감염에 의한 바이러스 질환으로, 2012년 4월부터 사우디아라비아 등 중동 지역을 중심으로 주로 감염자가 발생한 급성호흡기감염병이다. 우리나라에서는 제1급 법정감염병으로 지정, 관리한다. 메르스를 일으키는 코로나바이러스(corona virus)는 이전까지 사람에게서는 발견되지 않았던 새로운 종류의 바이러스로, 명확한 감염원이 확인되지 않았으나 박쥐나 낙타 등 동물에 있던 바이러스가 사람에게 이종 감염됐을 가능성이 제기되고 있다. 우리나라에서는 2015년 5월 첫 감염자를 시작으로 186명의 환자가 발생했으며, 이 중 38명이 사망했다. 그리고 2015년 12월 23일 메르스 종식이 공식 선언됐으나 2018년 9월 3년 만에 메르스 확진자가 나와 우려를 일으켰다. 그러나 추가 감염자가 나오지 않으면서 발생 38일 만인 2018년 10월 16일 메르스 종료가 선언됐다.

메르스 코로나바이러스(MERS corona virus) 2012년 사우디아라비아에서 처음 발견된 뒤 중동 지역에서 집중적으로 발생한 중동호흡기증후군(메르스)의 원인 바이러스

광우병(狂牛病)•••

소의 전염성 뇌질환의 일종으로, 의학적 명칭은 「우해면양뇌증(BSE; bovine spongiform encephalopathy)」이며 「우해면상뇌증」이라고도 한다. 소의 뇌 조직이 마치 스펀지처럼 작은 구멍이 뚫리면서 흐물흐물해지는 병으로, 이 병에 걸린 소가 방향감각을 잃고 미친 듯이 움직인다고 해서 일명 「광우병(mad cow disease)」으로 불린다. 광우병에 걸린 소는 전신마비와 시력상실을 보이다가 결국 죽게 된다. 광우병은 사람을 포함, 모든 동물에서 정상적으로 발견되는 「프리온(prion)」이란 단백질이 변형됨에 따라 생긴 것으로 추정된다. 소에 생기는 변형 프리온은 양에게 양고기 사료를 먹여 발생한 「스크래피병」이 소에 옮겨 와 발생한 것으로 추정되며, 새끼에게 유전되지는 않는다. 광우병에 걸린 소의 고기를 사람이 먹을 경우 인간광우병(변종 크로이츠펠트-야콥병)에 걸리는 것으로 알려져 있다. 1986년 영국 과학자들에 의해 처음 확인됐으며 1996년과 2001년 초 유럽에서 대규모로 발생해 전 세계를 공포로 몰아넣은 바 있다. 현재까지도 정확한 발병 원인, 감염 경로, 구체적 위험성 등은 밝혀지지 않았다.

광우병 유사질환

크로이츠펠트-야콥병 (CJD)	전염병 형태의 퇴행성 뇌질환으로, 100만 명 중에 1명꼴로 생기는 희귀병. 프리온을 만드는 유전자를 가진 부모로부터의 유전, 원인불명으로 산발적 발생, 장기이식 수술기구로 인한 감염 등이 원인이다. 잠복기는 3~30년이며 근본적인 치료법은 없는 상태이다. 피로, 우울증, 운동장애, 경련, 운동실조 및 치매가 빠르게 진행돼 보통 발병 7개월 후 환자의 100%가 사망한다. 광우병 소고기의 섭취와 무관하지만 광우병과 증세가 유사해 제3급 법정감염병으로 지정해 관리한다.
변종 크로이츠펠트-야콥병 (vCJD)	광우병이 사람에게 전염된 것으로, 「인간광우병」으로 불린다. 주로 광우병에 걸린 소의 고기나 그 추출물로 만든 식품을 먹었을 때 감염되는 것으로 추정된다. CJD와 증세가 유사하나 CJD가 비교적 고령에서 발생하는 것과 달리 20~30대 연령층에서도 발병하며, 증세가 서서히 진행되는 것이 특징이다. 초기엔 정신과 증세가 나타나다 피부감각 이상, 운동신경 이상 등에 이어 건망증, 정신착란, 치매 증상 등이 나타난다. 환자의 90%가 1년 이내에 사망한다. CJD와 함께 제3급 법정감염병으로 지정돼 있다.

신종인플루엔자 A(H1N1; novel swine-origin influenza A)●●●

사람, 돼지, 조류인플루엔자 바이러스의 유전물질이 혼합돼 있는 새로운 형태의 바이러스로, 「H1N1」 또는 약칭해 「신종플루」라고 한다. 2009년 4월 멕시코와 미국 등지에서 발생한 뒤 전 세계에 확산됐다. 우리나라는 2009년 8월 15일 최초 사망자가 발생했다. 신종플루는 일반적 계절 인플루엔자 증상과 크게 다르지 않으며 발열(37.8℃), 콧물, 인후통, 기침 등의 증상이 나타난다. 감염된 사람의 기침이나 재채기를 통해 감염되므로 전염속도가 빠르고, 증상발현 후 7일까지 전염이 가능하다. 미국 질병통제예방센터(CDC)에 따르면 인플루엔자 치료제인 오셀타미비르(Oseltamivir, 상품명 타미플루)와 자나미비르(Zanamivir, 상품명 릴렌자)가 신종플루 치료제로 효과가 있다고 보고됐다.

탄저병(anthrax, 炭疽病)●●●

탄저균에 의해 유발되는 질병으로 균은 주로 흙 속에 존재하다 감염된 초식동물의 고기나 털을 통해 사람에게 전염된다. 「바실리아 박테리아」의 일종인 탄저균은 냄새나 색깔이 없으므로 감염돼도 개인이 그 사실을 금방 알 수 없다. 감염 경로에 따라 호흡기 탄저병, 피부 탄저병, 소화기 탄저병으로 구분된다. 초기 증상은 독감과 비슷한 두통과 구토이며, 호흡 곤란과 청색증이 나타난다. 감염 직후 24~48시간 내에 항생제를 투여하지 않으면 95% 이상 사망할 정도로 치사율이 높다. 그러나 탄저 환자를 통한 사람 간 전염은 일어나지 않는다.

비브리오패혈증(vibrio vulnificus sepsis)●●●

비브리오 불니피쿠스(vibrio vulnificus)균이 일으키는 질병으로, 날 어패류 섭취나 상처난 피부를 통해 감염된다. 「괴저병(壞疽病)」이라고 한다. 일단 병에 걸리면 살점이 떨어져 나가는 증상을 보이며 균이 혈액 속에 침투하면 패혈증을 일으킨다. 상처에 감염되면 12시간 잠복기를 거쳐 사망률이 50%에 달하고, 패혈증인 경우 16시간 잠복기에 사망률은 거의 100%에 달한다. 초기 증상은 오한, 발열, 구토, 전신 권태, 설사 등 식중독과 비슷하다.

O-157●●●

장출혈성 대장균 감염증으로, 병원성대장균에 속하며 식중독의 원인균이다. 햄버거용 쇠고기에서 자주 발생하는 이 균은 약 10개만 있어도 오염을 일으킬 만큼 전파력이 빠르다. 감염되면 베로톡신이란 독소가 발생돼 복통과 발열, 피 섞인 설사 등의 증세가 나타난다. 대부분 6~8일 뒤 자연치유되지만 이 중 5% 가량은 적혈구가 파괴되고 오줌을 제대로 누지 못하는 용혈성 요독증(HUS)이라는 합병증으로 발전한다.

용혈성요독증후군(HUS; hemolytic uremic syndrome) 신장이 불순물을 제대로 거르지 못해 독이 쌓이면서 생기는 질환으로 장출혈성 대장균 감염증의 가장 심한 증상이다. 1982년 미국에서 햄버거를 먹은 사람들이 집단 감염된 후 「햄버거병」이라는 별칭이 붙었다.

루푸스(lupus)•••

류머티즘 질환의 일종인 전신성 홍반성 낭창으로, 면역 체계의 이상으로 만성 염증이 일어나고 면역력이 떨어지는 난치성 전신 질환이다. 환자의 95%가 10~30대 여성으로, 발열・피부 발진・관절염이 가장 흔한 증상이다. 심장이나 신장, 폐, 뇌, 조혈기관 등에 치명적인 타격을 입고 목숨을 잃을 수도 있다. 정확한 원인은 아직 규명되지 않고 있으나 생체방어기구인 면역계의 이상을 비롯해 세균이나 바이러스 감염, 약물, 스트레스 등 체질적・환경적 요인들이 얽혀 발생하는 것으로 추정된다.

루게릭병(Lou Gehrig's disease)•••

근 위축성 측색경화증으로, 척수 신경 또는 간뇌의 운동세포가 서서히 지속적으로 파괴돼 이 세포의 지배를 받는 근육이 위축돼 힘을 쓰지 못하게 되는 원인불명의 불치병이다. 영국 물리학자 스티븐 호킹(Stephen Hawking)이 이 병을 앓은 것으로 알려져 있다. 40~60대에서 빈발하며 남자의 발병률이 여자의 두 배에 달한다.

뎅기열(dengue fever)•••

모기에 의해 전염되는 출혈성 전염병의 일종이다. 고열과 호흡기관의 염증을 비롯해 머리와 눈・근육・관절 등에 통증을 유발하며 심할 경우 입・코・귀 등에서 심한 출혈을 일으켜 사망에 이른다. 보통 3~6일간의 잠복기를 거쳐 발병하는데 출혈성이고 치명적이라는 점에서 에볼라 출혈열과 유사하다.

라임병(Lyme disease)•••

진드기에 물려 걸리는 병으로 제2의 에이즈라 불린다. 몸길이가 1mm밖에 안 되는 진드기가 옮기는 스피로헤타균 보렐리아에 의해 발생한다. 초기 증상은 물린 부위가 빨갛게 변하고 두통과 오한, 발열, 권태감이 동반되므로 감기로 오진하기 쉽다. 일부 환자의 경우 수개월간의 잠복기를 거친 뒤에 관절염, 수막염, 안면신경 마비 증세 등으로 고생하다가 순환기 계통의 장애가 일어나며 사망하기도 한다. 이 병명은 1975년에 미국 코네티컷주 라임 지방 주민들 사이에서 관절염이 많이 발생한 데서 유래됐다.

펠라그라병(pellagra disease)•••

니코틴산의 결핍으로 생기는 질병으로 어린이들에게 발병하기 쉽다. 기억력이 감퇴하고 정신력이 떨어지는 등 치매와 비슷한 증상이 나타나고, 피부가 갈라져 시커멓게 변색되며, 설사가 계속돼 영양실조를 더욱 악화시킨다.

브루셀라증(brucellosis)•••

브루셀라균에 감염돼 가축과 사람 모두에서 발병할 수 있는 제3급 법정감염병이다. 브루셀라증에 감염된 소는 유산과 사산, 불임 등의 증세를 보이고, 멸균되지 않은 우유나 전염된 가축과의 접촉 등을 통해 사람에게 옮겨지면 발열, 관절통 등의 증상이 나타난다. 사람이 브루셀라증에 걸렸을 경우 적절한 치료를 받지 않으면 증상이 몇 년씩 재발하고 감염자 중 2% 이하는 심장내막에 염증이 생겨 사망한다.

에볼라 출혈열(ebola hemorrhagic fever)•••

필로바이러스과에 속하는 에볼라 바이러스에 의해 발열과 전신성 출혈 증상이 발생하는 질환으로, 치사율이 25~90%로 매우 높다. 에볼라 바이러스는 급성 열성감염을 일으키는 바이러스로, 1976년 처음 발견된 아프리카 콩고공화국의 강 이름을 따 명명됐다. 자연숙주는 불명확하고, 백신 및 항바이러스제는 없는 상태이다. 증상 발생 전에는 감염 · 전파되지 않으며, 호흡기로는 전파되지 않고 혈액이나 체액의 직접 접촉에 의해 전파된다. 잠복기는 2~21일이며, 잠복기 후 갑자기 발병해 열, 오한, 두통, 식욕부진, 근육통 등의 증상과 오심, 구토, 인후통, 복통, 설사를 일으킨다.

렙토스피라증(leptospirosis)•••

가을철에 농촌에서 자주 발생하는 계절 전염병으로 제3급 법정감염병이다. 1917년 일본에서 처음 들쥐로부터 병원균의 존재가 확인된 후 국내에서는 1984년 처음 발견됐다. 병원균은 박테리아의 일종인 세균으로 등줄쥐나 집쥐의 배설물에 묻어 있다가 상처 등을 통해 체내로 침입한다. 보통 7~10일간의 잠복기를 거쳐 감염 초기에는 발열, 두통, 오한 등 감기와 비슷한 증세를 보이다 황달, 혈담, 빈혈, 피부출혈, 폐출혈 증세가 나타난다. 치사율은 20% 정도이다.

콜레라(cholera)•••

대표적인 수인성 전염병의 하나로, 물과 음식물을 통해 감염되므로 주로 상수도 시설이 없는 지역에서 유행한다. 콜레라균에 오염된 물이나 음식물을 먹은 후 2~3일 동안 통증 없이 쌀뜨물 같은 설사가 나면서 구토를 동반하는데, 어린이나 노인 등 노약자는 발병 위험이 높을 뿐더러 사망률도 10%가 넘는다. 다른 전염병과는 달리 예방 접종의 효과가 없는 대신 열에 약하다.

노로 바이러스(norovirus)•••

식중독을 일으키는 바이러스로 감염되면 메스꺼움, 구토, 설사, 복통 등의 증상을 일으킨다. 미국 오하이오주 노워크(Norwalk) 지역에서 집단 발병된 이후 이 지역의 이름을 따 불리고 있다. 주로 겨울에 발생하며 노로 바이러스에 오염된 지하수, 어패류, 야채 등을 먹으면 식중독 증상이 나타날 수 있다. 대부분의 경우 1~2일에 증상이 호전되며, 심각한 합병증은 없으나 때때로 어린이, 노인 등 면역력이 약한 사람은 탈수 증상 등을 보이기도 한다. 현재 노로 바이러스에 대한 예방백신은 없으며 항생제로도 치료되지 않는다.

리스테리아균(Listeria monocytogenes)•••

식중독을 일으키는 원인균으로 1980년대 미국에서 음식물이 매개가 돼 사람에게 감염되면 식중독을 일으킬 수 있다는 것이 밝혀지면서 주목됐다. 사람에게는 이 세균에 오염된 우유나 유제품, 식육가공품, 야채를 비롯해 아이스크림 같은 저온 보존식품 등을 통해 옮겨진다. 이 균에 감염되면 1~7일의 잠복기를 거쳐 가벼운 열과 복통, 설사, 구토 등을 일으키다 대부분 정상 회복된다. 그러나 면역력이 약한 어린이나 노약자, 임산부의 경우 패혈증, 뇌수막염, 유산 등을 초래할 수 있으며 심한 경우에는 사망에 이를 수도 있다. 리스테리아균은 10도 이하 저온에서 잘 자라는 저온성 세균이므로 리스테리아균에 노출되지 않기 위해서는 음식을 충분히 끓인 뒤 바로 먹어야 한다.

살모넬라균(salmonella)•••

주로 사람이나 동물의 장내에 기생하는 세균의 1속으로, ▲사람에게 티푸스성 질환을 일으키는 장티푸스균과 파라티푸스균 ▲동물에 감염돼 그 배설물에 의한 오염으로 식중독이나 위장염을 일으키는 게르트너균 등을 말한다. 때로 집단 식중독의 원인이 되며 발열, 복통, 심한 설사의 증상을 일으킨다.

레지오넬라(legionella)•••

세균성 폐렴 발생 원인의 20%를 차지하는 세균이다. 호흡기로 침입해 5~6일간 잠복기를 거쳐 오한, 두통, 구토, 설사 등을 일으키며 심한 경우 쇼크와 출혈, 폐렴으로 사망한다. 주로 호텔, 종합병원, 백화점 등 대형 빌딩의 냉각탑이나 수도배관, 배수관 등에 서식하는데, 여름엔 에어컨 냉각수에서 급번식한다.

슈퍼박테리아(super bacteria)•••

항생제 남용으로 인해 어떤 강력한 항생제에 대해서도 저항력을 갖게 된 박테리아를 일컫는다. 1961년 영국에서 보고된 MRSA(methicillin-resistant staphylococcus aureus, 메티실린내성황색포도상구균), 1996년 일본에서 보고된 VRSA(vancomycin-resistant staphylococcus aureus, 반코마이신내성황색포도상구균)가 대표적이다. 항생제는 병원균에 의한 감염증을 치료하는 약물로, 자주 사용하면 항생제에 내성을 가진 균주들이 살아남아 결국은 어떤 항생제에도 살아남는 슈퍼박테리아가 생겨나게 된다.
한편, 질병관리본부는 여러 항생제에 내성을 가진 균은 있어도 모든 항생제에 내성을 가진 슈퍼박테리아는 없기 때문에 슈퍼박테리아 대신 「다제내성균」을 공식 용어로 사용한다.

워너 증후군(Werner syndrome)•••

염색체 8번의 돌연변이에 의해 발생하는 열성유전 질환으로, 「조로증」이라고도 한다. 사춘기 후 조기 노화현상을 보여 20~30대의 나이에 50~60대에 해당하는 신체적 상태가 나타난다. 일반적으로 유년기에는 특별한 이상을 보이지 않다가 사춘기 말경에 정상인에게서 보이는 급격한 신체 성장이 없고 단신으로 남는다. 이 질환을 가진 환자는 30대부터 동맥경화성 질환, 암 등이 발생해 조기 사망하는 경우가 많다.

이코노미 클래스 증후군(economy class syndrome)●●●

이코노미 클래스 같은 좁은 비행기 좌석에 장시간 앉아 있을 경우, 다리 정맥에 피가 굳어 혈관이 막히는 질환이다. 의학적 병명으로 「심부정맥혈전증」이라고 한다. 고령자 또는 비만인, 기내 음주자 등에게 발병하기 쉽고, 심하면 호흡곤란이나 심폐 정지 등으로 사망하기도 한다.

크러시 증후군(crush syndrome)●●●

사고나 재해 등으로 신체의 일부가 압박돼 있다가 갑자기 풀려났을 때 죽은 세포에서 생성된 독성물질이 혈액으로 쏟아져 나오면서 급사를 일으키는 현상을 말한다. 발견자의 이름을 따 바이워터 신드롬이라고도 하고, 압좌 증후군, 좌멸 증후군이라고도 불린다.

외상후 스트레스장애(PTSD; post traumatic stress disorder)●●●

정신의학에서 말하는 불안장애의 일종으로 신체적인 손상 및 생명을 위협하는 심각한 상황에 직면한 후 나타나는 정신적인 장애가 1개월 이상 지속되는 질병이다. 주로 전쟁, 천재지변, 물리적 폭행, 교통사고 등으로 인해 받은 강한 정신적 충격이 스트레스 호르몬을 촉진시켜 뇌에 장애를 일으키면서 발생한다. 사고 당시 절박했던 상황을 반복적으로 회상하면서 고통스러워하고, 불안 · 불면 · 두통 · 우울증 · 적대감 표출 · 악몽 등의 증세를 보인다.

사이토카인 폭풍(cytokine storm)●●●

외부에서 침투한 바이러스에 대항하기 위해 인체 내에서 면역작용이 과다하게 이뤄지면서 정상 세포까지 공격하는 현상이다. 즉, 면역 물질인 사이토카인의 과다 분비로 정상 세포들의 DNA가 변형되면서 2차 감염 증상이 일어나는 반응이다. 면역력이 높은 젊은 층에서 발생할 확률이 더 높다. 사이토카인 폭풍은 신체에 대규모 염증반응과 다발성 장기손상을 일으키기 때문에 단기간 사망에 이르는 경우가 많다. 과거 스페인 독감 · 조류독감 등이 유행할 때 높은 사망률의 주된 원인으로 지목되기도 했다.

VDT 증후군(video display terminal syndrome)●●●

컴퓨터 직업병으로서 컴퓨터 단말기 사용자들에게서 나타나는 경견완(목 · 어깨 · 팔) 장애, 시력 저하 등의 증상을 말한다.

근골격계 질환(MSD; musculoskeletal disease)●●●

오랜 시간 반복 작업으로 인해 발생하는 육체적인 질환을 말한다. 작업 관련 근골격계 질환은 장시간에 걸친 반복적 작업으로 근육, 혈관, 관절, 신경 등에 미세한 손상이 발생하고 이것이 누적돼 손가락, 손목, 어깨, 목, 허리 등의 만성적인 통증과 감각 이상으로 발전되는 대표적인 직업성 질환이다.

FAS(fetal alcohol syndrome)•••

태아 알코올 증후군으로, 임신 상태에서 음주가 태아에게 미치는 신체적·정신적 결함을 총칭한다. 특징은 뇌의 크기가 정상아보다 작아 정신지체나 학습장애 현상을 보이며, 발육장애 현상도 나타난다. 의학적으로 FAS를 일으키는 알코올의 양은 하루 포도주 5잔 정도이다.

안락사(euthanasia, 安樂死)•••

생존 가능성이 없는 환자의 고통을 덜어 주기 위해 인위적으로 죽음에 이르게 하는 일로, 「안사술(安死術)」이라고도 한다. 그리스어로 좋은(eu) 죽음(thanasia)이란 의미로 아름답고 존엄한 죽음, 행복하고 품위 있는 죽음을 뜻한다. 네덜란드가 세계 최초로 2002년 4월 1일부터 안락사를 합법화했으며, 이후 벨기에·스위스 등이 동참했다. 미국에서는 1997년 오리건주가 처음 안락사를 허용했다.

존엄사(death with dignity) 소극적 안락사와 비슷한 개념. 보통 회복 가능성이 없는 식물인간 상태의 환자에게 단순한 연명조치에 불과한 의료 행위(인공호흡장치)를 중단해 인간으로서 존엄을 유지하면서 자연적으로 죽음을 맞도록 하는 것이다.

호스피스(hospice) 임종이 임박한 환자들이 편안하고도 인간답게 죽음을 맞을 수 있도록 위안과 안락을 베푸는 봉사 활동 또는 그런 일을 하는 사람을 지칭한다.

뇌사(brain death, 腦死)•••

의학적으로 완벽한 죽음의 상태, 즉 사고와 판단을 맡고 있는 대뇌피질은 물론 맥박과 호흡 등 기본적인 생명 활동을 주관하는 뇌간까지 파괴돼 기능이 정지된 상태이다. 심장이 뛰고 체온을 느낄 수 있지만 다시 정상으로 회복할 가능성이 전무하다는 점에서 심장과 폐가 정지된 기존의 사망과 동일하다. 뇌간 기능이 남아 있어 인공호흡으로 수년 이상 생명을 연장할 수 있는 식물인간과는 근본적으로 다르다. 뇌사에 빠지면 인공호흡기로 일시적인 생명 유지는 가능하나 대사기능이 저하돼 1주일 이내에 사망한다. 우리나라에서는 2000년 2월 9일부터 뇌사가 공식 인정됐다. 뇌사자로부터 적출·이식할 수 있는 장기는 신장, 간장, 췌장, 심장, 폐, 골수, 안구, 말초혈 등이다.

연명의료결정법(well dying law, 延命醫療決定法)•••

연명의료는 현대의학으로 더는 치료할 수 없어 임종 과정에 있는 환자에게 하는 의학적 시술 가운데 치료 효과 없이 임종 과정 기간만을 연장하는 것을 말한다. 회생 가능성이 없는 환자가 자기의 결정이나 가족의 동의로 연명치료를 받지 않을 수 있도록 하는 법으로, 정식 명칭은 「호스피스·완화의료 및 임종 과정에 있는 환자의 연명의료 결정에 관한 법」이다. 2016년 1월 8일 국회 본회의를 통과했으며, 이후 호스피스 분야는 2017년 8월 4일, 연명의료 분야는 2018년 2월 4일부터 시행됐다.

팝콘 브레인(popcorn brain)•••

첨단 디지털기기에 익숙한 나머지 뇌가 현실에 무감각 또는 무기력해지는 현상을 일컫는다. 팝콘처럼 곧바로 튀어 오르는 것에만 반응할 뿐 다른 사람의 감정이나 느리게 변화하는 진짜 현실에 무감각하게 된다는 의미이다.

사상의학(四象醫學) •••

조선시대 의학자 이제마(李濟馬)가 1894년 ≪동의수세보원(東醫壽世保元)≫에서 처음으로 창안, 발표한 체질의학이다. 사상이라는 어휘는 ≪주역≫에서 나온 말로 태양(太陽), 태음(太陰), 소양(少陽), 소음(少陰)으로 분류되며 이를 체질에 결부시켜 태양인, 태음인, 소양인, 소음인으로 구분한다.

제3의학(第三醫學) •••

「재활의학」을 지칭하는 말로, 치료의학, 예방의학 다음에 등장한 신의학이라는 뜻이다. 재활의학은 신체장애 환자를 육체적 · 심리적 · 경제적으로 회복시켜 사회에 복귀시키는 의학으로서 신체장애의 치료에서부터 장래를 위한 직업지도까지 해 준다. 세계보건기구(WHO)는 보건의학을 제3단계 의학, 재활의학을 제4단계 의학이라고 지칭한다.

건강수명(健康壽命) •••

평균수명에서 질병으로 몸이 아픈 기간을 제외한 기간을 일컫는다. 단순히 얼마나 오래 사느냐보다 실제 건강한 기간이 어느 정도인지를 의미하므로 선진국에선 평균수명보다 훨씬 중요하게 인용되고 있는 건강지표이다.

기대수명(期待壽命) 출생 시 평균 생존 연수. 연령별 · 성별 사망률이 현재 수준으로 유지된다고 가정했을 때, 0세 출생자가 향후 몇 년을 더 생존할 것인가를 통계적으로 추정한 기대치를 말한다. 이는 「0세에 대한 기대여명」으로, 기대여명은 현재 특정 연령에 있는 사람이 향후 얼마나 더 생존할 것인가 기대되는 연수를 뜻한다.

정크푸드(junk food) •••

칼로리는 높지만 영양가는 낮은 패스트푸드, 인스턴트 식품을 통칭한다. 햄버거 · 피자 · 스낵 · 음료수 등의 패스트푸드가 대표적인 음식이며 이러한 정크푸드는 사람 몸에 필요한 비타민 · 미네랄 · 섬유질 등은 거의 없고 열량만 높아 비만의 주범으로 꼽힌다. 스웨덴은 어린이 TV프로그램의 경우 정크푸드 관련 광고를 금지하고 있고, 네덜란드 · 노르웨이 · 벨기에 등도 어린이 광고에 제한을 두고 있다.

Chapter

선다형 | 단답형 | 완성형

03 환경 · 보건 상식력 테스트

선다형 문제

01 오존층 파괴 물질을 규제하기 위해 생겨난 협정은? SBS, YTN, 대구도시철도공사

① 바젤협약 ② UNCCD
③ 런던협약 ④ 몬트리올의정서

④ **몬트리올의정서**(Montreal Protocol) : 1985년 3월 마련된 「오존층 보호를 위한 빈 협약」의 구체적 실천 방법을 정한 조약으로 정식 명칭은 「오존층 파괴물질에 관한 몬트리올의정서」이다. 1987년 9월 채택돼 1989년 발효된 이 조약은 프레온가스 · 할론 · 메틸 브로마이드 등 100여 개 오존 파괴물질을 선정해 물질별로 감축 기간을 정하고, 가입하지 않은 비당사국에 대한 무역 규제, 개발도상국에 재정 · 기술적 지원 제공 등을 담고 있다. 매년 9월 열리는 당사국 총회에서 나라별로 의무 감축을 이행했는지 여부를 보고한다.
① 유해 폐기물의 교역통제에 관한 국제협약
② 유엔사막화 방지협약
③ 폐기물 및 기타 물질의 투기에 의한 해양오염 방지협약

02 독특한 생물지리학적 특성을 가진 곳이나 물새 서식지로 중요성을 가진 습지보호를 위한 국제협약은? MBC, YTN, 부산일보, 서울신문, 한겨레신문, 한국감정원

① 람사르협약 ② 마드리드의정서
③ 생물다양성협약 ④ CITES

① **람사르협약**(Ramsar Convention) : 자연자원과 서식지의 보전 및 현명한 이용에 관한 최초의 국제협약으로서 습지 자원의 보전 및 현명한 이용을 위한 기본방향을 제시한다. 이 협약의 정식명칭은 「물새 서식지로서 국제적으로 중요한 습지에 관한 협약」으로 1971년 2월 2일 이란의 람사르에서 채택, 1975년 12월 발효됐다. 1997년 7월 28일 우리나라는 101번째로 이 협약에 가입했다. 협약 가입 때 1곳 이상의 습지를 람사르습지 목록에 등재하도록 하고 있는데 우리나라는 강원도 인제군 대암산 용늪이 첫 번째로 등록됐다.
② 남극환경보호의정서. 남극환경 보호체제를 강화하기 위한 국제협약
③ 지구상의 생물종을 보호하기 위한 국제환경협약
④ 워싱턴협약. 멸종 위기에 처한 야생 동식물의 국제무역에 관한 협약

03 다음 중 잘못된 환경지식은? 한겨레신문

① 오존주의보는 오존층 파괴 위험성 때문에 발령한다.
② PM 10은 지름 10㎛ 이하의 미세먼지이다.
③ 산성비는 pH 5.6 이하의 강우를 말한다.
④ 생화학적 산소요구량(BOD)이 높으면 오염된 수질이다.

① 오존주의보는 대기오염도가 높아 오존 농도가 시간당 0.12 ppm 이상이 되면 발령하는 경보로서, 오염물질 배출을 줄이고 노약자나 어린이의 건강 피해를 사전에 예방하기 위한 것이다.

04 이산화탄소 등 온실가스 배출량을 줄이기 위한 국제협약인 교토의정서와 관련된 내용으로 옳지 않은 것은? MBC, 강원민방, 서울경제신문, 한국환경공단

① 러시아가 2004년 11월 교토의정서를 비준함에 따라 2005년 2월 16일 공식 발효됐다.
② 1차 의무감축 기간 동안 비준국 중 선진국 그룹은 배출 총량을 1990년보다 평균 5.2% 감축해야 한다.
③ 온실가스 배출량 2차 의무이행 기간은 2013 ~2017년이다.
④ 1차 의무이행 기간에 목표를 달성하지 못하면 2차 이행 기간 중에 1차 때 못 채운 감축량의 2배와 2차 이행 목표를 한꺼번에 줄여야 한다.

④ 1차 의무이행 기간에 목표를 달성하지 못하면 2차 이행 기간 중에 1차 때 못 채운 감축량의 1.3배와 2차 이행 목표를 한꺼번에 줄이는 벌칙이 부과된다.

05 그린피스에 대한 설명으로 옳은 것은? CBS, MBC, YTN, 매일신문

① 세계 아동의 기아와 질병 구제를 위해 조직
② 남태평양 폴리네시아에서 프랑스의 핵 실험에 항의하기 위한 선박을 출항시킨 운동을 계기로 1970년 조직된 국제적 자연보호단체
③ 환경보호, 반핵에 공감하는 이들이 모여 만든 유럽의 정당
④ 환경오염을 유발하는 각종 시설물과 경유 사용 자동차에 대하여 오염 유발 정도에 따라 부과하는 환경개선금

① 유엔아동기금(UNICEF)
③ 녹색당
④ 환경개선부담금

06 다음 중 환경오염 물질로 분류되지 않는 것은? 국가정보원

① 옥시던트 ② 페놀
③ 사린 ④ 구리

③ **사린**(sarin) : 1930년대 중반 제2차 세계대전 중 나치 독일이 화학전을 위해 개발한 치명적인 신경가스. 1995년 일본의 신흥 종교집단인 옴진리교가 도쿄 지하철에 살포해 5000여 명이 병원에 실려 가고 12명이 목숨을 잃은 사건으로도 유명하다.
① 광화학 스모그의 원인이 되는 강산화성 물질. 대기 중에서 질소산화물과 휘발유 등의 탄화수소에 강렬한 태양광선이 작용하면 복잡한 광화학반응에 의해 스모그를 형성한다. 이 광화학 스모그에는 오존을 비롯해 산화성이 강한 여러 과산화물이 들어 있는데, 이를 통틀어 옥시던트(oxidant)라고 한다.
② 환경부에서 법적으로 관리하는 유해한 화학물질. 특이한 냄새가 나는 무색 또는 흰색의 결정이다. 두 번에 걸쳐 일어난 낙동강 페놀오염 사건은 우리나라의 대표적인 수질오염 사건이다.
④ 환경부 지정 수질오염물질 중 하나

07 공해로 인한 피해보상에서 공해를 유발시킨 오염자가 보상을 부담하는 원칙은? KBS

① 그린워싱 ② PPP
③ 어스아워 ④ WWF

② **PPP**(polluter pays principle) : 오염자 부담원칙. 환경오염이 발생했을 경우 그 처리를 위한 비용을 오염발생 기업이 부담해야 한다는 원칙
① 실제로는 친환경적이지 않지만 마치 친환경적인 것처럼 홍보하는 위장환경주의
③ 매년 3월 마지막 주 토요일 오후 8시 30분부터 1시간 동안 전등을 소등함으로써 기후변화의 의미를 되새기는 상징적인 자연보전 캠페인
④ 세계자연기금(World Wide Fund For Nature). 1961년 설립된 세계 최대의 민간자연보호단체

08 대표적인 공해사건에 관한 다음 설명 중 틀린 것은? 한겨레신문

① 런던스모그는 1952년 수천 명의 사망자를 발생시킨 대기오염 사고로 자동차 배기가스에 대한 경각심을 불러 일으켰다.
② 미나마타병은 일본에서 발생한 공해병으로 공장에서 방류한 폐수 속의 수은이 농축된 물고기를 먹은 어민들이 주 피해자였다.
③ 보팔 사고는 유니온카바이드의 인도공장에서 발생한 폭발 사고로 이때 누출된 유독가스로 많은 주민이 목숨을 잃었다.
④ 엑슨발데즈호 사고는 1989년 미국 알래스카 연안에서 발생한 사상 최악의 기름누출 사고로 해양오염 사고에 대한 경각심을 불러 일으켰다.

① 자동차 배기가스로 인한 대기오염 유형은 LA스모그이다. 런던스모그는 1952년 12월 발생, 당시 런던 인구 200만 명 중 1만 2000명이 사망한 사건으로 석탄과 석유가 연소하면서 나온 매연이 안개와 결합해 나타난 스모그이다.

Answer 1. ④ 2. ① 3. ① 4. ④ 5. ② 6. ③ 7. ② 8. ①

09 **다음 중 다이옥신(dioxin)에 관한 설명으로 틀린 것은?**

한겨레신문

① 베트남 전쟁 때 고엽제의 주성분이었다.
② 화학적으로 불안정해 다른 물질과 쉽게 결합한다.
③ 쓰레기 소각장에서 PVC 등 유기염소계 화합물이 포함된 쓰레기를 태울 때 배출된다.
④ 염소원자의 수나 위치에 따라 70여 종이 넘는 이성체(異性體)를 가진다.

다이옥신(dioxin) : 2개의 벤젠 핵을 산소로 결합시킨 유기화합물. 플라스틱 계통의 물질을 태울 때 나오는 독성화합물로, 청산가리 1만 배의 맹독성을 갖고 있다. 인체 내에서 매우 안정되고 반감기가 길기 때문에 섭취할 경우 일생을 통해 체내에 축적된다.

10 **시민들의 자발적 기증 · 기부를 재원으로 보존가치가 있는 자연이나 문화자산을 확보한 뒤 이를 영구히 관리 · 보전하는 자발적인 시민참여운동은?**

한국농어촌공사

① 메세나
② 포트래치
③ 블라인드 트러스트
④ 내셔널 트러스트
⑤ 해비타트

④ **내셔널 트러스트(National Trust)** : 자연환경이나 문화유산을 보존하기 위해 벌이는 운동
① 기업의 문화예술 지원
② 큰 부를 축적한 기업들이 이익의 일부를 사회로 환원하는 것. 미국 북서부 지역의 인디언들이 축제 때 많은 재산을 가진 부족원들이 나머지 사람들에게 선물 등을 나눠주던 풍습에서 유래된 말
③ 백지 위임신탁. 공직자가 재임 중 재산을 공직과 무관한 대리인에게 맡기고 절대 간섭할 수 없게 하는 제도
⑤ 전 세계 무주택 서민들 주거문제를 해결할 목적으로 미국 변호사 밀러드가 1976년 창설한 기독교 봉사단체

11 **용어와 그 설명이 잘못 연결된 것은?**

MBC, 서울교통공사, 한국에너지공단

① DO : 물속에 녹아 있는 산소량
② COD : 산화제를 이용해 물속의 유기물을 산화시키는 데 필요한 산소량
③ BOD : 호기성 세균이 유기물을 분해하는 데 소모되는 산소량
④ PPB : 기체나 액체 · 고체 중에 함유돼 있는 어떤 물질의 비율을 나타내는 단위로, 전체량의 100만 분의 1

④는 PPM에 대한 설명. PPB(parts per billion)는 10억 분의 1을 나타내는 단위이다.
① DO(dissolved oxygen). 용존산소량
② COD(chemical oxygen demand). 화학적 산소요구량
③ BOD(biochemical oxygen demand). 생화학적 산소요구량

12 **일반적으로 연안 해역에서 발생하는 적조(赤潮) 현상에 대한 설명으로 옳지 않은 것은?**

EBS, 한국전력공사

① 식물성 플랑크톤의 이상증식으로 해수가 변색되는 것이다.
② 주원인은 유독성 금속이다.
③ 정체 해역에서 잘 일어나는 현상이다.
④ 물속의 산소가 부족해져 어패류가 폐사한다.

적조(赤潮) : 해양이나 내수면에서 식물 플랑크톤이 대량 번식해 물이 적색이나 연한 황색을 띠는 현상. 원인 생물은 주로 규조류와 쌍편모조류이다. 이들이 비정상적으로 대량 발생할 조건은 해수의 유동이 적고 일사량이 많으며(봄~여름), 유기물, 즉 질산염과 인산염이 풍부하고 식물 플랑크톤의 증식을 자극하는 물질(Cu, Fe, Mn 등의 미량 금속과 특수 유기물질인 비타민 등)이 적당량 존재하게 될 때이다.

13 엘니뇨에 대한 설명으로 옳은 것은?

CBS, SH공사, YTN, 국가정보원, 한국경제신문

① 인구가 밀집된 도심 지역이 다른 지역보다 온도가 높게 나타나는 현상
② 예년보다 강한 무역풍이 지속될 때 일어나는 기후변동 현상
③ 남미의 페루 연안에서 적도에 이르는 태평양 해수 온도가 상승해 세계 각지에 홍수・가뭄 등을 몰고 오는 기상이변 현상
④ 고층 빌딩 사이에서 일어나는 풍해 현상

엘니뇨(El Niño) : 페루나 에콰도르 연안에서 크리스마스 무렵부터 봄철에 걸쳐 일어나는 해류의 변화로 북쪽에서 난류가 유입돼 수온이 높아지는 현상. 무역풍이 약해지거나 풍향이 반대로 불 때 발생한다.
① 열섬 현상
② 라니냐
④ 빌딩 풍해

14 도시의 생물다양성을 높이기 위해 인공으로 조성하는 「소생물권」을 가리키는 용어는?

MBC, 국립공원관리공단, 한겨레신문

① 생태 통로 ② 자연형 하천
③ 비오토프 ④ 생태공원

③ **비오토프(biotope)** : 야생동물이 서식하고 이동하는 데 도움이 되는 숲, 가로수, 습지, 하천, 화단 등 도심에 존재하는 다양한 인공물이나 자연물로, 지역 생태계 향상에 기여하는 작은 생물 서식 공간
① 도로, 댐, 수중보, 하구언 등으로 야생 동식물의 서식지가 단절되거나 훼손 또는 파괴되는 것을 방지하고 야생 동식물의 이동 등 생태계의 연속성 유지를 위해 설치하는 인공 구조물, 식생 등의 생태적 공간
② 시멘트・콘크리트 등의 토목재료 대신 나무・돌・흙과 같은 자연재료를 사용해 최대한 자연 그대로의 형태에 가깝게 조성한 하천
④ 도시환경 속에서도 생물이나 자연과 쉽게 접할 수 있도록 조성한 공원

15 다음 설명 중 틀린 것은? 한국수자원공사

① 열섬 현상은 여름보다 기온의 교차가 심한, 가을이나 겨울에 뚜렷하다.
② 지구온난화 현상은 이산화탄소가 지표에서 대기로 다시 반사되는 적외선을 흡수하는 성질 때문에 발생한다.
③ 지구온난화 문제를 다루는 유엔 전문기구는 PCC이다.
④ 지구온난화 방지를 위한 탄소세는 스웨덴에서 처음 도입됐다.

④ 탄소세를 맨 처음 도입한 국가는 핀란드이다.
탄소세(carbon tax) : 지구 온실효과의 주요 원인물질인 이산화탄소의 배출을 줄이기 위해 탄소배출량 기준을 정하고, 초과분에 대해서는 종량제로 세금를 부과하는 것을 말한다. 지구온난화를 방지하고 거둬들인 세금으로 온실가스 배출을 줄이는 데 사용하려는 목적이 있다. 1990년 핀란드에서 처음 도입된 이후 네덜란드(1990), 노르웨이(1991), 덴마크(1992) 등 5개국을 중심으로 제한적으로 시행돼오다 영국, 독일, 이탈리아, 스위스, 아일랜드 등으로 확산됐다.

16 다음 중 오존층 파괴 주범이 아닌 것은?

KBS, 영남일보

① 이산화탄소
② 할론 가스
③ 프레온 가스
④ 사염화탄소

오존층을 파괴하는 물질로는 냉장고의 냉각제로 사용되는 염화불화탄소(CFC, 일명 프레온 가스) 외에도 소화기에 사용되는 할론(Halon) 가스, 사염화탄소(CCl_4), 1.1.1-트리클로로에탄($C_2H_3Cl_3$, 일명 메틸클로로포름), 메틸브로마이드(CH_3Br) 등이 있다.
① 이산화탄소는 지구에서 방출되는 장파복사 에너지를 흡수하는 대표적인 온실기체이다.

Answer 9. ② 10. ④ 11. ④ 12. ② 13. ③ 14. ③ 15. ④ 16. ①

17 다음 중 블루벨트(blue belt)에 대한 설명으로 옳은 것은? YTN, 대구도시철도공사

① 경관이 뛰어난 곳을 무분별한 개발행위로부터 보호하기 위해 지정한 지역
② 해양의 수산자원 보호를 위해 설정해 놓은 수산자원보호지역
③ 핵실험 및 자연보호를 목적으로 결성된 국제 환경보호단체
④ 도시 주변의 개발제한구역

①은 경관지구, ③은 그린피스(Green Peace), ④는 그린벨트(green belt)에 대한 설명이다.

18 미국 해양생물학자인 레이첼 카슨이 1962년 발표해 살충제 등 화학물질이 생태계에 미치는 가공할 파괴력에 대해 많은 사람들에게 경종을 울린 환경 관련 책자는? YTN, 한겨레신문

① 도둑맞은 미래(Our Stolen Future)
② 작은 것이 아름답다(Small is Beautiful)
③ 오래된 미래(Ancient Future)
④ 침묵의 봄(Silent Spring)

④ **침묵의 봄(Silent Spring)**: 생태학자 레이첼 카슨의 저서. 1962년 카슨은 살충제 · 살균제 등 농약의 남용이 생태학적 위기를 초래해 작은 새가 지저귀는 봄을 침묵시키게 될 것이라고 경고했다.
① 환경호르몬으로 알고 있는 내분비계 장애물질의 종류와 그 위험성을 처음으로 체계적으로 알려 주고 있는 번역서(테오 콜본 外)
② 실천적 경제학자이자 환경운동가로 유명한 E. F. 슈마허의 경제비평서. 성장지상주의에 대한 성찰과 반성의 근거를 제공하고, 나아가 혁명적인 사고로 대안을 제시한다.
③ 헬레나 노르베리-호지의 저서. 탐욕스러운 문명의 손길로부터 비교적 멀리 있었지만 결국 문명에 의해 변해가는 히말라야에 위치한 작은 마을 라다크와 라다크 사람들의 생태운동에 대해서 소개하고 있다.

19 우리나라에서 GMO 표시 대상이 아닌 것은? 코레일

① 대두 ② 옥수수
③ 벼 ④ 콩나물

GMO 표시제: GMO 표시 대상 식품을 수입하거나 이를 원료로 사용해 제조 · 가공한 후 유전자재조합 DNA 등이 남아 있는 식품에 대해 생산 · 판매하는 자가 GMO 식품 함유 여부를 표시해야 하는 제도이다. 현재 우리나라를 포함해 유럽연합(EU), 일본, 호주 등에서 시행하고 있다. 전 세계적으로 유통되는 GMO 중 우리나라는 대두 · 옥수수 · 면화 · 카놀라(유채) · 사탕무 · 알팔파 등 6종에 대해 유통이 허용되고 있다.

20 다음 중 구제역(口蹄疫)에 걸릴 수 있는 발굽동물에 해당하는 동물은 모두 몇 종인가? OBS, YTN, 경향신문, 연합뉴스, 조선일보

소, 돼지, 양, 염소, 사슴, 말, 개

① 2종 ② 3종
③ 4종 ④ 5종
⑤ 6종

구제역(口蹄疫): 발굽이 2개인 우제류(偶蹄類) 동물에게 감염되는 제1종 가축전염병으로, 치사율이 5~55%에 달한다. 높은 전염성으로 구제역 발생 시 유통 및 수출이 전면 금지된다. 제시된 동물 중 구제역에 걸리는 동물은 소 · 돼지 · 양 · 염소 · 사슴 등의 우제류이다. 말은 단제류에 해당하며, 개는 4~5개의 발가락을 가지고 있다.
단제류: 한 다리에 하나의 발굽이 있는 동물로, 달리기에 적합하다. 말, 노새, 당나귀 등이 대표적이다.

21 다음 법정감염병 중 제1급에 해당되지 않는 것은? 경향신문

① 결핵 ② MERS
③ SARS ④ 에볼라 출혈열

① **결핵**(Tuberculosis) : 결핵균에 의해 전염되는 감염성 질환으로, 공기를 매개로 사람에서 사람으로 전파된다. 따라서 호흡기 결핵환자가 기침을 하면 전염성 입자가 공기 중으로 배출돼, 다른 사람이 호흡을 할 때 폐와 신체 각 부위에 감염을 일으킬 수 있다. 또 결핵환자의 가래, 대변, 소변, 고름 등에 배출된 결핵균은 호흡이나 음식 섭취, 피부점막의 상처 등을 통해 다른 사람에게로 전염된다. 결핵은 법정감염병 제2급감염병으로 지정돼 있다.
② 중동호흡기증후군. 메르스 코로나바이러스(MERS-CoV)의 감염에 의한 바이러스 질환으로, 2012년 4월부터 사우디아라비아 등 중동 지역을 중심으로 감염자가 발생한 급성호흡기 감염병이다.
③ 중증급성호흡기증후군. 2002년 11월부터 중국 광둥 지역을 중심으로 발생해 2003년에 홍콩, 싱가포르, 캐나다 등 전 세계로 확산됐다. 38도 이상의 발열과 기침, 호흡 곤란, 비정형 폐렴 등의 증세를 보인다.
④ 필로바이러스과에 속하는 에볼라 바이러스에 의해 발열과 전신성 출혈 증상이 발생하는 질환으로, 치사율이 25~90%로 매우 높다.

22 렙토스피라증에 대한 설명으로 바르지 않은 것은? KBS, 경향신문

① 제3급 법정감염병이다.
② 매개동물은 주로 야생 들쥐이다.
③ 병균은 매개동물의 배설물과 이것이 혼합된 물, 흙에서 피부 상처와 점막 등을 통해 침입한다.
④ 생명에는 지장이 없고 설사 증상이 나타난다.

렙토스피라증(leptospirosis) : 가을철에 농촌에서 자주 발생하는 계절적 인수공통전염병으로, 1917년 일본에서 처음 들쥐로부터 병원균의 존재가 확인됐다. 보통 7~10일간의 잠복기를 거쳐 발열, 두통, 오한 등 감염 초기에는 감기와 비슷한 증세를 보이다 고열, 황달, 피부 출혈, 폐출혈 증세를 나타낸다. 치사율은 약 20% 정도이다.

23 아프리카돼지열병에 대한 설명으로 바르지 않은 것은? MBC

① 주로 감염된 돼지의 분비물 등에 의해 직접 전파된다.
② 사람과 동물 모두 감염된다.
③ 치사율이 거의 100%에 이른다.
④ 국내에서는 제1종 가축전염병으로 지정, 관리한다.

② 아프리카돼지열병(ASF)은 인체에는 영향이 없고 다른 동물에도 전염되지 않으나 돼지와 야생멧돼지 등 돼지과(suidae) 동물에만 감염된다.

24 광우병과 관련된 설명으로 잘못된 것은? 경향신문

① 공식 명칭은 우해면양뇌증(BSE)이다.
② 소에게 발생하는 신경성 뇌질환이다.
③ 전신마비, 시력상실 등의 증상을 보이다 폐사한다.
④ 병원체로 추정되는 프리온은 섭씨 100도 이상 가열해야만 죽는다.

④ 프리온은 100도 이상 가열해도 죽지 않는다.

25 뇌의 신경전달물질 중의 하나인 도파민 결핍으로 인해 나타나는 병으로 전신 쇠약감, 손 떨림, 운동장애가 점점 진행돼 걷기가 어렵게 되는 등 일상생활을 할 수 없게 되는 질병은? 서울신문

① 알츠하이머병 ② 당뇨병
③ 파킨슨병 ④ 중풍

③ **파킨슨병**(Parkinson's disease) : 1817년 영국의 의사 J. 파킨슨이 처음 보고한 질환으로, 중뇌 흑질 부위의 신경전달물질인 도파민의 분비가 감소하고 뇌세포가 점점 괴사하는 질병

Answer 17. ② 18. ④ 19. ③ 20. ④ 21. ① 22. ④ 23. ② 24. ④ 25. ③

단답형 문제

26 한 국가가 환경파괴를 유발하지 않으면서 경제성장을 이룰 수 있는 개발 능력을 수치로 표시한 지표는? YTN

27 친환경 생태도시를 일컫는 말은? SH공사, 수도권매립지관광공사

28 식품의 원재료 생산에서부터 제조, 가공, 보존, 유통단계를 거쳐 최종 소비자가 섭취하기 전까지 각 단계에서 발생할 수 있는 모든 위해요소에 대해 체계적인 관리를 통해 식품의 안정성을 확보하기 위한 관리체계는? YTN, 일간스포츠

29 제품·포장재의 생산자에게 재활용 의무를 부과해 제품의 설계·제조 과정에서 소재 및 디자인 선택, 구조개선을 통해 폐기물의 원천 감량화와 재활용을 촉진하는 제도로, 우리나라에서는 2003년 1월부터 시행되고 있는 이 제도는?

30 환경운동단체인 그린피스의 대표적인 캠페인 선박으로, 폭파사건으로 유명한 이 선박은?

31 아파트 준공 후 입주 전에 전 세대에 난방을 실시해 건축자재나 마감재료에서 방출되는 유해오염물질의 발생량을 줄여 새집증후군을 효과적으로 예방하는 방법은?

32 지구온난화를 초래하는 6대 온실가스는?

33 적도 동태평양 해수의 온도가 갑자기 낮아지는 현상은? YTN, 경향신문, 연합뉴스, 한국일보

34 개인이나 가정에서 월 평균 사용량을 기준으로 전기나 가스, 수돗물 사용 등을 아끼면 그에 비례해 현금이나 상품권 등으로 보상해 주는 제도는? 서울신문

35 무색·무취의 독성 유기용제로 세척제나 공업용품의 소재로 사용되는 물질이다. 중독되면 하반신이 마비되는 「다발성 신경장애」를 일으키는 이것은?

36 1992년 유엔 환경개발회의(UNCED)가 제47차 유엔총회에서 지정 선포한 「세계 물의 날」은 언제인가?

37 매년 환경 분야에서 업적을 세운 환경운동가에게 수여하는 세계 최대 규모의 환경상은? 국립공원관리공단, 한국농어촌공사

38 패스트푸드·스낵푸드와 인스턴트 식품처럼 사람 몸에 꼭 필요한 영양가는 거의 없고 열량만 높은 음식을 가리키는 용어는?

39 급성 열성감염을 일으키는 바이러스로 이 바이러스에 감염되면 발열, 전신성 출혈 증상이 발생한다. 처음 발견된 아프리카 콩고공화국의 강 이름을 따 명명된 이 바이러스는? SBS, 국민일보, 연합뉴스

40 자연환경에서 분해되지 않고 먹이사슬을 통해 인체에 축적돼 면역체계 교란, 중추신경계 손상 등을 초래하는 잔류성 유해물질을 가리키는 용어는? YTN

Answer **26.** 환경지속성지수(ESI) **27.** 에코폴리스(ecopolis) **28.** 위해 요소 중점관리기준(HACCP) **29.** 생산자책임재활용제(EPR) **30.** 레인보우 워리어호 **31.** 베이크아웃(bake-out) **32.** 이산화탄소, 메테인(메탄), 아산화질소, 수소불화탄소, 과불화탄소, 육불화황 **33.** 라니냐(La Nina) **34.** 탄소포인트제도 **35.** 노말헥산(normal hexane) **36.** 3월 22일 **37.** 골드먼 환경상 **38.** 정크푸드(junk food) **39.** 에볼라 바이러스(ebola virus) **40.** POPs(persistant organic pollutants)

완성형 문제

41 (①)은/는 인류의 보건 · 위생 분야의 국제적인 협력을 위해 설립한 유엔 전문기구이고, (②)은/는 가축질병의 확산방지와 근절을 위해 설립된 국제기구이다.

42 세계 민간환경보호운동을 주도하고 있는 BIG4는 그린피스, ( ), ( ), 제3세계 네트워크를 지칭한다. MBC

43 우리나라 기상청이 소속돼 있는 정부 조직은? 경향신문

44 우리 민족의 영산인 백두산 병사봉에서 시작해 오로지 산줄기만으로 금강산, 설악산, 오대산, 태백산, 속리산, 덕유산을 거쳐 지리산 천왕봉까지 이어지는 큰 줄기로, 우리나라 모든 산줄기의 중심 기둥을 ( )(이)라고 한다. 국립공원관리공단

45 오존층은 태양으로부터 오는 ( )을/를 흡수하는 역할을 하는데, 오존층이 파괴되면 피부암, 백내장 등을 유발한다. EBS

46 설악산, 제주도, 다도해, 광릉숲 등은 유네스코가 지정한 ( )이다.

47 1950년대부터 플라스틱제품 또는 식품저장용캔 내부의 코팅재로 많이 사용돼 온 화학물질인 ( )은/는 성조숙증, 유방암 등을 유발하는 환경호르몬의 일종이다. 한겨레신문

48 2010년 10월 29일 생물다양성협약 제10차 당사국회의에서 「유전자원에 대한 접근 및 그 이용에서 발생하는 이익의 공유」에 관한 ( )을/를 채택했다.

49 환경호르몬은 인체호르몬이 나오는 ( )을/를 교란시키고 인체의 균형 있는 성장을 방해하는 물질이다.

50 (①) 중독에 의한 미나마타병, (②) 중독에 의한 이타이이타이병, (③) 중독에 의한 비중격천공 등과 같이 각종 중금속에 노출될 경우 관련 질병이 발생할 수 있다. 한겨레신문

51 조류인플루엔자(AI) 중에서 변이가 빠르고 사람에게 전염될 수 있어 가장 치명적인 고병원성 바이러스는 ( ) 유형이다. 문화일보

52 ( )은/는 췌장에서 분비되는 호르몬으로, 혈액 속의 포도당의 양을 일정하게 유지시키는 역할을 한다. SBS

53 슈퍼박테리아는 (①)의 남용으로 인해 강한 저항력을 갖게 된 박테리아를 말하는데, 질병관리본부에서는 (②)을/를 공식 용어로 사용하고 있다.

54 오랜 시간 반복 작업으로 인해 발생하는 육체적인 질환을 ( )(이)라고 하는데, 우리나라에는 이 질환에 대한 예방의무를 규정한 법률이 있다.

55 ( )은/는 탄수화물, 단백질, 지방, 비타민, 무기질에 이은 제6의 영양소로 불린다. 국민체육진흥공단

Answer **41.** ① 세계보건기구(WHO) ② 세계동물보건기구(또는 국제수역사무국) **42.** 지구의 벗(FoEI), 세계자연기금(WWF) **43.** 환경부 **44.** 백두대간(白頭大幹) **45.** 자외선 **46.** 생물권보전지역 **47.** 비스페놀 A **48.** 나고야 의정서(Nagoya Protocol) **49.** 내분기계 **50.** ① 수은 ② 카드뮴 ③ 크롬 **51.** H5N1 **52.** 인슐린 **53.** ① 항생제 ② 다제내성균 **54.** 근골격계 질환 **55.** 식이섬유(또는 섬유질)

Chapter
04 스포츠

01 국제 대회 · 기구

올림픽경기대회(Olympic Games) •••

국제올림픽위원회(IOC)가 4년마다 개최하는 국제스포츠대회이다. 본래 올림픽경기는 고대 그리스인들이 제우스 신에게 바치는 제전 경기에서 유래했다. 하지만 고대 올림픽경기는 AD 393년에 중단됐다가 프랑스의 피에르 쿠베르탱의 노력으로, 1896년 그리스 아테네에서 제1회 올림픽대회가 개최됐다. 올림픽이 국제대회로서 면모를 갖춘 것은 1908년 제4회 런던대회 때부터이다. 이 대회부터 각국이 처음으로 국기를 앞세우고 참가했으며 경기규칙 제정, 본격적인 여자 경기종목 채택, 마라톤 코스의 확정 등 조직과 관리면에서 체계가 갖추어졌다. 올림픽은 제1 · 2차 세계대전으로 세 번 대회가 중단된 바 있다. 동계대회는 하계대회와 별도로 4년에 한 번씩 겨울기간에 열리는데, 제1회 동계대회는 1924년 프랑스의 샤모니에서 개최됐으며, 2018년 제23회 동계대회는 강원도 평창에서 열렸다. 평창동계올림픽 개최로 한국은 세계 4대 스포츠 제전인 하계올림픽(1988), 월드컵(2002), 세계육상선수권대회(2011), 동계올림픽(2018)을 모두 개최한 나라에 오른 바 있다.

차기 올림픽 개최지
- 2024년 하계 : 프랑스 파리
- 2026년 동계 : 이탈리아 밀라노, 코르티나담페초
- 2028년 하계 : 미국 로스앤젤레스

올림픽의 날 6월 23일(근대올림픽 창설일)

올림픽 표어 보다 빠르게, 보다 높게, 보다 강하게(라틴어 – Citius, Altius, Fortius). 프랑스 디동 신부가 제창해 1926년 IOC가 정식으로 채택했다.

올림픽기 근대올림픽을 상징하는 오륜기. 흰 바탕에 선을 두르지 않고 중앙에 오륜마크를 앉혔으며 좌측 상위 깃대 쪽에 청색이 오도록 단다. 국경을 초월하는 것을 뜻하는 흰색 바탕에 위쪽 원은 왼쪽에서부터 파란색, 검정색, 빨간색이며, 아래쪽 원은 노란색과 초록색의 고리 다섯 개가 서로 얽혀 있다. 동그란 고리 다섯 개는 유럽, 아시아, 아프리카, 오스트레일리아 및 오세아니아, 아메리카의 다섯 개 대륙을 상징한다.

올림픽의 저주 올림픽 개최국이 대회 후 빚더미에 올라앉거나 경기 불황을 겪는 징크스를 말한다.

프레올림픽(Pre Olympic)은 올림픽대회가 열리기 1년 전에 경기시설이나 운영 등을 테스트하는 의미에서 개최되는 비공식 경기대회이다.

아시아경기대회(Asian Games) •••

1951년 인도 전 총리 네루의 제창으로 국제올림픽위원회(IOC)의 승인을 얻어 아시아 각국 상호 간의 친선과 경기기술 향상을 도모하고 국제올림픽경기에 대비할 목적으로 창설된 스포츠대회이다. 국제올림픽대회 사이에 4년마다 열리며 회원국 중 희망국에서 개최된다. 제1회 대회는 1951년 인도의 수도 뉴델리에서 개최됐다. 한국은 1986년 제10회 서울대회, 2002년 제14회 부산대회, 2014년 제17회 인천대회를 개최했다.

유니버시아드(Universiade) •••

유니버시티(University)와 올림피아드(Olympiad)의 합성어로 국제대학스포츠연맹(FISU)이 주관하는 국제학생체육대회이다. 자격은 대학생 및 졸업 2년 이내인 사람으로 대회의 해를 기준으로 17~28세까지며, 2년에 한 번씩 열린다. 1957년 파리대회 때부터 자유권과 공산권 국가가 단일화해 개최해 오고 있으며 1959년 토리노대회 때 「유니버시아드」란 명칭을 처음 쓰게 됐다. 동계대회는 1960년부터 시작됐으며, 1981년부터 동계와 하계대회가 같은 해에 열린다. 한국은 1997년 무주・전주 동계대회에 이어 2003년 대구, 2015년 광주에서 하계대회를 개최했다. 특히 한국은 2007년 제23회 이탈리아 토리노 동계유니버시아드에서 최초로 종합 1위의 성적을 거두었다.

3

패럴림픽(Paralympic) •••

신체장애자들의 국제경기대회로, 하반신 마비(paraplegia)와 올림픽(Olympic)의 합성어이다. 정식 명칭은 1948년 휠체어 스포츠를 창시한 영국의 신체장애자 의료센터 소재지의 이름을 딴 「국제스토크맨데빌경기대회(International Stoke Mandeville Games for the Paralysed)」이다. 1952년부터 국제경기대회로 발전, 4년마다 개최된다. 올림픽이 있는 해에는 올림픽 개최국에서 열린다.

스페셜 올림픽(Special Olympic) 지적발달 장애인의 스포츠 축제. 존 F. 케네디 대통령의 여동생인 유니스 케네디 슈라이버의 제안으로 1968년 시작됐다. 지적발달 장애인의 운동 능력과 사회 적응력을 높이는 것이 목적이다. 승패보다는 도전과 노력에 의미를 두기 때문에 1・2・3위에겐 메달, 나머지 모든 참가선수에게는 리본을 달아 준다. 동・하계대회로 나누어 4년에 한 번씩 개최된다.

국제올림픽위원회(IOC; International Olympic Committee) •••

1894년 프랑스의 P. 쿠베르탱이 제창해 파리 의회에서 창설된 국제기구로, 본부 소재지는 스위스 로잔이다. 고대올림픽의 전통과 이상을 추구하고, 아마추어 스포츠의 발전을 목적으로 한다. 법률상의 지위는 국제법에 의한 법인체이며, 스포츠와 스포츠 경기의 조직과 발전을 도모하고, 4년마다 올림픽경기대회의 개최를 주도한다. 올림픽경기대회는 국가올림픽위원회(NOC; National Olympic Committee)가 조직돼 있는 나라만이 참가할 수 있으며, 경기 종목은 공인된 국제경기연맹이 소관하는 종목 중에서 선정된다. 위원은 스포츠계 최고의 명예직이며 대부분의 나라에 입국사증 없이 입국이 허용되는 등 국제적인 예우가 부여된다. IOC 위원의 정원은 최대 115명(명예위원 제외)이다. 위원종신제로 출발했으나 1966년 이후 선출된 위원은 72세로 퇴임해야 한다. 총회는 매년 1회 개최하며 임원 선출, 위원 선정, 올림픽 개최지 선정, 수익금 배분, 헌장 개정 등 올림픽에 관한 중요 사항의 최종적인 결정권을 갖는다. 한국은 1947년 가입했다. 현재 IOC 위원장은 토마스 바흐(독일)이다.

국제육상경기연맹(IAAF; International Association of Athletics Federations) •••

세계 육상경기를 통할하는 국제단체이다. 1912년 제5회 올림픽경기대회 때 창립됐으며 본부 소재지는 모나코이다. 국제올림픽 대표권이 있으며 각국의 경기규칙과 아마추어 규정도 이 연맹의 규칙에 준한다. 1982년부터 아마추어리즘은 포기했다. IAAF가 주관하는 경기에는 세계선수권대회, 세계청소년선수권대회, 세계실내선수권대회, 월드컵, 세계하프마라톤 선수권대회 등이 있다. 한국은 1945년 가입했다.

세계육상선수권대회(World Championship in Athletics) •••

월드컵축구, 올림픽과 함께 세계 3대 스포츠 이벤트로 꼽힌다. 전 세계 65억 명(연인원) 이상이 TV 중계를 시청하는 단일 종목 최대 규모이자 권위 있는 국제대회이다. 47개 세부종목(남자 24개, 여자 23개)이 있는 이 대회는 국제육상경기연맹(IAAF) 주관으로 1983년 핀란드 헬싱키에서 처음 개최된 이후 1991년까지 4년마다, 그 뒤에는 2년마다 개최되고 있다. 우리나라는 2011년 제13회 세계육상선수권대회(대구)를 개최함에 따라 올림픽(1988년 하계, 2018년 동계), 월드컵축구(2002년)를 모두 개최하며 스포츠경기대회의 트리플 크라운을 달성했다.

FIFA(Fédération Internationale de Football Association) •••

국제축구연맹으로 국제올림픽위원회(IOC), 국제육상연맹(IAAF)과 더불어 세계 3대 체육기구로 불린다. 1904년 프랑스, 스위스, 네덜란드, 벨기에, 스페인, 스웨덴, 덴마크 등 7개국에 의해 설립됐으며, 본부 소재지는 스위스 취리히이다. FIFA의 하부조직으로 여섯 개의 지역(대륙) 축구연맹이 있으며, 그 밑에 각국 협회가 있다. 월드컵대회를 주최하는 것 외에도 코칭 스태프 양성을 위한 프로그램 마련, 축구의 보급 및 발전 등에 공헌하고 있다.

FIFA 컨페더레이션스컵(FIFA Confederations Cup) •••

국제축구연맹(FIFA)이 주관하는 대륙별 챔피언 간 국제대회로, 「대륙간컵대회」 또는 「컨페드컵」이라고도 한다. 2년마다 열리며 6개 대륙별 축구대회(코파아메리카축구대회 · 아시안컵축구대회 · 아프리카네이션컵 · 유럽축구선수권대회 · 북중미골드컵 · 오세아니아네이션컵) 챔피언과 차기 월드컵 개최국, 지난대회 월드컵 챔피언 등 8개 팀이 맞붙어 「미니 월드컵」으로 불린다. 1992년 시작돼 1997년 FIFA가 정식대회로 인정하며 격년제로 열렸으나, 2005년 이후부터는 4년 주기로 개최되고 있다.

FIFA 클럽 월드컵(FIFA Club World Cup) 국제축구연맹(FIFA) 주관의 국제축구대회로, 6개 대륙의 클럽대항전 챔피언과 개최국 리그 우승팀 등 7개 팀이 모여 세계 최강의 축구 클럽을 가리는 대회이다. 매년 개최되는 이 대회는 1960년부터 시작된 남미와 유럽의 클럽 챔피언이 단판으로 승부를 가리던 인터콘티넨탈컵(도요타컵)이 전신이다. 제1회 대회는 2000년 1월 브라질의 리우데자네이루에서 개최됐다. 매년 일본에서 개최돼 오다 2011년부터 일본과 모로코, 아랍에미리트, 카타르 등에서 개최하고 있다.

아시안컵축구대회(AFC Asian Cup) •••

아시아축구연맹(AFC)이 주관하는 축구대회로, 1956년 창설했으며 4년마다 개최된다. 회원국을 10개 조로 나누어 예선전을 거쳐 본선 진출 16개국을 가린다. 본선에서는 3개의 조로 나누어 리그전으로 8강 진출국을 가리며, 8강전과 결승전은 토너먼트로 치른다. 한국은 지금까지 우승 2회(1956 · 1960), 준우승 4회(1972 · 1980 · 1988 · 2015)를 차지한 바 있다. 1956년 제1회 대회는 홍콩에서 열렸으며, 제18회 대회는 2024년 카타르에서 개최된다.

3

ZOOM IN

월드컵축구대회(FIFA World Cup)

국제축구연맹(FIFA)이 주관하는 세계축구선수권대회. 단일 종목으로서는 세계에서 가장 큰 스포츠 행사이자 제일 먼저 탄생한 세계선수권대회이다. 올림픽 중간 해에 4년마다 열리는 수준 높은 세계선수권대회로 평가된다. 대회는 지역예선과, 지역예선을 거친 국가대표팀이 참가하는 본선(48개 팀 참가)으로 이루어진다. 선수는 소속된 축구단의 국적이 아니라 자기 국적에 따라 참가하며, 아마추어와 프로에 관계없이 참가할 수 있다.

제1회 대회는 1930년 남미 우루과이의 몬테비데오에서 13개국이 참가한 가운데 개최됐고, 1938년 제3회 프랑스대회 이후 제2차 세계대전으로 12년간 중단됐다가 1950년에 제4회 대회가 브라질에서 다시 열렸다. 초창기 우승컵은 FIFA 창시자인 프랑스의 줄리메(Jules Rimet)를 기린 줄리메컵이었다. 그러나 줄리메컵은 대회 3회 우승(1958, 1962, 1970)을 차지한 브라질이 영구보존하게 돼, 1974년 독일월드컵부터 FIFA컵이 제정됐다. FIFA컵은 3년간 우승국에 보존된 뒤 FIFA에 반환되며 우승국에는 복제품이 주어진다. 월드컵 우승국에는 유니폼 상의 왼쪽 상단에 「★」 표시를 할 수 있는 명예가 부여된다. 그 밖에 월드컵 관련 상으로는 대회 최우수선수(MVP)에게 주어지는 골든볼, 최다득점자에게 주어지는 골든슈, 최우수골키퍼에게 주어지는 야신상, 최우수 신인선수상이 있다. 연맹 규정상 같은 대륙에서 연속해 대회를 개최하는 것은 금지돼 있다. 브라질은 1930년 제1회 대회부터 2022년 대회까지 22개 대회 본선에 진출한 유일한 국가이자, 역대 최다 우승(5회) 기록을 갖고 있다.

역대 월드컵 개최국과 우승국

개최 연도	개최국	우승국	개최 연도	개최국	우승국
제1회(1930)	우루과이	우루과이	제13회(1986)	멕시코	아르헨티나
제2회(1934)	이탈리아	이탈리아	제14회(1990)	이탈리아	서독
제3회(1938)	프랑스	이탈리아	제15회(1994)	미국	브라질
제4회(1950)	브라질	우루과이	제16회(1998)	프랑스	프랑스
제5회(1954)	스위스	서독	제17회(2002)	한국 · 일본	브라질
제6회(1958)	스웨덴	브라질	제18회(2006)	독일	이탈리아
제7회(1962)	칠레	브라질	제19회(2010)	남아공	스페인
제8회(1966)	잉글랜드	잉글랜드	제20회(2014)	브라질	독일
제9회(1970)	멕시코	브라질	제21회(2018)	러시아	프랑스
제10회(1974)	서독	서독	제22회(2022)	카타르	아르헨티나
제11회(1978)	아르헨티나	아르헨티나	제23회(2026)	캐나다, 멕시코, 미국	
제12회(1982)	스페인	이탈리아	제24회(2030)	모로코, 스페인, 포르투갈	

① 한국 참가 약사

한국은 1954년(제5회) 스위스대회에 처음으로 참가했고 이후 1986년(제13회) 멕시코대회, 1990년(제14회) 이탈리아대회, 1994년(제15회) 미국대회, 1998년(제16회) 프랑스대회, 2002년(제17회) 한일대회, 2006년(제18회) 독일대회, 2010년(제19회) 남아프리카공화국대회, 2014년(제20회) 브라질대회, 2018년(제21회) 러시아대회, 2022년(제22회) 카타르대회 등 아시아에서는 처음으로 통산 11회, 10회 연속 본선 진출에 성공했다. 2002년 월드컵에서는 4위를 차지했고, 2010년 월드컵에서 원정 첫 16강 진출에 이어 2022년 월드컵에서도 16강 진출이라는 성과를 냈다.

② 2026 FIFA 월드컵 유나이티드(2026. 6~7.)

본선 경기가 기존 32개국에서 48개국으로 확대 진행되는 최초의 월드컵이다. 캐나다, 멕시코, 미국이 개최해 2002 한일 월드컵에 이어 24년 만에 공동 개최되며 최초로 3개국이 공동 개최한다.

③ 세계 축구대표팀 별명

한국(태극전사), 프랑스(레블뢰군단), 브라질(삼바축구, 카나리아군단), 이탈리아(아주리군단), 네덜란드(오렌지군단), 독일(전차군단), 스페인(무적함대), 스웨덴(바이킹군단), 루마니아(발칸의 강호), 잉글랜드(축구종가), 카메룬(불굴의 사자), 벨기에(붉은악마), 크로아티아(신데렐라), 일본(울트라닛폰), 호주(사커루)

유럽축구선수권대회(UEFA European Championship) •••

유럽축구연맹(UEFA)이 주관하는 축구대회로, 1960년 프랑스에서 첫 대회가 열렸으며 월드컵과 엇갈려 4년마다 열린다. 월드컵 다음으로 권위 있는 대회로 미니 월드컵, 제2의 월드컵, 절반의 월드컵이라고도 한다. 경기 방식은 유럽대륙의 49개국 국가대표팀이 홈앤드어웨이 방식으로 예선경기를 거쳐 16개국이 본선에 진출, 리그전으로 조별 예선을 치르고 1 · 2위 팀이 녹다운 토너먼트로 경기를 치른다. 유럽축구선수권대회 창설에 공헌한 당시 프랑스 축구연맹 총장이었던 H. 앙리 들로네의 이름을 따서 우승 트로피를 「앙리 들로네컵(Henri Delaunay cup)」이라고 부른다. 독일(3회 우승 1972 · 1980 · 1996)과 스페인(3회 우승 1964 · 2008 · 2012), 프랑스(2회 우승 1984 · 2000), 이탈리아(2회 우승 1968 · 2020)를 제외하고는 두 차례 이상 우승한 국가가 없다.

UEFA 챔피언스리그(UEFA Champions League) •••

유럽축구연맹(UEFA) 주관 아래 유럽 각국의 프로축구리그 우승팀과 상위팀들끼리 벌이는 축구대회를 말한다. 1955~1956 시즌 유럽클럽선수권대회(European Champion Clubs Cup)로 시작돼 챔피언스컵으로 이름을 바꾼 뒤, 다시 1992년부터 챔피언스리그로 명칭을 변경했다. 유럽 컵위너스컵이 폐지되면서, UEFA컵과 함께 유럽 2대 축구대회로 꼽힌다. 원래 전통적인 토너먼트 방식으로만 진행되다가 1992~1993 시즌부터 조별 라운드와 토너먼트를 혼합한 방식으로 정식 출범했다. 1999년부터 32개 팀이 참여하고 있으며 3개의 예선 라운드, 조별리그, 4차례의 결선 토너먼트로 구성된다. 대회 우승팀은 유럽 챔피언으로서 라틴아메리카 지역 우승팀과 세계 클럽 최강전을 갖는다.

UEFA 유로파리그(UEFA Europa League) 유럽축구연맹(UEFA) 주관으로 UEFA 가맹국의 프로축구리그 상위팀이 겨루는 축구대회. 1971~1972 시즌에 시작된 UEFA컵은 UEFA 챔피언스리그에 이어 두 번째로 큰 대회이다. 출전자격은 유럽 각국의 1부 리그에서 우승을 차지하지는 못했지만 상위권에 오른 팀, 각국 컵 대회 우승팀, 특정 국가의 리그컵 우승팀, UEFA 챔피언스리그 플레이오프에서 탈락한 10팀 등이다. 경기는 32강부터 홈앤드어웨이의 녹다운 토너먼트 방식으로 치러지며, 결승전은 중립 지역에서 단판 승부로 가려진다.

UEFA 네이션스리그(UEFA Nations League) 유럽축구연맹(UEFA) 회원국 국가대표팀이 벌이는 국가대항 축구대회. 2018년 창설돼 2년 주기로 열린다. UEFA 회원국이 UEFA 랭킹에 따라 A~D의 4개 리그로 나뉘어 참가하며, 하나의 리그는 4개 조로 구성된다. 대회는 승강제로 진행돼 각 조 1위에 오른 4팀은 상위 리그로 올라가며, 최하위 팀은 하위 리그로 강등된다.

프리미어리그(Premier League) •••

스페인의 라리가, 독일의 분데스리가, 이탈리아의 세리에A와 함께 세계 4대 리그 중의 하나로 1888년에 설립된 영국의 프로축구 1부 리그이다. 잉글랜드의 축구 리그는 크게 프로리그 · 세미프로리그 · 아마추어리그로 나뉘며, 프로리그는 1부 20개 클럽(프리미어리그)과 2~4부 각각 24개 클럽씩 총 92개 클럽으로 이루어져 있다. 프리미어리그는 매년 8월 말부터 이듬해 5월까지 열리며 홈앤드어웨이 방식으로 팀당 38게임을 치른다. 1~4위 팀은 유럽축구연맹(UEFA)이 주관하는 챔피언스리그 출전 자격이 주어지며, 5위 팀과 리그컵 및 FA컵 우승팀은 UEFA 유로파리그에 출전할 수 있다.

세계청소년축구선수권대회 •••

FIFA(국제축구연맹)에서 주관하는 청소년 경기로, 20세 이하(U-20) 대회와 17세 이하(U-17) 대회 두 종류가 있다. 각 대회 참가 자격은 만 나이를 기준으로 한다. U-20대회(FIFA U-20 World Cup)는 20세 이하 선수들로 구성된 국가대표팀이 겨루는 축구대회로, 1977년부터 2년마다 개최되고 있다. 각 대륙의 24개 팀이 참가해 4개 팀씩 6개 조가 리그를 펼쳐 조 1, 2위 팀이 16강에 직행하며 6개 조 3위 팀 중 승점 · 골득실 · 다득점을 따져 4개 팀이 와일드카드로 16강에 올라 결승까지 토너먼트로 챔피언을 가린다. 차세대 축구스타들의 경연장으로, 아르헨티나가 여섯 차례 정상에 올라 최다우승 기록을 보유하고 있다. 2017년 대회는 한국에서 열렸다.

4대 메이저대회 •••

테니스경기나 골프경기대회에서 세계적으로 가장 권위를 인정받고 상금 액수도 많은 4대 국제대회를 말한다. 4대 메이저대회를 1년 동안 모두 우승하는 것을 「그랜드슬램(grandslam)」이라 한다.

테니스 호주오픈테니스선수권대회, 프랑스오픈테니스선수권대회, 윔블던테니스대회, US오픈테니스선수권대회를 말한다. 테니스 사상 처음으로 그랜드슬램을 석권한 선수는 미국의 돈 벗지(1938)이다.

골프 마스터스골프대회, US오픈골프선수권대회, 디 오픈 챔피언십, PGA챔피언십을 말한다. 한편, 여자골프 LPGA 5대 메이저대회는 US여자오픈, KPMG 위민스 PGA챔피언십, AIG 위민스오픈, 셰브론챔피언십, 아문디 에비앙챔피언십을 말한다.

4대 메이저 골프대회(남자)

마스터스골프대회	1934년 초청대회 형식으로 첫 대회 개최. 미국의 오거스타 내셔널 GC가 주최하며 상업성이 없는 골프만을 위한 순수대회. 입장권은 「패트론」이라 불리는 고객에게만 구매 권한이 주어짐. 우승자는 「그린재킷」을 입으며, 역대 최다 우승자는 여섯 차례 우승한 잭 니클라우스
US오픈골프선수권대회	4대 메이저대회 중 가장 권위 있다고 평가받는 대회. 1895년 뉴포트 골프클럽에서 첫 경기가 개최됨
디 오픈 챔피언십	1860년 창설된 세계에서 가장 오래된 경기로서 오픈 경기의 기원이 되며, 전 세계 골프규칙을 관장하는 영국왕립골프협회가 주관. 브리티시오픈이라고도 함. 우승자에게는 「클라레 저그(Claret Jug)」라는 은주전자가 수여됨
PGA챔피언십	1916년 미국에서 미국프로골프협회가 조직돼 시작된 대회. 4대 메이저대회 중 유일하게 프로선수만 참가함

프레지던츠컵(Presidents Cup) •••

미국과 인터내셔널(유럽 제외) 팀 간 남자프로골프 대항전으로 라이더컵, 월드골프챔피언십(WGC) EMC 월드컵과 함께 세계 3대 국가대항전 골프대회이다. 1994년 PGA 투어의 주도로 라이더컵을 본떠 창설돼 격년제로 치러지며, 라이더컵이 열리지 않는 해에 열린다. 프레지던츠컵의 선수 선발은 미국의 경우 2년간 PGA 투어 상금 랭킹 순으로 10명, 세계 연합팀은 대회 직전 세계랭킹 순으로 10명에게 출전 자격을 주고 단장 추천 선수 2명이 더해지는 방식이다. 개최지 국가행정수반이 대회 명예의장을 맡는다. 경기 방식은 포섬, 포볼, 싱글매치 플레이 방식으로 치러진다. 철저하게 상업성이 배제되기 때문에 대회 명칭에 기업 타이틀 스폰서를 일체 붙일 수 없고 대회장에 광고판을 설치할 수 없다. 또 별도의 상금이 없지만, 대회 수익금은 선수단이 지정하는 곳에 기부된다. 2015년에는 한국에서 대회가 열렸다.

골프대회 명칭

오픈(Open)	프로와 아마추어 모두 참가할 수 있는 대회
인비테이셔널(Invitational)	주최 측이 초청하는 선수들만 참가할 수 있는 대회
챔피언십(Championship)	프로 중의 최고를 가리는 선수권대회로 아마추어는 참가 자격이 없음
클래식(Classic)	전통과 권위를 내세운 것으로 프로골퍼만 참가하는 것을 원칙으로 함. 특별한 대회의 형식이라기보다는 대회 이름을 치장하는 성격의 명칭
프로암(Pro-am)	프로와 아마추어가 함께 경쟁하거나 같은 조에서 플레이하는 대회

월드골프챔피언십(WGC; World Golf Championship) 국제프로골프투어연맹이 주관하는 대회. 국제프로골프투어연맹은 미국 PGA와 유럽, 일본, 호주, 그리고 남아공 등 5개 프로골프투어 사무국이 1999년 결성했으며, 이후 아시아와 캐나다 프로골프투어가 합류해 총 7개 투어가 참여하고 있다. 액센츄어 매치플레이챔피언십, NEC인비테이셔널, 아메리칸익스프레스 챔피언십, EMC월드컵 등 1년에 4개 대회가 있다.

라이더컵(Ryder Cup)•••

미국과 유럽 간 남자 골프대회로 1927년부터 유럽에서 2년마다 개최된다. 대회 명칭은 영국인 사업가 새뮤얼 라이더(Samuel Ryder)가 순금제 트로피를 기증함으로써 붙여진 것이다. 경기 방식은 팀 경기이며, 포섬・포볼・매치 플레이 방식으로 진행된다. 경기가 치러지는 3일 동안 총 28점까지 얻을 수 있다.

솔하임컵(Solheim Cup) 1990년 창설된 미국과 유럽 간 여자 프로골프 대항전. 여성판 라이더컵으로 2년마다 미국과 유럽을 오가며 개최된다. 대회 명칭은 골프용품 제조업체인 핑(PING)의 창업주 카르스텐 솔하임(Karsten Solheim)의 성에서 따왔다.

밀리언야드컵(Million Yard Cup) 한일 프로골프 국가대항전. 한국과 일본 간의 평균 거리는 950km인데, 이를 골프에서 사용하는 거리 단위인 야드(yd)로 환산하면 약 100만 야드가 되기 때문에 밀리언야드컵이라는 명칭이 붙었다.

월드베이스볼 클래식(WBC; World Baseball Classic)•••

미국 메이저리그베이스볼(MLB) 사무국과 세계야구소프트볼총연맹(WBSC)이 주관해 2006년부터 시작된 국가 대항 야구대회로, 2009년 이후로는 4년마다 열리고 있다. 올림픽 야구와는 달리 메이저리그 등 각국의 프로 소속 선수들이 참여한다는 특징이 있다. 대회 개최는 세계 여러 지역에서 분산해 개최하고 있는데, 준결승전과 결승전은 MLB에서 사용되는 야구장에서 개최한다. 또 메이저리거 등 선수들이 국적뿐 아니라 부모의 혈통에 따라 대표팀을 선택할 수 있도록 해 전력 평준화를 추진하고 있다.

보스턴마라톤(Boston Marathon)•••

미국 보스턴에서 매년 4월 19일에 개최되는 세계적인 마라톤 경주대회로, 「아메리칸 마라톤」이라고도 한다. 런던마라톤, 로테르담마라톤, 뉴욕마라톤과 함께 세계 4대 마라톤대회 가운데 하나이다. 올림픽을 제외하고 1997년부터 유일하게 참가자의 자격을 제한하는 대회로도 유명하다. 1972년부터는 여자선수도 참가했다. 제1회 대회는 1897년에 열렸으며, 오늘날까지 계속되고 있는 마라톤대회로서는 올림픽경기대회 다음으로 오래됐다.

세계 · 한국 마라톤 기록 비교

구분		기록	대회
세계기록	남자	2시간 00분 35초 켈빈 키프텀(케냐)	2023년 시카고마라톤
	여자	2시간 11분 53초 티지스트 아세파(에티오피아)	2023년 베를린마라톤
한국기록	남자	2시간 7분 20초 이봉주	2000년 도쿄마라톤
	여자	2시간 25분 41초 김도연	2018년 동아마라톤

남녀 육상 100m 세계기록 우사인 볼트(자메이카, 9초 58), 그리피스 조이너(미국, 10초 49)

남자 100m 한국기록 김국영 10초 16(2015년 광주유니버시아드대회)

포뮬러 원(F1; Formula One)•••

FIA(국제자동차연맹)의 주최로 개최되는 세계 최고의 자동차경주대회이다. 월드컵축구, 올림픽과 함께 3대 국제 스포츠 행사 가운데 하나로, 공식 명칭은 「FIA포뮬러원월드챔피언십(FIA Formula One World Championship)」이다. 규정이나 규칙을 뜻하는 「Formula」와 최고라는 의미의 숫자 「1」을 조합해 만든 명칭이다. FIA가 규정을 제정하고 FOM(Formula One Management)이 운영한다. 1950년에 시작된 F1은 매년 3~10월까지 스페인, 프랑스, 영국, 독일, 헝가리, 호주, 일본, 한국 등 대륙을 오가며 17회 경기를 펼친 뒤 점수를 합산해 종합 우승자를 가린다.

인디카 시리즈(INDYCAR Series) 1996년 시작된 미국의 자동차경주대회로, 오픈 휠 레이스이다. F1 그랑프리가 유럽에 기반을 두고 각국 정부의 지원을 받는 레이싱클럽 중심으로 경기를 운영하는 데 반해 인디카 시리즈는 미국을 기반으로 개인 팀이 주축이 된다.

3대 국제바둑대회•••

동양증권배 바둑대회 동양증권이 1989년에 창설한 국제바둑대회이다. 3회 대회가 열린 1992년부터는 중국, 일본, 대만 등의 정상급 기사가 참여하는 국제대회로 격상됐다. 우승 상금은 1억 5000만 원이다.

응창기배 바둑대회 대만의 재벌이자 바둑애호가인 응창기(應昌期)가 1988년에 100만 달러의 상금을 내걸고 창설한 국제바둑대회이다. 4년마다 열리는데, 우승자에게 40만 달러의 상금이 주어진다. 대회 룰은 한국이나 일본에서 흑을 쥘 때 덤 5집 반을 공제하는 것과는 달리 8집을 공제하는 대만 특유의 전만법을 적용한다.

후지쓰배 바둑대회 일본 ≪요미우리(讀賣) 신문≫이 1988년 창설한 세계 최초의 프로바둑대회이다.

02 스포츠 경기

야구

메이저리그 베이스볼(MLB; major league baseball)●●●

미국 프로야구의 최상위 리그로 프로미식축구리그(NFL), 미국프로농구(NBA), 북미아이스하키리그(NHL)와 함께 북미의 4대 프로리그 중 하나이다. 1876년 발족한 내셔널리그 15개 구단, 1900년 발족한 아메리칸리그 15개 구단으로 구성돼 있으며, 1901년부터 양대 리그전이 시작됐다. 양 리그는 동부, 서부, 중부 등 세 개 지구로 나누어지며 같은 지구 팀과는 12차전, 다른 지구 팀과는 11차전 등 팀당 162게임을 치른다. 각 리그 1위 팀들끼리 7회전제의 월드시리즈를 치른다.

미국 4대 프로스포츠

MLB (메이저리그 베이스볼)	미국 프로야구의 아메리칸리그와 내셔널리그. 정규시즌(팀당 162경기) ➡ 디비전시리즈(5전 3선승제) ➡ 리그 챔피언십시리즈(7전 4선승제) ➡ 월드시리즈를 거쳐 최종 우승팀을 가림
NBA (미국프로농구협회)	1949년 설립됐으며 동부 콘퍼런스, 서부 콘퍼런스로 나눠 홈앤드어웨이 방식으로 팀당 82경기를 치름. 우승컵은 「래리 오브라이언컵(Larry O'Brian Championship Cup)」
NFL (북아메리카 프로미식축구리그)	1920년 설립됐으며 산하에 32개 구단을 두고 있음. AFC(American Football Conference), NFC(National Football Conference)는 각각 동부 · 서부 · 남부 · 북부 등 4개 지구로, 또 각 지구는 4개 구단으로 구성됨. 각 구단은 정규시즌에서 16경기를 치르며, 각 콘퍼런스 우승팀은 챔피언결정전인 슈퍼볼에서 단 한 경기로 우승팀을 가림. 우승컵은 「빈스 롬바르디 트로피(Vince Lombardi Trophy)」
NHL (북미아이스하키리그)	1917년 미국과 캐나다가 북미아이스하키리그(NHL)를 결성해 시작된 프로아이스하키리그. 챔피언에게 「스탠리컵(Stanley Cup)」이 수여되기 때문에 스탠리컵대회라고 부름. 동부지구와 서부지구로 나눠 경기를 치름

월드시리즈(World Series)●●●

미국 프로야구 메이저리그(MLB)의 내셔널리그(NL)와 아메리칸리그(AL)에서 우승한 팀끼리 벌이는 경기이다. 7전 4선승제로 최종 우승팀을 가리며 1905년부터 계속되고 있다. 같은 연고지 팀끼리 맞붙었을 때는 지하철을 타고 상대팀을 오간다는 데서 「지하철시리즈(subway series)」라고도 부른다.

사이영상(Cy Young award)●●●

메이저리그 최우수 투수상으로, 메이저리그 통산 최다 승리 기록(511승) 보유자인 전설 속의 명투수 사이영(본명 Denton True Young)의 이름을 따 1956년 신설됐다. 1967년부터 매년 전미야구기자협회(BBWAA) 소속 기자들의 투표로 내셔널리그와 아메리칸리그에서 각각 1명씩을 선정한다.

20-20 클럽●●●

야구경기에서 한 선수가 한 시즌에 홈런 20개와 도루 20개를 기록하는 것을 뜻하는 용어이다. 장타력과 빠른 발, 천부적인 센스가 있어야 가능하다. 20-20 클럽보다 더 뛰어난 30-30 클럽도 있다. 국내 선수 가운데 최초로 박재홍 선수가 1996년 30-30 클럽에 가입했다.

세이브(save)•••

팀이 리드하고 있을 때 구원투수로 등판, 리드를 유지하기 위해 유효한 투구를 했는데도 승리투수가 될 수 없을 때 주어지는 기록이다. 이 제도는 야구경기에서 구원투수의 공적을 명확히 기록하기 위해 만들어졌다. 1976년도부터 정규 룰에 구원투수의 세이브로 규정됐으며, 세이브 수에 구원승리 수를 보탠 것을 세이브 포인트라 한다.

빈볼(bean ball)•••

야구경기에서 투수가 고의적으로 강타자의 기세를 위협하기 위해 머리 근처를 겨냥해 던지는 공을 말한다. 타자가 볼에 맞을 경우 HP(hit by pitched) 또는 D(dead)로 표시해, 공식 용어로 사용하지는 않는다. 빈볼은 매우 위험하기 때문에 엄격히 금지돼 있다.

위닝샷(winning shot)•••

야구경기에서 투수가 가장 장기(長技)로 던지는 공으로, 베스트 스터프(best stuff : 타자를 아웃시키기 위해 던지는 세 번째 스트라이크 공)라고도 한다. 테니스, 탁구에서는 결정적인 타구와 승리를 결정지은 볼 또는 가장 위력을 자랑하는 볼을 가리킨다.

올마이티 히트(almighty hit)•••

야구경기에서 타자가 한 게임에서 1루타, 2루타, 3루타, 홈런을 모두 친 경우를 이르는 말이다. 순서대로 쳐야 하는 것은 아니다. 「사이클 히트(cycle hit)」, 「히트 포 더 사이클(hit for the cycle)」이라고도 한다. 국내에서는 1980년 4월 대학리그전에서 처음으로 올마이티 히트가 기록됐다.

신시내티 히트(Cincinnati hit) 야구경기에서 충분히 잡을 수 있는 쉬운 플라이 공을 야수끼리 서로 미루다 놓쳐 만들어진 안타. 미국 프로야구 초창기 때 신시내티 레즈 팀 야수진들이 거푸 안타를 허용한 데서 유래된 말이다.

히트앤드런(hit and run)•••

야구경기에서 주자와 타자가 사전에 합의해 투수가 투구 동작에 들어감과 동시에 주자는 다음 베이스를 향해 달리고 타자는 반드시 공을 치기로 하는 작전을 말한다.

더블헤더(double header)•••

야구경기에서 하루에 동일한 팀들이 계속 두 경기를 치르는 것을 일컫는다. 특히 토·일요일에 많은 관객을 동원하기 위해 행해진다. 현재 우리나라 정규 야구경기에서는 시행되지 않고 있다.

노히트노런(no hit no run)•••

야구경기에서 무안타, 무득점으로 상대 팀에 승리하는 것으로 퍼펙트게임과 함께 투수의 뛰어난 기록의 하나이다.

퍼펙트게임(perfect game) •••

야구경기에서 무안타, 무사사구(無四死球), 무실책으로 한 사람의 주자도 출루시키지 않고 승리한 게임을 가리킨다.

그라운드홈런(ground home run) •••

야구경기에서 타구가 펜스를 넘어가지 않고도 타자가 1, 2, 3루를 돌아 홈을 밟게 되는 것으로 공식 기록상 홈런으로 인정된다. 미국에서는 「인사이드 파크 홈런(inside-park home run)」이라고도 불리며 한국야구위원회(KBO)는 「장내홈런」으로 번역한다. 러닝홈런은 일본 용어이다.

야수선택(fielder's choice, 野手選擇) •••

야구경기에서 땅볼을 처리한 야수가 타자주자를 1루에서 아웃시키는 대신 선행주자를 아웃시키려고 다른 베이스에 송구했으나 세이프가 된 플레이를 말한다. 「두뇌적 실책」의 기록상 용어로 기술적 미스에 의한 실책과는 엄연히 구별돼 표기된다. 또 안타를 친 타자가 선행주자를 아웃시키려는 야수의 송구를 이용해 한 개 또는 그 이상의 베이스를 탈취했을 때, 또는 어떤 주자가 다른 주자를 아웃시키려는 야수의 다른 베이스에의 송구를 이용해서 진루한 경우도 야수선택에 의한 진루라 한다.

닥터K(Dr. K) •••

야구경기에서 탈삼진왕을 일컫는 별칭이다. 삼진을 잘 시키는 투수들이 대개 빠른 공으로 타자들을 녹아웃(knock-out)시키므로 「녹아웃 박사」라고도 부른다.

낫아웃(not out) •••

야구경기에서 세 번째 스트라이크를 포수가 받지 못했을 때 삼진 아웃으로 인정하지 않는 규칙이다. 「스트라이크아웃 낫아웃」이라고도 한다. 타자는 일종의 타구를 친 셈이어서 야수가 수비하기 전에 1루에 닿으면 살게 된다.

핫코너(hot corner) •••

야구경기에서 강한 타구가 자주 날아가는 3루의 별명이다. 대부분의 타자가 오른손잡이였던 메이저리그 초창기에 날카롭고 매서운 타구가 3루에 집중되면서 이러한 별칭이 붙었다.

루스벨트 게임(Roosevelt game) •••

야구경기에서 제일 재미있는 경기 내용을 보여준다는 8 대 7 스코어를 지칭한다. J. F. 케네디 전 미국 대통령이 야구경기에서 8 대 7 경기가 가장 재미있다고 말한 데서 유래돼 「케네디 스코어(Kennedy score)」라고도 한다. 9 대 8로 끝나는 게임은 미국 프로야구 최고책임자의 직함을 따 「커미셔너 스코어(commissioner score)」라고 한다.

클린업트리오(cleanup-trio)•••

클린업(clean-up)은 본래 청소・소탕 등의 의미로, 야구에서는 장타를 쳐서 누상에 있는 주자를 본루로 불러들여 득점하는 것 또는 그 역할을 맡은 4번 타자를 지칭한다. 클린업트리오란 흔히 팀의 중심 타선인 3・4・5번 타자를 말하는데 1・2번 타자들이 찬스를 만들면 3・4・5번 타자들이 결정타를 날려 누상에 나가 있는 주자를 불러들인다는 데서 클린업트리오란 명칭이 붙었다.

피치 클록(pitch clock)•••

미국 프로야구 메이저리그(MLB)가 2023시즌부터 경기 시간 단축을 위해 도입한 규정으로, 투수로 하여금 주자가 없으면 15초, 주자가 있으면 20초 안에 투구 동작을 하게 해 준비 시간을 엄격하게 제한하는 제도이다. 국내에는 2024시즌부터 도입된다.

트리플 크라운(triple crown)•••

원래는 경마 용어로 1930년 한 경주마가 미국의 3대 경마 레이스에서 우승한 뒤 그 말의 새끼가 다시 우승하면서 붙은 명칭이다. 현재는 야구, 축구, 골프, 배구경기 등에서 사용된다. 프로야구의 경우 투수가 한 시즌에 방어율・다승・탈삼진 세 부문을, 타자가 타율・홈런・타점 세 부문을 동시에 석권하는 것을 가리킨다. 프로축구에서는 한 팀이 정규리그와 리그컵, 각 나라의 FA컵, 지역별 챔피언스리그 가운데 세 개 대회를 석권하는 것을 말한다. 프로골프에서는 한 해에 전영오픈・전미오픈・캐나디언오픈에서 우승하는 것을, 배구에서는 후위공격・블로킹・서브로 각 3점 이상을 획득하는 것을 가리킨다.

방어율(earned run average)•••

야구경기에서 투수가 1시합(9이닝) 평균 얼마만큼의 자책점을 받았는가를 나타내는 숫자로 투수의 역량을 측정하는 지표가 된다. 계산 방법은 자책점에 9를 곱하고 이를 우수리를 포함한 전 투구 이닝 수로 나눈다. 완전히 나누어지지 않을 때에는 소수점 이하 3자리까지 구해 4사5입해 구한다.

자책점(earned run)•••

야구경기에서 투수로 인해 빼앗긴 득점을 뜻하는 것으로, 방어율 산출의 기초가 된다. 수비수의 실수로 인한 득점을 제외하고 수비 측이 세 명을 아웃시킬 기회를 포착하기 전에 주자가 안타, 희생플라이, 희생번트, 도루, 척살(put out), 야수선택, 사사구(四死球) 또는 투수의 폭투, 보크(balk)로 생환했을 때 기록된다.

MVP(most valuable player)•••

최우수선수를 일컫는 말로, 야구의 경우 그해 공식 시합을 통해 가장 우수한 성적을 거둔 선수를 프로야구 담당 체육기자들이 투표로써 결정한다.

루키(rookie)•••

야구에서 루키는 팀에 새로 입단한 신인이나 아직 정규선수로 출전한 일이 없는 선수를 지칭한다. 「노비스(novice)」, 「프레시맨(fresh-man)」이라고도 한다.

콜드게임(called game)•••

야구경기에서 어떤 경우든 주심이 중단을 선언한 시합을 말한다. 프로야구는 5회가 기준이 되며, 그때까지의 득점으로 승패를 결정한다. 아마추어 야구의 경우, 날씨 때문에 적용되는 경우가 많다. 득점 차가 규정 이상으로 지나치게 차이가 날 때에도 선언되는데 보통 7회 말까지 7점 이상 차이가 날 때 콜드게임이 선언된다.

서스펜디드게임(suspended game)•••

야구경기에서 9회를 끝내기 전인데 제한시간으로 시간이 없거나 날씨 때문에 콜드게임이 선언됐을 때 등 시합 속행이 불가능한 경우, 후일 속행할 것을 조건으로 중단된 시합을 말한다.

승부치기(extra-inning rule)•••

국제야구연맹(IBAF)이 2008년 베이징올림픽부터 채택한 규칙으로 늘어지는 경기시간을 단축하고 경기의 박진감을 더한다는 취지로 도입했다. 올림픽에서는 경기가 10회 이후에도 동점인 상황이라면, 연장 11회부터 노아웃 상황에서 주자 두 명을 각각 1·2루에 진출시켜 놓고 3번 타자부터 공격을 시작해 득점을 유도하는 방식으로 이뤄진다. 이때 몇 번 타자부터 공격을 시작할지는 감독 의중에 따라 바꿀 수 있다. 만약 11회에도 승부가 나지 않아 연장 12회로 접어들면 11회 마지막 두 타자가 1·2루에 진루한 상태에서 공격이 재개된다.

스토브리그(stove league)•••

프로야구에서 시즌오프(season-off) 시기에 각 구단이 팀의 전력 강화를 위해 선수의 획득이나 이동을 둘러싸고 활발한 움직임을 보이는 것을 일컫는다. 팬들이 난로(stove) 주위에 모여 선수의 소식 등을 이야기하면서 흥분하는 모습이 마치 실제 경기를 보는 것 같다는 데서 유래됐다. 정식 명칭은 「오프시즌 딜(off-season deal)」 또는 「윈터 에퀴지션(winter acquisition)」이다.

프리에이전트(FA; free agent)•••

일정 기간 자신이 속한 팀에서 활동한 뒤 다른 팀과 자유롭게 계약을 맺어 이적할 수 있는 자유계약선수 또는 그 제도를 말한다. 이와는 달리, 선수가 먼저 구단에 계약 해지를 신청할 경우 발생하는 임의탈퇴선수는 자유계약선수와 달리 다른 구단과 자유롭게 계약할 권한이 없다. 이 제도는 1976년 미국 프로야구에서 처음으로 도입했고, 우리나라는 1999년부터 도입해 시행 중이다.

웨이버 공시(waiver)•••

스포츠에서 구단이 소속선수와 계약을 일방적으로 해지하는 방법으로, 「방출」이라고도 한다. 우리나라는 전년도 대회 최하위 구단에 우선권을 주며, 웨이버선수를 받아들이는 구단은 전 소속구단에 일정 금액을 지불해야 한다. 다른 구단의 요청이 없으면 대상 선수는 자유계약선수가 되며, 반대로 선수가 웨이버 공시를 거부하면 임의탈퇴선수로 묶이게 된다.

드래프트시스템(draft system)•••

프로팀에 입단할 신인선수들을 한데 묶어 놓고 각 팀의 대표가 선발회의를 구성해 일괄적으로 교섭하는 방식이다. 원래는 야구 용어였으나 현재는 광범위하게 쓰이고 있다. 유망 신인에 대한 쟁탈전이 여러 문제점을 야기하자 이를 방지하기 위해 고안된 방식으로 우리나라에서는 배구, 야구, 농구, 축구 등의 실업팀들이 이 방식을 채택하고 있다.

샐러리캡(salary-cap)•••

스포츠 스타들의 과도한 몸값을 제한하기 위해 마련된 팀 연봉 상한제를 일컫는다. 그러나 자유계약제라는 허점이 있어 다른 팀 선수를 영입할 때는 샐러리캡의 제한을 받지만 기존 소속선수와의 재계약 때는 샐러리캡의 영향을 받지 않는다.

명예의 전당(hall of fame)•••

야구의 발상지인 미국 뉴욕의 쿠퍼스타운에 있는 야구박물관으로, 큰 업적을 남긴 명감독이나 명선수들의 초상화가 걸려 있다. 명예의 전당에 헌액되는 감독이나 선수는 매년 한 번씩 기자들이 투표로 선정하는데 이때 75% 이상의 득표를 얻어야 자격이 주어진다.

오프너(opener)•••

야구에서 첫 1~2회를 막기 위해 등판하는 불펜투수를 이르는 말이다. 2018시즌 미국 메이저리그(MLB) 탬파베이 레이스 구단이 최초로 본격 도입한 뒤 새로운 투수 운용법으로 각광받고 있는 전략이다. 오프너 전략을 활용하면 전력투구에 특화된 불펜투수를 오프너로 기용해 경기 초반에 상위 타선을 막아내고, 진짜 선발투수는 하위 타선부터 경기를 시작해 투구를 쉽게 풀어나갈 수 있다.

축구

FIFA 센추리클럽(FIFA Century Club)•••

국제축구연맹(FIFA)이 공인하는 A매치(국가대표팀 간 축구경기)에 100회 이상 출전한 선수 그룹을 일컫는다. 센추리(century)는 숫자 100을 뜻한다. 센추리클럽에 가입하기 위해서는 10년 이상 국가대표 수준의 기량을 유지하면서 부상 없이 꾸준히 출전해야 한다. 우리나라는 차범근, 홍명보, 황선홍, 유상철, 김태영, 이운재, 이영표, 박지성, 이동국, 기성용, 김호곤, 조영증, 박성화, 손흥민 선수 등이 센추리클럽에 가입했다.

발롱도르(Ballon d'or)•••

전 세계 축구선수 중 뛰어난 활약을 보여준 개인에게 수여되는 상으로, 축구 부문에서 개인에게 주는 상 가운데 명성이 가장 높다. 발롱도르란 황금빛 공이라는 뜻으로, 1956년 프랑스 축구 전문지 ≪프랑스 풋볼≫이 제정했다. 수상자는 전 세계 축구 기자들의 투표 결과를 합산해 선정하며, 최다 수상자는 총 8회 수상한 아르헨티나 출신의 리오넬 메시이다.

더 베스트 FIFA 풋볼 어워즈(The Best FIFA Football Awards)•••

전 세계 FIFA 회원국 감독 및 주장 등의 투표를 통해 그해 활약한 축구 선수에게 수여하는 상이다. 2010년부터 6년간 FIFA와 프랑스풋볼이 함께 운영했던 FIFA 발롱도르가 더 베스트 FIFA 풋볼 어워즈와 발롱도르로 각각 분리되면서 2017년 새로 제정됐다.

FIFA 올해의 선수 국제축구연맹(FIFA)이 FIFA 회원국 국가대표팀 감독들의 투표를 통해 최고 기량과 성적을 선보인 선수를 선정해 수여하는 상으로, 1991년 제정됐다. 각국 대표팀 감독들은 자국 선수를 제외한 선수를 대상으로 1·2·3순위로 나누어 3표를 행사하는데, 1991년 제정 첫해 수상자는 독일의 로타어 마테우스였다.

더비 매치(Derby match)•••

연고지가 같은 팀끼리 치르는 라이벌전을 뜻한다. 19세기 중엽 영국의 런던 북서부에 있는 소도시 더비(Derby)에서 성 베드로(St. Peters)팀과 올 세인트(All Saints)팀이 기독교 사순절 기간에 치열한 축구 경기를 벌인 데서 유래됐다. 이후 프로스포츠에서 강팀들끼리 치르는 라이벌전을 의미하는 단어로 확대됐다. 대표적인 예로 ▲스페인 프리메라리가의 레알 마드리드와 FC 바르셀로나의 경기인 엘 클라시코 더비 ▲잉글랜드의 아스널과 토트넘의 북런던 더비 ▲맨체스터 유나이티드와 맨체스터 시티의 맨체스터 더비 등이 있다.

더비(Derby) 영국에서 개최되는 경마 대회로, 더비 스테이크스(Derby Stakes)의 약칭이다. 1780년 영국의 귀족 제12대 더비 경(卿)인 에드워드 스미스 스탠리 백작이 4살짜리 암수컷 혼합 레이스에 자신의 이름을 붙여서 「그레이트 더비」라 칭해 실시한 것이 최초이다. 경기 코스는 1.5마일 10야드(약 2414m)이며, 그 후 이 코스에서 매년 5월 마지막 주나 혹은 6월 첫째 주 수요일에 경마가 실시되고 있는데, 특히 이 날을 더비데이(Derby day)라고 한다. 두 차례의 세계대전을 치르면서도 더비만은 중지되지 않고 뉴마켓에서 실시됐다. 이 같은 영국의 더비를 본떠서 미국에서는 1875년 3월 17일에 개최된 켄터키 더비가 유명하며, 프랑스에서는 플리 뒤 조키클럽컵을 프렌치 더비라고 한다.

바이시클 킥(bicycle kick)•••

축구경기에서 공중에 뜬 공을 두 발을 동시에 들어올리며 논스톱으로 차는 기술로, 정확하게 차기가 매우 어려운 기술이다.

바나나 킥(banana kick) 축구경기에서 공을 비껴 차 바나나같이 휘며 날아가게 하는 것. 스핀 킥(spin kick, 돌려차기)이라고도 한다.

스위퍼(sweeper)•••

축구경기에서의 최종 수비수를 말한다. 백 진영에 속하지도 않고 일정하게 전담 마크하는 선수도 없이 백 진영의 틈을 메우고 수비 지시도 내린다.

승부차기(penalty shoot-out)•••

축구경기에서 90분 동안의 정규시간과 연장전(30분)을 모두 치렀음에도 승부를 가리지 못했을 때 양 팀에서 각각 5명의 선수가 나와 한 번씩 번갈아 페널티킥을 차는 것을 말한다. 국제축구연맹(FIFA)은 승부차기 제도를 1970년 처음 도입했다. 월드컵에선 1982년 스페인월드컵 때부터 적용돼 16강전부터 승부차기를 실시한다.

해트트릭(hat trick) •••

축구나 아이스하키 경기에서 한 선수가 한 게임에서 3득점 이상 올린 것을 말한다. 영국 크리켓게임에서 3명의 타자를 연속 아웃시킨 투수에게 새 모자(hat)를 준 데서 유래했다.

서든데스(sudden death) •••

축구경기에서 경기가 끝나고 무승부가 됐을 때 30분간의 연장전에 들어가되 어느 팀이든 먼저 한 골을 얻는 순간 경기가 종료되는 방식이다. 「골든 골(golden goal)」이라고도 한다. 선수들의 체력 보호와 게임의 박진감을 위해 1993년 세계청소년축구대회에 처음 도입했으며 월드컵에서는 1998년 프랑스월드컵대회 때 처음 실시됐다.

훌리건(hooligan) •••

과격한 축구팬을 일컫는 말로, 19세기 말 아일랜드 출신으로 악명 높았던 깡패 훌리한가(家)에서 유래한 것으로 추정된다. 훌리건은 원래 불량배를 일컫는 말이었으나 1960년대 들어 축구장 폭력이 조직화·과격화되면서 현재의 뜻으로 굳어졌다.

플라핑(flopping) •••

운동경기에서 선수가 과장된 몸짓으로 쓰러지거나 다친 척을 해 심판의 파울콜을 유도하는 행위로, 「페이크 파울(fake foul)」이라고도 한다. 축구경기에서 반칙 판정을 유도하기 위해 선수가 심판을 현혹하는 속임 동작이라는 의미로, 국내에서 흔히 사용하는 일명 「할리우드 액션(시뮬레이션 액션)」과 같은 뜻이다. 이러한 행위는 심판의 눈을 속이고 팬들을 기만하는 행위라는 점에서 비판의 대상이 된다.

VAR(video assistant referees) •••

비디오 판독 전담 부심이 모니터를 통해 영상을 보며 주심의 판정을 돕는 비디오 판독 시스템을 말한다. 경기장에 12대 이상의 카메라를 설치하고 다양한 각도에서 경기 과정을 녹화한다. 주심이 신청하거나 부심이 주심에게 요청할 때만 비디오 판독을 할 수 있으며, 경기 결과에 직접적으로 영향을 주는 골·페널티킥·퇴장·경고 선수 확인 등 네 가지 경우에만 판독을 실시한다. VAR은 국제축구연맹(FIFA)이 2016년 클럽월드컵에서 처음 도입했고, 월드컵에서는 2018년 러시아 월드컵 경기부터 도입, 실시 중이다.

농구 / 배구

170클럽 •••

미국 프로농구에서 선수들의 종합적인 슛 정확도를 나타내는 지표이다. 농구에서 득점은 2점슛(필드 골), 3점슛, 자유투 이렇게 세 가지가 있는데, 이 기록들을 하나의 지표로 쉽게 이해하기 위해 고안된 것이 170클럽이다. 즉, 필드 골 성공률 50%, 3점슛 성공률 40%, 자유투 성공률 80% 이상(50 + 40 + 80 = 170)을 모두 넘은 선수에게만 「170클럽」의 회원자격이 부여된다.

앨리웁(alleyoop)•••

농구경기에서 바스켓 근처에서 점프한 공격수가 공중에서 패스를 받아 착지 전에 덩크슛을 터뜨리거나 골밑슛(goal-shoot)으로 연결하는 동작이다. 고난도 기술로 점프력은 물론, 패스하는 선수와 슛을 던지는 선수의 호흡일치가 중요하다. 덩크슛으로 연결했을 경우 앨리웁 덩크(alleyoop dunk)라고 한다.

일리걸디펜스(illegal defense)•••

농구경기에서 수비 위주의 플레이로 득점이 떨어지는 경기를 막기 위해 지역방어를 금지한 제도를 말한다. 즉, 더블팀 수비(두 명의 수비수가 볼을 가진 공격수 한 명을 수비)는 일시적으로만 가능하며 자신이 맡고 있는 공격수를 놔두고 더블팀에 참가한 수비는 곧 자신의 위치로 돌아와야 한다. 또 볼이 3초 제한구역 밖에 있을 때 수비팀의 백코트에서 제한구역에 근접한 공격수를 마크하는 수비수는 제한구역 안에 머무를 수 있지만 나머지 선수들은 2.9초를 초과해 머무를 수 없다. 첫 번째 위반 시는 경고, 두 번째부터는 위반한 선수에게 테크니컬파울(technical foul)이 부과된다(공격팀에 자유투 1개와 볼 소유권).

지역방어(zone defense)•••

농구경기에서 상대방의 공격을 막기 위해 수비 위치를 미리 결정해 두는 방어법으로 대인방어(man to man)와 상대되는 개념이다. 공격하다가 상대에게 볼을 빼앗기거나 골을 넣은 후에, 경기자는 분담된 자신의 담당 지역으로 돌아가서 자신의 수비 위치에 있는 상대방의 패스, 드리블, 슛을 방해하는 방식이다. 지역방어 기본형은 「2－3 지역방어」로, 수비는 공의 움직임에 따라 위치를 바꾸되 대형을 유지하면서 공간을 주지 않아야 한다.

바이얼레이션(violation)•••

농구경기에서 파울 이외의 반칙을 가리킨다. 이것을 범하면 상대편에게 공 소유권이 주어진다. 자유투를 할 때 10초 이내에 던질 것, 라인 바깥에서 스로인할 때 5초 이내에 던질 것, 공을 가진 선수가 상대편 바스켓에 가까운 제한구역 내에 3초 이상 머물지 않을 것 등을 위반했을 경우 선언된다. 핸드볼에서는 신체 접촉을 제외한 규칙 위반을 지칭하는 말이다.

스위치(switch)•••

농구경기에서 맨투맨 디펜스에서 상대의 스크린 플레이에 걸렸을 경우 수비수가 마크맨을 동료와 서로 맞바꾸는 것을 말한다.

파워포워드(power forward)•••

농구의 포지션 중 포워드로서 득점력이 뛰어난 것은 물론 센터나 가드로서도 탁월한 능력을 발휘하는 올라운드 플레이어(all-round player)를 가리킨다.

식스맨(sixth man)•••

농구경기에서 주전 다섯 명을 제외한 후보 중 가장 뛰어난 선수를 일컫는 용어이다. 벤치 멤버 중 기량이 가장 뛰어나 교체 1순위인 선수로 승부의 분수령이나 게임 흐름의 반전을 위해 기용된다. 위기에 제 실력을 발휘할 수 있는 대담한 성격에 슈팅력, 패스 등 고른 기량을 갖춰야 하고 범실이 적어야 한다.

트리플더블(triple double)•••

농구경기에서 한 선수가 한 경기에 득점, 리바운드, 어시스트, 슛블록, 가로채기 가운데 세 개 부문에서 두 자릿수 이상을 기록하는 것을 말한다. 반면 2개 부문에서 두 자릿수 이상을 기록하는 것은 「더블더블(double double)」, 4개 부문에서 두 자릿수 이상을 기록하는 것은 「쿼드러플 더블(quadruple double)」이라고 한다.

퍼펙트세트(perfect set)•••

15점 상한제의 배구경기에서 상대팀에 한 점도 내주지 않고 15점을 따내는 것으로 야구의 퍼펙트게임과 비견되는 완벽한 승리를 뜻한다. 15-0의 스코어는 실력 차가 크지 않은 실업팀 간 경기에서는 잘 나오지 않는 스코어로 테니스의 러브게임과는 비교할 수 없을 만큼 발생 빈도가 낮다.

리베로(libero)•••

이탈리아어로 「자유인」을 뜻하는 말로 축구와 배구경기에서 쓰이는 용어이다. 축구의 리베로는 최후방 수비수이지만 자기 포지션에 얽매이지 않고 자유롭게 공격한다. 독일의 베켄바워, 한국의 홍명보 등이 대표적인 리베로였다. 1996년 도입된 배구의 리베로는 후위로 빠지는 공격수 대신 교체돼 들어가 수비만 전담하는 선수로, 서브나 블로킹, 스파이크를 할 수 없다. 정식 교체선수와 달리 부심의 승낙 없이 코트에 들어가는 리베로는 한 세트에 몇 번이고 자유롭게 교체 투입될 수 있다.

매치포인트(match point)•••

승패를 결정짓는 최후의 1점을 일컫는다. 배구경기에서는 6인제의 경우 게임을 결정짓는 25점(1~4세트), 15점(5세트)째의 득점으로 1포인트만 얻으면 게임이 종료되는 스코어를 말한다. 즉 24-24, 14-14로 듀스인 경우 25-24, 15-14인 상황이 매치포인트이다.

비치발리볼(beach volleyball)•••

해변에서 즐기는 배구경기이다. 가로 18m, 세로 9m의 모래사장에 남자는 2m 43cm, 여자는 2m 24cm 높이의 네트를 세우고 양 팀은 각각 두 명의 선수로 구성돼 비치볼을 사용해 경기를 벌인다. 1세트 경기는 15점(최대 17), 3세트 경기는 12점을 선취하는 쪽이 승리하며 3세트에서는 점수의 상한선이 없다. 복장은 수영복 차림(2012년 런던올림픽 예선전부터 반바지, 민소매 또는 소매 있는 상의 선택 가능)이고 맨발로 경기한다. 국제배구연맹(FAVB)은 1985년 비치발리볼을 정식 종목으로 인정하고 1987년부터 세계선수권대회를 개최하고 있다. 2000년 시드니올림픽 때부터는 올림픽 정식 종목으로 채택됐다.

골프 / 테니스

그린재킷(green jacket)•••

골프경기의 4대 메이저대회 중의 하나인 마스터스대회 우승자 혹은 우승을 상징하는 말이다. 전통적으로 우승자에게 녹색의 재킷을 입혀준 데서 유래됐다.

아이젠하워 레코드(Eisenhower record)•••

골프경기에서 연간 100라운드 이상 즐기는 것을 가리키는 용어이다. 미국 역대 대통령 중 오늘날 미국 골프산업의 초석을 닦았다는 평을 듣는 골프광 D. D. 아이젠하워(미국 제34대 대통령)가 8년의 재임 기간 중 골프를 800라운드 넘게 했다고 해서 생겨난 말이다.

멀리건(mulligan)•••

티업에서 드라이버가 잘 맞지 않아 볼이 바로 앞에 처박히거나 엉뚱한 방향으로 날아갈 때 한 번 더 칠 수 있는 기회를 주는 골프경기의 한 관행이다. 아마추어들의 경기에서는 가끔 멀리건을 주고받지만 원칙적으로 반칙이다.

보기(bogey)•••

골프경기에서 하나의 홀에서 기준타수보다 1타수 많은 스코어로 홀인하는 것이다. 2타수 많은 스코어로 홀아웃(홀에 볼을 넣는 것)하는 것은 더블보기(double bogey)라고 한다. 또 하나의 홀에서 기준타수보다 1타수 적은 타수로 홀인하는 것은 버디(birdie), 2타수 적은 스코어로 홀인하는 것은 이글(eagle)이라 한다. 3타수 적은 것은 앨버트로스(albatross)로 파5의 홀에서 2타 만에, 파4의 홀에서 1타 만에 넣는 것을 말한다. 홀인원(hole in one)은 파3인 홀에서 제1타가 컵인되는 경우를 말한다.

골프 타수의 명칭

파(par)	한 홀의 표준타수. 2퍼트를 기준으로 표준타수가 1타인 것이 숏홀, 2타는 미들홀, 3타는 롱홀이 됨. 18홀 전부의 파를 모두 더한 것이 그 코스의 표준타수가 됨. 우리나라의 정규 18홀은 모두 파72임
버디(birdie)	파보다 1타 적은 타수로 홀아웃을 한 경우
이글(eagle)	파보다 2타 적은 타수로 홀아웃을 한 경우
더블이글(double eagle)	파보다 3타 적은 타수로 홀아웃을 한 경우. 앨버트로스(albatross)라고도 함
홀인원(hole in one)	1타로 홀컵에 볼을 넣은 경우
보기(bogey)	파보다 1타 많은 타수로 홀아웃을 한 경우
더블보기(double bogey)	파보다 2타 많은 타수로 홀아웃을 한 경우
트리플보기(triple bogey)	파보다 3타 많은 타수로 홀아웃을 한 경우

바든 트로피(Vardon trophy)•••

미국프로골프협회(PGA)가 매년 최저 평균타수를 기록한 선수에게 주는 상이다. 1890~1920년대 통산 62승을 거둔 영국의 해리 바든을 기리는 상으로 1947년부터 수여돼 왔다. 한편, 1953년부터 미 LPGA 투어시즌 최저타수를 기록한 여자 프로골퍼에게는 베어 트로피(Vare trophy)가 수여된다. 베어 트로피는 1920~1940년대 전설적인 여자골퍼 글레나 콜레트 베어를 기린 상이다. 한국 선수 가운데 박세리, 박지은, 최나은, 박인비, 전인지, 고진영 등 여섯 명이 수상했다.

덕춘상 한국프로골프협회(KPGA)가 한해 최저 평균타수를 기록한 선수에게 주는 상. 연덕춘은 우리나라 최초의 프로골퍼로서 1941년 한국인 최초의 일본오픈 우승, 1958년 한국프로골프선수권 우승 등의 기록을 남겼다.

안니카 메이저 어워드(Annika major award)•••

미국여자프로골프(LPGA) 투어 당해 시즌 5개 메이저대회에서 가장 높은 성적을 거둔 선수에게 수여하는 상이다. 2014년 LPGA투어가 골프계의 여제 안니카 소렌스탐을 기리기 위해 제정했다. 5개 메이저대회(셰브론챔피언십 · KPMG 위민스 PGA챔피언십 · AIG 위민스오픈 · US여자오픈 · 아문디 에비앙챔피언십)의 1~10위에 차등 점수를 부여하고 합산이 가장 높은 선수에게 상을 수여한다.

스킨스게임(skins game)•••

골프경기에서 총타수로 순위를 가리는 스트로크 방식과 달리, 홀별로 상금을 걸고 그 홀에서 가장 플레이를 잘 한 사람, 즉 가장 적은 스코어를 기록한 사람이 상금을 차지하는 방식을 말한다. 이때 해당 홀의 승리를 「스킨」이라고 한다. 만약 동점자가 나오면 상금은 다음 홀로 미루어진다. 따라서 다른 선수들이 계속 비기고, 자신이 마지막 홀에서 1위를 한다면 전체 상금을 독식할 수도 있다. PGA 스킨스게임은 매년 추수감사절 연휴에 개최되며, 출전 선수들은 획득 상금의 20%를 자선단체에 기부해야 한다.

와이어 투 와이어(wire to wire)•••

골프경기에서 1라운드부터 4라운드까지 선두를 내주지 않고 우승하는 것을 뜻하며 공동 선두도 허용한다. 1700년대 영국의 경마에서 유래된 용어로, 당시 경마 경기에서는 우승자를 판별하기 위해 출발선과 결승선에 철사(wire)를 설치해 놨는데 1등으로 달린 말이 가장 먼저 이 철사를 끊게 된다는 것에서 그 의미가 파생됐다.

러브게임(love game)•••

테니스경기에서 1점도 얻지 못한 게임이다. 4포인트를 연속으로 빼앗겼을 때로, 무득점 경기라고도 한다.

에이스(ace)•••

테니스경기에서 상대의 실수 등에 의하지 않은, 자신의 쇼트로 얻은 득점을 뜻한다. 특히 상대가 라켓에 댈 수 없을 정도의 강타나 코스에 들어간 타구를 말한다. 야구에서는 팀의 주전투수를 일컫는다.

기타

근대 5종 경기(modern pentathlon)•••

올림픽대회의 창시자 P. 쿠베르탱이 창안, 1912년 스톡홀름의 제5회 올림픽대회부터 정식 종목으로 실시됐다. 승마(대체 종목으로 장애물 경기를 선정해 시험 운영), 펜싱, 사격, 수영, 크로스컨트리 등 5개 종목으로 순서에 따라 1일 1종목씩 5일간에 완료한다. 종목의 득점을 합계해 득점이 높은 쪽부터 순위가 결정된다. 단체의 순위는 각 단체 멤버의 득점을 합계해서 정한다.

5종 경기(pentathlon) 육상 혼성경기의 일종. 남자는 멀리뛰기, 창던지기, 200m경주, 원반던지기, 1500m경주를 하루에 끝낸다. 여자는 첫째 날 포환던지기 · 높이뛰기 · 200m경주를, 둘째 날 800m허들 · 멀리뛰기를 각각 끝낸다.

철인 3종 경기(triathlon)•••

수영, 사이클, 마라톤을 연속해서 치르는 인간 체력의 한계에 도전하는 경기이다. 대회 제한시간인 17시간 이내에 완주하면 철인(iron man)이라는 칭호를 얻는다. 철인경기는 크게 풀코스대회와 단축대회로 나눈다. 풀코스대회는 총 226.3km를 달리며, 사회체육으로 정착된 단축 코스는 수영 1.5km, 사이클 40km, 마라톤 10km를 달리는 전장 51.5km의 일명 로열(royal) 코스가 기준이다. 로열 코스는 2000년 시드니올림픽부터 정식 종목으로 채택돼 올림픽 코스라고도 불린다. 어린이 철인경기(ironkids)는 총 6.1km이다.

앵커맨(anchor man)•••

육상 릴레이경기에서 제일 마지막 주자를 가리킨다. 앵커(anchor)는 닻을 뜻하는 말이다.

닥터 스톱(doctor stop)•••

복싱경기에서 시합 중 선수가 부상당했을 경우 의사가 시합 속행 불가능이라 판단해 경기를 중단시키는 것을 일컫는다. 심판은 한쪽의 TKO(technical knockout)승을 선언한다. 레슬링에서는 시합 중 부상한 경기자가 의사의 지시에 의해 타임을 요구하는 것을 말한다.

테크니컬녹아웃(TKO; technical knockout)•••

복싱경기 판정의 하나로 프로복싱에서 사용된다. 아마추어의 경우는 「레퍼리 스톱 콘테스트(referee stop contest)」라고도 한다. ▲부상으로 경기의 속행이 불가능한 경우 ▲한쪽의 세컨드가 경기의 중지를 요청한 경우 ▲쌍방의 실력 차가 현저해 경기가 될 수 없다고 판단한 경우 등에 선언된다.

파테르(parterre)•••

레슬링경기에서 방어하는 선수가 매트 중앙에 엎드린 자세를 취하고 상대방 선수가 엎드린 선수의 등 위에 올라가 공격하는 자세이다. 프랑스어로 파테르는 땅에 엎드린다는 의미이다.

그레코로만형(greco-roman style) •••

상반신만을 사용해 공격과 방어를 하는 레슬링의 경기 방식이다. 허리 아랫부분에 손발을 사용해 공격하거나 발을 써서 공격하는 것을 금하는 방법으로, 반칙을 했을 경우 점수를 빼앗기거나 퇴장당할 수 있다. 올림픽대회 종목의 하나로 프리스타일(free style)에 대응되는 방식이다.

하이다이빙(high diving) •••

20m 이상의 높은 플랫폼에서 물속으로 뛰어내리는 다이빙 종목이다. 남자는 27m, 여자는 20m 높이의 타워에서 다이빙해 3초 이내에 발이 수면에 닿아야 한다. 2013년 바르셀로나 세계수영선수권대회부터 정식 종목으로 치러지고 있다.

에페(épée) •••

근대 5종 경기의 한 종목으로 펜싱경기에서 사용하는 검의 일종, 또는 그 검을 사용해서 치르는 경기를 말한다. 전기 심판기와 전기 에페가 사용되며, 공격은 찌르는 것뿐인데, 상대의 전신 어느 곳을 찔러도 무방하다. 6분 이내에 5판을 선취한 쪽이 승자가 된다. 같이 찌르기가 돼 양쪽 램프가 들어왔을 때는 양쪽 모두 1점을 잃는다.

사브르(sabre) 펜싱경기에서 사용하는 검의 일종, 또는 그 검을 사용해 치르는 경기. 검은 칼날 표면의 전부, 뒷면은 끝쪽 3분의 1까지 사용할 수 있고, 경기는 전기 심판기 없이 주심 1명, 부심 4명에 의해 치러진다. 경기에서 공격을 받으면 반드시 이를 받아 막거나 피한 다음에 반격할 수 있다. 공격은 찌르기와 베기로서 상대의 대퇴부부터 상체 전부가 과녁이며 6분 이내에 5판을 선취한 쪽이 승리한다.

플뢰레(fleuret) 펜싱경기에서 사용하는 검의 일종, 또는 그 검을 사용해 치르는 경기. 가드(날 밑)가 달린 유연한 검을 사용하며 전기 판정기와 전기 플뢰레가 사용된다. 남자는 6분간 5판 승부, 여자는 5분간 4판 승부로 치러진다. 공격은 찌르기뿐이며 과녁은 머리, 다리, 팔 등을 제외한 메탈재킷 부분에 한정된다.

스웨들링컵(Swaythling cup) •••

세계탁구선수권대회의 남자단체전 우승컵을 지칭한다. 국제탁구연맹 회장을 역임한 이보 몬테규의 모친 스웨들링 여사가 1926년 제1회 세계탁구선수권대회의 남자단체전 우승컵으로 기증한 것이 유래가 됐다. 여자단체전 우승컵은 코르비용컵(Corbillon cup)이다. 스웨들링이란 용어는 코르비용과 함께 남자단체전 및 여자단체전 경기 방식을 뜻하는 말로 사용되기도 했다.

스탠리컵(Stanley cup) •••

북미 프로아이스하키 리그의 플레이오프 우승팀에 수여되는 북미 프로스포츠 사상 가장 오래된 트로피이다. 1892년 캐나다 총독인 F. A. 스탠리 경이 캐나다의 아마추어 아이스하키 우승팀에 수여하기 위해 제정했다. 컵은 은과 니켈의 합금재질로 높이는 89.54cm, 무게는 15.5kg이다. 컵 주위의 은띠에는 우승팀의 선수, 감독, 스태프의 이름까지 모두 새겨진다. 스탠리컵에 샴페인을 부어 나눠 마시는 것은 우승 후 빠지지 않는 이벤트이다.

스키 주요 종목•••

알파인 스키 (alpine ski)	유럽 알프스지방의 산악활강스기에서 발전한 스키. 경기로는 스피드 종목인 활강(downhill)과 슈퍼 대회전(super giant slalom), 테크니컬 종목인 대회전(grand slalom), 회전(slalom)이 있음
노르딕 스키 (nordic ski)	구릉지가 많은 북유럽에서 생긴 스키. 노르딕 종목으로 거리경기, 점프경기, 복합경기가 있음. 복합경기는 거리(15km)와 점프(70m급)의 종합성적을 겨룸
크로스컨트리 스키 (cross-country ski)	노르딕 종목의 하나로 거리경기 전반을 가리키며, 15, 30, 50km 등 정해진 코스를 주파해 타임을 겨룸. 디스턴스 레이스(distance race)라고도 함
프리스타일 스키 (freestyle ski)	공중곡예 등 예술성을 겸비한 고난도 기술을 선보이는 스키경기. 세부 종목으로 에어리얼스키, 모굴스키, 발레스키, 스키크로스, 하프파이프 등이 있음. 1992년 제16회 알베르빌 동계대회에서 모굴스키가, 1994년 제17회 릴레함메르 동계대회에서 에어리얼스키가 각각 정식 종목으로 채택된 데 이어 2010년 밴쿠버 동계대회에서 스키크로스가 정식 종목에 추가됨

봅슬레이(bobsleigh)•••

강철로 만든 썰매를 타고 얼음으로 된 코스를 시속 130km(2인승), 140km(4인승) 안팎으로 질주하는 경기이다. 동계올림픽에서 가장 빠른 종목으로, 1924년 샤모니 몽블랑에서 개최된 제1회 동계올림픽 때부터 정식 종목으로 채택됐다. 2인승의 경우 앞자리에서 조종을 맡는 파일럿과 뒷자리의 브레이크맨으로 역할이 구분되고 썰매를 합한 총무게가 390kg을 넘으면 안 된다. 4인승은 이 둘에 무게중심을 잡아주는 두 사람이 합세하며 총중량 한계는 630kg 이내여야 한다. 여자봅슬레이는 2002년 솔트레이크시티 동계올림픽 때 정식 종목으로 채택됐다.

브레이킹(breaking)•••

1970년대 미국 뉴욕에서 시작된 스트리트 댄스의 일종으로, 힙합 음악의 브레이크 비트에 맞춰 역동적인 동작을 선보이는 춤 기술이다. 한국에서는 비보잉(B-boying) 혹은 브레이크 댄스(break dance)라고도 부른다. 브레이킹은 크게 톱록(toprock), 다운록(downrock), 파워 무브(power moves), 프리즈(freezes) 등 4개 동작으로 나뉜다. 브레이킹은 2024년 파리올림픽에서 사상 첫 정식 종목으로 채택됐으며, 남녀 각각 1개의 금메달이 걸려 있다.

택견(태껸)•••

우리나라 전통무술의 하나로 유연한 동작을 취해 손질, 발질을 순간적으로 우쭉거려 튀기는 탄력을 써서 상대방을 제압하고 자기를 방어하는 무술이다. 국가무형문화재로 지정돼 있으며, 삼국시대부터 전해 내려오는 것으로 추정된다.

제로섬 게임(zero-sum game)•••

스포츠 경기에서 승패를 합하면 0이 되는 경기, 즉 승자와 패자가 명확히 구분되는 경기를 뜻한다. 단, 육상은 제로섬 경기에 해당되지 않는다.

대삼관(大三冠)●●●

일본 기전 랭킹 1위인 기성과 2위인 명인, 3위인 본인방을 일컫는 말이다. 일본 바둑 역사상 한 사람이 이 세 타이틀을 동시에 보유한 경우는 조치훈 9단이 유일하다.

반집승●●●

바둑에서는 먼저 돌을 두는 흑이 유리하므로 백에 5집 반의 덤을 주게 되는데 이것을 계산하고 나서 어느 쪽이 0.5집 차로 이기게 되는 것을 말한다.

일상 속의 바둑 용어

- **국면(局面)** : 바둑판(局)의 모양(面)이라는 뜻으로, 바둑판에 놓인 바둑돌의 모양을 통해 쌍방의 세력과 실리 등을 알 수 있음. 일상에서는 어떤 일이 벌어진 장면이나 형편을 가리키는 말로 쓰임
- **꼼수** : 얕은 속임수로 상대에게 이득을 꾀하는 수. 쩨쩨한 수단이나 방법을 가리키는 말로 쓰임
- **대마불사(大馬不死)** : 말들이 모여 무리를 이룬 대마가 결국은 살길이 생겨 쉽게 죽지 않는 일. 대형 회사가 파산할 경우 부작용이 크기 때문에 구제금융 등을 통해 살아남는다는 의미로 쓰임
- **덤** : 먼저 두는 흑이 더 유리하기 때문에 백에 일정한 집을 주는 것을 말함
- **묘수(妙手)** : 평소 생각해내기 어려울 만큼 뛰어난 수. 일상에서는 묘한 기술이나 수 또는 뛰어난 솜씨나 교묘한 재주를 지닌 사람을 지칭
- **무리수(無理手)** : 바둑에서 지나치게 욕심을 부려 두는 수 또는 이치나 도리에 안 맞거나 기존의 방식과 지나치게 다른 방식을 비유적으로 이르는 말
- **미생(未生)과 완생(完生)** : 미생은 바둑에서 집이나 대마가 아직 완전하게 살아 있지 않은 상태를 가리킴. 반면 완생은 집이나 돌이 완전히 살아 있는 상태를 뜻함
- **복기(復碁)** : 바둑경기가 종료된 후 어떤 수가 좋은 수였는지, 나빴던 수는 어떤 것이었는지 검토하는 것
- **불계(不計)** : 바둑을 두다가 많은 돌들이 상대편에 넘어가 이미 승패가 명백한 경우 자신이 졌음을 선언하게 되면, 이때 집수를 계산하지 않고 경기를 끝내는 것. 상대방의 불계 선언을 통해 승리를 얻은 것을 불계승이라 함
- **사활(死活)** : 돌의 죽고 사는 행태로, 최소한 서로 다른 두 집이 따로 있어야 가능함. 생활 속에서는 중대한 문제를 비유하는 표현으로 사용됨
- **수순(手順)** : 바둑에서 돌을 놓는 일련의 과정을 뜻함
- **승부수(勝負手)** : 승패를 가르는 결정적인 수. 형세가 불리한 쪽에서 판을 뒤집기 위한 마지막 기회로 반상 최대의 요처에 회심의 한 수를 놓는 것을 가리킴
- **자충수(自充手)** : 자기의 수를 줄이는 돌, 즉 상대방에게 유리한 수를 일컫는 말. 스스로 한 행동이 자신에게 불리한 결과를 가져오게 됨을 비유적으로 이르는 말로 「자업자득(自業自得)」과 같은 말
- **정석(定石)** : 예로부터 지금에 이르기까지 공격과 수비에 최선이라고 인정한 일정한 방식으로 돌을 놓는 법. 일상에서는 사물의 처리에 정해져 있는 일정한 방식을 가리킴
- **초읽기** : 기사가 규정된 제한시간을 다 사용하기 전에 계시원이 시간의 흐름을 초 단위로 읊어 주는 것. 일상생활에서는 어떤 일이 시간상 급박한 상태를 비유적으로 이르는 말로 사용됨
- **패착(敗着)** : 패인이 되는 결정적인 악수(惡手)로, 승부에서 지게 되는 수
- **포석(布石)** : 바둑에서 중반전의 싸움이나 집 차지에 대비해 초반에 돌을 벌여 놓는 일로, 포석을 잘 짜 놓아야 경기를 유리하게 이끌어 나갈 수 있음. 일상생활에서는 앞날을 위해 미리 손을 써서 준비한다는 뜻으로 쓰임
- **호구(虎口)** : 바둑돌 석 점이 둘러싸고 한쪽만 트인 것을 말하는 것으로 「호랑이의 입」이라는 뜻. 바둑에서는 돌들을 연결하는 굉장히 좋은 모양으로 환영받지만, 일상생활에서는 어수룩해 이용하기 좋은 만만한 사람이라는 뜻으로 사용됨

X게임●●●

극한에 도전한다는 뜻의 「익스트림(extreme) 스포츠 게임」의 약칭으로 박진감 넘치는 속도와 아슬아슬한 스릴을 경험할 수 있다. 1993년 ESPN이 공식 대회를 개최한 이래 인기를 누리고 있다. 인라인스케이트, 스케이트보드, BMX가 「빅3」 종목으로 꼽히며 위험성이 높은 경기가 대부분이다. 보통 X게임의 세계 빅3 대회로는 X게임 대회, 액션스포츠챔피언십, 그래비티 게임 등이 꼽힌다.

머머리즘(mummerism)●●●

고산(高山)의 정상에 어떠한 과정을 거쳐 어떻게 올랐는지에 중점을 두는 등정 방식을 말한다. 1880년 영국 출신의 세계적인 등산가 앨버트 프레드릭 머머리(A. F. Mummery)가 제창한 것으로, 「등로주의(登路主義)」라고도 한다. 1964년 히말라야의 8000m급 자이언트봉 14개가 모두 등정된 후 현대 등반사조로 자리 잡았다.

알파인 스타일(Alpine style)●●●

여섯 명 이하의 소규모 등반대가 셰르파와 산소통의 도움 없이 최소한의 장비와 식량을 직접 짊어지고 정상까지 최대한 빨리 등반하는 방식을 말한다. 다수의 등반대를 구성해 원정대가 본거지를 설정한 후 전진 기지를 설치하며 셰르파의 도움을 받아 정상에 도달하는 극지법과 상반된 방식이다. 알파인 스타일은 1975년 이탈리아의 등반가 라인홀트 메스너에 의해 널리 알려졌다.

히말라야 8000m급 14좌●●●

에베레스트(8848m), K2(8613m), 칸첸중가(8588m), 로체(8518m), 마칼루(8463m), 초오유(8201m), 다울라기리(8169m), 마나슬루(8165m), 낭가파르바트(8128m), 안나푸르나(8092m), 가셔브룸1봉(8070m), 브로드피크(8048m), 가셔브룸2봉(8036m), 시샤팡마(8046m)를 일컫는다.

세계 7대륙 최고봉 아시아 에베레스트(8848m), 오세아니아 칼스텐츠(4884m), 남극 빈슨매시프(4897m), 북미 매킨리(6187m), 남미 아콩카과(6960m), 아프리카 킬리만자로(5894m), 유럽 엘브루즈(5633m)

지구 3극점 남극점, 북극점, 에베레스트

산악그랜드슬램 지구 3극점, 히말라야 14좌 완등, 7대륙 최고봉 완등을 모두 이루는 것. 산악인 박영석이 2005년 5월 1일 북극점에 도달하면서 세계 최초로 산악그랜드슬램을 달성했다.

와일드카드(wild card)●●●

축구, 테니스, 사격, 체조, 야구 등 일부 종목에서 출전자격을 따지 못했지만 특별히 출전이 허용된 선수나 팀을 말한다. 축구의 경우 올림픽 출전선수는 만 23세 이하로 제한돼 있으나, 만 24세 이상의 프로 선수가 세 명까지 참가할 수 있다. 반면에 카드게임에서의 와일드카드는 자기가 편리한 대로 사용할 수 있는 자유패를 뜻한다.

한편, 컴퓨터 분야에서의 와일드카드는 한 디렉터리 내에 여러 개의 파일이 존재하거나, 파일 이름의 뒷부분을 정확히 알지 못하는 경우에 유용하게 사용할 수 있는 명령어(*, ?)를 뜻한다.

그랜드슬램(grandslam) •••

테니스나 골프에서 한 해에 4대 메이저대회를 모두 석권하는 것을 말하며, 야구에서는 만루홈런을 뜻한다. 원래 카드놀이인 브리지게임에서 패 13장 전부를 따는 「압승」을 뜻하는 용어에서 나온 말이다.

골든 커리어 그랜드슬램(golden career grandslam) 테니스에서는 1년 동안 세계 4대 테니스선수권대회(US오픈 · 프랑스오픈 · 호주오픈 · 윔블던)에서 단식경기를 모두 석권한(그랜드슬램) 선수가 그해에 개최된 올림픽에서도 우승하는 것을 말한다. 골프에서는 햇수에 상관없이 4대 메이저대회 우승을 차지하고 올림픽 금메달까지 차지한 것을 이른다. 2016년 8월 열린 리우올림픽 골프경기에서 우리나라의 박인비 선수가 골프 역사상 최초로 골든 커리어 그랜드슬램을 이룬 바 있다.

커리어 그랜드 슬램(career grand slam) 기간을 1년으로 한정하지 않고 통산 4대 메이저대회를 석권하는 것

3

도핑(doping) •••

경기력 향상을 위해 각종 약물을 복용하거나 금지된 방법을 사용하는 행위를 말한다. 세계반도핑기구(WADA)가 규정한 금지약물 복용 여부를 밝히는 것은 도핑테스트라고 한다. 1968년 그레노블 동계올림픽부터 도핑테스트가 실시됐다. 기본적으로는 경기 직후에 상위 입상자 또는 임의로 뽑은 선수의 소변을 채취해 샘플을 검사하며, 정확성을 높이기 위해 소변 대신 혈액으로 도핑 여부를 확인하기도 한다.

도장삼례(道場三禮) •••

검도 수련자가 도장에서 지켜야 할 세 가지 예법으로, ▲국가에 대한 예 ▲사범에 대한 예 ▲상호 간(동료 · 후배 간)의 예를 뜻한다.

GOAT(greatest of all time) •••

한 스포츠 종목에서 역대 최고의 선수를 가리킨다. 영어로 염소(goat)와 철자가 같아 GOAT를 이를 때 염소를 등장시키는 경우도 많다. 한 종목을 통틀어 시대를 초월한 최고의 선수를 가리는 의미인 만큼 팬들 사이에서는 끝없는 논쟁이 이어진다. 대체적으로 축구에서 GOAT는 리오넬 메시, 농구에서 GOAT는 마이클 조던을 꼽는다.

Chapter

선다형 | 단답형 | 완성형

04 스포츠 상식력 테스트

선다형 문제

01 다음 설명 중 틀린 것은?

국민체육진흥공단, 한국수자원공사

① 올림픽 개최국은 가장 마지막에 입장한다.
② 올림픽기에 그려진 5개의 고리는 5대륙을 상징한다.
③ 유니버시아드 올림픽은 4년마다 개최된다.
④ 우리나라가 국제올림픽위원회에 가입한 연도는 1947년이다.

③ 유니버시아드 올림픽은 2년마다 개최된다.

02 우리나라가 올림픽에 참가한 이후 처음으로 금메달을 획득한 선수는?

부산교통공단

① 양정모 ② 한명우
③ 김원기 ④ 이봉주

우리나라 최초의 올림픽 금메달리스트는 1936년 제11회 베를린올림픽 마라톤에서 금메달을 딴 손기정이지만 이때는 일본 대표로 참가한 것으로 기록됐다. 우리나라가 사상 처음으로 선수단을 파견한 대회는 1948년 런던올림픽이고, 이후 올림픽에 도전한 지 28년 만인 1976년 몬트리올올림픽에서 레슬링 자유형 페더급의 양정모가 한국 올림픽 사상 첫 번째 금메달을 획득했다.

03 올림픽과 아시아경기대회가 처음으로 열린 도시를 바르게 나열한 것은?

한겨레신문

① 로마 – 도쿄 ② 로마 – 뉴델리
③ 아테네 – 방콕 ④ 아테네 – 뉴델리

제1회 올림픽은 1896년 그리스 아테네에서 개최됐고, 제1회 아시아경기대회는 1951년 인도 뉴델리에서 열렸다.

04 올림픽이 열리기 1년 전에 그 경기시설이나 운영 등을 테스트하는 의미로 개최되는 비공식 경기대회를 일컫는 말은?

근로복지공단

① 패럴림픽 ② 하이퍼올림픽
③ 프레올림픽 ④ 올림피아드

③ **프레올림픽(Pre Olympic)**: 올림픽대회를 개최하기 1년 전에 경기 시설과 운영 등을 테스트하는 의미에서 개최하는 비공식적인 대회이다.

05 「dope check」란?

경향신문, 서울신문, 한국감정원, 한국마사회, 한국일보

① 기록 체크기
② 선수가 경기에 임하기 전 금지약물을 복용했는지 여부를 체크하는 것
③ 체급별로 몸무게를 체크하는 것
④ 육상, 수영 등의 세계신기록을 체크하는 것
⑤ 여자 선수가 여성이 확실한지 구별하는 검사

도프 체크(dope check): 경기 출전 선수에 대한 흥분제 사용 여부를 확인하는 검사이다. 도핑테스트(doping test)와 같은 의미이다. 도핑 검사는 상위 입상자 또는 임의로 뽑은 선수의 소변을 채취해서 실시한다.

06 야구에서 「20–20 클럽」이란? 연합뉴스, 중앙일보

① 도루 20개, 2루타 20개를 기록하는 것
② 홈런 20개, 2루타 20개를 기록하는 것
③ 홈런 20개, 3루타 20개를 기록하는 것
④ 홈런 20개, 도루 20개를 기록하는 것

20–20 클럽: 한 선수가 한 시즌에 홈런 20개와 도루 20개를 기록하는 것을 뜻하는 야구 용어

3

07 야구에서 고의로 만루를 만드는 것은? YTN

① 데드히트(death heat)
② 플래툰 시스템(platoon system)
③ 더블헤더(double header)
④ 매티스 시스템(Matty's system)

④ **매티스 시스템**(Matty's system) : 야구경기에서 다음 타자로부터 범타를 이끌어내 더블플레이를 시도하거나 수비를 쉽게 하기 위해 취하는 작전
① 육상, 승마 등에서 우열을 가리기 어려운 대접전 상태
② 각 포지션마다 주전과 백업 요원으로 나눠 기용하는 방식과는 달리, 하나의 포지션에 두 명 이상의 주전급 선수를 확보해 경기를 운영하는 체제
③ 하루에 동일한 팀이 계속해서 두 경기를 치르는 것

08 「세팅」이란 용어가 쓰이는 스포츠 종목은? 한겨레신문

① 탁구 ② 배드민턴
③ 골프 ④ 야구

배드민턴 남자 경기에서 스코어가 14 대 14(여자 단식은 10 대 10)가 된 경우, 먼저 14점에 도달한 편에서 세팅을 부를 수 있다. 이 경우 먼저 3점을 얻는 편이 승리하게 된다(여자는 2점). 세팅에 들어갔을 경우에는 심판이 「러브 올(love all)」을 선언하고 스코어는 0 대 0이 되며, 세팅을 하지 않는 경우 먼저 15점(여자는 11점)을 얻는 편이 승리한다.

09 국가별 축구 대표팀의 별명이 잘못 연결된 것은? 스포츠투데이

① 레블뢰군단 – 프랑스
② 오렌지군단 – 네덜란드
③ 아주리군단 – 스페인
④ 전차군단 – 독일
⑤ 카나리아군단 – 브라질

③ 아주리군단은 이탈리아 축구 대표팀을 일컫는 말이다. 스페인은 무적함대라고 불린다.

10 다음 중 스포츠 선수의 이름에서 유래하지 않은 것은? MBC

① 호프만식 계산법
② 가린샤 클럽
③ 루게릭병
④ 보스만 룰

① **호프만식 계산법**(Hoffmannsche methode) : 기한이 도래하지 않은 무이자채권의 현재가액을 산정해 계산하는 방법으로, 주로 보험금이나 손해배상액을 계산할 때 이용되는 계산 방식이다. 독일 경제학자 호프만(Hoffmann)이 고안했다.
② 월드컵에서 골을 넣고 퇴장당한 선수를 일컫는 말. 1962년 제7회 칠레월드컵에서 가린샤(Garrincha)라는 애칭을 가진 브라질의 프란시스코 산토스 선수가 칠레와 벌인 4강전에서 2골을 넣은 뒤 상대팀 수비선수를 걷어차 퇴장당하면서 생겨난 말이다.
③ 근위축, 근력 약화, 섬유속성연축 등을 특징으로 하는 퇴행성 신경계 병변이다. 1939년 미국 야구 선수 루 게릭(H. Louis Gehrig)이 이 질환을 앓게 되면서 일반 사람들에게 알려졌으며, 이때부터 루게릭병이라고 부르게 됐다.
④ 벨기에 축구 선수 장 마크 보스만(J. M. Bosman)의 이름에서 따온 규정. 당시 보스만은 소속팀의 동의가 없으면 이적할 수 없다는 규정에 의해 팀을 옮기지 못하자, 유럽축구연맹(UEFA)을 상대로 유럽사법재판소에 소송을 냈다. 그 결과 1995년 12월 15일 소속팀과 계약기간이 끝난 선수는 구단의 동의와 이적료에 관계없이 자유롭게 팀을 옮길 수 있다는 판결을 이끌어냈다.

11 농구경기에서 파울이 아닌 것은? 국가정보원

① 트리핑 ② 바이얼레이션
③ 차징 ④ 홀딩

② **바이얼레이션**(violation) : 반칙(파울) 이외의 규칙 위반을 뜻하는 용어
① 상대 선수를 넘어뜨리는 행위
③ 상대 선수와 부딪치는 행위
④ 상대 선수를 붙잡는 행위

Answer 1. ③ 2. ① 3. ④ 4. ③ 5. ② 6. ④ 7. ④ 8. ② 9. ③ 10. ① 11. ②

12 남자 골프의 4대 메이저대회가 아닌 것은?

SBS, 경인일보, 경향신문, 문화일보

① 호주오픈
② US오픈
③ 디 오픈 챔피언십
④ 마스터스

남자 골프의 4대 메이저대회는 PGA챔피언십, US오픈, 디 오픈 챔피언십, 마스터스이다. 한편, 여자 골프 LPGA 5대 메이저대회는 US여자오픈, KPMG 위민스 LPGA챔피언십, AIG 위민스오픈, 셰브론챔피언십, 아문디 에비앙챔피언십이다.

13 골프에서 1홀의 기준 타수보다 2타수 적은 스코어로 홀인(hole in)하는 것은?

SBS, 국민일보, 근로복지공단, 서울신문, 중앙일보, 한국마사회

① 버디(birdie)
② 보기(bogey)
③ 이글(eagle)
④ 앨버트로스(albatross)

③ **이글(eagle)**: 한 홀에서 파보다 2개 적은 타수로 홀인하는 것
① 기준 타수보다 1타 적은 타수로 홀인하는 것
② 기준 타수보다 1타 많은 타수로 홀인하는 것
④ 기준 타수보다 3타 적은 타수로 홀인하는 것. 더블이글(double eagle)이라고도 함

14 러브, 해트트릭, 그랜드슬램이 의미하는 숫자의 합은?

SBS

① 5
② 7
③ 9
④ 11
⑤ 12

테니스경기에서 러브(love)는 포인트 0, 즉 점수를 하나도 얻지 못했다는 의미이다. 해트트릭(hat trick)은 축구경기에서 한 선수가 한 경기에서 3골(이상)을 득점하는 것을 의미한다. 그랜드슬램(grandslam)은 골프와 테니스의 경우 4대 메이저대회를 모두 석권하는 것, 야구에서는 만루홈런을 지칭한다.
따라서 러브, 해트트릭, 그랜드슬램이 의미하는 숫자의 합은 0 + 3 + 4 = 7이다.

15 다음은 각 종목에서 세계기록을 보유한 선수들이다. 각 선수들의 국적과 해당 종목이 잘못 연결된 것은?

한겨레신문

① 세르게이 부브카 – 우크라이나 – 장대높이뛰기
② 우사인 볼트 – 자메이카 – 남자 100m
③ 엘리우드 킵초게 – 케냐 – 남자 마라톤
④ 매리언 존스 – 미국 – 여자 100m

④ 여자 육상 100m 세계신기록 보유자는 1988년 서울올림픽에서 10초 49의 기록으로 우승한 플로렌스 그리피스 조이너. 매리언 존스는 여자 육상 첫 5개 종목 금메달리스트
① 1994년 우크라이나의 세르게이 부브카가 6.14m를 기록
② 2009년 자메이카의 우사인 볼트가 9초 58을 기록
③ 2018년 케냐의 엘리우드 킵초게가 2시간 1분 39초를 기록

16 다음 스포츠 용어 중 설명이 바른 것은?

MBC, 한겨레신문

① 야구에서 「올마이티 히트」는 한 선수가 한 경기에서 1, 2, 3, 4점 홈런을 모두 친 경우를 말한다.
② 「럭키 루저」는 테니스대회에서 기권한 본선 진출자 대신 출전권을 얻은 선수를 가리킨다.
③ 축구에서 「서든 데스」란 연장 전반에 먼저 골을 넣은 팀이 연장 전반 동안 실점하지 않으면 연장 후반전을 하지 않고 경기를 종료하는 방식을 말한다.
④ 배구에서 「에이스」는 공격을 할 수 없고 수비만 전담하는 선수를 말한다.

② **럭키 루저(lucky loser)**: 예선 탈락 이후 본선에 추가로 출전하게 된 선수
① 올마이티 히트(almighty hit)는 타자가 한 게임에서 1루타, 2루타, 3루타, 홈런을 모두 친 경우를 이른다.
③ 서든 데스(sudden death)는 축구경기에서 경기가 끝나고 무승부가 됐을 때 30분간의 연장전에 들어가되, 어느 팀이든 먼저 한 골을 얻는 순간 경기가 종료되는 방식이다. 골든골(golden goal)이라고도 한다.
④ 배구에서 수비만 전담하는 선수는 리베로(libero)라고 한다.

17 테니스나 골프에서 프로와 아마추어가 함께 기량을 겨룰 수 있도록 한 게임 방식은? SBS

① 마스터스게임 ② 스킨스게임
③ 매치플레이 ④ 토너먼트
⑤ 오픈게임

⑤ **오픈게임(open game)**: 테니스와 골프에서 아마추어와 프로가 함께 실시하는 선수권대회. 골프는 1860년 제1회 전영선수권대회 때부터 오픈으로 실시했으며, 테니스는 1968년의 전영선수권대회 때부터 오픈화해 국제정구연맹(ILTE)은 데이비스컵대회를 포함한 국제경기에 프로선수의 참가를 인정하게 됐다.

18 다음 중 선수 수가 다른 하나는? 스포츠투데이, 한국일보

① 축구 ② 핸드볼
③ 크리켓 ④ 미식축구
⑤ 하키

② 핸드볼의 팀 구성은 7명이다. ①, ③, ④, ⑤는 11명이다.

19 다음 중 그랜드슬램(grand slam)이라는 용어를 쓰지 않는 것은? 경향신문, 서울교통공사, 한국일보

① 테니스에서 프랑스오픈, 호주오픈, 윔블던, US 오픈대회 단식 경기를 한 선수가 1년 동안 모두 우승한 경우
② 야구에서 만루홈런을 친 경우
③ 배구에서 상대팀에게 한 세트의 경기 동안 한 점도 내주지 않고 승리한 경우
④ 골프에서 영미의 양 오픈과 전 미국 프로, 마스터스 대회에서 모두 우승하는 경우

③은 퍼펙트 세트(perfect set)에 관한 내용이다.

20 어떤 경기에서 10개 팀이 리그전으로 경기를 할 경우 총 몇 게임을 치러야 하는가? KBS

① 45 ② 50
③ 90 ④ 100

리그전: 참가팀 모두가 각 팀과 골고루 한 번씩 대전하는 방식이다. $[10 \times (10 - 1)] \div 2 = 45$

✎ 리그전 게임 수 $= n(n - 1) \div 2$
토너먼트 게임 수 $= n - 1$

21 바둑에서 초단을 일컫는 말은? 경향신문

① 수졸 ② 투력
③ 용지 ④ 입신

위기구품(圍棋九品): 바둑 기량의 품격을 9단계로 나누어 각각의 단계에 운치 있는 이름을 부여한 것

수졸(守拙)	초단	통유(通幽)	6단
약우(若愚)	2단	구체(具體)	7단
투력(鬪力)	3단	좌조(坐照)	8단
소교(小巧)	4단	입신(入神)	9단
용지(用智)	5단		

22 남녀프로골프 투어에 편성된 미국, 영국, 캐나다 3개국 내셔널타이틀대회를 모두 석권하는 것은? 근로복지공단, 한국중부발전

① 클린업트리오 ② 트리플 크라운
③ 명예의 전당 ④ 앵커맨

② **트리플 크라운(triple crown)**: 프로골프에서는 한 해에 3개국의 최고 메이저대회인 전영오픈 · 전미오픈 · 캐나디언오픈에서 우승하는 것을 가리킨다.
① 야구에서 세 명의 강타자를 뜻하는 말로 흔히 팀의 3 · 4 · 5번 타자를 「클린업트리오(clean-up trio)」라고 한다.
③ 스포츠 또는 예술 등 특정 분야에서 위대한 업적을 남겨 지속적으로 존경을 받아온 사람을 기리기 위해 설립한 기념관 또는 단체를 말한다.
④ 육상 릴레이 경기에서 제일 마지막 주자를 지칭한다.

Answer 12. ① 13. ③ 14. ② 15. ④ 16. ② 17. ⑤ 18. ② 19. ③ 20. ① 21. ① 22. ②

단답형 문제

23 프로야구의 국제화를 위해 메이저리그 사무국이 주축이 된 국제 야구대회로 2006년 3월 제1회 대회를 개최한 프로야구 국가대항전은?

24 미국 메이저리그의 보스턴 레드삭스가 1920년 홈런왕 베이브 루스를 뉴욕 양키즈에 트레이드시킨 후, 월드시리즈에서 우승하지 못한 것을 루스의 애칭을 빗대어 표현한 말은? 연합뉴스

25 야구에서 투수가 단 하나의 안타도 주지 않고 무득점으로 승리하는 것을 일컫는 용어는?

26 프로스포츠에서 일정 기간이 지나면 선수가 소속팀에서 자유로이 다른 팀으로 이적할 수 있도록 한 제도는? 스포츠조선

27 연고지가 같은 팀끼리 치르는 라이벌전을 일컫는 용어는?

28 축구나 아이스하키 경기 중 한 선수가 3골을 기록한 경우를 뜻하는 말은? MBC, 조선일보

29 골프에서 총 타수로 순위를 가리는 스트로크 방식과 달리 각 홀에서 1위를 한 선수가 그 홀에 걸린 상금을 가져가는 경기는? MBN, 경인일보

30 태권도가 정식 종목으로 채택돼 처음으로 열린 것은 몇 년도 어느 도시 올림픽인가? SBS

31 국제육상연맹(IAAF)은 100m, 200m, 110m 허들, 멀리뛰기, 삼단 점프 등 바람에 민감한 종목의 기록에서 뒷바람 평균 초속이 몇 m 이내일 때 공인하기로 규정하고 있는가? ESPN, MBC, 스포츠투데이

32 경기 종료를 알리는 버저의 울림과 동시에 슛을 쏘아 성공시킨 경우를 말하는 농구 용어는? 스포츠서울

33 올림픽을 개최하는 단체는? 문화일보, 전자신문

34 농구, 핸드볼, 축구, 배구경기의 선수를 모두 합하면 몇 명인가? 경향신문

35 야구경기에서 투수가 타자를 아웃시키기 위해 던지는 쓰리 스트라이크(three strike)째의 정확한 타구를 일컫는 말은? 중앙일보, 한국일보

36 피겨 스케이팅에서 공중 3.5바퀴를 도는 점프기술은? KBS, MBC, 경향신문, 한겨레신문

37 프로야구에서 시즌 오프인 겨울철에 각 구단이 팀의 전력 강화를 위해 선수의 획득이나 이동을 둘러싸고 스카우트, 연봉협상 등을 진행하는 움직임을 가리키는 것은? MBC

38 축구, 테니스, 체조, 야구 등 일부 종목에서 정식 출전자격을 획득하지는 못했지만 특별히 출전이 허용된 선수나 팀을 지칭하는 용어는? 인천국제공항공사

Answer **23.** 월드베이스볼클래식(WBC) **24.** 밤비노의 저주 **25.** 노히트노런(no hit no run) **26.** FA(free agent) 제도 **27.** 더비 매치(Derby match) **28.** 해트트릭(hat trick) **29.** 스킨스 게임(skins game) **30.** 2000년 시드니 올림픽 **31.** 초속 2m 이내 **32.** 버저비터(buzzer beater) **33.** 국제올림픽위원회(IOC) **34.** 29명(농구 5 + 핸드볼 7 + 축구 11 + 배구 6) **35.** 위닝샷(winning shot) **36.** 트리플 악셀(triple axel) **37.** 스토브리그(stove league) **38.** 와일드카드(wild card)

완성형 문제

39 우리나라 전남 영암에서는 올림픽, 월드컵과 더불어 세계 3대 스포츠로 꼽히는 (　　) 경기가 개최됐다. MBC, 교통안전공단

40 세계 4대 메이저 골프대회 중 (　　)은/는 유일하게 똑같은 장소에서 매년 열린다.

41 파워플레이(power play)란 (　　) 경기에서 한 명의 선수가 퇴장했을 때 양 팀 모두 최고의 선수를 투입해서 사투를 벌이는 상황을 가리키는 말이다. SBS

42 근대 5종 경기는 승마, 수영, 크로스컨트리 그리고 (　　), (　　)(으)로 구성된다. 스포츠조선, 한국전력공사

43 에이스(ace)란 야구에서 보통 주전투수를 지칭하며, 테니스에서는 (①)(으)로 직접 얻은 점수를, 골프에서는 (②)을/를 가리킨다. CBS

44 미국여자프로골프협회(LPGA)는 한 시즌 평균 최소타를 기록한 선수에게 (　　)을/를 수여한다.

45 프로야구 등의 운동 경기에서 (　　)은/는 2위 팀이 남은 경기를 모두 승리한다고 하더라도 1위 팀이 시즌 경기를 우승할 수 있는 승수의 숫자를 나타낸다.

46 구단이 소속선수와의 계약을 일방적으로 해지하는 것을 (　　) 또는 방출이라고 한다.

47 케네디스코어(Kennedy score)는 케네디 대통령이 야구경기에서 스코어 (　　) 경기가 가장 재미있다고 말한 데서 유래됐다. MBN, 헤럴드경제

48 농구에서 주전 5명을 제외한 후보 중 가장 뛰어난 기량을 갖춘 선수를 (　　)(이)라고 한다. 한국산업인력공단

49 골프 실력을 지칭하는 말로 18홀 기준 72~81타를 치는 사람을 가리켜 (　　)(이)라고 한다. 한겨레신문

50 농구경기에서 트리플더블(triple double)이란 한 경기를 통해 득점, 리바운드, (　　), (　　), 슛 블로킹 가운데 세 부문에서 두 자릿수 이상의 숫자를 동시에 기록하는 것이다. MBC

51 수영 영법 중 (　　)은/는 가장 오래된 영법이자 최초로 경기에 사용된 영법이다. 한국중부발전

52 「한판 – 절반 – (　　) – 효과」는 유도경기에서 득점 판정의 네 가지를 점수가 큰 순서대로 나열한 것이다. 한국보훈복지의료공단

53 야구경기에서 주심이 중단을 선언한 시합을 (　　)(이)라고 한다.

54 미국 프로야구에서 뉴욕을 연고지로 하는 양키스와 메츠가 월드시리즈에서 맞붙는 것을 (　　)(이)라고 한다. 서울교통공사

Answer **39.** F1 **40.** 마스터스 골프대회 **41.** 아이스하키 **42.** 펜싱, 사격 **43.** ① 서비스 ② 홀인원 **44.** 베어트로피(Vare trophy) **45.** 매직넘버 **46.** 웨이버(waiver) 공시 **47.** 8 대 7 **48.** 식스맨(sixth man) **49.** 싱글 **50.** 어시스트, 가로채기 **51.** 평영 **52.** 유효 **53.** 콜드게임(called game) **54.** 지하철 시리즈

한권으로 다잡는

CORE
일반상식

Index

찾아보기

Index

찾·아·보·기

Index

찾·아·보·기

Index

찾·아·보·기

Index

찾·아·보·기

ㅅ

Index

찾·아·보·기

ㅇ

Index

찾·아·보·기

ㅈ

Index

찾·아·보·기

Index

찾·아·보·기

ㅎ

Index

찾·아·보·기

한권으로 다잡는

CORE 코어 일반상식

초판발행: 2023년 7월 10일
2쇄 발행: 2024년 1월 5일
저 자: 시사상식편집부
발 행 인: 박 용
발 행 처: (주)박문각출판
등 록: 2015. 4. 29. 제2015-000104호
주 소: 06654 서울시 서초구 효령로 283 서경빌딩
표지디자인: 박문각 디자인팀
교재문의: (02) 6466-7202

ISBN 979-11-6987-283-6

정가 28,000원